下篇　教育公平的理念依据

□ 序　言

田正平

　　教育公平是一个古老恒久的话题，自人类社会有史以来，人们便开始思考如何让教育变得更加公平；教育公平又是一个常谈常新的话题，随着人类社会的发展，人们对教育公平总会不断提出新的要求。作为衡量社会文明与进步、教育文明与进步的一个重要标尺，教育公平始终与人类社会发展相伴相随。

一

　　教育公平正义，从美好理念转化为实践，需要制度的有力保障。具体而言，需要以下几方面的保障：

　　一是权利公平。只有对受教育者的教育权利予以切实的保证，才能够从起码的底线意义上体现出对个体人缔结社会的基本贡献和对人的种属尊严的肯定，才能够从最本质的意义上实现教育发展的基本宗旨亦即以人为本位发展的基本理念，也才能够从最实效的意义上为教育的健康发展确立必要的条件。作为现代公民的基本政治权利，教育公平意味着在一个主权国家内部，凡具有同等公民资格的人包括青少年，不论民族、种族、性别、职业、财富等，每个人都应一律平等地享有基本的教育权利。《中华人民共和国教育法》第九条规定："中华人民共和国公民有受教育的权利和义务。公民不分民族、种族、性别、职业、财产状况、宗教信仰等，依法享有平等的受教育机会。""受教育者在入学、升学、就业等方面依法享有平等权利。"《中华人民共和国义务教育法》第四条规定："凡具有中华人民共和国国籍的儿童、少年，不分性别、民族、种族、家庭财产状况、宗教信仰等，依法享有平等接受义务教育的权利，并履行接受义务教育的义务。"作为现代社会的普遍人权，教育公平体现了《世界人权宣言》的基本精神。《世界人权宣言》第二条规定："人人有资格享受本宣言所载的一切权利和自由。不分种族、肤色、性别、语言、宗教、政治或其他见解、国籍或社会出身、财产、出生或其他身份等任何区别。"《世界人权宣言》第二十六条规定："人人都有受教育的权利，教育应当免费，至少在初级和基本教育阶段应如此。初级教育应属义务性质。技术和职业教育应普遍设立。高等教育应根据成绩而对一切人平等开放。"《经济、社会、文化权利国际公约》第十四条规定："人人有受教育的权利。……教育应鼓励人的个性和尊严的充分发展，加强对人权和基本自由的尊重，并使所有的人能有效地参加自由社会，促进各民族之间和各种族、人种或宗教团体之间的了解、容忍和友谊，促进联合国维护和平的各项活动。"《世界人权宣言》《经济、社会、文化权利国际公约》《儿童权利公约》等都明确地将人人享有平等教育权利作为基本人权加以确认，认为其基础源于人的固有尊严与平等的要求，源于此项权利与其他基本人权之间的内在关联。因此，在现代社会，应该不断加强教育法制建设，完善教育法律制度体系，保障公民合法的教育权利；建立健全公民享有和行使教育权利的体制机制，保障公民教育权利的实现。重点完善教育财政制度，义务教育制度等，促进基本教育公共服务均等化，使不同地区、不同人群都能享受平等的教育服务。完善教育权利维护和保障机制，着力解决弱势群体教育权利受损的问题，确保教育权利公平的实现。

二是教育机会公平。大致说来，教育机会公平具有如下涵义。教育机会起点的公平。就人的教育机会起点而言，有整个人生或人生的某一阶段的教育机会起点之分。每个人一出生，就在其天赋、社会给定的教育条件和所处地理环境等方面区别于他人。就天赋而言，有种族、智力、体力、性别等多方面的差异；就社会给定的教育条件而言，有父母的地位及受教育水平、家庭的经济条件、社会关系等方面的差异；就所处的环境而言，有出生于城市或乡村、内陆或沿海、经济发达或不发达、教育水平高或低地区的差异。因此，在人生道路的教育机会起点上，人与人之间本已存在着不平等，要求"人之初"的教育机会公平是做不到的，企望"人人生而平等"是不现实的。但是人与人之间的某些差异，有时比较小，甚至小到可以忽略不计。在这个意义上，教育机会起点的公平又是存在的。教育机会起点的公平意指，凡是具有同样潜能的社会成员应当拥有同样的起点，以便争取同样的发展前景。"假定有一种自然禀赋的分配，那些处在才干和能力的同一水平上、有着使用它们的同样愿望的人，应当有同样的成功前景，不管他们在社会体系中的最初地位是什么，亦即不管他们生来是属于什么样的收入阶层。在社会的所有部分，对每个具有相似动机和禀赋的人来说，都应当有大致平等的教育和成就前景。那些具有同样能力和志向的人的期望，不应当受到他们的社会出身的影响。"（罗尔斯语）也就是说，每个人都有不受任何歧视地开始其学习生涯的机会（至少是在政府所办的教育中开始其学习生涯的机会），都应该以公平的方式来对待每一个人，以及通过各种措施，使每个人取得学业成就的机会更加平等。其次，教育机会实现过程本身公平。教育机会起点的公平固然很重要，但如果仅仅限于此，则是远远不够的。教育机会的实现过程对于最终能否实现教育机会公平具有重要的意义。教育机会的实现过程必须排除一切非正常因素的干扰，遵循"任才能驰骋"的原则。这至少需要做到："一是阻碍某些人发展的任何人为障碍，都应当被清除；二是个人所拥有的任何特权，都应当被取消；三是国家为改进人们之状况而采取的措施，应当同等地适用于所有的人。"（哈耶克语）只有起点和过程均是公平正义的，才有可能保证结果也是公平正义的。再次，承认并尊重社会成员在发展潜力方面的"自然"差异，以及由此所带来的教育机会拥有方面的某些"不平等"。"人性"的变化性是无边无际的，这种个人能力和潜能在广泛范围的不同，是有关人类的最显著事实之一。而进化的结果，亦使人类成为所有万物中最具差异性者。哈耶克说："人性有着无限的多样性——个人的能力及潜力存在着广泛的差异——乃是人类最具独特性的事实之一。人种的进化，很可能使他成了所有造物中最具多样性的一种……以变异性或多样性为基石的生物学，赋予了每一个个人以一系列独特的属性，正是这些特性使个人拥有了他以其他方式不可能获得的一种独特的品格或尊严。就潜力而言，每个新生儿都是一个未知量，因为在他的身上存在着无数我们并不知道的具有相互关系的基因和基因组合，而正是这些基因和基因组合促成了他的构造及品行。作为先天及后天的综合结果，每个新生婴儿都有可能成为迄今为止最伟大的人物之一。不论这个婴儿是男是女，他或她都具有成为一个特立独行的个人的素质……如果忽视人与人之间差异的重要性，那么自由的重要性就会丧失，个人价值的理念也就更不重要了。"（参见哈耶克著，邓正来译：《自由秩序原理》）人们在自然禀赋方面存在着许多先天性的差异，这些"自然"差异对于人们的发展潜力以及把握不同层次教育机会的能力有着一定的影响。虽然从总体上说这种影响远不如后天的社会现实环境对于社会成员发展潜力的影响大，但毕竟也是一种无法避免的影响，而且这种影响是正常的和合理的。"低估个人之间先天差异的重要性，将一切重要差异皆归诸环境的影响，这在如今已经成为一种时髦。其实，不论环境的影响多么重要，我们一定不能忽略这样一个事实，即各个人从一开始就是很不相同的。即使让所有的人都在非常相似的环境中长大，个人差异的重要性也绝不会因此减少。"（哈耶克语）对于由这些正常和合理的"自然"差异所造成的社会成员之间不同的发展潜力以及所拥有的有所差别的教育机会，理应予以承认和尊重。正如《学会生存》一书所说："给每一个人平等的机会，并不是指名义上的平等，即对每一个人一视同仁，如目前许多人所认为的那样。机会平等是要肯定每一个人都能受到适当的教育，而且这种教育的进度和方法是适合个人的特点的。"教育机会公平不是搞整齐划一，不是否认个性差异。教育公平坚持教育机会公平和因材施教的统一。在现代社会，每个人都有自己的理想追求，都渴望平等拥有学习以及发展完善自己的教育机会。因此，政府应强化教育政策保障，拆除教育制度以及其他制度"篱笆"，取消一切不合理的教育制度安排，使每个公民都有拼搏、奋斗、提高的舞台；从制度设计和安排上解决教育资源配置不公的问题，使每个公民都能享受基本教育公共服务均等化"红利"；坚持义务教育阶段就近入学，保证每个孩子公平的入学机会；加快教育人事制度改革，形成义务教育阶段教师定期交流制度；搭建更多平台，疏通各级各类教育的联系渠道，使每个公民共同享有公平的教育机会；对弱势群体的孩子予以特别关注，实行最低标准保障，避免"无机会群体"出现。

三是规则公平。任何一个社会的教育都需要有一套规则来保证发展、运行，而公平正义无疑是这套规则的灵魂。"正义是社会制度的首要价值，正像真理是思想体系的首要价值一样。"（罗尔斯语）一方面，通过科学合理的制度安排，确保规则公正严明，不偏不倚；另一方面，全社会都应严格按照规则办事，抵制潜规则。例如，实施招生"阳光工程"，建立和完善了"全程公开、信息透明、接受监督"的招生工作体系和工作机制，确保了招生录取工作的公开、公平和公正，堵住了过去那种凭条子、找关系的门路。维护教育公平正义，还必须反对各种形式的教育特权现象。教育特权的实质是要求公共教育资源的分配违背公平正义原则，按照权力大小、财富多少、关系亲疏进行分配，以满足个别人或强势利益集团的特殊教育需求。在我国，任何组织和个人都没有超越宪法和法律的特权，所有公民都不得谋求法律和政策规定之外的任何特权与私利。但在现实生活中，一些人搞特殊、要特权的现象依然存在，"权力生"、"条子生"、"关系生"仍堂而皇之地穿梭于各个重点学校。哪里有特权，哪里就有不公。形形色色的教育特权是威胁与破坏教育公平的"罪魁"，如果上学、升学等要靠关系、搞门道，有背景的就能上重点学校，势必严重影响教育公平正义。因此，政府应采取有力措施，坚决反对特权思想，杜绝特权现象，完善权力制约监督机制，把权力关进制度的笼子里，保证权力依法运行。

二

坚持教育公益性是教育发展的基本原则，促进教育公平是教育发展的基本价值取向。促进教育公平的主要责任在政府。政府作为公共事务的最大管理者，发展教育是其义不容辞的责任。

政府应该认识到位，充分重视教育公平在经济社会发展中的重要作用。教育公平对教育发展乃至经济社会的发展具有重要的引领作用。没有教育公平的引领，教育的发展并不必然带来教育公益性的增强、失学人数的减少、基本公共教育服务的均等化，反而有可能导致两极分化。《学会生存》一书认为，如果经济发展的结果没有废除特权和促使人类更为公平，那么这种经济发展是没有任何意义的。"发展的最后目标必须是使个人生活不断得到改善并使全体人都得到利益。如果特权、过度的财富和社会上不公平的现象继续存在，那么发展就失去它的意义了。"教育公平作为教育政策的重要价值和基本特征，就像一面旗帜、一座灯塔，引导着教育的发展方向，促进着经济社会的发展进步，也不断增强着社会的向心力和凝聚力。其次，教育公平对教育发展具有重要的保障作用。教育公平通过教育权利的合理分配、教育义务的合理承担，使每个公民各尽其能、各得其所、和谐相处，保证教育的和谐稳定和有序发展。反之，倘若缺乏教育公平正义，人们自然心不平、气难顺，教育制度的运行、教育政策的执行等就容易因一些人的不理解、不合作而矛盾不断、阻力重重。当教育不公较为严重时，不同利益群体之间还可能出现严重对峙，造成社会的不稳定，破坏社会和谐，阻碍教育发展。可以说，教育不公平的社会必然是一个不和谐、不稳定的社会，极端的教育不公平必然导致教育发展的中断，甚至是社会的动荡。《学会生存》一书说："尽管大约在 20 年前，人们曾抱有许多希望，但迄今教育已无例外地受到我们时代冷酷的规律的支配；这个规律就是世界财富和资源分配不平等的状况趋向于扩大。"教育是传播科学与技术必不可少的手段，也是人们提高生活质量的手段，如果听任"财富和资源分配不平等"的状况继续恶化，其后果难以想象。因此，平等地分享教育资源，实施公平教育，不但能提高国民素质，而且能提高人们的生活质量。柯帕耳说："现代教育的实质在于追求良好的生活质量，这就为贫困的而在物质上落后的社会提供了新的希望和机会。如果一个发展中国家具有正确的教育，它就可以得到满足、和谐和互相了解，而这些方面是一个比较富裕的共同体所不理解的。的确，在最终缩小富裕与贫穷的差距上，教育可能是最有力的因素，而现在这种贫富差距按每人的收入来说，扩大得非常惊人。虽然在短时间内教育还不能使穷人和富人的现金收入平等，但在提高他们的生活质量方面，教育确能贡献很大的力量。"柯帕耳在此所说的"正确的教育"，显然是指教育公平或公平教育。再次，教育公平对教育发展具有重要的动力作用。教育公平与教育效率既有相互排斥的一面，也有相互统一的一面。持续的教育效率必定要以教育公平为基础。《教育的使命》一书中说："基础教育的效益并不意味着提供最低成本的教育，而更应是最有效地利用所有资源（人力、财力和组织资源）以达到所要求的入学水平和必要的学习成就水平。……有关质量和平等的各种考虑不是对效益的替代物，而是显示取得教育效益所应具备的具体条件。"教育公平与教育效率，是经济社会发展以及教育发展追求的目标。教育公平的指向是追求基本教育公共服务的均等化，使全体人民共享教育改革发展成果；教育效率的指向是在发展教育生产力中实现教育资源利用的最优化。加快经济社会发展，促进均衡化发展，必然注重教育公平。当然，对教育公平和教育效率也要全面认识，正确把握。教育公平不是简单地"拉平"，不是"教育发展无差距"，不是"教育发展无特色"，不是忽视自身发展条件"齐步走"。教育效率也不能误读为"速度"和"规模"。单纯追求教育发展速度和规模的做法，必将损害教育公平，最终也会伤及教育效率。第四，国民整体素质的提高以及人力资源强国的建设，离不开教育公平。促进教育公平，既需要保证各级各类教育机会公平，更需要保障弱势群体公平受教育的机会；既需要统筹协调教育发展，统筹规划教育发展的速度、规模、层次、类别，也需要合理配置教育资源。例如，我国在提高教育资源使用效益的同时，通过适当的制度安排使公共教育资源向农村倾斜、向中西部地区倾斜、向薄弱学校倾斜、向弱势群体倾斜。这些制度安排，促进了教育公平的发展。总之，政府投资于教育就是投资于未来，关怀教育就是关怀未来。政府应把促进公平摆在教育工作的更加突出的位置，贯穿于教育事业发展的全过程，以发展促公平，以制度保障公平，以规范维护公平，确保办好每一所学校，教好每一个学生，让每一个学生都有成功机会。

教育公平问题千百年来与人类社会始终相伴相随，不仅在于它是经济社会发展的必需品，更因为实现教育公平是一个艰难过程，需要各方面形成合力、不懈努力。《国家中长期教育改革和发展规划纲要》（2010－2020年）指出："把促进公平作为国家基本教育政策。教育公平是社会公平的重要基础。教育公平的关键是机会公平，基本要求是保障公民依法享有受教育的权利，重点是促进义务教育均衡发展和扶持困难群体，根本措施是合理配置教育资源，向农村地区、边远贫困地区和民族地区倾斜，加快缩小教育差距。教育公平的主要责任在政府，全社会要共同促进教育公平。"实现教育公平，不可避免地会涉及教育权利和教育利益的分配与调整，有时还伴随着尖锐的斗争。没有公共权力作保证，没有完善的教育制度为保障，教育公平的实现很可能寸步难行。换句话说，政府应承担教育公平的主要责任。同时，政府还应调动社会各方面力量发展教育的积极性，并整合社会力量，使其发挥协同作用。没有社会的协同，教育公平总是不全面、不完善的。实现教育公平，尽管政府的作用是决定性的，但政府又不是无所不能的。随着经济社会的发展，教育公平问题日益复杂化，政府的教育制度设计往往难以面面俱到，这就要求社会积极介入，发挥协同作用。尤其是各种社会组织和各类企业，都应积极参与到公益性教育事业中来，对处于困境而无力自行摆脱的社会群体提供更多援助和关爱。"教育是而且必须是一种社会的责任，它涉及政府、家庭、社区和非政府组织，要求所有人的承诺和参与，超越不同的见解和政治立场予以通力合作。"（《教育的使命》语）

三

李江源等人积十余年潜心研究之结晶而写成的这部论著，应是目前我国教育理论界就教育公平问题思考较深的一部论著。《走向公平：教育公平的人学书写》立足于人的尊严、人的权利、人的发展，阐述了教育公平的人学依据；立足于教育平等、教育自由、教育公正、教育合作，分析了教育公平的理念依据，使教育公平本身有了充足的存在理由。

《走向公平：教育公平的人学书写》一书怀着对人的尊严的敬畏、人的权利的尊重、人的发展的期盼，以冷静而理性的思索追寻教育公平的人学根基，引导教育公平实践，将人融入教育公平，将教育公平融入"好生活"，将教育公平与人的尊严、权利、发展相勾连。教育平等、教育自由、教育公正、教育合作植根于人类的教育实践活动和理论思维的无限指向性，以理想性的追求去反观现实教育公平，以"历史的大尺度"去反省教育公平历史的进程，以人类对平等、自由、公正的渴求去反思人类教育公平的现实。该书眼界宏阔、思想深邃、分析透彻，不仅做到了与各学术流派大师神交，而且能跳出各学术流派有关教育公平主张的束缚，并对之加以客观的评析，运用历史与逻辑相一致的方法，展示了教育公平理论的流变，读后给人以豁然开朗之感。该书立论的角度富有创新意义，作者不仅对西方教育公平理论有相当程度的钻研，而且对西方各学术流派之主张也有较准确的把握，这些都为他们思考这一非常困难的主题提供了有利的思想资源。该书文风清新朴实、持之有故、言之成理。尤其是我作为李江源在浙江大学博士后流动站工作期间的合作老师，对这一成果是感到欣慰的。但同时我也感到，该书虽然立论新颖、论述简练、分析透彻，然而毕竟还处于初创和开拓阶段，书中分析的一些问题还需要进一步的解答和展开。例如，教育公正、教育平等、教育自由与教育公平的深层次关系，公平理论与教育公平理论的契合点等。总之，该书不宜看作是教育公平人学书写的完结，而应看作另一部更完善的教育公平著作的纲要，这是我寄希望于李江源等人以他们的刻苦、耐心和敏锐来完成的。是为序。

2015 年 8 月于杭州

作为一种教育观念和准则，教育公平与人类文明史相伴随。教育公平在不同历史时期具有不同的内容和表现形式，但是，作为一种普遍化的、被民众普遍认可的教育公平，是在现代社会中形成并完善的。2015年9月28日，习近平在纽约联合国总部出席第七十届联合国大会一般性辩论，并发表题为《携手构建合作共赢新伙伴，同心打造人类命运共同体》的重要讲话时说："和平、发展、公平、正义、民主、自由，是全人类的共同价值，也是联合国的崇高目标。目标远未完成，我们仍须努力。当今世界，各国相互依存、休戚与共。我们要继承和弘扬联合国宪章的宗旨和原则，构建以合作共赢为核心的新型国际关系，打造人类命运共同体。"习近平站在全人类价值共识的制高点上，提出了全人类的"共同价值"，为积极培育和践行社会主义核心价值观指明了新的方向，提供了新的基本遵循。萨迪克说："我们20世纪90年代的哲学应该是三个E字，即教育、权益和公平。我们的座右铭是：教育为人人和人人为教育；我们的真正目标应该是培养迎接21世纪的受过教育、掌握技能、享有权益的一代男女。"[1] 正是人的尊严、人的权利、人的自由而全面的发展等基本价值，构成了现代社会教育公平的人学依据。对"人"进行的理性考察，为我们提供了一个几近不可辩驳的论据，支持我们对人类普遍持有的人的尊严、人的权利、人的发展予以尊重，而这些普遍价值乃深深地植根于人类希望过"好生活"、过"有尊严生活"的基础之中。正是教育平等、教育自由、教育公正、教育合作等现代社会的基本理念，构成了现代意义上教育公平的理念依据。教育平等、教育自由、教育公正、教育合作植根于人类的教育实践活动和理论思维的无限指向性，是以理想性的追求去反观现实教育公平，是以"历史的大尺度"去反省教育公平历史的进程，是以人类对平等、自由、公正的渴求去反思人类教育公平的现实。当然，教育民主的推进以及市场经济介入教育活动的实践，构成了教育公平的现实依据。"在此处"的教育民主化、市场机制则以现实的力量促进教育公平，并以当下的诉求去"倒逼"教育公平。在现代社会，教育公平不外乎两大理论依据，即人学依据、理念依据，正是人学依据、理念依据的相互依存，才使教育公平本身有了充足的存在理由。

---

① 联合国教科文组织教育丛书，赵中建编：《教育的使命》，教育科学出版社，2003年版，第106页。

□ 上篇
教育公平的人学依据

人是教育的出发点和依据，教育学是"成人"之学，教育就是"成人"的活动。准确地认识"人"、把握"人"、理解"人"，才能从根本上实现教育"成人"的目的。休谟在《人性论》一书中认为，一切科学都需要依靠有关人的知识，即使数学、自然哲学等也需要依靠于人的科学。因此，"在我们的哲学研究中，我们可以希望借以获得成功的唯一途径，即是抛开我们一向所采用的那种可厌的迂回曲折的老方法，不再在边界上一会儿攻取一个城堡，一会儿占领一个村落，而是直捣这些科学的首都或心脏，即人性本身；一旦被掌握了人性以后，我们在其他各方面就有希望轻而易举地取得胜利了"。① 尽管休谟的主张具有浓厚的乐观主义色彩，但却从某种意义上揭示了人乃至人性与教育的关系。苏霍姆林斯基认为，教育学即人学，"教育——这首先就是人学。不了解孩子，不了解他的智力发展，他的思维、兴趣、爱好、才能、禀赋、倾向，就谈不上教育"。② 显然，教育学要真正弄清楚育人的技术和艺术，一个首要的前提是对人有透彻和深入的研究，并在此基础上建构教育的目的、原则、方法等。在这一问题上，康德对教育"成人"充满希望，希望教育是基于人性的，并围绕人的"完满实现"而展开。"教育或许会变得越来越好，而且每一代都向着人性的完满实现更进一步；因为在教育背后，存在着关于人类天性之完善性的伟大秘密……人的天性将通过教育而越来越好地得到发展，而且人们可以使教育具有一种合乎人性的形式。这为我们展示了一种未来的、更加幸福的人

---

① D. 休谟著，关文运译：《人性论》（引论），商务印书馆 2008 年版，第 7 页。
② 苏霍姆林斯基著：《苏霍姆林斯基选集》（第 3 卷），教育科学出版社 2001 年版，第 11—12 页。

类的前景。"① 马里坦认为，"教育的最终目的涉及人类个体生活及精神进步过程中人的个性问题"，② 人是一个最基本的哲学问题，教育的主要目的应该建立在人性本质存在的哲学基础之上，而不是建立在人的纯科学观基础之上。由于人的纯粹科学观忽视了"如此存在"，因此它不能理解"如此存在"，只能理解在感觉观察和测度范围内从人身上浮现出来的事物。"人的纯科学观能够为我们提供日益增多的与教育手段和工具有关的宝贵信息。但若只凭借着它本身，则不能从根本上缔造或指导教育——因为教育首先需要弄清楚人是什么、人的本质及其本质上所包含的价值尺度是什么。"③ 尽管张三、李四或者王五是受教育的主体，但绝不是一系列物理学、生理学或心理学现象。"如果我们试图把教育建立在人的科学观这一单一模式上，并据此实施教育，那么，我们只会曲解这一观念，因为我们无法不去诘问人的本质和命运是什么。"④ 总之，只有认识、理解了"人"，才能更好地思考教育，也才能更好地建构教育公平正义理论，以及更好地实践教育公平正义。

---

① 康德著，赵鹏等译：《论教育学》，上海人民出版社 2005 年版，第 5—6 页。
② J. 马里坦著，高旭平译：《教育在十字路口》，首都师范大学出版社 2013 年版，第 17 页。
③ J. 马里坦著，高旭平译：《教育在十字路口》，首都师范大学出版社 2013 年版，第 7 页。
④ J. 马里坦著，高旭平译：《教育在十字路口》，首都师范大学出版社 2013 年版，第 8 页。

□ 第一章
人的形而上学

孔子有言："名不正则言不顺。"因此，要准确理解"人"的内涵，我们必须思考"人"这一概念的大致规定性。

我们常常发现这样的现象：对于日常生活中许多很艰涩的问题或很复杂的东西，人们能够清楚地说明其所以然，而对一些与我们的生存息息相关的东西反倒无法用语言加以描述或表达。"人们经常挂在嘴边的名词，往往是我们最无知的东西。"（黑格尔语）即熟悉的并非熟知的，知道的并非理解的。海德格尔在《存在与时间》一书中认为，希腊哲学以后，人们逐渐以为追问"存在"的意义是多余之举。人们往往认为，"是"或"存在"是最普遍、最空洞的概念，不可能对它下任何定义，所以也就懂得了它。然而，海德格尔反问道："当你们用到'是'或'存在'这样的词，显然你们早就很熟悉这些词的意思，不过，虽然我们也曾以为自己是懂得的，现在却感到困惑不安。"[1] "存在"问题不仅尚无答案，甚至怎么提出这个问题还茫然无绪。例如，谁都懂得"天是蓝的"、"我是快活的"等，然而这并不表明我们已经理解了"是"或"存在"。倒不如说，我们向来已经生活在这个"是"里：存在者是这是那，我们对这个"是"或"存在"有所领会、有所理解，但其意义却隐藏在晦暗中。正如海德格尔所说："我们用'是'或'存在着'意指什么？我们今天对这个问题有了答案吗？没有。所以现在要重新提出存在的意义的问题。然而我们今天竟还因为不懂得'存在'这个词就困惑不安吗？不。所以现在首先要唤醒对这个问题

---

[1] M. 海德格尔著，陈嘉映等译：《存在与时间》，生活·读书·新知三联书店 2009 年版，第 1 页。

— 5 —

本身的意义的重新领悟。"① 显然，"人"就是这样一个问题，就是这样一种更复杂的存在。如果连"存在着"或者"是"都没有讲清楚，又怎么能说清楚比"存在着"或者"是"更复杂的"人"呢？对于人而言，最重要的问题就是人本身；对于人而言，知道自己是谁、从何而来，了解自己的命运、生命的连贯性和内在维度是什么……所有这些都不是无关紧要的事情，但是，"'人是谁？'这是一个看似简单的问题，因为它关涉的是我们自身，而不是远离我们的某些实体。但事实上，这个问题是一个极其艰难的问题，由于我们的存在是复杂的，它同时具有精神性和物质性，二者被困于肉体这一狭小的空间之内，但是又能凭借精神取消宇宙的一切限制……进入我们的世界、探索人类的本质的核心要远比登上月球困难得多"。②

尽管在日常生活中我们无时无刻不以某种方式"遭遇"人，且以各种方式行走在"成人"的大道上。然而，当我们停下来，质询一下"人"的含义时，我们常常会有一种茫然失措、无从下手的感觉。"论到对人的认识，不能以为我们是人、生活在人们中间、又整天和人打交道，我们对人就很了解。正好相反，在我们的认识对象中，'人'是最难把握的对象，或许还是最缺少真知的一个对象。"③ 这种情况不独中国学者为然，外国学者也常如此。莫里斯说："尽管'认识你自己'是一条古老的教训，然而它却是一条特别难以遵循的教训。在现代科学意义上的关于人的科学还处于幼稚状态。"④ 弗洛姆说："我们对人的了解还很不完全，迄今为止，我们还无法从心理学的角度给人下一个完美的定义。"⑤ 康德认为，自明性的东西，而且只有自明性的东西，即"通常理性的隐秘判断"才是"哲学家的事业"。"哲学家的事业"即是对"自明性"的分析、对"自明性"的追问。换言之，"哲学家的事业"就是把人们以为不言而喻的、不证自明的东西，当作思考的对象。尽管对于一些关于人性以及我们生活的世界极为明显的概括，的确是自明之理，但是，涉及人学的一些基础性概念尤其是涉及"人"这个概念时，求助于自明性就实在是一种可疑的方法。因此，要理解"人"的准确含义，需要我们做一番细致的梳理工作。

---

① M. 海德格尔著，陈嘉映等译：《存在与时间》，生活·读书·新知三联书店 2009 年版，第 1 页。

② B. 莫迪恩著，李树琴等译：《哲学人类学》（序言），黑龙江人民出版社 2005 年版，第 3—4 页。

③ 高清海著：《人就是"人"》，辽宁人民出版社 2001 年版，第 1 页。

④ C. W. 莫里斯著，定扬译：《开放的自我》，上海人民出版社 2010 年版，第 21—22 页。

⑤ E. 弗洛姆著，孙恺祥译：《健全的社会》，贵州人民出版社 1994 年版，第 9 页。

一、人本身是人的最高本质

在我们认识的对象中，"人"是很难把握的对象。舍勒说："人是一种如此广阔、如此丰富、如此多样性的存在者，任何一种定义都表明其自身是非常有限的。人所具有的方面太丰富了。"① 有关人的知识浩如烟海，但有关人的知识又寥若晨星，即有关人的知识既多也少。海德格尔说："没有任何一个时代像我们的时代这样，有如此纷繁复杂的关于人的概念，像我们这样成功地以如此引人入胜和有效的方式提出关于人的知识。然而，另一个现实也不容忽视，这就是没有任何一个时代像我们的时代这样对人是什么的认识如此之少，人呈现的面貌从未像现在这样具有争议性。"② 同时，人或许还是最缺少真知的一个对象，还是最缺乏了解的一个对象。舍勒认为，日益增加的研究人的具体科学虽然有一定的价值，但它们对人的本质的掩盖往往多于对人的本质的揭示，因此，人自身在历史上的任何时候都不像现在这样成问题。"在人类知识的任何其他时代中，人从未像我们现在那样对人自身越来越充满疑问。我们有一个科学的人类学、一个哲学的人类学和一个神学的人类学，它们彼此之间都毫不通气。因此我们不再具有任何清晰而连贯的关于人的观念。从事研究人的各种特殊科学的不断增长的复杂性，与其说是阐明我们关于人的概念，不如说是使这种概念更加混乱不堪。"③ "'人'是很难把握的对象"为什么会成为一个问题呢？是不是各学科领域学者对"人"的关注或研究太少呢？回答肯定是否定的。

自有人类社会以来，历代学者倾注大量心血对"人"展开了系统的研究，尤其是文艺复兴以后，"人"又被重新发现，对"人"的研究进入了新阶段。对于作为人而存在的我们而言，人本身的问题是一个最基本的问题，因为其他各种疑问和问题只有在指向我们的存在时才具有关联意义；对于作为人而存在的我们而言，可以对其他事物熟视无睹，却不能对我们自己漠不关心，必须使我们自己全神贯注于人的生命意义和人的存在价值。卢梭作为一个社会政治思想家，其哲学基础是建立在人类学之上的。在《论人类不平等的起源和基础》一书的"序言"开篇就提出："我觉得人类的各种知识中最有用而又最不完备

---

① B. 莫迪恩著，李树琴等译：《哲学人类学》，黑龙江人民出版社 2005 年版，第 12—13 页。

② B. 莫迪恩著，李树琴等译：《哲学人类学》，黑龙江人民出版社 2005 年版，第 1 页。

③ E. 卡西尔著，甘阳译：《人论》，上海译文出版社 1998 年版，第 29 页。

的，就是关于'人'的知识……如果我们不从认识人类本身开始，怎么能够认识人与人之间不平等的起源呢？"① 对人类来说，最有趣的东西是人，最好的研究也是人；最令人着迷的是人，最让人困惑不解的也是人。康德在《实用人类学》一书中为人类学下了这样一个定义："一种系统地把握人类知识的学说。"② 在《纯粹理性批判》的"方法论"部分曾把"我们理性的一切兴趣（思辨的以及实践的）"归结为三个问题："①我能够知道什么？②我应当作什么？③我可以希望什么？"③ 它们分别属于理论的（认识论）、实践的（道德学）和实践的同时又是理论的（宗教学）三个方面。然而，康德在完成了《纯粹理性批判》《实践理性批判》《判断力批判》等人们所谓的"三大批判"的伟业之后，在其生命的最后阶段（1790—1804 年），他把自己理论研究工作的重心转移到了"人"的问题上：人的历史和人的归宿。他在 1793 年致卡·弗·司徒林的信中说："在纯粹哲学的领域中，我对自己提出的长期工作计划，就是要解决以下三个问题：①我能知道什么？（形而上学）②我应做什么？（道德学）③我可以希望什么？（宗教学）接着是第四个，也是最后一个问题：人是什么？（人类学）二十多年来，我每年都要讲授一遍。"④ 康德在其《逻辑学讲义》一书中则进一步指明："从根本说来，可以把这一切都归结为人类学，因为前三个问题都与最后一个问题有关。"⑤ 康德毕生的书斋生涯都是以人的现实生活为背景的，他那一切令人生畏的思辨最终都集中在一个主题，即人的存在和使命。贝克说："几乎他（康德）所有的著作都是这个唯一主题的变体：这个主题就是作为一个能动的创造者的人的精神。"⑥ 尽管康德对"人"的思考、研究并没有达到他自己定下的高标准，也没有达到他企求的目标，却丝毫无损于他的贡献。诚如古留加所说："人们把康德比作苏格拉底，因为他的哲学富有人情味。埃利亚的智者第一次把哲学从天上降到了人间，使它扎根于大地，抛开宇宙而去研究人。人的问题对于康德是一个首要的问题。他虽然并没有忘掉宇宙，而人对他却是最重要的。在思考存在和意识的规律时，康德的目的只有一个：使

---

① 卢梭著，李常山译：《论人类不平等的起源和基础》（序言），商务印书馆 1996 年版，第 62 页。

② 康德著，邓晓芒译：《实用人类学》（前言），上海人民出版社 2005 年版，第 1 页。

③ 康德著，邓晓芒译：《纯粹理性批判》，人民出版社 2004 年版，第 612 页。

④ 康德著，邓晓芒译：《实用人类学》（中译本再版序言），上海人民出版社 2005 年版，第 2 页。

⑤ 康德著，许景行译：《逻辑学讲义》，商务印书馆 1991 年版，第 15 页。

⑥ 康德著，邓晓芒译：《实用人类学》（中译本再版序言），上海人民出版社 2005 年版，第 2 页。

人能够变得更富有人性，使人生活得更美好，使人幸免于无谓地抛洒鲜血，不再受愚昧和幻想的摆布。康德要使一切事物都恢复其本来面目。"① 更为重要的是，随着康德对人类学研究的深入，他学会了尊重人、善待人。"我生性是一个探索者，我渴望知识……曾有过一个时期，我相信这就是使人的生命有其真正尊严的，我就轻视无知的群众。卢梭纠正了我。我臆想的优点消失了。我学会了尊重人，认为自己远不如寻常劳动者有用，除非我相信我的哲学能替一切人恢复其为人的共同权利。"② 当代各学科领域的学者对"人"的研究更是不遗余力，对"人"的思考更是倾注了全部热情。舍勒在《论人的观念》一文中说，在某种程度上，一切哲学的中心问题都可以追溯到人是什么的问题。"如果存在一项我们时代需要的解决独一无二的绝望的哲学任务，那就是哲学人类学的任务。我是指一门以自然和人的构成为基础的科学。"③ 卡西尔在《人论》一书中说："认识自我乃是哲学探究的最高目标——这看来是众所公认的。在各种不同哲学流派之间的一切争论中，这个目标始终未被改变和动摇过：它已被证明是阿基米德点，是一切思潮的牢固而不可动摇的中心。"④ 破解"人是什么"、"人是谁"，一直是学者们尤其是哲学家求索的主题。

今天，心理学、人种学、人类学、哲学等学科对人的研究成果已经非常丰富，对人的思考与分析已经异常厚重，用于观察和实验的技术工具已经得到了极大的改善，分析力也变得更加敏锐、更加深刻。诚如莫里斯所说："今天正在发展着的关于人的科学有四个主要的着力点。第一个方面涉及人的身体。第二个方面对自然环境给予人的影响感兴趣。第三个方面研究社会制度和文化形式。第四个方面专门研究人所制造的符号。这些就是关于人的科学的体质、生态、文化和语义四个方面。这些方面显然是彼此牵连的。它们好比同一个鼓的鼓声。我们倾听这些方面的每一个，又要同时倾听所有这些方面，这一点很要紧。因为这四种研究方法合起来看，才使我们洞察到人格发展的动力。我们必须把它们加入到我们关于我们自己的知识中去。"⑤ 然而，我们不仅没有找到"人"，反而徒增迷惑甚至混乱。卡西尔说："这就是近代哲学在它本身中看到的奇怪状况。就我们关于人类本性的知识之源泉而言，以往从未有一个时代能

① A. 古留加著，贾泽林等译：《康德传》（作者的话），商务印书馆1997年版，第1—2页。
② 康德著，邓晓芒译：《实用人类学》（中译本再版序言），上海人民出版社2005年版，第6页。
③ M. 兰德曼著，阎嘉译：《哲学人类学》，贵州人民出版社2006年版，第43页。
④ E. 卡西尔著，甘阳译：《人论》，上海译文出版社1998年版，第3页。
⑤ C.W. 莫里斯著，定扬译：《开放的自我》，上海人民出版社2010年版，第22—23页。

处在这样有利的状况中……然而，我们似乎还没有找到一种方法来掌握和组织这种材料。与我们自己现在掌握材料的丰富性相比，从前的材料显得非常贫乏。但是，事实的财富并不必然就是思想的财富。除非我们成功地找到了引导我们走出迷宫的指路明灯，我们就不可能对人类文化的一般特性具有真知灼见，我们就仍然会在一大堆似乎缺少一切概念的统一性的、互不相干的材料中迷失方向。"① 换句话说，"人是什么"、"人是谁"这一疑问始终摆在我们面前，却未能得出一个令人满意的最终答案。尽管"人是什么"、"人是谁"是一个既古老又常新的问题，是具体问题而不是抽象问题，是个人问题而不是种族问题，是每个人都必须面对且必须加以解决的问题，然而，我们似乎还未准确回答"人是谁"。可见，有关人的研究和思考是一个常新的问题、一个开放的问题、一个多元的问题。诚如科特雷所说："人的本质总是在展现其新的深度，不断地使这一问题获得更新。因此，关于人性的这一疑问将永远不会消失。人的心灵不断地进行质疑和探索，只要人有思想，这一问题就不会消失。纵使历史上出现了不同的甚至对立的反应，但不管怎么说，它们都启发了人们对相关现象或问题的理解——有关人的生存的哲学解释必须肩负这些问题。"② 莫兰认为，任何现在关于"人"的理论"并不能穷尽现实和把对象关闭在它的认识范式里。它注定永远是开放的，也就是说是未完成的、不充分的，从而向不确定性和未知的事物敞开着"。③ 孙志文则说："人是彻底开放的，人是不断学习的动物。人生充满问题、欲望和反省，没有一项人的答案能让人满意，没有一项现成的答案不包含新问题。研究各科新问题的研究中心愈来愈多，人不断从新环境并用新方式提出人生意义的问题。"④ 不过，就"人是谁"、人的本性、人在世界中的地位、人的价值、人存在的意义等问题给予较一般的回答，既是为自己，也是为他人。

（一）人的根本就是人本身

人，是一种很奇特的存在。人是"存在"，是同属大自然中的存在，他的身上无所不有。"他脱离了自然，又在自然之中。他是半神半兽的生物，部分

---

①　E. 卡西尔著，甘阳译：《人论》，上海译文出版社 1998 年版，第 29—30 页。

②　B. 莫迪恩著，李树琴等译：《哲学人类学》（序言），黑龙江人民出版社 2005 年版，第 2 页。

③　E. 莫兰著，陈一壮译：《迷失的范式》，北京大学出版社 1999 年版，第 189 页。

④　孙志文著，陈永禹译：《现代人的焦虑和希望》，生活·读书·新知三联书店 1995 年版，第 144 页。

无限，部分有限。"① 但是，对于"人"，我们又不能把他归结为任何一种存在或几种存在，也不能看作一切存在的综合。例如，西方哲学家提出许多有关人的定义，诸如，"理性动物"（亚里士多德）、"被缚的普罗米修斯"（索福克洛斯）、"堕落的灵魂"（柏拉图）、"逻格斯的形象"（斐洛）、"天主的肖像"（奥利金）、"人是理性的存在"（阿奎那、笛卡尔、斯宾诺莎）、"思考的芦苇"（帕斯卡尔）、"实体形式"（斯宾诺莎）、"人是创造者"（康德）、"意志力"（尼采）、"符号性的存在"（海德格尔）、"异化的本质"（卡西尔）、"精神的化身"（舍勒）、"以未完成为特质的动物""新生的动物""制造工具的动物""会迁回的动物""希望的动物"（布洛赫）、"不断学习的动物"（孙志文）等。上述定义虽然揭示了人某些方面的特征，却是片面的，有"盲人摸象"之嫌。诚如卡西尔所说："哲学家无权构造一个人造的人，而必须描述一个实在的人。任何所谓关于人的定义，当它们不是依据我们关于人的经验并被这种经验所确证时，都不过是空洞的思辨而已。要认识人，除了去了解人的生活和行为以外，就没有什么其他途径了。但是，要把我们在这个领域所发现的东西包括在一个单一的和简单的公式之内的任何企图，都是要失败的。人类生存的基本要素正是矛盾。人根本没有'本性'——没有单一的或同质的存在。人是存在与非存在的奇怪混合物，他的位置是在这对立的两极之间。"② 因此，要说人之所"是"，他什么都是，而要说他"不是"，人又什么都不是。换句话说，是一切、又不是一切，肯定所有、又否定所有，这大概就是人之为人所特有的本性和特质了。

　　如此看来，对于"人是什么"这一问题，我们的回答只能是："人就是'人'"，"是一切、又不是一切，肯定所有、又否定所有，这大概就是人之为人所特有的本性和特质了，在这点上没有哪种存在是能够同人相比的。人既同一切存在密切地联结着，又和一切都有着根本的不同，正因为如此，人才被称呼为'人'"。③ 当马克思说"人的根本就是人本身"、"人本身是人的最高本质"时，即清晰地解答了"人是什么"的问题。我们知道，人来自于物，了解人就不能离开物和物性。1835 年，当达尔文乘船航行回到英国时，他表达了一个在当时看来乃惊世骇俗的观点："高傲自大的人类以为，他自己是一件伟大的作品，值得上帝给予关照。我相信，把人视为从动物进化而来的存在物，这是更

① E. 弗洛姆著，孙恺祥译：《健全的社会》，贵州人民出版社 1994 年版，第 19 页。
② E. 卡西尔著，甘阳译：《人论》，上海译文出版社 1998 年版，第 16 页。
③ 高清海著：《人就是"人"》，辽宁人民出版社 2001 年版，第 2 页。

为谦虚和真实的。"① 然而，人类历史上却一直有这么一些人：他们为自己是国王、王后、达官显贵、杰出人物或其后裔而感到无比的骄傲和自豪，绝大多数普通大众也不假思索地认为"人是万物之灵"。这些人显然忘记了一个基本事实：我们每个人，无论是皇室血统的男男女女，还是普普通通的老百姓，那些曾经栖息在树上的灵长目动物是我们的祖先，是人类的远亲。"人类虽然是进化阶梯上结构最复杂、功能最强大的生命体，但其自身有不可克服的障碍和困境，有不可逾越的限制，很多最基本的生命过程与猿猴类相似。"② 恩格斯在《反杜林论》中说："人来源于动物界这一事实已经决定人永远不能完全摆脱兽性，所以问题永远只能在于摆脱得多些或少些，在于兽性或人性的程度上的差异。"③ 但是，人虽然来自于物，却能超越于一切物之上；人是生命的存在，却又超越了生命的局限。人生活于两个天地，生活于两个世界。康德说："人在两种世界中生活。一方面，他是感性世界的现象、小细胞，这种小细胞按照与人性相距甚远的世界规律而存在。可是另一方面，他是本体，是超感性的、从属于理想的存在物。人有两种性质：经验的、由环境所养成的性质和本体的、理性的、仿佛他内在固有的性质。"④ 人近于禽兽又类于天使，身上充满着"二律背反"式的矛盾，既"是其所是"而同时又"是其所不是"的那种存在。从某种意义上说，人是一个包含截然相反的对立面于一身的奇迹。诚如弗洛姆所说："人的诞生过程可能持续了几十万年，然而重要的是，一个全新的种属出现了，超越了自然，生命有了自我意识。自觉、理性与想象打破了动物生存的特征——'和谐'，使人成为怪异的东西、宇宙的畸形物。他属于自然，受制于自然法则并无力改变这些法则，但在其他方面，他却超越了自然。他属于自然却又与自然分离；他是无家的，却又将自己拴在他与其他生物共同居住的家中。他在偶然的时间、偶然的地点被抛在了这个世界上，又偶然地被强行从世界上除去。由于人有自我意识，他意识到自身的无力和生存的极限。他看到了自己的末日——死亡。他从来就没有从自身存在的二元中解脱出来；他无法摆脱他的思想，即使他想这么做；只要他活着，他就无法摆脱他的肉体——而他的肉体也使他想活下去。"⑤ 简言之，人就是一种悖论的存在，是一种"二律背反"的存在。

---

① 张敦福著：《从兽性到人性》，山东人民出版社 2004 年版，第 16 页。
② 张敦福著：《从兽性到人性》，山东人民出版社 2004 年版，第 16 页。
③ 《马克思恩格斯选集》（第 3 卷），人民出版社 1995 年版，第 442 页。
④ A. 古留加，贾泽林等译：《康德传》，商务印书馆 1997 年版，第 125 页。
⑤ E. 弗洛姆著，孙恺祥译：《健全的社会》，贵州人民出版社 1994 年版，第 18 页。

（二）人之为人的特质与本性

现代人站在人的角度上研究人，人是最高的存在者，是万物的尺度，因此，没有什么会比人的世界更为广阔。只有从物性和超物性、生命性和超生命性、自然性和超自然性的矛盾统一中，把人理解为"超物之物"、"超生命的生命"、"超自然的自然存在"，才能抓住人之为人的特质和人所以为人的本性。①

在人类行动的所有形式中，最基本的和最基础的，同时也是最复杂和最具内涵的，就是生命。和其他的人类活动相比，生命具有首要的、原始的、基础的特征。因此，我们对人类行动进行的探究，应该从对生命现象进行考察开始。那么，何谓生命呢？康德说："生命是什么？是在物理上承认它在世界中的存在，以及它与外物的关系；躯体通过对外物的反作用而活着，把后者看作它的世界，用于它自己的目的，而并不进一步去操心它们的本质是什么。没有外物的话，躯体就不是一个活的躯体，而没有躯体的能动性，外物也就不是它的世界。"② 人是一个有生命的存在者，生命构成了人的现实本质。真实的人，是一个个的生命存在，生命是人的现实本质。莫迪恩说："事实上，人是被定义为一个有生命的存在者的。"③ 然而人又必须超越现实生命，转过来去主宰自己的生命活动，这才使人成为了"人"。如果人不能超越生命，一切行为仍为生命本能支配，那他只不过是个"人形动物"而已，人与物几乎就没有什么本质的不同了。例如，每一位伟大的艺术家在某种意义上都开辟了一个新纪元。"当我们把日常的言语形式与诗人的语言作比较时，就会意识到这个事实。没有一个诗人能创造一种全新的语言。他不得不采用各种语词并且不得不尊重他的语言的基本规则。然而，诗人给所有这一切增添的不仅是一种新的特色，而且还是一种新的生命。"④ 马克思在《1844 年经济学哲学手稿》中指出："自然界，就它自身不是人的身体而言，是人的无机的身体。人靠自然界生活。这就是说，自然界是人为了不致死亡而必须与之处于持续不断的交互作用过程的、人的身体。所谓人的肉体生活和精神生活同自然界相联系，不外是说自然界同自身相联系，因为人是自然界的一部分。""人直接是自然存在物。而且是有生命的自然存在物。"⑤ 如果说马克思此时的思想还带有费尔巴哈人本主义痕迹的话，那么，《德意志意识形态》这部成熟的马克思主义著作在专门批判了费尔

① P. d. 米兰多拉著，顾超一等译：《论人的尊严》，北京大学出版社 2010 年版，第 17 页。
② 康德著，赵鹏等译：《论教育学》，上海人民出版社 2005 年版，第 107 页。
③ B. 莫迪恩著，李树琴等译：《哲学人类学》，黑龙江人民出版社 2005 年版，第 24 页。
④ E. 卡西尔著，甘阳译：《人论》，上海译文出版社 1998 年版，第 286 页。
⑤ 《1844 年经济学哲学手稿》，人民出版社 2008 年版，第 56—57、105 页。

巴哈的人本主义思想之后，仍然非常明确地坚持人是自然存在物的观点："全部人类历史的第一个前提无疑是有生命的个人的存在。"① 因此，人作为人的那个"生命"，应该是超生命的生命、支配生命的生命，即自身两重化了的生命。"生命"作为大自然进化链条开放出来的花朵，它体现着人的自然根基、人与生物的本源联系，同时又是人走出生物链条、和动物家族分道扬镳的始源根据。从这一意义上说，"生命"既是人与自然相互沟通的中介，也是把人引向超现实本性的基础。莫里斯说："人的自我不可还原和不可逃避地既是生物的自我又是社会的自我——它是生物－社会自我。"② "人"的那一切秘密，本原性的秘密、高贵性的秘密、超越性的秘密、神圣性的秘密，即人之为人的秘密，无疑是蕴含在人的生命和生命活动的本质之中的。人以他们的思想——即以他们的观念和他们的理想来创造自己。诚如笛卡尔所说："我是一个在思想的东西，或者是一个本身具有思想能力的东西。"③

1. 人的一般特性

人之为人的特性，就在于他的本性的丰富性、微妙性、多样性和多面性。具体而言，人的特性主要表现在以下几个方面：

（1）肉体性或身体性

人是"生命"存在（本能意义的生命）。作为孕育、承载人的各种生命形态的肉体或身体，其所拥有的意义和价值曾被人类自身刻意压制、贬低甚至诋毁。从柏拉图到笛卡尔以来，身体（或肉体）与意识的二元对立，一直是人们认识自身存在的一个基本理论框架。这一理论框架的精髓是：身体是短暂的，灵魂是不朽的；身体是贪欲的，灵魂是纯洁的；身体是低级的，灵魂是高级的；身体是任性的，灵魂是理性的；身体是错误的，灵魂是真实的；身体导致恶，灵魂通达善；身体是可见的，灵魂是不可见的，等等。也就是说，虽然灵魂非常复杂，但它总是与知识、智慧、精神、理性、真理等为伍，并享有一种对于身体的巨大优越感。奥勒留认为，人的本质不依赖于肉体，而只依赖于人给予他自身的价值。因此，唯一要紧的就是灵魂的意向、灵魂的内在态度；人的这一内在本性是不容扰乱的。"那不能使一个人本身变得比从前更坏的东西，既不可能使他的生活变得更坏，也不可能从外部或内部伤害他。"④ 身体或肉体，正是柏拉图等人所推崇的价值的反面，距离永恒而绝对的理念既陌生又遥

---

① 《马克思恩格斯选集》（第 1 卷），人民出版社 1995 年版，第 67 页。
② C.W. 莫里斯著，定扬译：《开放的自我》，上海人民出版社 2010 年版，第 32 页。
③ 笛卡尔著，王太庆译：《谈谈方法》，商务印书馆 2013 年版，第 76 页。
④ E. 卡西尔著，甘阳译：《人论》，上海译文出版社 1998 年版，第 10 页。

远。卡西尔说："柏拉图绝不会把求知的欲望与我们运用感官的嗜好相提并论。在柏拉图那里，感性生活与理智生活被一条宽阔而不可逾越的鸿沟所分离：知识与真理属于先验系列，属于一个纯粹的永恒理念的王国。"① 欧洲中世纪的历史可谓是身体沉默无语的历史，克己、苦行、冥想、祈祷、独身等即是控制身体的常见手段。尽管文艺复兴时期对身体有一个短暂且热烈的赞美——既赞美它的性感，也赞美它的美感，但这一赞美期转瞬即逝。尽管文艺复兴运动短暂地削弱了人的理性至尊地位，但人们对肉体或身体的固有偏见几乎没有发生实质性的改变，总是沉浸在理性至上理论的熏染中，总是坚信身体是精神意识这一至尊主人的奴仆。人们始终接受或认可了一个关于"人"的形而上学定义：人是理性的动物，身体或肉体是动物性（感性）的存在。既然身体是动物性的东西，是人和动物共同分享的东西，人如果要摆脱自身的兽性，就必须尽最大的努力排斥、摧毁自身的野性基础——身体。人越是纯洁、高贵、优雅，越是作为一个精神信徒，就越是应该摆脱欲望、贪婪、非理性身体的宰制，越是应将身体的力量毁损至泯灭状态；人越是要变得理性，越是要有目的、有计划地实践，越是要获得一种绝对精神，就越是要摆脱身体的偶然性、任性与兽性，越是要克制身体的欲望。《精神现象学》一书在其开篇序言中就向人们解释了人是怎样同混沌的自然动物断然分离的，而在这种分离的过程中，"知性"、"理性"、"精神"奠定了人的地位。"知性的力量和工作，知性是一切势力中最惊人和最伟大的，或者甚至可以说是绝对的势力。"② "当理性之确信其自身即是一切实在这一确定性已上升为真理性，亦即理性已意识到它的自身即是它的世界、它的世界即是它的自身时，理性就成了精神。"③ 在《法哲学原理》一书中，黑格尔反复强调：动物始终是消极的，置身于异己的规定中，并且使自己习惯于这种规定，而"人是对他自身的纯思维，只有在思维中人才有这种力量给自己以普遍性，即消除一切特殊性和规定性"。④ 动物有冲动、情欲、倾向，但动物没有意志，如果没有外在的东西阻止它，它只有听命于冲动。"唯有人作为全无规定的东西，才是凌驾于冲动之上的，并且还能把它规定和设定为他自己的东西。冲动是一种自然的东西，但是我把它设定在这个自我中，这件事却依赖于我的意志。"⑤ 即，在黑格尔那里，人被抽象为意识和精神，人的历史

---

① E. 卡西尔著，甘阳译：《人论》，上海译文出版社 1998 年版，第 5 页。
② 黑格尔著，贺麟等译：《精神现象学》（上卷），商务印书馆 1997 年版，第 21 页。
③ 黑格尔著，贺麟等译：《精神现象学》（下卷），商务印书馆 1997 年版，第 1 页。
④ 黑格尔著，范扬等译：《法哲学原理》，商务印书馆 2007 年版，第 15 页。
⑤ 黑格尔著，范扬等译：《法哲学原理》，商务印书馆 2007 年版，第 23 页。

被抽象为意识和精神的历史，而身体则陷入万劫不复的深渊，对身体的克制、压制成为常态。当然，不仅是理性哲学的代表黑格尔如此认为，宗教学者也是这样认为。如是，人总是根据他的意识——要么是逻辑推理的理性能力，要么是启示信仰的宗教能力——得以界定的。与此相应的是："哲学家们对表面、变更、痛楚、死亡、肉体、感官、命运、束缚和一切无目的的东西，都抱有成见。他们相信：①绝对的认识；②以认识为目的的知识；③美德和幸福联姻；④人的行为是可以认识的。他们的指导思想反映了以前文明对价值的本能的规定。"①

如果说真的存在一个身体和意识对立的哲学叙事的话，那么，尼采则彻底地扭断了这个叙事主线。他提出了对"灵魂假设"的拒绝，将身体或肉体放在恰如其分的位置，即一切从身体出发，"要以肉体为准绳"："一切有机生命发展的最遥远和最切近的过去靠了它又恢复了生机，变得有血有肉。一条没有边际、悄无声息的水流，似乎流经它、越过它，奔突而去。因为，肉体乃是比陈旧的'灵魂'更令人惊异的思想。"② 在《查拉图斯特拉如是说》一书中，尼采讴歌了肉欲、权力癖、自私，并决心给予它们应有的位置。"教人祝福的人，也教人诅咒：世界上最受诅咒的三件事是什么？这是我要放到天平上去称的。肉欲、权力癖、自私：这三件事至今最受诅咒，名声最糟糕，最具欺骗性——这三件事我要从人类角度好好称量。"③ 同时，他挖苦了那些轻视肉体的人，他借用那些清醒者、智者的话说："我完全是身体，此外什么也不是；灵魂只是身体上某一部分的名称。身体是一个大理性，是一种意义的多样性，是战争与和平、羊群与牧羊人。你的小小理性也是你身体的工具，我的兄弟，你称之为'精神'，你的大理性的一件小小工具与玩具。"④ "在你的思想和感情背后，我的兄弟，站立着一位强大的统治者，一位无名的智者——名叫'自己'。他居住在你的体内，他就是你的身体。在你的体内，比你的最佳智慧有更多的理性。"⑤ 也就是说，从尼采开始，身体抑或肉体，成为个人的决定性基础。如果说，长期以来，人们总是将自身分成两部分，分成意识和身体，而且意识总是人的决定性因素，身体不过是意识和精神活动的一个障碍，那么，从尼采开始，这种意识哲学连同它的漫长传统已经崩溃了。诚如尼采自己所说："对肉

---

① F. 尼采著，张念东等译：《权力意志》，商务印书馆 1998 年版，第 134－135 页。
② F. 尼采著，张念东等译：《权力意志》，商务印书馆 1998 年版，第 152 页。
③ F. 尼采著，杨恒达译：《查拉图斯特拉如是说》，译林出版社 2012 年版，第 220 页。
④ F. 尼采著，杨恒达译：《查拉图斯特拉如是说》，译林出版社 2012 年版，第 28 页。
⑤ F. 尼采著，杨恒达译：《查拉图斯特拉如是说》，译林出版社 2012 年版，第 29 页。

体的信仰始终胜于对精神的信仰。凡是打算损害前种信仰的人，也就是等于彻头彻尾地损害了对精神权威的信仰。"① 当然，对尼采主张的分析，并不意味着哲学史上再无人关注或思考肉体性。早在古希腊时期，亚里士多德就认为，一切人类知识都来源于人类本性的一种基本倾向，感性生活的全部内容不仅被这种倾向所决定而且体现着这种倾向。他说："求知是人类的本性。我们乐于使用我们的感觉就是一个说明；即使并无实用，人们总爱好感觉，而在诸感觉中，尤重视觉。无论我们将有所作为，或竟是无所作为，较之其他的感觉，我们都特爱观看。理由是：能够使我们识知事物，并明察事物之间的许多差别，此于五官之中，以得之于视觉者为多。"② 即，感性生活是理智生活的前提。蒙田对理性的至尊地位给予了猛烈的抨击，否认肉体是理性的奴仆，从另一个角度高扬了人的肉体性。他说："让人用理性的力量来使我懂得，他把自认为高于其他存在物的那些巨大优越性建立在什么基础上……这个不仅不能掌握自己，而且遭受万物摆弄的可怜而渺小的尤物自称是宇宙的主人和至尊，难道能想象出比这个更可笑的事情吗？其实，人连宇宙的分毫也不能认识，更谈不上指挥和控制宇宙了。"③ 在其他一些人看来，人是一个具体化的存在者：人知道自己的身体，人的一切自我意识活动都离不开肉体或身体。穆尼尔说："没有存在，我就不能思考；没有身体，我就不能存在；借助于身体，我才能把自己呈现给世界、他人甚至我自己；借助于身体，我才逃脱了只能对我的思想进行思想的孤独。身体拒绝让'我'拥有完全的超越性，不断地把人抛入到他自身之外的问题世界和人必须面对的斗争之中。"人不能被消解于思想或意识之中，相反，它应当被看作"一体化了的存在"、"具体化了的存在"。④ 换句话说，人的活动始终是肉体性、物理性、物质性的，其所有的表达（生命、知识、意志、语言、文化、劳动）都要通过物质性的器官发展，在可以被感官觉察的结果中显现。"人，就其身体及生理机能而言，属于动物王国。"⑤ 肉体性使人成为一个在世的存在，人的身体占有一个确定的空间位置，并且规定他只能与那些同样处在空间中的实在发生实体性的关联。只有这些实在才能进入他的身体，构成他生活的一部分。巴伯丁说："我们处于一点空间位置的身体使我们成为世界的一分子，并且规定我与世界上各种事物的关系。因为一种内在的必

① F. 尼采著，张念东等译：《权力意志》，商务印书馆1998年版，第153页。
② E. 卡西尔著，甘阳译：《人论》，上海译文出版社1998年版，第4页。
③ E. 卡西尔著，甘阳译：《人论》，上海译文出版社1998年版，第19—20页。
④ B. 莫迪恩著，李树琴等译：《哲学人类学》，黑龙江人民出版社2005年版，第206页。
⑤ E. 弗洛姆著，孙恺祥译：《健全的社会》，贵州人民出版社1994年版，第17页。

然性，我的身体就是确定周围所有事物位置的参照点。我成为一个巨大的圆圈——我的环境——的中心，它的每一条半径都规定了我的一个视角，它的圆周就代表了我的视域。这个圆圈里的事物，或远或近，只要在这个空间之内被给予我的身体，它就成为我的对象。对象是因我的身体、为我的身体而存在的。我的身体就是我的空间世界的中心和焦点，就是世界的地理的中心——我从它开始描绘我的生命。凭借我空间化的身体，我能够进入所有的空间维度，把它们带向一个焦点，概括它们，使它们成为我的一部分。反过来，我也从我的位置向着视域内的每一个点运动。由于这种有节奏的来去运动，我把整个宇宙变成既是我的居留处所的宇宙又是存在于我之中的宇宙。"[①] 肉体与精神或意识密不可分，身与心是一体的。身体成为"我"和世界之间的中介，成为"我"的意识和对象世界相遇的地方。

（2）精神性

除肉体性外，人的活动的独特尤其在于它充满了精神性。人是一个不断探究自身的存在物，一个在他生存的每时每刻都必须审视他的生存状况的存在物。人与动物的最大区别就在于思考。思考是思想的起源，但思考却并不等于思想。思考是形成思想的过程。唯有从永恒的角度，超越自然和历史的局限，把握事物的本质，符合事物发展规律，顺应事物发展趋势，正确思考得出的价值理论体系，才称得上思想。思想从更广义的视角看，就是正确思考的升华。思考于人而言，有着非同一般的重要意义，人生若缺乏思考，不仅减少生命的厚度，人生的意义也荡然无存。苏格拉底认为，人类生活的真正价值，存在于对人类生活的审视、对人类生活的批判态度中。诚如他在《申辩篇》中所说："一种未经审视的生活还不如没有的好。"在行动中思考，使思想更富于血肉，更具生命感，随时可以在思想中触摸到现实的脉搏。在思考中行动，使足尖有方向感，使行动更准确和深刻，并让思想在现实中开花结果。马克思说："人是由思想和行动构成的，不见诸行动的思想，只不过是人的影子；不受思想指导和推崇的行动，则是没有灵魂的躯体。"[②]

在知识、意志、话语、文化、技术中，始终有些东西是不属于物质领域的。语言即是人的标志，语言及其产物不可能在动物中间找到。人类的"历史"与"文化"、与"人类"的语言紧密相连。马克思说："语言和意识具有同

---

① B. 莫迪恩著，李树琴等译：《哲学人类学》，黑龙江人民出版社 2005 年版，第 188－189 页。

② "学习笔记"小组：《习近平主席如何"把脉"世界经济形势》，求是网，2015 年 11 月 17 日。

样长久的历史；语言是一种实践的、既为别人存在因而也为我自身而存在的、现实的意识。"① 语言作为"现实的意识"，不仅把个人当下的意识变成可以交流、沟通的言语行为，而且能够把人的世世代代的意识活动的产物"储存"在历史文化的"百宝箱"中。卡西尔认为，语言"具有决定意义的特征并不是它的物理特性而是它的逻辑特性。从物理上讲，语词可以被说成是软弱无力的；但是从逻辑上讲，它被提到了更高的甚至最高的地位；逻各斯成为宇宙的原则，并且也成了人类知识的首要原则"。"在这个人类世界中，言语的能力占据了中心的地位。因此，要理解宇宙的'意义'，我们就必须理解言语的意义。"② 语言的力量，在于它是沟通人与世界的"中介"，是把世界变成人的世界的"中介"。虽然"世界"在人的"意识"之外，即"世界"不依赖于人的"意识"而存在，然而，"世界"却在人的"语言"之中，即人只能在"语言"中表达"世界"。正是在人的"语言"之中凝聚着人类认识的全部成果、人类文化的全部结晶，因而语言成为人的历史文化的"百宝箱"。雅斯贝尔斯认为，要成为人，须靠语言的传承方能达到，因为精神遗产只有通过语言才能传给我们。"学习语言可以在无形中扩大个人的精神财富。俗话说得好：语言替我思。因此为了我们精神性的不断完善，通过学习富于语言创造力的思想家和诗人的作品，以掌握丰富的语言是理所当然的。……若要增广我们的精神领域，就必须研读独具创见的思想家所呕心沥血写成的充满智慧火花的著作。"③ 从某种意义上讲，人作为人的存在是语言的或话语的存在。无论是知识、意志、文化和技术都表现为一种语言的形式。离开了语言，我们既不能认识自己，也不能理解别人。我们关于自身和世界的哪怕最简单的"感觉"、"认知"也是由语言参与其中完成的。"语言不单是交流的工具，也是我们的家。是我们的栖息之地。'失语'就等于让我们踏上流浪的路程，改变我们的话语就改变了我们自己。"④ 然而，动物绝不可能像人那样使用语言，或者使用其他由语言构成的讯号，向其他动物表达自己的"思想"或想法，而人则能用语言表达自己的思想、阐述自己的主张等。而人不管多么鲁钝、多么愚笨，连白痴也不例外，"总能把不同的字眼排在一起编成一些话，用来向别人表达自己的思想；可是其他的动物

---

① 《马克思恩格斯选集》（第 1 卷），人民出版社 1995 年版，第 81 页。

② E. 卡西尔著，甘阳译：《人论》，上海译文出版社 1998 年版，第 143 页。

③ K. 雅斯贝尔斯著，邹进译：《什么是教育》，生活·读书·新知三联书店 1991 年版，第 84 页。

④ 石中英著：《教育哲学导论》，北京师范大学出版社 2004 年版，第 86 页。

相反，不管多么完满，多么得天独厚，都不能这样做"。①

人的存在不仅具有肉体的、物质的维度，而且具有精神的维度。人是一个精神性的存在，一个"肉身化的精神"。柏拉图认为，在人的"爱财富"、"爱荣誉"和"爱智慧"的欲求中，"爱智慧"是人最重要也是最高尚的需求。拉哈克里斯曼说："真正的人文主义者告诉我们，在人之中有比他的日常意识显现的更多的东西，这就是产生意识、思想的东西，一个更加微妙的精神性存在——它使人不满足于纯粹物质世界的征服。唯一能够为一个古老的思想世系继续增添内容的是这样一种学说：它建立在这样一个观念的基础上，即认为人的日常的存在状态并不是他最内在的本质，在他之中有一个更加深刻的自我，叫作生命的气息，或者精神，或者灵魂，或者心智。每一个生命之中都有一个任何力量都无法消灭的光照，那就是不死的精神，它仁慈而宽容，是人心灵深处的无声的见证。"② 笛卡尔说："严格来说，我只是一个在思维的东西，也就是说，一个精神，一个理智，或者一个理性。"③ 思想形成人的伟大，精神确认人的高贵，价值造就人的奇迹。帕斯卡尔说："人只不过是一根苇草，是自然界最脆弱的东西，但他是一根能思想的苇草……因而，我们全部的尊严就在于思想。""能思想的苇草——我应该追求自己的尊严，绝不是求之于空间，而是求之于自己思想的规定。"④ 在黑格尔看来，人不仅仅是自然，不仅仅是动物，人是一个思想的存在物。人之所以为人，全凭他的思维在起作用。"追求真理的勇气，相信精神的力量……人应尊敬他自己，并且自视能配得上最高尚的东西。精神的伟大和力量是不可以低估和小视的。"⑤ 人永远不能停止思想，因为人是一个思想的存在物，这就是他与动物的区别所在。在波普尔看来，人不仅是肉体存在，更是一个精神存在。"人类的本性是这样的，即人或者至少某些人，并不仅仅是为了吃，他们追求更高的目的——精神性的目的。"⑥ 人的存在就是有价值的存在，无价值的生活就是对生命的否定。

因此，一个能思想的人，才真正是一个力量无边的人。思想是人的生命"灵魂"，人是靠思想而活。"人是靠理智和意志把握自己的。他不仅仅是一种

① 笛卡尔著，庞景仁译：《第一哲学沉思集》，商务印书馆 1986 年版，第 26 页。
② B. 莫迪恩著，李树琴等译：《哲学人类学》，黑龙江人民出版社 2005 年版，第 171 页。
③ 笛卡尔著，王太庆译：《谈谈方法》，商务印书馆 2013 年版，第 46 页。
④ 帕斯卡尔著，何兆武译：《思想录》，商务印书馆 1997 年版，第 157—158 页。
⑤ 黑格尔著，贺麟译：《小逻辑》，商务印书馆 2007 年版，第 36 页。
⑥ K. 波普尔著，陆衡等译：《开放社会及其敌人》（第 1 卷），中国社会科学出版社 1999 年版，第 142 页。

物质上的存在，还是一种更丰富、更高贵的存在。……在人的肉体和骨骼中，存在着一种灵魂，它是一种精神，且具有比整个物质世界更大的价值。虽然人也许会依赖那些最微不足道的、非必要的物质，但人却是由于灵魂的存在才存在的，灵魂支配者时间和死亡，精神才是人格之根基。"① 一个有思想的人，他的生活不会落入俗套，他的人生会放异彩。古往今来，一切伟大的人物无不都是思想家。平凡的人虽成不了思想家，但也不能少了思想的支撑。思想是人类最宝贵的资源，是最重要的精神财富，是人类文明进步的动力。人类每一次大的变革，都离不开思想力量的指引，人类每一次文明的进步，都是思想力量推动的结果。思想的进步，带来社会的进步，促进历史的前行。

（3）优越性

人的活动通过思想、意志、语言、文化、技术等方面大大地甚至是无限地优越于动物的活动。帕斯卡尔在对《赞美诗》的评论中说："人是如此软弱和渺小，以致一滴水都能淹死他。但他却比那杀害他的东西高尚，因为他知道他将死去，懂得宇宙比他更强大。宇宙除了其所有的宏伟壮观之外，并不知其宏伟壮观。因此，人通过认识，即使只是对他的渺小的认识，也仍优越于宇宙。"② 康德认为，人在满足了本能需要之后，理性即开始深思熟虑地期待着未来。"不是单纯享受目前这一瞬间的生活而是要使自己面向将来的、往往是异常之遥远的时代的这种能力，乃是人类的优越性之最有决定性的标志，它使人类根据自己的天职在准备着遥远的目的；然而它同时也是无从确定的未来所引起的忧虑和烦愁的无穷无尽的根源，而那却是一切动物都可以免除的。"③ 人不仅是感性的存在物，也是知性的存在物；人不仅受知性的支配，而且受知性的统治。"每个人对于知性都表现出极大的尊重，这甚至在把它命名为高级的认识能力这一点上已经显示出来。谁要想赞颂它，就会被那些褒扬美德的雄辩家用嘲笑搪塞过去。但感性却有着恶劣的名声。人们传说着它的许多坏处，例如：①它混淆人的想象力；②它说大话，作为知性的统治者，它是顽固而难以驾驭的，而它本来只当是知性的仆人；③它甚至是骗人的，而人在这方面又不能存有足够的戒心。但另一方面，感性也不缺少赞扬者，尤其是在诗人和有鉴赏力的人们当中……我们终究无法摆脱的感性的被动性是人们所传说的感性的一切坏处的根本原因。人的内在完善性就在于：他在他的权力范围内使用他

---

① J. 马里坦著，高旭平译：《教育在十字路口》，首都师范大学出版社 2013 年版，第 10 页。

② M. 兰德曼著，阎嘉译：《哲学人类学》，贵州人民出版社 2006 年版，第 10 页。

③ 康德著，何兆武译：《历史理性批判文集》，商务印书馆 2005 年版，第 67 页。

的一切能力，使这些能力服从于他的自由的任意。但这就要求知性来统治，然而并不削弱感性，因为没有感性，就会没有立法的知性能够用来加工的材料了。"① 人之为人，就在于人不仅是一种客观物的存在，人还是一种精神的存在。使人成为人的是精神，人为精神所引导，"人的本质是精神"。舍勒认为，使人之为人的东西，甚至是一个与所有生命相对立的原则，人们绝不可能用"自然的生命进化"来解释这个使人之为人的原则；而如果要用什么来解释的话，就应把原因归结到事物本身最高的原因——那个它的部分显现就已是"生命"的原因。"希腊人早已提出这样一个原则，并且名之以'理性'。我们宁愿用一个更全面的词来形容这个未知数。这个词一则包容了理性的概念，而同时除了理念思维之外也包括一种既定的观照——对元现象或本质形态的观照；再者，还包括了确定等级的尚待说明的情感和意志所产生的行动，例如善、爱、悔、畏等——这就是精神（Geist）一词。那个精神在其中，在有限的存在范围内显现的行为中心，我们要名之以人本身，以严格区别于一切功能性的'生命'中心。"② 精神包括了人之为人的所有方面，"人之为人的显著特征就在于，他脱离了直接性和本能性的东西，而人之所以能脱离直接性和本能性的东西，就在于他的本质具有精神的理性的方面"。③ 人之所以成为人，是因为我们怀有一颗崇敬之心，并且让精神的内涵充斥于我们的想象力、思想以及活力的空间。"精神内涵通过诗歌和艺术作品所特有的把握方式，进入人的心灵之中……透过古代那种纯朴而深邃的伟大，我们似乎达到了人生的一个新境界，体验到人类的高贵以及获得做人的标准。"④ 正因为人是精神的存在，才显示了人的高贵和优越。

我们生而为人是光荣的，应该宝贵"人"这个称号，让生命发出它应有的光辉来。思想和价值观是"人"的标签，情怀和品格才是"人"的魅力。"人"这个称号作为崇高价值、精神象征的高贵性，正是表现在成为一个真正的人。诚如罗洛·梅所说，人的精神是人的最高品质的本源，"它为人区别'我'和世界的能力奠定了基础，并给予他记时的能力，使他能够从目前脱身出来，想象昨天或后天的自己。因此人能够审视过去，计划将来；因此人是历史性的哺

---

① 康德著，邓晓芒译：《实用人类学》，上海人民出版社 2005 年版，第 23—24 页。

② M. 舍勒著，刘晓枫选编：《舍勒选集》（下），上海三联书店 1999 年版，第 1330 页。

③ H. G. 加达默尔著，洪汉鼎译：《真理与方法》（上卷），上海译文出版社 2004 年版，第 14 页。

④ K. 雅斯贝尔斯著，邹进译：《什么是教育》，生活·读书·新知三联书店 1991 年版，第 56 页。

乳动物，因为它可以脱身出来回望他的历史"。[①] 人的理想、信念等是人的精神的重要组成部分。理想，是经过奋斗可以实现的目标。理想既是人的人生理想，也是时代理想和群体理想。正因为有理想，人最大化地实现了人生价值。时间之河川流不息，身处不同时代的人都有自己的际遇和机缘，都要在自己所处的时代条件下谋划人生。实际上，这正说明了人的历史使命性。有什么样的理想目标，就有什么样的奋斗样态，也就有什么样的人生高度。信仰是风帆，它能够指引人生之舟在茫茫人海中始终不偏离正确的航向；信仰是灯塔，它能够引领生命个体在遭遇人生迷雾时走出迷茫和困惑；信仰是支柱，它能够挺举生命之树在阳光的辐照下苗壮而健硕。信仰是每个人的精神脊梁、立身之本。迷失了信仰，人的行为就会失规，心理就会失衡，道德就会失范，就会失去把握自身命运的力量。人，只有拥有了坚定的信仰，才能心有所依、行有所归，才能确保人生的选择始终保持正确的方向。人生有依归，社会才能不断前进。信仰是人生的动力之源、发展之基。人的发展、成长，一天也离不开高尚信仰的浸润和护佑，一天也离不开精神力量的催发和净化。

（4）超越性

在人的活动中有一个持续的要求不断超出已经实现的结果的张力，也就是一个超越、向前的冲动，一个指向最高水平的意志。人是世界上最奇特的存在、超越性的存在。康德说："大自然绝不做劳而无功的事，并且绝不会浪费自己的手段以达到自己的目的。既然她把理性和以理性为基础的意志自由赋予了人类，这就已经是对她所布置的目标的最明显不过的宣示了。这就是说，人类并不是由本能所引导着的，或者是由天生的知识所哺育、所教诲着的；人类倒不如说是要由自己本身来创造一切的。生产出自己的食物、建造自己的庇护所、自己对外的安全与防御（在这方面大自然所赋予他的，既没有公牛的角，又没有狮子的爪，也没有恶狗的牙，而仅只有手）、一切能使生活感到惬意的欢乐，还有他的见识和睿智乃至他那意志的善良——这一切完完全全都是他自身的产品……看来大自然根本就不曾做任何的事情来使人类生活得安乐，反倒是要使他们努力向前奋斗，以便由于他们自身的行为而使他们自己配得上生命与福祉。"[②] 萨特认为，以某个关于人的谋划的实现为目标，人始终觉得自己是未完成的，他永远不能满足于已经取得的成功，他觉得自己还未完成，似乎有什么东西从一开始就逼迫他不断地重新担负起完善自己的任务。因此，决定论

---

① 袁贵仁主编：《对人的哲学理解》，河南人民出版社 1994 年版，第 313—314 页。

② 康德著，何兆武译：《历史理性批判文集》，商务印书馆 2005 年版，第 5—6 页。

不仅是错误的，而且是根本就没有的。"如果存在确是先于本质，人就永远不能参照一个已知的或特定的人性来解释自己的行动，换言之，决定论是没有的——人是自由的，人就是自由。"① 在决定论者看来，我们远远不能按照我们的意愿来改变我们的处境，似乎我们自己也不能改变我们自己。"我不能自由地逃避我的阶级、民族和我的家庭的命运，甚至不能确立我的权力或我的命运，也不能自由地克服我的最无意义的欲念或习惯。我生于工人家庭，是法国人、遗传性梅毒或者遗传性肺痨患者。一个生命的历史，无论它是怎样的，都是一部失败的历史。事物的敌对系数是如此之大，以致需要耐心地等待好多年来得到一个最微不足道的结果，还需要'服从自然以便支配自然'，也就是说，将我的行动插入决定论的网络之中。尽管人看起来是'自己造就'的，然而他似乎仍是通过气候和土地、种族和阶级、语言、他所属的集团的历史、遗传、孩提时代的个人境况、后来养成的习惯、生活中大小事件而'被造成的'。"② 针对决定论者的主张，萨特给予了有力的反驳。如果以某个关于人的谋划的实现为目标的话，人始终觉得自己是未完成的。人永远不能满足于已经取得的成功，他永远觉得自己还未完成，似乎有什么东西从一开始就逼迫他不断地重新担负起完善自己的任务。因此，决定论不仅是错误的，而且是根本就没有的。"如果存在确是先于本质，人就永远不能参照一个已知的或特定的人性来解释自己的行动，换言之，决定论是没有的——人是自由的，人就是自由。"③

在决定论的世界里，人等同于物，人无法决定自己的命运。作为自在只能服从，作为自为才能创造、才能超越——人是自己造就的。"人始终处在自身之外，人靠把自己投出并消失在自身之外而使人存在；而且，人是靠追求超越的目的才得以存在。既然人是这样超越自己的，而且只在超越自己这方面掌握客体，他本身就是他的超越的中心。"除了人的宇宙、人的主观性宇宙外，再没有别的宇宙了。人除了他自己外，别无立法者。由于听任他怎样做，他就必须为自己作出决定；由于放弃了返求诸己的打算，而在自身之外寻求一个解放（自己）的或者体现某种特殊理想的目标，"人才能体现自己真正是人"。④ 孙志文认为，人在现世的存在可谓是正反两可。一方面，人是独特的个体；另一方面，人又完全依赖主观之外的实在界生存。"人不断追求更有意义和更幸福的

① 萨特著，周煦良等译：《存在主义是一种人道主义》，上海译文出版社 2005 年版，第 11 页。
② 萨特著，陈宣良等译：《存在与虚无》，生活·读书·新知三联书店 2009 年版，第 585 页。
③ 萨特著，周煦良等译：《存在主义是一种人道主义》，上海译文出版社 2005 年版，第 11 页。
④ 萨特著，周煦良等译：《存在主义是一种人道主义》，上海译文出版社 2005 年版，第 31 页。

生命，这可解释为人性内有的暧昧性的记号：人野心勃勃地给自己定下目标，达成之后却又不能就此罢休；他还是不满足，他又要去找更伟大的目标。"① 人朝向目标努力的过程，即是不断学习、不断成长的过程。理想与现实总是存在着差距，即便是先前憧憬的目标的实现，也与努力奋斗的理想存在着一定的距离。一个目标的实现意味着下一个目标的开始，人的努力、学习、奋斗永无完结。"我一生若有一刻是因为某一件事或某种感受的美，而感到销魂般的满足，对人生不再有进一步的冀望的话，那么我便是该死的，我的生命也便无意义。"因此，人应把握或者努力做真正有意义的事，摆脱眼前的享乐、权力。否则，就是死路一条。"人只有两条路：一是对自己生命的开放，时刻期望对此生有更深入的领悟，并不断为有意义的生存工作；一是把命运夺在自己手中，颠倒物事的秩序，跟自己的同伴断绝真实的接触，给自己打开丧亡的大门。"② 列斐伏尔认为，人首先是一种生物的可能性。由于人不满足于自然界，"人类的历史就是人类独立于自然之外与自然作斗争，又是从自然中脱胎换骨而出的历史。在这个历史过程中，人凌驾于自然界之上并逐步统治着自然界"。即，人并不是"直接现成"的自然实体，而是一种超越自然限制的"应然的"可能性。"人类的诞生是一种改造，是一种越来越自觉的改造。精力充沛的人类以自己为中心改造着自然并使自然也变成人类。"在列斐伏尔看来，人类的历史就是人类不断地超越自然的有限制约，重建人类与自然的总体性联系的过程。"在历史上，人类既独立于自然界，但同时又同自然界保持着更深的联系、更高的统一。人是自然界中有限的生物，是一个总体，是积极的主体，人的生命是自生的，他致力于自身的巩固和提高——生存是有限的，但可能性却是无限的——因此，人类能够达到高级的生存程度并超越原来的起点。人类的活动就是一种不断地回复到原来的起点以便把握它并不断地把它提到更高级的水平的运动。"人类可以达到更高的存在，人可以超越有限性，达到无限性。"意识既表明人的局限性又表明人的无限性。这就是人的内在矛盾，它迫使人不断完善自己并改造自己，而这就是人类的悲剧所在，人类的不幸——也就是人类的伟大所在。人类从自己的局限性中引出了特定的、人性的无限性。这种无限性包含摆脱并克服处于自然生存中的无限性，因而可以称为：人类力量、认识、行

---

① 孙志文著，陈永禹译：《现代人的焦虑和希望》，生活·读书·新知三联书店 1995 年版，第 101 页。

② 孙志文著，陈永禹译：《现代人的焦虑和希望》，生活·读书·新知三联书店 1995 年版，第 102 页。

动、爱、精神——或简而言之为人性。"①

因此，人并不完全是被决定的或被限定的，人可以决定自己的命运。人最终是自我决定的，人不是简单地存在着的，人总是决定他的存在是什么以及未来他会成为什么。"无论我们的生存环境如何，我们总是保留人的自由的最后仅存的东西——在既定的环境中选择个人态度的能力。"②世界本是自然，它自然而然地存在，存在得自然而然。然而，从自然中生成的人类，却要认识自然、改造自然，把自然而然的世界变成"人化了的自然"，即"属人的世界"。为了让世界满足自己的需要，人类需要从这个自然而然的世界中去探索"真"、寻求"善"、实现"美"，把这个自然而然的世界变成对人来说是"真善美"的世界。

2. "种生命"与"类生命"的双重存在

作为人的形成和发展的原因、根据，人的本质是什么，这在马克思主义诞生之前，由于种种原因一直未能得到很好的回答。马克思首先把人的本质和自由的有意识的活动、劳动联系起来，正确解答了这个人学之谜，并由此奠定了整个人学理论的科学基础。

人不仅具有动物的"种生命"，而且具有只有人才具备的"类生命"，即人有着双重生命的存在。马克思从哲学人本学的立场出发，把人理解为类的存在物，并深刻地揭示了自由的有意识的活动是人的类本质。马克思指出："人是类存在物，不仅因为人在实践上和理论上都把类——他自身的类以及其他物的类——当作自己的对象；而且因为——这只是同一事物的另一种说法——人把自身当作现有的、有生命的类来对待，因为人把自身当作普遍的因而也是自由的存在物来对待。"③ 这实际上是说，所谓人是类的存在物，是指人一方面能自觉地把握外部世界和自身的类，另一方面能够作为自由自在的类存在物而实际地进行创造活动。因此，人区别于动物的类本质特征，就在于人是自由自觉的类的存在物。马克思指出："一个种的整体特性、种的类特性就在于生命活动的性质，而自由的有意识的活动恰恰就是人的类特性。"④ 自由的有意识的活动或劳动这种生命活动，对人来说不过是满足一种需要即维持肉体生存的需要的一种手段，而生命活动就是类生活，这是产生生命的生活。"动物和自己的生命活动是直接同一的。动物不把自己同自己的生命活动区别开来。它就是自己

① 张一兵等著：《人的解放》，河南人民出版社 2011 年版，第 154-155 页。
② A. 马斯洛著，成明编译：《马斯洛人本哲学》，九州出版社 2003 年版，第 130 页。
③ 《1844 年经济学哲学手稿》，人民出版社 2008 年版，第 56 页。
④ 《1844 年经济学哲学手稿》，人民出版社 2008 年版，第 57 页。

的生命活动。人则使自己的生命活动本身变成自己意志的和自己意识的对象。他具有有意识的生命活动。这不是人与之直接融为一体的那种规定性。有意识的生命活动把人同动物的生命活动直接区别开来。正是由于这一点，人才是类存在物。或者说，正因为人是类存在物，他才是有意识的存在物，就是说，他自己的生活对他来说是对象。仅仅由于这一点，他的活动才是自由的活动。"①

由于这种自由的有意识的活动或劳动本身构成人的类本质，因而人的劳动、人的生产、人的实践实际上是一种对象性的活动，即实际地改变对象、创造对象的活动。马克思指出："人通过自己的活动按照对自己有用的方式来改变自然物质的形态。"② 而人的对象世界，人生活于其中的感性世界，作为人的实践活动的产物实质上是劳动的对象化，即自由的有意识的类本质的对象化。马克思把劳动对象化称之为"人的本质的对象化"，把工业"看成为人的本质力量的公开展示"，并形象地指出："工业的历史和工业的已经生成的对象性的存在，是一本打开了的关于人的本质力量的书。"③ 人改造对象世界的实践活动并不是机械地、简单地复制对象本身，而是把人的需要、愿望、计划、目的等主观性的对象客观化到对象之中，从而在主客体统一的活动结果中确证人的本质力量。马克思曾提出了人的活动具有双重尺度的著名观点：人不同于动物，人能同时按照任何物种的尺度和自己内在的尺度进行生产和创造。"通过实践创造对象世界，改造无机界，人证明自己是有意识的类存在物，就是说是这样一种存在物，它把类看作自己的本质，或者说把自身看作类存在物。诚然，动物也生产。它为自己营造巢穴或住所，如蜜蜂、海狸、蚂蚁等。但是，动物只生产它自己或它的幼仔所直接需要的东西；动物的生产是片面的，而人的生产是全面的；动物只是在直接的肉体需要的支配下生产，而人甚至不受肉体需要的影响也进行生产，并且只有不受这种需要的影响才进行真正的生产；动物只生产自身，而人再生产整个自然界；动物的产品直接属于它的肉体，而人则自由地面对自己的产品。动物只是按照它所属的那个种的尺度和需要来构造，而人懂得按照任何一个种的尺度来进行生产，并且懂得处处都把内在的尺度运用于对象；因此，人也是按照美的规律来构造。"④ 至此，马克思关于类本质对象化的思想就比较清晰、完整地展示出来了。这一范畴对于理解人的本质、人的存在、人的世界都是至关重要的。马克思在《1844 年经济学哲学手稿》中具体

---

① 《1844 年经济学哲学手稿》，人民出版社 2008 年版，第 57 页。
② 《资本论》（第 1 卷），人民出版社 2004 年版，第 88 页。
③ 《1844 年经济学哲学手稿》，人民出版社 2008 年版，第 88 页。
④ 《1844 年经济学哲学手稿》，人民出版社 2008 年版，第 57—58 页。

阐述了人的自由的有意识的类本质和人的劳动对象化的思想之后，明确地概括了类本质对象化的思想："因此，正是在改造对象世界中，人才真正地证明自己是类存在物。这种生产是人的能动的类生活。通过这种生产，自然界才表现为他的作品和他的现实。因此，劳动的对象是人的类生活的对象化：人不仅像在意识中那样在精神上使自己二重化，而且能动地、现实地使自己二重化，从而在他所创造的世界中直观自身。"① 人类自动物进化而来，人与动物根本区别就在于人对人的世界的创造。只有从人创造人的世界的对象活动中，才能够显示人的本质，人类的这一对人的世界的创造，正是人的自由的有意识的活动的结果。因此，类生命是人之为人的生命，类生命蕴含着丰富的内容，其特性表现在以下几个方面：

自为性。类生命是人创生的，是人所特有的，因此，具有自为性。动物完全依附于环境而生存，依附于本能而生存。动物不会也不能改变它所生活的环境，只能适应并成为环境中稳定不变的一部分。人的本能适应能力尽管比动物低得多，但人能在适应环境的基础上超越环境，并且能够通过自由的有意识的活动去改变环境。诚如马克思所说："可以根据意识、宗教或随便别的什么来区别人和动物。当人开始生产自己的生活资料的时候，这一步是由他们的肉体组织所决定的，人本身就开始把自己和动物区别开来。"② 人不是自然进化完成的作品，人是自然进化基础上自我创造的作品。人通过自由的有意识的活动改变环境，从而创造自己的生命，"活"出生活的精彩。人是这样一种存在物，他不仅现实地存在着，而且能够意识到自己的存在，具有关于自己存在的自我意识。"凡是有某种关系存在的地方，这种关系都是为我而存在的；动物不对什么东西发生'关系'，而且根本没有'关系'；对于动物来说，它对他物的关系不是作为关系存在的。因而，意识一开始就是社会的产物，而且只要人们存在着，它就仍然是这种产物。当然，意识起初只是对直接的可感知的环境的一种意识，是对处于开始意识到自身的个人之外的其他人和其他物的狭隘联系的一种意识。同时，它也是对自然界的一种意识，自然界起初是作为一种完全异己的、有无限威力的和不可驯服的力量与人们对立的，人们同自然界的关系完全像动物同自然界的关系一样，人们就像畜生一样慑服于自然界，因而，这是对自然界的一种纯粹动物式的意识。但是，另一方面，意识到必须和周围的个人来往，也就是开始意识到人总是生活在社会中。这个开始，同这一阶段的社

---

① 《1844 年经济学哲学手稿》，人民出版社 2008 年版，第 58 页。
② 《马克思恩格斯选集》（第 1 卷），人民出版社 1995 年版，第 67 页。

会生活本身一样，带有动物的性质；这是纯粹的畜群意识，这里，人和绵羊不同的地方只是在于：他的意识代替了他的本能，或者说他的本能是被意识到了的本能。"[1] 人的代替"本能"的意识，"它不用想象某种现实的东西就能现实地想象某种东西"。[2] 这就是人类意识的超越性：它超越了"意识对象"的限制，而把意识所想象的对象当作真实的"意识对象"。在自我意识的基础上，人还力图对自己的存在进行自我认识并作出解释。人是首先感觉到自我的存在，然后才能去探寻和追求自我存在的意义与价值。海涅说："一个人的命运难道不像一代人的命运意义珍贵吗？要知道，每一个人都是一个与他同生同死的完整世界，每一座墓碑下都有一部这个世界的历史。"[3] 在此意义上可以说，人是一种对自己的存在不断进行自我认识、自我探究、自我创造的存在物。由于这种生命是自我支配、自我主宰、自我创造的，因而是自为的。诚如弗洛姆所说："人在改造周围世界的同时，也在历史的进程中改造了自己。事实上，人是自己的创造之物。但是，正像他只能按照自然物质的性质来改造、改变自然界一样，他也只能按人的本性来改造、改变他自己。人在历史进程中所做的，便是开发这种潜力，并按照人性的可能发展方向来改造这种潜力。"[4]

生成性。种生命是自然给予的，对于动物而言这是一种先天规定，也是一种宿命，具有相对的固定性。类生命是人自己创造的，没有先前的规定性。"人怎样去创造自己的生活，人也就有着怎样的本质和特征……而人的类本质却是随着人及其活动方式的变化而处于不断变化中的。"[5] 类生命不是定型化的存在，而是具有开放性、不确定性和无限可能性。类生命是人在实践活动中不断生成的，它随着实践活动的变化而变化，随着实践活动的发展而发展。"个人怎样表现自己的生命，他们自己就是怎样。因此，他们是什么样的，这同他们的生产是一致的——既和他们生产什么一致，又和他们怎样生产一致。"[6] 因此，类生命始终处于不断生成、发展与完善的过程之中。

自由性。人的自由的有意识的活动，从本质上说是对自然的否定性活动，"自由的有意识的活动恰恰就是人的类特性"。[7] 人不是一切都顺应自然、适应

---

[1] 《马克思恩格斯选集》（第1卷），人民出版社1995年版，第81—82页。

[2] 《马克思恩格斯选集》（第1卷），人民出版社1995年版，第82页。

[3] 科恩著，佟景韩等译：《自我论》，生活·读书·新知三联书店1986年版，第146页。

[4] E. 弗洛姆著，孙恺祥译：《健全的社会》，贵州人民出版社1994年版，第10页。

[5] 高清海著：《高清海哲学文存》（第2卷），吉林人民出版社1997年版，第120页。

[6] 《马克思恩格斯文集》（第1卷），人民出版社2009年版，第520页。

[7] 《1844年经济学哲学手稿》，人民出版社2008年版，第57页。

自然、听命于自然，在自然面前束手无策，而是突破了自然施加的限制，把自己的生命、生活、命运完全掌握在自己手中，从而实现了自由的有意识的活动。人凭借这样的活动，不但创造了人的生活、人的生存环境、人的对象世界，也创造了人的本质即人本身。袁贵仁说："根据马克思和恩格斯的论述，人的自由可以看作是人在活动中通过认识和利用必然表现出的一种自觉、自为、自主的状态，自由活动就是自觉的、自为的、自主的活动。"① 其中，自觉是相对于"盲目"而言的，自为是相对于"自在"、"自发"而言的，自主是相对于"强制"、"被迫"而言的。马克思认为，法律不是压制自由的手段，正如重力不是阻止运动的手段一样。不过，法律规定的自由，存在于法律肯定的、明确的、普遍的规范之中。在法律规范中，自由的存在是普遍的、理论的、不取决于个别人任性的性质。正是在此意义上，"法律就是人民自由的圣经"（马克思语）。法律保障的是人民的自由，包括言论自由，但决不赞同"任性"。当"任性"越出道德底线，就应受到舆论谴责；触犯法律，就应受到法律制裁。换句话说，切不可把自由视为"任性"、不受限制、没有约束，或者少受限制、鲜有约束。无所限制的自由必然是扭曲的，也是不真实的，只能存留于想象之中。谁要真是如此"任性"地看待自由，无所顾忌、不知敬畏，谁就终将付出惨重代价。纵观古今，自由之人，必是敬畏法度之人；敬畏法度之人，多是严以自律之人。建构在自律基座上的自由，才是真正的自由。二者并非彼此孤立，更非相互矛盾。从逻辑上讲，自律是前提和保障，自由是目的和依归。俗话说，"没有框的玻璃容易碎"。没有自律，自由就如同断线风筝、脱缰野马，必然横冲直撞、不受节制，终将走向自由的反面。"自律的，才是自由的"，"不自由即是自由"，听上去有些矛盾，却是最现实、最真切的道理。自由之人由于时时刻刻自重、自省、自警、自励，秉持慎独、慎初、慎微、慎友，收获了内心的宁静平和，抵达了"从心所欲不逾矩"的境界。自由与理性相伴而行，自由绝不是"任性"。"自由不是主体的随心所欲、为所欲为，而是主体和客体的统一，是权利和义务的统一，是自由和责任的统一。"② 只有把握好"畏"与"德"、"不自由"与自由的辩证法，我们方能内心澄明，动静有常，心有所畏，言有所戒，行有所止。

独特性。生命个体是有差异的存在，这种差异不仅表现在自然生命之中，而且表现在类生命的自为性、类生命的生成与发展过程之中。人在体力、智

---

① 袁贵仁著：《马克思的人学思想》，北京师范大学出版社 1996 年版，第 215 页。
② 袁贵仁著：《马克思的人学思想》，北京师范大学出版社 1996 年版，第 217 页。

力、信仰等方面存在着差异，正因为如此，人的生命才丰富多彩。个体在无限多样的个性中去体现自己、展现自己、实现自己、完成自己，并以其个性的多样性去促进社会发展。石中英说："世界上没有两片相同的树叶，也没有两个相同的人。这不仅是在人的身体特征上，更是在人的精神特征和个体行为习惯上。精神特征的独特性主要是认识背景的独特性和认识结果的独特性。个体行为习惯上的独特性主要表现在人们在面临同一种刺激所做出的反应的方式和强度不同。人存在的独特性也给他的生活世界涂上了个性的色彩。每一个人的生活世界都是独特的，不同的事物和事件在各人的生活世界中被解释为不同的意义。人的独特性和其生活世界的独特性是不可丧失、不可让渡的。否则，人就被他人或社会力量异化了。"①

完整性。人是自然存在、社会存在和精神存在的统一体，人有着丰富的精神世界。人的信仰、对人生意义与价值的追求、对美好生活的向往，构成了人生命的重要组成部分，并成为人的自由的有意识的活动的向导。信仰是人对人生观、价值观和世界观的持有。信仰是融于每个人灵魂的血脉基因，是每个人心中坚守的精神高地，也是每个人执著笃行的内在动力。点燃信仰的火花，方能找准人性良知、绷紧道德底线、谨守行为规范。一个人不能没有信仰，没有信仰的人等于没有灵魂；一个民族不能没有信仰，没有信仰的民族如同一盘散沙；一个国家不能没有信仰，没有信仰的国家不会自主强大。没有信仰，就没有名副其实的品行和生命。"生命，如果跟时代的崇高的责任联系在一起，你就会感到它永垂不朽。"② 对信仰的不同选择，体现了一个人生命的宽度和厚度。"人生是一场负重的狂奔，需要不停地在每一个岔口作出选择。而每一个选择，都将通往另一条截然不同的命运之路。"③

创造性。类生命在自为性、生成性、自由性、独特性、完整性中体现了创造性，创造体现了人生的重要价值和生命意义。"人必须靠自己完成自己，必须决定自己要成为某种特定的东西，必须力求解决他要靠自己的努力解决自己的问题。他不仅可能而且必须是创造性的。创造性完全不限于少数人的少数活动；它作为一种必然性，根植于人本身存在的结构之中。"④

总之，人在自然赋予的本能生命的基础上，又创造出了属于自我的自为生命。也就是说，人是有着第一生命和第二生命双重生命的存在，前者可以称为

① 石中英著：《教育哲学导论》，北京师范大学出版社 2004 年版，第 86 页。

② 徐贵相：《过有信仰的生活》，《人民日报》，2015 年 7 月 2 日。

③ 马祖云：《要选择，更要有坚守》，《人民日报》，2015 年 8 月 19 日。

④ M. 兰德曼著，阎嘉译：《哲学人类学》，贵州人民出版社 2006 年版，第 192 页。

"种生命"，后者可以称为"类生命"。这一称呼类似于我们常说的个体生命与社会生命、自然生命与文化生命、肉体生命与价值生命，等等。实际地说，只有"类生命"，即支配生命活动的那个"超生命的生命"，才是属于人所特有的生命。生命的双重本质意味着，"人"与动物在存在本性、生存目标、价值意义种种方面都完全不同。动物只有生命本能，动物是不能超越它的本性所规定的界限的，动物个体生来就已经"是其所应是"。而人则不同，人的本性是人在实践活动中创生的，属于人的自为规定。兰德曼说："人能够决定他自己的行为方式，即他是创造性的；其次，他之所以能这样，就因为他是自由的。他在双重意义上是自由的，即一方面从本能的统治下'获得自由'；另一方面又在趋向创造性的自我决定中'走向自由'。"① 人具有双重生命，必须经历两次生成，只能在有意识的"做人"中才会成为人。

3. 人：生命的主人

生命是主动的自在体，却不是能动的自为体，这是生命的矛盾。这个矛盾使得生命只能完全依附于它的环境、作为环境的组成部分而存在，生命的沉沦命运因而也就完全掌握在大自然手中。这个矛盾，在人的活动中获得了解决。"为了生存和生长，自然赋予动物某些特定的本能和辅助手段使其能够进行自我防御和保护；与动物不同，'人没有这种本能和手段，但是人却拥有理智和双手，它们在所有器官之中最为强大，因为在它们的帮助下，人可以无限地为自己获取用于各种目的的工具'。"② 人作为生命体的存在，已不再去直接仰赖环境为人提供现存的生存资料，而是依靠自己的劳动去创造环境，由自己的活动创造自己需要的生活资料。席勒说："自然开始创造人类并不比开始创造它的其他产品更好些：在人还不能作为自由的理智自己行动的地方，自然就为人行动。但是，使人成其为人正是在于，人没有停滞在单纯自然为他所造成的状态中，而有能力通过理性重新退回去采取自然与他一起预期的行动，把需要的产品改造成为他自由选择的产品，并且把肉体的必然性提高到道德的必然性。"③ 动物仅仅利用外部自然界，简单地通过自身的存在在自然界中引起变化；而人则通过他所作出的改变来使自然界为自己的目的服务，从而支配自然界。这便是人同其他动物的最终的本质的差别，而造成这一差别的是劳动。卢梭说："人的确是他所居住的地球上的主宰；因为，他不仅能驯服一切动物，

---

① M. 兰德曼著，阎嘉译：《哲学人类学》，贵州人民出版社 2006 年版，第 192 页。
② B. 莫迪恩著，李树琴等译：《哲学人类学》，黑龙江人民出版社 2005 年版，第 114 页。
③ F. 席勒著，张玉能译：《审美教育书简》，译林出版社 2012 年版，第 4—5 页。

不仅能通过他的勤劳而布置适合于生存的境界，而且在地球上只有他才知道怎样布置这种境界，只有他才能够通过思索而占有他不能达到的星球。"① 人与动物一样，需要从自然界谋取食物以维持自己的生命，但是，人谋求满足自己衣食住行所需要的物质生活方式却迥异于动物。岩崎允胤说："第一，人的物质生活是通过消费依靠劳动而生产的生活资料来实现的。如果说动物是在现成的自然条件中依靠自然而生存的，那么，人为了满足自己的生活需要，则在自然界中劳动，改造自然。这就是生产劳动……由于劳动，人不仅生产出生活资料，改变环境，而且也发展了人作为类的诸种力量，改变自己本身……第二，人的物质生活是通过生产和消费的全过程，作为社会的共同生活来实现的……个人不仅只有在社会的共同生活中才能生存，而且也只有通过谋求共同生活的诸个人的相互交往，相互交换并汇合类的诸种力量，才使自己成为人。第三，人类物质生活是有意识进行的。"② 不再依赖现成天赐，自己生产自己需要的生活资料，这就是生命变化的秘密。不同于其他完全由自然所引起和决定的生物，人在很大程度上是自己的创造者。动植物只能接受周围的自然环境，人却能够通过改造自然、促使自然发生深刻的变化来满足自己的需要。人不仅要突破自然环境的约束，而且也要超越依靠自己劳动创造的环境。"只有在考虑到其丰富性和复杂性的条件下，生命这种超凡的现象才可以展示人自身的存在，生命可以在独立的个人（单个的儿童、工人、工程师、农夫等人）身上得到证明，人在社会—文化环境下发展，生命之丰富性和复杂性要超越社会—文化环境加诸它的所有局限性。"③ 这无疑表明：生命与环境的关系发生了根本的变化，生命原来属于环境的组成部分，现在倒转了过来，环境变成生命的组成部分，但不是环境支配生命，生命反而要去支配环境。

人把生命的适应性活动变成了创造性的活动，这就不仅赋予生命以独立的"自我"，还使生命活动变成自我支配的"目的性活动"，在自身活动的范围之内获得了发展自由。康德说："人能够具有'自我'的观念，这使人无限地提升到地球上一切其他有生命的存在物之上，因此，他是一个人，并且由于在他可能遇到的一切变化上具有意识的统一性，因而他是同一个人，也就是一个与人们可以任意处置和支配的、诸如无理性的动物之类的事物在等级和尊严上截

---

① 卢梭著，李平沤译：《爱弥儿》（下卷），商务印书馆 2006 年版，第 396 页。
② 岩崎允胤主编，刘奔译：《人的尊严、价值及自我实现》，当代中国出版社 1993 年版，第 34 页。
③ B. 莫迪恩著，李树琴等译：《哲学人类学》，黑龙江人民出版社 2005 年版，第 25—26 页。

然不同的存在物，甚至当他还不能说出一个'我'时就是如此。"① 生命的这种
"自由"，也就是生命的"解放"、生命自身的"两重化"。而人对生命的解放，
同时也就是人的自我解放。卡西尔说："作为一个整体的人类文化，可以被称
之为人不断自我解放的历程。语言、艺术、宗教、科学，是这一历程中的不同
阶段。在所有这些阶段中，人都发现并且证实了一种新的力量——建设一个人
自己的世界、一个'理想'世界的力量。"② 如果说动物是其生命的奴仆，那
么，"人"便是驾驭、支配、主宰自己生命活动的那个"目的主体"，即生命的
主人；人便通过劳动求得生存，求得个性的发展。"一个人……不管他的劳动
方式多么原始，多么简单，但因为他从事了生产、创造，他就超越了动物的王
国；人是'能够生产、创造的动物'的定义确实很有道理。不过，劳动并不仅
仅是人的必然需要。劳动也将人从自然中解放出来，使之成为独立的社会的
人。在劳动过程中，即在铸造及改变自身之外的自然界的活动中，人也铸造并
改变了自己。他掌握了自然，并由此脱离了自然；他逐渐形成了合作、理性及
美感。他使自己从自然中，从原始的一体中分离出来，又以主人及建造者的身
份同自然重新结合在一起。他的劳动越广泛，他的个性就越发展。在改造与重
新创造自然的同时，他学会了利用自己的力量，提高了自己的技能和创造
力。"③ 只有人具有自我意识，只有人才能够将他自己的知识从他的存在中分离
出来，才能够在探询活动中显示出他自身的存在。尽管其他动物也知道它们自
己和它们周围的事物，但它们既不了解自己，也不了解事物，因为它们既不能
将自己从自身中、也不能将自己从事物中分离出来。"动物实事上只能同它周
围的事物、同它的环境一起构成一个事物……动物能够知道、也具有意识，但
只有人才能够知道自己知道，知道自己具有意识。"④ 人不但能够实现其存在，
还能够对其行动进行反思。人能够抛开其他事物，只专注于自身、自我；人能
够将自身、自我从其他事物中分离出来，首先提出"我"的存在，并将之视为
一个特殊的客体进行研究。人是一种能够对自身进行思考的存在者。"人是可
以说'我'，并知道自己是一个独立的实体的动物。动物存在于自然之中，并
不超越自然，它意识不到自己的存在，也不需要身份感。人，从自然中分离开
来，被赋予理性与想象力，需要形成一个关于自我的概念，需要说出并感觉到
'我就是我'。因为他不是被动地活着，而是主动去生活，因为他丧失了同大自

---

① 康德著，邓晓芒译：《实用人类学》，上海人民出版社 2005 年版，第 3 页。

② E. 卡西尔著，甘阳译：《人论》，上海译文出版社 1998 年版，第 288 页。

③ E. 弗洛姆著，孙恺祥译：《健全的社会》，贵州人民出版社 1994 年版，第 141－142 页。

④ B. 莫迪恩著，李树琴等译：《哲学人类学》，黑龙江人民出版社 2005 年版，第 65 页。

然原有的一体性，他不得不自己作出决定，意识到自己与他人是不同的个体。"① 正是自我意识，使人有可能将自己视为一个独特的客体。在所有不完善性的存在中，人是唯一既能将自身的行动也能将自身作为反思对象的存在；这种能力使人有别于其他动物，因为动物不能将自身从其活动中分离出来，因而也不能反思其活动。米德认为，人类并不像动物那样，只是毫无思考地对别人的行为作出简单的反映。人类与动物的不同，关键在于人类拥有自我。"我们针对自己采取'行动'，就像我们针对另外一个人一样。我们赞美我们自己，也与自己辩论，在内心感到自豪，或陷于自责。在所有这些'行动'中，我们在与我们的自我交流，与一个内在的'人'交流，就像我们与另外一个人交流一样……这种与自己'交谈'的过程，是人类意识的最重要的独一无二的特征。"② 动物的活动是其自身的延伸，其活动的结果也不能与自身分离；动物既不能确定目标，也不能对改造自然赋予任何超越自身的意义。更何况，"决定"进行这种活动的并不在于它们，而在于它们的种类。因此，从根本上说，动物是"自在的存在"。相反，"人能意识到自己，并因而能意识到世界——因为人是意识的存在，所以人存在于对限度的确定以及自身的自由之间的辩证关系中。当他们将自身从其目标化的世界中分离出来，当他们将自己从他们自己的活动中分离出来，当他们将他们的决定置于他们自身之中，并置于他们与这个世界及其他人的关系之中时，人克服了限制他们的境况：'有限境况'，一旦这些境况被个人看作是枷锁，看作是其解放的障碍，这些境况就会从背景中突显出来，揭示了作为特定现实的具体历史内容的真正本质。"③

二、人的"生存根基"

（一）"活着"与"活法"

"生存"这个概念，就其一般意义而言，不过是指事物在时空中的延续存在状态。生存是大自然赋予一切存在物的普遍本性。生存在动物身上，表现为有机体求生存的生命本能。人是生命的存在，人也有生存的要求。就此而言，人与动物没有区别。人与动物的不同，主要表现在以下方面：动物能够以生存为满足，"活着"就是它们的目的，除了保持和延续生命的生存之外，它们别

① E. 弗洛姆著，孙恺祥译：《健全的社会》，贵州人民出版社 1994 年版，第 48 页。
② D. 波普诺著，李强等译：《社会学》，中国人民大学出版社 2002 年版，第 117 页。
③ B. 弗莱雷著，顾建新等译：《被压迫者教育学》，华东师范大学出版社 2001 年版，第 47 页。

无所求。而人不会仅仅以活着为满足，人还有更高的追求，人活着是为了实现人的"超生命"的本性。"动物按自然的生物学法则'生活'，它是自然的一部分，从来没有超乎自然之上。它没有道德心，没有自我及其存在的意义，没有理性，因此，动物没有真理的概念，即使它可能知道什么是有用的……人的进化建立在这样一个事实的基础上：他失去了原来的家——自然，再也不能返回，再也不能重新成为动物了。他只有一条路可走：从他自然的家完全超脱出来，去寻找一个新家——一个他创造的家。他把世界变成了一个人类世界，使自己真正成了人。靠这种方法，他创造出了一个新家。当人——人类的整体以及人类的个体——诞生之时，他就被扔了出来，从一个像本能一样确定的环境来到了一个不确定的、无常的和开放的境地，在那里，只有过去是确定的，将来的死亡是确定的。"① 换言之，人要讲究"活法"，力求"体面地活着"、"有意义地活着"、"有尊严地活着"、"有理想地活着"，追求生存的意义与价值。

1. 生存与生活

人最重要的事情不仅仅是生存，而是有价值地生存。人的生命与动物或植物的生命有着本质的区别，例如，当我们说一个人过着野兽的生活时，就已经把人和动物区分开来了。苏格拉底认为，人不仅仅是一块肉——一个肉体，人还有更多的东西，有神圣的闪光、理性，对真理、仁慈、人道的热爱，对美和善的热爱。然而，如果我不仅仅是一个"肉体"，那么我又是什么呢？"你首先是智慧"，这是苏格拉底的回答。正是你的理性使你成为人，使你不仅仅是一堆情欲和愿望，使你成为自足的个人，同时使你能够宣称你就是目的。苏格拉底说"观照你的灵魂"这句话，基本上是要求智性诚实，正如"认识你自己"这句话是他用来提醒我们知识的限度一样。② 在苏格拉底看来，"重要的是，不单是单纯地活着，而是要好好地活着"。③ 在柏拉图看来，各种各样的情欲、快乐和痛苦都来自于身体，它们扰乱了灵魂的纯粹探究。因此，要获得知识，唯一的办法就是撇开身体。"我们要接近知识只有一个办法，我们除非万不得已，得尽量不和肉体交往，不沾染肉体的情欲，保持自身的纯洁。"④ 在《高尔吉亚篇》中，柏拉图拼命贬低身体，正是身体的欲望和需求导致尘世间的苦难和罪恶。在《理想国》中，他对身体的满足感、快乐感不屑一顾，而灵魂、精神的

---

① E. 弗洛姆著，孙恺祥译：《健全的社会》，贵州人民出版社 1994 年版，第 17—19 页。

② K. 波普尔著，陆衡等译：《开放社会及其敌人》（第 1 卷），中国社会科学出版社 1999 年版，第 352—353 页。

③ 李文成著：《人的价值》，河南人民出版社 2011 年版，第 129 页。

④ 柏拉图著，杨绛译：《斐多》，生活·读书·新知三联书店 2012 年版，第 19 页。

满足与快乐足以压倒身体的满足或快乐。那些理智的人、精神充实的人无论如何不会听信身体的无理性的野蛮要求，甚至不会将健康作为头等大事，除非健康有助于精神的和谐调节。而且，身体的欲望——食物、性、名利等——同畜生一样低等、任性。"保证身体需要的那一类事物是不如保证灵魂需要的那一类事物真实和实在的。"① 因此，人应该控制自己的情欲，节制自己的欲望，过着超凡脱俗的禁欲主义生活。如果人的生活方式是有价值的，那么，以这样的方式生活肯定是幸福的。亚里士多德认为，对人而言，幸福是最高的善，而幸福是以德为根据的灵魂的现实活动。德的根源并不是修身养德，而是和人相称的伦理上的智慧。所谓有价值地生活，即是谋求真正的人的生活，追求人的生活方式。亚里士多德把人的生活分为三类，即享乐的生活、追求荣誉的生活、沉思的生活。享乐的生活完全出于本能需要，追求荣誉的生活关乎人的尊严和脸面，这两种生活虽然有所裨益，却并不能带来真正的幸福。而沉思的生活，因为建立在思辨和智慧的基础之上，因此是一种能孕育幸福感的生活。"思辨是最大的幸福，思辨是理智德性，理智是人们最高贵的部分，是主宰和向导，是我们各部分中最神圣的。思辨就是这种合乎本己德性的实现活动……理智就是每个人的存在，它是人之所以是人的东西，对人来说合乎理智的生活就是最大的幸福。"② 尽管生命就是某种实现活动，尽管人们有充分的理由去追求快乐，因为快乐使生活更自在、更舒适、更完满，但是，只有在思辨中才有快乐完满的生活，"思辨的快乐比其他一切都纯洁"。③ 追求幸福是每个人的生活动力，如果人不去或不能追求幸福，生活就毫无意义。笛卡尔认为，人生的意义在于寻求真理，用理性指引自己的生活。"除了我们自己的思想以外，没有一样事情可以完全由我们做主。"④ 只有我们对自己的思想作出绝对的支配，才能心无挂碍，不为外物所诱惑，也才能觉得自己"又富又强，逍遥安乐，胜过所有的别人"。同时，人能用思想砥砺德行，用智慧指导人生。"野生的禽兽只有身体需要保护，就经常不断地从事寻求养身的食品；然而人的主要部分是心灵，就应该在……寻求智慧上，智慧才是他真正的养料。"⑤ 恩格斯认为，每个

---

① 柏拉图著，郭斌和等译：《理想国》，商务印书馆 1996 年版，第 375 页。

② 亚里士多德著，苗力田译：《尼各马科伦理学》，中国社会科学出版社 1999 年版，第 231 页。

③ 亚里士多德著，苗力田译：《尼各马科伦理学》，中国社会科学出版社 1999 年版，第 224 页、第 227 页。

④ 笛卡尔著，王太庆译：《谈谈方法》，商务印书馆 2013 年版，第 21 页。

⑤ 笛卡尔著，王太庆译：《谈谈方法》，商务印书馆 2013 年版，第 63 页。

人都在谋求幸福，"在每个人的意识和感情中，都有一些作为颠扑不破的原则存在的原理，这些原理是整个社会历史发展的结果，是无须加以证明的"。① 但是，没有伦理就不可能有幸福，没有善的德性就不可能有幸福。幸福与道德实践密切相关，幸福建立在合乎道德价值之上。费希特认为，幸福概念本身以及对于幸福的渴求是从人的伦理本性中产生的，而不是因为人渴求幸福，就注定会达到伦理的善。"并非造福的东西就是善的，而是只有善的东西才是造福的。"② 即，没有伦理就不可能有幸福，没有善的德性就不可能有幸福。生活中其实有两种"幸福逻辑"：一种是"让别人幸福，自己才幸福"，另一种是"牺牲别人的幸福，保全自己的幸福"。前一种是成全的逻辑，后一种是强盗的逻辑。强盗的逻辑可以提升幸福的体量，却无法维持幸福的长度，而成全的逻辑，成全的是别人的美好，更是自我的价值。正如马克思所说："人只有为自己同时代人的完善，为他们的幸福而工作，他才能达到自身的完善。"③ 以别人的幸福为幸福，是一项高于自我的有意义的生命体验，因而感受到的幸福也必定是超越性的。幸福是最公正的"掌秤人"，任何人在幸福的天平上都将受到平等的对待。真正的幸福只有当你真实地认识到人生的价值时，才能体会到。

在尼采看来，成为你自己就是寻找和获得一个"更高的自我"。那些曾使得你的灵魂振奋和幸福的对象，所显示的其实是你的超越肉身的精神本质，它们会引导你朝你的这个真正的自我攀升。尽管尼采是一个"悲剧哲学家"，但并不是一个"悲观主义者"，他对人类未来充满着希望、信心。"人类的伟大之处在于，他是一座桥梁而非目的；人的可爱之处在于，他是一个过渡，也是一个沉沦。"④ "哦，我的兄弟们，我能在人类身上所爱的是，人类是一种过渡和下沉。"⑤ 迈过这座桥梁，人类就能够进入一个更高、更充实的存在世界。在这一过程中，人类精神经历了三种"变形"：精神变骆驼、骆驼变狮子、狮子变小孩。所谓精神变骆驼，即是变得能够"坚韧负重"。人类若想自救和自新，其精神就必须勇于承担以前从未承担的"重负"，敢于"忍辱负重"。"精神，忍辱负重而内含令人敬畏之物的强健精神，有许多重负：其强健渴望重的和最重的负担……负重的精神将所有这些最重的东西担负于身：像满载的骆驼匆匆

---

① 舒炼：《幸福应是"成全的逻辑"》，《人民日报》，2015 年 8 月 5 日。

② 费希特著，梁志学等译：《论学者的使命、人的使命》，商务印书馆 2008 年版，第 11 页。

③ 舒炼：《幸福应是"成全的逻辑"》，《人民日报》，2015 年 8 月 5 日。

④ F. 尼采著，杨恒达译：《查拉图斯特拉如是说》，译林出版社 2012 年版，第 6 页。

⑤ F. 尼采著，杨恒达译：《查拉图斯特拉如是说》，译林出版社 2012 年版，第 337 页。

走入沙漠一样，它匆匆走入它的沙漠。"① 当负重的精神走进精神沙漠之后，精神就变形为狮子。"在最寂寞的沙漠中，发生了第二次变形：精神在这里变成了狮子，它要争得自由，统治它自己的沙漠。它在这里寻求最终的主人：它要敌对于他，敌对于它最终的神，它要与巨龙一争高下。"② 精神变形为狮子之后，不但会拒绝所有的"你应该"，而且会大声说出"我要"，从而为新的创造赢得自由。"精神不再喜欢称之为主人和上帝的那条巨龙是什么呢？那条巨龙叫作'你应该'，然而狮子的精神说'我要'……创立新的价值——甚至连狮子也还做不到；但是为自己创立新的自由——这却是狮子力所能及。"③ 最后，人类精神从狮子变形为小孩——一种真正可以创造新生命、新价值同时又代表着新生命、新价值的状态。"小孩是无辜与遗忘，一个新的开端，一场游戏，一个自转的轮子，一个最初的运动，一个神圣的肯定。"④ 通过这三次蜕变，人类精神终于不再受外在的奴役，成为了它自己，创造了它自己，讴歌了它自己。"你的真正的本质并非深藏在你里面，而是无比地高于你，至少高于你一向看作你的自我的那种东西。"⑤ 因此，我们应该渴望超越自己，全力寻求一个尚在某处隐藏着的更高的自我。在尼采看来，这个更高的自我具有如下典型性格："拥有最长梯子的心灵，就能下得最深；兼容并蓄的心灵，就能在自身之内恣意驰骋；最贫乏的心灵，由于心怀欲望而跌进偶然的怀抱；存在的心灵，想投入变易；拥有的心灵，企求满足和渴慕之情；逃脱自身的心灵，在最宽阔的环形轨道上追赶着自身；最智慧的心灵，愚者向他倾诉最甜蜜的话语；最自爱的心灵，万物皆在其中潮涨潮落、顺流逆流……"⑥ 而这个更高的自我，就是尼采所言的"超人"，即超越于个体的生存，不妨说是人类生存的形而上意义在个体身上的体现。诚如陈鼓应所说："归结地说，尼采所谓的超人，乃是敢于作一切价值转换的人，敢于打破旧的价值表，特别是基督教的价值表，并且以其丰富的生命力创造新价值的人。"⑦ 动物只知盲目地执着于生命，人却不应该这样。"如果说整个自然以人为归宿，那么它是想让我们明白：为了使它从动物生活的诅咒中解脱出来，人是必需的；存在在人身上树起了一面镜子，

① F. 尼采著，杨恒达译：《查拉图斯特拉如是说》，译林出版社 2012 年版，第 18—19 页。
② F. 尼采著，杨恒达译：《查拉图斯特拉如是说》，译林出版社 2012 年版，第 19 页。
③ F. 尼采著，杨恒达译：《查拉图斯特拉如是说》，译林出版社 2012 年版，第 19 页。
④ F. 尼采著，杨恒达译：《查拉图斯特拉如是说》，译林出版社 2012 年版，第 20 页。
⑤ F. 尼采著，周国平译：《作为教育家的叔本华》，译林出版社 2012 年版，第 5 页。
⑥ F. 尼采著，张念东等译：《权力意志》，商务印书馆 1998 年版，第 80—81 页。
⑦ 陈鼓应著：《悲剧哲学家尼采》，生活·读书·新知三联书店 1987 版，第 210 页。

在这面镜子里，生命不再是无意义的，而是显现在自身的形而上的意义中了。"①

通过自己的存在来对抗自然的盲目和无意义，以便赋予本无意义的自然以一种形而上的意义，这即是人的使命，也不妨视为天地生人的目的之所在。否则，人仍是动物，区别仅在于更加有意识地追求动物在盲目的冲动中追求的东西罢了。赫舍尔认为，生存绝不意味着活着，活着不等于生存。人的存在要求人成为人，"我们所面临的最可怕的前景是，这个地球住满一种'存在物'——虽然从生物学上说，他们属于人类，但缺少从精神上把人同其他生物区别开来的性质。"② 在他看来，精神—意义的存在是人的存在的根本特性，存在的过程就是不断地寻求生命或生活意义的过程。"意识到有意义的存在——精神健全的标志——依赖于对意义的直觉或肯定。"③ 如果生命存在失去意义的观照，人就失去了人之为人的价值。奥伊肯认为，人的生活要有意义与价值，既需要一个精神支柱，也需要发明创造的能力，更需要摆脱不纯洁的动机，因为我们的生活若要有价值与意义，就必须是伟大而高尚的。"人的生活可有意义与价值？在提出这一问题时我们不存任何幻想。我们现今的时代对解决这个问题毫无自信，关于这一点，必须更详细地予以阐明。不过要表明这种自信对我们必不可少，倒无需任何精妙的论证。我们容易受到形形色色的影响，为无穷无尽的问题所困扰，而在这一片混乱之中，很难看出任何统一的意义或目的。何况，生活并非仅是空闲的游戏；它要求辛苦、劳作、克己、牺牲。这种辛苦，这种劳作，是否值得？整体的利益能否补偿局部的危险与损失？它能否肯定地向我们证明生活值得一过？这不只是个纯思辨的问题；因为倘若没有对某种崇高理想的信念为我们的一切活动注入热情与欢乐，我们便不可能获得生活的最大成功。"④ 社会生活是一种独特的存在，即精神存在。真正的社会生活，社会生活的本质或意义是人类的精神生活，真正的社会生活与什么是人的本质、什么是人的真正使命有关。弗兰克说："社会生活是人类生活，是一个人类精神的创造过程，人类精神的一切力量及本质特征都投入并参与了这一过程。"⑤ 而具体的人类生活始终是共同的即社会的生活，"从少年时代起，我们

① F. 尼采著，周国平译：《作为教育家的叔本华》，译林出版社 2012 年版，第 42 页。
② A. J. 赫舍尔著，隗仁莲译：《人是谁》，贵州人民出版社 1994 年版，第 27 页。
③ A. J. 赫舍尔著，隗仁莲译：《人是谁》，贵州人民出版社 1994 年版，第 47 页。
④ R. 奥伊肯著，万以译：《生活的意义与价值》，上海译文出版社 2005 年版，第 1 页。
⑤ C. 谢·弗兰克著，王永译：《社会的精神基础》，生活·读书·新知三联书店 2003 版，第 11 页。

的心中就对善与真充满了向往，梦想着一种颇有意义的精神生活，因此我们相信我们降临到这个世上并非'枉然'，我们有责任在世界上完成伟大的、决定性的事业，同时实现自我，让沉睡在我们内心、别人无法洞见却执着地寻求表现的、构成我们的'我'之真正本质的精神力量得以发挥其创造性"。① 人的生命就是用来实现"生活"的，生活才是关于人的存在的有效分析单位，没有生活的生命是毫无意义的，这正是人的存在有别于其他存在的地方。赵汀阳说："to do 的形式使得生活不仅是个既定的生命过程，而是成为一个'不断成为着的事业'。如果没有生活，那么生命就只是生命，正是生活把生命变成了事业。生活是每个人的存在论事业。如果不理解生活本身就是个事业，就不可能理解生活。因此，生活的意义不能在 to be 中表达出来——to be 太单薄了——而只能在 to be 的扩展式中来表达，于是，生活的存在论句型便是 to be meant to be，或者 to be is to do。生活的伦理学句型相应就是 life is meant to be。很显然，当 to be 转化为 to do，我们就面对着'做什么才能够实现存在的意义'这样的问题，这就必须理解生活就生活的概念而言意味着什么。生活的意义不是由我们随便谁来规定的，我们谁也没有这样的权利。生活规定了它自身的意义。可以看出，to be meant to be 其实就是'由道而德'结构的映射。"② 当然，当人"活着"的价值和意义备受推崇时，否定人的生存和历史意义、价值的虚无主义也开始登场。"人类活着有价值吗？或者有幸存的价值吗？"面对这类问题时，虚无主义者回答说："无论谁活着都没有价值，岂止如此，人类生存于地球上这个事实本来就是没有价值的。"③ 简言之，人的存在是为了有意义的生活（有意义的个人生活和人类生活），人的行为是为了构成某种有意义的生活而不是别的。人和动物"活着"的不同，是根本性和原则性的区别。

人的生命活动的"超越性"，在于人的生命生活是"生活"，而人以外的其他生物的生命活动仅仅是"生存"。"生活"与"生存"的区别，是人与其他生物的根本区别。"生活"与"生存"的区别，就在于人的生命活动不是纯粹的"自然而然"的过程，而是"超越自然"的"有意识"的创造性活动。人不像动物，并不是单一生命的存在，人是有着双重生命的存在。自然生命对于人，只不过是人的存在基础和前提，人之所以为人，人之区别于动物，是因为在自

① C. 谢·弗兰克著，王永译：《社会的精神基础》，生活·读书·新知三联书店 2003 版，第 190 页。

② 赵汀阳著：《论可能生活》，中国人民大学出版社 2004 年版，第 19—20 页。

③ 岩崎允胤主编，刘奔译：《人的尊严、价值及自我实现》，当代中国出版社 1993 年版，第 21 页。

然生命的基础上，人还创造了人所特有的自为的生命，也就是那个"自我人格生命"。穆尼尔说："每个人的存在都有这样一个意义：他在人的世界当中的位置是不可替代的。"① 如果说，第一生命是人作为自然存在的生存基础，那么，第二生命表现的就是人的生存价值和生存意义的生命。"人的目光总是向前的。因此，只有通过对人的生活目的的揭示，才能把握人的真正意义。"② 对人来说，自然生命固然不可少、也很宝贵，但价值生命对人却有着更为根本性的意义，正是在这里，体现了人对于动物的优越性和高贵性，表现出人的生活所特有的价值和意义。"尽管人为了生存不得不留存在'它'之世界，但人对'你'的炽烈渴仰又使人不断地反抗它，超越它，正是这种反抗造就了人的精神、道德与艺术，正是它使人成其为人。'人呵，伫立在真理的一切庄严中且聆听这样的昭示：人无'它'不可生存，但仅靠'它'则生存者不复为人。"③ 只有人才会有价值、意义、理想等问题，因为人是创造性的，所以人的生活不仅仅是生存，不仅仅是一个生命过程，对于人，才有"生活"和"生命"的区别，才会舍生忘死去追求某些理想、去寻求某些高尚的道德以及去实现自我的价值。"使一切非理性的东西服从于自己，自由地按照自己固有的规律去驾驭一切非理性的东西，这就是人的最终目标……人的最终目标必定是达不到的，达到最终目标的道路必定是无限的。因此，人的使命并不是要达到这个目标。但是，人能够而且应该日益接近这个目标；因此，无限地接近这个目标，就是他作为人的真正使命，而人既是理性的生物，又是有限的生物，既是感性的生物，又是自由的生物。如果把完全的自相一致称为最高意义上的完善，就像人们能够理所当然地称呼的那样，那么完善就是人不能达到的最高目标；但无限完善是人的使命。人的生存目的，就在于道德的日益自我完善，就在于把自己周围的一切弄得合乎感性；如果从社会方面来看人，人的生存目的还在于把人周围的一切弄得更合乎道德，从而使人本身日益幸福。"④ 人在本能生命之上还有一个"超生命的生命"、"主宰生命的生命"，这也就意味着，人已经跳出生命自我封闭的循环圈，超越于通常理解的生命之上，突破了有限生命，进入到无限的和永恒的生存境界。席勒说："每个个体的人，按照禀赋和规定在自己心中都怀有一个纯粹理想的人，而人的生存的伟大任务就是，在他的一切变换之中与这

---

① B. 莫迪恩著，李树琴等译：《哲学人类学》，黑龙江人民出版社 2005 年版，第 206 页。
② B. 莫迪恩著，李树琴等译：《哲学人类学》，黑龙江人民出版社 2005 年版，第 25 页。
③ M. 布伯著，陈维纲译：《我与你》，生活·读书·新知三联书店 1986 年版，第 9 页。
④ 费希特著，梁志学等译：《论学者的使命、人的使命》，商务印书馆 2008 年版，第 11－12 页。

种理想的人的永恒不变的统一保持一致。"① 人和动物都有生命，都需要生存，但它们的"根基"却是完全不同的。如果说其他生命的生存根基就在自足的生命本身，那么人的生存恰恰是为了对本能生命的突破、对有限生命的超越，因而，人的生存根基就不在自然的有限生命，而在自由的永恒生命，不在给予的本能生命，而在自为的价值生命。"天父至高的慷慨啊！人至高而奇妙的幸福啊！他被准许得到其所选择的，成为其所意愿的……野兽刚一出生，就从母胎里带出了它们将会拥有的全部。上帝的精灵或自太初或那之后不久，就已是他们在永恒中永远将是的样子。父在人出生时为他注入了各类种子以及各种生命的根苗。这些种子将在每个培育它们的人那里长大结果。培育其植物性的种子，他就变成植物；培育其感觉的种子，他就变成野兽；培育其理性的种子，他就变成天上的生灵；培育其智性的种子，他就成为天使和神子。并且，如果他对任何其他造物的命运都不满意，他会将自己收拢到自身统一体的中心，变成唯一与上帝同在的灵。在父独有的幽暗中，曾被置于万物之上的他将超越万物。"② 只有如此，我们才不会把人的生命和其他的生命、进而把人的生活与动物的生存等同起来看待；只有意识到生而为人既是一种荣耀，也代表一种使命，我们才不会以活着为满足，才能使生活变得充实、有意义。正如马克思在《1844 年经济学哲学手稿》一书中所说，"动物不把自己同自己的生命活动区别开来"，而人则必须把自己的生命活动变成"自己意志的和自己意识的对象"。作为社会的共同生活而进行的人的生活本身，实质上是一种活动过程。在此活动过程中，人与各种对象发生关系，把自己的本质力量对象化，从而表现自己、展示自己。换句话说，人的生活包括物质生活，是在一定的社会生活条件下所进行的生活表现的过程。"人作为主体以实践的方式操作对象、变革对象。这个过程，也就是在把自己的本质力量（类的力量）显示出来、对象化的基础上，把对象所具有的各种性质作为自己的东西加以占有的过程。"③ 例如，人为了谋求共同的生活，创造了文化。文化是人的活动及其产物，"只有具有人的价值的活动的产品和创造这些价值的人的活动才是文化的"。文化之所以具有人的价值，是因为文化体现了人的本质力量或类的力量。"人的类的诸种力量对象化于作为产品的文化之中，并通过创造文化的活动使自己得到发展。同

---

① F. 席勒著，张玉能译：《审美教育书简》，译林出版社 2012 年版，第 7—8 页。
② P. d. 米兰多拉著，顾超一等译：《论人的尊严》，北京大学出版社 2010 年版，第 29 页。
③ 岩崎允胤主编，刘奔译：《人的尊严、价值及自我实现》，当代中国出版社 1993 年版，第 35 页。

时，这种活动本身也正是人的类的诸种力量展开的过程。"① 简言之，动物没有它的自我，并不属于它自己所有，动物是属于它的生命的。只有人才能超越本能生命，确立人格自我，能够有意识地主宰和驾驭自己的生命活动去实现自我的意志和目的，进而把有限的生命引向永恒和无限的意义境界。

2. 价值性生存

动物只有本能，也只能依靠"生命本能"去维持"本能生命"，这就是动物生命的生存意义。而人除了本能的生命，还有文化生命、智慧生命。卢梭说："我不只是一个消极被动的有感觉的生物，而是一个主动的有智慧的生物；不管哲学家们对这一点怎样说，我都要以我能够思想而感到荣耀。"② 文化生命、智慧生命的本性就是"超越"，它不会使人满足于生命本能，即使让人过得像娇养的"宠物似的生活"那样舒心、自在，人也仍然不会满足。加罗迪认为，自我意识指的是"对人之未完成状态以及无限维度的意识"。自我意识"是普罗米修斯式的和菲阿特式的人性，它拒绝任何感觉和理解的证据，而强调行动和人对自己的不断创造的重要性。这样，一个无限的把人规定为人的视域打开了。他不仅是他现在之所是，而且是他现在之所不是，是他现在仍然缺乏的东西"。③ 动物的生命只有"生存"，人的生命活动才构成了"生活"。从根本上说，动物是"自在的存在"。动物没有历史感，不能为自己作决定，不能使自己或其活动目标化，没有自己确定的目标，"淹没"在一个它们不能赋予意义的世界里，缺乏"明天"和"今天"，因为它们存在于一个无法抗拒的现在。既然动物无历史感，那么，它们就不可能承担"生活"；既然它们不承担"生活"，那么，它们便不能建构生活；既然它们不能建构生活，那么，它们就不能改造其形态。它们不知道自己会被生活毁灭，因为它们不能把它们的"依托"世界扩展为一个包括历史、文化的有意义的象征世界。相对而言，"人能意识到自己的活动和所处的世界，能根据自己提出的目标付诸行动，能将自己的决定置于自身之中，置于与世界及与他人的关系之中，能通过对世界进行改造而把自己的创造力注入这个世界。与动物不同，人不仅生存，而且存在；而且人的存在具有历史性。动物在一个非时间范畴的、扁平的、固定不变的'依托'中终其一生；而人则生活在一个他们不断再创造和改造的世界之中。对动物来说，'这里'只是一个它们进行接触的栖息场所；对人而言，'这里'意味

---

① 岩崎允胤主编，刘奔译：《人的尊严、价值及自我实现》，当代中国出版社 1993 年版，第 38 页。

② 卢梭著，李平沤译：《爱弥儿》（下卷），商务印书馆 2006 年版，第 386 页。

③ B. 莫迪恩著，李树琴等译：《哲学人类学》，黑龙江人民出版社 2005 年版，第 162 页。

着不仅是一个物质空间，而且也是一个历史空间。严格地说，'这里'、'现在'、'那里'、'明天'和'昨天'都不是为动物而存在。动物的生命缺乏自我意识，因而完全是限定的。动物不能超越'这里'、'现在'或'那里'所设定的限度。"① 简言之，人作为人的存在，不同于动物的存在。动物的存在只是一种机体的活着，最多只活在自己的"感受性"里、活在自己的本能中，而人的存在首先是作为一种"价值性的存在"，其存在的意义和方式是受意识、价值指引的，而不是受感觉、本能指引的。价值性是人作为人的存在从可能不断走向现实并开创未来的前提条件。失去了价值性，人不仅失去了历史，也失去了真正意义上的未来，失去了生命的连续性，活在一个毫无意义的、不可理喻的瞬间。人是价值的存在者，人生的历程就是追求与实现价值的历程。当人肯定其自我的主体性，就会主动为自己寻找生命的意义，为自己的人生谱写价值篇章，"人生的目标与重心应着眼于价值世界的建立"。②

每个人的自我都是独特的、不可复制的，因此，每个人理应在唯一的一次人生中实现这个自我的价值。实现自我的价值，也是人生意义的基点。如果人不想成为芸芸众生之一员，成为千篇一律的"产品"，他就应听从良知的呼唤："成为你自己！你现在所做、所想、所追求的一切，都不是你自己。"③ 平凡之人受困于习俗、舆论的压力随波逐流，不敢展示自我的独特性。"伟人"也如同凡夫俗子一样，"伟人最不让自己受任何力量的恩赐或逼迫——他像所有小人物一样清楚，如果他循规蹈矩，得过且过，并且与周围的人和睦相处，他就能够生活得多么轻松，供他舒展身子的床铺会有多么柔软"。④ 但"伟人"与凡夫俗子之不同，恰在于他们偏偏用"我为何而活着"、"我活着的意义何在"、"我是怎样成为现在这个样子的"等问题折磨自己。"面对人性所遭受的危险，负着人的形象上升。伟人和小人物的区别在于，不愿在涉及自己的事情上自欺和受骗，一定要深入存在的底蕴，追问为何活着的问题。"⑤ 换句话说，"伟人"总想"活得明白"或"明白地活"。环顾四周，凡夫俗子却从不用"我为何而活着"、"我活着的意义何在"、"我是怎样成为现在这个样子的"等问题折磨自己。一方面，他们大都作为大众而不是作为个人而活着，"人们都狂热地向政

① B. 弗莱雷著，顾建新等译：《被压迫者教育学》，华东师范大学出版社 2001 年版，第 46—47 页。

② 洪樱芬著：《论人的价值》，（台北）洪叶文化事业有限公司 2000 年版，第 7 页。

③ F. 尼采著，周国平译：《作为教育家的叔本华》，译林出版社 2012 年版，第 2 页。

④ F. 尼采著，周国平译：《作为教育家的叔本华》，译林出版社 2012 年版，第 38 页。

⑤ F. 尼采著，周国平译：《作为教育家的叔本华》，译林出版社 2012 年版，第 28 页。

治舞台上演出的离奇闹剧鼓掌欢呼"。另一方面，他们大都作为角色而不是作为自己而活着，"他们自己戴着形形色色的面具，扮演成少年、丈夫、老翁、父亲、市民、牧师、官员、商人等，踌躇满志地走来，一心惦记他们同演的喜剧，从不想一想自己"。① 对于"你为何而活着"这一问题，他们会不假思索地回答说："为了成为一个好市民，或者学者，或者官员。"对于这些人，尼采不无刻薄地讽刺道："他们是一种绝无成为另一种东西之能力的东西。"同时，他不无遗憾地问道："他们为什么是这样的呢？唉，为什么不是更好的呢？"② 在尼采看来，那些人在逃避自我的同时，也丧失了自我。"大自然中再也没有比那种人更空虚、更野蛮的造物了，他逃避自己的天赋，同时却朝四面八方贪婪地窥伺。……他完全是一个没有核心的空壳，一件鼓起来的着色的烂衣服，一个镶了边的幻影。"③ 作为一个"空壳"而"活着"的人，真的就心安理得、自由自在吗？答案是否定的。现代人生活的典型特征是"忙"、热闹、喧嚣。而"忙"、热闹、喧嚣恰恰暴露了现代人内心的焦虑、不安、空虚和无聊。尼采说："我们如何迫不及待地把我们的心献给国家、赚钱、交际或科学，只是为了不必再拥有它，我们如何热心地不动脑筋地沉湎于繁重的日常事务，超出了生活似乎需要的程度，因为不思考确乎成了我们更大的需要。匆忙是普遍的，因为每个人都在逃避自我，躲躲闪闪地隐匿这种匆忙也是普遍的，因为每个人都想装成心满意足的样子，向眼光锐利的观者隐瞒他的可怜相，人们普遍需要新的语词的闹铃，系上了这些闹铃，生活好像就有了一种节日般的热闹的气氛。"④

那么，怎样才能成为自己、成就"自我"呢？怎样才能获得价值性生存呢？尼采给出了两种路径：一是觉悟，即每个人对自己的人生负责；二是从自己的经验中学习，发展自己的禀赋；三是寻找或获得一个"更高的自我"。就觉悟而言，每个人都得对自己的人生负责，任何人都替代不了。人生责任是人"活"在世上最根本的责任，任何别的责任都要用人生责任来度量。"对于我们的人生，我们必须自己对自己负起责任；因此，我们也要充当这个人生的真正舵手，不让我们的生存等同于一个盲目的偶然。"对于那些阻碍我们"成人"的东西，我们应视之为"浮云"。一方面，摆脱尘世的利益羁绊、习俗束缚，敢作敢为。"我们对待它应当敢作敢当，勇于冒险，因为无论情况是最坏还是

---

① F. 尼采著，周国平译：《作为教育家的叔本华》，译林出版社 2012 年版，第 38 页。

② F. 尼采著，周国平译：《作为教育家的叔本华》，译林出版社 2012 年版，第 38 页。

③ F. 尼采著，周国平译：《作为教育家的叔本华》，译林出版社 2012 年版，第 2 页。

④ F. 尼采著，周国平译：《作为教育家的叔本华》，译林出版社 2012 年版，第 43 页。

最好，我们反正会失去它。"另一方面，摆脱身处环境的限制，目光远大，志存高远。"恪守几百里外人们便不再当一回事的观点，这未免太小城镇气了。"①于你而言偶然的东西——舆论、习俗等，绝对不能决定你的人生。一旦摆脱这些限制，你就会获得莫大的精神自由。要成为自己、成就"自我"，必须明白一个道理："谁也不能为你建造一座你必须踏着它渡过生命之河的桥，除你自己之外，没有人能这么做。尽管有无数肯载你渡河的马、桥和半神，但必须以你自己为代价，你将抵押和丧失你自己。世上有一条唯一的路，除你之外，无人能走。它通往何方？不要问，走便是了。"②即便每个人对自己的人生负责，我们还不能说"这就是真正的你了，这不再是外壳了"，那么如何成为"真正的你"呢？换句话说，成为"真正的你"的最重要的路径，即是认识并发展好人的禀赋。在发展人的禀赋时，如果仅仅靠每个人自己发展禀赋、挖掘自我，不仅容易使自己受伤，而且也不会有好的结果。"用最直接的方式强行下到他的本质的矿井里去，这是一种折磨人的危险的做法。"③显然，每个人可以从自己的经验中寻找那些显示人的本质的证据，诸如友谊和敌对、阅读和笔录、记忆和遗忘，尤其是爱和珍惜等。"年轻人的心灵在回顾生活时不妨自问：迄今为止你真正爱过什么，什么东西曾使得你的灵魂振奋，什么东西占据过它同时又赐福于它？你不妨自己列举这一系列受珍爱的对象，而通过其特性和顺序，它们也许就向你显示了一种法则，你的真正自我的基本法则。"④尼采在此还顺带涉及了一个重要的教育学问题，即如何协调全力发展独特天赋与和谐发展全部能力，培养完整的人的问题。他提出了两个理想性的教育原则：一是教育工作者应使独特天赋成为一个中心、一个根本的力；二是教育工作者应使其余能力成为受独特天赋支配的圆周，从而把"那个整体的人培养成一个活的运动着的太阳和行星的系统"。⑤就寻找或获得一个"更高的自我"而言，每个人都应该超越于个体的生存，获得超越肉身的精神本质。人如何才能超越动物式的盲目生存，达到"更高的自我"呢？仅仅依靠自己的力量无法完成，我们得依靠"人生导师"。"我们必须被举起——谁是那举起我们的力量呢？是那些真诚的人，那些不复是动物的人，即哲学家、艺术家和圣人。"⑥青年人之所以需要

① F. 尼采著，周国平译：《作为教育家的叔本华》，译林出版社 2012 年版，第 3 页。
② F. 尼采著，周国平译：《作为教育家的叔本华》，译林出版社 2012 年版，第 4 页。
③ F. 尼采著，周国平译：《作为教育家的叔本华》，译林出版社 2012 年版，第 4 页。
④ F. 尼采著，周国平译：《作为教育家的叔本华》，译林出版社 2012 年版，第 4—5 页。
⑤ F. 尼采著，周国平译：《作为教育家的叔本华》，译林出版社 2012 年版，第 7 页。
⑥ F. 尼采著，周国平译：《作为教育家的叔本华》，译林出版社 2012 年版，第 44 页。

"人生导师"，原因就在此。问题在于，哲学家、艺术家和圣人为什么能成为青年的"人生导师"呢？在尼采看来，哲学家、艺术家和圣人集中体现了人类的形而上追求，即阐释人生的意义。通过哲学家、艺术家和圣人的出现，"从不跳跃的自然完成了它唯一的一次跳跃，并且是一次快乐的跳跃，因为它第一回感到自己到达了目的地"，即实现了"对于存在的伟大解释"。① 自然产生哲学家、艺术家和圣人的用意，是为了它的自我认识、自我完成、自我神化这样"一种形而上的目标"。自然本身并没有给它的最高产生人类的生存指明意义，这使得它自身的意义也落空了，"这是它的大苦恼"，而"它之所以产生哲学家和艺术家，是想借此使人的生存变得有道理和有意义，这无疑是出自它本身需要拯救的冲动"。② 在尼采这些拟人化的论证中，表达的显然是人的感受。诚如周国平所说："自然对意义是冷漠的，但人不能忍受自己在一个无意义的宇宙中度过无意义的生命。不过，既然人是自然的产物，我们也就可以把人的追求看作自然本身的要求的一种间接表达。"③

生存与生活都是生命的存在方式，它们的区别就在于："生存"只是生命的保存和延续；"生活"则属于创造生存意义的生命活动。拜伦说："生活中最伟大的莫过于激情和狂喜——去感受自己的生存——甚至在痛苦中生存——正是这'热望的空虚感'驱使我们去游戏——去厮杀——去旅行——去放纵自我，却又同时深感各种追求最主要的诱惑力，那就是与成功不可分割的激动。"④ 更为重要的是，人不仅生活着，而且选择着过什么样的生活。善的生活即是经过深思熟虑、全盘考虑之后所选择的生活，且选择的行动并不局限于推理，而是继续不断地选择着。"活着就是选择某一事物，放弃另一些事物。中立是选择正在形成的那一个片刻。单单坚持中立的自我则是死亡了的自我。"⑤ "选择是有生命东西的主要特征。没有选择的生活就会使生活停止下来……生活毕竟是有选择地行动——选择某些目标而不是另一些目标，选择达到既定目标的某些方法而不是另一些方法。"⑥ 人不仅生活着，而且用价值规范、引导自

---

① F. 尼采著，周国平译：《作为教育家的叔本华》，译林出版社 2012 年版，第 44 页。

② F. 尼采著，周国平译：《作为教育家的叔本华》，译林出版社 2012 年版，第 66 页。

③ F. 尼采著，周国平译：《作为教育家的叔本华》（译者导言），译林出版社 2012 年版，第 13 页。

④ D. 贝尔著，赵一凡等译：《资本主义文化矛盾》，生活·读书·新知三联书店 1992 年版，第 63 页。

⑤ C. W. 莫里斯著，定扬译：《开放的自我》，上海人民出版社 2010 年版，第 10 页。

⑥ C. W. 莫里斯著，定扬译：《开放的自我》，上海人民出版社 2010 年版，第 32-33 页。

己的生活。"人必须认识自己：如这不能有助于发现真理，至少这将有助于规范自己的生活；没有别的比这更为正确的了。"① 动物的生存活动形成了它的"生存世界"，生存世界属于自然的本能世界；人的生活活动创造了人的"生活世界"，生活世界是赋有价值内涵的意义世界。人的生命就是不断的行动，"就是追寻一个期待、渴望已久，然而从未实现的统一，直到死亡"。② 况且，人的生活本身就是有价值的、有意义的。"人生是独一无二的赠礼，是一种挑战，它不能用其他任何东西来衡量。而且，对于人生是否值得一活的问题，我们也找不到合理的答案，因为这个问题本身就没有什么意义。"③ 因此，把本能的自然世界提升为价值的意义世界，这就是人的生活内容。

（二）康德的沉思与解答

康德从"人类学"的视野对人的文化生活、智慧生活与动物的"本能生命"进行了细致的论述。他认为，人与其他动物的区别有三个层次：第一个层次，人在维持肉体生存的手段上具有高于动物的"技术性素质"。"人作为有理性的动物，其特征已经在他的手、手指和指尖的形态构造上，部分是在组织中，部分是在细致的感觉中表现出来了。大自然由此使他变得灵巧起来，这不是为了把握事物的一种方式，而是不确定地为了一切方式，因而是为了使用理性；通过这些，人类的技术或机械性的素质就标志为一个有理性的动物的素质了。"④ 显然，这里面隐含着劳动创造人类的思想，只不过他还没有从人通过劳动能动地改造自然和创造自身这个意义上来理解劳动，而是把劳动看作"大自然"恩赐给人的一种现成的"素质"，最终陷入到了人的劳动技能是遗传的还是后天教育得来的这种两难处境之中。第二个层次，人作为"类"而生存，通过文明的教化尤其是通过交往，而产生一种适合于社会生活的"实用素质"，这就是人类文明社会对规章制度、法律的恪守。尽管随着人类文明的增长，人的虚荣心、奢侈以及相互把对方作为手段来利用的机巧和暴力相应地增加，但这却不能像卢梭那样归结为人类的败坏和倒退，相反，文明总要比野蛮更好一些，更接近于人类的最终目的。"首先必须记住：在其他一切自顾自的动物那里，每个个体都实现着它的整体规定性，但在人那里，只有类才可能是这样。所以，人类只有通过在许多世代的无穷尽系列中的进步，才能努力去追求他的

---

① 帕斯卡尔著，何兆武译：《思想录》，商务印书馆 1997 年版，第 26 页。
② B. 莫迪恩著，李树琴等译：《哲学人类学》，黑龙江人民出版社 2005 年版，第 206 页。
③ E. 弗洛姆著，孙恺祥译：《健全的社会》，贵州人民出版社 1994 年版，第 119 页。
④ 康德著，邓晓芒译：《实用人类学》，上海人民出版社 2005 年版，第 263 页。

规定性。"虽然这一最终目的"终究是永远停留在展望之中",且在其实现过程中还会经常受到阻挠,然而,"却永远不会完全倒退回去"。① 第三个层次,仰赖于人类最高层次的素质,即"道德的素质"。这并不是指人生来即是善的,而是说人天生有积极地与自己的野蛮性作斗争并不断地完善自身的能力。"人是这样一种东西,他虽然被恶毒败坏了,但毕竟是天赋有丰富的创造才能同时也有某种道德素质的理性生物。"② "人首先应该发展其向'善'的禀赋;天意并没有将它们作为完成了的东西放在他里面;那只是单纯的禀赋,还没有道德上的分别。改善自己,培养自己,如果自己是恶的,就要让自己变得有道德——这就是人应该做的。"③ 人类的本性驱动着他不断地去追求极乐,而理性却局限于把幸福建立于尊严的条件之上,即建立在道德之上。"任何一个共同体……塑造它的公民时,都需要有一场漫长的内心改造过程。然而,凡是不植根于道德上的善意的任何一种善,都无非是纯粹的假象与炫惑人的不幸而已。"④ 在此过程中,人成就了自己的价值。

人若要成就自己的价值,除了与自己追求极乐的本性做坚决的斗争外,必须接受艺术和科学的熏染,提升自己的德性,完善自己的德行。"人由其理性而规定为与人们处在一个社会之中,并在社会中通过艺术和科学而受到教化、文明化和道德化;即使他消极地沉溺于他称之为极乐的安逸和舒适生活的诱惑,即使这种动物性倾向是如此巨大,但人却更积极地与将他束缚于其本性的野蛮之中的障碍作斗争,来建立自己人类的尊严。"⑤ 而要接受艺术和科学熏染,必须借助于教育,"人是唯一必须受教育的被造物"。⑥ 人只有受到教育才能成为善的,或者说,人必须被教育成善的。"人只有通过教育才能成为人。除了教育从他身上所造就出的东西外,他什么也不是。"问题在于,人不同于动物,动物通过其本能已经是其全部,一个外在的理性已经把一切都为它安排好了。而人却要运用自己理性,必须自己给自己的行动制订计划。但是因为他不是一生下来就能这样做,而是生蛮地来到这个世界,必须有别人来为他做这件事。换句话说,人也只有通过人,"通过同样是受过教育的人,才能被教

① 康德著,邓晓芒译:《实用人类学》,上海人民出版社 2005 年版,第 263—264 页。
② 康德著,邓晓芒译:《实用人类学》,上海人民出版社 2005 年版,第 270 页。
③ 康德著,赵鹏等译:《论教育学》,上海人民出版社 2005 年版,第 7 页。
④ 康德著,何兆武译:《历史理性批判文集》,商务印书馆 2005 年版,第 16 页。
⑤ 康德著,邓晓芒译:《实用人类学》,上海人民出版社 2005 年版,第 265 页。
⑥ 康德著,赵鹏等译:《论教育学》,上海人民出版社 2005 年版,第 3 页。

育"，① 才能成为人。不过，那"最初的"受过教育的人又从何而来呢？在此问题上，康德陷入了困境："要想有善的人们来做引导和榜样，这些人本身就必须是受过教育的，而又不可能有一个本身没有（由于天性或是由于教育）被腐蚀的人来对他施教，所以不仅是根据程度、哪怕是根据原则的性质来看，人类的道德教育问题也仍然是不可解决的。"② 如何走出这一困境呢？康德一是寄希望于开明的人士和私人教育，因为"所有的文化都是从私人开始，然后由此传播开来。只有通过那些有着更广泛禀好的人——他们关注世界之至善，而且能够具有那种关于一个未来的更加状况的理念——的努力，人类之本性才可能逐渐接近其目的"。③ 在康德看来，王侯们操心的是"国"，只是把他们的臣民看作达成自己各种意图的工具。王侯们并不把世界之至善以及人性被规定要达到的、而且具备相应禀赋的那种完美性作为终极目的。"王侯们关注的首先不是世界之至善，而只是他们自己邦国的利益，以达成他们自己的目的。即便他们为教育提供资金，也总是预先规定其使用计划——在关于人类精神教化及人类知识之扩大的所有方面都是如此。权力和金钱并没有造就这些东西，至多是为其提供了便利。""有些上流社会的人，有时仿佛只将其民众看作自然界的一部分，从而只关注他们的繁衍问题。他们至多要求后者有技能，但也只是为了使之能够更好地作为工具服务他们的各种目的。"④ 父母们则操心的是"家"，父母们通常只关心他们的孩子在世上过得好不好。尽管"孩子们应该不是以人类的当前状况，而是以人类将来可能的更佳状况，即合乎人性的理念及其完整规定——为准进行教育"，但是，"父母在教育孩子时，通常只是让他们能适应当前的世界——即使它是个堕落的世界"。⑤ 二是寄希望于"天意"。他说："既然对……教育起作用的仍然是人？因而这些人本身就必须也要接受教育；所以由于人性的脆弱性处于可以受这样一种作用的促进的偶然性情形之下，他们进步的希望就只能以一种自上而下的智慧（当它为我们所看不见时，就叫作天意）作为积极的条件。"⑥ "人类在其类的整体中接受教育，也就是说，并非各个个体不成系统地只作为一个凑合起来的聚集体，而是集体地接受教育，坚定不移地努力去追求一个既须立足于自由原则、又须立足于合法的强制原则上的公民

---

① 康德著，赵鹏等译：《论教育学》，上海人民出版社 2005 年版，第 5 页。
② 康德著，邓晓芒译：《实用人类学》，上海人民出版社 2005 年版，第 267—268 页。
③ 康德著，赵鹏等译：《论教育学》，上海人民出版社 2005 年版，第 9—10 页。
④ 康德著，赵鹏等译：《论教育学》，上海人民出版社 2005 年版，第 9—10 页。
⑤ 康德著，赵鹏等译：《论教育学》，上海人民出版社 2005 年版，第 8 页。
⑥ 康德著，赵鹏等译：《论教育学》，上海人民出版社 2005 年版，第 124 页。

状态——这终归是人只能期望于天意即某种智慧来做的事，这智慧并非人的智慧，但毕竟是他所达不到的他自己理性的那个理念。"① 可以说，这种自上而下的教育是有益的，但却是粗暴的，它通过许多不幸，并几乎足以使整个人类接近于毁灭，而对人的天性加以严酷的改造，也就是对善的产生过程加以"促进"。不过归根到底，对这种"天意"的服从其实还是服从人自己所立定的法律，这表现为"公民社会"的强制性，即人们不是作为一个凑合起来的聚集体，而是作为一个系统，也就是一个国家来使自己受到集体的软化的；只有在对国家的服从，根本上说是对自己理性的服从上，人才能"通过对这一点的意识，他们感觉到自己的高尚，感觉到自己属于一个适合于人的规定性的类，就像理性在理想中把这规定性显示给人的那样"。②

康德对教育问题的这种先验论和神秘主义的解决，以及把国家意志绝对化，把个人意志消融于国家意志之中的观点，并未能使自己走出或摆脱困境。反而引起了一个更大的矛盾，即自由和法的矛盾。这就是他试图在"人类特性所描绘的基本特征"中加以解决的问题。他说："自由和（用来限制自由的）法是公民立法围绕其旋转的两个枢纽。但是，甚至为了使法产生作用而不成为空喊，也必须附加上这样一个中介，这就是与那两个枢纽相联而使这些原则有效的暴力。"③ 他将暴力与自由、法进行了不同组合。第一，有法，也有自由，而没有暴力（无政府状态）；第二，有法，也有暴力，而没有自由（专制主义）；第三，有暴力，但没有自由和法（野蛮状态）；第四，带有自由和法的暴力（共和国）。在这四种状态中，只有第四种有资格称为真正的公民状态或真正的公民社会状态。但是，这并不意指某一具体的国家形式（如民主制）。康德所说的"共和国"，只是指一个一般性的国家，或者一个"国家"的理念。"共和国"是被当作一个世界主义的理想来设想的，在那里，自由、法和暴力日益趋向于一种无矛盾的和谐，尽管在现实的国家里充满着矛盾。他认为，大自然迫使人类去加以解决的最大问题，就是建立起一个普遍法治的公民社会。"唯有在社会里，并且唯有在一个具有最高度的自由，因之它的成员之间也就具有彻底的对抗性，但同时这种自由的界限却又具有最精确的规定和保证，从而这一自由便可以和别人的自由共存共处的社会里；——唯有在这样的一个社会里，大自然的最高目标，亦即她那全部禀赋的发展，才能在人类的身上得以

---

① 康德著，邓晓芒译：《实用人类学》，上海人民出版社 2005 年版，第 268－269 页。
② 康德著，邓晓芒译：《实用人类学》，上海人民出版社 2005 年版，第 270－271 页。
③ 康德著，邓晓芒译：《实用人类学》，上海人民出版社 2005 年版，第 273 页。

实现。"① 因此，这样一个"世界公民社会"就可以成为指导现实社会体制日益进化的"范导性原理"，并由此而体现了人类的本质："正如在一切时代和一切民族的经验中可以看到的，人类特性是这样一种特性：他们（作为一个人类整体）被集体地看待，是那些个人相互继承与共存的一个群体，这些个人不能脱离共同的和平相处，但同时却不可避免地处在经常的相互对抗之中。这样，在出自他们本身的法律之下，他们相互强制着，结成一个经常面临分裂危险、但却向一个世界公民社会（世界主义）共同前进的联合体，他们由此就感到了自己本性的规定。但这本性自身是不可达到的理念……而只是一个范导性的原理，即并非毫无根据地去猜测某种趋向这个理念的本性，而且把这个理念作为人类的规定性来努力加以追求。"②

　　为了培养公民的德性，造就合格的公民，黑格尔、费希特等继承和发挥了康德的如下主张："公共教育不仅在技能培养方面，而且在造就一个公民的品格方面，都显得优于家庭教育。"③ 即，国家的主要职能是教育；德国的复兴，只有通过根据国家的利益而进行的教育才能完成，个人必然是利己主义的、没有理性的动物，除非他自愿服从国家制度和规律的教育训练，否则都要受他的欲望和环境的奴役。正是根据这种精神，德国成为第一个实行公立的、普及的和强迫的教育制度的国家，从小学一直到大学，一切私立的教育事业"都要服从有戒备的国家的规程和监督"。④ 问题在于，黑格尔、费希特忘记了或选择性遗忘了康德教育思想的精髓，即国家办理和由国家调节的教育会阻碍个人人格的充分发展，而无限放大了公共教育在造就合格公民方面的作用。在黑格尔、费希特等人的影响下，通过国家教育调整的国家主义，已在很大程度上消除了以往立足于世界主义的启蒙运动传统。"就欧洲来说，历史情况把国家支持的教育运动和政治生活中的民族主义运动合为一件事。这个事实，对于后来的运动有着不可估量的意义，特别是在德国思想的影响下，教育变成了一种公民训练的职能，而公民训练的职能就是民族国家理想的实现。于是用'国家'代替人类；世界主义让位于国家主义。教育的目的是塑造公民而不是塑造'人'。"⑤ 在 19 世纪，整个欧洲国家都在进行教育国有化，国家打破了宗教和慈善基金对教育的控制，教育成为国家的义务，教师成为民族国家的代言人，人文课程

---

①　康德著，何兆武译：《历史理性批判文集》，商务印书馆 2005 年版，第 9 页。

②　康德著，邓晓芒译：《实用人类学》，上海人民出版社 2005 年版，第 274 页。

③　康德著，赵鹏等译：《论教育学》，上海人民出版社 2005 年版，第 13 页。

④　J. 杜威著，王承绪译：《民主主义与教育》，人民教育出版社 2005 年版，第 107 页。

⑤　J. 杜威著，王承绪译：《民主主义与教育》，人民教育出版社 2005 年版，第 104 页。

成为工具性国家课程的从属。教育国有化虽然促进了教育的大规模发展，但也带来了一定的弊端，加速了"教育工具论"的形成。"以前世界主义的和'人道主义'的概念的缺陷在于意义含糊，又缺乏一定的执行机关和管理机构。在欧洲，尤其在大陆各国，这个注重为人类福利和进步而教育的新思想，成为国家利益的俘虏，被用来进行社会目的非常狭隘而且具有排他性的事业。把教育的社会目的和教育的国家目的等同起来，结果使社会目的的意义非常模糊。"①

总之，人的生命存在并不仅仅是自然肉体的存在，它还有其更为重要的方面，即生命意义的存在。从某种意义上说，后者更能深刻体现人的生命存在的内涵。人非动物，其存在与活动并不是本能的，他不会把自己的自然存在当作自己生命存在的全部，而总是要在维持自己自然生存的前提下有所思想、有所追求，力求实现自己的人生理想、人生价值，使自己的生命存在达到更完满的状态。

（三）人的生活内容

人的生活内容丰富多彩，但主要体现在以下几个方面。

首先，人的生命具有社会性，人的生命活动才构成了智力生活、情感生活、社会生活、政治生活等等。从某种意义上讲，"人"这个词所表示的唯一性、不可重复性、价值的绝对性和神圣性已经逐渐淡化，"人"这个词赋予了更多的社会学含义。康德认为，人与人之间的相互交往对于人性的形成具有重要的作用，主张从人与人的关系中来考察人、分析人，反对把人看作孤立的个体；人的思想不可能是封闭的，人的趣味不可能是孤芳自赏的，人的欲望只有在相互交往中才能得到满足。当然，康德眼中的社会交往只局限于上流社会的客厅以及娱乐场所中，对于人类社会的物质生产劳动在形成一个社会中人与人的交往模式方面的作用却视而不见。② 人不是"一个本质上不依赖于其他人"的人，人是一个有条件的存在者：人的存在及其行动依赖于自然和社会。在孔德等人看来，社会是个体的"母亲"。孔德说："真正的个人是不存在的，只有人类才能存在，因为不管从哪一方面说，我们个人的一切发展，都亏着社会。"③ 涂尔干说："我们身心之中最好的部分，我们活动之中最高的形式，都

---

① J. 杜威著，王承绪译：《民主主义与教育》，人民教育出版社 2005 年版，第 107—108 页。

② 康德著，邓晓芒译：《实用人类学》（中译本再版序言），上海人民出版社 2005 年版，第 10—11 页。

③ 吴俊升著：《教育哲学大纲》，上海商务印书馆 1935 年版，第 202 页。

从社会而来。"① 一句话，人之所以为人，既不是由于上帝，也不是由于自然或理性，而是由于社会。离开了社会，人就不可能成其为人。卡尔维诺说："生物学事实（精子和卵子的结合）不足以导致一个人的产生，只有通过其他人的微笑、语言、情感关系、帮助、学习、游戏和工作，他才能成为一个人。他和这些'其他人'一起构成集体的一部分，在这个集体之外，所谓'理智人'这个类的个体将只是一个惊恐的、发狂的动物、一个不能适应任何环境的动物。"② 人应该尊重一片麦地，不是为了麦地自己，乃是因为这是人类的营养。与此类似，人应该尊重集体，不管这个集体是祖国，还是家庭或别的什么，不是为了集体本身，而是作为人的灵魂之营养。薇依说："首先，每一个集体都是独一无二的，一旦遭到破坏，就不可替换。一袋麦子可为另一袋麦子所替换。一个集体对其成员所提供的灵魂营养，在全世界都找不到等价物。其次，由于其绵延，集体已深入未来。它们拥有的营养，不仅能滋养活着的人，也同样能滋养那些尚未出生、而要在今后几个世纪降临此世的人们。最后，同样出于其绵延，集体的根在过去。它拥有独一无二的机能，保守着由死者所聚集起的精神保藏，以其自身为中介，使死者能向活人讲话。而能与人类永恒命运直接相关的独一无二的尘世之物，就是那些能完整地意识到这一命运之人的光照，一代代地向下传递着。"③ 人只有以社会生活、共同生活为中介才能发现他自己，才能意识到他的个体性，也才能接受集体的熏染和教育。薇依提倡人应扎根于集体之中，参与集体生活。"扎根也许是人类灵魂最重要也是最为人所忽视的一项需求。……一个人通过真实、活跃且自然地参与某一集体的生存而拥有一个根，这集体活生生地保存着一些过去的宝藏和对未来的预感。所谓自然的参与，指的就是由地点、出生、职业、周遭环境所自动带来的参与。每个人都需要拥有多重的根。每个人都需要以他作为自然成员的环境为中介，接受其道德、理智、灵性生命的几乎全部内容。"④ 除了在自然周遭环境之中扎根外，还得扎根于不同的社交圈子。与不同的圈子交流、对话、沟通，并相互影响、启迪。"某个特定的圈子必须接受外来的影响，不是作为一种'协助'，而是作为一种使其自身生活更富张力的刺激剂。只有在消化了以后，它才能获得

---

① 吴俊升著：《教育哲学大纲》，上海商务印书馆 1935 年版，第 203 页。
② B. 莫迪恩著，李树琴等译：《哲学人类学》，黑龙江人民出版社 2005 年版，第 197 页。
③ S. 薇依著，徐卫翔译：《扎根：人类责任宣言绪论》，生活·读书·新知三联书店 2003 年版，第 5 页。
④ S. 薇依著，徐卫翔译：《扎根：人类责任宣言绪论》，生活·读书·新知三联书店 2003 年版，第 33 页。

外来'协助'的营养，而作为个体的成员，只能通过这圈子才能接受这些营养。"① 即，人需要社会交往，社会交往使其生活具有意义，使其避免陷入孤寂之中。如果不允许一个人参与公共活动、交往活动，他便会产生失落感。当然，对人而言，这种中介并不只是意味着一种外部规定的力量。人，像动物一样，服从社会的各种法则，但是除此以外，他还能积极地参与创造和改变社会生活形式的活动。岩崎允胤说："人是在共同体之中活动的东西，构成这种活动基础的是劳动。在共同体中，人为了满足物质需要而从事劳动。在劳动中，人的自我意识作为不可缺少的东西形成了，人的理性也发展起来了。因此，所谓人，就是构成共同体的，并在其中为了自己的需求而从事劳动的、具有自我意识的、理性的活动主体。"② 也就是说，一个人只有同样地被社会所承认才成其为人：他从社会那里获得他是人类一员的承认。"人"这个词的含义因此不再是指就本身而言的人的实在，而是依赖于社会约定的人的实在，即一张身份证或一个面具。

其次，人的生活是高贵的。人给自己提出了生命的问题，赞扬了生命之美丽，期待提升自己的生命形态，盼望实现生命的意义，希望超越局限自己生命的时空之束缚。人具有完美生活之观念，能够在自身的生命中感受到生命的极强的魅力。人是他自己生活的主人，在很大程度上能够控制和指引自己的生活，并使之完美。文艺复兴时期的人文主义者皮科在《关于人的尊严的演讲》中，肯定了人类在宇宙中的特殊地位：他们是自由的，不是由于他们像其他事物一样，与确定的本性联系在一起，而是由于拥有设定任何本性的能力。皮科让上帝这样对亚当说："亚当，我们没有给你固定的位置或专属的形式，也没有给你独有的禀赋。这样，任何你选择的位子、形式、禀赋，你都是照你自己的欲求和判断拥有和掌控的。其他造物的自然一旦被规定，就都为我们定的法则所约束。但你不受任何限制的约束，可以按照你的自由抉择决定你的自然，我们已把你交给你的自由抉择。我们已将你置于世界的中心，在那里你更容易凝视世间万物。我们使你既不属天也不属地，既非可朽亦非不朽；这样一来，你就是自己尊贵而自由的形塑者，可以把自己塑造成任何你偏爱的形式。你能堕落为更低等的野兽，也能照你灵魂的决断，在神圣的更高等级中重生。"③ 斐

---

① S. 薇依著，徐卫翔译：《扎根：人类责任宣言绪论》，生活·读书·新知三联书店 2003 年版，第 33 页。

② 岩崎允胤主编，刘奔译：《人的尊严、价值及自我实现》，当代中国出版社 1993 年版，第 22－23 页。

③ P. d. 米兰多拉著，顾超一等译：《论人的尊严》，北京大学出版社 2010 年版，第 25 页。

微斯热情地讴歌了人的高贵与完美。他说："人有高傲的头颅，这是神圣心灵的城堡与殿堂。五官的安排既是装饰，又有用处。耳朵既无细嫩的皮肤，又无硬骨，但被弯曲的耳郭包围因而可以接受来自各方的声音，又不让灰尘、毛绒、小虫飞入脑内。眼睛成双，因而可以看一切，并被睫毛和眼帘所保护，防止尘土毛虫的侵袭。它们是灵魂的标尺，人脸上的最高贵之处。再看人的装扮，这是何等漂亮，修长的四肢终止于指尖，十分好看，十分有用。……所有这一切如此协调一致，任何一部分若被改变或损毁，都会失去全部的和谐、美丽和效用。"① 不仅是西方学者赞叹人的生命之美，我国学者莫洛在《人》这首诗中，用抒情的笔调对"人"进行了无尽的赞美。他在诗中写道："'人'！——谁创造了这个字？这个字最简单又最复杂，最通俗又最深奥，最浅易又最丰富。这是最纯洁的字，最庄重的字，最有力的字，最富有哲理意义的字，最有稳定感的字——顶天立地的字。给这个字以尊严，给这个字以深刻的思想，给这个字以强烈的感情，给这个字以崇高的形象——让这个字巍然屹立，神圣不可亵渎。人啊！人啊！人啊！人有无穷的智慧，人有无限的力量，人有不尽的创造，人有不可摧折的毅力，世世代代青春常驻，经亿万年而永不衰亡。啊，人！人啊！'人'！——是谁创造了这个汉字？这个字是人所创造，人必须全力保护这个字。这个字永远与古人今人同在，与天地日月共存。"②

再次，人的生命是多样的、丰富的、精彩的。人类作为"万物之灵"，不仅是"创造"的存在，也是有"意识"的存在。康德认为，为了在有生命的自然体系中排定人的地位，必须对人的特性加以确定。人究竟有什么特性呢？康德的回答是："人是一种自己创造自己的特性，因为他有能力根据他自己所采取的目的来使自己完善化；他因此可以作为天赋有理性能力的动物而自己把自己造成为一个理性的动物。这样，他首先是保持着自己和自己的种类，其次，他锻炼和教育着这个种类，并对之进行日常社会性的教化；此外，还把它作为一个社会性的系统整体来治理。……通过文化的进步，哪怕伴随有对人的某些生活乐趣的牺牲，而造成人的完善化。"③ 即，人是自己创造着自己，人就是人的历史。人不仅是创造者，而且是有"意识"的创造者。康德说："人能够具有'自我'的观念，这使人无限地提升到地球上一切有生命的存在物之上，因此，他是一个人，并且由于在他可能遇到的一切变化上具有意识的统一性，因

---

① 赵敦华著：《西方哲学简史》，北京大学出版社 2001 年版，第 161 页。
② 王尚文等主编：《新语文读本》（小学卷 12），广西教育出版社 2007 年版，第 6 页。
③ 康德著，邓晓芒译：《实用人类学》，上海人民出版社 2005 年版，第 261 页。

而他是同一个人，也就是一个与人们可以任意处置和支配的、诸如无理性的动物之类的事物在等级和尊严上截然不同的存在物，甚至当他还不能说出一个'我'时就是如此，因为在他的思想中毕竟包含着这一点：一切语言在用第一人称述说时都必须考虑，如何不用一个特别的词而仍表示出这个'我性'。因为这种能力（即思考）就是知性。"① 人不仅具有把"世界"当作自己的"对象"的"对象意识"，而且还有关于自己的感知觉、欲望、情感、思想的"自我意识"。在这种"自我意识"中，人类能够"觉其所觉"、"知其所知"、"想其所想"、"行其所行"，因而人类能够超越自己狭隘的、有限的、封闭的存在，在自己的"意识世界"中为自己创造无限广阔、无限丰富、无限发展、无限精彩的"世界"，并创造出一个理想性的、真善美相统一的"世界"。而人类意识的"超越性"，决定了人如何"生活"。例如，动物总是按照千篇一律的方式做着同样的事情，而人的生活却是丰富多彩的。动物的行为全都以相同的方式并根据同一不变的规则进行，没有任何个体选择的自由或发挥个体能力的自由，没有任何个体的差别。动物的任何后天特性都是无法通过遗传来传递的，"一个有机体在它的个体生命历程中可以获得的每一点完善，都只限于它自己的存在范围，对种属的生命不发生影响。"② 尽管人的确倾向于遵循一种一贯的生活方式，但他并未被限制在这些行为方式中的任何一种；像他自己设计了这些行为方式一样，他也能重新设计、创造它们。因此，人没有单一的、只适合于他的环境，在每一种新的环境中，他都能发展出、创造出适合于环境的行为，并以此保护自己。人的生活与其他生物的生存真正具有决定性的区别之处就在于人的生活是创造性的、自由的，只有创造性、自由才能使人的生活具有不可还原的意义，才能使生活超越生存。创造、自由是创造者唯一自足的目的。诚如康德所说："人类之脱离这座被理性所描绘成是他那物种的最初居留的天堂，并非是什么别的，只不过是从单纯动物的野蛮状态过渡到人道状态，从本能的摇篮过渡到理性的指导而已；——总之一句话，就是从大自然的保护制过渡到自由状态。"③ 人的世界，是人类意识创造的五彩缤纷、色彩斑斓的世界；人的意识，是把世界打扮得五彩缤纷、色彩斑斓的"超越性"意识；人的意识，是创造出灿烂辉煌的"精神世界"和"文化世界"的创造性能力。

第四，人能巩固、传播自己的生命成果，在与他人的相遇中进行交流，并

① 康德著，邓晓芒译：《实用人类学》，上海人民出版社2005年版，第3页。
② E. 卡西尔著，甘阳译：《人论》，上海译文出版社1998年版，第283页。
③ 康德著，何兆武译：《历史理性批判文集》，商务印书馆2005年版，第70页。

通过语言的传承成为人。人不可能过着他的生活而不表达他的生活，"在婴儿时期能够揭示人的存在的第一个运动就是向他人的运动。十二个月或六个月大的婴儿，离开过去枯燥无味的生活，在他人之中发现了自己，在对他人的注视中认识了自己。以后，在大约三岁的时候，他将会产生第一个以自我为中心的意识……人的第一次经验是'第二人称'的经验：'你'、'我们'是在'我'之先的，至少是同时的。在物质本性中才有排他性的统治，因为空间的某部分不能同时被两个事物占有；相反，人通过带给他存在的运动表达自己，他是天生会传达自己的，甚至只有他才能是自己的"。① 人在与他人的交往中，还处于一种身心敞放、相互完全平等的关系中。人与人的交往是"我与你"的对话和敞亮，更是真理的敞亮和思想本身的实现，"对话的唯一目标便是对真理的本然之思"（雅斯贝尔斯语）。而人要成为人，必须靠语言的传承方能达到，因为精神遗产只通过语言才能传给我们。学习语言、传播生命成果可以在无形中扩大个人的精神财富。俗话说：语言替我而思。人学习语言的过程其实就是学习历史的传承，"语言的意义来自传承、社会和不断重复地听与理解"。② 当（古代）阿拉伯人问撒拉逊人阿卜杜拉，在世界这个舞台上什么最值得赞叹时，阿卜杜拉回答道："没有什么比人更值得赞叹了。"墨丘利说："阿斯克勒庇俄斯啊，人，是一个伟大的奇迹。"③ 在阿卜杜拉、墨丘利看来，人是造物的中介，既与上帝为伴，又君临下界，因为"感觉的敏锐、理性的洞察力及智性之光而成为自然的解释者；人是不变的永恒与飞逝的时间的中点，是纽带，是世界的赞歌……只略低于天使"。④ 不过，上述这些说法尽管重要，但却不是最重要的。因为，人并不是借此获得了为自己索取最高赞叹的特权，否则，我们为何不去更多地赞叹天使和天堂里最有福的歌队呢？那么，究竟是什么使人成为最幸运的生灵并因此堪配所有的赞叹呢？在米兰多拉看来，原因恰在于："人才被恰当地称为并被看作是一个伟大的奇迹，一种堪配所有赞叹的生灵。"⑤

马克思对人的生活内容和本质给予了科学的论证和分析。在马克思看来，实践活动是社会生活的本质。"全部社会生活在本质上是实践的。凡是把理论引向神秘主义的神秘东西，都能在人的实践中以及对这个实践的理解中得到合

① B. 莫迪恩著，李树琴等译：《哲学人类学》，黑龙江人民出版社 2005 年版，第 206－207 页。

② K. 雅斯贝尔斯著，邹进译：《什么是教育》，生活·读书·新知三联书店 1991 年版，第 86 页。

③ P. d. 米兰多拉著，顾超一等译：《论人的尊严》，北京大学出版社 2010 年版，第 17 页。

④ P. d. 米兰多拉著，顾超一等译：《论人的尊严》，北京大学出版社 2010 年版，第 17 页。

⑤ P. d. 米兰多拉著，顾超一等译：《论人的尊严》，北京大学出版社 2010 年版，第 18 页。

理的解决。"① 社会生活由各种现象和事物构成，是纷繁复杂的。社会生活的内容本质上是人们活动的结果，是社会实践的产物。面对社会生活，也就是面对实践；深入社会生活，也就是深入实践。具体而言，实践形成了社会生活的基本领域。尽管社会生活是多方面的，但就其基本领域而言，主要是社会的经济生活、政治生活、文化生活。而这些生活领域恰是由不同的实践活动造成的，其相互关系也是由实践活动的内在联系决定的。由于物质生产实践构成了社会存在的基础，所以物质生活的生产方式制约着整个社会经济生活、政治生活和文化生活。其次，实践活动是社会关系的发源地。人与自然的关系、人与人的关系相互制约，共生于实践活动之中。再次，实践活动构成了社会发展、人的发展的动力之源。人是历史的"剧作者"，人们自己创造自己的历史，社会发展不过是人的实践活动在时间中的展开。当然，人又是历史的"剧中人"。同时，社会生活是色彩斑斓的，实践活动的形式也是多种多样的。

三、"做人"中"成人"

"做人"本身是困难的，而做"完人"更加困难。正如海德格尔、布洛赫等人所说："人是什么与人能成为什么之间存在着巨大差别：人知道自己是什么不等于自己能够是什么和自己必须是什么。"② 尽管困难重重，但仍然值得不懈地追求和努力。因为，"人间最高贵的事就是成为人"。③ 那么，怎样才能成为"人"呢？成为"人"究竟意指什么？一般而言，成为"人"的含义包括以下几个方面。

（一）"成人"的意涵

人的发展是人之为人的规定性的发展，即人的本质和人性的发展。其中，人的本质是人成其为人的根据，也是人性的内在原因，它决定着人性，同时也从根本上规定着人的发展内容。马克思说："动物只是按照它所属的那个种的尺度和需要来构造，而人懂得按照任何一个种的尺度来进行生产，并且懂得处处都把内在的尺度运用于对象；因此，人也是按照美的规律来构造。"④ 也就是说，动物的活动只有一个尺度，即"它所属的那个种的尺度"。而人的活动则

---

① 《马克思恩格斯选集》（第 1 卷），人民出版社 1995 年版，第 56 页。
② B. 莫迪恩著，李树琴等译：《哲学人类学》，黑龙江人民出版社 2005 年版，第 66 页。
③ 黑格尔著，范扬等译：《法哲学原理》，商务印书馆 2007 年版，第 46 页。
④ 《1844 年经济学哲学手稿》，人民出版社 2008 年版，第 57-58 页。

有两个尺度：一个是外在的尺度，即物的尺度——活动对象的本质和规律，也就是真理的尺度；另一个是内在的尺度，即人的尺度——人的需要和目的，也即价值尺度。真理尺度衡量的是主体对客体的本质和规律的反映程度，而价值尺度衡量的是客体对主体需要的满足程度。"人的根本就是人本身"，"人本身是人的最高本质"，① 人总是"使自己成为衡量一切生活关系的尺度"，人是衡量一切价值之价值，人是至高的价值。理所当然，人也总是要以自己的尺度来衡量、估价、安顿人自身。"成为人"是人的终极价值追求，人的其他一切价值追求都是为了把自己创造成为真正的人。"全部历史是为了使'人'成为感性意识的对象和使'人作为人'的需要成为需要而作准备的历史（发展的历史）。"② 人的最根本的需要不是别的，而是要去做成一个人，成为一个配称之为人的人，也即要去获得人的本质，实现人的价值，完成人的使命。因此，人的发展说到底是人的本质的发展，人的全面发展就是"人以一种全面的方式，就是说，作为一个总体的人，占有自己的全面的本质"。③

1. 自我生命

人首先是"生命"存在（本能意义的生命），但人之为人的根本，必定是超越"本能生命的局限"、"超越自我的局限"，"超越所有的界限"等等，创造出能够驾驭、主宰、支配生命活动的自我生命。究竟何为"超越"呢？"超越"来自拉丁文的"transscendere"一词。该词是由"trans"和"scendere"两部分组成，意思是"上升"、"让自己升到……之上"、"穿越"、"取代"、"超过"、"攀登"等。"超越"意指经验领域里的空间关系："超过"、"越过"、"不受限制"、"取代……的位置"等，表示"处在……之上"、"超过了……在……之外"。今天，"自我超越"已经成为哲学人类学的一个基本概念。此概念表示人的这一能力：凭借它人能够不断地思想以及实现所有方面超出自身。"我以我的有限性交织进其中的那个存在不断地走到我之外。它带着我不断地超出自己，我也同样不断地作出选择。"④ "超越"大致可以分为两个类型：一是水平的超越，二是垂直的超越。水平的超越包括向未来的一般意义上的前进，它仍然保持在空间、时间的范围内，因此仍然保持在历史的视野里。垂直的超越是向上的，意图超越空间、时间的界限，指向无限。今天，"自我超越"已经成为哲学人类学的一个基本概念。此概念表示人的这一能力：凭借它，人能够不

---

① 《马克思恩格斯选集》（第 1 卷），人民出版社 1995 年版，第 16 页。
② 《1844 年经济学哲学手稿》，人民出版社 2008 年版，第 90 页。
③ 《1844 年经济学哲学手稿》，人民出版社 2008 年版，第 85 页。
④ B. 莫迪恩著，李树琴等译：《哲学人类学》，黑龙江人民出版社 2005 年版，第 158 页。

断地在思想、意志以及他所实现的所有方面超出自身。"我以我的有限性交织进其中的那个存在不断地走到我之外。它带着我不断地超出自己，我也同样不断地作着选择。"① 自我超越是人特有的行动，通过它，人不断超越自身（超越他所是、他所期盼、他所有）。"这样的自我超越是所有生命和进化的最非凡的、最重要的事实，对人尤其如此。"②

就"成人"而言，一个人如果不能由自我去主宰自己的生命活动，而只是被生命本能牵着鼻子走，他与动物的生存就不会有多大的差别，很难被认为是真正意义的人。尼采在《查拉图斯特拉如是说》一书中主张，生命特别是人的生命是一个持续不断地超越自身的力。生命使自己成为自己可能性的基础，通过在自我实现的运动中表明自己的力量而超越自己。生命渴望上升，通过上升超越自己。查拉图斯特拉宣称："生命本身把这个秘密告诉我：'瞧，'它说，'我就是总是不得不超越自我的东西。当然，你们称之为生殖意志，或者目的冲动，求更高、更远、更多样性的目的冲动，可是这一切都是唯一的秘密。"③ 在康德看来，人想要成"圣"是根本不可能的，因为伪善、"爱我"、虚荣心、权力欲等在人的一生中也是无法根除的。感性的人总是免不了从他的自然本性和生存环境中获得自己行为的动机，因而无处不构成对道德自律的外部干扰。不过人性中的根本恶并不在于感性动机本身，而在于摆不正感性动机和理性的道德动机的位置关系，也就是不去使感性动机为道德动机服务，而是反过来使道德动机成为感性动机的借口或工具。这就是人与生俱来的自欺、伪善和自爱。"人从开始用'我'来说话的那一天起，只要有可能，他就表现出他心爱的自我，并且毫无止境地推行个人主义，即使不是公开的（因为那会与别人的个人主义相冲突），而是隐蔽的，要用表面的自我否定和假谦虚在别人眼里更可靠地为自己产生一种优越的价值。"④ 尽管个人主义（包括逻辑的、审美的和实践的）是一种狂妄（包括理性的狂妄、鉴赏的狂妄和实践利益的狂妄），尽管个人主义的种子已经包含在人类理性最根本标志的"自我意识"中，但这一事实并不能否认人能够通过在历史中的不断发展而使自己日益趋向于完善化、道德化。相反，大自然"十分明智和慈悲地把那些人们想象的对象作为真实的目的（如对荣誉、权力和钱财的各种追求），来哄骗生性懒惰的人类"，目的在于"加强对生命力的刺激以充实人类的活力，使他们不至于在单纯的享乐中将

---

① B. 莫迪恩著、李树琴等译：《哲学人类学》，黑龙江人民出版社 2005 年版，第 158 页。
② B. 莫迪恩著、李树琴等译：《哲学人类学》，黑龙江人民出版社 2005 年版，第 159 页。
③ F. 尼采著、杨恒达译：《查拉图斯特拉如是说》，译林出版社 2012 年版，第 132 页。
④ 康德著、邓晓芒译：《实用人类学》，上海人民出版社 2005 年版，第 5 页。

生命感丧失殆尽"，① 并最终日益向人的善良本质不断靠近。正如康德所说："大自然把不和的种子植入了人类之中，它本来是要让人类自己的理性从这种不和中产生出那种和睦大同，至少是不断地向它逼近，虽然这种大同在理念中是目的，但在事实上，前者（不和）在大自然的计划中却是一个我们无法知道的最高智慧的手段，即通过文化的进步，哪怕伴随有对人的某些生活乐趣的牺牲，而造成人的完善化。"② 人类的自欺、伪善或自爱虽然是违背道德的，但毕竟是人类的"文化"，比起人类的质朴的野蛮来还算是一种进步。卢梭说："出自造物主之手的东西，都是好的，而一到了人的手里，就全变坏了。"③ 这个论断暗示：社会扭曲了人的自然天性，在人身上培养起倾向于无度、无限膨胀的贪婪欲望，并提供了满足这些欲望的花样不断翻新的手段与技术工具。卢梭由此对文明生活给出了一个否定性的评价："我们的种种智慧都是奴隶的偏见，我们的一切习惯都在奴役、折磨和遏制我们。文明人在奴隶状态中生，在奴隶状态中活，在奴隶状态中死：他一生下来就被人捆在襁褓里；他一死就被人钉在棺材里；只要他还保持着人的样子，他就要受到我们的制度的束缚。"④

　　不过，康德却提出了这样一个问题，即我们是同意还是反对卢梭的下述主张：人类的特性根据其自然素质来看，在其自然的野蛮状态中是否要比在后果不可预料的文化的矫饰状态中更好些。康德自己的回答是，人类的特性在"文化的矫饰状态"中会"更好些"。他说："人具有一种要使自己社会化的倾向，因为他要在这样一种状态里才会感到自己不止于是人而已，也就是说才会感到他的自然禀赋得到了发展。然而他也具有一种强大的、要求自己单独化（孤立化）的倾向，因为他同时也发觉自己有着非社会的本性，想要一味按照自己的意思来摆布一切，并且因此之故就会处处都遇到阻力，正如他凭他自己本身就可以了解的那样，在他那方面他自己也是倾向于成为别人的阻力的。可是，正是这种阻力才唤起了人类的全部能力，推动着他去克服自己的懒惰倾向，并且由于虚荣心、权力欲或贪婪心的驱使而要在他的同胞们——他既不能很好地容忍他们，可又不能脱离他们——中间为自己争得一席之地。于是就出现了由野蛮进入文化的真正第一步，而文化本来就是人类的社会价值之所在；于是人类的全部才智就逐渐地发展起来了，趣味就形成了，并且由于继续不断地启蒙就开始奠定了一种思想方式，这种思想方式可以把粗糙辨别的道德的自然禀赋随

---

① 康德著，邓晓芒译：《实用人类学》，上海人民出版社 2005 年版，第 194 页。
② 康德著，邓晓芒译：《实用人类学》，上海人民出版社 2005 年版，第 261 页。
③ 卢梭著，李平沤译：《爱弥儿》（上卷），商务印书馆 2006 年版，第 5 页。
④ 卢梭著，李平沤译：《爱弥儿》（上卷），商务印书馆 2006 年版，第 15 页。

着时间的推移而转化为确切的实践原则，从而把那种病态地被迫组成了社会的一致性终于转化为一个道德的整体。"① 虽然人类的本性驱动着他不断地去追求极乐，而理性却局限于把幸福建立在尊严的条件之上，即建立在道德之上。诚如康德所说："德行（作为得到幸福的配当）是所有向我们显现为值得向往的东西的无上条件，从而也是我们对于幸福的全部追求的无上条件，因而也就是无上的善。……既然德行和幸福一起构成了一个人对至善的拥有，但与此同时，与德性（作为个人的价值和得到幸福的配当）极其精确地相匹配的幸福也构成了一个可能世界的至善：所以至善意指整体，意指完整的善，在这里德行作为条件始终是无上的善，因为后者在自身之上不再有条件。幸福总是这样一种东西，虽然对于拥有它的人是愉悦的，但就它自身而言并不是绝对地和在所有方面善的，而是在任何时候都以道德上合乎法则的举止为先决条件。"② 追求快乐（肉体的快乐、精神的快乐）是人的自然需求。肉体的快乐是短暂的、易逝的，真正的快乐一定是建立在精神性的快乐之上。求开心、追快乐，人之性也。有的快乐如闪电，来得猛，去得快，眨眼工夫就没了；有的快乐似盛宴，闻着香，吃着爽，但千里搭长棚，没有不散的筵席，一旦人走席散，快乐也就悄然而失了。在尼采看来，这种快乐尚未超越动物的眼界。"动物止于何处，人始于何处！自然仅仅关注这个意义上的人！只要一个人在生命中唯求幸福，他就尚未超越动物的眼界，区别仅在于他是更加有意识地追求动物在盲目的冲动中追求的东西罢了。"③ 但有的快乐，如头顶的太阳，天天都会从东方升起；又似自己的影子，时时都会紧跟在身旁，这就是精神的快乐。精神的快乐是用金子铸造的，是一种理性境界。它能使人无论是顺是逆、是上是下、是进是退，都一如既往，精神灿然，神态自然，情绪悠然。这种快乐不仅比肉体的快乐更持久，而且能使人的心境达到宁静与和谐。

2. 类生命类本性

人必须超越"自我"个体生命的局限，不断更新、充实、升华自我，把相对、有限的自我引向无限、永恒的"大我"，以自我的创造内涵去丰富人的类生命和类本性。马斯洛认为，超越"指的是人类意识最高而又最广泛或整体的水准，超越是作为目的而不是作为手段发挥作用，并和一个人自己、和有重要关系的他人、和一般人、和大自然，以及和宇宙发生关系"。而自我实现概念

---

① 康德著，何兆武译：《历史理性批判文集》，商务印书馆 2005 年版，第 7-8 页。

② 康德著，韩水法译：《实践理性批判》，商务印书馆 2005 年版，第 121-122 页。

③ F. 尼采著，周国平译：《作为教育家的叔本华》，译林出版社 2012 年版，第 42 页。

中的"自我"不再是局限于"小我"的个体存在，而是"已经扩大到包括世界的各个方面在内"，并超越了自我与非我之分的"扩大了的自我"，受存在性价值激励成为超越性动机的根本内涵。① 追求自我实现的人主要不是受到基本需要激励的，而是受到超越性需要——存在性价值的超越性激励，他们的自我已经扩大到包括世界的各个方面在内。自我实现的需要"可以归入人对于自我发挥和完成的欲望，也就是一种使他的潜力得以实现的倾向。这种倾向可以说成是一个人想要变得越来越像人的本来模样，实现人的全部才能的欲望。换句话说，一位作曲家必须作曲，一位画家必须绘画，一位诗人必须写诗，否则他始终无法宁静。一个人能够成为什么，他就必须成为什么，他必须忠于他自己的本性。这一需要就可以称为自我实现的需要"。② 而这样的自我超越，恰是所有生命和进化的最非凡的、最重要的事实，对人尤其如此。

自我超越是人特有的行动，通过它，人不断超越自身（超越他所是、他所期盼、他所有）。"人不仅是它现在之所是，而且是它现在所不是的一切。"③ 人并不具有其他生物典型性的不变的本质，而是处在总要创造他本身的情形中。由于人不以任何命定的计划为基础，所以他必须不断设计、创造他本身——人创造人、人自己创造着自己。人绝不会固定地存在着，而是处在不断完善、不断超越自己的过程中：他一次又一次地投入纯洁的未来，始终眺望远方，成为他所想、所要或他应该成为的样子。尼采认为，人是应该被超越的东西，而自我超越始终以人为目标，更确切地说是"超人"——一种理想的人格形象和最高的人生境界。"'人类'不是目的，超人才是目的。"④ "上帝死了：现在我们愿意——超人活着。""我心目中想的是超人，他是我的第一和唯一，——人类不是我的第一和唯一：不是最亲近的人，不是最贫穷的人，不是最痛苦的人，不是最好的人。"⑤ 尼采所谓的"超人"究竟"是什么"呢？他自己给出的答案是："瞧，我教你们超人！超人是大地的意义。""瞧，我教你们超人：他便是这大海，你们的伟大轻蔑可以在其中下沉。""瞧，我教你们超人：他便是这闪电，他便是这疯狂！"⑥ "瞧，我是闪电的宣告者，是云中的一滴沉重的雨点：

---

① A. 马斯洛著，成明编译：《马斯洛人本哲学》，九州出版社 2003 年版，第 29 页。

② A. 马斯洛著，成明编译：《马斯洛人本哲学》，九州出版社 2003 年版，第 57 页。

③ B. 莫迪恩著，李树琴等译：《哲学人类学》，黑龙江人民出版社 2005 年版，第 159 页。

④ F. 尼采著，张念东等译：《权力意志》，商务印书馆 1998 年版，第 137 页。

⑤ F. 尼采著，杨恒达译：《查拉图斯特拉如是说》，译林出版社 2012 年版，第 337 页。

⑥ F. 尼采著，杨恒达译：《查拉图斯特拉如是说》，译林出版社 2012 年版，第 4—6 页。

但是这闪电名叫超人。"① 可见，尼采所谓的"超人"，无疑是在精神或价值层面上超越原有人类的新人类。人的价值即在于超越性，人的光荣不是人从何处来而是人向何处去。布洛赫在《乌托邦精神》一书中认为，自我超越的核心是"尚未"，也就是说，人在自己面前总是发现可能的空间。他说，人之为人的根本，就在于他对光明的向往："在幼虫的下面，在所有动物都受其束缚的类的永恒限制之内，都存在着一种向往光明的冲动；但是只有在人自身中，所有动物均有的趋光性才被意识到，并得到贯彻。"② 而这个"尚未"，则会萌发出"希望"。人最重要的是要学会希望，希望的任务不是放弃，而是要寄希望于成功而不是失败。只有希望才能指向我们所要的完满，只有希望才能带给我们所应该的"实存"。希望就在生存的黑暗之中，"我们的生活，我们的未来，当下瞬间的黑暗，黑暗中的光明，包容一切可能性的潜在，全部在最直接的讶异之中了"。③ 布洛赫所说的"希望"，其实就是他有关人的自我超越的别样表述。马尔库塞说："人的存在总是比他当下的存在多，他超越所有境遇，由此他发现自己的内部处于一个无法逃避的矛盾之中：这个矛盾要求不断地进行超越，即使人永远不可能最终实现对自己和世界的控制。"④ 在他看来，人的超越有着纯粹的历史和时间性特征——不是形而上学和超自然的，人的自我超越就是向着更好的未来社会的出发。波普尔、布洛赫、马尔库塞等学者都注意到了自我超越的社会维度，即，人是作为社会存在而进行自我超越的。但是，承认自我超越包含社会因素，并不完全意味着它不包含个人因素。在不断的自我超越中，人类是否可以达到自我以及自我需要的完全实现呢？实际上，没有哪个有组织的社会共同体、经济、政治或人类文化能够满足在自我超越中表现自己的个人的一切需要。因此，赋予自我超越活动的一个迷人的、壮丽的、将在遥远的未来实现的目标——也就意味着让今天的人真正的希望被忽略和落空——这个希望，除了是集体的、社会的希望以外，更是个人的希望，是每个人对自己的存在的希望，而不是为了一个更好的"无阶级社会"的实现——我们都知道自己根本不可能成为这个社会的一员。诚如葛尔韦泽所说："这个世界的所有现象都注定会随着时间的流逝消失，因此它们无法赋予事物永久的意义。给'人'以意义的仍然只能是人自己。但是同样易逝和不完善的他人也不能提供解释——差不多就像在实际的和个别的情况下相信可以发现生存的意义是可能

---

① F. 尼采著，杨恒达译：《查拉图斯特拉如是说》，译林出版社 2012 年版，第 8 页。

② 张一兵等著：《人的解放》，河南人民出版社 2011 年版，第 145－146 页。

③ 张一兵等著：《人的解放》，河南人民出版社 2011 年版，第 147 页。

④ B. 莫迪恩著，李树琴等译：《哲学人类学》，黑龙江人民出版社 2005 年版，第 162 页。

的一样。这样作为一个整体而存在的人类似乎更有资格去承担这一工作，因为它远远超过了个人生命的绵延。但是，这是一个被高抬的抽象，我们需要对人类也是宇宙之中一个转瞬即逝的现象这一事实视而不见。要发现意义，必须预先假定一个永恒的例子，否则，就会把一个个人和人类根本无法承受的重担压在他们的身上，这个任务是他们无法完成的。"① 社会是生活的条件，生活是社会的目的，这两点不能颠倒。生活的意义在于生活本身，生活的意义存在于生活本身之中，生活具有自成目的性，因为生活是绝对直接的事实。不可能有高于生活的目的，因为不可能通过生活去超越生活。生活的意义在于创造性地去生活并且创造可能的生活。如果一种可能生活满足自成目的性的标准，那么它必定是生活意义的一种显示方式。"假设生活的意义存在于生活之外某个理想可能世界中，那么生活本身就没有意义；又既然这个理想的可能世界在实际生活中不存在，那么，它的意义就是在生活中所不能触及的东西，所以也就不存在，于是，如果把生活的意义归属于生活之外的某个可能世界，就等于在任何一种意义上否认了生活的意义。"②

3. 人的天职与使命

人是面向整个世界的存在，作为人，需要超越整个"生命"和一切"物种"的局限，通过创造性活动，运用人的超物种尺度，开发一切存在的潜能，赋予世界以新的价值和意义，这才算实现了人的天职和使命。詹姆斯说："与我们应该成为的人相比，我们只苏醒了一半。我们的热情受到打击，我们的蓝图没能展开，我们只运用了我们头脑和身体资源中的极小一部分。"③ 尽管人的潜力巨大，但有关人的潜力的研究却极度滞后。"近五十年来，人类潜力这一课题完全被社会科学家和行为科学家所忽视，根本没有被他们当作一个中心课题来研究。"④ 马斯洛改变了这一研究局面，他有关人类动机的普遍理论即主张人类具有大量尚未加以利用的潜力，所有的或几乎大部分的婴儿，生而具有心理发展的潜力和需要，尽管潜力难以测量。"我们无法测出一个人将来可能有多高，只知道他现在有多高；我们无法知道在最好的条件下他会变得多聪明，只知道在目前的实际情况下他确有多聪明。"⑤ 一个人一旦确立了伟大的目标，其潜力就可能得到最大的开发。"不向上看的人往往向下看，精神不能在空中

---

① B. 莫迪恩著，李树琴等译：《哲学人类学》，黑龙江人民出版社 2005 年版，第 164 页。
② 赵汀阳著：《论可能生活》，中国人民大学出版社 2004 年版，第 26 页。
③ A. 马斯洛著，成明编译：《马斯洛人本哲学》，九州出版社 2003 年版，第 153 页。
④ A. 马斯洛著，成明编译：《马斯洛人本哲学》，九州出版社 2003 年版，第 154 页。
⑤ A. 马斯洛著，成明编译：《马斯洛人本哲学》，九州出版社 2003 年版，第 155 页。

翱翔就注定匍匐在地。"① 对动物而言，只有世界的一个特殊部分才是与它有关的，它们只对一定的刺激物产生反应，不能感受其他刺激物。同时，动物主体的特定化与世界客体的特定化相遇，两种特定化像一个齿轮系统一样相互配合。而人则是无限地具有"对世界的开放性"。舍勒认为，人是"不受环境限制的"，是对世界开放的。"人就是那个其行为无限'面向世界'的未知者。动物则没有'对象'；它只是亢奋地生活，与它的周围世界融为一体，并像蜗牛一样，走到哪里就把壳背到哪里，动物也把它的周围世界作为结构背到它的所到之处。动物没有能力把一个'周围世界'以自己独特的方式置于远离自己的地方，并把它名词化为'世界'，也同样没有能力把受情绪和冲动限制的'抵抗中心'转化成'对象'……动物在本质上黏着于、迷恋于与它的有机状态相一致的生活现实，而再没有'形象地'把握住现实。"② 人的认识使命不仅是发出信号，释放机制，而且还必须与现实建立一种更加丰富的联系；人不仅必须选择世界的一部分，而且还必须尽可能地使世界充分实现。叔本华说："对人来说，那最初只能唯意志地看待世界，即只能为意志或欲望服务的理智，现在已经从意志中解放出来，并对世界的实际构成开放。"③ 人是世界中的一种存在，人的存在受制于世界的存在。由于受制于世界存在，人的创造性是一种有限的创造性，人不能创造世界而只能创造生活。

通过不断超越、面向世界的努力，最终达到的必然是人与人、人与人的自身本质、人与人的世界一体性的存在，即以类为本性的自觉地"类存在"的人。人的生命内含了"种"而又超越了"种"的存在特质，已经属于"类"的范畴。人按其本性而言，就是一种类存在物。人的类本性表明，人只能存在于同他人内在统一的一体性关系之中，也只能存在于同外部世界即人的对象性存在的内在统一的一体性关系中，而且这种一体性的关系不但构成人的有意识的活动的对象，并且还是人的自为活动所遵循的基本原则。人是以自由自觉的活动不断扬弃和超越给定性和自在性的，从而使人生活在一个属于人的世界里，即体现了自然的人化和人的本质力量的对象化的世界中，而不再像动物那样与自在自然处于未分化的同一之中，凭着本能而自在自发地存活。这一"自由自觉的活动"也就是哲学意义上的实践。这样一来，实践就体现了人的具体特征和总体性的统一，它既反映了人的各种属性和活动的规定性，又不直接等同于

---

① A. 马斯洛著，成明编译：《马斯洛人本哲学》，九州出版社 2003 年版，第 153 页。
② M. 舍勒著，刘晓枫选编：《舍勒选集》（下），上海三联书店 1999 年版，第 1332 页。
③ M. 兰德曼著，阎嘉译：《哲学人类学》，贵州人民出版社 2006 年版，第 180 页。

其中任何一种属性；它既是"多"，又是"一"。"人的本质的整体性，根源于人的实践和社会关系的多样性和总体性。在劳动实践中，人不是在一种规定性上生产自己，而是生产自己的全面性，同时，社会关系也是多层次、多方面的。相应地，人也是多层次、多方面的，孤立地抽取个别属性难免挂一漏万，很难真实地反映人的本质。"① 在这里，"一"体现为人是总体性的存在物，这"多"则体现为"人是多维度的存在物：既是自然的、生物的、感性的存在物，也是精神的、心理的、意向性的存在物；既是理性的存在物，也是非理性的存在物；既是经济动物、政治动物，也是文化动物；既是工具的制造者，也是符号和象征的创造者"。② 人的这多种属性在人的社会实践活动中有机地统一起来。人的总体性是人的本质性的存在方式，"它为人的活动提供一个基本框架，在这里，人的理性、感性、情感、直觉、意志、直至本能都取得一席之地，它们构成一个有机的总体，一个自在自律演进的总体"。③ 只有当人的各种属性、各方面的活动、各种规定性、各种需要和价值都得到协调和有机的发展，才会有自由和全面发展的人，才会有健全的社会，即自由人的联合体。因此，任何关于人的见解，任何历史设计，都不应片面强调或突出这一多样性统一的总体之中的某一方面。诚如卡西尔所说："哲学家无权构造一个人造的人，而必须描述一个实在的人。任何所谓关于人的定义，当它们不是依据我们关于人的经验并被这种经验所确证时，都不过是空洞的思辨而已。要认识人，除了去了解人的生活和行为以外，就没有什么其他途径了。但是，要把我们在这个领域所发现的东西包括在一个单一的和简单的公式之内的任何企图，都是要失败的。人类生存的基本要素正是矛盾。人根本没有'本性'——没有单一的或同质的存在。人是存在与非存在的奇怪混合物，他的位置是在这对立的两极之间。"④ 换句话说，人之为人的特性，就在于他的本性的丰富性、微妙性、多样性和多面性。在迄今为止的历史中，正是由于人的某一属性、某一活动或某一规定性被片面地，并以牺牲其他属性、活动或规定性为代价地强调与发展，才出现了马克思和当代许多思想家所剖析的"异化的人"或"经济的人"，以及卢卡奇所批判的"物化的人"、马尔库塞所揭示的"单面人"或"单向度的人"。

---

① 王善超著：《关于人的理解》，河南人民出版社 2011 年版，第 82 页。
② 衣俊卿著：《历史与乌托邦》，黑龙江教育出版社 1995 年版，第 199 页。
③ 衣俊卿著：《历史与乌托邦》，黑龙江教育出版社 1995 年版，第 200 页。
④ E. 卡西尔著，甘阳译：《人论》，上海译文出版社 1998 年版，第 16 页。

（二）"做人"才能"成人"

人与动物不同，他不是因为仅仅具有了人的遗传素质就可以成为"人"的，人并非天生就是"人"。人所具有的本质属性（或人性）不是与生俱来的，而是由人自己造就的。"动物与人类的区别仅在于人类是实践的存在。动物因为其活动不能构成有限行为，所以不能创造与自身相分离的创造物，而人类通过对世界的行动可以创造出文化与历史的天地。只有人是实践的——有真正改造现实的反思与行动，这种实践是知识与创造的源泉。动物的活动因为不是实践，所以不具有创造性。作为改造性和创造性的存在，人在与现实的永恒关系中不仅创造了物质产品——可触摸到的物体，而且还创造了社会制度、思想和观念。通过不断实践，人在创造历史的同时又成为历史的社会的存在。因为与动物相比，人能把时间三维化为过去、现在和将来，所以，历史（是人自身创造物的表现）是作为一个连续不断的改造过程而向前发展，而时代单位把这一改造过程具体化。"[①] 正因为人是创造性的存在，所以成为一个人，即是处在成为一个人的过程中，是持续不断的自我创造的行为。"人注定是要自由的；他处于总是要自由的需要支配下。自由不是他能够接受或拒绝的赠予，而像肯定的极端走向否定的极端一样，是他内心不确定性的必然结果。"[②]

人没有一种完全不变的本性，人是在历史进程中形成自身的，人类本性的一个特点恰恰在于他通过反思以改变自己的本性。人的本性是在自由中生成的。笛卡尔认为，自由在人的完满性中占有首要地位，即自由构成了人的完满性。"有一个非常大的孔隙是符合意志的本性的，人的全部的完满性就是按照意志来行动，换句话来说，是自由的，因此，人的完满性就在于行动者按照某种特定的方式来行动，人因此值得赞扬。"[③] 人是未完成的，自由是人性生成的重要条件。人是自己造就的，外界不能施加任何强迫，因为强迫会把人性的生成扼杀在萌芽状态。"人，只能自己改变自身，并以自身的改变来唤醒他人。但在这一过程中如有丝毫的强迫之感，那效果就会丧失殆尽。"[④] "人从事什么，人就是什么"（海德格尔语）。萨特认为，人的"存在"，是一个从过去推向未来的、按照自己的意愿突破既定自我，实现新的可能的过程。选择是走向存

① B. 弗莱雷著，顾建新等译：《被压迫者教育学》，华东师范大学出版社 2001 年版，第 48 页。

② M. 兰德曼著，阎嘉译：《哲学人类学》，贵州人民出版社 2006 年版，第 200 页。

③ B. 莫迪恩著，李树琴等译：《哲学人类学》，黑龙江人民出版社 2005 年版，第 80 页。

④ K. 雅斯贝尔斯著，邹进译：《什么是教育》，生活·读书·新知三联书店 1991 年版，第 26 页。

在、成长的唯一方式，假若不作选择，就永远成不了一个个人。"人是自己造就的，他不是做现成的；他通过自己的道德选择造就自己。"① 自由是选择的自由，选择是自由的选择。诚然我们不能选择自己的出生和死亡，但我们却可以选择对它们的态度，可以通过自己的行动决定它们的意义。"是懦夫把自己变成懦夫，是英雄把自己变成英雄。"② 只要人活着，就得进行选择，且必须选择——不断地选择，不断地造就自己。因为，"人的实在能够按照他所希望的去进行自我选择，但是不能不进行自我选择，他甚至不能拒绝存在"。"自由是选择的自由，而不是不选择的自由。不选择，实际上就是选择了不选择。"萨特把人"逼"上了选择之路。在这条路上，也许有鲜花，也许有荆棘，但却没有依靠。人是依靠自己使自己成其为人的，"我永远在进行自我选择，而且永远不能作为已被选择定的存在，否则，我就会重新落入单纯的自在的存在中去。永远进行自我选择的必然性和我所是的被追求的追求是一回事"。③

人，是通过创造来展现自己、成就自己的。抛弃每一根拐杖，破釜沉舟，依靠自己，成就未来。每个人的命运是掌握在自己手里的，我们的命运由我们的行动决定，而绝非由我们的出身决定。莫里斯说："做人就是对自己进行工作。在这种工作中，有失败和成功，也有痛苦和欢乐。人们难得想终止这个过程。只要他们没有作出这种最后的选择，就不能为人类创造活动设置界限。"④ 尽管人的遗传生命为他"成人"提供了可能，但由可能的人转化为现实的人，需要通过人的实践、通过人的行动。我们经常所说的"做人"，意指人恰是在"做"中、在"行动"中、在"实践"中才成其为人的。尼采说："人怎样才会获得强大的力，怎样才能肩负大任呢？肉体和精神的一切美德和本领，都是不辞劳苦、一点一滴地积攒的。要不辞劳苦、自我克制、目标专一、坚忍不拔地重复同一劳作，吃同样的苦头。"⑤ 人不是命定成为"人"的，尽管人在成人的路上充满着随机性、复杂性和偶然性，充满着欢乐和痛苦，但人却始终没有放弃成人的努力和信念。人的生命活动并不是遵循着事先规定或命定的路径、轨

---

① 萨特著，周煦良等译：《存在主义是一种人道主义》，上海译文出版社 2005 年版，第 26 页。
② 萨特著，周煦良等译：《存在主义是一种人道主义》，上海译文出版社 2005 年版，第 20 页。
③ 萨特著，陈宣良等译：《存在与虚无》，生活·读书·新知三联书店 2009 年版，第 583－584 页。
④ C. W. 莫里斯著，定扬译：《开放的自我》，上海人民出版社 2010 年版，第 8 页。
⑤ F. 尼采著，张念东等译：《权力意志》，商务印书馆 1998 年版，第 131－132 页。

迹行进的，而是充满了创造性、行动性。博尔诺夫说："生命就是运动，不间断的运动。一切静止就是死亡。但生命比单纯的持续运动更为丰富。生命乃是在其基础上不断产生新内容的创造性运动。生命的基本特点就是创造性。……因为生命富有创造性的特点，它是不断喷涌的源泉，是始终产生新形态的力量所在。"[1] 自然的造就只是使人走完了他一半的路，另一半则要人自己去走，这另一半旅途即是社会实践、生活实践之路。只有通过社会实践、生活实践，人才可能找到"成为人"的生活目标，把自己当作人来期待；也只有通过社会实践、生活实践，人才能不断地去达成"成人"的目标。诚如赵汀阳所说："对于动物来说，'是这种动物之所是'和'做这种动物之所能'是一致的。例如对于一条狗来说，是一条狗就是做狗所能做的事情。而人则不同，人不仅是其生物意义上之所是，而且是在行为中做成的。'是一个人'（to be a man）不足以表明他作为人的价值，他还需要像一个人那样去行事才是'做一个人'（to do as a man does）。就是说，就人这种特殊存在者而言，他有着双重的存在论问题，不仅有着关于'是'（to be）的存在论问题，而且有着关于'做'（to do）的存在论问题。从根本上说，人是做成的而非生就的（a man does rather than is）。"[2] 做人是根本的，做人追求的是人类形象最优化。由于人是创造性的，所以人的存在论概念无法仅仅在 to be 中被定义，在 to be 这一贫乏的存在概念中，人的存在意义无法彰显、体现，人的存在意义有着比 to be 丰富、厚实的内容。"既然人是主动的行动者，所以对于人来说，to be 总是意味着 to do（去做）；既然人心的本质在于创造性，所以 to do 又必须实质化地被理解为创造性的行为。存在的创造性意味着人的存在不仅是自然存在的一个环节，而且是一种新的存在的开创者，由此生活便具有了自身的目的。"[3]

人不同于动物之处就在于人要成为一个人不但要经历第二次生成，而且还必须去"做人"才能真正成为人，人是要去做的。作为一个"人"，是很高贵、很荣耀的。莎士比亚在《哈姆雷特》中对人进行了热情的讴歌和赞扬："人类是一件多么了不得的杰作！多么高贵的理性！多么伟大的力量！多么优美的仪表！多么文雅的举止！在行动上多么像一个天使！在指挥上多么像一个天神！宇宙的精华！万物的灵长！"[4] 但是，"人"要做成一个人、做好一个人也是很

---

① O. E. 博尔诺夫著，李其龙等译：《教育人类学》，华东师范大学出版社 2001 年版，第 3 页。

② 赵汀阳著：《论可能生活》，中国人民大学出版社 2004 年版，第 41 页。

③ 赵汀阳著：《论可能生活》，中国人民大学出版社 2004 年版，第 84 页。

④ B. 莫迪恩著，李树琴等译：《哲学人类学》，黑龙江人民出版社 2005 年版，第 14 页。

艰难、很辛苦的一件事。在中国古典哲学话语中，隐含着"做"的存在论。赵汀阳认为，关于"是"的存在论其实没有太多的问题可以讨论，而且相当空洞；关于"做"的存在论才是具有丰富意义的存在论，它涉及伦理学、政治学、社会理论和文化问题。只有"做"的存在论，才有理由成为其他各种问题的理论基础，才能够对人、生活和社会进行基本说明。"'做'的存在论是中国古典哲学的隐含倾向，尽管中国古典哲学并没有明确提出这个问题……尽管'存在论'这个语词来自西方。……关于'做人'的存在论问题则大不相同，它与孤独、绝望和烦恼等'生命经验'问题无关，而与幸福、正义和相处等'生活事实'密切相关。全部生活事实的解释都可以基于'做的存在论'。在'做的存在论'的框架中，to be 化成了 to do，或者 to be is to do（生而有为）。这样，我们就能够把生命问题转化为生活问题，也就是把个人问题转化为人类问题。显然，如果仅仅是生命经验，就不构成思想问题，因为你自己生命经验的厌烦和忧虑，与'我们'有何干？有意义的问题必须是个生活问题，因为你我都卷入在共同的生活空间里，这样才是哲学问题。在这个条件下，生命的意义才变成生活的意义，生存就变成做人。"①

具体而言，"做人"包含着深刻的意思，主要表现在以下几个方面：

第一，人要意识到自己是个人，自觉按照人的样子去"做"才能成人，"做人"是人的一种目的性活动，是主体意识支配下的自由活动，而不是自然状态下的客体性的运动，"做人"就是要把自己当作人来看待，把"做人"当作目的来追求。"人有着作为人的目的，做人就是实现人的目的，一个实现着人的目的之人即道德的人，所以说，做人就是去符合人的概念。"② 人的存在就是创造自身存在的过程，人被创造为创造者。"人的存在的本质不是某人的特性和身份，而是人作为人的普遍理念，即人所意味着的做人资格，因此，对于某个具体人来说，人的本质必定先于存在。……自由使人成为创造者，这一创造者身份就意味着人生目的就是以实际行动使人成为实质上的创造者而不仅仅是一个可能的创造者，否则人就只有着一个废弃无用的创造者虚名而没有实现人的身份。"③

第二，"做人"是人的意志性的活动，在成人的路上会遭遇到各种矛盾和冲突，要尽力去"做"，付出意志的努力才能实现"成人"的目的。通常说

---

① 赵汀阳著：《论可能生活》，中国人民大学出版社 2004 年版，第 42 页。
② 赵汀阳著：《论可能生活》，中国人民大学出版社 2004 年版，第 46 页。
③ 赵汀阳著：《论可能生活》，中国人民大学出版社 2004 年版，第 89 页。

"做人难"，它所隐含的意思就是，不付出意志的努力是成不了人的。康德说："人们应该让年轻人……注意，当他经过深思熟虑决意要做某事时，无论在什么情况下，行动都必须落到实处。……一种行动之对我们有价值，不能是因为它合乎我们的禀好，而应该是因为我们通过它可以履行自己的义务。"① 当我们经过长途跋涉、身心疲惫时，只有坚持"再走一步"，才能冲出困境、跨越极限、"一览众山小"，迎来意想不到的新机遇，迈向人生旅程的新起点。马斯洛认为，大多数人所具有的创造性还远远没有挖掘出来。人的才能既可以后天获得，也可以是与生俱来的，然而，伟大的人却同时是个勤奋的人、是个勇于行动的人。"灵感一角钱就可以买一打。但是，从灵感到托尔斯泰的《战争与和平》这样的最终产品之间还需要大量艰苦的工作，严格的自律以及大量的训练……能导致产生实际作品，如伟大的绘画、小说、桥梁、新发明等的那种创造，既依赖于创造的个性，又依赖于其他品质——如执着、耐心、勤奋等等。"② 当我们面临困难挑战、风险危机时，只有坚持独立思考、倾听内心的声音，敢于行动、勇于作为，不随波逐流、人云亦云、得过且过，才能作出正确判断、正确选择，迎难而上，从而超越自我，赢得尊重。莫里斯说："稳定而多变的宇宙充满着生命和死亡，充满着悲剧和欢乐，这是一个联结起来的过程的组织，一种统一的多样性，一种寓于多之中的单一，一个伟大的东西。宇宙作为欣赏的奇观，作为活动的场面，作为思想的时机，对我们最大的自我来说也够大了。丰富的宇宙不仅仅是需要丰富的自我。但伟大的自我却需要伟大的世界，并且能够担当这个世界。丰富的自我欢迎反映它的丰富性的多样化世界。……过失不在于星辰，而在于我们自身。我们曾经极其渺小，极其贪婪，极其狭隘，极其胆怯，极其肤浅，极其自满，极其认真。我们曾经满足于我们自我的各个零碎部分。我们曾经不敢使我们成为完满的自我。大的宇宙则鼓励我们敢于这样做。这个宇宙就是建立在敢于有所作为的基础上的。"③ 当我们面对巨大的压力或者诱惑时，只有坚守最基本的价值观，固守人类良知，才能看淡得失、懂得取舍，获得内心的宁静，感受生命的厚重。叔本华说："在我们孜孜追寻理智生活的过程中，不能让任何东西搅乱我们的心灵宁静，纵使高空中风起云涌，电闪雷鸣，地动山摇，我们也能心如止水，一如既往。并且还要时刻牢记，我们不是自由的女奴，而是自由的儿子。作为我们人类的标志或族

① 康德著，赵鹏等译：《论教育学》，上海人民出版社 2005 年版，第 51 页。
② F.G. 戈布尔著，吕明等译：《第三思潮》，上海译文出版社 2006 年版，第 24 页。
③ C.W. 莫里斯著，定扬译：《开放的自我》，上海人民出版社 2010 年版，第 108 页。

类的徽章，我建议我们应当像一棵树那样，狂风骤雨可以摇晃它的枝干，但它仍能在每一根枝干上结出鲜艳红润的累累硕果。这正如格言所说：'风愈围之，果愈熟之'，或'风摇树动，果实累累'。"① 当我们纠结于决定或选择的艰难时，只有自信地担当起责任、坚毅地承担起使命，才能学会生活、学会尊重、养成健康的人格。正所谓"大人者，不失其赤子之心者也"。得失不可能永远，而自信、担当与责任是一种品质与智慧，它能改变生活质量，亦能提升人的尊严。"如果一个人希望得到人的待遇，他就必须具备人的目的论意义，这种目的论意义赋予他作为一个人资格。所以一个人要受到尊重，他就必须自己有着人格尊严；一个人要获得好的东西，他就必须贡献好的东西；一个人要享用某种权利，他就必须负担某些责任。"②

第三，"做人"是人的践行活动。要成为一个人，不仅要有"成人"的意识（表现为目的、意向、认识等），更为重要的是要去"做"，要有相应的行动、行为表现，是在主客体相互作用的现实活动中才得以成就的，人只有在他自己的生活实践中才能成为人。费希特认为，"自我"或"自我意识"是一切事物的绝对在先的和无条件的出发点，整个现实世界都是从这个自我中逻辑地推演出来的。"自我是一切实在的源泉。只有通过自我，并且与自我一起，才得出了实在这个概念。"③ 在他看来，人类的一切活动只有一个本源，那就是能动的自我。"一切实在性都是能动的；一切能动的都是实在性。"④ 费希特所说的"能动的主体"并不是从事社会实践的人，而是"形而上学地改装了的、脱离自然的精神"；他所讲的实践活动并不是人类改造自然和改造社会的物质活动，而是绝对自我的抽象精神活动。但是，费希特克服了旧唯物主义的一些缺陷，充分肯定了认识主体的能动性，充分肯定了认识主体在反映过程中的能动作用。"给我一个支点和一根足够长的杠杆，我就能撬动整个地球。"阿基米德这一力学理论具有普适性。"成人"何尝不是如此呢？意识或信念，"成人"的支点；做，"成人"的杠杆。支点要实而正，杠杆应长而稳。坚定的"成人"意识或信念，靠一步一个脚印去守护。"做人"，需要"成人"意识或信念的力量指引。

① 叔本华著，范进等译：《叔本华论说文集》，商务印书馆 2006 年版，第 396—397 页。
② 赵汀阳著：《论可能生活》，中国人民大学出版社 2004 年版，第 90 页。
③ 费希特著，梁志学等译：《论学者的使命、人的使命》，商务印书馆 2008 年版，第 ix 页。
④ 费希特著，梁志学等译：《论学者的使命、人的使命》，商务印书馆 2008 年版，第 x 页。

（三）"做人"只有进行时，没有完成时

人具有其本质规定性，成为人是人的终极价值追求。人的本质规定即是他的实践性，以实践的方式存在是人的类特性。人是一个历史的、开放性的存在，他不会停留在某种已经变成的东西上，不会满足于某种已经获得的规定性。"整个所谓世界历史不外是人通过人的劳动而诞生的过程，是自然界对人来说的生成过程。"① 人是实践的存在物，而实践是开放的、生成的。正是实践的特点、本质内容和实践的内在矛盾运动使人"不是力求停留在某种已经变成的东西上，而是处在变易的绝对运动之中"，② 从而使人的全面发展呈现为一个在实践中不断生成的过程和一种无限开放的状态，永远也不会达到所谓"完美"的终点。

实践的历史性和开放性决定了人的本质变化发展的无限可能性。就此而言，成为一个实践着的人就是人的终极追求。这样的终极追求应该在人们的生活和思想中确立起来，它为我们设置了不可逾越的"人之为人"的基本价值标识，这样的价值追求是建立在人类生成发展的千百万年事实基础之上的，是在历史中得到确证的。"全部历史是为了使'人'成为感性意识的对象和使'人作为人'的需要成为需要而作准备的历史。"③ 终极性的关怀是人的生活和心灵必不可少的关怀，因为，它使人的生活具有明确的方向、准则和动力，帮助人们去克服各种相对主义和虚无主义；它还可以使漂泊无根的心灵找到自己精神的家园。"我们全部的尊严就在于思想。正是由于它而不是由于我们所无法填充的空间和时间，我们才必须提高自己。因此，我们要努力好好地思想；这就是道德的原则。"④ 费希特认为，人的最终目标在于人之为人的崇高德性的生成，不过这一过程显然是一个永远"在路上"的生成过程。"人的最终目标毕竟是达不到的，达到最终目标的道路必定是无限的。因此，人的使命并不是要达到这个目标。但是，人能够而且应该日益接近这个目标。因此，无限地接近这个目标，就是他作为人的真正使命，而人既是理性的生物，又是有限的生物，既是感性的生物，又是自由的生物。如果把完全的自相一致称为最高意义上的完善，就像人们能够理所当然地称呼的那样，那么完善就是人不能达到的最高目标；但无限完善是人的使命。人的生存目的，就在于道德的日益自我完善，就在于把自己周围的一切弄得合乎感性；如果从社会方面来看人，人的生

---

① 《1844 年经济学哲学手稿》，人民出版社 2008 年版，第 92 页。
② 《马克思恩格斯全集》（第 30 卷），人民出版社 1995 年版，第 479—480 页。
③ 《1844 年经济学哲学手稿》，人民出版社 2008 年版，第 90 页。
④ 帕斯卡尔著，何兆武译：《思想录》，商务印书馆 1997 年版，第 158 页。

存目的还在于把人周围的一切弄得更合乎道德，从而使人本身日益幸福。"① 成为人就得挑起理想的担子、承担理想的责任，即便想当一个科学家或学者也得献身某种理想。费希特认为，尽管卢梭为人类思想宝库留下了丰厚的遗产，也在许多人的心灵中燃起了烈火，但卢梭在行动时几乎没有认识到自己的主动精神。"他的慕恋者们被激情引入迷途，成为有道德的人；但他们只是成为这样一种有道德的人，却并没有向我们清楚表明是怎样成为的。……他的学生们自己成长起来。他们的导师所做的事情，只不过是为他们的发展排除障碍，在其他方面则听任慈善的自然界支配。"② 费希特强调人的主观能动性，寄希望于人的主观能动性以改造世界，成就自己、成就其他人。他说："我寄望于行动；行动也属于使人类完善的计划之列。站在那里抱怨人类堕落，而不动手去减少它，那是女人的态度。不告诉人们应该怎样变得更好，就进行惩罚和挖苦，那是不友好的态度。行动！行动！——这就是我们的生存目的。在我们比较完善的时候，对别人不如我们那么完善，难道我们应该表示愤怒吗？不正是我们的这种较大的完善召唤着我们应当为别人的完善而工作吗？展望那辽阔大地，正待我们开垦。"③ 人来到世上，的确极为脆弱，他既没有坚利的爪、锋利的牙，也没有强壮的体魄。人没有这些器官，人在本能方面极为贫乏，但是，这些不但没有构成人的弱点，相反，却"成全"了人：自然界没有给人留下现成的家园，人却因此而去创造和追寻自己的家园，从而能够"四海为家"；自然界没有留下多少现成的东西可供人享用，于是人便去创造自己所需要的一切，并不断完善自己。更关键的是，人能用思想武装自己、充实自己、实现自己。帕斯卡尔说："我很能想象一个人没有手、没有脚、没有头。然而，我不能想象人没有思想：那就成了一块顽石或者一头畜生了。"④ 思想和观念是"人"的标签，情怀和品格才是"人"的魅力。雅斯贝尔斯说："我们之所以成为人，是因为我们怀有一颗崇敬之心，并且让精神的内涵充斥于我们的想象力、思想以及活力的空间。精神内涵通过诗歌和艺术作品所特有的把握方式，进入人的心灵之中。……透过古代那种纯朴而深邃的伟大，我们似乎达到了人生的一个新

---

① 费希特著，梁志学等译：《论学者的使命、人的使命》，商务印书馆 2008 年版，第 11—12 页。

② 费希特著，梁志学等译：《论学者的使命、人的使命》，商务印书馆 2008 年版，第 56 页。

③ 费希特著，梁志学等译：《论学者的使命、人的使命》，商务印书馆 2008 年版，第 57 页。

④ 帕斯卡尔著，何兆武译：《思想录》，商务印书馆 1997 年版，第 156 页。

境界，体验到人类的高贵以及获得做人的标准。"①

思想形成人的伟大、观念铸造人的崇高。"思之深，则行之远。"思想是行动的先导，行动是实践的力量。实践既是一部不断提高社会生产力的发展史，也是一部不断冲破观念束缚的思想解放史。针对康德的人不能超越自己观念或思想这一命题，黑格尔的解答是：人是自己劳动的创造物。黑格尔用了一个简单的实例求解了这一问题：假如我面前有一堆食物，在观念很难作出判断和选择的时候，人绝不会瞅着它饿死，我会扑上去吃掉它，用行动来解决观念的矛盾。② 布洛赫说："我自身是为了劳动而存在的。……能够劳动的我为谁存在呢？我是不是值得这样存在，或者我是否得到了爱？到哪里我都微不足道；我们内心的寒冷无人觉察。既然我们发觉我们能做的事情根本没有达到内心的期许，那么还有其他什么根源限制了我能做的事情呢？"③ 我的本质是劳动，我的存在却不能达到我内心期许的那种劳动。布洛赫在此的发问非常接近马克思"自由自觉的劳动"是人的类本质的提法。马克思提出的"实践"观点，则从根本上解决了人如何与外部世界对话、沟通的难题。他说："思想、观念、意识的生产最初是直接与人们的物质活动，与人们的物质交往、与现实生活的语言交织在一起的。人们的想象、思想、精神交往在这里还是人们物质行动的直接产物。……人们是自己的观念、思想等等的生产者，但这里所说的人们是现实的、从事活动的人们，他们受自己的生产力和与之相适应的交往的一定发展——直到交往的最遥远的形态——所制约。"④ 人与外部世界的关系首先是实践关系而不是思想或观念关系，思想观念无法解决的难题，实践则可破解。诚如马克思所说："哲学家们只是用不同的方式解释世界，问题在于改变世界。"⑤ 人怎样获得自己的存在，人也就怎样获得自己的本质。"环境的改变和人的活动或自我改变的一致，只能被看作是并合理地理解为革命的实践。"⑥ 在实践中，人按照自己的自然本性——需要改变外部世界，人在作用于外部世界的同时，也改造自身的内在自然，即自己的本性。如此循环往复，从而推动人的本质不断形成和发展。

---

① K. 雅斯贝尔斯著，邹进译：《什么是教育》，生活·读书·新知三联书店 1991 年版，第 56 页。
② 高清海著：《人就是"人"》，辽宁人民出版社 2001 年版，第 116 页。
③ 张一兵等著：《人的解放》，河南人民出版社 2011 年版，第 146—147 页。
④ 《马克思恩格斯选集》（第 1 卷），人民出版社 1995 年版，第 72 页。
⑤ 《马克思恩格斯选集》（第 1 卷），人民出版社 1995 年版，第 57 页。
⑥ 《马克思恩格斯选集》（第 1 卷），人民出版社 1995 年版，第 55 页。

但是，实践本身的含义却在于它既是现实生活的创造和建构，又是一切可能生活的开启和显示，它永远在超越现实，包括对人自身的超越。加罗迪认为，自我超越是这样规定人的："人不仅是它现在之所是，而且是它现在所不是的一切。"① 人不仅是他现在之所是，而且是他现在之所不是，是他现在仍然缺乏的东西。人学揭示了人所具有的两重结构：人既是一种实然的存在，他是现实的，可感的对象，同时人又总是不断地从这种可感的现实中"腾飞"，超越种种给定性，实现自己所追寻的自我发展和自我确证。从这种双重结构中衍生出一系列相互否定的人的特征：他既是预成的，又是生成的；他既面对着一个无可选择的先在前提，又具有向世界、向历史无限敞开的可能性；他既是现实的经验存在，又是理想的超验存在；他既是一个独立的自我，又在自我的无限敞开中，与他者共生共存；他既面对一个现实的事实世界，又追寻着他的意义和价值世界，等等。正如卡西尔所说："在所有的人类活动中我们发现一种基本的两极性，这种两极性可以用不同的方式来描述。我们可以说它是稳定化和进化之间的一种张力，它是坚持固定不变的生活形式的倾向和打破这种僵化格式的倾向之间的一种张力。人被分裂成这两种倾向，一种力图保存旧形式而另一种则努力要产生新形式。在传统与改革、复制力与创造力之间存在着无休止的斗争。这种二元性可以在文化生活的所有领域中看到，所不同的只是各种对立因素的比例。"② 或如孙志文所说："所有其他生物完全是生活在'眼前'的框框里。动物即使有期待的行为，那也还算不上是未来感。只有人能用不偏于私、向世界开放的眼光，来凝视世物的真相。只有人有这样清晰的未来感：未来就是未来，和现在不同，是要来而还没有来的事情。如此，人向世界的开放使人类认识未来也使人知道何谓过去的事。人一切的眼光都集中在未来。就人类而论，仅为今日而活的生命不是自然的。即使表明自己是为今日而活的人，骨子里对未来还是很关心的。人对未来的关系，其基础是在人类希望能安排，并创造有意义及令自己满意的生活。确保未来的渴望驱使人建造一个文化世界。而为建造文化，人用最宽广的幅度来引导自己。人懂得为未来打算，并懂得在他的筹谋里运用他对事物间常态的互动关系的知识。这知识让人能够预测现今事件的走向。"③ 就整个人类而言，社会实践在广度和深度上总是在不断拓展和深化着的，人也总是在这种不断拓展和深化的实践中重新塑造自己，不

---

① B. 莫迪恩著，李树琴等译：《哲学人类学》，黑龙江人民出版社 2005 年版，第 159 页。
② E. 卡西尔著，甘阳译：《人论》，上海译文出版社 1998 年版，第 283 页。
③ 孙志文著，陈永禹译：《现代人的焦虑和希望》，生活·读书·新知三联书店 1995 年版，第 118—119 页。

断再生产、再创造自己。实践无止境，成人也无止境。而人的非特殊化、可塑性、未完成性，又决定了人永远不会停留在某种已经完成的东西上，也不会总是按照某种现成的特性来再生产自己，而总是力求在世世代代的历史进步中，不断丰富和发展自己，人性永远处于历史的变动之中，永远处于生存之中。康德说："一个被创造物的身上的理性，乃是一种要把它的全部力量的使用规律和目标都远远突出到自然的本能之外的能力，并且它并不知道自己的规划有任何的界限。但它并不是单凭本能而自行活动的，而是需要有探讨、有训练、有教导，才能够逐步地从一个认识阶段前进到另一个阶段。……每一个世代都得把自己的启蒙留传给后一个世代，才能使得它在我们人类身上萌芽，最后发挥到充分与它的目标相称的那种发展阶段。而这样的一个时刻，至少在人类的观念里，应该成为他们努力争取的目标，因为不然的话，人类自然禀赋的绝大部分就不得不被人看成是徒劳无功的而又茫然无目的的了；这就勾销了一切实践的原则。"[1]

就每个个体而言，成为一个人的过程也不会是封闭的、完成的，而是永远开放、不断生成的，在这个过程中，人总是要去不断超越和扬弃已经形成了的种种给定性，赋予自己以新的形象、新的意义和价值。萨特说："我认为希望是人的一部分；人类的行动是超越的，那就是说，它总是在现实中孕育，从现在朝向一个未来的目标，我们又在现在中设法实现它；人类的行动在未来找到它的结局，找到它的完成；在行动的方式中始终有希望在，我的意思是说，就确定一个目标加以实现这一点而言。"[2] 但是，萨特又清醒地认识到："对我来说，不存在 a priori 的本性；所以，人是什么还没有得到确定。我们都不是完整的人。……我们都是在努力斗争以期达到人的关系和人的定义的存在……我们寻求像人一样在一起生活，并且寻求成为人。……我们的目的是达到一个真正选定的机构，在那里每个人都将成为人，其中一切集合体都同样地富有人性。""等到人真实地、完全地存在的时候，那么他和同时代人的关系以及他独自存在的方式，就可能是我们可以称作人道主义的目的了，就是说，那就是人的存在方式……但是我们现在并不在那个时刻：我们是前期人，就是说，是没有达到一个他们可能永远无法达到的目的的存在，但是他们显出自己是朝着那

---

[1] 康德著，何兆武译：《历史理性批判文集》，商务印书馆 2005 年版，第 4 页。

[2] 萨特著，周煦良等译：《存在主义是一种人道主义》，上海译文出版社 2005 年版，第 33 页。

个目的前进的样子。"① 布洛赫在《希望原理》一书中专门谈了艺术作用的碎片性问题。他说："人不是固体，世界的道路仍未决定，仍未封闭。"对布洛赫来说，艺术和审美领域之所以具有特殊的意义，只是因为艺术作品的未完成性、非封闭性即碎片性，表明了所谓"现实"不过是总体（唯一必需物、真实的象征本身）的碎片而已，而现实的碎片性就表明了世界的碎片性，即世界和人的未完成性、非封闭性及开放性。换言之，作为"碎片"的现实指向了总体性的乌托邦终极，其社会政治含义就是自由王国，人的解放。② 因此，不论是类或个体，"成为人"的追求是永无止境、永无终极的。从某种意义上说，人只能是永远走在成人的路上，是一种永无终极的追求。"人只是一个可能的可能性，因为他能够在历史存在的长河中实现自身。"③

四、教育"成人"

教育能否实现"成人"，最重要的一点取决于它所理解、吸纳的"人"的形象是否正确，因为"使一个人成为人的决定性因素是他所选择的形象"。④ 对教育的拷问，最根本的就是对"人"的追问。尽管现代教育问题很难得到一个圆满的解决，但所有教育工作者都应努力寻求答案。"努力的目标便是解答以下的问题：我们要去那里寻找人？在教育系统当中，我们该如何的对待他？"⑤ 换句话说，只有我们确立了正确的"人"的形象，作为"成人"事业的教育才能使人成为"人"，也才能使人"成人"。

（一）类生命与教育

就环境决定人而言，环境不只是自然环境，它在更为根本的意义上是指社会环境，而自然环境也只是作为"人化的自然界"（马克思语），才构成了人的环境，即人得以生存和发展的环境。对于社会环境的含义，18 世纪的唯物主义

---

① 萨特著，周煦良等译：《存在主义是一种人道主义》，上海译文出版社 2005 年版，第51、52 页。

② 张一兵等著：《人的解放》，河南人民出版社 2011 年版，第 106 页。

③ B. 莫迪恩著，李树琴等译：《哲学人类学》（序言），黑龙江人民出版社 2005 年版，第13 页。

④ A.J. 赫舍尔著，隗仁莲译：《人是谁》，贵州人民出版社 1994 年版，第 8 页。

⑤ 孙志文著，陈永禹译：《现代人的焦虑和希望》，生活·读书·新知三联书店 1995 年版，第 154 页。

者主要看到教育，费尔巴哈主要看到宗教，而当代学者主要看到语言。这些都没有什么不对，只是都很片面，且比较肤浅，没有看到社会环境是一个由"人化的自然界"、不同的组织或群体、多样的人际互动交织而成的有机整体，或者说没有看到文化、传统、历史、社会等构成了人类生存和发展的大环境，而在这一整体或大环境中，教育是重要的甚至是核心的环境。雅斯贝尔斯说："在人的存在和生成中，教育环境不可或缺，因为这种环境能影响一个人一生的价值定向和爱的方式的生成。"① 人不仅具有动物的"种生命"，而且具有只有人才有的"类生命"，人是有着双重生命的存在。"种生命与类生命的分别，可以从我们平常所熟悉的个体生命与社会生命、物质生命与精神生命、自然生命与文化生命、自在生命与价值生命、本能生命与智慧生命等的区别中去理解。"② 社会生命、精神生命、文化生命、价值生命、智慧生命等，从不同侧面反映了类生命的特性。而类生命的特性不可能从种生命中生成，只能寄望于后天的造化。显然，人后天所形成的类生命离不开教育，人通过受教育获得类生命并提升类生命质量。贝克说："教育的目的在于增进人类的幸福，因为教育即生活的准备，也因为教育在目前越来越多地占据了青年人的生活，所以学校的目的应该囊括更为广泛的人类所关注的事物，它们应该反映普通生活的重要方面。因为教育发生在人们生活的前期而不是后期，所以应该强调为将来的生活作准备。但也必须强调现在，因为学生不仅应该拥有将来的幸福，也应该拥有现在的幸福，而且也因为他们现在的经验对将来的作为具有重大影响。"③

1. 人的生理素质与文化相互补充

人的生理素质和文化是相互补充的，而且是统一体中的两个互补环节。"正是由于要通过较高的能力来弥补现存的缺陷这种必要性，人成了'不断求新的生物'，成了虽不完美，但因此而能不断使自己完美起来的生物。"④ 卡西尔主张人是一种"符号人"："我们应当把人定义为符号的动物来取代把人定义为理性的动物。只有这样，我们才能指明人的独特之处，才能理解对人开放的

---

① K. 雅斯贝尔斯著，邹进译：《什么是教育》，生活·读书·新知三联书店 1991 年版，第 1 页。

② 高清海著：《高清海哲学文存》（第 1 卷），吉林人民出版社 1997 年版，第 5 页。

③ C. 贝克著，戚万学等译：《优化学校教育》，华东师范大学出版社 2003 年版，第 5－6 页。

④ O. E. 博尔诺夫著，李其龙等译：《教育人类学》，华东师范大学出版社 2001 年版，第 37 页。

新路——通向文化之路。"① 卡西尔所说的"符号人"，其实就是一种"文化人"。卡西尔彻底颠覆了"理性人"的形象，给人穿上了文化的外衣。正如格尔兹所说："18世纪的人类形象，是脱去文化外衣后出现在我们面前的赤裸裸的智者，而19世纪末和20世纪初的人类学用穿上文化外衣出现的变形动物的形象代替了前一种人类形象。"② 人是文化的存在，"人不仅像云雀和熊一样是自然动物，还是一种文化动物"。③ 人是文化的存在。人既是文化的生产者，又是文化的产物。人塑造了文化，文化也反过来塑造人。博尔诺夫说："即使文化是由人创造的，但人在创造文化以后，却并不能因此任意支配它……人恰恰'受到他自己的创造物的束缚，并服从于它们'。"④离开了文化，人就不能存在。不仅我们的观念、价值、感情和行为模式是文化的产物，即便是我们的感觉方式、思维方式乃至整个神经系统都是文化的产物。既然人是文化的产物，那么，人性就是文化性。"毫不隐讳地说……不存在独立于文化之外的人性。没有文化的人不会是戈尔丁《苍蝇之王》中不得不依赖原始动物本能的聪明的野蛮人；也不是启蒙时期原始主义的自然贵族，或其至不像古典人类学理论可能暗示的那种出于某种原因没有能够充分发挥自己的才智的内秀的类人猿。没有文化的人类将是几乎没有什么有用本能的无可救药的怪物，它们只有极少可知的情感，缺乏智力：智力上的残疾人。"⑤ 因此，成为人的过程，也就是接受文化的过程，而在成为人以后，他又加入到创造文化的过程之中。

　　人既是一种文化存在，那么也一定是一种社会存在，因为文化只能在社会之中创造，文化也只有在社会之中才能被保存下来，而社会也只有在文化中才能被构成。"当人出现在任何一种既定的文化中时，他总是人性的一种表现，不过，这种表现形式却是由他所处的社会情况所决定的，并且是这个社会的特定产儿。婴儿一生下来就具有人的一切潜力，这些潜力能够在有利的社会文化条件下充分发挥出来；整个人类也是如此，在历史的进程中，潜在的品质会演变成实在的东西。"⑥ 因而，成为人的首要前提便是成为社会的存在。动物脱离

① E. 卡西尔著，甘阳译：《人论》，上海译文出版社1998年版，第34页。

② C. 格尔兹著，纳日碧力戈等译：《文化的解释》，上海人民出版社1999年版，第44页。

③ J. 马里坦著，高旭平译：《教育在十字路口》，首都师范大学出版社2013年版，第4页。

④ O.E. 博尔诺夫著，李其龙等译：《教育人类学》，华东师范大学出版社2001年版，第25页。

⑤ C. 格尔兹著，纳日碧力戈等译：《文化的解释》，上海人民出版社1999年版，第56页。

⑥ E. 弗洛姆著，孙恺祥译：《健全的社会》，贵州人民出版社1994年版，第10—11页。

了它的群体通常还能够生存，但人不能，他必须生存在一个继承传统的群体中才能成为一个完全的人。人还是历史的存在。作为一种文化的存在，人也是一种历史的存在，即人既有高于历史的力量又依赖于历史，既决定历史又为历史所决定。博尔诺夫说："人的本质并不是固定不变的，它总是在向新的具体化方向发展、变化，'人是一种历史的东西'。'人的历史性并不仅仅意味着人具有历史，人在历史中生活，而且从更深的意义上说，人是通过对历史的贡献而创造性地发展自己的，同时又是在其本质的不断发展中被理解的。人并不是仅仅存在于历史之中，而且是在历史中发展成长的'。"① 里克曼说："人没有一种完全不变的本性，人是在历史进程中形成自身的，人类本性的一个特点恰恰在于他通过反思以改变自己的本性。"② 而文化只有在历史中才能存在，也只有在历史中才能被创造，文化从根本上可规定为历史上变化着的东西。文化具有变化性，它不是永远不变的，它的变化就是历史。人也是传统的存在。支配动物的本能是其自然属性，动物没有传统；而人的行为是受人们已经获得的文化支配的，人的心灵是受人们已经获得的文化熏陶的。比如，人应当如何穿衣和居住，如何生育和饮食等，都是由文化决定的。被遗传下来的文化就是传统，文化的传递主要通过教育来实现，教育既是复制传统的活动，也是复制人的活动。亚里士多德认为，"品格的完美源于习惯"，并且断言"我们身上的美德既不来自本性也不违背本性，我们凭借本性可以获得它们，并可以通过习惯来达到自身的完美"。亚里士多德所谓的习惯，其实就是人的"第二天性"。伯克说："人由两部分组成，生理的与道德的。""人的前一部分与野蛮的动物相同……但人的道德本性使其在生命的成长过程中变成了一种有偏见的动物，一种有习惯的动物，从习惯中产生了情感。它们成为我们的第二天性，就像上帝安排我们成为国家的居民和社会的成员一样。"③ "第二天性"这一比喻，往往成为习惯、习俗和文化的同义词。换句话说，"第二天性"一说反对假定人的自然或前社会善良本性的论证，人只有通过社会机构的文化教化，人才会成为人。诚如雅斯贝尔斯所说："人不只是经由生物遗传，更主要是通过历史的传承而成其为人。人的教育重复出现在每一个人身上；在个人赖以生长的世界里，通过父母和学校的有计划教育、自由利用的学习机构，最后将其一生的所

① O. E. 博尔诺夫著，李其龙等译：《教育人类学》，华东师范大学出版社 2001 年版，第12 页。

② H. P. 里克曼著，殷晓蓉等译：《狄尔泰》，中国社会科学出版社 1989 年版，第 109 页。

③ J. 马勒著，刘曙辉等译：《保守主义》，译林出版社 2010 年版，第 24 页。

见所闻与个人内心活动相结合，至此为止，人的教育才能成为人的第二天性。"①

既然人是文化的产物和文化的创造者，人性就是文化性，那么教育从其基本意义上说，就是一种使人"文化化"的过程。正如斯普朗格所说："教育也是一种文化活动，这种文化活动指向不断发展着的主体的个性生命生成，它的最终目的，是把既有的客观精神（文化）的真正富有价值的内涵分娩于主体之中。"② 兴起于20世纪初的文化教育学派主张，必须把成长着的青少年引向客观文化，以此发展他们的潜在才能。"青年人可以从诗歌中学习对事物的观察和感受，其感知能力随学习接受诗歌和理解诗歌程度的提高而提高，他将按照诗歌提供给他的理想人物作为榜样而去塑造生活。他在接触诗歌的过程中本身成了另一个人，他的能力也随之而增长，并使自己成为所接受的诗歌所塑造的那种人物形象。音乐、造型艺术以及一切文化领域都有同样的作用。……教育人去理解、把握这种种客观文化艺术的内涵，这首先意味着要通过这种种客观文化艺术去教育人。我们通过引导青年人进入超人的精神世界，从而提高和塑造他们的精神生活；在我的心灵长入结构分明的整个世界的过程中，自身也就形成某种结构并得到造就。"③

2. "受教育"何以必要与可能

人的非特定化、可塑性、未完成性，决定了人接受教育的可能性和必需性。尼采说："人是一种可以理解为还'不确定的'即不定型的、其本质还处在发展中的动物。"④ 动物主体的特定化与世界客体的特定化相遇，两种特定化像一个齿轮系统一样相互配合。与此相比较，人并不如此绝对，而是被无限扩大了地具有"对世界的开放性"。"人之所以为人，人所以与动物不同，人所以高过人以外的自然界，是他有独特的自由能探索并超越他的存在的每一项既有的管制之外。向世界的自由意指人是完全指向'开放'的。"⑤ 人也只有保持"对世界的开放性"，才能"成人"。孙志文说："人生命的正反两面性显示人要

① K. 雅斯贝尔斯著，邹进译：《什么是教育》，生活·读书·新知三联书店1991年版，第53—54页。
② 邹进著：《现代德国文化教育学》，山西教育出版社1992年版，第102页。
③ O. E. 博尔诺夫著，李其龙等译：《教育人类学》，华东师范大学出版社2001年版，第13页。
④ O. E. 博尔诺夫著，李其龙等译：《教育人类学》，华东师范大学出版社2001年版，第37页。
⑤ 孙志文著，陈永禹译：《现代人的焦虑和希望》，生活·读书·新知三联书店1995年版，第116页。

不断地去探问，要再三感触到生命多层的界限，人不得不转出个人自我之外去求援、求消息、求对事物的性质甚至是对自我的了解。然而，正是这种和外在世界做探问式对谈的需要，才使得我们和我们的同伴有真实的接触，触发自我的成长，避免了对物事、历史经验、事件的误解，帮助我们找到生存的意义，指出生命意义最终的来源。"① 人的精神部分也是非特定化的，它使人其他属性的非特定化成为可能。"动物还处在子宫保护之下时，小孩就已暴露在不同的环境影响面前，从而显示了人在极大程度上的可塑性。……人的可教育性与教育需要性，其根源完全在于人的身体素质方面。"② 同时，人不是固定不变的，人赋予自己的所有历史面孔其实都是暂时的、可变的。"人与动物截然不同。人显示出一种几乎无限的可塑性；人几乎可以吃任何东西，他实际上可以生活在任何气候条件下，并适应这种气候；同样，人也可以忍受任何精神条件，并在这种条件下继续生活下去。他可以自由自在地生活，也可以在奴役下苟延残喘；他可以过豪华奢侈的生活，也可以生活在半饥饿的状况中……世上几乎没有什么精神状态是人所不能生存的，没有什么事为人所不能忍受，没有什么事不可以被人利用。"③

人不仅是可塑的，而且越是往后发展，他越能意识到自己的可塑性。"人给予自己的一切历史面貌，确乎是短暂的和可以替换的。无论谁像以前所做的那样，宣称其中一种面貌是唯一适合于人的，都会有人正确地提醒他想到它们的多重性和等价性；然而，最终证明在一切变化中长期保存的人类特性，是人可以而且必须从他最终的无定形这种未构成的混合物中，从他的可塑性中，从他的自我教育的使命中，一次又一次地给他自己以特性。"④ 换句话说，每个人的世界不是某种隐藏于背后而有待发现的东西，而是在具体的历史环境中通过人的社会实践活动不断生成的东西。人永远是未完成的，永远是在生成着的，永远是在通往未完成的旅途中。人并不是自然给予的现成的存在，也不是一经存在便不再变化，而是在历史中生成，在历史中发展着的存在。诚如孙志文所说："人生存在这个世界，他也是世界的一个部分，在他全部的所是所为当中却又超越这个世界；人没有在这个世界完全安定下来，这个世界的生命还是在

---

① 孙志文著，陈永禹译：《现代人的焦虑和希望》，生活·读书·新知三联书店 1995 年版，第 102－103 页。

② O. E. 博尔诺夫著，李其龙等译：《教育人类学》，华东师范大学出版社 2001 年版，第 37 页。

③ E. 弗洛姆著，孙恺祥译：《健全的社会》，贵州人民出版社 1994 年版，第 14 页。

④ M. 兰德曼著，阎嘉译：《哲学人类学》，贵州人民出版社 2006 年版，第 215 页。

旅途当中。"① 正因为如此，人才是一个"可教育的动物"。实际上，人不受教育就不可能成为一个人。"一个被创造物的全部自然禀赋都注定了终究是要充分地并且合目的地发展出来的。"② 人是可以教育的动物，是能教育而且需要教育的生物。"人是教育的、受教育的和需要教育的生物，这一点本身就是人的形象的最基本标志之一。"③ 从严格意义上讲，人是可能的存在，也只有人才是可能的存在。正因为人是可能的存在，才决定了人有受教育的可能。加达默尔说："人之为人的显著特征就在于，他脱离了直接性和本能性的东西，而人之所以能脱离直接性和本能性的东西，就在于他的本质具有精神的理性的方面。'根据这一方面，人按其本性就不是他应当是的东西'——因此，人就需要教化。"④ 康德在《论教育学》一书中说过这样两句话："人只有通过教育才能成为人。""人只有通过人，通过同样是受过教育的人，才能被教育。"⑤ 如果单从字面去理解，我们大体上可以读出这样的意思：第一，教育乃是人之所以成为人，并区别于其他的根本要素——教育即是人性，是人的自然（human nature）；或者按照康德在同一段话中的说法，"除了教育从他身上所造就出的东西外，他什么也不是"。所以，教育从根本上说是人的规定性。第二，任何教育都是人的教育，都由人来执行，教育是依靠"人"来塑造"人"的过程，"人是唯一必须受教育的被造物。我们所理解的教育，指的是保育（养育、维系）、规训（训诫）以及连同塑造在内的教导"。教育规约着人性，规约在此意味着规训和教导，而规训或训诫则把"动物性转变成人性"。"动物通过其本能已经是其全部，一个外在的理性已经把一切都为它安排好了。人却要运用自己的理性。他没有本能，而必须自己给自己的行为制订计划。但因为他不是一生下来就能这样做，而是生蛮地来到这个世界，所以就必须由别人来为他做这件事。"⑥ "由别人来为他做这件事"，意味着由教育来规范其人性、约束其行为。当然，教育如果仅仅建立在"警示、威胁、惩罚等等东西的基础上"，那么它只是对人的一种"规训"而已。规训只是为了"防止越轨行为"，即便是"防

---

① 孙志文著，陈永禹译：《现代人的焦虑和希望》，生活·读书·新知三联书店1995年版，第103页。

② 康德著，何兆武译：《历史理性批判文集》，2005年版，第3页。

③ O. E. 博尔诺夫著，李其龙等译：《教育人类学》，华东师范大学出版社2001年版，第36页。

④ H. G. 加达默尔著，洪汉鼎译：《真理与方法》（上卷），上海译文出版社2004年版，第14页。

⑤ 康德著，赵鹏等译：《论教育学》，上海人民出版社2005年版，第5页。

⑥ 康德著，赵鹏等译：《论教育学》，上海人民出版社2005年版，第3页。

止越轨行为"的规训，也"决不能是奴役性的，而是要让孩子感受到他的自由，只是他不能妨碍别人的自由"。① 在他看来，人只有置于"人性的法则之下"，才能去除野性，防止人由于动物性的驱使而偏离其规定。"人们把孩子们送进学校时，首要的目的并不是到那里学习知识，而是让他们能由此习惯静坐，严格遵守事先的规定，以便他们在将来不会随便想到什么就真的马上做什么。"② 人只有置于"人性的法则之下"，才能使人性趋于"善"，并使其向"善"的禀赋得到发展。"从中全部的'善'能够在世界中产生出来。被放进人之内的那些萌芽，必须得到更大的发展。因为人们不可能在人的自然禀赋中找到恶的根据——天性没有被置于规则之下，这才是恶的原因。在人之内只有向善的萌芽。"③ 如果没有教育对人的规训，"人性之全部自然禀赋"不能得到充分的发挥，人也不能成为人。"未受培养的人是生蛮的，未受规训的人是野性的。耽误规训是比耽误培养更糟糕的事情，因为培养的疏忽还可以后来弥补，但野性却无法去除。"④ 换言之，在康德看来，教育是使人变成人的过程。

人类历史开端于自然——人的开始，不是作为理性的动物的人，自然只提供本能的欲望。自然只给人以胚芽，必须由教育使他发展和完善。真正的人类生活的特点，是人必须通过他自己的自愿和努力，创造他自己；他必须使自己成为一个真正有道德的、合理的和自由的人。"这种创造性的努力要通过缓慢的一代一代的教育活动来进行。加速这种创造性的努力有赖于人们有意识地努力教育他们的接班人，这种教育不是为了现状的需要，而是为了使未来更好的人类成为可能。"⑤ 康德不仅是这样说的，而且对有利于人性向善的教育机构都给予了大力支持。1774 年，德国建立了一种新的教育机构，即泛爱学校。康德不仅大力支持，而且称这所学校是"教育机构"，学校的建立者们"致力于人的福祉和人性的改善"，"发展了人性中固有的自然倾向"。⑥ 而泛爱运动的支持者伊色林，对这场教育改革运动作了如下评价："新教育的任务就是使人类幸福；这种努力赋予了启蒙时代以泛爱主义的特征，并使之成为教育的时代。人类的幸福和尊严在于其能力和环境允许的范围之内，做尽可能多的善事，思考

---

① 康德著，赵鹏等译：《论教育学》，上海人民出版社 2005 年版，第 22 页
② 康德著，赵鹏等译：《论教育学》，上海人民出版社 2005 年版，第 4 页。
③ 康德著，赵鹏等译：《论教育学》，上海人民出版社 2005 年版，第 9 页。
④ 康德著，赵鹏等译：《论教育学》，上海人民出版社 2005 年版，第 5 页。
⑤ J. 杜威著，王承绪译：《民主主义与教育》，人民教育出版社 2005 年版，第 106 页。
⑥ R. Curren 主编，彭正梅等译：《教育哲学指南》，华东师范大学出版社 2011 年版，第 154 页。

尽可能多的伟大的和美好之事。把人引向于此，使之准备好行使自己的伟大使命，教育他成为人：这就是教育，这就是一个所能给予人类的最伟大的益处。"① 人不仅是可教的动物，而且人的物质生命和精神生命充满着开放和无限的可能性。雅斯贝尔斯说："教育正是借助于个人的存在将个体带入全体之中。个人进入世界而不是固守着自己的一隅之地，因此他狭小的存在被万物注入了新的生气。如果人与一个更明朗、更充实的世界合为一体的话，人就能够真正成为他自己。"② 总之，人是精神的存在，人的本真在于精神的丰富和充实，而教育之宗旨在于"成人"。

3. 教育塑造人

"非对象性的存在物是非存在物"，③ 生命（个体、社会）的对象性本质，决定了生命与教育的必然关联。教育是伴随着生命一起诞生的，诚如爱尔乌德所言："自最初起，一切文化之继续，即有赖于少年人之教育。文化的过程，主要就是教育的过程。最简单的物质工具之制造，通常都必须要从别人那里，才能学到制造的过程。所以文化的全体从太古时起，就是用教育的过程来保留的。"④ 社会生活对人来说总是先在的，每一个人一降生到这个世界上，就会受到社会生活的影响和熏染，这是人之为人的最基本的教育。《学会生存》一书说："在雅典，教育不是一种独自分隔的活动，不是在一定的时间内、在一定的地点、在人生的某一个时期进行的。教育是整个社会的目的。这个城邦就教育着人。雅典人是通过文化、通过教仆对儿童的教育，而受到教育的。"⑤ 实际上，儿童乃至成年，都是在他们的环境、家庭和社会中，直接地、现成地吸取经验，从而获得他们大部分的教育的。通过这些途径获得的知识是比较重要的，因为这种知识乃是一个人能否接受教育的先决条件，而教育又反过来为学习者提供一个框架，使他能把经验中得来的知识系统化和概念化。康德说："能够对人提出的最大、最难的问题就是教育。由于见识取决于教育，而教育复又取决于见识，故教育只能循序渐进，只有通过一代人将其经验与知识传给

---

① 　R. Curren 主编，彭正梅等译：《教育哲学指南》，华东师范大学出版社 2011 年版，第156 页。

② 　K. 雅斯贝尔斯著，邹进译：《什么是教育》，生活·读书·新知三联书店 1991 年版，第54 页。

③ 　《1844 年经济学哲学手稿》，人民出版社 2008 年版，第 106 页。

④ 　A. 爱尔乌德著，钟兆麟译：《文化进化论》，上海文化出版社 1989 年版，第 137 页。

⑤ 　联合国教科文组织、国际教育发展委员会编著，华东师范大学比较教育研究所译：《学会生存》，教育科学出版社 1996 年版，第 201 页。

下一代人、由这一代人加以改进后再传给下一代的方式，才能产生出正确的关于教育方式的概念。这一概念以伟大的文化和经验为前提，因此很晚才得以出现。"① 当然，学校，即向年轻一代有条不紊地施行教育所设计的机关，在培养对社会发展有贡献并在生活中起着积极主动作用的人方面以及在训练人们适当地准备从事工作等方面，现在是，将来仍然是具有决定性的因素。创建学校的目的，即是将历史上人类的精神内涵转化为当下生气勃勃的精神，并通过这一精神引导所有学生掌握知识和技术。"人们需要校园的塑造或教导，以便有技能达到其所有的目的。这种塑造给人以其自身作为个体的价值。而通过对明智的塑造，人成为公民，这样他就取得了一种公共的价值。他既学会为其自己意图驾驭公民社会，也学会投身其中为其服务。最后，通过道德塑造，他获得了一种对于整个人类的价值。"②

教育不仅是"成人"的重要手段，而且人也只有借助于教育才能成为人、才能完善人。"没有什么事情比成为一个人（to become a man）更重要、更困难的了。因此，教育的首要任务就是塑造人，或者是去指导使人成为人的那种活生生的动力。"③ 伍德林对"受过教育的人"进行了刻画和描摹："受过教育的人在说和写方面思路清晰。他对语言具有感受力，重视表达的清晰性和直接性，除了母语外还懂得其他语言。他在世界的量、数、度的方面也应付自如。他思考问题有理智，有逻辑，有客观性，他还了解事实和意见之间的区别。一旦需要，他的思想不仅有逻辑，而且富有想象力和创造性。他具有对形式的敏感性和理解力，易于感受美。他的思想是灵活的和善于适应的，是新颖的和独立的。他对于自然界和人的世界有广泛的理解，对于他也是其中一分子的文化有深刻的了解，但是他永远不仅仅是'消息灵通'而已。他能借助于判断力和鉴别力来运用他所掌握的知识。他把自己的事业或专业、自己的家庭生活和他的副业看作是一个更大的整体的组成部分，是他给自己定的目的的组成部分。无论是作一个事业上的或是私人问题上的决定，他总是表现得成熟、稳重和有洞察力。从根本上来说，他对这一问题的决定完全取决于他对其他人、其他问题、其他时间和地点的了解。他有经得起验证的信念，虽然他不可能老是去证明它们；他能容忍他人的信念，因为他尊重真诚，不害怕不同的观念；他有价值观念，不仅能用语言，而且能用事例同他人交流这些价值观念。他的个人格

---

① 康德著，赵鹏等译：《论教育学》，上海人民出版社 2005 年版，第 7 页。

② 康德著，赵鹏等译：《论教育学》，上海人民出版社 2005 年版，第 15 页。

③ J. 马里坦著，高旭平译：《教育在十字路口》，首都师范大学出版社 2013 年版，第 4 页。

调极高，对任何够不上高标准的事物都不会满足。但是，为他的社会和上帝效劳，绝不只是为了个人的满足，而是为了他的崇高的目的。总之，自由意义上的受过教育的人绝不止一种类型。他永远是一个独特的人，同其他同样受过教育的人比较起来，他们虽然具备我们提到过的共性，但是他还是具备极鲜明的个性。"① 伍德林在此不仅展现了教育的力量，也引发了人们对何为"好"教育的思考。

教育不仅是"成人"之根本，而且是人之存在方式。或者说，教育就是人的一种生命形式。在与生命的关系中，教育就是生命的本身，生命的存在必然有教育相伴；同样，离开了生命，教育也就没有了载体，教育是生命的现实条件与感性实现。很多最基本的人类价值可以在教育自身的过程中得到实现，我们必须尽可能地在学校培育学生，使他们在今后的岁月中拥有美好的生活。正因为如此，教育一定要"目中有人"，不能漠视人性、人的尊严，抹杀个人的自由。19世纪末20世纪初，"新教育"运动在欧洲兴起。1922年，"新教育联谊会"提出了著名的"七项教育原则"。其中第一条、第二条原则即涉及教育目的与人的发展问题。"（1）教育的根本目的，应该是训练儿童看到事物之上的精神的最高权力，并在日常生活中表现这种最高权力。所以，新教育的目的应该是保持和增进儿童内在的精神力量。（2）教育者必须研究和尊重儿童的个性，牢记只有通过一种保证儿童内在的力量自由的训练，才能使儿童的个性得到发展。"② "新教育"不仅使儿童为成为未来的公民作好了准备，而且能意识到自己和每个人的尊严。马里坦认为，教育的主要目的取决于人的本性，对于人性的思考是一切教育的起点。马里坦认为，教育的主要目的取决于人的本性，对于人性的思考是一切教育的起点。"教育的目的就是引导人发展其进化的能动性；经由此一过程，他将自身塑造成具有人性的人——以知识、判断力和美德武装起来的人。"③ "教育的根本目标就是赢得那种个体性的人所要获得的内在和精神自由。换而言之，即借助知识、智慧、善良意志和爱使个体的人获得解放。"④ 即，教育的核心要旨是基于人性的、对受教育者心灵和身体的解放，促进其自由地实现自我。康德对教育实现人的本性充满了希望，给予教育

---

① 李文成著：《人的价值》，河南人民出版社2011年版，第159-160页。
② 藤大春主编：《外国教育通史》（第5卷），山东教育出版社1993年版，第251-252页。
③ J.马里坦著，高旭平译：《教育在十字路口》，首都师范大学出版社2013年版，第12页。
④ J.马里坦著，高旭平译：《教育在十字路口》，首都师范大学出版社2013年版，第14页。

崇高的使命感，希望教育是基于人性的、围绕人的"完满实现"的历程。"教育或许会变得越来越好，而且每一代都向着人性的完满实现更进一步；因为在教育背后，存在着关于人类天性之完满性的伟大秘密。……人的天性将通过教育而越来越好地得到发展，而且人们可以使教育具有一种合乎人性的形式。这为我们展示了一种未来的、更加幸福的人类的前景。"① 教育是培养自由人格的教育，教育的目的在于培养自由的行动者。既然人的本性是自由，教育"成人"的过程就是生命生长历程中的学习自由和实践自由，成为在自由中生长的独特个体。"教育学，或关于教育的学说，或者是自然性的，或者是实践性的。自然性的教育是关于人和动物共同方面的教育，即养育。实践性的教育或道德性的教育则是指那种把人塑造成生活中的自由行动者的教育。这是一种导向人格性的教育，是自由行动者的教育，这样的自由行动者能够自立，并构成社会的一个有机组成部分，而又意识到其自身的内在价值。"② 能否培养自由的行动者，也是检验教育是否成功的标准。"教育中的一切成功与否，取决于人们是否能在各个领域确立正确的根据，并使得它们能为儿童所理解和接受。他们必须学会以对丑恶和不和谐的反感来取代仇恨；要让他们达到的，是内在的敬畏，而非外在的对人或神的惩罚的恐惧；是自知之明和内在的尊严，而非他人的意见；是行动和作为的内在价值，而非单纯的言语和内心激动；是知性，而非情感；是心绪的欢快和虔敬，而非忧伤、恐惧和蒙昧的虔诚。"③ 杜威对康德的教育学说给予了高度的评价。他说："人类历史的开端始于自然——人的开始，不是作为理性的动物的人，自然只提供本能的欲望。自然只给人以胚芽，必须由教育使他发展和完善。真正的人类生活的特点，是人必须通过他自己的自愿努力，创造他自己；他必须使自己成为一个真正有道德的、合理的和自由的人。这种创造性的努力要通过缓慢的一代一代的教育活动来进行。加速这种创造性的努力有赖于人们有意识地努力教育他们的接班人，这种教育不是为了现状的需要，而是为了使未来更好的人类成为可能。"当然，对康德教育学说能否指导现实的教育实践，或者教育活动能否真正实践康德的思想，杜威则抱怀疑的态度。"每一时代都倾向于教育，它的青年能在目前的世界生活下去，而不是为了正确的教育目的，即促进尽可能好地实现真正的人性。父母教育子

---

① 康德著，赵鹏等译：《论教育学》，上海人民出版社 2005 年版，第 5—6 页。
② 康德著，赵鹏等译：《论教育学》，上海人民出版社 2005 年版，第 15 页。
③ 康德著，赵鹏等译：《论教育学》，上海人民出版社 2005 年版，第 46 页。

女，使他们能过目前的日子；君主教育臣民，成为供他们使用的工具。"① 无论如何，教育都是对话、是牵手、是影响或感染，教育引领人的自由人格生成、促进人的自由个性的彰显。诚如雅斯贝尔斯所说，教育是人的灵魂的教育，是"人与人精神相契合"，是"人对人的主体间灵肉交流的活动"。②

教育"成人"前提条件，是教育必须"目中有人"、必须"以人为本"。文艺复兴时代的启蒙思想家和以后的许多资产阶级哲学家都不同程度地提出了这个问题。特别是近代以来，人的发展成了人们关注的中心。文艺复兴时期西方人文主义关注的主题就是人的潜在能力、创造能力的唤醒、发展问题，而要达到这个目的的手段就是教育。布洛克说："人文主义者不仅对教育寄予中心地位的重视，而且他们也在总体上主张打下全面教育的基础，目的在全面发展个性和充分发挥个人才能。"③ 康德认为，教育的目的在于使人的各种能力和谐发展、充分发展，"使每个人都得到他所能达到的充分完善"。④ 黑格尔认为，如同人们在繁复杂多的艺术因素中要深入寻找出"一个更高更普遍的目的"，让艺术的各个方面共同趋向它、实现它一样，人们在社会生活中也是如此。"社会和国家的目的在于使一切人类的潜能以及一切个人的能力在一切方面和一切方向都可以得到发展和表现。"⑤ 空想社会主义者圣西门在弥留之际对自己弟子们说："你们要记住，为了完成一项伟大的事业，必须具备热情……我终生的全部劳动的目的，就是为一切社会成员创造最广泛的可能来发展他们的才能。"⑥ 马克思、恩格斯则在汲取前人卓越思想的基础上，创建了人的全面而自由的发展学说。他们用"自由人的联合体"这一概念，来描述他们心目中的共产主义社会。"代替那存在着阶级和阶级对立的资产阶级旧社会的，将是这样一个联合体，在那里，每个人的自由发展是一切人的自由发展的条件。"⑦ 马克思在《资本论》一书中说，共产主义是"以每一个个人的全面而自由的发展为

---

① J. 杜威著，王承绪译：《民主主义与教育》，人民教育出版社 2005 年版，第 105－106 页。

② K. 雅斯贝尔斯著，邹进译：《什么是教育》，生活·读书·新知三联书店 1991 年版，第 2－3 页。

③ A. 布洛克著，董乐山译：《西方人文主义传统》，生活·读书·新知三联书店 1997 年版，第 234 页。

④ 张人杰主编：《国外教育社会学基本文选》，华东师范大学出版社 2009 年版，第 2 页。

⑤ 黑格尔著，朱光潜译：《美学》（第 1 卷），商务印书馆 2006 年版，第 59 页。

⑥ 圣西门著，董果良等译：《圣西门选集》（第 3 卷），商务印书馆 2004 年版，第 250 页。

⑦ 《共产党宣言》，人民出版社 2004 年版，第 50 页。

基本原则的社会形式"。① 马克思在《给〈祖国纪事〉杂志编辑部的信》中说，共产主义是"达到在保证社会劳动生产力极高度发展的同时又保证每个生产者个人最全面的发展的这样一种经济形态"。② 这样的社会，将建立在生产力高度发达、社会物质财富极大丰富、教育和科学水平极大提高的基础之上。也就是说，促进人的自由全面发展与社会全面进步，乃是马克思主义的崇高奋斗目标和基本价值取向。人类社会发展的历史就是人类不断地追求自由和解放，不断地从必然王国走向自由王国的历史。教育作为一种有目的地培养人的活动，理应把人的全面而自由的发展作为重要目的，并积极创造条件促进人的全面而自由的发展。"把一个人在体力、智力、情感、伦理各方面的因素综合起来，使他成为一个完善的人，这就是对教育基本目的的一个广义的界说。"③ 换句话说，教育不仅应关注人的"生存问题"，更应关注人的"存在问题"。石中英说："现代教育归根到底就是'生存的教育'，而不是'存在的教育'。这种生存的教育给予了人们以生存的意识和能力，却没有给予人们以生存的理由和根据；给予了人们对于自己和人类文明一种盲目的乐观，却没有给予人们一颗清醒的头脑。其结果是，在现代教育的作用下，现代人拥有了比以往任何时候都更强大的生存能力，但是却越来越对生存的必要性发生怀疑。这种怀疑使得现代人的生活充满了无聊、空虚、寂寞和无意义感，从根本上威胁到人生的幸福与人类文明的进步。因此，'以人为本'的教育不能只考虑作为'工具的人'，也应该考虑作为'目的的人'；不能只考虑如何提高人的生存能力，也应该考虑如何增加人的存在的意义。今日的教育，应该比以往任何时候都关注人的存在问题。"④ 学校应教给学生们世界是怎样的，而不是把一些生存技巧灌输给他们。诚如阿伦特所说："教育总是没有尽可能将世界作为一个整体介绍给年轻人，而更多的是将这个世界区隔成种种有限的、非常特殊的部分介绍给年轻人。不同时进行全方面的教育，是不可能让一个人成为受过良好教养的人；没有用法说明的教育是空的，很容易在情感和道德（浮华的）修辞中堕落退化。但在现实生活中，可能非常容易遇到没有用法说明的教育，正是因为这一原因，一个人不断地学习，直到离开学校那天，也可能从未受过（真正的）

---

① 《资本论》（第 1 卷），人民出版社 2004 年版，第 683 页。
② 《马克思恩格斯选集》（第 3 卷），人民出版社 1995 年版，第 342 页。
③ 联合国教科文组织、国际教育发展委员会编著，华东师范大学比较教育研究所译：《学会生存》，教育科学出版社 1996 年版，第 195 页。
④ 石中英著：《教育哲学导论》，北京师范大学出版社 2004 年版，第 91-92 页。

教育。"①

（二）"人是目的"视野下的教育

教育，植根于人类的教育实践活动和理论思维的无限的指向性，是以理想性的追求去反观教育现实的存在，是以"历史的大尺度"去反省教育的进程，是以人类对真善美的渴求去反思人类教育的现实。教育，使人由"眼前"而注重于"长远"，由"小我"而扩展为"大我"，由"现实"而趋于"理想"，从而使人从知识、技能的束缚中解放出来，收获人类的智慧果实。教育是赋予人的生活以目的和意义，是充满希望的"乌托邦"。教育的价值取向是人文，是以人性发展为根本，为人性发展服务的。"教育是为人的，而非人为教育。"②

1. 育人为本：教育发展的本质和目标

人是自身的目的，也是教育的目的。康德说："在人用来形成他的学问的文化中，一切进步都有一个目标，即把这些得到的知识和技能用于人世间；但在他能够把它们用于其间的那些对象中，最重要的对象是人：因为人是他自己的最终目的。"③ 人是教育的中心，也是教育的目的；人是教育的出发点，也是教育的归宿；教育在人的交往与活动中展开；人在教育交往与活动中成长和发展；人是教育的基础，也是教育的根本。康德认为，人只有通过教育才能成为人。除了教育从他身上所造就出的东西外，他什么也不是。"把人教育成为有理性的人和有自由决定自己命运的人，正在成为教育的主导思想。"④ 各级各类学校，其根本的目的都应该培养有教养的人。洪堡说："一切学校……都必须只是把'有教养的人'的教育作为培养目标。"⑤ 所谓"有教养的人"，就是思想高尚、情感丰富、意志坚强、有着成熟性自由的人，内在力量得到充分发挥和发展的人。福禄培尔说："我们要把注意力放在人身上，亦即我们的孩子们身上的灵性的普遍形成上，放在真正的人性，即作为个别现象和作为这样一种人性的神性的形成发展上，并坚信，这样的话，真正被陶冶为人的每一个人也

①　F. 萨瓦特尔著，李丽等译：《教育的价值》，北京大学出版社 2012 年版，第 198 页。

②　孙志文著，陈永禹译：《现代人的焦虑和希望》，生活·读书·新知三联书店 1995 年版，第 149 页。

③　康德著，邓晓芒译：《实用人类学》（前言），上海人民出版社 2005 年版，第 1 页。

④　F. 鲍尔生著，滕大春等译：《德国教育史》，人民教育出版社 1986 年版，第 2 页。

⑤　赵祥麟主编：《外国教育家评传·洪堡》（第 2 卷），上海教育出版社 1992 年版，第 14 页。

将被教育为适应公民生活和社会生活中任何个别要求和个别需要的人。"① 第斯多慧说："德国的教育学首先要求人的教育，然后才是公民的教育和民族成员的教育；首先是人，然后才是德国公民和职业上的同行，而不是反之。"② 教育的目的是培养身心和谐发展、既真又善且美的"完人"。教育是人的灵魂的教育，是丰富人的心灵的教育，"所谓教育，不过是人对人的主体间灵肉交流的活动（尤其是老一代对新一代），包括知识内容的传授、生命内涵的领悟、意志行为的规范，并通过文化传播功能，将文化遗产教给年轻一代，使他们自由地生成，并启迪其自由天性。"③ 一句话，教育在于培养全面而自由发展的人，"一切为了学生，为了一切学生，为了学生的一切"，"教育只有一个目的，那就是培养人"。（罗勒语）如果教育未能确立培养全面而自由发展的人这一目的，教育也就失去了支撑和灵魂。诚如罗勒所说："目标具有确切而重要的功能，没有这些目标教育就肯定要失败，并由此导致人类本身的毁灭。"④

"人是目的"视野下的教育，其基本信念就是坚持"育人为本"。育人为本是人的发展、教育发展的本质要求。实现人的全面发展，是经济社会发展的本质要求和最高境界。就教育的本质而言，教育作为一种培养和造就人才的崇高事业，是以人为教育对象的社会活动，必须把育人作为第一要务，培育社会和人的发展需要的德智体美全面发展的人才。教育作为塑造人的灵魂的伟大事业，是心灵与心灵的沟通，灵魂与灵魂的交融，人格与人格的对话。只有通过这样的对话与交流，人的生活才具有意义。"只有通过学生思考的真实性，才能证实教师思考的真实性。教师不能替学生思考，也不能把自己的思考强加给学生。真正的思考，即是对现实的思考，不是发生在孤立的象牙塔中，而只能通过交流才能产生。如果思想果真只有当作用于世界之时才产生意义，那么学生便不可能屈从于教师。"⑤ 因此，教育必须以育人为根本，关注人的内心世界，重视人的自主性，塑造人纯真、丰厚、完美的心灵。"真正的教育应先获得自身的本质。教育须有信仰，没有信仰就不成其为教育，而只是教学的技术

---

① 福禄培尔著，孙祖复译：《人的教育》，人民教育出版社 1991 年版，第 308 页。
② 张唤庭主编：《西方资产阶级教育论著选》，人民教育出版社 1979 年版，第 375 页。
③ K. 雅斯贝尔斯著，邹进译：《什么是教育》，生活·读书·新知三联书店 1991 年版，第 3—4 页。
④ S. 拉塞克等著，马胜利等译：《从现在到 2000 年版教育内容发展的全球展望》，教育科学出版社 1999 年版，第 228 页。
⑤ B. 弗莱雷著，顾建新等译：《被压迫者教育学》，华东师范大学出版社 2001 年版，第 28—29 页。

而已。教育的目的在于让自己清楚当下的教育本质和自己的意志，除此之外，是找不到教育的宗旨的。因此我们常听到的一些教育口号并没能把握到教育的真正本质，诸如学习一技之长、增强能力、增广见闻、培养气质和爱国意识、独立的能力、表达能力、塑造个性、创造一个共同的文化意识等等。……教育是极其严肃的伟大事业，通过培养不断地将新的一代带入人类优秀文化精神之中，让他们在完整的精神中生活、工作和交往。……教育，不能没有虔敬之心，否则最多只是一种劝学的态度，对终极价值和绝对真理的虔敬是一切教育的本质，缺少对'绝对'的热情，人就不能生存，或者人就活得不像一个人，一切都变得没有意义。"[①] 教育作为一种培养人的活动，就是要根据社会的要求和人的发展的需要，有计划、有组织地把价值观念、行为规范、科学知识、思维方法、劳动技能、审美情趣、人生信仰等传递给学生，创造性地提高其素质，开发其潜能，发展其个性，并使他们逐渐成为社会的、文化的、个性的主体。布鲁纳说："教育是什么。教育力求发展学生的思维的能力和敏感性。一方面，教育过程把构成一个民族的文化的价值观、风尚和知识积累部分地传递给学生个体，以此来培育他的冲劲，塑造他的意识，形成他的生活方式。但是，教育过程同时也是发展智力的过程，以确保他能超越其社会的文化方式，并能够进行适度的创新，从而能创造出他自己的内在的文化世界。"[②] 同时，教育不仅要培养适应经济社会发展需要的合格人才，而且还应适度地超越社会，造就一大批具有批判能力、独立思考能力的人才。"一方面，只有在教师将孩子们随身带至学校的知识作为其教学的起点——这既指教学语言也指科学、数学或历史，孩子们才能学有所得。另一方面，为使学生能够在独立自主能力、创造性和好奇心等方面摄取所必不可少的补充，教师应在学校和周围环境间绝对保持某种距离，以使儿童和青少年有机会锻炼他们的批判意识。"[③] 而在教育教学过程中，培养学生进行批判性思考的目的，恰在于促进个体独立思考、自主以及在思考、行动中进行理性地判断。"教育致力于理性的培养的一个显著特征是它对个人自主的价值的崇奉，认为应该培养学生自己决定备选的信念、

---

① K. 雅斯贝尔斯著，邹进译：《什么是教育》，生活・读书・新知三联书店 1991 年版，第 44 页。
② J. 布鲁纳著，彭正梅译：《论左手性思维》，上海人民出版社 2004 年版，第 90 页。
③ 联合国教科文组织教育丛书，联合国教科文组织总部中文科译：《教育——财富蕴藏其中》，教育科学出版社 2005 年版，第 136 页。

判断、价值观和行为的价值的能力。"① 当然，我们不能简单地把"自主"当作"没有约束力的行为"。如果学生赞同某种约束，那么在这种约束条件下产生的行为仍然是"自主"的。例如，当遇到"按时上学"这一规定时，我不得不加快脚步以便准时到校，我可能感受到了约束。但是，我可能对这种约束是持赞同态度的，因为"按时上学"这一规则有利于保障我以及他人的学习环境。在我自觉自愿遵守学校规则时，我的行动就没有丧失"自主"。诚如德沃金所说，自主并不意味着必须"不受到任何外部的影响"。相反，真正重要的是，人们在遵从外界指令时，究竟仅仅是被迫服从，还是对这些指令所提出的方向或指示表示赞同和认可。在德沃金看来，没有任何外部影响的世界是不存在的。因此，正是由于对某些影响而不是另一些影响的赞同、认可，自主才变得有意义。②教育作为人的存在方式之一，是人们的一种生活方式和生活态度，是人重要的实践活动形式，必须以人的生活幸福为本，关注人的幸福生活。要关注人的幸福生活、有意义的生活，必须借助于教育，使自己成为一个有理性意识的人、有理性能力的人、有理性精神的人、有健全理性观（"批判的理性观"、"文化的理性观"和"历史的理性观"）的人。而教育是对人之理性和教养的提升，是为了人能够充分发展自己的能力，成为真正的自由之人、幸福之人。教育作为实现人的全面发展的重要途径，必须以人的全面而自由发展为本，关注人的全面发展、和谐发展、个性发展、持续发展、终身发展和健康成长。教育之目的既然是个人的全面发展、和谐发展、个性发展、持续发展、终身发展和健康成长，那就是将人类从身体和心灵皆被自然、社会和自我本能奴役的状态中引领出来，实现从蒙昧到启蒙、从必然到自由的转化。通过各种教育方式乃至方法，学生接受了人类文明积累的知识的滋养和培育，建立起健全的理性能力和自由人格，逐渐摆脱外在的、异己的社会环境的束缚。教育作为人的生命发展的本质要求，要唤醒学生的生命活力，把学生的发展从知识层面提升到生命发展层面。教育之于人是最长久、最具生命力的解放方式。教育能够是、而且必然是一种解放。"教育的绝对规定就是解放以及达到更高解放的工作。"③真正的教育必然是促进人类不断获得解放与自由、必然是提升学生生命活力与生命质量的途径。

---

① R. Curren 主编，彭正梅等译：《教育哲学指南》，华东师范大学出版社 2011 年版，第 404 页。
② R. Curren 主编，彭正梅等译：《教育哲学指南》，华东师范大学出版社 2011 年版，第 339—340 页。
③ 黑格尔著，范扬等译：《法哲学原理》，商务印书馆 2007 年版，第 202 页。

教育的目的和任务并不仅仅是向学生传授一些具体的知识和技能，而在于把学生培养成能够根据自己的自由意志采取正义行动的人、遵循"绝对命令"的人，就是善思考、会思考的人，也就是自由人。康德认为，对于各种类型的思考者，下面的格律是应当遵循的永恒不变的命令："（1）自己思考。（2）在每个旁人的地位上（通过与人交流）来思考。（3）任何时候都和自身一致地思考。第一条原则是否定性的，是摆脱强制性的思想方式；第二条是肯定性的，是与旁人的理解相融洽的豁达的思想方式；第三条原则是彻底的（前后一贯）思想方式。……人心中最大的革命在于：'从人自己所造成的受监护状态中走出来。'在这个时候，他才脱离了至今为止还由别人代他思考、而他只是模仿或让人在前搀扶的状态，而敢于用自己的双脚在经验的地面上向前迈步，即使还不太稳。"① 上述"格律"不仅是人应当永远遵循的，而且也是教育应当永远遵循的。培养会思考、善思考的人，培养自由人不仅是教育的本义，也是教育的真诚追求。诚如亚当姆斯所说："所谓自由教育者，即适于自由人之教育也。一加深究，则又可见自由人者，其意义乃谓人之不因使用目的之故被迫而取得任何特定的技能者，自由人必能使用其时间于其所认为具有特定的修养价值之任何科目上。"② 教育的目的和任务除了向学生传授知识外，必须不断向学生提出榜样或精神理想，提供"各种可以促使人们为公认有益的行动和价值观念而奋斗的答案"（拉塞克语）。教育的目的和任务除了向学生传授知识外，必须培养人类的理性精神，帮助学生实现从具体到抽象、从特殊到一般的思维态度和能力，实现人类的心智发展。诚如裴斯特洛齐所说："教育问题从本质上说，不管儿童的社会地位如何都是一样的，不在于传授专门的知识或专门的技能，而在于发展人类的基本能力。"③ 教育的目的和任务除了向学生传授知识外，必须解放学生的各种器官诸如眼、耳乃至整个身体。"学校教育，无论是传输知识，还是塑造性格，都只是教育的一个部分，并且大概还不是最主要的部分；这里所说的'教育'，是指其字面的基本含义：'e-ducere'='诱导、启迪'人内心的东西。即，使人有了知识，能够干好工作。但假使他正直、诚实，也不为物质需要感到焦虑——他也不会、不能够感到满足。为了要在世上感到舒服自在，人就得掌握世界，不仅用头脑，而且也要用他的感官、他的眼、他的耳，以及他的整个身体。他必须身体力行，表达出他的脑子的思维过程。在这

---

① 康德著，邓晓芒译：《实用人类学》，上海人民出版社 2005 年版，第 131-132 页。

② 亚当姆斯著，余家菊译：《教育哲学史》，中华书局 1934 年版，第 275 页。

③ 裴斯特洛齐著，夏之莲等译：《裴斯特洛齐教育论著选》，人民教育出版社 1992 年版，第 477 页。

一点或在任何其他方面，身与心都不可分离。当人用思想把握住这个世界并由此与世界结合成一体之时，人就创造出了哲学、神学、神话和科学。当人用感官表达出他对世界的控制之时，他就创造出了艺术、仪式、歌曲、戏剧、绘画、雕塑。"①

教育的目的和任务除了向学生传授知识外，必须关注学生的人格、世界观和健康生活形式的形成，必须在个性的情感与道德方面建立一种和谐状态。爱因斯坦说："我也要反对认为学校必须直接教授那些在以后生活中要直接用到的专业知识和技能这种观点。生活所要求的东西太多种多样了，不大可能允许学校采取这样的专门训练。除开这一点，我还认为应当反对把个人当作死的工具来对待。学校的目标始终应当是：青年人在离开学校时，是作为一个和谐的人，而不是作为一个专家。照我的见解，在某种意义上，即使对技术学校来说，也是正确的，尽管技术学校的学生将要从事的是一种完全确定的专门职业。发展独立思考和独立判断的一般能力，应当始终放在首位，而不应当把获得专业知识放在首位。"② 教育的目的和任务除了向学生传授知识外，更应提升人的精神境界，培养人的格调，让每个人过一种"有境界"、"有品位"的生活。李石岑说："生之无限，这是我们本来的面目，也是我们不断的欲求。这是第一境界。欲达到生之无限所需的功利现象，是为第二境界。从这种功利现象更进化，把第一第二境界都忘却，使道德宗教等的威严可以独立，如像是先天作用一般，是为第三境界。这些道德宗教和第一境界的结合，是为第四境界。而这第四境界却同时为第一境界。由此循环演进，教育功用即存于第二境界至第四境界当中。……我们的生活至此乃日益丰富，教育和人生的关系，至此才明了真切。"③ 学生只具有人类智慧和人类技巧是远远不够的，还必须学会体验到自己和别人之间、自己与大自然之间融洽无间，具有一种人类和谐意识；必须体认到人的尊严，对人权的尊重、对他人的爱、对别人的宽容、对生活的敬畏，树立某些价值观念，诸如责任感、诚实、正直、爱心、合作等。"学校绝对不可变成控制青年的系统，学校一定要成为一个帮助学生做一个实在的自由人的机构，使之思考独立、有知识、合群、有责任感。人人各得所安，社会才能够兴盛。这表示在各阶段的学校教育应该具有彻底的开放、科学

---

① E. 弗洛姆著，孙恺祥译：《健全的社会》，贵州人民出版社 1994 年版，第 280—281 页。

② 爱因斯坦著，许良英等编译：《爱因斯坦文集》（第 3 卷），商务印书馆 1994 年版，第 146—147 页。

③ 李石岑著：《教育哲学》，上海商务印书馆 1925 年版，第 23—24 页。

的严谨、做事彻底、不偏私、诚实、信任、求真理的精神来进行教育后代的工作。"① 除非有信仰、希望、爱以及精神的滋养，否则，真实的教育是不可能兴盛的。"信仰教我们明白青年是彻底开放的，是有很强的冲动想多看、多听、多尝、多观察、多理解、多认识。年轻人身上的信仰代表无穷尽的希望，人绝对无理由失望、灰心，每一天都充满了新际遇。教育本身若缺乏信仰会剥除了学生的自信、想象力和创造力。希望是指向未来的，创造远景照亮学生未来的人生途径。在希望中，学生预尝了未来成就的甜美，希望的感受给他们力量面对种种的艰难和挑战。有爱便有生命的成长、力量、喜悦、合作、团体。爱击溃邪恶，使不可能的成为可能，使绝望化成万道曙光。……师生一同实践信、望、爱，教室里就必然充满生命、成长、合作、团体精神。帮助学生为未来社会生活做了扎实的准备。……认真考量伦理价值，坚定实践信、望、爱三德的学校教育必定培养出学生的正确的人生观和健全的自信心。"② 学生只具有一定的知识技能是不够的，他还必须掌握人类的基本价值观，认识到这些价值观源远流长，能够不断自我更新，在任何时代都充满活力。学生还必须学会在原有价值观的基础上，创立新的价值观，使之有利于让个人适应新时代的要求。诚如拉塞克等人所说："除了传播知识外，教育还担负着让人们具备正确对待这些知识的态度的使命。教育应该培养人的批判精神，培养对不同思想观念的理解与尊重，尤其应该激发他发挥其特有的潜力。简言之，教育首先应该是发展认识的手段，而不再仅仅是训练和灌输的工具。"③

教育的目的和任务并不完全是向学生灌输一些属于"古旧范畴的传统知识"，而是培养学生以下的"四会"：一是"学会认知"——将掌握足够广泛的普通知识与专业能力的学习结合起来。二是"学会做事"——培养学生的交往能力、与他人共事的能力、管理和解决冲突的能力。三是"学会共同生活"——"教育的使命是教学生懂得人类的多样性，同时还要教他们认识地球上所有人之间具有相似性又是相互依存的。"四是"学会生存"——"教育应当促进每个人全面发展，即身心、智力、敏感性、审美意识、个人责任感、精神价值等方面的发展。应该使每个人尤其借助于青年时代所受的教育，能够形

---

① 孙志文著，陈永禹译：《现代人的焦虑和希望》，生活·读书·新知三联书店 1995 年版，第 146 页。

② 孙志文著，陈永禹译：《现代人的焦虑和希望》，生活·读书·新知三联书店 1995 年版，第 151—152 页。

③ S. 拉塞克等著，马胜利等译：《从现在到 2000 年版教育内容发展的全球展望》，教育科学出版社 1999 年版，第 86—87 页。

成一种独立自主的、富有批判精神的思想意识，以及培养自己的判断能力，以便由他自己确定在人生的各种不同的情况下他认为应该做的事情。"① 总之，一切教育都必须以人为本，这是教育的基本价值假设。

2. 回归教育本真

尽管以人为本是教育的本质和目标，但是在工具理性大行其道的今天，教育成为"目中无人"、"六神无主"的教育，注重标准化、格式化、齐一化的做法，延缓甚至阻滞了人之"成人"的进程。

（1）"目中无人"的教育何以生成

"目中无人"、"六神无主"的教育产生乃至兴盛，与特定的经济社会发展背景有关。在资本主义制度下，尽管法律规定人人享有自由、平等、人权等，但资本主义市场经济的自由竞争，必然导致自由、平等、人权之间不可解决的矛盾。在资本主义制度下，资产者与劳动者在经济、政治、文化、教育等方面存在着事实上的不平等。贫富对立则导致对弱势群体、对穷人、对少数族裔、对妇女人权的侵犯。在资本主义制度下，人的内心世界充满物欲，人失去了心灵的自由。市场满足肉体的需求，但俘虏人的灵魂。无止境的消费欲、畸形的消费，导致社会性焦虑、浮躁和空虚，使人的精神世界越来越窄、越来越空洞化。霍克海默认为，在我们的时代，启蒙理性的"人"被工具理性的人代替了，而这是两种完全不同的"人"的概念。工具理性的"人"是抽象的个人，而不是以社会和历史为中介的。人本是理性的动物，是"灵魂与肉体的复合体"，然而在现代社会里，人却成了"工具理性的动物"，成了没有灵魂、没有个性、只有肉体的动物。霍克海默说："在我们这个时代，感情泛滥成灾，自由思想却孤立无援。控制自然并未带来人的自我实现；社会现状依旧表现出其客观的强制。在当代，人口日益增加，技术全面自动化，经济权力和政治权力日益集中，作为工厂工作的结果之个体不断地理性化，这一切都在某种程度上把组织化和操纵化强加给生活，使个体只能自发地沿着他人为他指定的道路前进。"② 人失去了自由和自由想象的空间，失去了内在否定性的批判能力，也失去了对现存社会制度与压抑进行反抗的能力，成为当代工业文明的奴隶。诚如马尔库塞所说："如果工人和他的老板享受同样的电视节目并漫游同样的游乐胜地，如果打字员打扮得同她雇主的女儿一样漂亮，如果黑人也拥有凯迪拉克

---

① 联合国教科文组织教育丛书，联合国教科文组织总部中文科译：《教育——财富蕴藏其中》，教育科学出版社 2005 年版，第 76—82 页。

② M. 霍克海默著，渠东等译：《霍克海默集》，上海远东出版社 2004 年版，第 231 页。

牌高级轿车，如果他们阅读同样的报纸，这种相似并不表明阶级的消失，而是表明现存制度下的各种人在多大程度上分享着用以维持这种制度的需要和满足。”① 人不再能感受到他是自己的力量和丰富感情以及品质的拥有者，感受的自己只是一个贫乏、无聊的“物”。他只是依赖于自身之外的力量，并向这些外部力量投射出他生存的实质。“人创造出一个前所未有的人造世界。他构筑了一部复杂的社会机器来管理人建造的技术机器。但是，他所创造的一切却高踞于他之上。他没有感到自己是创造者，是中心，而觉得自己是他的双手创造出的机器人的奴仆。人释放出的力越大，人越感到作为一个人是多么无能为力。面对创造物体现着的他自己的力量，他同自己离异开来。他被他所造的物控制着，失掉了自控能力。他铸出了一个金犊并说道：‘这便是你们的神，它将带领你们走出埃及。’”② 人性也被工业文明的高生产、高消费和技术统治所遮蔽，人性被十足的“异化”。“所谓异化，就是一种经验方式，通过这种方式，人体验到自己是一个陌生人。我们可以说，他同自己离异了。他不觉得自己是他那小天地的中心，是他本身行为的创造者——他的行为及其后果则成了他的主人，他服从这些主人，也许还会对主人顶礼膜拜。异化了的人同自己失去了联系，就像他同他人失去了联系一样。他感到自己同他人都像物一样，他有感觉，也有常识，可是他同自己以及同外界并不存在创造性的关系。”③ 工业化不仅使人异化，而且使人的灵魂物化。凭借大生产及其物化的无穷动力，个体的常规行为方式表现为唯一自然、体面和合理的行为方式。“个体只是把自己设定为一个物、一种统计因素，或是一种成败。他的标准就是自我持存，即是否成功地适应他职业的客观性以及与之相应的行为模式。其他一切事情，不管是观念，还是罪行，都受到集体力量、受到从班级一直到工会这些集体力量的监控。”④ 这种权力野蛮地把个体拼凑起来，全然不能体现出人的真正性质。“在文化工业中，个性就是一种幻象，这不仅是因为生产方式已经被标准化。个人只有与普遍性完全达成一致，他才能得到容忍，才是没有问题的。虚假的个性就是流行：从即兴演奏的标准爵士乐，到用鬈发遮住眼睛，并以此来展现自己原创力的特立独行的电影明星等，皆是如此。个性不过是普遍性的权力为偶然发生的细节印上的标签，只有这样，它才能够接受这种权力。单个人坚韧不拔或花枝招展的外表，都不过是耶鲁锁这样的大众产品，它们之间的差别是

① H. 马尔库塞著，刘继译：《单向度的人》，上海译文出版社 2006 年版，第 9 页。
② E. 弗洛姆著，孙恺祥译：《健全的社会》，贵州人民出版社 1994 年版，第 98 页。
③ E. 弗洛姆著，孙恺祥译：《健全的社会》，贵州人民出版社 1994 年版，第 95 页。
④ M. 霍克海默等著，渠敬东等译：《启蒙辩证法》，上海人民出版社 2006 年版，第 22 页。

以微米计算的。"① 文化工业在满足人们需要的同时，却使人类精神生活的内涵日趋萎缩，使人类从根本上丧失自由，丧失创造性。"在通往现代科学的道路上，人们放弃了对任何意义的探求。他们用公式替代概念，用规则和概率替代原因和动机。"② 工具理性只追求手段，不探求意义，因此，随着工具理性的不断布展，文化衰退了，教育衰落了。"全部娱乐和教育机构，包括人类的学习，成为无意义活动。"③

霍克海默对工具理性渗透到社会生活尤其是教育生活之中的恶果，进行了猛烈的批判。教育本是社会造就"人"的最重要手段之一，但是，"现在，教育正在替代通过儿子来延续父亲的生命这个狭隘的目的，其更大的目的是要造就能在当代生活斗争中维护自己的成功的个体"。④ 教育的目的不再是文化的传承，而是培训出一个合格的"就业人员"。新的教育观念使得家庭教育的时间和范围都缩小了，家庭的许多职能已经让位于社会和其他机构。结果，孩子们被更为直接地推向社会，童年时代相对地缩短，于是出现了一种新类型的个人："技术专家、精神气质、控制机器的快感、合群的需要等。团体被定义为模式，团体的规章代替了个体的判断。建议、规定和咨询代替了道德内容。"问题在于，这一新类型的个人内心世界枯萎了，"个人决策、文化发展、自由想象等等所具有的快乐也随之消失殆尽"。⑤ 原因无他，正是社会变化造成的。"劳动分工早已变得越来越复杂，生活也已变得越来越严格地组织化。在我们生活的这个世界里，国家之间、阶级之间的文化差异也已被抹平，因为为了跨越这些文化差异，就需要大范围的教育形式。"有教养的人士已经过时了，让位于各种各样的专业人才——律师、医生等等。大学转变为职业院校，教育退化为"一种高级的心理准备、一种受到录音手段和供大众消费的平装书影响的智力预防"。适合于技术化社会的感受形式和行为模式代替个体内化了的古典文化和欧洲文化，并把人文主义内涵涤荡得干干净净。而在教育大众化的过程中，"教育的功能发生了根本的变化，这就有点像城市妇女的长裙，一旦经由太太的侍女或仆人传入乡村，它立刻就变为农妇的服装那样"。⑥ 法兰克福学派

---

① M. 霍克海默等著，渠敬东等译：《启蒙辩证法》，上海人民出版社 2006 年版，第 140 页。
② M. 霍克海默等著，渠敬东等译：《启蒙辩证法》，上海人民出版社 2006 年版，第 3 页。
③ M. 霍克海默著，渠东等译：《霍克海默集》，上海远东出版社 2004 年版，第 248 页。
④ M. 霍克海默著，渠东等译：《霍克海默集》，上海远东出版社 2004 年版，第 235 页。
⑤ M. 霍克海默著，渠东等译：《霍克海默集》，上海远东出版社 2004 年版，第 236 页。
⑥ M. 霍克海默著，渠东等译：《霍克海默集》，上海远东出版社 2004 年版，第 237 页。

对工具理性给予教育的戕害进行了深刻的批判，可谓入木三分。简言之，工具理性的大行其道，一方面，使人依靠自己的双手"再造"了一个全新的世界，不再求助于上帝；另一方面，却导致了非人性化的危机。每个人感受到的人生如无根的浮萍，人生价值失落其意义。

（2）"工具理性"对教育的戕害

具体而言，"工具理性"对教育的戕害主要表现在以下几个方面：

第一，追求"造"人效率的最大化。

在教育管理主义的控制下，教育越来越按照工业生产的方式，把学生视为流水线上的产品，教师则是操作工人，学校则变成培养人的工厂，按照既定社会要求，在权力的操控中严格控制学生的发展方向和路径，追求"造"人效率的最大化。而以追求效率为目的的教育管理制度尤其是科学管理制度成为教育共同体的"圣经"，犹如"幽灵"一样盘旋于校园上空，犹如"紧箍咒"一般把教育共同体及其成员牢牢锁住。为了提高学校管理效率，学校纷纷建立统一的教育教学标准，以便实现组织成员的纪律、秩序和目的的统一性，以便从更有内聚性和更有秩序的组织中获得效益。为了提高学校管理效率，学校管理者不断地对教育过程进行必要的控制和监督，不能任由每个教师各行其是，因为效率意味着集中化和监督者对全部执行过程实施明确的指挥。而学校管理者的责任即在于努力发现执行每一个具体教育任务过程中的整套最好方法，并为教师提供如何进行工作、如何达到标准、如何采用各种方法及如何使用器具的详细指导。近年来，为了提高教育效率，世界上一些国家纷纷抛弃了教育的本真追求，一再要求学校管理工作应以"效率"为其价值取向。就教学工作、课程设计而言，教学工作与课程设计以"效率"、"成本效益"、"可审计性"为价值取向的理想逐渐成为现实。为了使这一工作真正落到实处，一些国家建立了教师评审制度，即对教师的教学质量、教学时间、课堂秩序给予评分，且教师的薪酬要与教学表现直接挂钩。例如，1985年，英国教育官员约瑟极力呼吁推行教师评审制度："只有通过教师评审制，有关部门才能掌握每位教师的能力及教学技巧，从而适当地调配每间学校的人力资源。而且个别教师的专业发展，亦有赖一个有系统的评审制提供参考依据……事实是其他领域正广泛应用管理学经营，我只想致力将管理学原则及经验援引到教育工作者当中，发挥积极作用。"① 约瑟所说的管理学在"其他领域"大行其道，"其他领域"无非是指工

---

① I. 华勒斯坦等著，刘健芝等编译：《学科·知识·权力》，生活·读书·新知三联书店1999年版，第134页。

商企业部门。说穿了，约瑟一番话其实是呼吁校方赶紧向人家学习，将工业管理的模式照搬过来，教师评审的概念、程序乃至培训管理人才的方式等，都要从工业管理模式引入。由于约瑟等人倡导的主张与当时撒切尔主义的政治论述一脉相传，因而其信徒甚多，其结果是彻底地将一些支持完人教育的声音彻底地压了下去，取而代之的是那种强大的、鼓励效率至上和照顾经济社会发展需要的主张，以及强调竞争及国家利益的"滥调"。1988年颁布了《教育改革法案》以及随后的立法明确规定："实行国家评审制，以确保所有的学校每隔四年接受一次国家评审，国家评审的标准由'教育标准局'制定。"① 这样，英国已渐渐发展出一套有别于美国的教师评审制度。除了传统的地区教育局的评审员或顾问仍然到学校进行评审外，不少学校纷纷学习工业管理的模式，制订一套内部评审计划。一般而言，为了提高管理效率，对教师教育教学活动进行必要的监督、评价是必要的，但前提是教育管理者必须专业、评价标准必须可靠和科学、教师必须认可，即不能以损害教师的身心发展为代价，否则，这种监督、评价就是任意的、专横的。早在18世纪，斯密即对这一监督、评价制度给予了批判："这种来自外部的监督，动辄流于无知和反复无常，其性质往往是任意的、专断的。行使监督的人，既未亲自登堂听讲，又不一定理解教师所教的学科，求其能精明地行使这监督，那是很难得的。加之，这种职务所产生的傲慢，往往使他们不留意怎样行使其职权，使他们没有正当理由地、任性地谴责教师，或开除教师。这样一来，必然要降低教师的品格，教师原来是社会上最受尊敬的人，现在却成为最卑贱、最可轻侮的人了。为要避免这随时可以发作的不好待遇，他就非仰仗有力的保护不为功，而获得这保护的最妥方法，并不是执行职务能力或勤勉，而是曲承监督者意志的阿谀，不论何时，准备为这种意志而牺牲他所在团体的权利、利益即名誉。"② 除斯密外，很多学者对教育"效率至上"的价值取向提出了批评。在他们看来，学校科层制是以组织目标、效率为核心的制度，学校科层体制从某种程度上讲，确实提高了学校效率，问题在于，这种效率究竟是"谁的效率"呢？是以付出什么样的代价而获取的呢？鲍尔说："谈效益、讲效率虽无可厚非，问题在于大家似乎预设了效益效率纯粹属于客观和技术性的范畴，百利而无一害。忽略了去问这些效益终

---

① T. 布什著，强海燕等译：《当代西方教育管理模式》，南京师范大学出版社1998年版，第6页。

② A. 斯密著，郭大力等译：《国民财富的性质和原因的研究》（下卷），商务印书馆2003年版，第321—322页。

究是'谁的效益';而为了达致这些效益,雇员又要付出什么样的代价。"① 萨乔万尼说:"'组织效能'运用的是技术理性、功能理性、线性逻辑。唯有效率才是最高价值,而忠诚、和谐、道义、美、真理都算不上最高价值。一个人可以经营一个高效率的死亡集中营或一座高效率的修道院。在这两种情境的任何一种情境中,效率原则都是基本相同的。"② 强调标准、绩效为本的评估和公开的奖惩制度,反映了一种表面可见的、讲究有序的教育教学模式——确定明确的目标,为支持那些目标而调整影响组织各个部分的制度,互相补充而不是互相抵消,评估绩效,然后实施奖励和惩罚。可是,在充满人道情怀事业的教育领域,这种一般的、机械的处方无疑会出故障。在某种程度上,无论是政府还是学校,都不能以如此纯粹的理性方式行事,因为教育教学工作在本质上具有不充分的技术性,而学校教育在本质上具有充分的政治性,是不能这样去做的。更为严重的问题是,对教师教育教学工作的量化评审几乎是不可能的。诚如汉森所说:"由于教育过程对学生来说是一个经历累积的过程,要持续多年,涉及许多教师;而且因为学校外部因素的影响是不可测的,因此,确定个别教师的功效是不可能的。"③

在追求教育效率、教育秩序的口号下,个体被淹没在各种统计数据中,升学率、考试分数等冰冷的数字使人与工厂流水线的产品一起进入"流通"领域,科学标准既标定了产品,也标定了人,数量化把人当成了机器更把人塑造成了机器。个体的所有特殊癖性、个体的所有个性差异都要被铲除,非人格化的、数字化的有序性抹杀了个体的多样性,因为它会影响教育效率的提高、教育秩序的维护。换句话说,为了提高教育效率、维护教育秩序,教育必须造就标准化的"人",把学生培养成符合社会需要的标准的砖瓦、器具、螺丝钉。但是,这一过程却剥夺了学生的自主选择、自我负责、自由成长权利,从而陷入异化之境。"我们的儿童像羊群一样被赶进教育工厂,在那里无视他们独特的个性,而把他们按同一个模样加工和塑造,我们的教师被迫,或自认为是被迫去按照别人给他们规定好的路线去教学。这种教育制度既使学生异化,也使教师异化了。"④ 这一过程也剥夺了学生对生命意义的体会、对崇高的感悟,从

---

① I. 华勒斯坦等著,刘健芝等编译:《学科·知识·权力》,生活·读书·新知三联书店 1999 年版,第 131 页。

② T. J. Sergiovanni and R. J. Starratt, *Supervision*: *Human Perspectives*. New York: McGraw-Hill, 1988, p. 218.

③ E. 汉森著,冯大鸣译:《教育管理与组织行为》,上海教育出版社 2005 年版,第 93 页。

④ 陈友松主编:《当代西方教育哲学》,教育科学出版社 1982 年版,第 119 页。

而陷入虚无、孤独之境。人成为经济链条的齿轮，教育无非就是把人安放在链条上的一个环节，适应流水线上的一道工序。人一旦成为大机器上的一个齿轮，成为一个机器人，生命即变得空虚无聊，失去了任何意义和价值。"人只不过是广袤空间里的一粒尘埃。他所能做的一切就是像一个长途跋涉的士兵或流水线上的工人那样随波逐流。他能活动，但独立感、意义感已不复存在。"①人一旦感觉到自己被孤立，觉得自己只是大机器里的一个小螺丝钉，且随时可以被更换，其虚无感、无助感等人生体验是非常强烈的。"凡事不分大小都是按照事先详细的策划执行，以达到其功能为首要目标。现代的学校也有同样现象：老师和教授都是专家，任务是把知识交出来。工具性教学法大行其道，行政人员负责学校每一件事都得按照行事历及其机能进行。学校教育是了不起的成就！真的吗？学生情况怎样呢？他们觉得孤独迷惘。他们的人格在抽象、空洞的知识里被肢解了，他们觉得受骗，觉得自己没有被人当作人看待。他们想不透所有的功能性知识跟自己的生命未来有何关系。他们在学业生活上都看不出方向，觉得自己生活在绵延不断的压力下，什么也没学到。许多老师不是假装没有发觉学生的问题，便是自己已灰心了。学校教育成功了吗？谁晓得这所巨大的工厂里到底在做什么？学生孱弱的身体有谁关心？"② 模式化、划一化的教育不仅抹杀了学生的个性、灵性、独立性，而且造成了人的无意义感。"专业化工作的机械式的整齐划一将削弱人内在的活力。使用机器的人，工作便像机械，他的人就像机械人，迟早心都会被机械化。有了机械心，人便不再纯真；丧失纯真，就不再能够享受内在的生命，生活变得全无意义。"③ 面对这一困境，韦伯为人类社会的发展勾勒出一幅悲观主义的前景。他写道："每当想到世界有一天将会充满着这样一些小小的齿轮——一些小人物紧紧抓着职位不放并极力钻营更高的职位——就像埃及历史的景象重现……真使人不寒而栗。这种对官僚制的追逐真使人绝望透顶。就好像在政治中……我们只需要'秩序'，此外别无他求；倘若一旦秩序发生动摇，我们就会感到六神无主，畏缩不前；倘若完全脱离秩序，就会感应到孤立无援。难道世界有朝一日只有这种人而没有别的人存在吗？我们现已经被完全卷入了这样一种进化过程，现在最主要的问题不是怎样促进和加速这一过程，而是设法反抗这个机器，免于灵魂

---

① E. 弗罗姆著，刘林海译：《逃避自由》，国际文化出版公司 2002 年版，第 197、94 页。

② 孙志文著，陈永禹译：《现代人的焦虑和希望》，生活·读书·新知三联书店 1995 年版，第 17 页。

③ 孙志文著，陈永禹译：《现代人的焦虑和希望》，生活·读书·新知三联书店 1995 年版，第 72 页。

被分割标价出售，摆脱这种至高无上控制一切的官僚式生活方式，以保持人类中一部分人的自由。"① 韦伯在这里像一位犹太教先知，他向人们指出了社会未来发展的危险前景，痛斥教育制度化、效率至上对人们心灵的毒化，号召人们奋起反抗这个戕害人的本性的理性化进程，生动地表现了他内心崇尚自由主义原则的一面。

第二，教育世界缺乏人文关怀。

理性主义教育价值观盛行，教育世界犹如一个冰冷的世界，冷酷而严厉，缺乏道德滋养、人文情怀、文化温馨，更缺乏教育爱。从某种意义上讲，理性主义教育是"目中无人"的教育学理论。18 世纪以来，作为理性动物的人得到了思想家、政治家、文学家们的认可，他们在不同的知识领域提倡理性、歌颂理性，并用理性的眼光来审视和设计各种社会制度，最终希望将人类的历史和现实纳入到理性的轨道上。卡西尔说："18 世纪浸染着一种关于理性的统一性和不变性的信仰。理性在一切思维主体、一切民族、一切时代和一切文化中都是同样的。宗教信条、道德格言和道德信念，理论见解和判断，是可变的，但从这种可变性中却能够抽取出一种坚实的、持久的因素，这种因素本身是永恒的，它的这种同一性和永恒性表现出理性的真正本质。"② 因此，"理性"成为18 世纪的汇聚点和中心，表达了该世纪所追求并为之奋斗的一切。"理性人"的主要特征表现在：人是有理性的，理性是人的内在的本质特性，是人的普遍的"类特性"；理性既是区分人与动物的界限，也是区分"文明人"与"野蛮人"的界限；理性是一种高级的认识能力，目的在于把握本质，形成系统的、完整的和深刻的理论知识；理性是人无所不能的化身；人的理性尽管是先验地赋予的，但也需要最低限度的训练，否则理性就会丧失；凭借理性和理性知识，人就能不断深化认识，把握和重建自身与世界的关系，从而获得自由。而理性以及"理性人"，重构了教育样式，重塑了教育生态。在理性主义教育的世界中，理性和教师的权威形象得以树立，反对非理性和对教师的公开反抗。各级各类学校特别强调纪律和教育教学秩序，因为理性代表着秩序，纪律维持着秩序，而学校教育的纪律和秩序就是理性的化身。早在 18 世纪，斯密即对理性主义教育所倡导的教育秩序给予了画龙点睛的描述和批判："专门学校及大学的校规，在大体上不是为了学生的利益，而是为了教师的利益，更恰当地说是为教师的安逸而设计出来的。在一切场合，校规的目的，总在维持教师的

① 苏国勋著：《理性化及其限制》，（台湾）桂冠图书股份有限公司 1989 年版，第 254 页。
② E. 卡西尔著，顾伟铭等译：《启蒙哲学》，山东人民出版社 2007 年版，第 4 页。

权威。不论教师是疏忽其职务，或是履行其职务，学生总得对教师保持虔敬的态度，好像教师在履行职务上已尽了最大的勤勉和能力那样。这似乎是根据这一前提，即教师有完全的智慧和德行，而学生则是大愚，而且有最大的弱点。"①　以掌握知识、技能为目的理性主义教育学，无疑是扼杀人的生命、人的创造性、个性的教育。《学会生存》一书认为，现代理性主义教育"过分地依赖理性和记忆。它给予传统的、书面的和复述的表达方式以特殊的地位，损害了口语的表达、自发精神和创造性的研究"。②

在现实教育生活中，理性主义教育逐步演变为"灌输教育"，教育行为成为一种存储行为。学生是保管人，教师是储户。教师不是去交流，而是发表公报，让学生耐心地接受、记忆和重复存储材料。即，教育让学生只能接收、输入并存储知识。诚如弗莱雷所说："讲解（教师是讲解人）引导学生机械地记忆所讲解的内容。尤为糟糕的是，讲解把学生变成了'容器'，变成了可任由教师'灌输'的'存储器'。教师越是往容器里装得完全彻底，就越是好教师；学生越是温顺地让自己被灌输，就越是好学生。"③　在灌输式教育中，知识是那些所谓知识渊博的人赐予在他们看来一无所知的人的一种恩赐，否认了教育与知识是探究的过程，否认了教育是培养人的创造力的过程。"隐含在灌输式教育背后的是人与世界可以分离的假设：人仅仅是存在于世界中，而不是与世界或其他人一起发展；个人是旁观者，而不是再创造者。由此看来，人不是意识的存在，确切地说，是意识的拥有者而已：空洞的'头脑'被动地接收着来自外部现实世界的存储信息。"④　由于灌输式教育的出发点把人误解为客体、误解为手段，因此，它不可能培育弗洛姆所说的"嗜命癖"，反而酿就了其对立面"恋死癖"。"尽管生命的特征是以一种有结构、有机能的方式生长，但恋死癖者却热爱所有不生长、所有机械的东西。驱使恋死癖者的欲望是把有机体转变成无机体，机械地看待生命，好像所有有生命的人都是东西……真正重要的是记忆，而不是经验；是拥有，而不是存在。除非恋死癖者真正拥有某一物

---

①　A. 斯密著，郭大力等译：《国民财富的性质和原因的研究》（下卷），商务印书馆 2003 年版，第 323—324 页。

②　联合国教科文组织、国际教育发展委员会编著，华东师范大学比较教育研究所译：《学会生存》，教育科学出版社 1996 年版，第 13 页。

③　B. 弗莱雷著，顾建新等译：《被压迫者教育学》，华东师范大学出版社 2001 年版，第 24 页。

④　B. 弗莱雷著，顾建新等译：《被压迫者教育学》，华东师范大学出版社 2001 年版，第 27—28 页。

体——一朵花或是一个人——他才与之建立关系。因此，对他的所有物的威胁便构成对他本人的威胁；如果他失去了所有物，他便失去了与世界的联系……他迷恋控制，借助控制，他扼杀了生命。"① 同时，只注重理性培养而忽视感性生成的理性主义教育，阻滞了人的感受力、健全人格、健康心理的养成。"在理性主义教育中，书本知识割开了儿童与周围生活世界的联系，儿童只能囿于非常有限的生活领域，只是与单调的文字符号打交道，学生的精神生活因此变得单调而贫乏。理性的过分扩张，会导致情感的冷漠、扭曲甚至出现残暴的心态。现在学校教育仅偏顾理智与意志两端，而情感生活往往不曾顾及，不能满足其需要，使学生生活畸形发展，而流为机械枯寂，索然无味。此种缺陷，影响很大，学生在校活力减少，生趣毫无，这是极残酷之事！他们出校以后，入于社会，也必定是拘执板滞，非但无人生乐趣，社会效率也必定是减少。"② 不仅书本知识隔开了儿童与外部世界的联系，而且教师与学生的关系也被彻底地改变。从理论上讲，师生关系首先是一种人与人的关系，是"我—我"关系。诚如马克思所说："我们现在假定人就是人，而人对世界的关系是一种人的关系，那么你就只能用爱来交换爱，只能用信任来交换信任，等等。如果你想得到艺术的享受，那你就必须是一个有艺术修养的人。如果你想感化别人，那你就必须是一个实际上能鼓舞和推动别人前进的人。"③ 但是，在理性主义构建的师生关系中，教师把学生当成"物"，对他们既不爱也不恨，完全没有什么人的感情。简言之，仅仅注重理性教育，忽视非理性教育，教育世界是残缺的，人的心灵世界也是不完整的。"单靠秩序、理性和纪律，人类的精神永远不能走向完满。"④ 当然，也不能片面夸大理性、理性教育的危害。在现代社会，如果没有理性、理性教育，社会秩序、教育秩序的维护、人的发展乃至经济社会的发展都是不可想象的。理性、理性教育对于人的价值是多方面的。里克曼说："理性具备有效地选择手段的能力；理性能够协调个人和社会的生活；理性把探求知识作为一个重要的社会目标；最后，理性是所有具有社会意义的主题的独立的道德源泉。"⑤ 理性的价值还不仅限于此，理性还具有"美学价值"，

---

① B. 弗莱雷著，顾建新等译：《被压迫者教育学》，华东师范大学出版社 2001 年版，第 29 页。

② 俞玉兹等编：《中国近现代美育论文选》，上海教育出版社 1999 年，第 122 页。

③ 《1844 年经济学哲学手稿》，人民出版社 2008 年版，第 146 页。

④ J. 布鲁纳著，彭正梅译：《论左手性思维》（序言），上海人民出版社 2004 年版，第 3 页。

⑤ H. P. 里克曼著，姚休等译：《理性的探险》，商务印书馆 1996 年版，第 150 页。

即理性沉思能够给人带来愉悦的享受、幸福的体验。诚如亚里士多德所说："理性的沉思的活动则好像既有较高的严肃的价值，又不以本身以外的任何目的为目标，并且具有它本身所特有的愉快……这就是人的最完满的幸福。"① 理性的价值并不是促进肉体的生存，而是促使思想和精神的存在。"理性需要相关与自我感。如果我仅仅是被动地接受印象、思想、意见，虽然我可以将这些印象、思想、意见加以比较和运用——但是，我却无法看透它们的实质。笛卡尔从我能思维的事实推论出作为个体的自我之存在。他推论道，我疑故我思，我思故我在。反之亦然。只有当我是我，没有在'它'之中丧失我的个性之时，我才能思维，也就是说，我才能运用我的理性。"② 简言之，理性是人生的指示器，是健康人格的保护神。

第三，扼杀教育本真追求。

当代社会是一个崇尚功利、追逐欲望满足、讲究实用的社会，欲望的膨胀和无孔不入扼杀了作为精神存在的人，也扼杀了教育的本真追求。弗罗姆说："今天的问题并不在于上帝是否死了，而在于人是否死了，人，我此处不是指物质上的人，尽管他也遭到威胁，而是指精神上的人。不管人是否尚未成为和正在成为一个自动机，最终留给他的将是一副完全空虚和没有生机的躯体。"③ 人之所以成为"完全空虚和没有生机的躯体"，其主要原因在于教育远离了本原追求，背离了应有的精气神。教育的目的，"主要只是授予个人在工业化文明中立足所需的知识，按照需要的模式塑造他的性格：野心勃勃、极富竞争性，但又能在某种限度之内与人合作；对人友善，却又不与任何人或事关系过密。我们的中学和大学继续为学生提供实际生活必需的知识，以及人格市场上需要的个性特征。我们的教育确实很难成功地培养学生的批判思维能力，或是使他们具有我们的文明公开宣传的理想所需的那些品质特征"。④ 换句话说，教育的目的，主要在于造就对社会机器"有用"而不是"有善"的公民，更不是针对学生的人性的发展、精神发展。在雅斯贝尔斯看来，缺少"统一的观念"诸如教育价值、高贵、宁静等的引领和关怀，教育最终成为某种"意志"的工具，导致当代教育出现下列危机征兆："非常努力于教育工作，却缺少统

---

① 北京大学哲学系外国哲学史教研室编译：《古希腊罗马哲学》，商务印书馆 1982 年版，第 327 页。

② E. 弗洛姆著，孙恺祥译：《健全的社会》，贵州人民出版社 1994 年版，第 135 页。

③ E. 弗罗姆著，王泽应等译：《人的呼唤》，生活·读书·新知三联书店 1991 年版，第 74 页。

④ E. 弗洛姆著，孙恺祥译：《健全的社会》，贵州人民出版社 1994 年版，第 279 页。

一的观念；每年出版不计其数的文章书籍，教学方法技巧亦不断花样翻新。每一个教师为教育花出的心血是前所未有的多，但因缺乏一个整体，却给人一种无力之感。此外，就是教育一再出现的特有现象：放弃本质的教育，却去从事没完没了的教学试验、做一些不关痛痒的调查分析，把不可言说之事用不真实的话直接表述出来，并不断地更换内容和方法做种种实验。"① 池田大作认为，在现代技术文明的社会中，教育已成为实利的下贱侍女，成为追逐欲望的工具。"现代教育陷入了功利主义，这是可悲的事情。这种风气带来了两个弊端，一个是学问成了政治和经济的工具，失掉了应有的主动性，因而也失掉了尊严性。另一个是认为唯有实利的知识和技术才有价值，所以做这种学问的人都成了知识和技术的奴隶。"② 麦金泰尔也对教育即是"获得"的成见提出了批评，他说："上学是为了获得学位，为了获得一份工作，为了职业上获得提升，为了养老金。""功利主义"依赖的是一种"行为，外在于行为本身，被用来判断效率和结果的标准"。结果，活动本身——在此即教育中——没有受到重视。③ 努斯鲍姆对"为赢利的教育"进行了猛烈的批判，她说："各国及各国的教育制度都在拼命追求国家的利润，都在轻率地抛弃民主制度生存所必需的技能。这种倾向若是发展下去，世界各国很快就会产生出一代代有用的机器，而不能造就完全的公民——他们能独立思考，能批判传统，能理解他人苦难和成就的意义。"④ 教育能培养从事各种职业的人才，增强国家的竞争力，但是"为赢利的教育"却忽略了培养出能使自己的生活有意义的人。"我们正在追求能保护我们、使我们愉快、让我们感到舒适的占有物，泰戈尔将它们称作我们的物质'外罩'。但是，我们似乎忘记了灵魂；我们似乎忘记了应当解放灵魂，以丰富、细腻、复杂的方式，将个人与世界联系起来；我们似乎忘记了应将他人看作有灵魂的人，而不应仅仅看作有用的工具，不应看作实现我们计划的障碍；我们似乎忘记了应将自己看作有灵魂的人，与他人沟通，应将他人看作深刻、复杂的灵魂，与我们自己相同。"⑤

不仅外国如此，我国教育也深受功利、实用之害，教育对于个体、社会、

---

① K. 雅斯贝尔斯著，邹进译：《什么是教育》，生活·读书·新知三联书店 1991 年版，第46 页。

② A. J. 汤因比等著，荀春生等译：《展望二十一世纪》，国际文化出版社公司 1985 年版，第60 页。

③ C. 贝克著，戚万学等译：《优化学校教育》，华东师范大学出版社 2003 年版，第 5 页。

④ M. C. 努斯鲍姆著，肖聿译：《告别功利》，新华出版社 2010 年版，第 2 页。

⑤ M. C. 努斯鲍姆著，肖聿译：《告别功利》，新华出版社 2010 年版，第 6 页。

国家"有用性"取代了"善"的价值理想而成为各级各类教育机构所推崇的首要原则；人们希望从教育中获得的是知识、技能、职业、地位、竞争能力以及将来的收益尤其是经济收入，而不是健全的人格、科学的世界观、健康的生活方式、旺盛的生命力和诗意的情怀。在我国现实教育生活中，教育的境界问题、人生的境界问题基本上是被学生、家长、教师乃至教育机构所忽略。原因大致有二：第一，现代社会的功利化。由市场、工具理性和个人主义所塑造的现代社会，是一个地地道道的功利主义和消费主义社会。在这个社会中，无论是国家还是个体，津津乐道的东西并不是其境界的高低，而是其占有物质财富的多少和市场购买力的大小。贫困问题、发展问题和保持竞争优势的问题，已经完全代替了境界问题、道德问题成为现代人优先考虑的问题。段炼在《世俗时代的意义探询》一书中，对我国1895年至1920年的思想文化状况进行了透彻的分析。他认为，这一时期是中国思想文化从传统过渡到现代的"转型时代"，而转型时代是一个价值世界瓦解的"世俗化时代"。"一方面，现世的'快乐'与'功利'的主张，取代了传统儒家伦理中'善'的超越地位。另一方面，强调意志自主的个人主义，在五四时期也得到极大发展。随着个人从传统中获得解放，自由意志逐渐恢复活力。……依据多元的自由个性和价值选择，每个人都在'功利'与'快乐'的引领下，对自己的人生'自作主宰'。……在现代中国世俗化的过程中，道德价值观念的正当性不再来自于超越世界，而是由人们自我决断，人成为道德价值的立法者。"[①] 社会的功利化，必然导致教育的功利化。第二，现代教育的功利化。"为了解决上述每一个国家、机构和个体所关心的优先问题，现代教育也基本上功利化了，成为满足国家和个体不断'增长'或'膨胀'的物质和社会需要的工具。人生的境界问题也基本上被排斥在国家和个体的教育视野之外。"[②] 例如，为了急功近利、快速获得"高考分"的目的，手段的道德性和过程的自主性都没有受到应有的重视，"灌输"、"诱惑"、"标准化"、"题海战术"等不利于学生身心健康发展和自主性发展的方法成为最基本的教育方法。学校越来越不是一个"教育"的机构，越来越缺少"教育"的意味，越来越没有"教育"的精神，逐渐地堕落为一个没有教育性的"教学"机构、一个纯粹的职业预备或培训机构、一个放弃了对批判思维和道德觉悟培养的场合。"社会存在急功近利的风气。十年树木，百年树人。教育是一个潜移默化、润物无声的过程，是一项慢功夫。但由于受

---

① 段炼著：《世俗时代的意义探询》，（台北）秀威资讯科技2012年版，第1—2页。
② 石中英著：《教育哲学导论》，北京师范大学出版社2004年版，第126页。

社会不良风气影响，教育上的功利主义比较严重，学校片面追求升学率，家庭'逼子成龙'、'逼女成凤'，社会唯名校、唯学历的现象大量存在。加之一些培训机构的忽悠炒作，许多人形成了'不能让孩子输在起跑线上'的紧张心理，带着孩子奔波于培训班、'占坑班'，参加五花八门的竞赛取证。这些都加重了孩子的负担，扼杀了孩子的天性，本应自由翱翔的'小天鹅'变成了'小考鸭'。"① 例如，疯狂的"艺考热"，即是以一种典型的功利思想为支撑。每年，各大高校的"艺考"如火如荼地进行着，每年都不乏这样的疑问：这些孩子，有多少人真正有艺术梦想？有多少人最后走上了艺术道路？这些问题的答案一直都有些尴尬：与许多高校动辄上万的"艺考"火爆人数相比，毕业后真正愿意、并且能够从事艺术行业的学子，可谓九牛一毛。在看似热火朝天的招考之后，是薄弱的专业资质和骨感的就业现实。疯狂的"艺考热"背后，很大程度上是学生和家长在想方设法寻找升学捷径，寻找一种"曲线就学"的道路。"文化少了分，艺考来充数。"一些艺考生们，花上几个月突击密集训练，以纯粹"应试教育"的手段掌握某一门特长的皮毛，然后报名若干所高校，以求广泛撒网能谋到一两所高校的减分政策，弥补文化课的短板。这样的艺考生态背后，是家长和学生面对高考选拔赤裸裸的急功近利。另一方面，非艺术类院校大量开设艺术专业、艺术专业大量扩招的动因中，也不乏部分高校的"功利"心态。众所周知，美术、音乐、动画设计等艺术类专业的学费十分高昂，而艺考生的家庭大多舍得花钱，于是，"艺考"被一些院校视为创收宝地大肆拓荒，师资、硬件却跟不上，培养出来的学生素质堪忧。在家长（或艺考生）和高校的交互作用下，一个最现实的弊端就在于：一部分高校在招考和培训人才时"宽进又宽出"的方式，让许多学子"毕业即失业"、"毕业即转行"，遭遇比高考更严酷的人生难题。而从长远来看，艺术，本应是与"功利"二字离得最远的学科，却因成为升学捷径，而让其纯粹的本质蒙上了功利的灰尘，这对整个行业的发展来说，也埋下了巨大的隐患。不仅是疯狂的"艺考热"，高等教育本身也出了问题。一些学者对我国大学放弃精神追求、放弃高贵与尊严的做法更是进行了激烈的批判："近代以来，大学放弃了人性，大学生蜕变为小学徒。大学成了贩卖知识甚至直接贩卖文凭的'文化驾校'……身边真实的大学充满了污浊、猥琐、腐败。大学已经没有了，遗存的只有大学的尸体和依靠啃食这尸体谋生的教授。""今天中国的大学，有太多的浮躁，却缺乏激情；有过剩的欲望，却缺乏理想；有太多的技术，却缺乏文化；有太多的学生，却缺乏读书

① 中共中央宣传部理论局编：《理性看，齐心办》，学习出版社 2013 年版，第 66－67 页。

人；有太多的地盘，却缺乏精神家园；有太多的自私，却缺乏公心；有太多的物质，却缺乏精神。"① 上述这些评说，尽管言词尖锐、难听，尽管评价可能片面，甚至不客观，但却道出了我国教育存在的一些问题。功利性教育不仅毁灭了自我，而且戕害了人的发展。教育致力于满足人们的种种功利需求，释放人的物质欲望，彻底地沦为满足人们生存需要的谋生手段。实用和效率成为教育追求的理想，知识、技能、工艺成为教育者和受教育者追求的唯一目标，教育随即开始走向堕落、平庸，逐渐滑向反精神、反道德、反心灵的深渊，放弃了"育人"的本真追求。而没有"'教育'意义"的教育，只会培养出这样的人：他追求知识、技能或者考试分数，最终却发现自己失掉了自我，就像一个洋葱头，一层层裹在一起，却没有一个心。教育不再关心人的精神世界是否崇高、人的心灵世界是否丰富、人的生活意义是否重要。教育使人们不愿思考教育的价值、意义和责任，为什么教、为什么学、教什么、学什么这些颇具反思性的问题，似乎都是不言自明的。但是，没有主体性、没有自我意识和精神的教育，没有一丝超越、超验境界的教育，是没有资格、没有能力承担"育人"这一崇高而神圣使命的。"高等教育为个人和社会提供深广的视野，而短视的当今不可避免地缺少那样的视野。人类需要工作，但同样需要意义、理解和远见。问题不在于我们当今是否承担得起相信这些目的，而在于我们是否承担得起不相信这些目的。"② 事实上，教育的退化或"堕落"不过是现代社会中工具理性对人的种种控制、戕害的冰山一角。

（3）寻求教育"回家的路"

一旦那种饱含对生命的终极关怀，对人的自由、公正和生存尊严的教育消逝，一旦利己主义、功利主义、消费主义深嵌教育肌体，那么，我们只能培养出一群有知识无智慧、有目标无信仰、有规范无道德、有文凭没水平、有学历没能力的人。"人们受到的教育愈多，就愈缺乏理性，缺乏判断力，缺乏信念。充其量也不过是他们的智力得到了提高。但是，他们的理性——即他们透过事物的表面去了解个人和社会生活中的本质力量的能力，却越来越枯竭。"③ 教育是促进人的发展和成长的，是促进人的自我实现的，绝对不是某个团体、某个人实现自身利益的工具。"如果你把教育视为控制他人的工具、图谋经济势力的本钱，那么你就找错门路了，应该马上辞职。天底下让上帝最愤怒的莫过于

---

① M. C. 努斯鲍姆著，肖聿译：《告别功利》（译序），新华出版社 2010 年版，第 8 页。
② M. C. 努斯鲍姆著，肖聿译：《告别功利》，新华出版社 2010 年版，第 139 页。
③ E. 弗罗姆著，王泽应等译：《人的呼唤》，生活·读书·新知三联书店 1991 年版，第 88页。

操纵青年……利用他们来图谋自私的打算。"① 教育绝对不可视学生为使教室满座的财源、老师和行政人员驱使的工具。一旦教育成为图谋利益的工具，教育信仰、教育希望、教育爱是不可能存在的，真实的教育也就成为无源之水。教育应使人体验到做人的自由和尊严，从而成为一个摆脱欲望纠缠的大写的"人"。"柏拉图式的洞穴图景描述了人类的根本处境。人是其所处时代及场所中权威意见的囚徒，一切人由此开始，大多数人也在此结束。教育就是从这种束缚中获得解放，就是上升到某种立场，从那里能够看见洞穴。"② 柏拉图"洞穴中的囚徒"这一隐喻形象地说明，教育的根本目的就是促使人们的"心灵转向"，就是要通过"教育力"将人们的精神或灵魂从"低处"引向高处，从"黑暗"引向"光明"，从"丑恶"引向美好，从"虚假"引向"真实"。但是，一旦教育"媚俗"，与功利化社会合谋，就会使自身深陷于功利的"洞穴"，并"拖拽"着下一代也深陷于功利的"洞穴"，教育"成人"，教育培养自由能力、批判思维能力、想象能力和精神完整的人就会成为空话。

为此，我们需要从如下两个方面展开工作。一是恢复"本真的教育"。教育须有信仰，没有信仰就不成其为教育。对终极价值和绝对真理的虔敬是一切教育的本质。"如果整个教育本质毫无遮蔽地呈现出来，这就是教育的本然内涵，而教育自然是有其固定形式的。教育是极其严肃的伟大事业，通过培养不断地将新的一代带入人类优秀文化精神之中，让他们在完整的精神中生活、工作和交往。在这种教育中，教师个人的成就几乎没有人会注意到，教师不是抱着投机的态度敷衍了事。而是全身心地投入其中，为人的生成——一个稳定而且持续不断的工作而服务。"③ 教育是人格心灵的唤醒，是从生命深处唤醒学生沉睡的自我意识，是学生知、情、意等生命意识的鲜活生成。"教育的过程，就是启发心灵内的思想，使之联系外界事物，再返回思考心灵本身，以认识事物的真实形态。"④ 因此，在教育过程中，教师作为有影响力的人，应该具备"理智上的诚实"。"在课堂里，唯一理智的正直诚实，才是最有价值的美德。"⑤

---

① 孙志文著，陈永禹译：《现代人的焦虑和希望》，生活·读书·新知三联书店1995年版，第151页。

② A. 布鲁姆著，秦露等译：《巨人与侏儒》，华夏出版社2003年版，第8页。

③ K. 雅斯贝尔斯著，邹进译：《什么是教育》，生活·读书·新知三联书店1991年版，第44页。

④ M. C. 努斯鲍姆著，肖聿译：《告别功利》，新华出版社2010年版，第1页。

⑤ M. 韦伯著，冯克利译：《学术与政治》，生活·读书·新知三联书店1998年版，第49页。

即，教师不能自欺欺人、装腔作势，也不能讳言错误，从而为学生理性的发展、人格心灵的唤醒创造人性化的空间。教育是为未来培养人才，不仅仅应适应社会，更应超越社会，培养学生的创造能力和批判能力。"世界上根本不存在中立的教育过程。教育要么充当使年轻一代融入现行制度的必然结果并使他们与之不相背离的手段，要么就变成'自由的实践'，也即人借以批判性地和创造性地对待现实并发现如何参与改造世界的途径。要形成一种能促进这一过程的教育方法，不可避免地会导致社会内部的紧张和冲突。但这种方法也可以有助于形成一种新人。"① 二是确立育人为本的价值立场。为"人"而奋斗，不仅是时代的基本任务，也是教育的本真追求。"为'人'而奋斗就是反对那些可能会取消人、把人变成循规蹈矩者、在精神上消灭人的各种形式的异化。……为了实现这个目的，首先需要认识和了解我们是什么，需要返回我们自身，重新拥有我们自己。那些失去了存在的意义的人，那些选择物而不是人的人，已经陷入了最令人痛苦的异化之中。所以我们要说，让人回到他自己，让他重新意识到自己的尊严、价值、壮丽和使命吧。"② 教育应设身处地地为受教育者着想，别让"教育"违背了人性，别让教育丢失了应有的"温度"。

---

① B. 弗莱雷著，顾建新等译：《被压迫者教育学》（前言），华东师范大学出版社 2001 年版，第 5 页。
② B. 莫迪恩著，李树琴等译：《哲学人类学》，黑龙江人民出版社 2005 年版，第 207 页。

□ 第二章

人 的 尊 严

　　人的尊严的内涵深厚而宽广，涉及人类思想的诸多方面。尊重和维护人的尊严不仅成为国际社会的共识，而且人的尊严已成为法治社会的权利基础以及人权的根据。诚如弗因堡所说：“尊重人可能很简单，就是去尊重他的权利，这两者不可分离，而被称作‘人的尊严’的这种东西，可能仅仅就是确证这些权利的、可辨认的能力。那么，去尊重一个人，或者说认为他拥有人的尊严，就仅仅是认为他是一个潜在的要伸张权利的人。”①

一、“尊严”的词义学解释

　　在词义学的视野下，系统而深入地分析、思考尊严一词的产生、演变历程，以及该词在中西方文化语境中的不同含义，对全面认识和理解人的尊严具有重要意义。

（一）汉语中“尊严”的字义分析

　　“尊”用做名词时，《说文》释其本义为酒器。《辞源》注释为：“尊，酒器。古代用做祭祀的礼器。”在古代社会生活中，只有地位显赫、身份高贵的人才有资格将“尊”用做酒器，或者用“尊”进行祭祀，普通老百姓既无资格、也无能力使用“尊”。因此，“尊”内蕴着高贵、显赫、威严、肃穆之意。“尊”与“卑”相对，《易经·系辞》：“天尊地卑，乾坤定矣。”“尊”用做动词时，既意指敬重、敬仰、崇敬、崇拜等，也意指遵守、遵从等。

---

①　M. 罗森著，石可译：《尊严：历史和意义》，法律出版社 2015 年版，第 47 页。

在汉语的发展历史中，"尊"与"严"不是同时出现的，"严"较"尊"晚出现。"严"既意指威严、威信、威仪、畏惧等，又意指严格、严苛、严酷、严厉等。

将"尊"与"严"相配，构成"尊严"一词，"尊"取其敬重、敬仰、遵从之意，"严"取其威严、畏惧和敬重之意。"尊"与"严"之合意包括：高贵的或受人敬重的地位和身份，即"出身高贵的人"就是有尊严和有权力的人；不容侵犯、亵渎、庄重威严的仪表神态和崇高肃穆的意志精神。在现代汉语中，"尊严"一般意指尊贵庄严、不可侵犯，如国家尊严、人格尊严、法律尊严等。

（二）英语、德语中"尊严"的字义分析

在英语中，"尊严"的形容词拼写为 dignified，中古英语将"尊严"拼写为 dignite。dignite 源自古拉丁语的 dignitas，与古法语中的 dignus 同源。其中，前缀 dig 同 dus，原意指动物的手指、脚趾等，后来引申为掘取、采挖、发现、插入等意。后缀 fief 与 field 属同源词。作为名词的 fief，意指采邑、封地、领地、封地所有权等。作为名词的 field，意指平原、田地等。fief 与 field 合成一词，意指能够掌握、控制、占有的领地、财产或权力等，引申为不可侵犯的、威严的、尊贵的。

"尊严"的名词拼写为 dignity（复数拼写为 dignities），意指品格的高尚、崇高，身份的高贵，气氛的庄严，举止的威严、端正、体面等。"'尊严'源自这样一个概念，意指较高的社会地位，以及该地位给盘踞它的人带来的荣誉和尊敬。"[1] 西塞罗在《论职责》一文中，用"尊严"来说明人类作为人类所具有的性质。即，不是一个特定社会中的个人或者集体相对于其他的个人或者集体占据什么位置，而是人类作为一个整体在宇宙秩序中占据什么位置换句话说，在西塞罗那里，尊严已被转义或者延伸。"西塞罗把尊严的观念从某个特定社会中的个人地位，延伸到人类在更大的现实秩序中所占据的位置。"[2] 文艺复兴时期，米兰多拉"论人的尊严"的演讲，奠定了现代社会自我理解的基础。他宣称："亚当，我们没有给你固定的位置或专属的形式，也没有给你独有的禀赋。这样，任何你选择的位子、形式、禀赋，你都是照你自己的欲求和判断拥有和掌控的。其他造物的自然一旦被规定，就都为我们定的法则所约束。但你

---

① M. 罗森著，石可译：《尊严：历史和意义》，法律出版社 2015 年版，第 10 页。
② M. 罗森著，石可译：《尊严：历史和意义》，法律出版社 2015 年版，第 11 页。

不受任何限制的约束，可以按照你的自由抉择决定你的自然，我们已把你交给你的自由抉择。"① 西塞罗有关尊严的观念，在米兰多拉的演讲中得到了重启和弘扬。诚如罗森所说："'尊严'从一个特定社会中少数几个人社会地位的改变这样一件事，变成了人类的一个一般特征，和他们能够独立自决的能力紧紧联系在一起。"② 在培根的一系列著作中，"尊严"一词具有三种完全不同的意义：有价值的但不局限于人类的特点；高的社会地位；带有让人尊敬特征的行为。③ 在 17 世纪，"尊严"一词意味着某种价值评判。弥尔顿在《关于离婚的规则和纪律》一文中说："上帝用第一桩婚姻教导我们，为什么他要那么做。他用男人和女人之间愉悦而恰当的对话表示出，婚姻是为了让男人脱离孤独生活的邪恶，从中解脱出来，而没有提到那一直要延续下去的、繁衍的目的，虽然无此必要，但在尊严的意义上那是次要的目的。"④ 在弥尔顿看来，尊严并不是人的性质，尊严只是婚姻的目的所在。从上述简单梳理可以看出，人类具有尊严，但从本质上讲，尊严不是人类才拥有的。"这个世界由很多事物组成，这些事物归根结底是上帝创造的，因此也拥有它们自己的尊严。"⑤ 既如此，我们可以换一种解答思路，即"对任何拥有尊严的这些特定事物来说，它们究竟拥有什么样的尊严，以及它们凭借什么拥有这些尊严"。⑥ 不同的事物拥有不同的尊严，而它们拥有尊严的原因各不相同。而对于人拥有什么样的尊严这个问题，米兰多拉在《论人的尊严》一书中给出的答案是学问的地位和价值，帕斯卡尔在《思想录》一书中给出的答案是"能思想的苇草"，人的全部的尊严就在于思想。在现代英语中，一般用 dignity 表述尊严，而尊严的组词一般包括法律尊严、人性尊严、人格尊严、国家尊严等。

在德语中，"尊严"的名词拼写为 Würde。该词在词源学上接近于 wert，表示"价值"或者"值得"。"尊严"的形容词拼写为 wurdig，表示"有价值的"、"值得的"、"配得上的"，例如"配得上的这个奖项"以及"获得尊严"等。除德语用"有价值的"、"值得的"、"配得上的"这一表述外，在英语和拉丁语中，也经常用"有价值的"、"值得的"、"配得上的"等表述。英语和拉丁

① P. d. 米兰多拉著，顾超一等译：《论人的尊严》，北京大学出版社，2010 年版，第 25 页。
② M. 罗森著，石可译：《尊严：历史和意义》，法律出版社 2015 年版，第 13 页。
③ M. 罗森著，石可译：《尊严：历史和意义》，法律出版社 2015 年版，第 14 页。
④ M. 罗森著，石可译：《尊严：历史和意义》，法律出版社 2015 年版，第 14 页。
⑤ M. 罗森著，石可译：《尊严：历史和意义》，法律出版社 2015 年版，第 15 页。
⑥ M. 罗森著，石可译：《尊严：历史和意义》，法律出版社 2015 年版，第 15 页。

语中的这些用法不仅和德语的 Würde 具有同样的词源，而且具有一样的双重意义。①

二、尊严的内涵

人是最高贵的存在，根本不能作为别人的工具。在现实社会中，存在着一项根本的伦理原则：单个人具有至高无上的内在价值与尊严。西塞罗认为，人类之所以拥有尊严，在于他们都是人而不是动物。"在所有对责任性质的研究里，最关键的是，我们一直要记住，人的性质要大大优越于牛和其他动物：动物唯一的想法是为了身体的满足……人的心智则相反，是通过学习和反思得到发展的……从这一点我们可以了解到，对于人类的尊严来说，感官享乐是完全没有价值的。"② 在卢梭看来，人是最高贵的存在物，根本不能作为别人的工具。他在《爱弥儿》一书的"序"中说："我要叙述的，不是别人的思想，而是我自己的思想。我和别人的看法毫不相同。很久以来，人们就指摘我这一点。难道要我采取别人的看法，受别人思想的影响吗？不行。只能要求我不要固执己见，不要以为唯有我这个人比其他的人更明智；可以要求于我的，不是改变我的意见，而是敢于怀疑我的意见；我能够做的就是这些，而我已经做了。"③ 在此，卢梭声称要将"我"字大书特书，实际上体现了人的主体力量和人的尊严。而卢梭是给予康德影响最大的人，"在康德思想的发展中，在一个具有根本性的转折点上，卢梭向康德昭示了一种新的生活历程——从此而后，他义无反顾，绝不放弃"。④ 正是卢梭对人的内在本性的发现使康德懂得并学会了尊重人。康德著作尽管深奥、抽象和枯燥，但康德毕生的书斋生涯却都是以人的现实生活为背景的，他那一切令人生畏的思辨最终都有一个集中的主题，这就是人的存在和使命。贝克曾以确定无疑的口吻说："几乎他（康德）所有的著作都是这个唯一主题的变体：这个主题就是作为一个能动的创造者的人的精神。"⑤ 康德的思想，气势恢宏、博大精深，包容了与人类生活密切相关的一切实践领域，思考了人生的根本问题——真善美和假恶丑，度量了人类心灵中

---

① M. 罗森著，石可译：《尊严：历史和意义》，法律出版社 2015 年版，第 17 页。
② M. 罗森著，石可译：《尊严：历史和意义》，法律出版社 2015 年版，第 11 页。
③ 卢梭著，李平沤译：《爱弥儿》（上卷）（原序），商务印书馆 2006 年版，第 3 页。
④ 范进著：《康德文化哲学》，社会科学文献出版社 1996 年版，第 393 页。
⑤ 康德著，邓晓芒译：《实用人类学》（中译本再版序言），上海人民出版社 2005 年版，第 1 页。

的知、情、意三种能力及其功能、条件和界限。康德的哲学体系，既是一种科学理论，又是一种生活实践，它关联着整个人类的福祉和人格的尊严，并与人们的日常生活息息相通。诚如罗森所说："康德把尊严和所有人类都拥有的、无条件的、内在性的价值联系起来，起到相当重要的、历史性的作用。而且是在康德的援引下，人们尝试着把对尊严的尊敬原则转化成实践性的道德和法律判定。"① 康德将自己的理论牢牢扎根于经验的、活生生的历史进程之中，既揭示了宇宙的智慧，也涵摄了生命的智慧，在浩瀚的自然寰宇中凸显了人的价值、人格的尊严和人性的自由。

尽管康德很少用"尊严"这个概念，在《道德形而上学原理》一书中"Würde"只出现了 16 次，但人们坚持认为"尊严"这个概念在康德思想中占有中心地位。康德尊严思想的核心是：尊严只能是人类的尊严。"人脱离开其他所有的造物而成为独特的存在。只有道德具有尊严，而只有人类于他们自身，拥有道德律令，所以认为人类像河流、树木或者狗一样，是属于自然世界的一部分，这种想法是错误的。"② 席勒在《论优雅和尊严》一文中，从美学的角度给"尊严"下了如下定义：尊严是"受难中的平静"。当一个人能够自主地克服困难、平静地面对苦难，尊严就会在克服困难、面对苦难的过程中显现自身。"通过道德力量统治本能，是精神的自由，而精神自由在现象中的表现就叫尊严。"③ 尊严是"被赋予尊严的"，是对"坚定不屈达到目的"或者"受难中的平静"的表现。尊严的功能是"'人类道德自由的表达'，它表明我们不是我们倾向的囚徒"。④ 尊严只属于那些履行自己的义务，同时"通过道德力量统治本能"、不断克服困难的人。这些人的行动或许不像优雅的人那样拥有"道德的美丽"，但却拥有"道德伟大"。"被赋予尊严的人，是那些以他们的性格或者行止展现出尊严的人。……这是一种道德能力的显证——有能力去拒斥自然的冲动。"⑤

不过，近现代哲学家几乎不关注、不思考尊严问题，即便论证，也抱持轻蔑的态度、不屑一顾的立场。叔本华说："人的尊严，这个说法一旦被康德说出之后，接下来就变成了所有充满纠结的、脑中空空的道学家们的教条，隐藏在这个宏伟华丽说法后面的是，这些人缺少的是道德的真正基础，或者说，从

---

① M. 罗森著，石可译：《尊严：历史和意义》，法律出版社 2015 年版，第 9 页。
② M. 罗森著，石可译：《尊严：历史和意义》，法律出版社 2015 年版，第 21 页。
③ F. 席勒著，张玉能译：《审美教育书简》，译林出版社 2012 年版，第 272 页。
④ M. 罗森著，石可译：《尊严：历史和意义》，法律出版社 2015 年版，第 30 页。
⑤ M. 罗森著，石可译：《尊严：历史和意义》，法律出版社 2015 年版，第 47—48 页。

任何意义上讲，缺少有任何意义的道德。他们狡猾地指望这样一个事实，他们的读者会乐于把自己投入到这种尊严当中，然后会相应地感到相当满足。"① 尼采走得更远，在其《希腊国家》一文中对尊严、"人的尊严"给予了最为猛烈的攻击。尼采说："我们现代人在思想方面，有两点优于希腊人。对我们这样一个完全以奴隶的方式行事，同时又非常焦虑地避免使用'奴隶'这个词的世界来说，仿佛算是一个补偿：我们谈论'人的尊严'，我们谈论'劳动的尊严'。每个人都那么忧愁，为的是悲惨地保持一个悲惨的存在；这种糟糕的需要让人无法使用劳动；他（或者更准确地说，人类的知识分子）被'意志'诱惑，时不时地赞叹于劳动，好像那是什么值得尊敬的事。对于存在本身来说劳动就是痛苦的手段。然而，为了让劳动取得一个带着荣誉的称号，那么抛开一切不谈，有必要的是，应该让存在本身获得更多的尊严和价值，要大于目前为止所有严肃的哲学家和宗教中存在本身所拥有的尊严和价值。"② 在尼采看来，劳动的尊严，是一种宽慰的方式，试图为那些不得不劳动的人，把事实上羞辱性的被迫劳动说得更吸引人而已，同时给予劳动和人类存在本身一种它们本来不配拥有的价值。然而，希腊人却正好相反，"根本不需要这种概念上的幻觉……因为对他们来说，他们令人震惊地坦率承认劳作是一种失态"。③ 劳动的尊严、人的尊严不仅是可笑的，而且是虚伪的、荒唐的。"尊严的概念在他的时代已经发展成一场人文主义、自由主义、基督教、社会主义和康德思想的大汇合——当然，带着大致差不多的程度，尼采藐视这一切思想。"④ 在现代社会，关注尊严这一概念的哲学家、思想家很少。即便对尊严这一概念给予关注，也流露出不屑或充满敌意。麦克林说："尊严是一个无用的概念。它就是意味着尊重人，或者尊重他们的自律性，不会有更多的内容了。""诉诸尊严，要么是对其他更准确的概念的模糊重述，要么就仅仅是口号，对理解这个概念毫无帮助。"⑤ 在麦克林看来，尊严这一概念，就是一个累赘——任何有关尊严的内容不过是出自另一个价值：自律性。格里芬说："自律性是理性代理力中的主要组成部分，而理性代理力组成的是，哲学家们用不太必要的模棱两可经常指称的、所谓一个人的'尊严'。"⑥ 2008 年，平克在《尊严的愚蠢》一文

---

① M. 罗森著，石可译：《尊严：历史和意义》，法律出版社 2015 年版，第 1 页。
② M. 罗森著，石可译：《尊严：历史和意义》，法律出版社 2015 年版，第 36 页。
③ M. 罗森著，石可译：《尊严：历史和意义》，法律出版社 2015 年版，第 36 页。
④ M. 罗森著，石可译：《尊严：历史和意义》，法律出版社 2015 年版，第 37 页。
⑤ M. 罗森著，石可译：《尊严：历史和意义》，法律出版社 2015 年版，第 4 页。
⑥ M. 罗森著，石可译：《尊严：历史和意义》，法律出版社 2015 年版，第 5 页。

中，对麦克林的尊严观作了如下总结："问题是，'尊严'是一个易变的、主观的观点，和分配给它的道德要求的重量一点也匹配不上。麦克林认为，一旦你认准了自律性原则，'尊严'没有增添任何东西。"① 范伯格说："尊重人可能就是尊重他们的权利，这样两者无法脱离对方而存在；而所谓'人的尊严'可能仅仅是可辨认的、伸张主张的能力。那么，尊重一个人，或者认为他拥有人的尊严，就仅仅意味我们认为他是主张的潜在提出者。"② 简言之，尊严不仅不是一个普遍性的道德价值，而且尊严这一概念本身也是多余的。

通过对"尊严"的字义分析以及有关思想家"尊严"的论争，我们大致可以认为"尊严"包括以下几层意思：第一，尊严是一种社会地位。尊严的初始含义基本上都是指人的高贵、威严与神圣不可侵犯，都是指人具有一种高于物和其他生命形式的且令他人敬畏、独立而不可侵犯的身份和地位。第二，尊严是一种恒久的内在价值。第三，尊严是一种可以被尊重的行为，是性格或者能力的体现。

三、人的尊严

目前，对"人的尊严"还难以给出一个明确的、统一的定义，但我们却能够认同、认可普遍意义上的"人的尊严"这一概念。罗森说："在现代人权的言说里，尊严是一个中心概念，是政治生活的标准规范，是国际上最被广泛接受的框架，埋藏在无数的宪章、国际法和宣言里。"③ "尊严是一种内在价值，这种思想在代人权言说的奠基性文献里扮演着相当重要的角色。"④ 尊严思想在当代人权学说以及人权言说的一系列文献中，都扮演着关键角色。例如，《世界人权宣言》在序言中说："鉴于对人类家庭所有成员的固有尊严及其平等的和不移的权利的承认，乃是世界自由、正义与和平的基础。"德国《基本法》第1条宣布："［1］人格尊严不可侵犯。一切国家权力皆有责任，去尊敬与保护之。［2］德国人民承认，不可侵犯和不可剥夺的人权既是每个社团、也是世界和平与正义的基石。"人格尊严表达了《基本法》的中心价值——而非具体

---

① M. 罗森著，石可译：《尊严：历史和意义》，法律出版社 2015 年版，第 96－97 页。
② M. 罗森著，石可译：《尊严：历史和意义》，法律出版社 2015 年版，第 5 页。
③ M. 罗森著，石可译：《尊严：历史和意义》，法律出版社 2015 年版，第 2 页。
④ M. 罗森著，石可译：《尊严：历史和意义》，法律出版社 2015 年版，第 50 页。

权利，因而应与《基本法》的其他条款联合使用才能奏效。① 《世界人权宣言》以及德国《基本法》有关人的尊严的表述，只是宣示了人的尊严是人权的基本依据，但是，它们对"人的尊严"到底意味着什么，并没有给出确切的解释。因此，我们在对有关"人的尊严"已有研究成果和资源进行系统疏理、深刻总结的基础上，试图对"人的尊严"的内涵给出大致的论述。

（一）人性尊严

作为人的存在与生命价值认同、意义确证的人的尊严，主要是通过人性尊严得以体现。"维护个人尊严和个人固有权利，这些是普遍人性的体现。"② 人性尊严是基于人的人性、内在规定性而彰显出来的人之为人的尊严。人性尊严是基于人的人性、内在规定性而彰显出来的人之为人的尊严。"尊严是人类所具有的一种状态，不是基于他们在特定社会中所具有的地位，而仅仅是因为他们拥有的普遍人性。"③ 人性尊严是任何一个人都享有的不容剥夺、不容侮辱的属于人的尊严，不因人的种族、性别、出身、地位、财富等而有任何的区别。"我们尊崇个人尊严，确切地说，我们信奉个人的神圣不可侵犯性。任何可能破坏我们自己思考、自己判断、自己决策并按自己认定的方式生活的东西，不仅在道德上是错误的，而且是亵渎神明的。"④ 人享有人性尊严，仅仅基于人是"万物之灵"和人之为人的事实本身，或者说基于人的类本质特性，而没有任何其他原因。人性尊严以人性为基础，以人的理性思维为载体，以人的自由意志为内核，形成超越生命形态本身的价值或意义，成为人之为人的根基。"人的尊严在于个人自由地选择他自己的价值或理想，或者说在于服从'成为你所是'的戒条。"⑤ 人性尊严不执着于人的现成能力和社会价值的考察，而是归因于"人类之属性"。

1. 人性的内在价值和尊严

人的类特性、人所具有的理性认识能力等构成了人之为人的内在规定性。

---

① 张千帆著：《西方宪政体系》（下册·欧洲宪法），中国政法大学出版社 2004 年版，第 352 页。

② A. 奥斯勒著，王啸等译：《变革中的公民身份》，教育科学出版社 2012 年版，第 20 页。

③ M. 罗森著，石可译：《尊严：历史和意义》，法律出版社 2015 年版，第 50－51 页。

④ R. N. 贝拉等著，周穗明等译：《心灵的习性》，中国社会科学出版社 2011 年，第 190 页。

⑤ L. 施特劳斯著，彭刚译：《自然权利与历史》，生活·读书·新知三联书店 2003 年版，第 46 页。

正是在这一人性基础上，产生了人的尊严的观念。

（1）人生的内在价值

人性尊严集中体现在人的理性和思想以及人的道德自律性等方面。苏格拉底认为，人类生活的真正价值，存在于对人类生活的审视、对人类生活的批判态度中，诚如他在《申辩篇》中所说："一种未经审视的生活还不如没有的好。"如果没有价值创造，生命没有觉醒，或是被支配、被浪费，不能实现自我价值与社会价值的平衡。这样的生活，其实就是"未经审视的生活"，就是最不值得过的生活。人既是社会的人，需要创造公共价值；人也是个体的人，需要自我现实。从某种意义上讲，这也是苏格拉底对人的定义：人是一个对理性问题能给予理性回答的存在物。奥勒留认为，人的真正本性或本质，即在于摆脱一切外部的和偶然的特性。"不能使他成为一个人的那些东西，根本就不能称为人的东西。它们无权自称为是属于人的东西；人的本性与它们无涉，它们不是那种本性的完成。因此，置身于这些东西之中，既不是人生活的目的，也不是目的亦即善的完成。而且，如果任何这些东西确曾与人相关，那么蔑视它们和反对它们则不是人的事……不过事实上，一个人越是从容不迫地使自己排斥这些和其他这样的东西，他也就越善。"① 也就是说，凡是从外部降临到人身上的东西诸如财富、地位、金钱等，全都是虚空的和不真实的。人的本质不依赖于外部的环境，只依赖于人自身的价值。人自身的价值在于判断力，而判断力是自由、自主和自足的。"不要分散你的注意力，不要过于焦虑不安，而要成为你自己的主人，并且像一个人，像一个有人性的人，像一个公民，像一个凡人那样地面对生活。……事物并不对灵魂起作用，因为它们是外在的并且始终是无动于衷的；而我们的骚动不安则仅仅来自于我们在自身中所形成的那种判断力。你看见的所有那些事物，都是瞬息万变并且将不再成其为所是的；要牢牢记住你已亲眼目睹了多少这样的变化。宇宙——变动不居，生活——作出判断。"② 人既与自然和谐一致，又在道德上独立于自然。柏拉图认为，科学和真理都近似于善，但善却有着更高的地位。"善不是本质，而且在尊严和威力上远远高出本质之上。"③ 亚里士多德将德性分为两类：一类是理智的德性，一类是伦理的德性。在这两类德性中，理智德性是第一位的。理智就是本源、就是存在。明智以伦理德性为本原，伦理德性以明智为准绳。"任何本己的东

---

① E. 卡西尔著，甘阳译：《人论》，上海译文出版社 1998 年版，第 10 页。

② E. 卡西尔著，甘阳译：《人论》，上海译文出版社 1998 年版，第 11—12 页。

③ B. 罗素著，马元德译：《西方哲学史》（上卷），商务印书馆 2010 年版，第 169 页。

西，自然就是最强大、最可喜的东西。对人来说就是合于理智的生活，而归根到底这是人。所以，这种生活就是最大的幸福。"① 幸福就是合乎德性的实现活动，准确地说，幸福是合乎人们最优良、最高贵的德性，是合乎本己德性的实现活动。"人类由于志趣善良而有所成就，成为最优秀的动物，如果不讲礼法，违背正义，他就堕落为最恶劣的动物。"② 笛卡尔将"我想，所以我是"作为其哲学的第一条原理。他认为，这条原理是十分确实、十分可靠的，怀疑派的任何一条最狂妄的假定都不能使它发生动摇。"理性或良知……是唯一使我们成为人、使我们异于禽兽的东西。"③

对于"我究竟是什么东西呢"这一问题，笛卡尔回答说："我不知道什么东西属于我的本质，只知道我是一个在思想的东西，或者是一个本身具有思想能力的东西。"④ "在思想的东西"就是在怀疑、理解，肯定、否定、愿意、不愿意，想象或感觉的东西。"理性……指示我们：我们的思想不可能全都是真实的，因为我们并不是十分完满的；真实的思想一定要到醒时的思想里去找，不能到梦里去找。"⑤ 为了强调理性或者良知在成为人中的作用，他甚至不惜将心灵与物体分割开来。"只要我停止了思想，尽管我想象过的其他一切事物都是真的，我也没有理由相信我'是'过。因此我认识了我是一个本体，它的全部本质或本性只是思想。它之所以是，并不需要地点，并不依赖任何物质性的东西。所以这个我，这个使我成其为我的灵魂，是与形体完全不同的，甚至比形体容易认识，即使形体并不是，它还仍然是不折不扣的它。"⑥ 即，已被证明是存在、是"是"的那个我，是由我思想这件事实推知的，所以当我"想"的时候我"是"，而且只有当我"想"时我才"是"。假若我停止思想，我的"是"便没有证据了。帕斯卡尔认为，人之所以具有尊严就在于人有思想，人的全部的尊严就在于思想。"人显然是为了思想而生的；这就是他全部的尊严和他全部的优异；并且他全部的义务就是要像他所应该地那样去思想。"⑦ 在他看来，人只不过是一根苇草，但却是一根"能思想的苇草"。"苇草"意指人是

---

① 亚里士多德著，苗力田译：《尼各马科伦理学》，中国社会科学出版社 1999 年版，第233 页。

② 亚里士多德著，吴寿彭译：《政治学》，商务印书馆 1996 年版，第 9 页。

③ 笛卡尔著，王太庆译：《谈谈方法》，商务印书馆 2013 年版，第 4 页。

④ 笛卡尔著，王太庆译：《谈谈方法》，商务印书馆 2013 年版，第 76 页。

⑤ 笛卡尔著，王太庆译：《谈谈方法》，商务印书馆 2013 年版，第 33 页。

⑥ 笛卡尔著，王太庆译：《谈谈方法》，商务印书馆 2013 年版，第 28 页。

⑦ 帕斯卡尔著，何兆武译：《思想录》，商务印书馆 1997 年版，第 74 页。

非常脆弱的、渺小的，"一口气，一滴水就足以致他死命了"。然而，思想却形成了人的伟大。"纵使宇宙毁灭了他，人却仍然要比致他于死命的东西更高贵得多；因为他知道自己要死亡，以及宇宙对他所具有的优势，而宇宙对此却是一无所知。"因此，人的全部尊严就在于思想。"能思想的苇草——我应该追求自己的尊严，绝不是求之于空间，而是求之于自己思想的规定。我占有多少土地都不会有用；由于空间，宇宙便囊括了我并吞没了我，有如一个质点；由于思想，我却囊括了宇宙。"①

（2）康德的思考

康德从人的理性、理性的自律出发，深刻揭示了人的尊严。他说："你要这样行动，永远都把你的人格中的人性以及每个他人的人格中的人性同时用作目的，而绝不只是用作手段。"② 这一命题彰显了人之所以为人的内在规定性。

康德在体认到启蒙运动的根本缺陷之后，力图建构起由科学理性主义转向道德理性主义的宏大体系，力图以"德性就是力量"来取代"知识就是力量"。康德的伦理学理论拒绝将幸福论作为伦理学的基础，从而剥夺了苦乐计算的全部道德意义和宗教意义。他说："人生对我们的价值是容易确定的，如果我们按照我们享受了什么，亦即根据我们的全部爱好或幸福的总和的自然目的来估价人生价值的话。这种价值会降至零以下；因为如果人生的目的仅仅是快乐，有谁愿意重新开始与已过去的人生毫无二致的人生呢，甚至又有谁愿意按自己的计划重新开始人生呢……因此很明显，除了我们自己加与我们人生的价值——这种价值不仅取决于我们做了什么，而且取决于我们有目的地独立于自然所扮演的角色，就不存在其他价值，因为自然的存在唯有在上述条件下才是有意义的。"③ 也就是说，康德确立了道德理性、实践理性的优先地位——在科学理性之上确定道德理性作为最高价值，以之为人类理性的方向和归依。正是在此基础上，"人是目的"这一伟大思想得以确立。

在"人是目的"的统领下，康德道德观的核心问题即是人的尊严问题，"按照人的尊严——人并不仅仅是机器而已——去看待人"。④ 理性存在物具有独一无二的尊严，"有理性的本性作为自在目的而实存着"。⑤ 宇宙中的任何其他东西，不管它是什么，都只能作为我们达到目的的手段对待，因为这些东西

---

① 帕斯卡尔著，何兆武译：《思想录》，商务印书馆1997年版，第158页。
② 康德著，苗力田译：《道德形而上学原理》，上海人民出版社2005年版，第48页。
③ E.卡西尔著，顾伟铭等译：《启蒙哲学》，山东人民出版社2007年版，第140页。
④ 康德著，何兆武译：《历史理性批判文集》商务印书馆2005年版，第32页。
⑤ 康德著，苗力田译：《道德形而上学原理》，上海人民出版社2005年版，第48页。

不具有绝对的价值，仅仅是工具性的价值。康德认为，人，一般说来，每个有理性的东西，都自在地作为目的而实存着，他不单纯是这个或那个意志所随意使用的工具。在他的一切行为中，不论对于自己还是对其他有理性的东西，任何时候都必须被当作目的。"有理性的东西，叫作人身，因为，他们的本性表明自身自在地就是目的，是种不可被当作手段使用的东西，从而限制了一切任性，并且是一个受尊重的对象。所以，他们不仅仅是主观目的，作为我们行为的结果而实存，只有为我们的价值；而是客观目的，实存自身就是目的，是种任何其他目的都不可代替的目的，一切其他东西都作为手段为它服务，除此之外，在任何地方，都不会找到有绝对价值的东西了。"① 而这项原则是"客观原则"，从这项原则必定会推导出意志的全部规律来："你的行动，要把你自己人身中的人性，和其他人身中的人性，在任何时候都同样看作是目的，永远不能只看作手段。"② 即，不论是谁，在任何时候都不应把自己和他人仅仅当作工具，而应该永远看作自身就是目的。他在《实践理性批判》一书中说："人的确是足够罪恶的，但在其个人里面的人道对于他必定是神圣的。在全部被造物之中，人所愿欲的和他能够支配的一切东西都只能被用作手段；唯有人，以及与他一起，每一个理性的创造物，才是目的本身。所以，凭借其自由的自律，他就是道德法则的主体。"因为人作为理性的存在，他区别于一切无理性的"物件"而独具"人格"，"而唯有凭借这个人格他们才是目的本身"。③ 换句话说，我（们）的生命、劳动力和人格属于我（们），且仅属于我（们），它们并不是任由社会整体随意处置的东西。我们有理性的能力和自由的能力，而这种能力是人类自身所共有的。人是目的，人是万物的价值尺度，人是最高的价值或尊严。"在人用来形容他的学问的文化中，一切进步都有一个目标，即把这些得到的知识和技能用于人世间；但在他能够把它们用于其间的那些对象中，最重要的对象是人：因为人是他自己的最终目的。"④ 唯有理性存在物才具有无条件的、绝对的价值。其他事物有价格，只有理性主体有尊严、有价值。"目的王国中的一切，或者有价值，或者有尊严。一个有价值的东西能被其他东西所代替，这是等价；与此相反，超越于一切价值之上，才是尊严。"⑤ 尊严是人特有的无价之宝，不能与任何东西交换，如果说有价值，那是无条件、不可比

---

① 康德著，苗力田译：《道德形而上学原理》，上海人民出版社 2005 年版，第 47—48 页。

② 康德著，苗力田译：《道德形而上学原理》，上海人民出版社 2005 年版，第 48 页。

③ 康德著，韩水法译：《实践理性批判》，商务印书馆 1999 年版，第 95 页。

④ 康德著，邓晓芒译：《实用人类学》（前言），上海人民出版社 2005 年版，第 1 页。

⑤ 康德著，苗力田译：《道德形而上学原理》，上海人民出版社 2005 年版，第 55 页。

拟的价值。

道德上的善良品格和德性使人的价值成为至上性的东西，道德以及与道德相适应的人性即是具有尊严的人性。如是，道德法则就体现了最高的尊严。"我们具有一种只属于人的、使他与一切自然部类区别开来的特性：道德性，它使得我们成为独立和自由的存在，而它本身反过来又通过这种自由得以确立。——这种道德性，而非知性，才是真正使人成为人的东西。尽管知性也是一种全然主动和自立的能力，但它的活动还是需要外物，因此也就同时限于外物；与之相反，自由的意志是完全独立的，它只能通过内在的法则被规定：也就是说，人只通过自身被确定——只要他已经被提高到他本原的尊严和对一切不是法则的东西的独立性中。因此，没有了外物，我们的这种知性就什么也不是了，至少不再是这种知性，但理性和自由意志仍保持原样，它们的作用范围就是自由意志所意求的东西。"① 换句话说，当一个人按照道德律行动时，他就实现了真正的自我。唯有道德人格，才具有尊严。康德说："在目的的秩序里，人（以及每一个理性存在者）就是目的本身，亦即他绝不能为任何人（甚至上帝）单单用作手段，若非在这种情形下他自身同时就是目的；于是，我们人格之中的人道对于我们自身必定是神圣的，因为它是道德法则的主体，从而是那些本身乃是神圣的东西的主体，一般说来，正是出于这个缘故并且与此契合，某些东西才能够被称为神圣的。因为这种道德法则是以他的作为自由意志之意志的自律为基础的。"② 因此，自律是人的尊严的根据，也是每一个其他理性自然的尊严的根据。尊严的根据是制定普遍法律的能力，是按照自律原则行动的能力。这个自律反映了纯粹实践理性的自律性（或至上性）。因此，通过善良意志能力，每一个人便都拥有了尊严。人通过道德成为目的王国的一个立法成员，道德则是一个有理性东西作为自在目的存在的唯一条件，所以人要遵守上升为"绝对命令"的道德法则。"人，是主体，他有能力承担加于他的行为。因此，道德的人格不是别的，它是受道德法则约束的一个有理性的人的自由。"③ "道德就是一个有理性东西能够作为自在目的而存在的唯一条件，因为只有通过道德，他才能成为目的王国的一个立法成员。"④ 换言之，人作为主体不仅仅是独立的，而且是社会规则的制定者。人不仅拥有为他自己所珍视和推进的价值，而且还具有真正的尊严，因为他是自由地束缚和遵循由他自己所制

① 康德著，赵鹏等译：《论教育学》，上海人民出版社 2005 年版，第 108 页。
② 康德著，韩水法译：《实践理性批判》，商务印书馆 2005 年版，第 144 页。
③ 康德著，沈叔平译：《法的形而上学原理》，商务印书馆 2008 年，第 30 页。
④ 康德著，苗力田译：《道德形而上学原理》，上海人民出版社 2005 年版，第 55 页。

定的法则。他在《实践理性批判》一书的"结论"部分以充满感情的笔触写道:"有两样东西,我们愈经常愈持久地加以思索,它们就愈使心灵充满日新又新、有加无已的景仰和敬畏:在我之上的星空和居我心中的道德法则。……前者从我在外在的感觉世界所占的位置开始,把我居于其中的联系拓展到世界之外的世界、星系组成的星系以至一望无垠的规模,此外还拓展到它们的周期性运动,这个运动的起始和持续的无尽时间。后者肇始于我的不可见的自我,我的人格,将我呈现在一个具有真正无穷性但仅能为知性所觉察的世界里,并且我认识到我与这个世界(但通过它也同时与所有那些可见世界)的连接不似与前面那个世界的联接一样,仅仅是一种偶然的联接,而是一种普遍的和必然的联接。前面那个无数世界的景象似乎取消了我作为一个动物性创造物的重要性,这种创造物在一段短促的时间内(我不知道如何)被赋予了生命力之后,必定把它所由此生成的物质再还回行星(宇宙中的一颗微粒而已)。与此相反,后者通过我的人格无限地提升我作为理智存在者的价值,在这个人格里面道德法则向我展示了一种独立于动物性,甚至独立于整个感性世界的生命;它至少可以从由这个法则赋予我的合目的性的决定里面推得,这个决定不受此生的条件和界限的限制,而趋于无限。"① 即,哲学不是科学知识,而是比知识更高的道德实践,这才是形而上学的"本体";人的尊严不在于他有理智、知识,而在于他能不受自然欲求的束缚去追求自己所设立的目标。康德不仅是这样说的,也是这样做的,真正做到了知行统一。在哲学史上,说教与行为不一致的例子比比皆是。曾经要求实行禁欲主义的叔本华,却是一个嗜食美味、贪求享乐之徒;曾经梦想成为超人的尼采,却是种种低劣品质的集大成者。然而,作为道德家的康德和作为人的康德却是高度一致的。康德说:"回想起我在生活中曾经有过的欢乐,我现在并不感到满足;但是一想到我依照铭刻在我心上的道德律行事那些情况,我就满心欢悦。我所说的道德律,就是人们称之为良心、善和恶的那些东西,——它们是存在的。我撒了谎,即使谁也不知道我的虚伪,我也会感到羞愧。"②

最后,我们对康德尊严思想的脉络和主要内容进行如下勾勒或总结。对于康德而言,说某事物具有尊严,并不是赋予该物一项独立的价值,而是说它具有一种特定种类的价值——内在的、无条件的、不可比拟的。然而,只有道德以及具有这种道德能力的人性,才具有这种内在的、无条件的、不可比拟的价

---

① 康德著,韩水法译:《实践理性批判》,商务印书馆 2005 年版,第 177 页。
② A. 古留加著,贾泽林等译:《康德传》,商务印书馆 1997 年版,第 215 页。

值。"人类是道德法则的肉身化，而道德法则的尊严让人类值得被人尊敬。他们应该被他人尊敬，同样重要的是，他们有义务尊敬自己。人类具有道德法则，这是一件有双重性质的事：这让人类内在性地就具有价值，同时，也先验地规定他们应该如何行动。既然我们遵从道德法则，而道德法则的来源在于我们自身，那么人类就一定也体现'自律性'，也因为这个原因'高于'自然世界。所以，道德法则的尊严和它本身是'崇高'的这个思想联系在一起。因此，康德的尊严观不是一种'自然主义的'理论……人类不需要通过领会创造者/神的目的才能辨认尊严。人类拥有尊严的原因是道德律，独一无二的具有内在性和无条件的价值，以我们自身为体现，仅以我们为体现，而且这个'内在的超越性的内核'是我们平等地共享的事情。"①

（3）近现代学者的主张

理性是人的尊严的根基这一思想，借助康德的阐释与弘扬，对后世学者产生了重要影响，正如赫费所说："理论思辨不只是人的尊严的媒介，而且是这种尊严本身的表达。"② 即，理论思辨不仅是自我实现的最高形式，同时也是人的尊严本身的表达。在人类生活的经验中，理性帮助我们分析形势、情况、确定计划，为目的选择方法。正因为如此，罗尔斯把人称作"有理性的合理的行动者"。他说："理性的人们，无论他们还向往别的什么，总是把某种事物视为实现他们的生活计划的必要条件而追求。如其他条件相同，他们愿意选择较多的而不是较少的自由和机会，较大的而不是较小的财富和收入份额。"③ 正是基于人是理性的存在，罗尔斯把在个人自我价值意义上的自尊和自信，称为最重要的基本善。莫迪恩认为，人不仅仅具有工具价值，更具有一个绝对价值，不是一个进行自我利益的管理的纯粹手段，需要我们用最大的尊敬和所有的急切来增加人的尊荣。"在人的'自我'的最深处有一个精神的本质，因此人属于精神的领域，因为绝对价值只能属于这个领域，而不是属于物质领域，物质领域是工具价值的领域，而工具价值像物质一样受时空变化和毁灭的支配。"④ 人的存在不能被完全归结为物质及其力量，除了肉体的、物质的维度，还有精神、意识、灵魂的维度。"精神、灵魂是人最独特的维度，因此，灵魂才具有绝对的而不仅仅是结构的价值。人的绝对价值存在于精神之中。如果不是在于

---

① M. 罗森著，石可译：《尊严：历史和意义》，法律出版社 2015 年版，第 26—27 页。

② O. 赫费著，邓安庆等译：《作为现代化之代价的道德》，上海人民出版社 2005 年版，第 37 页。

③ J. 罗尔斯著，何怀宏等译：《正义论》，中国社会科学出版社 2001 年版，第 396 页

④ B. 莫迪恩著，李树琴等译：《哲学人类学》，黑龙江人民出版社 2005 年版，第 169 页。

精神之中，认为人是绝对价值就是武断的，人的自我超越就仍然缺乏内在的本体论基础。同时，人由于精神具有了本体论意义上的绝对价值，因为精神是不朽的。"①

马克思主义认为，现实的人及其活动是社会得以建构的首要前提和深刻基础，人的存在及其人性是人的高贵和尊严的主要来源。人是作为目的性而存在的，历史不过是人的生命活动展开的过程。"历史什么事情也没有做，它'不拥有任何惊人的丰富性'，它'没有进行任何战斗'！其实，正是人，现实的、活生生的人在创造这一切，拥有这一切并且进行战斗。"② 人具有按照美的规律来发展和完善自己的独特功能。动物只是自然界的一部分，它没有意识，没有"我"，不能说出一个"我"字。而人不但能够实现其存在，还能够对其行动进行反思。人能够抛开其他事物，只专注于自身；人能够将自身从其他事物中分离出来，首先提出"我"的存在，并将之视为一个特殊的客体进行研究。"蜘蛛的活动与织工的活动相似，蜜蜂建筑蜂房的本领使人间的许多建筑师感到惭愧。但是，最蹩脚的建筑师从一开始就比最灵巧的蜜蜂高明的地方，是他在用蜂蜡建筑蜂房以前，已经在自己的头脑中把它建成了。"③ 人是有理性、能思考的社会动物，人在劳动过程开始时就已经有了为何劳动、如何劳动的设想和思考，而这恰恰是人性尊严最集中的地方。

2. 人性尊严的根基

人的社会性、自主性及自由意志构成了人性尊严的根基。莫迪恩说："（1）人不是最高存在者，他具有一种趋向于无限的可能性……（2）人不是一个孤立的存在者……按其本性来说，人是一个社会性的存在者，只有在社会中，他才能够生存、成长、实现自身，和他人交流，人的自我实现与他自身存在的社会性维度是正相关性的……（3）人是一种精神的化身。"④ 不论是自然的人还是功利的人，抑或是经济的人，结果总是一种社会的、实际上是历史的具体审视。"人性"实际上总是属于具体的社会人。诚如米德所说："人性是某种完完全全社会性的东西，并且始终以真正社会的个体为前提。……人类个体属于一个有组织的社会共同体，并且从他与整个共同体以及与共同体其他个体成员的

---

① B. 莫迪恩著，李树琴等译：《哲学人类学》，黑龙江人民出版社 2005 年版，第 170 页。
② 《马克思恩格斯文集》（第 2 卷），人民出版社 2009 年版，第 295 页
③ 《资本论》（第 1 卷），人民出版社 2004 年版，第 208 页。
④ B. 莫迪恩著，李树琴等译：《哲学人类学》，黑龙江人民出版社 2005 年版，第 89 页。

社会相互作用及联系中形成他的人性。"① 首先，从静态看，人是有限和无限、生理和心理及理性精神融于一体的存在。从动态看，人是无限扬弃有限、扬弃自然的存在过程，是自由自律地祛恶和求善的存在，是不断弥补不足、完善自我的存在。兰德曼说："自然赋予人匮乏；与动物相较，他是一个很少获得恩惠的造物。然而，人本身接着通过让他的认识和创造性增长，从而设法努力摆脱匮乏的装备。他天性中的空缺，正是成为创造性的东西，才释放出他不这样就绝不可能发展出来的能力；因为它们的位置早已被别的能力占据。"② 人性具体存在于对自身"缺陷和匮乏"不满基础上而追求人性完善的过程之中。

《庄子·天下》里有一句名言："一尺之棰，日取其半，万世不竭。"意思是说，一尺长的木头，今天砍一半，明天砍一半的一半，每天重复着砍下去，万世万代永不可能竭尽。寥寥数语，道出了两个"无限"——空间的无限、时间的无限。"一尺之棰"有限，"日取其半"无限，包含着有限与无限的辩证统一思想。任何具体确定的事物，在时间上和空间上都有自己的界限，然而，由于事物运动变化的本性，有限的界限总是不断被打破、被否定而趋于无限。问题的关键在于，人类总是立足"有限"，却一直相信、追求"无限"，向往永恒与永远。当人类领会到从"有限"所获知的实在有限时，就会求助于"无限"，生发出追求与探索的勇气，就会萌生出超越的气概。没有这样的勇气与气概，人类的生活就不能改善，人类的活动就会停滞。当人类以"有限"追求"无限"之时，又不得不面对这样一种困境或现实："吾生也有涯，而知也无涯。以有涯随无涯，殆已！"如果从个体的角度言，庄子的这段话没有错。再高明的智者，逝去之后，他的所学、所知、所著对于生物学意义上的"他"而言，没有任何意义。然而，从人类的角度看，他留存的思维线索、求真意识、崇善情怀、质疑精神……已汇入人类智识之海，许多的"有限"却成就、壮大、充实了"无限"。如是，"有涯随无涯"即是另一种意义上的"长生"——苟活于世者拥有不可能达到的人生境界。黑格尔说："人既是高贵的东西同时又是完全低微的东西。他包含着无限的东西和完全有限的东西的统一、一定界限和完全无界限的统一。人的高贵处就在于能保持这种矛盾，而这种矛盾是任何自然东西在自身中所没有的也不是它所能忍受的。"③ 人在一切方面完全是被规定了的和有限的，这是其低微处，它主要表征着人的脆弱性、易伤害性和有限性，

---

① G. H. 米德著，赵月瑟译：《心灵·自我与社会》，上海译文出版社 2005 年版，第 181 页。

② M. 兰德曼著，阎嘉译：《哲学人类学》，贵州人民出版社 2006 年版，第 166 页。

③ 黑格尔著，范扬等译：《法哲学原理》，商务印书馆 2007 年版，第 46 页。

但是，人正是在有限性的低微中知道自己是某种无限的、普遍的、自由的东西，这是其高贵之处，它主要表征着人的无限性、坚韧性和自我完善能力。人并不具有在其他生物中有典型性的不变的本质，而是处在总要创造他本身的情形中。由于他不以任何计划为基础，所以他设计他本身，"人创造人"。人绝不会一成不变地存在着，而是处在不断超越自己的过程中。加罗迪认为，人不仅是他现在之所是，而且是他现在之所不是，是他现在仍然缺乏的东西。"超越是他所有潜能的实现——因为实现是人文主义承认的唯一的超越。这样必然同时否定了比他低级的存在的超越和比他高级的存在的超越。"① 正是这种无限和有限、自由和自然、普遍和特殊、脆弱和坚韧之间的内在矛盾构成了尊严的人性根据。人即是能够保持低微的高贵和高贵的低微这一对矛盾的统一体，尊严正是人对高贵扬弃低微所作出的肯定和嘉许。如果低微压倒了高贵而居于主导地位，人就丧失了尊严。皮科说："许多人解释了人类卓越的自然，然而当我考量这些说法的道理时，并不感到满意。他们说：人是造物之间的中介，既与上界为伴，也君临下界；因为感觉的敏锐、理性的洞察力及智性之光而成为自然的解释者；人是不变的永恒与飞逝的时间的中点，是纽带，是世界的赞歌，或如大卫所言，只略低于天使。这些道理很重要，但并不是最重要的，人并不是借此获得了为自己索取最高赞叹的特权。否则，我们为何不去更多地赞叹天使自己和天堂里最有福的歌队呢？终于，我似乎明白了，为什么人是最幸运的生灵并因此堪配所有的赞叹。"② 为什么？就是因为人是一个能够自我选择、自我实现的生物，人可以凭借自己的自由意志抉择其本性的界限。"你就是自己尊贵而自由的形塑者，可以把自己塑造成任何你偏爱的形式。你能够堕落为更低等的野兽，也能照你灵魂的决断，在神圣的更高等中重生。"③ 其实，沦落为低微的野兽就是尊严的丧失，转升为高贵神圣的生活即是尊严的获得。

其次，社会性、自主性、自由意志等是人的尊严赖以维护的必要条件和真正标志。康德认为，自由意志是理性者不依赖于感性世界的自主自决。在康德看来，人的"给定状态"不仅仅寓于自然，人必然要高扬自身以超出自然。然而，这并不意味着人要生存于自然之外，生存在某种绝对是彼岸的或超验的事物之中。人应当为自己的生存和行为寻求真正的律令，应依自身来立法，并且遵循其自由意志的决断来自我塑造。为此，人需要在社会中生活，成为一个社

---

① B. 莫迪恩著，李树琴等译：《哲学人类学》，黑龙江人民出版社 2005 年版，第 162 页。

② P. d. 米兰多拉著，顾超一等译：《论人的尊严》，北京大学出版社 2010 年版，第 17－18 页。

③ P. d. 米兰多拉著，顾超一等译：《论人的尊严》，北京大学出版社 2010 年版，第 25 页。

会人。康德说："假使我们忽略了人类仍须攀越的最后一级台阶，那么，卢梭对野蛮状态的偏爱就算不上什么了不起的谬误。我们被科学和艺术高度地教化了。我们被形形色色的社交细节和精致讲究所过分地开化了。不过，若从道德上真正反躬自省一番，仍然会捉襟见肘。……只要……国家为了愚蠢而残暴的扩张而调动其全部力量，而且因此不断地阻碍其公民向着内在发展的缓慢努力……我们在这方面就无可指望，因为此种内在发展要求每个国家以其长期的内部改造来促进国民的教育。可是，并非建立在道德善良意愿基础上的种种德行，却只能是空虚的幻觉和莫大的苦楚。"① 即，人的尊严在于对动物式盲目生活的超越，在于能自觉地追求德性生活，追求自由，创造价值。当一个具体的人一旦被贬抑为物（客）体、仅是手段或可代替之数值时，人性尊严无疑受到了严重伤害。这是因为，一个人既被矮化为物体、手段或数值时，其精神、意识自然被奴役或控制，说什么自治、自觉权利的存在，无疑是他治、他律、他决之客体而已。黑格尔说："道德的意志是他人所不能过问的。人的价值应按他的内部行为予以评估。"② 席勒说："通过道德力量统治本能，是精神的自由，而精神自由在现象中的表现就叫尊严。"③ 人具有道德，才使人的尊严摆脱了自然的生物性尊严，升华出具有人性的、社会化的道德性尊严。涂尔干认为，只有源于人性的尊严，才具有道德性的尊严。他说："毫无疑问，如果个人的尊严源于他自己的个人性，源于那些使个人与他人分开来的专门特性，那么他恐怕就会被封闭在一种道德的利己主义中，这种利己主义会使社会的任何凝聚力都没有可能。但事实上，个人从更高的、他与所有人共享的源泉中获得这种尊严。如果他有权获得这种宗教意义上的尊敬，那是因为他身上具有某种人性的因素。人性是神圣的、值得尊敬的。"④ 换句话说，并不是所有的尊严都是值得赞美的，只有那些基于人性要求、超越道德利己主义而确立的尊严，才是具有道德价值的尊严。因此，只要是人类社会中的成员，那他一定拥有人的尊严，不论他居于何处、身处什么样的环境、属于什么样的性别或种族等。人的尊严即在于人性的丰富性、多样性、道德性、社会性、独特性和自我创造性，在于人可以按照自己的意志，以自己的名义，创造、发展和完善自己。布耶娃说：

---

① E. 卡西尔著，刘东译：《卢梭·康德·歌德》，生活·读书·新知三联书店 2002 年版，第 28—29 页。
② 黑格尔著，范扬等译：《法哲学原理》，商务印书馆 2007 年版，第 111 页。
③ F. 席勒著，张玉能译：《审美教育书简》，译林出版社 2012 年版，第 272 页。
④ E. 涂尔干著，汲喆等译：《乱伦禁忌及其起源》，上海人民出版社 2003 年版，第 205—206 页。

"'人的东西'通常所指的范围极广……最重要的是不断增长的个性自我实现的要求，创造的要求，发展创造力的要求，精神充实和精神自由的要求。"① 人类生命一旦存在，它就有权获得人类尊严；人类存在的开端所固有的潜在能力，就足以建立人类尊严。

人所具有的理性和人性的丰富性、创造性、独特性，使得人比地球上任何其他动物在本质上都优越。人性具有自己内在的价值和尊严，任何人都不能占有或剥夺他人的人性尊严权。"个体的人虽可包含人类的共性，但个体的人，不论就其个性，或就其本质而言，永远都是不可代替、不可化约的。这就是说，在宇宙万物中，唯有人，个体的人，其个性和其本质，是绝对独立的，绝对自由的。"② 人性尊严超越于其他一切价值，且是一切价值的始因、评判标准和最后依据，也是人道尊严、人品尊严和人格尊严得以挺立和建构的基石。

（二）人道尊严

如果说人性尊严主要是一种主体性或类属性的自我确证的话，那么，人道尊严则体现在人与人尊严的道德性对待以及彼此的承认上。人道是对人性的统帅和引导，是人性的提升和发展，人性则是构成人道的基础和始因。人道是人立于人性基础上的使人更好地成为人的道德原则规范的总称，体现和表征着人的社会本质。

1. 人道

究竟什么是人道呢？《左传》说："天道远，人道迩。"《易经》说："'易'之为书也，广大悉备，有天道焉，有人道焉，有地道焉。"《礼记》说："亲亲、尊尊、长长，男女之有别，人道之大者也。"依此推论，所谓人道，即是人之道，是人应行之道，是人的一切行为规范的总和。那么，三纲五常、忠孝节义、仁礼智信等一切道德规范、制度规范都属于人道之组成部分，诚如《史记》所说："人道经纬万端，规矩无所不贵，诱进以仁义、束缚以刑罚，故德厚者尊，禄重者荣宠，所以总一海内而整万民也。"③ 不过，我国古人有关人道内涵的描述，外延太宽泛，几乎囊括了所有的道德与法律规范。今天，人们通常是在"人道主义"视野下，来分析、思考、界定、理解"人道"的。

既然我们是在"人道主义"视野下来理解"人道"的，那么，何为"人道

---

① 王海明著：《新伦理学》，商务印书馆 2002 年版，第 401 页。

② 高宣扬著：《德国哲学的发展》，香港天地图书公司及台湾远流出版社联合出版 1980 年版，第 96 页。

③ 《史记·卷二十三·礼书第一》。

主义"呢？首先，人道主义是善待一切人的思想体系。人道主义的根本主张是：人本身是最高的价值或尊严。美国《哲学百科全书》说：人道主义"是指任何承认人的价值或尊严，以人作为万物的尺度；或以某种方式把人性及其范围、利益作为课题的哲学"。英国《新大英百科全书》说，人道主义是"一种把人和人的价值置于首位的概念"。德国《百科全书》说："人道主义一般指追求人道和合乎人的尊严方式的一种努力。"（前）苏联《百科全书》说，人道主义的"特征是捍卫个人尊严及其自由和全面发展，捍卫人道的社会关系"。① 可是，为什么说人本身是最高的价值或尊严呢？其原因在于：第一，人本身之所以具有最高价值或尊严，是因为人对于人具有最高价值。佩特拉克说："除了灵魂之外没有什么东西值得赞赏，与伟大的灵魂相比，没有任何东西是伟大的。"费奇诺说，人的灵魂是"自然界中最伟大的奇迹……自然的中心，万物的中项，世界的连缀，全人类的脸面，宇宙的黏合剂与结合点"。②"在所有的东西中间，人最需要的东西是人。"③ 第二，人本身是社会及其发展等一切事物的目的，社会等一切事物是为人的发展服务的，即社会等一切事物不过是人的发展的手段而已。康德说："人，一般说来，每个有理性的东西，都自在地作为目的而实存着，他不单纯是这个或那个意志所随意使用的工具。在他的一切行为中，不论对于自己还是对于其他有理性的东西，任何时候都必须被当作目的。……一切为我们行动所获得的对象，其价值任何时候都是有条件的。那些实存不以我们的意志为依据，而以自然的意志为依据的东西，如若它们是无理性的东西，就叫作物件。与此相反，有理性的东西，叫作人身，因为，他们的本性表明自身自在地就是目的，是种不可被当作手段使用的东西，从而限制了一切任性，并且是一个受尊重的对象。所以，他们不仅仅是主观目的，作为我们行为的结果而实存，只有为我们的价值；而是客观目的，实存自身就是目的，是种任何其他目的都不可代替的目的，一切其他东西都作为手段为它服务。"④ 人是目的，因而也是万物的评价尺度，是评价社会及其发展的价值标准而超越于一切事物的价值之上：人是最高的价值或尊严。海德格尔说："人成为存在者的尺度和中心。人是一切存在者的基础，以现代说法，就是一切对象化的和可表象的基础，即 subiectum（一般主体）。"⑤ 既然人本身是最高价值，

---

① 王海明著：《新伦理学》，商务印书馆 2002 年版，第 398 页。
② S. 卢克斯著，阎克文译：《个人主义》，江苏人民出版社 2001 年版，第 45 页。
③ 周辅成编：《西方伦理学名著选辑》（下卷），商务印书馆 1987 年版，第 89 页。
④ 康德著，苗力田译：《道德形而上学原理》，上海人民出版社 2005 年版，第 47—48 页。
⑤ M. 海德格尔著，孙周兴译：《尼采》，商务印书馆 2002 年版，第 699 页。

那么，对于任何人，都得爱他、善待他、把他当人看。诚如费尔巴哈所说："如果人的本质就是人所以认为的至高本质，那么，在实践上，最高的和首要的原则，也必须是人对人的爱。"① 斯蒂芬认为，博爱是一种天下一家和普世之爱的观念，"博爱、单纯的普世之爱"。② 在他看来，博爱的政治和道德价值的依据有两个来源。其一是一种脆弱的人性观，它想象有一个世界，那儿不存在个人之间重大利益冲突及其导致的相互敌对。其二是对进步的诉求，只要人类摆脱了各种限制，每个人受到平等对待，人类就能取得进步。正是因为进步而焕发出新活力的人性，使博爱成为可能。因此，人们大都将"博爱"、"把人当人看"与"人本身是最高价值"并列为人道主义的根本特征。其次，人道主义是使人成为人的思想体系。作为最高价值的"人本身"是个十分含混的概念。人的残忍、嫉妒、自私等也是"人本身"，如果一定要说它们有价值，也只有负价值，根本谈不上最高价值。斯蒂芬认为，人性和博爱是不相容的。"我则相信，有不少人是好人，但绝大多数人既不好也不坏，还有许多坏人，这个无所用心的广大群体随着环境左右摇摆，而这种环境中最为重要的一项，就是当时占优势地位的是好人还是坏人。我还相信，在所有类型的人之间，都存在并将永远存在敌意和冲突的真正诱因，甚至好人也可能相互敌对，他们经常是被迫如此，这要么是因为存在着使他们发生冲突的利益之争，要么是因为他们对'善'有着不同的理解方式。"③ 因此，作为最高价值的"人本身"，只是"人本身"之中的一部分才具有最高价值。培里说："人道主义把人看作值得赞美的对象……因而使得我们发问，是人的什么东西被认为是值得赞美的……"④

那么，究竟是什么东西使"人本身"值得赞美呢？"人本身"的善，德性和作为善良的善良人是一切事物的尺度。亚里士多德说："在一切活动的快乐中，思辨的快乐比其他一切都纯洁。驴子定愿选草料而不选黄金，猪以淤泥为乐，这种区别在人就更大得多。所以，对快乐的评价，仍然人是万物的尺度，不过这个人是真实而诚恳的人，是 spoudaios，因这一切只是对真诚的人显现。

---

① 费尔巴哈著，荣震华译：《费尔巴哈哲学著作选集》（下卷），生活·读书·新知三联书店 1962 年版，第 315 页。

② J. F. 斯蒂芬著，冯克利等译：《自由·平等·博爱》，广西师范大学出版社 2007 年版，第 219 页。

③ J. F. 斯蒂芬著，冯克利等译：《自由·平等·博爱》，广西师范大学出版社 2007 年版，第 203 页。

④ 罗国杰编：《人道主义思想论库》，华夏出版社 1993 年版，第 509 页。

德性和作为善良的善良人才是万物的尺度。"① 在中国，君子人格得到大力提倡、弘扬和践行。君子人格不仅为历代知识分子所追慕，而且挺立着中国人的精气神。君子，最早是指贵族，乃就社会地位而言。在西周时期，贵族是有教养、有德行的人。随着贵族精神的衰败，春秋末期的孔子主张凡有德者才能称君子。儒家强调"成人"，即使人成为真正意义上的社会人、道德人、文明人。而成人的重要标准就是养成君子人格。只有具备"志于道，据于德，依于仁，游于艺"者，才可谓养成了君子人格。"志于道"，即树立高远的志向。唯有如此，才能使生命拥有意义。君子所追求和关切的就是道，"谋道不谋食"，"忧道不忧贫"。纵观历史，凡是有所成就的人，无不是胸怀大志、心中有坚定信念之人。"据于德"，即以德树人。"国无德不兴，人无德不立。"在中国传统文化中，德和道密不可分，所谓"夫道者，所以明德也；德者，所以尊道也"。德源于道，是人之所以为人的根本所在。人一旦丧失了道德，就无异于禽兽。《孟子·滕文公上》说："饱食暖衣逸居而无教，则近于禽兽。"君子注重自身的道德修养，时时以道德滋润心灵。"依于仁"，即人应该以自爱之心反省自己，以仁爱之心对待他人。所谓自我反省，就是将心向内关照，反思自身的不足。同时，作为人，还应该做到爱人，亲亲而仁民，仁民而爱物。"游于艺"，即以轻松活泼的姿态完成"礼、乐、射、御、书、数"等六种技艺。其次，人的自我发展、自我实现，使"人本身"值得颂扬和赞美。人本身的发展、完善，人的自我选择、自我实现，人本身潜能的开发，使人成为完善的人。自我发展的概念典型地源于文艺复兴时期的人文主义者、早期的浪漫主义。文艺复兴时期的人文主义者特别重视质量上的独特人格和个性。曾被恩格斯称之为"伟大的时代"时期的思想家都是主体意识很强、个性特点鲜明的人。布克哈特概括意大利文艺复兴是"发现世界和发现人"——前者探索外部世界，是客观的，后者探索人的个性，是主观的。"回归自然"是当时普遍使用的一句话，与"回归古人"相配。"发现人"则使科学和艺术相关联，意大利文艺复兴时期的艺术始终抓住男人和女人人性的心理力量。许多艺术家的艺术作品所表现的就是人的形象，虽然形态各异，但是却用视觉形式传达了对人的尊严的信念。克拉克在《人文主义的艺术》一书中说："他们的题材是人，严肃而热情、全心全意和具有头脑的人。"② 从此，大写的"人"字重新获得了尊严和光辉。

---

① 亚里士多德著，苗力田译：《尼各马科伦理学》，中国社会科学出版社 1999 年版，第227 页。

② A. 布洛克著，董乐山译：《西方人文主义传统》，生活·读书·新知三联书店 1997 年版，第 54 页。

诚如布克哈特所说：“意大利开始充满具有个性的人物，施加于人类人格上的符咒被解除了；上千的人物各自以其特别的形态和服装出现在人们面前。但丁的伟大诗篇在欧洲的任何其他国家都是不可能产生的，单只提它们还处在种族诅咒下这一理由就足以说明。对于意大利来说，这位堂堂的诗人，由于他显示出来的丰富的个性，是他那个时代的最具有民族性的先驱。……14 世纪的意大利人对于任何形式的虚伪的谦恭或者伪善很不熟悉；他们之中没有一个人害怕与众不同，害怕在穿着打扮上和在立身行事上是一个和他的邻居不同的人。”①而浪漫主义的代表人物卢梭在《忏悔录》一书中说：“我在从事一项前无古人、后无来者的事业。我要把一个人的真实面目全部地展示在世人面前，此人便是我。只有我能这样做。我洞悉自己，也了解他人。我生来就有别于我所见过的任何一个人。我敢担保自己与现在的任何人都不一样。如果说我不比别人强，但我至少与众不同。”② 在卢梭看来，人的个性的充分和谐发展，标志着人的根本特点和人类文化的最高发展。托克维尔说：“人与动物虽然有些地方相似，但有一个特点是人所独有的。这就是人能自我完善，而动物则不能自我完善。自有人类以来，人类就发现自己与动物有这种差别。”③ 穆勒说：“在人类正确运用人生以求完善和美化的各种功业中，最重要的无疑还是人自己。……人性毋宁像是一棵树，需要朝各个方面去成长与发展，并且是根据使它成为一个活体生命的内在力量的倾向去成长与发展。”④ 托克维尔、穆勒的论断尽管很精当，但还不够深刻。

人本身的自我实现之所以是最高价值，一是因为人本身的自我实现所满足的乃是每个人的最高需要，二是因为人本身的自我实现能够最大限度地满足全社会和每个人的一切需要。既然人本身的自我实现是最高价值，那么，显然应该“使人成其为人”，即使人能够自我实现，使人发展、实现自己的潜能、成就自己的个性而成为最完善的人。诺瓦利斯说：“拥有卓越的自我，成为自我的精华，乃是人类发展的最高使命。”施莱格尔说：“只有人的个性才是人的根本和不朽的因素。对这种个性的形成和发展的崇拜，就是一种神圣的自我主义。”⑤ 洪堡认为，人的真正目标就是将他的能力高度而协调地发展成一个完善

---

① Y. 布克哈特著，何新译：《意大利文艺复兴时期的文化》，商务印书馆 1988 年版，第 126 页。

② 卢梭，陈筱卿译：《忏悔录》，译林出版社 2011 年版，第 1 页。

③ 托克维尔著，董果良译：《论美国的民主》（下卷），商务印书馆 1997 年版，第 550 页。

④ J. S. 穆勒著，孟凡礼译：《论自由》，广西师范大学出版社 2011 年版，第 69 页。

⑤ S. 卢克斯著，阎克文译：《个人主义》，江苏人民出版社 2001 年版，第 63－64 页。

而统一的整体。"人的（真正目的），或曰由永恒不变的理性指令所规定而非变幻不定的喜好所提示的目的，乃是令其能力得到最充分而又最协调的发展，使之成为一个完整而一贯的整体。"① 人类共存的最高理想就是建立一种联盟，其中的每个人都根据他自己的本性，为了他自己的利益，来努力发展他自己。因此，"理性不能向人企求任何其他的条件，而只能希冀这样一种条件：在这种条件下，不仅每个人都享有通过自己的能力以他完善的个性发展自我的绝对自由，而且，外在的自然界仍然未被人力所雕琢，而只是接受了每个人根据他自己的自由意志、他的需要和天性所赋予他的特征，而这种赋予仅仅受制于他的能力和权利的限度"。② 只有个性得到扶植培育，才能造就出先进的人类。"要想让人类成为值得瞩望的尊贵美好之物，不能消磨一切个人所独具的殊才异禀使之泯然于众，而只能在无损于他人的权利和利益的范围内使之得到培育与发扬。"③ 马斯洛认为，发展指的是天赋、能力、创造力、智慧以及性格的不断发展，是越来越高的心理要求不断得到满足的过程。"从人的天性中可以看出，人类总是不断地寻求一种更加充实的自我，追求更加完美的自我实现。从自然科学意义上说，这与一粒橡树种子迫切地希望长成橡树是相同的。"④ 总之，人道主义是一种把人本身的发展、完善、自我实现奉为道德原则的思想体系。

从以上分析可以看出，所谓人道，就其作为伦理学的基本范畴来说，可以有广义、狭义之别。就广义的人道而言，人道乃是视人本身为最高价值而善待一切人、爱一切人、把任何人都当作人看待的行为；就狭义的人道而言，人道乃是视人本身的完善为最高价值而使人成为可能成为的完善的人的行为，即视人的潜能的实现为最高价值而使人实现自己的潜能的行为。

2. 人道尊严的含义与价值

人的尊严具有普遍性，标志人之存在地位的基本尊严，而在普遍性尊严的基础上，每一个人的尊严又是独特的。

（1）自尊

自尊是人道尊严的基础。自尊与尊人相对。尊人是尊敬他人，是他人受尊敬；自尊是尊敬自己，是自己受尊敬，是尊严的自我维护。

第一，何为自尊。

自尊就是使自己受尊敬的心理和行为，也就是使自己爱自己和他人尊敬的

---

① J. S. 穆勒著，孟凡礼译：《论自由》，广西师范大学出版社 2011 年版，第 67 页。
② S. 卢克斯著，阎克文译：《个人主义》，江苏人民出版社 2001 年版，第 64 页。
③ J. S. 穆勒著，孟凡礼译：《论自由》，广西师范大学出版社 2011 年版，第 73 页。
④ F. G. 戈布尔著，吕明等译：《第三思潮》，上海译文出版社 2006 年版，第 53 页。

心理、行为。科恩说："'自尊'一词在日常语言中，而且有时在科学著作中，也意味着自我满足、自我接受、自我尊严意识、自我肯定态度以及现有的'自我'与理想的'自我'的一致性。"① 那么，一个人怎样才能得到自己和他人的尊敬呢？不言而喻，只有有所作为、有所成就、所有贡献、有所价值才能得到自己和他人的尊敬。詹姆斯曾提出了一个自尊的计算公式，即自尊＝成就÷追求。② 亨氏说："自我尊重以个人的能力和成绩被他人认同，并且个人的生活计划能够从他人的认同中获得赞成和支持为前提。在某种程度上一个人为自己获得了认同和支持，并拥有自己的生活计划，他就会亲身感受到作为某个群体的富有价值的成员，在某些情况下他能够去为他人提供帮助和支持。"③ 即，自我尊重和自我信任首先是在与他人的交往的个人的社会环境下形成发展的。在家庭成员、朋友和同事的共同体的生活中，个体会多多少少感受到作为这些人所组成的集体的有价值的成员，他们对其生活富有意义，而且也是个体自我评价和认同的参照体。米德认为："有各种各样途径可使我们实现自我。因为它是一个社会的自我，它是在它与他人的关系中实现的自我。它必须得到他人的承认，才具有我们想要归之于它的那些价值。在某种意义上它凭借对他人的优势而实现自身，犹如它在与他人相比时认识到它的劣势一样。"既如此，那么弄清楚自尊究竟依赖于什么，无疑是有意义的。"人们信守诺言、履行义务；这便提供了自尊的基础。"不过，与我们有关的共同体中的大多数成员都具备这一品质。"我们的确属于共同体，我们的自尊有赖于认识到自己是这样自尊自重的个体。"不过，我们想要在我们与其他人的差别中认出我们自己。显然，自尊依赖于我们比其他人做得好、比其他人出色。"我们具有特定的经济地位和社会地位，使我们能把自己同他人区别开来。我们还在不同群体中占有某些地位，这可用以证明自我的身份，不过在所有这些问题背后是这样一种认识，即，整个说来，我们比其他人做得好。"④ 泰勒认为，自尊可能来自于权力、对公共空间的支配感等。"我自己作为一家之主、父亲、拥有工作和养活家人的感觉；所有这些都可能是我的尊严感的基础。"⑤ 即，自尊靠的是我们有能力、

---

① 科恩著，佟景韩等译：《自我论》，生活·读书·新知三联书店 1986 年版，第 433 页。

② 科恩著，佟景韩等译：《自我论》，生活·读书·新知三联书店 1986 年版，第 358 页。

③ W. 亨氏著，倪道钧译：《被证明的不平等》，中国社会科学出版社 2008 年版，第 94 页。

④ G. H. 米德著，赵月瑟译：《心灵·自我与社会》，上海译文出版社 2005 年版，第 161 页。

⑤ C. 泰勒著，韩震等译：《自我的根源：现代认同的形成》，译林出版社 2008 年版，第 19 页。

实力做其他人做不了或不可能做得一样好的事。罗尔斯说：“也许最为重要的基本善是自尊的善。……我们可以指出自尊（或自重）所具有的两个方面。首先，它包括一个人对他自己的价值的感觉，以及他的善概念，他的生活计划值得努力去实现这样一个确定的信念。第二，就自尊总是在个人能力之内而言，自尊包含着对自己实现自己的意图的能力的自信。当我们感到我们的计划的价值微乎其微的时候，我们就不会愉快地追求它们，就不会以它们的实施为快乐。失败的挫折和自我怀疑也使我们的努力难以为继。”① 也就是说，作为自我维护的自尊，维护的不是别的，而是人自身的价值感。“我们人人都有一种天生的感觉，觉得不管我们的具体特征和地位怎样，我们都有同样的内在价值。我们把这种内在价值看作是与生俱来的权利，这是任何个人、环境、制度和政府都无法取消的永恒的普遍权利。”②

自尊的反面是自卑，自卑的根本表现是不自信。自卑之为自卑的主要特性，并非自认卑下，而是自认对改变自己的卑下无能为力。斯宾诺莎说：“正如自满之出于骄傲，所以自卑便出于谦卑，故可以加以这样的界说：由于痛苦而将自己看得太低就是自卑。”而“谦卑是由于一个人审察他的无能和软弱无力而引起的痛苦”。③ 阿德勒说：“现在，我们应该给自卑情结下一个定义。所谓自卑情结，是指一个人在面对问题时无所适从的表现。”④ 例如，愤怒、眼泪或道歉等，即是自卑情结的外显。由于自卑感总是造成紧张与不安，因此争取优越感的补偿动作必然会同时出现。然而，“争取优越感的动作总是朝向于生活中无用的一面，真正的问题却被掩饰起来或避而不谈”。⑤ 米德说：“自卑情结产生于自我的各种需要，想要满足而又无法满足的需要——所谓的自卑情结使我们顺应这些需要。”⑥ 仅仅认为自己卑下，还不是自卑——认为自己卑下但能加以改变，恰恰是自信、自尊。“我们必须记住，每个儿童在生活中都有自卑的一面；家庭不给他提供一定量的社会感，他将很难独立生存。当我们看到儿童的软弱和无助时，就能意识到，在每个人的生命之初，都或多或少伴随着一种自卑感。每个儿童迟早都会意识到自己无法单枪匹马应付生活的挑战。这

---

① J. 罗尔斯著，何怀宏等译：《正义论》，中国社会科学出版社 2001 年版，第 442 页
② R. W. 福勒著，张关林译：《尊严的提升》，上海人民出版社 2008 年版，第 17～18 页。
③ 斯宾诺莎著，贺麟译：《伦理学》，商务印书馆 1997 年版，第 159、157 页。
④ A. 阿德勒著，高适编译：《自我超越》，华中科技大学出版社 2014 年版，第 41 页。
⑤ A. 阿德勒著，高适编译：《自我超越》，华中科技大学出版社 2014 年版，第 41 页。
⑥ G. H. 米德著，赵月瑟译：《心灵·自我与社会》，上海译文出版社 2005 年版，第 161 页。

种自卑感是儿童努力奋斗的驱力和起点。它决定儿童将如何获得安宁与安全，也决定他生存的目标，并为这一目标准备前进的道路。"① 事实上，我们每个人都有某种程度的自卑感，因为我们总是处于自己想改善的处境中。"我们每个人都有不同程度的自卑感，因为我们都发现所处的地位是我们希望加以改进的。如果我们一直保持着勇气，便能通过直接、实际的方法来改进身边所处的环境，脱离这种感觉。没有人能长期地忍受自卑感，人类正是通过思维来采取某种行动以解除自己的紧张状态。"② 因此，自卑是自认无能、无力改变自己之卑下的心理和行为。也正因为自己的卑下和无能，他们常常显现出不自信、屈辱、胆怯、沮丧、顺从等自卑的感觉和行为，"自卑情结是我们自己与周围人相比时所抱有的优越感的反面"。③ 库利认为，尽管自卑，像自我赞赏一样，有着和高层次个性并存的一些形式，并受到人们的赞扬，但是自卑的另外一些形式则被视为可鄙的。尽管每一个有理想的人都有大师生活在其想象之中，但如果放弃自我而屈从大师、放弃自我而谦卑地顺从大师，则是可悲的。"他放弃抵抗，柔顺得像陶工手里的黏土一样，让大师们把他塑造成某种更好的器皿。他这样做是由于他觉得那位大师比他本人更能代表他自己；一种乐于接受的热情，一种新生活吞没了旧的自我的感觉，照耀着他平时的个性的渺小和可鄙。这种谦卑和自我敬重并存，因为有一种更高形式的、理想的自我，把旧的自我扫入了谦卑之中。一个人旨在'如此高的一种理想，以致他总是在自己的眼光中和在别人的眼光中感到他没有价值；虽然按照他所处的团体、国家和同代人的价值标准，他能意识到他自己的美德'。但抛弃自我的谦卑，在向自我挑战的评价面前的退缩，只能被认为是怯懦和奴性。"④ 即，失去"自我"的谦卑是令人厌恶的。不仅失去"自我"的谦卑是令人厌恶的，而且过度的顺从也是令人不快的。"为奴性精神所渗透的人同样不能很好地适应要求创造性的职位。他们只在遵守别人的命令时才能感到舒服。奴颜婢膝的个体依靠他人的法则和法律生活，而且，这种类型的人寻求卑躬屈膝的职位几乎是不由自主的。……人们能够从外在的姿势中推测出这种奴性态度的存在，这种外在姿势是有些打躬作揖的态度。我们看见这些人在他人面前打躬作揖，仔细地聆听每个人说

---

① A. 阿德勒著，陈太胜等译：《理解人性》，国际文化出版社公司 2003 年版，第 45—46 页。

② A. 阿德勒著，高适编译：《自我超越》，华中科技大学出版社 2014 年版，第 40 页。

③ G. H. 米德著，赵月瑟译：《心灵·自我与社会》，上海译文出版社 2005 年版，第 161 页。

④ C. 库利著，包凡一等译：《人类本性与社会秩序》，华夏出版社 1999 年版，第 172 页。

话，在不经衡量和考虑的情况下，就会执行他人的命令，并且回应和首肯他人的感情。"① 自卑导致顺从，顺从则是精神生活的"缺钙"。当然，自卑感并非一无是处，恰恰是自卑感的存在，才促使人类不断奋斗以改变自己的处境和地位。自卑感本身并不是变态的，它是人类地位增进的原因。培根说："获得地位需要极大的努力，通过痛苦，人们得到更大的痛苦；有时候会是卑下的，然而通过没有尊严，人们可以获得尊严。"② 此外，"人类的全部文化都是以自卑感为基础的"。③ 例如，科学的兴起，即是由于人类感到自己的无知以及对预测未来的需要。科学是"人类在改进自己的整个情境，在对宇宙作进一步的探知，在试图更妥善地控制自然时，努力奋斗的结果"。④

第二，自尊的类别。

自尊大致可分为两类：一类是使自己得到自己尊敬的心理和行为，即内在自尊；一类是使自己得到他人尊敬的心理和行为，即外在自尊。马斯洛说："自尊包括对获得信心、能力、本领、成就、独立和自由等的愿望。来自他人的尊重包括威望、承认、接受、关心、地位、名誉和赏识。"⑤ 内在自尊与外在自尊应相配，认可、赏识必须与贡献相称。"真正的赏识必然不同于虚假的夸张恭维，那会使人们感到一种假客气，这比不赏识更糟。……对小事过分赞赏实际上是在破坏尊严，我们会觉得像受了恩赐似的。同样，过于冷漠的认可会被视为无礼。最糟糕的态度也许是连做贡献的机会也不给人。那等于是说，'你这个人毫无价值，我们甚至不愿给你机会向我们表示一下你能做什么。你最好不要存在。还是让我朝你头上浇点酒吧'。"⑥ 同时，内在自尊与外在自尊相反而相成。如果一个人只求外在自尊，而不求内在自尊，其自尊会蜕变为虚荣。诚如歌德所说："你就是你的表现。戴上卷曲的假发，将鞋跟提高几寸，你还是你，不是别的。"⑦ 反之，如果一个人只求内在自尊，而不求外在自尊，其自尊会蜕变为自傲或自负。自负是"对自己赞许的评价或观点"，⑧ 自负依赖于人们对人和地位的道德理解。如果自尊倾向于产生一本正经的人的话，那么

---

① A. 阿德勒著，陈太胜等译：《理解人性》，国际文化出版社公司 2003 年版，第 200 页。

② M. 罗森著，石可译：《尊严：历史和意义》，法律出版社 2015 年版，第 14 页。

③ A. 阿德勒著，高适编译：《自我超越》，华中科技大学出版社 2014 年版，第 43 页。

④ A. 阿德勒著，高适编译：《自我超越》，华中科技大学出版社 2014 年版，第 43 页。

⑤ A. 马斯洛著，成明编译：《马斯洛人本哲学》，九州出版社 2003 年版，第 56 页。

⑥ R. W. 福勒著，张关林译：《尊严的提升》，上海人民出版社 2008 年版，第 21 页。

⑦ 科恩著，佟景韩等译：《自我论》，生活·读书·新知三联书店 1986 年版，第 390 页。

⑧ M. 沃尔泽著，褚松燕译：《正义诸领域》，译林出版社 2002 年版，第 367 页。

自负就倾向于产生势利小人。势利是那些不再确信自己社会地位的人的骄傲，势利小人通常都是"趾高气扬"、"摆架子"的。今天，尽管废除了贵族制，但建立在这个或那个基础之上的势利仍将普遍存在。"如果我们消灭建立于等级之上的势利，那么，人们就会在财富、官职或学校教育和教养方面变成势利小人了。如果它不是这个东西，它就会是另外一种东西，因为男人们和女人们在与别人作比较时常常夸耀自己——正如他们被重视一样。"① 势利小人所体验到的东西，往往能提升他们生活的所谓乐趣。而一个真正具有自尊的人，一定是内在自尊与外在自尊统一的人。诚如库利所说："自尊的人看重别人的评价，这些评价占据了他头脑的很大一部分。但他保持自己的思想，有辨别，有选择，从自己的个性着眼来考虑所有的建议，不会接受与他的发展无关的影响。他把自己设想为一个稳定而连续的整体。他总是需要成为一个整体。他不能容忍假装的自我和真实的自我分裂。"② 例如，一位自尊的学者，尊重他人的观点和原则，会希望读到关于某一主题的所有书籍，并且会因为没有这样做而感到羞愧。但是，他不能假装已经读过了这些书。损害他性格的统一、毁坏他给自己描绘的真诚一贯的形象所带来的痛苦，会使他失去他赞赏自己的完善时的满足感。"要是他虚荣的话，他可能假装已经读了那些书；要是傲慢的话，他会坦率承认没有读过而丝毫不感到内疚。"③ 简言之，成熟的人有一种健康的自尊。它基于这样一种认识，即他是有能力的、能胜任工作。他常常受到别人对他应有的尊敬，尽管他并不依赖这个。这样的人不需要也不看重不正当的毁誉，他能自我控制，因而感到自己很有力量。他主宰自己以及自己的命运，并不畏惧自己，自惭或为自己的过失而沮丧。这并不是说他是完美无缺的，他也犯错误，但他能很恰当地加以纠正。"尊重需要的满足将会产生自信、有价值、有能力和'天生我才必有用'等等的感受。反之，这一需要一旦受到挫折，就会产生自卑、弱小以及无能的感觉，并进而产生补偿或精神症倾向。"④

如果以自我成就的性质为根据，自尊则可分为三类：一是物质性自尊，二是社会性自尊，三是精神性自尊。所谓物质性自尊，即物质自我之自尊，是使自己在物质生活方面有所作为从而赢得尊敬的自尊。所谓社会性自尊，是社会自我之自尊，是使自己在社会生活方面有所作为从而赢得尊敬的自尊。库利认

---

① M. 沃尔泽著，褚松燕译：《正义诸领域》，译林出版社 2002 年版，第 367 页。

② C. 库利著，包凡一等译：《人类本性与社会秩序》，华夏出版社 1999 年版，第 166－167 页。

③ C. 库利著，包凡一等译：《人类本性与社会秩序》，华夏出版社 1999 年版，第 167 页。

④ A. 马斯洛著，成明编译：《马斯洛人本哲学》，九州出版社 2003 年版，第 57 页。

为，自我，就像所有更崇高的思想一样，靠社会的影响建立起来。"荣誉感是一种更好的自尊形式。它或者表示一个人对自己的评价，或者表示别人对我们的看法。"① 一个人的荣誉感是他最真实、最基本的自我。荣誉感直接影响着人的行为，"人们宁可忍受各种肉体的痛苦而不愿意失去他人的尊敬。例如，大家都知道，有成千上万的穷人宁可忍受寒冷和饥饿，而不愿意靠乞讨而失去尊严。"生命对荣誉的追求在人类行为中绝不是一种浪漫的需要，而是真正达到人性水平的标志，是人类特有的东西。"我的荣誉是我的生命；两者生为一体；拿走我荣誉，我的生命就会完结。"② 那么，究竟何为自我尊重呢？库利给出了自己的理解：自我尊重"是指一个更高级或理想的自我的尊重；真正的'我'，因为只有本人知晓和占有，因而建立在真实的个体的基础上。它是人们渴望的更好的我，而不是现在状态下的我；是从生活中创造出来的最好的我"。③ 自我尊重意味着听从自己的良心，听从自己内心的真实声音，对一切违背人性、违背常识的做法予以批判和抵制。"一个人必须明白最后的仲裁者是他自己，而不管是死去的人还是活着的人。"④ 即便对其他人表现出谦卑，也绝对不应忘记"自我"。诚如库利所说："我们只希望一个人从他特有的观点出发，在真正优越的人物面前采取谦卑的态度。他的谦卑必须表示自尊，它必须是一个稳定和成长的个性在体现他理想的事物面前所采取的敬重态度。每一个有理想的人都有大师生活在其想象之中。"⑤ 所谓精神性自尊，即精神自我之自尊，是使自己在精神方面有所作为（如成名成家、建立丰功伟绩等）、使自己的才干贡献于社会、他人而赢得尊敬的自尊。诚如米德所说："如果某人确实具有一种真正的优势，那是一种以履行确定职能为依据的优势。某人是个好外科医师，一个好律师，他可以为他的优势自豪，不过这是他要利用的优势。……当这种优越感转为职能的表现时，它不仅成为完全合理的，而且是个体实际改变他们的生活情境的方式。我们用自己具有而其他人不具有的能力改变事物。是这样的能力使我们成为有实力的人。直接的态度是带有一种优越感保存其自我的态度。

———————————

①　C. 库利著，包凡一等译：《人类本性与社会秩序》，华夏出版社1999年版，第168页。

②　C. 库利著，包凡一等译：《人类本性与社会秩序》，华夏出版社1999年版，第170页。

③　C. 库利著，包凡一等译：《人类本性与社会秩序》，华夏出版社1999年版，第170—171页。

④　C. 库利著，包凡一等译：《人类本性与社会秩序》，华夏出版社1999年版，第171页。

⑤　C. 库利著，包凡一等译：《人类本性与社会秩序》，华夏出版社1999年版，第172页。

优势并不是期待的目标。它是保存自我的手段。"①

　　自尊是人的基本需要、基本欲望，这种需求、欲望每个人都有，只不过有强有弱而已。阿德勒认为，社会上所有的人都有一种对于他们的稳定的、牢固不变的、通常较高评价的需要或欲望，有一种对于自尊、自重和来自他人尊重的需要或欲望。即需要某种"建立在稳固坚定基础之上的对于自我的高度评价，包括自尊……以及受到他人的尊敬"。② 一个人的这种需要或欲望一旦得到满足，就会感到自豪、快乐；反之，便会感到内疚、羞耻。诚如马斯洛所说："满足自尊需要能够增强人的自信，使人觉得自己是一个有价值、有能力和有力量的人，在这个世界上有用处，位置重要而必不可少。然而这些需要一旦受到挫折，就会产生自卑、弱小以及无能的感觉。这些感觉又会使人丧失基本的信心，使人要求补偿或者产生神经病倾向。"③ 那么，怎样才能满足其自尊的需要呢？从质上看，一个人要满足其自尊心，必须得到自己和他人的尊敬，而要得到自己和他人的尊敬，必须有所作为、有所成就。从量上看，一个人得到自己和他人尊敬的程度、他自尊需要的满足程度，显然与他取得的成就、做出的贡献之大小成正比。福勒说："个人……是通过对他人做贡献来获得尊严的。例如，家长因为孩子摆好饭桌而表示感谢，支持了孩子的尊严。"④ 因此，无论从量还是质上看，自尊都是推动人们自强自立、有所作为、取得成就的动力。丁尼生说："自尊，自知，自制，这三者使人获得至高无上的权力。"⑤ 为此，歌德在《威廉·迈斯特的漫游时代》一书中，把自我尊重——作为他理想的教育体系中要教给青年的四种尊敬中最高级的一种。罗尔斯说："自尊是一个基本善。没有自尊，那就没有什么事情是值得去做的，或者即便有些事值得去做，我们也缺乏追求它们的意志。那样，所有的欲望和活动就会变得虚无缥缈，我们就会陷入冷漠和犬儒主义。"⑥ 一个具有足够自尊的人，总是更有自我、更独立，也更有创造力。诚如韦特奈尔所说："我对贵人鞠躬，但我心灵并不鞠躬。"⑦ 也正是因为他具有自我，具有足够的自信心和自主性，才赢得了

① G. H. 米德著，赵月瑟译：《心灵·自我与社会》，上海译文出版社 2005 年版，第 164 页。
② A. 马斯洛著，成明编译：《马斯洛人本哲学》，九州出版社 2003 年版，第 3 页。
③ A. 马斯洛著，成明编译：《马斯洛人本哲学》，九州出版社 2003 年版，第 122 页。
④ R. W. 福勒著，张关林译：《尊严的提升》，上海人民出版社 2008 年版，第 20 页。
⑤ C. 库利著，包凡一等译：《人类本性与社会秩序》，华夏出版社 1999 年版，第 170 页。
⑥ J. 罗尔斯著，何怀宏等译：《正义论》，中国社会科学出版社 2001 年版，第 442 页
⑦ 康德著，韩水法译：《实践理性批判》，商务印书馆 2005 年版，第 83 页。

足够的自尊。"创造如果没有自信心和自主性是不可能的。但是，借用马雅可夫斯基的形象化说法来说，'探索未知'即紧张而执着地探索，也可能伴随着巨大而痛苦的'现有的自我'与'理想的自我'的断裂。在富有创造性的人们身上，特别是容易受到伤害、情绪迅速变化、对自己不满足的富有艺术创造性的人们身上，摇摆性与独创性往往会结合在一起。"① 而当他缺乏自尊时，他就会得过且过，毫无进取之心。"没有自我感觉，没有野心，任何事情都不会有成效和意义。失去了独立的、创造的抗争心理，自我将会融化、消失，不再成其为自我。"② 卡普兰在已有研究成果以及他自己对 9300 名七年级学生进行的10 年纵向调查的基础上，得出了如下结论：自卑几乎和各种偏离规范的行为（不诚实、加入犯罪团伙、违法行为、嗜毒、酗酒、挑衅行为以及各种心理变态等）成正比例关系。他举例说：在自卑心低、中、高的学生中，一年或更长时间以后承认有过小偷小摸的分别占 8%、11% 和 14%，被学校开除的分别占5%、7% 和 9%，想过自杀或威胁要自杀的分别占 9%、14% 和 23%，大发脾气并损坏东西的分别占 21%、27% 和 31%。③ 同时，一个具有足够自尊的人，总是更有信心、更有能力，也更有效率。而当他缺乏自尊时，他就感到自卑、无望，从而可能导致绝望和神经症行为。最危险的是，"尊严长期受辱会激发心理变化，最终可能导致暴力和破坏行为"。④ 可见，自尊越强大，其善越大；自尊越弱，其善越小。此外，一个具有足够自尊的人，总是具有强大的自尊心，总是对生活充满希望。库珀史密斯说："自尊心表现赞同或不赞同的定势，并说明个体在何种程度上认为自己能干、重要、成功和体面。简言之，自尊心就是个人的价值判断，表现为个体对自己所采取的各种定势。"⑤ 较强的自尊心同肯定的情感相联系，较弱的自尊心同否定的情感相联系。高度的自尊心不是骄傲、自大或缺乏自我批评精神的同义词，自尊心强的人不是认为自己比别人优越，而只是对自己有信心，相信自己能够克服自己的缺点。自尊心不强则相反，其前提是感到价值不充分、有瑕疵、不体面，从而对心理自我感觉及个人的社会行为产生否定影响。正因为如此，个体应该接受和尊重自己，做不到这

---

① 科恩著，佟景韩等译：《自我论》，生活·读书·新知三联书店 1986 年版，第 443 页。
② C. 库利著，包凡一等译：《人类本性与社会秩序》，华夏出版社 1999 年版，第 173 页。
③ 科恩著，佟景韩等译：《自我论》，生活·读书·新知三联书店 1986 年版，第 438—439页。
④ R. W. 福勒著，张关林译：《尊严的提升》，上海人民出版社 2008 年版，第 19 页。
⑤ 科恩著，佟景韩等译：《自我论》，生活·读书·新知三联书店 1986 年版，第 433—434页。

一点的人无论对自己对别人都是棘手的人。"一个既不自尊也不自爱的人是不会真正尊重别人、爱护别人的。"① 要变成一个具有较强自尊心的人，就得学会接受自己、爱自己。

第三，实现自尊的路径。

自尊如何实现呢？一般而言，实现自尊的路径大致有两种：一种是通过善的，即通过自强自立、奋发有为、进取开拓等取得于人类社会有价值的成就、做出有价值的贡献，从而实现其自尊。一种是恶的，即通过自欺欺人，或者贬低他人而取得假成就、假贡献，从而实现其自尊。纵观人的尊严发展史，人的自尊往往容易偏离自强自立、奋发有为、进取开拓等善行大道，而陷入自欺欺人、贬低他人的泥潭。最稳定和最健康的自尊是建立在当之无愧地来自他人的尊敬之上，而不是建立在外在的名声、声望以及无根据的奉承之上。通过贬低别人以抬高自己的做法"不仅是不适当的，而且在道德上多少有点可鄙。"②

因此，为了更好地实现自尊，个体必须培养、提高自己的理性能力。首先，自尊是通过人自身的心理机制与社会环境的相互作用，尤其是借助于人的理性能力才得以产生和建立的。阿德勒认为，在现实社会生活中，即便是自卑的人，只要他们坚信克服、奋斗的人生法则，就能改变其处境，赢得自尊。"在追求完美的奋斗中，人总是处在一种心理不安的状态里，在完美的目标之前，自己会感到无奈。只有当他在向上奋斗的过程中，感觉自己已经到达了一个满意的阶段时，才会有安静、价值与快乐的感觉。在下一刻，他的目标又把他继续向前推进。……作为一个人，就一定会有那种对自己不断施压的自卑感。胜利之途，成百上千，各个不同。体验的自卑感越强，克服的冲动也就越有力，情感上的不安也就越强烈。"③ 库利说："在每一种较高级的生产过程中，一个人需要了解和相信自己——越彻底越好。确切地说，他感到自己身上有一种有价值的，同时是独特的东西——特性。他有责任去创造、交流和实现它，只有经过长期的关注自我的沉思，他才能把握它，才能把它从杂质中净化出来，把它组织结合起来。"④ 其次，勇于承担责任、敢于担当。生活、自由和追求幸福是人的权利，也是人的责任。过分关注自己的权利，推卸自己的责任，

---

① A.马斯洛著，成明编译：《马斯洛人本哲学》，九州出版社 2003 年版，第 11 页。
② G.H.米德著，赵月瑟译：《心灵·自我与社会》，上海译文出版社 2005 年版，第 162 页。
③ A.阿德勒著，高适编译：《自我超越》，华中科技大学出版社 2014 年版，第 66—67 页。
④ C.库利著，包凡一等译：《人类本性与社会秩序》，华夏出版社 1999 年版，第 158—159 页。

不仅不会享有尊严，而且会丧失尊严。"从自身之外解释自己不幸的原因当然有一定的诱惑性，但是这种态度不仅不会取得任何效果，而且还会导致个人尊严、自尊和自由的丧失。相反，如果你能完全承担个人的责任，那么，你就能通过你所作的选择自由地塑造自己的命运。"① 再次，学会合作，学会分享。尽管追求优越感是每个人的共性，但人类对所有价值和成功的判断，总是以合作为依据的。"人类的整个活动都沿着由下到上、由反到正、由失败到成功这条伟大的行动路线向前推进。然而真正能够应付并主宰生活的人，只有那些在奋斗的过程中能够表现出利他倾向的人，他们超越前进的方式，使别人也能受益。"② 第四，培养或提高自己的自信能力。自信能够使人自我肯定、自我确信，形成健康的人格。不自信是自欺欺人、贬低他人的根源。诚如马克思所说："妄自菲薄是一条毒蛇，它永远噬啮着我们的心灵，吮吸着其中滋润生命的血液，注入厌世和绝望的毒液。"③ 当然，也要防止因过分自信而产生的自傲，骄傲"是过于僵硬和过分自信的人肯定社会自我的形式"。④ 过分夸耀自己的优越、自己的才干是幼稚的，"明白表示我们对证明自己能比其他人干得好感到满意是幼稚的"，露骨地自吹自擂自己的优越与才干，"便暴露出它廉价的丑恶的一面"。⑤ 简言之，最大的骄傲与最大的自卑，都是对于自我本身最大的无知。

（2）尊重

尊严是一个关系范畴，是相遇于"你－我"。仅有自尊还不足以构成尊严，尊严的获得还需要来自他人和人际的认可与尊重。"尊重……包括自尊、自重和来自他人的敬重，如希望自己能够胜任所担负的工作并能有所成就和建树，希望得到他人和社会的高度评价，获得一定的名誉和成绩等。"⑥

第一，何为尊重。

究竟何为尊重呢？在康德看来，尊重是一种特殊的情感。当一个拥有善良意志而不是神圣意志的人在沉思道德纯洁性时，就会体验到这种情感。这种情

---

① A. 马斯洛著，成明编译：《马斯洛人本哲学》，九州出版社 2003 年版，第 131 页。

② A. 阿德勒著，高适编译：《自我超越》，华中科技大学出版社 2014 年版，第 51 页。

③ 《马克思恩格斯全集》（第 40 卷），人民出版社 1982 年版，第 5 页。

④ C. 库利著，包凡一等译：《人类本性与社会秩序》，华夏出版社 1999 年版，第 163 页。

⑤ G. H. 米德著，赵月瑟译：《心灵·自我与社会》，上海译文出版社 2005 年版，第 162、164 页。

⑥ A. 马斯洛著，成明编译：《马斯洛人本哲学》，九州出版社 2003 年版，第 56 页。

感即是一种尊重的情感，他将其称为"Achtung"。[①] 薇依说："一个人拥有其永恒命运这一事实只会产生一种义务：那就是尊重。只有当尊重得到了有效的表达，以一种实在的而非虚妄的方式，义务才告履行；而这需以人的尘世需求为中介。"[②] 从上述阐述可以看出，尊重作为人的一种特殊情感有着多样的表现形式和存在样态。但不论尊重的表现形式以及存在样态如何多样，其实质内容都是把人当人看，相信人、信任人，承认和肯定人的价值与意义。诚如卢克斯所说："人们由于作为个人的固有尊严而受到尊重。"[③]

尊重是尊严社会属性的重要表现，是尊严的真正实现。马克思认为，人的本质是社会关系的总和，人生活在普遍的社会联系之中。社会关系是人类特有的社会现象，是人区别于动物的最显著标志之一。"凡是有某种关系存在的地方，这种关系都是为我而存在的；动物不对什么东西发生'关系'，而且根本没有'关系'；对于动物来说，它对他物的关系不是作为关系存在的。"[④] 人的本质是社会关系，从根本上改变了历史上关于人的本质的思考方式。按照传统的讲法，本质和关系相比是属于个人的，而马克思恰恰是根据关系来说明"本质"，认为个体不是人们关系的起源或构成的基础，而是这些关系的"承受者"，是社会关系使个体变成社会的人，形成独特的社会品质。在《关于费尔巴哈的提纲》一文中指出："人的本质不是单个人所固有的抽象物，在其现实性上，它是一切社会关系的总和。"[⑤] 马克思关于人的本质的完整论述包括两句话，前一句"不是单个人所固有的抽象物"，这是否定；后一句"是一切社会关系的总和"，这是肯定。一个否定一个肯定，一个反一个正，鲜明地表现了马克思人的本质观的理论特色。

一般而言，人的社会性使其成为社会活动的关系主体。从自然界中抽身的人无法"回归"自然，他必须找到新的"扎根"方式，否则人的生存将面临巨大的威胁，更谈不上人的发展与完善。弗洛姆说："人从那种标志着动物存在的与自然统一的原始结合中分裂出来。由于他既有理性，又有想象，他意识到了他的孤独与分离、他的无力与无知，以及生与死的偶然性。如果他找不到与

---

① C. D. 布劳德著，田永胜译：《五种伦理学道德》，中国社会科学出版社 2002 年版，第 114 页。
② S. 薇依著，徐卫翔译：《扎根：人类责任宣言绪论》，生活·读书·新知三联书店 2003 年版，第 3 页。
③ S. 卢克斯著，阎克文译：《个人主义》，江苏人民出版社 2001 年版，第 115 页。
④ 《马克思恩格斯选集》（第 1 卷），人民出版社 1995 年版，第 81 页。
⑤ 《马克思恩格斯选集》（第 1 卷），人民出版社 1995 年版，第 60 页。

同胞相连的新联系，以取代受制于本能的旧联系，那么，他一刻也不能忍受这种存在状态。即使他所有的生理需要都得到了满足，他也会觉得这种孤独与孤立状态像个牢笼，他必须打破牢笼以保持精神健全。"①"扎根"在什么地方呢，答案只能是"扎根"在社会之中、"扎根"于社会关系之中。薇依说："扎根也许是人类灵魂最重要也是最为人所忽视的一项需求。这是最难定义的事物之一。一个人通过真实、活跃且自然地参与某一集体的生存而拥有一个根，这集体活生生地保守着一些过去的宝藏和对未来的预感。所谓自然地参与，指的是由地点、出生、职业、周遭环境所自动带来的参与。每个人都需要拥有多重的根。每个人都需要，以他作为自然成员的环境为中介，接受其道德、理智、灵性生命的几乎全部内容。各种极为不同的圈子之影响和交流，比其在自然周遭环境中的扎根，同样是不可或缺的。但某个特定的圈子必须接受外来的影响，不是作为一种'协助'，而是作为一种使其自身生活更富张力的刺激剂。只有在消化了以后，它才能获得外来'协助'的营养，而作为个体的成员，只能通过这圈子才能接受这些营养。"② 在人的生存、发展、完善过程中，一定会产生一系列社会关系，而其中能够显示或认可一个人生存意义或价值的那部分社会关系，逐渐附着、沉积在社会生活的各个方面，并慢慢为其社会关系的客体或对象所承认，形成或享有了一种不可侵犯或不可剥夺的客观事实或对世权利，而他人或社会则由此负有尊重、认可、服从这些社会关系的义务。从尊严的起源上看，它只能来自于社会中的人，来自于社会中人与人之间的交互关系，并且以这种交互关系为其基础。海德格尔描述了这样一个过程，即美德的形成过程。通过这个过程，在道德行为领域自我呈现为人本身，它包括超越自己或者突破仅仅关注自己的褊狭，据此生动地呈现生命的本性是与他人分享，人们关注别人，并因为别人自己也得到关心。在这一过程中，因为他所承担的活动，所以一个人会认同与之相关的新的目标或标准。与这些标准或目标相联系，人的自然本性和社会规范的结合成为可能，而这种结合则构成了一个人的意义世界。换句话说，自由便不仅仅是一种自发性，也不仅仅是有关选择的问题，而是促使他突破自我行动的意义，甚至要超过自我决定。"审慎地选择和决定的过程超越了肉体和精神的动力论，而肉体的反应范围是极为广泛的，情感或欲望的精神动力论基本上指向善，并被一系列价值原则所吸引，这些价值观在有

① E. 弗洛姆著，孙恺祥译：《健全的社会》，贵州人民出版社 1994 年版，第 23 页。
② S. 薇依著，徐卫翔译：《扎根：人类责任宣言绪论》，生活·读书·新知三联书店 2003 年版，第 33 页。

责任的自由语境下会激发一种情绪上的积极的反应。但正是在责任的范围内，一个人才可能遇到适当的生活道德的维度。为了自己的生活或是与他人共同生活，一个人必须有能力知道、选择或者最终实现那种有助于达到自己或者他人的善的生活。所以，这个人必须能够判断什么是他所选择的正确的价值，这价值能成为指导自身和与之相关的他人的客观性。这便是道德真理：判断是否道德的主要依据在于一个人的行为在使他成为真正的人和社会实现的意义上是否使人从善，或者相反。"① 只有道德上的善的行为才能使人充实，也就是说，在社会中、在群体中、在与他人相处中，一个人才能提升自己、完善自己。"我们对他人和与他人的关系是重要的，因为在行为中我们的存在才是流动的，或多或少地超越了我们自己，这些行为使我们成为行为者，并形成我们周围的世界和形成与别人之间的联系，不论是好的还是坏的。……但是与生活者曾经历的生活相比，这些故事实在是过于苍白，每个人的生活是人们互相影响的一段历史。个人存在的活动反映着他的具有多种可能性的个体性，并不断向他人展示这种个体性。正是在这种有活力的开放、沟通和社群的情形中，道德的成长得以产生，而人才成为有特性的存在。这种特性并不是存在于他自己或她自己之中，而在于与他人的关系之中。"② 人也只有处在特定的社会关系之中，才能孕育尊严的人生。人越是深刻地认识并感受到自己的社会性，越是能够在更大程度上成为社会性的主体，并以作为被赋予自我意识的社会主体生成各种社会关系。"人的尊严价值完全取决于其所处的社会性环境或条件，尊严成为人社会性的直接产物或标准。"③

在现实社会生活中，个体人正是通过社会关系不断地使自己成为社会人，而人在认识自己的社会性时，确立了自己在社会中的形象和位置，认识了自我的价值，理解了"一个人的尊严不仅存在于他的个体性之中，而且存在于他所从属的集体之中，并通过集体而存在"。④ 尊严只能产生于自我与他人、自我与人类的关系之中。这种关系主要是一种道德关系，人们不仅要认识到这种关系并且要维护和发展这种关系。利科说："我之所以不可替代，首先是由于他人。在这种意义上，关怀实现了他人对我自己的评价。""这种交流使我们可以说，

---

① G. F. 麦克林著，干春松等译：《传统与超越》，华夏出版社 2000 年版，第 8—9 页。
② G. F. 麦克林著，干春松等译：《传统与超越》，华夏出版社 2000 年版，第 48 页。
③ 蔡墩铭著：《矫正心理学》，（台湾）正中书局 1988 年版，第 598 页。
④ T. 弗莱纳著，谢鹏程译：《人权是什么》，中国社会科学出版社 1999 年版，第 24 页。

除非我将他人视为如同我自己，否则我无法尊重我自己。"① 而尊严的社会性否定，则抛弃了尊严的超验性，肯定了尊严的现实性。范伯格对尊严超验性主张提出了质疑，他说："在企图指出人在哪一方面具有最高的道德重要性时，有的人提到其他一些价值特征；有的人则选取人的某种固有能力，例如'理性'，而不管它是否得到了充分实现，或选择人的出于本性的脆弱性，例如易于遭受痛苦和苦难的倾向；而另外一些人则将整个经验世界置之不顾而寻求超验的属性，即认为所有人都具有一种作为'自在目的'的内在尊严。"上述任何一种答案，"没有一个是令人满意的"。② 简言之，人的尊严存在于人与人的关系之中，人能够成为社会成员的一分子在于人有尊严。诚如福勒所说："尊严是我们的立身之本，滋育着我们，保护着我们。它是人际之爱的社会补充。受尊重能巩固我们作为集团中有价值成员的地位。尊严和自尊齐进共退：我们得到的尊严滋养了我们的自尊，而明明白白的自尊会使他人尊重我们。"③

第二，尊重的本质。

尊重的本质在于平等尊重。平等尊重原则意味着平等地对待所有的人，不因人的个体性差异而有所不同。康德说："人类便处于所有有理性的生物一律平等，而不问他们的品级如何；也就是说，就其本身就是目的的这一要求而言，他就应该作为这样的一个人而为每一个别人所尊重，而绝不能作为单纯是达到其他目的的手段而被任何别人加以使用。"④ 一方面，对人的尊严、自主和自我发展的尊重，是平等与自由思想的核心；另一方面，人因其具有人的固有尊严而受到尊重。"对于平等尊重，基督教的理由是，所有的人都同样是上帝之子；而康德的论据是，所有的人都具有自由和理性的意志，都是目的王国的成员。"但是，不管理由和论据是什么，"他们应该被尊重为人这一原则，意味着他们应该平等地受到这种尊重"。而这条原则构成了从"早期基督教直到现在的平等理想的核心"。⑤ 所有人都是值得尊重的，都应该受到这样的待遇，因为他们都是人，那是他们共有的作为人的一种或全部特征——而且还因为……

① 万俊人主编：《伦理学前沿——道德与社会》，中国人民大学出版社 2004 年版，第 660 页。

② J. 范伯格著，王守昌等译：《自由、权利和社会正义》，贵州人民出版社 1998 年版，第 132 页。

③ R. W. 福勒著，张关林译：《尊严的提升》，上海人民出版社 2008 年版，第 18 页。

④ 康德著，何兆武译：《历史理性批判文集》，商务印书馆 2005 年版，第 69 页。

⑤ S. 卢克斯著，阎克文译：《个人主义》，江苏人民出版社 2001 年版，第 116 页。

尊重他们就意味着尽可能维护和增加他们的自由。① 正是在这一意义上，尊重与赞扬或钦佩是不同的。我们并不是一视同仁地赞扬或钦佩某人，因为"我们是根据把人与人之间区别开来的特征而加以赞扬或钦佩他们的。我们为某人的特殊成就而赞扬、为某人的特殊品质或出类拔萃之处而钦佩他"。不过，我们把他作为一个人来尊重，则是"根据他与所有其他人共有的特性"。② 他们应该被尊重为人这一原则，意味着他们应该平等地受到这种尊重。费希特说："每个阶层都是必不可少的；每个阶层都值得我们尊敬；给予个人以荣誉的不是阶层本身，而是很好地坚守阶层的岗位；每个阶层只有忠于职守，完满地完成了自己的使命，才受到更大的尊敬。"③ 德沃金认为，在自由主义平等概念支配下的每位公民都有一种受到平等关心和尊重的权利。这一权利既包括受到平等对待的权利，也包括作为平等的人受到对待的权利。他说："政府必须关心它统治下的人民，亦即，把他们当作有能力经受痛苦和挫折的人；政府必须尊重它统治下的人民，亦即，把他们当作可以根据他们应当如何生活的理性概念有能力组织起来并采取行动的人。政府必须不仅仅关心和尊重人民，而且必须平等地关心和尊重人民。它千万不要根据由于某些人值得更多地关注从而授予其更多的权利这一理由而不平等地分配物品和机会。它千万不要根据某个公民的某一集团良好生活的概念更高尚或高于另一个公民的同样概念而限制自由权。"④ 即，平等尊重是公民的一项基本权利。不过，德沃金的平等权利思想只是重复了对人的不尊重即是对人的尊严的侵犯而已，只是换了一种角度强调康德的"目的尊严论"和卢梭的"社会平等论"而已，并没有揭示其中的缘由。

平等尊重的主要原因在于：人因固有尊严而受到尊重。诚如唐纳利所说："每个人都是平等的、不可或缺的道德价值，无论他活着的社会功用是什么。不管他们是什么人，身在何处，个人都具有固有的尊严和价值，对此，每个人都有权利得到这种同等的关心和尊重。"⑤ 或如卢克斯所说："所有生活在同一社会秩序中的个人都会要求得到这样的待遇：把他们看作是拥有尊严，能够发挥和促进他们的自主性，能够在一种私人空间之内从事应受尊重的活动，能够

---

① S. 卢克斯著，阎克文译：《个人主义》，江苏人民出版社 2001 年版，第 115 页。
② S. 卢克斯著，阎克文译：《个人主义》，江苏人民出版社 2001 年版，第 116 页。
③ 费希特著，梁志学等译：《论学者的使命、人的使命》，商务印书馆 2008 年版，第 36—37 页。
④ R. 德沃金著，信春鹰等译：《认真对待权利》，上海三联书店 2008 年版，第 362 页。
⑤ J. 唐纳利著，王浦劬等译：《普遍人权的理论与实践》，中国社会科学出版社 2001 年版，第 75 页。

发展他们各自的潜能。"① 平等尊重原则的实质在于，每个人都具有人之为人的人性，在于每个人都具有其他人不可替代的唯一特性。因此，真正的平等尊重是在把一个人作为人来尊重的前提下，尊重每个个人的特性和唯一性，尊重每个人的自主权利和自我发展的能力。"尊重人的原则，其中还要求我们在具体的特殊性之上尊重和对待个人，要求我们充分考虑他们的具体目的和意图，充分考虑他们对他们社会地位的界定。……实际上还意味着我们把他们看作是作出决定和进行选择的自主性的根源，看作是参与得到他们高度重视、需要免受公众干预的活动和关系的人，看作能够实现某种潜能的人，而潜能的实现在每个具体的人那里会采取不同的形式。在这种意义上尊重他们为人，就是从社会性和个人性这两个方面去理解他们。……一方面，这种尊重要求我们把他们看作是社会的自我——是由他们的社会所浇铸和形成的——他们的成就、潜能、自主性，他们应受尊重的活动和关系，他们的能力，大部分都是由社会决定的，相对于他们所处的特定社会环境来说，是具体的。另一方面，它要求我们把他们每一个人都看作是实际的或潜在的自主选择中心，能够在——有时则会超越——社会所规定的活动和关系中进行选择，能够以文化人所认可的有效方式发展他或她各自的潜能——文化既是对个性的结构性约束因素，也是对个性的决定因素。"② 因此，真正的平等尊重是在把一个人作为人来尊重的前提下，尊重每个个人的特性和唯一性，尊重每个人的自主权利和自我发展的能力。

（三）人品尊严

人道尊严执着于人的关系性对待和规范性诉求，人品尊严则凸显人的德性修炼和主体自身的精神提升，它意味着人的尊严必须通过培育德行、陶冶情操来达成。有了人品尊严，才能活得堂堂正正，坦坦荡荡。在遭受冷遇的时候，敢于对自己说："天生我材必有用。"面对可畏的人言，敢于对自己说："吾善养吾浩然之气。"条件艰苦时，敢于对自己说："斯是陋室，唯吾德馨。"受尽委屈时，敢于对自己说："莫道前路无知己，天下谁人不识君。"遭遇人生坎坷时，敢于对自己说："莫听穿林打叶声，何妨吟啸且徐行。竹杖芒鞋轻胜马。谁怕？一蓑烟雨任平生。"病魔缠身时，敢于对自己说："只因平生无愧事，方敢死后对青天。"这就是"贫贱不能移，富贵不能淫，威武不能屈"的人品尊严。人的尊严的实现更多地要靠自己的不懈努力，用自己的汗水、成就与人品

---

① S. 卢克斯著，阎克文译：《个人主义》，江苏人民出版社 2001 年版，第 138—139 页。
② S. 卢克斯著，阎克文译：《个人主义》，江苏人民出版社 2001 年版，第 135 页。

去赢得，只有这样，人的尊严才更为持久，更有力量，更具有建设性意义。

人品尊严注重从人品和人的德性的角度来考察尊严，认为尊严本质上是修德达善的产物，没有一成不变的天赋尊严，特别是从社会角度评价的尊严更是如此。人有人的品格和品质，人的品格和品质决定人是否有尊严和有什么样的尊严。人的全部尊严和幸福就在于人有自己的道德品质和德性。休谟说："自重和尊重他人是一切德行的最可靠的守卫者。当人们努力得到了内在美和道德美时，心灵将全面臻于完美，并给理性的生物增辉添色，而肉体的安逸和快乐则会逐渐贬值。"① 在此问题上，康德的见解与休谟的主张是一致的。康德说："在全部被造物之中，人所愿欲的和他能够支配的一切东西都只能被用作手段；唯有人，以及与他一起，每一个理性的创造物，才是目的本身。所以，凭借其自由的自律，他就是道德法则的主体。正是出于这个缘故，每一个意志，每一位个人都将他个人的、指向他自己的意志限制于这样一个条件：与理性存在者的自律符合一致，即不该使他委质于任何意图，假使这个意图不是依据由承受的主体本身的意志所产生的法则而可能的；这就是说，绝不把这个主体单纯用作手段，若非同时把它用作目的。……依赖于理性存在的人格者，而唯有凭借这个人格他们才是目的本身。"② 例如，一个身陷生活中极大不幸的正直之人，只要他不顾职责，原本可以避免这个不幸。他之所以昂立不移，无非是意识到，"他维护和尊重了他个人的以及他的尊重之中的人道"。纯粹理性的真正动力，在于纯粹道德法则自身。纯粹道德法则使人具有超感性存在的崇高性，并且从主观方面在人之中产生了对于人自己高级天职的敬重，尽管"这些人同时意识到他们感性的存在，意识到与之联结在一起的对于他们那易受本能刺激的本性的依赖性"。纯粹道德法则使人具有德性的善行，避免道德意向被恶、欲望等污染。"职责的尊严与生活的享受毫无干系；它有它特殊的法则，也有它特殊的法庭；无论人们仍然多么想把它们搅拌一番，从而将它们的混合物当作药剂递给有疾的心灵，它们却随即彼此分离，并且如果它们不分离，前者就毫无作用；而如果物质的生活因此就强劲起来，那么道德的生活就会无可挽救地萎靡下去。"③ 康德在此将职责的尊严视为道德的生活内容，而生活享受则是物质的生活，二者不仅相互分离，而且发展方向相反。

那么，怎样才能成就自己的道德品质和德性，从而获得人品尊严呢？怎样

---

① 休谟著，王淑芹译：《道德原理探究》，中国社会科学出版社 1999 年版，第 95 页。
② 康德著，韩水法译：《实践理性批判》，商务印书馆 2005 年版，第 95 页。
③ 康德著，韩水法译：《实践理性批判》，商务印书馆 2005 年版，第 96－97 页。

才能成为好人、道德的人、高尚的人，从而获得人品尊严呢？无疑只有去做好事、道德的事、高尚的事。亚里士多德说："德性则由于先做一个一个简单行为，而后形成的。这和技艺的获得一样。当我们学过了一种技艺时，我们愿意去做这种技艺，于是去做。就由于这样去做，而学成了一种技艺。我们由于从事建筑而变成建筑师，由于奏竖琴而变成竖琴演奏者。同样，由于实行公正而变为公正的人，由于实行节制和勇敢而变为节制的、勇敢的人。"① 例如，真正勇敢的人，必有高尚的情操、优秀的品质。"勇敢是一种德性，它在合乎德性的实现活动中。"② 慷慨的人，即是一个高尚的人。"慷慨是在财富方面的中道。我们称赞的不是一个人在战斗中的慷慨，也不是在节制中的慷慨，也不是在判断中的慷慨，而是在财富的给予和接受中，特别是在给予中的慷慨。"显然，良好的活动、恩惠行为属于给予。"在一切德性之中，慷慨可说为人最钟爱，因为在给予之中，可以有助于人。"一个慷慨的人，为了高尚而给予，并且是正确地给予。"合乎德性的行为是高尚的、并且是为了高尚。"③ 诚实的人，也是一个高尚的人，"人而无信，不知其可也"。诚实是人的道德的基石，是对每个人最起码的道德要求。诸如此类品质，举不胜举。而人的品格就是良心。他把自己的良心置于他的工作之中、言语之中和每个一行动之中，"最小的善行胜过最大的善念"。马斯洛说："具有崇高精神的人能够把以往发生的所有事情都转化为经验，然后把这种经验与他的理想结合，产生的结果就是他的行动。"④

不过，在所有这些德性中，什么德性最为关键呢？显然是无私与利他。这是因为，人是社会动物，每个人的生活都完全依赖社会和他人。诚如马克思所说："人是最名副其实的政治动物，不仅是一种合群的动物，而且是只有在社会中才能独立的动物。孤立的一个人在社会之外进行生产——这是罕见的事，在已经内在地具有社会力量的文明人偶然落到荒野外，可能会发生这样的事情——就像许多个人不在一起生活和彼此交谈而竟有语言发展一样，是不可思议的。"⑤ 每个人的一切利益都是社会和他人给的。因此，能否得到社会和他人

① 周辅成编：《西方伦理学名著选辑》（上卷），商务印书馆 1954 年版，第 292 页。
② 亚里士多德著，苗力田译：《尼各马科伦理学》，中国社会科学出版社 1999 年版，第 61 页。
③ 亚里士多德著，苗力田译：《尼各马科伦理学》，中国社会科学出版社 1999 年版，第 72—73 页。
④ A. 马斯洛著，成明编译：《马斯洛人本哲学》，九州出版社 2003 年版，第 151 页。
⑤ 《马克思恩格斯全集》（第 30 卷），人民出版社 1995 年版，第 25 页。

的赞许，便是他一切利益中最根本、最重大的利益。不言而喻，能够得到社会和他人的赞许之关键，在于他的品德如何：如果社会和他人认为他品德好、觉悟高，便会得到社会和他人的赞许，反之，则受到谴责。换句话说，人的美德、人的高尚品性意味着在处理人我、己群关系时，能够自觉地做到先人后己、先公后私，将他人利益和群体利益置于个人利益之上，能够在个人利益与他人利益、个人利益与群体利益发生矛盾的情况下自觉地作出或多或少的自我牺牲，以促进道德的进步。斯密说："多为他人着想，少为自己着想；克制我们的自私、表达我们仁慈的情感，构成了人性的完美。"[1] 爱因斯坦说："人只有在把自己的一切奉献给社会之后，才能找到那短暂而多险的生活的含义。"[2] 高尚的人品是具有导向性质的崇高道德品质，意味着个人达到了道德上的完善或臻美，诸如忘我牺牲、无私奉献等。"所谓善，不仅是为自身的完美做了一些什么：我不是意义的中心，而是存在、是获得的，所以其关键是贡献。"[3] 张载曾这样评价自己："平生于公勇，于私怯，于公道有义，真是无所惧。"这何尝不是为人处世、调和鼎鼐的黄金法则？在公事上勇往直前、义无反顾，事业发展便会无往而不利；在私事上退避三舍、画地为牢，放弃功名利禄、花天酒地、人情关系，守住的是做人本色，成全的是清廉人生。于公义，进一步就会柳暗花明；于私利，退一步才能海阔天空。

　　尽管平常的人品也有尊严，但是美好的人品和完善的人品则更有尊严。鲍桑葵说："只有精神的利益才是真实的和稳定的；世俗的和物质的目的都是虚妄而危险的，也是引起冲突的根源。……我们讲的精神利益是指可以于己无损地同别人分享的东西，而物质利益则与之相反。"[4] 平常的人品可归于坚守底线道德，即利己不损人。诚如霍尔巴赫所说："懂得本身的利益，合理地爱护自己。这是社会道德的基础，这是人为同类所做一切的真正的动机。只有有益于联合成社会中的人的行为才是合乎道德的。合乎道德的行为意味着热爱生命，增进同我们命运相关的人们的幸福，以期促使他们也乐意增进我们的幸福。"[5] 而美好的人品、完善的人品，则可归之于美德和至德。于谦一生坚守节操、修身如玉。他在《无题》中剖心表白："名节重泰山，利欲轻鸿毛。"美好的人

[1] T. 朱特著，杜先菊译：《沉疴遍地》，新星出版社 2012 年版，第 43 页。

[2] E. 弗洛姆著，孙恺祥译：《健全的社会》，贵州人民出版社 1994 年版，第 189 页。

[3] G. F. 麦克林著，干春松等译：《传统与超越》，华夏出版社 2000 年版，第 189 页。

[4] B. 鲍桑葵著，汪淑钧译：《关于国家的哲学理论》（第二版导言），商务印书馆 2006 年版，第 27 页。

[5] 霍尔巴赫著，陈太先等译：《自然政治论》，商务印书馆 2002 年版，第 9 页。

品、完善的人品之所以具有穿透力，关键在于它们以高洁养心、以信念养性。有之则身虽处贫困逆境而不卑贱，虽立风雨之中而安身立命如山。美好的人品、完善的人品若"日月经天，江河行地"。凡君子志士"所守者道义，所行者忠信，所惜者名节"。从壮志难酬、愤然投江的屈原到胸怀天下、精忠报国的岳飞，从坚忍不屈、秉持汉节的苏武到拒绝劝降、视死如归的文天祥，均以报国之大义情怀而德音流百世、英名垂青史。美德是道德品质系统中同卓越与高雅相关的优秀品质，它是人类精神情操的集中体现和美好心灵的呈现，是个体道德生活的灵光。至德或圣德是美德的升华和集中体现，代表了人品的最高境界和至善目标。在冯友兰看来，至德或圣德是一种较高的道德境界，甚至是一种超越道德境界的境界。如果从低到高地排列人生的境界，可以分为自然境界、功利境界、道德境界和天地境界。"境界有高低。此所谓高低的分别，是以到某种境界所需要的人的觉解的多少为标准。其需要觉解多者，其境界高；其需要觉解少者，其境界低。自然境界，需要最少的觉解，所以自然境界是最低的境界。功利境界，高于自然境界，而低于道德境界。道德境界，高于功利境界，而低于天地境界。天地境界。需要最多的觉解，所以天地境界，是最高的境界。至此种境界，人的觉解，已发展至最高的程度。至此种程度人已尽其性。在此种境界中的人，谓之圣人。圣人是最完全的人……在自然境界及功利境界中的人，对于人之所以为人者，并无觉解。此即是说，他们不知性，无高一层的觉解。所以这两种境界，是在梦觉关的梦的一边的境界。在道德境界及天地境界中的人，知性知天，有高一层的觉解，所以这两种境界，是在梦觉关的觉的一边的境界。"[1] "自然境界、功利境界的是人，是人现在就是的人；道德境界、天地境界的人，是人应该成为的人。前两者是自然的产物，后两者是精神的创造。自然境界最低，其次是功利境界，然后是道德境界，最后是天地境界。它们之所以如此，是由于自然境界，几乎不需要觉解，功利境界、道德境界，需要较多的觉解；天地境界则需要最多的觉解，道德境界有道德价值，天地境界有超道德价值。"[2] 人品修养如果达到了道德境界和天地境界的高度，无疑是最有尊严和最具荣光的。

人的尊严与品格和美德有着最为密切的联系，甚至可以说品格、美德赋予人以尊严，人因为有品格和追求美德而显示出自己的尊严。马克思说："尊严是最能使人高尚、使他的活动和他的一切努力具有更加崇高品质的东西，是使

---

① 冯友兰著：《新原人》，北京大学出版社 2014 年版，第 66—67 页。
② 冯友兰著：《中国哲学简史》，北京大学出版社 1985 年版，第 390—391 页。

他无可非议、受到众人钦佩并高出于众人之上的东西。"① 能否擦亮人心向善的镜子，走出道德贫瘠的泥沼，关键就在于是否能唤醒每个人心中的"道德律令"。其实，我们的义举善行以及无私奉献，都是对品格、美德的无声宣示，都会在他人心中播撒下善的种子，激荡起道德的涟漪。不辜负每一个成为道德星辰的机会，纤微尘土就能垒起道德高峰，让崇德向善如高山之松一样挺立。在品格、美德面前，人人都是"燃灯者"。即使是一支蜡烛，也应"蜡炬成灰泪始干"，从顶燃到底，一直都是光明的；即使是一根火柴，也要在关键时刻闪耀光芒，为他人照亮黑夜中的一角。从我做起，人人奉献光与热，那么理想信念的明灯就会在我们每一个人心中燃亮。不舍义行，方为崇高；不拒微小，乃成伟大。崇高品质的天际线并非触不可及，只要不失求索之心、奋进之志，人人皆可为英雄。即便成不了受人仰慕的超级英雄，至少也可以成为亲朋眼中的坚实依靠；即便不能为别人遮风避雨，至少也可以成就他人眼中的一片美景。关键是，内心中的那些英雄气质和道德基因，不该被自甘平庸、自我矮化的意识所压制。《论语》云："为仁由己，而由人乎哉？"做一个什么样的人，主动权完全在自己手中。斯迈尔斯在《品格的力量》一书中指出，品格是世界上最强大的动力之一和最宝贵的财富。"它是人的良好意愿和人的尊严方面的财富。在这方面进行投资的人们——虽然不能在世俗的物质方面变得富有——但是，他们可以从赢得的尊敬和荣誉中得到回报。因此，在生活中区分良好的品质是必要的，这样，勤劳、美德和善行就应该是最高尚的品德，具备这些品德的人也就是一流的人。"② 不仅帮助别人是美德，自助、自强也是美德。斯迈尔斯在《自助》一书中说："正如在生气勃勃的个人行为中所呈现的那样，自助精神一直是英国人性格的显著特征……在生活中为同伴树立起一种实干、节制、正直、诚实榜样的最谦逊的人，现在和未来都会对国家的完善有着重要影响。"③ 人的品格是一个最高贵和最高尚的男人、女人的标志："他（她）尊重代代相传的东西——包括崇高的目标、纯洁的思想和高尚的动机。正是这种尊重，这种自觉的承袭，才会使社会上人与人之间有了信用，有了真诚，有了信任，使社会太平，人类进步。"④ 标注一个人的品质和价值高度的，不是物质财富的丰裕，而是心灵的洁净与信念的纯粹。追求物质财富，并不意味着就可以不择手段、践踏诚信。装点小我天地，并不意味着就可以粉饰庸俗、审丑炫

---

① 《马克思恩格斯全集》（第1卷），人民出版社1995年版，第458页

② S. 斯迈尔斯著，宋景堂等译：《品格的力量》，北京图书馆出版社1999年版，第6页。

③ S. 卢克斯著，阎克文译：《个人主义》，江苏人民出版社2001年版，第32页。

④ A. 马斯洛著，成明编译：《马斯洛人本哲学》，九州出版社2003年版，第296页。

丑。寻求自身舒适，并不意味着就可以不顾他人感受。多一点虑他情怀、奉献意识和服务精神，激发"见善如渴，闻恶如聋"的道义自觉，赠人玫瑰之余，也可以助自己跳出生活的庸常，眺望美好的远方。在我国的儒家思想家们看来，人之所以有尊严，是因为他生来具备人类所特有的内在德性，以及实现德性、走向成熟的能力；君子之所以受到尊重，是因为他尊重包括自己在内的每一个人，对人类普遍存在的内在德性赋予崇高价值，并努力培养自身的德性。例如，我国封建时代的一些文人贤士，时刻关注民生，把下层老百姓的安危冷暖挂在心上。杜甫"安得广厦千万间，大庇天下寒士俱欢颜"的感慨，范仲淹"先天下之忧而忧，后天下之乐而乐"的情怀，于谦"但愿苍生俱温饱，不辞辛苦出山林"的志向，郑板桥"些小吾曹州县吏，一枝一叶总关情"的为官之道等。一个人具有平凡而高尚的人生境界，就有进取的动力和追求，就能积极工作、善待他人、享受快乐，让身心处于最佳状态，最大限度地获取正能量。《诫子书》说："夫君子之行，静以修身，俭以养德。非淡泊无以明志，非宁静无以致远。"沉着冷静而有定力，俭朴而清心寡欲，修身养性，成就远大志向，这是君子成长成才的"法门"、为人处世的"秘籍"。人的尊严既表现为外在的自我，即享有生存、发展和安全，赋予自由、平等和人权，做一个自主的人；也表现为内在的自我，即加强道德修养，塑造美好心灵，提升精神境界，做一个高尚的人。简言之，人的尊严是人的德性的一种确证，人通过润育德性、锻铸道德品质而获得自己的尊严，而能够赢得人们发自内心敬重的往往是人的人品和崇高的精神品质。

（四）人格尊严

尊严是道德人格的重要内涵。那么，何谓人格呢？在日常生活中，人格通常指社会技能。然而，大多数社会学家以及社会心理学家认为："人格指的是特殊的思想、感觉和自我关照的模式，它们构成了特殊个体的一系列鲜明的品质特征。"在日常生活中，人们倾向于认为人格是独一无二的，然而，大多数社会学家以及社会心理学家认为："人格是人们所处于其中的社会和文化力量的产物"，① 甚至那些表面上看似个人特征的东西，诸如竞争意识、易怒等，都是由社会和文化所塑造的。岩崎允胤说："人格就是从社会中获得形成能动地作用于社会的自我的条件的主体。某人不仅生来就具有与他人相异的个性特征，还在社会中通过社会活动而形成为人格。人格是在社会中自我形成的主

---

① D. 波普诺著，李强等译：《社会学》，中国人民大学出版社 2002 年版，第 147 页。

体，是自我实现的主体和社会活动的主体的统一。"① 显然，人格具有社会性，且是自我实现的主体。

就作为自我实现的主体的人格而言，道德的人格或伦理的人格是给自己的人性规定价值方向、实现自身的主体。"人格以'应有的自我'为目的，以'应有的自我'的实现为目标。人生就是这样的自我实现的总过程，并通过这个过程来确证人生的意义。人格是存在于不断地自我实现的征途上的活生生的东西。在'应有的自我'和'现存的自我'之间总是存在一定的矛盾，人格以克服这种矛盾为目标。在这个意义上，伦理上的人格是应有的自我和现存的自我的矛盾的统一，应该作为其理想的侧面和实在的侧面的结合来理解。"② 伦理人格或道德人格指一个人做人的尊严、价值和品格的总和。尊严所表征的首先是人区别于动物的规定性，每个人不论其人种的差别和文明的程度，也不论其职位的高低、财富的多寡、相貌的美丑和健康状况的好坏，都是平等的，都应当在社会中享有做人的权利，履行做人的义务，以显示人之所以为人的社会规定性。在广义的意义上，道德人格就是指人的尊严，人的尊严也就是人的人格的尊严。同时，尊严也是构成个人或集体的价值和品格的基础。没有尊严，就无所谓人的价值。如果说尊严是对道德人格的广义诠释，那么人的价值与品格，则是对道德人格的狭义诠释，指一个人区别于他人的特殊的规定性与差异性。这种特殊性的规定性和差异性由一个人比较稳定的精神结构和由此决定的比较稳定的行为倾向和生活态度构成。人们正是根据人的这种比较稳定的行为倾向和生活态度来确定和判断他的道德人格的。道德人格的广义和狭义这两层含义是辩证统一的，这种统一标示着"人的社会特质"，它表明维护人的尊严，尊重人的人格，就必须处理好人的一般性和特殊性、共同性和差异性的辩证关系。不把人当人，即是对人的尊严的践踏；不尊重人的个性，同样也不可能有对人的尊严、人格的真正尊重。诚如费希特所说："人生来就既不能被出卖，也不能被赠送；人绝不可能是任何别人的所有，因为他是他自己的所有，并且永远应该是他自己的所有。""人本身就是目的，他应当自己决定他自己，绝不应当让某种异己的东西来决定自己；他之所以应当是他所是的东西，是因为他希望成为这种东西，而且应当希求这种东西。"③

---

① 岩崎允胤主编：刘奔译：《人的尊严、价值及自我实现》，当代中国出版社 1993 年版，第 56 页。

② 岩崎允胤主编：刘奔译：《人的尊严、价值及自我实现》，当代中国出版社 1993 年版，第 65 页。

③ 费希特著，梁志学等译：《论学者的使命、人的使命》，商务印书馆 2008 年版，第 9 页。

人格尊严和荣誉紧密相关。荣誉指社会或个人以某种赞赏性的社会形式或心理形式对人们履行一定社会责任及其相应行为的道德价值所表达的肯定性态度与褒奖。薇依说："荣誉是人类灵魂必不可少的一种需求。必须给予人的敬重，即便是有效地给予了，也不足以满足这项需求，因为，它是对所有人都相同且不变的；而荣誉对于每一个相关的人，不仅仅与他本人有关，也涉及他周遭的社会关系。假如每一个集体能为某个成员提供由其过去所包含且为外部世界公开承认的伟大传统中的一个位置，这种需求就能得到充分的满足。"① 荣誉包含两个方面的涵义：一是社会的价值认定，在一定社会里，人们履行了某种社会义务，对社会做出一定的贡献，社会对其行为的道德价值给予肯定性的确认和赞赏性的评价，如赞扬、奖励、授予各种荣誉称号等。在这个意义上，荣誉表现为评价人们履行社会义务的一种社会道德价值的尺度。薇依说："为了使职业生活中荣誉的需求得到满足，就必须使每种职业都对应于某个集体，它能保存对辉煌、英雄主义、正直诚实、宽宏大度、非凡才具之宝库的活生生的记忆，并在职业实践中得到运用。"② 二是个体的心理感受，这是指个体以自尊、自爱等自觉的心理形式，对自身出于责任感的某种行为所表达的欣慰态度和尊严感。在这个意义上，可以说荣誉是体现个体行为选择的道德责任感和自我评价能力。荣誉作为社会的价值认定和个体自我肯定的心理感受的统一，其统一的道德基础和心理机制就是人的尊严感。"我们奖励一个人的所作所为，是因为我们认识到了他的尊严或价值。"③ 可见，尊严是把客观的社会价值认定转化为主体的道德意识，从而发挥其道德功能的重要杠杆。事实上，荣誉是主体对尊严的积极追求和升华，而尊严则是主体追求荣誉的内在机制和精神动力。"尊严与正强化作用有关。当我们发现一个人的行为有了强化意义时，我们表扬和奖励他，使他可能重复自己的行为。……表扬或赞许通常之所以有强化作用，是因为如果你赞扬一个人或赞许他的作为，往往会间接地强化他。"④ 例如，表彰一个比赛的优胜者，是要强调胜利依赖于他的行为，因而胜利对他更有强化作用。荣誉使主体摆脱了对尊严的消极自在的态度，获得一种实践性

① S. 薇依著，徐卫翔译：《扎根：人类责任宣言绪论》，生活·读书·新知三联书店2003年版，第15页。

② S. 薇依著，徐卫翔译：《扎根：人类责任宣言绪论》，生活·读书·新知三联书店2003年版，第15页。

③ B. F. 斯金纳著，王映桥译：《超越自由与尊严》，贵州人民出版社1988年版，第58页。

④ B. F. 斯金纳著，王映桥译：《超越自由与尊严》，贵州人民出版社1988年版，第43—44页。

的现实品格，成为一种积极自为的精神品质；尊严只有上升为对荣誉的追求才是积极的、坚实的，才能超越其主观性，实现客观的社会的价值认定和主观的主体自我肯定的心理感受的统一。这就是为什么日常生活中人们总是把荣誉和尊严并提，以表征对道德人格的维护。可见，尊严和荣誉的内在关联性和不可分割性，是由于两者都关涉到如何认识和对待权利与义务、自身利益与社会责任的关系问题。无论是尊严还是荣誉，都是以对权利与义务、自身利益和社会责任的正确把握和积极追求为前提和基础的。否则，这种尊严就是虚伪的、假的尊严，而不是真正的人格尊严。例如，在今天中国的一些大学里，研究生导师可以说是"臆造"荣誉的典型。我国从恢复研究生导师制度之日起，导师尤其是博士生导师就被罩上了荣誉的光环。由于导师被臆想成为一种荣誉，于是就有了一些不够导师条件的教师或者所谓的"教师"费尽心思想挤进导师队伍；由于导师被臆想成为一种荣誉，于是就有了不合格的"官员导师"的批量生产。"仕而优则学"、"仕而优则导"的持续跟进终于坐实了"官大学问大"的传说。不过，在这一过程中，"导师"的尊严和神圣也悄然消弭了。

自从人类社会形成以来，人就有了对自身尊严的追求和理想，这种追求和理想根源于人的自我意识的形成与发展，根源于人类对自身的价值和对自己的家庭、民族、国家的道德情感与社会责任的体验与认同。陶渊明归隐田园是为了尊严，谭嗣同英勇就义是为了尊严，李大钊慷慨赴死依然是为了尊严。"宁可站着死，不能跪着生"、"宁为玉碎，不为瓦全"、"士可杀不可辱"等，讴歌了人们维护自己做人的尊严、尊重他人人格的可歌可泣的实践。例如，在我国的革命战争年代，无数先烈在生死面前之所以能够赴汤蹈火、视死如归，就是因为他们对崇高的理想信念坚贞不渝、矢志不渝。他们不为名、不为利，为的就是一个理想，靠的就是一种信仰。尽管他们知道，自己追求的理想并不一定会在自己的手中实现，但他们坚信，只要一代又一代的人为之持续努力，崇高的理想就一定能够实现。"砍头不要紧，只要主义真。"在社会主义建设时期，广大人民群众秉公道，弃杂念，去私心，做到公而忘私、先公后私、大公无私。"公者千古，私者一时。"他们用信仰之泉滋润心田，以理想之风荡涤迷雾尘垢，具有"风物长宜放眼量"的视野、"计利当计天下利"的胸襟、"利在众后，责在人先"的担当、"先天下之忧而忧，后天下之乐而乐"的情怀。如是，他们突破了"小我"的束缚，排除了名缰利锁的干扰，在报国为民中实现了自己的人生价值。私心杂念形如枷锁，"人只一念贪私，便销刚为柔，塞智为昏"。一旦超越了私念欲，则心清，则神旺，则生命之全力可聚于一事。甚而为拥有"一颗坚不可摧的精神内核而存在"，志存高远，不为名利所羁绊；心无旁骛，专心致志干事业；脚踏实地，滴水穿石不懈怠。弗兰克说："如果说整个人类生活充满激情与奋争，亦如歌德所言'做人就是要做一名斗士'的话，那么它首先表现在社会生活中。成千上万的人在整个世界的历史长河中为社会斗争不惜献出生命，不惜倾家荡产，为了实现某种社会目标或是社会理想，满腔热忱地投身于斗争中。显然，他们认为这一事业具有无与伦比的意义，值得为之抛洒热血，为之耗尽家财。"① 正因为如此，在中外伦理思想发展史上，尊严问题也一直受到伦理学家的高度重视，并提高到人性、人格的高度来认识与探讨。

构成人格尊严的上述基本内涵，无论是关涉主观的因素还是客观的因素，应该说都是历史的、具体的，尊严本质上是一个历史的范畴，是同社会的解放与人的解放紧密相连的，在不同的时代和不同的社会其实际状况与实现程度是不同的。尽管追求和维护人格尊严一直是人类的不懈追求的理想，但剥削制度下这种理想追求都在事实上遭到压抑与扭曲。薇依说："剥夺荣誉的最极端程度，就是把人耻辱地分成各种不同的类别，从而彻底地剥夺了某些人的荣誉。在法国，算上各种分类方式，这些类别是：妓女、惯犯、差佬、移民或殖民地土著的下层无产者……这样的类别绝不应该存在。"② 马克思指出，在阶级社会里各种形式的人身依附关系把人的尊严异化了，人的人格连同他的人身一起也被当作交换价值出卖了，失去了人的尊严感。"那些不感到自己是人的人，就像繁殖出来的奴隶或马匹一样，完全成了他们主人的附属品。"③ 无数事实表明，人类对尊严和人格的追求与维护是在与蔑视人的尊严、践踏人的人格的思想与行为的斗争中曲折地向前发展的。在当代社会尤其是资本主义社会，尽管物质文明高度发展，但人却越来越被功能化、被边缘化。不少现代人信仰缺失、价值迷乱，有的每天只为稻粱谋，奔走忙碌疲惫不堪，有的虽然有暇，却不知道除了物质享受外还能有些什么样的追求。很多人每天都在做事情，但不知道为什么做事情，不知道"我是谁，从哪里来，到哪里去"。诚如贝尔所说："现代主义的真正问题是信仰问题。用不时兴的语言来说，它就是一种精神危机，因为这种新生的稳定意识本身充满了空幻，而旧的信念又不复存在了。如

---

① C. 谢·弗兰克著，王永译：《社会的精神基础》，生活·读书·新知三联书店 2003 版，第 4—5 页。

② S. 薇依著，徐卫翔译：《扎根：人类责任宣言绪论》，生活·读书·新知三联书店 2003年版，第 16—17 页。

③ 《马克思恩格斯全集》（第 1 卷），人民出版社 1979 年版，第 409 页。

此局势将我们带回到虚无。由于既无过去又无将来，我们正面临着一片空白。"① 波德莱尔也对资产阶级价值展开了愤怒的声讨。他说，功利、理性和物质主义是枯燥无味的，"在我看来，那种期望做一个有用的人的想法总是显得令人厌恶"。资产阶级自身既缺少精神生活，也缺少放纵。现代企业的楼房里充满了"残忍的、无法调换的正规"生产气氛，可它却声称："机械化将会⋯⋯使我们美国化，进步潮流将要让我们大获其益，包括我们整个的精神世界。"② 可见，精神迷惑解除不了、价值迷乱消除不了，就既无法超脱物质之困，也找不到升华人生的出路。

费希特在《论自在的人的使命》一文中的呼吁，今天仍有振聋发聩之效。他说："我今天向你们扼要指出的那个崇高的使命，就是我应当使许多大有希望的年轻人明确地认识到的使命；我希望这个使命成为你们全部生活的至高无上的目的和坚守不渝的指南；年轻人本来就肩负着一项使命，他们将在大小不同的范围内以自己的学说或行动，或者以这两者，再对人类发出强有力的影响，不断传播他们所获得的教养，处处造福于跟我们休戚与共的同胞，把他们提高到更高的文化阶段；我在陶冶年轻人的时候，很可能也在同时陶冶着千百万尚未诞生的人们。"③ 费希特的呼吁得到了许多人的响应，他们崇高的使命感和责任感推动了社会的进步和发展。例如，形成于 20 世纪二三十年代的法兰克福学派，从某种意义上说，反映了 20 世纪思想发展的一般状况，即对人类命运的痛苦思索和对命运束缚的抗争。而霍克海默无疑是法兰克福学派的旗手，其批判理论旨在帮助当代人走出"无家可归"的困境。1985 年，哈贝马斯在纪念霍克海默诞辰 90 周年的学术讨论会上说："霍克海默一直都是一个后来被称为'法兰克福学派'的集体代名词，他比所有其他成员都更坚决地捍卫这个学派。"④ 霍克海默高举"批判理论"的大旗，对现存的资本主义社会持不屈不挠的批判立场，努力使存在于这个社会中的人摆脱痛苦、压迫和不幸，促使社会发展成为一个更加公正、正义、人道和幸福的社会。他说："我无法逃避我必须活着这一必然的事实，即使这是理智的。也就是说我必须活着，直到我

① D. 贝尔著，赵一凡等译：《资本主义文化矛盾》，生活·读书·新知三联书店 1992 年版，第 74 页。

② D. 贝尔著，赵一凡等译：《资本主义文化矛盾》，生活·读书·新知三联书店 1992 年版，第 63—64 页。

③ 费希特著，梁志学等译：《论学者的使命、人的使命》，商务印书馆 2008 年版，第 12 页。

④ 方晶刚著：《走出启蒙的神话》，复旦大学出版社 2013 年版，第 31 页。

生命的最后一刻，我必须这样做，我担负着使命，因为我的意志向我提出了这些使命，有时我也憎恨这些使命，但我的意志使然……意志的目标实际上总是指向新的、永不枯竭的幸福，悲观乃意志的最大的敌人。始终如一地付诸行动，我全部的所能皆服务于意志的使命：意志为我创造了使命，使我屈从于它的法则；意志为我指明了目标，在这个目标下，生命只是微不足道的；意志使我厌恶社会制度和我生活其中的精神世界，这个充满了令人惧怕的野蛮的世界；意志无情地批评养育我的父母的最微小的缺点，把这些缺点指责为资产阶级的恶习；意志驱使我无时无刻不怀疑对人类残暴的思想；意志使我永远不忘犹太人备受折磨；意志向我大声疾呼我的使命——这就是我的意志。"① 上述这段话，充分表明了他对于现实社会中一切不公正、不平等现象的厌恶，对真理的追求和对人类幸福生活的渴望，以及拯救人类的责任感和使命感。

人格尊严是人性尊严的升华，是人的道德主体性的凝结和彰显，意味着人在道德上应当追求、建树和捍卫自己的独立人格，不能为了"五斗米"而折腰，不能执着于荣华富贵而忘却乃至放弃人本身应有的气节和操守。苏格拉底宁愿赴死也不愿逃狱偷生，就在于具有尊严的他宁愿"遭到不公正的待遇而死"，也不愿意"无耻地以不义报不义"。费学特认为，学者的使命就在于用科学知识为社会服务，关心人类的进步事业，使人类社会不断向前发展。学者不仅应立足于现实，而且应思考人类何去何从。学者不仅要具备不怕任何艰险而去完成自己使命的火一般的热忱，而且要敢想敢做，忍受痛苦，具有至死忠于真理的献身精神。正因为如此，他十分藐视那些追逐个人利禄的御用学者，鄙视他们在研究问题时考虑的不是"人类是否会由此获得什么好处"、而是"我是否会由此得到什么好处"的做法。② 费学特虽是就学者而言，其实每个个人又何尝不应如此。每个生而为人者均拥有自己不可替代的主体地位，具有内在的道德人格和尊严。"人类可以放弃一切；在不触动人类真正的尊严的情况下，可以剥夺人类的一切，只是无法剥夺人类完善的可能性。"③

（五）人权尊严

人的尊严是人的一种基本权利，人权的基础是人类享有平等权利并尊重其基本尊严，而维护和实现人的尊严是人权的最终目的。

---

① 方晶刚著：《走出启蒙的神话》，复旦大学出版社 2013 年版，第 1—2 页。
② 费希特著，梁志学等译：《论学者的使命、人的使命》，商务印书馆 2008 年版，第 v 页。
③ 费希特著，梁志学等译：《论学者的使命、人的使命》，商务印书馆 2008 年版，第 41 页。

人权是一种道德权利。人权是那些属于每个男女的道德权利，它们之所以为每个男女所有，仅仅因为他们是人。即，人权是基于人的一切主要需要的有效的道德要求。唐纳利说："人权是一种特殊的权利，一个人之所以拥有这种权利，仅仅因为他是人。"① 文森特说："人权是每个人由于其人的属性且人人都平等享有的权利。"② 实现人的尊严是人权的目标，对于任何人权的侵犯都阻碍着人们实现一种具有充分的人的尊严的生活——即使人们不能享有"过"一种有价值的人的生活所需要的起码条件，从这个意义上来说，所有的人权都是"基本权利"。③ 人权尊严是人作为主体和目的的一种权利诉求，也是国家和法律必须保护的一种带总括性的权利。诚如大沼保昭所说："在今天，无论哪一个国家都无法堂而皇之地否认人权，人权已然成为神圣的观念，全世界都在提倡对人权的保障和尊重。"④

每一个人都应当作为"人"而享有"尊严"，因此，每一个人都有权要求其他任何人尊重他的人格、他的生命以及他的私人空间。尊严是不可以讨价还价的，人及其生存的尊严是现代伦理学的终极基础。每一个生命都以自己独特的方式追求自己的价值。我们一旦明白这一点，就能像"看待自己"那样看待所有的生命，于是，我们就愿意赋予所有生命如同我们自己一样的价值。舒威泽曾为"尊敬生命"进行了完美的伦理辩护："真正的哲学必须开始于最直接和最广泛的意识之事实。而这可以表述如下：'我是愿意活下去的生命，并且存在于想活下去的生命群中。'……正如我的生存意志渴望更长久的生命，渴望被称作快乐的那种意志的神秘狂喜，并且惧怕面对毁灭和被称作痛苦的对生存意志的伤害；我周围的所有生存意志也都是如此，无论它是能够表达自己的意志以便让我理解，还是一直缄默无声。因此，伦理正在于，我体验到了必须实践对所有生存意志的生命之尊重，就像对我自己的生存意志的尊重一样。我由此拥有所需要的道德基本原则。维护并珍惜生命就是善，毁坏并约束生命则是恶。一个人只有遵从对自己的约束，去帮助他能够救济的所有生命，并尽力避免伤害任何生命，才是真正有道德的人。他不问这个或那个生命作为自身有

① J. 唐纳利著，王浦劬等译：《普遍人权的理论与实践》，中国社会科学出版社 2001 年版，第 7 页。
② R. J. 文森特著，凌迪等译：《人权与国际关系》，知识出版社 1998 年版，第 13 页。
③ J. 唐纳利著，王浦劬等译：《普遍人权的理论与实践》，中国社会科学出版社 2001 年版，第 42 页。
④ 大沼保昭著，王志安译：《人权、国家与文明》，生活·读书·新知三联书店 2003 年版，第 75 页。

价值的主体值得多大的同情，也不问它有多大的感知能力。对他来讲，这样的生命本身就是神圣的。他不弄碎阳光下晶莹闪烁的冰晶，不从树上摘取树叶、揉碎花草，走路时小心翼翼，以防踩死昆虫。他如果在仲夏夜挑灯工作，那就宁愿关上窗户呼吸闷热的空气，而不愿看见昆虫一个接一个地折翅断足，跌落桌上。"① 人及其生存的尊严是诸多伦理价值和价值评价的原理，是为后者提供基础的基准。如果用伦理学的传统语言来表述，那么，人及其生存的尊严是最高的善。岩崎允胤说："人及其生存本身乃是最高的善……人及其生存这个事实本身之中在本质上包含着是尊严的东西。作为这样的东西，所谓人及其生存的尊严，还成为其他各种价值、各种评价的基准。"② 人及其生存的尊严是其他任何东西所不能决定的基础的基准，是"非假定的原理"。相应地，每一个人对其他任何人也必须承担相同的义务。文森特说："某些形式的生命——例如奴隶的生命——不符合人的尊严，因此没有达到人权标准。从这个意义上说，人权……被视为'不可剥夺'的权利。"③ 人权尊严既指人权具有尊严，不能任意践踏人权或不尊重人权，亦指人的主体地位不能否定，人的目的价值不容轻视，不能将人客体化、工具化。在国家与人的关系问题上，人的尊严具有最高价值，它是基本权利的基础，尊重和保护人的尊严是国家的首要义务。每一个人都不能仅仅被作为手段或工具来使用，不得对任何人包括被剥夺自由的人进行侮辱和惩罚等。

人权与人的尊严密切相关。从人权的主体看，人性尊严的普遍性决定了人权主体的普遍性。"一旦承认拥有特殊价值和尊严的个别的个人是单个的人，人权的基础就得到了确立。"④ 从人权的权利属性上看，人性尊严奠定了人权的权利来源。人性与人权之间须由尊严作为联系纽带，人权的道德性、价值性来源于尊严，人权的自然性、绝对性来自于人性，人权只有同时具备相对的价值判断和绝对的自然属性才能成为真正意义上的人权。即，人权只能来源于人性与尊严的有机统一融合，只能来源于整体意义上的人性尊严。诚如罗森所说："带着尊严对待某人就是带着尊重对待某人。并不是以尊重一系列基本人权的方式来尊重尊严，尊严要求的是尊重性。用这种方式来理解，那么某人的尊严

---

① P. 辛格著，刘莘译：《实践伦理学》，东方出版社 2005 年版，第 274 页。

② 岩崎允胤主编：刘奔译：《人的尊严、价值及自我实现》，当代中国出版社 1993 年版，第 22 页。

③ R. J. 文森特著，凌迪等译：《人权与国际关系》，知识出版社 1998 年版，第 14 页。

④ J. 唐纳利著，王浦劬等译：《普遍人权的理论与实践》，中国社会科学出版社 2001 年版，第 76 页。

被尊重的权利就是一个特定的权利——是很重要的一个权利——而不是某种一般意义上所有人权的基础。"① 从人权的社会现实性看，人性尊严是人权现实性的基础。从人权的功能上看，人权是维护人性尊严的基本手段。"人类为争取有体面的生活而进行的斗争的历史可能与人类社会一样久远，但依靠人权作为一种机制来保障人的尊严，是当代历史中才有的事情。"② 人权是对人的尊严的肯定和维护，人的尊严必然要求得到承认并体现为权利。《世界人权宣言》强调："对人类家庭所有成员的固有尊严及其平等的和不可剥夺的权利的承认，乃是世界自由、正义与和平的基础。""人人生而自由，在尊严和权利上一律平等。"每个人，作为社会的一员，有权享受社会保障，并有权享受他的个人尊严和人格的自由发展所必需的经济、社会和文化方面各种权利的实现，这种实现是通过国家努力和国际合作并依照每个国家的组织和资源情况而促成的。

四、教育：提升人的尊严

为人的尊严和幸福进行论证和申辩，这是教育哲学不可推卸的使命。而有尊严的人究竟如何成为可能？换言之，有尊严的人应该具备哪些基本的前提条件，它才有可能成为现实？显然，在影响人的尊严的众多因素中，教育是最具决定性的因素。

（一）"人是目的"：提升人的尊严的必要条件
1. 尊重人

康德"人是目的"这一原则充分体现了康德对人的尊重。在康德看来，这一原则还意味着：尊重他人，除了不能把他人当成是实现我们自身目的的客体或工具外，我们还应该把他人看成是和我们一样有着自己的目的并根据自己的原则行动的人。"不论是谁在任何时候都不应把自己和他人仅仅当作工具，而应该永远看作自身就是目的。"③ 康德所谓的"绝对命令"并不是指任何一个人的习惯或一般意义上的文化，而是指必须把每个人看成是平等的主体，他们在服务于行动的所有规则面前是平等的。"儿童必须被置于某种必然的法则之下。这种法则必须是普遍性的。在学校里尤其要注意这一点。教师一定不能在众多

---

① M. 罗森著，石可译：《尊严：历史和意义》，法律出版社 2015 年版，第 15 页。
② R. E. Howard and J. Donnelly：*International Handbook of Human Rights*，New York：Greenwood，1987，p. 1.
③ 康德著，苗力田译：《道德形而上学原理》，上海人民出版社 2005 年版，第 53 页。

学生中对某一个人表现出特别的偏爱，因为这样的话，法则就不再是普遍性的了。一旦他们发现不是所有人都遵从这同一法则，就会变得难以控制。"① "绝对命令"是指把每个人当成他自己来尊重的需要，是指把每个人当成他自己的目的而不仅仅是实现别人工具手段的命令，是指能够认识到每一位与我不同的人都和我一样拥有合法的自我管理的权利。康德把这种权利看成是人类尊严的核心，是无价的，是人类所创造或体现的任何其他价值的基础。他在《道德形而上学原理》一书中，曾把拥有价值与拥有尊严作了区别。"凡有价值的均可为等值者替换；另一方面，超过一切价值、无等值物可替换者，即系尊严。"②所以，满足人类欲望与需要的商品有市场价值；能吸引人们兴趣的（即使无此需要）也可以说具有唤起感情或想象力的价值。但世界上有些东西是不能用任何价值的尺度来衡量的；它们是无法估价的，无价的。对每个人来说便是这种情况。一个人可能是较好的教师、职员或官员，在限定的行为范围内，我们可能而经常必须称赞他们相对的价值。但作为人，他们却没有相对价值，因为凡有相对价值的，只要那是价值，都可以为另一具有相等或较大价值的同样实体所代替。一个好教师可以被更好的教师所替换；一个好官员至少可以被同样熟悉行政运作的人替换。作为一个人，却没有人可能被另一个人替换。使他在此领域内占有一席之地就是因为他有人的尊严，那是他存在的内在的属性。尊重每个人的尊严，恰好表达了这一思想。此处所言的尊严，不包含内心的自尊或外部举止，而是每个人内在的值得尊重的、一种不容任何比较性评价的内在尊严，与他的智力、技艺、才能、等级、财产、信仰无关。诚如杜威所说："在社会道德事务上，平等并不意味着数学上的相等。它意味着不能用大些、小些、优些、劣些这些概念来考虑。它意味着不论能力、力量、地位、财富在数量上的差距多大，但与其他一些——个人存在的这一事实、某些不可替换方面的观察——相比，是微不足道的。总之，它意味着这样一个世界，其中存在必须按其本身价值来考虑，而不是作为某种可与其他东西相等或转换的事物来考虑。可以这样说，它含有一种抽象的没有共同量度的数学，在这种数学中各为自己辩护并各为自己而要求得到考虑。"③ 不管人与人之间有多少不同，都应该认识并珍视人的尊严。

因此，在我们思考教育与社会所应该具有的所有价值观中，对人的尊重应

---

① 康德著，赵鹏等译：《论教育学》，上海人民出版社 2005 年版，第 37 页。
② 科恩著，聂崇信等译：《论民主》，商务印书馆 2004 年版，第 255 页。
③ 科恩著，聂崇信等译：《论民主》，商务印书馆 2004 年版，第 256 页。

该居首要的地位。

2. "人的目的"视野下的教育"镜像"

如果承诺"人是目的",教育即应该尊重学生的权利,维护学生的尊严,而不能随意剥夺学生的权利,更不能歧视、羞辱学生。羞辱、贬损、歧视是对人的尊严的侵犯,"尊重某个人的尊严的要求是,对待他人的时候,要'带着尊严'——也就是说,对待他们的方式中必须不能有贬损、侮辱,或者表达出轻蔑"。① 学生的权利是一项根本性的道义产物,与学生的尊严、自尊紧密相关。学生的权利,使学生作为自尊的人站立起来,"用眼睛正视他人,以根本性的方式看待人们间的平等。把自己当作权利的持有者,这不是不应有的骄傲,而是恰如其分的自豪,具有这种最低程度的自尊,对于热爱并尊重他人也是必要的"。② 为了维护学生的尊严、自尊,就应当承认并重视学生的权利。如果不尊重学生的权利,学生的尊严、自尊便会落空。学生的尊严、自尊之所以重要,其原因在于:自尊意味着通过公平正义地对待每一个人,而使其感到自由平等,使其具有自我价值感。"在一个组织良好的社会里,由社会肯定的每个人的平等公民地位保障着人们的自尊。"③ 自尊是对自我价值的肯定、对生活目的的坚定意愿、对实现有价值的生活的追求。如果没有自尊,就没有什么事情值得去追求、去做,即便有些事情值得去尝试,也缺乏去尝试的意愿。"自尊的重要性在于,它提供了一种对我们自己之价值的可靠感,一种对我们的决定性善观念值得付诸实施的坚定确信。如果没有自尊,似乎任何行动都没有价值。而且倘若某些东西对我们有价值,我们也会缺乏追求它们的意愿。"④ 自尊是对自己能力的自信,是对自己有能力实现某种意图的认可。"自尊是一个基本善。没有自尊,那就没有什么事情是值得去做的,或者即便有些事值得去做,我们也缺乏追求它们的意志。那样,所有的欲望和活动就会变得虚无缥缈,我们就会陷入冷漠和犬儒主义。"⑤ 自尊构成人人平等相待的基础,因为自尊的需要,我们希望得到他人的赞誉与认可,同时也赞誉或认可他人,自尊和互尊紧密相连。自尊是形成人人充分参与的实现公共福祉的自由、平等互惠的公民的基础,也是加强社会团结与社会合作的条件。因为没有人会受到制度性的排斥、歧视和羞辱,所以对充分参与社会合作、扩大公共福祉具有愿望,对

---

① M. 罗森著,石可译:《尊严:历史和意义》,法律出版社 2015 年版,第 104 页。

② 顾肃著:《自由主义基本理念》,中央编译出版社 2003 年版,第 109 页。

③ J. 罗尔斯著,何怀宏等译:《正义论》,中国社会科学出版社 2001 年版,第 548 页。

④ J. 罗尔斯著,万俊人译:《政治自由主义》,译林出版社 2000 年版,第 337 页。

⑤ J. 罗尔斯著,何怀宏等译:《正义论》,中国社会科学出版社 2001 年版,第 442 页。

他人的自我价值、对他人的生活目的给予充分的尊重和支持。"假如某些人的平等之基本自由受到限制或否定，就不可能有相互尊重基础上的社会合作。因为我们已经看到，公共的社会合作项目是作为平等个人的我们借此愿意终身与所有社会成员进行合作的那些项目。当这些公平的项目得不到人们的尊重时，那些受亏待者就会产生怨恨或自卑，而那些得利者则必须认识到他们的过错，或是因此遇到麻烦，抑或把那些受亏待者视之为活该倒霉的人。这样，在得利者与受亏待者两方，相互尊重的条件都被削弱。"① 简言之，每一个人都需要有自尊，只有自尊的人才会感受到人的尊严；每一个人都需要被平等地对待，只有得到公平正义的对待，人的自尊才能得以维护。诚如班尼费尔德所说："正是对相互吵架的孩子以及他们相互矛盾的基本愿望所给予的公正程度，会对家庭的和睦与否产生影响。社会亦是如此，公正会增进合作，而歧视则会侵损合作。"② 正因为自尊如此重要，教育显然应该维护、尊重学生的自尊。首先，任何教育制度规范都应尊重学生的人格尊严、尊重学生的权利，而不能伤害学生、羞辱学生、打击学生，更不能体罚学生。"他们应当被'带着尊重'对待，也就是说，最重要的是，他们不应当被羞辱、被贬损，以这样的方式被毫无尊重地对待。"③ 其次，任何形式的教育都应尊重学生身心发展规律，促进学生自由而全面地发展，而不能以任何形式的压迫、矮化、排斥等手段剥夺一部分学生的自尊。"在人的尊严光辉里，理性才能把握住特定的道德价值，这些价值具有确定的善，人自然地要倾向于它。……去爱、去尊重作为目的的人，而永远不会仅仅把他们当作手段。按照它的天性，尊重基本善，如果没有这个善，那么人就会堕入相对主义和随意性。"④ 再次，任何样式的教育都应一视同仁，平等对待每一位学生，而不能区别对待。

如果承诺"人是目的"，教育首先应尊重人的独特性，把人看作是自主的、需要隐私的和能够自我发展的。费希特说："人本身就是目的，他应当自己决定自己，绝不应当让某种异己的东西来决定自己；他之所以应当是他所是的东西，是因为他希望成为这种东西，而且应当希求这种东西。"⑤ 如果不是把人看作一个行为者和选择者，一个产生了行为和选择的自我；如果不把人作为一个人来看待，从而也不把他作为一个人来对待，而仅仅作为一个头衔的佩带者或

① J. 罗尔斯著，万俊人译：《政治自由主义》，译林出版社 2000 年版，第 357 页。
② E. 博登海默著，邓正来译：《法理学》，中国政法大学出版社 2004 年版，第 312 页。
③ M. 罗森著，石可译：《尊严：历史和意义》，法律出版社 2015 年版，第 50 页。
④ M. 罗森著，石可译：《尊严：历史和意义》，法律出版社 2015 年版，第 81 页。
⑤ 费希特著，梁志学等译：《论学者的使命、人的使命》，商务印书馆 2008 年版，第 9 页。

一个角色的扮演者，或者仅仅作为达到某种目的的手段，最糟的是甚至仅仅作为一种客体、一种工具或器皿，那么就是不尊重人。"如果仅仅根据他的某些偶然的和由社会限定的属性，诸如他在社会等级中的地位或他的职业角色，来决定我们对他的态度，那么我们就否定了他作为一个自主的人的地位。"① 如果没有正当理由而侵犯某人的私人空间和利益，干预他们应受尊重的活动（尤其是干预他内在的自我），那这很明显是对他的不尊重。如果学生在教育教学过程中经常感到自己的人格被侮辱，尊严受到损害，人性尊严没有得到应有的保障，那么教育法律应予以充分的保障。"在这种逐渐扩大的过程中，人们开始认识到，人权的本质在于尊重人作为人所具尊严，也正是因为如此，无论侵害主体如何，国家的义务都应该是保障其统治下的所有个人享受人作为人所具的尊严。"②

如果承诺"人是目的"，教育还应充分尊重、满足每个人的"特殊教育需要"。所谓"特殊教育需要"，一方面特指其需要来自天才孩子。除了为残疾或学习困难的所有孩子提供特殊的教育需要外，还应关注天才孩子的特殊教育需要。"在民主制度下，人的地位受到尊重，自由才能发挥效力。比如，为弱智之人开设辅导班以及对白痴进行特殊教育，却没有为天赋极高的人设置天才班与天才教育。如果大多数人都反对天才应有的权利时，那么这个民主就面临危机了。更进一步说，如果民主不让最优秀的人才在所有的任务和生活领域，以及人类的潜力中表现和发挥出来的话，那么民主在整个生活中的活力就会减弱，它便走向了自取灭亡之途。"③ 另一方面特指其需要来自残疾或学习困难的所有儿童。许多儿童经历过某些学习困难，并因而在学校教育期间有时会有特殊教育需要。而特殊教育需要体现了所有儿童都可从中获益的已被证明是合理的教育学原理，并设想人的差异是正常的。学习必须据此来适应儿童的需要，而不是儿童去适应预先规定的、有关学习过程的速度和性质的假设。儿童中心的教育学有益于所有的学生，其结果将有益于作为整体的社会。经验显示，"儿童中心的教育学可在确保获得较高的成绩水平的同时，极大地减少大量存在于许多教育制度中的辍学和留级现象，并可帮助避免资源的浪费和希望的破灭。希望的破灭已是低质量教育和'划一标准'的教育思想之习以为常的结

---

① S. 卢克斯著，阎克文译：《个人主义》，江苏人民出版社 2001 年版，第 122 页。

② 大沼保昭著，王志安译：《人权、国家与文明》，生活·读书·新知三联书店 2003 年版，第 212 页。

③ K. 雅斯贝尔斯著，邹进译：《什么是教育》，生活·读书·新知三联书店 1991 年版，第 51 页。

果"。"儿童中心的学校是以人为导向的社会的培训基地，而这一社会尊重所有人的差异和尊严。"① 例如，全纳性学校，即充分满足了每个人的"特殊教育需要"。"全纳性学校的长处不仅仅是它们能向所有儿童提供有质量的教育，而且它们的存在是帮助改变歧视性态度，创造受人欢迎的社区和建立一个全纳性社会的关键一步。"② 当然，全纳性学校也面临着挑战，即发展一种能够成功地教育所有儿童，包括处境非常不利和严重残疾儿童的儿童中心教学。不管怎样，教育教学活动都应尊重、满足具有特殊教育需要的儿童。

如果承诺"人是目的"，教育显然就不能以既定的教育模式来塑造受教育者，不能以某种生活样式作为唯一正确的样式让受教育者模仿和服从，不能以标准化的知识来填塞人的心智，不能以某种价值观作为唯一正确的价值观让受教育者接受，否则，受教育者的生活就不是自我主宰的，他就丧失了自我的本真性，丧失了内在的价值和尊严。诚如伯林所说："除非个体被允许过他愿意的生活，'按只与他们自己有关的方式'，否则文明就不会进步；没有观念的自由市场，真理也不会显露；也就将没有自发性、原创性与天才的余地，没有心灵活力、道德勇气的余地。社会将被'集体平庸'的重量压垮。所有丰富与多样的东西将被习惯的重量、人的恒常的齐一化倾向压垮，而这种齐一化倾向只培育'萎缩的'、'干枯与死板'、'残疾与侏儒式'的人类。"③ 一旦以标准化的知识填塞人的心智，以齐一化的教育制度规范监管人的行为，受教育者面对教育制度规范、教育习俗乃至舆论的压力，就会压制自我的独特性。此时，自我独特性就会"系着一副劳苦和重任的锁链"，戴上这副锁链，"生命就丧失了一个人在年轻时对它梦想的几乎一切，包括快乐、安全、轻松、名声等"。④ 在教育活动中，不应该强求所有的学生都接受统一的价值观或所谓最好的价值观。陈嘉映说："一方面，我该怎样生活这个问题不只关乎我自己，但另一方面，人该怎样生活总是与我该怎样生活连在一起来考虑才有意义。伦理思考无论行多远，都不可脱离思考者的切身关怀。尽管我们不可能只考虑自己该怎样生活而对他人该怎样生活全无所谓，人该怎样生活这个问题却并不是在为所有人该怎样生活寻求答案。我们谁也无法为所有人该怎样生活提供答案，换言之，人

① 联合国教科文组织教育丛书，赵中建编：《教育的使命》，教育科学出版社 2003 年版，第 135－136 页。

② 联合国教科文组织教育丛书，赵中建编：《教育的使命》，教育科学出版社 2003 年版，第 135 页。

③ I. 伯林著，胡传胜译：《自由论》，译林出版社 2005 年版，第 195 页。

④ F. 尼采著，周国平译：《作为教育家的叔本华》，译林出版社 2012 年版，第 23 页。

该怎样生活根本没有一个对人人都有效的或者有意义的答案。"① 基于人性多样化的价值观选择，可能是最好的选择。只有在多样化价值观的选择中，才能使学生在不断探索、不断选择的过程中接近真理。"真理只有在与谬误的比较中才能彰显自身，理解自身，而且，对愚蠢和带有偏见的反对采取不宽容的态度，将使人们因害怕自己显得愚蠢而不敢提出自己的意见，从而阻塞了各种潜在的积极意见的参与，使人们的认识由于缺乏必要的竞争和冲突而陷入枯萎和僵化。"② 尽管多样化的价值观会带来许多纷扰，但没有宽容而强求统一，则会桎梏教育发展和人的发展的生机。在教育活动中，更不应该用胁迫、威胁的方式剥夺学生选择自己生活的权利，或者用一元的生活方式模塑学生。"用迫害威胁一个人，让他服从一种他再也无法选择自己的目标的生活；关闭他面前的所有大门而只留下一扇门，不管所开启的那种景象多么高尚，或者不管那些作此安排的人的动机多么仁慈，都是对这条真理的犯罪：他是一个人，一个有他自己生活的存在者。"③ 一句话，教育中的一切成功与否，取决于人们是否能在各个领域确立正确的根据，并使之能为儿童所理解和接受。诚如康德所说："他们必须学会以对丑恶和不和谐的反感来取代仇恨；要让他们达到的，是内在的敬畏，而非外在的对人或神的惩罚的恐惧；是自知之明和内在的尊严，而非他人的意见；是行动和作为的内在价值，而非单纯的言语和内心激动；是知性，而非情感；是心绪的欢快和虔敬，而非忧伤、恐惧和蒙昧的虔敬。"④

如果承诺"人是目的"，教育所施行的每一项行动都必须是谋求提升教育共同体、教育共同体成员的福祉的，所有人在教育法律面前平等并受到教育法律的平等保护，禁止歧视，采取肯定行动的方式保障某些人免受歧视。《世界人权宣言》中说："每个人，作为社会的一员，有权享受社会保障，并有权享受他的个人尊严和人格的自由发展所必需的经济、社会和文化方面各种权利的实现。"⑤ 如果承诺"人是目的"，教育就应该走出功利主义的泥潭，真正确立育人为本的思想，尊重每个孩子的自我选择和自主决定。"承认每个人都具有我们所应当尊重的他自己的价值等级序列（即使我们并不赞同此种序列），乃是对个人人格之价值予以承认的一部分……换言之，信奉自由，意味着我们绝

---

① 陈嘉映著：《何为良好生活》，上海文艺出版社 2015 年版，第 9 页。
② 贺来著：《宽容意识》，吉林人民出版社 2001 年版，第 5 页。
③ I. 伯林著，胡传胜译：《自由论》，译林出版社 2005 年版，第 196 页。
④ 康德著，赵鹏等译：《论教育学》，上海人民出版社 2005 年版，第 46 页。
⑤ "人的安全网络"组织编写，李保东译：《人权教育手册》，生活·读书·新知三联书店 2005 年版，第 498 页。

不能将自己视为裁定他人价值的终极法官，我们也不能认为我们有权或有资格阻止他人追求我们并不赞同的目的，只要他们的所作所为并没有侵犯我们所具有的得到同样保护的行动领域。"① 否则，既是对孩子自由发展的侵害、自尊心的伤害，更是对孩子崇高精神世界的"摧残"。"如果教育只注重人力资源，只关注 GDP，不考虑未来的人的发展，我觉得我们会虚胖，会有高大的身躯，但是缺乏灵魂和精神……现在这种价值的异化，教育忘了精神，忘了文化，我真是有点忧虑。"② 教育是关涉人生价值、意义、目的等领域的人文之学，以培养自由心智为目的，因而不能仅仅作为为政治、经济服务的工具。亨特在《充当一种志业的人格》一文中认为，教育承担着促进国家繁荣、公平对待弱势群体、提高管理效率、向公众负责等职能，但是，教育也承担着培养自由心智的职能。"他们提出要以培养自由心智来作为另一种高等教育应追求的目标。针对政府把高等教育的目的贬为只为迎合社会和经济的需要，人文学院的回应是把追寻人性的至高价值，也就是培育'完人'和不计实利的追求学问，定为自己最崇高的目标。"③ 教育只有直面人的尊严和价值，回归教育本真，才能培养"大写"的人。"真正的教育绝不容许死记硬背，也从不奢望每个人都成为有真知灼见、深谋远虑的思想家。教育的过程是让受教育者在实践中自我练习、自我学习和成长。"④

如果承诺"人是目的"，教育理论需要实现彻底的扭转，即从"抽象的人"向"具体的人"的转换。抽象的人往往被规定为社会的某种工具，忘记了基于人的尊严的人本身的存在，注重对孩子的塑造、控制、监管、规训、压迫等，孩子被视作"任人打扮的小女孩"，教育持续地扼杀其作为人的尊严的自由个性，考试分数强烈地禁锢其作为人的尊严的自由天性。"教师和家长常常不惜任何代价把孩子的自尊心'禁锢'在学习成绩上，而不注意他在其他活动方面的成就。但这样一来，就使他的生活目标和自我意识带有危险的片面性，当学习上受到挫折时，便可能变成长期的个人价值不完全感，潜在地孕育着变态心

---

① T. A. V. 哈耶克著，邓正来译：《自由秩序原理》（上），生活·读书·新知三联书店 1997 年版，第 93 页。

② 叶澜：《只关注 GDP 教育就会"虚胖"》，《中国青年报》，2010 年 1 月 29 日。

③ I. 华勒斯坦等著，刘健芝等编译：《学科·知识·权力》，生活·读书·新知三联书店 1999 年版，第 157 页。

④ K. 雅斯贝尔斯著，邹进译：《什么是教育》，生活·读书·新知三联书店 1991 年版，第 3—4 页。

理。在对所谓难教育的少年做教育工作时，考虑到自尊心因素是特别重要的。"① 教育不是动物训练，而是塑造人的活动。教育是塑造人的灵魂，培养人的道德观和爱国热情，而不仅仅是训练熟练的技能。"当代教育常常过分相信它适合于以训练价值取代知识价值——换言之，以智力操练取代真正，并且以良好的情绪取代智慧。"② 人的教育是一种人性的觉醒，因此，"教育者自身最为重要的品质就是，不仅要尊重儿童的人身，同时还要尊重他的灵魂"。③ 教育是人的灵魂的教育，绝非知识的堆积以及学生学习成绩的提高。教育如果把自己单纯地局限在提高孩子的学习成绩上，那么，这种教育不可能使孩子从感性生活转入精神生活。

如果承诺"人是目的"，教育显然应扩展每个人实现其自我发展的能力，否则，这种教育就是对人的不尊重。每个人的自我都是独一无二、不可重复的，每个人都理应在唯一的一次人生中实现这个自我的价值。尼采认为，人与人之间在自我的唯一性、独特性价值上是平等的。"每个人都是一个一次性的奇迹"，"每个人……只要这样严格地贯彻他的唯一性，他就是美而可观的，就像大自然的每个作品一样新奇而令人难以置信，绝对不会使人厌倦"。"每个人在自身中都负载着一种具有创造力的独特性，以作为他的生存的核心。"④ 珍惜独特的自我并实现它，既是每个人的人生使命，也是教育的使命。"儿童"和"我们"既分享着人类的尊严，又遭遇着人作为人的存在问题。关注青年的"存在问题"，是每一个人的责任，"我喜欢并尊重青年，并且带着一种奇异的痛苦情感关注他们"。⑤ 尊重独特性的自我并实现出来，既是每个人的人生使命，也是教育的使命。教育儿童或其他所有人，不仅要帮助他们提高生存能力，而且要帮助他们提高存在的智慧；教育者不仅能以功利的眼光来看待教育的对象，还应该以存在的眼光来看待教育的对象。"教育事业中最重要的就是，不断地呼唤年轻人所拥有的智力和自由意志。"⑥ 教育的终极目的是人的自由个

① 科恩著，佟景韩等译：《自我论》，生活·读书·新知三联书店1986年版，第440页。

② J. 马里坦著，高旭平译：《教育在十字路口》，首都师范大学出版社2013年版，第60页。

③ J. 马里坦著，高旭平译：《教育在十字路口》，首都师范大学出版社2013年版，第12页。

④ F. 尼采著，周国平译：《作为教育家的叔本华》，译林出版社2012年版，第23页。

⑤ J. 马里坦著，高旭平译：《教育在十字路口》，首都师范大学出版社2013年版，第94页。

⑥ J. 马里坦著，高旭平译：《教育在十字路口》，首都师范大学出版社2013年版，第12页。

性实现，而自由个性关涉真正自由和精神。只有提高人的存在智慧，自由和精神的无限潜能才能达到完美的人类境界。"受教育者充满活力的自发性，对于向教育终极目标的迈进以及学生经验的稳步扩展，有相当重要的作用。"①

总之，人要有自由，一个主要的前提条件，是个人要被其他人尊重为人（个人也应当这样来尊重自己），而"得到这样的尊重（至少部分地）就等于得到了自由。缺乏这种尊重，个人的自由就会受到损害：他的自主会被削弱，他的隐私会遭到侵犯，他的自我发展会受到阻挠"。②

（二）教育自由：提升人的尊严的重大前提

1. 自由：人的主体性的基本符号

以人为本的教育，其最高的价值标准就是自由。荷尔德林的以下诗句，昭示了诗意地栖居的内涵，也拓展了我们的想象空间。"既然辛勤劳碌宰制人生，人还须仰望苍穹倾诉；吾欲追求汝之高洁？人必得如此。只要善良、纯真尚与人心同在，人便会欣喜地，用神性度测自身。神莫测而不可知？神如苍天彰明较著？我宁可信奉后者。神本是人之尺规，劬劳功烈，然而人诗意地栖居在大地上。我可否放胆直陈，那满缀星辰的夜影，要比称作神明影像的人更明澈洁纯？大地之上可有尺规？绝无！"③ 既然没有尺规可循、可依，人命定就是自由的，只能踏着前人的足迹而不断创造、不断超越，从而开辟出属于自己的新"天地"，创造属于自己的生命精彩。"正如柏格森深刻表明的一样，人没有可改变的实在；他总保持有决定他自己存在的理由。'成为一个人，即是处在成为一个人的过程中'，是持续不断的自我创造的行为。"④ 人是未能确定未来的、自由的化身，只能自己为自己选择前进的道路，只能自己为自己选择未来生活的样式。海德格尔特别赞赏荷尔德林的如下诗句："人诗意地栖居在这片大地上。"⑤ 这对于我们思考教育与自由，也是大有启迪的。关于这句诗文，叶秀山作了深刻的阐释与发挥。他认为，"诗意"、"居住"、"大地"这三者对人而言，都是不可或缺的。"诗意"是"劳作"，"居住"即"栖息"，"大地"则是人"劳作"和"栖息"的"处所"。"大地"是人的"作"、"息"之"所"，因而是

---

① J. 马里坦著，高旭平译：《教育在十字路口》，首都师范大学出版社 2013 年版，第 20 页。

② S. 卢克斯著，阎克文译：《个人主义》，江苏人民出版社 2001 年版，第 124 页。

③ 刘晓枫主编：《人类困境中的审美精神》，知识出版社 1994 年版，第 565 页。

④ M. 兰德曼著，阎嘉译：《哲学人类学》，贵州人民出版社 2006 年版，第 49 页。

⑤ M. 海德格尔著：《荷尔德林诗的阐释》，商务印书馆 2004 年版，第 46 页。

人的"安身立命"的地方。"劳绩"使人"立命","栖居"使人"安身",二者皆离不开"大地"。"劳作的"不是"理论的",也不是"实践的"（实用的），而是与人从"居处"培养出的"自由"的态度相关。人"营造"、"居室"，从而为自己建造了"家"。"居住"中的人既与自然息息相关，又使人与自然有了"间隔"，因而形成了我与自然的"同在"，或者说，我和自然都"自在"。而"自在"即"自由"，这即是所谓的"自由自在"。"自由"的"劳作"，不是"实用"、"实践"的，而是可以"自由地"对待自己的作品。例如，我栽种了门前的桃树，不仅为了吃桃子，而且也为"观赏"桃花。为"桃花"而"栽树"，"栽种"就具有"自由劳作"的意味，即让桃树"自在"，让桃花"自在"，同时栽种者也"自在"。而这种"自由"的"劳作"，使"劳作"具有了另一种性质、另一种意义。这就是"诗意"的"劳作"，也就是"诗意"地"居住"在"大地"上。① 诗的境界是"自由"的境界、"自在"的境界，因此，"人诗意地栖居在这片大地上"，也就是"人自由地栖居在这片大地上"。把人理解为"诗意"的存在，以"诗意"理解人的存在，这是"生"的境界，也是理解"生"的境界。马克思在论述人的"生产"时，有如下论断：由于人"懂得按照任何一个种的尺度来进行生产，并且懂得处处都把内在的尺度运用于对象；因此，人也是按照美的规律来构造"。② 人按照美的规律来塑造，人"诗意"地栖居在这片大地上。这是一种"自在"、"自为"即"自在自为"的存在，也就是"自由"的存在。人类的终极关怀，无疑是寻求心灵的安顿，即寻求"安心"之所。这就需要一种与人的本性相一致的教育样式，也就是一种自由、自在的教育状态，一种"诗意"的教育形态。

自由是基于理性的自我选择和自主判断，这种自由既是道德行为产生的前提，也是优良教育的结果。自由永远与理性相伴而行。就人与自然的关系而言，人从对自然规律的认识、应用中获得了自由。就人与社会关而言，自由是在不违背法律法规的条件下，个人言行是"由自"的、是自我做主的。就人与自我关系而言，自由是人对自己本性的正确认知，而不是纵情贪欲，精神为物所奴役。精神的物化，即是人的异化。异化的人，是不自由的人。人需要自由。没有自由，人就是两脚动物。但自由不是天生的，而是社会发展的产物。因此自由具有集体的特性，而"任性"是个体性，属于个人的品性和素质。尽管自由关涉人的方方面面，但我们仍可粗略地分为内在自由和外在自由。内在

① 叶秀山：《人诗意地居住在大地上》，《读书》，1995 年第 10 期。
② 《1844 年经济学哲学手稿》，人民出版社 2008 年版，第 57—58 页。

自由，是心灵的自由，属于人的内心世界；外在的自由，属于内心自由的外化，表现为言论与行为。内在自由是思想自由，属于思维的本性；外在自由，受法律的制约，属社会规定。任何法律法规都不可能限制人的内心自由。例如，想什么、如何想，都属于个人的内心世界。"三军可夺帅，匹夫不可夺志"是也。如果我们相信，人类不同于其他动物，在于其精神生活，那么精神上的自由就是最宝贵的自由。精神上的自由，是选择的自由，想象的自由，思想上的自由，爱与恨的自由，信与不信的自由。它的实质，是多样性。每一个人的精神生活都是一个丰富的世界。精神上的不自由，最惧怕的就是用一种说教或者意识形态去统一人的思想，就像马克思当年说的，你们赞美大自然悦人心目的千变万化和无穷无尽的丰富宝藏，你们并不要求玫瑰花和紫罗兰散发出同样的芳香，但你们为什么却要求世界上最丰富的东西——精神只能有一种存在形式。所谓寻求精神的家园，也就在于追求精神上的自由。黑格尔认为，完整的精神存在是自在和自为的统一，剥夺自由就是剥夺人之为人的人格，剥夺自由意味着剥夺了"成人"的可能性。精神是人的本质，精神的本质是自由。只有在自由的环境中，精神才能实现自己的力量，展现自己的能量。"'物质'的'实体'是重力或者地心吸力……'精神'的实体或者'本质'就是'自由'。""'物质'的实体是在它的自身之外，'精神'却是依靠自身的存在，这就是'自由'。"精神要求的自由不是他物的馈赠，而是通过精神的自主活动表现出来。"'精神'……刚好在它自身内有它的中心点。它在它自身之外，没有什么统一性，它已经寻到了这个统一性；它存在它本身中间，依靠它本身存在。……'精神'的这种依靠自己的存在，就是自我意识——意识到自己的存在。""精神的世界的使命，以及——因为这个精神世界便是实体世界，物质世界是属于它的，或者，用思辨的文字来说，物质世界对于精神世界没有何等真理——整个世界的最后的目的，我们都当作是'精神'方面对于它自己的自由的意识，而事实上，也就是当作那种自由的现实。"[①] 在黑格尔的精神哲学思想中，精神为实现自己而主张的自由本性，要求摆脱内外的束缚，为自我的实现扫清前进路途中的一切障碍。精神——人之所以为人的本质——是自由的，因此，人总是不断依靠自身前进、发展与完善的。"发展的原则包含一个更广阔的原则，就是有一个内在的决定，一个在本身存在的、自己实现自己的假定作为一切发展的基础。这一形式上的决定，根本上就是'精神'，它有世界历史做它的舞台、它的财产和它的实现的场合。'精神'在本性上不是给偶然事故

---

① 黑格尔著，王造时译：《历史哲学》，上海世纪出版集团2007年版，第17—18页。

任意摆布的，它却是万物的绝对的决定者。"① 尽管人本性是追求自由的，但无时不在枷锁之中。人在自己的一生中所遭受的钳制和奴役是多方面的。别尔嘉耶夫深入地研究了人的奴役与自由的关系，提出了人所遭受的多种奴役形式，如"自然的奴役"、"社会的奴役"、"文明的奴役"、"自我的奴役"等。"自然的奴役"是指"受自然的客体化、异己性和决定性的奴役"。"社会的奴役"是指人受社会的客体化和社会关系的外化的奴役。"社会一旦被视为拥有比人的个体人格更高的位置，人也就被贬成了奴隶。"② "文明的奴役"是指人感受到自身被文明的碎片所挤压，人被置于一种特殊的工具的统治下。"自我的奴役"是指人把自身抛出，异化了自身，其根源是"奴役的社会"、"自我中心主义"和"动物式的本能"等。在别尔嘉耶夫看来，外化是奴役的根源，是人的本质的主动丧失，而自由是精神的内化，自由的复归是实现人性的根本。"自由、意义、创造的积极性、完整性、爱、价值、对最高神圣世界的转向以及它们的结合——都是精神的标志。"③ "精神是在这个沉重的世界里的突破，是动力，是创造，是腾飞。"④ 也就是说，自由是一切存在中的最高价值，是精神的基本诉求，是人的主体性的基本符号。

法律法规按其本质而言，不是为了限制自由，恰是为了维护自由，保障人民的各种自由权利。西塞罗说："法律是我们所享有的自由的基础，我们只有做法律的奴隶，才能获得自由。"⑤ 但为了维护自由，必须规定自由的边界。言论自由是法律保护的权利，但在任何国家决非无边界的权利。因此，"自由"永远与"不自由"相互依存。"不自由"存在于自由规定的界外，而自由存在于不应保护的"不自由"的界内。无界限的绝对自由是不可能的。正如恩格斯所说："任何一个人的愿望都会受到任何另一个人的妨碍。"⑥ 在社会生活中，每个人都必须放弃自己一部分自由，才能获得各自不自由中的自由。换句话说，与"自由"同时并存的是"不自由"。"不自由"是"自由"实现的补充。由"不自由"来保障自由，由自由来限定"不自由"，似乎是个悖论，但不是

---

① 黑格尔著，王造时译：《历史哲学》，上海世纪出版集团 2007 年版，第 50 页。
② N. 别尔嘉耶夫著，徐黎明译：《人的奴役与自由》，贵州人民出版社 1994 年版，第 76、86 页。
③ N. 别尔嘉耶夫著，张源等译：《精神与实在》，中国城市出版社 2002 年版，第 33 页。
④ N. 别尔嘉耶夫著，张源等译：《精神与实在》，中国城市出版社 2002 年版，第 34 页。
⑤ E. S. 考文著，强世功译：《美国宪法的"高级法"背景》，北京大学出版社 2015 年版，第 18 页。
⑥ 《马克思恩格斯选集》（第 4 卷），人民出版社 1995 年版，第 697 页。

逻辑上的自相矛盾，而是社会作为有组织的集合体的本质决定的。为了保障个人自由，必须给个人的自由设定某种合理的限制。在社会生活中，自由需要支付一定的代价。这个代价既包括自由滥用的后果，也包括对社会成员自由权利的某种约束。从人类发展史来看，无论中外，人们首先追求的往往是心灵自由，寻求对不自由的现实世界的精神自由超越。庄子《逍遥游》中的大鹏，水击三千里，扶摇直上九万里，列御寇"御风而行"，总应该算是自由吧，庄子仍不满足，因为这种飞翔的自由"有待"，要依靠风。庄子追求的是"无待"的自由，即精神世界无条件的绝对自由。其实，这种自由只能属于庄子的精神世界。现实中的庄子依然是不自由的，仍然要借风飞翔。不过，精神世界的自由，不可能是绝对的。思想者的自由，是受一定条件制约的。思想自由的高度，永远难以跨越自己时代的高度。即使伟大思想家的思想中存在某些超越时代的永恒价值，但仔细审视，仍可以发现它的历史条件限制和时代的烙印。马里坦说："具有人性的人渴望自由，而且首先是渴望内在的精神自由。这种渴望的第二种重要形式是对外在显现自由的渴望，这种自由与社会性联系在一起，并扎根于社会生活。因为对人而言，社会不仅是一种具有动物或本能性质的'自然'，而且是一种具有人性的自然，即一种具有理性和自由的自然……因此，社会生活趋向于把人从物质自然的桎梏下解放出来。社会生活使个体服从共同之善，但其目的又总是要把这种共同之善回归到个体身上，并使他们能够享受那种发展和独立性，这种自由是由劳动和所有制的经济保障、政治权利、公民道德以及心灵的培养所保证的。"[①] 精神自由具有一定的局限性，因为它不是现实的自由，人实际上存在于不自由的世界之中。身陷囹圄的人，可以骄傲地保持内心自由，自许为自由人，但实际上过的是铁窗生涯，仍然是事实上的不自由。不管魏晋的名士们如何放浪形骸，裸衣纵酒，情不系于所欲，自以为内心世界无比自由，其中有些人仍难逃司马父子的杀戮。没有社会制度的保障，不可能有真正的言论自由和思想自由。在专制制度下，绝对不容许有真正的自由。勇敢的思想者往往是悲剧性人物，是争取思想自由祭坛上的牺牲者。因此，判断一种社会制度的优劣，主要"看"它在何种程度上能真正保证思想者的思想自由。这种思想自由不是任性，而是追求智慧与真理。当然，自由永远是与责任相联系的。自由主体是责任主体。不承担责任，不应享有自由；不享有自由，则不能追究责任。例如，法律法规保障言论自由，但并不保

[①] J. 马里坦著，高旭平译：《教育在十字路口》，首都师范大学出版社 2013 年版，第 17 页。

障言论自由的所有后果。不负责任的自由言论，不是法律意义上的言论自由，而是特权。

就教育世界而言，既然教育是培养自由、自主的行动者，是提升人的尊严的过程，那么在其生命生长、成长过程中赋予其学习自由、实践自由不仅是必要的，也是其精神自由成长所必需的。诚如康德所说："教育学，或关于教育的学说，或者是自然性的，或者是实践性的。自然性的教育是关于人和动物共同方面的教育，即养育。实践性的教育或道德性的教育则是指那种把人塑造成生活中的自由行动者的教育。这是一种导向人格性的教育，是自由行动者的教育，这样的自由行动者能够自立，并构成社会的一个有机组成部分，而又意识到其自身的内在价值。"① 教育的最终目的涉及个性的自由发展、精神的自由成长等问题，但个性的自由发展、精神的自由成长是受一定条件制约的。"个体的自由本身是社会生活的核心。不应忘记人类社会确确实实是一个人类自由的群体，为了共同的利益，这些自由服从驯服、愿意自我牺牲、承认共同的法律，以便使每一种自由对每个人真正的人性完善产生影响。个体和群体相互融合，并在不同的方面相互超越。人们通过使自己从属于群体而发现自我，而群体也只有在为个人服务，并认识到个体有避开群体的隐秘、有一种群体包容不了的禀性时，群体的目标才能得以实现。"②

2. 自由与教育"意义"的呈现

教育必须基于人性自由，维护人的完整精神，而精神的唯一诉求是自由。这是因为，一旦自由丧失，就会从根本上阻碍师生体验、认识和实现"教育"的意义，从而使得所有的教育机构或教育生活——教学、管理、环境、制度等——日益失去"教育性"、"精神性"。存在主义的核心自由，即人在思考自己的处境、选择自己的行动时是绝对自由的。自由是最高的善，"对于存在主义者来说最高价值是什么？它不是个人的幸福，不是对群体的适应，不是群体中的保障，也不是摆脱需求与苦难，它就是选择的自由。选择的自由是最高的善，因为它能给每个人自我创造的机会"。③ 在存在主义者看来，当每个人面对各种处境时，究竟采取何种行动、如何采取行动，都是个人"自由选择"的结果。萨特说："人的自由先于人的本质并且使人的本质成为可能，人的存在的

---

① 康德著，赵鹏等译：《论教育学》，上海人民出版社 2005 年版，第 15 页。
② J. 马里坦著，高旭平译：《教育在十字路口》，首都师范大学出版社 2013 年版，第 17—18 页。
③ D. 高尔顿著，彭正梅等译：《历史视野中的西方教育哲学》，北京师范大学出版社 2006 年版，第 174 页。

本质悬置在人的自由之中。因此我们称为自由的东西是不可能区别于'人的实在'之存在的。人并不是首先存在以便后来成为自由的，人的存在和他'是自由的'这两者之间没有区别。"① 人如果不能按照个人的意志"自由选择"，这种人就是没有"自我"的人，不能算作真正的存在。因此，促进人的精神自由成长是教育实现"成人"使命的内在规定，"对真正的自由和个人的独特性的坚决肯定是存在主义为今日的教育哲学提出的动人的使命"。② 教育帮助个人自由地成为他自己，而非强求一律、强迫灌输。教育应以保持和发展学生的精神为宗旨，教育的理想应当让学生自由地表现心灵中的一切，而不是由成人变着把戏去塑造他们的精神生活，诱使他们吞下"裹着糖衣的苦药丸"。因此，在教育教学活动中，在保护每个学生基本权利、维护学校最低限度教育秩序的前提下，要尽可能地为学生创造自由活动的空间。彼得斯说："自由与公正一样，具有独立的价值，即使为了提升儿童的素养和品质，也不能藐视自由的价值。教育中对儿童限制，必须证明其对提升儿童的素养和品质是非常必要的。为了规则而设置规则，或者为了满足教师的权力欲而设置规则，对任何理性的人来说，都是令人厌恶的。一些规则被认为对限制似是而非的自由和提升儿童的素养和品质是合理的，但是限制是越少越好。而且，这些限制有明确的内容，并考虑儿童的年龄、学校的规模等因素。"③ 同时，在教育教学活动中，我们应敬畏学生的生命、尊重学生的选择、关心学生的精神生活，服务于学生生命的成长。雅斯贝尔斯认为，人，只能自己改变自身，并以自身的改变来唤醒他人，"在教育中，教学和教育的精神是至关重要的，我们应关注这些关键问题，而少管一些细枝末节之事"。④ 在教育生活中，任何以"正确"思想控制人的心智、任何以标准化的答案来填充人的大脑的结果，任何不允许争辩、讨论乃至对权威予以质疑的结果，只能扼杀人的自由本性、生命潜能，造成学生能力的"萎缩"和"残疾与侏儒式的"人格。"在普遍的精神奴役氛围中，已经出现过甚或还会再出现个别伟大的思想家。但是，那种氛围从未也绝不会产生出智力活跃的民族。……只要哪里还存在原则问题上不容争辩的默契，只要哪里事关

---

① 萨特著，陈宣良等译：《存在与虚无》，生活·读书·新知三联书店 2009 年版，第 53—54 页。

② 白恩斯等著，瞿菊农译：《当代西方资产阶级教育哲学》，人民教育出版社 1964 年版，第 105 页。

③ R. S. Peters：*Ethics and Education*，George Allen and Unwin Ltd，1966，pp. 118—119.

④ K. 雅斯贝尔斯著，邹进译：《什么是教育》，生活·读书·新知三联书店 1991 年版，第 54 页。

人生最切要问题的讨论被认为已经结束，我们就肯定不能指望在那里发现普遍而高度的精神活跃，像如此令人神往的某些历史时期曾达到的那样。"① 教育如果"逞强"、"自大"地认为已掌握了人的全部秘密，从而设计划一性的轨道来控制人的发展，那么这种教育一定是贫乏的、空虚的，而且是不道德的。因此，教育只有正视人的精神自由诉求，才能把握自身的精神内核，才能在自由的教化中使人成为"一个人"，才能使人诗意地栖居在教育生活之中。"只有公开的论辩涉及的都是足以点燃人们激情的重大主题，才会在根本上激发人们的心灵，且激发出来的动力足以提升智力最一般者进至作为能够思想的人类的高贵之境。"② 教育只有鼓励多样，尊重差异，开发歧见，提倡对话和交流，才能在自由的教化中解放人，"把自己变成自己不是的那种东西"。诚如福柯所说："可以理解，有人会悲悼目前的真空，在理念的世界中继续追求一种专制。但是另一些人，一旦在他们的生命中发现了一种新的音调、一种新的观看的方式、一种新的行为方式，我相信这些人绝不会哀叹这个世界是一个谬误，不会哀叹历史上充满了无足轻重的人，不会喝令别人住嘴，以便使自己的声音被别人听见。"③ 在教育教学活动中，我们应将他人视为主体，而非客体；应站在他人的立场去思考，而不是操纵；应将他人视为自己生活的主人，而不是跑龙套的"配角"。"他人让我们感到真实，是因为他人是我们生活的一部分，我们意识到彼此的想法会互相影响，互相改变。"④ 每个人都存在于彼此之间，而不是生活在孤独和隔离中。"人类生活的意义不是自言自语，而是相互交流，是合唱中的复调。不论如何，教育就是揭示其他事物，揭示人类生活，就像是一场没有希望的、串通一气的音乐会。"⑤ 当然，教育也应该清除社会要求和存在于人自身之内的个人要求之间的裂痕，既唤起学生的自由精神，也培养学生的责任感。"教育必须既培养人的自由感，又要形成其责任感；既要注重人的权利，又要注重人的义务；既要培养为普遍的利益去冒险和行使权威的勇气，又要培养对每一个体的人性的尊重。"⑥

在教育世界里，自由是教育精神的本性，也是教育"成人"的首要价值。

---

① J. S. 穆勒著，孟凡礼译：《论自由》，广西师范大学出版社 2011 年版，第 37 页。
② J. S. 穆勒著，孟凡礼译：《论自由》，广西师范大学出版社 2011 年版，第 37 页。
③ M. 福科著，严锋译：《权力的眼睛》，上海人民出版社 1997 年版，第 108 页。
④ F. 萨瓦特尔著，李丽等译：《教育的价值》，北京大学出版社 2012 年版，第 13 页。
⑤ F. 萨瓦特尔著，李丽等译：《教育的价值》，北京大学出版社 2012 年版，第 14 页。
⑥ J. 马里坦著，高旭平译：《教育在十字路口》，首都师范大学出版社 2013 年版，第 108 页。

"自由仍然是人的精神中始终活跃的个人自发性，是人的教育及其拯救的所有可能性的最基本的和首要的条件。"① 自由尤其是精神自由，是新思想、新希望诞生的催化剂。"在最重大的问题上和似乎不那么重大的问题上一样，岌岌可危的是个人表达对人类的信仰与希望的精神自由，不管这种信仰和希望是许多人所共有的，还是少数人所享有的，还是个人所独具的。新的希望、新的信仰和新的思想永远是人类必不可少的，人们不可能期待它们从死气沉沉的单调中诞生出来。"② 自由是贯穿于追求真理的生命活动的内在灵魂，而追求真理是人的生命活动之自由本质的自我展现，换句话说，自由是教育"成人"的基础。"真理使人自由，除了这句永恒的格言，教育工作再没有其他基础。看来，由于同样原因，只有当教育是一种自由的教育，使青年训练他们的能力，真正自由地进行思考的时候——换言之，当教育是为了真理，使他有所准备，能根据证据作出判断，为真和美本身而享受真和美，而且，在他成长时，增长智慧，增长对给他永存的暗示的事物的了解的时候，只有在这个时候，教育才完全是人的教育。"③ 同时，自由是进行选择、鼓励积极性、从事创新、维护批评和促进多样化的基本条件。克拉克说："自由是基础，它能保证人们在采取行动时有更多的选择余地，在批判过去和现存的政策时有更大的回旋余地，还能保证其他有益活动的展开。所有这些在自由状况中开展的活动有助于多元化和多样化。"④ 因此，教育应给予孩子尽可能多的精神自由成长的空间，鼓励孩子在学习中自主思考、探索、质疑，成为独立自由的主体。诚如罗素所说："思想的活力对于成功和对于一个良好的生活是同样的重要。……使人轻信的教育，经过一个时期，很快就会将思想引导到腐朽；使自由发问的精神活着，是达到进步所不可缺少的最低限度的要求。"⑤ "如果我们尊重儿童的权利，那么我们应该教育他们，使他们有形成独立见解所必需的知识和思想习惯。"⑥ 一旦公民没有从事教育活动和选择教育活动的广泛自由，也就没有发展的自由，因而也就没有教育质量的提高和合格人才的大量涌现。"在一个以社会和经济改革为主

---

① M. 舍勒著，刘晓枫选编：《舍勒选集》（下），上海三联书店 1999 年版，第 1368 页。
② B. 罗素著，石磊编译：《罗素谈人的理性》，天津社会科学院出版社 2011 年版，第 224 页。
③ 华东师范大学教育系等编译：《现代西方资产阶级教育思想流派论著选》，人民教育出版社 1980 年版，第 287 页。
④ B.R. 克拉克著，王承绪等译：《高等教育系统》，杭州大学出版社 1994 年版，第 279 页。
⑤ B. 罗素著，张师竹译：《社会改造原理》，上海人民出版社 2001 年版，第 99—100 页。
⑥ B. 罗素著，张师竹译：《社会改造原理》，上海人民出版社 2001 年版，第 93 页。

要动力的迅速变革的世界里，可能更重视想象力和创造性；它们是人的自由的最明显的表现，有可能受到某种个人行为准则规范化的威胁。21世纪需要各种各样的才能和人格，而不只是需要杰出的个人，当然这种人无论在何种文明中也都是很重要的。因此，应该向青少年提供一切可能的美学、艺术、体育、科学、文化和社会方面的发现和实验机会，这将补充人们对以前各代人或现代人在这些领域里的创造所作的吸引人的介绍。许多国家重视功利而不重视文化的教育，艺术和诗歌应该在学校里重新占有重要的地位。对提高想象力和创造性的关注，还应导致进一步重视从儿童或成人的经历得来的口头文化和知识。"①教育质量的提高和合格人才的大量涌现，其关键因素在于人的创造力的自由发挥。而创造力的自由发挥，则以人的各种基本自由得到充分的尊重和保障为前提，以人作为人本身享有尊严和价值为前提，构成自由这一价值体系的基础是个人自我表现的欲望。自由被用来表示更多的人能够按照自己的意愿行动——发展自己的个性。"几乎每个接受高等教育的人都有不同的期望，不同的背景、不同的性格，因而他们的具体要求也不尽相同。要求自我表现的愿望必然导致要求多样化的愿望，甚至会导致怪癖。更多的人现在认为高等教育能帮助他们变得富有创造性。不管是在神话世界还是在现实世界，富有创造性的人们早已向世人证明：怪诞不经何尝没有裨益。"尊重个性的多样性、自主性是创造力得以发挥的条件。"个性的多样性，自主性和首创精神，甚至是爱好挑战，这一切都是进行创造和革新的保证。"② 当然，教育也必须进行相应的变革，不仅应鼓励学生随心所欲地去想或去做，尊重个性的多样化，而且应培养学生成为一个"思想者"。"唯一真正的多样性来自在终极目的上原则的不同——比如，在智慧或荣誉是否最好这个问题上严肃的思考和信念。这是我们所缺乏的，而维持对这些最高形式的替代物的意识就是大学的作用所在。我们所有的是自由的消极条件。我们的年轻人可以随心所欲地去想或做。但为了非同寻常地行事，就得有思想，这是他们所缺乏的。他们本可以接近过去的所有思想及其引以为荣的典范，但他们却没有被教会认真地去对待它们，就像对待他们自己充满活力的可能性一样。这正是我们的教育体制的问题。"③ 自由不仅是教育发展的首要目的，也是教育发展的主要手段。因此，对教育发展的评价必须以人们

---

① 联合国教科文组织教育丛书，联合国教科文组织总部中文科译：《教育——财富蕴藏其中》，教育科学出版社2005年版，第86页。

② 联合国教科文组织教育丛书，联合国教科文组织总部中文科译：《教育——财富蕴藏其中》，教育科学出版社2005年版，第86页。

③ A.布鲁姆著，秦露等译：《巨人与侏儒》，华夏出版社2003年版，第327页。

拥有的自由是否得到增进为首要标准。

人的发展，是人的选择能力的扩大、人的自由的扩展，"发展可以看作是扩展人们享有的真实自由的一个过程"。① 人的发展意味着，人的生存和发展条件的改善，从而使人获得较之以前更多的解放和自由；人们拥有的社会条件（包括物质的、精神的和制度的）对个体生存、享受和自由发展具有实质性的意义。柯武刚等人说："自由意味着个人能在一定范围内享有受保护的自主权以追求其自选目标。"② 因此，每个人，作为社会的一员，有权享受社会保障，并有权享受他的个人尊严和人格的自由发展所必需的经济、社会、文化和教育方面各种权利的实现。为了使人性发展真正落到实处，为了给人性自由发展提供真正的保障，我们应从如下几方面着手：一是要大力发展教育，提高人们的素质。加尔布雷思说："教育在所有政策领域里必须是最核心的。这里我再一次提出我在其他场合提过的观点：世界上有知识的人不会贫困，没有知识的人不会富裕。如果拥有一个受过教育的人口，在某种程度上国家的经济发展是必然的。更多的发展援助只是使用到这方面才能真正有效地发挥作用。"③ 空喊自由而不具备相应的条件，犹如巧妇难为无米之炊。怀特说："教育目的的中心内容应该是使学生成为一个具有道德自主性的人，这个目的的实现依赖于各种必要的条件。首要的和最明显的是，学生必须具备某种能力、理解力和气质。但也必须有其他素质。只有在一个生活水平高于温饱层次的，具有丰富的物质产品、充分的卫生和教育设施、良好的工作条件和所有人都能享受闲暇的社会中，这一点才是可能实现的。"④ 二是要致力于建立一个崇尚人性、公平和相互关怀的社会，这个社会是一个人人都必须享有人的尊严的美好世界。如果说教育应更加面对社会、政治和经济的现实，那么社会也应该更加面向学生和更好地适合他们的愿望以及他们对自主、真实性、参与、变革和正义的需求。拉塞克等人说："应该创建一个更加人道、更加合作、更加尊重个人创造性和自我发展的社会，以使青年们在其中感到自在并自愿地去巩固它。青年一代将这样

---

① 阿马蒂亚·森著，任赜等译：《以自由看待发展》，中国人民大学出版社 2002 年版，第 1 页。

② 柯武刚等著，韩朝华译：《制度经济学》，商务印书馆 2000 年版，第 85 页。

③ J.K. 加尔布雷思著，王中宝等译：《美好社会》，江苏人民出版社 2009 年版，第 114 页。

④ J. 怀特著，李永宏等译：《再论教育目的》，教育科学出版社 1997 年版，第 158 页。

开始成为负责'地球之舟'的船员，而不是消极被动的乘客。"① 同时，还应致力于建设一个满足每个人需要的社会。一个健全的社会是一个符合人的需要的社会。简言之，教育发展、人的发展为"好社会"之本。三是尊重人的自由权。尽管人人生而不同，但是要使作为万物灵长的人的无限多样性获得自由发展的广阔空间，在价值上必须坚守和奉行教育权利平等原则。不论其种族、民族、性别、财富、地位、智力等，教育世界中的每一个人都应享有同样的教育自由权利。换句话说，自由应该且必须惠及教育世界中的每一个人。阿隆认为，所有人的天赋是自由与平等的，他们有着自然的不可剥夺的生命、自由和追求财富的权利。他不仅是这样说的，也是这样做的。"阿隆确实将人当作人来尊重。在他看来，种族、国家或宗教对于一个人的价值从来不是决定性的；第一项对于他实质上根本不相干，而其他两项，原则上是选择的，而非命定的。"② 人"成人"的诉求，是每一个学生包括差生、后进生、特长生乃至农村学生的共同期待，因此，他们应受到公平的对待、平等的尊重。如果剥夺他们的自由权，也就剥夺了他们"成人"的资格和可能。"自由权遭到否认的人处境最糟。他无权去做任何事情，而且，也无权去抵抗对他的行为自由施加的任何专横的干涉。他既无自由权，也无权力权。除了他是一个奴隶，他的地位还可以和那些听任狩猎人和捕掠者宰割的野生动物相比照。"③ 在教育世界中，教师对学生的区别对待不仅扼杀学生的纯真、自由心灵，还导致学生之间因为差别对待而产生妒忌。妒忌是一种负面情绪或体验，容易导致人与人之间的不信任、不尊重、排斥、怨恨、妒忌等。康德把妒忌称作"仇恨人类的一种恶"。罗尔斯更是对妒忌进行了透彻的分析和思考，他说："我们可以把妒忌看作带着敌意去看待他人的较大的善——即使是他们的较我们幸运并不减损我们的利益——的倾向。我们妒忌其境况好于我们的人们，而且我们还希望剥夺他们的较大利益。……当妒忌为被妒忌者意识到时它在总体上是有害的：妒忌他人的人打算采取一些行动，如果此种行动仅仅是极大地缩小他们之间的差别，就于双方都有害。"④ 从某种意义上言，妒忌是一种怨恨的形式，"它既会伤害它的

---

① S. 拉塞克等著，马胜利等译：《从现在到 2000 年版教育内容发展的全球展望》，教育科学出版社 1999 年版，第 70 页。

② A. 布鲁姆著，秦露等译：《巨人与侏儒》，华夏出版社 2003 年版，第 27 页。

③ A. J. M. 米尔恩著，夏勇等译：《人的权利与人的多样性》，中国大百科全书出版社 1997 年版，第 168 页。

④ J. 罗尔斯著，何怀宏等译：《正义论》，中国社会科学出版社 2001 年版，第 535 页。

对象又会伤害它的主体"。① 因此，平等对待学生是教育精神的价值基础，是学生平等权利得到尊重的前提。四是尊重人的发展权利。发展权利是每个人不可剥夺的人权，每个人均有权参与、促进并享受经济、社会、文化和政治的发展，在这种发展中所有人权和基本自由都能获得充分实现。总之，教育权、自由权和发展权都致力于一个最终目的，那就是充分尊重和保障所有人权。

（三）教育公平：提升人的尊严的根本保证

在教育世界，人的教育生活包含两个既相互关联又相对区分的领域：一是个人的"私人教育生活领域"，二是人与人在教育交往过程中形成的公共、重叠的教育生活领域。人的尊严之获得，一个必不可少的重大前提是"私人教育生活领域"的"个人教育自由"与"公共教育生活领域"的"教育公平"。

教育公平是社会成员对教育是否"合意"的一种价值评判，其实质是要求教育权利在社会成员之间合理分配，每个人都能得到其所应得的；各种教育义务由社会成员合理承担，每个人都应承担其所应承担的。人的尊严的获得，需要全社会高举教育公正和共同发展的大旗，需要政府在保障公平竞争、教育机会公平以及平等获得、平等享有教育设施的前提下，在教育制度安排上系统落实每个人都获得发展的权利。

政府作为公共事务的最大管理者，发展教育是其义不容辞的责任。政府以及全社会都应该且必须重视教育公平在经济社会发展中的重要作用。

第一，教育公平对教育发展乃至经济社会的发展具有重要的引领作用。没有教育公平的引领，教育的发展并不必然带来教育公益性的增强、失学人数的减少、基本公共教育服务的均等化等，甚至有可能导致两极分化。教育公平作为教育制度的重要价值和基本特征，就像一面旗帜、一座灯塔，引导着教育的发展方向，不断增强着社会的向心力和凝聚力，不断提升着人的尊严。《学会生存》一书认为，如果经济发展的结果没有废除特权和促使人类更为公平，那么这种经济发展是没有意义的。"发展的最后目标必须是使个人生活不断得到改善并使全体人民都得到利益。如果特权、过度的财富和社会上不公平的现象继续存在，那么发展就失去它的意义了。"②

第二，教育公平对人之尊严的获得具有重要的保障作用。教育公平通过教

① J. 罗尔斯著，何怀宏等译：《正义论》，中国社会科学出版社 2001 年版，第 536 页。
② 联合国教科文组织、国际教育发展委员会编著，华东师范大学比较教育研究所译：《学会生存》，教育科学出版社 1996 年版，第 55 页。

育权利的合理分配、教育义务的合理承担，使人们各尽其能、各得其所、和谐相处，保证教育的和谐稳定和有序发展。反之，倘若缺乏教育公平，人们自然心不平、气难顺，教育制度的运行、教育政策的执行等就容易因一些人的不理解、不合作而矛盾不断、阻力重重。当教育不公较为严重时，不同利益群体之间还可能出现严重对峙，造成社会的不稳定，破坏社会和谐，阻碍教育发展，破坏人的尊严。可以说，教育不公平的社会必然是一个不和谐、不稳定的社会，也是一个不尊重人的尊严的社会。极端的教育不公平必然导致教育发展的中断，甚至是社会的动荡。威尔金森在《不健康的社会》一书中对"不平等的弊端"作了令人折服的分析。在他看来，并非最富有的社会是最健康的社会，而是富人和穷人之间的收入差距最小的社会才是最健康的社会。在"社会怎样杀人"一节中，他列举了大量的事实说明穷人的生存状况与日常的生活条件密切相关，他们的死亡年龄低于平均死亡年龄。原因并非完全出于缺乏食物或直接暴露于各种危险环境，"社会心理因素"所带来的危害也是一个方面。"沮丧、受骗、痛苦、绝望、脆弱、惧怕、愤怒、对债务的忧虑、对工作及住房的不安全感；感到受到贬低、无用、无助、冷漠、无望、孤立、焦虑和失败。所有这些情感主宰人的整个生活体验，并且影响到人对每一件事情的情感体验。由这些情感所带来的压力是长期的，慢慢积聚的，而且是有伤害作用的。这种社会性的情感体验与暴露在有毒的物质环境中的情感体验不是一回事。物质环境带给人们的只是一个抹不掉的痕迹，而社会情感体验则会长时间地使人无法忘记失败、沮丧、受到排斥和贬低。"① 换句话说，长期的压抑既损害人民的健康，又容易导致社会冲突。更为重要的是，他们逐渐丧失了信心、自暴自弃。正如克努普费尔在其刻画"倒霉者形象"时所说的："经济上的被剥夺就是心理上的被剥夺：卑屈的习惯、几乎接触不到信息源、缺乏语言能力……似乎导致缺乏自信，而这又进一步使低地位者愈加不乐意参与我们以中产阶级为主的文化的许多方面。"② 因此，政府一定要尽力削弱社会特权阶层对教育资源的垄断，并为提高生活质量而创造或重新创造某些基本条件。《学会生存》一书说："尽管大约在 20 年前，人们曾抱有许多希望，但迄今教育已无例外地受到我们时代冷酷的规律的支配；这个规律就是世界财富和资源分配不平等的状况趋向

---

① M. 富兰著，中央教育科学研究所、加拿大多伦多国际学院组织译：《变革的力量》（续集），教育科学出版社 2004 年版，第 14—15 页。

② S. M. 李普塞特著，张绍宗译：《政治人》，上海人民出版社 1997 年版，第 87 页。

于扩大。"① 这一论断虽是就世界范围而言的，其实在任何一个国家内部又何尝不是如此呢。教育是传播科学与技术必不可少的手段，也是人们提高生活质量的手段，如果听任"财富和资源分配不平等"的状况继续恶化，其后果难以想象。因此，平等地分享教育资源，实施公平教育，不但能提高国民素质，尊重人的尊严，而且能提高人们的生活质量。柯帕耳说："现代教育的实质在于追求良好的生活质量，这就为贫困的而在物质上落后的社会提供了新的希望和机会。如果一个发展中国家具有正确的教育，它就可以得到满足、和谐和互相了解，而这些方面是一个比较富裕的共同体所不理解的。的确，在最终缩小富裕与贫穷的差距上，教育可能是最有力的因素，而现在这种贫富差距按每人的收入来说，扩大得非常惊人。虽然在短时间内教育还不能使穷人和富人的现金收入平等，但在提高他们的生活质量方面，教育确能贡献很大的力量。"② 柯帕耳在此所说的"正确的教育"，无疑包括公平的教育。

第三，教育公平对教育发展具有重要的动力作用。教育公平与教育效率既有相互排斥的一面，也有相互统一的一面。持续的教育效率必定要以教育公平为基础。"基础教育的效益并不意味着提供最低成本的教育，而更应是最有效地利用所有资源（人力、财力和组织资源）以达到所要求的入学水平和必要的学习成就水平。……有关质量和平等的各种考虑不是对效益的替代物，而是显示取得教育效益所应具备的具体条件。"③ 况且，教育资源配置的适当倾斜，还能改变最不利者的长远期望。罗尔斯说："教育的价值不应当仅仅根据经济效率和社会福利来评价。教育的一个作用是使一个人欣赏他的社会的文化，介入社会的事务，从而以这种方式提供给每一个人以一种对自我价值的确信。教育的这一作用即使不比其他作用更重要，至少也是同等重要的。"④ 改变不利者的长远期望，其实质就是尊重每个人的尊严。

第四，教育公平是实现教育权利的重要保证，也是尊重人的尊严的具体体现。"人的价值是独特的。每一个个人都有权得到合乎人的待遇。每一个个人

---

① 联合国教科文组织、国际教育发展委员会编著，华东师范大学比较教育研究所译：《学会生存》，教育科学出版社 1996 年版，第 81 页。
② 联合国教科文组织、国际教育发展委员会编著，华东师范大学比较教育研究所译：《学会生存》，教育科学出版社 1996 年版，第 56 页。
③ 联合国教科文组织教育丛书，赵中建编：《教育的使命》，教育科学出版社 2003 年版，第 41 页。
④ J. 罗尔斯著，何怀宏等译：《正义论》，中国社会科学出版社 2001 年版，第 101 页。

在社会里享有的权利都是相等的，有权追求现有的一切知识。"①

当然，每个人都应培育教育公平正义之心。社会是人的社会。实现教育公平，个人不能置身事外。个人具有公平正义之心，是实现教育公平相关政策、制度有效运行的基础。罗尔斯说："在作为公平的正义中，人们同意相互分享各自的命运。他们在设计制度时利用自然和社会的偶然因素，只是在这样做有利于共同利益的情况下。"② 如果个人缺乏公平正义之心，总想在教育利益分配中多占便宜甚至不劳而获，必然导致极端个人主义，带来社会的非理性，使整个社会陷入无序状态。科埃略说："当人们不以共享共赢的方式看待别人的价值观、作为和理想的时候，战争的土壤就会变得更为丰沃。这时，我发现了达尔文的错误：这一切都不是物竞天择的结果，而是人类自己欲望的表达。"③ 可以肯定，如果我们个人缺乏公平正义之心，总是由屁股决定脑袋：当自己属于社会不公中受损的一方时就愤愤不平、希望马上改变；而一旦自己属于受益的一方时则沾沾自喜，千方百计阻挠变革，那么，实现教育公平的道路必将变得漫长而坎坷。只有每个人都具有公平正义之心，为实现教育公平不懈努力，才能让教育公平放射出比太阳还要灿烂的光辉。《学会生存》一书说："生物学上、心理学上和社会科学上的进步已使伟大的传统的人道主义运用有了新的科学基础。总的讲来，这些方面的进步指明：从社会经济和历史的枷锁中解放出来的人和生活在统治的与贫穷不堪的社会里的人，确实是完全不同的。过去的贫穷和暴力可能已经使人几乎具有了病态。虽然如此，我们还是越来越相信：人对人并非必然是一只贪婪的狼，他的生理—心理结构使他生来就倾向于爱人和从事创造工作。如果他的深刻动机以一种消极的暴力形式与无理性的侵略行为表现出来，那是因为在他的整个历史中他都是生活在所谓人类不发达的恶性循环之中。现在他在历史上第一次面临着一条真正的出路。他已经逐渐看清了他周围的物质现实和他自己的生存条件，而且他正在开始获得以前所梦想不到的力量。"④ 个人的充分发展既要靠加强个人的独立自主能力，也要靠培养关心他人或者是发现他人的这样一种道德态度。人性化是指个人的内在发展，自由和责任的统一，是其得到充分发展的标志。显然，"只有进行公正教育才有可

① 孙志文著，陈永禹译：《现代人的焦虑和希望》，生活·读书·新知三联书店1995年版，第146页。
② J.罗尔斯著，何怀宏等译：《正义论》，中国社会科学出版社2001年版，第103页。
③ T.科埃略：《人生的战争》，《参考消息》，2011年4月14日。
④ 联合国教科文组织、国际教育发展委员会编著，华东师范大学比较教育研究所译：《学会生存》，教育科学出版社1996年版，第175页。

能重建道德教育的坚强核心，这种教育必须以不因循守旧和摒弃不公正行为的公民文化为前提，并对每个人进行积极的公民权利与义务的教育，使仅仅是授予的普通公民资格变成参与的责任。其次，正是通过掌握抽象的公正概念（公正、机会均等、有责任的自由、尊重他人、保护弱者）才能培养习惯于采取具体行动促进社会正义和捍卫民主价值的思想态度"。① 教育历来承担、今天依然承担着培育社会公平正义之心的重任。诚如桑德尔所说："如果一个公正的社会需要一种较强的共同体感，那么它就必须找到一种方式，来培育公民关心全局以及为共同善做奉献。它不能对公民带进公共生活里的那些态度、倾向以及各种'心灵习惯'漠不关心，而必须找到一种方式来反对那些将良善生活观念完全私人化的做法，并培育公民德性。"② 或如卡斯伯格所说："社会中对正义的要求，是植根于我们的精神本能之中的，其程度就如同我们的思想对逻辑关系的诉求一样强烈。"③ 总之，公平正义的社会是我们的理想，也是我们的创造，而教育公平公正就是我们创造未来的"利器"。

---

① 联合国教科文组织教育丛书，联合国教科文组织总部中文科译：《教育——财富蕴藏其中》，教育科学出版社 2005 年版，第 199 页。
② M. 桑德尔著，朱慧玲译：《公正：该如何做是好？》，中信出版社 2011 年版，第 312 页。
③ E. 博登海默著，邓正来译：《法理学》，中国政法大学出版社 2004 年版，第 176 页。

□ 第三章
人的权利

人权，即人因其为人而享有的权利。人权概念是这样一种观念：存在某些无论被承认与否都在一切时间和场合属于全体人类的权利。人们仅凭其作为人就享有这些权利，而不论其在国籍、宗教、性别、社会身份、职业、财富、财产或其他任何种族、文化或社会特性方面的差异。《世界人权宣言》第二条规定："人人有资格享受本宣言所载的一切权利和自由，不分种族、肤色、性别、语言、宗教、政治或其他见解、国籍或社会出身、财产、出生或其他身份等任何区别。"

人权是不可剥夺的，目的是保护人的尊严，所有人均应平等享有。"个人权利是个人手中的政治护身符。当由于某种原因，一个集体目标不足以证明可以否认个人希望什么，享有什么或做什么时，不足以证明可以强加于个人某些损失或损害时，个人便享有权利。"[①] 作为人权的教育权应普遍享有，即为所有人平等享有。《世界人权宣言》第一条规定："人人生而自由，在尊严和权利上一律平等。"《公民权利和政治权利国际公约》《经济、社会和文化权利国际公约》都采用了"人人"、"所有人"或"任何人不得……"的说法，反复强调全人类共享某些权利和自由，不论出生地和所属社群。

一、权利

人类社会的有趣现象之一，即是对那些价值品味较高的词汇难以给出精确

---

① R. 德沃金著，信春鹰等译：《认真对待权利》（导论），上海三联书店 2008 年版，第 7 页。

的含义，比如自由、民主、平等、正义等。原因也许是这些词汇内容过于丰富，以至于从任何一个角度定义都难免偏颇。权利无疑属于这类概念。康德在谈及权利的定义时写道："问一位法学家'什么是权利'，就像问一位逻辑学家一个众所周知的问题'什么是真理'，同样使他感到为难。他的回答很可能是这样，且在回答中极力避免同义语的反复，而仅仅承认这样的事实，即指出某个国家在某个时期的法律认为唯一正确的东西是什么，而不正面解答问者提出来的那个普遍性的问题。"① 如此看来，解释权利的最好办法也许不是首先对权利下一个完整的、精准的定义，而是寻求其相对的稳定属性。当然，把握权利的属性需了解权利曾经和正在表达的各种意义。

（一）有关权利的学说

何为权利，原本是法学最大难题：法学之难者，莫过于权利也。庞德说："在法学中，本已令人感到复杂，可是一个法律权利比这些定义所令人感到的还要复杂得多。"② 围绕这一难题，法学家、伦理学家、哲学家们至今仍众说纷纭。从这些争论中，大致可以归纳出权利的基本属性是利益。不过，持权利本质属性是利益的学说，大致又可细分为"资格说"、"主张说"或"要求说"。

一项权利之所以成立，是为了保护某种利益。一项权利之所以能成立，是由于利益在其中。利益既可能是社会的也可能是个人的；利益既可能是物质的也可能是精神的；既可能是权利主体自己的也可能是与权利主体有关的他人的。葛德文、耶林等人乃权利本质是利益主张的代表。葛德文说："有两个问题是对于正确阐明社会原则极其重要的……一个是生活在社会中的人应尽的义务，一个是他们应享的权利。……义务，是我应该施与别人的待遇，权利，是我应该期望从他们那里受到的待遇。"③ 耶林说："权利就是由受到法律保护的一种利益。所有的利益并不都是权利。只有为法律所承认和保障的利益才是权利。"④ 霍尔姆斯说："当有效的法律体系把利益视为是运用集体资源加以保护的权利时，利益就具有了权利的资格。作为一种由政府创设和维持以防止伤害或补偿伤害的能力，权利在法律意义上被界定为'法律的产物'。"⑤ 因此，持权利是利益的学说，不过是一种利益的理论。权利是一种利益、索取或要求，

---

① 康德著，沈叔平译：《法的形而上学原理》，商务印书馆 2005 年版，第 39 页。
② R. 庞德著，沈宗灵译：《通过法律的社会控制》，商务印书馆 2008 年版，第 42 页。
③ W. 葛德文著，何慕李译：《政治正义论》（第 1 卷），商务印书馆 2007 年版，第 100 页。
④ R. 庞德著，沈宗灵译：《通过法律的社会控制》，商务印书馆 2008 年版，第 34 页。
⑤ S. 霍尔姆斯等著，毕竞悦译：《权利的成本》，北京大学出版社 2004 年版，第 4 页。

是受到法律保障的利益、索取或要求。诚如庞德所说："利益是各个人所提出来的，它们是这样一些要求、愿望或需要，即，如果要维护并促进文明，法律一定要为这些要求、愿望或需要作出某种规定，但是它们并不由于这一原因全都是个人的利益。我们不能把法学家所使用的作为权利要求的利益和经济学家所使用的作为有利的利益二者加以混淆。讲到人们提出的主张或要求，那么利益也就分为三类：个人利益、公共利益和社会利益。"① 鲍桑葵认为，权利就是要求，由国家来维护权利不过是达到了社会对它们承认的顶点。"为什么我们这样需要对权利的承认呢？如果我们否认会有未被承认的权利，岂不是放弃人类的自由，听任专制主义或民众为所欲为吗？""权利既然是为了占据某个地位而受到保护的一种权力，人们承认这种地位有助于实现共同利益。承认是一个根据并通过经验而起作用的逻辑问题，而不是一个选择或爱好问题。假若我的精神对你的精神不持任何态度，那就不存在相互依存的关系，我就不可能参与保证你的权利。在我看来，你就没有资格分享我们每一个人必然关心的共同利益。"② 换句话说，权利只有得到普遍承认，才能得到国家和社会的保障，才能有效实施。

权利是一种主张或要求的学说，也属于"利益说"范畴。一种利益若无人提出对他的主张或要求，就不可能成为权利。霍布豪斯说："权利，无疑是一种要求权……权利，从所有者的方面看，是他所应享有的事物；义务，从承担者的方面看，就是他应给予他人的同一事物。"③ 权利既指已经有效地提出的要求，也指可能有效地提出的要求。权利最重要的特性正是基于其可要求性，且只能被那些拥有这些权利的人所要求。"'权利'……是合理的或合法的要求、或得到承认的要求、或正当有效的要求。"④ 例如，张三欠李四五元钱，虽然任何一个局外人都可能声称这五元钱属于李四，但实际上只有李四本人才能够要求这五元钱归他自己所有。因此，要求是一种执行意义上的要求，是得到社会承认并由国家加以维护的要求，提出（合法）要求是一种能够直接导致法律后果的法律行为。显然，一项不能被主张、被要求或被请求享有或行使的权利，不只是有缺陷的，而且是一个空洞的规定。诚如范伯格所说："要求（执行意

① R. 庞德著，沈宗灵译：《通过法律的社会控制》，商务印书馆 2008 年版，第 34 页。
② B. 鲍桑葵著，汪淑钧译：《关于国家的哲学理论》，商务印书馆 2006 年版，第 211—212 页。
③ L. T. 霍布豪斯著，孔兆政译：《社会正义要素》，吉林人民出版社 2006 年版，第 20 页。
④ J. 范伯格著，王守昌等译：《自由、权利和社会正义》，贵州人民出版社 1998 年版，第 94 页。

义上的要求）某种权利或要求某人有权占有某物的法定力量，对法定权利概念本身来说似乎是至关重要的。一种人们不能提出要求的法定权利（即还没有得到正式承认的要求）的确在法律上是很'不完善的。'①"要求说"的当代支持者费因伯格解释说："近年来，所有的著作家皆持有这样的观点：在享有要求权和享有权利之间存在着某种内在的联系。有些著作家把权利和要求权等同而不加以任何限定。有些著作家把权利定义为'要求权之确证'或'可确证的要求权'。另外一些著作家把权利定义为'得到承认的要求权'。更有一些著作家把权利定义为'有效的要求权'。我个人赞成最后面的这个定义。……应当肯定，一切要求权都必须得到确证，无论在事实上它们是否能得到确证。一项要求权即使受到提出者的认可，但如果没有效力，那它终究不是一项要求权，而仅仅是一项要求。"②可见，"主张说"或"要求说"的所谓要求、主张或索取，也就是对于利益的要求、主张或索取。当持"主张说"或"要求说"的学者们说"权利是一种要求、主张或索取"时，其实是说"权利是一种对于利益的要求、主张或索取"，更准确地说，权利是一种利益。不过，权利是要求的观点遭到一些学者的反对。针对一些人将权利与要求等同起来，或者将"要求"定义为"对权利的维护"的主张。阿克顿抱怨说："我们寻求权利，却被指向要求，然后，我们又转过头来去找权利，尽是官样文章，劳而无功。"③既然权利是一种要求，而要求又是"对权利的维护"，那么，根据两者中任何一个概念去对另一概念下形式上的定义都将无济于事。怀特对权利是一种要求的主张则提出了三条质疑理由：第一，要求一项权利与要求那些不计其数的东西（诸如知识、经历等）并无不同，所以，提出一项要求与享有一项权利是全然无关的。第二，有些权利如被当作要求，肯定是值得怀疑的，如，虽然我们享有大笑、期望或感到愉悦的权利，但如果将它们作为要求提出来，就荒唐可笑了。一句话，要求不是权利，权利也不是要求。④

权利是一种资格的学说，其实也属于"利益说"范畴。当我们说某人对某种东西享有权利，就是说某人有资格去享有它。没有资格，也就无所谓权利。麦克洛斯基认为，权利是去做、去要、去享有、去据有、去完成的一种资格。

---

① J. 范伯格著，王守昌等译：《自由、权利和社会正义》，贵州人民出版社 1998 年版，第 93 页。

② T. L. 彼彻姆，雷克勤等：《哲学的伦理学》，中国社会科学出版社 1990 年版，第 294 页

③ J. 范伯格著，王守昌等译：《自由、权利和社会正义》，贵州人民出版社 1998 年版，第 91 页。

④ 夏勇著：《人权概念起源》，中国政法大学出版社 2001 年版，第 50 页。

权利就是有权行动、有权存在、有权享有、有权要求。"我们所讲的权利正是拥有、实施和享有。在此意义上，我们谈论权利与谈论能力、权利和喜好是密不可分的，但与谈论要求恰恰相反，因为我们提出要求，并不意味着拥有、实施或享有它们。""我们所说的权利是'对什么享有权利'（比如生命的权利、自由的权利和享福的权利），而不是像常见的错误主张那样，是'根据什么而享有的权利'。"① 拉斐尔认为，权利有两类：行为权和接受权。"享有行为权是有资格去做某事或用某种方式去做某事的权利。享有接受权是有资格接受某物或以某种方式受到对待的权利。"② 当某人拒绝提供你有资格得到的东西时或某人不给予你有资格得到的待遇时，接受权就受到了侵犯；当某人阻止你去做你有资格去做的事情时，或者用可怕的后果威胁使你不能去做时，行为权就受到了侵犯。米尔恩对权利资格说作了进一步的解释和分析。他认为，将"资格"称作"权利"是恰如其分的。如果我们有资格享有某物，那么，我们享有它就是正当的。"权利概念之要义是资格。说你对某物享有权利，是说你有资格享有它……如果你有资格享有某物，你或者代表你的其他任何人就必须能回答这个问题：'是什么使你有资格享有它？'这预示着有某些使资格得以成立的途径，这样，我们就会很快想到法律、习俗和道德。"③ 当我们享有一项权利时，我们不是必须行使它，而是可以有所选择的。有资格做某事，也有资格不做某事；有资格接受某物，也有资格拒绝它或在被他人拒绝时予以默许而不加抗议。不过，将权利行使方面的选择当作权利本身是不对的，至少在某些情况下，接受权在行使时是不允许选择的。"所谓享有一项权利就是享有一项选择，这在行为权的场合下是显而易见的。与承担一项义务的情形不同，我享有一项出席会议的权利，那么，我就有资格选择是否出席会议。选择是合乎规范的，也是实际可能的。大多数接受权也是这样。如果我对你作了一项承诺，不仅我有义务信守诺言，而且你有权利要求我信守诺言。但是，你的权利使你有资格选择解除我的义务。它并未使你承担坚持要我履行承诺的义务。"④ 因此，资格说也认为权利是一种利益，只不过是一种有资格得到的利益，也就是法律、习

① 夏勇著：《人权概念起源》，中国政法大学出版社 2001 年版，第 51 页。
② A.J.M. 米尔恩著，夏勇等译：《人的权利与人的多样性》，中国大百科全书出版社 1997 年版，第 112 页。
③ A.J.M. 米尔恩著，夏勇等译：《人的权利与人的多样性》，中国大百科全书出版社 1997 年版，第 112 页。
④ A.J.M. 米尔恩著，夏勇等译：《人的权利与人的多样性》，中国大百科全书出版社 1997 年版，第 202-203 页。

俗和道德所承认和赋予的利益。

如果对权利"利益说"进行细分，大致有三种形态："简单利益说"、"法律利益说"和"科学利益说"。简单利益说的主要主张在于把权利与利益等同，权利就是利益、索取或要求。"权利是个人对他的应得利益的要求，这种利益是从别人尽了他们的各项义务的过程中产生的。"① "义务，是我应该施与别人的待遇，权利，是我应该期望从他们那里受到的待遇。"② "人的真正权利或者假定的权利有两种：积极的和消极的；在某种情形下按照我们想的去做的权利；和我们所具有的要求别人克制或取得别人帮助的权利。"③ "人的消极权利……包括每个人都有的取得别人帮助的权利。"④ 葛德文的上述主张是不太确切的，因为我应该从他人那里得到的利益，如接受馈赠，并不都是我的权利；我应该给予他人的利益，如施舍，并不都是我的义务。那么，权利究竟是怎样的一种利益呢？权利显然是受到法律保护的利益。即，权利是一种受到法律保护的利益。所有的利益并不都是权利，只有为法律所承认和保障的利益才是权利。"在十九世纪下半叶的欧洲大陆，往往把罗马人对权利的观念，即受到法律支持的正当要求，用一种近代的形式表现出来。当时人们说，一般是正当的要求通过法律就成了一个特定人的权利。"⑤ 耶林认为，政治组织对权利的保障，使权利成为一种法律权利。"我对我的表提出了一个权利主张。我要求被准许持有、使用和控制它。法律，在理解为通过政治组织社会的强力而体现的社会控制制度的意义上，保护我这种主张或要求。……因而我就对表有了一种法律权利。"⑥ 霍菲尔德在《基本法律概念》一书中宣称，"权利"一词包含要求、特权或自由、权力、豁免四种形态。这四种权利形态，即要求权、自由权、权力权与豁免权都具有法律上的"优势"。"要求权和豁免权分别是积极的与消极的接受。一项要求权赋予权利人享有某种对待的资格。一项豁免权使权利人不受某种对待——也就是使他有资格不受某种方式的对待。……一项自由权赋予权利人自得其乐的资格，却没有赋予他主宰他人行为的资格。一项权力权则使他有资格去决定与他有特定关系的某个别人的行为。"在霍菲尔德看来，不管要求权、自由权，还是权力权与豁免权都是资格，都是"法律授予这些权

---

① W. 葛德文著，何慕李译：《政治正义论》（第 1 卷），商务印书馆 2007 年版，第 12 页。
② W. 葛德文著，何慕李译：《政治正义论》（第 1 卷），商务印书馆 2007 年版，第 100 页。
③ W. 葛德文著，何慕李译：《政治正义论》（第 1 卷），商务印书馆 2007 年版，第 107 页。
④ W. 葛德文著，何慕李译：《政治正义论》（第 1 卷），商务印书馆 2007 年版，第 115 页。
⑤ R. 庞德著，沈宗灵译：《通过法律的社会控制》，商务印书馆 2008 年版，第 42 页。
⑥ R. 庞德著，沈宗灵译：《通过法律的社会控制》，商务印书馆 2008 年版，第 42 页。

利的享有者所拥有的优势"。① 尽管耶林、霍菲尔德的权利法律利益说显然优于简单利益说，但也存在一定的问题。有些权利如人权，实际上并没有受到而只是应该受到政治和法律保护的利益。在尚未形成健全的依法生活传统的社会里，法律上的人的地位无论如何也很难得到保障，对人权的法律保护是微弱的或无效的。例如，在一个两极分化的社会里，人权不可能为弥合社会分裂提供基础。两极分化的群体不会就人权的解释达成一致，占优势的解释是统治集团所能接受的解释。结果是，人权不可能得到有效的法律保护，因为没有就怎样保护它达成一致。"如果人权概念要对一个国家的生活做出有重大意义的贡献，就必须具备两个条件：第一，在共同体内，依法生活的传统必须健全。第二，不存在严重的社会和政治的冲突。"② 权利科学利益说则主张，权利是应该受到而未必实际受到政治和法律保护的利益、索取或要求。

（二）权利的内涵

权利是一种得到承认的要求权，是一种合法的、得到承认的有效要求权。换言之，权利是应该受到权力保障的利益、索取或要求。

1. 权利是"应该"受到权力保障的利益、索取或要求

权利定义的关键词是"应该"受到权力保障。权利是应该受到权力保障的利益，而未必是实际受到权力保障的利益。权利是应该受到权力保障的利益，准确地说，权利是应该受到政治和法律保障的利益。因此，所谓权利，说到底，也就是应该受到政治和法律保障的利益。不过，权利并不都是受到法律保障的。例如，人权在过去就没有受到法律保障，至今在一些国家仍然没有受到法律保障，而只是受到道德的保障。故一些人认为，人权是与道德原则和道德理念紧密相连的。人权的来源是普遍道德，而非特定道德，普遍道德由扩及全体人类的共同道德的原则组成。共同道德原则是那些共同体生活本身的原则，它们虽然是抽象的，但却是单一的价值准则。也就是说，人权是道德权利，而不是政治权利。还有一些人认为，人权是一种道义权利、是一种属于所有人的权利，而不是法律权利。戴尔说："所谓权利，就是对他人的容忍和协助的责任的主张，同时包括否决那些不受权利保护的利益和偏好的主张。权利包括应得和应有的道德内涵：宣称某人拥有某种道德权，就是强烈主张他人应当给予

① A.J.M. 米尔恩著，夏勇等译：《人的权利与人的多样性》，中国大百科全书出版社 1997 年版，第 118 页。

② A.J.M. 米尔恩著，夏勇等译：《人的权利与人的多样性》，中国大百科全书出版社 1997 年版，第 203 页。

的正义的东西。鉴于权利有这些特征，权利只应被恰当地用来保护某些利益。我们可以从其重要性和种类来界定权利所保护的利益。"① 即，只有意义重大的利益才受到道德权利的保护；某些种类的利益并不包括在权利的基础之内，"满足包含对他人人格的不尊重的利益……无法得到道德权利的支持"。② 显然，权利是应该受到法律保障的：它不但应该是一种道德权利，而且应该是一种法律权利。夏勇说："人权在获得法律认可之前是道德权利，由于仅具道德权威，侵害它，并不招致法律处罚。在获得法律确认后，人权就既是道德权利，又是法律权利。因而，侵犯人权会导致法律后果。"③ 尽管权利未必都受到法律保障，权利不都是受到法律保障的利益，但是，权利必定都应该受到法律保障，权利是应该受到法律保障的利益。诚如菲尔德所说，美国宪法保护平等的机会，"我们的政治制度立足的理论是：人人具有某些不可让与的权利，其中包括生命、自由和追求幸福的权利；在追求幸福的过程中，所有的职业、所有的荣誉和所有的位置同样向每一个人开放；在对这些权利的保护中，人人在法律面前是平等的"。④ 波尔在《美国平等的历程》一书中总结说："联邦宪法给予所有的人平等的和公正的保护——这所有的人包括美国土地上每一个作为独立而完整的个体的个人。被作为需要联邦宪法特别关怀的目标正是个人的权利；正是为了保护这种权利共和国才应运而生。"⑤ 当然，权利应该受到政治和法律的保障，却并不意味着权利不应该受到道德的保障。因为，凡是应该受到法律保障的东西，同时都应该受到道德的保障。任何人类，任何服从于政府管辖的人都有权得到公平对待。假如政府不给其中一些人以其他人所得到的法律保护，那么，这就是不公平的。因为被否定给予法律保护的人们同样十分需要法律保护。尽管他们在有关方面或许是平等的，但受到了不平等的对待。为了尊重一切受治者获得公平对待的权利，一个政府应该毫无例外地扩大对他们的法律保护。即，人享有受法律平等保护的权利。同时，普遍道德是七项权利（生命权、公平对待的公正权、获得帮助权、自由权、诚实对待权、礼貌权、儿童

---

① R. Curren 主编，彭正梅等译：《教育哲学指南》，华东师范大学出版社 2011 年版，第 570 页。

② R. Curren 主编，彭正梅等译：《教育哲学指南》，华东师范大学出版社 2011 年版，第 571 页。

③ 夏勇著：《人权概念起源》，中国政法大学出版社 2001 年版，第 48 页

④ J. R. 波尔著，张聚国译：《美国平等的历程》，商务印书馆 2007 年版，第 283 页。

⑤ J. R. 波尔著，张聚国译：《美国平等的历程》，商务印书馆 2007 年版，第 439 页。

受照顾权）的来源，"普遍道德要求一个政府去尊重所有七项人权"。① 反之，应该受到道德保障的东西，则只有一部分同时应该受到法律保障。权利是应该受到法律保障的利益一般意味着，权利同时也是应该受到道德保障的利益，因为权利是通过追问在道义上人类被赋予了什么来界定的。鲍桑葵说："任何一种权利既与法律有关又与道德有关。它是能够靠法律来维护的一种要求，而任何道德规范都不能这样做；但它又是被公认为应当能够靠法律来维护的要求，因而又具有道德的一面。"② 霍尔姆斯等人认为，对权利的道德解读和经验主义考察或实证的解读，都不必各执一端。其实，这两种解读并不是针锋相对的，它们所问、所答的是不同的问题，不过如在黑夜里擦肩而过的两个人而已。因此，"法律改革者们应该尽力使政治上可实施的权利与对他们而言的道德权利结合在一起，使权利具有法律执行力将有益于使公众相信这些权利有良好的道德基础"。③

2. 权利是"应该"受到权力保护的利益、索取或要求

权利是一种应该享有的索取或要求，是一种必须且应该得到的利益，因而是一种应该受到社会管理者（或政府管理者）依靠权力加以保护的利益、索取或要求。说到底，权利无非是应该受到政治和法律保障的利益、索取和要求。庞德有关权利概念的解释充分说明了这一论证："作为一个名词，权利这个词曾被用于六种意义。第一，它指利益……在这里，权利可以解释为某一特定作者认为或感到基于伦理的理由应当加以承认或保障的东西，它也可以解释为被承认的、被划定界线的和被保障的利益。比如，《独立宣言》中所主张的权利和各项权利法案所保证的权利，就是人们设想应当为政府所承认并付诸实施的各种主张或要求……第二，权利这个词被用来指法律上得到承认和被划定界线的利益，加上用来保障它的法律工具，这可以称为广义的法律权利。第三，权利这个词被用来指一种通过政治组织社会的强力（保障各种被承认的利益的工具的一部分），来强制另一个人或所有其他人去从事某一行为或不从事某一行为的能力……第四，权利这个词被用来指一种设立、改变或剥夺各种狭义法律权利从而设立或改变各种义务的能力。最好称之为法律权力……第五，权利这个词被用来指某些可以说是法律上不过问的情况，也就是某些对自然能力在法律上不加限制的情况。可以有一种对整个活动领域不加过问的一般情况。在这

---

① A. J. M. 米尔恩著，夏勇等译：《人的权利与人的多样性》，中国大百科全书出版社 1997 年版，第 197 页。

② B. 鲍桑葵著，汪淑钧译：《关于国家的哲学理论》，商务印书馆 2006 年版，第 204 页。

③ S. 霍尔姆斯等著，毕竞悦译：《权利的成本》，北京大学出版社 2004 年版，第 5 页。

里，我们就说到自由权了。所谓从事合法职业的权利，就是这样一种自由权；这就是说，法律不强使某人从事某一特定职业，而让他保有为自己选择某种职业的天赋自由……第六，权利还被用在纯伦理意义上来指什么是正义的。"① 前三种是权利的基本的、主要的意义，可以归结为三句话：第一，被承认的、被划定界线的和被保障的利益；第二，应当为政府所承认并付诸实施的各种主张或要求；第三，法律上得到承认和被划定界线的利益。第四和第五种意义不过是从前三种意义之中推演出来的两种具体权利——立法权和自由权——因而是权利的分类而不是权利的定义。第六种意义则是权利的一种词源含义，也不是权利的定义。不过，权利这个词的上述六种含义，在庞德看来，仍然是不完善的。他说："利益、利益加上保障这种利益的法律工具、狭义的法律权利、权力、自由权和特权，这六者在任何细心的思考中，都需要加以区别。不幸我们没有一个用于第二种意义的词，而这一意义却往往是很重要的。在欧洲大陆，直到十九世纪最后三十多年，而在英美，则直到这一世纪，才开始有了上面这些区分。因而我们的术语仍然有缺陷，这是不足为奇的。"②

权利是一种应该受到社会管理者或政府管理者依靠权力加以保护的利益、索取或要求。德沃金认为，权利从本质上说是个人的，关于社群或族群权利的强调实际上是误导。因为，所有权利只能落实到个人权利。"个人权利是个人手中的政治护身符。当由于某种原因，一个集体目标不足以证明可以否认个人希望什么，享有什么和做什么时，不足以证明可以强加于个人某些损失或损害时，个人便享有权利。"③ 对于德沃金的这一主张，一些学者给予了反驳。作为社会生活原则的社会责任，要求每一个共同体成员在维持和促进共同体利益方面发挥作用。一旦发生冲突，必须让共同利益高于个人利益。"由于社会责任所赋予共同体成员的只是义务而不是权利，所以，它不可能赋予每个人类成员任何权利。"④ 同时，权利不仅仅是个人权利，而且触及到了公共利益、集体利益。政府通过承认、保护和资助权利，集体促进了被广泛认定的其成员更基本的利益。拉兹认为，权利应服务于集体目的："如果要我选择是生活在一个社会享受表达自由，自己却没有表达自由权利的社会，还是生活在一个自己可以享受这种权利，而社会却没有表达自由可言的社会，我将毫不犹豫地作出判

---

① R. 庞德著，沈宗灵译：《通过法律的社会控制》，商务印书馆 2008 年版，第 42—43 页。

② R. 庞德著，沈宗灵译：《通过法律的社会控制》，商务印书馆 2008 年版，第 44 页。

③ R. 德沃金著，信春鹰等译：《认真对待权利》，上海三联书店 2008 年版，第 7 页。

④ A. J. M. 米尔恩著，夏勇等译：《人的权利与人的多样性》，中国大百科全书出版社 1997 年版，第 162 页。

断，第一种选择能使我自己的个人利益得到更好的满足。"① 鲍桑葵认为，任何权利都不是绝对的，都不能与整体分开。权利只能在整体的目的中寻找其存在的根据。"国家的行动体现在一种权利制度中，而其组成因素则无不取决于与公共利益的关系。"② 简言之，权利依赖于政府，权利能否兑现取决于政府，诚如美国《独立宣言》所说："为了保障这些权利，才在人们中间成立政府。"因为，权利需要钱，没有公共资助和公共支持，权利就不能获得保护和实施。当然，权利成本是一个描述性命题，而不是道德性命题。只有当道德权利的明确性质和范围是由政治规定和解释，即只有当道德权利受到法律认可时，权利才有预算成本。当政府具备税收和开支能力时，权利才不会成为空头支票。如果政府没有税收和开支能力，即使权利被侵犯也不能寻求真正的救济。"在实践中，只有当权利把权力授予那些其决策有法律拘束力的实体时，权利才不仅仅是个宣言。作为一个一般规则，不幸的个人如果不是生活在有税收能力和能够提供有效救济的政府下，他就没有法律权利可言。无政府意味着无权利。事实上，当且仅当有预算成本存在时，法律权利才存在。"③ 权利虽然是一种基础或一种本源，但是，作为人们之间的认可和承诺，又是非常脆弱的。它既需要国家权力的保护，又特别害怕国家权利的侵害。大沼保昭说："通过权利框架来定型定义某一主张或要求本身，能够成为寻求实现这些主张或要求的巨大动力和支撑。尤其是对那些被排除在社会种种价值之外、备受异化和歧视的人们来说，用'权利'来定型定义自己的要求，就能阐明这些要求的正统性，并且指出实现这些要求的具体的、具有最终强制性的方法。因而，这种定型定义，也就极有魅力。将个人的自然权定性为受国家宪法保障的人权这一确立实在法过程的历史，也如实地证明了这一点。把人权纳入宪法规定的想法，最初产生于为了保护受国家权力滥用之威胁的个人。由于人们对国家权力造成的迫害有着活生生的记忆，也就期待宪法中的人权规定能对国家权力构成一种制约。这种期待也就成为创造出现代国家宪法中的人权规定以及其实现机制的一大重要原因。当人们提出经济和社会性权利构成第二代人权时，这种社会权利与其说是抗衡国家的权利，不如说是应该通过国家来实现的权利。然而，即使是在这里，人们也是将国家与个人放在对立关系之上，认为前者强、后者弱，因此，基本的认识框架并不曾改变。由此可见，通过将个人这一弱者的要求定型定义

---

① S. 霍尔姆斯等著，毕竞悦译：《权利的成本》，北京大学出版社 2004 年版，第 84 页。
② B. 鲍桑葵著，汪淑钧译：《关于国家的哲学理论》，商务印书馆 2006 年版，第 229 页。
③ S. 霍尔姆斯等著，毕竞悦译：《权利的成本》，北京大学出版社 2004 年版，第 6 页。

为权利甚至人权，并且通过法律机制谋求其实现，这样一种思维形式也就是近代国家所共同的东西。"① 因为，在现实社会生活中，不受保护的权利是无法实施的，即权利不受保护等于没有权利。而国家权力是保护个人权利的最有效的工具，具有巨大的规模效益，是任何其他权利保护措施无法相比的。国家的出现及其存在的合理性，正是为了保护个人权利的需要。然而，事物总是存在着正反两个方面，国家权力既是个人权利的保护神，又是个人权利的最大侵害者。那么，如何避免或减少国家权力对个人权利的侵害呢？最好的办法之一是确立政府的道德基础。普遍道德不仅要求政府负有义务去竭力保护其管辖下的每个人的人权，而且要求政府负有义务，始终尊重并因此绝不以任何形式侵犯与它发生交往的任何人的人权。诚如大沼保昭所说："人权只是欧洲产生的一种历史思想、制度，然而，人类却将其视为应该在全世界范围采纳的有意义的思想和制度。其根本理由，在于人类在现代主权国家体制下为保护个人利益和价值'至今尚未寻找出比人权更为优越的思想和制度'这一单纯事实。人权被认为是'人作为人所具有的权利'，至少是一个可以普遍化的概念。实际上，人权到现在为止不仅在欧洲，而且也在日本等属于不同文明地区的国家拥有比其他思想、制度更能有效地制约国家权力的记录。"② 古典自由派思想家认为，社会是由那些自主决定自己最佳选择的独立的理性人组成的，理性决定了他们最重要的利益是权利，而各种政治安排——社会契约——的目的则是保障权利。它们是政治合法性的根源，而它们的实现从某种程度上又维护了政治秩序。从社会学角度看，权利之所以可以维护政治秩序，是因为它有利于排除干扰，保障生命、自由和财产的安全。诚如马尔库塞所说："人类权利必须保持其神圣性，而不论它使统治权力付出多大的牺牲。一个人不可能只是半途而废，设想出一种被实用性所限制的权利……所有的政治学，都必须在神圣的人类权利面前曲下它的膝盖。"③

---

① 大沼保昭著，王志安译：《人权、国家与文明》，生活·读书·新知三联书店 2003 年版，第 60—61 页。

② 大沼保昭著，王志安译：《人权、国家与文明》，生活·读书·新知三联书店 2003 年版，第 322 页。

③ H. 马尔库塞著，李小兵等译：《现代文明与人的困境》，上海三联书店 1989 年版，第 311—312 页。

二、人的权利

何谓人权？人权即人因其为人而享有的权利，"人作为人所具有的权利"。英国《牛津法律大辞典》认为，人权"指人们主张应当有或者有明文规定的权利。这些权利在法律上得到确认并受到保护，以此确保个体在人格或精神、道德以及其他方面的独立得到最全面、最自由的发展。它们被认为是人作为有理性、意志自由的动物固有的权利，而非某个实在法授予的，也不是实在法所能剥夺或消减的"。① 这是典型的"天赋人权"观。《中国人权百科全书》将人权理解为："人依其自然属性和社会属性所享有或应当享有的权利。"② 这是典型的"历史人权"观。可见，人权是一个复杂多义的概念，不同学科从各自的学科视野"看"人权、"理解"人权，会呈现不同的景象。换句话说，人权这一看似简单、明了的概念，却经历了激烈的争论。"人的权利，像许多其他政治和道德问题一样，曾成为一个热烈而不断争论的题目；这是由于对所要探讨的问题叙述得不够清楚和准确，而不是由于这个问题本身所带来的任何大量的困难。"③ 既然人权是人因其为人而享有的权利，那么，人权究竟是什么呢？

（一）人权的内涵

一般而言，人权主要包含以下两层意思：一方面，某些权利是每个人都享有的或应该享有的，而不论其具体身份和生活处境存在多少差别，谓之"天赋"。④ 换句话说，"每个个体的自然权利就是同样地属于每个人之作为人所应具有的权利"。⑤ 另一方面，因为享有这些权利，每个人都渴望或应该得到合乎人性的对待，从而能够真正地像"人"一样地生存与生活，谓之"人道"。因此，人人共享的普适性以及维护每个社会成员的尊严与价值的道义性，构成了

---

① M. 沃克主编，李双元等译：《牛津法律大辞典》，法律出版社 2003 年版，第 537—538 页。

② 刘海年等主编：《中国人权百科全书》，中国大百科全书出版社 1998 年版，第 481 页。

③ W. 葛德文著，何慕李译：《政治正义论》（第 1 卷），商务印书馆 2007 年版，第 107 页。

④ 夏勇著：《人权概念起源》，中国政法大学出版社 2001 年版，第 167—169 页。（夏勇认为，将"naturalrights"译为"天赋人权"，显得重复，而译为"本性权利"、"自然权利"似乎更为贴切。但是，鉴于"天"字在中国社会和中国文化里意蕴颇丰，倘若严格界定，继续使用它，也不无积极意义。）

⑤ L. 施特劳斯著，彭刚译：《自然权利与历史》，生活·读书·新知三联书店 2003 年版，第 15 页。

人权的双重特征。

人权是人的权利，而权利的概念是在中世纪以后才形成的。至于人权的概念是什么时候形成的，一直都是众说纷纭。一种说法是，最早提出"人权"概念的是意大利诗人但丁。但持不同意见的学者认为，人权观念的出现不会是一个人甚至一代人的思想产物。伊谢说："人权是历史过程积累的结果，后来有了属于它自己的生命，超越了进步思想家的言论与著作，超越了特殊时代的文献与主要事件。"① 人的尊严和价值这一理念如同人类一样古老，它以多种形式存在于不同文化和不同宗教中。人权概念是由西方人最先提出的，但是人权观念并不仅仅是起源于西方的。每一种伟大的宗教和古代文化，诸如希腊、罗马、印度、中国（儒家学说）都孕育着现代人权观的人道主义成分。西方人权观念是在与王权和神权的长期斗争中发展起来的，而代表这一斗争高潮的启蒙运动开启了人权时代的序幕。尽管启蒙运动所"言说"的人权，远不是我们今天所理解的人权，但是启蒙运动对于击败传统的特权和等级制度、瓦解各种不合时宜的社会秩序，为以合法权利的形式确立普遍人权做出了贡献。启蒙思想家的人权是相对于王权和神权的，而今天的人权则是相对于国家和政府权力的。例如，1789 年，法国平民一举推翻了封建旧体制，并制定了举世闻名的《人权和公民权利宣言》。其前言宣布："组成国民议会的法国人民代表相信：对人权的无知、健忘和蔑视，乃是公共灾难和政府腐败的唯一根源。他们决心庄严宣告人的自然、神圣与不可剥夺的权利，以使本宣言不断呈现于社会每个成员之前，使之牢记其权利和责任；使立法和执法权力的行为能时刻与每个政治机构的目的相对照，并因此而获得更大尊重；使公民申诉基于简单和不可争辩的原则，并能永远环绕宪法的维护和所有人的幸福。有鉴于此，国民议会在上帝的保佑下，承认并宣布下列人类和公民的权利。"② "任何政治结合的目的都在于保存人的自然的和不可动摇的权利。这些权利就是自由、财产、安全和反抗压迫。"③ 大沼保昭认为，尽管人权是人作为人所具有的权利，但是，这一定义中的"人"，"通过一定时代具有支配思维方式之规定力量的主体所设立的

---

① M. R. Ishay, *The History of Human Rights*. Los Angeles：University of California Press，2004，p. 2.

② 张千帆著：《西方宪政体系》（下册·欧洲宪法），中国政法大学出版社 2004 年版，第 1 页。

③ R. J. 文森特著，凌迪等译：《人权与国际关系》，知识出版社 1998 年版，第 15 页。

'人'的观念和感觉，而成为受一定限制的人"。① 例如，英语中"人＝男子"这一用法即暗示，在欧美，女性和男性长期以来都未被认为是具有同样人权的权利主体。人权在英语中原本指"男子的权利"，第二次世界大战后，"人权"才演变成纯粹的"人的权利"。"人权享有主体的'人'……到 1948 年的《世界人权宣言》、50 年代后的美国公民权运动、60 年代成为高潮的非殖民地化、70 年代后的妇女解放运动等，第二次世界大战后一系列的改革，才开始成为超越性别、财富、种族、肤色、宗教和文化等种种差异而普遍化了的人。"② 换句话说，今天，为全世界绝大多数人民所认同、认可的人权，不是一下子就出现在联合国 1948 年的《世界人权宣言》之中的，人权的核心价值是在人类历史的进程中逐渐形成的。

当然，对现代人权观念贡献最为直接的、最大的是西方启蒙主义时期的世俗普世主义思想，其历史原因在于："由于现代的人权观念起源于欧洲和美洲，它萌芽于一些政治、经济和技术的变革之中，这些变革伴随着西方文明的逐渐强大和其他文明的逐渐衰落。"③ 人权的价值，有关人的珍贵生命的那种"尊严"，是人类共有的。人权意味着人人都享有权利。人权的主体不只是这个或那个社会的成员，而是人类社会的成员。弗里德认为，人类的共同本性，"对所有人来说，都像许多同样的货币一样，但它不仅是我们每个人都分别拥有的一种孤立的东西；它还像一条把珠子串在一起的棉绳那样，是一种我们所有人都应该共享的东西。……人权是那种无论其处境如何都应该分配给每个人的东西"。④ "人权"理念是现、当代哲学思想的产物，其基础是理性主义、启蒙运动、自由主义、民主以及社会主义。

（二）人权的思想基础

信仰、敬重人的生命与尊严，本是一项基本的正义准则，但是，侵犯人权的行为在现实生活中却时时发生。正因为如此，我们才要坚持保障和维护人权的价值正当性。这样，问题的一个关节点在于，我们必须寻找人权赖以成立的

---

① 大沼保昭著，王志安译：《人权、国家与文明》，生活·读书·新知三联书店 2003 年版，第 149 页。

② 大沼保昭著，王志安译：《人权、国家与文明》，生活·读书·新知三联书店 2003 年版，第 150－151 页。

③ M. R. Ishay, *The History of Human Rights*. Los Angeles：University of California Press，2004，p. 65.

④ R. J. 文森特著，凌迪等译：《人权与国际关系》，知识出版社 1998 年版，第 16 页。

思想基础。大沼保昭在此给出了一个简明的答案："人权是思考现行法律、政治、社会以及进行各种制度设计时最重要的观念之一。人权观念来源于近代欧洲的自然权思想。自然权思想不仅给人权同时也给近代法思想和制度带来了巨大影响。它一方面构成近代多数宪法在思想源泉上所依据的社会契约学说的主要部分，同时，它作为思维的规范性框架，深刻影响着人们对国际社会各种制度存在方式的思考和行动。没有自然权思想的存在，也就不会有国家基本权观念、人民自决权观念、国家平等观念、国际人权法这一系列国际法观念和制度的诞生。"①

1. 自然权利

在宪政体制下，基本人权几乎都以法律的形式得到确认，但是，若寻根究底，将实在法视为人权的终极依据却是不充分的。西塞罗认为，制定法或实在法，有时候可能与"真正的法律"没有任何联系。"并非各民族的市民法和制度所确立的一切东西必然是正义的"，"正义也并不等同于遵守成文法"。尽管凡夫俗子习惯于将"文字写成的用来禁止做某些事情和命令别人干某些事情的"一切皆称之为"法"，但这只在口语意义上才成立。真正的法律是"依照自然来区分正确和错误的规则"，而"其他任何类型的法律不仅不应当看作是法，而且也不应当称之为法"。② 尽管制定法或实在法提供了唯一的有规约性的准则，人们必须服从，但是制定法或实在法如果不做要求或禁止，世间是无所谓正义和不正义的。"我们为正义而生，公义并非仅仅是意见的任意设置，而是一项自然的制度。"③ 换句话说，否认自然权利、自然道德法和自然正义的实证法与人定法是决定正义与不正义的准则。一旦正义被看作是从属于实证法律的规定时，什么是正义或什么是不正义，必然会因地而异、因时而异。因此，不论人权怎样在宪政体制下表现为公民的法定权利，人权保障作为一种天经地义、不言而喻的价值诉求，其终极依据却不在现实的生活层面，而只能超越经验现象，到实在法之外去寻求。今天，人们对于自然权利的需要，一如数百年甚至上千年来一样地显明昭著。而所谓自然权利，即我们可以要求社会给我们以保障权，因为这种保障是我们天生就赋有的权利。"自然主义者，顾名思义，

① 大沼保昭著，王志安译：《人权、国家与文明》，生活·读书·新知三联书店2003年版，第28页。

② E. S. 考文著，强世功译：《美国宪法的"高级法"背景》，北京大学出版社2015年版，第18-19页。

③ E. S. 考文著，强世功译：《美国宪法的"高级法"背景》，北京大学出版社2015年版，第17页。

就是肯定自然正义的存在，肯定自然的、不可让渡的权利的存在，肯定自然道德法的存在，肯定那些我们同意并具有规约性的习俗的存在，这些不但独立于而且也先于实证法律的存在。"① 而拒斥自然权利，就无异于说，所有权利都是实在的权利，而这就意味着，何为权利是完全取决于立法者和各国的法院的。可人们在谈到"不公正"的法律或者是"不公正"的决断时，显然是有着某种意涵，有时甚而是非如此不可的。在下这样的判断时，我们指的是存在着某种独立于实在权利而又高于实在权利的判断是非的标准，据此我们才能对实在权利作出判断。施特劳斯说："自然的发现，或者说自然与习俗之间的根本分别，是自然权利观念得以出现的必要条件。但并不是充分条件：所有权利都可以是来自习俗的。"② 如是，"自然法"的意义就得以突显。诚如庞德所说："自然法直接来源于理性，但最终来源于上帝。自然法是'统治整个世界的神圣智慧的理性'。由此，自然法在短时期内被用来维护权威，而不是去撼动权威。"③ 自然法是正义的唯一来源，是判定人与人、人与社区关系行为正确与否的唯一标准；自然法是人心中的"上帝之声"，是"永恒法"，是"至高无上的法"。

就字面意义而言，西方话语体系下的"自然"一词类似于汉语世界里的"天"，指的是不以人的意志为转移的客观物质世界。但是，在古希腊，关于"自然"的哲学沉思，并未停留在杂多、易变的"现象世界"，而是要超越有形的万物，寻求齐一、单纯、恒常的形而上的宇宙"本体"。施特劳斯认为，当最早的哲学家们谈论自然时，他们指的是初始事物，亦即最古老的事物；哲学由对祖传之物的诉求转向了对于某种比之祖传的更加古老的事物的诉求。自然乃是万祖之母，万母之母。"自然比之任何传统都更古久，因而它比任何传统都更令人心生敬意。认为自然事物比之人创造的事物更加高贵的观点，不是来自于什么对神话的秘密的或无用的借用，也不是基于神话的残余，而是基于自然本身的发现。人工以自然为前提，而自然并不以人工为前提。比之他们的任何产物都更让人敬佩的人类的'创造'能力，本身并不是人所创造的：莎士比亚的天才并不是莎士比亚的成就。自然不仅是为所有的人工提供了材料，而且

---

① M. J. 艾德勒著，郗庆华等译：《六大观念》，生活·读书·新知三联书店1998年版，第238页。

② L. 施特劳斯著，彭刚译：《自然权利与历史》，生活·读书·新知三联书店2003年版，第94页。

③ R. 庞德著，陈林林译：《法律与道德》，中国政法大学出版社2003年版，第12页。

也提供了模型；'最伟大的美妙之物'乃是区别于人工的自然的产物。"① 因此，问宇宙的"自然"是什么，就等于追问宇宙的"本性"、"本质"和"本源"是什么。这种"本性"、"本质"和"本源"，如果用汉语世界的习惯表达，便是所谓的"天理"或"天道"。在现象界，"一切皆流，无物常住"，但是，作为宇宙本体的"天理"或"天道"，却是普适的、永恒的和绝对的。

如果进一步追问"天理"或"天道"的"人性化"展现的时候，"自然法"概念就水到渠成了。希腊化时期的斯多葛学派是这一追问方式的代表。他们在"物质世界"之上附着了一个"道德世界"，从而扩展了"自然"的意涵，使之不仅包括了有形的宇宙，并且包括了人类的思想、惯例和希望。斯多葛学派认为，物质和精神原则之间有着密切的结合。虽然世界是物质的，但是，逻各斯（logos）却处处赋予材料以"质上特定的如此存在"。逻各斯是起着塑造作用的、决定着物质的原则，它给了世界以和谐的秩序。主宰着大自然的、神的逻各斯同时也出现在人的理智里。塞内卡说："人身上固有的特性是什么呢？理智。正确和充分地发扬理智，它就会使人充满幸福。因此：任何东西一旦完善了人的固有的善，它就值得称赞，并且达到了它的本质的目标；如果人的固有的善是理智，如果他完善了理智，他就值得称赞，并且达到了他的本质的目标。这种完善的理智被称为美德，它是高尚的东西。"② 可见，对于斯多葛学派而言，就产生了自然规律和道德规律的一种伟大的统一：在二者之中都出现理智——它主宰着自然；它指导我们的行为。"神圣的理性寓于所有人的身心之中，不分国别或种族。因此，存在着一种基于理性的普遍的自然法，它在整个宇宙中都是普遍有效的。它的要求对世界各地的任何人都有约束力。"③ 因此，作为"天道"的一种"分有"，"自然法"即是一种"人道"法则。斯多葛学派主张"按自然生活"，实质上就是追求一种合乎人性的、真正属人的生存方式。他们把这种生存方式说成是"自然"的规定，无非是借此给自己的价值理想赋予像客观规律一样的普遍而永恒的绝对意义。正如施特劳斯所说："古典形式的自然权利论是与一种目的论的宇宙观联系在一起的。一切自然的存在物都有其自然目的，都有其自然的命运，这就决定了什么样的运作方式对于它们是适宜的。就人而论，要以理性来分辨这些运作的方式，理性会判定，最终按照人

---

① L. 施特劳斯著，彭刚译：《自然权利与历史》，生活·读书·新知三联书店 2003 年版，第 92—93 页。
② H. 科殷著，林荣远译：《法哲学》，华夏出版社 2002 年版，第 14 页。
③ E. 博登海默著，邓正来译：《法理学》，中国政法大学出版社 2004 年版，第 17 页。

的自然目的，什么东西本然地就是对的。"① 更通俗地讲，用合"人道"的方式对待人，是行"天道"的客观要求，天然正当，而一切反"人道"的行为，都违背"天理"或"天道"。

问题在于，"天道"和"人道"是如何被确定地加以把握？斯多葛学派的回答是：靠理性。芝诺及其追随者把"自然"的概念置于他们哲学体系的核心位置。所谓自然，按他们的理解，就是支配性原则，它遍及整个宇宙，并被他们按泛神论的方式视之为神。这种支配性原则本质上具有一种理性品格。芝诺认为，整个宇宙乃是由一种实质构成的，而这种实质就是理性。人作为宇宙自然的一部分，本质上就是一种理性动物。在服从理性命令的过程中，人乃是根据符合其自身本性的法则安排其生活的。② 斯多葛派学者认为，理性是人类思维的高级形式，是人们把握客观事物本质和规律的能动活动。理性思考能力是人区别于动物的各种能力之母。不仅斯多葛派学者如此，整个古希腊哲学都是如此。衣俊卿说："古希腊哲学是古典理性主义的典范，它在人类思想史上最先以自觉的方式确立了理性主义的基本原则。'人是理性的存在物'，这一信念无疑贯穿于古希腊哲学之中。但是，古希腊先哲对理性的把握并未囿于其认识论和人本学含义，而是致力于在本体论或宇宙论的层面上，确立起作为万物内在结构和根据的'宇宙理性'。赫拉克利特为生生不息、变化不居的现象世界找到了'永恒地存在着的'根据，即万物皆由之产生的'逻各斯'；巴门尼德抛开了不确定的表象世界和人类意见，设定了不生不灭、不变不动的'唯一的存在'；斯多葛学派则把赫拉克利特的'逻各斯'发展为'世界灵魂'和'宇宙理性'。在古希腊哲学中，对'宇宙理性'的充分展开是在柏拉图和亚里士多德那里完成的。柏拉图的理念论为我们提供了一个由最高的'善'的理念统领的等级森严、秩序井然的'理念世界'，这些理念构成了事物的本质和根基，具体的和个别的事物只是由于'分沾'了理念，才得以生存与存在。亚里士多德的实体理论为我们描绘了宇宙万物由质料到形式，从潜能到现实的发展过程和统一过程，从而构成了从最低级的、纯粹的质料到最顶端的'纯形式'，即'绝对的现实'这样一个合乎理性的宇宙结构或存在链条。"③ 因此，凭借理性能力，人超越丛林中的动物，既认识外部物质世界的恒常规律，又在社会生活中明辨是非善恶，并推崇和鼓励向善的光明行动。"人们的生活应当不受情感

---

① L. 施特劳斯著，彭刚译：《自然权利与历史》，生活·读书·新知三联书店 2003 年版，第 8 页。

② E. 博登海默著，邓正来译：《法理学》，中国政法大学出版社 2004 年版，第 17 页。

③ 衣俊卿著：《文化哲学十五讲》，北京大学出版社 2004 年版，第 136—137 页。

和主观激情的影响，而且应当使自己不依赖于外部世界，不受世俗之物的支配，并用理性的方式支配其本能。人应当无所畏惧，对必然的命运安之若素，努力奋斗以达到精神上的完全平衡与和谐。"① 也就是说，理性构成了人之为人所应该具有的道德关怀的内在基础。所谓"有理走遍天下"，即意味着建立在理性基础上的正义法则，本质上是一种普适于所有社会成员的"公正"和"仁爱"法则。"理性作为一种遍及宇宙的普世力量，乃是法律和正义的基础。"② 而尊奉和实践这一理性法则，即是"人道"。斯多葛派认为，人在本质上是平等的；因性别、阶级、种族或国籍不同而对人进行歧视的做法是不正义的，是与自然法背道而驰的。希庇亚斯说，我们都在"天性上"同他人和所有公民相联系，"因为每一存在物都由自然使之与那些同它类似的事物相联系，但'习俗'这个人们的暴君，迫使许多事物与自然相对立"。安提丰也说："按天性，我们全都处于平等关系之中，无论是野蛮人或是希腊人。"③ 换句话说，斯多葛学派打破了城邦时代人的身份、地位、财富等等级观念，把人看作是同一类群中的一员，确立了人的平等关系以及相互间兄弟姐妹似的关系。既然人从属于一个源于自然属性的普遍社会，理性的应有则是这一社会的行为规则，而这些规则即是自然法的规则。西塞罗认为，它们是"永恒不变并可普遍适用的规则……无论长老院或人民都不能摆脱依照自然法则行事的义务，我们也没有必要再到自身之外去寻觅其解释或说明。在罗马和雅典，或从现在以至将来，都没有什么其他不同的法则，而只有这一永恒不变的法则。这种自然法则适用所有国家和所有时代，并且只有一个主人和统治者，他就是上帝"。④ 西塞罗率先提出了人人平等的主张，自然赋予所有的人以正常的理性，因此应对所有的人应用同一种标准。"世界上没有任何东西犹如人与人之间，在所有情况下，皆如此相似或如此平等。若非习惯的败坏和意见的善变导致心智的冥顽不灵且背离自然之道，则所有人之间之相似不亚于个人与其自身之相似。所以，无论给单个人以何种定义，皆可适用于全人类。"⑤ 西塞罗的这一主张被视为"人类理性的开端，法国大革命提出的有关'自由、平等、博爱'社会的思想不过是其

---

① E. 博登海默著，邓正来译：《法理学》，中国政法大学出版社 2004 年版，第 17 页。
② E. 博登海默著，邓正来译：《法理学》，中国政法大学出版社 2004 年版，第 17 页。
③ M. 兰德曼著，阎嘉译：《哲学人类学》，贵州人民出版社 2006 年版，第 23 页。
④ R. J. 文森特著，凌迪等译：《人权与国际关系》，知识出版社 1998 年版，第 25—26 页。
⑤ E. S. 考文著，强世功译：《美国宪法的"高级法"背景》，北京大学出版社 2015 年版，第 22 页。

在当代的另一种表达方式而已"。① 罗素更是一针见血地指出："像 16 世纪、17 世纪、18 世纪所出现的那种天赋人权的学说也是斯多葛派学说的复活，尽管有着许多重要的修正。是斯多葛派区别了 jus naturale（自然法）与 jus gentium（民族法）的。自然法是从那种被认为是存在于一切普遍知识的背后的最初原则里面得出来的。斯多葛派认为，一切人天生都是平等的。……这是一种在罗马帝国不可能彻底实现的理想，但是它却影响了立法，特别是改善了妇女与奴隶的地位。"② 萨拜因也说："人类的统一，人与人之间的平等，因而还有国家的正义，男女的同等价值，对妇女与儿童的权利的尊重、仁慈、爱、家庭的纯洁，宽容和对我们同伴的宽容，在一切情况下，甚至在可怕地必须用死亡来惩罚罪犯的情况下的人道精神——这些就是充满后期斯多葛主义者著作中的基本思想。"③ 从罗素、萨拜因等人的论述中可以看出，斯多葛派思想对后世的影响是显而易见的。

2. 自然法

就本质而言，自然法不是具体的成文法律，而是一种昭示绝对公理或终极价值的正义论。自然法理论认为，自然法乃是一种精确地表达了法律理念的法律；一项自然法规则就是一种精准地表达了适用于所受理问题的法律理念的规则；实在法的全部效力都来自于它所反映并宣告的这种自然法。庞德说，自然法理论乃是一种有关制定法律的理论，"法律中的旧内容应当接受这个理想的检验并通过修正以使它们符合这一理想；如果它们无法与这一理想相符合，那么就应当予以否弃。如果存在着需要填补的空白，那么就应当依据这一理想方案进行填补。然而，在一般安全利益的压力下，自然法理论又趋于成为一种法律理论。因此，一种新的权威，亦即'事物之本性'或'人之本性'这种哲学权威，便应运确立起来了。法律秩序再一次成了神的启示。这个新的法律之神被称作'理性'，它被认为是一种与权威敌对的力量"。④ 换句话说，人定法必须要有自己的价值倾向，必须要以既定的价值为归宿，自然法——整个人类所共同维护的一套权利或正义——就是超越于人定法之上的一套价值准则。自然正义是人们制定法律的依据，是权威的来源和法律合法性的准则，人定法必须以自然正义为依归才可能获得其确切性。自然法乃是一个正义制度的最为根本

---

① R. J. 文森特著，凌迪等译：《人权与国际关系》，知识出版社 1998 年版，第 26 页。

② B. 罗素著，何兆武等译：《西方哲学史》（上卷），商务印书馆 2010 年版，第 341－342 页。

③ G. 萨拜因著，刘山等译：《政治学说史》（上册），商务印书馆 1986 年版，第 192 页。

④ R. 庞德著，邓正来译：《法律史解释》，中国法制出版社 2002 年版，第 8 页。

的基础，它是由那些最低限度的公平和合理的标准组成的，没有这些标准，就不可能有可行的法律制度。考文在论述美国宪法的渊源时，就将自然法的观念列为其最重要的理论渊源。他说："一般认为，亚里士多德的'自然正义'主要是一种立法者遵循的规范和指南，而斯多葛派的'自然法'却是人类通往幸福的坦途。最高的立法者是自然本身；自然秩序也并非仅指现代科学所探究的那个物质的秩序。斯多葛主义所强调的自然法概念是一种道德秩序的概念，人们通过上帝赐予的理性能力与诸神一道，直接参与这种秩序。自然、人性和理性是一回事。"①

自然法作为具有理性禀赋的人所普遍认同的正当行为准则，发布着按人的内在价值看待人、用属人的方式对待人的道德律令。诚如马里旦所说："人权的哲学基础是自然法。"② 这样的自然法表征着一种超验的"理想程序"，为正当和不正当的行为确立了一个界标，事实上也构成了制定和执行具体的成文法律的终极依据。艾德勒说："国家人造法律规定的正义，首先来自自然道德法原则下具体判决的实证法规定，自然道德法原则是社会自然正义的原则。实证法的规定是正义的，所以它能使自然权利免受侵犯，而且在分配和交易上能维护并促进公平。"③ 现实生活中的各种成文法以及法律化的政治建制，归根结底都必须置于自然法的天平上加以测度和拷问。西塞罗倾向于把自然和理性等而视之，并把理性设想为宇宙中的主宰力量。他说："法律乃是自然中固有的最高理性，它允许做应该做的事情，禁止相反的行为。当这种理性确立于人的心智并得到实现，便是法律。因此，他们通常认为，智慧就是法律，其含义是智慧要求人们正确地行为，禁止人们违法……""法的始端应导源于法律，因为法律乃是自然之力量，是明智之士的智慧和理性，是合法和不合法的尺度。真正的法律乃是正确的规则，它与自然相吻合，适用于所有的人，是稳定的、恒久的，以命令的方式召唤履行责任，以禁止的方式阻止犯罪，但它不会无必要地对好人行命令和禁止，对坏人以命令或禁止予以威召，要求修改或取消这样的法律是亵渎，限制它的某一个方面发生作用是不允许的，完全取消它是不可能……一种永恒的、不变的法律将适用于所有的民族，适用于各个时代；将会有一个对所有的人共有的，如同教师和统帅的神：它是这一法律的创造者、

---

① E. S. 考文著，强世功译：《美国宪法的"高级法"背景》，生活·读书·新知三联书店 1997 年版，第 4 页。

② J. 马里旦著，霍宗彦译：《人和国家》（上册），商务印书馆 1964 年版，第 76 页。

③ M. J. 艾德勒著，郗庆华等译：《六大观念》，生活·读书·新知三联书店 1998 年版，第 235 页。

裁判者、倡导者。谁不服从它，谁便是自我逃避，蔑视人的本性，从而将受到严厉的惩罚，尽管他可能躲过被视为惩罚本身的其他惩罚。"① 在西塞罗看来，智者的理性和思想应当是衡量正义与不正义的标准，而理性的人的特征是按照理性给予每个人以应得的东西。虽然正义感可以发展和改进，但却是所有理性人都具有的一种普遍品格。"由于人具有一种共同智识，而这种智识使人们知晓许多事情并且阐明于心，所以人们将正直的行为认作是善，将不正直的行为认作是恶；只有疯子才会得出这样的结论，即这些判断是一个见仁见智的问题，而不是自然先定的问题。"② 因此，正义是自然所固有的（被理解为人性）。人的理智从世界的理智，即逻各斯里认识的这种自然的法，并不取决于各个国家的规章；犹如世界的规律本身那样，它对一切民族和时代都是适用的。它比任何成文的法都更古老，比任何的国家的共同体都更古老，与它相悖逆的实在法并非真正的法律，这种实在法是没有约束力的。孟德斯鸠说："在所有这些规律之先存在着的，就是自然法。所以称为自然法，是因为它们单纯渊源于我们生命的本质。如果要很好地认识自然法，就应该考察社会建立以前的人类。自然法就是人类在这样一种状态之下所接受的规律。"③ 洛克在谈到自然权利时，仿佛自然权利是由自然法派生的，而且相应地，他谈论自然法，就仿佛那是严格意义上的法律一样。自然法给人之为人强加了不折不扣的义务，无论他是生活在自然状态还是公民社会。"自然法对于所有人来说都是一项永恒的准则"，因为它"对于所有有理性的生物来说都是清楚明白的"。它等同于"理性法"，它"可以为自然之光所知晓，也就是说，无须借助于明确的启示"。洛克认为，要将自然法或道德法则提升到证明的科学之列是完全可能的。那种科学"由不证自明的前提出发，通过必然的结论……"得出"衡量正误的尺度"。人类因此就能够"从理性的原则入手"提炼出"一套伦理学，它被证明是自然法，并且给人民教导一切生活中所应承担的义务"，或者是"一套完整的'自然法'"或"全部的德性"，或者是一套给予我们"全部"自然法的"法典"。④ 存在着一种源自上帝的自然法，"这种自然法是以诸项简单的、永恒的、不证自明的原则反映给人之良心的"。"秩序、比例与和谐遍及宇宙。在我们周围、在我们心中、在我们之上，存在着一条规则，我们只能赞赏它，而不能、不

---

① H. 科殷著，林荣远译：《法哲学》，华夏出版社 2002 年版，第 15 页。
② E. 博登海默著，邓正来译：《法理学》，中国政法大学出版社 2004 年版，第 19 页。
③ 孟德斯鸠著，张雁深译：《论法的精神》（上册），商务印书馆 1997 版，第 4 页。
④ L. 施特劳斯著，彭刚译：《自然权利与历史》，生活·读书·新知三联书店 2003 年版，第 8 页。

应、也不得背离它。"① 可见，具体的成文法律是否具有正当性、是否能获得权威和效力，完全取决于它是否符合上述永恒不变的、合乎自然理性的、将人类生活导向至善的天然准则。正如威尔逊所说："人定法欲得到最终承认，就必须依凭这一永恒不变的自然法。"② 如果人定法违反自然法，那么该人定法就不具任何效力。法律理想就是自然法的观念，自然法乃是我们评价实在法、衡量其内在正义的标准和依据。康德说："权利科学所研究的对象是：一切可以由外在立法机关公布的法律的原则。如果有一个这样的立法机关，在实际工作中运用这门科学时，立法就成为一个实在权利和实在法律的体系。精通这个体系知识的人称为法学家或法学顾问。从事实际工作的法学顾问或职业律师就是精通和熟悉实在的外在法律知识的人，他们能够运用这些法律处理生活中可能发生的案件。这种实在权利和实在法的实际知识，可以看作属于法理学的范围。可是，关于权利和法律原则的理论知识，不同于实在法和经验的案件，则属于纯粹的权利科学。所以权利科学研究的是有关自然权利原则的哲学上的并且是有系统的知识。从事实际工作的法学家或立法者必须从这门科学中推演出全部实在立法的不可改变的原则。"③ 简言之，自然正义先于法律正义。自然道德法准则和自然权利的存在，决定了正义与非正义的行为。

3. 自然法对人权理论与实践的影响

作为超验的价值基础，自然法对人权的理论与实践产生了深远影响，这一影响可以从两个层面去理解和分析。一方面，自然法确证的本来意义的人权，指的是人之为人按其本性所应该享有的基本的人格权利。这种权利之所以平等，普遍地属于每一个男女，仅仅因为他们是"人"。乌尔庇安说："就国家法而言，奴隶被认为不是人；但按照自然法，事情就不是这般了，因为自然法把所有的人都视为是平等的。"④ 霍布斯从人性论出发，猛烈地抨击亚里士多德有关人类天生不平等的思想，提出了近代意义上的人类平等观。所有的人在自然状态下都是平等的，人人生而平等。自然法要求"任何人都不得以行为、言语、表情、姿态，表现仇恨或蔑视他人。违背这一自然法的人一般称之为侮辱"。自然法要求"每一个人都应当承认他人与自己生而平等，违反这一准则就是自傲"。⑤ 霍布斯的主张充分体现了现代权利理论中的权利平等原则，且为

---

① E. 博登海默著，邓正来译：《法理学》，中国政法大学出版社 2004 年版，第 66 页。
② E. 博登海默著，邓正来译：《法理学》，中国政法大学出版社 2004 年版，第 66 页。
③ 康德著，沈叔平译：《法的形而上学原理》，商务印书馆 2008 年版，第 38 页。
④ E. 博登海默著，邓正来译：《法理学》，中国政法大学出版社 2004 年版，第 300 页。
⑤ T. 霍布斯著，黎思复等译：《利维坦》，商务印书馆 1997 年版，第 116—117 页。

现代自然权利学说提供了理论依据。斯宾诺莎明确提出了自然权利学说，认为每个人天生都有生存权这一最高的自然权利，都可以按照自己的意愿寻求自己的利益。"每个个体应竭力以保存其自身，不顾一切，只有自己，这是自然的最高的律法与权利，那就是，按照其天然的条件以生存与活动。"① 不过，斯宾诺莎认为，人应该在理性的指导下，放弃部分自然权利，以实现自我保存，实现有秩序的社会生活。"个人的天赋之权只是为这个人的力量所限，可见把这个力量转移于另一个人之手，或是出于自愿，或是出于强迫，这样一来，他必然地也把一部分权利让出来；不但如此，统治一切人的权是属于有最大威权的那个人。……一个社会就可以这样形成而不违犯天赋之权，契约能永远严格地遵守，也就是说，若是每个个人把他的权力全部交付给国家，国家就有统御一切事物的天然之权。"② 依照自然法的理论逻辑，人权被宣布为"天赋"，表明它在价值上是自足完善的，并不需要经验实例做证据。即使它从没有在任何一种具体情境中实现过，其价值正当性也永远有效。反过来说，正是这种永远有效的价值正当性，向法律体系、政治体系、社会体系等下达了"应该如何"的道德诉求。19 世纪的法律历史，从某种意义上讲，其实就是一部有关日趋承认个人权利——这些权利常常被视为"自然"的（或天赋的）和绝对的权利的记录。诚如马尔库塞所说："人类权利必须保持其神圣性，而不论它使统治权力付出多大的牺牲。一个人不可能只是半途而废，设想出一种被实用性所限制的权利……所有的政治学，都必须在神圣的人类权利面前曲下它的膝盖。"③ 或如大沼保昭所说："毋庸置疑……人权观念根植于个人的自然权观念。保护人权这一观念本身是这样一种认识的表现：远在国家成立以前，人就已然拥有了不可剥夺的权利，虽然国家通过实定宪法保护了这些权利，但这只不过确认人所具有的那些前国家性的权利而已。在战后，这种权利的前国家性，通过对第二次世界大战中的大规模人权侵害的彻底批判和反省，已经得到许多国家的广泛支持，成为各国宪法强化人权规定以及产生人权条约、宣言的思想背景。"④ 但是，自然法为人权所做的辩护，只是提供了一个抽象的框架而已，一个包裹着各种主观信仰的理论范式。

---

① 斯宾诺莎著，温锡增译：《神学政治论》，商务印书馆 1997 年版，第 212 页。
② 斯宾诺莎著，温锡增译：《神学政治论》，商务印书馆 1997 年版，第 216 页。
③ H. 马尔库塞著，李小兵等译：《现代文明与人的困境》，上海三联书店 1989 年版，第 311—312 页。
④ 大沼保昭著，王志安译：《人权、国家与文明》，生活·读书·新知三联书店 2003 年版，第 48—49 页。

因此，不同思想家所表达的东西，可能相去甚远，乃至完全不同。换言之，自然法的抽象框架可以用来盛放很不相同的具体内容，至于盛放什么样的内容，这不是一个学术问题，而是一个现实社会问题。

（三）人权的主要内容

作为道德权利的最低底线普遍标准的人权，可以从以下几个方面把握。

1. 生命权

每个人都有自己独特的生命，且生命只有一次，因此，在人权保障的清单中，生命权应被看作首要的和最基本的一项权利。生命权要求：第一，任何人不得被任意杀戮；第二，任何人的生命不得遭受不必要的危险的威胁。[①] 无缘无故地剥夺他人的生命，或者肆意对他人施加恐吓、虐待和折磨，即是用一种非人的方式对待人，因而是对"自然法"的侵犯。洛克说："理性，也就是自然法，教导着有意遵从理性的全人类：人们既然都是平等和独立的，任何人就不得侵害他人的生命、健康、自由或财产。"正因为每一个人必须保存自己，不能擅自改变他的地位，那么，基于同样的理由，"当他保存自身不成问题时，他就应该尽其所能保存其余的人类，而除非为了惩罚一个罪犯，不应该夺去或损害另一个人的生命以及一切有助于保存另一个人的生命、自由、健康、肢体或物品的事物"。[②] 如果任由无端残害生命的现象发生，人类的生存环境将异常恶劣，甚至连丛林里的动物都不如。敬重生命的原则显然包含生命权。"每个人都享有不遭受任意杀害、不受不必要的生命威胁的权利。相应的义务则是禁止以这些方式里的任何一种去对待任何人。"[③]

在不同文化背景中，对于什么算是剥夺人的生命的"任意"行为，存在着不同的理解。典型的例证是堕胎和安乐死。这些行为按照某些道德准则是被允许的，按照另一些道德准则却是不被允许的。但是，出于私利滥杀无辜、草菅人命无论在何时、何地都是对人生命权利的任意侵犯，都是不被允许的。因此，必须把生命权置于最优先的地位，"生命权是一个人之所以被当作人类伙

① A. J. M. 米尔恩著，夏勇等译：《人的权利和人的多样性》，中国大百科全书出版社 1995 年版，第 155—156 页。

② 洛克著，叶启芳等译：《政府论》（下篇），商务印书馆 2005 年版，第 4—5 页。

③ A. J. M. 米尔恩著，夏勇等译：《人的权利和人的多样性》，中国大百科全书出版社 1995 年版，第 156 页。

伴所必须享有的权利",① "人人拥有生命权,任何他人在这一权利面前都应受到制约,他们承担有尊重这种权利的一般义务"。② 生命权也是人权的根基。

2. 自由权

个人拥有至高无上的生命权,可以在涉及范围内,按照他认为合适的方法支配自己的身和心,独立决断、自主行动,而不受他人或社会组织、政府组织的无理干涉。"拥有自由,人不仅仅是他自身行动的主人,也是他自己的主人,人是他自身存在的主人,更确切地说,人可以自己决定他将成为一个什么样的人。"③ 如果个人不能自我做主,那就意味着他的生命已丧失灵性,不再具备真正的属人价值。卢梭认为,自由"乃是人性的产物",是人的天生本性,是人的一切能力中最崇高的能力。失去自由或意识不到自己的自由,一方面失去做人的资格。"放弃自己的自由,就是放弃自己做人的资格,就是放弃人类的权利,甚至就是放弃自己的义务。"④ 席勒则从另一个角度表达了与卢梭类似的看法。他说:"作为物,他仍然永远是某种东西,他仍然永远可能成为某种好的东西。他把自己盲目地托付给自然,正是这个自然使他没有完全沉沦;它的永恒法则保护着他,它无穷无尽的辅助手段拯救着他,只不过他也毫无保留地放弃了他的自由。"⑤ 另一方面,无法显示自己的"精神的灵性"。禽兽根据本能决定取舍,而人则通过自由行为决定取舍。"在一切动物之中,区别人的主要特点的,与其说是人的悟性,不如说是人的自由主动者的资格。自然支配着一切动物,禽兽总是服从;人虽然也受到同样的支配,却认为自己有服从或反抗的自由。而人特别是因为他能意识到这种自由,因而才显示出他的精神的灵性。"⑥ 因此,享有一系列"基本自由",便应成为人的基本权利。

"基本自由"大致包括以下内容。1941 年,美国总统罗斯福在国会演讲时提出了"四大自由":第一是在全世界任何地方发表言论和表达意见的自由;第二是在全世界任何地方,每个人都有以自己的方式来尊崇上帝的自由;第三是免于匮乏的自由……;第四是免于恐惧的自由。《世界人权宣言》在"序言"中宣告:"享有言论和信仰自由并免于恐惧和匮乏"是"普通人们的最高愿

---

① A. J. M. 米尔恩著,夏勇等译:《人的权利和人的多样性》,中国大百科全书出版社 1995 年版,第 158 页。

② R. J. 文森特著,凌迪等译:《人权与国际关系》,知识出版社 1998 年版,第 9 页。

③ B. 莫迪恩著,李树琴等译:《哲学人类学》,黑龙江人民出版社 2005 年版,第 88 页。

④ 卢梭著,何兆武译:《社会契约论》,商务印书馆 2003 年版,第 12 页。

⑤ F. 席勒著,张玉能译:《审美教育书简》,译林出版社 2012 年版,第 235 页。

⑥ 卢梭著,李常山译:《论人类不平等的起源和基础》,商务印书馆 1996 年版,第 83 页。

望"。"基本自由"是实现美好社会梦想所必需的。言论自由和信仰自由是作为民主国家要素的公民自由；免于恐惧的自由是安全和法律制度方面的权利，诸如不受逮捕、非法酷刑、不人道和有辱人格地对待；免于匮乏的自由意味着关于基本需求的福利制度。《欧洲人权公约》保障了基本的政治自由：思想、良心和宗教的自由；言论自由、和平集会和与他人结社的自由。

作为共同体生活的道德原则，"不受专横干涉的自由"包含了每个成员享有此项权利的自由。"豁免权"授予权利主体不受任何专横干涉的权利。自由权涉及两个相互联系的方面：一方面，"自由权授予他去做任何他没有义务不去做的事情的权利，和不去做任何他没有义务去做的事情的权利，假如他的行为和不行为都不妨碍他履行他所担负的任何其他义务的话"。[①] 这一自由权是其免于其无理干涉的"私人空间"。另一方面，对任何人的任何形式的干涉，必须给出正当的理由。这种正当理由，在本源的意义上出于普遍道德，"干涉这一自由权利是专横的，除非它具有道德上的正当性"。一种干涉要在道德上证明为正当，必须是有必要阻止权利主体去做他有权去做的事情或使他去做他无权不去做的事情。"无论是根据授权还是由于法律上的疏漏，只要他的行为不构成过错，他就有权不受干涉。"[②] 而在具备实在法体系的共同体中通常依据于公正的法律，"唯有服从人们自己为自己所规定的法律，才是自由"。[③]

3. 财产权

作为一项基本人权，财产权是生命权和自由权的合乎逻辑的延伸。一方面，如果认定一个人可以自由支配自己的身和心，那么，当他运用自己的身和心、体能和智能、情商和智商进行劳作时，便有正当理由或资格独占、独享自己的劳动"成果"，外人无权占有或享用。另一方面，财产权又是生命权和自由权的必要保障。如果一个人不能占有和支配自己正当的劳动"成果"，也就无力维持自己的生存，而其自由将无法兑现。正是基于上述原因，洛克大力呼吁保护财产权。他说："人们联合成为国家和置身于政府之下的重大的和主要的目的，是保护他们的财产。"[④] 洛克理论体系中的"财产"，包括生命、自由和拥有财产等。在洛克看来，人能够工作，能够靠自己的劳动成果生活，并能

---

① A. J. M. 米尔恩著，夏勇等译：《人的权利和人的多样性》，中国大百科全书出版社 1995 年版，第 166 页。

② A. J. M. 米尔恩著，夏勇等译：《人的权利和人的多样性》，中国大百科全书出版社 1995 年版，第 166 页。

③ 卢梭著，何兆武译：《社会契约论》，商务印书馆 2003 年版，第 26 页。

④ 洛克著，叶启芳等译：《政府论》（下篇），商务印书馆 2005 年版，第 77 页。

把生活剩余的钱存起来留给子女或自己的晚年,这都是人的尊严的一部分。如果没有财产权,便无力维护人的尊严。诚如麦克弗森所说:"洛克的个人主义的核心主张是,任何人生来就是他自己的人身和能力的唯一所有者——绝对的所有者,因为他并不因为它们而欠社会什么——尤其是他的劳动能力的绝对所有者。"①

因此,财产权看似物权,实乃人支配物即支配自己正当所得的权利。与此相关的义务是,每个人必须对他人的财产权给予充分的尊重。例如,德国《基本法》第 12 条和第 14 条充分保障了财产权。"职业选择和财产权利,乃是《基本法》的两项基本自由。它们对德国的有序自由之体系至关重要,因为它们和人格的发展紧密相关。事实上,由于其客观特征,这些权利和《基本法》的其他基本价值决定一样,都值得国家的正向保护。"②

4. 尊严权

像财产权一样,尊严权可以看作是生命权和自由权的合理延伸。尊严权的价值依据在于,如果一个人的生命是在屈辱或羞辱状态中被保全的,那么他的生命至多只是无人格的动物形式。福勒说:"我们的尊严感往往在遭破坏时最容易凸显。当我们被漠视的时候我们立即就知道了。有人会用一种无礼的暗示或明显的动作来试验我们的听话程度,或提醒我们尊卑有别。例如,侮辱一个人的信号往往是打算把被侮辱者赶出集团、使之沦为小人物。……被视为小人物,就产生被剥夺对我们的幸福至关重要的社会和物质资源的威胁。这类威胁就是一种勒索,迫使人们服从,以免遭到被排斥的可怕命运。"③ 因此,尊严是一种普遍的人权。

作为一项基本的人格权利,尊严权不仅在古代自然法那儿得到了确认,而且随着时代的发展被赋予了新的内涵。就文明社会的一般道德原则而言,尊严权可概括为如下两条原则:一是"诚实行为"原则,即在社会交往中应信守诺言、光明正大。"诚实行为原则要求所有的共同体成员在一切交往中,忠诚老实、信守诺言。无论何时,都要在语言和行为上保持诚实。"④ 普遍道德要求把诚实对待权利运用于全人类,包括一切陌生人和外国人,而不仅仅是邻居和伙

---

① S. 卢克斯著,阎克文译:《个人主义》,江苏人民出版社 2001 年版,第 126 页。
② 张千帆著:《西方宪政体系》(下册·欧洲宪法),中国政法大学出版社 2004 年版,第 344 页。
③ R. W. 福勒著,张关林译:《尊严的提升》,上海人民出版社 2008 年版,第 18 页。
④ A. J. M. 米尔恩著,夏勇等译:《人的权利和人的多样性》,中国大百科全书出版社 1995 年版,第 169 页。

伴。在米尔恩看来，人权的来源是普遍道德，而非特定道德。"普遍道德由扩及全体人类的共同道德的原则组成。共同道德原则是那些共同体生活本身的原则，它们虽然是抽象的，但却是单一的价值准则。"① 二是"礼貌"原则，即在社会交往中应彼此尊重、以礼相待。"'礼貌'要求一个共同体和任何形式的联合体的成员在相互关系中总是彬彬有礼。他们不仅必须不得有无端的粗暴行为，而且必须表现出对他人情感的尊重。……任何时候，他们都必须善于体贴他人。"②

不过，关于诚实、忠诚、礼貌等的解释，需要参照特定的社会文化背景。因此，尊重其他民族和国家的风俗习惯，成为尊严权派生出来的正当要求。

5. 获助权

每个人都生活于共同体之中，因而应该遵守共同体赖以维系的伙伴关系原则。"伙伴身份要求每个成员不能对其他任何成员漠不关心，并要在需要时提供力所能及的帮助。"换句话说，伙伴关系原则给每一个处于危难之中的成员赋予了呼求其他伙伴成员提供帮助的索取权，任何生存受到威胁的人都有权要求救助，任何能提供救助的人都有救助的义务。"普遍道德将伙伴身份推及所有人类，任何处在困扰中的人都享有获得帮助权，任何可以提供帮助的人都负有这样去做的义务。"③ 受帮助的人权，让每一个陷于困扰的人有权获得帮助，无论他是何人。

伙伴关系原则尤其关注儿童的受照顾权。"关照儿童（原则）要求共同体成员的所有儿童都必须得到照顾直至其成年并能够照顾自己。它还要求所有的组织采取不与该要求违背的方式来从事活动。这一原则赋予儿童的受照顾权利，是无可选择的。"④ 倘若是孤儿或父母不能履行其照顾自己孩子的义务时，共同体则应承担起一种剩余的义务，负责对儿童有权得到的照顾作出安排。具体而言，儿童有权享有什么，取决于经济社会的发展或社会的发展样态。一个人何时为"成年"，照顾些什么，照顾孤儿、父母无能为力和受父母虐待的儿

---

① A. J. M. 米尔恩著，夏勇等译：《人的权利和人的多样性》，中国大百科全书出版社 1995 年版，第 174 页。

② A. J. M. 米尔恩著，夏勇等译：《人的权利和人的多样性》，中国大百科全书出版社 1995 年版，第 169—170 页。

③ A. J. M. 米尔恩著，夏勇等译：《人的权利和人的多样性》，中国大百科全书出版社 1995 年版，第 165 页。

④ A. J. M. 米尔恩著，夏勇等译：《人的权利和人的多样性》，中国大百科全书出版社 1995 年版，第 170 页。

童究竟作出什么样的安排，在不同社会里，存在着很大的差异。但无论如何，这些具体差异不能影响儿童受照顾权的基本意义。"在任何社会里，一个儿童若被否认享有该权利，也就被否弃了踏入成年生活的希望，这是与将其视为人类伙伴成员的要求不相符合的。"普遍道德将儿童受照顾权扩及全人类所有儿童，不管其国籍、种族、出身、宗教或任何其他身份。换句话说，"倘若相应的义务未能由父母或特定的民族社会履行，那么，就该由国际社会来承担"。①

《儿童权利公约》中的"儿童权利"可以用三个"P"概括：保护、提供和参与。"儿童权利"被当作消除歧视的工具，国家有义务保护儿童免受歧视，并采取行动推动这些权利的实现。《儿童权利公约》明确承认特殊儿童群体的特殊需要，例如残疾儿童、慈善机构收养的儿童等。因此，"负责提供教育和其他服务的政府部门，需要评估其所采取的措施效果如何，这些措施被用来确保特殊儿童群体的平等权利以及避免导致歧视性结果"。②

从本质上讲，获得救助权是生命权的自然延伸。尽管救助权在义理上应平等地属于每一个人，但其权利主体却只能是社会生活中的弱者、不幸者。

6. 公正权

简单地说，公正权即是"每人各得其所应得"。公正权要求，最低道德标准所确认的各项权利应平等地扩展到每一个人身上，而不管其民族、性别、肤色和财产状况等。诚如罗尔斯所说："所有社会价值——自由和机会、收入和财富、自尊的基础——都要平等地分配，除非对其中的一种价值或所有价值的一种不平等分配合乎每一个人的利益。"③ 公正权是人固有的权利，也是他所应得的权利，更是其他一切权利的基础。"这些权利乃是他所应得，正义要求他享有它们。当它们被尊重时，他就得到公平的对待；当它们不被尊重时，他就受到不公平的对待。"因此，从某种意义上讲，公正权即是公正对待权。"作为一项人权，它赋予每个人以得到公平对待的资格。"④ 公正权不仅是社会权利，而且为人权奠定了道德基础。

在拥有实在法体系的共同体内，作为道德权利的公正权落实为法定的公正权，即受法律平等保护的权利。米尔恩说："在具备一套实在法体系的共同体

① A. J. M. 米尔恩著，夏勇等译：《人的权利和人的多样性》，中国大百科全书出版社 1995 年版，第 171 页。

② A. 奥斯勒著，王啸等译：《变革中的公民身份》，教育科学出版社 2012 年版，第 48 页。

③ J. 罗尔斯著，何怀宏等译：《正义论》，中国社会科学出版社 2001 年版，第 62 页。

④ A. J. M. 米尔恩著，夏勇等译：《人的权利和人的多样性》，中国大百科全书出版社 1995 年版，第 159－160 页。

里，每个成员都必须享有两项权利，即受法律平等保护的权利和法律下自由的权利。这是因为享有这两项权利是生活在实在法律体系下的一部分标志。正因此，一个具备实在法体系的共同体，在受法律平等保护的意义上，存在法律上的公正权。"① 法律面前人人平等，即是这一权利的相关表达。

（四）人权的特性

作为一种思想和行动原则的人权，具有如下特点。

1. 人权具有平等性

人权具有平等性。平等和非歧视作为人权的重要原则，包含着承认多样性和与众不同的权利。平等享有权利并非"一视同仁"，因为，平等和非歧视不仅意味着对相同的情形一视同仁，也意味着对不同的情形区别对待。法律对差别、区分和歧视作了辨析。差别指合法的区别对待；区分是个中性概念，指尚未裁定是否合法的区别对待；歧视则指任意、非法的区别对待。因此，只有导致歧视的做法，才会遭到禁止。1989 年，人权委员会指出："平等享有权利……并不等于时刻受到同样待遇。"② 即，并非所有差别对待都构成歧视。如果区别的标准合理、客观并符合合法目的，区别对待就不构成歧视。然而，如果同等条件下受到不同待遇，或应该区别对待时却没有区别对待，又没有任何客观的、合理的理由，就违背了平等原则。总之，保障人权有可能导致特殊性和差异性，但这并不一定与平等和歧视原则相抵触。尽管人权具有平等性，但享受人权得有一定的限度。《世界人权宣言》第 29 条规定："人人在行使他的权利和自由时，只受法律所确定的限制，确定此种限制的唯一目的在于保证对旁人的权利和自由给予应有的承认和尊重，并在一个民主的社会中适应道德、公共秩序和普遍福利的正当需要。"大部分人权公约都包含着类似的限制条款。例如，《经济、社会和文化权利国际公约》第四条规定，各国政府可以限制公约中规定的权利，但必须满足以下条件，或遵循如下限制："通过法律确定，其所定限制以与此类权利之性质不相抵触为准，且限制之唯一目的应为增进民主社会之普遍福利。"

2. 人权具有基本性

人权具有普世性，也就是说，人权的内在价值对于整个人类，不仅是今天

---

① A. J. M. 米尔恩著，夏勇等译：《人的权利和人的多样性》，中国大百科全书出版社 1995 年版，第 159 页。

② 伊冯娜·唐德斯著，黄觉译：《文化多样性和人权能完美结合吗》，《国际社会科学杂志》（中文版），2011 年第 1 期，第 22 页。

的人类，也包括过去的和未来的人类，都具有普遍性的意义。历史上的人类，虽然不可能像今天世界上的大多数人那样认同由《世界人权宣言》所表述的所有价值观。但是，对这些价值观中的一个或几个非常熟悉，不但熟悉而且执着地坚持过。正因为如此，我们才有理由说，人类是一个在历史过程中形成的整体，一个以某些共同价值来获得道德和精神意义的共同体，一个以传承这些价值而与其他动物有所区别的独特存在。《世界人权宣言》的第一根支柱无疑是"尊严"。人类的所有个人，不分种族、宗教、信仰、民族、社会阶级或阶层或性别，都是有尊严的生命体。《世界人权宣言》第一条规定："人人生而自由，在尊严和权利上一律平等。他们富有理性和良心，并应以兄弟关系的精神相对待。"《世界人权宣言》第二条规定："人人有资格享有本宣言所载的一切权利和自由，不分种族、肤色、性别、语言、宗教、政治或其他见解、国籍或社会出身、财产、出生或其他身份等任何区别。"1993 年，《维也纳宣言和行动纲领》第一条重申："所有国家庄严承诺依照《联合国宪章》、有关人权的其他国际文书和国际法履行其促进普遍尊重、遵守和保护所有人的一切人权和基本自由的义务。这些权利和自由的普遍性质不容置疑。"2000 年，联合国教科文组织总干事松浦晃一郎重申了人权普遍性的重要意义，他说："纵使价值体系众多，其中肯定就有一个能得到《世界人权宣言》的承认吗？任何情况下所有人类社区都尊重这一宣言，这将决定人类是否可以控制自己的命运。而这也恰恰是联合国教科文组织开展的改革运动。"[1] 2004 年，1000 多个非政府组织出席了世界人权会议，在其发布的声明中重申了人权的普遍性："我们坚定、明确地声明：所有人权都是普遍的，都同样适用于不同的社会、文化和法律传统。相对性的主张在任何情况下绝不能为侵犯人权的行为辩护。"[2] 人权是适用于人类的每一个个体的，因此是普世性的。不具备普世性的权利，既不是《世界人权宣言》所称的人权，也不是非政府组织所说的人权。当然，尽管人权对所有的人类都具有普遍性的意义，但并非所有的人都同样地认同和支持人权。有些人已经比别人拥有了更多的权利（特权），而且，出于私利，他们不想让没有这些权利的他人得到相同的权利。他们诋毁、歪曲和反对人权，不是因为他们自己不愿意享受人权，而是不愿意别人也享受人权，因此，他们特别仇视人权的普遍性。换句话说，讨论人权的首要问题便是谁最需要、向往人权的问题。

---

① A. 奥斯勒著，王啸等译：《变革中的公民身份》，教育科学出版社 2012 年版，第 39—40 页。

② A. 奥斯勒著，王啸等译：《变革中的公民身份》，教育科学出版社 2012 年版，第 34 页。

伊谢认为，在整个人类历史上，都是被压迫者（当然是有觉悟的被压迫者）才最盼望活得更有人的价值，因此，被压迫者特别需要、特别向往人权。"有许多种历史。有的是从征服者和压迫者的角度来写的，我这本书属于另一种传统：它要让被压迫者发出声音……它要收获的是受害者的希望。"① 大沼保昭说："人权的历史表明，某种观念只要具有作为理念的普遍化可能性，那么，即使它曾经是一种拥护受限定主体利益的意识形态，也依然具有超越这些主体的个别利益而发展成普遍性（更正确地说是普遍化的可能）理念的历史性活力。90 年代人权普遍性和相对性的论争是这种活力的结果，也是这种活力的一个表现过程。"② 即，人权的普遍性是那些被排除在人权之外的殖民地人民和"有色人种"等向欧美诸国政府和社会所提出的主张。"人权如果是人之一般的权利，那么，'有色人种'和殖民地统治下的人民不能受到人权保障就显然不符合道理，因而，这也是一个至情至理的主张。"③

今天，保障和维护人权是一项得到国际社会普遍认可的基本道义准则。1966 年，在《世界人权宣言》的基础上通过了《公民权利和政治权利国际公约》《经济、社会和文化权利国际公约》，保障和维护人权自此成为具有法律约束力的条款。因此，任何国家或集团，都不能公开以反人权来申明自己的政治立场。在此意义上，人权作为一个"伟大的名词"和"崇高的目标"，已成为当今世界政治舞台上的某种不容置疑的主流话语。米尔恩认为，随着时代的进步，人们形成了这样一种看法："一个保护人权的制度就是好制度。一个侵犯人权甚至根本不承认人权的制度便是坏制度。"④ 至少从形式上说，保障和维护人权在今天已成为某种世界性的共识。《中国人权状况》开篇写道："享有充分的人权，是长期以来人类追求的理想。从第一次提出'人权'这个伟大的名词后，多少世纪以来，各国人民为争取人权做出了不懈的努力，取得了重大的成果。但是，就世界范围来说，现代社会还远没有能使人们达到享有充分的人权这一崇高的目标。这也就是为什么无数仁人志士仍矢志不渝地要为此而努力奋

---

① M. R. Ishay, *The History of Human Rights*. Los Angeles：University of California Press，2004，p. 2.
② 大沼保昭著，王志安译：《人权、国家与文明》，生活·读书·新知三联书店 2003 年版，第 152 页。
③ 大沼保昭著，王志安译：《人权、国家与文明》，生活·读书·新知三联书店 2003 年版，第 152 页。
④ A. J. M. 米尔恩著，夏勇等译：《人的权利与人的多样性》，中国大百科全书出版社 1997 年版，第 23 页。

斗的原因。"① 但是，在现实生活中，关于人权的具体解释却存在着相当大的差别。使用同一个人权概念，人们可能会表达不同的甚或对立的见解；打着同一面人权旗帜，也可能会支持相异的乃至截然相悖的政治实践。这样，在人权问题上的抽象共识和实际争议就同时存在，两者之间形成了强烈的反差。诚如米尔恩所说："两极分化的群体不会就人权的解释达成一致，占优势的解释是统治集团所能接受的解释。"②

3. 人权具有历史性

在强调人权普遍性的同时，千万不能忽视人权是一个历史概念。"被认为是当今具有代表性之普遍价值的人权理念，乃是近代欧洲的产物。人类的幸福、福祉，大凡在任何文明和时代，都毫无疑问是为人们所承认的普遍性价值。可是，它们以'个人的尊严'、甚至'人权'形态的出现，即使是在近代之前的欧洲，也都是未曾存在过的观念。而且，在本来难以习惯'个人'、'法'和'权利'的思维方式的非欧美各国里，依然存在来自宗教等其他价值观念以及文化观念对人权的抵抗。"③ 不仅如此，人权的定义还会在历史的进程中不断发生变化。"人权史是人权概念不断扩大的历史。从以信仰自由为中心的自由权开始，至生存权、劳动权、教育权等社会权，又至于民族自决权为代表的集团权利、甚至于发展权利等'第三代的权利'，人权不断地扩大。"④

其次，在思考人权内涵时，千万不能无视人权话语的构建和解释是由西方发达国家操控或主导的现实。"人权是何等容易为政治意图所左右，是怎样具有容易用于辩护自己而攻击对手的意识形态性。'人权'与'人道'、'正义'、'平等'以及'民主主义'等一样，是任何人都难以否定的美丽辞藻，因而，其意识形态效果也极大，经常为政治目的所利用。另一方面，由于具有'人的权利'这一普遍化的可能性，人权对那些将其作为意识形态用来攻击对方的人也具有同样的反弹力。"⑤ 例如，在有着"文明"、"人道"、"正义"这样的美丽词汇下备受支配、掠夺和压迫经历的亚洲、非洲各国，不少人认为"人权"这

---

① 国务院新闻办公室编：《中国的人权状况》，中央文献出版社 1991 年版，第 1 页。

② A. J. M. 米尔恩著，夏勇等译：《人的权利与人的多样性》，中国大百科全书出版社 1997 年版，第 202 页。

③ 大沼保昭著，王志安译：《人权、国家与文明》，生活·读书·新知三联书店 2003 年版，第 93 页。

④ 大沼保昭著，王志安译：《人权、国家与文明》，生活·读书·新知三联书店 2003 年版，第 12—13 页。

⑤ 大沼保昭著，王志安译：《人权、国家与文明》，生活·读书·新知三联书店 2003 年版，第 154 页。

一美丽的词汇不过是欧美列强意识形态的诠释而已。

再次，千万不能忽视人权概念不过是一个所有人类社会都应该努力去达到或实现的理想标准概念而已，从理想兑现为现实还有很长的路要走。例如，《世界人权宣言》有关权利的各种规定，体现了自由主义民主工业社会的价值与制度，"理想标准是由体现自由主义民主工业社会的价值和制度的权利构成的"。在《世界人权宣言》的缔约者看来，这些权利所体现的共同传统代表着一种其他国家应该努力赶超的优秀标准。实际上，他们是在说："已经接近这种标准的我们以为所有的国家都应该竭力去达到它，但无论怎样，我们都要力图维持它。"[1] 但是，人类的大多数没有、也从来没有生活在这样的社会里，在可预见的将来也不可能如此，因为经济、文化的发展状况排除了这种可能。遗憾的是，《世界人权宣言》的缔约者忽视了这一点，其结果便是，许多国家尤其是发展中国家，这种理想标准无可避免地成为乌托邦。尽管《人权宣言》声称具有普遍性，但它所规定的许多权利简直与许多国家尤其是发展中国家全然无关。如果我们进一步考虑到西方国家在权利问题上惯有的自我中心主义倾向，哈贝马斯关于"最低道德标准"、米尔恩关于"作为最低限度标准的人权"的概念，应该说具有一定的合理性。撇开世界各国经济社会发展、教育发展水平的差异不论，单就文化传统的多样性而言，明确地或含蓄地号召所有国家都移植西方的人权模式、人权标准，也是一种过分膨胀的傲慢与自大。在米尔恩看来，西方传统仅仅是诸多传统中的一种。他说："西方文明在科学、技术以及工业、商业方面也许卓越不凡，但是，这并不能证明将西方的某些价值和制度连同其权利树立成一个普遍标准是正当的。西方对西方人来说也许是最好的，但以为他对人类的大多数来说是最好的，则没有根据。"[2] 即，一种普遍的、可以适用于一切社会的基本权利标准的确证，必须充分考虑各国传统和国情的多样性、特殊性。当然，我们也不能以此为借口，否认人权的存在和价值。"人权一般毫无疑问地被当作'善物'，在法律或司法上实现人权是一种'进步'形态。"[3] 例如，一些论者认为，普遍理想标准的人权概念，若要连贯成理，就必须出自某种特定的文化和文明传统。故，属于不同传统的人们没有

---

[1] A.J.M. 米尔恩著，夏勇等译：《人的权利与人的多样性》，中国大百科全书出版社 1997 年版，第 4 页。

[2] A.J.M. 米尔恩著，夏勇等译：《人的权利与人的多样性》，中国大百科全书出版社 1997 年版，第 4 页。

[3] 大沼保昭著，王志安译：《人权、国家与文明》，生活·读书·新知三联书店 2003 年版，第 15 页。

理由接受它。他们认为，《世界人权宣言》有关权利的各种规定，忽视了个人之作为人类一员的社会基础。一个人是靠生长于某个特定的社会，学习该社会的语言、文化，并参与该社会的生活而成为一个个人和人类成员的。倘若他要成为一个人而不是单纯生物学意义上的人类成员，就得有赖于其生存、发展的社会。社会不同，人类成员便存在着差异。假如一个人出生于不同的社会，那么，他就会在一些重要方面表现出是一个与"现在的他"不同的人：他有着不同的语言，用以思考和行动的许多观念、信仰和价值也不同。因此，"现实的人不可能是社会和文化的中立者。他总是某种社会和文化环境的产物。不同的文化和文明传统是不同的人类生产方式。这样一来，那种在一切时间和场合都属于全体人类的权利就是人类作为'无社会'和'无文化'的存在物所享有的权利。既然人类不是也不可能是这样的存在物，那么，就不可能有这样的权利"。① 麦金太尔则走得更远，坚决否定人权的存在。他在《追寻美德》一书中论及人权时，更是提出了一种不同的论证。在他看来，不仅不存在人权，甚至连权利概念本身在一切社会里都无从寻见。"权利概念作为自律的道德行为者之社会发明的一部分被杜撰出来，以服务于一套目标。"② 享有权利的主张无疑是以某些社会性规则的存在为先决条件的，且这类规则仅仅存在于特定历史时期和特定的社会环境，它们无论如何也不具备人类状况的普遍特征。"在中世纪临近结束之前的任何古代或中世纪语言中，都没有可以准确地用我们的'权利'一词来翻译的表达式。这就是说，大约在公元 1400 年前，古典的或中古的希伯来语、拉丁语或阿拉伯语，更不用说古英语了，都缺乏任何恰当的方式来表达这一概念。在日语中，甚至到 19 世纪中期仍是这种情况。"从此意义上讲，如果还存在着所谓人之为人的权利，显然令人吃惊。当然，这一事实并不意味着根本不存在任何自然的或人的权利，只意味着没有人知道它们的存在。尽管如此，麦金太尔仍肯定地说："根本不存在此类权利，相信它们就如相信狐狸精与独角兽那样没有什么区别。"③ 一句话，在麦金太尔看来，不管是自然权利还是人权都是虚构的，只不过是具有高度特殊性质的虚构。

4. 人权具有普遍性与特殊性

尽管由于一系列复杂原因，国际社会在人权问题上长期存在着分歧和争执，但是，在全球化时代，怎样通过建设性的对话来尊重乃至扩大人的权利问

---

① A. J. M. 米尔恩著，夏勇等译：《人的权利与人的多样性》，中国大百科全书出版社 1997 年版，第 5 页。

② A. 麦金太尔著，宋继杰译：《追寻美德》，译林出版社 2003 年版，第 89 页。

③ A. 麦金太尔著，宋继杰译：《追寻美德》，译林出版社 2003 年版，第 88 页。

题上的国际共识，就成为一个至关重要的问题。大沼保昭说："一方面，人权理念与人权保护的机制给包括亚洲各民族在内的全人类所带来的利益、或将带来的利益是巨大的。对此，应给予正确的评价。另一方面，思考占人类人口百分之八十以上的发展中国家人权时，就必须将各方面问题放入视野。……并且，如果将人权与其他所有理念、制度一样，视为是一定地区、一定时代，也即一定文明的历史产物，那么，我们就必须探讨研究更为根本性的问题，也即，以人权观念为中心的人之价值实现机制在人类历史中应放在什么地位，或者说，在即将来到的 21 世纪中，应给这种构造以什么地位。无疑，这是在人类历史和文明发展过程中为人权定位的问题。"① 米尔恩说："试图让人权概念的负荷超重，是错误的。不过否认人权概念能够有所担当，将它视为一个空洞无用之物而不予理睬，也是不对的。"② 大沼保昭、米尔恩等人的论述给我们的启示是，拓展人的权利的话语空间，只能取一种最低限度的、普遍性的人权标准。因为这个标准仅提出最低要求，所以就能与多样性的经济社会发展水平、教育发展水平、文化传统相协调，而这种协调意味着，按照某种道德范式属于侵犯人的权利的行为，用其他道德范式来评判却未必如此。但是另一方面，最低限度的人权标准又具有普适性。如果一种行为突破了人权保护的底线，不论它发生于何种文明情境，都必须对其予以谴责。这是维护作为"类"的人的尊严与价值的正义呼声。正因为"作为最低限度标准的人权"体现了最低限度的道德，它应该不拘泥于任何特定的生活方式、特定的道德，以及特定的制度、信仰和价值。米尔恩苦心孤诣地写道："现代科学技术已经使我们的时代成为全球性相互依存的时代，各种传统的封闭自足已一去不返，它们之间的联系持续不断，既有合作，也有冲突。一种普遍的低限道德标准，因其仅为低限要求，将会与众多的文化差异谐和共存。为证明此种标准提供充足理由，就是为增进人类合作、减少人类冲突做出至少是智识上的贡献。……这种尝试之所以值得去做，不仅因为它固有的哲学旨趣，而且还因为它有助于我们理解一些与当今的人类休戚相关的事情。"③

由于人类文化是多样的，因此，人权文化是复杂的、多元的。大沼保昭认

① 大沼保昭著，王志安译：《人权、国家与文明》，生活·读书·新知三联书店 2003 年版，第 16—17 页。
② A. J. M. 米尔恩著，夏勇等译：《人的权利与人的多样性》，中国大百科全书出版社 2003 年版，第 153 页。
③ A. J. M. 米尔恩著，夏勇等译：《人的权利与人的多样性》，中国大百科全书出版社 2003 年版，第 196 页。

为，人权理论和实践，迄今是在欧美各国的学术领域、教育领域里进行充分研究和教育的，并在欧美各国的法律领域、政治领域中得以彰显、批判、议论和实现的。而非欧美国家大致在 19 世纪后期的"现代化＝欧美化"过程中，才开始仿照欧美着手人权问题研究和实践。此外，在以欧美为中心的知识和情报空间里，不仅人权，即便是看问题的方法、思想方式以及感受方式本身，都同样不知不觉地逐渐以欧美为模式。因此，有关人权的观念及讨论，都受欧美中心的思想方式和感受方法的支配。在这种情况下，"文明相容的人权观首先必须从批判欧美中心的普遍主义人权观的意识形态开始"，① "人们总是容易将历史上优秀的东西视为是西方文明的独占物，因而，有必要对这种欧美中心的思维方式进行批判。人权是历史中产生的一种优秀的思想和制度，但是，由于绝大多数人的意识中都潜藏欧美中心的思维方式，因而，不加批判地将人权视为西方产物并予以赞赏的倾向极强"。② 如果不对"欧美中心的普遍主义人权观"加以批判，那么"普遍＝欧美、特殊＝非欧美"这一公式就会大行其道。只要"普遍＝欧美、特殊＝非欧美"成立，使某种起源于亚洲或非洲的思想或制度获得普遍适用性的想法也就无法生存。为此，"部分非欧美国家的知识分子主张，人权这种'善物和优秀之物'不仅在西方，而且在自己所属的社会中也应该存在。比如，印度的查机就严厉地批判指出，有人认为人权从《权利大宪章》开始，在西方文化中发展成长，今日西欧民主主义各国成为人权的守护物，而第三世界对人权大义毫不关心，因而引起深刻的人权侵害，但是这种主张是西欧才是'智慧的独占者'主张的反映。这种批判不限于查机，许多发展中国家的学者也是如此"。③

尽管起源于欧美的思想或制度在全世界普及、扎根，这是事实。我们今天的日常生活事无巨细，都依附起源于欧美的制度，并在起源于欧美的思想、观念、感觉基础上思维、感觉、行动。可是，这些现象并不意味着起源于欧美的思想或制度本来就具有普遍性。即便是起源于欧美的思想或制度中，也有不少是由于非欧美各国国民承认其价值并且积极地接收，才得以向全世界普及的。人权是这种全球化了的欧美思想或制度之一，仅限于这一意义，迄今视欧美等

---

① 大沼保昭著，王志安译：《人权、国家与文明》，生活·读书·新知三联书店 2003 年版，第 193—194 页。

② 大沼保昭著，王志安译：《人权、国家与文明》，生活·读书·新知三联书店 2003 年版，第 156 页。

③ 大沼保昭著，王志安译：《人权、国家与文明》，生活·读书·新知三联书店 2003 年版，第 156 页。

同普遍也并非没有道理。但是，某一制度或思想从发祥地向其他地区普及扩张过程中，其内容都不可避免地发生变化。因此，"最重要的是从自身的切实要求出发，靠自身的智慧和力量来实现人权，这才是人权的根本意义所在。还有，不仅从人权，从凡具有普遍性的观念、理论、信条体系，来否定表征上具有普遍性的欧美观念、理论、信条体系，用批判的形式对此加以论证时，证明欧美视之当然的'普遍性'之最有力的手段，是以伊斯兰教、儒教、佛教……形式所表现和规定的当今世界上多数人的思维和行为方式的宗教和社会规范"。① 换句话说，在探讨人权的普遍性时，应该克服以发达国家为中心的支配性知识存在方式的倾向，重视考察占人类 80％以上的发展中国家民众的意识、思维和观念。亨廷顿认为："西方化几乎是不可能的，因为无论非西方文化对现代化造成了什么障碍，与它们对西方化造成的障碍相比都相形见绌。"② 即现代化并不一定意味着西方化，非西方社会在没有放弃它们自己的文化和全盘采用西方价值观、体制和实践的前提下，能够实现并已经逐渐实现了现代化。罗蒂对超验和形而上学的人权话语提出了严厉的批评，他说："道德原则不过是对某些经验的总结方式而已。……没有任何声明能既有革命的政治含义，同时又是不言而喻的真理。"③ "那种认为人能无论如何将发生于道德和政治思考中的以及在这类思考与艺术实践的相互作用中的一切问题置身于'第一原理'之下的整个想法，开始显得荒诞不经了。"因此，"我们应当摈弃西方特有的那种将万事万物归结为第一原理或在人类活动中寻求一种自然等级秩序的诱惑"。④ 在罗蒂看来，人权学说不能为任何想象可靠的基础理论所证明，不存在任何形而上学的普遍人权理论和人权学说，因为人权仅仅是基于西方文化的产物，是偶然性的价值与信仰，那种对基础理论的过分迷恋势必要付出扭曲人类主体的代价。此外，由于人的理性思维、道德判断、价值观念和理想追求，都植根于他们所处的文化传统，因此我们既要肯定人权的普遍性原则，也要考虑各个国家的经济社会发展程度以及国情、文化传统等。正如《中国的人权状况》白皮书所说："人权状况的发展受到各国历史、社会、经济、文化等条件的制约，

① 大沼保昭著，王志安译：《人权、国家与文明》，生活·读书·新知三联书店 2003 年版，第 19 页。

② S. 亨廷顿著，周琪等译：《文明的冲突与世界秩序的重建》，新华出版社 2010 年版，第 57 页。

③ R. 罗蒂著，张国清译：《后形而上学希望》，上海译文出版社 2003 年版，第 333—334 页。

④ R. 罗蒂著，李幼蒸译：《哲学和自然之镜》，商务印书馆 2003 年版，第 10 页。

是一个历史的发展过程。由于各国的历史背景、社会制度、文化传统、经济发展的状况有巨大差异，因而对人权的认识往往并不一致，对人权的实施也各有不同。"① 1966 年的国际人权公约和 1993 年的《维也纳人权宣言》接受了非欧美国家的主张，表明了全面性的人权观念。尽管国际社会中占支配地位的人权观依然表现出欧美中心主义，但与过去相比也颇为重视非欧美国家的主张、思想和文明，成为了一种文明相容的人权观。

（五）国家（或政府）的人权责任

我们所珍视的各种权利诸如尊严、自由、平等、博爱等都是由法律以及使得法律成为可能的政治所赋予的。也就是说，尊严、自由、平等、博爱都是公共政治的产物，都是由特定的政治制度所创制的。人类并不是天生就拥有与这些价值相一致的权利的，能够提供、维护这些价值的制度和秩序都是由于政治和法律使然，并且只有在政治、社会发展中才能得到保障。穆勒认为，正义是建立在权利或利益的基础上，是对正当权利或利益的维护。既然正义的意思是对权利的尊重，那无疑意味着社会对权利的保护。而我们之所以需要正义，需要社会对权利的保护，是因为这涉及我们至关重要的利益，即安全利益。"对人类的福利来说，禁止人类相互伤害的道德原则最为至关重要，而其他任何行为准则无论多么重要，也只不过是向人们指出了如何处理某种人类事务的最好方式。这些道德规则的特别之处，还在于它们构成了决定人类全部社会感情的主要因素。唯有遵守这些道德规则，人与人之间才能保持和平：如果它们不再成为规则，遵守它们反倒成了例外，那么每个人都将把其他任何人视为可能的敌人，不得不时时刻刻地防备所有的人。……因为一个人很可能并不需要别人的恩惠，但却始终需要别人不伤害自己。所以唯有保护每个人免受他人伤害——不论是他人的直接伤害，还是由于追求自己幸福的自由受到阻碍而遭到的伤害——的道德，才会立即成为每个人本人最为关心的东西，成为每个人最有兴趣用自己的言行努力宣传和贯彻的东西。"② 即，正义的观念是对侵犯权利的惩罚或者说对权利的保护。鲍桑葵说："权利就是得到国家即作为最高权威的社会所承认的种种要求，即维护有利于实现最美好生活的条件的种种要求。如果我们一般地要求说明国家行动的定义和界限，就可以用一句很简单的话来

---

① 董云虎著：《人权大宪章》，中共中央党校出版社 2010 年版，第 16 页。
② J. 穆勒著，徐大建译：《功利主义》，上海人民出版社 2012 年版，第 61 页。

回答：国家的行动就是维护各种权利。"① 当这些价值在我们的经济生活、社会生活中很难实现或者被公然诋毁和破坏时，我们责怪的首先便是政府。一些人据此认为，政府的存在对于上述价值和权利本来就是多余的。"没有正式的政治组织，人们也能一起生活，而且自古亦然。……不存在人们仅凭自己是人就享有的政治权利，不存在在一切时间和场合都属于人们的政治权利。任何一项人权只有在特定场合下的解释对它提出要求时，才能成为一项政治权利。"② 显然，这一主张是错误的。事实上，我们只有依靠政府的存在才能享有这些权利，因为只有政府才能制定保护这些权利的法律。政府对一个国家内部公民是否能享有这些权利负有独一无二的责任，因此，政府的正当性是与公民们能否拥有这些权利紧紧联系在一起的。尽管公民们的这些权利不应该是政府赐予的，而应该是他们自己争取的。但是，他们所要争取的那些权利，以及他们所依赖的那些价值，都需要有允许和鼓励争取这些权利和价值的政治条件。一个国家的人权状态需要从这两个方面来衡量，如果能够由此勾勒出现状的不足，那么也就能对未来的改善有切实的期待并确定合适的目标。

随着经济社会的发展与进步，人权一定能也一定会得到切实的尊重和保障。大沼保昭说："人权的本质在于尊重人作为人所具尊严，也正是因为如此，无论侵害主体如何，国家的义务都应该是保障其统治下的所有个人享受人作为人所具有的尊严。"③ 《中华人民共和国宪法》（2004 年修正）第 33 条规定："国家尊重和保障人权"。2012 年把"尊重和保障人权"的宪法原则写入了《中华人民共和国刑事诉讼法》之中。这无疑意味着"人权条款"将成为评价公权力的一项重要尺度，意味着以人的尊严和价值、权利和自由为本位的现代宪法观的确立。胡锦涛在中国共产党第十八次全国代表大会上指出："要多谋民生之利，多解民生之忧，解决好人民最关心最直接最现实的利益问题，在学有所教、劳有所得、病有所医、老有所养、住有所居上持续取得新进展，努力让人民过上更好生活。"1948 年，德国起草了《基本法》。《基本法》采取与美国宪法不同的结构次序，把公民的基本权利放在首位。《基本法》第 1 条规定："［1］人的尊严不可侵犯。一切国家权力均有责任去尊敬与保护之。［2］德国

---

① B. 鲍桑葵著，汪淑钧译：《关于国家的哲学理论》，商务印书馆 2006 年版，第 204－205 页。

② A. J. M. 米尔恩著，夏勇等译：《人的权利与人的多样性》，中国大百科全书出版社 1997 年版，第 154 页。

③ 大沼保昭著，王志安译：《人权、国家与文明》，生活·读书·新知三联书店 2003 年版，第 212 页。

人民承认，不可侵犯与不可剥夺之人权，既是每个社团，也是世界和平与正义之基石。[3]下列基本权利应作为可直接实施之法律，而约束立法、执法与司法机构。"《基本法》明确宣布，人权法案不仅是抽象的良好愿望，而且和普通法律具有同样的实际效力，在现实运作中约束着各个政府机构。《基本法》第2条规定了自由权利，保障了个性的自由发展以及生命与自由的权利。"[1]只要不妨碍他人权利，且不违反宪政秩序或道德，每个人都有权自由发展其个性。[2]每个人都有生命和人身完整之权利。个人自由不可侵犯。对这些权利之限制，只能根据法律才能加以实现。"其中第1款之"个性权利"不仅适用于公民，也适用于公司法人。第3条规定了法律面前的平等原则："[1]所有人应在法律面前平等。[2]男女具有平等权利。[3]任何人皆不得因其性别、出身、种族、语言、国籍、信仰、宗教或政治见解，而受到歧视或优待。"① 这项权利适用于"任何人"，包括外籍人与公司法人。

那么，国家究竟应承担哪些人权义务呢？爱德等人认为，国家的人权义务可以分为四个方面：第一，尊重的义务，尊重的义务是指国家避免和自我克制对个人自由的侵害。第二，保护的义务，保护的义务是指国家防止和阻止他人对个人权利侵害的义务。第三，满足或确保的义务，满足的义务是指国家满足个人通过努力也不能实现的个人所需、希求和愿望的义务。第四，促进的义务，促进的义务是指国家为在整体上促进上述人权而应采取一定措施的义务。"这些义务在性质上并不互相排斥，各种人权义务尽管程度上存在差异，但都是权利的一个侧面，而国家负有针对这些侧面采取措施的全面性义务。"②

当然，除了政府承担相应的责任外，社会的每一个机构乃至公民个人也应该承担起相应的责任。换句话说，每一项权利都包含一项责任和义务。鲍桑葵认为，个人必须服从国家和社会，不得违抗。为了保障个人自由发展，不仅不应削弱国家的作用，反而应当强化国家的作用。对国家的强制措施不应当反抗，而应当服从。"作为对所有的机构的有效批判，国家是必要的暴力；而且作为最后的手段，它是唯一得到承认并被证明是正当的暴力……以为国家使用的暴力只限于由警察镇压妨害治安的人和惩罚故意犯法的人，那就大错而特错了。国家是我们的生活的飞轮。它的体质使我们经常想到自己所承担的从环境

---

① 张千帆著：《西方宪政体系》（下册·欧洲宪法），中国政法大学出版社2004年版，第148—149页。

② 大沼保昭著，王志安译：《人权、国家与文明》，生活·读书·新知三联书店2003年版，第220页。

卫生到托管事务等各方面的责任。"① 即，个人权利和义务都是由国家决定的。为了实现国家的目的，可以牺牲个人权利，可以规定个人义务。鲍桑葵说："权利是得到社会承认并由国家加以维护的要求。因此，我的位置或地位及其附带物，只要经国家认可就构成了我的权利——这时是把它当作某种我所要求的或者我认为是有助于达到我的目的的东西。……如果我实际上并不关心这个目的，但由于假定我具有达到这个目的的能力，我同样享有这些权利。不过在这种情况下，它们虽然在表面上被认为是权利，却倾向变成义务。"② 在他看来，权利是提出的要求，义务是应尽的责任。"义务是可以强制推行的，是一种无达到目的意愿的行为或不履行法律责任的行为；权利则包含着不能强制的因素，即行为和一个人想达到的目的之间的关系。"③ 事实上，每一项权利都包含一项责任和义务。吉登斯认为，"无责任即无权利"，即政府对于其公民和其他人负有一系列责任，包括对弱者的保护。不过，既不能将权利作为不附带任何条件的种种要求，也不能只扩张权利而不履行义务。作为一项伦理原则，"无责任即无权利"不仅适用于福利的受益者，而且也适用于每一个人。如果不这样做的话，规则就只能适用于那些穷人或需要得到福利的人——正如政治权利的实际情形一样。④ 例如，在现代社会，尽管那些基于种族或性别偏见的歧视性政府法规和政策已经被逐渐废除了，因为它们违背了现代社会对于尊重人权的根本信念。但是，个人是否真的享有人权却不仅仅取决于政府行为，还"取决于公民社会中的诸如公司、学校、商店、旅馆等其他机构如何运作"。⑤ 如果持有偏见立场的商店所有者或旅馆经理对一些人采取歧视态度，即使国家本身已经消除了歧视，被歧视者仍然不具备平等的公民资格。因此，"法律所要求不歧视也渐渐地适用于'私人的'企业和团体"。非歧视从政府领域向公民社会的扩展不仅是尊重人权原则在程度上的深化，它还是公民义务的根本性扩展。不允许拒绝雇用黑人或拒绝向黑人顾客提供服务、或对黑人白人雇员以及顾客进行隔离是大大不够的。非歧视性原则还意味着，企业不能忽略他们的

---

① B. 鲍桑葵著，汪淑钧译：《关于国家的哲学理论》，商务印书馆 2006 年版，第 164—165 页。

② B. 鲍桑葵著，汪淑钧译：《关于国家的哲学理论》，商务印书馆 2006 年版，第 207—208 页。

③ B. 鲍桑葵著，汪淑钧译：《关于国家的哲学理论》，商务印书馆 2006 年版，第 208—209 页。

④ A. 吉登斯著，郑戈译：《第三条道路》，北京大学出版社 2000 年版，第 68—69 页。

⑤ W. 金里卡著，刘莘译：《当代政治哲学》（下），上海三联书店 2004 年版，第 543 页。

黑人雇员或粗暴地对待他们，虽然不可能总是依靠法律来予以强制执行。企业必须事实上让黑人感到他们是受欢迎的、受尊重的，仿佛他们就是白人。也就是说，"黑人必须受到吻合公民礼仪的对待。同样的道理也适应于学校或者甚至包括私人俱乐部在内的娱乐场所"。① 此外，学校承担着重大的人权教育责任。人权和教育是相互依赖的，教育可以有力地促进人权文化的形成。卡森说："当教师讲授人权并把他们自己关于作为公民和作为人的权利、尊严及责任的观念传播给学生时，其实他们正在对我们所进行的这项工作作出最高级别的补充……法律效力本身只是一个次要的安全保障；正是对年轻人也是对成年人的教育，才是对少数族裔首要和真正的保障，这些少数族裔常常面对极易导致暴力和谋杀的种族仇恨。"② 在卡森看来，权利只有在人们了解、理解之后才有意义；人权是社会文化，而不是为民主和社会和平创造条件的法律本身，但法律反过来有助于创造这种文化。《欧洲人权公约》认为，基本自由"得以最有效地维持，一方面要通过有效的政治民主，另一方面要通过共同理解、遵守政治民主所依赖的人权"。"共同理解和遵守"人权很大程度上取决于教育，国家教育体系的宗旨之一恰在于传播共同价值观和原则。不过，尽管教育是促进人权文化形成的关键，但教育并不总是能促进人权。

三、教育是一项人权

教育是一项人权，是实现平等、发展与和平目标的一个重要工具。教育权是一项基本权利（或人权），已被现代国际法和大多数国家的宪法所确认和保护。因此，作为一项基本权利存在的教育权，既有其人学基础和人学依据，也有其重要的理论与现实意义。

人的本质是人成其为人的根据，也是人性的内在原因，它决定着人性，同时也从根本上规定着人的发展内容。马克思认为，"人的根本就是人本身"，"人本身是人的最高本质"，③ 人总是"使自己成为衡量一切生活关系的尺度"，人是衡量一切价值之价值，人是至高的价值。理所当然，人也总是要以自己的尺度来衡量、估价、安顿人自身。"成为人"是人的终极价值追求，人的其他一切价值追求都是为了把自己创造成为真正的人。"全部历史是为了使'人'

---

① W. 金里卡著，刘莘译：《当代政治哲学》（下），上海三联书店 2004 年版，第 544 页。
② A. 奥斯勒著，王啸等译：《变革中的公民身份》，教育科学出版社 2012 年版，第 35—36 页。
③ 《马克思恩格斯选集》（第 1 卷），人民出版社 1995 年版，第 16 页。

成为感性意识的对象和使'人作为人'的需要成为需要而作准备的历史（发展的历史）。"① 人的最根本的需要不是别的，而是要去做一个人，成为一个配称之为人的人，也即要去获得人的本质，实现人的价值，完成人的使命。人的发展说到底是人的本质的发展，人的全面发展就是"人以一种全面的方式，就是说，作为一个总体的人，占有自己的全面的本质"。② 因此，每个人都有权利享受美好、幸福生活的权利，每个人都有权利获得社会需要、精神需要、发展需要得到满足的权利，每个人都有权利得到"充实心智"，发展、提高自己的权利。

（一）教育权

教育权包括受教育权和教育权。就受教育权而言，受教育权有狭义和广义两种用法。狭义的受教育权，仅指"接受教育的权利"，英文为"the right to be educated"或"the right to receive an education"，权利主体限于受教育的公民本人。狭义的受教育权是公民作为权利主体，为了人格的自我完善而具有的一项要求国家提供教育机会与设施，并不得侵犯受教育自由的基本权利。广义的受教育权，对应的英文为"the right to education"，是我国学界较常用的概念，也是《世界人权宣言》《经济、社会、文化权利国际公约》《儿童权利公约》等众多国际法律文件中"the right to education"的官方中文版本通用译法。其权利内涵较为丰富，不只是"接受教育的权利"，还包括教的权利和选择教育的自由。《经济、社会、文化权利国际公约》更进一步将"建立教育机构的自由"和"免遭非人道的纪律措施的权利"增列其中。受教育权的内涵非常丰富，在不同的国家和地区也有不同的侧重点，"接受教育的权利"在我国构成受教育权的核心内容，而在许多欧洲国家，包括选择教育的自由、建立教育机构的自由等"教育自由"，则构成受教育权的实质内容。

教育权与受教育权的关系十分复杂，其本身也是一个多义的概念，对应英文同为"the right to education"。教育权有狭义、广义、最广义三种用法。狭义的教育权，专指人民受教育的权利；广义的教育权，是指"人民在教育上的权利"（教育上之权利）；最广义的教育权，是指国家或各级地方自治团体，以及其所属机关或公务员所应行使之权力（教育上之权力与教育上之权利）。"教育权利（或简称教育权）是指负有施教责任的权利主体能够按照自己的意志对

---

① 《1844年经济学哲学手稿》，人民出版社2008年版，第90页。

② 《1844年经济学哲学手稿》，人民出版社2008年版，第85页。

施教对象（基于自愿或者被强制）进行教育、指导的一种权利。"① 因此，教育权可包括教育的权力和教育的权利两层含义：就权力的角度而言，教育权是指国家或各级地方自治团体在教育事务上所拥有的权限，以及其所属机关或公务员所行使的公权力，亦即国家的教育权；若就权利的角度而言，教育权则泛指公民在教育事务上所享有的各种权利，这时的教育权也被称为国民教育权或教育基本权。②

从上述教育权的概念区分来看，狭义的教育权与狭义的受教育权概念相当，都指人民接受教育的权利；广义的教育权或从权利角度理解的教育权与广义的受教育权概念相当，指人民在教育上的权利；最广义的教育权包含且大于受教育权的概念。如果从权力角度理解教育权，则教育权与受教育权完全不同。

在本书中，我们使用的是狭义的教育权与狭义的受教育权概念。换句话说，把教育权等同于受教育权。所谓教育权，简单地说，就是接受教育的权利。"教育不仅仅是学习如何读写或计算。拉丁语中教育一词的原文是'通过读书引导某人走出来'。一个人的教育权包括接受小学、中学和高等教育的机会和参与情况。尽管人们承认教育权应当有较为广泛的解释，但它主要集中于小学或基础教育，因为许许多多的人未能接受这一奠定一生学习历程的基础教育。"③《国际人权宪章》则将教育权描述为"在基础阶段"接受免费教育。儿童的基础教育可确定为（正规的或非正规的）启蒙教育。这一教育原则上从孩子 3 岁左右开始，一直到至少 12 岁。基础教育是必不可少的"走向生活的通行证"，它使享受这一教育的人能够选择自己将要从事的职业，参与建设集体的未来和继续学习。如要成功地同两性之间的不平等以及同各国内部和国家之间的不平等现象作斗争，基础教育则是至关重要的。"为了缩小给妇女、农村居民、城市贫民、处于社会边缘的少数民族和数百万未上学的童工等许多群体带来痛苦的巨大差距，基础教育是必须跨越的第一步。"④

---

① 劳凯声主编：《变革社会中的教育权与受教育权》，教育科学出版社 2003 年版，第 139 页。

② 申素平著：《教育法学：原理、规范与应用》，教育科学出版社 2009 年版，第 16－17 页。

③ "人的安全网络"组织编写，李保东译：《人权教育手册》，生活·读书·新知三联书店 2005 年版，第 261 页。

④ 联合国教科文组织教育丛书，联合国教科文组织总部中文科译：《教育——财富蕴藏其中》，教育科学出版社 2005 年版，第 109 页。

教育权可以被描述为"增强能力的权利"。① 第一，教育权，为他或她提供了更多可以支配自己生命的能力，尤其是对国家行为施加影响的支配能力。换句话说，行使权利使一个人能够享有其他权利所带来的利益。第二，享受公民权利和政治权利，均有赖于一定程度的教育。同理，许多经济、社会和文化权利，如选择工作、享受科技成果、在基于能力的基础上接受高等教育等，只有在接受一定程度教育的基础上方可充分实现。第三，在民族或语言上属于少数的群体，保证他们的教育权对于保留和加强其文化特征至关重要。第四，教育还能促进（尽管不能保证）不同国家、民族、宗教间的理解、宽容、尊重和友谊。剥夺或侵犯教育权会破坏一个人充分发展其人格，支持或保护自己及家人，充分参与社会、政治和经济生活的能力。在全社会范围内，剥夺教育权将损害民主和社会进步的进程，甚至世界和平与人的安全。教育权是经济、社会权利中的基本要素。教育变得日益重要，旨在最适宜地使用财产以确保适当生活水准，旨在获得令人满意的工作和在工作中发挥出色，旨在得以最理想地使用源自财产、工作或社会保障的收益以达到适当生活水准。教育还有助于创造性参与社会生活、参与全面的文化发展和促进尊重人权以及建立基于法律的秩序。《经济、社会和文化权利国际公约》第13条规定："教育应鼓励人的个性和尊严的充分发展，加强对人权和基本自由的尊重，并应使所有人能有效地参加自由社会，促进各民族之间和各种族、人种或宗教团体之间的了解、容忍和友谊，和促进联合国维护和平的各项活动。"《儿童权利公约》第29条规定，儿童教育应致力于：发展儿童的个性、才能和身心能力至其最大潜能所能；发展尊重人权和基本自由以及尊重《联合国宪章》所载的原则；发展尊重儿童的父母、他（或她）自己的文化身份、语言和价值，尊重孩子生活的国家、他（或她）的原籍国家的民族价值，以及尊重不同于他（或她）自己的文明；为儿童在所有民族、少数民族、国家和宗教群体与土著人中以理解、和平、宽容、性别平等和友好的精神在自由社会负责地生活作好准备；发展尊重自然环境。换言之，教育权的目的或宗旨的在于：使个人得以自由发展他或她的个性和尊严；使个人得以相互宽容和尊重其他文明、文化；发展尊重他人的父母、他人的国家的民族价值和尊重自然环境；发展尊重人权、基本自由和维护和平。

---

① "人的安全网络"组织编写，李保东译：《人权教育手册》，生活·读书·新知三联书店2005年版，第260页。

（二）教育权的构造

权利是由权利主体、权利客体和权利内容等构成的，教育权利作为一项基本人权也是如此。通过分析教育权的权利主体、权利客体、权利内容以及义务主体等要素，可以深入了解该项权利的内涵。

1. 权利主体

权利主体是指能够享有权利的人。受教育权的权利主体是指能够享有受教育权的人。《世界人权宣言》第2条规定了人权的基本原则："人人有资格享受本宣言所载的一切权利和自由。不分种族、肤色、性别、语言、宗教、政治或其他见解、国籍或社会出身、财产、出生或其他身份等任何区别。"其中，第23至27条具体规定的经济、社会和文化权利之中便有"受教育权利"的规定，即"人人都有受教育的权利"。可见，受教育权作为"人之为人应得"的基本人权，其主体是所有人。《人权教育手册》一书说："鉴于人权是每个人的权利，因此无论个人是否有某一国家的国籍，公民的权利对于每一个人来说都是根本的权利。对于特定国家的人，其公民的权利还有专门保障。"① 具体到某一个国家中，则受教育权的主体是所有公民。在我国，根据《国籍法》的规定，取得中国国籍的人，就是中华人民共和国的公民。《中华人民共和国宪法》第33条规定："凡具有中华人民共和国国籍的人都是中华人民共和国公民。"因此，所有具有中国国籍的人都是我国法律上的受教育权的权利主体。《中华人民共和国宪法》第46条规定："中华人民共和国公民有受教育的权利和义务。国家培养青年、少年、儿童在品德、智力、体质等方面全面发展。"《中华人民共和国教育法》第9条第二款进一步规定："中华人民共和国公民有受教育的权利和义务。公民不分民族、种族、性别、职业、财产状况、宗教信仰等，依法享受平等的受教育机会。"从以上论述可以看出，"人人"一词，显示出教育权权利主体的普遍性——"全部人权是为每一个人的"。就我国而言，只要是中国公民，无论其具有怎样的民族、种族、性别、职业、财产状况或宗教信仰特征，都不影响其享有平等的教育权利。即使有些公民具有法律没有明文列出的情形，同样平等享有法律规定的教育权，同样是受教育权的权利主体。

由于受教育权主体比较复杂，而且不同主体的受教育权的具体内容也各不相同，在此主要以学校教育阶段受教育者受教育权的内容作一分析。我们认为，学校教育阶段受教育者的受教育权利主要包括四个方面的内容：第一，受

---

① "人的安全网络"组织编写，李保东译：《人权教育手册》，生活·读书·新知三联书店2005年版，第26页。

教育的享有权，享有接受教育的权利，即有资格去享有教育或以某种方式受到对待的权利。米尔恩说："当某人拒绝提供你有资格得到的东西时或某人不给予你有资格得到的待遇时，接受权就受到了侵犯。"① 第二，受教育的自由权，侧重于权利的"自由"、"选择"的属性。受教育者没有是否接受教育的自由权，但有接受什么样教育的自由权。米尔恩认为，"可选择的权利"和"无可选择的权利"是有区别的。"可选择的权利是在规范上允许选择的。每一项行为权都是可选择的权利，因为权利主体不仅有资格去做而且有资格不去做他有权做的事。一项接受权使权利人不仅有权接受而且有权拒绝他有权接受的东西，或者在未能接受时予以默许。这也属于可选择的权利。无可选择的权利当然排斥选择。它们是这样一些接受权，即权利人有资格接受某物，但无资格拒绝某物。……无可选择的权利在本质上具有被动性，权利人并未被要求去做什么，他纯属某种待遇的受利者，而别人则负有给予他此种待遇的义务。由于其他人员负有给予他的义务，严格说来，他是有资格得到此种待遇——也就是说，有权享有它。"② 受教育者受教育的自由权表现为：有选择教育形式的自由权；有选择学校的自由权，即对公立、私立学校的选择自由权；受教育者有权接受他认为是"好"的、适合其发展的教育自由。第三，受教育的要求权，侧重于权利的"主张"、"权能"的属性。受教育者受教育的要求权可以概括为两种不同的权利：一是要求相同的就学机会、教育条件，得到相同的教育效果，消除个体间差异的权利；二是要求受到不同的教育，即受到适合其发展的教育的权利。第四，受教育的福利权，③ 侧重于受教育者受教育权利作为"权利与义务复合的宪法规范"中的权利相对方的"义务"属性，即，福利权侧重于从相对方所履行的"义务"中接受协助与服务的权利。简言之，便是受教育者有从国家、家庭、学校、社会组织和个人那里接受法律规定的，包含自身所要求的诸项"帮助"的权利。这种帮助，即从福利权在完全意义上的享有依赖于义务主体对法定义务、甚至道德义务的充分履行。

2. 权利客体

权利客体是指一项权利的具体载体。教育权的客体就是教育权的具体载

---

① A. J. M. 米尔恩著，夏勇等译：《人的权利和人的多样性》，中国大百科全书出版社 1995 年版，第 112 页。

② A. J. M. 米尔恩著，夏勇等译：《人的权利和人的多样性》，中国大百科全书出版社 1995 年版，第 115 页。

③ 所谓"福利权"，是指在有迫切需要的情况下，如果一个人不能自己提供，就必须由整个社会提供某些特定必需品的权利。

体。简言之，教育权的权利客体就是教育，包括各级各类教育。进一步而言，可以从类型上将教育权的客体分为公立教育和私立教育，家庭教育、学校教育和社会教育，以及普通教育和职业教育等。从层级上可以分为学前教育、初等教育、中等教育、高等教育、成人教育等。从教育内容上可分为教育的条件、教育的机会、教育的手段、教育的标准以及教育的质量等。

3. 权利内容

权利的内容是指一项权利的范围与界限，教育权的内容是指教育权的范围与界限。教育权有三种存在形态：应有形态、法定形态和实有形态。因此，教育权的权利内容可以根据这三种不同的形态分别加以确定。教育权的应有形态是指公民应当享有的教育权。教育权的法定形态是指公民根据实在法的规定可以享有的教育权。教育权的实有形态是指公民实际享有的教育权。教育权的应有权利要转化为实有权利，必须经过教育法律或其他社会规范的中介，并使这种规范在社会生活中真正实现。其中，要将教育权的应有权利转化为规范权利，通过立法就可以做到，但要将规范权利转化为实有权利，还需要社会规范、制度及文化的配合，有时就不那么容易。教育权的三种形态既有相同的内容，也有不同的内容，存在着相互转化的可能性。但是，既不能简单地把应有的教育权等同于法律规定的教育权，也不能将法律规定的教育权等同于公民实际享有的教育权，因为应有权利要变为法定权利，法定权利要变为实际权利，都需要一个转化和发展的过程。因此，从三种不同形态研究教育权的内容具有重要的价值。其中，对教育权应有形态的研究可以帮助我们根据正义和公平的要求确定教育权的内容，同时也为教育权的内容的扩展奠定基础。对法定形态的研究可以确定教育权在一个特定的国家、特定的历史条件下的具体性质和内容，为建立其法律保障制度确定基础。而对教育权实有形态的研究可以发现实在法的事实规范效力和教育权实现过程中的具体阻碍及问题，为完善实在法、排除法律实施障碍提供重要参考。[1]

教育权的法定内容由各国法律加以确定，因而不尽相同，有的国家保障的范围较广，有的国家则较窄。正如《人权教育手册》所说："联合国《国际人权宪章》将教育权描述为'在基础教育阶段'接受免费教育。然而，各国对此有不同的解释。"[2] 但由于教育权不只是各国国内法确认的基本权利，也是国际

[1] 申素平著：《教育法学：原理、规范与应用》，教育科学出版社 2009 年版，第 21－22 页。

[2] "人的安全网络"组织编写，李保东译：《人权教育手册》，生活·读书·新知三联书店 2005 年版，第 261 页。

人权法认可和保护的一项基本人权，其内容也受到国际人权法的规定，特别是国际人权法规定的教育权最低核心内容，需要所有缔约国承担立即实现的履约义务，因此各国的教育权的最低内容也具有一些共同性。例如，在我国为了保障公民受教育权利的实现，自 1986 年《中华人民共和国义务教育法》颁布实施以来，初步形成了以宪法为总纲，教育法为基本，相关法律为依据，教育行政法规、条例为补充的法律保障制度体系，在一定程度上为公民受教育权利的实现提供了法律保障。同时，教育权利作为人之为人的基本人权，也是受国际性公约所确认和保障的基本权利之一。我国政府作为缔约国之一，已签署了《世界人权宣言》《经济、社会和文化权利国际公约》《公民权利和政治权利国际公约》《儿童权利公约》等。因此，免费和义务的小学教育、所有人都可参与的中学教育、在能力的基础上所有的人均可参与的高等教育、对未完成小学教育的人提供基础教育是政府的责任，保证乃至实现以上教育权利是政府义不容辞的义务。诚如"儿童权利小组会议"所说："执行公约并不是一种选择、福利或施舍，而是履行法律义务。"①

教育是实现个人的尊严、自由和发展的前提，也是实现民主、和平与社会进步的重要手段，教育的重要性经由国际社会的广泛承认，成为一项基本人权存在并受国际法的确认和保障。因此，多项国际人权文件均对教育权的内容作了规定。《世界人权宣言》第 26 条规定："人人都有受教育的权利，教育应当免费，至少在初级和基本教育阶段应如此。初级教育应属义务性质。技术和职业教育应普遍设立。高等教育应根据成绩而对一切人平等开放。"《经济、社会、文化权利国际公约》第 13 条规定："人人有受教育的权利。……教育应鼓励人的个性和尊严的充分发展，加强对人权和基本自由的尊重，并应使所有的人能有效地参加自由社会，促进各民族之间和各种族、人种或宗教团体之间的了解、容忍和友谊，和促进联合国维护和平的各项活动。"《经济、社会、文化权利国际公约》第 14 条规定："1. 初等教育应属义务性质，并一律免费。2. 各种形式的中等教育，包括中等技术和职业教育，应以一切适当方法，普遍设立，并对一切人开放，特别要逐渐做到免费。3. 高等教育应根据成绩，以一切适当方法，对一切人平等开放，特别要逐渐做到免费。4. 对那些未受到或未完成初等教育的人的基础教育，应尽可能加以鼓励或推进。5. 各级学校的制度，应积极加以发展；适当的奖学金制度，应予设置；教员的物质条件，应不断加

---

① "人的安全网络"组织编写，李保东译：《人权教育手册》，生活·读书·新知三联书店 2005 年版，第 294 页。

以改善。"如果对《经济、社会、文化权利国际公约》的上述规定进行分析，我们大致可以把权利内容分为两大类：一类是个人作为受教育的权利主体直接享有的权利，诸如享受免费的义务教育的权利，平等取得教育和平等享受教育设施的权利，选择教育的权利，免遭非人道的纪律措施的权利。另一类则并非由受教育权的权利主体直接享有，而是由其他相关主体享有，但与个人受教育权的实现具有密不可分关系的权利，如建立教育机构的自由与学术自由。《消除对妇女一切形式歧视公约》第 10 条规定："消除对妇女的歧视，并保证妇女在教育方面享有与男子平等的权利，特别在男女平等的基础上保证：1. 在各种教育机构，不论其在农村或城市，职业和行业辅导、学习的机会和文凭的取得，条件相同。在学前教育，普通教育，技术、专业和高等技术教育以及各种职业训练方面，都应保证这种平等。2. 课程的选择、考试、师资的标准、校舍和设备的质量相同。3. 为消除在各级和各种方式的教育中对男女任务的任何定型观念，应鼓励实行男女同校和其他有助于实现这个目的的教育形式，并特别应修订教科书和课程，修改教学方法。4. 领受奖学金和其他研究补助金的机会相同。5. 接受成人教育，包括成人识字和实用识字教育的机会相同，特别是为了尽早缩短男女之间存在的教育水平上的一切差距。6. 减少女生退学率，并为离校过早的少女和妇女办理种种方案。7. 积极参加运动和体育的机会相同。8. 有接受特殊教育性辅导的机会，以保障家庭健康和幸福。"《儿童权利公约》第 28 条规定："儿童有受教育的权利。……1. 实现全面的免费小学义务教育。2. 鼓励发展不同形式的中学教育，包括普通和职业教育，使所有儿童均能享有和接受这种教育，并采取适当措施，诸如实行免费教育和对有需要的人提供津贴。3. 根据能力以一切适当方法使所有人均有受高等教育的机会。4. 使所有儿童均能得到教育和职业方面的资料和指导。5. 采取措施鼓励学生按时出勤和降低辍学率。"世界教育论坛通过的《达喀尔行动框架：促进所有人的教育》表达了国际社会充分实现教育权的承诺，并提出了 2015 年实现基础教育六大目标：改善综合性儿童教育，尤其是处于最弱势和不利群体的儿童教育；确保到 2015 年所有的儿童，尤其是女童、处于困难条件下的儿童及少数民族儿童获得完全免费和高质量的义务小学教育；确保通过平等参与适当的学习和生活技能项目，满足所有年轻人和成年人的学习需要；到 2015 年实现成年人尤其是妇女识字率提高 50%，所有成年人平等地获得基础教育和其他教育；到 2015 年消除小学和中学教育中的性别差别，实现教育中的性别平等，重点是确保女童充分、平等地获得高质量的基础教育；提高教育各领域的质量并确保达到最高水平，以使所有的人取得可见的、可衡量的学习成果，尤其是在读写能力和基本生活技能方面。

从法律规范的意义上说，教育权是宪法赋予公民的基本权利。我国《宪法》规定的公民教育权大致包括三方面的内容：一是学习的权利，即以适龄儿童和少年为主体的权利主体享有接受教育并通过学习而在智力和品德等方面得到发展的权利。这是教育权的核心内容。二是义务教育的无偿化。三是教育的机会均等，要求任何权利主体均不得在教育上受到不平等的对待。事实上，我国《宪法》规定了教育权，但未明确其范围究竟有多大、内容究竟包括哪些，因而教育权的具体内容还需经由教育立法加以确定。从现有的教育立法来看，教育权主要包括三个方面的内容，即免费义务教育、教育机会平等、教育选择的自由。其中，在义务教育阶段，适龄儿童和少年享有接受免费教育的权利；在非义务教育阶段，公民则只有教育机会平等的权利，但并没有必然接受高等教育的权利。选择教育的自由在各个教育阶段都受到法律的保护，但其内涵则有所不同。在义务教育阶段，法律上选择教育的自由仅意味着选择私立学校的自由，不包括在公立学校之间进行选择的自由；在非义务教育阶段，选择教育的自由包括选择是否受教育的自由、选择不同类型教育的自由，以及选择哪一所学校的自由。

4. 教育权类别

（1）教育自由权

个人具有至高无上的生命健康权，则他就可以在涉己范围内，按照他自认为合适的办法来支配自己的身和心，独立决断，自主行动，而不受他人或政府组织的无理干涉。如果个人不能自我做主，那就意味着他的生命已丧失灵性，不再具备真正的属人价值。诚如斯金纳所说："国家有责任不仅仅只把它的公民从那种个人的压迫和依附中解放出来，还应该阻止它的公共机构，哪怕是以一点点权力的名义在利用管理我们公共生活规则的过程中实行独断专行。"一个人之所以自由，是因为他处在一种"无须依赖他人"而行动的地位。即，摆脱其他社会成员所强加的任何限制，能够按照个人的意志和判断自行其是。不过，只有在一个共和政体的自治形势下，个人自由才能得到充分的保证。①

在教育生活中，教育自由权主要包括：思想自由和表达自由、学习自由、道德自由、个性自主发展的自由、教育资源平等利用的自由、交往的自由以及人身自由，等等。例如，我国 1982 年《宪法》第 47 条规定："中华人民共和

---

① K. 斯金纳著，李宏图译：《自由主义之前的自由》，上海三联书店 2003 年版，第 83、142、143 页。

国公民有进行科学研究、文学艺术创作和其他文化活动的自由。国家对于从事教育、科学、技术、文学、艺术和其他文化事业的公民的有益于人民的创造性工作，给以鼓励和帮助。"这一条款中规定的从事科学研究的自由以及从事教育事业的权利，被学界认为"实际上相当于其他国家宪法中的学术自由"。① 而与此相关的义务是，一个人不得对他人的平等的教育自由权造成威胁或伤害。以上这些教育自由是不可剥夺的。因为任何自主的受教育者都不可能放弃自我发展的义务。任何一个群体、任何个人、任何教育机关都不能以某种理由甚至是宏大的理由，来否认教育自由。如果一种教育不承认教育自由的存在，那只能说这种教育在全力生产着奴性人格。古特曼说："教育儿童去过一种平等自由的生活，成为一个自由平等的公民，不仅仅需要以自由为价值取向的教育。教育权威还必须把作为自由人生活的条件的美德传授给孩子们，包括宽容、正义和互惠。而且，培养孩子们的这些美德，也意味着培养孩子们对这些美德的评价能力，教育他们运用自己的理性来接受、反对或改善其对这些美德的理解。"② 为了培养孩子们的理性能力的发展，必须对所有教育的教育权威如国家、家长和专业教育工作者设定原则性的限制。"理性的非压制原则就是对所有教育权威的一个原则性限制。这条原则阻止了国家以及其中的任何群体利用教育限制儿童的理性能力的发展。非压制原则又与利用教育来培养作为理性能力发展之基础的性格特征相一致。"③ 非压制原则的目的在于把孩子们培养成为自由平等之人。同时，学生还具有针对以上教育自由和权利的要求权。要求权是一种能够向教育争取、敦促、监督、索取以上教育自由的权利。因为以上的教育自由并不是由学校、社会和教师的同情心、关心而给予学生的奖品和恩赐，如果是恩赐，则意味着接受者要感恩戴德。教育自由是学生自己作为人本来就应该拥有的，是用来维护自己的，是应得的。

国际人权文件规定的教育自由权包括两部分：一是选择教育的自由，二是建立教育机构的自由。选择教育的自由是指父母或其他监护人有确保其子女所受的宗教和道德教育与自身的信仰一致的自由，以及由此带来的选择非公立学校的自由。建立教育机构的自由是指每个人，包括非本国国民、法人或其他组织，均有设立和管理各类教育机构的自由，但是这些学校一定要符合教育目

---

① 许崇德著：《宪法》，中国人民大学出版社 1999 年版，第 169 页。
② R. Curren 主编，彭正梅等译：《教育哲学指南》，华东师范大学出版社 2011 年版，第 523 页。
③ R. Curren 主编，彭正梅等译：《教育哲学指南》，华东师范大学出版社 2011 年版，第 525 页。

的，并且满足政府制定或批准的最低教育标准。

（2）教育救助权

每个人都生活于教育共同体中，因而应该遵从教育共同体赖以维系的伙伴关系原则。"作为共同体生活的一项原则，伙伴身份要求每个成员不能对其他任何成员漠不关心，并要在需要时提供力所能及的帮助。"① 伙伴关系原则要求每一个社会成员都不能把其他成员的教育缺损置之度外，而应在他人需要，特别是因经济困难、就学困难、学习困难以及学业失败等原因而失学乃至辍学时给予力所能及的帮助、关心。伙伴关系原则还赋予儿童的受照顾权利，而儿童受照顾权无疑是一项基本人权。伙伴关系原则要求共同体成员的所有儿童都必须得到照顾直至其成年并能够照顾自己，而与这项权利相应的义务，主要由父母承担。倘若是孤儿或在父母不能履行其义务时，共同体则承担一种剩余的义务，负责对儿童有权得到的照顾作出安排。"家庭是儿童的第一所学校。但是在家庭环境丧失或缺少家庭环境时，学校就应确保每个儿童的潜力都能充分发挥出来。对来自不利环境的儿童施行教育的所有方面应予特别注意；教育工作者应齐心协力地关心街头流浪儿、孤儿、战争受害儿童或其他灾害的受害儿童。当一些儿童有在家庭环境中难以满足的特殊需要时，学校应提供专门的帮助和指导，使这些学习有困难或身体残疾的儿童的才华能够得到发展。"② 尽管儿童有权享有什么，取决于社会情形。一个人何时为"成年"、照顾些什么，以及照顾孤儿、父母无能为力和受父母虐待的儿童该作出什么样的安排，在不同的社会里，是不相同的。不过，这些具体差异并不影响该项权利的基本意义。米尔恩说："在任何社会里，一个儿童若被否认享有该权利，也就被否弃了踏入成年生活的希望，这是与将其视为人类伙伴成员的要求不相符合的。"③换句话说，伙伴关系原则给每一个处于教育缺损状态的儿童赋予了吁求其他伙伴成员提供帮助的索要权或要求权。任何受教育权利受到威胁的儿童都有权要求救助，任何能提供救助的人都有救助的义务。这便是人道。在现实教育世界中，一部分儿童确实因各种各样的原因，面临着失学、辍学乃至学业失败的危险，因此，各种形式的组织特别是政府组织，就负有对弱者和不幸者施以人道

---

① A.J.M. 米尔恩著，夏勇等译：《人的权利与人的多样性》，中国大百科全书出版社 1997 年版，第 165 页。

② 联合国教科文组织教育丛书，联合国教科文组织总部中文科译：《教育——财富蕴藏其中》，教育科学出版社 2005 年版，第 113 页。

③ A.J.M. 米尔恩著，夏勇等译：《人的权利与人的多样性》，中国大百科全书出版社 1997 年版，第 171 页。

救助、教育救助的道德义务乃至法律责任。诚如米尔恩所说："普遍道德将该项原则和权利扩及所有的儿童，不管其国籍、种族、出身、宗教或任何其他的不同特征。这意味着，倘若相应的义务未能由父母或特定的民族社会履行，那么，就该由国际社会来承担。"①

从本质上讲，获得教育救助权是儿童生命权的自然延伸，它在义理上平等地属于每一个儿童，但其教育权利主体实际上却只能是社会中的弱者和不幸者。在现实教育生活中，获得教育救助权的具体内容是什么，它究竟以何种方式被满足以及在多大程度上被满足，需要根据特定的文化与社会背景来解释。但是，它作为一项最低标准的教育权，却体现了人道和博爱精神。对于生活在教育缺损状态下的不幸者，如果某人或某个组织可以提供帮助，而此人或该组织因为担心教育成本太大而拒绝帮助，那就对获得教育救助权构成了伤害。

（3）公平对待的教育公正权

所谓教育公正权，简单说来就是"各得其所应得"。教育公正权要求，最低道德标准所确认的各项教育权利应平等地扩展到每个人身上，而不管其民族、种族、宗教、性别、肤色和财产如何。罗尔斯说："所有社会价值——自由和机会、收入和财富、自尊的基础——都要平等地分配，除非对其中的一种价值或所有价值的一种不平等分配合乎每一个人的利益。"② 换言之，教育公正权是每个人固有的权利。假如他的这些权利得到尊重，他就受到了公正的对待，否则就是受到了不公正的对待。因此，教育公正权又可表述为教育公正对待权。它不仅是基本教育权的一个权项，而且是敬重和保护各项基本教育权利所必须遵循的一条普遍原则。

在拥有实证教育法体系的共同体内，作为道德权利的教育公正权落实为法定的教育公正权，即受教育法律平等保护的权利。法律面前人人平等即是这一权利的习惯表达。法律平等意指凡为法律视为相同的人，都应当以法律所确定的方式来对待。"所有隶属于一定的法律制度的人都处于一种平等的地位。任何人都不得免除服从法律的义务，从这个意义上讲，没有人处于法律之上。任何人都有权得到法律保护或法律可能提供的任何便利，从这个意义上讲，也没有人处于法律之下。"③ 例如，《中华人民共和国宪法》第 33 条规定："中华人

---

① A.J.M. 米尔恩著，夏勇等译：《人的权利与人的多样性》，中国大百科全书出版社 1997 年版，第 171 页。

② J. 罗尔斯著，何怀宏等译：《正义论》，中国社会科学出版社 2001 年版，第 62 页。

③ A.J.M. 米尔恩著，夏勇等译：《人的权利与人的多样性》，中国大百科全书出版社 1997 年版，第 31 页。

民共和国公民在法律面前一律平等"，"任何公民享有宪法和法律规定的权利，同时必须履行宪法和法律规定的义务"。教育平等权是指公民依法平等地享有教育权利，不受任何差别对待，要求国家给予同等保护的教育权利。公民在教育法律面前一律平等是教育平等权的具体体现，主要包括以下涵义：第一，任何公民不分民族、种族、性别、职业、家庭出身、宗教信仰、教育程度、财产状况、居住期限，都一律平等地享有宪法、法律、教育法律规定的教育权利，也都平等地履行宪法、法律、教育法律规定的义务。第二，任何人的合法教育权利都一律平等地受到保护，对违反教育权利的行为也一律依法予以追究。

如果由于某种原因，例如因司法部门的过失而不能给人以平等的保护，那么，教育公正权就受到了伤害。但是，严格地说，侵犯教育公正权和否定教育公正权是有区别的。某人的教育公正对待权受侵犯，他仍有补救的可能，而某人的这种权利被否认，他则无法得到补救。在后一种情况下，无人负有公正地对待他的义务，在分配给他的教育资源与他的相对教育需要不相称的情况下，在被竞争对手欺骗的情况下（如考试作弊），他就没有理由抱怨，就没有申诉的根据。一句话，"他的待遇有赖于他人的任性"。若有人愿意按教育平等原则公正地对待他，那是他的幸运，却不是他的权利。如果别人不愿意这样做或者别人选择不那么做，他便只能忍受。因此，将公平对待作为教育权利的重要性，是显而易见的。米尔恩说："一个人所受的对待若全然依赖于他人的任性，他就没有和别人一起享有作为人类伙伴的资格。他是在做奴隶，或者至多是一只家养的宠犬。如果一个人的利益不被忽视，他就必须被授予主张其利益的权利，公平对待的权利正是赋予他这样去做的资格。"① 否认公平对待的教育公正权，等于否认教育权利赖以成立的道德基础。在人类教育文明史上，公开拒斥公平对待的教育公正权的典型例证，即是美国教育历史中的种族隔离制度。对这一反人道的制度予以纵容和支持的任何道德体系，都存在着严重的缺陷。

（4）基本教育权与非基本教育权

所谓基本权利，即每个人因其一生下来自然而然地是人类社会的一个成员、一个人应该享有的教育权利。基本权利也被称作"人类权利"、"人权"、"自然权利"。彼彻姆说："'人类权利'一语是现代的表述，在传统上一直称为'自然权利'，或者在较早的美国称为'人权'。此项权利通常被当作是不可转让的，人人平等享有的权利。……人类权利被假定为作为一个人所必需享有的

---

① A. J. M. 米尔恩著，夏勇等译：《人的权利与人的多样性》，中国大百科全书出版社 1997年版，第 161 页。

那些权利。"① 也就是说，存在着与种族、民族或人的价值和才能无关的一些基本权利。我们享有这些权利，正因为我们都是人。一般而言，只有意义重大的利益才受道德权利的保护，而这种利益的重要性不是取决于个人看待该利益的主观价值，而是取决于体现了具有重大的内在价值和工具价值的善的客观标准。芬伯格对"基础性利益"和"非基础性利益"进行了区分。② 所谓基础性利益，意指维持个人生存所必需的方面如食物和教育，是人们追求任何更高生活目标的前提条件。换句话说，食物和教育等是人类生存的基本需求，是实现一切可能的目标的必要条件。从客观的角度而言，食物和教育等基础性利益是人所拥有的最重要、最根本的利益。基础性利益在个人福祉方面具有重要作用，因此，它们"就特别需要得到保护，否则，人将难以生存"。所谓非基础性利益，意指满足人们在生活中设定的更高的需求，是一种个人化的目标。虽然这些目标对个人而言十分重要，但这些目标受挫并不会像"基础性利益"受挫那样会对个人福祉产生巨大的影响。而且，非基础性利益某一方面的受挫可能以另一方面的实现作为补偿。因此，非基础性利益的实现并不意味着权利应受到保护。涉及非基础性利益的目标表现在以下方面："出版一部小说或创作艺术作品，解决一个至关重要的科学问题，获得更好的政治职位，成功地赡养家庭，获得运动或手工的闲暇，建一幢理想的房子，推动社会进展，改善人类困境，提高精神境界，等等。"

就教育世界而言，所谓基本教育权利，即每个人因其一生下来自然而然地是人类社会的一个成员、一个人应该享有的教育权利。因此，在基本教育权利方面，应实行绝对平等的原则。人性赋予人应该受到公平对待的正义权利、自由权利、机会平等权利等等。如果违反了这些权利，便是歧视，便是违反了人性。"每一个人都应能获益于旨在满足其基本学习需要的受教育机会。基本学习需要包括人们为生存下去，为充分发展自己的能力，为有尊严地生活和工作，为充分参与发展，为改善自己的生活质量，为做出有见识的决策，为继续学习所需的基本学习手段和基本学习内容。"③ 具体而言，接受义务教育阶段的教育便是最低的、起码的、基本的教育权利。基本教育权利是人们生存和发展

---

① T. L. 彼彻姆著，雷克勤等译：《哲学的伦理学》，中国社会科学出版社 1990 年版，第 306 页。

② J. Feinberg, *The Moral Limits of the Criminal Law*. New York：Oxford University Press

③ 联合国教科文组织教育丛书，联合国教科文组织总部中文科译：《教育——财富蕴藏其中》，教育科学出版社 2005 年版，第 109—110 页。

的必要的、起码的、最低的教育权利，是满足人们教育方面的基本的、起码的、最低的需要的教育权利。其根据是，把"自然权利"、"人类权利"属于大家的"东西"还给他们自己。所有人都有权利得到满足其教育方面需要的、起码的教育权利，使他们不因某种程度的教育缺失而受愚昧之苦。例如，我国目前存在的义务教育阶段的择校乱收费问题，即违背了基本教育权利绝对平等的原则。首先，择校费是一种恶。除了极少数既得利益者之外，大概不会有人觉得择校费是个好东西。择校费是一种于法无据又难以收束的乱收费现象，当它被社会无奈地接受之后，渐有野马脱缰的势头，肆无忌惮地挤压着社会幸福感、摊薄大众的教育利益、滋生教育腐败，并让教育不均衡现状日益固化。群众对择校乱收费不仅仅是"反映强烈"，而且已经到了憎恨的地步。治理我国现阶段的择校费问题，可谓迫在眉睫。其次，择校是争夺优质教育资源，择校费是门票费。要想从根本上杜绝择校乱收费现象，就必须实现义务教育的均衡化和公平化。当然，难题也就在这里。2010年11月，教育部发布了《关于治理义务教育阶段择校乱收费问题的指导意见》虽然都能指向择校费问题的要害，但不能不提出的是，这些措施大多倾向于盘活现有的教育资源，以实行优质资源的互补和共享，对增量资源的配置改革却少有提及。再次，直面教育积弊无疑是需要勇气的，提出改变局面的时间表就更不简单。择校费犹如一种沉疴，要想治好它，光喝板蓝根肯定不行。人们在欣慰于教育部痛下决心的同时，也非常迫切地想知道，决策者的手中到底还有没有灵丹妙药。

非基本教育权利则是人们生存和发展的比较高级的教育权利，是满足人们政治、经济、思想、教育等方面的比较高级需要的教育权利。即，那些占有满足其超过"自然权利"所需的最低限度的教育资源的人，并不是基于其"自然权利"得到这些教育资源的。他们享有这些教育资源是靠他们的努力、能力，而不是仅因为他们是人。换言之，非基本教育权利、人们生存和发展的比较高级的教育权利则与人们的天赋、努力、勤奋、具体"贡献"——在考试中获取的考试成绩有关，是人们因其不同的具体"贡献"而应享有的教育权利。即，按照每个人对大家协同推动教育进步所做"贡献"——勤奋程度、努力程度、在考试中获取的考试成绩的多少，进行非教育基本权利的分配。例如，1998年，我国颁布的《高等教育法》第9条规定："公民依法享有接受高等教育的权利。"但是，公民享有接受高等教育的权利，显然不能等同于公民享有接受义务教育的权利。这是因为，高等教育与义务教育不同，义务教育机会人人可得，而高等教育机会目前只能通过竞争择优获得，国家并不保证每个公民都能接受高等教育，所能保障的，只是一个平等竞争的机会而已，也就是高等教育机会的平等。因此，《高等教育法》的规定并未为我国公民创设出一项类似义务教育的高等教育权，公民必须依照现行法律的规定通过竞争才能确定能否具体实现接受高等教育的权利。也就是说，公民先要符合国家法律、行政法规和国家教育行政部门规章所规定的条件，才能接受高等教育。如果每个人在教育发展过程中所付出的努力、勤奋程度一样，考试成绩一样（其实，在教育过程中这是不可能的），那么，大家就有权共享非基本教育权利，大家就有权共享一切教育资源。如果每个人在教育发展过程中所付出的努力、勤奋程度不一样，考试成绩不一样（其实，这是很可能的），那么，根据"贡献"的不同进行非教育基本权利的分配无疑是符合教育公平正义的。当然，不论是谁，谁都不能占有过多的非教育基本权利，以致破坏基本教育权利本身，或造成一些人的基本教育权利被剥夺。就现实的教育而论，在现代教育体制中，受教育权利依然是人的基本权利，但受高层次的教育是人的非基本权利。在义务教育阶段，国家必须确保每个儿童都接受一定程度和质量的教育，保证每个人平等地接受基本的"保底教育"，普及义务教育无非就是满足人的基本教育权利的手段。"教育的首要作用之一是使人类有能力掌握自身的发展。……教育的各个组成部分均有助于人的发展。这种负责任的发展能够调动人的各种能量，不过要有一个先决条件，那就是尽早为每个人提供'生活通行证'，使其能够更好地了解自己，理解他人，从而参与集体事业和社会生活。"① 而义务教育后的教育属于发展型教育，旨在满足个体进一步发展的需要和社会对各层次人才的需求。在国家尚无力保障义务教育后各阶段教育机会均等的前提下，只有通过合理合法的分配让一部分学勤业精者优先进入更高层次的学校，接受更高层次的教育。也就是说，接受更高层次的教育是人的非基本教育权利。

基本教育权利既然是每个人作为人类社会的一个成员而应享有的教育权利，那么，它也就是人们应该完全平等地享有的教育权利。因为每个人一生下来显然完全同样是缔结社会的一分子、一股东，完全同样地参与了社会的缔结、创建。法兰克福特说："当代世界的财富不仅仅产生于个人的努力。它是个人努力以及社会对那种努力的多方面的利用相结合的结果。而个人并不是用他自己的双手创造了辛勤劳动的成果。他利用了许多大规模生产的工艺和力量满足国内和国际市场的需要。因此，尽管在我们的国家生活中个人的努力和独

---

① 联合国教科文组织教育丛书，联合国教科文组织总部中文科译：《教育——财富蕴藏其中》，教育科学出版社 2005 年版，第 68 页。

创性极为重要，作为整体的民众必然促进了巨大财富的形成。"① 法兰克福特的理论虽是建立在对当代经济世界的分析基础之上的，但也说明了个人在创造社会财富中的作用。既然每一个人都是社会缔造、创建的一分子，那么，基本教育权就属于所有的人，因为他们是人就平等地具有的教育权利。反之，非基本教育权利既然是每个人因其具体"贡献"——在考试中获取的考试成绩而应享有的教育权利，那么，它也就是人们不应平等地享有的教育权利。因为人们具体"贡献"的大小——在考试中获取的考试成绩的多少是不一样、不相同、不平等的。例如，每个人的受教育权、竞争非基本教育权利的机会权，都是人权、基本权利，因为这些教育权利都是人们生存和发展的最低教育权利，都是每个人作为缔结社会的一员而应享有的教育权利，都是人们应该完全平等享有的教育权利。反之，人们进入非义务教育阶段的中学、大学的权利，争取优秀生的权利、竞争非基本教育权利的结果权等，则都不是人权，不是基本教育权利，而是非基本教育权利。因为这些权利都是人们生存和发展的较高权利，是每个人因其不同的具体"贡献"——在考试中获取的考试成绩以及在教育过程中展示了自己的"能力"而应享有的教育权利，是人们应该不平等地享有的教育权利。在基本教育权利与非基本教育权利二者中，享有基本教育权利是底线，而享有非基本教育权利从属于基本教育权利。因为，"根据自然权利是正义的事物，优于根据公平标准是正义的事物，因为后者是基于人与人之间个人的平等和不平等。也就是说，是基于他们的天赋，其后天才能，以及他们如何使用其天赋与后天才能的问题。而前者则是基于，作为人类的成员，大家所共有的自然需求"。②

5. 义务主体

教育权作为公民的一项基本权利，必然指向国家的相应义务，国家与公民构成教育权的基本权利义务关系。同时，学校、教师、父母等主体也与公民构成复杂的教育权利义务关系。

公民接受教育的过程十分复杂，就教育权的外在形式看，公民教育权的实现需要教育机会及条件的提供，而教育机会及条件显然需要由国家提供。除了国家之外，学校、教师、父母等主体也会以不同的身份或形式参与进来，在教育上也享有特定的权利与义务。换言之，在国家与公民的基本关系之外形成了

---

① J. R. 波尔著，张聚国译：《美国平等的历程》，商务印书馆 2007 年版，第 288 页。
② M. J. 艾德勒著，郗庆华等译：《六大观念》，生活·读书·新知三联书店 1998 年版，第 284 页。

另一层复杂的教育权利义务关系。例如，《中华人民共和国宪法》第 19 条规定："国家举办各种学校，普及初等义务教育，发展中等教育、职业教育和高等教育，并且发展学前教育。""国家发展各种教育设施，扫除文盲。"《中华人民共和国教育法》第 18 条规定："国家实行九年制义务教育制度。各级人民政府采取各种措施保障适龄儿童、少年就学。适龄儿童、少年的父母或者监护人以及有关社会组织和个人有义务使适龄儿童、少年接受并完成规定年限的义务教育。"《中华人民共和国教育法》第 38 条规定："国家、社会、学校及其他教育机构应当根据残疾人身心特性和需要实施教育，并为其提供帮助和便利。"《中华人民共和国教育法》第 49 条规定："未成年人的父母或者其他监护人应当为其未成年子女或者其他被监护人受教育提供必要的条件。"《中华人民共和国义务教育法》第 4 条规定："义务教育是国家统一实施的所有适龄儿童、少年必须接受的教育，是国家必须予以保障的公益性事业。"《中华人民共和国义务教育法》第 5 条规定："各级人民政府及其有关部门应当履行本法规定的各项职责，保证适龄儿童、少年接受义务教育的权利。""适龄儿童、少年的父母或者其他法定监护人应当依法保证其按时入学接受并完成义务教育。"而从教育权的内在方面看，公民受教育必须借助一定的教育内容，那么谁有权决定教育的内容呢？尽管这一问题在理论上引起了许多争论，也并未取得共识，但是，从世界各国的教育立法及实践来看，各国基本都承认政府对课程拥有适度控制的权力，允许其通过制订课程大纲、课程计划或课程标准等各种形式实施控制。

通过上述分析可以得出，国家是公民教育权的基本义务主体。

（三）教育权的性质

权利属性是判断一项权利的基本特征及其保障模式的重要依据，教育权的有效保障以及教育权的理论依据也必须以确定其权利性质为基本前提。

权利是一个内容丰富、种类繁多的庞大体系。在权利体系中，有一些权利是人们生存与发展都必不可少的，它们被称为基本权利（基本权），许多人又把基本权利称为人权，以表明它们是人所固有的权利。教育权已被现代国际法和大多数国家的宪法所确认和保护，是一项基本人权。《世界人权宣言》第 26 条，《经济、社会、文化权利国际公约》第 13 条、第 14 条，《儿童权利公约》第 28 条都确认了教育权。教育权利和公民权利、经济权利、政治权利或社会权利有着同等的价值。对于教育权利，不应视为属于已经实施其他方面的人权之后的额外补充。

教育权是一项基本权利，作为基本权利的教育权具有下列性质。

1. 固有性和法定性

教育权的固有性主张源自自然法的思想。科殷说："自然法作为永恒法不管时代的变换都具有它的永恒的持久性。法国的人权和公民宣言声称人们的基本权利是永不失效的和不可剥夺的。"① 在持"天赋人权"论者看来，教育权利是每个人不可让渡的权利。所有人生来平等，因此他们生来就都有某些不可让渡的权利。所谓不可让渡，是因为它们是人类特性所固有的，不是单纯由法律规定的。虽然用法律规定来保障这些权利可能是必要的，但它不能使这些权利成为不可让渡。仅仅法权是可以让渡的，因为法权是由国家制定的，所以也可以由国家撤销。巴尔特有关自由权利的论述，对我们分析教育权利无疑具有启发意义。他说："我把这个自由称为一个权利——实际上是一个不可侵犯的权利，因为上帝把它赋予你，因而没有谁能够或者应该把它从你这里夺走。其他的权利，例如在一个国家做生意的权利，拥有自己的屋子的权利，等等，是由君主们给予的，他们可以把这些权利从你这里收回。但是这个权利是由上帝赋予你的。"而由上帝赋予的权利，"在天性之中，不需要微妙的证明"。② 例如，作为自然权利之一的基本教育权利，虽然可能受到国家的保护，也可能受到国家的侵犯，但基本教育权利不是通过国家给予才存在的，而且基本教育权利也不因受不到国家的保护与承认而不存在。马克思在《资本论》中指出："这是因为人即使不像亚里士多德所说的那样，天生是政治动物，无论如何也天生是社会动物。"③ 在《经济学手稿（1857—1858）》中明确指出："人是最名副其实的政治动物，不仅是一种合群的动物，而且是只有在社会中才能独立的动物。"④ 虽然马克思在这里使用了"政治动物"的概念，实质上是在"社会动物"的概念上来使用的。艾德勒说："作为一种政治动物，人所涉及的面要比蜜蜂、蚂蚁、黄蜂和野狼等喜欢群居的社会动物要广。社会性的或群居的动物，需要与同种动物一起生活。从这个意义上讲，人也是一种社会性的或群居性的动物。所以，他们自然需要在有组织的社会里与其他人一起生活。"⑤ 人从本性上看，既是一个政治动物又是一个社会性动物；就是说，人的本性是喜欢在政治社区里生活，并乐意参加政治活动，成为一名有自

---

① H. 科殷著，林荣远译：《法哲学》，华夏出版社 2002 年版，第 122 页。

② J. 施密特编，徐向东等译：《启蒙运动与现代性》，上海人民出版社 2005 年版，第 101 页。

③ 《资本论》（第 1 卷），人民出版社 2004 年版，第 379 页。

④ 《马克思恩格斯全集》（第 30 卷），人民出版社 1995 年版，第 25 页。

⑤ M. J. 艾德勒著，郗庆华等译：《六大观念》，生活·读书·新知三联书店 1998 年版，第 185－186 页。

治能力的共和国公民。

　　具体而言，人生来就是政治动物，所以他们生来就有一种不可让渡的政治自由权和参政权。根据正义的要求，人人都应有参政的平等地位，他们通过平等的地位去行使参与管理的权力。每个公民都有这种权利，但是那些被剥夺了选举权而失去公民权的人都没有这种权利。一切有参政权的公民，如果在某种程度上拥有了这种权力，也就在某一种类上具有了环境上的平等。在有这种权力的和没有这种权力的人之间，是存在着种类上环境的不平等的。科恩认为，人皆平等证明人人皆应在自己的政府中享有平等参与权。"的确，我认为最贫穷的人和最富有的人一样，要在英格兰生活，因此，我真的相信在一个政府下生活的每一个人，显然首先应同意把自己置于该政府的管辖之下，同时，我确实认为英格兰最贫穷的人，如果他没有发言权以表示自己的同意，从严格意义上说他就没有服从该地政府的义务。"① 除了人生来就是政治动物外，人天生就是社会动物。人除了具有生物的需要——为了生存，需要生活资料；还具有人的需求——需要舒适、安逸，以便生活得更好、更幸福。在艾德勒看来："这些需要不仅仅包括吃、喝、穿、住，还包括有助于满足人对知识和技术需要的学校教育，有助于满足健康需要的好环境，包括除劳动谋生外，要有充裕的时间去满足人们对娱乐的需要，有足够的时间去从事各种形式的学习与创造活动，以充实心智。"② 人需要衣、粮、住，需要教育以掌握基本知识和基本技能。"肯定自然需求就为肯定自然权利打下了基础。所有的人都有同样的一套自然权利，因为人天生就需要同样的一套真正物质。每个人都有自然权利去得到人类所需要的东西，因为这种自然权利对他确有好处。"③ 一言以蔽之，正如一切人都有权利得到种类上的政治平等一样，他们也都有权利得到经济上的平等、教育上的平等。人人有权要求种类上的教育平等，是基于所有人在种类上的个人平等，基于他们建立在人性内在需要基础上的同一自然权利。作为一个社会动物，人既需要也有权利参与教育事务，并发展自己，这是人性内在的需要之一。《经济、社会和文化权利国际公约》指出："教育应鼓励人的个性和尊严的充分发展，加强对人权和基本自由的尊重，并使所有的人能有效地参加自由社会。"《儿童权利公约》第29条规定：儿童的教育应致力于"发展儿童的

① 科恩著，聂崇信等译：《论民主》，商务印书馆2004年版，第260页。
② M. J. 艾德勒著，郗庆华等译：《六大观念》，生活·读书·新知三联书店1998年版，第205页。
③ M. J. 艾德勒著，郗庆华等译：《六大观念》，生活·读书·新知三联书店1998年版，第264页。

个性、才能和身心能力至其最大潜力所能；发展尊重人权和基本自由以及尊重《联合国宪章》所载的原则；发展尊重儿童的父母、他（或她）自己的文化身份、语言和价值，尊重孩子生活的国家、（他或她）的原籍国家的民族价值，以及尊重不同于他或她自己的文明；为儿童在所有民族、少数民族、国家和宗教群体和土著人中以理解、和平、宽容、性别平等和友好的精神在自由社会负责地生活作好准备"。这些文献具有历史性的意义，它们表明了在文明世界中有关人的观念和儿童观念的深刻转变。教育发展的目的在于使人日臻完善；使他的人格丰富多彩，表达方式复杂多样；在于促进人的科学、理性、文明、民主素质发展及智慧水平发展，亦即促进人的精神世界的发展和进步。

坚持教育权法定性的主张认为，基本权利就是实在的宪法所确认的权利，没有宪法的规定，就没有基本权利。或者说，基本权利是由国家赋予公民的权利。当然，教育权利和其他方面的人权一样，不可能不受限制地享有。《世界人权宣言》第 29 条规定："人人在行使他的权利和自由时，只受法律所确定的限制，确定此种限制的唯一目的在于保证对旁人的权利和自由给予应有的承认和尊重，并在一个民主的社会中适应道德、公共秩序和普遍福利的正当需要。"

2. 不受侵犯性和受制约性

基本权利作为人所固有的权利，并且经过了宪法的确认与保障，因而具有不可侵犯的性质。《中华人民共和国宪法》第 38 条规定："中华人民共和国公民的人格尊严不受侵犯。禁止用任何方法对公民进行侮辱、诽谤和诬告陷害。"换句话说，人格尊严是《宪法》规定的公民的基本权利，人格尊严是指公民作为平等的人的资格和权利应该受到国家的承认和尊重。因此，保护的义务要求政府遵循非歧视原则。《人权教育手册》一书说："维护所有人的尊严，这个愿望是人权概念的核心。它把人放在了关注的焦点，把人的生命神圣不可侵犯这一普遍的共同价值体系作为其基础，提供了一个受国际准则和国际标准保护的人权体系的框架。"① 一旦剥夺或侵犯教育权无疑会破坏一个人充分发展其人格、支持或保护自己及家人、充分参与社会、政治和经济生活的能力。同时，公民的基本教育权利受到各种因素的制约，如所在国家的历史文化、地理环境、社会制度以及经济水平等。例如，尽管全球各国为确保每个人的教育权做出了令人瞩目的努力，但由于各种原因，以下事实依然存在：1 亿多儿童，其中包括至少 6000 万女童，未能接受初等学校教育。9.6 亿多成人文盲，其中

① "人的安全网络"组织编写，李保东译：《人权教育手册》，生活·读书·新知三联书店 2005 年版，第 17 页。

2/3 是妇女；功能性文盲已经成为包括工业化国家和发展中国家在内的所有国家的严重问题。世界 1/3 以上的成人未能学习能改进其生活质量并帮助他们适应社会和文化的文字知识及新技能和新技术。1 亿多儿童和不计其数的成人未能完成基础教育计划；更多的人虽能满足上学的要求，但并未掌握基本的知识与技能。① 在我国，由于经济社会发展不平衡等原因，城乡、区域发展差距大。而发展教育特别是基础教育的责任主要在地方，地方的教育水平直接受当地经济社会发展水平的制约，城乡和区域之间发展的差距必然带来教育发展的差距，必然影响公民的基本教育权。霍尔姆斯说："一个公平的社会应确保其公民有食物和住处；它应努力保证充分的卫生保健；它应力求提供良好的教育、工作和清洁的环境。但是这些目标中的哪一个是法律乃至宪法上的权利应该追求的呢？这个问题无法仅通过抽象的理论来回答，每件事都依赖于各国的具体国情。"② 换句话说，教育权利的实施和保护依赖于经济发展状况以及公共财政。如果国库空虚，教育权利不可能得到切实的实施。教育权利也只能受到某种程度的保护，且这种保护的程度依赖于如何分配稀缺公共资源的预算决定。诚如霍尔姆斯所说："美国人的权利既不是神的礼物，也不是自然的果实；它们不是自动实施的，如果政府无偿付能力或不能胜任，权利就不能得到切实的保护。"③

3. 普遍性与特殊性

普遍性是指基本权利作为人所固有的、不受侵犯的权利，不应该受到性别、职业、年龄、民族、宗教信仰、家庭出身、财产状况等因素的影响，而应具有共同的普遍性。换句话说，基本权利具有普遍性，是人人享有的人类尊严。当然，基本权利的普遍性还需要区分出少数人的权利。"少数人是那些有特定种族、宗教和语言特点的人群。当其处在自己的环境中或是与其他群体在一起时，他们享有享受自己的文化、从事自己的宗教活动或使用自己语言的人权。"④《中华人民共和国宪法》第 4 条规定："各民族都有使用和发展自己语言文字的自由，都有保持或者改革自己的风俗习惯的自由。"基本权利的普遍性导致当今世界出现了人权的国际保障趋势。我国于 1997 年 10 月、1998 年 10

① 联合国教科文组织教育丛书，赵中建编：《教育的使命》，教育科学出版社 2003 年版，第 13 页。
② S. 霍尔姆斯等著，毕竞悦译：《权利的成本》，北京大学出版社 2004 年版，第 87 页。
③ S. 霍尔姆斯等著，毕竞悦译：《权利的成本》，北京大学出版社 2004 年版，第 165 页。
④ "人的安全网络"组织编写，李保东译：《人权教育手册》，生活·读书·新知三联书店 2005 年版，第 26－27 页。

月先后签署了《经济、社会和文化权利国际公约》《公民权利和政治权利国际公约》，明确表示人权的普遍性原则应当得到尊重。基本权利的特殊性是指基本权利的具体实现状态往往受到一个国家社会历史条件的制约，呈现出一定的特殊性。诚如《人权教育手册》一书所说，尽管人权普遍性与文化的辩论曾经争论不休，但是今天已得到某种程度的澄清。1993 年的维也纳世界人权大会一致同意："固然，民族特性和地域特征的意义，以及不同的历史、文化和宗教背景都必须考虑，但是不论国家的政治、经济和文化制度如何，都有义务促进和保护所有人权和基本自由。"① 一句话，作为教育人权的普遍性和特殊性表明，对于不同社会条件、不同历史发展阶段而言，教育人权的要求、性质和内容是不同的。教育人权的普遍性只有在每一个民族、每一个人的差异以及特殊性都得到尊重的前提下才能实现。诚如唐德斯所说："人权规范具有普遍性，是人人享有的人类尊严，但保障这些权利的形式未必千篇一律。因此，文化权利应普遍适用于一切社群和个人，不论他们身在何处，有什么具体背景，因为文化是构成人类尊严的一个重要因素。同时，各国政府在保障人权时也有一定的自由度，允许考虑具体的情况和背景。因而，人权实施的具体层面和范围可能随具体情况而有所不同。"②

应该指出，基本权利包含一系列固有的悖论。从理想的角度看，尊重和保护基本权利乃是一正当的道德诉求。但是，在现实生活中，基本权利能否以及在多大程度上得到尊重和保护，却往往受到特定的社会历史条件的制约。当一种现实的政治—法律体系过分偏离或断然否认基本权利时，人们就会打出基本权利的理想旗帜来同这种不合理的政治—法律体系进行抗争。可是，一种借捍卫基本权利的名义而正当化了的行为，骨子里却可能隐含着强权和霸权逻辑。这样，如何协调基本权利的普适性与国情的多样性之间的矛盾，就成为当今基本权利理论和实践所必然面对以及必须应对的一大难题。为索解这一难题，米尔恩提出了"作为最低限度标准的人权"的概念。这一概念包含两层意思：一方面，鉴于社会发展的不平衡性和道德规范的多样性，得到某种共同体认可的特定的权利要求，无法用充足的理由来证明，它在别的共同体也必须得到同等程度的认可。这意味着，一种可被合理辩护的、具有普遍性的基本权利，应该能够与各国的具体情况相容。另一方面，不论社会发展和道德规范存在多少差

---

① "人的安全网络"组织编写，李保东译：《人权教育手册》，生活·读书·新知三联书店 2005 年版，第 24 页。

② F. 唐德斯著，黄觉译：《文化多样性和人权能完美结合吗》，《国际社会科学杂志》（中文版），2011 年第 1 期，第 21 页。

异，一些最起码的即最低限度的、具有普遍性的基本权利必须得到所有共同体的一致信服；若某一共同体对其公开拒绝，则只能断定，该共同体的道德规范本身存在缺陷。这意味着，国情和文化传统的多样性不能成为拒斥最低限度的、具有普遍性的基本权利的托词。归结起来，基本权利标准因为是最低的，所以才是普遍的。由于是普遍的，因而也就只能是低度的。[①]

《世界人权宣言》第2条规定："人人有资格享受本宣言所载的一切权利和自由，不分种族、肤色、性别、语言、宗教、政治或其他见解、国籍或社会出身、财产或其他身份等任何区别。"按照自然法确立的表达方式，这样的宣示无疑体现了基本权利所应具有的普遍性。从原则上说，坚持这种普遍性十分正当，不然的话，基本权利本身在价值上的属人性质便可存疑。但问题在于，任何一种基本权利约法，都包含了一些具体的实在内容。倘若保障基本权利的道德要求在任何情况下都是天经地义的，那么包裹在某一法律体系之中的实在内容，也能一概成为普适于任何时代、任何国家的伦理上的应该甚或政治上的必须吗？用不着进行复杂的推论，只要看一看一些国家有条件、有能力资助一批又一批的学生到世界各国去学习，而另一些国家则无力解决儿童因贫困而失学的问题。我们便面对一个窘境。这个窘境虽然没有取消确立基本权利普遍标准的必要性与正当性，但却在很大程度上表明了确立基本权利普遍标准和据此对各国基本权利状况进行评估所应有的审慎性与公正性。

四、国家教育权与教育义务

各学科领域学者对家长教育权、国家教育权问题进行了有益的争论和讨论，但仍旧是众说纷纭，未能取得"共识"。尽管如此，我们还是认为，在现在社会，国家存在着尊重、保护、实现教育权利的义务。当然，并不意味着我们否认家长教育权，只是限于篇幅，本书暂不作分析。

（一）国家教育权的确立与论争

1. 确立国家教育权

早在古希腊时期，柏拉图在《理想国》一书中提出，当我们不知道什么是正义和道德的时候，我们就无法判断什么教育是好的教育、善的教育。在柏拉

[①] A.J.M. 米尔恩著，夏勇等译：《人的权利与人的多样性》，中国大百科全书出版社1997年版，第6—12页。

图看来，国家拥有绝对的教育权威。为了正确地教育儿童，国家需要把儿童从其父母手中抢夺过来，"在柏拉图的《理想国》中，国家和教育机构达到了最大的统一"。① 教育是达成个人利益和社会利益相互和谐的手段，是实现和维护"理想国"的根本保证。处于"理想国"的公民应该认识到，只有为社会做贡献，他们才能实现自身的利益。因此，应不断教育他们去做对社会和个人都有益之事。"除非儿童从小就学会把个人利益和社会利益紧密联系起来，否则，社会的和平与繁荣是不可能的。除非教育中所教授的社会的善是真正值得追求的，否则儿童长大后会对误导他们的社会感到不满，感到没有成就感。因此，所有未履行对儿童这种教育责任的国家将会因为内部的不和谐而堕落和毁败。"② 需要强调的是，柏拉图反对国家去强制灌输或传授一种在德性上、理性上都不优于其他生活方式的生活方式。论证国家教育权的合理性不能从以下论点推出："因为我们希望达到社会的和谐，所以就强迫儿童相信我们的生活方式是最好的。"此种论证方式会引起如下合理反应："你们为什么有权将自己的思考方式强加给下一代呢？为什么我们不应该有权确立自己的生活方式呢？"每个人对于善的生活的理解，不仅与个体自己的教育权不同，也与国家教育权相左。在柏拉图看来，国家教育权的正当性根据在于：关于善的生活的理解或主张是正义的和正确的。"如果一个国家按照错误的意见来承担教育权威，那么，它就不会好于那些不知道什么是真正德性但却承担教育儿童的专业角色的诡辩家。事实上，诡辩家的国家即不知道什么是真正善的国家，要比单一的诡辩家更加糟糕，因为它拥有更多可以作恶的权力。"③ 但是，柏拉图的主张存在着以下一些问题：第一，某个人或者某个群体无论在理论上还是实践上，都难以为每个人确立唯一正确的有关善的观念。第二，如果某位"哲学王"发现了"善"，发现了对所有人都是"美好"的生活方式，那么，我们当然接受。但是，如果"哲学王"未能发现"善"，那么他将需要"清理社会这块大石板上的尘埃"，通过"驱逐城里 10 岁以上的所有人，收养他们的孩子，培养他们，清除他们从其父母那里习得的品质"。显然，这不仅是形成正义社会所需要的高昂代价，而且是正义的政府所不愿承担的代价。"那些愿意行使这种权力的

① K. 雅斯贝尔斯著，邹进译：《什么是教育》，生活·读书·新知三联书店 1991 年版，第 43 页。

② R. Curren 主编，彭正梅等译：《教育哲学指南》，华东师范大学出版社 2011 年版，第 515 页。

③ R. Curren 主编，彭正梅等译：《教育哲学指南》，华东师范大学出版社 2011 年版，第 515 页。

人，恰恰就是那些我们应该担心他们会运用这些权力施行暴政或达到邪恶目的之人。因此，除非迫不得已，持哲学王观念的苏格拉底是不愿行使政治权力的。"①

在涂尔干所生活的时代，有关家长教育权和国家教育权的争论非常激烈。一些人主张，儿童首先属于父母，因而像他父母所希望的那样引导儿童在智力、道德上得到充分发展的权利，也属于父母。教育于是被构想成一种主要是私人和家庭的事情。当人们持有这种观点时，"自然就倾向于尽量使国家对教育的干预减少到最低程度"。还有一些人主张，在教育领域中，国家似乎只应充当家庭的助手和代替者的角色。一方面，只有当家庭不能履行其教育义务时，国家才能承担。另一方面，国家为家庭提供使用学校的权利，即只要家庭愿意便能送孩子上学的权利。当人们持有这种观点时，自然倾向于要求国家严格地约束自己以便不逾越这些限制，国家"不应采取任何积极行动将某种既定的取向植入儿童的心灵"。但是，在涂尔干看来，这些主张是危险的。因为，教育首先具有一种集体功能，如果教育的目的是使儿童适应他将生活在其中的社会环境，那么社会就不可能不关心这样一种程序。因为社会是教育指导自己行动所必须依据的方位标，社会怎么能够在教育中缺席呢？显然，社会的责任是不断提醒教师必须使儿童具有哪些观念和情感，以便使儿童能够与他应在其中生活的环境协调一致。"如果承认某些价值观与社会的存在紧密相连，教育就必须确保公民之间有足够的共同观念和感情，不然就不可能有任何社会；而为了使教育能够产生这种结果，教育就不该完全让私人随意支配。"自从教育开始承担着一种基本的社会功能起，"国家就不能不关心教育"，即一切与教育有关的事物在某种程度上都应服从国家所施加的影响。"就公共利益而言，国家必须允许在自己更直接地负有责任的学校之外开办其他学校。但这并不是说，国家必须对其他学校的情况不闻不问。相反，其他学校进行的教育仍必须受国家的监督。"当然，国家不能不关心教育，并不意味着国家必须垄断教育。"给个人的首倡精神留出一定余地时，他可以更容易和更迅速地取得学业上的进步，因为个人比国家更愿意成为革新者。"② 英国在产业革命之前，国家几乎不过问教育之事，教育主要是教会和私人的事情，教育纯粹是一种慈善事业。产业革命之后，越来越多的有识之士认识到国家发展教育、开办学校的必要

---

① R.Curren 主编，彭正梅等译：《教育哲学指南》，华东师范大学出版社 2011 年版，第 515—516 页。

② 张人杰主编：《国外教育社会学基本文选》，华东师范大学出版社 2009 年版，第 13 页。

性。斯密说："国家即使由下级人民的教育，得不到何等利益，这教育仍值得国家注意，使下级人民不至陷于全无教育的状态。何况，这般人民有了教育，国家可受益不浅呢。在无知的国民间，狂热和迷信往往引起最可怕的扰乱。一般下级人民所受教育愈多，愈不会受狂热和迷信的迷惑。加之，有教育有知识的人，常比无知识而愚笨的人更知礼节，更守秩序。他们各个人都觉得自己的人格更高尚，自己更可能得到法律上、长上的尊敬，因而他们就更加尊敬那些长上。对于旨在煽动或闹派别的利己性质的不平之鸣，他们就更能根究其原委，更能看透其底细；因此，反对政府政策的放恣的或不必要的论调，就愈加不能欺惑他们了。在自由国家中，政府的安全，大大依存于人民对政府行动所持的友好意见，人民倾向于不轻率地、不任性地判断政府的行动，对政府确是一件非常重要的事。"① 在德国，洪堡则将国家教育权具体化，缔造了将义务教育同政府所提供的大多数教育机构相结合的教育制度。洪堡早年是国家教育权的反对者，认为公立教育是有害的和不必要的：公立教育之所以是有危害的，乃是因为它阻碍了成就的多样性，而公立教育之所以是不必要的，乃是因为自由的国度绝不可能没有教育机构。"教育……在我看来，完全超出了政治机构应当受到恰当限制的范围。"② 但是，面对普法战争期间普鲁士的困境，他一改此前的立场，致力于构建一种组织化、正规化的国家教育制度。"此种教育制度后来成了世界其他国家和地区的范式——的时候，曾经激发他早期的努力和撰写论著的那种使'个人人格得到最为多样化的发展'的欲求，也就退居次要地位了。人们很难否认：普鲁士因此而达致的一般的教育水平，乃是促使普鲁士经济得以迅速崛起以及后来全德意志的经济得以迅速发展的主要原因之一。"③

从 19 世纪 40 年代起，美国发起了一场轰轰烈烈的公立学校运动，要求用免费学校代替形形色色的私立学校，要求建立一种由政府出资、由职业教育家管理的中小学教育制度。公立学校运动的展开，使学校体制发生了根本性的变化：以前是私立学校占多数，现在则是公立学校占多数。继美国之后，"在自

---

① A. 斯密著，郭大力等译：《国民财富的性质和原因的研究》（下卷），商务印书馆 2003年版，第 345 页。
② T. A. V. 哈耶克著，邓正来译：《自由秩序原理》（下），生活·读书·新知三联书店1997 年版，第 162 页。
③ T. A. V. 哈耶克著，邓正来译：《自由秩序原理》（下），生活·读书·新知三联书店1997 年版，第 163 页。

由放任主义的影响下，英国犹豫了很长一段时间才允许国家干预教育事业"。① 英国最终在 1870 年建立了公立学校制度，并在 1880 年实行强迫性的初等教育。自此以后，"人们逐渐接受了这样一种看法，认为教育应当是国家的职责"。大规模建立公立学校不仅是"十九世纪意义最为重大的趋势"，而且"在二十世纪下半叶仍然影响到所有西方国家的教育事业"。② 现代社会，尽管在孩子、父母与国家之间存在着复杂而敏感、微妙的关系，但就国家层面而言，教育确实被视为一种公共职能，国家有权力也有义务提供并规定一定年龄的孩子须入学接受一定程度和质量的教育。"在当代社会，主张义务教育要达到一定的最低标准，有两个方面的理由，具有双重含义。一方面，人们普遍认为，如果我们的同胞与我们共享一定的基础知识和信念，那么我们大家都将面临较少的风险，同时也将从我们的同胞那里获得较多的益处。另一方面，需进一步考虑的一个重要问题是，在实行民主制度的国家中，如果有一部分人为文盲，那么民主就不可能有效地运行，除非这种民主制度在一极小的区域内推行。"③ 义务教育是国家保护和实现儿童权利的重要手段，"义务教育是重要手段，国家借此保护儿童免受父母专断和一切形式的经济剥削"，"儿童权利是法律权利——国家有责任保护和实现儿童权利"。④

2. 论争国家教育权

许多学者或思想家对国家教育权提出了非议。一般而论，对国家教育权的非议不仅具有道德意义，而且具有实际意义。一种有益于自由人的生活，至少是自由人所理想的美好生活或者自由人想过的那种生活。穆勒说："一般的国家教育，仅是一项将人们模塑成完全相似的人的人为设计；而通过此种教育强加于人们的模型，则又定是那些能令政府中的支配性力量——不管它是君主、牧师、贵族还是当今社会的多数——感到满意的东西；随着这种国家教育的效率及成功程度的提高，它将渐渐确立起一种控制人们心智的专制，而这也势必会导致确立一种对人身的专制。"⑤ 因此，政府只要使每个儿童都能接受良好的

---

① M. 弗里德曼等著，胡骑等译：《自由选择》，商务印书馆 1999 年版，第 157 页。
② M. 弗里德曼等著，胡骑等译：《自由选择》，商务印书馆 1999 年版，第 157 页。
③ T. A. V. 哈耶克著，邓正来译：《自由秩序原理》（下），生活·读书·新知三联书店 1997 年版，第 160 页。
④ "人的安全网络"组织编写，李保东译：《人权教育手册》，生活·读书·新知三联书店 2005 年版，第 292 页。
⑤ T. A. V. 哈耶克著，邓正来译：《自由秩序原理》（下），生活·读书·新知三联书店 1997 年版，第 159 页。

教育就足够了，由政府亲自提供这种教育则没有多大必要。政府应尽可能放手让做父母的自行选择获得教育的地方以及他们所喜欢的教育方式，而政府只需要资助贫寒子弟相关的教育费用，以及负担起那些根本无人为其负担的孩子的全部教育费用即可。一些当代自由主义者以穆勒的主张为理论依据，大力批判国家教育权，批判所有威胁到孩子选择与众不同的生活方式的国家教育权。哈耶克认为，尽管推行义务教育的理由是充分的，可能也是完全必要的，但是，这绝不意味着现今推行的义务教育甚或由政府资助的普通教育，就应当以政府来建立或管理这些教育机构为必要条件。因为，"正是那种高度集权化的且由政府支配的教育制度，将控制人们心智的巨大权力置于了权力机构的操握之中；这种境况当会使人们不致贸然地接受这种制度。证明义务教育为正当的论点，在一定程度上也主张政府对这种义务教育的部分内容加以规定"。[①] 政府不仅无权控制教育内容，而且无权为人们指定实现某些目标的最佳方法，况且人们所追求的目标是不一致的。如果以某些人的价值判断为选择教育内容的唯一依据，无疑会导致一部分人对另一部分人的专制。"事实上，在国家教育制度下，所有基础教育都有可能被某一特定的群体所持有的理论观点所支配，亦即那种想当然地以为其拥有着解决那些问题的科学答案的群体；特定群体支配教育这种可能性的存在，应足以警告我们：将整个教育制度置于国家管理或指导之下，切切实实地隐含着种种危险。"[②] 一句话，政府不能充当教育的主要管理者和提供者，政府没有理由管理学校。诚如哈耶克所说："反对政府管理学校的理由，可以说在今天要比在以前任何时候都更加充分，而且不仅如此，甚至人们在过去所提出的大多数用以支持政府管理学校的理由现在也已经消逝不存了。现在已无人怀疑，教育不仅须由政府资助而且须由政府来提供的这种状况，已不再成为必要，因为普通教育的传统和制度在今天已经牢固地建立起来了，而且现代交通运输的发展已解决了大多数因学校与学生住家相距太远而导致的种种棘手的交通问题。"[③] 在美国，政府接管教育，既降低了教育质量，也减少了教育的多样性，更导致了教育的不公。"正是政府提供教育这种制度产生了诸如在美国发生的隔离黑人这类令人棘手的问题——在政府控制了文化传

---

① T. A. V. 哈耶克著，邓正来译：《自由秩序原理》（下），生活·读书·新知三联书店1997年版，第163页。

② T. A. V. 哈耶克著，邓正来译：《自由秩序原理》（下），生活·读书·新知三联书店1997年版，第164页。

③ T. A. V. 哈耶克著，邓正来译：《自由秩序原理》（下），生活·读书·新知三联书店1997年版，第165页。

播的主要工具的地方，注定会产生这类颇为棘手的种族的或宗教的少数派问题。"① 美国的公立学校制度既制造教育不公，也导致学校教育质量下降。比利特在《用自由市场方法改革教育》一文中说："在公立教育事业中，对来自低收入家庭的黑人儿童的教育，无疑是成绩最糟糕、失败最惨重的领域。与其说是使黑人儿童受教育，还不如说是使他们失掉受教育的机会。但按照政府的一贯说法，公立教育的最大受益者却是穷人和被压迫者。由此看来，公立教育的确是一个双重悲剧。"② 具有讽刺意味且悲惨的是，一个致力于使所有孩子掌握共同语言、具有相同的价值观念、享有同等的教育机会的公立教育制度，实际上却在加深社会的分化和裂痕，而且造成了极为不平等的受教育机会。在市内每个学生的教育费往往与富裕郊区的一样高，但质量却差得很远。在郊区，几乎所有钱都用在教学上，而在市内的学校，经费大部分都花在维持纪律、防止破坏，或补偿破坏所造成的损失上。李普曼把美国公立教育制度的病症称之为"社会集权过度症"，其病因在于信念的改变。"以前人们认为，由那些思想狭隘的和自以为是的人自由行使权力会很快带来专制、反动和腐朽。"即要想取得社会进步，就必须限制统治者的作用和权力。但是，今天的人们却认为，"统治者的能力是无限的，因此，不应对政府的权力施加任何限制"。③ 此外，因剥夺了父母的教育权和控制权，公立教育制度的病症越加严重。"做父母的无法干预孩子受什么样的教育，他们既不能直接出学费为孩子挑选学校，也不能间接地通过开展地方政治活动来改变教育制度。学校的控制权已经落到了职业教育家手中。尤其在大城市，学校权力的日益集中和官僚主义的增加，更加重了这种病症。"④ 政府在资助和管理学校方面作用的强化，不仅导致纳税人金钱的巨大浪费，而且导致教育制度的僵化和落后。诚如弗里德曼所说："在我们的社会中，几乎再没有比学校更令人不满意的机构了，几乎没有比它更能引起不满情绪，更能破坏我们的自由了。教育机构极力捍卫其现有的权力和特权。它得到了许多具有集体主义观点、热心公共事业的人们的支持。但它也受到了攻击。学生考试成绩普遍下降；城市学生中犯罪行为、暴力行动和秩序混乱等问题越来越严重，绝大多数白人和黑人起来反对用校车接送孩子上学；在卫生、教育和福利部的严密控制下，许多大专院校的教师和管理人员感到惶惶

---

① T. A. V. 哈耶克著，邓正来译：《自由秩序原理》（下），生活·读书·新知三联书店 1997 年版，第 163 页。
② M. 弗里德曼等著，胡骑等译：《自由选择》，商务印书馆 1999 年版，第 154 页。
③ M. 弗里德曼等著，胡骑等译：《自由选择》，商务印书馆 1999 年版，第 154 页。
④ M. 弗里德曼等著，胡骑等译：《自由选择》，商务印书馆 1999 年版，第 154-155 页。

不安，所有这一切都是对教育事业中权力日益集中、官僚主义日益严重和社会化日益增强等趋势的严厉批判。"① 简言之，国家没有必要亲自开办学校，也没有必要亲自经营学校。

在当代自由主义者看来，"理想"的教育权应扩大孩子们未来生活的选择范围、选择路径，而不是强制性地要求他们过所谓的"好"生活。"一个正义的教育不能限制孩子对好的生活方式的选择，而是要提供机会让每个孩子能够在尽可能多的生活方式中作出自由、理性的选择。"② 如果剥夺孩子们选择"好"生活权利的话，客观意义上的"好"生活，不但不能让人觉得美好，而且对于那些强制性地过这种所谓"好"生活的人而言，反而可能是一种不幸。尽管，"也许对于那些从小就以相应方式被加以教化之人来说，这是一种他渴求的最好生活"，但是，对于另一些人而言，并不一定是"好"的生活。古特曼说："这种客观意义上的好生活，尽管被那些从小就被以相应方式加以教化之人理解为'最好的生活'，但对于那些没有被如此教化之人来说，它并不一定是好的生活，甚至算不上最接近'好生活'的生活。"③ 同时，国家教育权还排斥了家长和孩子合法的教育权，限制了他们选择生活方式和教育目标的权利。因为，国家会试图教育孩子喜欢那些有助于社会团结的特定价值观和文化倾向。"所有教育都必须且应当根据某些明确的价值观念加以指导的事实，却也是公共教育制度会产生真正危险的根源。"④ 当然，以穆勒为代表的自由主义者所片面强调的个体教育权，同样存在着一定的问题。虽然他们强调教育孩子过自由的生活，一种自由人的生活，但是，"教育儿童成为自由人，必然要在有助于这种自由的社会背景之中来教育他们。这种社会背景必须提供这样的政治自由：个体自由不仅表现在自由地选择自己的生活方式，还表现在平等地参与影响其社会及文化的政治决策。在某种意义上，文化是政治选择的结果，就好比学校选择教学生哪种语言和历史课程一样"。⑤

① M. 弗里德曼等著，胡骑等译：《自由选择》，商务印书馆 1999 年版，第 195 页。
② R. Curren 主编，彭正梅等译：《教育哲学指南》，华东师范大学出版社 2011 年版，第 520 页。
③ R. Curren 主编，彭正梅等译：《教育哲学指南》，华东师范大学出版社 2011 年版，第 516 页。
④ T. A. V. 哈耶克著，邓正来译：《自由秩序原理》（下），生活·读书·新知三联书店 1997 年版，第 161 页。
⑤ R. Curren 主编，彭正梅等译：《教育哲学指南》，华东师范大学出版社 2011 年版，第 521 页。

3. 司法挑战国家教育权

不仅思想家们提出了疑问，美国更是不断通过司法解释来限制政府对于教育事务的干预权。20世纪20年代，义务教育制度在美国已普遍建立，但是对政府干预教育事务的权利也随之进行了限制。20世纪20年代通过的三项决议有助于为后来美国教育政策的贯彻执行提供宪法背景。[①] 作为对第一次世界大战所激发的爱国情感的部分反映，内布拉斯加州通过了一项法律，禁止在教学中使用除英语之外的其他现代语言。根据这一法规，内布拉斯加州路德教区一所教会学校的教师梅耶尔，因使用德语讲解圣经而被判有罪。1923年，联邦最高法院在"Meyer v. Nebraska"一案的判决中，撤销了内布拉斯加州所颁布的该项法律，理由是它违反了宪法第14修正案所保护的自由权。麦克瑞德斯在法庭上陈述道："给予孩子合适的教育是父母的自然权利。几乎所有的州，包括内布拉斯加州，都通过强制性的法律来保证履行这项义务。"内布拉斯加州通过的法律，尽管从宪法方面来说没有疑义，"国家拥有强制孩子入学，并给所有学校制定合理规定的权力，这一点也没有问题"。但是，该法律规定教育过程中只能使用英语而不能用其他现代语言教学，显然是不合理的。麦克瑞德斯说："确实，国家应努力从物质、精神和道德上来提高其公民的素质。但国家也应尊重个人的一切基本权利，不能通过禁止的方式来达成某种欲求的目的。"内布拉斯加州的做法显然属于这种禁止的方式，因为它不仅妨碍了梅耶尔教德语的权利，也妨碍了某些父母要求他用德语教育孩子的权利。"立法的愿望在于培养人们一致的美国理念，以使之迅速理解当前关于国内事务的讨论。但我们认为，为实现这个目的所采用的方式已超出了国家权力的适用范围。"麦克瑞德斯随后在一篇颇具争议的论文中继续探讨了这一问题。他认为，内布拉斯加州通过的法律，其理论基础是斯巴达的实践和柏拉图《理想国》中的教育原则，但"他们关于个人和国家关系的思想，完全不同于我们宪法所依据的思想，如果实施就会违背宪法的条文和精神"。美国宪法关于自由的论述，保证了父母可以在广泛但并非毫无限制的范围内以他们认为合适的方式教育他们的子女。其次，俄勒冈州颁布了一项法令，该法令要求父母和法律监护人将8-16岁的孩子送往公立学校学习。显然，按照该法令，多数非公立学校就成为不合法的了。法令颁布后，名为"姐妹协会"的俄勒冈州天主教会学校，随即控告该法令不符合宪法第14条修正案条款。1925年，最高法院对"Pierce

---

① R. Curren 主编，彭正梅等译：《教育哲学指南》，华东师范大学出版社2011年版，第535-537页。

v. Society of Sisters"一案予以明确的支持。麦克瑞德斯在法庭上陈述道："我们认定这一法令完全无效……因为它毫无理由地干涉了家长和监护人教育和抚养他们孩子的自由。……美联邦所有州政府都必须遵循基本的自由理论，不准以任何形式的行政力量迫使儿童只接受公立学校的教育，来对他们加以标准化。儿童不仅是国家的产物，那些抚养并指导其人生之人，同样有权且负有责任地教育他们认识其他的义务，教育他们为之作好准备。"当然，这并不意味着国家对于私立教育就没有权威，就可以放任，正如该案所显示的："国家有权合理地规范、检查、督导和评估所有学校及其教师和学生，这无可置疑。国家有权要求所有适龄儿童入学；要求教师具备良好的道德品质和爱国意识，要求学校教授使儿童成为一个好公民所必需的特定内容，不得教授明显有损于公共利益的内容。"但是，国家的这种权力限度如何确定？"合理"与"不合理"到底是什么意思？那么，第三个案件（Farricf V. Tokcshifc）回答了这一问题。面对越来越多的学校向日裔后代教授日语的情况，夏威夷辖区政府出台了一项严格规范所有外语学校的法律。根据该项法律条文，这些外语学校都要上缴人头税，辖区政府有权决定上课时间、课程、入学许可、教科书和教师的资格认证。最高法院发现，该项法律及其随后的管理措施"远远超出了对私立学校的管理范围……他们甚至对这些学校的相关细节都进行了硬性规定"。因此，最高法院在 1927 年裁定，执行该项法律将有损于大多数被管理的学校，并会剥夺父母为孩子选择其所向往的教育机会。当然，父母所主张的教育不能对孩子和公共利益不利或有害。"日裔父母有权指导自己子女的教育。没有正当理由，这种权利不得受限制。"但是，该法律却"蓄意将外国语言学校置于政府的严格控制之下且无法提供正当的理由"。由于这项法律与宪法第五条修正案条款①相冲突，因而没有在教育实践中生效并执行。

总之，上述判决确立了以下三项原则：第一，根据美国宪法对自由民主的主张，父母原则上与国家分享教育权。政府有权利要求父母教育子女，有权确立这种教育的某些基本特征，但是，父母在如何履行其教育职责方面拥有广泛而受保护的选择范围。第二，州政府不准利用行政权力做出违反原则性规定的事情，特别是政府不得把非公立学校是否遵守公立学校的要求作为其存续的条件。第三，政府有其做得不好的事情，即使是以培养好公民的名义。公民教育之必要的诉求尽管是强烈的，但当其受到基于父母教育权或个体自由的主张的

---

① 当时夏威夷还是一个辖区而不是州，而宪法第十四修正案只适用于州，因此，该案的法理依据是宪法第五修正案。

反对时，其诉求并不总是决定性的。

（二）国家（或政府）保障与保护教育权何以必要

在原本意义上，教育权是普遍的道德权利。教育权利之所以为每个社会成员所享有，不是基于血统、种族、肤色、性别、财产、职位以及宗教信仰和政治见解等等的具体资格认定，而仅仅因为他是"人"。换句话说，教育权之为"人权"，是同社会成员作为"人"的属性相伴随的。承认某人是"人"，也就意味着承认他应该享有教育权利，而对他享有的教育权利切实地予以保障与保护，则他就受到了合乎人性的对待，从而能够真正地像"人"一样地生存与生活。这便是教育权利保障与保护所蕴涵的道义精神。

1. 作为道德权利的教育权

从价值意义上讲，作为道德权利的教育权具有不可剥夺、不可侵犯的神圣性质。但问题在于，具有神圣价值的教育权，在现实教育生活中却往往表现得十分脆弱。《教育的使命》一书认为，尽管全球各国为确保每个人的受教育权利做出了令人瞩目的努力，但以下事实依然存在：第一，1亿多儿童，其中包括至少6000万女童，未能接受初等学校教育。第二，9.6亿多成人文盲，其中2/3是妇女；功能性文盲已成为包括工业化国家和发展中国家在内的所有国家的严重问题。第三，世界1/3以上的成人未能学习改进其生活质量并帮助他们适应社会和文化变化的文字知识及新技能和新技术。第四，1亿多儿童和不计其数的成人未能完成基础教育计划；更多的人虽能满足上学的要求，但并未掌握基本的知识和技能。[①] 例如，义务教育是国家依法统一实施、所有适龄儿童少年必须接受的教育，具有强制性、免费性和普及性，然而，进城务工人员随迁子女平等接受义务教育的权利却时常受到威胁。教育自由很崇高，应该得到尊重，可是，强者给弱者套上有形或无形的枷锁，却又显得那样轻而易举。教育救助权、公平对待的教育公正权等其他教育权利也莫不如此。正因为这样，教育权利保障与保护就作为一个"问题"产生了。葛德文说："只要人们的能力是不平等的，只要人们所指望的权利既没有保证又没有别人支持来加以实现，平等总是一种不可理解的虚构。"[②] 一方面，教育权在价值上是神圣的，所以应该得到保护；另一方面，教育权在现实教育生活中又是脆弱的，因而就特

---

① 联合国教科文组织教育丛书，赵中建编：《教育的使命》，教育科学出版社2003年版，第13页。

② W. 葛德文著，何慕李译：《政治正义论》（第1卷），商务印书馆1997年版，第98页。

别需要保护。但经验告诉我们，当基本教育权利遭到侵犯或伤害的时候，仅仅依靠个人或社会团体实施"私力"救助，非但力所不逮，还会引发一些不良后果。因此，保障与保护教育权利需要一个中立、公正、强大的公共权力机关，即政府。诚如何怀宏所说："权利要有权力的保障，权力也须受权利的限制，这是怎么实现的呢？权利的保障必须通过某种政府、权威和强制，而对权力的限制则可通过体现权利意识的法治等社会结构，即主要是以法律来制约权力、以权力来制约权力和以社会来制约权力。权利当然也须受权力的具有保障意味的约束。"①

2. 作为公民权利的教育权

在现代社会，政府体系的组织和运作大多采取了宪政形式。毫无疑问，将作为道德权利的教育权利转化为宪法性的公民权利，进而把保障与保护公民的教育权利看作政府的一项基本职责，乃是政治文明史上的一个重大进步。但是，就终极价值关切而言，宪法并非当然享有权威，而是只有建立在道义的基础上才能享有权威。这意味着，在政治生活中被称为根本大法的宪法，实际上仰赖于一个更原初的"高级法"的支持性背景，而充当这种背景的"高级法"，便是要求按照合乎人性的方式对待人的"自然法"。从此角度看，宪法不是人权的渊源，而是其产物。同理，宪法也不是教育权的渊源，而是其产物。如果一国的宪法对公民的基本权利诸如教育权利作了明确的确认，那么，其准确表述应该是，教育权利并非因为被宪法确认才是公民的基本权利，相反，仅仅因为教育权利是公民的基本权利，所以才被写进了宪法之中。这也就是说，信奉和持守"教育是一项人权"的原则，构成了一个组织良好的社会教育秩序向世人证明其合法性或正当性的基本理据。但是，无论如何，作为道德权利的教育权利与作为法定权利的教育权利并不是一回事。前者靠道德原理维系，后者靠法律尤其是教育法律规则维系，由此造成了它们在效力上的重大差异。"A 对 B 享有某项法定教育权利"，意味着 A 对 B 的要求权得到实在性教育法律的确认，B 对 A 负有可以依靠教育法律来履行的教育义务。"A 对 B 享有某项作为道德权利的教育权利"，虽然也意味着 B 对 A 负有某种教育义务，但这种教育义务却并不必然依靠教育法律来强制地加以履行。所以，在现实教育生活中，往往会出现这样的情况：有些教育权利是法定的而非道德的，有些教育权利是道德的却非法定的。这种可能的情况告知我们，如果超越道德感召的起码水平来看待教育权，那么，教育权利保证与保护的实践性要求，就一定得诉诸一种既体

---

① 何怀宏著：《公平的正义》，山东人民出版社 2002 年版，第 46 页。

现"道德法"又更具刚性约束力的实在性教育法。这便是宪政之于教育权利的意义所在。

保障与保护公民的教育权利乃宪政的核心取向。就价值依据而言，这一取向派生于人权原则，但是，与作为道德权利的教育权利相比，公民的法定教育权利在内容的充实性和实践的权威性等方面显然迈进了一大步。随着现代法治文明的日趋完备，在宪政框架下，人身自由权不仅被一般地理解为不得任意剥夺人的性命，而且通过禁止体罚、殴打、侮辱等教育法律规定而得到了进一步的延伸、扩展。免于无理干涉的自由权，在宪政国家具体而广泛地落实为思想自由和表达的自由、学习自由、道德自由、个性自主发展的自由等法定的自由权利。宪政国家不但依法保护公民的尊严权，而且借助健康权、受教育权等，给公民追求幸福的权利补充了新的和更实在的内容。凡此种种，都标志着现代法治社会在教育权利保护方面已经取得及将要取得的历史性进展。诚如博登海默所说："当我们宣称不能将诸如种族、性别、宗教、民族背景和意识形态信念等因素作为立法分类的标准时，我们在迈向平等的道路上又前进了许多。这一政策的实施，可能会导致对社会所有成员进行基本权利的分配，如生命权、自由权、财产权、受教育权和政治参与权。如果享有实施与执行法律职能的机关能够使赋予平等权利同尊重这些权利相一致，那么一个以权利平等为基础的社会秩序，在通向消灭歧视的道路上就有了长足的进展。"[1]

按照宪政的逻辑，政府存在的必要性是通过对公民权利的保障和保护而得以证明的。在这种关系模式中，不是国家权力本位，而是公民权利本位。换句话说，公民拥有应享的权利，而国家则必须承担保障和保护的义务。就公民享有的教育权利而论，政府的义务包括两个方面：一是要创造条件，积极促成公民教育权利在现实教育生活中的真正落实。二是要排除公民在实现教育权利过程中遇到的各种障碍，并在公民教育权利遭遇侵犯时给予公正、合理、有效的"公力"救助。但问题是，政府的存在虽为公民的教育权利保障与保护所必须，可它若滥用职权却会对公民教育权利本身构成致命的威胁。例如，在美国，为平等权利而努力的最初目标是消除由政府实施的种族歧视和种族隔离，特别是在选举和公共教育方面的歧视。1952 年，美国有色人种协进会将一组关于中小学种族隔离教育的案件上诉到最高法院，这就是后来举世闻名的"布朗诉托皮卡教育委员会"案。"布朗诉托皮卡教育委员会"案涉及黑人中小学学生在就学、学校设施等方面因肤色不同而遭受的不平等的待遇。经过长时间的辩论，

---

[1] E. 博登海默著，邓正来译：《法理学》，中国政法大学出版社 2004 年版，第 309 页。

最高法院以积极的态度面对改变了的历史环境，就"布朗诉托皮卡教育委员会"案作出了历史性的裁定："即使物质条件和其他'有形'因子可能平等，在公立学校对儿童实行纯粹基于种族的隔离，是否剥夺少数民族的孩子获得平等教育的机会？我们相信这种隔离确实剥夺平等机会……纯粹基于种族而把这些孩子和其他类似年龄与资历的孩子隔离开来，将对他们在社团中的地位产生低人一等的感觉，并可能以难以复原的方式影响他们的心灵和思维。"① 但是，南部各州依然对"布朗"案的判决进行了大规模的抵制和抗议。"南方 11 个州最常用的拖延方法是拒绝在学区里取消种族隔离，直到联邦法院发布强制令。那些明显用来规避消除种族隔离的宪法责任的州法律被联邦法院推翻了，但是诉讼和耽搁延缓了种族融合的进程。"② 南部各州通过决议，抗议最高法院的决定，采取各种变相的隔离措施来干扰和拖延黑白合校的进程。一些地区取消了强制性出勤制度，允许家长把学生带回家或转往其他学校，有的地区威胁从黑白合校的学校抽走资金，有的则采用"自由择校"的方式允许学生选择自己的学校。从美国的实例可以看出，将公共权力的行使置于宪法和法律的约束与控制之下，努力做到依法治"政"，依法治"权"，就成为教育权利保护的一个必然要求。弗莱纳说："如果你想保护人权，你就必须限制那些凌驾于他人之上的权力，并且确保这种权力受到持续的监督。"③ 在此意义上，宪政乃是一种能够更有效地保障和保护公民教育权利的良好的制度安排。

3. 作为法定权利的教育权

作为道德权利的教育权利，只有表现为法定教育权利才能更具实效；法定教育权利只有以作为道德权利的教育权利为依据，才能保持其价值正当性。例如，美国在"普莱希诉弗格森"一案中，黑人普莱希被定罪违反了路易斯安那州要求黑人与白人公民分乘不同的火车车厢的法律。最高法院维持原判，其结论是，各州政府可以要求黑人使用不同的火车车厢和其他公共交通设施，只要设施在质量上与供白人使用的设施是"同等的"，就不违宪。联邦最高法院就《美利坚合众国宪法》第十四条修正案的"法律平等保护条款"论辩道："第 14 修正案的目的，无疑是实现两个种族在法律面前的绝对平等，但它不会被设想为取消基于肤色的区分，或实现和政治平等不同的社会平等……隔离黑白种族的法律要求，并不必然隐含着任何一个种族低劣于其他种族的意思，并且它们

---

① 张千帆著：《西方宪政体系》（上册·美国宪法），中国政法大学出版社 2004 年版，第354 页。

② T. R. 戴伊著，彭勃等译：《理解公共政策》，华夏出版社 2005 年版，第 210 页。

③ 弗莱纳著，谢鹏程译：《人权是什么？》，中国社会科学出版社 1999 年版，第 87 页。

被普遍承认为在州议会行使的治安权能范围之内。这类最普遍的例子，是为白种和有色人种的孩子建立隔离的学校。"① 可见，最高法院就普莱希案作出的"隔离但平等"的判决成了对美国黑人隔离但不平等待遇的一种辩护。换句话说，"隔离但平等"的学校和公共设施得到了宪法的支持。难怪本判决中唯一持异议的大法官哈兰对其同事的论辩进行了措辞严厉的批评："在列车车厢上为旅客提供'平等'设施的假象，并不能误导任何人，也不能为它所产生的过错解脱。我的意见是：路州法律违反了该州公民——不论白人或黑人——的个人自由，并敌视合众国宪法的精神和文字。"② 最高法院以其普莱希判决，阉割了《美利坚合众国宪法》第十四条修正案，并允许南方各州继续实施种族隔离。黑人孩子被迫上的专门学校，很少有图书馆，通常只有几名教师，而且大部分教师还缺乏专门训练。供黑人用的医院里医生护士很少，几乎没有什么医药供应和医疗设备。"无论如何，包括公共学校在内，双方物质条件上很少甚至从未相同过。在实践中，种族隔离仍是隔离加不平等。"③

理想和现实之间总有落差。即使在宪政体制下，公民的教育权利也仅仅是人权在教育法律上的近似的或不完全的表现。一方面，任何国家只能在客观条件允许的范围内，通过保障和保护公民教育权利的实际行动来一步一步地促进和实现教育权利。例如，《经济、社会、文化权利国际公约》第 2 条、《儿童权利公约》第 28 条确立了国家实现的义务，即通过积极行动实现教育权。当然，这些义务仅被界定为"逐渐实现的义务"，即缔约国采取步骤"最大限度地利用其可利用的资源，旨在逐渐达到权利的充分实现"。如果再考虑到立法和司法的特定的操作性要求，可以说，指望公民的教育权利以充分完备的形式见诸于教育法律，是难以做到甚或无法做到的。另一方面，就恒定性与适用性而论，作为道德权利的教育权利与作为法定权利的教育权利似乎呈现出一种"天然"和"人为"的重大差别。在现实教育生活中，作为法定权利的公民教育权利，可能被国家权力机关通过法定程序在实在法意义上合法地加以增减或取消，但是，作为道德权利的教育权利，无论是否得到立法机构的认可，在义理上都应该为每一个人所享有。它非但不能为国家权力机关所改变，而且因为这个缘故，它还构成了确证或批判法定教育权利的终极依据。形象地讲，公民教

---

① 张千帆著：《西方宪政体系》（上册·美国宪法），中国政法大学出版社 2004 年版，第 348 页。

② 张千帆著：《西方宪政体系》（上册·美国宪法），中国政法大学出版社 2004 年版，第 350 页。

③ T. R. 戴伊著，彭勃等译：《理解公共政策》，华夏出版社 2005 年版，第 208 页。

育权利的道德理想犹如永不熄灭的价值火种，照耀着人类通过现实教育实践而走向光明未来的路途。当然，这条路途并不平坦，其所以如此，既因为理想的崇高，更因为现实的复杂。

教育权是当今国际法上最为复杂的人权之一。教育权基于各种各样、有时是对抗性的哲学基础之上，并且包含着公民和政治权利，经济、社会和文化权利以及团结或集体权利等三方面的内容。法律界、教育界的专家学者仅仅对以下一些最基本的涉及教育权的问题提供了答案。这些问题包括：什么是国家必须提供的最低教育标准？什么是可靠的指标和基点用以评估国家是否遵守其行为和结果的义务？在教育领域，儿童相对于其父母、教师和国家，享有哪些权利？什么年龄时儿童有权选择他们本人希望遵循的教育种类？如何取得儿童、父母、教师和国家的不同利益之间的公正平衡？教育权包含教师提供的权利吗？教育权具有横向作用吗？如何确定国家对私立学校的责任以及国家对私立学校的干预的限制程度？等等。因此，还有许多问题有待我们思考。

（三）国家（或政府）尊重、保护与实现教育权的义务

政府作为公共事务的最大管理者，发展教育是其义不容辞的责任。政府投资于教育就是投资于未来，关怀教育就是关怀未来。《人权教育手册》说："教育权是……国家发展经济的需要。提供教育应当被视为所有国家长期、首要的投资，因为教育有助于发展人力资源，这是国家发展进程中的重要资产。"[1] 尼耶拉拉说："教育不是逃离一国贫穷的方法，而是战胜贫穷的有效武器。"[2] 由于现实和历史条件的限制，许多社会成员本来具有的潜能难以充分地开发出来，难以进入平等的竞争状态。虽然人无法选择出生，无法选择父母，无法选择家庭，但只要他拥有健全的大脑、学习的条件、受教育的机会，他就不会陷入命运决定论的泥沼，他就有可能摆脱分层给他带来的负重，他就有可能在自己求得流动和发展的同时，做出有利于公共社会的贡献。斯密说："人们天赋才能的差异，实际上并不像我们所感觉的那么大。人们壮年时在不同职业上表现出来的极不相同的才能，在大多数场合，与其说是分工的原因，倒不如说是分工的结果。例如，两个性格极不相同的人，一个是哲学家，一个是街上的挑夫。他们之间的差异，看来是起因于习惯、风俗与教育，而不是起因于天性。

---

① "人的安全网络"组织编写，李保东译：《人权教育手册》，生活·读书·新知三联书店2005年版，第267页。

② "人的安全网络"组织编写，李保东译：《人权教育手册》，生活·读书·新知三联书店2005年版，第269页。

他们生下来，在七八岁以前，彼此的天性极相似，他们的双亲和朋友，恐怕也不能在他们两者间看出任何显著的差别。……就天赋资质说，哲学家与街头挑夫的差异，比猛犬与猎狗的差异，比猎狗与长耳狗的差异，比长耳狗与牧畜家犬的差异，少得多。"① "一个人不能适当使用人的智能，假如说是可耻的话，那就比怯懦者还要可耻。那是人性中更重要部分的残废和畸形。国家即使由下级人民的教育，得不到何等利益，这教育仍值得国家注意，使下级人民不致陷于全无教育的状态。何况，这般人民有了教育，国家可受益不浅呢。"② 斯密曾为公共支出在教育经费上的过于吝啬感到特别的痛心。他说："国家只要以极少的费用，就几乎能够便利全体人民，鼓励全体人民，强制全体人民获得这最基本的教育。"③ 博特金等在《回答未来的挑战》一书中说："对一个普通人来说，即使在他过着贫困卑贱的生活时，他仍然有一种天生的脑力，因而也就有一种学习的能力，这种能力尚处于相对中庸的水平，它可以被激发和提高到现在水平所望尘莫及的程度。这些想法所包含的朴素真理是，消除人类差距的任何办法和对人类未来的任何保证，都不能在其他地方而只能在我们自身找到。我们大家所需要的，是学会如何激发我们那处于睡眠状态的潜力，并且在今后有目的地、明智地利用这种潜力"。④ 尽管政府无法包办教育，也没有能力包办，但是政府始终是公共教育的最大提供者。"从公正和尊重受教育权利这一角度看，至少应避免某些个人或某些社会群体享受教育的要求遭到拒绝；尤为重要的是，国家应能有重新分配的作用，特别是对少数人群体或处境不利群体应能起到这种作用。"⑤

具体而言，政府应承担以下义务：免费和义务的小学教育；所有的人都可参与的中学教育；在能力的基础上所有的人均可参与的高等教育；对未完成小学教育的人提供基础教育；通过国际合作消除文盲和无知，关注发展中国家的需要。"这意味着在平等和非歧视原则的基础上促进教育，自由选择学校和教

① A. 斯密著，郭大力等译：《国民财富的性质和原因的研究》（上卷），商务印书馆 2003 年版，第 15 页。
② A. 斯密著，郭大力等译：《国民财富的性质和原因的研究》（下卷），商务印书馆 2003 年版，第 344—345 页。
③ A. 斯密著，郭大力等译：《国民财富的性质和原因的研究》（下卷），商务印书馆 2003 年版，第 342 页。
④ J. 博特金等著，林钧译：《回答未来的挑战》，上海人民出版社，1984 年版，第 5—6 页。
⑤ 联合国教科文组织国际 21 世纪教育委员会编：《教育——财富蕴藏其中》，教育科学出版社 2005 年版，第 156 页。

育内容。这正是代表了教育权的精神实质。"① 如果换一种说法，政府具有如下三个层次的义务：尊重的义务、保护的义务和实现的义务。实现的义务包含了便利的义务和提供的义务。国家有义务通过提供便利或直接提供帮助以实现每个人的教育权利。

1. 尊重的义务

国家不得采取违反已普遍承认的权利和基本自由的行动。换言之，是关于国家"不行动"的义务，只要该国在法律上没有对此提出明智的保留。教育权属于文化权利和社会权利，它只能通过国家的积极行动得到保障。教育权规定国家负有发展和维护学校及其他教育机构制度的义务，以便为人人提供教育，如果可能的话，是免费教育。"我们必须保证所有的儿童有接受基础教育的实际可能性。如果可能，就用全日制；如果必要，就用其他形式。"② 像工作权和适当生活水准权一样，教育权被视为个人发展他或她的个性的基本手段之一。国家对教育权的尊重主要表现在以下四个方面。

（1）可获得性

教育权义务主要由国家承担，当国家在国内法中履行这些义务时，它们须规定隶属其管辖的人们应承担的义务。尊重他人的教育权利的义务使国家得以按照有益于每个人享有教育权利的方式提供支持和帮助。因此，国家提供免费、义务的小学教育是实现教育权的前提条件。"向所有的孩子提供小学教育，要求政府的政治意愿和财力支持。尽管政府不是唯一的教育提供者，但……要求政府成为最后的提供者，以确保所有的孩子享受免费、义务的小学教育。如果一个国家的小学教育没有能力接纳所有适龄的孩子，则表明该国政府提供义务教育的承诺没有落到实处，受教育权仍然是一项没有实现的人权。"③ 提供中学和高等教育也是教育权的重要方面，而以"渐近的方式引进免费教育"的要求并不意味着国家可免除相关的义务。

（2）可利用性

政府有义务（至少在义务教育阶段）通过保证所有的男孩和女孩、妇女和男子在平等和非歧视原则的基础上利用现有的教育机构，以实现教育权。从公

---

① "人的安全网络"组织编写，李保东译：《人权教育手册》，生活·读书·新知三联书店 2005 年版，第 263 页。

② 联合国教科文组织、国际教育发展委员会编著，华东师范大学比较教育研究所译：《学会生存》，教育科学出版社 1996 年版，第 234 页。

③ "人的安全网络"组织编写，李保东译：《人权教育手册》，生活·读书·新知三联书店 2005 年版，第 264 页。

正和尊重受教育权利这一角度看，至少应避免某些个人或某些社会群体享受教育的要求遭到拒绝；尤为重要的是，国家应能有重新分配的作用，特别是对少数人群体或处境不利群体应能起到这种作用。"儿童的基础教育可确定为启蒙教育。这一教育原则上从孩子 3 岁左右开始，一直到至少 12 岁。基础教育是必不可少的'走向生活的通行证'，它使享受这一教育的人能够选择自己将要从事的职业，参与建设集体的未来和继续学习。如要成功地同两性之间的不平等以及同各国内部和国家之间的不平等现象作斗争，基础教育则是至关重要的。为了缩小给妇女、农村居民、城市贫民、处于社会边缘的少数民族和数百万未上学的童工等许多群体带来痛苦的巨大差距，基础教育是必须跨越的第一步。"① 政府确保平等地利用教育机构的积极义务包括"物质的利用"和"建设性利用"。直接利用对于残疾人而言尤其重要，建设性利用意味着应当消除排斥性的障碍，如消除教科书及教育机制里有关男女角色的错误的固定观念。

（3）可接受性

国家有义务确保所有的学校遵守其制定的最低标准，确保有关教育对父母和孩子均是可接受的。"这一要素涉及选择教育类型的权利，以及建立、维持、管理和控制私立教育机构的权利。学生和父母有权不接受灌输和教化，如必须学习某种与其宗教信仰不符的材料违反了教育权。"② 政府有义务尊重公民的受教育权。尊重的义务防止了国家违反、干涉或限制有关的权利和自由。国家须尊重父母根据其宗教、道德或哲学信仰决定如何养育孩子，选择将给予其孩子的教育的种类，即保护父母在选择教育种类上的自由。尊重父母为自己的子女选择私立或公立学校的权利，以确保其子女根据他们自身的信仰、兴趣接受教育。这一主张在欧洲国家体现得较为明显。虽然《欧洲人权公约》的《第一议定书》第 2 条规定"任何人不得被剥夺教育权"，可欧洲委员会和欧洲人权法院的判例法对以下事实确信无疑，即教育权并未使国家承担提供教育的义务，如建立学校和给予人人可获得的指导，教育权只保证平等进入已存在的教育机构的机会。该条款的侧重点在于国家的义务——尊重父母确保与其个人的宗教和哲学信仰相一致的教育和教学的权利。也就是说，保护父母免受国家不当干预的权利。例如，欧洲人权法院在称之为"丹麦性教育"案中明确表述说，父母的自由不仅仅是单纯为其子女选择私立学校，同时也使国家承诺须"在教育

---

① 联合国教科文组织教育丛书，联合国教科文组织总部中文科译：《教育——财富蕴藏其中》，教育科学出版社 2005 年版，第 109 页。

② "人的安全网络"组织编写，李保东译：《人权教育手册》，生活·读书·新知三联书店 2005 年版，第 264 页。

和教学领域中履行其承担的各项职责时"尊重父母的宗教和哲学信仰。即便公立学校的义务宗教教育，如有关某一具体宗教信仰的讲授，也不能违背父母的自由。在"Hartikainen 诉芬兰"案里，联合国人权委员会裁定，只有"指导选修课以中立和客观的方式讲授，并尊重不信任任何宗教的父母和监护人的信仰"，那么，强制学生参加宗教和道德史学习才可能符合《公民和政治权利国际公约》第 18 条之规定。① 就整个世界而言，当今的许多法律条文则力求在孩子、父母、国家之间取得微妙的平衡。纽瓦克说："教育主要被视为一种公共职能，国家有权利也有义务提供教育并规定一定年龄的孩子须入学接受教育。义务教育是重要手段，国家借此保护儿童免受父母专断和一切形式的经济剥削。因此，义务教育和禁止童工，包括就业的固定最低年龄，是互补的标准。另一方面，父母借助设立私立学校和为自己的孩子选择教育种类的权利而受到保护，防止国家教育的极权倾向。"② 当然，"以儿童的最大利益为一种首要考虑"这一宗旨也限制了父母胡乱行使自己的权利，限制了父母的随意行为。

（4）适合性

一般来说，孩子在学校所学的内容应当取决于他或她成人后的需要。这意味着教育体制应当不断地与时俱进，充分考虑孩子的利益以及国家和世界的发展与进步。就学习内容和学习成绩考评而言，对个人或社会来说，扩大了的教育机会是否会表现为有意义的发展，最终取决于作为这些教育机会的结果，人们是否实际地学到了什么，即他们是否学到了有用的知识、推理能力、各种技能以及价值观念。因此，基础教育必须把重点放在知识的实际获得和结果上。也就是说，为教育计划确定可接受的知识获得的标准并改进和应用评估学习成绩的体系，是十分必要的。"基础教育必须符合参加者在学习过程中的实际需要、兴趣和问题。如果使读写和演算技能以及科学概念同学习者所关心的问题及其以往的经历相联系，如与营养、卫生和工作相联系，那么就可提高课程的针对性。"③ 同时，国家负有承认"鼓励和发展科学与文化方面的国际接触和合作利益"的义务。《儿童权利公约》第 28 条规定国家负有促进和鼓励有关教育事项方面的国际合作的义务，"应促进和鼓励有关教育事项方面的国际合作，

---

① A. 艾德等著，黄列译：《经济、社会与文化的权利》，中国社会科学出版社 2003 年版，第 294 页。

② A. 艾德等著，黄列译：《经济、社会与文化的权利》，中国社会科学出版社 2003 年版，第 293 页。

③ 联合国教科文组织教育丛书，赵中建编：《教育的使命》，教育科学出版社 2003 年版，第 32 页。

特别着眼于在全世界消灭愚昧与文盲，并便利获得科技知识和现代教学方法。在这方面，应特别考虑到发展中国家的需要"。学术合作的呼吁在北—南关系中尤其重要。工业化国家与发展中国家在教育设施上的差距要求积极的学术合作政策和与南方教育机构的团结。这种合作与团结将有益于全面实施发展权。事实上，根据近代发展理论，教育权和发展权都致力于一个最终目的，那就是充分尊重和保障所有人权。

2. 保护的义务

保护的义务，意味着国家应保护个人的权利免受侵犯。就歧视而言，国家必须主动地"打击"社会上个人实施的种族主义。政府有义务保护公民的受教育权。政府应采取某种行动或措施，实现免费的义务教育、所有人都可参与的中学教育、在能力的基础上所有的人均可参与的高等教育、对未完成小学教育的人提供基础教育，等等。当然，尽管接受教育权是国家的职责，政府负有提供适当教育设施的义务，可是这并非意味着，"所有学校、职业培训机构和大学必须由政府一家负责建立和维护。如果有充足的私人设施，即使没有国家设立的学校，国家也可能履行了自己的义务。但政府须确保，通过立法措施、国家监督和资助，国际法规定的所有条件——如免费义务小学教育或普遍和平等地接受中学以及高等教育——都得到了保障。这引致国家保护的义务，即在横向层面保护教育权的享有"。[1] 应特别指出的是，行为的义务和实现某种结果的义务应当区分开来。结果的义务大致包括以下内容：对所有人的免费小学义务教育；使所有人享有和接受中学教育，必要时应逐渐引入免费教育和财政资助；根据能力使所有人均可获得高等教育；对未完成小学教育者加强基础教育；为残疾者确立特殊教育纲领；消除愚昧和文盲，等等。行为的义务，通常指国家采取某种行动或措施以便履行自己的职责。《经济、社会、文化权利国际公约》第14条规定，所有尚未实施免费义务小学教育的缔约国，则有义务"制订一项详细的国家行动计划，以在一定时间内逐步履行免费义务教育的义务"。联合国经济、社会和文化权利委员会特别强调，经济、财政或其他困难"均不得解脱缔约国采取和向委员会提交行动计划的义务"。尽管委员会避免使用"违反"一词，但明白无误的是，委员会有可能认为这样的失败构成违反行为。具体而言，保护的义务体现在以下几个方面。

（1）保障每个人的健康权

---

① A. 艾德等著，黄列译：《经济、社会与文化的权利》，中国社会科学出版社2003年版，第290页。

除了在基本教育权利方面实行绝对平等原则外，国家有责任保障每位公民形成基本能力和得到基本保障。基本能力包括两个方面：一是基本保健；一是义务教育。没有基本保健，孩子可能夭折，活下来也缺乏必要的体能和体力；没有义务教育，在日益依赖知识的今天，就等于丧失了市场竞争能力。世界卫生组织对"健康"有一个非常全面、明确的定义："生理、心理和社会福利的完满状态，而不仅仅是指无疾病或非体弱的状态。"① 儿童的营养和保健状况不仅关系到儿童的健康，而且直接关系到儿童大脑的发育水平。"从神经学上来说，幼年是一个关键的时期，因为，在感官经验的刺激下，脑皮层的发育受到大量中枢神经系统活动的影响。"医疗保健的质量不仅关系到儿童的大脑发育，也关系到教育机会的获取。"20 世纪 90 年代的研究表明了，贫民窟的烟囱和涂料——铅的主要来源——是如何损害儿童大脑发育的。具有高度铅含量的年轻人往往智力低下而且精神不集中，并且——根据新英格兰医学杂志发表的一项研究——这些人辍学的可能性高出常人数倍。"②

因此，成功的教育计划要求在发挥家庭和社会作用的情况下，为使幼儿获得足够的营养、有效的卫生保健以及适当的看护和发展而采取互补一致的行动。"儿童生命的最初几年，不论出生前后，是发展过程中的最关键阶段。如果未对幼儿的营养需要和保健需要作出反应，则可能会导致使未来的教育和发展努力失败的神经性伤害。"③《世界人权宣言》第 25 条明确规定："人人有权享受为维持他本人与家庭的健康和福利所需的生活水准，包括食物、衣着、住房、医疗和必要的社会服务。"

（2）消除歧视

教育权意味着国家应通过立法和其他方法确保人人不受歧视和消除现存的、在获得和享有教育方面的不平等的具体义务。因此，政府有义务确保男孩和女孩享有同等受教育的机会，不论任何语言群体、民族、性别等均应如此。《人权教育手册》一书说："在平等和非歧视原则的基础上促进教育，自由选择学校和教育内容。这正是代表了教育权的精神实质。"④ 那么，何谓歧视？歧视

---

① "人的安全网络"组织编写，李保东译：《人权教育手册》，生活·读书·新知三联书店2005 年版，第 152 页。
② B. 巴利著，曹海军译：《社会正义论》，江苏人民出版社 2007 年版，第 61—62 页。
③ 联合国教科文组织教育丛书，赵中建编：《教育的使命》，教育科学出版社 2003 年版，第 120 页。
④ "人的安全网络"组织编写，李保东译：《人权教育手册》，生活·读书·新知三联书店2005 年版，第 263 页。

就是针对其他群体或个体的实际行为，"歧视一般指任何旨在剥夺或拒绝平等权利及其保护的区别、排斥、限制或偏向，是对平等原则的否定和对人的尊严的有意冒犯"。① 根据导致这种区别待遇的不同原因，我们称为基于种族、民族、肤色、性别、宗教、性取向等的歧视。一般而言，所有的歧视都具备以下三个要素：第一，可被算做歧视性的行为，如区别、排斥、限制和偏向。第二，导致歧视的原因，如种族、肤色、出身、民族、性别、年龄、身体是否健康等。第三，歧视的目的或结果，即旨在达到阻止受害者行使或享受他们的人权和基本自由的目的或结果。歧视最常见的表现：一个占统治地位的群体往往歧视不如其强大或人口较少的群体。统治地位可以是数量（多数对少数）上的，也可以就权力（"上层社会"对"下层社会"）而言。一个群体可通过统治将另一个群体当作次等重要来对待，经常剥夺后者的基本人权。除歧视外，社会排斥也必须消除。目前，由于社会排斥的表达方式不是人权的表达方式，因此排斥既不被表达为社会权利的剥夺，一般也不被界定为歧视。英国政府 1997年成立的社会排斥小组就"社会排斥"给出了一个官方定义："当人或地区遭遇如失业、技能差、收入低、住房条件差、犯罪率高、健康状况差、贫困和家庭破裂等一系列相互联系的问题，并且这些问题同时出现时，对可能发生的事情进行的简略表述。"② 英国政府在其重要的教育政策文件中，明确表明了教育排斥和社会排斥之间的联系，却未将消除社会排斥作为国家的义务。"社会排斥显然仍是一个中性词，它并没有将重点放在国家的角色上。政府有责任维护个人权利，事实上是为了防止歧视，但社会排斥的定义中并没有提及权利，因此也没有提及国家。……使用'排斥'这个词语表明社会政策可能不具有包容性，但是与权力的表述不同，这个词语的表述没有赋予国家采取措施确保提供足够的医疗保健、住房等直接义务。"③ 尽管社会排斥可能是自我加强的或者受排斥的经历所导致的自我排斥，但是，这绝不应掩盖在社会排斥进程中所出现的歧视性因素。"假如大部分排斥的出现是因为生活方式的选择，或者排斥的歧视性因素被忽略的话，就会产生一种危险，即人们对排斥的复杂性认识不足，而且解决这一问题所采取的措施还远远不够。在了解排斥的过程中，认识诸如维护既得利益、性别不平等以及结构性和体制性的种族主义等问题是很重

---

① "人的安全网络"组织编写，李保东译：《人权教育手册》，生活·读书·新知三联书店2005 年版，第 122 页。
② A. 奥斯勒著，王啸等译：《变革中的公民身份》，教育科学出版社 2012 年版，第 70—71页。
③ A. 奥斯勒著，王啸等译：《变革中的公民身份》，教育科学出版社 2012 年版，第 72 页。

要的。"① 简言之，歧视以及社会排斥是对受歧视者人格尊严及平等权利的剥夺。

消除歧视是一项争取平等的无止境的和正在进行的"斗争"，我们一定要为消除歧视而努力工作。因为，消除种族歧视的主要目的之一是为人们利用和扩大他们的机会、选择及能力创造条件，以免于不安全。基于任何原因的歧视阻碍人们平等地行使他们的权利并作出选择，不仅导致经济和社会意义上的不安全，而且影响受歧视者作为人的自尊、自决权和人的尊严。例如，美国的"布朗诉托皮卡教育委员会"案②涉及黑人中小学学生在就学、学校设施等方面因肤色不同而遭受的不平等的待遇。马歇尔和他的同事们借助于大量的社会调查资料，从社会学和心理学等学科的不同角度说明隔离教育给黑人学生造成的难于修复的心理伤害。强制性的种族隔离教育给黑人学生的自尊心造成了极大伤害，相当一部分学生感到自卑，不喜欢自己的肤色和长相，甚至产生了下意识的"自憎"（self-hatred）感。首席大法官沃伦在听取了"布朗诉托皮卡教育委员会"案的辩论后，不仅被马歇尔的雄辩所打动，而且认可了马歇尔的论理及其所使用的社会学和心理学调查结果——种族隔离教育对黑人学生造成了不可弥补的伤害，对美国的未来也造成了极大的负面影响。沃伦认为，对于种族隔离教育是否合理或合法的问题，不能靠从历史中寻找根据的做法来说明："我们必须将公共教育放在其全面发展和其目前在美国生活中的地位的背景下来思考；只有这样，我们才能决定公共教育中的种族隔离制度是否剥夺了（宪法对）原告的平等保护的权利。"那么，公共教育的地位和作用究竟是什么呢？沃伦给出了这样的回答："当今，教育可能是州和地方政府最重要的功能之一。强制性的就学法律和巨额的教育花费都说明我们充分认识到了教育对我们民主社会的重要性。教育是我们履行基本公民职责（包括服兵役时）的基本条件，是（培养）优秀的公民品质的最重要的基础，是唤醒一个孩子对文化价值的认知、辅佐他为以后的职业训练作好准备以及帮助他正常地适应他所面临的环境的一种主要工具。在当代，我们怀疑，当一个孩子被剥夺了受教育的机会时，他还能有机会（在社会中）获取成功。（所以）接受教育的机会是一种权利，这种由州负责提供的机会必须平等地向（本州内）所有的公民提供。"③ 在阐述了教育的重要性后，沃伦进一步拓展了他的论说：如果教学设施平等，种族隔

---

① A. 奥斯勒著，王啸等译：《变革中的公民身份》，教育科学出版社 2012 年版，第 72 页。

② "布朗诉托皮卡教育委员会"案一共包括五个案件，分别选自南卡罗来纳州、弗吉尼亚州、堪萨斯州、特拉华州和哥伦比亚特区，以突出种族隔离教育的普遍性问题。

③ Brown v. Board of Education of Topeka, 347 U. S. 486—496 (1954).

离教育是否剥夺了少数民族学生同等的教育权利？他的回答是肯定的，这是因为"仅仅基于种族和肤色的原因，将少数民族的学生从与他们年龄和资格相同的其他学生隔离开来，将使被隔离的学生对自己在社区中的地位产生一种自卑感，这种自卑感将对他们的心灵和智慧造成一种不可修复的伤害"。而现代社会科学的研究成果证明了这种伤害的存在和严重，因此，"普莱希诉弗格森"案判决中任何与现代心理学研究结果相矛盾之处必须被抛弃，"隔离但平等"的理论不能在公共教育中实施，因为"隔离的教育设施本身就是不平等的"。①最后，最高法院终于以 9 比 0 票的一致意见作出决定：宣布种族隔离教育违宪，推翻了 1896 年"普莱希诉弗格森"案建立的"隔离但平等"的原则。"在公共学校里将白人与有色人种的儿童隔离的做法，对有色人种的儿童有不利影响。当有法律支持时，这种隔离影响更大，因为种族隔离政策通常被解释为表示黑人群体较为低劣。卑劣的内心感受影响了学生学习的欲望。因此，法律支持下的种族隔离可能妨碍黑人儿童的学习与智力发展，并剥夺了他们在无种族界限的学校系统中可以得到的某些益处。"②尽管最高法院在布朗案中的裁定有力地宣布了种族隔离违宪，但从政治观点来看对种族隔离的斗争才刚刚开始。"无论其合法性如何，在有效的精英力量介入来强制终止种族隔离以前，它仍旧是美国生活的一部分。"③时至 1954 年，种族隔离仍在美国盛行并深深植根于日常生活之中，当时仍有 21 个州和哥伦比亚特区实行种族隔离制度。"'布朗诉托皮卡教育委员会'案中，最高法院凭自己的意见推翻了 21 个州和哥伦比亚特区的法律。这样一个影响深远的决定在执行中肯定会遇到困难。"④1955年，最高法院虽然要求在全国范围内消除种族隔离，但并没有提出一个确切的时间表，废除种族歧视只能"以非常谨慎的速度"推进。同时，把消除种族隔离的责任转交给了州和地方政府，"取消种族隔离的进程的具体工作和时间表由各州根据实际情况采取'立即的和合理的'措施"。⑤这一责任的转移又为选择抵制种族隔离的州进行密集诉讼、妨碍和拖延决定的执行打开了方便之门。尽管消除歧视是一项争取平等的无止境的和正在进行的"斗争"，但最终定会取得胜利。正如《世界人权宣言》序言所指出的，承认人类大家庭所有成员的固有尊严和平等权利，是世界上自由、正义与和平的基础。因此，必须将克服

---

① Brown v. Board of Education of Topeka，347 U.S. 486—496 (1954).
② Brown v. Board of Education of Topeka，347 U.S. 486 (1954).
③ T. R. 戴伊著，彭勃等译：《理解公共政策》，华夏出版社 2005 年，第 210 页。
④ T. R. 戴伊著，彭勃等译：《理解公共政策》，华夏出版社 2005 年，第 210 页。
⑤ Brown v. Board of Education of Topeka，349 U.S. 294—301 (1955).

基于种族、性别、民族属性、宗教、语言和任何其他社会条件的事实上的不平等作为人的教育议程的首要任务。辛格说："遗传假设并不意味着我们不再努力克服造成人与人之间不平等的其他原因，譬如弱势群体的住房和教育的质量。诚然，如果遗传假设是正确的，这些努力并不会造成不同种族具有相同智商的情况。但是，这并不是接受下述情形的理由，即人的发展由于环境因素的阻碍而不能尽其所能。或许，我们应该特别援助那些生活于不利状况下的人们，以达成更平等的后果。"① 而教育的使命，就是帮助人们不把其他种族的人当作抽象的人，而是把他们看作具体的人，他们有他们自己的理性，有他们自己的苦痛，也有他们自己的快乐。

教育的使命，就是帮助人们在各个不同的民族中找出共同的人性。《教育——财富蕴藏其中》一书认为，教育系统尤其是学校，能够为推动和解与社会一体化进程提供最好的机会。"学校应当从现在起就播下关心他人的种子，以避免那些处境不利的阶层成为某种排斥他人的意识形态的受害者。学校还应培养人类应当超越所有社会类别的思想，在人类大家庭中，每个人，无论他是杰出的人，还是普通的人，甚至是残疾人，无论是穆斯林教徒，还是基督教徒，是豪萨人还是伊博人，是爱尔兰天主教徒，还是新清教徒，在持久的一体化过程中都占有平等的地位。"② 同时，教育还应使每个人能够通过对世界的认识来了解自己和了解他人。教育不但应致力于使个人意识到他的根基，从而使他掌握有助于他确定自己在这个世界中的位置的标准，而且应致力于使他学会尊重其他文化。例如，历史课在这方面具有十分重要的意义。历史课往往是以突出表现差异和颂扬优越感的方式来强调民族性，主要原因是这种课程的指导思想不科学。反之，强调真实、客观的方法有助于使人们承认"人类各群体、各国人民、各民族、各大洲并非都一样"，从而"迫使我们放开眼界，接受差异，承认差异，并认识到其他人民也有一种丰富的和有教育意义的历史"。③ 也就是说，对其他文化的了解可以使人们产生双重意识：不但意识到自己的文化的独特性，而且意识到人类共同遗产的存在。此外，教育既要尊重个人和群体的多样性，又要维护那些遵守共同准则的需要所含的一致性原则。也就是说，教育不得不应付巨大的挑战，而且还处于一种看来几乎无法克服的矛盾之中：

① P. 辛格著，刘莘译：《实践伦理学》，东方出版社 2005 年版，第 30—31 页。

② 联合国教科文组织教育丛书，联合国教科文组织总部中文科译：《教育——财富蕴藏其中》，教育科学出版社 2005 年版，第 217 页。

③ 联合国教科文组织教育丛书，联合国教科文组织总部中文科译：《教育——财富蕴藏其中》，教育科学出版社 2005 年版，第 35—36 页。

一方面，人们指责教育是许多排斥现象的根源，加剧了社会结构的裂痕，另一方面，人们又要求教育提供帮助，以恢复 20 世纪初迪尔凯姆所说的"集体生活必需的相似性"中的某些内容。面对社会歧视和排斥现象，教育应担负起把多样性变成个人之间和群体之间相互了解的一个积极因素。因此，"教育的最大雄心是确保每个人拥有必要的手段，去自觉地、积极地发挥一个公民的作用"。①

（3）消除贫困

教育权意味着国家应通过立法和其他方法确保人人"免于贫困"的自由、不受贫困的困扰和消除现存的在获得和享有教育方面的不足的具体义务。

贫困的概念随着社会的进步一直在演变。贫困问题曾经被认为只是与收入有关的问题，而现在被认为是包含了多方面因素的概念，它与政治、地理、历史、文化和社会的特点有着密切的联系。换言之，贫困的指标除了收入外，还包括短命、缺乏基本教育、不能获得公共和私人的资源等。诚如斯科特所说，贫困是"个人、家庭和群体因缺乏资源（物质的、文化的、社会的）而被排除在其社会成员所能够接受的最低生活方式之外"。② 一般而言，贫困的存在是因为缺乏公平、平等、人的安全与和平。

那么，何谓贫困？贫困的定义是一个有争议的问题，因为它受政治与道德观以及经济的影响。尽管如此，我们还是可以认可一些较经典的贫困定义。波普诺说："贫困指在物质资源方面处于匮乏或遭受剥夺的一种状况，其典型特征是不能满足基本生活需要。"③ 世界银行在其《1981 年世界发展报告》中说："当某些人、某些家庭或某些群体没有足够的资源去获取他们那个社会公认的、一般都能享受到的饮食、生活条件、舒适和参加某些活动的机会，就是处于贫困状态。"1997 年，联合国开发署在其《人类发展报告》中说："贫困是指剥夺人的发展不可或缺的机遇和机会——享有长寿、健康和创造性的生活，享有体面的生活水准、自由、尊严、自我尊重和尊重他人。"瓦里斯在《神之政治》一书中说："贫困就是新的奴隶制。"④ 一般而言，当人的条件处于持续或长期被剥夺资源、能力、机会、安全和享受足够的生活水准，被剥夺其他基本的公

---

① 联合国教科文组织教育丛书，联合国教科文组织总部中文科译：《教育——财富蕴藏其中》，教育科学出版社 2005 年版，第 39 页。

② J. Scott, *Poverty and Wealth*: *citizenship*, *deprivation and privilege*. London: Longman, 1994, p.14.

③ D. 波普诺著，李强等译：《社会学》，中国人民大学出版社 2002 年版，第 275 页。

④ R. W. 福勒著，张关林译：《尊严的提升》，上海人民出版社 2008 年版，第 91 页。

民、文化、经济、政治和社会权利的状况时，这就是贫困。2009 年，联合国人权高级专员办公室在其《指导方针草案——用人权的方法减少贫困》中认为，"贫困是权利被剥夺的极端形式"。报告认为，只有那些能力的失损才能算作贫困，而这些能力失损在某些优先事项的次序上是被视为最基本的。尽管在不同的社会制度里，基本的权利可能有所不同，但在多数制度里，一些共同的需要被认为是基本权利，包括享有充足的营养、预防疾病、防止早产、有充足的住房、受基本的教育、能保证人的安全、有获得司法帮助的平等权利，等等。可见，贫困意味着在一个充满机会的世界里，无法获得这些机会的权利。贫困与缺乏权利一样，都具有极强的压迫性。穆勒说："广大民众的被奴役状态或依附状态不再由法律的强力来维系，而由贫穷的强力来维系；他们被拴在某个地方和某个岗位，顺从雇佣者的意志；他们仅仅因为偶然的出生，就无法享有人间的快乐，就无法取得知识和道德的优势——可是，有些人无需努力也不凭借任何功绩，仅靠自己的出生就白白得到了这些东西。这是一种邪恶，这种邪恶几乎与人类一直在抗争的那些邪恶没有什么不同——贫穷者的这个信念并不是错误。"① 福勒也说："正如种族主义不利于黑人，性别主义不利于女性一样，等级主义使贫困个人边缘化，他们维持着低地位，而他们的低薪水却有效地使商品和服务业折价贡献给社会。……某些边缘化人群成功地结束了被排斥的过程，获得了一定程度的社会公正。但许多人群依然陷在'小人物王国'——往往并非因为他们带有过去会遭到歧视的特点，而是因为贫困。"② 穷人们之所以无法改变他们的状况，因为他们的能力被剥夺了，他们缺乏政治自由，无力参与政策制定，缺乏良政，缺乏人的安全，无力参与社区生活，等等。"贫穷不是穷人的过错，而实在是受害者无法控制的环境的结果。"③ 换句话说，正是因为被剥夺了经济、社会和政治的力量和资源，才使得穷人深陷在贫困之中。班菲尔德认为，提高收入并不会带来"穷人"在生活方式、行为模式上可欲的变化。更高的收入只是变化的一个必要条件，而不是充分条件。因此，消除贫困需要从多个方面来改变"机会的结构"：终结种族歧视，提供工作培训，改善学校、住房和医保，鼓励"穷人"并让他们有能力参与到社区和社群决策的形成中。一种"服务策略"会带来更高的收入，但具有根本重要性的是，它会改变个人的态度和习惯，使他获得自信和自尊，因而让他有能力和有意愿离开下

① W. 金里卡著，刘莘译：《当代政治哲学》（上），上海三联书店 2004 年版，第 228-229 页。

② R. W. 福勒著，张关林译：《尊严的提升》，上海人民出版社 2008 年版，第 91-92 页。

③ D. 波普诺著，李强等译：《社会学》，中国人民大学出版社 2002 年版，第 278 页。

层阶级，加入到正常（"主流"）文化中。① 鲍德温在《一个国家的再生》一书中，提出了一个大胆的主张——为年轻人设立"个人捐赠资本"。在学校里，应把"理财"作为初等和中等教育的一项重要内容，应该教育孩子们学会理财。"使穷人结束社会隔绝状态的实用途径就是把所有年轻人都培养为资本家。"②

在发展中国家，阻碍一个孩子实现其受教育权的主要障碍是贫困。缺少资金阻碍了政府修建和维护校舍，支持师范学校，招聘合格的教职人员，给学生提供足够的教材、交通和其他设备。所有上述问题都取决于国家财政状况。贫穷导致每个家庭或是需要付学费、书本费，或是在免除学费的情况下也需要孩子挣钱养家。"拯救儿童基金组织"调查显示，非洲国家政府因负债不得不征收或提高学费，导致家庭教育花费增加。成千上万的孩子为此从未入学或不得不中途退学。另一个因素是在许多国家广泛存在的童工问题。在发展中国家，许多家庭需要补充性的收入来维持开支。缺少经济来源和贫穷也会阻碍孩子们受教育或从教育机会中获益。贫穷导致饥饿、营养不良，这也必然有损孩子的智力发展。"在赞比亚，孩子们每天平均走 7 公里去上学。他们经常处于饥饿状态，非常疲惫，缺乏营养，还饱受蛔虫之苦。50 多个学生坐在一个班里。他们的接受能力非常有限，经常听不到教师说的话，没有粉笔，笔记本也屈指可数。"③ 贫穷和童工对女童教育而言是尤其明显的障碍。许多女童很小的时候就必须为了生计承担沉重的家庭负担。不仅仅是因为她们被要求在很小的时候便从事家务劳动、满足家庭的需要，而且也因为她们面临早孕、早育等旧时代的传统观念和社会期望。这些关于女童教育的传统观念尽管短视、片面，却十分流行，也最终导致了父母不送女孩上学。一些特殊群体的女童，如来自土著、游牧群体、少数民族的女童或被遗弃的、残疾的女孩面临更严重的问题。因此，各个国家以及国际社会日益关注为女童提供平等的教育，帮助她们发挥人的潜能。当然，问题经常不是孩子们没有学校可上。事实是，在发展中国家，90％以上的儿童开始了小学教育，真正的问题在于辍学率和复读率太高。还有一个因素是儿童的营养不良。研究表明，在生命的头 4 年时间内由于营养不良，儿童到达入学年龄时就会表现出智力平庸。④ 同时，贫困造成的营养不良

---

① J. 马勒著，刘曙辉等译：《保守主义》，译林出版社 2010 年版，第 373 页。

② R. W. 福勒著，张关林译：《尊严的提升》，上海人民出版社 2008 年版，第 94 页。

③ "人的安全网络"组织编写，李保东译：《人权教育手册》，生活·读书·新知三联书店 2005 年版，第 270 页。

④ 联合国教科文组织、国际教育发展委员会编著，华东师范大学比较教育研究所译：《学会生存》，教育科学出版社 1996 年版，第 142 页。

是由于儿童所从属的集体没有足够的资源。如果环境中还有其他缺点的话，那就是当他或她达到入学年龄时，他或她显然还要遭受其他缺陷的痛苦：如心理条件、家庭情境等。豪沃斯等人在《1999年贫困及社会排斥监测》报告中把贫困分为第一级、第二级、第三级、第四级和第五级。在此基础上，豪沃斯等人得出如下结论："贫困对儿童生活机会的影响是显而易见的。出生在社会阶层中第四和第五级的婴儿要比出生在第一、二、三级的婴儿更有可能是体重不足，生活在这两个社会阶层底层儿童的意外死亡率要高于三个上层阶层。而且，受教育的结果也能够反映儿童的社会阶层背景。"①

保护与实现教育权利，提高国民的教育水平是各国在经济社会发展过程中的首要任务。这和国家之间的竞争有关。我们所生活的这个星球是一个以民族国家为竞赛单位的竞技场，要赢得比赛，就必须提高国家的实力，而后者和国民教育水平高度相关。但是，免除个人生存恐惧、贫困的紧迫性显得不那么明显了，原因在于，教育和国家整体的兴衰相关，而个人是可以被他人替代的，个人消亡所造成的损失很快可以被他人获得的更多、更好的技能所弥补。但这不应该是现代社会发展所应有的逻辑，因为任何社会的目的都是造就能动的个人，忽视任何一个人的存在和发展都是对社会发展目的的背叛。诚如鲍德温所说："'民主资本主义'的伟大前景就是可以治愈由尊严差距所分裂的社会。拮据的生活同人的尊严不相容，因为不能获得保健和教育是谈不上尊严的。没有最低生活保障，美国梦就是海市蜃楼。一个把每个人都包括在内的经济计划，可以确保每个公民固有的尊严。"② 但是，教育世界的现实却是，由于贫困剥夺了儿童实现他们作为人的潜能的权利，使他们更易受到暴力、拐卖、剥削和欺辱的伤害。营养不良常常是造成婴儿死亡率高的原因；儿童比成年人的比例高，也是造成收入低的一个原因。随着城市化的快速发展，在街头流浪的儿童人数在增长。此外，在许多国家，教育和卫生服务的日益商业化剥夺了儿童的基本宪法权利。显然，教育权利的保护和实现，有助于缓解贫困、有助于消除个人对生存的恐惧。例如，提高初等教育入学率、成人识字率与提高人均收入、经济上更平等之间存在着密切的联系。许多研究表明，"在所有各级教育中，（相对于费用而言）初等教育具有最高的经济效益。在发展中国家，初等教育的投资收益率在25%左右，而高等教育的投资收益率为12%；在相同环

---

① A. 吉登斯著，赵旭东等译：《社会学》（第4版），北京大学出版社2003年版，第399—400页。

② R. W. 福勒著，张关林译：《尊严的提升》，上海人民出版社2008年版，第96页。

境下，接受过教育的农民的生产力比没有接受教育的农民高"。① 同时，只有通过教育权利的保护与实现以教化穷人，改善其心智，他们才有可能获得免于贫困的自由、免于愚昧的自由。奥肯说："社会每个成员都有其自尊的信念，要求有像样的生活——起码的营养、保健和其他基本的生活条件。尊严和饥饿无法友好相处。不应该由市场来裁决生与死的原则已是陈词滥调了。每一个人，不管他的个人品质和支付能力如何，当他面临严重的疾病或营养不良时，都应享受医疗照顾和食品。"② 换句话说，消除个人对贫困与生存的恐惧是一个人自由发展的最基本前提。当一个人要不断地为明天的食物操心的时候，他就会连思考自我发展的时间都没有；当一个人总是担心明天的学习费用有没有着落的时候，他就不可能放心地去发展他的个性和潜力等等。

（4）保护妇女的教育权利

妇女的进步和争取男女平等是人权问题，是社会公正的条件，不应只是孤立地看作单纯的妇女问题。人的安全与妇女的地位有着紧密的联系，人的安全还要确保在和平时期人人平等地获得教育、社会服务和工作的权利。妇女在这些领域的权利经常被剥夺，因此将人权引入人的安全才能使妇女和儿童的利益得到保障。《人权教育手册》说："由于冲突总是趋向于加剧性别的不平等和歧视，所以人的安全与妇女的地位有着紧密的联系。……人的安全还要确保在和平时期人人平等地获得教育、社会服务和工作的权利。妇女在这些领域的权利经常被剥夺。所以将人权引入人的安全才能使妇女和儿童的利益得到保障。事实证明，只有人权得到全面的尊重，才能实现真正的人的安全。因此，消除一切形式的歧视尤其是针对妇女和儿童的歧视，应该在人的安全议程中得到优先考虑。"③ 1993 年，维也纳世界大会通过的文献是针对妇女权利取得的重要成果。它强调以下内容："一切人权都具有普遍性，不可分割、相互依赖和相互关联……一方面头脑中要意识到国家和地区的特殊性，各种历史、文化和宗教背景，另一方面无论它的政治、经济和文化制度有何不同，国家都有义务促进和保护一切人权和基本自由。"④ 事实证明，只有人权得到全面的尊重，才能实

---

① 联合国教科文组织教育丛书，赵中建编：《教育的使命》（代前言），教育科学出版社 2003 年版，第 6 页。
② A. 奥肯著，王奔洲等译：《平等与效率》，华夏出版社 1999 年版，第 17 页。
③ "人的安全网络"组织编写，李保东译：《人权教育手册》，生活·读书·新知三联书店 2005 年版，第 179 页。
④ "人的安全网络"组织编写，李保东译：《人权教育手册》，生活·读书·新知三联书店 2005 年版，第 189 页。

现真正的人的安全、真正实现男女平等。

具体而言，男女在教育方面的平等是发展和减少贫困的关键，男女在教育方面的平等既是为发展而敞开的大门，又是衡量这一发展的尺度。"普遍加强妇女的作用并确保她们的平等权利，这将有利于全世界的儿童。而且必须从一开始就给女童以平等的对待和机会。"[1] 妇女受教育的水平与人民健康和营养的普遍改善以及出生率的下降明显地有关。一般而言，妇女和女孩儿都受到一种循环的束缚，那就是有文盲的母亲，就有文盲女儿；女儿早早结婚，就又像前辈那样被迫处于贫困和文盲状态，受高出生率和早亡之害。换句话说，育龄妇女的文化程度与其生育率之间存在着密切的关系，即妇女文化教育程度愈高，其生育率会愈低；反之亦然。此外，妇女会因接受较多的教育而通过结婚年龄的推迟，相应地推迟生育年龄，或者因就业的需要而推迟婚龄和减少孩子的数量。卡尔松说："在一些有多生孩子的传统的国家里，受过小学以上教育的妇女比没有受过教育或受教育不多的妇女（只有 1 至 3 年）平均少生 3 个孩子。这与受过教育的妇女晚婚、有效使用避孕手段以及她们对其孩子期望高都有关系……如果晚婚在全球范围得以普及，那么在地球人口趋于稳定之前约可以少生 10 亿人。"[2] 因此，对妇女和女青少年进行教育是对未来的最好投资方式之一。不管是为了改善家庭的健康状况，还是为了提高妇女的地位，或是为了提高儿童入学率或改善社区生活，社会只有通过教育母亲和普遍提高妇女的地位，才最有可能看到其努力达到目标。"女性文盲是一个尤为严重、尤为重要的问题。妇女构成了发展中国家农村地区劳动力的大多数，她们是人类的再生产力。作为母亲，她们在照料和教育儿童中起着主要的作用。在全世界不能阅读的人中，妇女占 60％。在大多数国家，与男孩相比，入学就读的女童微乎其微。识字训练提供了一种赋予妇女以能力、提高其地位并有助其幸福的途径。"[3] 我们这个过于专一地被男子统治的世界应从妇女解放中学习许多东西，也期待着许多东西。目前，妇女在几乎所有的高等教育计划中和在大多数高级行政管理职位中的代表性不足。加强妇女的参与必须通过教育。妇女教育可能是一个国家所能进行的其中一种最能得益的投资。为妇女，尤其是为特别有天

---

① 联合国教科文组织教育丛书，赵中建编：《教育的使命》，教育科学出版社 2003 年版，第 58 页。

② 联合国教科文组织教育丛书，赵中建编：《教育的使命》（代前言），教育科学出版社 2003 年版，第 7 页。

③ 联合国教科文组织教育丛书，赵中建编：《教育的使命》，教育科学出版社 2003 年版，第 50 页。

赋的妇女和女童提供更多的机会，就是为造就女英才开辟道路，就是使妇女能够有效地参与促进教育进步和持久发展的决策。"教育是一项人权，是实现平等、发展与和平目标的一个重要工具。非歧视性教育使女孩和男孩都受益，因而终将使妇女与男子的关系更平等。如要更多的妇女成为变革推动者，就必须要有平等的机会取得教育资格。妇女识字是改善家庭内保健、营养和教育以及使妇女有权参加社会决策的重要关键。投资于女孩和妇女的正规和非正规教育和培训，其社会效益和经济效益特别高，已证明是实现可持续发展以及持续的和可行的经济增长的最佳手段之一……"① 总之，女童和妇女的教育与权益本身就是重要的目标，对促进社会发展及今世后代的福利与教育，对扩大妇女的选择机会从而发展其自身的潜力，起着关键的作用。正如布莱克所说："教育历来是妇女解放的主要途径，教育使得妇女们适应技术性的、管理性的、文牍性的职业。"②

(5) 保护儿童的教育权利

儿童权利是法律权利，国家有责任最优先地重视儿童的权利、儿童的生存、儿童的保护与发展，同时有责任保护和实现儿童权利。前联合国秘书长安南说："还有比像保障其他人的权利一样保障儿童权利更神圣的职责吗？对于领导层来说，还有比保障在每个国家的每个儿童无一例外地享有自由更重要的任务吗？"③ 富兰克林说："任何一个社会如果想否定儿童或其他群体的权利，而这些权利在其他群体中被视为共同财产，它就必须为此提出清楚、有力的依据。举证责任总是由那些想排除别人参与的人来承担。毋庸置疑，儿童应该享有同他人一样的权利。"④ 任何事业没有像儿童的保护和发展那样，更应优先受到重视，因为国家的进步，人类的生存、稳定和发展都依赖于儿童。"教育，对我们社会应该接待的儿童和青年是一种爱的呼唤；在教育系统中当然应有他们的地位，在家庭、基层社区乃至国家中也同样应有他们的地位。……儿童是人类的未来。"⑤

---

① 联合国教科文组织教育丛书，联合国教科文组织总部中文科译：《教育——财富蕴藏其中》，教育科学出版社 2005 年版，第 109 页。

② C.E. 布莱克著，段小光译：《现代化的动力》，四川人民出版社 1988 年版，第 31 页。

③ "人的安全网络"组织编写，李保东译：《人权教育手册》，生活·读书·新知三联书店 2005 年版，第 293 页。

④ "人的安全网络"组织编写，李保东译：《人权教育手册》，生活·读书·新知三联书店 2005 年版，第 287—288 页。

⑤ 联合国教科文组织国际 21 世纪教育委员会编：《教育——财富蕴藏其中》，教育科学出版社 2005 年版，第 1 页。

那么，究竟何谓儿童呢？《儿童权利公约》通过区分成年和未成年这一简单的方法定义了儿童，"儿童系指18岁以下的任何人，除非对其适用之法律规定成年年龄低于18岁。"对儿童权利的认识是一个不断的发展过程。一方面，儿童权利的概念在广泛的人权运动中得到发展，另一方面，它也起源于过去300年的社会、教育和心理领域的发展。这包括国家资助的学校制度化的义务教育，工业化对儿童的负面影响，等等。20世纪70年代，儿童权利的发展又有了新的概念，从抚育儿童成长的新教育观念和模式转变到"儿童解放运动"。"儿童解放运动"使人们改变了强调儿童的脆弱性和需要保护的观点，转而更加关注儿童的自主权、竞争力、自我决策和参与，反对传统的家长作风和把孩子仅仅作为父母控制的对象的观点。弗里德曼说："对于小孩子们，我们把责任首先交给他们的父母。……然而，把管孩子的责任交给父母大多是权宜之计而不是一条原则。我们有充分理由相信，父母比别人更关心他们的孩子，可以信赖他们会保护孩子，并保证他们成长为能负起责任来的人。但我们认为父母无权对孩子为所欲为——打他们、杀他们或者把他们卖给别人当奴隶。孩子生来就是负责的人。他们有他们的基本权利，而不只是双亲的玩物。"① 《儿童权利公约》则超越了早期的一些仅仅关注儿童受保护的需要的儿童权利宣言，因为它包括确保儿童作为个体受到尊重，有自主决定权和参与权的规定。同时，现代教育同传统教育观念与教育实践相反，主张使教育本身适合于儿童，而儿童不应屈从于预先规定的教育、教学规则。儿童的地位和作用成为确定任何教育体系的性质、价值与最终目的的重要标准。儿童的地位主要是由学校允许他自由的程度，挑选学习者所采用的标准以及学习者所能承担的责任的性质与限度等方面来决定的。诚如《学会生存》一书所说："我们应使学习者成为教育活动的中心；随着他的成熟程度允许他有越来越大的自由；由他自己决定他要学习什么，他要如何学习以及在什么地方学习与受训。这应成为一条原则。即使学习者对教材和方法必须承担某些教育学上的和社会文化上的义务，这种教材和方法仍应更多地根据自由选择、学习者的心理倾向和他的内在动力来确定。"②

儿童既是权利的客体又是权利的主体，因此，儿童权利是对儿童的赋权。《儿童权利公约》认为，每一个儿童都是自己权利的持有人，他们的权利并不

---

① M. 弗里德曼等著，胡骑等译：《自由选择》，商务印书馆1999年版，第37页。

② 联合国教科文组织、国际教育发展委员会编著，华东师范大学比较教育研究所译：《学会生存》，教育科学出版社1996年版，第263页。

来源于或依赖于他们的父母或任何成年人。这无疑是儿童赋权概念的基础，使儿童成为受尊重的个体和社会的公民，挑战和改变人们对于儿童的局限和歧视的观点与期望。确实，由于儿童的身体和情感需要是逐步发展的，缺少物质资料和收入，他们对成年人有所依赖。况且，随着父母经济和社会状况的改变，儿童的生活标准也会改变。如是，对儿童权利的承认，并不会产生一个特别的具有特权的社会群体。恰恰相反，对儿童权利的认可，往往是提高他们的社会地位，使他们可以同成人站在平等的地位上保护他们权利的重要前提。只有这样，儿童才能在法院参与有关监护权的案件，女童在报告性虐待事件时才会觉得安全。对儿童权利的承认也要强调预防性和提高对儿童赋权问题的关注。只有如此，人们才会认真地考虑作为一个社会群体的儿童的利益。除了年龄方面的问题，性别方面的问题对儿童赋权同样是十分重要的。如果得不到或缺乏受教育的机会，即显示了人们对女孩或儿童的歧视。科亚克在《如何去爱一个孩子》一书中说："100 个儿童就是 100 个独立的个体，是 100 个人，而不仅仅是未成年人，不仅仅是将来的人，而是确确实实的、现在的、今天的人。"[1] 2002年，世界各国领导人在《适合儿童生长的世界》行动计划中对儿童权利作出了进一步的承诺："儿童利益最大化（把儿童放在第一位）。减少贫穷（增加对儿童的投入和解决童工问题）。终止歧视，无论女孩和男孩，所有儿童生来自由和平等。所有儿童得到发展：有保护性的、健康和适当的营养是人类发展必不可少的；政府承诺与疾病、饥饿作斗争，并提供安全的环境。为所有儿童提供教育：所有儿童应该得到免费、义务和优质的初等教育。保护儿童不受伤害和剥削。保护儿童免受战争影响。防治艾滋病毒或艾滋病。尊重儿童表达意见的权利，倾听他们的声音，确保他们的参与。保护自然环境；保护儿童免受灾害和环境问题的影响。"[2] 上述承诺和原则既强调公民权利和政治权利，也强调社会、经济和文化权利，更强调各种权利之间的依存性。这些原则适用于所有儿童，无论他们生活在什么国家。当然，儿童权利具有两面性，即受保护的权利和自主的权利并不是相互排斥的，而是相互支持的。《儿童权利公约》无意要求自主权大于保护权，并不像有的人批评的那样是"反家庭"的，因为给予孩子更多的权利而造成家庭分裂的恐慌。《儿童权利公约》清楚地认识到父母向子女提供"合适的方向和指导"的"权利、责任和义务"，不过，这些父母的

---

① "人的安全网络"组织编写，李保东译：《人权教育手册》，生活·读书·新知三联书店 2005 年版，第 289 页。

② A. 奥斯勒著，王啸等译：《变革中的公民身份》，教育科学出版社 2012 年版，第 46 页。

责任必须与"持续不断地发展儿童的能力"相结合。这就意味着这种责任并没有可以控制儿童的绝对权利，而是动态的、相对的，而且相对于国家，父母承担着主要的教育责任。家庭对孩子从婴儿到青春期的养育和保护负有主要的责任，"家长拥有就最适合其子女之需要、情况和愿望的教育形式予以协商的根本权利"。[①] 向孩子们介绍其社会的文化、价值观和行为准则的工作始于家庭。为了使儿童的个性能得到充分和谐的发展，他们应该在一种家庭的环境中长大，在一种充满快乐、爱和相互理解的氛围中长大。因此，所有的社会机构应该尊重并支持父母和其他照看人员在家庭环境中养育和照顾孩子的努力。《儿童的生存、保护和发展世界宣言》说："我们将努力尊重家庭在抚养儿童方面的作用，并支持父母亲、其他照看人员以及社区从儿童的早期到青春期，就对他们予以养育和照料。"[②] 如果父母不能或不愿承担他们的责任，国家和社会自然要干预。儿童出生之日即为学习之始。早期的幼儿看护和初始教育可以通过家庭、社区或学校作出适当的安排。扩大幼儿的看护和发展活动，包括家庭和社区的参与，尤其要针对贫困儿童、处境不利儿童和残疾儿童的看护和活动发展。家庭是儿童的第一所学校。但是在家庭环境丧失或缺少家庭环境时，学校就应确保每个儿童的潜力都能充分发挥出来。对来自不利环境的儿童施行教育的所有方面应予特别注意；教育工作者应齐心协力地关心街头流浪儿、孤儿、战争受害儿童或其他灾害的受害儿童。当一些儿童有在家庭环境中难以断定或满足的特殊需要时，学校应提供专门的帮助和指导，使这些学习有困难或身体残疾的儿童的才华能够得到发展。"作为共同体生活的一项原则，关照儿童（原则）要求共同体成员的所有儿童都必须得到照顾直至其成年并能够照顾自己。它还要求所有的组织采取不与该要求违背的方式来从事活动。这一原则赋予儿童的受照顾权利，是无可选择的，是……要求权。与这项权利相应的义务，首当其冲由其父母承担。不过，倘若是孤儿或在父母不能履行其义务时，共同体则承担一种剩余的义务，负责对儿童有权得到的照顾作出安排。具体说来，儿童有权享有什么，取决于社会情形。一个人何时为'成年'、照顾些什么，以及照顾孤儿、父母无能为力和受父母虐待的儿童该作出什么样的安排，在不同的社会里，是不相同的。不过，这些具体差异并不影响该项权利的基本意义。在任何社会里，一个儿童若被否认享有该权利，也就被否弃了踏入成年

---

① 联合国教科文组织教育丛书，赵中建编：《教育的使命》，教育科学出版社 2003 年版，第 134—135 页。

② 联合国教科文组织教育丛书，赵中建编：《教育的使命》，教育科学出版社 2003 年版，第 59—60 页。

生活的希望，这是与将其视为人类伙伴成员的要求不相符合的。所以，普遍道德将该项原则和权利扩及所有的儿童，不管其国籍、种族、出身、宗教或任何其他的不同特征。这意味着，倘若相应的义务未能由父母或特定的民族社会履行，那么，就该由国际社会来承担。"① 简言之，儿童权利的实现需要政府、社区、学校、家庭、父母的共同努力与合作。

（6）保护残障和超常学生的教育权利

特殊教育是以残障和超常学生身心发展状况为基础、满足其特殊需求的教育。特殊教育是促进残疾人全面发展、帮助残疾人更好地融入社会的基本途径，同时也是让超常学生在理解、关爱中发展的基本手段。特殊教育更是保护残障和超常学生的教育权利的具体体现，尤其是保护残障学生教育权利的手段。每一个残疾人都有权表达其对教育的愿望，他们拥有与社会中的其他人相同的权利去实现最大程度的独立，并应受到教育以便最佳地发挥他们向往独立的潜能。只要给残疾人以教育、就业的机会，尊重他们的价值，发挥他们的潜能，残疾人完全可以成为人类财富的创造者。而这一目标的实现，关键在于残疾人自身素质的提高，也就是要充分保障残疾人受教育的权利。因此，特殊教育要坚持按需施教，给予理解关爱，开发学生潜能，使每个特殊学生都能获得更好的发展。

具体而言，保护残障和超常学生的教育权利主要表现在以下几方面：

第一，大力推进融合教育。完善普通幼儿园、小学、中学、大学残障学生随班就读制度，促进残障学生与正常学生融合。有特殊教育需要的儿童必须有机会进入普通学校，而这些学校应以一种能满足其特殊需要的儿童中心教育学思想接纳他们。接纳和参与对于人的尊严和人权的享有与行使是必不可少的。服务于社区内所有儿童的全纳性学校，可以最佳地实现有特殊教育需要的儿童和青年的融合。全纳性学校提倡融合，"只要可能，所有儿童就应在一起学习，而不论他们可能有的困难或差异如何"。② 即使在残疾儿童仍安置在特殊学校的例外情况下，他们的教育也不应完全隔离，而应鼓励他们用一定的时间去普通学校。根据学生不同特点，制订个别化教育计划，建设相应的课程体系。"全纳性学校必须认识到学生的不同需要并对此作出反应，并通过适当的课程、组织安排、教学策略、资源使用以及与社区的合作，来满足学生不同的学习风格

---

① A. J. M. 米尔恩著，夏勇等译：《人的权利与人的多样性》，中国大百科全书出版社 1997年版，第 170—171 页。

② 联合国教科文组织教育丛书，赵中建编：《教育的使命》，教育科学出版社 2003 年版，第 137 页。

和学习进度，并确保每个人受到高质量的教育。"① 改善普通学校资源教室或学习支持中心的条件，配备随班就读学生必需的设施设备。加强重点和个别辅导，加强对随班就读学生的个性化教育及其理论和实践研究，提升随班就读质量。尤其是对残疾儿童、学习有困难的儿童以及其他处境极为困难的儿童，应予以更多的关心、照顾和支持。"学校必须寻找到成功地教育包括处境非常不利儿童或严重残疾儿童在内的所有儿童的方法。为绝大多数儿童作出的教育安排应该接纳具有特殊教育需要的儿童和青年。"② 制订必要的规章，确保中等和高等教育乃至培训计划接纳有特殊需要的学生，逐步拓展残疾高中毕业生报考高等学校的专业范围，并"确保残疾女童和妇女有平等的入学机会"。

第二，加强特殊教育学校建设。优化特殊教育学校办学条件，实施特殊教育学校改造工程。完善特殊教育学校课程标准，制定颁布切合残障儿童和青少年身心特点的辅读学校九年义务教育课程标准，推进特殊教育学校与普通学校在课程开发、实施方面的合作、转化和相互支持。推进医教结合试验，探索驻校顾问医生制度等多种医教结合模式，实现特殊教育机构中残障学生教育与康复的有机整合。完善特殊教育学校教师津贴制度。

第三，构建适合超常学生发展的教育模式。在面向全体学生、推进融合教育的同时，为一些超常学生提供弹性的个性化和拓展式教学模式，以满足这些学生的特殊教育需求。探索超常学生早期发现和跟踪培养途径，通过校本课程建设、创新活动平台搭建和评价制度改革，为学有潜力和具有创新兴趣的学生提供更多的创新实践机会。从普通高中选择少数有条件的学校，通过特殊的选拔办法、科学的教育方式、持续的跟踪机制，探索拔尖创新人才的培养模式。

第四，建设特殊教育公共服务平台。强化政府在特殊教育发展方面的公共服务职能，增加特殊教育投入。建立由高等学校、医疗机构、科研部门、基层学校等方面参与的特殊教育研究中心和资源中心，开展跨部门、多学科的特殊教育综合研究，提供咨询和服务。加强区县特教康复指导中心建设。推进医教结合，加强残障儿童早期诊断，完善筛查——检测——建档——转介——安置——综合干预的运行机制，建立医教结合的信息资源共享平台。建立超常学生的发现、鉴别、跟踪、评估机制，为超常学生培养提供科学指导。

（7）保护受教育者免受不人道的纪律措施

---

① 联合国教科文组织教育丛书，赵中建编：《教育的使命》，教育科学出版社 2003 年版，第 137 页。
② 联合国教科文组织教育丛书，赵中建编：《教育的使命》，教育科学出版社 2003 年版，第 135 页。

每个人都有自己独特的生命，且这种生命只有一次，不可能再造或重生，因此在教育权利保障的清单中，生命健康权被看作首要的和最基本的一项。受教育者的生命健康权利必须受到教育的保护。教育制度、学校和教师不能以某种宏大的理由或者从代表受教育者的利益（所谓的为受教育者好）的立场出发做任何不利于受教育者身心健康的事情，不能以任何遥远的目的牺牲儿童的身体利益，不能牺牲儿童的欢乐、游戏和交往的需要而把儿童置于劳累之中，损害儿童的身心。

《儿童权利公约》第 28 条规定："采取一切适当措施，确保学校执行纪律的方式符合儿童的人格尊严及本公约的规定。"毫无疑问，这一义务适用于公立和私立学校。关于公立学校，这一义务源自人人免受酷刑、不人道或有辱人格待遇的一般权利。诸如体罚这样的不人道或有辱人格待遇的纪律措施因此构成对此项权利的违反，不论措施是由执法人员、狱警还是公立学校的教师执行的。例如，有关英格兰小学体罚（使用皮鞭抽打手掌）的"坎贝尔和科桑斯诉联合王国"一案中，欧洲人权法院只是未认定违反《欧洲人权公约》第 3 条，因为两个小学生实际上没有受到鞭打。但是，法院裁定，依据《欧洲人权公约》之《第一议定书》第 2 条，对杰夫科·科桑斯的暂时停学决定（因为科桑斯和他的父母拒绝接受的体罚是学校的一种纪律措施）构成剥夺其教育权。在私立学校，体罚是否违反《欧洲人权公约》规定的身体完整或教育权，往往引起较大的争议。在"考斯代罗·罗伯茨诉联合王国"一案中，欧洲委员会的结论是，对一名 7 岁男孩进行的相对温和的体罚没有构成《欧洲人权公约》第 3 条含义中的有辱人格的待遇，但确实违反了该男孩的《欧洲人权公约》第 8 条的尊重私人生活的权利。在"Y 诉联合王国"一案中，欧洲委员会认为一所私立学校的校长用手杖 4 次殴打一名 15 岁男孩的屁股，构成《欧洲人权公约》第 3 条规定的有辱人格的待遇。尽管有些人怀疑这些欧洲标准是否可在世界范围内适用，但普遍认可和适用的《儿童权利公约》第 28 条可用来作为支持欧洲委员会的裁定在非欧洲环境中具有效力的论点，这既包括有辱人格待遇的最低标准，也包括承认国家对私立学校的纪律措施负有责任两个方面。

保护受教育者免受不人道的纪律措施，其实就是维护受教育者的人身自由权。人身自由权就是受教育者的人身依法不受任何伤害、压制、侮辱、欺凌等的权利。受教育者个人享有人身不得受限制、不得被体罚的自由。在学校生活中，受教育者的人身不能因为任何原因而受到他人（包括教师）的消极性对待，比如殴打、罚站、强行拉扯、残害、驱赶、跟踪、监视和被检举等。此外，人身自由还包含着受教育者个人不能因为身体原因而受到教育体制、学校、教师以及他人的歧视、羞辱、排挤和解除教育权。诚如《人权教育手册》一书所说："捍卫任何人的生命的神圣不可侵犯都与绝对禁止酷刑和任何其他形式的虐待密切相关。追求人的安全，最重要的是充分实现生命权和人的完整性，绝对禁止酷刑和其他形式的残忍、非人道、污辱性待遇和惩罚。"① 人身自由是个人自我主宰、自我引导的重要条件，它是学生个人直接或间接达到更高的生活目的的必要条件。

总之，通过教育尤其是普及初等教育、消除成人文盲以及重视女童和妇女教育，人们获得了消除贫困、提高生活质量所必需的最基本知识和技能。

3. 实现的义务

在教育权利的实现问题上，政府究竟应承担什么样的义务呢？教育权要求政府为确保公民的权利采取具体行动。为所有人提供基础教育有赖于政治承诺和意愿，以及适当的、支持性的财政、经济、贸易、劳工、就业和卫生政策。马博尔说："有效地实现儿童教育权主要是一个意愿问题。政府和国际社会应当显示足够的意愿，以促进这一基本权利，从而促进每个人的自我实现和整个社会的进步。"② 联合国儿童基金会曾提出了有利于所有人更好地实现基础教育权利的因素，即政治和财政承诺、公共部门发挥核心作用、公共部门的平等、减少家庭教育支出、将教育纳入更广泛的人类发展战略。《教育——财富蕴藏其中》一书认为，政府应该重视教育在经济社会发展中的作用，加大对教育的财政性投入。教育系统在公共经费的使用问题上，尽管要与国家负责的其他领域竞争，且越来越受总的预算紧缩措施和国家预算分配方面的政策选择的不利影响，但政府应该把教育置于社会发展的中心地位，"增加用于教育部门的公共经费"。另外，政府还需要协调公立和私立教育的健康发展。"在未来的社会里，动员正规机构以外的力量这种必要性，将根据以下两个相互补充的方针，赋予政府一种新的作用：一方面，应确保教育系统的可见度和可理解性，从而保证整个系统的稳定性；另一方面，应促进合作伙伴关系，鼓励教育革新，也就是说要解放新的力量来促进教育。在这种情况下，政府当局的极端重要性已经清楚无疑了：应在尊重共同价值观的情况下，引导与教育有关的所有方面为

---

① "人的安全网络"组织编写，李保东译：《人权教育手册》，生活·读书·新知三联书店2005年版，第64页。

② "人的安全网络"组织编写，李保东译：《人权教育手册》，生活·读书·新知三联书店2005年版，第269页。

实现共同目标而努力。"①《中华人民共和国教育法》第 53 条规定："国家建立以财政拨款为主、其他多种渠道筹措教育经费为辅的体制，逐步增加对教育的投入，保证国家举办的学校教育经费的稳定来源。"而政府是否有效地履行了自己的义务，可从以下指标予以判明，即文盲率、入学率、完成率、辍学率、师生比例、在公共支出总额中相对于武装力量等其他部门投入的公共教育投入等。纽瓦克说："文盲比率高或小学入学比例低或保持收费小学教育制度的国家似乎没有遵守其实现要求的最低标准的教育权义务。但如果可清楚地证明相关国家没有采取步骤最大限度地利用其可利用的资源以逐步达到消除文盲和提供义务免费小学教育的目标，即可证明该国违反其实现的义务。"② 如果贫穷是人们被剥夺其接受教育权的主要原因，那么分析的方法以及克服这一违反人权行为的战略须不同于适用于政府从政策上剥夺某些群体接受教育的方法。但是，一般而言，如果在持续不断的时间内，未能保障最低程度的教育权的核心内容，仅仅以缺少经济资源为解释理由是行不通的。

具体而言，在教育权利的实现问题上，政府可借助以下途径实现自己的义务：

（1）大力发展教育

政府的首要任务之一是使有关各方在教育的重要性和教育在社会中的作用上广泛达成共识。第一，政府有责任明确提出各种促进教育公平的选择方案，并在同所有当事人广泛协商后，选择一种较好的促进教育公平的政策。在发展中国家，政府"只有与所有政党、专业协会或其他协会、工会和企业不断进行对话，才能保证教育计划的稳定性和持久性。这一对话应在计划设计时就开始，并应贯穿其整个实施阶段，同时要提供计划评估和调整的机会。经验表明，在社会上达成协商一致对于任何改革进程都是必要的，而且它很少是自发达成的。因此应该使其制度化并能按照民主的程序表达出来"。③ 第二，政府应对教育系统各个组成部分的相互依存关系有计划地进行管理，牢记各级教育之间的有机联系。"一个人从基础教育开始，然后依次享受其他水平或其他类别的教育。教育系统各部分本身也是相互依存的：中学向大学输送大学生，而大

---

① 联合国教科文组织教育丛书，联合国教科文组织总部中文科译：《教育——财富蕴藏其中》，教育科学出版社 2005 年版，第 156 页。

② A. 艾德等著，黄列译：《经济、社会与文化的权利》，中国社会科学出版社 2003 年版，第 289 页。

③ 联合国教科文组织教育丛书，联合国教科文组织总部中文科译：《教育——财富蕴藏其中》，教育科学出版社 2005 年版，第 154－155 页。

学向中学，而且常常向小学提供教师。因而，无论从数量还是质量上来说，各级教育都是一个不可分割的整体，在调整学生人数、确定课程内容和评估方法时应考虑到这一点。正是考虑到这个整体的相互依存关系，才应使资金有限的选择方案最佳化。"① 第三，教育是一种集体财产，人人都应有受教育的机会。政府应确保每一位儿童都能入学或依其能力接受适当的教育，以便为了不让任何儿童因缺乏师资、教材或足够的校舍而被剥夺受教育的机会。"对于基本权利的承认，有可能只是提供了行使这些权利的一种形式机会，而非实际机会。……受教育权的实际实施，也同样取决于是否存在着足够数量的教育机构以及这些机构所确立的收费标准。"② 促进教育公平需要政府决策者承担责任，决策者不能任凭事物自然发展，好像市场可以纠正各种缺点，好像只靠市场自动调节就足以解决问题似的。"不论教育系统的组织情况如何，其非集中化程度或多样化情况如何，国家都应对公民社会承担一定的责任，因为教育是一种集体财产，不能只由市场来调节。特别是在国家一级，要在教育问题上达成共识，确保总体的协调一致，并提出长远的看法。"③ 第四，政府应该采取各种措施，同各种形式的排斥行为作斗争，保护教育作为一个熔炉应有的职能。"努力将那些远离教育系统的人，或那些由于所授课程不适于个人情况而退学的人，引入或重新引入教育系统。这尤其要求吸收家长共同确定他们子女的学校教育，并向最贫困的家庭提供帮助，以使它们不将子女上学视为一种难以承担的机会成本。"④

（2）增加教育投入

教育不仅仅是一种社会开支，还是一种会产生长期效益的经济和政治投资。佩亚诺说："教育系统的使命是对人进行公民权利和义务教育，保证知识和文化代代相传，以及发展人的能力。教育系统还应使人获得今后经济所需的技能。"⑤ 一个国家的发展特别取决于其就业人口是否能够利用复杂的技术和表现出创造性及适应精神，而这些能力在很大程度上又取决于个人接受的启蒙教

---

① 联合国教科文组织教育丛书，联合国教科文组织总部中文科译：《教育——财富蕴藏其中》，教育科学出版社 2005 年版，第 155 页。

② E. 博登海默著，邓正来译：《法理学》，中国政法大学出版社 2004 年版，第 309 页。

③ 联合国教科文组织教育丛书，联合国教科文组织总部中文科译：《教育——财富蕴藏其中》，教育科学出版社 2005 年版，第 154 页。

④ 联合国教科文组织教育丛书，联合国教科文组织总部中文科译：《教育——财富蕴藏其中》，教育科学出版社 2005 年版，第 43 页。

⑤ 联合国教科文组织教育丛书，联合国教科文组织总部中文科译：《教育——财富蕴藏其中》，教育科学出版社 2005 年版，第 161 页。

育水平。因此，"教育投资是经济和社会长期发展的一个必不可少的条件，在危机时期应受到保护"。① 同时，为了减轻对国家财政预算的压力，从私人渠道筹集资金不仅是正当的，而且是可取的。一般而言，私人提供经费的途径多种多样：家庭或学生分担的学费（即使有限）；地方社区承担学校的部分建设和维修费用；企业分担职业培训费用；通过签订研究合同，使技术和职业学校或大学能够自筹部分资金。当然，对私人资金的使用不应影响国家承担的财政义务，"为了确保公正和保持社会的凝聚力，公共经费看来是必要的"。② 另外，政府应统筹公共资金和私人资金，根据不同的教育水平采取不同的分配比例，并优先考虑基础教育。"对新的教育公共投资进行更加有效、更加公平合理和更加长期的分配，非常有助于教育系统迎接今天面临的挑战。效率在于将公共经费投资到它们会产生最大效益的地方。一般来说，在教育方面，就是要投资到基础教育上。出于公平的考虑，政府应该注意使任何一个具有所需能力的学生都不会因其无法支付学费而在教育方面被拒之门外。"③

（3）均衡配置教育资源，促进教育均衡发展

尽管教育不可否认地受到日益增长的社会、经济差距和不平衡状态的有害影响，但是，只要我们作出巨大的努力，教育是可以帮助克服社会、经济差距和不平衡状态的。不管教育体系有无力量减少它自己领域内个人之间和团体之间这种不平等的现象，但是，如果要在这方面取得进步，它就必须事先采取一种坚定的社会政策，纠正教育资源和力量上分配不公平的状况。《学会生存》一书指出："[1] 如果我们同意，必须消除资源和资源利用之间的不平衡状态，那么教育发展便应在为经济进展制定的政策中发挥其空前的作用。[2] 如果社会的不平等阻碍明天社会的前进，教育策略就必须作出坚定的努力，更广泛地传播学习的方式与方法。[3] 如果一个国家内部区域性的差别和国家与国家之间的差距阻碍世界的发展，那么唯一合理的解决办法就是竭尽全力教育条件较差的人们，教育农村地区和条件较差国家的人们。[4] 如果国家显然需要一个全面的政策和一个有关发展的共同哲学，那么当教育发展是建立在考虑共同利益的基础上而这种共同利益的考虑又反过来有助于制定国家政策时，这样的教

---

① 联合国教科文组织教育丛书，联合国教科文组织总部中文科译：《教育——财富蕴藏其中》，教育科学出版社 2005 年版，第 161 页。

② 联合国教科文组织教育丛书，联合国教科文组织总部中文科译：《教育——财富蕴藏其中》，教育科学出版社 2005 年版，第 164 页。

③ 联合国教科文组织教育丛书，联合国教科文组织总部中文科译：《教育——财富蕴藏其中》，教育科学出版社 2005 年版，第 163 页。

育进展将是更有效的。"① 换句话说，采取适当的政策设计和制度安排，完全可能缩小教育发展的差距。

第一，统筹城乡教育协调发展，适度向农村倾斜。缩小城乡教育差距，统筹城乡教育发展，关键要在教育政策和教育制度设计上适度向农村倾斜，在公共教育资源配置上优先保证农村教育发展的需要，逐步提高农村教育水平。加大对农村教育的支持力度，确保新增教育经费主要用于农村，并合理调整学校布局，提高经费的使用效益。统一城乡学校办学标准，保障农村学校办学的基本需要。为此，政府应建立城乡教育一体化的体制机制，逐步统一城乡生均教育经费标准、教师编制标准和办学条件标准，同时，提高农村教师工资和福利待遇，增强农村教师职业的吸引力。第二，统筹区域教育协调发展，向贫困地区、落后地区政策倾斜。以贫困地区、落后地区教育为重点，统筹区域教育发展，加大政府对贫困地区、落后地区的教育投入，推进教育公共服务均等化。为此，政府应加大对贫困地区、落后地区教育的支持力度，健全区域教育协调机制，政府新增公共教育资源向贫困地区、落后地区倾斜。第三，统筹不同类别学校的协调发展，政策向薄弱学校倾斜。学校是实现个体之间教育公平最主要的环节和途径，学校之间发展的不公平直接制约了教育公平实现的程度。从某种程度上说，无论是区域教育差距还是城乡教育差距，其最直接、最基本的表现形式都是学校之间的差距。缩小校际差距首先要着力改造薄弱学校，确保所有学校达到基本建设标准。为此，政府应大力推进义务教育均衡发展，大力改造薄弱学校，统一区域内办学标准，办好每一所学校，做到建设有标准，发展有特色。第四，统筹不同群体的教育协调发展，政策向弱势群体倾斜。教育公平的核心在于保障每个人都能享受到平等的受教育机会，使其个人能力能够得到最大程度的发展，要求教育必须面向所有人。对弱势群体实行差别对待，采取特殊补偿政策，弥补他们因先天不足和外在环境影响而造成的受教育机会的不公平。尽管教育体系不能完全消除不平等现象，但教育体系至少不应该使弱势群体的情况变得更坏。为此，政府应制定补偿政策，差别对待，重点关注，改善条件。诚如斯密所说："在文明的商业社会，普通人民的教育，恐怕比有身份有财产者的教育，更需要国家的注意。有身份有财产的人，他们大概都是到十八九岁以后，才从事他们想从而扬名的特定事业、职业或艺业。在此以前，他们有充分时间，来取得那些使他们博得世人尊敬或值得世人尊敬的一

---

① 联合国教科文组织、国际教育发展委员会编著，华东师范大学比较教育研究所译：《学会生存》，教育科学出版社 1996 年版，第 131 页。

切知识；至少，他们有充分时间来准备自己，使他们在日后能获得这一切知识。他们的双亲或保护者，大概都十分期望他们能有这样智能，在大多数场合，对于必需费用的支出是毫不踌躇的。……普通人民则与此两样。他们几乎没有受教育的时间。就是在幼年期间，他们的双亲也几乎无力维持他们。所以一到他们能够工作，马上就须就职谋生。他们所就的职业，大概都很单纯，没有什么变化，无须运用多少的智力。同时，他们的劳动，又是那样没有间断，那样松懈不得，他们哪有闲暇做旁的事情，想旁的事情呢？不过，无论在哪种文明社会，普通人民虽不能受到有身份有财产者那样好的教育，但教育中最重要的几部分如诵读、书写及算术，他们却是能够在早年习得的；就是说，在此期间，就是预备从事最低贱职业的人，亦大部分有时间在从事职业之前，习得这几门功课。因此，国家只要以极少的费用，就几乎能够便利全体人民，鼓励全体人民，强制全体人民获得这最基本的教育。"[①] 身处 18 世纪的斯密，即萌生了政府制定补偿政策的设想，以便"差别对待"弱者。

（4）设计公平合理的教育制度

任何一个社会都需要有一套制度规则来保证运行，而教育公平正义就是这套制度规则的灵魂。一方面，通过科学合理的制度安排，确保教育规则公平、不偏不倚；另一方面，全社会严格按照教育规则办事。但是，在世界教育发展历史上，美国和一些国家曾长期实行"分校—平等"的制度，也就是建立两种不同的学校对两种不同的人群实施实际不同的教育。时至 1956 年，这一制度被法律裁决为违法的、不平等的教育制度。这个经典案例说明，必须保证用统一的、公平的制度，平等对待所有的人。时下基础教育阶段普遍实行的通过淘汰、筛选实现分校、分班的教育制度，从本质上讲是有悖教育公平的。各国的义务教育法以及相关教育法规早就对此作出明确的规定。这些规定是具有法律刚性的，不是教育方式的选择。

为了充分体现教育公平，保障人们的受教育权利，德洛尔主张在义务教育阶段结束时发放一种"教育时间信用证"。他认为，既然终身教育正逐步成为现实，可以考虑给每位即将开始学习的青年发放一种证明他有权享受一定年限教育的时间信用证，他有权享受的时间将记入一个机构的账户，该机构负责以某种方式为每个人管理所选择的时间"资本"和相应的资金。每个人均可根据自己的学历和所作的选择使用这种资本。他可以保留部分资本，以便能在其离

①　A. 斯密著，郭大力等译：《国民财富的性质和原因的研究》（下卷），商务印书馆 2003 年版，第 340-342 页。

校后的成人生活过程中得到继续培训的机会。他也可以通过在其"选择时间银行"的账户上存款——一种教育专项储蓄——的方式增加其资本。尽管德洛尔的这一主张可能会出现偏差，甚至会损及机会均等，但在目前的情况下，我们可以在义务教育阶段结束时试发一种教育时间信用证，从而使青少年能够选择自己的道路，而不主动放弃自己的未来。[①]

（5）重建各级各类教育体系

教育应不断适应经济社会发展的要求，对教育的不同阶段进行重新思考，在它们之间重新建立联系，按照不同于原先的方式对它们重新作出安排，确保它们之间有可能相互转换，并使学习途径多样化。这样做就会避开严重困扰教育政策的难题：要么择优，这样做会使学业失败增多和排斥危险增加；要么实行平均主义，传授同样的课程，这样做又会压制个人才能的发挥。而这一难题的化解，确保了教育权利的充分实现。具体而言，我们应重新思考不同阶段教育的关系。

第一，重视幼儿教育。幼儿教育在确保孩子的教育权利方面具有重要的作用。现实教育生活已经充分证明：受过幼儿教育的孩子与没有受过这一教育的孩子相比，往往更能顺利入学，过早辍学的可能性也少得多。较早入学有助于克服贫困或某种不利的社会环境、文化环境造成的最初困难，从而可为保护孩子的教育权利、促进教育机会平等做出贡献。同时，幼儿教育还能为移民家庭的孩子，或在文化、语言上属于少数的群体的孩子融入学校提供很大的便利。因此，政府应大力发展幼儿教育，增加幼儿学习的机会，确保幼儿的权利。"教育质量、平等和效益的先决条件是在幼儿期就确定的，因而重视幼儿看护和发展对实现基础教育目标至关重要。"[②]

第二，关注基础教育。将伴随一个人一生的对待学习的态度，正是在家庭中，广而言之也是在基础教育阶段培养形成的：在此阶段，人的创造性思想火花可能光芒四射，也可能渐渐熄灭；接触知识可能成为现实，也可能无法实现。正是在这一时期，每个人都在获取有助于提高推理能力和想象力、判断能力和责任感的手段，也都在学习如何对周围世界产生浓厚的兴趣。尽管基础教育取得了令人瞩目的成绩，但是，"解决那些仍被排斥在教育之外的人的问题，不只是需要发展现有的教育系统，而且还应在确保每个儿童和每个成人享受恰

---

① 联合国教科文组织教育丛书，联合国教科文组织总部中文科译：《教育——财富蕴藏其中》，教育科学出版社 2005 年版，第 17 页。

② 联合国教科文组织教育丛书，赵中建编：《教育的使命》，教育科学出版社 2003 年版，第 32 页。

当的高质量的基础教育的协同努力范围内，设计和确定完全适用于这个或那个群体的新模式和新系统"。① 在各个社会群体、世界各国或各地区之间仍然存在着不能容忍的差异，人人享有高质量的基础教育仍然是 20 世纪末的重大挑战之一。

第三，调整中等教育。中等教育是每个人生活中的一个十字路口：正是在这里，青少年应能根据自己的爱好和能力决定自己的未来；还是在这里，他们能够获得有助于他们成人阶段的生活圆满成功的能力。因此，中等教育应当适应青少年走向成熟的过程，这些过程因人而异，因国家不同而有很大区别。其次，中等教育应适应经济和社会生活的需要，培养合格的人才。再次，中等教育应使学生的学习途径多样化，以便适应他们多种多样的才能，还应提供补课或改变学业方向的机会。②

第四，重建高等教育。高等教育应在创造、保存和最高层次上传授知识方面继续发挥自身的作用，高等教育机构应从空间和时间的角度，对高等教育进行重新思考。高等教育机构应把实行公平原则和培养优秀人才结合起来，向所有社会群体和经济团体的成员敞开大门，而不考虑他们以前的学业情况。③

第五，发展终身教育。满足全民的基本学习需要，光靠加强现存的基础教育是不够的。所需要的是一种"扩大的设想"，它在依靠现行实践之优点的同时，能超越现有的资源水平、制度结构、课程和通常的传授体系。"扩大的设想"包括：普及入学机会并促进平等；强调学习；扩大基础教育的手段和范围；改善学习环境；加强伙伴关系。

总之，国家有义务确保教育权受到尊重、保护并得以实现。然而，实现这些义务和承诺的责任并不仅仅是国家关注的事务，全社会都应促进和支持充分实现教育权。同时，教育权利所包括的内容并非一开始就如此全面，而是随着时代的发展逐渐丰富和扩大的，并且对于每项受教育权利的要求程度也是在逐渐提高的。例如，各个国家对义务教育年限的不断提高就说明了这一点。教育权利在全社会范围内尤其是在发展中国家的全面确立还需要经历一个过程，不宜笼统地完全以现代社会的标准来衡量。比如，同样是受教育权，对于发达国

---

① 联合国教科文组织教育丛书，联合国教科文组织总部中文科译：《教育——财富蕴藏其中》，教育科学出版社 2005 年版，第 107 页。

② 联合国教科文组织教育丛书，联合国教科文组织总部中文科译：《教育——财富蕴藏其中》，教育科学出版社 2005 年版，第 106 页。

③ 联合国教科文组织教育丛书，联合国教科文组织总部中文科译：《教育——财富蕴藏其中》，教育科学出版社 2005 年版，第 106 页。

家来说已经是不成问题的事情了，但对于发展中国家来说，则往往是至关重要的问题，在许多国家，就连满足受教育者基本权利的义务教育都是举步维艰的。但无论如何，受教育权是发展中国家的每个儿童、少年所必须拥有的，而且这项基本权利的重要意义要明显超过发达国家相应权利的意义。教育权利的实现是一个渐进的过程。虽然经济、社会和文化的权利是人权的重要内容，但是，经济、社会和文化的权利需要逐步实现，这是由于国家要为此而承担财政的责任。诚如《人权教育手册》所说："经济、社会和文化的权利需要逐步实现，这是由于国家要为此而承担财政的责任。"① 只不过，政府需要采取步骤最大限度地利用已有资源"逐渐达到"《经济、社会、文化权利国际公约》所承认的经济和社会权利的充分实现。"逐渐达到"概念实际上承认以下事实，即"所有经济、社会和文化权利的充分实现不可能在短期内取得，这个词语应依照总体目标来审视，即确立缔约国尽可能高效率地实现这些权利的明确义务。"②

五、受教育权是人的一项基本权利

受教育权为何能作为一项基本权利而存在，一般是通过教育在人类社会发展、人的发展中的作用来寻找其存在的理由和工具。具体而言，受教育权在社会发展、人的发展中的作用体现在以下几个方面。

（一）教育是个人拥有尊严的先决条件

人的发展是一个扩大向个人提供的可能性的过程。原则上讲，这些可能性也许是无限的，而且随着时间的推移可能发生变化。然而，无论发展水平如何，对于个人来说，有三个可能性是主要的，那就是健康长寿、获取知识和拥有体面地生活所需的资源。如果没有这三个基本可能性，其他很多机会就仍然无法得到。只不过，人的发展也并非到此为止。人们高度重视的其他可能性不仅包括政治、经济和社会自由，而且包括表现自己的创造性或生产力的机会，更不用说享有个人尊严、尊重人权以及尊重教育权这些问题了。

人的尊严，指人所固有的尊贵和威严，即人之所以为人的基本品质。从内

---

① "人的安全网络"组织编写，李保东译：《人权教育手册》，生活·读书·新知三联书店2005年版，第26页。
② A. 艾德等著，黄列译：《经济、社会与文化的权利》，中国社会科学出版社2003年版，第21页。

容上看，人的尊严包含了对人的价值重要性的概括、认可，也包含了人与人之间应得到平等对待的要求。人的尊严是国际社会十分重视的基本价值，而教育是个人拥有尊严的基本先决条件。卢梭说："我们生来是软弱的，所以我们需要力量；我们生来是一无所有的，所以需要帮助；我们生来是愚昧的，所以需要判断的能力。我们在出生的时候所没有的东西，我们在长大的时候所需要的东西，全都要由教育赐予我们。"① 我们从"自然、人和事物"中一点点学习并不断加深理解。我们之所以成为现在的自己，并非天生，而是得益于教育的馈赠。"我们或是受之于自然，或是受之于人，或是受之于事物。我们的才能和器官的内在的发展，是自然的教育；别人教我们如何利用这种发展，是人的教育；我们从影响我们的事物获得良好的经验，是事物的教育。我们每一个人都是由三种教师培养起来的。"② 因此，人们有意识地努力去教化那些受教育较少之人的智慧，塑造他们的性格。《世界人权宣言》第 22 条规定："每个人……有权享受他的个人尊严……所必需的经济、社会和文化方面各种权利的实现……"所有社会成员的内在尊严是世界上自由、正义和和平的基础，也是民主社会的基础。罗素对自尊的论证与分析无疑具有极大的启示意义。罗素认为，在现代社会，最不应牺牲的东西是人的自尊，尤其是自尊心。"自尊将使一个处于敌人控制之下的人不至于奴颜婢膝，并使他在世人都反对他时仍然能够感到自己也许是正确的。一个人如果没有这种品质，他将会觉得大多数人的意见，或者政府的意见绝无错误，而这种情感方式如果普及开来的话，无论道德还是思想上的进步都不再可能。"相反，在专制社会，自尊只是极少数人的美德。"自尊到今天为止一直都不可避免地是少数人的美德。无论什么地方，只要存在权力不平等，在屈从于他人统治的那些人当中，都不可能找到它。暴政最令人反感的特征之一，在于它竟然能够使不公正的受害者去谄媚那些虐待他们的人。罗马角斗士向皇帝们致敬，而皇帝却打算屠杀他们中的一部分来取乐。陀思妥耶夫斯基和巴枯宁在狱中时，曾假装对尼古拉沙皇有好感。被苏联政府清洗的那些人常常要凄惨地承认自己的罪行，而逃脱了清洗的人则沉溺于令人作呕的阿谀奉承之中，并常常要设法去控告同僚。民主体制也许能避免这些下流的自我贬损方式，并且能够为保存自尊提供成分的机会。"③ 而一种传递必要知识、技能，训练个体形成逻辑思维、理性分析，关心他人、发现他人的

---

① 卢梭著，李平沤译：《爱弥儿》（上卷），商务印书馆 2006 年版，第 7 页。
② 卢梭著，李平沤译：《爱弥儿》（上卷），商务印书馆 2006 年版，第 7 页。
③ B. 罗素著，储智勇译：《权威与个人》，商务印书馆 2010 年版，第 64－65 页。

教育，构成了个体尊严和自尊的基础。因此，教育历来是、今天依然是一项社会性十分突出的工作使命。诚如雅斯贝尔斯说："犹如一个人的理性在不断的运动中保持开放一样，理性生活也能在自我阐明、自我批评和自我控制之中保持开放。这条路导向了每一个人的思想方式可以形成整个民族的自我教育，而后代的教育意义则来自这个自我教育的精神。如要建立持久的自我教育进程的民主制度，最重要的是青年教育，而且是整个民族的教育。民主、自由和理性皆靠这种教育而存在，只有通过这种教育才能保持我们存在的历史性内涵，而成为一股创新生命的力量，充实我们在新的世界境遇中的生活。"①

个人的充分发展既要靠加强个人的独立自主能力，也要靠培养关心他人或者是发现他人这样一种道德态度。生活中除了金钱、爱和对自己家庭的关心外，还有什么值得为之奋斗的东西吗？辛格的回答是："……我有一个答案。这个答案与哲学同样古老，这个答案对于我们今天的意义丝毫不减。答案是：我们可以过一种伦理生活。一旦过这样的生活，我们就使自己融入到一种跨文化的伟大传统。我们就会发现，过伦理生活不是自我牺牲，而是自我实现。"②追逐快乐或财富的生活是被遮蔽的生活，不可能是最能实现自己的生活方式。显然，只有过伦理生活才是最充实的生活。辛格说："要是有人问，为什么每个人都应该按照道德行事，我现在就可以给出一个比我以前的回答更大胆、也更积极的回答。我可以指出，有那样一些人，他们因为选择了伦理生活而对世界发生了影响。由于过上了伦理生活，他们的生活就有了特殊的意义。我们最终发现，自己的生活变得比以前更丰富、更充实、更令人激动。"③与满足简单的欲望相比，与追随习俗的未加反思的生活相比，实现我们的道德责任，对消除贫困、救济弱势群体做出贡献，会使我们的个人生活变得更有意义。确实，要是人性适应了对个人快乐的毫无节制的追求，那么，只懂得享乐的人反而不可能获取真正的幸福。或许，既然我们已经进化成了能够追求目标的动物，我们自然会寻求更大的、能够为我们的生命赋予意义的目标。或许，那些只懂得追逐快乐的人之所以会感到生活空虚无聊，正是因为他们忽略了我们自然本性的这个特征。因此，过伦理生活与其说是乌托邦理想，不如说是现实要求。"任何人都可以成为有批判力的大众的一分子，都可以为改进这个世界做出贡献。你可以反思自己的目标，质疑自己的生活。如果你目前的生活方式不符合

---

① K. 雅斯贝尔斯著，邹进译：《什么是教育》，生活·读书·新知三联书店1991年版，第66—67页。

② P. 辛格著，刘莘译：《实践伦理学》，东方出版社2005年版，第357页。

③ P. 辛格著，刘莘译：《实践伦理学》，东方出版社2005年版，第369页。

公平的价值标准，你就可以改变它。更重要的是，你将发现，自己并没有毫无意义地从生走向死。因为你将与铸造了伟大传统的人们一道，保持敏于世间悲苦的恻隐之心，并努力使世界变得更好。"①

人类已经创造了新的世界——语言的、音乐的、诗的、艺术的、科学的新世界。在这一新世界中，最为重要的是要求平等，要求自由，并要求扶助弱者的道德律令。在波普尔看来，承认所有道德紧迫感的基础在于对苦难或痛楚的紧迫感。正因为如此，他建议把功利主义的口号"目的在于为最大多数的人谋求最大的幸福"（或简称为"最大化幸福"），替换为"让所有人遭受最少量的可以避免的痛苦"（或简称为"最小化苦难"）。② 由于"最大化幸福"这条原则似乎易于产生某种仁慈的专制，所以"最小化苦难"应当成为公共政策的原则之一。波普尔说："从道德观点来看，苦难与幸福不可以作为对称物来处理；那也就是说，幸福的增进在任何情况下都比不上为那些受难者提供帮助和努力防止苦难更为紧迫。"③ 就教育世界而言，只有进行公正教育才有可能重建道德教育的坚强核心，这种教育必须以不因循守旧和摈弃不公正行为的公民文化为前提，并对每个人进行积极的公民权利与义务的教育，使仅仅是授予的普通公民资格变成参与的责任。通过掌握抽象的公正概念（公正、机会均等、有责任的自由、尊重他人、保护弱者、尊重差别），培养习惯于采取具体行动促进社会公平正义和捍卫民主价值的思想态度。通过人性化教育，促进学生内在发展、自由和责任的统一。尤为重要的是，这种教育必须转变"角色"，开展世界公民（身份）教育。世界公民身份建立在人类同胞无论身处何处都团结一致、相互帮助的情感基础之上。奥斯勒说："世界主义是颂扬人类多样性的一种世界观。这种世界观认可所有人在尊严和权利方面一律平等，世界各地的人们都享有被认可和受尊重的平等权利。世界公民身份是公民思考、感觉和行动的一种方式，世界公民的行动在当地、国家和全球层面上进行。他们在所有层面上的问题、事件和挑战之间都建立起联系，在多元文化背景之下进行评论和评估。他们觉得要和被剥夺了全部人权的人保持团结，无论这些人是在本地社区还是在遥远地区。他们接受为了人类共同未来的普遍责任，对于自身的多重身份充满信心，而且在遇到其他文化组织的人并与之和睦相处时发展自身的新

---

① P. 辛格著，刘莘译：《实践伦理学》，东方出版社 2005 年版，第 381-382 页。

② K. 波普尔著，陆衡等译：《开放社会及其敌人》（第 1 卷），中国社会科学出版社 1999 年版，第 131 页。

③ K. 波普尔著，陆衡等译：《开放社会及其敌人》（第 1 卷），中国社会科学出版社 1999 年版，第 131 页。

身份。"① 此外，开展扁平式学习。在 20 世纪 50 年代，阿伯克龙比在研究中发现：当一批医科学生跟着医生查房并一起对病人的病情进行诊断时，他们得出的结果比单个学生陪着医生去查房时得出的结果要准确。团队的互动使得学生有机会质疑对方的假设，发表个人看法，借鉴别人的观察，最后对病人的病情达成共识。从某种意义上讲，阿伯克龙比是第一个发现扁平式学习具有重大价值的人。具体而言，扁平式学习是对学习本质的颠覆，知识不再是客观独立的，而是我们对共享经历的解释。寻找真相就是懂得万事万物是如何联系起来的，通过与他人深入互动，我们才能发现这些联系。我们的经历和相互关系越是多元化，我们就越容易理解现实，越容易理解我们每个人是如何融入整个大背景的。"扁平式学习使教室里的权威从自上而下的等级集权制变为互惠相连的民主制。学生们认识到他们需要为自己的教育负责。为自己的教育负责就是要适应彼此的想法，以开放的心态对待不同的看法和观点，能够接受批评，乐于助人并且愿意为整个学习团体负责。这些都是培养同理心至关重要的因素。扁平式学习鼓励学生设身处地为别人着想，体会他人的感情和思想，通过这些来增强学生的同理心。如果一个学习团体要想真正地团结起来，他们必须经过考验，考验就是每个成员都能深深体会其他人为了发展而付出的努力，并把整个团队当作自我的延伸。"②

在尊崇学习与进步的社会，那些被剥夺了从教育中获益的机会的人们是不会有尊严的。一般而言，教育系统本身不应导致出现排斥现象，但是，在某些情况下，有利于智力开发的竞争原则却可能适得其反，变成按学业成绩进行严格的筛选。因此，学业上的失败成了不可逆转的事，而且经常导致社会边缘化和社会排斥现象。在许多国家尤其是发展中国家，义务教育期限的延长不合常情地恶化了社会处境最不利的和学业失败的青年人的状况，而不是改善了他们的状况。即使在世界上教育经费最高的那些国家中，学业失败和辍学现象也影响到相当一部分学生。这无疑在两类青年学生之间产生了鸿沟。由于这一鸿沟延伸到职业界之中，它的影响就更为严重。没有毕业文凭的青年在谋职时总是处于几乎难以改变的不利地位。其中一些人因被企业视为"不可雇佣的人"，最终便被排斥在职业界之外，失去融入社会的任何机会。学业失败可产生排斥，因此它在许多情况下是某些形式的暴力或个人失控行为的根源。马里恩·

---

① A. 奥斯勒著，王啸等译：《变革中的公民身份》，教育科学出版社 2012 年版，第 25 页。

② J. 里夫金著，张体伟等译：《第三次工业革命》，中信出版社 2012 年版，第 260－261 页。

扬从压制和控制的角度，对不公正受害者的痛苦进行了系统的分析。压制有五种类型，即剥削、边缘化、疲弱状态、文化帝国主义和暴力。她认为，人们不是作为个人而是作为群体成员受到压制的。她对暴力的思考很好地论证了上述观点，"给予暴力以压制面孔的东西与其说是特定的活动本身——尽管这些活动常常是极端恐怖的——倒不如说是它们周围的社会环境，这种社会环境使它们成为可能，甚至是可接受的……暴力是系统的，因为它是被指向群体成员的——仅仅因为他们是那个群体的成员。比如，任何女人都有理由害怕被强奸。无论一个黑人如何逃避边缘化或疲弱状态这样的压制，他都会知道自己是攻击和骚扰的对象。暴力的压制不仅在于直接地受欺压，还在于受压制群体的所有成员都知道的常识，即自己之所以易于受侵犯，仅仅因为自己群体的身份。正是生活于本人、家庭或朋友受攻击的威胁之下，才剥夺了受压制者的自由和尊严……"① 因此，剥夺人们的教育机会，最终往往是剥夺了他们过有尊严的生活的权利。一些人无法改变他们的状况，是因为他们的能力被剥夺了，原因是缺乏必要的教育机会。教育为人们提供了逃脱较低的、不受欢迎的社会和经济阶层进入上层社会的希望以及现实可能。"不管是个人还是其子女想提高社会地位，教育都是决定性的因素。缺少知识的人被束缚在那些单调乏味的、重复性的甚或繁重的劳动上，而且时常连工作都没有。通过教育，也只有通过教育才会有进步；没有教育就不会有任何提升，看起来可以求助的对象就是犯罪和暴力。我们能做的事，也许是应当做的事情是：将最好的教育给予那些社会状况最差的人群，而他们最需要一种手段来摆脱困境。"② 尽管一定程度的社会和经济分层在特定的社会中是不可避免的，完全消除阶级体系也几乎是不可能的，但是，社会正义和政治稳定需要有一个受到认可而有效的机会让人向上爬升，逃脱较低阶层进入更高的阶层。如果这一点不存在的话，将有可能造成社会冲突甚至剧烈反抗，危害社会的稳定。

因此，通过教育使社会的每一个个体都获得自尊和尊严，进而推动建立自由、正义与和平的世界，构成了教育权存在必要性的有力论证。"教育发展的另一个但更基本的目的就是传递并丰富共同的文化和道德价值观念。正是从这些价值观念中，个人和社会发展了自己的特性和价值。"③ 同时，通过教育也促

---

① R. L. 西蒙主编，陈喜贵译：《社会政治哲学》，中国人民大学出版社 2009 年版，第 88 页。

② J. K. 加尔布雷思著，王中宝等译：《美好社会》，江苏人民出版社 2009 年版，第 59 页。

③ 联合国教科文组织教育丛书，赵中建编：《教育的使命》，教育科学出版社 2003 年版，第 16 页。

进了对生命权、自由权等人权的普遍尊重。《欧洲人权公约》强调说，民主、人权和教育是相互依赖的、相互促进的。言论自由、信仰自由等"得以最有效地维持，一方面要通过有效的政治民主，另一方面要通过共同理解、遵守政治民主所依赖的人权"。共同理解、遵守人权，在很大程度上取决于教育。"国家教育体系的主要宗旨之一就是传播共同价值观和原则。在自由民主国家中，这些价值观和原则包括民主制度所依赖的基本权利和自由。"①

（二）教育是个人成为社会发展促进者的前提

每一个人一生下来，就自然地、无可选择地参与了社会的缔结、创建，而缔结、创建社会在人们所做的一切"贡献"中，无疑是最基本、最重要的"贡献"。因为，每个人的一切，说到底，不都是社会给的吗？人是社会性动物，人的生存和发展离不开特定的社会环境。社会既是人通过交往建构起来的存在，又是制约和决定人的存在的先在前提。正是在这种生成和预成的关系中，展开了人与社会之间的互动关系。马克思指出："凡是有关人与人的相互关系问题都是社会问题。"② 所谓人的自然，最多只是一块白板。一个人具有的一切特性，都是不同的他人、不同的社会环境、不同的事件在这块白板上描画而成的。换言之，一种人类社会本身就是一种关系系统，人类不仅是个体而且是社会动物，在这个意义上，他们脱离了与其余部分的关系是无法存在的。诚如《权利和责任》这份宣言所说："美国的男人、女人和儿童属于许多不同类型的社群，如家庭、邻里；这些社群表现为无数社会性、宗教性、种族性、工作地点的、行业协会的，以及政治的等各种形式。我们都属于各种相互依存的重叠的社群。如果置身于这些社群之外，人类就不能长久生存，个人自由也不能长久维持。不论哪个社群，假如它的成员不将精力和资源奉献给共同的事业，它亦不能长久生存下去。单纯追求私利会腐蚀我们赖以生存的社会环境体系，并将破坏我们共同进行的民主自治实验。基于这些原因，我们认为，没有一个社群的观念，个人的权利就无法长期存在。社群观念既承认个人的尊严，也承认人的生存的社会。"③

1. 社会"生成"人

人是通过社会生成的，有什么样的社会，就会有什么样的"人"；人之所

---

① A. 奥斯勒著，王啸等译：《变革中的公民身份》，教育科学出版社 2012 年版，第 38 页。

② 《马克思恩格斯全集》（第 4 卷），人民出版社 1960 年版，第 334 页。

③ D. 贝尔著，李琨译：《社群主义及其批评者》（引言），生活·读书·新知三联书店，2002 年版，第 1 页。

以彼此不同，是因为选择用来构成他的社会要件的不同。卡尔说："当我们出生的时候，这个世界就开始对我们产生影响，并把我们从纯粹的生物单位转变为社会单位。历史每个阶段或者史前时期的人来到一个社会，从其早年时代就被那个社会所铸造。他所说的语言并不是一种个人的天赋，而是他从其生活群体中的获得物。语言和环境都有助于决定他的思想特征；他的最早的观念来自于别人。脱离了社会的人既不会说话，也不会思想。"[1] 人之所以是人，是因为他生活在社会之中。如果没有文明，人只会是一种动物。只有通过协作和社会传统，人才能成为人。人的智慧在一代人被另一代人的替代中不是消失，而是无限地得到积累。这种积累，使人胜过动物又超越自我。当然，这种积累只有在社会中并通过社会才能进行。涂尔干说："正是社会使我们从自身中摆脱出来，迫使我们考虑自身以外的其他利益，正是社会使我们学会支配自己的激情和本能，学会用法律来驾驭自己的激情和本能，学会约束自己、控制自己和作出自我牺牲，学会使我们自己的目标服从更高的目标。同样地，也正是社会在我们的道德心中形成了整个表象系统，而这种表象系统使我们对内部和外部的道德准则、纪律持有某种观念与情感。我们就是这样获得了自我约束能力，这种对我们习性的控制是与人的原先面貌有所不同的面貌之一，并且随着我们更加完全地成为人而得到发展。"[2] 人身上所有美好的、高贵的东西，人身上所有高等的行为方式，都来源于社会。柏克认为，人这种被造物，之所以从其原始状态，即自然状态，步入社会和国家，并不是因为他觉得这样做比较便利，相反，因为人的本性只能在世俗社会中才可能得以完善。脱离社会，人就无法作为一个充分成熟的存在物存在下去。"市民社会……就是一种自然状态，比起粗野而散漫无纪的生活方式来，它更是如此。因为人在本性上是通情达理的，不过他绝不会完全地处在自然的状态中，只有当他被置入那种理性在其中可以得到最佳培育并占据最大优势的环境中时，他才可能如此。文化是人类的本性。至少，无论在成型的壮年期还是在稚弱可怜的婴儿期，人们同样是处于自然状态之中。"[3]

社会、社会制度、历史文化传统以及国家等都是个体构成的网络，无论个体愿意与否，都是这个网络的有机组成部分，都是在这一网络中获得发展的。诚如吉登斯所说："社会就是把个体连接在一起的具有内在相互关系的系

---

[1]　E. H. 卡尔著，陈恒译：《历史是什么？》，商务印书馆 2007 年版，第 118-119 页。

[2]　张人杰主编：《国外教育社会学基本文选》，华东师范大学出版社 2009 年版，第 11 页。

[3]　E. 柏克著，蒋庆等译：《自由与传统》（英文版导言），商务印书馆 2001 年版，第 11 页。

统……所有社会的整合都依赖这样一个事实：它们的成员是在共同文化造就的结构化的社会关系中被组织起来的。没有社会，文化就不可能存在；反之亦然，没有文化，社会也不可能存在。没有文化，我们便根本不能被称为通常意义上我们所理解的'人'。我们将失去表达自我的语言，没有自我意识，我们的思考和推理能力也将受到极大的限制。"[①] 麦金太尔认为，人处在社群关系之中，只有理解个人所处的社会文化环境和历史文化传统，才能解释个人的价值与目的。在他看来，个体通过他在各种社群中的成员资格来确定自己的身份并被他人所确认。"我可以同时是哥哥、堂兄和孙子，可以既是家庭成员，又是村社成员，还是部落成员。这些并不是偶然属于人们的特性，不是为了发现'真实自我'而须剥除的东西。作为我的实体的一部分，它们至少部分地，有时甚至是完全地确定了我的职责和义务。每个个体都在相互联接的社会关系中继承了某个独特的位置；没有这种位置，他就什么也不是，或者至多是一个陌生人或被放逐者。"[②] 他还特别强调语境对个人行为的作用、影响："在成功地确认并理解他人的行为的过程中，我们总是趋向于将特定的事件放到一系列叙事性历史的语境中，这些历史同时包括所涉及的各个个人的历史和他们在其中活动与经历的背景的历史。"[③] 换句话说，一个人只要是缔结人类的一个成员、一分子，那么，不论其做什么工作、具体贡献如何，他都做出了"贡献"，社会就应该赋予生活中每个人同等的关心和同等的地位。

2. 个人是社会发展的"产儿"与社会发展的推动者

个人既是社会发展进程的产物，也是社会发展进程的推动者。在马克思看来，"正像社会本身生产作为人的人一样，人也生产社会"。实践作为人的活动，既体现着人的内在尺度、人对社会的批判性和创造性，又包含着人的自我发展在其中。"现实的个人"及其活动是社会的现实前提，"社会结构和国家总是从一定的个人的生活过程中产生的"。[④] 社会运动在其直接的意义上不过是追求着自己目的的人的活动而已，社会历史是个体发展的历史，社会关系不过是他们的物质的和个体的活动所借以实现的必然形式罢了。因此，社会与个体之间存在着对立的看法，是没有任何事实依据的。"社会与个体这两个概念非但不是对立的，不是只会在相反的意义上展开的，而且是互相包含的。个体对社会提出要求时，对自己也有所要求。社会主要通过教育对个体施加的影响在其

---

① A. 吉登斯著，赵旭东等译：《社会学》，北京大学出版社 2003 年版，第 29 页。
② A. 麦金太尔著，宋继杰译：《追寻美德》，译林出版社 2003 年版，第 42 页。
③ A. 麦金太尔著，宋继杰译：《追寻美德》，译林出版社 2003 年版，第 268 页。
④ 《马克思恩格斯选集》（第 1 卷），人民出版社 1995 年版，第 71 页。

目的和结果上都绝不是压制个体、贬低个体和歪曲个体，而是提高个体的地位，使之成为一个真正的人。"① 社会在个人发展中起着重要的作用，同样，个体在社会发展中亦起着重要的作用。社会的发展与个人的发展是齐头并进且互为条件的。个人只有在社会中进行有效的社会合作、社会交往，才有可能实现自身的价值。罗尔斯说："正是通过建立在社会成员们的需要和潜在性基础上的社会联合，每一个人才能分享其他人表现出来的天赋才能的总和。我们达到了一种人类共同体的概念，这个共同体的成员们从彼此的由自由的制度激发的美德和个性中得到享受；同时，他们承认每一个人的善是人类完整活动的一个因素，而这种活动的整体系统是大家都赞成的并且给每个人都带来快乐。"② 社会交往把每个自我带入一种精神相遇的视野中。尽管自我的创造并不意味着必定是人性在道德上善的建构，但是自我的任何创造都是展现在生活空间的交往之中的。米德说："自我所由产生的过程是一个社会的过程，它意味着个体在群体内的相互作用，意味着群体的优先存在。它还意味着群体的不同成员都参与其内的某种合法性活动。"③ 每个人的自我实现或自我创造只有在社会或共同体的规定下才是可能的，因为社会或共同体为自我的认同、发展提供了社会性的背景和际遇。尽管自我是偶在的，自我的创造是偶在的，但是在共同体的生活境域中，我们成为了自己。个人只有在社会中进行持续的交往，他的个性才可能得到自由和充分的发展。马克思指出："只有在共同体中，个人才能获得全面发展其才能的手段，也就是说，只有在共同体中才可能有个人自由。"④《世界人权宣言》第 29 条指出："人人对社会负有义务，因为只有在社会中，他的个性才可能得到自由和充分的发展。"个人只有在社会中进行持续的交往，才能把自我从纯主观性和纯偏执性中解放出来，从特殊性走向普遍性与特殊性的统一，从个性走向个性与共同性的统一，也才能养成个体的社会共同体意识。

为了使个人更好地对社会做"贡献"乃至做更大的"贡献"，必须对其进行教育。涂尔干认为，教育的目的即在于使年轻一代系统地社会化。"教育是年长的几代人对社会生活方面尚未成熟的几代人所施加的影响。其目的在于使儿童的身体、智力和道德状况都得到某些激励与发展，以适应整个政治社会在

---

① 张人杰主编：《国外教育社会学基本文选》，华东师范大学出版社 2009 年版，第 12 页。

② J. 罗尔斯著，何怀宏等译：《正义论》，中国社会科学出版社 2001 年版，第 526 页。

③ G. H. 米德著，赵月瑟译：《心灵·自我与社会》，上海译文出版社 2005 年版，第 129 页。

④《马克思恩格斯选集》（第 1 卷），人民出版社 1995 年版，第 119 页。

总体上对于儿童的要求，并适应儿童将来所处的特定环境的要求。"① 在每个人身上都存在着双重人格，一是个体我，二是社会我。教育的目的，是在我们每个人身上塑造社会我。因此，教育并不局限于在个体本性的意义上使他得到发展，不局限于使个体所隐藏的而且只需要表现出来的潜能得以显示，教育要在人的身上创造新的人格。他说："每出现一代新的儿童时，社会就面对着一块应在上面从头开始建设的几乎是光秃秃的土地。社会必须在刚产生的利己主义的和不适应社会生活的人格中，通过最快的途径添上使之能够进行道德生活与社会生活的另一种人格。这就是教育的使命。"② 社会按其需要对个体进行的教育、培育，对个体而言，并不是束缚，而是促进其社会化的进程。"通过教育而施加的集体影响就这样在我们每个人身上塑造了新的人格，而新的人格反过来又使我们身上具有的更好的人格和人所特有的属性得以呈现。"③ 除了按照社会的要求对人进行教育外，还得尊重个体的兴趣、爱好、自由以及差异性。教育共同体的任务是保持一个人的首创精神和创造力量而不放弃把他放在真实生活中的需要；传递文化而不用现成的模式去压抑他；鼓励他发挥他的天才、能力和个人的表达方式，而不助长他的个人主义；密切注意每一个人的独特性，而不忽视创造也是一种集体活动。"教育作为实现成功的职业生活的一种手段，是一个非常个人化的过程，同时又是一个建设相互影响的社会关系的过程。"④ 唯其如此，我们才能使每一个人虽然与所有的人相联合，却只是服从他自己，并且仍然同以前一样自由。雅斯贝尔斯说："人不只是经由生物遗传，更主要是通过历史的传承而成其为人。人的教育重复出现在每一个人身上；在个人赖以生长的世界里，通过父母和学校的有计划教育，自由利用的学习机构，最后将其一生的所见所闻与个人内心活动相结合，至此为止，人的教育才能成为人的第二天性。教育正是借助于个人的存在将个体带入全体之中。个人进入世界而不是固守着自己的一隅之地，因此他狭小的存在被万物注入了新的生气。如果人与一个更明朗、更充实的世界合为一体的话，人就能够真正成为他

---

① 张人杰主编：《国外教育社会学基本文选》，华东师范大学出版社 2009 年版，第 8 页。

② 张人杰主编：《国外教育社会学基本文选》，华东师范大学出版社 2009 年版，第 8—9 页。

③ 张人杰主编：《国外教育社会学基本文选》，华东师范大学出版社 2009 年版，第 11 页。

④ 联合国教科文组织教育丛书，联合国教科文组织总部中文科译：《教育——财富蕴藏其中》，教育科学出版社 2005 年版，第 86 页。

自己。"①

作为社会的一分子，每个人都在某种意义上为社会的发展做出了"贡献"，社会无疑也应该赋予教育生活中每个人同等的教育关心和同等的教育地位。实现人类进步和权益的巨大潜力，取决于人们能够有机会获得必要的教育，以便开始获得越来越丰富的相关知识以及分享这种知识的新方法。同时，通过教育使社会成员成为社会发展进步的推动者，无疑构成了教育权存在必要性的有力论证。一个民族、一个国家的未来如何，全在于父母教育、学校教育和自我教育。一个民族、一个国家如何培养教师、尊重教师，以及在何种氛围下按照何种价值标准生活，这些都决定了一个民族、一个国家的未来。诚如美国民权运动领袖金所说："一个国家的繁荣，不取决于它的国库之殷实，不取决于它的城堡之坚固，也不取决于它的公共设施之华丽；而在于它的公民的文明素养，即在于人们所受的教育，人们的远见卓识和品格的高下。这才是真正的利害所在，真正的力量所在。"②

（三）教育是理性地行使政治权利与公民权利的基础

现代民主制的健康和稳定，不仅依赖于基本制度的正义，而且也依赖于民主制度下公民的素质和态度，"只有在人民尽力支持的前提下，自由的宪政制度才有价值"。③

1. 公民品德的培养

任何关注民主合法性和社会正义的理论都必须关注政治生活中的公共合理性品德、关注公民社会中的公民礼仪的品德。甘斯通通过系统研究后发现：以下几种品德是必要的：一是一般品德，诸如勇气、守法、诚信；二是社会品德，诸如独立、思想开通；三是经济品德，诸如工作伦理、约束自我满足的能力、适应经济和技术变迁的能力；四是政治品德，诸如尊重他人的权利、提出适度要求的意愿、从事公共讨论的意愿以及评价官员表现的能力。④ 这些品德特别是经济品德，实际上是任何政治秩序都需要的，而无论所涉及的政治社会是大是小、是农业化的或工业化的、是民主的或权威的、是多元的或单一的。总体而言，公民在履行自己追求正义的义务以及创造和维系正义制度的义务

---

① K. 雅斯贝尔斯著，邹进译：《什么是教育》，生活·读书·新知三联书店 1991 年版，第 53—54 页。

② 王帆著：《中国如何在文化上掌握主动》，《成都商报》，2008 年 4 月 21 日。

③ W. 金里卡著，刘莘译：《当代政治哲学》（下），上海三联书店 2004 年版，第 513 页。

④ W. 金里卡著，刘莘译：《当代政治哲学》（下），上海三联书店 2004 年版，第 519 页。

时，公共合理性品德、公民礼仪的品德是最为重要的品德。"如果不具有这些品德，自由主义的民主制度就既不能实现正义也不能确保稳定。"① 但是，"对于丰富的品德的列举……并没有告诉我们如何创造那些品德"。② 因此，如何让人们拥有这些品德、国家从事什么样的"塑造事业"以促进这些品德就成为至关重要的问题。

一般而言，大致可以通过以下途径培养公民品德。

（1）市场

"新右派"理论家认为，市场是公民品德的学校。③ 20 世纪 80 年代，美国、英国的许多改革即是通过扩展市场生活的范围，以培养人们的创新和独立品德。"新右派"认为，福利国家在穷人中助长了消极，创造了依赖性的文化，把公民变成了在官僚保护下的消极依赖者。相反，市场则鼓励人们自食其力。他们相信，自食其力不仅本身就是一项重要的公民品德，而且还是被社会接受为完整成员的前提。由于公民没有兑现其自食其力的义务，长期失业既是失业者本人的耻辱也是社会的耻辱。不能兑现自食其力的义务，也不可能拥有完整的社会成员资格。"要求依赖者担负起与他人一样的义务，并非反对平等，而恰好是平等的本质。有效的福利（政策）必须使福利接受者承担公民共有的义务，而不是免除这些义务。"换句话说，要具有积极的公民资格，必须超越作为权利的公民资格而转向公民自食其力的责任。因此，市场被视为促进自立、创新等品德，支持公民礼仪以及拥有完整成员资格的有效手段。不过，市场作为公民品德的学校，其局限性也是显而易见的：英、美等国家市场管制的放松，造就了一个贪婪和经济上不负责任的世界；市场教导创新，却不教导正义感或社会责任。诚如金里卡所说："无论怎样，市场都无法教导与政治参与和对话特别相关的那些公民品德，如公共合理性的品德。"

（2）社团

"公民社会理论家"认为，市场无法培养或促进民主制度健康运转的诸多品德，诸如公民礼仪和自制等。相反，人们是从公民社会的自发机构诸如教堂、家庭、工会、公司、慈善机构等学到互有义务的品德的。正如沃尔泽所说："只有在公民社会的社团网络中才可能学会使民主政治得以可能的公民礼

---

① W. 金里卡著，刘莘译：《当代政治哲学》（下），上海三联书店 2004 年版，第 547 页。

② W. 金里卡著，刘莘译：《当代政治哲学》（下），上海三联书店 2004 年版，第 547 页。

③ W. 金里卡著，刘莘译：《当代政治哲学》（下），上海三联书店 2004 年版，第 549－551 页。

仪。"① 上述社团都是自愿性的组织，一旦人们无法履行自己的责任，尽管不会遭到法律的制裁，但却会受到来自家庭、朋友、同事等的谴责。与非人格国家的法律惩罚相比，反而更能促进人们的责任心、正义感。正是在这些场所，"公民资格所需的人的特征和能力得以形成"——因为，正是在这些场所，我们使个人责任和相互义务的观念得以内化，并且学会了对于真正负责的公民资格而言至关重要的、基于自愿的自制。不过，这些观点似乎都没有经过充分的论证和思考。现以家庭在培养孩子正义感方面的作用为例作一讨论。一般而言，正义感是从关怀感中生长出来的，而后者最初是在家庭中习得的。如果儿童没有在家庭中学到如何"对他人的目标和利益保持友好和敏感"，就不可能教会他们什么是公平。罗尔斯曾充分肯定了家庭在培养孩子正义感中的作用，讨论了正义感是如何在家庭的道德环境中生发的问题。但是，罗尔斯的正义理论存在着内在性的缺陷。欧金认为，罗尔斯与"政治哲学家的悠久传统保持了一致"，"把家庭视作道德学校，认为家庭是创造正义公民的首要社会制度。但与此同时，与该传统中的其他哲学家一样，他忽略了两性家庭本身的正义或不正义的问题。这就使理论本身面临着一种核心冲突——只有提出家庭内部的正义问题，才能消除这种冲突"。② 罗尔斯在解释道德发展时，提出的前提条件即是："假如家庭教育是正当的，假如父母爱那个孩子，并且明显地表现出他们关心他的善；那么，那个孩子一旦认识到他们对于他的显明的爱，他就会逐渐地爱他们。"③ 但是，罗尔斯并没有致力于证明家庭的正义。"如果两性家庭制度确实是不正义的，而是等级社会和封建社会的残余——如果责任、角色和资源没有遵从两个正义原则，而是按照附带着重大社会意义的先天差异在进行分配，那么，罗尔斯关于道德发展的整个学说，似乎都是建立在不确定的基础之上。"④ 譬如，有什么能够保证儿童正在学习的是平等而不是专制、是互惠而不是剥削、是合作而不是竞争？所以，对家庭本身的正义进行讨论，非常重要，因为家庭不仅是成年男女的不平等的潜在场所，而且是培养儿童正义感的现实学校。可惜的是，绝大多数理论家并没有正面回答这些问题，而只是提出了一些假设："人们反正已经发展出了必要的道德能力。但是，虽然他们对此所言甚少，他们却的确认识到，'要是主体在发展对于他人的体谅能力上失败了，这就是一种道德失败，因为——真希望——许多义务根本不可能由毫无感情

① W. 金里卡著，刘莘译：《当代政治哲学》（下），上海三联书店 2004 年版，第 551 页。
② W. 金里卡著，刘莘译：《当代政治哲学》（下），上海三联书店 2004 年版，第 717 页。
③ J. 罗尔斯著，何怀宏等译：《正义论》，中国社会科学出版社 2001 年版，第 492 页。
④ W. 金里卡著，刘莘译：《当代政治哲学》（下），上海三联书店 2004 年版，第 717 页。

的、冰冷的道德主体去完成'。"①

即便抛开上述质疑不论，各种自愿性的社团组织自身存在着缺陷却是不争的事实。各种自愿性的社团组织可能恰恰促进了顺从、不宽容、不妥协等不符合公民社会要求的公民品德。例如，家庭常常是教导男性对女性行使统治的"专制学校"。沃尔泽认为，绝大多数人都"被系于这种或那种从属关系中，而他们在这种关系中学到的'公民礼仪'只不过是顺从而不是独立和主动"。② 再如，尽管家庭中的母爱对于培养品德和责任具有重要作用，"母爱教导妇女如何担负生活的责任以及如何保护弱小者"，但是几乎没有证据可以证明母性态度会促进诸如"积极的公民资格、自我管理、平等主义和对自由的运用"等民主价值。诚如帝兹所说："开明专制、福利国家、一党独裁以及民主共和国也许都尊重母亲，都保护儿童的生活并且都对弱小者表明同情。"③ 同时，也不能简单地指望父母会为其孩子提供使其行使自由和成为民主社会的平等公民所必需的教育。有的父母不能这样做，有的父母则不愿意这样做。如果父母选择偏狭的、不宽容的教育，则会危害公民品德的培养，"这种教育的广泛传播危害了民主社会确保所有个体自由平等的公民权的能力"。④ 面对一些社团存在的"褊狭和偏颇的"活动时，显然需要我们"在新的自由和平等的条件下重建"社团网络，"需要通过政治来对他们予以修正"。不过，沃尔泽等人提出的纠偏方法，不仅没有对自发社团形成支持，反而在无意中允许政府对社团进行全面干预。况且，"虽然这些社团也可以培养公民品德，但这却并非它们存在的理由。人们之所以要进入教会、要组成家庭或形成种族组织，其理由并不是为了学习公民品德。相反，人们是为了尊重某些特定的价值或享受某些特定的人类成果，而这些动机与促进公民资格几乎没有什么关系"。⑤

通过以上的分析，我们似乎可以说，不能完全依赖于市场、家庭或公民社会的社团去培养完整的公民品德。"的确，人们不可能从这些制度当中学到如公共合理性和对权威的质疑这样的特殊政治品德，因为这些制度本来就是靠私

---

① W. 金里卡著，刘莘译：《当代政治哲学》（下），上海三联书店 2004 年版，第 717—718 页。

② W. 金里卡著，刘莘译：《当代政治哲学》（下），上海三联书店 2004 年版，第 552 页。

③ W. 金里卡著，刘莘译：《当代政治哲学》（下），上海三联书店 2004 年版，第 554 页。

④ R. Curren 主编，彭正梅等译：《教育哲学指南》，华东师范大学出版社 2011 年版，第 518 页。

⑤ W. 金里卡著，刘莘译：《当代政治哲学》（下），上海三联书店 2004 年版，第 553—554 页。

人交流和对权威的尊重而得以存在的。一些具有公共精神的父母或社团也许会刻意地去促进这些政治品德，但却不敢担保他们是否会这样做，并且，这种做法——要政府通过干涉家庭或教会来强迫他们这样做——显然是不恰当的和不被允许的。"尽管每一种社团都可以培养公民社会所需要的某些重要品德，但也会生成一些与公民社会要求相反的品德。那么，我们究竟可以通过什么路径、到什么场所去习得公民品德呢？答案显然是教育（制度）。诚如古特曼所说："作为未来的公民，儿童需要通过教育懂得如何在社会中参与集体决策。把绝对的教育权交到不负责任的精英手中，是没有希望培养自由平等之公民的。如果公民有自由平等的公民权，那么，其部分自由就包括行使国家教育者的责任。"①

（3）教育是培养公民品德的主渠道

公共教育既是一个社会保持其文化和价值并将它们传递给年轻一代的首要途径，也是培养公民、公民品德的主要途径。康德认为，公共教育优于私人教育，"公共教育不仅在技能培养方面，而且在造就一个公民的品格方面，都显得优于家庭教育。后者则不仅经常产生家族性的缺陷，而且还会使其一直流传下去"。② 换句话说，公共教育是对私人教育的提升，它把"教导和道德塑造"予以有机地结合。公共教育制度比"私人教育教育制度"更可取，因为通过与公民同伴接触，施于学生的教育制度规范才会具有道德的效果，学生们才能"学会衡量自己的能力，学会通过别人的权利认识自己行为的限制"。③ "人们需要校园的塑造或教导，以便有技能达到其所有的目的。这种塑造给人以其自身作为个体的价值。而通过对明智的塑造，人成为公民，这样他就取得了一种公共的价值。它既学会为其自己意图驾驭公民社会，也学会投身其中为其服务。最后，通过道德塑造，他获得了一种对于整个人类的价值。"④ 不论在什么情况下，公共教育的主要目的都是使人作为社会的人获得充分、全面、自由的发展。公共教育是文化价值的传播工具，是有助于适应社会生活需要的环境的创造者，也是使共同计划成形的熔炉。从历史上看，公共教育运动确实受到培养公民品德的推动。在美国，早期的公共教育支持者希望通过学校培养一种能够进行民主自治的、统一的公民特性。杰斐逊认为，公立学校是保障个人自由和

---

① R. Curren 主编，彭正梅等译：《教育哲学指南》，华东师范大学出版社 2011 年版，第 516 页。
② 康德著，赵鹏等译：《论教育学》，上海人民出版社 2005 年版，第 13 页。
③ 康德著，赵鹏等译：《论教育学》，上海人民出版社 2005 年版，第 14 页。
④ 康德著，赵鹏等译：《论教育学》，上海人民出版社 2005 年版，第 15 页。

集体自由的先决条件。他在 1786 年写给华盛顿的信中写道："我们的自由只有掌握在人民自己手中，掌握在那些受过一定程度教育的人民的手中，才是安全的。这是目前国家最需要付诸努力的事情，因而也需要一个总的规划来实施。"① 1819 年，他在建立弗吉尼亚大学时提出："为国家功用而建立的机构必须满足公共要求。"杰斐逊的这一主张，从此成为美国高等学校的座右铭。美国人在公立高等学校投资上的信念是：公立高等学校是一种公共利益，它肩负着维护和提高公民生活质量的重任、功效，投资公立教育就是投资自己。公立学校的支持者贺拉斯·曼也认为，开办公立学校的必要性不仅在于传播一般的知识，而且还在于向那些日益多元的民众传递共同的美德。自此以后，美国公立学校不仅为不同宗教信仰，而且为不同阶层的孩子以及许多刚到美国的移民提供教育，培养他们的公民美德和对国家的忠诚。时至今日，培养孩子们对其他文化和生活方式持开放的态度、培养他们民主和自由的德性，已成为教育世界最迫切的任务。"随着公共教育成为把多元性的民众培养成为明智且忠诚的公民的必要手段，把公民美德与宗教信仰、民族忠诚结合起来就成为了公共教育的理想。"② 民主、自由的德性对民主社会很重要，因为所有民主社会的文化、生活方式都是多元的。同时，学校被（重新）组织成不可能从别处学来的公民品德的有效苗床。"在现代自由主义社会里，就有这样一种几乎压倒性的倾向：把学校当成医治我们所有社会疾病的场所。"③

　　一种适当的教育是理性地行使政治与公民权利的先决条件，受过良好教育的人更有利于保持民主的社会结构和理念。古特曼说："教育儿童去过一种平等自由的生活，成为一个自由平等的公民，不仅仅需要以自由为价值取向的教育。教育权威还必须把作为自由人生活的条件的美德传授给孩子们，包括宽容、正义和互惠。没有这些美德，民主社会，乃至自由都不可能获得保障和繁荣。而且，培养孩子们的这些美德，也意味着培养孩子们对这些美德的评价能力，教育他们运用自己的理性来接受、反对或改善其对这些美德的理解。"④ 在现代社会，教育的一个重要作用即是使人们更好地管治自己。没有任何人怀

① R. Curren 主编，彭正梅等译：《教育哲学指南》，华东师范大学出版社 2011 年版，第 557 页。
② R. Curren 主编，彭正梅等译：《教育哲学指南》，华东师范大学出版社 2011 年版，第 557 页。
③ W. 金里卡著，刘莘译：《当代政治哲学》（下），上海三联书店 2004 年版，第 556 页。
④ R. Curren 主编，彭正梅等译：《教育哲学指南》，华东师范大学出版社 2011 年版，第 523 页。

疑，自治，也即民主，是一件劳神费力的事。"初级农业经济从政府那里所求甚少；无论是对于政府还是被统治者来说，一种相对简单的智识水平就够用了。随着经济的进步和相伴随的社会责任，政府所面对的问题的复杂性和多样性都在增加，很可能是以几何级数而非算术级数增加。因而需要一个受过良好教育的选民群体通晓这些事务和决定，或是有一个在州或其行政系统中大体上能够代表他们总体的代表群体，否则人们将会听任于无知和错误的声调。而这些正是社会和政治结构本身的破坏因素。"① 正因为如此，几乎所有的民主国家的人民都害怕生活于无知者的影响之下。罗素认为，民主不大可能在部分文盲的人民中实现，除非在最小的地方范围内。在罗素看来，人们拥护国家实施义务教育制度的动机主要有：一是这一制度使人能够读书和写字，这本身是值得称道的事；二是无知的国民对一个文明国家来说简直就是尊严的丧失；三是没有教育，民主政治就是空谈。然而，上述理由都是次要的，真正主要的理由是，人们感到文盲是极不体面的事。当义务教育制度普遍而牢固地建立后，它会产生多种作用。"无论是心地善良还是心生邪恶的青年，这一制度都能使他们更加安分守己。它能改善人们的生活方式并减少犯罪现象；它能使人们的日常行为更加符合公共利益；它能使社会对其中心机构的管理更加关注。没有这一制度，民主制度就不可能存在，或者只是一个空洞的形式。"② 正因为如此，罗素热情称赞免费的义务教育制度："为所有人提供免费受教育机会的制度是唯一与自由原则相一致的制度，也是唯一可为充分发挥才能提供合理希望的制度。"③ 其次，在现代社会，大凡能以极高的代价获得的财富，知识可能是其间的最为重要者，然而那些不曾拥有知识的人却不能清醒地认识到知识的价值。另一方面，现代社会的有效运作，必须依赖于知识资源的获得，然而知识的获得，必须以掌握一定的技术尤其是"阅读"的技术为前提条件。"阅读"技术的获得，必须依靠教育。发展教育，一方面能够实现对"无知的征服"，另一方面"把知识传授给那些没有多大兴趣去寻求知识的人或没有多大兴趣去为获得知识而作出一定牺牲的人，乃是整个社会的利益所在"。④ 正因为如此，义务教育在当代社会已经成为共识，且必须达到一定的标准。"一方面，人们普遍认为，如果我们的同胞与我们共享一定的基础知识和信念，那么我们大家都将

---

① J. K. 加尔布雷思著，王中宝等译：《美好社会》，江苏人民出版社 2009 年版，第 59 页。

② B. 罗素著，李国山等译：《自由之路》（上），文化艺术出版社 1998 年版，第 224 页。

③ B. 罗素著，李国山等译：《自由之路》（上），文化艺术出版社 1998 年版，第 108 页。

④ T. A. V. 哈耶克著，邓正来译：《自由秩序原理》（下），生活·读书·新知三联书店 1997 年版，第 160 页。

面临较少的风险，同时也将从我们的同胞那里获得较多的益处。另一方面，需进一步考虑的一个重要问题是，在实行民主制度的国家中，如果有一部分人为文盲，那么民主就不可能有效地运行，除非这种民主制度在一极小的区域内推行。"① 尤为重要的是，公共教育不仅仅是知识的传授，还引导人们确立共同的价值标准。"倘若没有那些共同的价值标准，那么人们便显然不可能和平共处。"② 例如，如果美国没有借助公立学校制度以推行"美国化"的政策，美国不可能成为一个有效的"种族大熔炉"，也不可能培养恰当的国民信念和美德，而且很可能会面临种种棘手的种族问题。杜威曾对美国的公立学校作了如下解释："不同种族、不同宗教和不同风俗习惯的青少年混合在一所学校里，为大家创造了一个新的和更为广阔的环境。……美国公立学校的同化力量，是对共同和平衡的要求的功效的有说服力的证据。"③ 同时，义务教育阶段的学校教导孩子们进行批判性推理，并开阔孩子们的道德视野，而这些品德恰恰是公共合理性的基础。

当然，学校要更好地实现其培养公民素质的目的，必须从教师、课程设置、学生权利主体地位的确立等方面进行必要的变革。在卢梭看来，在教育孩子的问题上，过分严格和过分关心都是错误的，两种做法都是不利于孩子健康成长的。他说："有些人是过分严格，有些人是过分放任，这两种情况都同样是要避免的。如果你放任孩子不管，就会使他们的健康和生命遭到危险，使他们在眼前受到许多苦楚；但是，如果你过分关心，一点苦都不让他们受，就会使他们在将来遭到更大的苦难，使他们长得十分娇嫩、多愁善感，从而使他们脱离成人的地位。"④ 在陶行知看来，过分的管束或不恰当的呵护，并不能培养出真正具备权利意识的公民，也不能提高学生的公民素养。他说："今日的学生就是将来的公民，将来所需要的公民，即今日所应当养成的学生。专制国所需要的公民，是要他们有被统治的习惯；共和国所需要的公民，是要他们有共同自治的能力。中国既号称共和国，当然要有能够共同自治的公民。想要能够共同自治的公民，必先有能够共同自治的学生。所以从我们的国体上来看，我

① T. A. V. 哈耶克著，邓正来译：《自由秩序原理》（下），生活·读书·新知三联书店
   1997 年版，第 160 页。
② T. A. V. 哈耶克著，邓正来译：《自由秩序原理》（下），生活·读书·新知三联书店
   1997 年版，第 161 页。
③ R. Curren 主编，彭正梅等译：《教育哲学指南》，华东师范大学出版社 2011 年版，第
   556 页。
④ 卢梭著，李平沤译：《爱弥儿》（上卷），商务印书馆 2006 年版，第 85 页。

们的学校一定要养成学生共同自治的能力，否则不应算为共和国的学校。""我们既要能自治的公民，又要能自治的学生，就不得不问问究竟如何可以养成这般公民学生……养成服从的人民，必须用专制的方法；养成共和的人民，必须用自治的方法。"① 为了培养、提高公民素质，我们必须改变传统教育管理模式以及方式方法，即借助他律对学生行为予以过多的约束、管制，而忽视对学生权利意识的培养。从另一个角度说即是：确立学生的权利主体地位，保护学生的自主权，对学生理性行使权利保持高度信任，是培养学生权利意识、提高学生公民素质的基础。为此，各国纷纷对传统教育管理模式进行改革，颁布一系列政策、制度确保学生的权利主体地位。1961 年，卡森在一次面向英国教师的讲话中说，教育工作者提高了公众的理解力，促进了人权文化的形成，法律和人权就能由此得到有效的补充。"当教师讲授人权并把他们自己关于作为公民和作为人的权利、尊严及责任的观念传播给学生时，其实他们正在对我们所进行的这项工作作出最高级别的补充……法律效力本身只是一个次要的安全保障：正是对年轻人也是对成年人的教育，才是对少数族裔首要和真正的保障，这些少数族裔常常面对极易导致暴力和谋杀的种族仇恨。"② 《2000 年国家课程》则提供了一种让学生带着目的去学习并获得成就感的权利。学习者应该"提升知识水平、理解力、技能和态度，这些都是自我实现和成长为积极的、负责任的公民所必需的"。③ 就学生而言，虽然 20 世纪 60 年代以来，学生权利在世界各国得到承认并有一定的政策保障，诸如从校长选拔到学生事务管理，学生虽然均有较广泛的参与机会，但仍然有较大的提升空间。加塞特认为："大学以学生为中心的概念必须得到贯彻，以达到能够影响其物质组织的程度。像过去一直以来所认为的那样，把大学看作教授接待学生的房子的观点是荒谬的；事实上应该恰恰相反：让学生来管理大学这幢房子，使全体学生成为机构的躯干和骨架，而教员或教授们则作为辅助或补充。"④ 1990 年联合国通过的《儿童权利公约》的特色之一，是使经济权利、社会权利、公民权利、政治权利成为一个整体，并且认识到它们之间相互依存和不可分割的关系。《儿童权利公约》明确规定：儿童有表达意见的权利，有知情权，有能够使他们自己决

① 江苏省陶行知教育思想研究会等编：《陶行知文集》，江苏人民出版社 1981 年版，第 19—20 页。

② A. 奥斯勒著，王啸等译：《变革中的公民身份》，教育科学出版社 2012 年版，第 35—36 页。

③ A. 奥斯勒著，王啸等译：《变革中的公民身份》，教育科学出版社 2012 年版，第 17 页。

④ A. 加塞特著，徐小洲等译：《大学的使命》，浙江教育出版社 2001 年版，第 71 页。

定自己的生活和未来的受教育权利。儿童是公民，而不是等待成为公民的人。"尊重儿童为'人'，意味着他们不再仅仅被视为受保护的客体，而是作为主体，像所有人一样拥有人权。这一新观念既适用于作为个体的儿童，也适用于作为一种社会类别的儿童。"① 1998年，巴黎世界高等教育会议通过的《21世纪的高等教育：展望和行动世界宣言》指出："在当今这个日新月异的世界上，高等教育显然需要有以学生为中心的新的视角和新的模式，大多数国家的高等教育都需要进行深入的改革和实行开放政策，以便培养更多不同类别的人。""高等院校必须教育大学生成为知识丰富和有远大抱负的公民，他们能够以批判精神进行思考，会分析问题，能研究和运用解决社会问题的办法并承担起社会责任。"同时通过的《高等教育改革与发展的优先行动框架》声明："国家及其政府、议会和其他决策的部门应把学生视为高等教育关注的焦点和主要力量之一。应当在现有制度范围内，通过适当的组织机构，让他们参与教育革新（包括课程和教学的改革）和决策。"② 2001年，英国教育与技能部在其白皮书——《学校：获取成功》中指出："我们就鼓励学生积极参与影响到他们的学习方面和和更广泛范围的决策。学校委员会可能是鼓励学生参与决策的一个重要方式……国家健康学校标准让学生参与政策开发，让他们有机会对学校生活和学校环境的某些方面承担责任。此外，作为其检查的一部分，教育标准局督察员现在将系统地征求一所学校学生的意见。我们在制定和评估政策时，也将了解儿童和青年的看法。"③

2. 教育不仅使民主成为可能，并且使得它成为必需

教育不仅使民主成为可能，并且使得它成为必需。"教育不仅使得了解公共事物的一定人群存在，而且使得他们要求别人听到自己的声音。未受过教育的人们，特别是那些散居乡野、从属于地主的人，很容易保持沉默并处于权威的控制之下，这是公认的。而这在一个受过良好教育因而关心政治、表达清晰的公民的社会中是不可能的。这一点在现代社会中也容易被接受。在这一点上，受过良好教育的人不会屈从于独裁统治，至少，在一定程度上会因此而反抗。相反，对穷人和文盲的专治是一种常见的现象。"④ 民主既是人的基本权

---

① A. 奥斯勒著，王啸等译：《变革中的公民身份》，教育科学出版社2012年版，第50页。
② 赵中建编：《全球教育发展的研究热点：90年代来自联合国教科文组织的报告》，教育科学出版社2003年，第410页。
③ A. 奥斯勒著，王啸等译：《变革中的公民身份》，教育科学出版社2012年版，第51—52页。
④ J. K. 加尔布雷思著，王中宝等译：《美好社会》，江苏人民出版社2009年版，第60页。

利，也是教育和经济发展的自然结果。"对于因其教育成就而期望自己的意见被倾听、并且无法沉默屈从的人们来说，没有其他更可行的方式可以管理他们了。因而，要重复的是，教育使得民主成为可能，并与经济发展一起使得民主成为必需，甚至不可或缺。教育还有更为长远的回报。"① 同时，教育有助于公民权利与政治权利的实现。享受公民权利和政治权利，如信息自由、表达自由、选举和被选举权等，均有赖于一定程度的教育。奥斯勒说："教育，已经被视为一种培养年轻人了解他们所居住社会的职能并且以各种方式投身于其建设的方式，换句话说，教育一直是培养年轻人成为未来公民的一种方式。其重点在于，培养年轻人以负责任的态度行使民主权利，包括投票权。学校的'公民'课程对那些不被期待履行责任或者掌握权力的人强调责任和尊重执政者，目的是鼓励盲目的爱国主义。与此相反，精英教育相当强调培养年轻人承担未来领导人的职责。从现在开始所有人都能够投身于塑造社会未来，民主公民教育就建立在这个前提的基础之上。"② 同理，许多经济、社会和文化的权利，如选择工作、同工同酬、享受科技成果、在基于能力的基础上接受高等教育，都只有在接受一定程度教育的基础上方可充分实现。反之，剥夺或侵犯教育权无疑会破坏一个人充分发展其人格，充分参与社会、政治和经济生活的能力。在全社会范围内，剥夺教育权不仅损害民主和社会进步的进程，而且危及世界的和平与人的安全。"人权……是建立良政和民主的关键理念。人权提供了一个基础，通过积极地参与、增加透明度和责任感来解决社会和全球的问题。良政建设由两个相互补充的能力建设部分组成：国家建设和社会发展。"③ 教育最大的雄心是确保每个人拥有必要的手段，去自觉地、积极地发挥一个公民的作用。不过，充分发挥这样的作用只有在民主社会中才有可能。

学校既为年轻一代提供不断适应社会的基本技能，也通过公民权利与义务的教育，培养年轻一代的民主意识，以便他们能抵御社会的种种排斥。在公民权利与义务教育的范围内，消极的宽容被优待少数人群体所取代，因为民主教育的基本目标是让所有的人都公正地享有基本的政治权利。美国联邦最高法院历史上对教育重要性所作过的最强烈表述即是基于教育的社会功能角度而裁定

---

① J. K. 加尔布雷思著，王中宝等译：《美好社会》，江苏人民出版社 2009 年版，第 60—61 页。

② A. 奥斯勒著，王啸等译：《变革中的公民身份》（引言），教育科学出版社 2012 年版，第 1 页。

③ "人的安全网络"组织编写，李保东译：《人权教育手册》，生活·读书·新知三联书店 2005 年版，第 21 页。

的。美国联邦最高法院在"布朗诉托皮卡教育委员会案"① 判例的结论中称："我们的决定不能仅基于比较黑白学校的有形因素。我们必须检验隔离本身对公共教育的后果……我们必须考虑公共教育的全部发展及其在美国生活中的现代地位。只有这样，我们才能决定公立学校的隔离是否剥夺了原告的法律平等保护。今天，教育或许是各州和地方政府最重要的职能。义务教育法和庞大的教育经费，都显示我们承认教育对民主社会的重要性。为了履行我们最基本的公共义务——甚至包括参军，教育乃是必不可少的；它是一个良好的公民社会之基础……如果在今天被剥夺教育机会，那么任何儿童都不能被合理预期在生活中获得成功。这种州政府提供的机会，必须成为对所有人可平等获得的权利。"② 在"普莱勒诉多伊案"判例的结论中称："美国人民总是将教育以及对知识的获取视为最具重要性的事务。我们已经认识到，公共学校是维持政府民主系统的一个最重要的公民机构，也是传递我们社会赖以建立的价值的重要媒介……并且，教育提供了基本的工具，将每一个人引向造福于我们所有人的富有生产力的生活。总而言之，教育在维持我们社会构造方面具有基础性的角色。当某些群体不能获得学习这个社会所依赖的价值和技能的途径时，我们不能忽视国家会为此付出的沉重的社会代价。"③ 当然，教育不能仅仅局限于培养民族国家的合格公民，还应培养世界公民。《儿童权利宣言》第 7 条原则指出："儿童应当通过接受教育成为社会的有用的一员。"《世界人权宣言》第 26 条指出："教育的目的在于充分发展人的个性……教育应当促进各国、各种族或各宗教集团间的了解、容忍和友谊，并应促进联合国维护和平的各项活动。"显然，教育应改变其"民族国家身份"，应从民族国家政策工具中解放出来。这是因为，一旦教育成为国家政策的一种工具，仇外或者穷兵黩武的政府可能利用教育来达到自己的目的。松浦晃一郎说："令人遗憾的是，教育并不是任何时候、任何情况下都能使各族人民从无知的堡垒中解放出来。它既非必然帮助他们认识到自己的尊严，也并非必然帮助他们自由地安排自己的命运；它常常并将继续为支持统治精英排外甚至酝酿冲突服务。这正是因为教育不仅是获取知识的一种手段，而且是为任何社会组织提供道德和意识形态培训的途径。"④

---

① "布朗诉托皮卡教育委员会"案一共包括五个案件，分别选自南卡罗来纳州、弗吉尼亚州、堪萨斯州、特拉华州和哥伦比亚特区，以突出种族隔离教育的普遍性问题。

② 张千帆著：《西方宪政体系》（上册·美国宪法），中国政法大学出版社 2004 年版，第354 页。

③ Plylerv. Doe, 457 U. S. 302（1982）.

④ A. 奥斯勒著，王啸等译：《变革中的公民身份》，教育科学出版社 2012 年版，第 39 页。

即，教育应促进（尽管不能保证）不同国家、民族、宗教间的理解、宽容、尊重和友谊，帮助建立全球性人权文化。总之，教育权的存在可以使社会生活中的每一个人都有能力并有责任去尊重和依赖他们共同的文化的、语言的和精神的遗产；促进他人的教育，推动社会正义事业，保护环境，宽容与自己不同的社会、政治和宗教制度；确保坚持为人们所普遍接受的人道主义价值观念和人权，并为相互依存的世界建立国际和平与团结。

尽管教育是理性地行使政治与公民权利的先决条件，但是，现实的情况却并不乐观。科恩说："民主的智力条件不断实现的前景——使公民消息灵通、接受良好教育——较之物质条件的实现多少有希望一些，但总的来说，不能令人鼓舞。"[1] 奥斯勒也说："在任何国家，民主制度的实现与公民身份的取得，都是一个不断斗争的过程。在此意义上，所有人充分实现公民权、政治权利和社会权利，取得自由和平等之间的平衡，与其说是一个事实，倒不如说可能只是一种美好的愿望。"[2] 不能令人鼓舞的原因在于教育、教育传播技术本身存在以下几方面的问题：第一，如果没有适当的指引，教育的能力会变成灌输的能力。在某些领域内，如政治、哲学等，理论的灌输会降低民主对成员所要求的那种评价道德与政治的能力。"在政治或哲学问题上，灌输歪曲了教育过程，使它的作用成为达到党派目的的工具。这样来运用教育，教育就成为灌输、洗脑，恰好与民主所要求的相反。"[3] 掌握大量事实，不能代替创造性地使用智慧对目的与目标进行判断的能力。如果新方法、新技术的运用不能相应地发展创造性的判断能力，这种新方法、新技术只会是民主的敌人而不是它的朋友。第二，先进教育技术的大规模运用，不是为参与过程服务而是操纵。巨大的权力由控制这些传播工具的人掌握，控制权已经由少数人掌握，还将肯定地转移到更少数的人手中。"一方面控制人类行为的可能性日益增大，另一方面对新闻传播工具的控制权日益集中，民主国家的智力条件看来不一定会有多大改善，而很可能的是在某些社会中根本无法实现。"[4] 第三，就学校培养公民品德的作用而言，既存在着实践上的问题，也存在着哲学上的问题。学校可以通过教导一些特定的政治品德来弥补家庭或私人社团在培养这些品德上的不足。但学校又是整个社会的一部分，因此，如果学校的目标不能够得到其他社会制度的支持，它们是不可能良好运行的。如果父母认为学校教育与他们的信念发生了根

---

[1]　科恩著，聂崇信等译：《论民主》，商务印书馆 2004 年版，第 285 页。
[2]　A. 奥斯勒著，王啸等译：《变革中的公民身份》，教育科学出版社 2012 年版，第 8 页。
[3]　科恩著，聂崇信等译：《论民主》，商务印书馆 2004 年版，第 286 页。
[4]　科恩著，聂崇信等译：《论民主》，商务印书馆 2004 年版，第 287 页。

本性的冲突，他们就不会支持这些学校，或者不认同自己的孩子在学校取得的教育成就，因此就会削弱源于学校的各种信息。同时，"学校教育并不能从根本上保证，学校在促进政治品德时会比家庭或教会做得更好。相反，历史上的学校经常被用来助长顺从、沙文主义、对陌生民族的憎恨或恐惧，以及其他一些非自由主义和非民主的缺点"。① 这些现象从另一个方面告诉我们，似乎没有任何一个制度可以单独地充当"公民品德的苗床"，公民们显然必须通过一系列交叉的制度去学习一系列交叉的品德。第四，尽管民主国家渴望平等对待公民，但是，个人和团体在获取教育服务时仍会遇到一些困难。建立在性别或种族基础之上的对完全公民身份的障碍，依然以正式和非正式的方式继续存在于许多社会之中。班克斯认为，对于有色族群和所有种族、民族、文化组织的女性来说，成为美国联邦的公民比主流男性更加困难。有色族群要成为美国公民有三大难题：（1）他们被法律排除在公民身份之外；（2）当公民身份法律上的障碍消除以后，他们往往被剥夺了受教育机会，而受教育可以让他们掌握在主流社会之中被有效运用的文化和语言；（3）即使他们拥有以上这些，他们还是常常得不到充分参与主流社会的机会，原因就是……歧视。② 显然，国家应承担相应的义务以确保全体公民的教育，包括对民主和人权原则的理解，以及不妥协地反对一切形式的种族主义。在英国，一些黑人社区团体表达了他们对不同社区儿童所获得的成就差别的关注。在 2000 年英国普通中学毕业考试中，有 48％的学生获得了 5 个或以上的 A 到 C 等级，但是加勒比裔黑人学生取得的成绩远远低于此，只有 27％的学生通过了同样的国家等级考试。"如果个体不能平等地获取服务，不管这种不平等是客观事实还是主观想象，他们很可能会感到被排斥在外。被歧视的感受必然破坏归属感，而归属感是参与型公民身份的先决条件。如果它缺失了，也就意味着公民身份意识的缺失，而这会影响那些感到被忽略的人和宽泛的利益群体及其被推选出来的代表。"③ 第五，从全球观点来看，受过良好教育的少数人和教育不良、未受过教育的那些人之间，能力上的差距日益扩大。用心良好地缩小这种差距的努力，却往往取得相反的效果。一方面，医学科学的进步降低了贫困地区的死亡率，结果是保全了没有什么机会受教育的大量人口；另一方面，充满活力的学术研究使已受教育者的水平水涨船高，而本已经构成威胁的智力差距将越来越大。接受了良好教育的

① W. 金里卡著，刘莘译：《当代政治哲学》（下），上海三联书店 2004 年版，第 555—556 页。
② A. 奥斯勒著，王啸等译：《变革中的公民身份》，教育科学出版社 2012 年版，第 11 页。
③ A. 奥斯勒著，王啸等译：《变革中的公民身份》，教育科学出版社 2012 年版，第 10 页。

人与无知者之间的分化，对民主有直接的不利影响。由于知识就是力量，智力发展上的巨大差距往往使受过教育的人获得过多的权力，增加了群众被利用的可能性。智力上优秀分子教育群众的运动，内在的意图往往是向群众灌输，有时是，但不都是出自好心的。多数人与少数人之间，这种日益扩大的智力上的差距，使群众愈来愈难以在社会中、行政部门中起到民主所要求的相称的作用。可见，在民主国家中，教育工作不是让少数人学更多的东西，而是让多数人受到足够的教育。前一项工作稍微容易些，更可能取得立竿见影的效果，因为"一个社会智力上的成就常常用已经位于知识尖端的那些人前进的速度与成就来衡量"。在实践中，其后果是不断支持智力上优秀分子使他们以更快速度前进，而群众则越来越不能理解或跟上。例如，在美国，受过良好教育的少数人与一般多数人之间的这种差距日益扩大，产生不健康的后果；两个极端之间的紧张关系由于越来越深的互不信任而加重。因此，如果民主要生存下去，必须大力发展教育，依靠教育工作者。智力上的尖端当然不能放慢前进的步伐，但必须作出相称的更大的努力使落后的能达到合适的智力水平。在贫穷的国家中，必须由贫穷的人民自己有成效地进行精心安排以防止灌输的民众教育。尽管在这些方面取得了一定的进步，但成绩却远非令人鼓舞。"在世界大多数地区，识字率基本上保持不变，或有所下降，而文盲的绝对数字却稳步上升，对他们来说要起到民主公民的作用，实际上是不可能的。在积极推行民众教育的地方，那种教条的、说教的内容往往与民主精神背道而驰，正如要消灭的无知与民主精神不相容的情况一样。在普遍无知与普遍接受教育灌输这两种威胁之间，找出一条途径是今后半个世纪内政治民主所面临的最重要的智力上有待解决的问题。"①

（四）教育是促进个人发展的有效手段

教育的首要作用之一是使人类有能力掌握自身的发展。实际上，教育在把发展建立在个人和各社区认真负责参与的基础上的同时，应使每个人都能掌握自己的命运，以便为自己生活在其中的社会的进步做出贡献。因此，教育的各个组成部分均应有助于人的发展。这种负责任的发展能够调动人的各种能量，不过要有一个先决条件，那就是尽早为每个人提供"生活通行证"，使其能够更好地了解自己，理解他人，从而参与集体事业和社会生活。正如涂尔干所说："没有一个民族不存在应该通过教育无差别地使全体儿童——不论他们属

---

① 科恩著，聂崇信等译：《论民主》，商务印书馆 2004 年版，第 288 页。

于哪一个社会阶级——都反复学习的若干观念、情感和习俗。"①

教育扩充了人们的生活视野，丰富了人们的生活乐趣，增强了人们的精神生活。正是教育为个人打开了窗户，让人们尽情享受语言、文学、艺术、音乐的乐趣，欣赏世界景观的多姿多彩和奇异特质。雅斯贝尔斯说："我们之所以成为人，是因为我们怀有一颗崇敬之心，并且让精神的内涵充斥于我们的想象力、思想以及活力的空间。精神内涵通过诗歌和艺术作品所特有的把握方式，进入人的心灵之中。……透过古代那种纯朴而深邃的伟大，我们似乎达到了人生的一个新境界，体验到人类的高贵以及获得做人的标准。"② 千百年来，受过良好教育的人们从不怀疑他们的超额收益，也正是更多的受教育机会使得这种收益变得更为普遍而广泛。如果没有教育权的存在，人类就不能实现他们的潜能并成为充分发挥作用的社会成员。换句话说，教育权是"增强能力的权利"。这样一种权利为他或她提供了更多可以支配自己生命的能力，尤其是对国家行为施加影响的支配能力，而行使权利使一个人能够享有其他权利所带来的利益。加尔布雷思说："每一个孩子必须有机会而且也需要接受良好的初等和中等教育……因而，只要志愿所趋，能力所及，就应让其有足够的机会接受高等教育以获得成功。为达到所有这些目标，公共资源都必须可资利用。没有什么比宁愿放弃私人收入、舍弃个人支出和精心培育的个人奢侈消费而用作税收，以之为全体公民发展和支撑一个强劲的教育体系更能清楚明确地检验美好社会了。这样做的经济收益是毫无疑问的，政治得益也不待言，但真正的收益却存在于每个人所享有的更宽广、更深层、更美好的生活之中，这也只有教育才能提供。"③ 1973 年，美国《为了高等教育的机会均等》报告显示，同等学力的高中毕业生中，处于社会经济最底层的四分之一人口与处于最顶层的四分之一相比，升入大学的比例数，男子平均约低 25%，女子约低 35%。这一差距从根本上反映出上大学的巨额投资对于不同收入层次的家庭的不同意义。从高等教育的总量看，这一选择显然是非效率的，并且排斥了数以百万计学习能力超过在校学生的人。为了扩大底层家庭上大学的人数，耶鲁大学实施了一项实验性的财政资助计划。即，为学生提供有偿还义务的贷款，但偿还无需用现钱，而是用他或她未来收入的一部分。在奥肯看来，耶鲁大学的计划是有益的。一方面，"社会所作出的缩小教育费用资助差别的极大努力，既可以改善效率，

---

① 张人杰主编：《国外教育社会学基本文选》，华东师范大学出版社 2009 年版，第 6 页。

② K. 雅斯贝尔斯著，邹进译：《什么是教育》，生活·读书·新知三联书店 1991 年版，第56 页。

③ J. K. 加尔布雷思著，王中宝等译：《美好社会》，江苏人民出版社 2009 年版，第 62 页。

又可以增进平等"。另一方面，"使高等教育资助机会均等化是国家获得更多效率和更多平等的道路之一——不因其他人而牺牲一个人"。①

教育对于个人和社会进步，尽管不是一个充分的条件，也是必不可少的关键所在。雅斯贝尔斯说："对于灵魂生活来说，境遇和社会状况具有明显重大的意义，对潜能的利用已使得教育的意义和界限这一古老问题重新活跃起来。教育决定一个时代、一个人和一个民族的精神面貌这一曾经风靡一时的观点，是毋庸置疑的。自古以来，一直存在着两种尖锐对立的看法：'教育万能'和'一切都是天生的'——通过教育可以完全改变人，或者人们只能通过对下一代人的遗传控制来改变人——莱辛说过：'给予我们的是教育，但一百多年来，我们在改造欧洲人的性格方面却收效甚微。'……很显然，这两方面都是不正确的。教育只能根据人的天分和可能性来促使人的发展，教育不能改变人生而具有的本质。但是，没有一个人能认识到自己天分中沉睡的可能性，因此需要教育来唤醒人所未能意识到的一切。每一种教育的作用也并非是事先能预料的，教育总是具有无人事先能想到的作用。通过传承使人成为他自己，以及在近几百年中通过有意识的方式，使相同的才能以特殊形式表现出来。这样来改变全民族的性格，这些基本事实使得教育具有了重大的意义。教育的界限不能事先划定，而只能在实际中观察把握。"② 具体而言，教育有助于缓解贫困。缪尔达尔通过对南亚国家贫困问题的研究，得出了如下结论："在贫穷和不平等之间存在着因果关系。教育的垄断——以及土地所有权的垄断——是不平等最根本的基础，并且这种基础在穷国还顽强地存在。当人们努力扩大教育的普及面时，它就顽强地表现出来。等级偏见是一种以浪费的方式来运行的机制，这种浪费在穷国更大：辍学、留级、孩子不能读到小学毕业，以及在更高的教育层次上不能通过考试。"③ 提高初等教育入学率和成人识字率与提高人均收入、经济上更平等之间有着密切的联系。许多研究成果表明，在所有各级教育中，（相对于费用而言）初等教育具有最高的经济效益。在发展中国家，初等教育的投资收益率在25％左右，而高等教育的投资收益率则为12％；在相同环境

---

① A. 奥肯著，王奔洲等译：《平等与效率》，华夏出版社1999年版，第79页。
② K. 雅斯贝尔斯著，邹进译：《什么是教育》，生活·读书·新知三联书店1991年版，第64—65页。
③ G. 缪尔达尔著，方福前译：《亚洲的戏剧》，首都经济贸易大学出版社2001年版，第332页。

下，接受过教育的农民的生产力比没有接受教育的农民高。① 其次，教育尤其是基础教育让人获得阅读和书写的基本能力。这些能力对人的发展具有重要价值。获得基本的教育机会，是人们为能生存下去、充分发展自己的能力、有尊严地生活和工作、充分参与发展、改善自己的生活质量、作出有见识的决策并能继续学习所需要的。再次，教育对增进人的科学技术知识与能力，促进每个人的自力更生的发展具有至关重要的作用。奥肯说："在机会均等问题上，一步赶不上，便步步赶不上。人们一旦被排挤出好的职业，便丧失了提高技术的动力和机会，而这种技术能另外证明他们是胜任好职业的。如果根本没有希望成为经理，一个黑人就不会花钱去接受关于经理职位的教育，如果他整日在工厂里干爬梯子的活儿，他就只能积累很少的工作技术。"② 第四，教育能够消除社会生活中的一些不良现象。例如，免费义务教育可以减少使用童工的现象。第五，教育能够浸润心灵、升华灵魂、让人们学会爱。"爱在彼此存在中实现，一个真实的自我和另一个真实的自我在彼此互爱中联系起来，这样，一切事物才能在存在的光辉中敞亮。"③ 真正的教育爱不是盲目的，它使人的眼睛明亮。教育爱把生命提升到真正存在的境界，它超越了感性的直观。"爱迫不及待地要在世界、教育和人类实践中表现出来，并把所看到的本质画像刻印在此……爱就是美的证人。"升华、实现潜能、成为自己是教育爱的三个维度，也是教育爱在成为自己的过程中不可分割和不可缺少的部分。"在教育中对年轻一代的爱护并非降低格调——除非你被统治欲迷住或是为图利的目的去教育——而是达到自我升华。"④ 第六，教育能够大大改善那些在许多方面都遭受不平等待遇的人的状况。奥肯说："社会每个成员都有其自尊的信念，要求有像样的生活——起码的营养、保健和其他基本的生活条件。尊严和饥饿无法友好相处。不应该由市场来裁决生与死的原则已是陈词滥调了。每一个人，不管他的个人品质和支付能力如何，当他面临严重的疾病或营养不良时，都应享受医疗照顾和食品。"⑤ 不仅每个人应该享受医疗照顾和食品，而且也应该享有教育权。例

① 联合国教科文组织教育丛书，赵中建编：《教育的使命》（代前言），教育科学出版社2003年版，第6页。

② A.奥肯著，王奔洲等译：《平等与效率》，华夏出版社1999年版，第75页。

③ K.雅斯贝尔斯著，邹进译：《什么是教育》，生活·读书·新知三联书店1991年版，第92—93页。

④ K.雅斯贝尔斯著，邹进译：《什么是教育》，生活·读书·新知三联书店1991年版，第92页。

⑤ A.奥肯著，王奔洲等译：《平等与效率》，华夏出版社1999年版，第17页。

如，受过教育的妇女就可以比原来生活得更好、寿命也更长。可见，不分阶段、种姓或性别的面向所有人的普及教育在消除社会、经济隔阂方面能够发挥巨大作用，也是实现每个人的各种自由的关键。诚如斯蒂芬所说："人们极为看重自己的人格、名声，以及过有尊严的体面生活的意识，这是因为他们相信，是非善恶的问题与每个人自己有关，与他的自我有着最密切、最本质的关系；而另一些事情，不管多么不幸——比如肉体上的痛苦或贫困——某种意义上都是外在于他的。"①

（五）教育是促进社会发展的"助推器"

追求共同的目标是社会发展乃至社会团结的重要原则，教育世界也不例外。艾德勒说："所谓自然权利，就是说，我们可以要求社会给我们以保障权，因为这种保障是我们天生就赋有的权利；我们说它不可让渡，是因为要想合法地剥夺这种权利，必须有特殊的理由。这些权利的确是好事，因为它们满足了人性固有的需要。"② 天然生存权使我们有权得到维持生命所需要的经济物资。没有生命就不能生活，而要维持生命本身，除需要生存所不可缺少的经济物资外，还需要过舒适生活所需要的经济物资。"要生活得好，还需要健康和知识。"③ 我们既需要财富，也同样需要健康与知识。"我们不仅要生活，而且还要活得好。在某种程度上，我们能得到这些，而同时又不能全部得到。我们有权要求社会组织帮助我们获得健康与知识，只要有助于达到这一目的，帮助可以不拘形式，例如建立学校，传授知识，帮助建立保健设施。"④ 从道德上讲，我们有义务追求幸福。就是说，我们有义务通过追求真正好的东西，通过追求一切能满足我们自然需要的好东西，使人类过上好日子。我们有权得到我们过好日子所需要的一切。"我们的自然需要不仅是我们识别真正的善和表面的善的基础，而且也是区别我们有自然权利得到真正的善和无权得到表面的善的基

---

① J. F. 斯蒂芬著，冯克利等译：《自由·平等·博爱》，广西师范大学出版社 2007 年版，第 223 页。
② M. J. 艾德勒著，郗庆华等译：《六大观念》，生活·读书·新知三联书店 1998 年版，第 182 页。
③ M. J. 艾德勒著，郗庆华等译：《六大观念》，生活·读书·新知三联书店 1998 年版，第 184 页。
④ M. J. 艾德勒著，郗庆华等译：《六大观念》，生活·读书·新知三联书店 1998 年版，第 184 页。

础。但是，我们得到这些善，要不妨碍任何其他人获得真正的善。"① 真正的善是靠我们的自然权利得到的，而不是靠有利的外在环境。如果我们合法地要求社会给予我们过好日子所需要的东西，我们就无法通过为自己创造美好生活的方式来履行我们追求幸福的道义责任。但是，并不是所有好事我们都能遇到，因为有些好事是靠运气才能遇到，也就是说，它们是有利的外在环境所赋予的。对于此主张，我们可以从《独立宣言》中求得答案："我们认为下述真理是不言而喻的：人人生而平等，他们都从其'造物主'那里获赠了某些不可让渡的权利，其中包括生命、自由和追求幸福的权利。"即，保障"生命、自由和追求幸福的权利"最终只有靠主持正义的政府和公正的法律。

促进人的发展，从而推动社会的进步是教育的目的。既然教育的目的是促进人的发展，使人适应将来生活于其中的社会环境，那么，"社会就不可能不关心这样一种程序"（涂尔干语）。既然社会是教育指导自己行动所必须依据的方位标，社会怎么能够在教育中缺席呢？教育怎么能够让私人随意支配呢？亚里士多德说："我们确认自然生成的城邦先于个人，就因为（个人只是城邦的组成部分）每一个隔离的个人都不足以自给其生活，必须共同集合于城邦这个整体（才能大家满足其需要）。"② "城邦（虽在发生程序上后于个人和家庭），在本性上则先于个人和家庭。就本性来说，全体必然先于部分。"③ 他虽然把个人幸福界定为人的天赋潜能和才智的最大发挥与实现，但同时认为，由于人性缺陷与限定，凡隔离而自外于城邦的人，不是野兽便是神灵，人之为人的特性和优美只有在完善自足的城邦中才能得以展现。不过，亚里士多德并没有像柏拉图那样赋予国家统揽一切的绝对权力，在他所憧憬的理想国家中，公民享有人人平等的地位和权利，这便为个人价值、个人生活留有空间和余地。为了城邦的长治久安，城邦必须重视教育。他说："少年的教育为立法家最应关心的事业。这种论断具有两项理由：（一）邦国如果忽视教育，其政制必将毁损。……（二）人要运用每一种机能或每一种技术，必须先行训练并经过相当的复习，使各各为之适应。那么，他们在作为一个城邦的分子以前，也必须先行训练和适应而后才能从事公民所应实践的善业。"④ "既然一城邦就（所有的公民）全体而言，共同取向于一个目的，那么，全体公民显然也应该遵循同一

① M. J. 艾德勒著，郝庆华等译：《六大观念》，生活·读书·新知三联书店 1998 年版，第 183 页。
② 亚里士多德著，吴寿彭译：《政治学》，商务印书馆 1996 年版，第 9 页。
③ 亚里士多德著，吴寿彭译：《政治学》，商务印书馆 1996 年版，第 8—9 页。
④ 亚里士多德著，吴寿彭译：《政治学》，商务印书馆 1996 年版，第 406 页。

教育体系，而规划这种体系当然是公民的职责。（一）按照当今的情况，教育作为各家的私事，父亲各自照顾其子女，各授以自己认为有益的教诲，这样在实际上是不适宜的。教育（训练）所要达到的目的既然为全邦所共有，则大家就该采取一致的教育（训练）方案。（二）我们不应假想任何公民可私有其本身，我们毋宁认为任何公民都应为城邦所公有。每一公民各成为城邦的一个部分；因此，任何对于个别部分的照顾必须符合于全体所受的照顾。……把教育作为公共的要务，安排了集体的措施。"① 因此，自从教育被视为是一种基本的社会功能时起，国家就不能不关心教育。反过来说，"一切与教育有关的事物在某种程度上都应服从国家所施加的影响。但这并不意味着国家必须垄断教育"。② 即，就公共利益而言，国家既要直接举办学校，履行自己的教育义务，还应允许在自己更直接地负有责任的学校之外开办其他学校。当然，非国家举办的学校进行的教育仍必须受国家的监督。加尔布雷思说："只要一个国家国内处于和平状态，政府稍稍有点效率，其首要职责就必须强调教育。……更概括地说，教育在所有政策领域里必须是最核心的。这里我再一次提出我在其他场合提过的观点：世界上有知识的人不会贫困，没有知识的人不会富裕。如果拥有一个受过教育的人口，在某种程度上国家的经济发展是必然的。更多的发展援助只有使用到这方面才能真正有效地发挥作用。"③ 教育，对于准备人们去参加社会生活，并因此而直接或间接地、明显地或隐晦地塑造他们，总是起着重要的作用。如果一个社会政治体系不能争取人们信仰某些原则、观点、某些共同关心的事情，甚至信仰某些联结一个民族的神话，那么这个社会政治体系就不能巩固它的基础。教育促使儿童进入一个道德、知识、智慧和情感融洽一致的世界之中。这个世界由理想、价值、对过去的解释以及对未来的希望所组成。同时，教育提供了一个思想与知识的宝库、一份共同的遗产和记忆。一个社会共同体或民族共同体越是复杂多样，共同的遗产、记忆就越重要。诚如弗里德曼所说："如果大多数公民没有一个最低限度的文化和知识，也不广泛地接受一些共同的价值准则，稳定而民主的社会不可能存在。教育对文化知识和价值准则这两个方面，均会做出贡献。结果，儿童受到的教育不仅有利于儿童自己或者家长，而且社会上其他成员也会从中得到好处。"④

教育权的存在可以帮助训练年轻一代成为社会和世界大家庭中有用的成

① 亚里士多德著，吴寿彭译：《政治学》，商务印书馆 1996 年版，第 406—407 页。
② 张人杰主编：《国外教育社会学基本文选》，华东师范大学出版社 2009 年版，第 13 页。
③ J. K. 加尔布雷思著，王中宝等译：《好社会》，江苏人民出版社 1999 年版，第 114 页。
④ M. 弗里德曼著，张瑞玉译：《资本主义与自由》，商务印书馆 2001 年版，第 83—84 页。

员。教育是公共财产，学校是一个社会机构，更准确地说，学校是一个属于公民社会的机构。卡内罗说："凡是学校，不管其具体身份是私立的、合作的还是政府的，均应被定义为公共活动领域、社会化的环境和地点，同时它以积累由其产生的资格和人力资本的方式为经济领域和私人领域做出贡献。在文化方面日益复杂和多样化的一些社会中，作为公共领域之学校的出现突出了它为促进社会内在团结、人类的流动和集体生活的学习所起的无法取代的作用。"①

民主作为一种制度，确实隐含了某种公民美德作为这个制度的底蕴，诸如理性、温和、宽容、责任感以及对人的尊重等。而学校是培养公民品德的有效苗床，学校里发生的任何事情都对建设民主社会、培养年轻一代成为有用公民产生重大影响。第一，有关民主的知识、协商以及妥协意识，尊重对方立场、耐心倾听不同意见等，是成为合格公民必备的素质，而这些素质正是在学校中习得的。学校通过显性课程，而且通过诸如学校的一般环境和总体结构等"隐蔽课程"培养学生的公民礼仪或公共理性。学校尤其是普通学校不仅仅是通过告诉学生们什么是公民礼仪的品德所承载的道德价值来教导他们要有公民礼仪，而且要求他们与具有不同种族背景、宗教背景的学生一起学习、锻炼、玩乐。学校不仅仅通过告诉学生们具有合理性的人们对不同宗教观持有分歧，来教会他们什么是公共理性，而且还不断创造各种教育氛围，使学生们明白这些分歧具有怎样的合理性。只是告诉学生们世界上绝大多数人并不共享他们的宗教信仰是不够的，还应教会他们学会宽容。金里卡说："要懂得什么是公共合理性，学生们就必须认识和理解这样一些人——他们既具有合理性又文质彬彬有礼地具有同情心，但他们并不相信他们的宗教。只有通过这种方式，学生们才能够懂得个人信仰在什么意义上不同于公共合理性以及如何在这两者之间作出区分。这就要求学习者与具有不同种族文化和宗教背景的人在一间教室里共同相处。"② 为此，学校还必须要求学生们在一定程度上与自己原来的共同体或文化拉开距离，并且与来自其他共同体和文化的学生相互交流。至少在中学阶段，学校应实施混合教育或创造具有混合特征的学校氛围。诚如堪兰所说："根本的需要是：学校教育到了某一阶段要适当地安排孩子们以同情和批判的方式接触这样一些信念和生活方式——它们与他们生于其中的家庭文化、宗教或种族群体的信念和生活方式并不相容。"③ 具有不同种族文化和宗教背景的学

---

① 联合国教科文组织教育丛书，联合国教科文组织总部中文科译：《教育——财富蕴藏其中》，教育科学出版社 2005 年版，第 200 页。
② W. 金里卡著，刘莘译：《当代政治哲学》（下），上海三联书店 2004 年版，第 557 页。
③ W. 金里卡著，刘莘译：《当代政治哲学》（下），上海三联书店 2004 年版，第 557 页。

生们共处一间教室，既能培养他们对政治权威持怀疑的态度，又能培养他们对自己处身的文化传统、父母乃至宗教权威予以质疑。古特曼认为，对公民实施民主教育，必将"使孩子们得到要评价异于父母的生活方式所必不可少的智能"，因为"对优良生活进行选择所需要的多数能力——就算不是所有能力——也是对优良社会进行选择所需的能力"。① 当然，教育能获得如下的结果最好，即学校既培养学生们对政治权威进行质疑的意愿，而又以不削弱他们对自己处身的文化传统、父辈的生活方式的"正确的虔信"为代价。诚如甘斯通所言，教导孩子们如何从事政治讨论和评价政治领导——这种需要"并不支持这样一个结论：国家必须（或者可以）通过支持孩子们对从父母或地方共同体那里习得的生活方式予以怀疑主义式的反思来架构公共教育"。② 不过，两者的兼容确实有一定的困难。第二，正义感、责任感也是成为合格公民必备的素质，而这些素质是在学校中习得的。"正在成熟中的孩子已经需要施以政治思想教育，我们应该让他们接触公众事物以及国家的实际情况。一个将成年的公民，为了能分担他对公众事物应负的个人责任，应该在中学时代就透过今天所谓的'学生共同责任制度'来锻炼自己。学生应该完成共同的任务，以便将来成为成熟的公民，能够对公众的事物共同负起自己应负的责任。聚会时讨论、提建议，并且决定学校中他们遇到的与己有关的事情。政治教育永不停止。一国的公民需要大量信息和参与政治活动。"③ 如果绝大多数人放弃公共理性和公民礼仪，就会动摇民主制度合法性和稳定性的基础。如果人们具有自利的理由去关怀民主制度的稳定性，那么人们也有自利的理由去关怀社会中公民品德的总体水平。但是，这种相当长远的利益却不能充分解释为什么我应该在此时此刻用具体行动去表现公共理性和公民礼仪。我的个人行为不大可能对整个民主制度的健康与否形成重要的影响，为什么我应该优先考虑促进公民品德而不是通过威胁或歧视去促进我特殊的善观念呢？显然，正是因为公民们对正义原则的信奉，具有不同善观念的人们才能联为一体而使他们具有团结感。更为重要的是，合格公民除了追求理性、真理和事实的意愿之外，没有其他的东西可以作为准绳。"所有的公民必须要有一个政治思想的空间，让各种世界观发表其

---

① W. 金里卡著，刘莘译：《当代政治哲学》（下），上海三联书店 2004 年版，第 556 页。
② W. 金里卡著，刘莘译：《当代政治哲学》（下），上海三联书店 2004 年版，第 559 页。
③ K. 雅斯贝尔斯著，邹进译：《什么是教育》，生活·读书·新知三联书店 1991 年版，第 59 页。

意见。受过教育的人，其政治思想将是独立的。"① 第三，批判能力和批判品质也是成为合格公民必备的素质，而这些素质是在学校中习得的。赋予理性在学校教育领域的中心地位，并不意味着其他教育目的和理想不重要，而是说还没有一种能够超越致力于培养学生批判性思考的教育责任。批判性思考利于培养学生在民主生活中的谨慎分析、良好思维和理性审慎立场。我们越是珍视民主，就越是要致力于培养学生们的批判能力和批判品质，因为社会民主兴盛的程度往往就是其公民的批判性精神的程度。诚如古特曼所说，孩子们在学校里"必须学会的不仅仅是按照权威的要求而行动，而且是对权威的批判性思考——只要他们想要成为能够吻合共享政治主权的民主理想的公民"。"只是依靠习惯和权威"而被统治的人民，"不可能构成一个由主权公民所组成的社会"。②

教育是社会进步的基石，是提高国民素质、促进人的全面发展的根本途径，寄托着亿万家庭对美好、幸福生活的期盼。雅斯贝尔斯说："教育方面的失误是对未来影响的开端。在这方面不会立刻看出国家领导的失败，而是在许多年后，这种失败才会突出地暴露出来。政治家们都没有兴趣重视教育，他们关心的只是目前对下次选举有关的事务。但是从长远来看，对教育的疏忽而引起的反响比任何其他因素要更大。我们要想振兴，就必须让教育的内涵超越实用的技术教育和宗教限制。……假如明智的政治家在本质上是个大教育家的话，假如他尽其精神力量并顺应教育的天赋行事，肯花费多出目前好几倍的财力，那么，依靠新一代人的复兴才成其为可能，也才可能在这个走向毁灭的时代奠定未来的基础。今天要想办成这件事，没有伟大明智的政治家是不行的，这些政治家肩负着民众的意志，并使得民众的意志变得明朗。使人类自身渐渐转变的工作，并不像经济奇迹那般立刻可以见到。这整个过程需要时间，但在某些个人身上是已经可以清楚见到的。科技讲求的是生产力和强大的武器，而精神要求的则是人的转变。前者只能制造装备，把人变成工具，并且导致毁灭。后者使人悔改，变成真正的人，并且借助精神的转变，人们不但不会被生产力和制造武器的技术打败，反而能掌握它们，挽救我们的生存。"③ 教育是实现人的发展的根本途径，是提高每个人生活质量的根本手段。教育是伟大的事

---

① K. 雅斯贝尔斯著，邹进译：《什么是教育》，生活·读书·新知三联书店 1991 年版，第 62 页。

② W. 金里卡著，刘莘译：《当代政治哲学》（下），上海三联书店 2004 年版，第 555 页。

③ K. 雅斯贝尔斯著，邹进译：《什么是教育》，生活·读书·新知三联书店 1991 年版，第 67—68 页。

业，通过培养不断地将新的一代引入人类优秀文化精神之中，让新的一代在完整的精神中生活、学习和交往。科恩说："每个人都得过一种生活，那种生活是独一无二的，不可替换的，还有着十分宝贵的尊严。过这一种生活时，每个人都是平等的。"① 既然如此，社会应保障每个人享有教育权，尤其应保障每个人享有生存和发展的最低教育权或基本教育权。霍尔姆斯说："获得公共教育的权利可以被正当化；良好的教育是其他许多事情的前提，它既具有内在的价值，也具有工具价值。获得卫生保健的权利对儿童尤其有着特别重要的意义；健康本身就有价值，同时它还会使其他好的事情成为可能。因而对这两个领域的实质的公共支出与保护财产权的支出一样能获得正当化。所有这些权利为个体发展以及集体共存与合作创造了条件，并使这些条件得以稳固。"②

总之，受教育权是作为基本权利而存在的。教育在使个体获得基本的读写能力，充分发展潜能，获得自尊并更加认可社会的价值等方面的功能已经被无数历史事实所证明，且已得到世界各国的广泛认可。

---

① 科恩著，聂崇信等译：《论民主》，商务印书馆 2004 年版，第 259 页。

② S. 霍尔姆斯等著，毕竞悦译：《权利的成本》，北京大学出版社 2004 年版，第 173 页。

□ 第四章
人的发展

　　教育作为一种有目的地培养人的活动，理应把人的发展作为重要目的，并积极创造条件促进人的全面而自由的发展。"把一个人在体力、智力、情感、伦理各方面的因素综合起来，使他成为一个完善的人，这就是对教育基本目的的一个广义的界说。"[1] 而人的全面而自由的发展既是人类的美好理想，也是人类的现实追求。人类社会发展的历史就是人类不断地追求自由和解放、不断地从必然王国走向自由王国的历史。在整个人类社会的发展过程中，在马克思主义经典作家们那里，在哲学家和道德学家们那里，在大多数教育理论家和理想家们那里，都可以找到这个教育理想。它一直是马克思主义理论以及各个时代人文主义思潮的一个根本主题。尽管这一理想在现实教育生活中的实践并不完善，但它是有成效的，对于许多极其崇高的教育事业具有启发作用。

一、人的发展的内涵

　　马克思主义强调的不是人的发展与否的问题，而是如何发展的问题。针对工人在资本主义条件下的"畸形发展"的片面性、工具性和有限性，提出了人的发展应当是一种全面发展、自由发展和充分发展。

（一）人的全面发展

　　人的全面发展是相对于人的片面发展而言的，片面发展是资本主义工场手

---

[1] 联合国教科文组织、国际教育发展委员会编著，华东师范大学比较教育研究所译：《学会生存》，教育科学出版社 1996 年版，第 195 页。

工业中的旧式分工造成的。分工为人的活动提供了确定的舞台和条件，具体地规定了人的发展性质和方向。马克思和恩格斯指出："个人就是受分工支配的，分工使他变成片面的人，使他畸形发展，使他受到限制。"①

1. 资本主义工场手工业中的旧式分工造成人的片面发展

在恩格斯看来，到目前为止的一切生产的基本形式是分工，一方面是社会内部的分工，另一方面是每个生产机构内部的分工。分工起初只是性行为方面的分工，后来是由于天赋（例如体力）、需要、偶然性等等才自发地形成或"自然形成"，"分工只是从物质劳动和精神劳动分离的时候起才真正成为分工"。② 由于这种分工不仅使精神活动和物质活动、享受和劳动、生产和消费由不同的个人来分担这种情况成为可能，而且成为现实。"只要社会总劳动所提供的产品除了满足社会全体成员最起码的生活需要以外只有少量剩余，就是说，只要劳动还占去社会大多数成员的全部或几乎全部时间，这个社会就必然划分为阶级。在这被迫专门从事劳动的大多数人之旁，形成了一个脱离直接生产劳动的阶级，它掌管社会的共同事务：劳动管理、国家事务、司法、科学、艺术等等。因此，分工的规律是阶级划分的基础。"③ 这样，生产资料的拥有者获得了精神发展的垄断权，而他们的对立面却从根本上失去了这种发展的可能性。马克思认为，劳动者在经济上受劳动资料即生活源泉的垄断者的支配，是一切形式的奴役，社会贫困、精神屈辱和政治依附的基础。尤其是剩余劳动的生产，更是为"不劳动的、不直接劳动的人口创造出一定的自由时间，也就能够发展智力等等；精神上掌握自然。"④ 而对于物质生产者而言，他们注定成为劳动的工具。"当分工一出现之后，任何人都有自己一定的特殊的活动范围，这个范围是强加于他的，他不能超出这个范围：他是一个猎人、渔夫或牧人，或者是一个批判的批判者，只要他不想失去生活资料，他就始终应该是这样的人。"⑤

在马克思、恩格斯看来，物质劳动和精神劳动的最大的一次分工，就是城市和乡村的分离，"第一次社会大分工是城市和乡村的分离"。而城市和乡村的分离，"立即使农村人口陷于数千年的愚昧状况，使城市居民受到各自的专门

---

① 《马克思恩格斯全集》（第 3 卷），人民出版社 1960 年版，第 514 页。
② 《马克思恩格斯选集》（第 1 卷），人民出版社 1995 年版，第 82 页。
③ 《马克思恩格斯选集》（第 3 卷），人民出版社 1995 年版，第 632 页。
④ 《马克思恩格斯全集》（第 31 卷），人民出版社 1995 年版，第 179 页。
⑤ 《马克思恩格斯选集》（第 1 卷），人民出版社 1995 年版，第 85 页。

手艺的奴役。它破坏了农村居民的精神发展的基础和城市居民的体力发展的基础"。① 城乡之间的对立无疑是个人屈从于分工、屈从于他被迫从事的某种活动的最鲜明的反映，"这种屈从把一部分人变为受局限的城市动物，把另一部分人变为受局限的乡村动物，并且每天都重新产生二者利益之间的对立"。② 随着生产力的发展，物质劳动和精神劳动的分工逐步深入到了生产过程内部，其表现形式就是生产机构内部脑力劳动和体力劳动的分离。这种分离，是社会分工的进一步扩大化。马克思指出："一切发达的、以商品交换为中介的分工的基础，都是城乡的分离。可以说，社会的全部经济史，都概括为这种对立的运动。"③ 而脑力劳动和体力劳动的分离，"直到处于敌对的对立状态"，则使得一部分人只运用体力而另一部分人只运用脑力。

分工一方面使工人越来越有依赖性、越来越片面化。随着分工的扩大以及资本的积累，工人日益完全依赖于劳动，依赖于一定的、极其片面的、机器般的劳动。每一个人都只是熟悉整个生产的某一部门，发展自己能力的一方面而偏废了其他方面，个体本身也被分割开来，成为某种局部劳动的自动的工具。"他们每一个人都只隶属于某一个生产部门，受它束缚，听它剥削，在这里，每一个人都只能发展自己才能的一方面而偏废了其他各方面，只熟悉整个生产的某一个部门或者某一个部门的一部分。"④ 由于劳动被分成几部分，人自己也随着被分成几部分。为了训练某种单一的活动，其他一切肉体的和精神的能力都成了牺牲品。人的畸形发展和分工齐头并进。"工场手工业把工人变成畸形物，它压抑工人的多种多样的生产志趣和生产才能，人为地培植工人片面的技巧……不仅各种特殊的局部劳动分配给不同的个体，而且个体本身也被分割开来，转化为某种局部劳动的自动的工具。"⑤ 另一方面，分工越细，劳动就越简单化，工人在智力上也就越来越愚蠢和无知。斯密曾对局部工人的愚钝进行了细致的刻画："大多数人的智力，必然由他们的日常活动发展起来。终身从事少数简单操作的人……没有机会运用自己的智力……他的迟钝和无知就达到无以复加的地步。""他的呆板的、单调的生活自然损害了他的进取精神……它甚至破坏了他的身体的活力，使他除了从事他所会的那种局部工作以外，不能精力充沛地持久地使用自己的力量。因此，他在自己的专门职业中的技能是靠牺

---

① 《马克思恩格斯选集》（第3卷），人民出版社1995年版，第642页。
② 《马克思恩格斯选集》（第1卷），人民出版社1995年版，第104页。
③ 《资本论》（第1卷），人民出版社2004年版，第408页。
④ 《马克思恩格斯选集》（第1卷），人民出版社1995年版，第242页。
⑤ 《资本论》（第1卷），人民出版社2004年版，第417页。

牲他的智力的、社会的和军事的品德而取得的。但是，在每一个工业的文明的社会中，这是劳动贫民即广大人民群众必然陷入的境地。"① 马克思透过局部工人的愚钝这一现象，深刻地指出了造成这一现象的原因："分工越细，劳动就越简单化。工人的特殊技巧失去任何价值。工人变成了一种简单、单调的生产力，这种生产力不需要投入紧张的体力或智力。他的劳动成为人人都能从事的劳动了。"②

机器的采用更是加剧了社会内部的分工，简化了作坊内部工人的职能，集结了资本，使人进一步被分割。资本主义社会内部分工既产生了特长和专业，同时也产生了职业的痴呆，导致人们某种智力上和身体上的畸形化。勒蒙特说："我们十分惊异，在古代，一个人既是杰出的哲学家，同时又是杰出的诗人、演说家、历史学家、牧师、执政者和军事家。这样多方面的活动使我们吃惊。现在每一个人都在为自己筑起一道藩篱，把自己束缚在里面。我不知道这样的分割之后活动领域是否会扩大，但是我却清楚地知道，这样一来，人是缩小了。"③ 恩格斯把 15 世纪下半叶开始的被法国人称之为文艺复兴、被德国人称之为宗教改革、被意大利人称之为"五百年代"的时代称之为"伟大的时代"。④ 他说："这是人类以往从来没有经历过的一次最伟大的、进步的变革，是一个需要巨人而且产生了巨人——在思维能力、激情和性格方面，在多才多艺和学识渊博方面的巨人的时代。给资产阶级的现代统治打下基础的人物，绝不是囿于小市民习气的人。相反地，成为时代特征的冒险精神，或多或少地感染了这些人物。"在这个"需要巨人而且产生了巨人"的"伟大的时代"，"那时的英雄们还没有成为分工的奴隶，而分工所具有的限制人的、使人片面化的影响，在他们的后继者那里我们是常常看到的。但他们的特征是他们几乎全都处在时代运动中，在实际斗争中生活着和活动着，站在这一方面或那一方面进行斗争，有人用舌和笔，有人用剑，有些人则两者并用。因此就有了使他们成为全面的人的那种性格上的丰富和力量"。⑤ 在恩格斯看来，分工导致人们某种智力上和身体上的畸形化，压制了"成为全面的人的那种性格上的丰富和力

---

① 《资本论》（第 1 卷），人民出版社 2004 年版，第 419 页。

② 《马克思恩格斯选集》（第 1 卷），人民出版社 1995 年版，第 360 页。

③ 《马克思恩格斯选集》（第 1 卷），人民出版社 1995 年版，第 169 页。

④ 在恩格斯看来，"文艺复兴"、"宗教改革"、"五百年代"等名称，"没有一个能把这个时代充分地表达出来"。参见《马克思恩格斯选集》（第 4 卷），人民出版社 1995 年版，第 261 页。

⑤ 《马克思恩格斯选集》（第 4 卷），人民出版社 1995 年版，第 262 页。

量"。在工场手工业中，是工人利用工具；在工厂中，是工人服侍机器。"在工场手工业中，工人是一个活机构的肢体。在工厂中，死机构独立于工人而存在，工人被当作活的附属物并入死机构。"① 劳动者不再是活动的主体，他的活动是服务于他人的意志和他人的智力，并受这种意志和智力的支配。马克思指出："生产过程的智力同体力劳动相分离，智力转化为资本支配劳动的权力，是在以机器为基础的大工业中完成的。变得空虚了的单个机器工人的局部技巧，在科学面前，在巨大的自然力面前，在社会的群众性劳动面前，作为微不足道的附属品而消失了；科学、巨大的自然力、社会的群众性劳动都体现在机器体系中，并同机器一道构成'主人'的权力。"② 工人的劳动变成了机械的操作，活的工人的活动变成了机器的活动，工人的活动是从属于机器的，"工人自己只是被当作自动的机器体系的有意识的肢体"。③ 机器原本是智慧的结晶，现在它却作为"把科学思想客体化了"的"有灵性的怪物"同劳动者的劳动相对立，而劳动者则"作为有灵性的单个点，作为活的孤立的附属品附属于它"。④ 工人本应把工具当作器官，通过自己的技能和活动赋予它以灵魂，因此，掌握工具的能力取决于工人的技艺，相反，机器则代替工人而具有技能和力量，它本身就是能工巧匠，它通过在自身中发生作用的力学规律而具有自己的灵魂。马克思指出："只限于一种单纯的抽象活动的工人活动，从一切方面来说都是由机器的运转来决定和调节的，而不是相反。科学通过机器的构造驱使那些没有生命的机器肢体有目的地作为自动机来运转，这种科学并不存在于工人的意识中，而是作为异己的力量，作为机器本身的力量，通过机器对工人发生作用。"⑤ 这样，劳动本身所具有的智力因素被一步步地从工人的劳动中分离出来，劳动逐渐变成了一种单调乏味、令人厌恶的，只是为了谋生才不得不从事的活动。正是由于劳动成了一种毫无内容的机械运动，加之工人又被长期固定在某一固定的操作程序上，因而这种劳动不仅造成工人智力的荒废，而且也造成了工人身体的畸形。马克思指出："机器劳动极度地损害了神经系统，同时它又压抑肌肉的多方面的运动，夺取身体上和精神上的一切自由活动。甚至减轻劳动也成了折磨人的手段，因为机器不是使工人摆脱劳动，而是使工人的劳动毫无内容。一切资本主义生产既然不是劳动过程，而且同时是资本的增

---

① 《资本论》（第1卷），人民出版社2004年版，第486页。
② 《资本论》（第1卷），人民出版社2004年版，第487页。
③ 《马克思恩格斯全集》（第31卷），人民出版社1998年版，第90页。
④ 《马克思恩格斯全集》（第30卷），人民出版社1995年版，第464页。
⑤ 《马克思恩格斯全集》（第31卷），人民出版社1998年版，第91页。

殖过程，就有一个共同点，即不是工人使用劳动条件，相反地，而是劳动条件使用工人。"①

在此需要提及的是，在马克思、恩格斯对机器劳动的深刻批判之前，斯密即对分工给人的身心发展造成的伤害进行了激烈的批判，但他提出的解决方案却是在资本主义制度不变的前提下，寄望于资产阶级政府的良心。他说："分工进步，依劳动为生者的大部分的职业，也就是大多数人民的职业，就局限于少数极单纯的操作，往往单纯到只有一两种操作。可是人类大部分智力的养成，必由于其日常职业。一个人如把他一生全消磨于少数单纯的操作，而且这些操作所产生的影响，又是相同的或极其相同的，那么，他就没有机会来发挥他的智力或运用他的发明才能来寻找解除困难的方法，因为他永远不会碰到困难。这样一来，他自然要失掉努力的习惯，而变成最愚钝、最无知的人。他精神上这种无感觉的状态，不但使他不能领会或参加一切合理的谈话，而且使他不能怀抱一切宽宏的、高尚的、温顺的情感。其结果，对于许多私人日常生活上的平常义务，他也没有能力来作适当的判断。至于国家的重大和广泛的利益，他更是全然辨认不了的。……他的无变化生活的单调性质，自然把他精神上的勇气销毁了，使他看不惯兵士们的不规则、不确定和冒险的生活。就是他肉体上的活动力，也因这种单调生活毁坏了，除了他已经习惯了的职业外，对于无论什么职业，他都不能活泼地、坚定地去进行。这样看来，他对自身特定职业所掌握的技巧和熟练，可以说是由牺牲他的智能、他的交际能力、他的尚武品德而获得的。但是，在一切改良、文明的社会，政府如不费点力量加以防止，劳动贫民，即大多数人民，就必然会陷入这种状态。"② 显然，马克思、恩格斯对机器劳动的批判比斯密更深刻、更触及资本主义制度的本质，提出的变革方案更具颠覆性和革命性，因为马克思主义具有"对现存的一切进行无情的批判"的彻底性。他们的批判既引起了与他们同时代的西方学者诸如拉斯金、莫里斯的共鸣，也引起了当代西方学者诸如舍勒、胡塞尔、海德格尔、伯纳诺斯、马尔库塞、萨特等人的共鸣。这从一个侧面证明了马克思、恩格斯思想的深邃、境界的高远、识见的精辟。拉斯金认为，19 世纪西方文明的丑恶和人对尊严的漠视，是资本主义社会的据以组织的原则造成的。资本主义社会片面注意财富的生产，而不注意人的生产。他说，所谓分工这个名词用词不当，"说

---

① 《资本论》（第 1 卷），人民出版社 2004 年版，第 486-487 页。
② A. 斯密著，郭大力等译：《国民财富的性质和原因的研究》（下卷），商务印书馆 2003 年版，第 339 页。

分工，这么说是不严格的，分的是人：人分成了碎块，分成了生活的小碎片和小碎屑"。① 莫里斯不仅同意拉斯金的看法，而且把拉斯金的论点推进了一大步。他说："除了希望制造美的东西以外，我一生中的主要激情是对现代文明的憎恨……关于它对机械力量的掌握和浪费，它对人生苦难的惊人组织……我怎么说呢？这一切最终都要到灰烬堆上的会计室中……世界不再能悦目，荷马的地位要被赫胥黎取代？"② 在莫里斯看来，要改变这一切，必须对工人阶级进行教育，使他们认识到，他们"面对着一个错误的社会，而他们自己才可能是一个真实社会的材料"，③ 同时还必须进行一场社会革命，打碎资本主义社会的组织形态。但是，在 19 世纪末期的西方社会，他们的声音是荒野中的呼声，无人管理。当代西方学者反对失控的和不加区别的机器劳动、技术发展的声音越来越高。伯纳诺斯在《欧洲精神与机器的世界》一书中说："机器不是根据人的需要增长的，而是根据投机的需要：这一点很重要。人们不能把一个诚实的婚姻中介机构与卖淫的组织混淆起来。科学提供了机器，投机用它们赚钱。它总是要求越来越多的科学，已便将它的'事业'扩展到整个地球……如果机器一直只是手段而不是目的，它将不会颠覆人的生活，就不会几乎耗掉人的全部精力，它就会促进人的生活，使它更加美丽，却不篡夺其他艺术的权利，因为它本身也将成为艺术。但是，我重申，普遍的投机立刻看出可以把机器作为实现自己力量的工具……机器文明从一开始就被看作一群暴徒的结合。它有组织地掠夺整个世界，然后一点一点地按照自己的形象塑造这个世界。"④ 国家这个高级牧师所宣扬的福利理想与机器之间的结合，十分不幸没有生产出健康而有活力的孩子，而是产生出丑陋、恶心的怪物。"历史总有一天要说——如果那一天还有能够思考的生命来书写历史——机器对这个星球的改变远不如对这个星球的主人的改变。人制造了机器，机器却通过神秘的造成肉身式的凶暴的倒转变成了人……我看到一个世界正在形成，这个世界，哎！说人不能够再在其中生活并不是夸大其词；当然，他可以继续在那里居住，但是在这种情况

---

① A. 布洛克著，董乐山译：《西方人文主义传统》，生活·读书·新知三联书店 1997 年版，第 172 页。

② A. 布洛克著，董乐山译：《西方人文主义传统》，生活·读书·新知三联书店 1997 年版，第 172 页。

③ A. 布洛克著，董乐山译：《西方人文主义传统》，生活·读书·新知三联书店 1997 年版，第 172 页。

④ B. 莫迪恩著，李树琴等译：《哲学人类学》，黑龙江人民出版社 2005 年版，第 144－145 页。

下，他永远难以说是充分的人。"① 伯纳诺斯在 20 世纪中期刻画的机器对人的摧残这一历史景观，在 20 世纪七八十年代变得更加严峻。人变成了机器、技术的奴隶，这比伯纳诺斯的时代更加"严酷"。机器、技术被作为目的而不是手段来追求，且渐渐获得了巨大的力量，以至于抢夺了人的位置，而把人置于被征服、被奴役的地位。潘能伯格说："人努力保证自己生存安定的手段支配了人自己，因为他必须将自己生存的安全托付给这些手段。现代人、现代文明和现代技术的特征就是人变成了自己的手段和发明的奴隶，他为它们劳动，使自己适应它们的内在逻辑。人发明来控制世界的这些手段反过来主宰了人，这就像古代的人对有限存在的神化和崇拜一样，他们尊敬它们，就好像其中充满了神圣的力量。"② 因此，现代文明已经把技术变成了神，把人变成了奴隶。蒂利希在《乐宴》一书中认为，现代工业主义的根本错误就是把人降到了劳动手段的奴隶的地位。这个手段应该帮助个体提高效率、扩大个体作用的范围，而不是制造奴隶和主人。人需要能够提高他的精力和想象的技术，而不是奴役他和命令他如何做的技术。工业文明因此是在按照与人的真实需要相反的方向发生作用。资本主义社会的目的只有一个：生产力的圣化，不惜一切代价的巨大增长。这一目的导致了如下结果：环境的恶化；过分的垄断阻碍了活动的自由实施；过度程式化将某个阶层的生活方式强加给所有人；贫富的两极分化。③此外，弗罗姆、海德格尔、胡塞尔等人也对资本主义条件下的异化进行了猛烈的批判。但是，西方学者只是就机器、技术的弊害而论弊害，没有认清产生这一弊害的根源，更不可能提出如何"救治"机器、技术对人的戕害之道。他们能揭露一切，抨击一切丑恶，但作为具体的个人，他们是苍白的、无力的，他们除了给我们一种伦理上的震撼和痛苦，一种毫无希望的唯美主义的遐想以外，什么都不能解决。唯有马克思、恩格斯提出了解决之道——实践、人的全面而自由的发展。

2. 人的全面发展是大工业生产的产物

马克思从资本主义的劳动分工中分析了工人在生产劳动中体力和智力两个方面的片面发展，又从资本主义内部出现的新的经济条件出发，论证了工人尽可能多方面发展是社会生产的普遍规律，这种多方面发展无疑应当看成是工人的体力和智力的发展。同时，马克思还揭示了机器的资本主义应用的特点：工

---

① B. 莫迪恩著，李树琴等译：《哲学人类学》，黑龙江人民出版社 2005 年版，第 145 页。
② B. 莫迪恩著，李树琴等译：《哲学人类学》，黑龙江人民出版社 2005 年版，第 145 页。
③ B. 莫迪恩著，李树琴等译：《哲学人类学》，黑龙江人民出版社 2005 年版，第 146 页。

人不是为自己生产，而是为资本生产；"工人为生产过程而存在，不是生产过程为工人而存在"。① 工人的发展是被动的、不自由的、屈从于分工的。因此，人在劳动领域内全面而自由地发展必须以根本废除旧式分工，改造资本主义劳动的性质为前提。在这个领域内取得的自由只能是："社会化的人，联合起来的生产者，将合理地调节他们和自然之间的物质变换，把它置于他们的共同控制之下，而不让它作为一种盲目的力量来统治自己；靠消耗最小的力量，在最无愧于和最适合于他们的人类本性的条件下来进行这种物质变换。"② 但是，马克思的论证并没有到此为止。在《资本论》中，人的发展领域包括两个方面，即劳动时间和自由时间。劳动时间创造了人类才能的发展所必需的物质财富，而自由时间"就是财富本身"。因此，自由时间同劳动时间一样，也是人全面而自由地发展不可缺少的一个方面，是人的先天和后天的各种才能与志趣、道德和审美能力充分发展的又一个广阔领域，马克思称其为"真正的自由王国"。同时，马克思还对自由时间内人的发展问题作了严格的经济学上的论证。自由时间的长短与劳动时间的长短有关，而劳动时间的长短取决于劳动生产率的高低和劳动普遍化的程度。由于科学技术的发展，劳动生产率的大幅度提高成为了可能。但在资本主义社会里，劳动生产率的提高成为资本家攫取更多剩余劳动的手段，"财富的基础是盗窃他人的劳动时间"，"资本的趋势始终是：一方面创造可以自由支配的时间，另一方面把这些可以自由支配的时间变为剩余劳动"。③ 因此，在资本主义社会里，不可能真正缩短劳动时间。只有到了共产主义社会，那时"群众的剩余劳动不再是一般财富发展的条件，同样，少数人的非劳动不再是人类头脑的一般能力发展的条件。于是，以交换价值为基础的生产便会崩溃，直接的物质生产过程本身也就摆脱了贫困和对立的形式。个性得到自由的发展，因此，并不是为了获得剩余劳动而缩减必要劳动时间，而是直接把社会必要劳动时间缩减到最低限度，那时，与此相适应，由于给所有的人腾出了时间和创造了手段，个人会在艺术、科学等等方面得到发展"。④

总之，人的全面发展主要是指人的劳动活动和劳动能力的全面发展、人的社会关系的全面发展，也就是人的本质的全面丰富和展开，是对人的本质的全面占有。

---

① 《资本论》（第 1 卷），人民出版社 2004 年版，第 563 页。
② 《资本论》（第 3 卷），人民出版社 2004 年版，第 928 页。
③ 《马克思恩格斯全集》（第 31 卷），人民出版社 1998 年版，第 103—104 页。
④ 《马克思恩格斯全集》（第 31 卷），人民出版社 1998 年版，第 101 页。

（二）人的自由发展

自由是人类固有的权利和恒久的追求，是人类不懈追求的崇高理想。

1. 马克思主义的自由观

马克思所说的人的自由根本上是社会劳动的自由、社会实践的自由，马克思的自由观是建立在他的人的本质理论基础之上的。人是什么？人就是人的劳动，劳动是人的存在方式。人的自由说到底是人的劳动自由。离开劳动谈论自由，这种自由是虚幻的，没有实际意义的。马克思在批判亚当·斯密把自由、幸福理解为逃避和摆脱劳动时指出："人不是自由逃避某种事物的消极力量，而是由于有表现本身的真正个性的积极力量才得到自由。""自由见之于活动恰恰就是劳动。"① 即，只有通过劳动，才能实现主体的对象化，才能获得真正的自由。恩格斯在《反杜林论》中从人的活动的角度深刻地揭示了人的自由的两种形式：认识的自由和实践的自由。恩格斯指出："自由不在于幻想中摆脱自然规律而独立，而在于认识这些规律，从而能够有计划地使自然规律为一定的目的服务。……自由就在于根据对自然界的必然性的认识来支配我们自己和外部自然界；因此它必然是历史发展的产物。"② 这里，"认识这些规律"即"认识的自由"，"支配我们自己和外部自然界"即"实践自由"。毛泽东概括了自由理论发展的历史，深刻地指明了马克思主义哲学在自由理论上所实现的革命性变革。他指出："欧洲的旧哲学家，已经懂得'自由是必然的认识'这个真理。马克思的贡献，不是否认这个真理，而是在承认这个真理之后补充了它的不足，加上了根据对必然的认识而'改造世界'这个真理。'自由是必然的认识'——这是旧哲学家的命题。'自由是必然的认识和世界的改造'——这是马克思主义的命题。"③ 可见，马克思主义者一方面摆脱了欧洲的旧哲学家关于人的自由的抽象议论，把人的自由归结为劳动自由。另一方面纠正了欧洲的旧哲学家关于人的自由的片面议论，政治自由、出版自由、理性自由、意志自由等虽然都是属于人的自由的范畴，但这种简单罗列是不全面的，其外延是不周全的。从人的活动角度言，人的自由无非是认识自由和实践自由，也就是认识必然和利用必然、反映世界和改造世界，其他形式的自由都不过是认识自由和实践自由在某一特殊领域的具体表现。同时，马克思主义者还克服了欧洲的旧哲学家关于人的自由的空洞议论。马克思主义自由观的真正基础在于实践，在

① 《马克思恩格斯全集》（第 30 卷），人民出版社 1995 年版，第 615 页。
② 《马克思恩格斯选集》（第 3 卷），人民出版社 1995 年版，第 455－456 页。
③ 《毛泽东著作选读》（下册），人民出版社 1986 年版，第 485 页。

于通过实践认识必然和利用必然，通过实践追求自由和获得自由。恩格斯指出："仅仅有认识，即使这种认识比资产阶级经济学的认识更进一步和更深刻，也不足以使社会力量服从于社会的分配。为此首先需要有某种社会的行动。"①

自由是人的活动状态，自由是对必然的认识和对客观世界的改造，这是马克思主义者的一个重要命题。人有认识自由、实践自由，不等于说人的认识就是自由、人的实践就是自由，而是指在认识活动和实践活动中获得自由、表现自由。那么，在马克思主义者那里，究竟什么是自由呢？根据马克思主义者的看法，自由是主体在认识活动和实践活动中追求和表现出的一种状态。马克思把这种状态称之为"自由王国"。马克思指出："自由王国只是在由必要性和外在的目的规定要做的劳动终止的地方才开始"，在物质生产领域，"自由只能是：社会化的人，联合起来的生产者，将合理地调节他们和自然之间的物质变换，把它置于他们的共同控制之下，而不让它作为一种盲目的力量来统治自己；靠消耗最小的力量，在最无愧于和最适合于他们的人类本性的条件下来进行这种物质变换"。② 恩格斯认为，人类"从必然王国进入自由王国的飞跃"表现为："人们周围的、至今统治着人们的生活条件，现在受人们的支配和控制，人们第一次成为自然界的自觉的和真正的主人，因为他们已经成为自身的社会结合的主人了。人们自己的社会行动的规律，这些一直作为异己的、支配着人们的自然规律而同人们相对立的规律，那时就将被人们熟练地运用，因而将听从人们的支配。"③ 毛泽东指出，我们对于社会主义时期的革命和建设，还有一个很大的盲目性，还有一个很大的未被认识的必然王国。只有克服了盲目性，才能进入"自由王国"。他说："对于建设社会主义的规律的认识，必须有一个过程。必须从实践出发，从没有经验到有经验，从有较少的经验，到有较多的经验，从建设社会主义这个未被认识的必然王国，到逐步地克服盲目性、认识客观规律、从而获得自由，在认识上出现一个飞跃，到达自由王国。"④ 根据马克思主义者的论述，人的自由可以看作是人在活动中通过认识和利用必然表现出的一种自觉、自为、自主的状态，自由活动就是自觉的（或有意识的）、自为的、自主的活动。

自由活动首先是一种自觉的、有意识的活动。自觉是相对于盲目而言的，指主体活动具有自觉的意图或预期的目的。自由活动在一定意义上说就是依据

---

① 《马克思恩格斯选集》（第 3 卷），人民出版社 1995 年版，第 668 页。

② 《资本论》（第 3 卷），人民出版社 2004 年版，第 928 页。

③ 《马克思恩格斯选集》（第 3 卷），人民出版社 1995 年版，第 757－758 页。

④ 《毛泽东文集》（第 8 卷），人民出版社 1999 年版，第 300 页。

"自我提出的目的"的活动。恩格斯指出："无论历史的结局如何，人们总是通过每一个人追求他自己的、自觉预期的目的来创造他们的历史。"① 人的活动的目的性和围绕这种目的性的自我决定、自我创造和自我实现，就是人的自由的主要表现和确证。人的活动之所以是自由的而动物的活动是不自由的，就在于人的活动是有意识、有目的的，而动物的活动是盲目的、无目的的。马克思在《资本论》中指出："他不仅使自然物发生形式变化，同时他还在自然物中实现自己的目的，这个目的是他所知道的，是作为规律决定着他的活动的方式和方法的，他必须使他的意志服从这个目的。"② 同样，共产主义社会的劳动之所以是自由的，而资本主义条件下的异化劳动是不自由的，主要是由于"异化劳动把自主活动、自由活动贬低为手段"，异化劳动是"一种被迫的活动，它加在我身上仅仅是由于外在的、偶然的需要"。劳动者不是依据自己的而是按照别人（资本家）的目的进行生产，"这种劳动不是他自己的，而是别人的；劳动不属于他；他在劳动中也不属于他自己，而是属于别人"。③ 而在共产主义条件下，"外在目的失掉了单纯外在自然必然性的外观，被看作个人自己提出的目的，因而被看作自我实现，主体的对象化，也就是实在的自由"。④

自由活动是一种自为的活动。自为活动是相对于自在、自发而言的。活动从自发到自为、活动者从自在到自为的过程，就是从不自由到自由的过程。自由在此表示的是活动的能力，说明人通过对必然性的认识，"熟练地运用"自由从而支配和控制"我们自己和外部自然"。恩格斯指出："意志自由只是借助于对事物的认识来作出决定的能力。因此，人对一定问题的判断越是自由，这个判断的内容所具有的必然性就越大；而犹豫不决是以不知为基础的，它看来好像是在许多不同的和相互矛盾的可能的决定中任意进行选择，但恰好由此证明它的不自由，证明它被正好应该由它支配的对象所支配。"⑤

自由活动是一种自主的活动。自主活动是相对于强制、被迫而言的，自主活动意指活动者在社会活动过程中是活动的真正主人，对劳动工具、劳动资料占有、劳动方式的选择以及劳动产品的分配具有一定的权利。对生产力总和的占有本身不外是同物质生产工具相适应的个人才能的发挥，仅仅因为这个缘

---

① 《马克思恩格斯选集》（第 4 卷），人民出版社 1995 年版，第 248 页。
② 《资本论》（第 1 卷），人民出版社 2004 年版，第 208 页。
③ 《1844 年经济学哲学手稿》，人民出版社 2008 年版，第 55 页。
④ 《马克思恩格斯全集》（第 30 卷），人民出版社 1995 年版，第 615 页。
⑤ 《马克思恩格斯选集》（第 3 卷），人民出版社 1995 年版，第 455－456 页。

故，"对生产工具一定总和的占有，也就是个人本身的才能的一定总和的发挥"。① 同时，劳动本身是我的内在的必然的需要，而不是外在的、偶然的需要，"我的劳动是自由的生命表现"。劳动是一种自愿的劳动，而不是被迫的强制劳动，我在劳动中肯定自己，肯定自己的个人生命，肯定自己的个性的特点，而不是否定自己。"在我个人的活动中，我直接证实和实现了我的真正的本质，即我的人的本质，我的社会的本质。"劳动是我的真正的、活动的财产。"我的劳动是什么，它在我的物品中就只能表现为什么。它不能表现为它本来不是的那种东西。"② 马克思曾对计件工资制给予了较高的评价，这是因为计件工资制给予了工人一定的自主活动的空间。他说："计件工资给个性提供了较大的活动场所，一方面促进了工人个性的发展，从而促进了精神自由、独立性和自我监督能力的发展；但是另一方面也促进了他们之间的相互竞争。"③

根据马克思、恩格斯的上述分析，自由可以被理解为主体在认识、改造客体的活动中，有目的地选择、支配、控制活动以及活动结果的能力和权利的统一。自由也可以被理解为通过认识和利用必然，主体在活动中有目的、有能力、有权利做他应该做、能够做和愿意做的事情，从而达到自觉、自为、自主的状态。主体在认识、改造客体的活动中，都有三个维度，分别指向自然、社会和人自身。换句话说，自然、社会和人自身都可能是主体活动所指向的对象。因此，人的自由可以具体表现为人对自然的自由、人对社会的自由和人对人自身的自由。在人与自然的关系上，自由就是主体"合理地调节他们和自然之间的物质变换"，既不是自然对人的奴役，也不是人对自然的征服，而是人与自然的相互协调，人与自然的和谐发展，也就是人"同已被认识的自然规律和谐一致的生活"。④ 人与自然和谐相处，就是生产发展，生活富裕，生态良好。江泽民指出："促进人和自然的协调与和谐，使人们在优美的生态环境中工作和生活。坚持实施可持续发展战略，正确处理经济发展同人口、资源、环境的关系，改善生态环境和美化生活环境，改善公共设施和社会福利设施。"⑤ 在人与人的关系上，自由就是人与人的相互协调、个人自由和共同体自由的一致。这里，共同体不是个人自由的桎梏，而是个人自由得以实现的重要前提。"只有在共同体中，个人才能获得全面发展其才能的手段，也就是说，只有在

---

① 《马克思恩格斯选集》（第1卷），人民出版社1995年版，第129页。
② 《1844年经济学哲学手稿》，人民出版社2008年版，第184、185页。
③ 《资本论》（第1卷），人民出版社2004年版，第639页。
④ 《马克思恩格斯选集》（第3卷），人民出版社1995年版，第456页。
⑤ 《江泽民文选》（第3卷），人民出版社2006年版，第294页。

共同体中才可能有个人自由。……在真正的共同体的条件下，各个人在自己的联合中并通过这种联合获得自己的自由。"① 同样，个人也不是他人、共同体自由的障碍，"在那里，每个人的自由发展是一切人的自由发展的条件"。② 那种压迫、损害他人的人自以为是自由的，实际上由于他们的自由是以他人的不自由为代价的，他们并不是真正自由的，从根本上说他们同被压迫者、被损害者一样是不自由的。

尤其值得注意的是，在马克思、恩格斯的论述中，自由是具体的自由，而不是抽象的自由。自由并不是主体的随心所欲、为所欲为，而是主体和客体的统一、权利和义务的统一、自由和责任的统一。自由是相对的，没有绝对的自由。自由是有界限的，自由和限制的关系是辩证的。毛泽东指出："我们的目标，是想造成一个又有集中又有民主，又有纪律又有自由，又有统一意志、又有个人心情舒畅、生动活泼，那样一种政治局面。"③ 自由是历史的，没有永恒的自由。自由"必然是历史发展的产物。最初的、从动物界分离出来的人，在一切本质方面是和动物本身一样不自由的；但是文化上的每一个进步，都是迈向自由的一步"。④

2. 人的自由发展

人的全面发展与人的自由发展从广泛的意义上讲并无实质性的区别。在马克思和恩格斯的著作中，常常把"人的全面发展"和"人的自由发展"并提。例如，"社会的每一个成员都能完全自由地发展和发挥他的全部才能和力量"、"个人的独创的和自由的发展"、"全部才能的自由发展"以及"每个人都可以在任何部门内发展"、"不受阻碍的发展"，等等。他们经常把"自由发展"和"全面发展"联系起来，称之为"每个人的全面而自由的发展"或"自由的全面发展"。具体而言，人的自由发展包括以下几方面。

（1）人的主体性发展

人的主体性和个性的统一，不仅表现在主体性是个性的前提，主体性越强，个性也越强，而且人的主体性也以个性为前提，个性越强，主体性也就越强。一个人有无个性或个性的强弱，总是以他有无创造精神或创造精神的高低为标准的。马克思指出："全面发展的个人——他们的社会关系作为他们自己的共同的关系，也是服从于他们自己的共同的控制的——不是自然的产物，而

① 《马克思恩格斯选集》（第1卷），人民出版社1995年版，第119页。
② 《共产党宣言》，人民出版社2004年版，第50页。
③ 《建国以来毛泽东文稿》（第6册），中央文献出版社1992年版，第543页。
④ 《马克思恩格斯选集》（第3卷），人民出版社1995年版，第456页。

是历史的产物。要使这种个性成为可能，能力的发展就要达到一定的程度和全面性。"① 曾被恩格斯称之为"伟大的时代"时期的思想家都是主体意识很强、个性特点鲜明的人。布克哈特概括意大利文艺复兴是"发现世界和发现人"——前者探索外部世界，是客观的，后者探索人的个性，是主观的。"回归自然"是当时普遍使用的一句话，与"回归古人"相配。"发现人"则使科学和艺术相关联，意大利文艺复兴时期的艺术始终抓住男人和女人人性的心理力量。许多艺术家的艺术作品所表现的就是人的形象，虽然形态各异，但是却用视觉形式传达了对人的尊严的信念。克拉克在《人文主义的艺术》一书中说："他们的题材是人，严肃而热情、全心全意和具有头脑的人。"② 从此，大写的"人"字重新获得了尊严和光辉。诚如布克哈特所说："意大利开始充满具有个性的人物，施加于人类人格上的符咒被解除了；上千的人物各自以其特别的形态和服装出现在人们面前。但丁的伟大诗篇在欧洲的任何其他国家都是不可能产生的，只提它们还处在种族诅咒下这一理由就足以说明。对于意大利来说，这位堂堂的诗人，由于他显示出来的丰富的个性，是他那个时代的最具有民族性的先驱。……14 世纪的意大利人对于任何形式的虚伪的谦恭或者伪善很不熟悉；他们之中没有一个人害怕与众不同，害怕在穿着打扮上和在立身行事上是一个和他的邻居不同的人。"③ 当然，我们也不能排除产生于"伟大的时代"的思想家诸如彼特拉克、萨鲁塔蒂等这些毫无个性的人的出现。布洛克说："人文主义者中不乏趋炎附势之辈，以其才能巴结权势人物，当然也有书呆子。他们就像今天纽约、伦敦或巴黎的任何学术圈子一样，是一群争论不休、脾气暴躁、动辄生气、性好妒忌的人，总是不断地互相写信，指责和挑剔对方。"④ 但不管怎么说，那些缺乏创造精神、单纯服从环境支配、模仿他人并处处使自己更像他人的人，无疑是使自己的个性融于共性之中的人。莫斯科维奇说："毫无疑问，人是一种社会动物，其原因就是他能够接受暗示。一致性是主要的社会特征，也是接受暗示、恢复源自低级阶段的轻松思维和感觉的基础，而在意识清醒的状态下，人类对此一无所知。自然和社会组织起来的方式

---

① 《马克思恩格斯全集》（第 30 卷），人民出版社 1995 年版，第 112 页。

② A. 布洛克著，董乐山译：《西方人文主义传统》，生活·读书·新知三联书店 1997 年版，第 54 页。

③ Y. 布克哈特著，何新译：《意大利文艺复兴时期的文化》，商务印书馆 1988 年版，第 126 页。

④ A. 布洛克著，董乐山译：《西方人文主义传统》，生活·读书·新知三联书店 1997 年版，第 21 页。

都促进了这种一致性，这种一致性把个体聚集起来，并把他们推进梦幻的黑暗世界中。他们像机器人一样模仿，像梦游者一样听话，并且融入人性的大潮中。"① 模仿他人并处处使自己更像他人的人，只希望被当作别人眼里的他，只要有可能，他们总是将个性扼杀在萌芽之中。他们被投于一条大江的急流，冒出头来望着岸上依稀可见的残垣破壁，但惊涛又把他们卷了进去，推回深渊。放弃个性，意味着对健全的精神生活构成威胁。康德认为，模仿者（陷在风俗习惯中）是没有个性的，古怪的人是有个性的人的效仿者。气质上的驯良是一幅水彩画，而不是个性特征。个性在于思想方式的独创性，它的行为举止汲取的是由它自己所开辟的源泉，"具有一种绝对的个性则是意味着意志的这样一种特点，主体根据它把自己束缚在一定的实践原则之上，而这些原则是他通过自己的理性独立地为自己所规定的。尽管这些基本原则有时也可能是错误的和有缺点的，但一般而论，根据坚定的原则行事（而不像蝇营狗苟之徒一下子跳到这里，一下子跳到那里），这种意志的公式本身就具有一种值得珍视和值得赞叹之处；因为它往往也是罕见的"。② 具有个性是能够要求一个有理性的人的最低限度，又是人的内在价值（人的尊严）的最高限度，因此，"做一个有原则的人（即具有一个确定的个性），这对于最普通的人类理性都必定是可能的，因而从等级上说必然比最大的才能还要高"。③ 马克思之所以批判"粗陋的共产主义"，就是因为它到处鼓吹绝对平均主义，抹杀人的差异性和个性。他说："这种共产主义——由于到处否定人的个性——只不过是私有财产的彻底表现，私有财产就是这种否定。"④ 正是因为人的个性和人的主体性相统一，个性的解放才有利于人的主体性提高和人格完善。马克思在《1844 年经济学哲学手稿》中揭露了异化劳动条件下人的个性异化：本来"我在劳动中肯定了自己的个人生命，从而也就肯定了我的个性的特点。劳动是我真正的、活动的财产。在私有制的前提下，我的个性同我自己外化到这种程度，以致这种活动为我所痛恨，它对我来说是一种痛苦，更正确地说，只是活动的假象"。⑤《共产党宣言》进一步指出，为了解放、发展劳动者的个性，必须"消灭资产者的个性、独立性和自由"。针对资产阶级所说的"从个人财产不再能变为资产阶级财产的时

① S. 莫斯科维奇著，许列民等译：《群氓的时代》，江苏人民出版社 2006 年版，第 216 页。
② 康德著，邓晓芒译：《实用人类学》，上海人民出版社 2005 年版，第 218 页。
③ 康德著，邓晓芒译：《实用人类学》，上海人民出版社 2005 年版，第 221－222 页。
④ 《1844 年经济学哲学手稿》，人民出版社 2008 年版，第 79 页。
⑤ 《1844 年经济学哲学手稿》，人民出版社 2008 年版，第 184 页。

候起……个性被消灭了"的谬论，马克思、恩格斯明确回答说："你们所理解的个性，不外是资产者、资产阶级私有者。这样的个性确实应当被消灭。""的确，正是要消灭资产者的个性、独立性和自由。"①

（2）人的自主性发展

人的个性的发展的一个很重要的方面是人，或者换句话说，只有自主的人才可能是真正的有个性的人。马克思把人的个性叫作"自由个性"，就是说，只有独立才能自主，只有自主才能自由，只有自由才有"个性"。马克思指出："任何一个存在物只有当它用自己的双脚站立的时候，才认为自己是独立的，而且只有当它依靠自己而存在的时候，它才是用自己的双脚站立的。靠别人恩典为生的人，把自己看成一个从属的存在物。"② 只有当人类以靠自己的双脚站立和前进的独立物而存在时，人才能够在自然界中创造自己、发展自己，证明自己是自己命运的主人。马克思、恩格斯认为，在资本主义社会里，"资本具有独立性和个性，而活动着的个人却没有独立性和个性"。③ 没有独立性和个性的人，不能支配自己的命运，不能筹划自己的生活，他们的生活条件被偶然性即价值规律的盲目力量所支配，马克思把这种没有独立性和个性的人称之为"偶然的人"。消灭异化，就是使"偶然的人"向"有个性的人"转变。毛泽东在谈到民族压迫和封建压迫时指出，这些压迫剥夺了人的主体地位和主体权利，也就束缚了主体个性的发展。他说："民族压迫和封建压迫残酷地束缚着中国人民的个性发展……我们主张的新民主主义制度的任务，则正是解除这种束缚和停止这种破坏，保障广大人民能够自由发展其在共同生活中的个性。"④ 在阶级社会里，个人的政治自由只是对那些统治阶级范围内的个人来说才是存在的，他们在阶级社会中能够独立自主地决定自己的生活，而广大的劳动者阶级则丧失了自主性，难以形成和展示自己的个性。在阶级社会里，人都是阶级性和个性的统一。

（3）人的独特性发展

人的个性发展的一个重要方面就是个人独特性的增加和丰富，也就是说，人的自觉能动性、创造性、主体性和自主性得到全面发展，个性的模式化、同步化、标准化被消除，个性的单调化、定型化被打破，每个人都追求并保持着独特的人格、理想、社会形象和能力体系，显示着自己独特的存在，呈现出与

---

① 《共产党宣言》，人民出版社 2004 年版，第 43 页。

② 《1844 年经济学哲学手稿》，人民出版社 2008 年版，第 91 页。

③ 《共产党宣言》，人民出版社 2004 年版，第 43 页。

④ 《毛泽东选集》（第 3 卷），人民出版社 1991 年版，第 1058 页。

众不同的差异性，即个人的唯一性、不可重复性、不可取代性，社会因此而充满生机和活力。马克思主义重视人的个性的独特性发展，是与其重视个人的历史作用联系在一起的。恩格斯认为，社会历史中的一切从根本上说，无非是人、人的活动以及活动的结果。"无论历史的结局如何，人们总是通过每一个人追求他自己的、自觉预期的目的来创造他们的历史。而这许多按不同方向活动的愿望及其对外部世界的各种各样作用的合力，就是历史。"① 恩格斯在此提出的"合力论"，进一步解释了个人是如何创造历史、推动社会历史的发展的。恩格斯指出："历史是这样创造的：最终的结果总是从许多单个的意志的相互冲突中产生出来的，而其中每一个意志，又是由于许多特殊的生活条件，才成为它所成为的那样。这样就有无数互相交错的力量，有无数个力的平行四边形，由此就产生出一个合力，即历史结果，而这个结果又可以看作一个作为整体的、不自觉地和不自主地起着作用的力量的产物。因为任何一个人的愿望都会受到任何另一个人的妨碍，而最后出现的结果就是谁都没有希望过的事物。所以到目前为止的历史总是像一种自然过程一样地进行，而且实质上也是服从于同一运动规律的。但是，各个人的意志——其中的每一个都希望得到他的体质和外部的、归根到底是经济的情况（或是他个人的，或是一般社会性的）使他向往的东西——虽然都达不到自己的愿望，而是融合为一个总的平均数，一个总的合力，然而从这一事实中绝不应作出结论说，这些意志等于零。相反地，每个意志都对合力有所贡献，因而是包括在这个合力里面的。"② 也就是说，个人的历史活动一方面要受社会历史规律的制约，每个人不可能随心所欲地创造历史，另一方面每个人的独特性发展对历史的发展有所贡献，他的意志不等于零。

（4）人的社会性发展

马克思、恩格斯既重视人的个性，也十分重视人的社会性，并坚持二者的统一。在寻找有关人和人类社会的规律时，马克思看到："正像社会本身生产作为人的人一样，社会也是由人生产的。"实践作为人的活动，既体现着人的内在尺度、人的社会的批判性和创造性，又包含着人的自我发展在其中。从实践出发去理解社会，也就是从"现实中的个人"出发去理解社会。"现实中的个人"及其活动是社会的现实前提，"社会结构和国家总是从一定的个人的生

---

① 《马克思恩格斯选集》（第 4 卷），人民出版社 1995 年版，第 248 页。
② 《马克思恩格斯选集》（第 4 卷），人民出版社 1995 年版，第 697 页。

活过程中产生的"。① 马克思认为，从个人发展来考察社会发展，同从生产力和生产关系相统一的整体发展来考察社会发展，具有内在的一致性。这是因为，"生产力和生产关系——这二者是社会个人的发展的不同方面"。② 换言之，应当把生产力与生产关系及其矛盾运动看作是对个人活动的抽象，二者是在个人的活动及其发展中统一起来的。马克思认为，人们不能自由地选择自己的生产力——这是他们的全部历史的基础，因为任何生产力都是一种既得的力量，是以往活动的产物。"后来的每一代人都得到前一代人已经取得的生产力并当作原料来为自己新的生产服务，由于这一简单的事实，就形成人们的历史中的联系，就形成人类的历史，这个历史随着人们的生产力以及人们的社会关系的越发展而越成为人类的历史。简言之，人们的社会历史始终只是他们的个体发展的历史。"③ 因此，把社会和个人对立起来的方法论，根源就在于脱离了从"感性的人的活动"去理解社会与个人的关系。马克思断定，只有把人"当成他们本身的历史的剧作者又当成剧中人物"，才能达到社会研究的"真正的出发点"。在现实社会中，不同阶级的成员具有不同的个性，"他们的个性是由非常明确的阶级关系决定和规定的"。人的个性解放和个性发展，是一个不断进步的历史过程。马克思指出："个性得到自由的发展，因此，并不是为了获得剩余劳动而缩减必要劳动时间，而是直接把社会必要劳动时间缩减到最低限度，那时，与此相适应，由于给所有的人腾出了时间和创造了手段，个人会在艺术、科学等等方面得到发展。"④ 人是社会的人，人的个性受社会历史条件的制约，同时社会也是人的社会，社会历史条件也受人的个性的影响。马克思通过对法国农民特性的分析表明，一个群体，其成员越是缺少个性就越是没有凝聚力，他把那些无个性个体的结合比喻为一袋马铃薯。在《路易·波拿巴的雾月十八日》中说："小农人数众多，他们的生活条件相同，但是彼此间并没有发生多种多样的关系。……一小块土地，一个农民和一个家庭；旁边是另一小块土地，另一个农民和另一个家庭。一批这样的单位就形成一个村子；一批这样的村子就形成一个省。这样，法国国民的广大群众，便是由一些同名数简单相加形成的，好像一袋马铃薯是由袋中的一个个马铃薯所集成的那样。……他们不能代表自己，一定要别人来代表他们。他们的代表一定要同时是他们的主

---

① 《马克思恩格斯全集》（第1卷），人民出版社1995年版，第71页。

② 《马克思恩格斯全集》（第31卷），人民出版社1998年版，第101页。

③ 《马克思恩格斯选集》（第4卷），人民出版社1995年版，第532页。

④ 《马克思恩格斯全集》（第31卷），人民出版社1998年版，第101页。

宰，是高高站在他们上面的权威，是不受限制的政府权力。"① 可见，人的个性发展对于一个充满活力的社会是不可缺少的。个性解放也就是人类的解放，个性的发展也就是社会的发展。毛泽东明确指出："没有几万万人民的个性的解放和个性的发展……要想在殖民地半殖民地半封建的废墟上建立起社会主义社会来，那只是完全的空想。"②

简言之，人的自由发展是指人作为主体自觉、自愿、自主地发展，是为了自身人格完善和促进社会进步而发展，是把人作为目的而发展。也就是说，人的自由发展的实质是人按照自身所固有的内在本性的要求去支配自身的发展，而不是被动地从属于某种外在的强制，使自身的发展偏离和压抑了自己的内在本性。人的自由发展除了受物质文化条件的制约外，还受到以经济关系为基础的社会关系、阶级关系的制约。"各个人的社会地位，从而他们的个人的发展是由阶级决定的。他们隶属于阶级。"③ 因此，只有到了共产主义社会，每个人才能得到自由发展。马克思指出："建立在个人全面发展和他们共同的、社会的生产能力成为从属于他们的社会财富这一基础上的自由个性"，是经历了资本主义之前的"人的依赖关系"和资本主义的"物的依赖性"之后的人类社会发展的第三个阶段。④ 恩格斯指出，人类社会只有到了"不再有任何阶级差别，不再有任何对个人社会资料的忧虑"时，才"第一次能够谈到真正的人的自由"。⑤ 这是因为：第一，在共产主义社会，废除了旧式分工，对资本主义劳动的性质进行了根本的改造，使人在劳动领域获得了全面发展。社会化的人，联合起来的生产者，将合理地调节他们的共同活动产生的社会力量。由于这种共同活动本身是自愿形成的，所以这种社会力量是他们自身的联合力量。第二，在共产主义社会，打破了旧式分工，消灭了剥削、压迫，每个人都不再有固定的活动范围，"我有可能随自己的兴趣"，今天干这事，明天干那事，"这样就不会使我老是一个猎人、渔夫、牧人或批判者"。⑥ "在共产主义的社会组织中，完全由分工造成的艺术家屈从于地方局限性和民族局限性的现象无论如何会消失掉，个人局限于某一艺术领域，仅仅当一个画家、雕刻家等等，因而只用他的活动的一种称呼就足以表明他的职业发展的局限性和他对分工的依赖这一现

---

① 《马克思恩格斯选集》（第 1 卷），人民出版社 1995 年版，第 677－678 页。
② 《毛泽东选集》（第 3 卷），人民出版社 1991 年版，第 1060 页。
③ 《马克思恩格斯选集》（第 1 卷），人民出版社 1995 年版，第 118 页。
④ 《马克思恩格斯全集》（第 30 卷），人民出版社 1995 年版，第 107－108 页。
⑤ 《马克思恩格斯选集》（第 3 卷），人民出版社 1995 年版，第 456 页。
⑥ 《马克思恩格斯选集》（第 1 卷），人民出版社 1995 年版，第 85 页。

象也会消失掉。在共产主义社会里，没有单纯的画家，只有把绘画作为自己多种活动中的一项活动的人们。"① 同时，无论是作为猎人、渔夫、牧人或批判者，都不再是作为他人致富的工具和个人谋生的手段，而是为了满足人的自我发展、自我实现的需要。恩格斯指出："大工业及其所引起的生产无限扩大的可能性，使人们能够建立这样一种社会制度，在这种社会制度下，一切生活必需品都将生产得很多，使每一个社会成员都能够完全自由地发展和发挥他的全部力量和才能。"② 第三，在共产主义社会，废除了私有制，消灭了阶级差别，为每个人的自由发展创造了条件。恩格斯指出："根据共产主义原则组织起来的社会一方面不容许阶级继续存在，另一方面这个社会的建立本身为消灭阶级差别提供了手段。"③

（三）人的充分发展

充分发展是人们全面、自由发展的程度问题，指的是人的高度发展。充分发展是马克思对人的发展的又一规定。马克思多次提到"一切天赋得到充分发展"、"自由而充分地发展"、"体力和智力获得充分地自由地发展和运用"，等等。

在资本主义条件下，人的发展是有限度的，仅仅停留在充当机器的附件、生产的手段的范围之内，超出了这个范围，发展就要受到限制。精明的资本家一方面把浪费工人的生命和健康，压低工人的生存条件本身，看作不变资本使用上的节约，看作提高利润的手段。马克思指出："工人一生的大部分时间是在生产过程中度过的，所以，生产过程的条件大部分也就是工人的能动生活过程的条件，是工人的生活条件，这些生活条件中的节约，是提高利润的一种方法。"④ 工人挤在狭窄的有害健康的场所，在危险的场所工作而没有必要的保护设施等，更不用说缺乏一切对工人来说能使生产过程合乎人性、舒适或至少可以忍受的装置了。另一方面资本由于无限度地盲目追逐剩余劳动，像狼一般地贪求剩余劳动，不仅突破了工作日的道德极限，而且突破了工作日的纯粹身体的极限。它侵占人体成长、发育和维持健康所需要的时间；它掠夺工人呼吸新鲜空气和接触阳光所需要的时间；它克扣工人吃饭时间，尽量把工人吃饭的时间并入生产过程本身。资本把积蓄、更新和恢复生命力所需要的正常睡眠，变

---

① 《马克思恩格斯全集》（第3卷），人民出版社1960年版，第460页。
② 《马克思恩格斯选集》（第1卷），人民出版社1995年版，第237页。
③ 《马克思恩格斯选集》（第1卷），人民出版社1995年版，第243页。
④ 《资本论》（第3卷），人民出版社2004年版，第101页。

成了恢复精疲力竭的有机体所必不可少的几小时麻木状态。在这里，不是劳动力的正常状态的维持决定工作日的界限，相反地，是劳动力每天尽可能达到最大量的耗费决定工人休息时间的界限。资本是不管劳动力的寿命长短的，它唯一关心的是在一个工作日内最大限度地使用劳动力。然而，通过延长工作日，不仅使人的劳动力由于被夺去了道德上和身体上正常的发展和活动的条件而处于萎缩状态，而且使劳动力本身未老先衰和过早死亡。它靠缩短工人的寿命，在一定期限内延长工人的生产时间。一般来说，资本为了自身的利益，本应规定一种正常的工作日，以延长工人的寿命，延长他们的劳动力发挥作用的时间。因为，已经消耗掉的劳动力，必须更加迅速地得到补偿。这样，在劳动力的再生产上就要花更多的费用，正像一台机器磨损得越快，每天再生产的那一部分机器价值也就越大。而要延长劳动力发挥作用的时间，必须对劳动力进行培训与教育。"要改变一般人的本性，使它获得一定劳动部门的技能和技巧，成为发达的和专门的劳动力，就要有一定的教育和训练，而这就得花费或多或少的商品等价物。劳动力的教育费用随着劳动力性质的复杂程度而不同。"[1] 但是，由于资本无限度地追逐自行增殖，增殖的实现是靠工作日延长到违反自然的程度而不是靠发展工人的劳动力，使他获得一种技能，尽管"这种教育费用——对于普通劳动力来说是微乎其微的"，"这种劳动的教育费和训练费是微不足道的"，[2] 但精明的资本家仍不愿在工人身上花一个子儿的"教育费"、"培训费"，更不允许在工人发展方面的投资大于甚至等于他所由此得到的利润。"花在工人身上的费用，几乎只限于维持工人生活和延续工人后代所必需的生活资料。"[3] 马克思一针见血地指出，资本主义生产尽管非常吝啬，但对人身材料却非常浪费。资本主义生产对人、对活劳动的浪费，大大超过任何别的生产方式，它不仅浪费血和肉，而且也浪费神经和大脑。这实际上只是用最大限度地浪费个人发展的办法来保证和实现人类本身的发展，换句话说，"人类本身的发展实际上只是通过极大地浪费个人发展的办法来保证和实现的"。[4] 只有在经济增长、消费能力增长成为个人不断发展的手段、基础，而不是使个人变得更加畸形和受到重大毁损的情况下，才具有真正价值。"在资产阶级社会里，活的劳动只是增殖已经积累起来的劳动的一种手段。在共产主义社会里，已经

---

① 《马克思恩格斯选集》（第 2 卷），人民出版社 1995 年版，第 174 页。
② 《马克思恩格斯选集》（第 2 卷），人民出版社 1995 年版，第 76 页。
③ 《共产党宣言》，人民出版社 2004 年版，第 34 页。
④ 《资本论》（第 3 卷），人民出版社 2004 年版，第 103 页。

积累起来的劳动只是扩大、丰富和提高工人的生活的一种手段。"① 由此，人的发展是一个过程，本身就是人始终努力追求的目标，它是没有限制的，是一种日益充分的发展。

总之，根据马克思主义的论述，所谓人的发展，它的实际意思就是：每个人在实践活动、社会关系和个体素质诸方面自由而充分地发展。人的全面发展不仅意指"全面"，而且包含着"自由、充分发展"。全面发展与片面发展相对，是指人的本质的全面展开和丰富；自由发展指的是人作为主体自觉、自愿、自主地发展；充分发展是人们全面、自由发展的程度问题。事实上全面发展、自由发展、充分发展在"每一个个人的发展"内部是相互联系，不可分割的。

二、每个人的自由发展是一切人的自由发展的条件

共产主义社会是人类最美好的社会。对于未来的共产主义社会，马克思、恩格斯在许多经典文献中曾从不同角度、不同方面作过深入论述，从中阐述了有关共产主义社会的一些基本观点。但是，马克思、恩格斯只是指出了未来社会发展的方向、原则和基本特征，而把未来社会的具体情形留给了后世的实践去回答。马克思、恩格斯给出的未来社会总体特征是：物质财富极大丰富，人的精神境界极大提高，每个人自由而全面地发展。马克思在《资本论》中指出，共产主义是"以每一个个人的全面而自由的发展为基本原则的社会形式"。② 在《给〈祖国纪事〉杂志编辑部的信》中指出，共产主义是"达到在保证社会劳动生产力极高度发展的同时又保证每个生产者个人最全面地发展的这样一种经济形态"。③

（一）人的发展不仅是社会发展的本质要求，而且是社会发展的最终体现

共产主义作为人类社会发展历史上的一种崭新的社会制度，要求社会生活各个领域、各个方面都得到高度发展，但最根本的是实现每个人自由而全面地发展。实现人的自由而全面的发展，是马克思主义追求的根本价值目标，也是共产主义社会的根本特征。马克思、恩格斯在《共产党宣言》一书中指出，共

---

① 《共产党宣言》，人民出版社 2004 年版，第 42 页。
② 《资本论》（第 1 卷），人民出版社 2004 年版，第 683 页。
③ 《马克思恩格斯选集》（第 3 卷），人民出版社 1995 年版，第 342 页。

产主义的根本特征是："代替那存在着阶级和阶级对立的资产阶级旧社会的，将是这样一个联合体，在那里，每个人的自由发展是一切人自由发展的条件。"① 这个伟大的理想，不仅要求把人从物的统治下解放出来，使人的劳动变成自主活动，而且要求最终消除个人向完整的个人、自由而全面发展的个人迈进的一切阻碍。人自由而全面地发展，主要是就人类社会发展的最终意义、最终价值目标而言的。社会发展作为一个总体性概念，包含的内容异常丰富，既包括经济的发展，也包括政治、文化的发展。但不管何种发展，最后都落脚于人的发展。因为社会生活的各个领域、各个方面都是由人的各种活动书写的，其发展不过是人的发展的注脚；而且，社会发展的最终目的，都是为了实现人的发展。因此，社会发展的实质是人的发展。就未来的共产主义社会而言，社会生活各个领域、各个方面的进步与发展，最终的目的都是为了人自由而全面地发展。

人的发展不仅是社会发展的本质要求，而且是社会发展的最终体现。因为，社会发展的所有成果最终都要通过人的发展来反映，社会发展的成败得失也只能由人的发展状况来检验。人的发展作为一种综合状态，集中地体现了社会发展的质量、水平：其一，人的发展的总体水平、质量反映了社会发展的进步状况。人的生存、发展状况主要取决于社会发展对人的权利、人的尊严、人的利益的维护和实现程度，而人的发展也只是通过权利、尊严、利益的尊重、维护和肯定而得以实现的。只有当人的权利、人的尊严、人的利益得到切实地维护和实现，人的发展才能真正落到实处。人的权利被维护到什么程度、人的尊严被尊重到什么程度、人的利益被保护到什么程度，人的发展也就达到什么程度。因此，要促进人的发展，必须切实维护好人的尊严、维护好人的权利、实现好人的利益、发展好人的素质，促进社会进步。其二，人的发展的全面性、自由性、充分性反映了社会发展的全面性、自由性、充分性。例如，人的自主程度、人的自由程度、权利的维护程度、能力的发展程度、素质的提高程度、社会关系的扩展程度等，都体现了社会发展的程度。人正是从社会发展的全面性、自由性、充分性中，获取自己发展的全面性、自由性、充分性，根本不可能在一个畸形发展、片面发展、紊乱发展、"管制型"发展中来寻求这样的全面性、自由性、充分性。其三，人的发展的进程反映了社会发展的进程，人的发展的快慢反映了社会发展的快慢。人的身心的发展速度、发展水平、发展质量，均体现了社会发展的速度、水平和质量。在传统社会，人的发展水平

---

① 《共产党宣言》，人民出版社 2004 年版，第 50 页。

之所以缓慢，主要原因在于社会生产力发展水平低下，社会文明水平不高。而在未来社会，人的发展之所以获得长足的进步，主要原因在于社会生产力的巨大发展和社会文明水平的显著提高。社会发展史已充分证明，当人们还不能使自己的吃、喝、住、穿在质和量方面得到充分供应的时候，人们就根本不能获得解放。马克思、恩格斯指出："'解放'是一种历史活动，不是思想活动，'解放'是由历史的关系，是由工业状况、商业状况、农业状况、交往状况促成的。"① 生产力的发展，为人的全面而自由发展提供了丰厚的物质基础。生产劳动给每一个人提供了全面发展和表现自己全部的即体力的和脑力的能力的机会，"通过社会生产，不仅可能保证一切社会成员有富足的和一天比一天充裕的物质生活，而且还可能保证他们的体力和智力获得充分的自由的发展和运用"。② 科学技术促进了生产力发展，"生产力的……发展，归根到底总是来源于发挥着作用的劳动的社会性质，来源于社会内部的分工，来源于智力劳动特别是自然科学的发展"。③ 而科学技术不仅丰富人的知识，扩大人的力量，而且使人的体力和智力都直接或间接地得到进步。"自然科学……通过工业日益在实践上进入人的生活，改造人的生活，并为人的解放作准备，尽管它不得不直接地使非人化充分发展。"④ 科学技术武装的大工业为"全面发展的个人"代替"局部个人"提供了物质基础，并使其成为可能。"用适应于不断变动的劳动需求而可以随意支配的人，来代替那些适应于资本的不断变动的剥削需要而处于后备状态的、可供支配的、大量的贫穷工人人口；用那种把不同社会职能当作互相交替的活动方式的全面发展的个人，来代替只是承担一种社会局部职能的局部个人。"⑤ 此外，生产力的发展使自由时间增多，从而为个人全面而自由发展创造了条件。在马克思主义看来，时间是人的积极存在，它不仅是人的生命的尺度，而且是人的发展的空间。"时间是人类发展的空间。一个人如果没有自己处置的自由时间，一生中除睡眠饮食等纯生理上必需的间断以外，都是替资本家服务，那么他就还不如一头载重的牲畜。他不过是一架为别人生产财富的机器，身体垮了，心智也狂野了。现代工业的全部历史还表明，如果不对资本加以限制，它就会不顾一切和毫不留情地把整个工人阶级投入这种极端退化

---

① 《马克思恩格斯选集》（第 1 卷），人民出版社 1995 年版，第 74—75 页。

② 《马克思恩格斯选集》（第 3 卷），人民出版社 1995 年版，第 757 页。

③ 《马克思恩格斯选集》（第 2 卷），人民出版社 1995 年版，第 411 页。

④ 《1844 年经济学哲学手稿》，人民出版社 2008 年版，第 89 页。

⑤ 《资本论》（第 1 卷），人民出版社 2004 年版，第 561 页。

的境地。"① 可见，每个人必须有时间满足精神需要和社会需要，满足自己的发展需要。人的发展领域包括两个方面：必要劳动时间和自由时间。何谓必要劳动时间呢？"社会必要劳动时间是在现有的社会正常的生产条件下，在社会平均的劳动熟练程度和劳动强度下制造某种使用价值所需要的劳动时间。"② 何谓自由时间呢？"自由时间——不论是闲暇时间还是从事较高级活动的时间——自然要把占有它的人变为另一主体，于是他作为这另一主体又加入直接生产过程。对于正在成长的人来说，这个直接生产过程同时就是训练，而对于头脑里具有积累起来的社会知识的成年人来说，这个过程就是知识的运用，实验科学，有物质创造力的和对象化中的科学。"③ 如何缩减必要劳动时间，增加自由时间呢？在马克思、恩格斯看来，只有大力发展生产力，提高劳动生产率，才能使人类为了生存而从事物质生产的社会必要劳动时间必然大大减少。尤其是以科学技术为代表的生产力高度发展意味着劳动生产率得到极大提高，单个工作日中必要劳动时间所占比例越来越小，整个社会和社会的每个成员可以自由支配的时间越来越多。作为历史的产物，人全面而自由地发展有着现实的前提，除了在社会历史层面扬弃人的依赖性及物的依赖性等等之外，需要予以特别关注的是自由时间。自由时间首先是相对于必要劳动时间而言，从社会的角度看，只有当用于生产生活资料与生产资料的劳动时间减少到一定程度之时，精神等领域的生产才成为可能；投入到前者的时间越少，则花费于后者的时间便越多。"社会为生产小麦、畜生等等所需要的时间越少，它所赢得的从事其他生产，物质的或精神的生产的时间就越多。"④ "从整个社会来说，创造可以自由支配的时间，也就是创造产生科学、艺术等等的时间。"⑤ 同样，对个体而言，在个人的所有时间完全为必要劳动占据的条件下，其多方面的发展只能是空幻的理想，唯有获得可以自由支配的时间，个体的多方面发展才可能提上日程。通过劳动时间的节约而使个体拥有更多的自由时间，其意义也首先在于为个体的充分发展创造条件。"正像在单个人的场合一样，社会发展、社会享用和社会活动的全面性，都取决于时间的节省。一切节约归根到底都归结为时间的节约。"⑥ "节约劳动时间等于增加自由时间，即增加使个人得到充分发展的

---

① 《马克思恩格斯选集》（第 2 卷），人民出版社 1995 年版，第 90 页。
② 《马克思恩格斯选集》（第 2 卷），人民出版社 1995 年版，第 118 页。
③ 《马克思恩格斯全集》（第 31 卷），人民出版社 1998 年版，第 108 页。
④ 《马克思恩格斯全集》（第 30 卷），人民出版社 1995 年版，第 123 页。
⑤ 《马克思恩格斯全集》（第 30 卷），人民出版社 1995 年版，第 379 页。
⑥ 《马克思恩格斯全集》（第 30 卷），人民出版社 1995 年版，第 123 页。

时间。"① 在个人的充分发展与必要劳动时间的减少、自由时间的增加之间，不难看到内在的相关性。一旦通过缩减必要劳动时间而给所有的人提供自由的时间，则个性的自由发展便会成为现实。"个性得到自由的发展……并不是为了获得剩余劳动而缩减必要劳动时间，而是直接把社会必要劳动时间缩减到最低限度，那时，与此相适应，由于给所有的人腾出了时间和创造了手段，个人会在艺术、科学等等方面得到发展。"② 在这里，个性的自由发展与个人在不同的领域的多方面发展之间彼此统一，而二者的共同前提，则是自由时间的获得，因为"所有自由时间都是供自由发展的时间"。③ 总之，以自由时间为基础，人的全面而自由的发展展示了其现实性的品格。

马克思主义探讨未来社会，研究社会发展，始终是同对人类命运的深切关怀联系在一起的。人类解放是马克思主义理论体系的理想，实现人自由而全面地发展是马克思主义人类解放理论的根本使命。正是这样的理想与使命，决定了马克思主义对社会发展的思考以及对未来社会的探讨必然要从现实的人出发，对人的现实生活及其发展予以特别关注。探讨社会发展的内在矛盾及其运动规律，实际上就是在寻求人的解放路径。当马克思谈论"人的解放"的时候，谈论的其实是"现实的个人"的解放。如果没有对资本主义社会的批判，就无须谈论"人的解放"了。因为，资本主义制度的唯一原则就是"轻视人，蔑视人，使人不成其为人"。④ 不过，这种批判又不是从"抽象的人"出发的人本主义异化批判。换句话说，"物役性"和"似自然性"是理解马克思主义对资本主义社会的科学批判理论、人的解放理论的两个关键词。《德意志意识形态》一书指认了在人类历史的特定发展阶段上，出现了一种"人创造出来的力量反过来奴役人"的特有现象："人本身的活动对人来说就成为一种异己的、同他对立的力量，这种力量压迫着人，而不是人驾驭着这种力量。"⑤ 于是，"我们本身的产物聚合为一种统治我们、不受我们控制、使我们的愿望不能实现并使我们的打算落空的物质力量"。这种"不仅不以分散的个人而且也不以他们的总和为转移"的外部强制力量正是"受分工制约的不同个人的共同活动产生了一种社会力量"。尽管这种力量是由个人的共同活动形成的，但在这些个人看来，该力量并不是他们自身的联合的力量，"关于这种力量的起源和发

---

① 《马克思恩格斯全集》（第 31 卷），人民出版社 1998 年版，第 107 页。
② 《马克思恩格斯全集》（第 31 卷），人民出版社 1998 年版，第 101 页。
③ 《马克思恩格斯全集》（第 31 卷），人民出版社 1998 年版，第 23 页。
④ 《马克思恩格斯全集》（第 1 卷），人民出版社 1956 年版，第 411 页。
⑤ 《马克思恩格斯选集》（第 1 卷），人民出版社 1995 年版，第 85 页。

展趋向，他们一点也不了解"，因而他们不能再驾驭这种力量。相反地，"这种力量现在却经历着一系列独特的、不仅不依赖于人们的意志和行为反而支配着人们的意志和行为的发展阶段"。① 这里批判的，恰恰就是青年马克思曾经批判过的异化现象。因而马克思随即轻蔑地说，用哲学家易懂的话来说，就是异化。② "物役性"的实质是人类历史发展到资本主义阶段出现的"人与物关系的颠倒"，即人自己创造的物反过来支配人、奴役人、伤害人的不合理现象。此外，马克思主义的"似自然性"规定，则是对资产阶级学者把资本主义生产关系当作"永恒的自然规律"的证伪。马克思主义之所以要批判资本主义社会的一切不合理现象，人之所以要改变现实世界，促进社会发展，其宗旨都是为了改变人的现有生存状态，使人的本质力量得以充分发展和实现。而社会发展的合理性恰恰体现在它能为人的生存和发展提供有利的社会条件，保障人的价值能够得到健康实现，促进人的发展。因此，人的发展与社会发展是相互交融、纽结在一起的。由于人的发展需要是多方面的，因而为满足需要的社会发展不仅仅是经济发展，而是经济、政治、文化、教育等各方面的全面发展。

（二）"每个人"的发展与"一切人"的发展

实现人自由而全面地发展，必须处理好人的个体发展与社会发展的关系，也即"每个人"发展与"一切人"发展的关系。

首先，每个人的自由发展是一切人自由发展的条件。马克思所说的个人不是孤立的个人，而是"社会中的个人"；不是"某一个人"而是"每一个人"。"人不是抽象的蛰居于世界之外的存在物。人就是人的世界，就是国家、社会。"③ "人是一个特殊的个体，并且正是他的特殊性使他成为一个个体，成为一个现实的、单个的社会存在物，同样，他也是总体，观念的总体，被思考和被感知的社会的自为的主体存在，正如他在现实中既作为对社会存在的直观和现实享受而存在，又作为人的生命表现的总体而存在一样。"④ 因此，实现"一切人"的自由发展，必须使"每个人"都得到自由发展。假如每个人的自由发展受到阻碍和限制，一切人的自由发展就无从谈起。近代以来，不少资产阶级思想家或主张、或大力提倡人类自由、平等、解放，并将其作为思想旗帜。他们虽然提出了个人自由发展的问题，但真正的着眼点、出发点不是所有人的自

① 《马克思恩格斯选集》（第1卷），人民出版社1995年版，第86页。
② 《马克思恩格斯选集》（第1卷），人民出版社1995年版，第86页。
③ 《马克思恩格斯选集》（第1卷），人民出版社1995年版，第1页。
④ 《1844年经济学哲学手稿》，人民出版社2008年版，第84页。

由发展，尤其不是普通大众的个人发展，而是资产阶级的自由发展。他们往往打着"人类"的招牌，掩饰其本阶级的真实意图。例如，新马克思主义者、复制论者对资产阶级的自由发展、资产阶级的教育进行了深刻的揭露和批判。他们认为，教育只是一种身份文化的教育。不论在课堂内还是课堂外，学校主要的活动是教学生接受特殊的文化身份。在传递技术知识方面，学校的成功与失败并不重要，只要学校教会学生使用语言、衣着方式、美的意识、价值观和风度就行。学校强调社会能力和审美意识的培养并非无关紧要，可能恰是学校传递身份文化的关键所在。学校传授的更为专业或职业性的知识，其本身可能就是一种特殊身份文化的内容。学校提供各种价值观和谈话的材料，以便预先为成员将来能符合团体要求而作身份的准备活动。"由于特殊身份团体控制着教育，因此，教育的作用可能就是促进组织的控制。通过对受雇所需教育条件的控制，教育既可选择具有精英文化的英才成员，又能促使下层或中层成员对英才文化的价值观和生活方式予以尊重。"① 同时，中上层阶级为延续自己阶级本身的利益，"阴谋"限制其他阶级的受教育机会，将下层子弟编入较差的中学、社区学院、职业学校就读，因而将来从事较低层级的工作。因此，学校成为"复制"生产社会关系的单位，以维系资本主义学校的运作。"学校教育与家庭生活因而在于符合这种生产社会的关系，让某些具有'文化资本'的学生，在校或离校后，得以获致成功，不具备如此条件的学生，则无此机会。这种在学校进行复制学生的方式，也复制了以后的社会阶级结构。"② 与此相反，马克思主义重点强调每一个人的发展是一切人的发展条件，在这里，个人显然不是像以往社会那样作为阶级成员而存在的，而是作为摆脱阶级对立的个人而存在的。诚如马克思所说："某一阶级的各个人所结成的、受他们的与另一阶级相对立的那种共同利益所制约的共同关系，总是这样一种共同体，这些个人只是作为普通的个人隶属于这种共同体，只是由于他们还处在本阶级的生存条件下才隶属于这种共同体；他们不是作为个人而是作为阶级的成员处于这种共同关系中的。而在控制了自己的生存条件和社会全体成员的生存条件的革命无产者的共同体中，情况就完全不同了。在这个共同体中各个人都是作为个人参加的。它是各个人的这样一种联合，这种联合把个人的自由发展和运动的条件置于他们的控制之下。而这些条件从前是受偶然性支配的，并且是作为某种独立

---

① 张人杰主编：《国外教育社会学基本文选》，华东师范大学出版社 2009 年版，第 46 页。

② 林义南等著：《教育社会学》，（台北）五南图书出版有限公司 1998 年版，第 91 页。

的东西同单个人对立的。"① 在这里，一切人的发展即整个人类社会的发展不再以牺牲一部分人的发展为代价，而是彼此和谐发展、共同发展。在这里，社会成员间消除了旧的社会分工、消灭了三大差别，每个人都能按照自己和社会的需要自由地发展、充分地发展。"由社会全体成员组成的共同联合体来共同地和有计划地利用生产力；把生产发展到能够满足所有人的需要的规模；结束牺牲一些人的利益来满足另一些人的需要的状况；彻底消灭阶级和阶级对立；通过消除旧的分工，进行产业教育、变换工种、所有人共同享受大家创造出来的福利，通过城乡的融合，使社会全体成员的才能得到全面的发展；——这就是废除私有制的主要结果。"②

其次，每个人的自由发展只有通过合理的社会制度才能实现。社会制度的设计、安排不仅要为人们提供一个良好的秩序，保护人的权利，尊重人的尊严，而且要设计一套科学的激励制度，调动人们创造美好社会的积极性、主动性。"一个社会制度的成功，在很大程度上取决于它是否能够将人们在经济追求与性追求方面未被耗尽的剩余精力引入合乎社会需要的渠道。只有在整个结构的基础极其牢固，而且即使顶层受到强大压力整个结构也不会崩溃的情况下，才能实现上述目标。只有业已建立了大体能够满足基本需求的有效制度的社会，才有可能指导或鼓励那些旨在使我们生活于其间的物质世界与精神世界变得更加丰富和更具色彩的活动，才有可能指导或鼓励那些旨在满足人们参与一项伟大事业欲望的活动。"③ 同时，创设公平正义的社会联合体，提倡健康的集体生活，鼓励合作。罗尔斯认为，建立在公平正义原则基础之上的民主社会或"诸社会联合体的社会性联合"，对每一个公民来说，可能比那种仅凭他们自己的策略来建立社会，或使自己局限于较小联合体的个体之决定性善观念完备得多。这种较完备的善，能够极大地扩展和维持个人的决定性善观念。"集体活动是人类繁荣兴旺的突出形式。因为，在条件有利时，人们正是依靠维护这些公共的安排，才能最好地表现他们的本性，才能获得他们所能获得的最广泛的起调节作用的美德。""人类社会交往的一个特点，是我们由于自身原因仅仅部分地是我们可能成为的样子。我们必须从他人那里获得那些被我们搁置的或完全缺乏的美德。社会和许多社团的集体活动以及调节着它们的最大共同体的公共生活，肯定着我们的努力并激励我们做出贡献。"④ 当每一个个人都参与

---

① 《马克思恩格斯选集》（第 1 卷），人民出版社 1995 年版，第 121 页。
② 《马克思恩格斯选集》（第 1 卷），人民出版社 1995 年版，第 243 页。
③ E. 博登海默著，邓正来译：《法理学》，中国政法大学出版社 2004 年版，第 407 页。
④ J. 罗尔斯著，何怀宏等译：《正义论》，中国社会科学出版社 2001 年版，第 532 页。

到这种善中间或接受这种善的熏陶时，社会联合的善将会得到最完美的实现。当然，"只有某些社会联合才可能作到这一点，也许为数寥寥无几"。① 其实，罗尔斯的这一理念并不是他的独创，而是来自于洪堡。洪堡说："每一个人……在某一时刻都只能发挥一种具有决定性的才能。或者反过来说，一种完整的本性却使我们在任何既定的时刻处理某种单一的自然活动。因此，我们似乎可以推出这样的结论：单个人注定只能是一种不全面的教化产物，因为他直接面对复杂多样的对象，只能分散其能量，致使其能量减弱。但是，人具有避免片面性的能力，通过努力将其本性的各种不同的和一般来讲是分散使用的能力联合起来，通过使其诸种能力形成自发的合作，使他在其每一个人生时期的活动都闪烁着生命的活力；而且，通过把那些将在未来闪耀生命之光的能力与他正在工作努力增长和多样化的各种能力和谐地结合起来，而不只是面对各种各样的对象来分散使用自己的能力，他的那些能量将在未来焕发出活力。通过将过去、未来和现在联接起来，个体所达到的成就就可以依靠社会各不同成员的相互合作而在社会中创造出来。因为在个体的各个人生阶段，每一个体都只能达到这些完善中的某一种，而这些完善代表着人类品格的可能性特征。因此，正是通过基于内在需求和社会各成员的诸种能力之基础的社会联合，才使每一个个体都能够分享所有他人之丰富的集体性资源。"② 罗尔斯曾以一个音乐家群体为例，论证其"诸社会联合体的社会性联合"理念：一个富有天赋的音乐家群体，他们中的所有人都具有相同的自然天赋，因而也都同样学会了很好地演奏管弦乐队中的每一种乐器。通过长期的训练和实践，他们已经成为各自所用乐器的演奏高手，因为对人的局限性的认识需要这样。他们永远不能成为许多乐器的演奏高手，更无法同时演奏所有乐器。因此，在这一特殊事例中，每一个人的天赋才能是相同的，通过同事间的运作协调，乐队群体便可集各家所长，使每位乐手的演奏能产生总体效果。但是，即使在音乐天赋并不平等、人见人殊的时候，只要这些天赋适当互补和协调起来，也能产生类似的效果。在每一种情况下，个人之间都有相互需求，因为任何一个人都只有在与他人的积极合作中，才能实现其才华，然后通过所有人的努力来发挥大家的才华。只有在社会联合的活动中，个体才得以完善。在现实社会中，存在着多种多样的能够满足上述条件的人类活动，存在着多种多样的社会联合，而管弦乐队只是

---

① J. 罗尔斯著，万俊人译：《政治自由主义》，译林出版社 2000 年版，第 339 页。
② J. 罗尔斯著，万俊人译：《政治自由主义》，译林出版社 2000 年版，第 339—340 页。

社会联合之一种。① 马里坦认为，教育的任务并非塑造柏拉图式的人，而是要培养属于国家、特定社会环境和特定历史时期的独具特点的人。"人的教育必须与社会群体相联系，并且要为人在社会群体中发挥作用作准备。我们塑造人，使其在社会中适应正常的、有益的及与人合作的生活，或者说在社会范围内，引导人类个性的发展，唤醒或者强化其自由感、责任感和义务感。"②

个人自由发展的实现，是以社会的发展即"自由人联合体"的形成为前提的。"各个人都是作为个人参加的"自由人联合体，才是"真正的共同体"。只有在真正的共同体或集体中，个人才能获得全面发展其才能的条件和可能，也才能获得自己的自由。不过，并不是任何形式的共同体或集体都可以实现个人自由，只有真正的共同体或集体才有助于实现个人自由。"只有在共同体中，个人才能获得全面发展其才能的手段，也就是说，只有在共同体中才可能有个人自由。……在真正的共同体的条件下，各个人在自己的联合中并通过这种联合获得自己的自由。"③ 马克思认为，在资本主义社会那种以代表"普遍利益"为幌子的"虚假的共同体"中，个人自由只属于统治阶级范围内的个人。对于被统治的大多数人来说，这个共同体完全是作为某种异己的东西而与之对立的。"个人自由只是对那些在统治阶级范围内发展的个人来说是存在的，他们之所以有个人自由，只是因为他们是这一阶级的个人。从前各个人联合而成的虚假的共同体，总是相对于各个人而独立的；由于这种共同体是一个阶级反对另一个阶级的联合，因此对于被统治的阶级来说，它不仅是完全虚幻的共同体，而且是新的桎梏。"④ 如果经济社会发展的结果没有废除特权和促使人类更为公平，那么经济社会发展是没有意义的。"发展的最后目标必须是使个人生活不断得到改善并使全体人民都得到利益。如果特权、过度的财富和社会上不公平的现象继续存在，那么发展就失去它的意义了。"⑤ 而在未来社会真实的共同体即"自由人联合体"中，人成为自由、自觉、自为的主体，对物的追求变成人对自身全面发展的追求，人剥夺了物的社会权利，并把它置于自己的控制之下，使物的价值从属于人的价值。人作为个人按照自己的个性特点自由地安

---

① J. 罗尔斯著，万俊人译：《政治自由主义》，译林出版社 2000 年版，第 340—341 页。

② J. 马里坦著，高旭平译：《教育在十字路口》，首都师范大学出版社 2013 年版，第 17 页。

③ 《马克思恩格斯选集》（第 1 卷），人民出版社 1995 年版，第 119 页。

④ 《马克思恩格斯选集》（第 1 卷），人民出版社 1995 年版，第 119 页。

⑤ 联合国教科文组织、国际教育发展委员会编著，华东师范大学比较教育研究所译：《学会生存》，教育科学出版社 1996 年版，第 55 页。

排自己的生活和活动，根据自己意愿充分自由地表现和发挥其主体性和创造能力，自由地创造和展示自己的本质与独特性，自由地实现自己的个人生活和社会生活。"在这里，人不是在某一种规定性上再生产自己，而是生产出他的全面性。"① 个人之间的关系是平等地实现和发展自身自由的关系。每个人都具有独立性，并相互把他人当作发展自己力量所需要的对象，一个人的发展取决于和他直接或间接地进行交往的其他一切人的发展。每个人在自己的联合中并通过这种联合获得自己的自由。同时，人们创造出他们自己的社会联系，并且把这种社会联系置于自己的支配之下，"他们的社会关系作为他们自己的共同的关系，也是服从于他们自己的共同的控制的"。② 此外，人真正地摆脱了在人与社会的抽象对立中所受到的种种限制，也扬弃了人与社会你我不分，个性得不到发展的封闭的统一性。个性成了集体运动的目的，而个性本身的发展又是集体本身的发展，由此，个人完全自主地支配自己的生活，个人真正地获得解放，人终于成了人。"人终于成为自己的社会结合的主人，从而也就成为自然界的主人，成为自身的主人——自由的人。"③

从人类社会发展进程来看，每个人的自由发展在总的方向上离不开人类整体的发展和社会发展，因而社会的每一进步，对人来说都具有解放的意义。然而，人的自由发展既依赖于社会发展，同时也取决于自身的努力乃至天资。人固然不可能离开社会发展所提供的可能性来追寻自由发展，但也不能因此而否认其能动选择的重要性和主体性发挥的必要性。对发展的自觉程度如何，对现实可能性的认识如何，对条件的利用如何，努力的程度如何，以及天赋程度如何，都直接影响到一个人的具体发展状况。为什么在同样的条件和环境下，有的人发展快，有的人发展慢，原因就在于此。诚如艾德勒所说："一个人虽然从本质上说在种类上与另一个人相同，这就是说，他们具有相同的种类特性，但在程度上他可能天生就与那个人有着差异，也就是说，两个人由于遗传的原因，在拥有的性质与能力上天生就有程度上的高低，有着多与少的差别。此外，一个人不仅由于遗传原因在天赋上有别，而且在后天才能的获取上也可能有优有劣。这可能完全是由于个人努力的不同造成的。"除此之外，"在某种程度上也可能是由于个人力求进取过程中有利或不利的环境造成的结果"。④

---

① 《马克思恩格斯全集》（第 30 卷），人民出版社 1995 年版，第 480 页。
② 《马克思恩格斯全集》（第 30 卷），人民出版社 1995 年版，第 112 页。
③ 《马克思恩格斯选集》（第 3 卷），人民出版社 1995 年版，第 760 页。
④ M. J. 艾德勒著，郗庆华等译：《六大观念》，生活·读书·新知三联书店 1998 年版，第 203 页。

当然，要顺利推进人自由而全面地发展，一定要处理好自由与责任、自由与秩序的关系。

三、人类解放视野下的教育

从人类解放的视野来审视教育，不是致力于思考教育的知识、技能、方法等浅表层面的问题，而是寻求教育的价值问题。

（一）人类解放是人类的美好理想与现实追求

人类解放既是人类的美好理想，也是人类的现实追求。马克思主义学说是关于人类解放的学说，也就是关于实现人的自由而全面发展的学说。马克思主义学说既表达了人类解放的旨趣，是对人的自由而全面发展的价值理想的承诺，又描述了人类解放的历程，是对人的自由而全面发展的实际过程的揭示，还刻画了人类解放的尺度，以及人的自由而全面发展的价值标准观照人类全部的历史活动和整个的历史进程。把人类奋斗的最高理想定位为人类自身的解放，即以"每个人的自由发展"为条件的"一切人的自由发展"。这一理想定位意味着马克思对真正的"通过人的完全回复才能回复自己本身"的价值理想的承诺，也就是把人从一切"非人"的或"异化"的境遇中"解放"出来的价值理想的承诺。马克思说："对宗教的批判最后归结为人是人的最高本质这样一个学说，从而也归结为这样的绝对命令：必须推翻那些使人成为被侮辱、被奴役、被遗弃和被蔑视的东西的一切关系。"[1] 推翻"被侮辱"、"被奴役"、"被遗弃"和"被蔑视"的"一切关系"，是马克思创建自己的全部学说的真正出发点，也是马克思全部学说所承诺的最高的价值理想。正是从自己所承诺的人类解放的价值理想出发，马克思超越了费尔巴哈对宗教的批判，而把"对宗教的批判"视为对"其他一切批判的前提"，从而把"对天国的批判"变成"对尘世的批判"，把"对宗教的批判"变成"对法的批判"，把"对神学的批判"变成"对政治的批判"。[2] 马克思的人类解放的价值理想，直接针对的就是人被"异化"、"物化"的现实，正是针对人类的这种"非人"的或"异化"的存在状态。马克思不仅把自己的价值理想定位为人类解放，而且把人类解放的价值理想确定为每个人的自由而全面的发展，即以"每个人的自由发展"为条件的

---

[1] 《马克思恩格斯选集》（第1卷），人民出版社1995年版，第9—10页。
[2] 《马克思恩格斯选集》（第1卷），人民出版社1995年版，第2页。

"一切人的自由发展"。①

人类社会发展的历史就是人类不断地追求自由和解放，不断地从必然王国走向自由王国的历史。马克思说："任何一种解放都是把人的世界和人的关系还给人自己。"因此，"只有当现实的个人把抽象的公民复归于自身，并且作为个人，在自己的经验生活、自己的个体劳动、自己的个体关系中间，成为类存在物的时候，只有当人认识到自身'固有的力量'是社会力量，并把这种力量组织起来因而不再把社会力量以政治力量的形式同自身分离的时候，只有到了那个时候，人的解放才能完成"。② 马克思在此深刻地指出了人类解放的双重使命，即个体主体解放和社会力量解放。尽管个体主体解放和社会力量解放的指向不同，但二者的最终目标是一致的，实际上是一枚硬币的两面。社会力量解放是个体主体解放的必要条件，没有社会力量解放，也就没有个体主体解放；个体主体解放是社会力量解放的出发点和归宿，没有个体主体解放，也没有社会力量解放。诚如博登海默所说："人性并不是一系列稳固确定、自相一致的特征，而是一些经常发生冲突的基本倾向。这些倾向所取的发展方向和它们于个人生活中的能动力量，会因伦理教育和行为限制而受到决定性的影响。一个社会有可能会尽其全力去促进人们追求个人幸福、鼓励意志坚强的竞争和道德上的自我决策；而另一个社会则可能强调共同目标的追求、合作态度的培养和集体道德原则的严格遵守。然而，大多数人所具有的个人动机和社会动机的辩证的互动作用，似乎对任何极端的个人化政策或社会化政策都施以了限制。"③ 而要实现个体主体解放和社会力量解放，必须借助于教育尤其是正派的教育。教育，不论是家庭教育、学校教育、社会教育还是自我教育，都是对人之理性、理性能力的提升，都是对人之理性、德性与教养的滋养，都是为了人能够全面地挖掘自己的潜能、充分地发展自己的能力。"教育的绝对规定就是解放以及达到更高解放的工作。这就是说，教育是推移到伦理的无限主观的实体性的绝对交叉点，这种伦理的实体性不再是直接的、自然的，而是精神的、同时也是提高到普遍性的形态的。"④ 教育，不论是家庭教育、学校教育、社会教育还是自我教育，其最终的目的在于造就自由之人、完善之人。"把一个人在体力、智力、情感、伦理各方面的因素综合起来，使他成为一个完善的人，这就

---

① 《共产党宣言》，人民出版社 2004 年版，第 50 页。

② 《马克思恩格斯全集》（第 3 卷），人民出版社 2002 年版，第 189 页。

③ E. 博登海默著，邓正来译：《法理学》（前言），中国政法大学出版社 2004 年版，第 8—9 页。

④ 黑格尔著，范扬等译：《法哲学原理》，商务印书馆 2007 年版，第 202 页。

是对教育基本目的的一个广义的界说。"① 教育，不论是家庭教育、学校教育、社会教育还是自我教育，都是使人赢得内在的和精神上的自由。只有"内在性"的活动，人类才能够赢得具有独立性的充分自由。"教育的根本目标就是赢得那种个体性的人所要获得的内在和精神自由。换而言之，即借助知识、智慧、善良意志和爱使个体的人获得解放。"② "教育自有其本质和目的，这一本质和这些基本目的关乎人的塑造及人类个体的精神解放。"③ 不过，尽管教育的核心是人的个性的形成和解放，但我们不能把个体和个性混为一谈，把单纯个体的展现错认为是个性的发展。"个体"意味着物质的自我，它所展现的是对这种自我的非理性倾向的放任。个性则是人自我的内在性，"这种内在自我随着人类控制本能和情欲生活的理性及自由生活程度的变化而增长——这种内在性意味着自我牺牲，并努力追求爱和自我完善"。④ 针对一些教育工作者把个体混同于个性，把个体人的发展等同于个性发展的错误认识，马里坦给予了坚决的批驳："当它考察个体而非个性的时候，便把人的教育和进步变成了单纯的物质自我的解放。这些教育者错误地相信，他们正在为人提供个性所渴望的发展和自主的自由。同时，他们却完全否认纪律和禁欲主义的价值，否认努力寻求自我完善的必要性。结果，人并未使自我得以完善，反而使自我分崩离析。"⑤

（二）教育促进人的解放

在人类解放视野中思考教育，揭示了教育之目的在于每个人自由而全面地发展，既有主体力量和主体性的发展和发挥，也有社会力量和社会制度的变革与发展。然而，个体主体和社会力量的发展之间可能存在着一定的"落差"或矛盾：或者个体主体发展超越于社会发展，或者社会发展超越于个体主体发展。这种"落差"或矛盾的存在，一方面将促使个人和社会的关系不断得到改

① 联合国教科文组织、国际教育发展委员会编著，华东师范大学比较教育研究所译：《学会生存》，教育科学出版社 1996 年版，第 195 页。

② J. 马里坦著，高旭平译：《教育在十字路口》，首都师范大学出版社 2013 年版，第 16 页。

③ J. 马里坦著，高旭平译：《教育在十字路口》，首都师范大学出版社 2013 年版，第 110 页。

④ J. 马里坦著，高旭平译：《教育在十字路口》，首都师范大学出版社 2013 年版，第 41 页。

⑤ J. 马里坦著，高旭平译：《教育在十字路口》，首都师范大学出版社 2013 年版，第 41 页。

善和发展，使个体在发展中获得自由而全面的社会关系，另一方面，个人主体借助于教育加速自己的解放，从而促进社会的解放。正如恩格斯所说："人们周围的、至今统治着人们的生活条件，现在受人们的支配和控制，人们第一次成为自然界的自觉的和真正的主人，因为他们已经成为自身的社会结合的主人了。"① 教育之功能由此可归结为"化育个体"与"改造社会"，它既扎根现实，也指向未来；既"脚踏实地"，也"仰望星空"。

"化育个体"的教育功能，要求教育扎根于现实生活，加强教育内容与人们生活世界的联系。即把理论、技巧和实践结合起来，把脑力劳动和体力劳动结合起来，把智力的、体力的、美感的、道德的和社会的组成部分结合起来；学校不能和生活脱节，学生的人格也不能分裂成为两个互不接触的世界——在一个世界里，学生像一个脱离现实的傀儡一样，从事学习，而在另一个世界里，他通过某种违背教育的活动来获得自我满足。"必须消除理论与实践之间的那种有害分离。这种分离正是工作和思想异化的一个部分。这种分离容易造成理论脱离实际，使人更难而不是更易地从事有意义的工作。如果说工作要成为一种基于认识与了解的活动，那么，我们就必须对教育方法加以彻底改造，使理论指导与实际工作从一开始就结合在一起。"② 教育应解放学生的智力，而不是给学生的智力施加负担。教育教学的结果是通过使学生把握所学内容的理性而达到心灵的解放。马里坦说："永远不要把习得的东西被动地、机械地当作加重心灵的负担，将使心灵愚钝的呆板信息接收下来。必须通过理解，把信息主动地转变成心灵的生活，并且这样来强化心灵生活，犹如火中添柴，柴助火势，让火越烧越旺。……用卑躬屈膝的方式接受知识的理性，并不真正理解知识，而只会受到那种并非属于它本身而是属于他人的知识之压抑。与此相反，通过积极地同化，即用自由而无拘无束的方式接受知识的理性，能够真正理解知识，并且，在理性活动中，那种自此以后属于它自己的知识会使理性得以张扬。这才是真正把握住习得事物的那种理性。"③ 学校不能只关注如何传递和储存知识，而应寻求获得知识的方法和能力的养成。诚如卡尔森所说："学校的使命不再是纯粹简单地传授一定数量的知识了（如过去它曾经做的那样）。一所基础学校的根本目的，尤其是指导教学的根本目的，在于使每一个人有可

---

① 《马克思恩格斯选集》（第 3 卷），人民出版社 1995 年版，第 757—758 页。

② E. 弗洛姆著，孙恺祥译：《健全的社会》，贵州人民出版社 1994 年版，第 279 页。

③ J. 马里坦著，高旭平译：《教育在十字路口》，首都师范大学出版社 2013 年版，第 57 页。

能自由地发展他的才能和爱好。"① 同时，在教育教学过程中，不能简单地以所谓的"集体意识"捆绑学生的批判思维，不能以某种世俗力量驱赶学生的"离经叛道"，不能以某种功利目的加重学生学习负担，而应让学生学会"低头"去找自己的心路，去拥有一种免于被支配的自由，去获得内心认同的生活方式和生命尊严。只有如此，学生才能既为社会创造公共价值，又不背离应该拥有的个体情感体验，也才能拥有真正幸福的学校生活。这是因为，虽然社会发展和个体主体发展是一种互动关系，但是这二者之间并不需要一种完全的和谐或协调。"历史经验和社会经验似乎做出了这样一种结论，即在文化、科学、经济和政治形式等方面的发展，往往是因个人同社会普遍接受的信念相左的和不一致的观点、学说和举动所致。一个社会权力机构如果唯一致力于保护其自身的权力和威望，并且压制个人对社会批判的任何企图以及个人对群体目的的任何质疑，那么，它便会僵化。"② 其次，"化育个体"的教育功能，要求教育不仅要适应教育生活，培养适应社会之人，而且要超越教育生活，培养有灵性的、精神世界丰富的、人格健康的、创造力强的人。如果一种称为"教育"的活动，不致力于使人们获得愉悦的情绪或精神体验，不能够培养人们创造性地思考和行动的能力，不能够以公平正义之价值平等对待一切人，阻碍了人的自由而全面的发展、主动发展和自主性的提升，降低了人们的生活意志，摧残了人们的身心健康，对学生展开"标准化"、"格式化"、"齐一化"的规训，它显然没有资格被称为真正意义上的"教育"。再次，"化育个体"的教育功能，要求学校与社会保持一定的"距离"。这是因为，"一个人是否精神健全，从根本上讲，并不是个人的私事，而是取决于他所处社会的结构。健全的社会能拓展人具有的爱人的能力，能促使他创造性地工作，发展他的理性与客观性，以及使其具有基于自己的生产力的经验的自我身份感。不健全的社会则造成人们相互憎恨与不信任，将人变成供他人利用与剥削的工具，剥夺了他的自我身份感，而使他成了顺从、屈服于他人的人，或者变成了一个机器人。社会可以具有两种功能：它可以促进人健康地发展，也可以阻碍人的进步。实际上，大多数社会都具有这两种功能，问题只是，社会对人的积极和消极影响的程度和方向怎样"。③ 换句话说，学校作为实施教育的主阵地，"化育个体"的主战场，必须明确自己的价值追求和定位，必须为"健全的社会"、"美好的社会"服

---

① 联合国教科文组织、国际教育发展委员会编著，华东师范大学比较教育研究所译：《学会生存》，教育科学出版社 1996 年版，第 39 页。
② E. 博登海默著，邓正来译：《法理学》，中国政法大学出版社 2004 年版，第 328 页。
③ E. 弗洛姆著，孙恺祥译：《健全的社会》，贵州人民出版社 1994 年版，第 57 页。

务。尤其是面对今天技术文明高度发达的社会，学校更应明确自己的使命和担当。福斯特说："整个宏伟的技术事业——其结果是迄今都无法想象的原子发现——若要成功，那么它所需要的就远远不只是一种科学仪器和物资设备；此一事业对活着的人的社会文化和伦理文化提出了如此之大的要求（活着的人应当协调该巨大机器所具有的各种功能并防止滥用这些功能），以致在现实中所有的技术都只能代表一种必将失败的事业，除非精神上的和道德上的复苏给它以援助。没有伦理的技术，就像一个没有灵魂和没有良心的活物一样。"① 高度的物质文明、技术文明并不能确保人们过良善的生活、高贵的生活，除非学校教育给人以伦理的关怀、道德的滋养，除非学校"教导人们为了他人的利益而用自我约束的方式去调和自我利益，教导人们尊重他人的尊严，并教导人们去设计调整各种层次——其中包括国际社会层次——的群体生活的共存与合作的适当规则"。② 只有如此，教育才能真正实现"化育个体"的功能、才能真正培养出精神健康的人。按照人本主义的含义，精神健康具有这样一些特性："能够爱与创造，能够从家庭及自然的乱伦联系中解脱出来，具有自我身份感，即能够将自己体验为主体及自身力量的创造者，能够掌握自己内在及外在的现实，也就是说，能够使客观性与理性充分发挥。生命的目的是活得认真而又热烈，诞生得完整，充分清醒。人活着就是要脱离婴孩般的自以为是的境界，而坚信自己有着真正的力量。……人活着就是要能热爱生命，能无畏地接受死亡；能承受无法把握住的那些生活提出的重要问题，但同时又坚信自己的思想、感情，只要这些思想感情确实是自己的。人活着既要能够独立自处，又要同心爱的人、普天下的兄弟、所有有生命的东西融为一体；听从良心的召唤，回到我们自身，但同时，在良心的声音听不到或无法遵从之时，又不要沉溺于个人私仇之中而不能自拔。精神健全的人，是以爱、理性、信仰来生活的人，是尊重生命的人。"③

作为"化育个体"的主要载体和场所，学校应该是思想的发源地、育人的圣殿。学校不应是一个时髦的地方，太时髦了就容易遮蔽真正的见解、淹没清晰的思路。学校是探索育人规律、追求真理、关怀终极价值、关注人类命运的场所，是人类追求文明进步的精神殿堂；优雅、宁静、高贵是学校的一种境界、一种状态，是学校精神的真实写照。《南北朝乐府民歌》之《子夜四时

---

① E. 博登海默著，邓正来译：《法理学》，中国政法大学出版社 2004 年版，第 327 页。
② E. 博登海默著，邓正来译：《法理学》，中国政法大学出版社 2004 年版，第 327 页。
③ E. 弗洛姆著，孙恺祥译：《健全的社会》，贵州人民出版社 1994 年版，第 163 页。

歌·春歌》曰："春风动春心，流目嘱山林。山林多奇采，阳鸟吐清声。"优雅、宁静、高贵意味着学校坚持育人本位，不能为"发展"而放弃原则，师生不能为"生存"而改变"信仰"。"人们需要校园的塑造或教导，以便有技能达到其所有的目的。这种塑造给人以其自身作为个体的价值。而通过对明智的塑造，人成为公民，这样他就取得了一种公共的价值。他既学会为其自己意图驾驭公民社会，也学会投身其中为其服务。最后，通过道德塑造，他获得了一种对于整个人类的价值。学校里的塑造是最早的和第一位的，尽管所有的明智以技能为前提，但明智却是一个人良好地运用其技能的能力。道德塑造，就是建立在人们应该自己认识到的诸原则之基础上来说的；而就其仅仅建立在普通的人类知性基础上来说，则必须一开始就与自然性的教育一并加以注意，否则就容易产生根深蒂固的问题，令此后所有的教育艺术都无法解决。而在技能和明智方面，教育必须合乎年龄的顺序。应该让孩子们有孩童式的技能、孩童式的明智和顺服，而不是成年人的那种狡猾——这对于孩子来说，就像幼稚对于成年人那样无益。"[1] 学校是文化引领的先行者。

作为"化育个体"的主要载体和场所，学校应该是先进文化的引领者、推动者。历史和现实表明，一个民族的觉醒，首先是文化上的觉醒；一个学校的力量，很大程度上取决于学校文化的自觉。文化之于学校就是灵魂，就是软实力。可以说，是否具有高度的学校文化自觉，不仅关系到学校文化自身的振兴和繁荣，而且决定着一个学校的兴盛或"沉沦"，更可能决定着一个民族的前途命运。文化是学校的血脉，是教师、学生的精神家园。一般而言，学校文化包括三个层面的内容：一是学校文化的精神实质，即对教育本质、教育发展规律和学生身心发展规律的遵循，对学校办学行为、对师生教育教学行为的激励与约束，对学校风骨和尊严的坚守等。二是学校文化的外在表现，即对学校办学理念的梳理、校训的提炼、"三风"（即校风、教风、学风）的描述；即对学校民主决策、民主管理和民主监督治理结构的设计，现代学校制度体系的建立；即对课程的设置、教学模式的建构、师生关系的营造、学校环境的设计等。三是学校文化的社会影响力和认同度，即学校品牌的知名度、社会影响力以及社会各界对学校品牌的认可度等。学校文化之于一所学校而言，犹如精神之于生命、思想之于人类。学校文化具有极强的渗透性、持久性，像空气一样无时不在、无处不在，能够以无形的意识、无形的观念，深刻影响着有形的存在、有形的现实，深刻作用于学校发展以及教师、学生的校园生活。学校文化

---

[1] 康德著，赵鹏等译：《论教育学》，上海人民出版社 2005 年版，第 15—16 页。

既是推动学校发展的手段，又是教育文明进步的重要目标；学校文化既是凝聚人心的精神纽带，又直接关涉教师、学生的幸福。学校文化是教师、学生的精神需求，教师、学生需要通过学校文化启蒙心智、愉悦身心、陶冶性情，从而获得精神上的满足和依归。例如，成都市石室中学青砖灰瓦的学校色彩、成都市实验小学古色古香的历史风韵、成都市石室小学"见贤思齐"的办学理念等，恰是上述学校内在的文化肌理，铸就了各自的教育生活空间和学校性格，吸引着学子的脚步。显然，唯有文化，才能为学校注入新生的力量，为学校发展升华不灭的灵魂，为学校在竞争中创新发展、脱颖而出提供土壤和资源。简言之，学校文化是一个不断积累积淀的过程，推进学校文化建设必须坚持以立为本，重在建设，"求木之长者必固其根本，欲流之远者必浚其泉源"。

　　尽管学校并不排斥通俗文化、大众文化，但是学校应该有更高的追求。当通俗文化、大众文化趋于低俗时，它提倡高雅文化；当通俗文化、大众文化趋于肤浅时，它追求高深学问；当通俗文化、大众文化趋于功利时，它坚守文化理想；当通俗文化、大众文化趋于平庸时，它号召卓越精神；当通俗文化、大众文化变得浮躁时，它坚持宁静致远；当通俗文化、大众文化趋于激进时，它提倡保守而正确的价值。只有如此，学校才能成为"社会的良心"，成为文化引领的先行者，成为民族精神的象征，成为人类的文化之光。"《大学》之道，在明明德，在亲民，在止于至善，知止而后有定，定而后能静，静而后能安，安而后能虑，虑而后能得。"学校只有坚守自身的使命，守护自身的精神，追求真理、独立思考，抵制形形色色的社会压力和诱惑，才能培育"亲民"、合格的公民。"居天下之广居，立天下之正位，行天下之大道。……富贵不能淫，贫贱不能移，威武不能屈。"[①] 保持学校的优雅、宁静、高贵，才能保持学校的清醒和理性，明确自己的使命和目标所在。保持学校的优雅、宁静、高贵，才能自觉坚持和守护学校的精神和原则，激发和保护教师、孩子对于学习、探索、研究的兴趣、热情和追求。正如雅斯贝尔斯所说："创建学校的目的，是将历史上人类的精神内涵转化为当下生气勃勃的精神，并通过这一精神引导所有学生掌握知识和技术。"[②] 保持学校的优雅、宁静、高贵，才能保持学校的尊严与风骨。诚如洪应明在《菜根谭》一书中所言："肝肠煦若春风，虽囊乏一文，还怜茕独；气骨清如秋水，纵家徒四壁，终傲王公。"[③] 学校是"育人"、

---

①　《孟子·滕文公下》。

②　K.雅斯贝尔斯著，邹进译：《什么是教育》，生活·读书·新知三联书店1991年版，第33页。

③　洪应明著：《菜根谭》，东南大学出版社2010年版，第46页。

"育心"的圣殿，执教理想以逐公平正义，怀执着教育信念以索真理，在学校发展路途中，启程、远行、守望、再出发……踩下的，是一串厚实的脚印，"仰不愧于天，俯不怍于地"。同时，以"在场"姿态参与社会现实，以责任感铸就学校精神、发出"学校声音"，才能在熙熙攘攘的现实生活中正本清源，安放灵魂，引发共鸣，激起公共回响。学校是名师云集、智慧碰撞、空气自由的"圣殿"，是一个纯洁的、教书育人的场所，而不是趋炎附势、私相授受、蝇营狗苟之"名利场"，更不是充斥着"假"与"虚"，混杂着权权交换、权钱交换的"交易所"。学校只有坚守"育人为本"的办学伦理才有尊严，尊严之于学校，是价值归依与精神基点。实质上，只有抹上尊严的油彩，学校对真理的求索、对真相的描摹、对公平正义地图的勾绘，才能绽放光色，直抵人心；也只有以尊严托底，在笔尖、指尖、舌尖和心尖之巅舞蹈的教育人，才可背起道义行囊，勇往直前。总之，学校是孩子思想的摇篮、意志的发源地、精神的殿堂，今天培养合格公民显为重要。唤醒那些沉睡的心灵，重建学校精神，才会有"如初春，如朝日，如百卉之萌芽，如利刃之新发"的青年，"青春的力量"才可以"力排陈腐朽败者"。

教育、学校教育恰是在"化育个体"的功能中内在地秉承了"改造社会"的崇高理想，奠定了"社会的新基础"，促成了社会的解放。教育既是现代社会的一面镜子，又是它的塑造者；既反映了当代文化的价值观，又向下一代人灌输这些价值观。在此意义上讲，"教育更多的是一种保守的社会力量"。[1] 尽管教育存在着某些缺陷，但教育确实促进了社会变迁，"化育"了个体，加速了美好社会的建设进程。诚如萨瓦特尔所说："教育是所有人类职责中最人道和人性化的一种……和所有人类的职责一样，教育也有它明显的先天不足之处，也就是说，它绝不可能完成其全部使命，而只能是达到其中最好（或最坏）的一部分目标。但……也不可能把教育变成可有可无的世俗惯例，或者让它的目标变得模糊不清，乃至使有关其实现的最佳方法的争论变得无关紧要。"[2] "教育是有益的、很重要的和有效的，但却也是一种勇者之为，是人类迈出的勇敢的一步。"[3] 教育促进社会变迁的重要途径之一是培养"新人"，其二是创造、传播新的知识、价值观和信仰。

---

[1] D. 波普诺著，李强等译：《社会学》，中国人民大学出版社 2002 年版，第 421 页。

[2] F. 萨瓦特尔著，李丽等译：《教育的价值》，北京大学出版社 2012 年版，第 9 页。

[3] F. 萨瓦特尔著，李丽等译：《教育的价值》，北京大学出版社 2012 年版，第 15 页。

□ 下篇
教育公平的理念依据

理念是领率，理念是灵魂。"理者，物之固然，事之所以然也。"教育理念是教育体系的统一原理、是教育理论形态的自我意识和时代精神的理论表征。黑格尔说："要这样来理解那个理念，使得多种多样的现实，能被引导到这个作为共相的理念上面，并且通过它而被规定，在这个统一性里面被认识。"① 教育理念是所有与教育利益相关者的教育思想、教育观念、教育方法的一种积淀和结晶，同时，这种积淀和结晶又表现为一个独特的教育命题，或者独特的教育范畴，构成了特定的教育体系当中的统一性原理。教育理念既是文化的表征，也是文化的造物。我们始终在教育理念中生活，每个人甚至从出生前就已经置身于一个教育理念的"场域"之中——成文的或不成文的，自觉的或自发的，正式的或非正式的，官方的或民间的。我们享受和传承着教育理念，教育理念形塑着教育世界、引领着教育生活、浸润着人们的心灵。正如费希特所说："在真正的学者中，理念已经赢得了一切感性生命，它完全扬弃了学者的人格生命，将这生命纳入到理念的感性生命之中。真正的学者热爱理念，但决不凌驾于一切之上，因为他不热爱理念之外的任何东西，而只热爱理念。唯有理念才是他的一切欢乐和享受的源泉，唯有理念才是他的一切思想、努力和行动的动力；只有为了理念，他才愿意生活，如果没有理念，生活对他来说就会变得索然无味和面目可憎。"② 教育理念是教育生活公平正义的依据，也是追求有尊严的幸福生活的指南。教育公平的理念依据不同，其教育政策设计、教育制度选择不同，教育公平的实践路径也不同。

---

① 黑格尔著，贺麟等译：《哲学史讲演录》（第 2 卷），商务印书馆 1983 年版，第 385 页。
② 费希特著，梁志学选编：《自由的体系》（导言），商务印书馆 2008 年版，第 xxvi 页。

　　教育平等、教育自由、教育公正、教育合作等理念，既是教育公平实践的先导，也是管全局、管根本、管方向、管长远的东西；既是教育公平实践的思路、实践的方向，也是教育公平实践着力点的集中体现。

□ 第一章
教育平等

　　平等理念要求每一个人拥有同样的东西或享有同样的待遇，每一种平等理念都表达了一种关于平等的基本价值和人的尊严的潜在概念。是平等地对待人们重要还是使他们平等重要，不同的理论、学说有着不同的看法，与之相应，平等理念也呈现出不同的形式。金里卡说："道德平等的理念过于抽象，以致我们根本不可能从这个抽象的理念中推演出任何具体的内容。平等待人有很多不同的甚至相互冲突的表现形式。譬如，机会平等就可能导致不平等的收入（因为有些人有较高的天赋），而平等的收入却可能产生不同的福利（因为有些人有更大的需求）。平等待人的所有具体形式在逻辑上都相容于道德平等的理念。问题的实质在于：哪一种形式的平等待人最能够把握平等待人的精髓？这可不是一个逻辑问题。这是一个道德问题，这个问题的答案取决于对下述复杂问题的回答：究竟什么是人性以及什么是人的利益所在。要确定哪一种具体形式的平等待人最能把握平等待人的精髓，我们并不需要只是精通逻辑推演的逻辑学家。我们需要这样的人：他能够深刻理解人性，懂得为什么人应该受到尊重和关心，明白哪些行为最能展现这种尊重和关心。"[①] 每一种公平正义理论都不是从平等理想推演而出的，相反，每一种公平正义理论都是在追求这个理想，而判断一种理论是否成功就是判断这种追求是否成功。德沃金认为，当我要求政府官员依据平等理念行事时，"我们对他们委以这样的责任：去丰富和运用他们自己的平等观。……这当然不能等同于授予他们按自己的愿望任意行事的权力；平等理念为他们设定了一个标准——无论最后是否成功，他们都必

---

①　W. 金里卡著，刘莘译：《当代政治哲学》（上），上海三联书店 2004 年版，第 85 页。

须试着去满足这样的标准，因为这种理念假定一种平等观要优于另一种平等观"。① 无论我们对某一具体的平等观抱有多么大的信心，都必须在相互竞争的各种观念面前把它提出来加以检验，以判断哪一种观念最好地表达了或把握住了平等理念。

教育平等理念体现了作为个体人的基本能力和种属尊严，确认了每个社会成员的基本教育权利，保证着每个人发展的基本教育机会，划定了教育公平原则的基本底线。可以说，教育平等理念是教育公平的首要理念依据。诚如辛格所说："一切人平等的原则现在显然成了在政治和伦理领域的正统原则。"②

一、平等

平等既是人类追求的理想之一，同时也是最具争议的理想之一。"平等"看似一个简单的概念，人人都可以就此慷慨陈词一番。实际上，并不存在一个一般的、超越时空的"平等"概念。换句话说，平等是开放性的概念，尚未得到成熟的界定，尚有变化的余地。"与自由相比，平等总是一个不那么清晰界定的概念。"③ 但是，人们几乎有一种无可救药的倾向，他们总是用自己的偏见为语言打上烙印，从而使那些与他们有高度利害关系的所有重大问题受到扭曲。斯蒂芬说："英语中的'革命'一向是指特定的革命，就像'人'总是指具体的人一样。谈论英国革命和法国革命是正确的，如果泛泛地谈论革命，是在用词语搞乱思想，其实它们只是某些思想幻影的名称。"④ 因此，不同的人所说的"平等"，其意指可能千差万别，甚至完全不同。"平等是个有争议的概念：赞扬或贬低它的人，对于他们赞扬或贬低的究竟是什么，意见并不一致。准确地表述平等本身就是一个哲学难题。"⑤ 同时，平等是个复杂的多面体，如果只从一个角度去观察它，失真在所难免。"平等是一个既受人喜爱又令人费解的政治理想。人们能够在某个方面变得平等（或至少是较为平等），随之而来的是在其他方面变得不平等（或更不平等）。比方说，假如人们的收入平等，

---

① W. 金里卡著，刘莘译：《当代政治哲学》（上），上海三联书店 2004 年版，第 85－86 页。

② P. 辛格著，刘莘译：《实践伦理学》，东方出版社 2005 年版，第 18 页。

③ T. 帕特森著，顾肃等译：《美国政治文化》，东方出版社 2007 年版，第 8 页。

④ J. F. 斯蒂芬著，冯克利等译：《自由·平等·博爱》，广西师范大学出版社 2007 年版，第 151 页。

⑤ R. 德沃金著，冯克利译：《至上的美德》（导论），江苏人民出版社 2003 年版，第 2 页。

那么他们从自己生活中获得的满意度几乎肯定有所不同。"①

（一）"平等"的词义学分析

在古汉语中，"平"字古时指地形无起伏或水面无波浪的样子，如"平地"、"波平如镜"，后来引申为一种"衡量的标准"，如"库平"、"漕平"，执行这种标准的结果就产生了"均等"或"公平"。"等"字本意指顿齐书简，后来引申为"齐一"与"等同"。如《史记·陈涉世家》中有言："等死，死国可乎？"此外，古文中，"等"字也有"称量"或"衡量"的意思。② 在现代汉语里，"平等"一词逐渐隐去了这种动词的意义，转而成为一种形容词或名词，主要用来描摹根据某种标准所实现的事物"齐一"或"等同"的状态。

在英文中，equality 自从 15 世纪初期以来，在英语世界里经常被使用，最接近的词源为古法文 equalite、拉丁文 aequalitatem。可追溯的最早词源为拉丁文 aequalis。aequalis 这个词源自 aequus——意指水平的、平均的、公正的。equality 的最早用法与物理的量有关，但是 equality 的社会意涵，尤其是"阶级平等"（equivalence of rank）这个意涵，出现在 15 世纪——虽然从 16 世纪以来变得更普遍。equality 指涉"一种普遍的状态"是从"阶级平等"这个概念开始延伸而来。这种意涵代表着词义演变的一个重大转变：指的不是一种阶级的对比，而是一种对于"更普遍的、正常的、标准的状态"的主张。这种用法很明显地出现在弥尔顿的作品《失乐园》里："……不满意，公正平等（fair equalitie）、友爱的状态（fraternal state）。"这种广义的用法，一直到 18 世纪末期才变得普遍，并在美国独立战争和法国大革命时期受到了特别的强调和重视。不过，当时所强调的无非是这样的一个基本状态——"所有人皆生而平等"——以及一系列的特别要求，例如，法律之前人人平等——那就是说，对于"先前法定上的不平等"（在封建时期与后封建时期的阶级与特权方面），要求改革。③

equality 与社会思潮有关，它有两种主要的派别：第一，平等化的过程，其基本前提是所有人是生而平等的——虽然在某一些特别的属性里未必如此。"所有人皆生而平等"这个著名的原则有两种可能的意义。一方面，它可能是指人类是生而被赋有同等的才能或内在的能力。"上帝造人，赋予人们相同的

---

① R. 德沃金著，冯克利译：《至上的美德》，江苏人民出版社 2003 年版，第 3 页。
② 夏征农主编：《辞海》，上海辞书出版社 1989 年版，第 46、2118 页。
③ R. 威廉斯著，刘建基译：《关键词：文化与社会的词汇》，生活·读书·新知三联书店 2005 年版，第 152—153 页。

生命和器官，赋予人们同样的生命和灵魂的气息，人与人之间的所有差异都是人为造成的，都是社会的，即后天的产物。人们自身不能改变的差异主要是精神差异。"① 但是，这一说法显然与事实相悖。毫无疑问，人与人之间存在着诸如贫富、高矮、肤色等方面的差异。"没有任何一种观点比那种所谓人与人之间除面貌、外表不同外，其他一切都相同的论点更站不住脚的了。事实上，人与人之间完全不同，即使是一母所生的同胞兄弟姊妹之间，也存在着身体上和精神特征上的巨大差异。大自然的创造绝不是重复创造，它生产的并非系列产品，它也不是标准件的生产厂家。从大自然的工厂中走出来的人带有明显的个人标记、明显的性格特点以及不可重复再生的印记。"② 另一方面，它指所有人都有平等的权利，这种说法至少是值得研究的伦理原则。第二，废除天生特权的过程，其前提是所有的人要有"起点的平等"（start equal）——虽然结果很可能是他们在成就或其他状态里不是平等（unequal）的。在这两个派别的实例里，当然有大量的重叠意涵。然而，对于下述两种过程，有一个明显的区别：其一，一种持续的平等化过程。在这种过程里，任何世袭或新创的状态（强调某些人地位高于其他人，或赋予某些人权力去宰制其他人），在"规范性原则"（normative principle）下，必须被废除或减少（正如同弥尔顿的用法，这种规范性的原则，将 equality 与 fraternity 视为意义极接近的词）。其二，废除或减低特权的过程。在此过程里，equality 的道德意涵，整体说来局限在最初的平等状态，后来所产生的不平等均被视为不可避免的或是正当的。此种意涵最普遍的形式就是"机会均等"，机会均等可解释为"变成不平等的机会均等"（equal opportunity to become unequal）。比较"underprivileged"（特权较少的、社会地位低下的）的用法。在此用法里，特权是一种正常现象。只是有些人拥有的特权较他人少。这个词用来描述一个贫穷、被剥削或甚至于被压迫的团体。而对于第一种意涵的抱怨，比较为人所熟知的论点是：它将每一个人拉到同一个水平，并且与经济平等的建设性方案连接在一起——这就是 17 世纪中叶"平等主义者"（levellers）所提出的方案。在这两种意涵之间，很明显可以看出两种历史意涵不同的方案：一是专门与政治、法律权利有关的方案；二是同时涵盖经济平等的方案（不管是以何种形式出现）。有一种看法指出，19 世

① L. V. 米瑟斯著，韩光明等译：《自由与繁荣的国度》，中国社会科学出版社 1994 年版，第 68—69 页。
② L. V. 米瑟斯著，韩光明等译：《自由与繁荣的国度》，中国社会科学出版社 1994 年版，第 69 页。

纪初期，经济上持续的不平等使得法律或政治平等仅仅成为抽象而不可得。①

　　如果只将"equal"作为一个度量语词，坚持其物理意涵，很明显会使相关的社会论述变得错综复杂。经济平等方案，甚至法律或政治平等方案仍然反对下述观点（虽然现在较不常见）：就人类而言，可量化的属性（如身高、气力、智慧等），显然互有差异（unequal）。对此种观点，有人认为我们应该强调的是：度量结果的差异，就某种社会意涵而言，其实是与"特殊的不平等"（particular inequality）有关——身高与此无关，虽然肤色长久以来被认为与此有关；气力、智慧可能也与此有关，而这即是当代论述严肃的课题。"当我们说不论种族或性别，任何人一律平等的时候，我们究竟在宣称什么呢？种族主义者、性别主义者以及其他反对平等的人士经常向我们指出，无论我们选择怎样的标准，人与人之间显然是不平等的。一些人高，另一些人矮；一些人精于数学，另一些人拙于此；一些人可以在 10 秒之内跑完 100 米，另一些人则需要 15 或 20 秒。……我们还可以照此继续列举。"② 可见，这种度量结果的差异尤其是与上述 equality 第二种派别的意涵有关。度量差异通常被认为——即使是真实呈现出来——是依存于上述 equality 第一种派别的意涵，而在第一种派别的意涵里，人与人之间的差异或男人与女人之间的差异不能成为一方凌驾另一方的借口。"只有认识到平等的要求并不依赖于智商、道德人格、理性或其他类似的事实，我们才能够拒斥'智商等级社会'和其他类似的荒诞不经的体制。并没有逻辑上强有力的理由支持这样一个论断：两类人之间能力上的差别可以为我们对他们的利益予以不同程度的考虑作辩护。"③ 尽管人与人之间是不同的，而且这些不同适用于人们如此多的属性，以致为平等原则寻求事实依据的做法，似乎是毫无希望的。为什么似乎是毫无希望的呢？仅举一设想予以说明。假设有人提出这样一个建议：应该对人进行智商检验，然后按智商高低进行分类。也许那些智商高于 125 的人应该成为奴隶主阶级，智商介于 100 和 125 之间的人成为自由民，但无权拥有奴隶，而智商低于 100 的人则成为上述智商高于 125 的人的奴隶。这样一种等级社会与种族主义或性别主义的等级社会一样可憎。但是，假如我们支持平等的理由就在于这样一个事实论断，即个体差异跨越了种族和性别的边界，我们就没有理由反对这样一种不平等主义。因为，这样一种等级社会的基础恰好是个体差异。显然，只有意识到平等的要

① R. 威廉斯著，刘建基译：《关键词：文化与社会的词汇》，生活·读书·新知三联书店 2005 年版，第 153－154 页。
② P. 辛格著，刘莘译：《实践伦理学》，东方出版社 2005 年版，第 19 页。
③ P. 辛格著，刘莘译：《实践伦理学》，东方出版社 2005 年版，第 22 页。

求不依赖于智商、种族、性别或其他事实，才能避免奴役。诚如辛格所说："平等是一个基本的伦理原则，而非对事实的断定。"[1]

（二）平等的内涵

"平等"有两个基本含义：一是指一种"无差别"、"同一"、"等同"的状态或结果，可以称为"实质平等"（substantive equality）。正如萨托利所说："平等表达了相同性概念……两个或更多的人或客体，只要在某些或所有方面处于同样的、相同的或相似的状态，那就可以说他们是平等的。"[2] 二是指按照同一标准协调事物之间大小、多寡、高低以及其他差别的原则或过程，可以称为"形式平等"（formal equality）。例如，法律面前人人平等，即可称之为形式平等。"法律，不管它是其他什么事物，它都是一种以普遍的术语表述的、公正适用的规则，也就是，对进入它规定范围内的所有情形，都进行确切平等的处理。……从伦理标准来判断，法律本身可以是正义的，也可能是非正义的。其适用可能对所有人都一视同仁，或者在不同的阶级之间有所差异。但是在它的词句规定的范围内，法律是一种公平适用的普遍规则。"[3] 当然，也有一些人坚持认为，法律面前人人平等并不是真正的平等，而是"假"平等。佛朗斯说："崇高的法律平等：这种法律赋予富者和贫者以平等待遇，竟然一视同仁地禁止他们栖宿于桥梁之下、沿街乞讨并偷窃面包。"[4] 显然，对法律面前人人平等不是真正的平等这一指责，确实是毫无道理的。诚如米瑟斯所说："要想把人变得真正平等起来，这是依靠人的一切力量都办不到的事情。人与人之间本来就是不平等的，而且还将继续不平等下去。……真正理智、清醒、并且合乎目的的处理方法就是争取在法律上平等待人。自由主义并不奢望得到比这更多的东西，因为，超出这个范畴以外的东西是不存在的，因而也是不可能得到的。人们不可能把黑人变成白人，因为它超出了人的能力范围。但是，人们可以赋予黑人同白人一样的权利，从而使他们能够像白人一样同工同酬，多劳

---

① P. 辛格著，刘莘译：《实践伦理学》，东方出版社 2005 年版，第 22 页。

② G. 萨托利著，冯克利等译：《民主新论》，东方出版社 1998 年版，第 381 页。

③ L. T. 霍布豪斯著，孔兆政译：《社会正义要素》，吉林人民出版社 2006 年版，第 78—79 页。

④ T. A. V. 哈耶克著，邓正来译：《自由秩序原理》（上），生活·读书·新知三联书店 1997 年版，第 296 页。

多得。"① 也就是说，人与人是不相同的，人们不能将法律面前人人平等理解成平等就是一视同仁、人人相等。

有趣的是，平等的这两个含义或两种类型之间是有内在冲突、互不兼容的。以社会公共物品分配领域的平等诉求为例，考虑到不同的人或社会阶层在先赋性条件方面的差别，如果要想追求结果的实质平等或无差别，就不能平等地分配社会公共物品，必须违背形式平等进行差额配置，把更多的而不是平均的社会公共物品分配给处境不利的人。同样，如果按照某一标准在不同的社会成员之间平等地分配某种社会公共物品，追求形式平等，那么就可能导致结果的、实质的不平等，甚至会出现"富者越富，穷者越穷"的马太现象，扩大而不是缩小已经形成的各种社会差距。如果考虑到按照形式平等的要求分配的某种社会公共物品不是奢侈的、一次性的个人消费品，而是必需的、对于人们的广泛生活和未来发展具有长远影响的社会公共物品，那么单纯地追求形式平等所导致的个人与社会后果就尤其严重。可见，在真实的社会生活中，如果只追求形式的平等，则可能毫无意义，必须关注到实质平等的增进。但是，如果对实质平等的追求走向极端，又容易从根本上损害形式平等，导致被人们不断诟病、批评的平均主义倾向，从而使整个社会失去发展的动力与活力。

从上述分析可以看出，人们对待平等有两种根本不同的方式：一是平等对待，即相同的公平待遇。"相同的人和相同的情形必须得到相同的或至少是相似的待遇，只要这些人和这些情形按照普遍的正义标准在事实上是相同的或相似的。"② 二是平等的结果，即相同的结果或最终状态。平等对待的基本观点是，人类在若干方面应当得到平等对待而不管他们存在什么差别。"平等待人的理念虽然抽象但却并不只具有空洞的形式，相反，这是一个实质性的理想，这个理想排斥着某些理论（如种族主义的理论），并为别的理论所致力于追求的目标设定了一个标准。某个抽象理念需要被阐释，以及不同的理论以不同的方式对它进行阐释——这个事实并不表明该理念是空洞的，也不表明这些阐释没有优劣之别。"③ 平等结果的观点则是，人类不应当有差别，而且应当复原到早期的无差别状态。仔细分析，这两种观点是不和谐的，因为，"平等对待并不导致平等结果，反之，平等的最终状态需要不平等对待。直率地说，情况就

① L. V. 米瑟斯著，韩光明等译：《自由与繁荣的国度》，中国社会科学出版社 1994 年版，第 69—70 页。

② E. 博登海默著，邓正来译：《法理学》，中国政法大学出版社 2004 年版，第 309 页。

③ W. 金里卡著，刘莘译：《当代政治哲学》（上），上海三联书店 2004 年版，第 86 页。

是如此：要想得到平等的结果，我们就要受到不平等的对待"。① 平等对待并不排除差别，并不产生平等结果（无论在机会的利用还是在其他方面）。"'平等'这一观念还可以适用于对待。也就是说，可以考虑不同的但都以平等为基础的方式来对待每一个人——不论其人种和社会出身情况。在这方面，首先可以使每个人在法律面前一律平等。此外，也可以制定相应的社会政策，以确保每个人都有收入或者有最低限额的生活补助。还可以建立统一的学前教育制度或学校教育制度，以便不加歧视地和没有其他限制地对所有儿童一视同仁。显然，而且业已证明，这种制度无论在资本主义国家还是在社会主义国家中，都未必能够使成年人之间取得完全平等，甚至未必能够使他们之间更加平等。"② 平等的最终状态必然要求不平等的手段，即要求歧视性的（不同）对待。一旦我们判定，就某些相应特征而言，特定群体受到歧视，那么为了消除这种不平等，受歧视的就应得到加倍的重视。与之相应，受益的就应被剥夺权益。例如，一个拥有一定财富的富翁有几个子女，其中一个是盲人，一个是志向远大、将来想成为政治家的人，一个是需求甚微的诗人，一个是采用昂贵材料从事创作的雕塑家，等等。他应当怎样立遗嘱呢？如果他把结果平等作为自己的目标，他就会考虑到孩子们之间的这些差别，显然不会留给孩子们平等的财产份额。"平等的结果要求不平等的机会，而根据结果去评价机会平等则肯定是个错误。起点上平等并非终点上也平等。不仅如此，假如结果已被预先决定，就根本没有什么机会能提供。"③ 的确，在平等对待和平等结果之间，有一个进行交易的广泛领域。为了培育"较多平等的"结果，可以实行"较少平等的"对待；反过来说，为了能捞到"最低限度的平等"待遇，我们可以满足于"有缺陷的平等"结果。如果结果的平等成了唯一的、压倒一切的关心对象，那么，平等的目标就将毁灭平等对待，这很可能是在让目标毁掉手段。萨托利说："追求平等结果可以损害平等对待，以致无法保证所追求的仍然是它所宣布的目标。如果不顾平等利用这一要旨，平等化政策在很大程度上就成可再分配政策，最后也就成了剥夺性政策。"④ 过度的不平等对待要比满足平等主义要求更有可能招致人人为敌的战争。如果凡获得平等都要以生成其他不平等为代价，而且这一观念又被普遍接受，那我们就真正滑入了一个险恶的漩涡。

---

① G. 萨托利著，冯克利等译：《民主新论》，东方出版社 1998 年版，第 396 页。
② 张人杰主编：《国外教育社会学基本文选》，华东师范大学出版社 2009 年版，第 161 页。
③ G. 萨托利著，冯克利等译：《民主新论》，东方出版社 1998 年版，第 396 页。
④ G. 萨托利著，冯克利等译：《民主新论》，东方出版社 1998 年版，第 397 页。

二、平等的主体与客体

谈平等，首先要清楚平等的主体问题、平等的客体问题。

（一）平等的主体

平等的主体问题，关注的是谁与谁之间的平等。

平等的主体既可以是单个的人，也可以是人的群体。在理想的状况下，如果社会的同质性和信息的可获取性很高，平等的主体应该是单个的人，平等应该是他们之间的平等。这类平等最好的例子是"一人一票"，其主体单位是单个的人。以群体为主体的平等，关注的是两个或两个以上对应群体之间的平等。如果以收入分配为例，群体之间的平等是指各群体的平均收入相差不大。很明显，即使各群体的平均收入完全相等也不意味着各群体内部是平等的，或者所有群体内的所有人是平等的。在现实的状况下，也许更应将群体作为平等的主体。其原因在于：第一，世界上并没有抽象的、孤立的人，只有生活在现实社会生活中的人。马克思在《关于费尔巴哈的提纲》一文中批判了费尔巴哈关于"抽象的人"的学说，费尔巴哈把人的本质理解为"类"，理解为"一种内在的、无声的、把许多个人纯粹自然地联系起来的普遍性"。在批判费尔巴哈关于"抽象的人"的学说基础上，马克思指出："人的本质不是单个人所固有的抽象物，在其现实性上，它是一切社会关系的总和。"[1]《德意志意识形态》一文指出，全部人类历史的前提，从而也是自己理论的逻辑前提，并不是任意提出的，"它的前提是人，但不是处在某种虚幻的离群索居和固定不变状态中的人，而是处在现实的、可以通过经验观察到的、在一定条件下进行的发展过程中的人"。[2] 马克思、恩格斯在这里所说的个人，"是现实中的个人"，也就是说，"这些个人是从事活动的，进行物质生产的，因而是在一定的物质的、不受他们任意支配的界限、前提和条件下活动着的"。[3] 第二，从社会学立场而言，个人境遇的分布并不呈随机状态，境遇的不同影响到人们对现实的评价。换言之，人们看问题的立场、观点、方法不是随机分布的。第三，从政治学立场而言，单个的人对不平等反感或不满在政治上无关紧要，对政治秩序的冲击

[1] 《马克思恩格斯选集》（第1卷），人民出版社1995年版，第60页。
[2] 《马克思恩格斯选集》（第1卷），人民出版社1995年版，第73页。
[3] 《马克思恩格斯选集》（第1卷），人民出版社1995年版，第71—72页。

也不算太强烈，但群体对不平等的反感或不满则可能破坏社会和谐、颠覆政治稳定、中断经济社会发展的进程。因此，研究平等时，将群体作为主体的重要性一点也不亚于单个的人。更何况，消除群体间不平等不失为彻底消除个体间不平等的一个有效途径。诚如布里格豪斯所说："从公共政策的观点来看，群体间的不平等之所以被关注，是因为群体成员常常在这个现实世界里处境不利，因此，致力于群体间的不平等可以成为解决个体间不平等的有效方式。因此，在美国，种族被认为是不平等产生的主要原因。非裔美国人相比于白种美国人，总体上拥有更少的教育资源，甚至在提供给他们的公共学校教育方面也是这样。而且，非裔美国人的教育成就比白种美国人明显要低。由于我们深知种族在历史和当今现实中的作用，因此，种群之间的不平等让我们有理由怀疑个体之间存在着不平等。"[1]

（二）平等的客体

关于平等的主体，尽管有一些争议，但并无太大的分歧。平等的客体，就没有这么幸运了。一般而言，平等的核心问题是"什么东西的平等"。恩格斯说："一切人，作为人来说，都有某些共同点，在这些共同点所及的范围内，他们是平等的，这样的观念自然是非常古老的。但是现代的平等要求与此完全不同；这种平等要求更应当是从人的这种共同特性中，从人就他们是人而言的这种平等中引申出这样的要求：一切人，或至少是一个国家的一切公民，或一个社会的一切成员，都应当有平等的政治地位和社会地位。"[2] 几乎所有的思想流派都力图争取某种东西（收入、财产、福利、机会、自由）的平等，但他们对什么应该是这个"某种东西"争执不休，相互对立。某个流派一旦认定"某种东西"的平等是至关重要的以后，甚至可以完全容忍"其他东西"的不平等。为了便于分析，我们列出如下一些类别（主要与教育有关或有牵涉），看看不同思想流派对关键的平等客体——"某种东西"的不同主张。

1. 尊严平等

18 世纪以前，一般认为人生来不是平等的，而是不平等的。等级制是天经地义的，不平等是自然而然的。当然，有关平等思想的火花仍不时闪现。17 世纪以后，自然法及社会契约思想开始在西方出现，为人的平等奠定了思想基

---

[1] R. Curren 主编，彭正梅等译：《教育哲学指南》，华东师范大学出版社 2011 年版，第 605 页。

[2] 《马克思恩格斯选集》（第 3 卷），人民出版社 1995 年版，第 444 页

础。霍布斯、洛克、康德等人不断吁求人的平等，呼吁人们应当享有平等的自然权利。他们的主张为现代社会运动乃至革命提供了思想武器，并先后被各国宪法和人权宣言所吸收。作为一种具体的社会和政治要求，平等是拉开现代社会序幕的一系列重大革命的产儿。当时的一些思想家认为，人类起初在上帝创造的物种的秩序中是平等的，只有后来的某些情况会破坏这种平等。1647 年，雷恩伯鲁夫即提出："我们认为这些事实是不言而喻的：所有人生来平等；上帝赋予他们某些不可剥夺的权利，其中包括生存权、自由权以及追求幸福的权利。"① 大约 50 年之后，杰斐逊将这一主张几乎原封不动地写进了《独立宣言》。《独立宣言》宣布："我们认为下述真理是不言而喻的：人人生而平等，他们都从其'造物主'那里获赠了某些不可让渡的权利，其中包括生命、自由和追求幸福的权利。"在上帝面前，人人平等。每个人都有其自己的价值，有着不可转让的权利，任何人不能侵犯。他有权达到自己的目的，而不应简单地被当作达到他人目的的工具。上帝面前的平等——人身平等——之所以重要，正是因为人不是个个一样的。他们的不同价值观、不同爱好、不同能力使他们想过很不相同的生活。人身平等要求尊重他们这样做的权利，而不是强迫他们接受他人的价值观或判断。尔后，杰斐逊又在一封信中重申了《独立宣言》的观点："科学精神的普遍传播，已经使这显而易见的真理广为人知，即人类大众并不是生下来就是当牛做马的，也并没有一小部分人就受到了上帝的恩赐，可以合法地专横跋扈，对他们又是踢又是抽。"② 但是，杰斐逊所说的"人人生而平等"中的"人人"，其实指的是有产阶级以及有产的白人殖民者，并不包括在殖民地的无产者、黑人奴隶和其他无权的殖民地居民。"我们从监督黑人的人那里听到要求自由最高涨的呼声，这究竟是怎么可能的事？"③ 同时，他毫不怀疑某些人优于另一些人，也不怀疑杰出人物的存在。"杰斐逊愿意考虑上帝一开始就单独另外创造了黑人种族的异端邪说。……从这个推测出发，杰斐逊很容易地过渡到下一个可能性：黑人可能在生理和思想的天赋方面劣于白人。杰斐逊把黑人和红种人从未成为自然史的研究课题视为他自己的人民的耻辱。"④ 林肯在此问题的认识上与杰斐逊一样，处于一种矛盾的境地。他说："我不愿意娶一个黑人妇女为妻，并不等于我否认她具有享有天赋人权的权利。""绝对没有理由说黑人没有资格享有《独立宣言》中所列举的各种天赋权

---

① A. 卡利尼克斯著，徐朝友译：《平等》，江苏人民出版社 2003 年版，第 25 页。
② A. 卡利尼克斯著，徐朝友译：《平等》，江苏人民出版社 2003 年版，第 25—26 页。
③ A. 卡利尼克斯著，徐朝友译：《平等》，江苏人民出版社 2003 年版，第 27 页。
④ J. R. 波尔著，张聚国译：《美国平等的历程》，商务印书馆 2007 年版，第 171 页。

利——生命、自由和追求幸福的权利。我认为黑人像白人一样有资格享有这些权利。我同意道格拉斯法官的话，黑人在许多方面和我不平等——肤色当然不一样，道德或智力天赋方面恐怕也不一样。但是在吃用自己的双手挣来的面包而无须任何人恩准的权利方面，他和我是一样的，和道格拉斯法官是一样的，和每一个活着的人都是一样的。"但是，林肯却承认，黑白种族之间的生理上的差别"很可能将永远不允许它们在完全平等的基础之上生活在一起"。同时，他也愿意让自己的种族占据着优等的地位，"我无意使白人和黑人两个种族在政治上和社会上处于平等地位"。① 换句话说，林肯并不主张给予白人和黑人一样的平等机会，也不能容忍对白人种族权利的剥夺。当然，随着社会的进步，杰斐逊、林肯的一些主张逐渐被世人遗弃。辛格说："我们可以承认，个人之间存在差别，但仍可坚持认为，在种族之间以及男女群体之间，并不存在有道德意义的差别。知道某人是非洲裔或欧洲裔、男人或女人，并不能使我们就她或他的智力、正义感、情感深度得出明确的结论，或者让我们有资格不平等地对待她或他。认为欧洲裔就上述能力而论优越于其他种族，这种种族主义的主张在此意义上就是错误的。个人之间在这些方面的差别不能由种族差异来解释。类似地……性别主义的成见也是错误的。"② 换句话说，人们作为个体，但不是作为种族或性别群体而存在差异。《世界人权宣言》第 1 条明确规定："人人生而自由，在尊严和权利上一律平等。他们……应以兄弟关系的精神相对待。"

在启蒙思想家的主张中，人人平等并不等于说人人相同，或者人人应该享受同等的待遇。他们有关平等的含义，无非是说，人作为人是一样的，他们应该享受同样的关怀和尊严。"人人生而平等"意指"所有的人在本性上是平等的"，"所有的人在本性上"意指"所有的人类"或"同种的所有成员"，而所有的人之所以成为人类，是因为所有的人都是平等的，比起其他人是不多不少的。例如，涂尔干即从道德的角度对强制性的不平等报酬制度进行了猛烈的批判。他说："我们仍然带有价值偏向，受由过去所继承下来的各种偏见的影响，我们不是从同样的观点出发来对待不同阶级的人们。我们对于某位来自高贵阶层的位居要职的人所遭到的贫困与不应有的艰辛历程更为敏感，而对于那些卑微的、从事低贱劳动的人所遭受的贫困与痛苦则置若罔闻。"③ 所有人在某种程

---

① J. R. 波尔著，张聚国译：《美国平等的历程》，商务印书馆 2007 年版，第 162—163 页。

② P. 辛格著，刘莘译：《实践伦理学》，东方出版社 2005 年版，第 21 页。

③ J. C. 亚历山大著，夏光等译：《社会学的理论逻辑》（第 2 卷），商务印书馆 2008 年版，第 378 页。

度上拥有人类所特有的一些性质；一个人之所以会与另一个人不平等，是由于某个特定性质被拥有的程度有差别，而不是所有人共享的人性有程度上的差别。艾德勒说："人生而平等的说法是真实的只限于能够实际证实人与人平等这个方面。也就实说，他们都是人，都具有人种的特性，尤其是他们都具有属于人种一切成员的特殊性质。"① 尊严平等原则意味着所有的人生而平等，在社区政治生活中享受平等机会和平等参与，在法律面前享受平等待遇。诚如福勒所说："二等公民是与尊严不相容的——不仅与二等公民的尊严不相容，而且与容忍歧视的社会的集体尊严不相容。寻找摆脱贫困的出路，是货真价实的尊严运动的前提。一个崇尚尊严的社会最终将实现杰斐逊的承诺：'人人生而平等'。"②

时至今日，尊严平等原则已被各种思想流派所接受，成为平等的底线。"接受所有的人在尊严和权利方面生而平等和自由，是一个有效运行的民主社区的基础。一个民主国家有义务确保对所有人权的尊重、保护和实现，以保证其公民能够免于恐惧和匮乏地生活。"③ 不过，人的尊严平等太过空泛、空洞。如果要形成一个清晰的道德乃至法律准则，无疑需要将这一抽象的原则具体化。例如，1949 年，德国颁布了《基本法》。其中，人权法案在《基本法》中占据着中心位置。《基本法》第一条规定："［1］人的尊严不可侵犯。一切国家权力均有责任去尊敬与保护之。［2］德国人民承认，不可侵犯与不可剥夺之人权，既是每个社团，也是世界和平与正义之基石。［3］下列基本权利应作为可直接实施之法律，而约束立法、执法与司法机构。"④《基本法》明确了人权法案不仅是抽象的良好愿望，而且和普通法律具有同样的实际效力，在现实运作中约束着各个政府机构。

2. 权利平等

权利平等的思想来自洛克的传统，"所有现代自然权利论的导师中，最为著名和影响最大的就是约翰·洛克"。⑤ 在洛克看来，人在自然状态中是独立

---

① M. J. 艾德勒著，郗庆华等译：《六大观念》，生活·读书·新知三联书店 1998 年版，第 202 页。
② R. W. 福勒著，张关林译：《尊严的提升》，上海人民出版社 2008 年版，第 97 页。
③ "人的安全网络"组织编写，李保东译：《人权教育手册》，生活·读书·新知三联书店 2005 年版，第 403—404 页。
④ 张千帆著：《西方宪政体系》（下册·欧洲宪法），中国政法大学出版社 2004 年版，第 148 页。
⑤ L. 施特劳斯著，彭刚译：《自然权利与历史》，生活·读书·新知三联书店 2003 年版，第 168 页。

的，享有一种"自然权利"（natural rights，又译"天赋人权"）。为了保证各自和相互之间的利益不因社会无序而受到损害，人们必须建立起一种相互之间的承诺或一种社会契约。按照这一承诺或契约，人们自愿地放弃自己的一部分自然权利，并将这部分权利交给一个共同认可的、至高无上的权力源（即政府）来行使，从而使其他的、更重要的权利得到（政府）保护。在洛克看来，人们组成社会、建立政府的目的是为了保护他们自身拥有的财产。"人们联合成为国家和置身于政府之下的重大的和主要的目的，是保护他们的财产。"① 而洛克理论体系中的"财产"包括生命、自由和拥有财产。② 当然，即便组成了政府，人的自然权利中的某些权利依然是不可转让的，这些权利包括生命、自由和财产。同时，只要不侵犯他人的权利，每个人都有权利利用他合法拥有的资源，做自己喜欢的事情。同样，每个人都有权免受他人的伤害，除非他自愿放弃这种权利，自愿将权利让渡给他人，或因自己的错误丧失这种权利。在人们享受权利的同时，他们有责任尊重他人的权利。在洛克的传统中，应该平等分配的只有自由和权利，而不是其他什么东西。洛克所言的"自由"是消极自由而不是积极自由，即只规范什么受到保护，不要求一定出现什么状态。此外，政府的任务只是保护个体的生命、自由和财产，因为所有正常的成年人都是理性的，因而生来就是自由的、平等的。

人人享有平等的权利、人人应该受到平等对待的原则是人权概念的基石，由每个人生而平等的人的尊严衍生而来。换句话说，权利是每个人所具有的维持其基本尊严的必要因素，因而是人所普遍拥有的，与其身份地位无关。诚如美国《独立宣言》所说，人人生而平等，他们都从其"造物主"那里获赠了某些不可让渡的权利，其中包括生命、自由和追求幸福的权利。作为一种道义哲学，《独立宣言》"是一个面向人类之公意的充满激情的政治宣言。它所包含的平等的普适性是唯一人人能理解的。这是它传递给未来每一代人的一盏明灯"。③ 自此，每一个人在平等地享有生命、自由和幸福的权利之外，也平等地决定着那些价值观。人人平等的不是他们的能力或品格，而是他们的权利。针对一位作家奋力驳斥当时很流行的有关非洲人智力低下的观点，杰斐逊以赞赏的口吻回应道："确切地说，没有人比我更真诚地希望看到有对此种疑惑的彻底驳斥，我自己也疑惑是否自然赋予了他们不同的理解力，希望发现他们与我

① 洛克著，叶启芳等译：《政府论》（下篇），商务印书馆2005年版，第77页。
② 洛克理论中的"财产"概念，不单单指具体的物质，而是更倾向于指人本身拥有或习得的创造物质和财富的权利。
③ J. R. 波尔著，张聚国译：《美国平等的历程》，商务印书馆2007年版，第34页。

们是一样的……但是，无论他们的智力程度怎样，他们的权利都不能以此为据。因为，纵然牛顿在理解力上优于他人，他并不能因此就成为他人财产或人身的主人。"① 根据这个原则，人们的权利取决于他们作为人的个体性，而不是世袭特权，不是家族的或社会的地位，也不是种族甚至宗教。

只不过，《独立宣言》所宣示的普适性的平等语言成为一个分化、分层明显的社会秩序的准则，但它无法决定那种秩序的未来，也永远无法被转化为具体的制度。《独立宣言》在社会改革家们的手中的作用只是一种道义激励的工具，一种自我评估的参照物。正因为如此，获得平等的自然权利从未被完全地提供给所有的人，无论是过去还是现在。例如，如果按照《独立宣言》的说法——美国集体公开宣传的思想——人人享有自由的权利是与生俱来的和不可剥夺的话，那么美国各州的奴隶获得自由权利是不容协商的。然而，在19世纪，"从白人提出的几乎所有的解放奴隶的方案来看，实现非洲裔美国人天赋权利实际上可以受到长期的耽搁和限制，而且将完全由白人人口以对他们自己有利的方式随意决定"。② 1882年，美国国会通过了《排华法》。排斥华人表现为反对一种异类和劣等的文明，以保卫白人的文明。1923年，柯立芝总统要求国会通过永久禁止中国移民法案，声称"非美国精神的参与者不得移民到美国"。③ 直到1965年，美国移民法才事实上真正取消了对中国人和其他亚洲人的歧视。同时，法律上拥有平等权利，并不能保证人们在事实上都得到平等对待或待遇。"今天，非洲裔美国人在法律上拥有平等权利，但他们在事实上远未得到平等待遇。两倍于白人的黑人生活于贫困之中、找不到工作、在婴儿时即死亡。总是存在两个美国，一个是白人的，一个是黑人的。"④

3. 机会平等

机会平等的思想一般有两个假想敌。一个是身份等级制度，另一个是结果平等的思想。

每个社会都有等级，一些等级的社会地位比另一些等级的社会地位更高、更有利。从某种意义上讲，每个社会存在的等级具有一定的合理性。如果等级在本质上不是不合理的话，那么，问题就不在等级本身，而在于等级的滥用。由于滥用等级太普遍，因此一些人想当然地认为，取消等级不就万事大吉了。

① P. 辛格著，刘莘译：《实践伦理学》，东方出版社2005年版，第31—32页。
② J. R. 波尔著，张聚国译：《美国平等的历程》，商务印书馆2007年版，第48页。
③ R. V. Harlow, *The Growth of the United States*, vol. 2, New York: Henry Holt, 1943, p. 497.
④ T. 帕特森著，顾肃等译：《美国政治文化》，东方出版社2007年版，第13页。

但是，许多事例证明，无视天资、能力和业绩表现上的差异，试图根除反映这些差异的等级差别，是一条失败之路。"根除有利于合作的等级区别也会削弱社会，使之更易受到既有敌人的伤害，也容易产生新的敌人。历史证明，试图完全取消等级的政治和社会模式是天真的乌托邦，采用这些模式的社会得到的是灾难。"① 等级如果是合法获得的并能恰当地使用，无疑是实现集体目标的重要的组织工具。正确认识等级与等级主义，尊重等级但排斥等级主义，对于完成组织目标特别重要。不过，等级并不等同于等级主义，"只有那些使高等级的尊严凌驾于低等级的尊严之上的行为才属于等级主义"。② 我们通常认可那些有等级并能以模范方式使用等级权力的权威人士，诸如父母、老师等。尽管等级的存在具有一定的合理性，但是，如果在某个社会里，人们在等级中的地位是由出身决定的，那它便是一个身份等级制度。在一般情况下，那里的孩子难以超越他父母所处的社会地位。在身份等级制度下，社会流动并不是完全不可能，但比较罕见。早在18世纪，科拉姆在论及教育问题时，通过一个许多同时代人都能理解的农业生产的类比来分析出身问题："在一个贵族的孩子和一个农民的孩子之间可能存在着差别，而从同一株植物上收获的种子在不同的土壤里得到的产品不是也不等同吗？确实，不平等是人为的，而不是自然的结果。"③ 很明显，在身份等级制里，既然机会不平等，结果也不可能平等。而且机会不平等往往是结果不平等的原因。霍布豪斯说："社会等级组织对个人实行的那些限制，这类限制把某些职位、某些职业、受教育的权利或至少是受教育的机会保留给某个阶层或阶级的人。就其极端形式来说，这是一个种姓制度，其限制既是社会的，又是宗教的或法律的。"④

（1）身份等级制度或等级主义是歧视的根源

种族问题对于美国人致力于平等的程度是最为彻底的检验，因为种族问题是一个等级制度的问题。在美国，黑人是指18和19世纪从非洲运往美国的奴隶的后代。在被奴役状态下，黑人根本不被当作公民，甚至不被当作"人"，而只是被当作奴隶主的财产，就像房屋和畜生。虽然在19世纪60年代废除了奴隶制，黑人也获得了公民资格，但他们仍然受制于种族隔离法——这些法律要求黑人只得在单独的黑人学校就读，只得乘坐单独的火车车厢等。这些法律直到20世纪50-60年代才得以废除。

---

① R. W. 福勒著，张关林译：《尊严的提升》，上海人民出版社 2008 年版，第 8 页。
② R. W. 福勒著，张关林译：《尊严的提升》，上海人民出版社 2008 年版，第 9 页。
③ J. R. 波尔著，张聚国译：《美国平等的历程》，商务印书馆 2007 年版，第 129 页。
④ L. T. 霍布豪斯著，朱曾汶译：《自由主义》，商务印书馆 2009 年版，第 14 页。

具体而言，在18、19世纪，建立在平等的权利基础之上的平等的机会并未向所有美国人开放。在美国各州的自由黑人都遭受着令人蒙羞的歧视，各州都阻止黑人参与分享白人普遍认为是他们与生俱来的权利的任何好处，毁灭着黑人的尊严。"决定不同身份群体的个人特征，是等级社会赖以建立和维持的托辞。而在根子上，这样的安排助长了不公正，其基础是看起来不很明显但后果却非常严重的东西，那就是社会等级。所有各不相同、好像互不相干的歧视形式，实际上有一个共同的根源：即等级对他人具有伤害性。"① 美国各州通过制定针对自由黑人人口的法律，彻底地剥夺了黑人可以正当要求的自由和机会。在南部各州，黑人儿童上学变得几乎不可能，除非处于白人的控制和监督之下。在北部各州，黑人最大的愿望就是能到被隔离而劣等的学校上学。不仅如此，由于根深蒂固的成见，学校教育黑人学生还得冒被白人社会排斥的风险。"内战以前，在南方某些地方，教育黑人学会读写是有罪的；在北方，对黑人教育深恶痛绝的程度，几乎同憎恨废奴主张一样的强烈。"② 在美国各州，非洲裔美国人在教育和培训上受到诸多限制、歧视，他们无法参加专业性的工作，因而"生活在白人文明的边缘"。1849年，肖在"罗伯茨诉波士顿案"中，首次宣布了后来被称为"隔离但平等"的原则——有关建立隔离设施的规定并不侵犯平等的权利，只要设施本身是平等的。1857年，"德雷特·斯科特诉桑弗特案"的裁决，意味着美国社会对事实上的等级制度给予了法律上的认可，黑人乃至自由黑人不再是美国的公民。最高法院首席大法官坦尼在判决书中说，黑人奴隶斯科特不是美国公民，不能享有美国白人享有的一切受宪法保护的公民权利，自然不能利用联邦法院的体制来争取自由。黑人在联邦中的法律地位介于公民和外国人之间，他们必须效忠美国，但不能享受美国公民的权利。"世上所有的文明国度"都将非洲人视为"一个极为低贱的"、只配做奴隶的"人种"。尽管"人人生而平等"是美国的立国原则，但《独立宣言》的起草者们所指的"人人"并不包括"被奴役的非洲人种"。因为，《独立宣言》的起草者们"非常清楚地知道他们使用的语言的意义，也清楚其他人会怎样来理解他们使用的语言的意义；他们知道在任何文明社会都不会将黑人种族包括在内，也知道黑人种族将根据公意总是被排除在文明政府和文明国家之外，而且注定要成为奴隶的"。况且，黑人的公民地位和权利问题"根本就没有被制宪

---

① R.W. 福勒著，张关林译：《尊严的提升》，上海人民出版社2008年版，第5页。

② C.A. 比尔德等著，于干译：《美国文明的兴起》（下卷），商务印书馆2010年版，第1329页。

者们放在心上"。① 在"普莱希诉弗格森"案中，黑人普莱希被定罪违反了路易斯安那州要求黑人与白人公民分乘不同的火车车厢的法律。最高法院维持原判，其结论是，各州政府可以要求黑人使用不同的火车车厢及其他公共交通设施，只要设施在质量上与供白人使用的设施是"同等的"，就不违宪。联邦最高法院就《美利坚合众国宪法》第十四条修正案②的"法律平等保护条款"论辩道：第十四条修正案的目的，"无疑是实现两个种族在法律面前的绝对平等，但它不会被设想为取消基于肤色的区分，或实现和政治平等不同的社会平等……隔离黑白种族的法律要求，并不必然隐含着任何一个种族低劣于其他种族的意思，并且它们被普遍承认为在州议会行使的治安权能范围之内。这类最普遍的例子，是为白种和有色人种的孩子建立隔离的学校"。③ 可见，最高法院就普莱希案作出的"隔离但平等"的判决成了对美国黑人隔离但不平等待遇的一种辩护。难怪本判决中唯一持异议的大法官哈兰对其同事的论辩进行了措辞严厉的批评："在这个国家里，白种人把自身看成是统治民族，并且在威望、成就、教育、财富和权力上，它都处于支配地位……但在宪法和法律看来，这个国家并不存在任何优越、支配或统治的公民阶层。这里不存在种姓。我们的宪法无视肤色，并且既不区别、亦不允许公民中间划分阶级。在公民权利方面，所有公民在法律面前一律平等；最谦卑的和最有权势的人处于同等地位。当涉及国家根本大法所保障的公民权利时，法律把人视为人，而并不考虑其境况或肤色。遗憾的是，作为国家根本大法的最终阐释者，本院竟然允许一州纯粹基于肤色，来调控公民权利的享受。未来将证明，今天的决定和本院决定的'蓄奴案'同样有害……［基于种族而对公民在公共列车上实行任意隔离，乃是奴役的象征；它完全不符合宪法建立的公民自由和法律平等。］我们一向吹嘘，我国人民享有的自由超过任何其他国家的人民。但这种吹嘘难以自圆其说：法律实际上把我们一大批在法律面前平等的公民，打上奴役和堕落的烙印。在列车车厢上为旅客提供'平等'设施的假象，并不能误导任何人，也不

① *Dred Scott v. Sandford*，60 U. S. 393-633 (1857).
② 1868 年批准的《美利坚合众国宪法》第十四条修正案之第一款的内容是：所有在合众国出生或归化合众国并受其管辖的人，都是合众国和他们所居住州的公民。任何一州，都不得制定或实施限制合众国公民的特权或豁免权的任何法律；不经正当法律程序，不得剥夺任何人的生命、自由或财产；在州管辖范围内，也不得拒绝给予任何人以平等法律保护。
③ 张千帆著：《西方宪政体系》（上册·美国宪法），中国政法大学出版社 2004 年版，第 348 页。

能为它所产生的过错解脱。"在批评其同事的同时，哈兰鲜明地亮出了自己的立场："路州法律违反了该州公民——不论白人或黑人——的个人自由，并敌视合众国宪法的精神和文字。"① 在以后半个世纪中，"平等隔离"理论一直受到最高法院的支持。种族隔离不仅针对成人公共设施，而且针对不同种族的子女就读的公立学校。美国南部各州相继通过了种族隔离法，强令在州内的一切公用设施中实行种族隔离。黑人孩子被迫上的专门学校，很少有图书馆，通常只有几名教师，而且大部分教师还缺乏专门训练。在为黑人服务的医院里，医生护士很少，几乎没有什么医药供应和医疗设备。"无论如何，包括公共学校在内，双方物质条件上很少甚至从未相同过。在实践中，种族隔离仍是隔离加不平等。"② 在 1927 年的"华裔子女入学案"，一直居住在阿拉巴马州的华裔女孩，因其肤色而遭到白人公立学校开除。简言之，最高法院以其普莱希判决，阉割了《美利坚合众国宪法》第十四条修正案，并从宪法上肯定了南部对黑人实行种族隔离和种族歧视的政策。

1954 年，美国最高法院就"布朗诉托皮卡教育委员会"案作出了历史性的裁定："'在公立学校对有色人种和白人儿童的隔离，将给有色儿童带来创伤。当受到法律支持时，隔离的影响更大；因为种族隔离政策通常被解释为黑人团体低人一等。这种低下的感觉影响着儿童的学习动机。'因此，受到法律支持的隔离，将抑制黑人儿童的教育和思维发展，并剥夺他们本可在种族结合的学校体制中获得的某些收益。……我们的结论是：在公共教育领域内，'平等隔离'理论没有地位。隔离的教育设施是内在不平等的。"③ 尽管大量的黑人儿童进入以前只对白人开放的学校是许多年之后的事，但是联邦最高法院的裁定无疑激起了黑人的希望与期待，对隔离制度进行了强烈的谴责。正如波尔所说："'布朗案'在美国历史上是一个不容置疑的分水岭。人们常说法律反映了社会的价值观，而同样，社会也会从法律中汲取价值观。当联邦最高法院通过首席大法官沃伦的话宣布隔离的设施'从本质上说是不平等的'时，这是对隔离原则的谴责，无论这种隔离是怎么形成的。这也赋予了美国社会一种宪政义务：结束使隔离成为美国生活的一种体制性成分的各种做法。"④ 当然，正如最高法

---

① 张千帆著：《西方宪政体系》（上册·美国宪法），中国政法大学出版社 2004 年版，第 350 页。

② T. R. 戴伊著，彭勃等译：《理解公共政策》，华夏出版社 2005 年版，第 208 页。

③ 张千帆著：《西方宪政体系》（上册·美国宪法），中国政法大学出版社 2004 年版，第 354—355 页。

④ J. R. 波尔著，张聚国译：《美国平等的历程》，商务印书馆 2007 年版，第 303 页。

院从一开始就意识到的那样：废除种族隔离制度既不是自动的也不是轻松的，调整扎根于原有的制度、态度中的社会实践需要时间；对个人特权的完全剥夺是不容易被立刻接受的。鉴于此，最高法院于次年下达"校区隔离第二案"的决定，授权地方法院根据当地实情，采取合适步骤以便逐渐取消隔离。沃伦法官说："完全实施'校区隔离第一案'的宪法原则，可能需要解决不同地区的学校问题。学校当局具有主要责任去揭示、衡量并解决这些问题；法院必须考虑，学校当局是否有诚意去实施宪政原则。由于它们最熟悉的地方状况及进一步听证的可能需要，原先听取这些案件的地方法院，最适合进行司法衡量。在制定和实施法令时，法院应受到公正原则指导……在考虑公共和私人利益的同时，法院应要求被告们立即开始完全服从布朗第一案的决定。一旦开始，法院可以认为校方需要更多时间来有效贯彻决定。"① "校区隔离案"的判决只标志着取消隔离运动的开始而非结束。

南非以前实行的种族隔离制度也是身份等级制的最好例子之一，或者说，南非以前的种族隔离制度就是机制化的种族主义和种族歧视的生动例证。1948年，南非的民族党上台不久，就开始实施旨在将南非的不同种族分开的立法，而种族隔离法从体制上将黑人同白人隔离开来。"种族隔离"一词即来自于此。在南非社会生活的各个方面，白人都受到优厚待遇。默哈米德说："几十年来南非的历史一直被少数白人与人口占多数的黑人之间的深刻矛盾所主导，白人将对国家政治机器的所有控制权掌握在自己手里，而黑人则试图反抗这种统治。基本人权遂成为这一矛盾的主要牺牲品，因为那些被剥夺权利者的反抗要面对的是为打击这种反抗的有效性而制定的法律……"② 可见，种族隔离制度带有强烈的身份等级色彩。当然，歧视的影响仍然显而易见，而且可能还要经过许多代人才能消失，但是，明确禁止不公正歧视的宪法及人权法案已为此奠定了基础。诚如芬德利所说："种族主义同时贬低了被仇恨者和仇恨者，因为种族主义者在否定他人完整人性的同时，也否定了他们自己的人性。……种族主义者只关注你是什么，而忽视你是谁。种族主义只看标签——而不是带有标签的人。种族主义爱'我们'，恨'他们'，而实际上从未搞清过'他们'的真

---

① 张千帆著：《西方宪政体系》（上册·美国宪法），中国政法大学出版社2004年版，第356页。

② "人的安全网络"组织编写，李保东译：《人权教育手册》，生活·读书·新知三联书店2005年版，第135页。

实身份。"①

（2）人人享有平等的机会

机会平等要求所有的社会地位向所有人开放，反对任何基于种族、民族、性别、出生地、宗教信仰的歧视。什么人得到什么地位应看他们的能耐和努力程度：谁的竞争力强，谁就上去；谁的竞争力弱，谁就下来。在绝大多数西方社会，人们只要享有机会平等，他们在收入和社会地位上的悬殊差异一般就被认为合情合理。柯恩说："公民应当是平等的，不是在每个人得到的福利上平等，而是在他们所拥有的得到福利的机会上平等。"② 例如，机会平等就深深地扎根于美国人的思维当中。早在 1793 年，米尔奇就说，既然所有的公民都是平等的，在美国唯一不平等的形式产生于任职、天赋或财富。但是，道路"对每一个期望得到这些的人是开放的，他只要行使他的一种或几种权利，他就能获得产生社会影响的手段"。③ 因此，拥有平等的权利，所有人实现合法抱负的道路就被打开了。大门应该平等地向所有人开放既是无数思想家坚守的理想，也是美国社会的一项原则。汉密尔顿说："在每一个社会阶层都有思想坚强的人，会在种种不利的情况下飞黄腾达，从而得到因为自己的才华而应该得到的敬意。这种敬意不仅来自他们所属的特定阶级，而且来自整个社会。大门应该平等地向所有人开放。"④ 布赖斯也说，美国人否弃"这样的观念"，即某些人可以仅仅因为出身或地位而比其他人"更好"。⑤ 同时，在为黑人和其他族裔团体求得机会平等方面，美国也取得了很大的进步。1911 年，博厄斯在《人类的心智》一书中说："在原始人和文明人的思维方式之间并不存在着根本性的差别。种族与个性之间的紧密联系并未得到证实。科学论著中普遍使用的种族类型概念令人误入歧途，需要在逻辑上和生物学上重新界定。"⑥ 在他看来，种族恒定不变、种族决定论的思想是错误的。个人和阶级之间的差别并非源于种族、肤色或民族的差异，任何先天的不平等本身都不应阻碍机会的平等。此外，无论什么样的理由，都不应妨碍黑人参加美国的社会组织。况且，也没有任何证据可以证明黑人种族的劣等性。"我们不知道有解剖学或民族学的证据

① "人的安全网络"组织编写，李保东译：《人权教育手册》，生活·读书·新知三联书店2005 年版，第 135−136 页。

② R. 德沃金著，冯克利译：《至上的美德》，江苏人民出版社 2003 年版，第 330 页。

③ J. R. 波尔著，张聚国译：《美国平等的历程》，商务印书馆 2007 年版，第 139 页。

④ J. R. 波尔著，张聚国译：《美国平等的历程》，商务印书馆 2007 年版，第 140 页。

⑤ T. 帕特森，顾肃等译：《美国政治文化》，东方出版社 2007 年版，第 8 页。

⑥ J. R. 波尔著，张聚国译：《美国平等的历程》，商务印书馆 2007 年版，第 272 页。

能够证明现代生活中任何对人身或思想提出的任何要求超出了他（黑人）的能力所及。"[①] 沃德认为，人与人之间以及男人与女人之间现有的差别是环境造成的，不是阶级、种族或血统造成的。"没有更优秀的或更尊贵的血统，也没有劣等的民族。只有不发达的民族或发展受阻的民族。这对个人也是一样的道理。"[②] 博厄斯等人的主张无疑为"大熔炉"提供了理论基础，而"大熔炉"的概念即反映了美国人对机会平等的诉求。此外，大学、中学、小学"免费"教育的扩大，也反映了教育机会平等的诉求。如果说种族、性别、族群和其他形式的不宽容构成了这个国家历史最悲惨的段落的话，那么，美国人数世纪为创造更加平等的社会而进行的斗争，则是其最美好的篇章。很少有哪个国家的人民像美国人那样为反对阴险的人际仇恨而进行坚决的斗争，这些仇恨竟然由于人的某些表面上的差别（比如肤色）而引起。换句话说，或许自由、自治等美国核心价值观都不能像更加平等的愿望那样激起美国人采取政治行动。与僵硬的身份等级制比较，机会平等思想的进步性是不容怀疑的。当一个身份等级制的社会向机会平等的社会转变时，它往往有助于缩小结果不平等的程度。不过，即使消除了限制机会平等的所有法律障碍，结果方面的不平等也不会消失。1965 年，时任美国总统的约翰逊曾大声疾呼："你不能把一个脚被锁链拴住多年的人解放出来，把他带到竞赛的起跑线上，然后对他说，'你现在可以自由地和所有其他人竞争'，还理所当然地认为这样做就是完全公平的。因此仅仅打开机会的大门还不够。我们所有公民还必须有能力走进这些大门……我们不应仅将平等作为一种权利和理论，还要努力使平等成为事实和结果。"[③] 20世纪 60 年代的美国民权运动，并未取得消除结果不平等的预期，并未实现约翰逊的预想。

事实上，美国社会的流动性比欧洲国家大，也就是说，美国机会的分布比欧洲国家更平等，但与此同时，美国又比绝大多数欧洲国家更不平等。为什么会出现这种反差呢？原因很简单，因为一般所言的"机会平等"，只是形式上的机会平等。家庭背景和自然禀赋方面的差异使孩子并不是处在同样的起跑线上开始人生的道路；他们从父母那里继承和自己积累的人力资本（教育和训练）、文化资本（品位和谈吐）和社会资本（关系网络的宽度、厚度和密度）会影响其追逐人生目标的历程。布尔迪厄对这一问题的分析可谓精辟，具有启

---

① J. R. 波尔著，张聚国译：《美国平等的历程》，商务印书馆 2007 年版，第 273 页。
② J. R. 波尔著，张聚国译：《美国平等的历程》，商务印书馆 2007 年版，第 273 页。
③ "人的安全网络"组织编写，李保东译：《人权教育手册》，生活·读书·新知三联书店 2005 年版，第 124 页。

发意义。布尔迪厄认为，社会空间是由许多场域的存在而结构化的，而社会空间结构则是经济资本和文化资本这两个基本的分化原则的产物。因此，"对文化资本分布的再生产起决定性作用，进而又对社会空间结构的再生产起决定作用的教学机构，就成了人们为了垄断霸权位置而进行的争夺的关键"。① 在布尔迪厄那里，文化资本这一范畴从一开始便是用来分析社会中不同阶级出身的儿童受教育机会以及就业的不平等性。他说："我们强调天资不同的提法在某些条件下所具有的思想功能，并非不承认人能力的天生差异，也没有理由不承认遗传学的偶然性可能把这些不同的天资在不同的社会阶级之间进行不同的分配。但是，这一原则是抽象的，社会学研究应当怀疑并逐步揭露以天资差异为外衣的受社会条件制约的文化方面的不平等。因为，从'本性'中可以归结出令人绝望的原因。因此，永远不要相信一个给定社会环境中人与人之间的不平等是天生的。只要没有深入研究不平等的社会因素发挥作用的所有途径，没有尽量以各种教育手段克服这些社会因素的影响，与其多相信一点，不如多怀疑一点。"② 除文化资本外，社会资本同样会对出身于不同阶级的儿童的受教育机会以及就业的不平等性产生影响。所谓社会资本，意指借助于所占有的持续性社会关系网而把握的资源或财富。一个特殊的社会行动者，所掌握的社会资本的容量，取决于他实际上能动员起来的那个联络网的幅度，也取决于他所联系的那个网络中的每个成员所持有的各种资本（经济资本、文化资本或象征性资本）的总容量。社会资本并非是一种自然的赋予物，并不是天生的，而是劳动过程的产物。"作为社会投资的策略的产物，它是通过交换活动而实现的……这些交换，借助于某种炼金术之类的手段，能够转变那些交换物以示确认。"③所谓象征性资本，意指用以表示礼仪活动、声誉或威信资本的积累策略等象征性现象的重要概念。声誉或威信资本有助于加强信誉或可信度的影响力。而各种类型的资本转化为象征性资本的过程，就是各种资本在象征化实践中被赋予象征性结构的过程，就是以更曲折和更精致的形式掩饰地进行资本的"正当化"和权力分配的过程，也是各种资本汇聚到社会精英和统治阶级手中的过程，同时又是各类资本在社会各场域周转之后实现资本再分配的过程。因此，形式上的机会平等无法保证实质意义上的机会平等。"成功乃所有为之奋斗的美国人的同等机会所及，这一观念远未准确地得到实现。在极端贫穷和无人指

---

① P. 布尔迪厄著，杨亚平译：《国家精英》（序言），商务印书馆 2004 年版，第 9 页。
② P. 布尔迪厄等著，邢克超译：《继承人》，商务印书馆 2004 年版，第 99 页。
③ 冯俊等著：《后现代主义哲学讲演录》，商务印书馆 2003 年版，第 206 页。

教的环境下长大的年轻人，同样清楚地懂得机会上的限制。在一些区域内，十多岁的青少年更可能在监狱里打发时光，而不是上大学。"① 在过去的几十年中，学者们提出了各式各样的实质机会平等理论，如罗尔斯的"公平的机会平等"，阿尼森的"福利机会平等"以及科恩的"优势机会平等"，等等。不过，这些实质机会平等理论都有一个前提，即在某些关键领域（当然不是所有领域）结果必须平等，只有这些领域的结果平等实现了，人们在机会上才可能有真正的平等。当然，结果平等的思想遭到了一些自由至上主义者的反对和抨击。本世纪以来，结果平等思想深入人心，既影响了欧洲国家大多数政府的政策，也对美国政府的政策产生了巨大影响。在某些知识分子中，结果平等成了宗教信条：大家应当同时停止竞赛，"人人获胜，都该得奖"。弗里德曼等认为，最近几十年来，平等这个词在美国更多的意指是结果平等。"每个人应享有同等水平的生活或收入，而且应该结束竞争。结果均等显然是与自由相抵触的。努力推进这种均等，是造成政府越来越大并使我们的自由受到限制的主要原因。"②

4. 资源平等

人们不应为超出他们控制的外在环境（家庭的经济条件、社会地位、社会资源）和先天禀赋（性别、种族、肤色、聪慧程度等）负责，而只应该为他们自己的决定和行为负责。从道德角度言，个人所处的外在环境和与生俱来的先天禀赋完全是由偶然因素决定的，这两方面的差别理应得到补偿，由此产生的人生机会理应得到调整。补偿与调整要求在人生道路的起点，所有人平等地占有资源。而由不同方式使用或利用这些资源所造成的差异，则不在补偿与调整之列，应由作出决定的个人负责。不过，持有资源平等主张的理论家们对哪些"资源"应该平等分配仍存在着严重的分歧。

(1) 罗尔斯与德沃金的主张

罗尔斯正义论的核心思想是：虽然我们不知道自己将在社会中占据什么样的地位，也不知道自己将有什么样的人生目标，但我们总想拥有或总是需要某些特定的事物，才能使自己过上优良的生活。个体的生活计划尽管有很大的差异，但却有一个共同之点，即每个个体都得生活。沃尊说："可以认为，所有的人都在实践对优良生活的某种理解，包括那些生活目标很不确定的人。……虽然人们的生活理想各不相同，他们却都能从自己的生活经验中提炼出这样一

---

① T. 帕特森著，顾肃等译：《美国政治文化》，东方出版社 2007 年版，第 11—12 页。
② M. 弗里德曼等著，胡骑等译：《自由选择》，商务印书馆 1999 年版，第 131 页。

种领悟：究竟怎样才算忠于优良生活的理想。"① 每个个体都忠于某种优良生活的理想，为了实践理想生活所要求的那些内容——无论这些内容是什么，每个个体都需要某些特定的事物。罗尔斯把这些事物称作"基本善"或"基本物品"。基本善是"每个有理性的人都想要的东西。这些善不论一个人的合理生活计划是什么，一般都对他有用"。基本善占有得越多，则越有利于人们实现自己的人生计划。基本善有两大类：一类是自然赋予的基本善，如健康、精力、理智和想象力。对这些基本善的占有，虽然"受到社会基本结构的影响，但它们并不在它的直接控制下"。另一类是社会赋予的基本善，如权利和自由、权力和机会、收入和财富以及人的尊严等。对这些基本善的占有，取决于"社会的基本结构分配"。在他看来，"所有社会价值——自由和机会、收入和财富、自尊的基础——都要平等地分配，除非对其中的一种价值或所有价值的一种不平等分配合乎每一个人的利益"。② 我们认为，罗尔斯的上述主张有三点值得注意。第一，他所谓社会基本善的平等涵盖了上面提到的尊严的平等、权利的平等、机会的平等和货币的平等。第二，健康被他看作自然基本善的一部分，而教育又是社会基本善的一部分，两者都不属于平等分配之列。"教育的一个作用是使一个人欣赏他的社会的文化，介入社会的事务，从而以这种方式提供给每一个人以一种对自我价值的确信。教育的这一作用即使不比其他作用重要，至少也是同等重要的。"③ 第三，即使拥有大致等量的社会基本善，人们可能因自己的决定和行动最终面对完全不同的境遇。

德沃金力主资源平等。德沃金对"资源"的理解与罗尔斯有别。他说："资源平等就是在个人私有的无论什么资源方面的平等。"④ 资源当然可以是外在的、物质性的，如土地和动产。不过，"资源"的概念也可扩大一些，将人的特征包括进去。他认为，一个人的资源既包括货币之类的非人格资源或可转移资源，也包括健康和生理能力这类人格资源。所谓非人格资源是指外在物质性资源，"非人格资源是指能够从这人转移给那人的资源——他的财富和另一些由他支配的财产，以及在现行法律制度下为他提供的利用自己财产的机会"。所谓人格资源是指与生俱来的肉体和精神特征，包括智能、体能等方面的特长或缺陷，"人格资源是指他的生理和精神健康及能力——他的一般健康状况和

---

① W. 金里卡著，刘莘译：《当代政治哲学》（上），上海三联书店 2004 年版，第 122 页。

② J. 罗尔斯著，何怀宏等译：《正义论》，中国社会科学出版社 2001 年版，第 62 页。

③ J. 罗尔斯著，何怀宏等译：《正义论》，中国社会科学出版社 2001 年版，第 101－102 页。

④ R. 德沃金著，冯克利译：《至上的美德》，江苏人民出版社 2003 年版，第 65 页。

能力，这包括他创造财富的技能，即他生产供别人购买的物品或服务的内在能力"。① 非人格资源和人格资源是平等的尺度，"把他人付出的机会成本作为衡量任何人占有非人格资源的尺度"。② 在德沃金看来，财富是最重要的非人格资源，应该纳入分配的范围，但仅仅关心外在物质性资源的分配是不够的，注意力也应转到人格资源上来。为什么人格资源对于平等理论如此重要呢？这是因为，肉体和精神上的特征不是人们自主选择的结果。"我们是否可以说，既然一个人拥有自己的头脑和身体，他也就拥有仅仅作为其能力而存在的技能，从而他也拥有这些技能的成果？这当然是一些不合逻辑的推理。……我们已经断定当人们的技能不平等时，这种论调是对资源平等的违背。但是我们在任何情况下都无法接受它，是因为它采用了以平等之外的因素为基础的前政治的初始天赋的概念，这与我们阐述的资源平等方案不一致。"③ 既然人格资源的分布是随机的，与人们自身的选择和努力没有关系，它们就应该均等化，而不是听任人们因超越自己控制的原因无功受禄或遭到惩罚。然而，将资源的概念延伸到人格资源也带来一些麻烦，因为与非人格资源不同，人格资源不能在人们之间转移。既然如此，人格资源怎么可能均等化呢？德沃金的回答是让我们假想一种保险市场，其中人们不知道自己出生时会是健全的还是残疾的，也不知道自己的智力在市场上值多少钱。在这种情况下，如果赋予他们同等的购买力，人们可以替自己买个保险，以防出生时患有残疾或智力低下。同样，非人格资源也可以运用想象的拍卖方式，在拥有同等购买力的人们之间进行均等化。在这种思想实验中，非选择性的运气可以转化为选择性的运气。在现实中，可以采取税收和转移支付的方式来模拟想象中才存在的拍卖和保险，达到人身资源与非人身资源均等化的目的。④ 一旦所有人在人生的起点上拥有平等的资源，此后只要不伤害他人，他们可以随意用这些资源来投资、使用甚至挥霍。不管最后的结果如何，平等的目标其实已经实现了，因为资源平等并不保证结果平等。

德沃金"资源平等"理论包括两个主要内容。首先，为选择承担代价，即"敏于志向"的拍卖。德沃金要求人们进行如下想象：社会的所有资源都被拍卖，每个人都参加这个拍卖会。每个人手中都有同等程度的购买力，即德沃金所说的每个人手中都有 100 个贝壳。人们使用手中的蛤壳，通过减价去竞买最

---

① R. 德沃金著，冯克利译：《至上的美德》，江苏人民出版社 2003 年版，第 374 页。

② R. 德沃金著，冯克利译：《至上的美德》（导论），江苏人民出版社 2003 年版，第 8 页。

③ R. 德沃金著，冯克利译：《至上的美德》，江苏人民出版社 2003 年版，第 95 页。

④ R. 德沃金著，冯克利译：《至上的美德》，江苏人民出版社 2003 年版，第 65－86 页。

适合自己生活计划的那些资源。如果拍卖会成功了，每个人都会对自己的竞买结果感到满意，因为他们都不愿意用自己的拍卖品与他人的拍卖品进行交换。即，每个人都愿意要自己的而不是别人的那组拍卖品。德沃金把此称之为"羡慕的检验标准"。"如果满足了这个标准，就证明人们享有平等关照——因为，人们之间的差异正好反映了他们愿望的差异和生活态度的差异。成功的拍卖会吻合这个羡慕的检验标准，并使每个人要为自己的选择承担代价。"① "羡慕的检验标准"展示了自由主义的平等主义正义观。如果这一观念得到实现，那么，尊重人的道德平等、缓和自然偶得与社会偶得的任意性、为我们的选择承担责任就能得到保证。即使这种分配制度允许收入上的某种程度的不平等，它仍然是公正的。即使整天用心读书的学生与把自己的主要精力用于练习网球的学生有不同的"教育成果"，但从尊重和关心的角度看却没有不平等，因为他们都能够过上自己选择的学校生活，都有相同的能力去竞买最能够吻合其人生信念的物品。换句话说，"没有人会嫉妒别人购买的东西，因为根据假设，他可以用自己的贝壳不购买自己的这一份而购买另一份。对份额的选择也不是任意的。……实际的份额组合具有的优点是，每个人根据自己那一份人人平等的钱币，可以在决定实际选择的份额组合中发挥平等的作用"。② 但是，仅当没有人处于自然资质的劣势地位时，拍卖才能够满足羡慕的检验标准。而在真实世界里，拍卖之所以不能达到这个标准，是因为人们之间的某些差异并非选择的结果。残障者也能够竞买到与他人相同的社会益品，但由于残障者有特殊需要，他的 100 个贝壳就不能带给他与别人一样多的利益。因此，他就愿意自己没有残障并与别人处于同样的境况。究竟如何处理这一自然劣势呢？德沃金提出了补偿自然劣势，即保险方案。德沃金保险方案的回答大致是这样的：残障者在生活的过程中要面临额外的负担，这些负担要占用他的 100 个贝壳。为什么不在拍卖会开始之前，就从社会的公共资源中支付这些额外成本，然后把余下的资源平等划分之后再用于拍卖呢？在拍卖开始之前，我们给劣势者足够的社会益品以补偿他们在自然资质方面非选择的不平等。做到这一点之后，我们再把余下的资源按份额平等地拍卖给每个人，以满足他们的选择。拍卖结果现在应该吻合羡慕的检验标准了。先于拍卖的补偿能够保证每个人在选择和追求有价值的生活计划时，具有相同的能力。拍卖范围内对资源的平等分割保证每个人的选择都得到了公平的对待。因此，这种分配就是"钝于禀赋"而"敏于

① W. 金里卡著，刘莘译：《当代政治哲学》（上），上海三联书店 2004 年版，第 143 页。
② R. 德沃金著，冯克利译：《至上的美德》，江苏人民出版社 2003 年版，第 71 页。

志向"的了。当然，德沃金的这一简单回答存在着不少问题。①

（2）德沃金"资源平等"理念之缺陷

与罗尔斯的平等观相比，德沃金认为自己的平等观对自然禀赋更不敏感，但对人们的选择更加敏感。德沃金说："选择和机遇的区别表现在不同类型的责任上。它表现在因果责任上：我的选择是我的行为的原因，但不是我患特殊疾病的先天基因倾向的原因。……我们主要讨论的是有关为结果承担责任的不同观念。在什么时候，在多大程度上，个人独立承担他们自身处境的不利或不幸是正当的？相反，在什么时候，别人——例如，他们生活于其中的共同体的其他成员——帮助他们走出这种逆境或消除这种逆境所导致的后果是正当的？……从原则上讲，应当解除个人因其运气不佳的处境的不幸特点而造成的结果的责任，但不应解除他们对那些应被视为出自他们自身选择的结果的责任。如果某人天生双目失明，或不具备其他人具有的技能，这是他运气不佳，那么在可以做到的限度内，公正的社会应对他的厄运给予补偿。但是，假如他过早地在奢侈品上花费太多，或他选择了不工作，或选择了比别人报酬低的工作，使他的现有资源少于别人，那么他的状况就是选择而非运气的结果，他也没有资格得到任何补偿以弥补他当前的不足。"② 换句话说，在德沃金看来，由于人们自己的决定和有意行动带来的资源不平等是公正的。但是，实践德沃金理论的一个主要障碍是：我们没有可行的办法去确定个人的劣势在多大程度上源于他的选择，又在多大程度上源于他的境况。

针对这一困境，罗默提出了实践德沃金理论的另一种途径，他称作"平等主义的计划者"。③ 罗默认为，尽管在个体的层面上的确无法进行判断，但是，我们可以尝试在社会层面上对某些环境因素的影响进行中和。按照罗默的提议，社会可以列出一个人人都同意的清单，这份清单标明哪些是与环境相关而不是与选择相关的因素，如年龄、性别、种族、残障、父母的经济阶层或教育水平。这样，我们就可以根据这些因素把社会分成不同的群体或类别。例如，某一个类别可能是：父母受过大学教育的 60 岁的健康白人男性；另一个类别可能是：父母只受过小学教育的 60 岁的健康黑人女性。在每一类型里，人们的收入或财富之间仍然存在着很大的差别。在"父母受过大学教育的 60 岁的

---

① W. 金里卡著，刘莘译：《当代政治哲学》（上），上海三联书店 2004 年版，第 143—145 页。

② R. 德沃金著，冯克利译：《至上的美德》，江苏人民出版社 2003 年版，第 331—332 页。

③ W. 金里卡著，刘莘译：《当代政治哲学》（上），上海三联书店 2004 年版，第 158—163 页。

健康白人男性"的群体内（称之为 A 类），绝大多数人的年收入大约为 6 万美元。其中，10% 的最高收入者的年收入超过 10 万美元，另有 10% 的最低收入者的年收入低于 4 万美元。可以假定，在 A 类型之中的这种不平等主要是源于人们的选择，因为 A 类的所有成员都共享同一种基本的社会经济和人口境况，显现出来的不平等很可能反映了关于工作、闲暇、培训、消费、冒险等因素的不同选择。因此，我们无需在类型 A 内尝试资源的再分配，且其分配总体而言是敏于志向的。勤劳而审慎的、父母也受过高等教育的白人男子，就不应该被迫为喜好享乐和沉溺于对自己不负责任的生活习惯的同类白人男子提供补贴。类似的，在"父母只受过小学教育的 60 岁的健康黑人女性"的群体内（称之为 B 类），也存在着财富之间的差异。或许这个群体的平均年收入约为 2 万美元，其中，10% 的最高收入者的年收入超过 3.3 万美元，另有 10% 的最低收入者的年收入低于 1 万美元。同样，假定 B 类型中的不平等主要源于人们的选择，因为所有成员都拥有大概一样的社会状况。因此，我们就不应该希望勤劳而审慎的黑人妇女为喜好享乐和不那么审慎的黑人妇女提供补贴。

根据罗默的主张，每一群体内的不平等大致吻合了"敏于志向"的标准。但是，在类型 A 和类型 B 之间存在着巨大的不平等，而这些不平等的根源是境况而不是选择。A 类中 10% 的勤劳而审慎的成员的收入，是 B 类中 10% 的勤劳而审慎的成员的收入三倍。显然，我们不能依据选择的差异来对这种不平等给予合理的解释。尽管人们应该因为自己的勤劳和审慎而获得高于平均水准的收入，但类型 A 中拥有这类特点的人居然三倍于类型 B 中拥有同样特点的人的收入，其道理何在？与此类似，类型 A 中的轻率懒惰的白人男子，虽然在自己的类型中居于 10% 的最低收入位置，但却是 B 类中轻率懒惰的黑人妇女收入的四倍。尽管人们应该为自己的选择承担代价，尽管轻率懒惰的人不应该抱怨自己的收入低于勤劳而审慎的人。但是，相比于类型 A 中的轻率懒惰者，为什么类型 B 中的轻率懒惰者就要付出四倍的惨重代价呢？因此，"平等主义的计划者"的目标就是："接受每一类型中的不平等，但却拉平类型间的不平等。这样，每个类型中的高居 10% 收入位置的人都应该获得一样的收入，而无论他们隶属于哪个类型；居于其他收入位置的人，无论他们隶属于哪个类型，也都应该获得一样的收入。这仍然可以保证人们为自己的选择负责：每个类型中的审慎勤劳者都应该比轻率懒惰者获得更高的收入。照这样，我们就能够抵销掉最重要的非选择性境况对人们的影响。"当然，罗默也承认，"平等主义的计划者"这一模型只能抵消最显眼的和最具系统性的被动劣势的影响。该模型无法处理下述情况：子女虽然生活在富裕和受过良好教育家庭中，但却为缺乏爱心的父母所忽视。类型 A 中的某些成员可能没有享受到同类型中的其他成员享受到的优势，并且完全可能遭受大多数类型 B 的成员所遭受的类似劣势。这些人依然会遭受不公平的对待，因为罗默的方案只是分辨和弥补了最显眼的社会境况的不公平。不过，尽管罗默的方案并没有消除不平等，但是，罗默的方案在消除不平等方面或许做得更好，因为罗默的理论更好地接近了"钝于禀赋"而"敏于志向"的双重目标。诚如金里卡所说："当收入的不平等是自由选择的结果而非境况左右的结果，企图消除不公平的差异原则反而会制造不公平。平等待人意味着人们应该为自己的选择承担代价，应该为选择承担代价作为我们直觉的一面，正好对应着同一个直觉的另一面：不应该为不平等的境况承担代价。仅仅因为境况的不平等就使人们处于不利地位是不公平的；但要求他人为我的选择承担代价，也同样不公平。用更技术化的语言加以描述，分配结果应该'钝于禀赋'而'敏于志向'。人们的命运应该取决于自己的志向（关于人生的远大目标和计划），而不应该取决于他们的自然禀赋和社会禀赋（即他们追求自己志向的环境条件）。"①

5. 能力平等

针对德沃金的资源平等理论，森对其进行了透彻的分析和深刻的批判。他认为，把资源当作平等的客体有点本末倒置，带有拜物教的色彩。资源充其量不过是实现目的的手段而已，人们真正应该关心的是：资源能给他们带来什么，而不是资源本身。资源平等论者假设，拥有等量资源的人是平等的。针对资源平等论者的这一主张，森提出了强烈的批评。他说，等量的资源对不同的人具有不同的价值。例如，即使一位孕妇与一位同龄男子拥有等量的资源，他们的生活质量也可能相差很大，因为前者对营养等方面的需求很大，而后者则不必如此。资源对不同的人价值到底有多大，不仅取决于资源的种类和资源的量，还取决于外在环境（如经济基础、社会制度等）和个人特征（如智力、年龄、性别、身体条件等）。如果我们关心的是最终结果，显然，仅仅实现资源平等是不够的。

自 20 世纪 80 年代起，森就将其研究的重点从"物"转到了"人"。那么，什么是人们应该追求的目的呢？在《以自由看待发展》一书中，森开宗明义地指出，人们应该追求的目的是使所有人都能享受他们认为有价值的生活方式。"本书论证，发展可以看作是扩展人们享有的真实自由的一个过程。聚焦于人类自由的发展观与更狭隘的发展观形成了鲜明的对照。狭隘的发展观包括发展

① W. 金里卡著，刘莘译：《当代政治哲学》（上），上海三联书店 2004 年版，第 139 页。

就是国民生产总值增长、或个人收入提高、或工业化、或技术进步、或社会现代化等等的观点。"① 他把发展的目标看作是等同于判断社会上所有人的福利状态的价值标准。财富、收入、技术进步、社会现代化等等固然可以是人们追求的目标，但它们最终只属于工具性的范畴，是为人的发展、人的福利服务的。森认为，以人为中心，最高的价值标准就是自由。更具体地说，应该追求的是增加人们的机会、拓展人们选择的范围，使人们享受真正意义上的自由。森认为，人不仅具有需求，而且具有能动性，只要给以机会，他们就能改变自己的境遇和外部世界。"发展的实现全面取决于人们的自由的主体地位。……自由、自主的主体才成为发展的主要动力。自由主体不仅自身是发展的一个'建构性'部分，它还为增强其他类型的自由主体做出贡献。"② 正是基于对人的潜能的信心，森在自己的理论体系中，特别强调两个概念。一个是构成人的有价值生活的"功能性活动"（functionings），它指的是一个人在生活中进行的活动和所处的状态，也就是人类生活的方方面面。对人类来说，最起码的功能性活动包括接受教育、享受必要的营养、避免早逝、不受可预防疾病的感染、不受限制的迁徙等；更复杂的功能性活动则包括参与所处社区生活，以及赢得自尊等。如果一个人享受的某一功能性活动由一个数代表的话，他享受的全部功能就构成一个特定的"功能矢量"（functioningvector）。我们可以想象，可能的"功能矢量"是无限多的。森的另一个基本概念是"可行能力"（capability）。一个人的"可行能力"，就是对于此人是可行的，能够实现的种种功能性活动的不同组合。在此意义上，能力就是一种自由：能过有价值的生活的实质自由。森所谓的"自由"是在"实质的"意义上定义的，即享受人们有理由珍视的那种生活的可行能力。"实质自由包括免受困苦——诸如饥饿、营养不良、可避免的疾病、过早死亡之类——基本的可行能力，以及能够识字算数、享受政治参与等等的自由。"③ 自由既意味着个人享有的"机会"，又涉及个人选择的"过程"。假定每个人都处于可行的各种"活动"的组合之中，按照自己的标准选择最佳组合，那么一个人能够实现的能力就可以通过他的实际选择而表现出来。实现的能力即代表着他的自由度，或他真正享有的机会。例如，就饮

---

① 阿马蒂亚·森著，任赜等译：《以自由看待发展》，中国人民大学出版社 2002 年版，第 1 页。

② 阿马蒂亚·森著，任赜等译：《以自由看待发展》，中国人民大学出版社 2002 年版，第 2 页。

③ 阿马蒂亚·森著，任赜等译：《以自由看待发展》，中国人民大学出版社 2002 年版，第 30 页。

食或摄取营养的功能而言，一位有意节食的富翁与一位饥肠辘辘的乞丐看似相同，但前者的可行能力与后者完全不一样，因为前者可以选择大吃一顿，后者却不能。

能力理论所要回答的问题不是"人们在多大程度上满意"，也不是"他们能支配多少资源"，而是"他们实际上能够做什么或成为什么"。因此，平等的客体自然便是森所说的"能力"或"自由"。森并没有说明是否所有能力都应该均等化，但他特别强调"基本功能"和"基本能力"。基本功能是这样一些功能，如果不具备它们，人就处于被"剥夺"的状态。基本能力则是在起码水平上实现基本功能所需要的能力。森说："与职责观点有着紧密关系的是实现这些职责的才能。它体现了这些职责的各种各样的组合（存在和行为），这些是一个人所能够完成的。此外，才能是一系列职责的集合，它反映了一个人采取这种或那种生活方式的自由。"① 即，只有才能为一个人提供了选择一种美好生活所不可或缺的自由，以及实现他自身善的观念的可能性。问题在于，构成基本功能和基本能力的元素究竟是什么，能力平等派学者的看法并不一致。但他们几乎都同意，平等客体的优先选项是"基本能力"，社会必须对每一个人一视同仁，尽其所能帮助每个人实现他的有价值的目标，确保在基本能力方面人人平等。"公民应当是平等的，不是在资源上平等，而是在不同的'功能表现'的能力上、在他们以特定方式行动或达到目标的能力上平等。"② 换言之，平等客体的优先选项是个人在自我发展上的平等。只不过应注意的是，对于任何一个社会而言，个人在自我发展上的平等都是一个可遇而不可求的目标。

6. 程序平等

程序平等是自由至上主义者所认定的唯一值得追求的平等。这里的程序包括法律、制度乃至社会习俗所认定的所有为人类活动提供必要秩序的规则，包括市场规则。自由至上主义者的代表人物哈耶克认为"社会正义"是像皇帝的新衣那样的无用之物，但却极力推崇法治，其隐含的前提即是人人在法律面前平等。推而广之，哈耶克试图论证，只有那些他认定的自生自发秩序——那些由无数的个人和组织的互动在不经意间形成的秩序——才是逻辑上和道德上合理的秩序。用他自己的话说——"我们应当学到了足够多的东西，以避免用扼杀个人互动的自生自发秩序（置其于权威当局指导之下的方法）的方式去摧毁

---

① W. 亨氏著，倪道钧译：《被证明的不平等》，中国社会科学出版社 2008 年版，第 215 页。

② R. 德沃金著，冯克利译：《至上的美德》，江苏人民出版社 2003 年版，第 330－331 页。

我们的文明。但是，要避免这一点，我们就必须否弃这样一种幻想，即我们能够经由审慎的思考而'创造人类的未来'……这是我……现在对我就这些问题所做的四十年研究所下的最终结论。"① 他暗含的推论是，只要这些秩序得到应有的尊重，那么每个人就是平等的；而且，超出了这一范围的平等诉求都是不道德的。比如，在市场交易中，只要每个人没有受到人为的强制，则每个人都是平等的，交易也是道德的。不仅哈耶克如此，所有的自由主义者一般都不会放弃对平等的诉求，自由主义理论的立足点大多不是从"是"推出"应当是"，而是基于另外的理由（或基于自然法、或基于直觉、或基于契约论）。诚如顾肃所说："他们承认人们在事实上的诸多不平等，但并不因此而认为这样的不平等就一定是天经地义的，或者可以任意地扩大或为之辩护。他们论证说，法律面前的人人平等，有关法律规则必须是普遍的和非歧视性的要求，这些是能够保障那些事实上不平等的人们以合理的可预见性和安全性过他们自己生活的唯一程序。否则，人们受到十分混乱和荒唐的对待，其生活前景便毫无保障。人们本身事实上的不平等不应当成为政府和法律随意区别对待他们的理由或依据。因此，平等的要求基本上是规范性的。然而，即使是对不同的人们同等对待，也涉及平等标准上的混淆。因为平等对待的对象本身在智力、能力、勤勉程度、运气方面都是不同等的，以任何一种结果平等的措施来干预事实上的不平等，都可能导致新的不平等。……为了避免这种混淆和新的不平等，自由主义者一般坚守程序正义意义上的机会平等和起点平等的底线。而这种立场一般建立在人与人在人格尊严和自尊的平等前提之上，尽管这种前提同样主要是规范性的，而不是经验描述性的。"②

　　自由至上主义者所定义的程序平等具有如下优点：第一，程序平等具备平等的兼容性，即一个人享有平等的定义物不会影响其他人同等程度的享有。我享有受教育的权利，不会影响你同样的权利。尽管自由至上主义者从来不承认他们是平等主义者，但平等的兼容性却极富平等主义色彩。这一性质的好处是，程序平等具备极其简洁的内在逻辑，并且可以给出明确的边界，就是一个人的享有不会影响其他人同等程度的享有。第二，程序平等避免了个人之间的比较，因此容易实施。程序是个人的身外之物，程序的平等不涉及个人特征或特性。第三，社会正义不单要实现，而且要以看得见的方式实现。"看得见的

---

① T. A. V. 哈耶克著，邓正来译：《自由秩序原理》（上），生活·读书·新知三联书店 1997 年版，第 11 页。

② 顾肃著：《自由主义基本理念》，中央编译出版社 2003 年版，第 43—44 页。

方式"就是指程序平等或正义。因为程序是否平等，无论是谁，都能够耳闻目睹，感同身受。例如，实质正义或社会正义，要求社会资源和要素分配的结果须符合正义原则，而程序正义恰恰不重视分配的结果，而只是要求分配的程序符合正义的要求即可。换句话说，程序正义是实质正义在对待平等对象的态度上有差别。实质正义要求分配结果的实质性平等："所有社会价值——自由和机会、收入和财富、自尊的基础——都要平等地分配，除非对其中的一种价值或所有价值的一种不平等分配合乎每一个人的利益。"① 程序正义的平等原则只要求"同等情况同等对待"，而不是对不同人采用不同的规则以及制造各种各样的特权。第四，尽管实质正义容易打动人心，具有极大的鼓动作用，但其实行的结果往往背离初衷、效果大打折扣。程序平等看起来不近人情，但实践的结果却常常导致高效率和较公正对待。以教育为例，实质正义论者觉得某些族群的教育程度特别高，因而有必要照顾其他各种族群，所以以区别对待的"分数线"、各种录取比例指标来照顾他们所认为的"弱者"，结果呢，受照顾的因为入学条件的放低而在总体上仍然不如不受照顾的族群，反而使那些有才能的人失去了本可在标准一律时拥有的受教育的机会，被挡在了高等学校门外。不仅如此，受照顾的人群一旦从高等学校毕业进入社会后，不管是谋职还是工作，人们往往都是戴着"有色眼镜"看待他们，尽管他们工作能力很出色。程序平等论者或程序正义论者则一视同仁，没有那么多的照顾条件和比例指标，使得教育机会均等，不分种族、人群和阶层差异，反而使得教育资源得到了高效率的利用。不过，值得我们注意的是："在受教育等问题上纯粹的程序正义也只是一个难以实现的理想，至多做到大致如此，但这样做一定比不做的效率为高。"②

自由至上主义者所定义的程序平等并不是完美无缺的，而是存在一些致命的缺陷。第一，程序平等忽视了个人在利用程序的能力方面的差异。每个人的能力是由他的家庭背景、教育水平、智力以及社会关系所决定的，而这些因素无疑是因人而异的。在现代社会，这些因素甚至对个人起着决定性的作用，并最终影响着结果平等。简言之，程序平等并不意味着实质平等。诚如金里卡在评价诺奇克的"转移原则"时所说："如果我们对某物的获取是正当的，我们就对该物拥有绝对的财产权。我们可以按自己的意愿自由地对它加以处置，就算这些转移很可能会导致在收入和机会分配方面的极大的不平等。由于人们与

---

① J. 罗尔斯著，何怀宏等译：《正义论》，中国社会科学出版社 2001 年版，第 62 页。
② 顾肃著：《自由主义基本理念》，中央编译出版社 2003 年版，第 126 页。

生俱来就有不同的自然天赋，有些人将得到丰厚的报偿，而缺少市场技艺的人将得到很少的报偿。由于自然天赋方面的这些不应得差异，一些人将飞黄腾达，而另一些人将忍饥挨饿。而这些不平等将进一步影响到后代的机会。一些人生而享有特权，另一些人生而承受贫穷。"① 第二，程序平等完全忽略结果平等。这里的问题所在，不是结果平等本身是否是一个值得追求的目标，而是程序平等往往演变为对现有秩序和结果的辩护，并排除任何社会改良的可能性。诺奇克根据康德的"人是目的"原则推演出他所谓的"自我所有权"原则，以尊重权利为由反对社会所做的任何公平正义的努力。"个人拥有权利，而且有一些事情是任何人或任何群体都不能对他们做的（否则就会侵犯他们的权利）。"② 社会必须尊重这些权利，因为它们"对行为边界的约束反映了康德主义的根本原则：个人是目的，而不仅仅是手段；没有他们的同意，他们不能被牺牲或被用来达到其他的目的。个人是神圣不可侵犯的"。③ 这条"康德主义的根本原则"要求一种强有力的权利理论——因为，权利肯定着我们的独立存在，承认了他人的神圣不可侵犯性。下述命令表达了这种形式的不可侵犯性，即"不要以某些特定的方式利用人们"，"使以某种特定方式把人用作手段的情况减少到最低的程度"。每个人都是独特的个体，每个人都有自己独特的要求，因此，对于能够要求某人为了他人的利益而作出牺牲，就必须有一些限制——权利理论正是表述这些限制的。诚如诺奇克所说："为什么一个人不可以为了更大的社会利益侵犯人们呢？就个人而言，我们每一个人有时愿意为了更大的利益或避免更大的伤害而经受某些痛苦或牺牲：我们去看牙医以避免以后遭更大的罪……在这些场合，为了更大的整体利益，一些代价被承受了。那么为什么不能同样主张，为了社会的整体利益，一些人应承受一些代价以使其他人们获得更多的好处？但是，并不存在拥有利益的社会实体，这种社会实体能够为了自己的利益而承受某些牺牲。存在的只是个体的人，具有他们自己个别生命的不同的个体的人。为了其他人的利益而利用其中的一个人，就是利用他而使别人得到好处，仅此而已。所发生的事情是，对他做了某些事情，却是为了别

---

① W. 金里卡著，刘莘译：《当代政治哲学》（上），上海三联书店 2004 年版，第 194 页。

② R. 诺奇克著，姚大志译：《无政府、国家和乌托邦》，中国社会科学出版社 2008 年版，第 1 页。

③ R. 诺奇克著，姚大志译：《无政府、国家和乌托邦》，中国社会科学出版社 2008 年版，第 37 页。

人的缘故。"① 例如，面对中国日益拉大的城乡教育发展差距，改良主义者认为，我们需要对现存的城乡二元结构进行调整，需要增加对农村教育的投入，以此矫正家庭背景、智力、社会关系乃至自然环境的分化作用。但是，对于自由至上主义者而言，坚持程序平等排除了对教育结果进行任何矫正的可能性，因为每个人在"教育场域"中都是平等的——人人都享有接受教育、发展自己的自由——所以"教育场域"中的教育结果必然是正义的，哪怕城乡教育差距已经到了威胁一部分人接受教育、发展自己的地步。把程序平等作此保守主义的解释，就意味着社会无需任何改良，因为改良必定是因为现存的教育法律或教育习俗所导致的教育结果是不合意的，但程序平等却认为，这是不可能发生的。

需要指出的是，以上论证并不否认程序平等的价值，而是说它仅仅是一个必要条件，而非充分条件。程序平等是相对于实质平等或实体平等而言的，强调的是法律、制度制定过程中操作规则的平等。相对于打造结果的平等，程序平等更强调过程的平等，对规则的恪守，以及规则体现出的形式上的合理性。但是，我们不能说有了程序上的平等，就一定会实现实体的平等。不过，没有程序的平等，就一定没有实质的平等或者实体的平等。同时，程序不是一成不变的东西。对于一个改良主义者来说，世界永远不是静止的，而是在不断的展现过程中，因此，我们应该随时准备对现存的制度设定进行改造，以应付变化着的世界。

7. 结果平等

既然程序平等不足以实现实质平等，那么，是否直接追求结果平等就是一个好的选择呢？回答是否定的。这首先是因为完全的结果平等是不可能实现的。涂尔干说："为了找到一种完全同质和绝对平等的教育，就得追溯到没有什么差别的史前社会；可是，这种社会在人类历史上只出现于某一必然的阶段。"② 如果人类的财富不用人类自己去创造，而由上帝提供，人类要做的仅仅是分配而已，那么至少从理论上讲，完全的结果平等是可能的。但是，人类的财富是我们自己创造的，人在创造性能力上的差异意味着我们无法达到彻底的结果平等。当我们谈论结果平等的时候，我们一定是在给定的时点上谈论的。在理论上，我们可以实现一个时点上的结果平等，即把现存的财富分给每个人

① R. 诺奇克著，姚大志译：《无政府、国家和乌托邦》，中国社会科学出版社 2008 年版，第 39 页。
②· 张人杰主编：《国外教育社会学基本文选》，华东师范大学出版社 2009 年版，第 6 页。

相等的一份。用经济学术语来讲就是说，对于过幸福、美好生活所需要的财富这一经济物质形式，人人都应该有。不过，话又说回来，对财富拥有的数量，应该都一样多。对于大家过幸福、美好生活所需要的财富，人与人之间不应有多有少。但是，明天呢？由于个人之间在能力方面的差异，每个人利用现有的相等份额财富会创造出不相等的未来财富量，也就是说，结果平等很快就会变得不平等了。斯蒂芬说："我认为对于平等我们所能说的少数几句真话就是：人类事实上是不平等的，他们在相互交往中应该承认存在着真正的不平等，就像承认存在着实质性平等一样。他们既倾向于夸大真正的差别，这是虚荣的表现；也倾向于否认其存在，这是妒忌的表现。这两种夸张都是错误的，而后一种错误尤其卑劣和懦弱，属于弱者和心怀不满者的错误。对存在着实质性平等予以承认，仅仅是为了避免犯错误，这并不影响那些公认为平等的事物的价值，并且这种承认通常是朝着内在不平等发展迈出的一步。如果平等地禁止任何人犯罪，人人都要信守契约，冷静、有远见和明智的人就会胜出，轻浮、放纵和愚蠢的人就会失败。由此可见，平等是一个表示关系的词，自由与此不同，自由是一个表示否定的词。平等没有直接告诉我们任何事情，除非我们知道哪两种或更多的事物被确认是平等的，以及它们的本质是什么，当我们对这些要点有了了解之后，我们得到的只能是关于事实问题的陈述，不管是对是错，也不管重要与否，它是事实本身。"[1]

更为严重的问题是，对结果平等的追求会以激励为代价，从而降低社会总产出。在这种情况下，即使结果平等实现了，也是在一个低水平上的平等。更现实的问题是，社会产出下降了，但平等却没有实现，致使那些处于社会底层的人变得更加悲惨。例如，在计划经济时代，我们把结果平等从二次分配推广到一次分配，即生产的微观层面上，"大锅饭"盛行，干好干坏一个样，从而直接打击了民众的生产积极性，而我们所追求的东西——平等——却没有实现。马洛克说："不管多数人会获得什么新的好处，他们获得它不是通过自身生产能力的发展，只是通过非常有才华的少数人的才能和活动，这些人会使普通人赚得更多而劳动更少，因为通过使其劳动导向越来越多的好处，他从同等劳动中获取了不断增多的产品。因此，结论不是任何进步社会中的多数人不能期待绝对更好的状况，而是他们的状况不依赖于自身，尽管所有人的状况会得

---

① J. F. 斯蒂芬著，冯克利等译：《自由·平等·博爱》，广西师范大学出版社 2007 年版，第 196 页。

到改善，但他们永远不可能正好平等……"① 博登海默说："主张社会绝对平等，同人与人之间在天赋和能力方面的不平等现象很可能是不相符合的。……虽然人们应当享有足够的平等以使每个人都能达到最适合于他的地位，但是如果没有'对于不等的成就给予不等的报酬'这种激励，那么所谓最适当地使用才能就会成为一句空话。上述观点揭示出了绝对平等状况为什么在人类社会——不论其政治、经济和社会制度的形态为何——中从未得到真正实现这个事实的一些原因。"② 大多数男男女女的物质进步依赖于小部分天才中的精英，即物质进步依于不平等的成就，这些成就以经济不平等作为其合法报酬。不平等既是不可避免的，又是可取的，因为它刺激天才者将其潜在才能运用到现实的经济改善。

因此，那种简单统计及计算得出的假设——即一旦资本主义多年来创造的经济成果进行平均分配，就可以满足全社会所有成员的需求，并可以保证足够每个人生存的需要——是完全错误的。因为，"只有先工作，先生产，才能谈到消费。消费的多寡取决于工作量和生产量的大小。这是资本主义社会制度的最典型特征。因为这种制度将这一切动因传递到该社会的每一个人身上，促使每个人创造出最高的生产效率，取得最多的劳动成果。"③ 所有人在财富的占有上都一样，其实是在提倡一种根本不曾有过的结果平等。修道院可能是个例外。在修道院，僧侣们发誓要过清贫的生活，他们平均分配寺院得到的一切财富。然而，"在当今条件下，如果让所有个人或家庭的任何财富都一样多的话，这种经济条件的绝对平等是不会持久的。要想使这种经济条件的绝对平等持久，就得用一根魔棍把这种绝对平等变出来，并将它维持下去。既不用魔法，还要使这种极端形式的经济平等可行，这是任何人都不曾获得成功的"。④

8. 禀赋平等

直接选择结果平等是行不通的，为此，罗尔斯、德沃金提出了禀赋平等。即，人们应该首先具备在先的禀赋平等，然后再进入市场。罗尔斯支持一种完全有别于福利国家的理念：持有财产的民主。他说："福利国家资本主义（按

---

① J. 马勒著，刘曙辉等译：《保守主义》，译林出版社 2010 年版，第 238 页。
② E. 博登海默著，邓正来译：《法理学》，中国政法大学出版社 2004 年版，第 315-316 页。
③ L. V. 米瑟斯著，韩光明等译：《自由与繁荣的国度》，中国社会科学出版社 1994 年版，第 102-103 页。
④ M. J. 艾德勒著，郗庆华等译：《六大观念》，生活·读书·新知三联书店 1998 年版，第 209-210 页。

通常的理解）接受在物质资本和人力资本两方面严重的不平等的阶级分配关系，但却试图通过再分配的税收和转移方案以减轻市场造就的悬殊差异。与之相反，持有财产的民主致力于这样一个目标：大大地缩小作为前提的财产与财富分配的不平等，大大地提高投资于人力资本的机会平等；这样，在人们进入市场的起始处，不平等就已经减少。可见，这两种可供选择的制度标示了两种可供选择的、为政治经济提供正义的策略：福利国家资本主义把财产和技艺禀赋的最初分配的实质不平等当作给定的内容而加以接受，然后在试图通过事后的办法对收入进行再分配；持有财产的民主试图使财产和技艺禀赋的分配事先就获得更大的平等，这样就可以相应淡化事后的再分配措施。"① 如果事先的禀赋更为平等，那么，"就没有人需要卑从地依附于他人，也不需要被迫选择摧残人类思想和情感的单调乏味的工作"。在罗尔斯看来，人们不仅应该关注机会，也应该关注社会角色究竟是如何确定的。机会作为对人们有益的一项重要资源（包括技艺发展的机会、个人成就的机会、体现个人责任的机会等）。与这些机会相关的某项工作的收入尽管重要，但更重要的是这项工作所包含的社会关系。人们一般不愿意进入这样的社会关系网络之中，即，机会被剥夺或被迫处于一种依附地位。"假如妇女与男人有同样的权力，假如工人与资本家有同样的权力，在这方面都会发生实质性的变化。变化的结果很可能不仅在于不同社会角色之间的市场收入更为平等，而且在于接受培训、自我发展以及发扬责任等方面的更多的机会平等。"②

德沃金的理论前提是，个人在禀赋方面——包括家庭出身、智力以及自然和社会约束——的差异，来自于"运气"而非个人的努力，因此是不道德的，必须予以矫正。他说："平等的首要原则是：不是由于人们自己的选择或赌博，而是因为纯粹的厄运，使一些人在生活中可以利用的财富少于另一些人或处境不如另一些人，是不公正的。出生在相对贫穷的家庭、自私的家庭或挥霍无度的家庭，是一种厄运。……运气包括一个人的父母或亲戚的处境和品质，这就跟一个人的生理能力一样都是运气问题。"③ 因此，政策的取向应该"敏于志向，钝于禀赋"，即鼓励个人的追求，使得他们不受禀赋的约束。这无疑是一种最激进的平等观，而且"敏于志向，钝于禀赋"这个口号具有相当的吸引力。但是，德沃金的理论前提必须面对以下的道德拷问：难道一个人生来聪

---

① W. 金里卡著，刘莘译：《当代政治哲学》（上），上海三联书店 2004 年版，第 169 页。
② W. 金里卡著，刘莘译：《当代政治哲学》（上），上海三联书店 2004 年版，第 171 页。
③ R. 德沃金著，冯克利译：《至上的美德》，江苏人民出版社 2003 年版，第 402 页。

明、智商高是一种错误吗？难道我们要为我们的出身负责吗？显然，这是荒谬的。尽管残障者的境况确实并非是他们选择的结果，但如果我们企图为残障者提供最高可能额度的保险，就将导致"聪慧者被奴役的结果"。诚如金里卡所说："'自然博彩'中的幸运者就将被迫地从事高产出的工作，以支付他们在假想的状态下针对自然劣势而购买的保险。这个保险方案就不再是高天赋者在确定自己的生活道路时能够予以同意的合理约束了，这个保险方案反而成了支配他们生活的决定因素。天赋居然成为一种负担并限制着高天赋者的选择，天赋不再是丰富选择的资源。这个保险方案将使得天赋较高者不能自由选择较为休闲的生活方式，而天赋较低者反倒可以过上这种生活。因此，要实现对残障者和天赋正常者的平等关怀，即使残障者会羡慕天赋正常者，也不能只是要求再分配最大限度地有利于残障者。"① 同时，也与他自己"敏于志向"的诉求相违背：我们的出身不是我们选择的结果，不属于志向的范围，因此无须我们自己负责。德沃金说："人们的命运是由他们的选择和他们的环境决定的。他们的选择反映着他们的个性，而这种人格本身包含着两个成分：抱负与性格。……一个人的抱负不但包括他的总体人生计划，还包括他的各种兴趣、偏好和信念：他的抱负为他作出这种选择而不是那种选择提供了理由或动机。人的性格是由一些人格特征构成的，它们不为他提供动机，而是影响着他追求自己的抱负。这些特征包括他的适应能力、精力、勤奋、顽强精神以及现在为长远回报而工作的能力，对于任何人来说，它们既可以是积极因素，也可以是消极因素。"② 即使德沃金的理论在道德上是站得住脚的，但也无法在现实中实现禀赋的平等分配。因为智力是不可能从一个人转移到另一个人，所以德沃金建议用税收的办法达到禀赋的平等分配。

三、教育平等

平等是从人类公平正义理想中所引申出来的最基本原则，正义的本质是平等。教育平等是人类平等理想的重要内容，是人类美好理想和现代教育的基本价值。那么，究竟什么是教育平等呢？国内学者从不同的学科视角对这一问题进行了系统的研究，提出了一些有创见性的思想，但仍众说纷纭。有些学者从法律意义上的受教育权利方面理解教育平等；有些学者把教育平等等同于教育

---

① W. 金里卡著，刘莘译：《当代政治哲学》（上），上海三联书店 2004 年版，第 149 页。
② R. 德沃金著，冯克利译：《至上的美德》，江苏人民出版社 2003 年版，第 374 页。

机会均等；有些学者则把教育机会平等与教育机会均等等同。国外学者对教育平等的理解，主要经历了保守主义、自由主义和激进主义等几个阶段，但是各流派对教育平等的理解分歧较大。各流派学者基本上都是使用"教育机会均等"（equality of educational opportunity）这一概念，来进行有关教育平等问题的研究。关于教育机会均等，主要有以下几种观念：起点均等论（第一次世界大战前）、过程均等论（20世纪50—60年代）和结果均等论（20世纪60年代后期）。在特纳看来，人们较常关切的"均等"，主要有四种类型[①]：第一种是所谓"本体论"或"存在论"的均等（ontological equality），即个人的基本平等，此种均等最常见于宗教或道德的层面；第二种是"机会的"均等（equality of opportunity），通常与民主社会所强调的业绩主义相关联；第三种是"情景或条件的"均等（equality of condition），意指不同社会团体为求生活条件或情景的均等分享而追求的均等；第四种是"结果的"均等或"产出的"均等（equality of outcome）。在科尔曼看来，教育机会均等有四个标准：（1）进入教育系统的机会均等；（2）参与教育的机会均等；（3）教育结果均等；（4）教育对生活前景机会的影响均等。对教育平等的不同理解，并不存在孰是孰非的问题，可能恰恰反映了教育机会均等理念随着时代的发展不断具有新的内涵。

根据国内外学者关于教育平等的各种理解，我们把教育平等理念概括为以下主要内容：（1）主体人格和尊严平等，即教育实践主体如教育者、受教育者、教育管理者的人格和尊严应受到同等的保护，也就是"本体论上的平等"[②]。（2）教育权利平等，宪法和法律确认并保护每一个人的受教育权利。（3）平等起点的教育机会平等，即入学机会或进入其他教育系统的机会平等。这是教育平等最早追求的目标，并导致了义务教育的普遍实施。其平等的程度或年限应该随着普及义务教育质量标准或年限的变化而变化和发展。（4）平等利用教育机会的平等，即以能力本位为出发点，为相同能力的人提供相同的教育和发展机会，并使不同能力的人在受教育的机会上达到适度平衡这一水平的平等往往与非义务教育，特别是与高等教育相联系。（5）受教育过程中机会平等，即就学条件平等，在任何层次的教育中，向任何受教育者所提供的基本教育条件，诸如培养目标、学习年限、课程设置、教学条件与师资质量等方面都

---

① Turner, *The social context of ambition*. San Francisco：Chandler，1964，pp. 34—56.

② J. 巴什勒提出"本体论上的平等"概念，认为任何存在的东西都是真实的，每一个自然复合体都具有同样的在先性，要求摈弃一切歧视，接受和接收一切有区别的东西。（参见王治河著：《扑朔迷离的游戏》，社会科学出版社1998年版，第97页）

基本相同。（6）获得学业成功的机会平等，即保证各群体的子女在各级各类教育中所占的比率，与其家长在总人口中所占的比率大致相当。这一水平的平等与科尔曼所提出的"参与教育的机会均等"，即"不同社会出身的组别，有相同比例的人数，得到同样的教育机会"是一致的，两者都表达了这一平等水平的量的标准。而科尔曼提出的"教育结果均等"，即每一性别、每一社会阶层都有一定量和比例的人，从每学年的教育进程和整体的教育经验中得到相似的教育成效。"机会平等不光是平等地进入一所同样的学校（输入），而是在标准成就考试中取得同样的成绩（结果）。……重点应该从'平等的学校转向平等的学生'。"① 从质的意义上，补充了这一平等水平的涵义。（7）对弱势群体进行补偿，即对在教育中处于不利地位的受教育者采取补偿性教育措施，以补偿由于其不利地位对其所造成的教育损害。这一要求有两个方面的内容：第一，对于教育实践中现实的机会不平等和过程不平等进行补偿。第二，通过教育系统对受教育者因财富、出身、社会地位、文化背景等因素所造成的差异进行补偿。其中，第二个方面的内容就是科尔曼所提出的"教育对生活前景机会的影响均等"。在此，需要说明的是，以上七个方面中的前两个是绝对的，是一切教育平等的基础，是任何追求公平性教育政策、制度必须遵循的最基本原则。而后五个则是相对的，是按教育平等的理想化程度由低到高以及由形式、数量平等到内容、质量平等的顺序排列的，其实现的范围和程度受不同时期、不同国家经济社会发展水平以及教育发展水平的制约，其内涵也在不断地丰富和发展。

四、人学视野下的教育平等

为了真正体现"人是目的"以及尊重每个人的尊严，那么，作为人，我们有权享有的平等是社会平等、道德平等，而不是个人平等（在谈到个人在其他方面的平等与不平等时，不管是天赋程度上的或后天获得的程度上的平等与不平等，我们都用"个人平等"或"个人不平等"表述）。那么，人性为什么有权得到这些平等呢？

（一）作为人，我们都是平等的

1. "人人平等"是一个基本的伦理原则

作为人，我们都是平等的，大家无高下之分。霍布豪斯说："有些东西是

---

① 张人杰主编：《国外教育社会学基本文选》，华东师范大学出版社 2009 年版，第 214 页。

人类所特有，也是人类所共有的，没有阶级、种族或性别的差异，是比人类之间的所有差别更为内在的东西。这类事物我们可以称为灵魂、理性、极强的耐受性，或直接称为'人性'，这是一种普遍共有的事物，其中含有很多种类上和数量上的差别，这个事物能将之全部包罗而为其共同基础。"① "人人生而平等"，无非是说，他们都是人，都具有人种的特性，尤其是都具有属于人种一切成员的特殊性质。因此，我们作为个人是平等的，在人性上也是平等的。

一个人，在人性和个性上都不可能超过他人或低于他人，"我们都享有共同的天性"。如果在共同人性上不是人人平等的话，那么，就不会人人有权获得条件平等之要求。换句话说，承认人人有权得到环境条件平等和机会平等，无疑建立在肯定个人在人性上都是平等的基础之上的。托克维尔说："人的智力尽管不等，而且是创世主这样决定的，但其发展的条件是相等的。"② 人（而不是物）所具有的尊严是没有程度差别的。世间人人平等，是指每个人作为人在尊严上、道德上的平等。平等是人类灵魂不可缺少的一种需求，是给予所有人以等量的尊重和敬意，因此，没有程度之别的尊敬、尊严应平等地给予所有人。诚如薇依所说："人与人之间不可避免的差异绝不能意味着给予每个人尊敬之程度的差异。"③ 所有人都是平等的，是因为他们具备一种不容任何比较性评价的内在尊严。在功利主义者看来，每个人的生命都同等重要，因此应该平等考虑每个人的利益。无论偏好的内容或当事人的物质情况怎样，都应该对每个人的偏好予以同等程度的重视。正如边沁所说，我们只把一个人当作一人，不把一人当作多人。之所以应该同等程度地对待每个人的偏好，是因为这样才吻合以平等的关心和平等的尊重去平等待人的原则。"功利主义的最根本原则是一种平等主义的原则。每个人都有平等的道德地位，每个人都与他人一样重要，因此每个人的偏好都应该被纳入效用计算。"④ 因此，道德正当的行为将使效用最大化，效用最大化的要求完全派生于在先的平等待人的要求。如果用一个完整的公式表述即是：人是重要的，并且每个人都同等地重要；应该同等程度地对待每个人的利益；道德正当的行为将使效用最大化。杜威说："在社会道德事务上，平等并不意味着数学上的相等。它意味着不能用大些、小些、优些、劣些这些概念来考虑。它意味着不论能力、力量、地位、财富在数量上的

---

① L. T. 霍布豪斯著，孔兆政译：《社会正义要素》，吉林人民出版社 2006 年版，第 72 页。

② 托克维尔著，董果良译：《论美国的民主》（上卷），商务印书馆 1997 年版，第 59 页。

③ S. 薇依著，徐卫翔译：《扎根：人类责任宣言绪论》，生活·读书·新知三联书店 2003 年版，第 12 页。

④ W. 金里卡著，刘莘译：《当代政治哲学》（上），上海三联书店 2004 年版，第 74 页。

差距多大，但与其他一些——个人存在的这一事实、某些不可替换方面的观察——相比，是微不足道的。总之，它意味着这样一个世界，其中存在必须按其本身价值来考虑，而不是作为某种可与其他东西相等或转换的事物来考虑。可以这样说，它含有一种抽象的没有共同量度的数学，在这种数学中各为自己辩护并各为自己而要求得到考虑。"① 杜威所言的平等，并不是事实上的平等，或理想目标的平等，而是人类道德上的平等。杜威所言的平等其实也是美国人的理想，"平等是美国人的另外一个政治理想——这一概念意指所有个人在道义价值上是平等的，有权受到平等的法律对待"。② 这种平等的价值，既是无法进行比较的，也是不能量化。对杜威而言，"一个民主的社会，它的各种制度的组织表明对一切人平等相待，使他们得到充分的发展，自由选择和周围社会结构中他们同胞的生活方式一致的生活方式"。③ 与杜威一样，哈耶克所说的平等，主要是指法律上和道德上的平等，即所有的人都应当享有平等的待遇，而不是所有的人在事实上都是平等的。每一个人都同样是一个人；每一个人都享有平等的机会来发展他自己的才能，无论这些才能的范围是大是小。所有的人在本性上都是平等的，"不多也不少"。而德沃金的重要性平等的原则即是说明这一问题的，重要性平等的原则不主张人在所有事情上相同或平等：不要求他们同等地理性和善良，或他们所创造的人生有相同的价值。"重要性平等的原则：从客观的角度讲，人生取得成功而不被虚度是重要的，而且从主观的角度讲这对每个人的人生同等重要。"④

如果所有的人在本性上是指"所有的人类"或"同种的所有成员"，那么，对我们而言，所有的人平等无疑是自明的，意思是说所有的人之所以成为人类，比起其他人是不多不少的；所有人在某种程度上拥有人类所特有的一些性质；所有人应该受到平等的关怀和尊重。诚如德沃金所说："我们能够对平等不闻不问吗？宣称对全体公民拥有统治权并要求他们忠诚的政府，如果它对于他们的命运没有表现出平等的关切，它也不可能是个合法的政府。平等的关切是政治社会至上的美德——没有这种美德的政府，只能是专制的政府；所以，当一国的财富分配像甚至非常繁荣的国家目前的财富状况那样极为不平等时，它的平等关切就是值得怀疑的。因为财富的分配是法律制度的产物：公民的财富大大取决于其社会颁行的法律——不仅包括管理产权、盗窃、契约及民事侵

---

① 科恩著，聂崇信等译：《论民主》，商务印书馆 2004 年版，第 256 页。
② T. 帕特森著，顾肃等译：《美国政治文化》，东方出版社 2007 年版，第 7 页。
③ J. 杜威著，王承绪译：《民主主义与教育》，人民教育出版社 2005 年版，第 383 页。
④ R. 德沃金著，冯克利译：《至上的美德》（导论），江苏人民出版社 2003 年版，第 6 页。

权行为的法律，还有它的福利法、税法、劳动法、民事权利和环境管理法，以及有关任何事情的其他法律。当政府执行或维护这样一套法律而不是那样一套法律时，我们不仅可以预见到一些公民的生活将因它的选择而恶化，而且可以在相当程度上预见到哪些公民将会受到影响。"① 而一个人之所以会与另一个人不平等，是由于某个特定性质被拥有的程度有差别，而不是所有人共享的人性有程度上的差别。诚如涂尔干所说："因为如果我们所热爱的、也是应该热爱与尊重的人是普普通通的人，而不是天才的学者或经商的能人。那么对于这些由于天赋而造成的不平等，我们的态度不也是如此么？因为这些是人生来就有的气质，似乎很难由他们自己来决定。对我们来说，富贵人家在社会上应该受到优待，这似乎是一种不公平。但如果说某人的父亲智商高或者处于更优越的社会环境之下，他就应该受到优待，这是不是更公平呢？博爱的范围由此而开始。博爱就是人类的同情心，我们看到这一点越来越明显，尽管还具有不平等的残迹。它不计较并否认任何天赋上特别的优势或者由遗传而得到的智能。那么，这就是公平原则的顶峰。"②

2. 社会契约论的论证与利益的平等考虑

（1）罗尔斯对"人人平等"的论证

罗尔斯的正义理论由两个基本原则构成。"第一个原则：每个人对与其他人所拥有的最广泛的基本自由体系相容的类似自由体系都应有一种平等的权利。第二个原则：社会的和经济的不平等应这样安排，使它们被合理地期望适合于每一个人的利益，并且依系于地位和职务向所有人开放。"③ 罗尔斯对上述原则的主要论证诉求于"社会契约"，其目的是要回答这样一个问题：当人们在"原初地位"下构思自己的社会时，他们会选择什么样的政治道德？罗尔斯曾这样谈及他的论证："前面的所有评论都不是这一观念的论据，因为，在契约的理论中，严格地讲，所有的论据都要通过原初状态中的合理选择给出。但我在此关心的是为两个原则的可取解释开辟道路，以便这两个原则，特别是第二个原则，不会使读者觉得太古怪或太反常。"④ 因此，罗尔斯对第一个原则的论证诉求于直觉，其目的是为第二个原则的论证开辟道路，真正的论证恰恰奠

---

① R. 德沃金著，冯克利译：《至上的美德》（导论），江苏人民出版社 2003 年版，第 1—2 页。

② J. C. 亚历山大著，夏光等译：《社会学的理论逻辑》（第 2 卷），商务印书馆 2008 年版，第 379 页。

③ J. 罗尔斯著，何怀宏等译：《正义论》，中国社会科学出版社 2001 年版，第 60—61 页。

④ J. 罗尔斯著，何怀宏等译：《正义论》，中国社会科学出版社 2001 年版，第 75 页。

基于社会契约观念。

第一，罗尔斯正义理论的依据。

罗尔斯对正义原则的论证策略其实是非常普通的，因为诉求社会契约的论证确实太弱了。为什么社会契约的论证较弱呢？因为这些论证似乎都依据于一些不太可信的假定。这些论证要求我们想象，在政治权威出现之前，有一个自然状态。在自然状态中每个人都自行其是，也就是说，不存在更高的、有权力要求人们服从或有责任保护人们利益或财产的权威。问题是，"为了确定政治权威的权力和责任，在这种自然状态下的个体会同意什么样的契约？一旦我们知道了契约的条款，我们也就知道，根据契约建立起来的政府有什么统治义务以及公民有什么服从义务"。① 针对上述问题，不同的思想家根据社会契约的论证方式，给出了不同的解答思路。但是，他们都得面临一个共同的批评，即从来就没有这样一种自然状态或在这种自然状态下达成的契约。例如，尽管"自然"概念在启蒙话语中占据重要地位，但霍尔巴赫坚决反对"自然状态"一说。在他看来，"自然状态"只存在于一些哲学家的想象之中，且没有什么事物比这种所谓"自然状态"更虚幻、更稀奇古怪、更违背人性的了。"很难设想还有什么事物比'自然状态'更不可信的了。某些哲学家常用'社会状态'同'自然状态'对立起来。人是在社会状态的条件下出世的，从童稚时代起就习惯于这种社会状态，在自我保存思想的影响下，他始终认为社会状态对自己是有益的，愉快的。否认这个真理，就意味着硬说人仿佛愿意放弃自己的一切福利而跑到极端贫困和孤立无援的环境里去寻找快乐。"② 社会是大自然的产物，因为正是大自然决定人在社会中生活。"人在社会中生活，因为正是大自然注定他要在那里诞生。"③ 因此，无论公民还是政府，都不会也不可能受这种想象中的契约的规范与约束。尽管我们可以设想，在自然状态下的假想契约会构成实际协定，并具有实际的约束力，但是，"假定的契约并不能提供为了公平而强迫缔约者履约的独立理由。假定的契约不是实际契约的简单形式；它根本就不是契约"。④ 假如我们处于某种自然状态就会接受某种契约，且这种假想契约对我们具备现实的约束力。那么，这一思路暗示着这样一种结论："如果我们用原初状态来论证适用两个原则的公平性，我们就必须用原初状态来证明，因为如果事先征求他的意见，这个人将会同意这些原则时，将这些原则适

---

① W. 金里卡著，刘莘译：《当代政治哲学》（上），上海三联书店 2004 年版，第 115 页。
② 霍尔巴赫著，陈太先等译：《自然政治论》，商务印书馆 2002 年版，第 5 页。
③ 霍尔巴赫著，陈太先等译：《自然政治论》，商务印书馆 2002 年版，第 3 页。
④ R. 德沃金著，信春鹰等译：《认真对待权利》，上海三联书店 2008 年版，第 206 页。

用于他也是公平的。但是，这是一个糟糕的观点。假设，在星期一我并不知道我的画的价值；如果你提出给 100 美元买这幅画，我可能就会接受。星期二我发现这幅画很值钱。你不能说星期三法院强迫我以 100 美元卖给你才算公平。星期一你没有买走我这幅画是我的运气，但是，这并不能成为后来你强制我卖画的理由。"① 如此看来，社会契约的观念要么从历史的角度看是荒谬的（如果认为它确有其事的话），要么从道德的角度看是无意义的（如果认为这是一种假想契约的话）。不过，德沃金提出了另一种阐释社会契约的论证方式。"我们不应该首先把社会契约当作一种现实的或假想的协定，而应该当作这样一种策略——用它来澄清与道德平等相关道德前提的意义。我们诉求自然状态的观念，并不是为了追寻社会的历史起源，也不是为了确定政府和个人的历史义务，而是用这个模型来展示人的道德平等的理念。"②

"人人平等"理念的道德意蕴或道德平等理念的含义是：没有人生来就应该屈从于他人的意志，没有人生来就应该成为别人的主人或仆从。人人生而自由，人人生而平等。但是，在人类历史的大部分岁月中，人人生而平等却遭到了很多群体的否认。例如，封建社会的贵族就认为，农奴生来就低人一等，生来就是他们的工具。驳斥封建贵族的这一主张，成为启蒙运动以来思想家尤其是古典自由主义者的历史使命。为了明确否认某些人生来就低人一等的主张，他们立论的假设就是"自然状态"，因为在自然状态中人们是平等的。诚如卢梭所说："人是生而自由的，但却无往不在枷锁之中。"③ 在卢梭看来，如果要改变文明社会的邪恶与虚伪，就必须求助于自然。他说："我把所有一切的书都合起来。只有一本书是打开在大家的眼前的，那就是自然的书。"④ "人们啊！你们应该知道自然想要保护你们不去碰科学，正像一个母亲要从她孩子的手里夺下一种危险的武器一样；而她所要向你们隐蔽起来的一切秘密，也正是她要保障你们不去做的那些坏事，因而你们求知时所遇到的艰难，也就正是她的最大的恩典了。人类是邪恶的；假如他们竟然不幸天生就有知识的话，那么他们就会更坏了。"⑤ 在卢梭眼里，自然是一个活生生的实在物，充满了可以用一切感官来享受的富源，是灵感的源泉，是人的一个知己。从某种意义上讲，卢梭倡导并在一定程度上开创了对自然的崇拜，对野外生活的兴趣，对清新、自

---

① R. 德沃金著，信春鹰等译：《认真对待权利》，上海三联书店 2008 年版，第 208 页。

② W. 金里卡著，刘莘译：《当代政治哲学》（上），上海三联书店 2004 年版，第 116 页。

③ 卢梭著，何兆武译：《社会契约论》，商务印书馆 2003 年版，第 4 页。

④ 卢梭著，李平沤译：《爱弥儿》（下卷），商务印书馆 2006 年版，第 445 页。

⑤ 卢梭著，何兆武译：《论科学与艺术》，商务印书馆 1963 年版，第 19－20 页。

然、富有生机和天然而生的事物的探索。正如施特劳斯所说："简而言之，我们可以说自然之发现就等于是对人类的某种可能性的确定，至少是按照此种可能性的自我解释，它乃是超历史、超社会、超道德和超宗教的。"① 同时，如果要消灭社会的堕落状态，就必须且应当回到原始的状态和原始的本性。当然，这绝不意味着停留在原始的状态，而是以此为出发点，彻底重建我们的社会生活。"不过，你首先要想到的是，虽然是我想把他培养成一个自然的人，但不能因此就一定要使他成为一个野蛮人，一定要把他赶到森林中去。我的目的是：只要他处在社会生活的漩涡中，不至于被种种欲念或人的偏见拖进漩涡里去就行了；只要他能够用他自己的眼睛去看，用他自己的心去想，而且，除了他自己的理智以外，不为任何其他的权威所控制就行了。"② 果真如此的话，我们就不会再屈从于自己的本能和欲望，而会自己选择方向，支配自己的命运。我们会自己掌管舵轮，自己决定前进的路线和目标。因此，卢梭（当然，不仅仅只是卢梭）提出自然状态这一思想，其目的并不在于对人类的前社会状态作出人类学意义上的断定，其目的在于提出人天生本没有等级之分的道德断定。"我们首先要把一切事实撇开，因为这些事实是与我所研究的问题毫不相干的。不应当把我们在这个主题上所能着手进行的一些研究认为是历史真相，而只认为是一些假定的和有条件的推理。这些推理与其说是适于说明事物的真实来源，不如说是适于阐明事物的性质，正好像我们的物理学家，每天对宇宙形成所作的那些推理一样。"③ 在此，卢梭试图把自然科学家在研究自然现象中所采取的假设法，引入到道德科学的领域中。他深信只有靠这种"假定的和有条件的推理"方法，才能达到对人之本性的真正理解。卢梭关于自然状态的描述，并不是将其作为一个关于过去的历史记事，而是一个用来为人类描画新的、未来的并使之产生的符号建筑物。正如康德在评价卢梭的理论时所说："卢梭对敢于从自然状态中走出来的人类作了忧郁的（伤感的）描述，宣扬重新回到自然状态和转回森林里去。人们可不能完全把这种描述当作他的真实意见，他是以此来表述人类在不断接近人的规定性的道路上所遇到的困难。一个人不会无缘无故地捏造出这种意见的，过去和现在一切时代的经验必定使每个对此加以思考的人感到困窘和疑惑，不知人类的状况是否总有一天会变得好些。"④

---

① L. 施特劳斯著，彭刚译：《自然权利与历史》，生活·读书·新知三联书店 2003 年版，第 90 页。
② 卢梭著，李平沤译：《爱弥儿》（上卷），商务印书馆 2006 年版，第 360 页。
③ 卢梭著，李常山译：《论人类不平等的起源和基础》，商务印书馆 1996 年版，第 71 页。
④ 康德著，邓晓芒译：《实用人类学》，上海人民出版社 2005 年版，第 267 页。

罗尔斯正义理论的论证依据，恰是卢梭等人曾论证过的社会契约论。罗尔斯说："我的目的是要提出一种正义观，这种正义观进一步概括人们所熟悉的社会契约理论（比方说：在洛克、卢梭、康德那里发现的契约论），使之上升到一个更高的抽象水平。"契约的意义在于：以平等地位为出发点作为确定正义原则的前提。"适用于社会基本结构的正义原则正是原初契约的目标。这些原则是那些想促进他们自己的利益的自由和有理性的人们将在一种平等的最初状态中接受的，以此来确定他们联合的基本条件。"① 在罗尔斯的理论中，平等的原初地位对应着传统的社会契约论中的自然状态。不过，"这种原初状态当然不可以看作是一种实际的历史状态，也并非文明之初的那种真实的原始状况，它应被理解为一种用来达到某种确定的正义观的纯粹假设的状态"。② "原初状态纯粹是一种假设的状态，它并不需要类似于它的状态曾经出现，虽然我们能通过仔细地追寻它表示的限制条件来模仿各方的思考。原初状态的观念除了试图解释我们的道德判断和帮助说明我们拥有的正义感之外，并不打算解释我们的行为。……原初状态的观念虽是行为理论的一部分，它却并不能使人因此推论说有类似于它的现实状态。我们必须说的只是：这些将被接受的原则在我们的道德思考和行为中扮演着不可或缺的角色。"③ 虽然罗尔斯的原初地位"对应着"自然状态，但是，原初地位有别于自然状态，因为，通常意义上的自然状态并没有达到"初始的平等地位"。换句话说，罗尔斯的契约论论证与诉求直觉的论证在此汇合了。对自然状态的解释，通常都没有吻合公平的要求，因为，在达成契约的过程中，一些人比另一些人有更强大的谈判控制力，诸如更高的自然天赋、更多的资源或更充足的体力。这样，那些具有谈判控制力的人就会设法利用自己的力量，取得有利于自己的契约结果，而那些天赋较差、资源有限的人则只好妥协退让。自然的不确定性尽管影响着每一个人，但一些人却能更好地处理、应付这些不确定性，因此，这些人只会同意能够扩大乃至增强他们的自然优势的社会契约。但是，在罗尔斯看来，这一契约结果是不公平的。由于这些自然优势是不应得的，在决定选择什么样的正义原则时，这些不应得的优势就不应该将一些人置于有利的选择地位，而将另一些人置于不利的选择地位。

第二，"原初地位"。

---

① J. 罗尔斯著，何怀宏等译：《正义论》，中国社会科学出版社 2001 年版，第 11 页。
② J. 罗尔斯著，何怀宏等译：《正义论》，中国社会科学出版社 2001 年版，第 12 页。
③ J. 罗尔斯著，何怀宏等译：《正义论》，中国社会科学出版社 2001 年版，第 120 页。

为了澄清道德平等的含义，需要借助于某种新策略，以防止人们在选择正义原则时利用自己的任意优势。罗尔斯提出的新策略，即是发展出一种不同于自然状态的奇特构想——"原初地位"。换句话说，除"社会契约观"之外，罗尔斯还对"原初地位"进行了详细的思考与透彻的分析。

在对自然状态进行修正的"原初地位"里，人们处于"无知之幕"的后面。罗尔斯说："没有一个人知道他在社会中的地位——无论是阶级地位还是社会出身，也没有人知道他在先天的资质、能力、智力、体力等方面的运气。我甚至假定各方并不知道他们特定的善的观念或他们的特殊的心理倾向。"而"正义的原则是在一种无知之幕后被选择的"。[①] 如此一来，就"可以保证任何人在原则的选择中都不会因自然的机遇或社会环境中的偶然因素得益或受害"，因为"所有人的处境都是相似的，无人能够设计有利于他的特殊情况的原则"。简言之，"正义的原则是一种公平的协议或契约的结果"，因为"在这种既定的原初状态的环境中，在所有人的相互联系都是相称的条件下，对于任何作为道德人，即作为有自己的目的并具有一种正义感能力的有理性的存在物的个人来说，这种最初状态是公平的。……原初状态是恰当的最初状况，因而在它那里达到的基本契约是公平的"。更为重要的是，这一事实引出了"作为公平的正义"这一名称。作为公平的正义这一名称的性质"示意正义原则是在一种公平的原初状态中被一致同意的"。[②]

许多批评者把罗尔斯的"无知之幕"即人们要对自己的社会背景、个人愿望一无所知这一要求，当作批判罗尔斯的根据。在这些批评者看来，如果一个人连自己的自然天赋、社会背景和个人愿望都不了解的话，他还有什么自我可言呢？"相信自己处于无知之幕的背后比想象自己处于传统的自然状态之中还要困难——因为，相对而言，自然状态之中的虚拟人物至少还有统一的心智和身体。"[③] 但是，批评者的批评显然是无的放矢，找错了批评的靶心，因为罗尔斯的"无知之幕"根本与个人身份的理论无关。"某些正义原则得到证明是因为它们将在一种平等的原初状态中被一致同意。我强调这种原初状态是纯粹假设的，人们自然会问，既然这种一致同意绝不是现实的，我们为什么还要对这些原则是否是有道德的感兴趣呢？我的回答是，体现在这种原初状态的描述中的条件正是我们实际上接受的条件。或者，如果我们没有接受这些条件，我们

---

① J. 罗尔斯著，何怀宏等译：《正义论》，中国社会科学出版社 2001 年版，第 12 页。
② J. 罗尔斯著，何怀宏等译：《正义论》，中国社会科学出版社 2001 年版，第 12 页。
③ W. 金里卡著，刘莘译：《当代政治哲学》（上），上海三联书店 2004 年版，第 120 页。

或许也能被哲学的反思说服去接受的。"① "无知之幕"是对公平的直觉测验，它类似于下面这种情况：为了确证对蛋糕的公平划分，就要求切蛋糕的人不知道自己将得到哪一块。"一些人要分一个蛋糕，假定公平的划分是人人平等的一份，什么样的程序将给出这一结果呢？我们把技术问题放在一边，明显的办法就是让一人来划分蛋糕并得到最后的一份，其他人都被允许在他之前拿。他将平等地划分这蛋糕，因为这样他才能确保自己得到可能有的最大一份。这个例子说明了完善的程序正义的两个特征。首先，对什么是公平的分配有一个独立的标准，一个脱离随后要进行的程序来确定并先于它的标准。其次，设计一种保证达到预期结果的程序是有可能的。……关键的是有一个决定什么结果是正义的独立标准，和一种保证达到这一结果的程序。"② 类似的，"无知之幕"旨在确保，没有人可以利用自己的有利地位去影响选择结果。"我们不应当因某些作为原初状态特征的多少有点异常的条件而误入歧途。我们要明白这只是为了使我们生动地觉察到那些限制条件——那些看来对正义原则的论证、因而对这些原则本身也是合理的限制条件。这样，在选择原则时任何人都不应当因天赋或社会背景的关系而得益或受损看来就是合理和能够普遍接受的条件了。而不允许把原则裁剪得适合于个人的特殊情形看来也是能得到广泛同意的。……这样，我们自然就达到了'无知之幕'的概念。"③

罗尔斯的"原初地位"旨在体现平等、体现作为道德者的人与人之间的平等。"体现作为道德主体、有一种他们自己的善的观念和正义感能力的人类存在物之间的平等。"而在原初地位下被选择出来的正义原则就是如下一些原则："正义的原则将是那些关心自己利益的有理性的人们，在作为谁也不知道自己在社会和自然的偶然因素方面的利害情形的平等者的情况下都会同意的原则。"④ 同时把"原初地位"作为一种普遍的分析方法、一种解释性的工具。"某些正义原则得到证明是因为它们将在一种平等的原初状态中被一致同意。……我们可把原初状态的观念看作一种显示手段，它总结了这些条件的意义，帮助我们绅绎其结果。"⑤ 因此，罗尔斯的假想契约作为一种方法，只是为了表现某种平等观。同时，借助这一方法，从平等观中引出规范社会的正义制度。"处在原初状态中的人们将选择两个相当不同的原则：第一个原则要求平

①　J. 罗尔斯著，何怀宏等译：《正义论》，中国社会科学出版社 2001 年版，第 21 页。
②　J. 罗尔斯著，何怀宏等译：《正义论》，中国社会科学出版社 2001 年版，第 85—86 页。
③　J. 罗尔斯著，何怀宏等译：《正义论》，中国社会科学出版社 2001 年版，第 18 页。
④　J. 罗尔斯著，何怀宏等译：《正义论》，中国社会科学出版社 2001 年版，第 19 页。
⑤　J. 罗尔斯著，何怀宏等译：《正义论》，中国社会科学出版社 2001 年版，第 21 页。

等地分配基本的权利和义务；第二个原则则认为社会和经济的不平等（例如财富和权力的不平等）只要其结果能给每一个人，尤其是那些最少受惠的社会成员带来补偿利益，它们就是正义的。这些原则拒绝为那些通过较大的利益总额来补偿一些人的困苦的制度辩护。"① 通过扫除偏见的根源和建立共识的基础，罗尔斯希望找到能够被所有处于平等地位的人接受的解决方案，也就是说，这种解决方案能够尊重每个人的要求——希望自己被当作自由的平等者。

罗尔斯为了引出差别原则，为了尊重人的道德平等以及缓和自然偶得与社会偶得的任意性，才刻意描述了这样一种原初地位。他说："每种传统的正义观中都有一种对最初状态的解释，按该种解释它的原则就是最可取的。这样，比方说，就也有倾向于导向古典的功利原则和平均功利原则的解释。"② 在声称原初地位应该展现人的道德平等理念之后，罗尔斯接着说："然而，要证明一种对原初状态的特殊描述还有另外的事情要做。这就是看被选择的原则是否适合我们所考虑的正义信念，或是否以一种可接受的方式扩展了它们。"③ 因此，为了确定对原初地位的最可取的描述，"我们是从两端进行的"。如果在某种描述下被选择的正义原则与我们对正义的理解相违，"在这种情况下我们就要有一个选择"。我们要么修改对原初状态的解释，要么修改我们现在的判断。哪怕是那些我们暂时将其作为支点的判断，也不能免于被修正。经过对契约环境的条件或者我们的判断进行反反复复的修改，将达到对原初地位的描述："它既表达了合理的条件；又适合我们所考虑的并已及时修正和调整了的判断。这种情况我把它叫作反思的平衡。它是一种平衡，因为我们的原则和判断最后达到了和谐；它又是反思的，因为我们知道我们的判断符合什么样的原则和是在什么前提下符合的。"④ 如此看来，诉求直觉的论证与依据契约的论证并不是相互独立的。换句话说，罗尔斯依据契约的论证似乎显得多余。

当然，这绝不意味着罗尔斯的契约论策略完全没有意义。首先，原初地位提供了一种使我们的直觉变得生动清晰的途径——就像早期的契约论者，他们也是通过诉求自然状态才使得人生而平等的理念变得生动清晰。其次，虽然在机会平等论证中所诉求的直觉已经显示，机会的公平平等是不充分的，但这些直觉却没有告诉我们还需要些什么，而契约论策略可以使我们的直觉更加准确。这就是罗尔斯所说的契约论策略可以帮助我们"挖掘出直觉的结果"。第

---

① J. 罗尔斯著，何怀宏等译：《正义论》，中国社会科学出版社 2001 年版，第 14—15 页。

② J. 罗尔斯著，何怀宏等译：《正义论》，中国社会科学出版社 2001 年版，第 121 页。

③ J. 罗尔斯著，何怀宏等译：《正义论》，中国社会科学出版社 2001 年版，第 19 页。

④ J. 罗尔斯著，何怀宏等译：《正义论》，中国社会科学出版社 2001 年版，第 20 页。

三，契约论论证为我们提供了一个视野，从这个视野出发，我们可以对相互冲突的直觉进行检测。契约论论证就使某些一般直觉变得更加生动清晰，并为我们考量较为具体的直觉提供了一个公平的视野。[①]

（2）辛格对"利益的平等考虑原则"的思考

人人平等是一个基本的伦理原则，而非对事实的断定。正因为人人平等是一个基本的伦理原则，所以辛格提出了利益的平等考虑原则。[②] 所谓利益的平等考虑原则，意指我们只应考虑利益本身，利益与种族、性别无关，被平等考虑的利益不因是谁的利益而有所不同。利益的平等考虑原则的本质就是：在伦理慎思中，我们要对受我们行为影响的所有对象的类似利益予以同等程度的考虑。这意味着，如果某一可能的行动只影响 X 和 Y，并且如果 X 的所失要大于 Y 的所获，那么最好是不采取这种行动。如果接受利益的平等考虑原则，我们就不能说：尽管有以上描述，但由于我们关心 Y 超过关心 X，因此这样的行动就要好于不这样行动。因此，利益的平等考虑原则就像一架天平，不偏不倚地在利益之间进行权衡。哪边的利益更重，或者哪边的诸利益加起来在数量上超过了另一边的类似利益的数量总和，客观的天平就往哪边倾斜，但天平并不考虑所衡量的是谁的利益。也就是说，利益的平等考虑原则禁止按照人的能力或其他禀性去考虑人们的利益。当然，除非我们知道人们具有怎样的利益，否则我们就不可能知道利益的平等考虑原则将把我们导向何方，而具体内容则会随人们的能力或禀性而定。我们要是考虑具有数学天赋的儿童的利益，就会在较早的阶段让他们学习复杂的数学，而这对于别的儿童就毫无道理，甚至肯定有害。但是，该原则的基本要素就是：在考虑当事人的利益时（无论是怎样的利益），必须适用于每个人，无论其种族、性别或智商是什么。奴役智商低于某个分数线以下的人们，这一做法无疑与平等考虑不相容。智商的高低与人们所拥有的许多重要的利益，诸如，发展自己的能力、享有与他人的友谊和爱恋关系、自由地追求自己的事业而不必受他人干涉等没有关系。利益的平等考虑原则足以排除较为粗糙的种族主义和性别主义，也足以排除以智商为等级的奴隶社会。该原则还排除了对于身体残障和智力残障者的歧视，因为残障并非进行利益考虑时的相关因素。因此，利益的平等考虑原则可以成为人人平等原则的可辩护的形式。当然，利益的平等考虑原则是最弱的平等原则，因为它并不要

---

① W. 金里卡著，刘莘译：《当代政治哲学》（上），上海三联书店 2004 年版，第 128—129 页。

② P. 辛格著，刘莘译：《实践伦理学》，东方出版社 2005 年版，第 22—25 页。

求实行平等对待。同时，利益的平等考虑原则还包含更有争议的不平等后果。那么，一些学者如亚里士多德的主张显然就是错误的。亚里士多德认为，某些人在本性上是生而自由的，而某些人在本性上生来就是奴隶，一种是生来就赋有自由生活能力、能指导自己生活的人；另一种是先天不足、生来就缺乏自主能力的人。"人类确实原来存在着自然奴隶和自然自由人的区别，前者为奴，后者为主，各随其天赋的本分而成为统治和从属，这就有益而合乎正义。"①即，这两部分人之间的不平等不应被看作是天赋相同的人之间在程度上的差异，相反，应被看作这两部分在类别上的不同，一部分人有天赋，而另一部分人则没有。换句话说，这两部分人天生就在智力和道德上不平等。同时，在他看来，正义意味着同等地对待同类对象，区别对待不同的对象，区别对待的程度应当与其不平等的程度成比例。对于亚里士多德的主张，博登海默评说道："虽然亚里士多德强调平等是正义的尺度，但是他却愿意容忍社会结构中广泛存在的不平等现象。他接受真正优越的人的统治，如果人们能够发现这样的人来治理国家。他甚至还为奴隶制度辩护，尽管这种辩护带有某些担忧和限制条件。他认为，在家庭组织中，男人支配女人是自然的和必要的。因此，他关于比例平等的观念同其社会分层和承认特权的观点是颇为一致的。"②

尽管亚里士多德的主张是错误的，但我们也不能说：所有人不仅在种类上平等而且在共同人性上所拥有天性的程度也一样。葛德文说："根据经验……在人类中间，实际上找不到两个相同的个人。有强壮的，有虚弱的。有聪明的，有愚蠢的。世界上一切条件上的不平等都可以从这里找到它们的根源。强壮的人具有制服别人的力量，虚弱的人就需要盟友来保护。其后果不可避免地是：条件上的平等是幻想中的假定，不可能实现，即使能够实现也不是我们所希望的。"③ 两个人在拥有某些人的特质程度上可能会相同，但若两个人在所有人的特质程度上都相同，这种情况即使有，也很少见。艾德勒说："如果所有人都在拥有相同的特定人性上一样，同时在拥有相同的物种特性上也一样的话，他们就是在种类上平等。不过，一个人天生的天赋就可能在某种程度上比另一个人高，所以人们个人之间的不平等是程度上的不平等，即所有的人均属于同一类，但每个人又彼此不相同。"④ 即，一切在种类上平等的人在许多方面

---

① 亚里士多德著，吴寿彭译：《政治学》，商务印书馆 1996 年版，第 18—19 页。
② E. 博登海默著，邓正来译：《法理学》，中国政法大学出版社 2004 年版，第 263 页。
③ W. 葛德文著，何慕李译：《政治正义论》（第 1 卷），商务印书馆 1997 年版，第 97 页。
④ M. J. 艾德勒著，郗庆华等译：《六大观念》，生活·读书·新知三联书店 1998 年版，第 197 页。

有着程度上的不平等。两个或两个以上的人，就个人来说可能在其某一方面相同，比如身高、智力、才能或美德方面，但所有的人都在这方面相同则是不可能的。当杰斐逊在其《人人生而平等》一文中写下"平等"二字时，他和他的同时代的人们并没有就"平等"的字面含义来理解"平等"。相反，"他们并不认为'人'——或者我们今天所说的'个人'——在身体特征、情绪反应、技艺和知识上是平等的"。① 换句话说，人与人不同反倒是真实可信的。就平等概念的任何分析性理解，都少不了这个前提性的问题：就哪一种特征而言的平等？即在哪方面是平等的？所谓一切方面的平等，即在一切可能特征上的平等，这种事情并不存在，哪怕我们把自己想象力发挥到极致。艾德勒说："当我们讨论个人或条件的平等或不平等时，我们的论述可以是叙述性的，也可以是指示性的。说两个人在某方面平等或不平等，这是叙述性的。说他们在某方面应该平等或不平等，则是指示性的。谈到人的平等与不平等时，指示性的叙述是无意义的。在谈到人的任何方面，我们都不能既不考虑他的天赋，也不考虑其后天才能，就硬说他们应该平等或应该不平等。事实上，我们只能说，作为个人，他们在这方面平等，在那方面不平等。"② 也就是说，所谓人在一切方面的平等是一个理想，带有强烈的乌托邦色彩。作为一种对事实的陈述，"人人生而平等"的说法是与事实相悖的。哈耶克说："将人与人之间先天性差异的重要性减至最低限度，而将人与人之间所有重要的差异都归于环境的影响，几乎成了当下的一种时尚。然而，不论环境如何重要，我们都不应当忽视这样一个事实，即个人生来就极为不同，或者说，人人生而不同。即使所有的人都在极为相似的环境中长大，个人间差异的重要性亦不会因此而有所减小。"③ 人在每个方面都有差别：健康、寿命、相貌、智力、才干、嗜好、偏爱等等。如果继续罗列，我们很容易就能添上一系列特性，其范围可以延伸到真正无穷无尽的程度。即使我们无限制地谈论平等，实际上也绝不会针对所有可以想象到的差别，而只是针对有关的若干差别：在某个历史阶段我们认为可以接受的、表面上不公正但似乎可以补救的差别。1857 年，林肯在斯普林菲尔德的讲演曾就《独立宣言》解释说，这份著名文件的作者们并不打算宣布一切人在一切方面都是平等的。他们无意认为一切人都具有平等的肤色、身材、智力、道德发

---

① M. 弗里德曼等著，胡骑等译：《自由选择》，商务印书馆 1999 年版，第 132 页。

② M. J. 艾德勒著，郗庆华等译：《六大观念》，生活·读书·新知三联书店 1998 年版，第 192 页。

③ T. A. V. 哈耶克著，邓正来译：《自由秩序原理》（上），生活·读书·新知三联书店 1997 年版，第 104 页。

展水平或者社会地位。① 显然，林肯在这里提到的平等，指的是"相似"或相同。

4. "人人平等"的真实意蕴

一般而言，"人人生而平等"有两种可能的意义，一种可能指人类是生而被赋有同等的才能或内在的能力，并具有对社会同等的贡献，而这显然是与事实相悖的说法。马洛克说："人在自然能力上的不平等是一个显然的事实，现在已经大概解释了它们不平等的本性和程度，我们可以在比以前可能的更大的准确性中重申伟人理论中所蕴含的根本主张，当那一理论已经从辞令上升到科学公式。在任何社会活动部门和有成就的部门，只有当一些致力于产生如此这般结果的人在与那一类后果相关时比多数人更有效时，可感知的社会进步才会发生，并与之成正比；反过来，如果一个共同体不包含能力比多数人所拥有的更高的人，那一共同体的进步会慢到实际上不存在任何进步。"② 另一种可能指所有人都有平等的权利，即在权利方面，所有人都生来是自由和平等的。《人与国民权利宣言》规定："人在权利上生来而且始终是自由和平等的。为此，社会区别只能建立在公共功能的基础之上。"③ 即，不论天性是什么，或原来所设定的是什么，很明显，建立于"生来是"之上的并不是天赋平等，而是权利的平等、尊严的平等。

虽然所有的人都具有共同的类性和特殊的特性、能力，但在程度上却有着差别，有的高些，有的低些。费希特说："自然界以非常不同的方式作用于人的精神，无论在什么地方，它都不以同样的方式来发展人的精神的才能和天资。自然界的这种不同的活动方式，决定着各个个体，决定着人们称之为他们特殊的、经验的个体的本质的那种东西；从这方面我们也可以说：没有一个个体在他们已经唤起和发展的才能方面是完全等同于另一个体的。由此就产生了体力的不平等。"④ 即使在同类别的个别成员间，也有着差别。有的是由于遗传的原因在天赋上存在的差别，有的则是由于个人后天努力所造成的差别。某个人在某些方面优于或劣于他人这种程度上的不同，往往是由于这些个别差异所造成的。一个人虽然从本质上说在种类上与另一个人相同、相似，即他们具有相同的种类特性，但在程度上他可能天生就与那个人有着差异甚至巨大的差异。也就是说，两个人由于遗传差异的原因，在拥有的天赋或才能上天生就有

① G. 萨托利著，冯克利等译：《民主新论》，东方出版社 1998 年版，第 381—382 页。
② J. 马勒著，刘曙辉等译：《保守主义》，译林出版社 2010 年版，第 237—238 页。
③ T. 潘恩著，戴炳然译：《人的权利》，复旦大学出版社 2013 年版，第 72 页。
④ 费希特著，梁志学选编：《自由的体系》，商务印书馆 2008 年版，第 118 页。

着程度上的高低之别，有着多与少之别。此外，一个人不仅由于遗传原因在天赋上有别，而且在后天才能的获取上也可能有优有劣。这可能完全是由于个人努力的不同造成的。马洛克说："为什么我——汤姆、迪克或哈里——被包括在占劣势的那部分集合体里？为什么这些人——威廉、詹姆斯或乔治——比我更幸运，包括在占优势的那部分集合体里？对于这个问题，有三种可能的答案。汤姆、迪克或哈里的劣势源于他与威廉、詹姆斯或乔治在外在环境上的不同，理论上这些东西无论如何都会均等，例如教育；或源于他与他们在某些先天能力上的区别，这些东西永远不可能平等，例如他的脑力或体能；或源于他与他们在自然地来自其他人先天能力差异的外在环境上的不同，假使它们能够平等，它们也不可能完全平等，例如，威廉、詹姆斯和乔治的有闲知识分子家庭，有天赋的父亲使他们获得的东西，而汤姆、迪克和哈里缺乏这样的家庭和父亲。"① 相应地，马洛克提出的问题是：将汤姆、迪克或哈里作为那些碰巧在集合体中占劣势的阶级的一个典型，并拿他与其他碰巧占优势的人作比较，我们不得不问他注定处于他抱怨的劣势，多大程度上是因为立法能够使之平等的外在环境，多大程度上是因为自身的先天劣势，多大程度上是因为自然地来自于其他人先天劣势的环境。或者，可以反过来提出这样一个问题：威廉、詹姆斯和乔治为什么能够逐渐占据令汤姆、迪克和哈里忌妒的位置？他们是否只是把其位置归于不正义的、任意的立法，这是真正民主议会可以而且必须废除的东西？或者归于他们自身的非凡能力，这是任何议会都不能剥夺的东西？或者归于他们父亲的非凡能力为他们获得的好处，任何议会都不能干涉，或者无论如何不能取消而不进入与人性本能的冲突之中并干涉所有人类行为的起源？假设通过立法可以改变造成不平等的外在环境是成立的，那么，对上述问题的探究可以进一步缩小为：在某一特定时间，在社会集合体中占优势的人和占劣势的人及其父母的先天优势或劣势是否为产生这些社会不平等发挥作用？"这个问题必定无疑是实践社会学家的起点；因为，如果不平等完全归于可变的、人工的环境，那么在理论上社会处境无论如何都可以均等；另一方面，无论如何优势和劣势部分地是个人先天不平等的结果，立法不可以加以控制，那么对平等过程的可能性就设置了天然的限制；如果社会学家想成为实践的指导，确认这些限制是什么是他的事情。那么，人的先天不平等是不是产生社会不平等的一个因素？"② 通过一系列问答，马洛克明确告诉我们：社会不平等的原因，在

---

① J. 马勒著，刘曙辉等译：《保守主义》，译林出版社 2010 年版，第 231 页。
② J. 马勒著，刘曙辉等译：《保守主义》，译林出版社 2010 年版，第 231—232 页。

于人的先天不平等或人天生能力的不平等，"人在自然能力上的不平等是一个显然的事实"（马洛克语）。帕累托在《理智和社会》一书中认为，能力、资本积累、财富等导致了人们的流动，促使了人们之间阶级地位的改变。他说："贵族不会永存。无论出于什么原因，一段时间后，他们就消失了，这是毋庸争辩的事实。历史是贵族的墓地……英国贵族的家谱极为完整地保存着，它们表明，只有很少的几个家族可以仍然宣称自己是征服者威廉的战友的后人，其余的家族都已消亡了……（贵族）不仅在人数上已经衰减，而且在丧失了活力这一层意义上，他们的品质也已蜕化……由于低门第家族的崛起，统治阶级在人数上和品质上得到了恢复，并给他们带来继续掌权所必需的活力。他们还通过清除自己队伍中的腐化堕落分子来恢复生机。这样，英国贵族在 19 世纪的后半期设法延长了其统治的期限，直至 20 世纪初，它的统治才日趋式微。"[①]熊彼特在《能力与社会流动》一文中认为，"能力"——基因遗传的能力和从现有家庭的阶级地位获得的能力——在解释社会分层现象上的重要性。"'能力'是'天然的'或获得的。在后一种情形中，它可以个别地或通过家庭背景来获得。这些区分与我们的问题的相关性是显然的。天然的能力和家庭获得的能力发挥的作用越大，经济地位就越稳固。阶级地位的稳固性也将更大，在新能力的获得依赖于外在手段特别是物质手段的范围内，这些本身是优势经济地位的结果……""如果个人能力与祖先和后裔的能力毫无关联是正确的，如果没有任何人被继承，所有个人只是运动，那么社会等级和获得的能力这些因素仍然会导致形成一时相对稳定的社会分层。"[②] 即，阶级状况并不是上升到更高阶级的障碍，阶级障碍是可以凭借能力逾越的，而阶级障碍不可逾越之说显然是错误的，"阶级障碍总是可以逾越的，事实上被引起阶级内部家庭地位变动的同等的资格和同样的行为模式所逾越"。一旦我们考虑更长远的时段，例如家庭史，画面就会变得不同。在那里，我们会遇到一个基本事实。从长远看，阶级从来不是由相同的家庭组成的，即使我们减去那些消亡的或沦落到较低阶级的家庭。相反，存在着不断的位移。进步不断地发生，后来者既可能往上走，也可能往下行。阶级构成总是在不断地变化，总是由一系列全新的家庭构成。"每个地方都在发生阶级内部家庭地位的变动，没有例外。"在不同的历史发展阶段和社会情势下，阶级状况进行位移的变化比率很大。在每个情势中，

---

① 张人杰主编：《国外教育社会学基本文选》，华东师范大学出版社 2009 年版，第 108—109 页。

② J. 马勒著，刘曙辉等译：《保守主义》，译林出版社 2010 年版，第 249 页。

每个阶级又有所不同；在每个阶级中，每个家庭也有所不同。在有些情形中，某一阶段的成员身份甚至没有持续到一个自然人的一生；在其他情形中，成员身份持续了几个世纪。那么，是什么因素促成了个人阶级地位的变动呢？熊彼特经过深入的分析后认为，这一因素是能力。他说："阶级现象依赖的最终基础在于能力的个体差异。这里的意思不是绝对意义上的差异，而是与功能相关的能力差异，环境在任何特定时间使这些功能在我们的意义上'具有社会必要性'；至于领导身份，它沿着与这些功能保持一致的路线。此外，差异并不与自然人相关，而与氏族或家庭相关。阶级结构是这些个体家庭的排序，根据最终与他们不同的能力相一致的社会价值。实际上，这更多的是一个社会价值问题，一旦实现，就被牢固地确定下来。这一确定和永存过程构成一个必须特别加以解释的特殊问题，它根本是一个直接具体的'阶级'问题。然而，即使这种在群体条件下持续的被保护地位，提供了一幅高于和超越个人的安全的阶级图景，最终也依赖于个人的能力差异。被保护的地位构成社会的阶级分层，它是由行为完成或创造的，行为又由不同能力来决定……"① 即，家庭和个人在阶级内外的流动主要依赖于能力，依赖于个体的不同能力水平，"个人的能力差异确实存在"（熊彼特语）。

较之马洛克、熊彼特的论证，哈尔西的论证似乎更为客观、公允，也给我们更多的启示。他认为，个人职业生涯的变动，既受先赋因素的影响，也可能是由于个人力求进取过程中有利或不利的环境造成的结果。"在代际之间的职业地位传递中，先赋的因素和获致的因素都起着作用，我们既不是生活在一个世袭社会里，也不是生活在一个地位随机再分配、代际之间互相隔绝的社会里。……在过去一代人的时间里，职业结构的变动对向上流动产生了更多的机会，因此，在整个社会里，从整体上看，构成了一个净的升迁性流动。尽管社会机遇的骰子根据阶级出身而加权，然而，这一场'比赛'日益依赖孩子们锻炼出的机智，学校通过颁发文凭而作了裁判。战后，家庭的阶级等级制对教育机会和文凭的直接影响一直在增长，与此同时，教育同首次职业的联系越来越密切。这样，教育逐渐成为代际之间地位传递的中介，它要求学校通往就业的道路比前一代人更加完善，教育也是通向独立于家庭的能力的中介。教育传统地被认为是个获得成就的主要机构，但是与此同时，代际间的流动过程，既是教育日益对其发挥支配作用的过程，也是先赋因素像教育一样竭力表现自己的过程。……社会出身或'先赋因素'对一个人以后的职业生涯有直接的影响，

---

① J. 马勒著，刘曙辉等译：《保守主义》，译林出版社 2010 年版，第 247−248 页。

即是说，就业以后，家庭的影响也并没有随之结束。"① 可见，所受教育年限、教育质量等和社会出身一起，构成了能否取得职业成就的一个决定因素。社会出身不仅影响着教育成就，也影响着完成教育之后职业成就的取得。除社会出身外，教育还影响着职业成就的取得。诚如哈尔西所说："教育在形成一个更为富裕，可能还是一个无阶级的社会中，看来起到了至关重要的作用，并且注定还要发挥更大的作用。教育也许是决定一个人职业命运的最重要的因素。一个新的社会把教育同职业紧密地联系在一起，即使代际流动的任何全面增加都被归结为是与更迭流动性质截然不同的社会结构上的原因，情况可能也是如此。"②

人们之所以认可"人为"的教育平等，是受到了"人人生而平等"这一理由的激励，但是，一旦把精神意义上的平等和物质意义上的平等区别开来，我们就会认识到，下面这个截然相反的说法可能是正确的：严格地说，促进某些教育平等以弥补人们是——或者可能是——生而有别这一事实是公正的。诚如福勒所说："无视天资、能力和业绩表现上的差异，试图根除反映这些差异的等级差别，事实证明是一条失败之路。"③ 当我们思考人类的所有成员时，除了发现他们所具有的共同种类特性和种类能力外，还发现在其他方面他们之间都有着不同程度的不平等。而在其他方面的程度不同的不平等，既可能是社会造成的，也可能是自己造成的。而由个人造成的，个人就应该承担一定的责任。德沃金提出的具体责任原则即是论述这一问题的，虽然人生的成功有着客观上的平等的重要性，但个人对这种成功负有具体的和最终的责任——是他这个人在过这种生活。他说："就一个人选择过什么样的生活而言，在资源和文化所允许的无论什么样的选择范围内，他本人要对作出那样的选择负起责任。"④ 人们拥有资源的"境况"中的任何不平等，只能根源于他们可以自主做出的选择，即只有这些不平等我们才可以合理地进行负责。"我们的命运中的一些事情要面对承担责任的要求，因为它是人们选择的结果；还有一些事情不适合责任要求，因为它并非出自人为，而是自然或运气不佳使然。"⑤ 换句话说，德沃金的资源平等理论恰恰要求收入和财富的不平等分配，以反映个体在机会平等

① 张人杰主编：《国外教育社会学基本文选》，华东师范大学出版社 2009 年版，第 122—123 页。
② 张人杰主编：《国外教育社会学基本文选》，华东师范大学出版社 2009 年版，第 112 页。
③ R. W. 福勒著，张关林译：《尊严的提升》，上海人民出版社 2008 年版，第 8 页。
④ R. 德沃金著，冯克利译：《至上的美德》（导论），江苏人民出版社 2003 年版，第 7 页。
⑤ R. 德沃金著，冯克利译：《至上的美德》，江苏人民出版社 2003 年版，第 331 页。

的背景下所作出的选择的后果。当然，仅当人们的偏好和能力是在正义的条件下发展出来时，社会才能够理直气壮地要求人们为自己的选择承担责任。譬如，如果社会不能为人们提供像样的教育，而要求人们为自己的选择承担责任就是"极大的虚情假意"。因此，我们不能以在那种思维定式看来"不负责任"的人们的行为作为理由，从而不去纠正他们的不平等境况——因为，要判断人们是否为自己的行为承担责任，就要首先判断他们是否面临境况的不平等。"人们承担责任能力要受到他们或幸运或不幸运的生长环境的影响。在受压迫条件下长大的人不太可能发展出与责任或道德善相关的能力。"① 另一方面，家庭、社会乃至学校也应承担一定的责任。在美国，种族被认为是不平等产生的主要原因。非裔美国人相比于白种美国人，总体上拥有更少的教育资源，甚至在提供给他们的公共学校教育方面也是这样。其结果是："非裔美国人的教育成就比白种美国人明显要低。"美国教育投入的不平等和教育结果的不平等造成了教育不平等。"对于美国教育系统在教育投入方面的不平等的更直接指控是，美国教育经费的地方支付体制，使得政府对富裕社区儿童教育的投入远远大于对贫困社区儿童教育的投入。这种投入的不平等当然会对结果的不平等产生影响。与此相关的进一步的指控是黑人学生和白人学生的考试成绩（结果）不平等。"②

（二）人不仅应接受教育，而且应接受平等的教育

作为教育主体的人，在很大程度上是一个普遍的人——在任何时候，任何地方都是一样的，都是平等的。早在古希腊时期，苏格拉底就坚持人格平等的原则。"由于每个人天生有发展的机会，苏格拉底总是将别人和自己置于人格平等的地位。"③ 作为人，我们都是平等的。阿尼森说："作为人类成员，一个人就有权享受根本的平等道德地位和尊严，这对全人类来说都是一样的。如果意识形态和信条否认根本的人类平等，那就有偏见和顽固之嫌。它们就超出了

① W. 金里卡著，刘莘译：《当代政治哲学》（上），上海三联书店 2004 年版，第 176—177 页。
② R. Curren 主编，彭正梅等译：《教育哲学指南》，华东师范大学出版社 2011 年版，第 607 页。
③ K. 雅斯贝尔斯著，邹进译：《什么是教育》，生活·读书·新知三联书店 1991 年版，第 9 页。

道德范围。"① 持性别歧视论的人认为，男人比女人优越。持种族主义观点的人主张，由肤色或血统所确定的某些人类群体，比其他群体优越。贵族主义学说将人类划分为两类，一类由于出生之故，天生就适合优势种姓或等级的成员身份，而另一类适合固定等级的较低地位。亚里士多德主张某些人在本性上是生而自由的，而某些人在本性上生来就是奴隶。可见，上述观点或主张显然不值得沉思的心灵作严肃的思考。任何生物物种的成员，不论是人或其他生物，在拥有由遗传所决定的那类生物性质和能力方面都是一样的。某一物种成员共同拥有的这些性质，被称作物种特性。在这些物种特性中，有些是类性的。艾德勒说："在人的特性中，只有一部分是不属类性能力的。由于它们是人种所独有的，有决定性的性质，所以他们在种类上不同于其他动物。"② 当我们言说一切人在共同人性上平等，就等于说，所有人都具有相同的物种特性。其中的一些物种特性是与其他动物所共有的类性，而另一部分则是人所独具，具有决定性的性质，例如，人的自由选择能力、概念思维能力。阿尼森说："我们或许说，不仅仅是做人类而且是做有价值的人——在此权且规定，人就是拥有一些特征的存在物（无论这些特征是什么）——才可以得到完全的道德地位。……一般说来，可能存在这样一种广泛的共识：由于人类拥有更强大的认知能力，人类才最终与非人类的动物区别开来。人类拥有理性行为能力，而其他动物则没有。这种能力就是感知真和善，采纳目标和选择达到目标的行动，以某种关于在道德上应向他人承担什么的概念来支配行动。由于这种能力，人类就比其他动物优越，并有权享受优越的道德地位。"③ 马克思在《1844 年经济学哲学手稿》中，从哲学人本学的立场出发，对此问题进行了深邃的分析和论证。他把人理解为类的存在物，并深刻地揭示了自由的有意识的活动是人的类本质。"人是类存在物，不仅因为人在实践上和理论上都把类——他自身的类以及其他物的类——当作自己的对象；而且因为——这只是同一事物的另一种说法——人把自身当作现有的、有生命的类来对待，因为人把自身当作普遍的因而也是自由的存在物来对待。"④ 这实际上是说，所谓人是类的存在物，是指人

---

① R. L. 西蒙主编，陈喜贵译：《社会政治哲学》，中国人民大学出版社 2009 年版，第 112 页。
② M. J. 艾德勒著，郗庆华等译：《六大观念》，生活·读书·新知三联书店 1998 年版，第 201 页。
③ R. L. 西蒙主编，陈喜贵译：《社会政治哲学》，中国人民大学出版社 2009 年版，第 113 页。
④ 《1844 年经济学哲学手稿》，人民出版社 2008 年版，第 56 页。

一方面能自觉地把握外部世界和自身的类，另一方面能够作为自由自在的类存在物而实际地进行创造活动。因此，人区别于动物的类本质特征，就在于人是自由自觉的类的存在物。马克思指出："一个种的整体特性、种的类特性就在于生命活动的性质，而自由的有意识的活动恰恰就是人的类特性。"① 自由的有意识的活动或劳动这种生命活动，这种生命活动本身对人来说不过是满足一种需要即维持肉体生存的需要的一种手段，而生命活动就是类生活，这是产生生命的生活。而人的本质虽然和人性有联系，但并不等同，它们是关于人的不同层次的两个问题，人性是人作为类存在物所具有的共性，是人区别于其他动物的外在差异性。人的本质则是人成其为人从而区别于动物的根源，也就是产生、形成人及其特性的内在根据和原因。人的本质决定着人的特性，人的特性从一定的侧面表现和反映了人的本质。

作为教育过程的对象的某一特殊个人，无疑又是一个具体的人。马克思、恩格斯在《德意志意识形态》中不厌其烦地指出：全部人类历史的前提，从而也是自己理论的逻辑前提，并不是任意提出的，"它的前提是人，但不是处在某种虚幻的离群索居和固定不变状态中的人，而是处在现实的、可以通过经验观察到的、在一定条件下进行的发展过程中的人"。② "全部人类历史的第一个前提无疑是有生命的个人的存在。"③ 他们在这里所说的个人，无疑是现实中的个人。即"这些个人是从事活动的，进行物质生产的，因而是在一定的物质的、不受他们任意支配的界限、前提和条件下活动着的"。④ 每一个人确实是一个非常具体的人。他有自己的历史，这个历史是不能和任何别人的历史混淆的。他有自己的个性，这种个性随着年龄的增长而越来越被一个由许多因素组成的复合体所决定。这个复合体是由生物的、生理的、地理的、社会的、经济的、文化的和职业的因素所组成的，而这些方面对于每一个人来说，都是各不相同的。当我们决定教育的目的、内容乃至方法时，必须考虑人是具体的人这一现实，"进入教育过程的个体是一个具有文化遗产的儿童，他具有特殊的心理特征，在他的内心有家庭环境的影响和四周经济状况的影响"。⑤

除了人是具体的人之外，人还是一个"尚未完成的人"。现代科学研究证

---

① 《1844 年经济学哲学手稿》，人民出版社 2008 年版，第 57 页。
② 《马克思恩格斯选集》（第 1 卷），人民出版社 1995 年版，第 73 页。
③ 《马克思恩格斯选集》（第 1 卷），人民出版社 1995 年版，第 67 页。
④ 《马克思恩格斯选集》（第 1 卷），人民出版社 1995 年版，第 71—72 页。
⑤ 联合国教科文组织、国际教育发展委员会编著，华东师范大学比较教育研究所译：《学会生存》，教育科学出版社 1996 年版，第 196 页。

明，人在生理上尚未完成，这一点对我们认识人，是有独特贡献的。已有的心理学研究成果证明，人是一个未完成的动物，并且只有通过经常地学习，才能完善自己。雅斯贝尔斯说："人类并不是一个已经不再发展的固定的族类，不像动物一样是不可改变的，人类有着无限发展的可能性。"① 我们可以说，人永远不会变成一个成人，他的存在是一个无止境的完善过程和学习过程。人和其他生物的不同点主要就是由于他的未完成性。事实上，他必须从他的环境中不断地学习那些自然和本能所没有赋予他的生存技术。为了求生存和求发展，他不得不继续学习。从某种意义上讲，在不触动人类的真正尊严的情况下，可以剥夺人类的一切，只是无法剥夺人类完善的可能性、可塑性和发展的充分可能性。雅斯贝尔斯说："要成为完整的人全在于自身的不懈努力和对自身的不断超越，并取决于日常生活的指向、生命的每一瞬间和来自灵魂的每一冲动。……年轻人都希望受教育、能从师获益、能进行自我教育，并与人格平等的求知识、获智慧的人进行富于爱心的交流。"② 人一生下来就是"早熟的"，带着尚未开发的潜能来到这个世界。这些潜能可能半途流产，也可能在一些有利的或不利的生存条件下成熟起来，而个人不得不在这些环境中发展。因此，从本质上讲，他是能够受教育的。事实上，在人的"可教性"问题上，洛克、爱尔维修认为教育有无限的作用，"所有的人在出身时并无区别，因都有一些同等的能力；唯独教育才使他们有差异"。其实，教育并非如洛克、爱尔维修所认为的那样，是从"白纸"上培养人，而是在"影响已经形成而又被它找到的一些禀性"。当然，人的一些先天性倾向是很强的，甚至很难被破坏或被根本改变，因为它们依赖于教育者很少能左右的有机体状况。"在这些先天性倾向具有既定目标，并使思想和禀性趋向于某些严密规定的行动方式与思考方式这一范围内，个体的整个前途已被预先确定，需要教育做的事情也就不多了。"③ 然而，幸运的是，天赋的禀性很一般化且非常模糊，人的"可教性"为教育行动留下了空间。涂尔干说："儿童通过遗传从父母那里得到的是一些很一般的能力，诸如某些注意力、某种程度的恒心，正确的判断力、想象力，等等。况且，其中每一种能力都可以为各种不同目的服务。一个想象力相当活跃的儿童，因环境以及对他所施加的影响的不同，将可能成为一个画家，或者成

---

① K. 雅斯贝尔斯著，邹进译：《什么是教育》，生活·读书·新知三联书店 1991 年版，第64 页。
② K. 雅斯贝尔斯著，邹进译：《什么是教育》，生活·读书·新知三联书店 1991 年版，第1—2 页。
③ 张人杰主编：《国外教育社会学基本文选》，华东师范大学出版社 2009 年版，第 15 页。

为一个诗人、一个有创造精神的工程师、一个大胆独创的金融家。"① 因此，在天赋的素质与他们在生活中加以利用的特定形式之间存在着很大的差异，即，儿童的前途在很大程度上并不是先天性构成预先决定的。其理由是，"唯独那些在继承中可以有所改变的活动方式，才以相当一致的形式不断地重复出现的，以便能够牢固地确立在社会结构之中。然而，人的生涯取决于许多复杂的因而有变化的条件；它本身就必须不断地变化且得到改变。因此，人的生涯不可能保持一种明确的、最终的形式。不过，只有很一般的、十分模糊的并体现了一切特定经验中共性的那些禀性才能遗传，而且才能世代相传"。② 所谓天赋的禀性多数是很一般的，意指它们因为能够接受非常不同的规定性，从而具有很大的可塑性和很大的灵活性。"人刚出生时具有的不确定的潜在性，与他在社会中扮演一个有用的角色而必须具备的那种已有很明确规定的人格之间，遂存在着很大距离。教育应该使儿童缩小的正是这一距离。可见教育活动有着广阔的天地。"③

正是由于这无数的、且具有"可教性"、"未完成性"的个体人才促进了教育的发展，并为教育的存在提供了依据。弗罗姆说："个人的整个一生只不过是使他自己诞生的过程；事实上，当我们死亡的时候，我们只是在充分地出生。"④ 艾德勒也说："人天性就有求知欲望。换句话说，人由于生来就有认知能力，所以有追求知识的自然倾向。知识是真正的善，人人需要。这种需要如何得到满足呢？方法很多，有时靠个人探求，有时靠父母教育，有时靠部族的丰富经验或信仰，有时靠学校机构。人需要学校系统提供的正规教育吗？是的。"⑤ 离开了具有"可教性"、"未完成性"的个体人，教育就无从谈起。如果人性是不变的，那么教育就根本没有存在的必要，一切教育的努力都注定会失败。因为，教育的意义本身就是改变人性、塑造人格、培养能力以形成那些异于朴质的人性的思维、情感、欲望和信仰的新方式。如果人性是不可变的，我们可能有训练，但绝不可能有教育。杜威说："社会群体的每一个组成分子，

---

① 张人杰主编：《国外教育社会学基本文选》，华东师范大学出版社 2009 年版，第 15—16 页。

② 张人杰主编：《国外教育社会学基本文选》，华东师范大学出版社 2009 年版，第 16 页。

③ 张人杰主编：《国外教育社会学基本文选》，华东师范大学出版社 2009 年版，第 16 页。

④ 联合国教科文组织、国际教育发展委员会编著，华东师范大学比较教育研究所译：《学会生存》，教育科学出版社 1996 年版，第 197 页。

⑤ M. J. 艾德勒著，郗庆华等译：《六大观念》，生活·读书·新知三联书店 1998 年版，第 263 页。

在一个现代城市和原始部落一样，生来就是未成熟的，孤弱无助的，没有语言、信仰、观念和社会准则。每一个个体，作为群体的生活经验载体的每一个单位，总有一天会消失。但是群体的生活将继续下去。社会群体每一个成员的生和死的这些基本的不可避免的事实，决定教育的必要性。一方面，存在群体的新生成员——集体未来的唯一代表——的不成熟和掌握群体的知识和习惯的成年成员的成熟之间的对比。另一方面，这些未成熟的成员有必要不仅在形体方面保存足够数量，而且要教给他们成年成员的兴趣目的、知识、技能和实践，否则群体将停止它特有的生活。……人生来不仅不了解、而且十分不关心社会群体的目的和习惯，必须使他们认识它们，主动地感兴趣。教育，只有教育能弥补这个缺陷。"[1] 人只有通过教育才能成为人。除了教育从他身上所造就出的东西外，他什么也不是，"人是唯一必须受教育的被造物"（康德语）。

不仅每个人应该接受教育，而且还应该接受平等的教育，享有同等的教育权利。费希特反对封建等级观念，认为每个阶层都在促进理性的目的，因而在理性法庭面前是平等的。他把学者、神职人员、文学艺术家和国家官员组成的高等阶层称为人类这个巨大肌体的精神或知识宝库，把农民、工人和商人组成的低等阶层称为这个肌体的四肢或中流砥柱，认为只要这两个阶层建立起合理的关系，就有了人类道德不断完善的真正基础，有了人类社会肌体的健康发展。因此，他既批评了那种排斥高等阶层的狭隘观点，也批评了那种不尊重低等阶层的高傲态度。他说："为了能够向社会报答社会为我们所做的事情，可以选定一个特定的阶层，使一定的才干得以进一步发展；所以每个人都必须真正运用自己的文化来造福社会。谁也没有权利单纯为自己过得舒适而工作，没有权利与自己的同胞隔绝，没有权利使自己的文化于他们无益；因为他正是靠社会的工作才能使自己获得文化，从一定意义上说，文化是社会的产物、社会的所有物；如果他不愿由此给社会带来利益，他就是从社会攫取了社会的所有物。每个人都有这样一种义务：不仅要一般地希望有益于社会，而且要凭自己的良心，把自己的全部努力都倾注于社会的最终目标，那就是使人类日益高尚起来，使人类日益摆脱自然界的强制，日益独立和主动，这样，就终于通过这种新的不平等产生一种新的平等，即所有个体获得一种均等的文化发展。"[2] "社会冲动，或者，我们自己与其他这样的自由理性存在者发生相互作用的冲动，在自身包括以下两个冲动：首先是传授文化的冲动，即用我们受到良好教

---

[1]　J. 杜威著，王承绪译：《民主主义与教育》，人民教育出版社 2005 年版，第 7—8 页。

[2]　费希特著，梁志学选编：《自由的体系》，商务印书馆 2008 年版，第 124—125 页。

育的方面来教育某个人的冲动，尽可能使任何别人同我们自己、同我们之内更好的自我拉平的冲动；其次是接受文化的冲动，即从每个人身上用他受到良好教育，而我们却很欠缺修养的方面来教育我们自己的冲动。这样，通过理性和自由就可以纠正自然界造成的错误；自然界给予个体的片面发展成为整个类族的所有物；反之，整个类族又给予个体以它所具有的东西；如果我们设想在一定自然条件下一切可能的个体都是存在的，那么整个类族给予个体的便是在这种条件下一切可能的发展。"① 同时，每个人还应该享有同样的发展机会，获得同等的发展。费希特说："如果设想存在着许多理性存在者，那么，在每个理性存在者的一切天资都应当得到同等的发展的要求里，就同时包含着这样的要求：所有各种理性存在者彼此之间也应当得到同等的发展。如果所有理性存在者的天资本身就像实际上存在的那样，都是相同的——因为它们都仅仅基于纯粹理性，所以它们在一切理性存在者中都应当得到同样的发展，而这是上述要求的内容——那么，同样的天资同样的发展的结果就应当处处都自相等同；在这里……一切社会的最终目标：一切社会成员都完全平等。"② 人人有权要求种类上的教育平等，是基于所有人在种类上的个人平等，基于他们建立在人性内在需要、内在发展基础上的同一自然权利。作为一个政治动物、社会动物，人需要、也有权接受平等的教育。威尔逊说："我们应当让一个阶级接受自由的教育，让另一个阶级——这个阶级要大得多——如果必要，放弃接受自由教育的权利，以使自身适于完成特定的、艰苦的体力劳动。"③ 显然，威尔逊的主张是错误的，既带有强烈的阶级偏见，同时也剥夺了每个人都有接受平等教育的权利。总之，检验或判断某个机构是否为个人或某个社会阶层的特权服务，不应只看它是否对这些人有利。检验或判断的标准只有一个，即看它是否对全体人民有利。诚如雅斯贝尔斯所说："以前存在着等级学校、骑士学校、贵族和显贵市民的私立学校。所有的民主政体都要求共同教育（机会均等），因为只有平等的教育才能给人们创造一个共同的基础。"④

---

① 费希特著，梁志学选编：《自由的体系》，商务印书馆 2008 年版，第 119—120 页。
② 费希特著，梁志学选编：《自由的体系》，商务印书馆 2008 年版，第 119 页。
③ J. T. 盖托著，汪小英译：《上学真的有用吗？》，生活·读书·新知三联书店 2010 年版，第 9 页。
④ K. 雅斯贝尔斯著，邹进译：《什么是教育》，生活·读书·新知三联书店 1991 年版，第 43 页。

五、教育平等理念的立场

我们千万不能仅仅从表层上去理解教育平等，而应该深层次地理解和把握教育平等的精神。平等是一个价值正当、动员有力的说辞，身处低位时，"我要和你一样"；没有明显差异时，"我要和你不同"，即价值上的平等诉求、实质上的特殊需求。教育平等作为一个价值，它的存在功能正在于批判与揭示教育不平等。萨托利说："平等首先突出表现为一种抗议性理想，实际上是和自由同样杰出的抗议性理想。平等体现并刺激着人对宿命和命运、对偶然和差异、具体的特权和不公正的权力的反抗。我们还会看到，平等也是我们所有理想中最不知足的一个理想。其他种种努力都有可能达到一个饱和点，但是追求平等的历程几乎没有终点，这尤其是因为，在某个方面实现的平等会在其他方面产生明显的不平等。……论述平等问题的作者们在发布陈情书抨击不平等的罪恶时，都是雄辩滔滔、循循善诱的。……作为表示抗议的理想，平等是有感召力的，也是容易理解的；作为提出建议的理想，以及作为一种建设性理想，我认为没有什么能够像平等那样错综复杂。"[①] 在现代社会，从理论上强调教育平等的做法，总体上是一种对抗性的反应；与其说是一种积极的目标，还不如说是对教育不平等的一种抨击。因此，在有关教育平等的讨论中，更为清醒的提问应该是：哪些教育平等是必要的？哪些教育平等是不可能的？哪些教育不平等是不能忍受的？哪些教育不平等是必要的且受欢迎的？

（一）教育机会平等

教育机会平等是教育平等的基础。

1. 相关概念的阐述

在论述教育机会平等之前，首先得对以下几个概念予以思考：第一，当我们言说教育机会平等时，一般都意味着竞争义务教育阶段后的稀缺的、有价值的教育资源或教育权利，即义务教育阶段后的非基本教育权利。从此意义上讲，教育机会平等实际上是在寻求建立一种公平竞争的制度。第二，既然是竞争非基本教育权利之机会或教育资源，就得有竞争过程，就会有成功者与失败者，竞争的结果一定会有差异。换句话说，教育机会平等和教育结果平等，就好像竞争过程的两端。教育机会平等是在努力确保教育起点公平，然后容许竞

---

① G. 萨托利著，冯克利等译：《民主新论》，东方出版社 1998 年版，第 379—380 页。

争者自由发挥，而由这些发挥导致的教育结果不平等，是每个人应得的。因此，教育结果不平等在道德上是可以接受的。教育机会平等最大的吸引力似乎也在于此：它不反对竞争，它容许差异，但它同时是公平的。第三，所谓起点公平，并不要求否认竞争者的所有差别，而是要排除那些会导致不公平竞争的因素，然后剩下合理的因素。例如，一个公平的高等教育招生考试制度，应该根据学生考试成绩的高低，而不是根据居住地或家庭背景来决定学生是否能享有受高等教育的机会。诚如《世界人权宣言》所说："高等教育应根据成绩而对一切人平等开放"。第四，教育机会平等是个相当现代的概念。在每个人的社会身份都被血统、出身、阶级、宗教、种族等牢牢困死的社会，教育机会平等的重要性将十分有限。只有在平等公民权得到充分保障的社会，教育机会平等才有可能被视为规范教育竞争的根本原则。

教育机会平等之所以是教育平等的基础，其原因在于，教育机会平等体现了这样的道德信念：作为自由民主社会中的平等成员或公民，在参与各种教育竞争时，必须受到公平公正的对待，而不应有人受到不合理的歧视和排斥。"当我们检查关于平等份额的流行观念，我们就会形成这样一个信念：让人们受制于纯粹偶然的因素，让人们因为道德上的任意和无法选择的境况而遭受不幸，这是不公平的。我们要求机会平等应该被有不同人种背景和阶级背景的人共同分享，就是出于这种考虑。"[1] 也就是说，我们不赞同、不接受社会是弱肉强食的竞技场，享有非基本教育权利之机会可以由拥有权力者任意决定，而不服从任何基于教育公平正义的道德约束，这种约束来自政府对每一个体的平等尊重。诚如金里卡所说，"按照正统观点，公民资格就意味着：个人要在法律赋予的平等权利的保护下受到平等对待。这正是使得民主的公民资格能够与封建的和其他前现代的观点——人的政治身份是由其宗教、种族或阶级成分来决定的——区别开来的关键。"[2] 值得注意的是，有些人在讨论教育机会平等时，往往从社会整体后果的角度来思考，诸如能否促进社会流动、提高劳动者素质或有助社会公平等。这样的思路避免不了这样的危险，即政府可以用同样逻辑，拒绝保障公民享有平等的教育机会。例如，在享有高等教育机会方面，以集体利益之名给予某些城市、某个阶层的人以特权，却无视这些招生政策对那些受不公平对待的个体带来的伤害。既然教育机会平等关乎每个独立个体是否受到公平对待，那么我们就不应该将个体视为整体的手段，而是应认真对待每

---

[1] W. 金里卡著，刘莘译：《当代政治哲学》（上），上海三联书店 2004 年版，第 164 页。

[2] W. 金里卡著，刘莘译：《当代政治哲学》（下），上海三联书店 2004 年版，第 598 页。

个人理应享有的教育权利和尊严。只有如此，我们才能明白，教育制度性的不公是人为的，但也是可以改变的。如何变呢？一是建立良好的制度和程序，确保每个公民在教育资源的竞争中，都受到一视同仁的对待。例如，在大学招生录取工作中，遵循"分数面前人人平等"的原则，保证程序公开透明，杜绝靠走后门、拉关系取得高等教育机会的现象。二是确保竞争的游戏规则，不能用一些和享有高等教育机会不相关的标准将某些人排斥出去。例如，不能因为一个人的性别、种族、肤色、信仰或性倾向等而有所歧视。即便满足了上述条件，是否就满足了教育机会平等的要求呢？不一定。"起跑线"这个比喻最重要的意义是：将所有不合理、不相关的障碍拿走，从而容许"高等教育根据成绩而对一切人平等开放"。但是，"起跑线"这个比喻没有回答的问题是："成绩优异者"之所以"成绩优异"的原因是什么呢？

2. 影响教育机会平等的因素

影响教育机会平等的因素很多，思想家们对此问题进行了一系列论证和分析，提出了许多具有一定启发意义的见解。

（1）影响教育机会平等因素的一般性分析

一般而言，"成绩优异者"之所以"成绩优异"的原因最少有三个：一是成绩优异者非常勤奋、努力，天天刻苦学习；二是成绩优异者天生异禀，具备良好的资质；三是成绩优异者出身于经济－社会地位较高的家庭，并接受了良好的教育，从而将其天赋能力发展得淋漓尽致。如果缺少这三个条件中的任何一个，则很难有享有高等教育的机会。例如，一个只有一条腿的人，无论他多么努力以及接受多少训练，恐怕都很难跑得过两条腿的人。如果将这两个人放在同一条起跑线上，他们的机会肯定是不一样的。按照德沃金的保险方案，面对自然资质处于劣势的残障者时，可以先给处于劣势的残障者足够的社会益品、足够的训练，以补偿他们在自然资质方面非选择的不平等，然后使其站在同一条起跑线进行比赛。即便如此，处于劣势的残障者与正常者的机会仍然是不一样的。"额外的资金的确可以补偿某些自然劣势，譬如，如果我们为某些身体残障者提供最好的技术装置（虽然很昂贵），他们也可以像正常人那样活动自如。但对于某些自然劣势，无论提供多少社会益品，都不能对其进行完全的补偿。设想某人智力严重迟钝，提供额外资金当然可以购买医疗设备或专业人士的帮助，这些东西可以使他的生活免除不必要的痛苦。更多的资金也许还能对他小有帮助。但无论怎样，都无法使他与正常人处于真正平等的境况之中。无论多少资金，都不可能使这位智力严重迟钝者按他人的正常生活方式去生活。"① 同理，两个有着同样天赋且同样愿意努力的人，一个人出身的家庭自小就能提供充裕的物质条件，且营养充分、心理素质健康、学习环境优越、享受着父母之爱，而另一个人却吃不饱、穿不暖，几乎没有接受什么样的教育。如果将这两个人放在一起，前者享有高等教育机会的可能性远远高于后者。布里格豪斯的以下论述，尽管不是就教育机会平等而是就教育平等而论，但无疑具有启发意义。他认为，不平等的来源大致有三类：第一，个体原因。朱利安和桑迪拥有相同的资源。朱利安以他所拥有的一半去购买了有 25％的可能性获得四倍赔付的彩票，但是他输了。这样，桑迪因为没有购买这样的彩票，因而他现在拥有的资源相对朱利安来说增加了一倍。第二，社会原因。朱利安的资源是桑迪的两倍，因为，虽然他们的智力和工作努力程度大致相当，但是他们所生活的社会限制像桑迪这样的人（如公开的同性恋、妇女、黑人）进入较高报酬的劳动力市场之中。第三，原生运气。朱利安天生残疾，桑迪不是；朱利安的房子被闪电击坏了，桑迪的房子完好无损；朱利安天资欠佳，但是桑迪却才华横溢。当然，不平等的这三个来源确实是很难区分的，其原因是：难以区分选择和运气；原生运气的结果会受到个人和社会的影响；很难说社会是否应该对那些源于"天赋"的不平等负责，尽管社会拥有对这种不平等进行补偿或选择不进行补偿的手段。② 对此问题，德沃金进行了深入的研究，希望找到吻合其"敏于志向"而"钝于禀赋"的分配方式，但并未如其所愿。

德沃金之所以未能找到吻合其"敏于志向"而"钝于禀赋"的分配方式，其原因在于：在真实世界里无法测量人们的相对优势与劣势。如何发展自己的天赋是人们生活中的一项重要选择，本来天赋相同的人在后来会有完全不同的技艺水准。不同的技艺水准不应该得到补偿，因为它们是不同选择的不同结果。技艺较好的人会进一步发展自己的技艺，而这进一步的差别一部分源于自然天赋的差别，另一部分源于选择的差别。在这种情况下，应该得到补偿的只是差别的某一部分，而不是差别的全部。但是，要对此进行测量和区分，却是极端困难的。阿内森认为，试图测量人们应该为自己的收入负多大的责任，一定是"荒唐的"。他说："我们也许应该首先估计人们应得总额和总体责任，然后再据此调整我们的分配正义体制——这个观念，似乎纯粹是妄想。个体并不会在自己的额头上标明自己究竟承担了多少责任。无论制度还是他人，如果妄

---

① W. 金里卡著，刘莘译：《当代政治哲学》（上），上海三联书店 2004 年版，第 145－146 页。

② R. Curren 主编，彭正梅等译：《教育哲学指南》，华东师范大学出版社 2011 年版，第 613 页。

图猜测自己的责任分量，都将在实践上为偏见和歧视埋下伏笔。"① 事实上，我们根本不可能确定个体责任的大小，甚至只是进行尝试的努力都会侵犯隐私。同时，我们也不可能先于拍卖就确定什么是自然优势。什么是自然优势取决于人们看重什么样的技艺，而看重什么样的技艺通常取决于人们有什么样的生活目标。例如，某些技艺（如体能）就不如以前重要，而另一些技艺（如抽象的数学思维）如今却比体能重要得多。因此，"不可能先于人们的选择而确切地知道哪些自然能力是优势，哪些是劣势。这些标准的变化是持续的……根本不可能检查这些变动着的标准"。既然无法确定哪些收益是源于天赋而不是源于志向，我们怎样才能公平地实施这一保险方案呢？德沃金的回答非常令人失望：就算某些人致富纯粹是出于勤劳而不是出于天赋，就算某些人受穷并不是因为自然劣势而是因为自己的选择，我们仍然向富人征税以资助穷人。按照德沃金的这一回答，无疑会出现这样的情况："某些人仅仅因为自己勤劳致富，就使得他们实际享受的保险好处不如他们在假想状况购买的保险应该带来的好处。而有些人只是因为贪图享受的生活方式，他们实际获得的保险好处反而超过他们本应得到的好处。"② 其次，自然残障并不是导致境况不平等的唯一因素。在真实世界里，我们既不可能拥有充分的信息，又不可能重新进行拍卖，因此，羡慕的检验标准会因不可预见的事情而失效。一场虫害也许足以使那位种植者几年之内几乎颗粒无收。但是，与那位网球爱好者不同的是，种植者并没有选择去过这种无收成的生活方式，这显然是完全不可预见的自然偶然的结果，因此，要使种植者为自己选择的生活方式承担全部代价，无疑是错误的。假如种植者曾经知道这种生活方式的代价是如此的昂贵，他就会选择一种不同的生活计划。尽管这种无法预见的代价应该受到公平的对待，但如果我们试图通过类似于补偿自然天赋的保险方案来对这些代价进行补偿，会面临许多的问题。于是，我们就在两个方面偏离了"敏于志向"而"钝于禀赋"的分配理想："我们希望人们有一个公平平等的起点，然后通过自己的选择来决定自己的命运。但起点平等的理念不仅要求对不平等的禀赋给予不可实现的补偿，而且要求对未来的事件作出不可能的预见。前一个要求旨在使境况平等，后一个要求旨在确定选择的代价并在此基础上为这些代价承担责任。"德沃金的保险方案即是对上述问题的次优答复，而其税收方案则是对实施这一保险方案过程

---

① W. 金里卡著，刘莘译：《当代政治哲学》（上），上海三联书店 2004 年版，第 152 页。
② W. 金里卡著，刘莘译：《当代政治哲学》（上），上海三联书店 2004 年版，第 152—153 页。

中面临问题的次优答复。"由于理想与现实的这种距离，某些人将不可避免地因为自己的不幸境况而遭受本不应得的惩罚，而另一些人却为自己的选择的代价获得了本不应得的补贴。"①

因此，理解教育机会平等的实质，不能仅仅停留在"起跑线"这一比喻上，而应继续追问以下问题：导致成绩差异的因素，那些是合理的？那些是不合理且必须矫正和补偿的？为此，我们对影响教育机会平等的一般性因素进行简要分析。

（2）家庭

家庭是一切教育的第一场所，并在这方面负责情感和认识之间的联系及价值观、准则的传授。人们最初都是在家庭中学会语言的，而语言长期以来就被看作是形成自觉的主要因素。通过语言，人们对世界的意义进行最为基本的分类。家庭还承担着向孩子反复灌输信仰和价值的职责，家庭成员之间的互动模式养成了儿童的性格特征。《学会生存》一书认为，原始社会那种自然的、非制度化的学习方式一直流行到今天，这一学习方式至今仍是为千百万人提供教育的唯一形式。尽管当代社会学校林立，但学习方式并没有多大差别，因为，"儿童，乃至成年，都是在他们的环境、家庭和社会中，直接地、现成地吸取经验，从而获得他们大部分的教育的。这样获取的知识是比较重要的，因为这种知识乃是一个人能否接受学校教育的先决条件，而学校教育又反过来为学习者提供一个框架，使他能把经验中得来的知识系统化和概念化"。② 事实上，一个人的成长，首先受到的是来自家庭、来自父母的影响，且这种影响具有不可替代性。在我国古代，家庭教育一度成为培养和教育孩子的主要方式。《三字经》所说的"养不教，父之过"这句话，便是对家庭教育重要性的突出强调。显然，作为社会最基本单元的家庭，对于孩子们教育资源的享有、获得乃至学业成就都有着直接的关系。1972 年，詹克斯等人对学校教育与家庭背景、财富与学业成功之间的关系进行了探索。他们在研究中发现："学生的学业成就和他们的家庭背景关系最为密切。"③ 布劳等人的研究也显示：教育获得是主导社会流动和社会经济获得的关键机制。它是人群进入成年期的首要的社会经济"成果"，也是随后在劳动力市场上成功的关键决定因素。教育分层的重要性和学校教育的社会经济"回报"具有两面性："第一，在大多数社会，教育获得

① W. 金里卡著，刘莘译：《当代政治哲学》（上），上海三联书店 2004 年版，第 154 页。
② 联合国教科文组织、国际教育发展委员会编著，华东师范大学比较教育研究所译：《学会生存》，教育科学出版社 1996 年版，第 27 页。
③ W. 厄本等著，周晟等译：《美国教育》，中国人民大学出版社 2009 年版，第 453 页。

上的不同在很大程度上解释了父母和他们的后代的社会经济特征之间的联系。也就是说，学校教育'传达'了家庭背景对后来的社会经济上的成就的主要影响。其次，一方面在家庭背景和教育之间以及另一方面教育和职业或收入获得之间的适当的关系隐含着教育对社会经济获得的不同有着实质性的影响。"教育获得无疑是一种身份，是个体教育经历的积累。当然，家庭背景对总体教育获得的影响随着时间的推移，呈下降趋势。因为，"在教育获得上的长期增长，以及父母的社会经济特征在学校教育的后期阶段的影响有变弱的趋势"。①

　　一个人的家庭出身，对其学业成绩的影响是不容置疑的。受过良好教育的父母会更好地为他们的子女提供将来在标准能力测试中要求的素质，他们不仅知道如何教育孩子，而且注重与孩子聊天、教孩子识字、给孩子讲故事，注重孩子的身体保健等。"纵向的资料表明，在家庭的日常互动行为中，孩子们听到的平均字数在职业家庭中是每小时 2150 个，在工人阶级家庭中是每小时 1250 个，在福利家庭中是每小时 620 个。"此外，在使用语言的复杂性方面也存在着明显的差别。"为了保证他们的孩子能够接受更高的教育，（职业）父母花费时间和精力去培养他们子女的潜能，提问并使用肯定性的话语鼓励他们的子女，注意语词间的指涉与相关意义，而且为语词之间的差别做出示范。"而父母讲话的数量和质量与儿童三岁时的标准语言能力之间，存在着极大的相关性。② 许多实证研究表明，一个出身于中产家庭的小孩，由于在营养、教育、人格培养、社会网络以及人际关系等方面都享有较低下阶层的小孩大得多的优势，因此，他们日后享有的非基本教育权利之机会也较后者大得多。艾德勒说："优越的环境有助于人增长才干。不利的环境会妨碍个人取得任何成绩。"③经济合作与发展组织在其《关于教育发展政策会议的基本报告》中说："对某一年龄组全体儿童实行教育开放政策，以及扩大免费的中等教育、高等教育入学政策的结果并没有使学生队伍总的社会结构有重大变化。得益于新的入学机会而成为学生者，总的说来仍是有特权地位或半特权地位的人。"④ 尽管入学和升级取决于个人的能力和才能，但"能力"却取决于社会地位、经济地位。胡森说："所谓'能力'，其特定的标准乃是客观测验的分数和考试成绩，而所有

---

① D. B. 格伦斯基著，王俊等译：《社会分层》，华夏出版社 2006 年版，第 421—422 页。
② B. 巴利著，曹海军译：《社会正义论》，江苏人民出版社 2007 年版，第 62—63 页。
③ M. J. 艾德勒著，郗庆华等译：《六大观念》，生活·读书·新知三联书店 1998 年版，第 222 页。
④ 张人杰主编：《国外教育社会学基本文选》，华东师范大学出版社 2009 年版，第 173 页。

这些标准都与学生的社会背景有关。"① 例如，用来测量社会地位的社会－经济指标，或者某些方面的经济变量，与测验成绩、学业成绩的相关系数为0.2至0.4。如果进一步地考虑到家庭背景中的一些心理因素，尤其是考虑到母亲与孩子的相互作用、父母对其子女独立精神的培养、父母对其子女的支持、为子女提供效法父母行为的机会和得到奖励的机会等诸多因素时，其相关系数更大。沃尔夫等人的研究表明，家庭背景中的某些变量与智力测验成绩、标准测验分数之间的相关系数甚至高达0.8。② 可见，出身于不同阶层的孩子，从一出生开始，就已不可能站在同一条起跑线上。而学业成绩方面的差异，并非他们努力所致，而是纯粹运气，即看出生、成长在什么样的家庭。科尔曼认为，公立学校或美国的整个教育过程，并不像人们想象的那样是教育机会平等的工具。"孩子的成就与家庭背景和社会等级都有这样那样的联系，这些因素应该得到改变。只有等到哈伦区的公立学校和斯卡斯代尔区的学校培养出同样高质量的学生时，社会才能得到平等。"詹克斯把科尔曼的上述理论向前推进了一步。如果焦点是"平等的学生"，那么问题就不是哈伦区与斯卡斯代尔区的区别。在水平考试中的优秀生和差生"往往都在一个学校就读"，那么导致他们成绩不同显然还有其他的原因。詹克斯的结论是："在短期内，我们最棘手的政治问题是哈伦区与斯卡斯代尔区学生成就的差异，但从长期来看，我们的首要问题不是哈伦区与斯卡斯代尔区学生间的区别，而是在哈伦区与斯卡斯代尔区内部上层和下层阶级间的区别。"③

如果重视教育机会平等，我们就必须在制度上尽可能地将影响学业成绩的差异减到最低。例如，政府有责任提供同样好的、优的义务教育给所有孩子，教育资源在城乡均衡配置，甚至需要限制贵族学校的出现，避免有钱人可以用钱买到更优质的教育；政府需要提供相当广泛的社会福利，使得穷人的孩子有最低度的条件去发展他们的天赋能力，以建立他们的自信和自尊；政府还可以征收相当高的遗产税，避免前一代的优势延续到下一代。而要达到上述目标，政府就要积极干预影响教育机会平等的各种要素诸如家庭背景、经济－社会地位、天赋等，而不能任由"非勤奋"等因素决定人们的命运。因为，"机会平等与正义所要求的条件平等并不相冲突。条件平等优先是应该的，因为它是基

---

① 张人杰主编：《国外教育社会学基本文选》，华东师范大学出版社2009年版，第174页。
② 张人杰主编：《国外教育社会学基本文选》，华东师范大学出版社2009年版，第174页。
③ 张人杰主编：《国外教育社会学基本文选》，华东师范大学出版社2009年版，第214页。

于正义的第一原则。就是说，根据需要，人人都平等"。① 或如巴利所说："社会正义的首要要求是，改变孩子们出生的环境，使他们尽可能在同样平等的条件下成长，这就包括家庭之间近似的物质平等。社会正义的第二项要求——一个社会越无法满足第一项要求，就越令人感到沮丧——就是，整个社会干预体系应该尽可能致力于补偿因环境因素处于不利境遇中的人。"② 但是，要做到这些，无疑会有相当大的困难。困难之一是技术上的困难。"在环境平等方面，实际上可能存在着两种类型的平等。在一个社会里，所有的成员可能在某一方面拥有种类上的平等，但在拥有的程度上可能又各有不同。有的人拥有的多，有的人拥有的少。其实，在拥有某一条件上，所有的人都可能在种类上是平等而且在程度上也无差别的，当然，这种可能性很小。"③ 困难之二是经费上的困难。在一个理智健全的世界里，是那些得到个人辅导的孩子们，才可能从一对一的辅导中得到诸如语文、数学等基本技能方面的受益，而不是那些已经作出最好准备的孩子。不过，无论从政治上还是从现实的操作上，阻止私人家教都是十分困难的。唯一能给人一种教育机会平等的解决办法，就是改进公共教育——"为所有孩子们雇佣家教，如果这是成功的必要条件的话——并降低财富和收入的不平等，使孩子们能够获得更高品质的教育，而不是公共提供的资源仅仅是少数人可以享用"。④ 显然，"为所有孩子们雇佣家教"是可欲的，但却是不现实的。困难之三则是伦理上的困难。从父母的观点来看，总是希望自己的子女有最好的教育，必然会用尽各种方法让自己的下一代接受优质教育，从而将来有最强的竞争力，因此，教育公平机会的原则只能不完全地实行，至少在家庭制存在的情况下是这样。诚如罗尔斯所说："一视同仁地运用公平机会原则要求我们在看待人时摆脱人们的社会地位的影响。但是这种要求应当在何种程度上实现呢？即使社会提供了公平机会，家庭似乎也会在个人中间造成不平等的机会。那么应当取消家庭吗？由于平等机会观念自身的原因以及人们赋予它的首要地位，这个观念会走到这个方向上。但是，在正义理论的整体联系中，没有采取这一过程的紧迫性。"⑤ 只要竞争教育资源的格局不变，政府也

① M. J. 艾德勒著，郗庆华等译：《六大观念》，生活·读书·新知三联书店1998年版，第223页。
② B. 巴利著，曹海军译：《社会正义论》，江苏人民出版社2007年版，第72页。
③ M. J. 艾德勒著，郗庆华等译：《六大观念》，生活·读书·新知三联书店1998年版，第197页。
④ B. 巴利著，曹海军译：《社会正义论》，江苏人民出版社2007年版，第79-80页。
⑤ J. 罗尔斯著，何怀宏等译：《正义论》，中国社会科学出版社2001年版，第514页。

几乎不可能将家庭对孩子的影响完全消除或平均化。况且，由政府出面消除家庭对孩子的影响这种做法，完全不可取，因为这既会伤害家庭本身的价值（例如关怀和爱），也会有过度干预个人选择自由的危险。诚如哈耶克所说："热爱知识的欲求或多种兴趣的特殊组合，可能要比显见的天资或任何可测的能力更重要；而那种可以养成一般性知识和兴趣的背景或者由家庭环境养成的对知识的高度尊重，可能会比天赋能力更有助于成功。某些人得以享有一种极为有益的家庭氛围的影响，这对社会来说乃是一项财富——而平均主义的政策无疑会毁掉这项财富；需要我们注意的是，对这项财富的运用，只有在存在着那种不应当根据道德品行加以评价的不平等的情况下，才有可能。既然对知识的欲求是一种可能通过家庭得以传承的品格，那么人们就有充分的理由主张，通过物质上的牺牲而使那些对教育予以极大关注的父母能够确使他们的孩子获得良好的教育，尽管从其他的角度来看，这些孩子似乎比其他没有得到这种教育的孩子更不值得享有这种教育。"① 伯林清楚地看到了父母决定对其子女的教育所面临的问题，他一方面支持建立一种统一的公共教育制度，另一方面也看到了这种制度对父母的自由、孩子的发展造成的危害。"自由是一回事，自由的实现条件则是另一回事。举个具体例子：我觉得仅仅为了取消社会地位差别，在任何国家引入统一的初级与中等教育体系都是可取的，这些差别在目前的西方国家如英国，是因为学校的社会等级制的存在而被创造与促进的。如果我被问及为什么我要相信这点，我将给出斯皮茨提到的那些理由，如：社会平等的内在要求；由现行教育制度（这种制度受父母的财力或社会地位而不是受孩子的能力与需要制约）所创造的地位差别的恶果；社会团结的理想；促进尽可能多的人，而不光是特权阶级成员身心健康的需要；以及更重要的是，向最大多数孩子提供自由选择机会的需要，这种机会正是教育平等要增加的。……但是我想坚持当价值（就像在这里）真正发生冲撞的时候，我们必须作出选择，在这个例子中，这种冲撞产生于这些需要之间：某些父母保持现存的为其子女择校的权利的需要；促进其他社会目的的需要；以及为那些缺乏条件的人提供条件的需要——有了这些条件，他们才能行使他们虽在法律上拥有但因为没有这些机会而无法运用的权利。"② 因此，在现实的制度设计中，如何平衡这两者的内在张力，是个极具挑战性的问题。

---

① T. A. V. 哈耶克著，邓正来译：《自由秩序原理》（下），生活·读书·新知三联书店1997 年版，第 172—173 页。

② I. 伯林著，胡传胜译：《自由论》，译林出版社 2005 年版，第 51—52 页。

（3）天资或天赋

天赋、大脑构成、智力等因素确实是个体发展的必要条件，它为人的发展提供了来自主体的自身物质基础、机体与外界发生作用的组织机制以及机体内部协调机制，从而使生命体成为一个开放的、具有自稳定性能的结构，它能够不断地从外界吸取自己发展所必需的各种"养料"，并进行加工改造，使机体能吸收成长，从而为个体的发展提供了基础。布坎南说："几乎没有人会说，经济比赛固有的不公正是因为某些人运气好，某些人选择得好，或某些人比别人努力。在私有财产和契约的法律构架里由市场制度作用所限制的经济比赛中的不公正往往归咎于天赋的分配，在作出选择之前，在运气光临经济赌博以前，在开始努力以前，人们首先是带着天赋进入比赛的。"① 布坎南虽是就经济比赛而论，但这一论述无疑适用于我们对天赋、智力参与教育机会"贡献"乃至"分配"作用的分析。

智商在教育世界中具有重要作用。一个人在竞取稀缺教育资源，享有教育机会等方面的前景如何，其智商就是一个重要因素。如果人与人之间的智商差异有遗传依据，那么，遗传因素就会对不同的人在教育资源竞取、教育机会享有上的差异有影响。"在天赋不同的个人作了同样努力的前提下，天赋上的不平等必然导致后天才能上的不平等。"② 因此，我们要是关注教育平等，就不能忽视智商。赫恩斯泰根据詹森的数据——一个人 80％的智商是遗传的，后天只决定了 20％，进行了如下推论：如果智力是遗传的，如果社会的成就需要智力，如果社会环境"均等"，那么，社会地位就会在很大程度上取决于一个人天生的才能。换句话说，如果每个人的起点都一样，机会也人人平等，那么遗传就是影响学业成绩的决定性因素，因为社会环境都一样。"……社会上沉淀出一批低能（智力或其他方面的众生）。他们可能会失业，失去竞争能力，无力获得成功，他们很可能是一些失败者的后代。"③ 赫恩斯泰等人的推论给我们的启示是：智商影响人的学业成绩，智商水平与学业成绩高低有关。詹森认为，美国黑人儿童教育成就低下的原因，在很大程度上是由于遗传的原因，改善教育状况并不能对他们产生作用。④ 桑德斯在对英国"国家儿童成长调查结

---

① M. 布坎南著，吴良健等译：《自由、市场和国家》，北京经济学院出版社 1988 年版，第 130−131 页。

② M. J. 艾德勒著，郜庆华等译：《六大观念》，生活・读书・新知三联书店 1998 年版，第 223 页。

③ 张人杰主编：《国外教育社会学基本文选》，华东师范大学出版社 2009 年版，第 202 页。

④ W. 厄本等著，周晟等译：《美国教育》，中国人民大学出版社 2009 年版，第 452 页。

果"进行细致分析的基础上，认为个体能力和努力的有机结合会对社会能力产生重大影响，即对个体最终处于什么社会阶级有很大影响。个体倾向于找到适合他的工作，并为之而努力。智商水平高的人诸如律师、会计师处于社会较高层，而智商水平较低的人诸如矿工、农民则处于社会底层。可见，只有天赋智力更高的人，通过努力实现了天赋潜能的人，才能获取较高的社会地位。由此看来，一个人所面临的社会有利条件或不利条件，对人的发展的影响并不是太大。桑德斯说："如果我们想要发现决定我们最终处于什么社会阶层的最关键的因素，我们就应该更注意个体自身的因素——特别是个体的能力和动机——我们应当不那么担忧我们生在其中、养在其中的社会环境的影响。"[1] 尽管桑德斯过分强调了内在能力或者说基因遗传而获得的能力，低估了阶层、教育、居住条件等方面的压制或提高生存机会方面的作用，但是，他也告诉了我们这样一个事实：个体的天赋能力、智商和动机在人的成长中的作用。例如，美国政府为了提高每个孩子的智力水平，采取了一系列干预措施诸如"开动脑筋"计划。"开动脑筋"计划从某种意义上讲，确实提高了智商水平，但这种提高随着时间的推移而逐渐变缓，"在教育结束时 IQ 水平几乎没有什么变化"。同时，对这一项目的追踪研究也显示，"接受了这一计划的儿童后来进入专门教育的可能性较小，终止中学教育的可能性更大"。[2] 言外之意，智商主要由基因遗传所决定，通过教育提高智商的任何努力都收效甚微。盖托认为，第二次世界大战以后，在美国上层社会和各学院中广泛持守着这样一种信念：大多数民众都是无可救药的低能，他们的智力永远停留在 12 岁或者以下。既然试图改变这些状况的努力注定失败，为何还要花力气去尝试呢？说得具体一点，"有一次，我碰巧听见一位初中校长在学校董事会上这样解释：为什么要让那些吃力的孩子和家长去做在生物学上根本无法达到的事呢？"[3] 同时，智商水平与能否完成学业、能否享有更高的教育机会有很大的关系。许多研究也表明，智商与学业成绩存在着高度的正相关。内瑟尔说："IQ 水平最高的人在学校的成绩最好，这意味着儿童越善于接受教育，就越有可能得到教师的鼓励。"[4] "IQ 高的儿童可能更会被吸引到中学教育或者更高层次的教育中来。"[5] 换句话说，低智商的

---

[1] P. 狄肯斯著，涂骏译：《社会达尔文主义》，吉林人民出版社 2005 年版，第 89—90 页。

[2] P. 狄肯斯著，涂骏译：《社会达尔文主义》，吉林人民出版社 2005 年版，第 85 页。

[3] J. T. 盖托，汪小英译：《上学真的有用吗?》，生活·读书·新知三联书店 2010 年版，第 205 页。

[4] P. 狄肯斯著，涂骏译：《社会达尔文主义》，吉林人民出版社 2005 年版，第 81 页。

[5] P. 狄肯斯著，涂骏译：《社会达尔文主义》，吉林人民出版社 2005 年版，第 84 页。

儿童或者辍学，或者只能接受起码的学校教育。实际上，"智力测验分数与学业成就密切相关"。① 这些论证意味着，人们对于教育机会的获取与把握情况会有许多差别。

尽管智力测验分数与学业成就有关，但我们也不能过分夸大智商在学业成就以及参与竞争非基本教育权利之教育机会方面的作用。因为，遗传、智力测验分数与学业成就之间还存在着一些争议性问题，诸如能够精确地测定遗传与环境在决定智力时的各自所占的比例；智商测定究竟是什么；智商标准是否为一特定文化背景的测验等等。具体而言，智力测验分数也与社会、经济和种族差异紧密相关，"一般说来，白人学生要比黑人学生或其他处于不利地位的少数族群成员得分高"。② 其次，学业成就的取得除智商外，还有很多其他的因素，诸如学校的教育质量以及就读于何种类型的学校等。一些非洲裔美国学者和教育家在研究中发现，有些主流文献在谈论黑人学生的学习劣势和文化剥削时，明显地带有对黑人孩子及其家庭的贬低。他们喊出了"这是差异而非缺陷"的口号，坚持认为黑人学生成绩差的问题与学校有关，与学生无关。在他们看来，"学校没有做好准备去教育有着不同传统、风俗和行为习惯的孩子。教师和管理者将他们自己的教育失败归结为少数民族学生的'缺陷'，认为这些孩子需要矫正"。在他们看来，"教育者需要学习如何有效地教育这些学生，而不是把他们分到慢班。教师的工作就是确保每一个孩子都能学习"。③ 再次，情商与智商在人的发展中同样重要。所谓情商，指的是人们如何运用自己情绪的能力，即激励自己的能力，使自己具有自我控制、热情和坚忍不拔的能力。一般而言，"情商"不是遗传的，而且儿童在这方面所受的教育越多，他们利用自身智力能力的机会也就越多。根据高曼的观点，智商分数在参与竞争非基本权利的教育机会方面以及与以后的工作成绩之间并没有系统的联系或者说没有太大的关系，"我们中间最聪明的人有可能会因为抑制不住巨大的热情和冲动而遭受失败。在个人生活中，高智商的人可能是令人吃惊的糟糕的领航员"。④ 第四，儿童时期的能力，例如处理情绪，以及可以同其他人友好相处，则是预测儿童成就的最好因子。加德纳说："人际智力是理解其他人的能力：激励他们是什么，他们如何工作，如何与别人合作。成功的销售人员、政治

---

① A. 吉登斯著，赵旭东等译：《社会学》，北京大学出版社 2003 年版，第 664 页。

② A. 吉登斯著，赵旭东等译：《社会学》，北京大学出版社 2003 年版，第 664—665 页。

③ R. Curren 主编，彭正梅等译：《教育哲学指南》，华东师范大学出版社 2011 年版，第 626 页。

④ A. 吉登斯著，赵旭东等译：《社会学》，北京大学出版社 2003 年版，第 667 页。

家、教师、临床医生和宗教领袖都可能是有着高水平人际智力的人。人际智力……就是为自己塑造一个精确的、真实的模式，并且能够让该模式在生活中有效地发挥作用的能力。"①

总之，借助于天资或天赋享有的教育机会和后天努力无关，基本上属于运气。面对这一问题，我们究竟应该做些什么，以便将这些禀赋差异减到最低，从而确保教育机会平等？抑或我们还可以这样说：教育机会平等的要求，不应该走得太远，政府根本不应处理、关注这些差异，而应任由它们自然发展，因为政府的介入不仅未必能带来好的效果，同时还会严重伤害个体的独立自主和自我拥有。

（4）个人努力

由于每个受教育者个人的努力程度、所投入学习的时间和精力以及学习的质量不可能是相同的，因而通过自己努力换来的"能力"或"考试分数"是有差别的。亨利说："穷人阶层中的确会涌现出一些杰出人物。一个明智的社会应当尽量为这些人创造机会。这些了不起的人之所以能成功，不仅是靠了自己的才智，而且还因为他们对个人命运怀有强烈的责任感。完全可以说，应把负责任的个人主义视为一个人智商的一部分。这也是适应现实社会的最实际的手段。"② 而在竞争非基本教育权利方面，社会往往是以能力及考试分数来决定义务教育以后各阶段的教育的，即让少数学有所成的学生优先获得相应的教育机会。也就是说，通过考试，社会检验着学生的"文化资本"，依据其文化资本的数量与质量，配给相应的教育机会。凡是在考试中没有通过检验的学生，则不能获得进一步接受教育的机会。对于这一做法，《学会生存》一书是予以肯定的："从历史上讲，这种意识形态是民主的，因为这是以成绩优劣取得权利去代替过去那种以出身与幸运取得权利。"③ 那么，个人努力所提供的教育机会是否公平呢？布坎南认为是公平的，他说："一个人的所有权份额在一定程度上可以追溯到他本人的努力，几乎人人会同意，从公正或任何道德标准判断，由努力得来的权利是'正义'的。真的，我们可以这样说，没付出这样的努力就没有权利要求价值。所以从十分真实的意义上说，这种由努力获得的价值对

① A. 吉登斯著，赵旭东等译：《社会学》，北京大学出版社 2003 年版，第 667—668 页。

② W. A. 亨利著，胡利平译：《为精英主义辩护》，译林出版社 2000 年版，第 131 页。

③ 联合国教科文组织、国际教育发展委员会编著，华东师范大学比较教育研究所译：《学会生存》，教育科学出版社 1996 年版，第 106 页。

社会上任何人都不产生机会成本，甚至连一点点可再分配的潜在价值也没有。"① 布坎南的回答无疑是正确的。目前的一些研究已经就能力（某人完成一种业绩的才能或能力）、付出的努力和业绩本身之间的关系问题进行了系统的分析，并得出了如下结论：能力本身不能轻易地算作应得的基础（除非如在自愿训练的情形中那样，能力被视作先前的努力的结果），反之，应得是通过业绩和努力的某种混合体得到估价的。也就是说，人们判定适当的酬劳是建立在每个人的成就基础上的，但当有关努力的事实提供出来后，人们又对此作出了某种程度的限定，这样，以下情形就是可能的，一个人的成就较小，但由于作出了更艰苦的努力，故其应得比另一个努力较少而成就更大的人多。然而，"努力并不能抹平成就：在努力保持恒定的情况下，谁的成就大，谁的应得就更多；这样，观点大概是这样的，当能力与努力结合在一起时，它就能够对应得作出解释，但光靠能力则不能作出这种解释"。② 此项研究结论亦告诉我们：通过个人的能力和努力，其应得的是公平的。奥肯说："随努力上的差异而来的收入上的差异，一般被认为是公平的。"③

不仅布坎南如此，大多数人也会同意，"个人努力"这个因素是合理的，不会影响教育竞争的公平。

（5）教育机会平等的复杂性和争议性

从以上讨论可以看出，"教育机会平等"这个道德理想，无论是在理论上还是在实践上，都是相当复杂的和有争议的。胡森说："若干年来，无论在国内还是在国际上，就教育问题进行的政策讨论中，'平等'已变成一个关键词。可是，教育面前机会平等始终没有被视为自身的目的，而被看成是走向社会平等的漫长道路上的一个阶段。"④ 不仅自由主义者和社群主义者、精英主义者和平等主义者之间有分歧，即便是平等主义者内部也存在着分歧。在教育机会平等问题上，平等主义者本身存在着两大阵营：一是强调运气的平等主义者，一是强调尊重的平等主义者。

强调运气的平等主义者声称，个人拥有资源的"境况"中的任何不平等只能根源于他们可以自主作出的选择，诸如是否勤奋、刻苦等。只有源于自主作出选择的这些不平等，个人才能承担责任；个人应该获得自己应该获得的机

---

① M. 布坎南著，吴良健等译：《自由、市场和国家》，北京经济学院出版社 1988 年版，第130 页。

② D. 米勒著，应奇译：《社会正义原则》，江苏人民出版社 2005 年版，第 93 页。

③ A. 奥肯著，王奔洲等译：《平等与效率》，华夏出版社 1999 年版，第 43 页。

④ 张人杰主编：《国外教育社会学基本文选》，华东师范大学出版社 2009 年版，第 159 页。

会，即个人能够为之负责的机会。"个体对各种社会益品的不平等占有是公平的，如果这些不平等源于个体的努力并且的确应该被这些个体所享有——也就是说，这些不平等是个体的行动和选择的结果。"① 如果个体仅仅因为他在社会境况中的任意的和不应得的差异诸如天赋，就据此获得某种教育机会或教育资源，或被置于不利地位，就是不公平的，因为孩子不能对"任意的"因素负责。"教育的前景应该与孩子的天赋水平无关。因为孩子不能合理地为他所拥有的天赋水平承担责任，就像他不必为父母的财富或决策能力而承担责任一样。"② 而强调尊重的平等主义者，把立脚点放在不平等的社会之上，关注的是教育机会不平等的社会根源。强调尊重的平等主义者根本不关心个人在是否享有教育机会方面的责任问题，而是关注社会的责任，并力图去矫正社会造成的教育机会不平等。他们认为："存在着由于他人的选择而丧失自尊的痛苦，而如果一个人仅仅遭受命运的不济，则不会产生这种痛苦。"但是，由于强调尊重的平等主义者的聚焦点是所有个体都应该拥有使之自尊且受他人尊重的资源，所以，"他们寻求对无论来源于何处的不幸提供一定程度的补偿，以使受补偿者能获得自尊并有效地参与社会生活"。③ 通过上述分析可以看出，强调运气的平等主义者与强调尊重的平等主义者之主张，存在着如下差异：第一，强调尊重的平等主义者把源于天赋、勤奋的教育机会不平等，归因于社会，"某些原生的坏运气所引起的不平等具有一定的社会维度"。同时，社会能对源于天赋、勤奋的教育机会不平等进行矫正或补偿。因此，在强调尊重的平等主义者看来，消除社会的不平等较之天赋、勤奋等引致的不平等更具道德优先性。第二，强调运气的平等主义者允许极度不平等的"境况"存在，只要这些不平等是个体在机会平等的条件下作出的选择的结果，而强调尊重的平等主义者则反对这种不平等的存在，因为这会使那些处境不利之人陷入到他们能够作为自尊的公民进行生活并参与民主社会的水平之下。④

根据强调运气的平等主义者的主张，显然无法回答残障儿童教育的所谓"无底洞"问题。"无底洞"类似于医疗伦理学提出的问题：为了尽可能帮助处

① W. 金里卡著，刘莘译：《当代政治哲学》（上），上海三联书店 2004 年版，第 110 页。
② R. Curren 主编，彭正梅等译：《教育哲学指南》，华东师范大学出版社 2011 年版，第 612 页。
③ R. Curren 主编，彭正梅等译：《教育哲学指南》，华东师范大学出版社 2011 年版，第 614 页。
④ R. Curren 主编，彭正梅等译：《教育哲学指南》，华东师范大学出版社 2011 年版，第 614 页。

境最不利之人，我们就会被迫为他们投入我们所有的资源，而不会向处境较好之人投入任何资源。"强调运气的平等主义者无法为'无底洞'问题提供答案。他们原则上主张把资源投入到处境不利儿童直到饱和后，才开始把资源投入到其他儿童。"① 尽管残障儿童难以完全矫正，强调运气的平等主义者仍坚持认为，社会乃至家庭应该投入巨大的教育资源，以支持残障儿童的教育乃至康复，直到达到一种饱和，也就是直到外在资源不会产生进一步的教育收益。金里卡也对残障儿童教育的"无底洞"问题、残障儿童的境况平等问题，进行了深入的思考。他认为，要想使残障儿童的境况完全平等是不可能的，我们也许可能试着使境况平等。不过，这似乎令人难以接受。"虽然额外任何一点资金都可以对智力严重迟钝者起到相应的一点点帮助，但要使境况完全平等却总不可能；如果把所有的资源都给予这类残障者，其他人就将一无所有。如果必须首先使用资源以使得每个人都有平等的境况，就没有资源可供我们去选择自己的生活目标了。"问题在于，使境况平等的目标之一正在于使每个人都按自己的选择而生活，因为我们的境况影响着我们追求志向的能力。"这就是为什么境况具有道德上的重要性，为什么境况的不平等值得令人关注。我们关心人们的境况，也就是关心如何才能提高人们实现目标的能力。如果试图使手段平等，却反而阻断了人们实现自己目的的可能性，我们就彻底失败了。"② 如果不能实现境况的完全平等，并且也不应该以此为目标，那该怎么办呢？正是考虑到这些困难，罗尔斯拒绝对自然劣势进行补偿就可以理解了。"我们需要一个尺度以确定最不利者，如果把自然劣势也纳入这个尺度，看来会产生无法解决的困难。我们既不能漠视这些劣势，又不能进行完全的弥补，除了特殊的同情或怜悯。"③

古特曼另辟蹊径，提出了一个富有影响的建议，试图解决强调运气的平等主义者始终无法解决的"无底洞"问题。在论证教育平等之时，必须尊重以下认识：第一，教育平等必须聚焦于结果，因为孩子们还不能够为他们能够受何种程度的教育机会负全部责任；第二，教育平等要求给残障儿童比正常儿童更多的资源；第三，对"无底洞"问题的看法必须有其合理之处。为此，他提出了一个符合上述三个认识的教育机会平等解释，或者如他所说的民主的门槛原则。根据这一原则："教育产品分配上的不平等只有在以下情况下才是可以被

---

① R. Curren 主编，彭正梅等译：《教育哲学指南》，华东师范大学出版社 2011 年版，第614 页。

② W. 金里卡著，刘莘译：《当代政治哲学》（上），上海三联书店 2004 年版，第 146 页。

③ W. 金里卡著，刘莘译：《当代政治哲学》（上），上海三联书店 2004 年版，第 146 页。

接受的，即这个不平等不会剥夺孩子有效地参与到民主过程的能力。这就决定了教育相对于其他社会产品的优先地位。"① 显然，民主的门槛原则避免了"无底洞"问题。只要每个孩子都达到了这一要求，那么在这个要求之上的教育成就的不平等就是完全可以接受的，因为"这些不平等"也许反映了个体能力的差异、天赋的差异。如果有充足的资源确保所有的孩子都达到这个要求，那么，"无底洞"问题就解决了。尽管如此，我们还是不得不问：假如这些资源投入其他孩子身上，可能会更有价值。换句话说，古特曼的民主的门槛原则，从某种意义上讲仍然没有完全解决"无底洞"问题。

到目前为止，对于"无底洞"问题似乎没有令人满意的答案，这可能是因为平等主义者尤其是强调运气的平等主义者对"无底洞"问题关注不够。对于强调运气的平等主义者而言，一个可行的步骤就是将其关注焦点从机会的平等转向处境最不利之人的福祉，在照顾处境最不利之人的条件下的不平等是可以接受的。尽管这样做牺牲了教育平等的核心要求，但却可以为解决"无底洞"问题提供一个可能的答案。但是，我们完全有理由假设，如果按原则将无限的资源用于存在严重认知障碍、严重残疾的孩子身上，那么，这不仅会枯竭可用于教育机会和其他机会的资源，也会导致人们的不满。"从平等或全纳的视角来看，关于教育平等的一种抱怨主要是针对那些有特殊教育需要的孩子。平均而言，绝大多数发达国家用在有特殊需要的孩子身上的钱多于用在正常孩子身上的钱。那些认为有特殊教育需要的孩子没有获得充分资助之人，既不是抱怨投入的不平等，因为投入已经是偏向那些要求获得更多资源、有特殊需要的孩子，也不是抱怨结果的不平等，因为他们根本没有指望资源配给会导致（有些）有特殊需要的孩子与没有特殊需要的孩子获得平等的成绩。他们也不是要求没有特殊需要但有残疾的孩子去达到与正常孩子的结果平等。相反地，他们抱怨的是资源分配尽管已经较高但仍没有高到确保这些有特殊需要儿童获得平等成就所需要的水平，因为在他们看来，一定水平的资源分配是儿童获得平等教育的条件。"② 如果确实是如此的话，那么，我们可以想象，这也会对处境最不利之人不利，甚至包括对那些存在严重认知障碍、严重残疾之人不利。不过，强调运气的平等主义者可能会说："我们关注处境最不利之人的利益，但并不是要给予他们饱和的教育资源，而是保证他们在整体上获得较多的资源。

---

① R. Curren 主编，彭正梅等译：《教育哲学指南》，华东师范大学出版社 2011 年版，第615 页。

② R. Curren 主编，彭正梅等译：《教育哲学指南》，华东师范大学出版社 2011 年版，第607 页。

这同时包括将较多的教育资源用于那些天资更好之人，激发他们创造活动和技术革新，从而在整体上也有利于处境最不利之人。"①

因此，教育机会平等的内容、适用范围和制度要求，都值得认真探讨，因为它关乎教育公平正义，并深深地影响我们每个人的人生。当然，要使我们所生活的社会日渐趋于教育机会平等，一要靠制度的转变。胡森说："在封建等级社会里，受高等教育是个人的出身、财产和社会关系等方面都属于社会最高层者的特权。从这种社会过渡到入学、升级和学业成就都取决于能力的社会，这曾被视为一大进步，似乎应该直接导致制度上的公正与效率。而在教育'民主化'的进程中，按正式程序审定的学习能力（通过智力测验、成就指标、考试分数或其他客观指标来衡量），似乎也十分明显地应该取代社会阶级、经济状况和个人的社会关系等筛选标准。"② 但是，布尔迪厄等人的研究却并不认同上述主张，因为从某些指标来看，教育制度已趋向于具有"再生产"的功能。即教育制度在维护甚至加强现有的社会结构，而不是在促进因天赋能力所引起的社会流动，更不是在激励人们具有利用这种能力的动机。除了制度的转变之外，更要靠人心的转变。教育机会平等要求我们用一种很独特的道德观点，"看"我们自己以及"看"我们的社会生活：我们虽然有许多先天、后天的差异，虽然不得不在社会中彼此竞争，但我们同时也是平等的社会公民，希望以一种公平的、合理的，并以每个人真心信服的方式和程序去参与义务教育阶段后教育资源的竞争。这背后，有很深的对公平和正义的坚持，以及对人的关怀和尊重。

（二）个体人之间的差异与相似

1. 现代意义上的教育平等之主张

现代意义上的教育平等主张为每个社会成员提供基本发展机会，不管他们的社会出身如何。罗尔斯说："假定有一种自然禀赋的分配，那些处在才干和能力的同一水平上、有着使用它们的同样愿望的人，应当有同样的成功前景，不管他们在社会体系中的最初地位是什么，亦即不管他们生来是属于什么样的收入阶层。在社会的所有部分，对每个具有相似动机和禀赋的人来说，都应当有大致平等的教育和成就前景。那些具有同样能力和志向的人的期望，不应当

---

① R. Curren 主编，彭正梅等译：《教育哲学指南》，华东师范大学出版社 2011 年版，第616 页。

② 张人杰主编：《国外教育社会学基本文选》，华东师范大学出版社 2009 年版，第 173 页。

受到他们的社会出身的影响"，① 至少在政府所办的教育中，有不受任何歧视地开始其学习生涯的机会。

在肯定个体人之间的平等并为每个社会成员提供基本发展机会的前提下，现代意义上的教育平等承认每个个体人之间的差异以及人的发展程度的不同。从某种意义上讲，人与人之间的差异是实际存在而且异常巨大的，此种差异，不论采取什么态度都不能加以改变。亚里士多德说："如果说教育均等就是每人各授以同样的课程，这还是没有实益的；同样的训诲〔人们或者因而努力于智德，或者因而励进于俗务〕导致同样追求俗务的性情，而或专尚货利，或角逐名位，或兼好两者，各人所受和所发挥的却相差甚远。"② 人性有着无限的多样性，个人的能力及发展潜力存在着广泛的差异，"即使所有的人都在极为相似的环境中长大，个人间差异的重要性亦不会因此而减小"。③ 同时，承认每个个体人所具有的发展潜力的不同，为每个个体人在教育机会方面留出不同的发展空间。艾德勒说："在同类别的个别成员间，也有着差别。有的是由于遗传的原因在天赋上存在的差别，有的则是由于个人后天努力所造成的结果。使一个人在某方面优于或劣于他人的这种程度上的不同，就是由于这些个别的差异造成的。"④ 人在种类上虽然都应享有平等的教育权利，但在相互之间，作为个人，又在许多重要方面有着程度上的差别。人虽然在种类上是平等的，但在许多方面都有着程度上的不平等，不仅在天赋上不平等，而且在后天获得的能力和在行为服务中如何使用先天和后天能力上也不平等。马洛克认为，人天生能力的不平等有多大，这可能在艺术尤其是诗歌艺术的情形中表现得最为明显。在某些成就领域，人们大力主张不平等的结果是由不平等的环境造成的，与由不平等的能力造成的一样。不过，关于诗人的成就，无论如何不能作这样的解释。一些伟大的诗人诸如莎士比亚等人既没有财产，也没有受到良好的教育，因此，"在诗歌中一个人显然与另一个人有同样好的机遇"。伟大诗人的伟大部分地不是归于自身，而是归于他们的时代这一主张，显然无助于解释属于同一时代以及在这一方面有同等优势的诗人之间的差异。而展现于诗歌领域的不平等，可以在任何其他领域找到例子。"有什么比不同歌唱家的天赋更不平等？

---

① J. 罗尔斯著，何怀宏等译：《正义论》，中国社会科学出版社 2001 年版，第 73 页。
② 亚里士多德著，吴寿彭译：《政治学》，商务印书馆 1996 年版，第 70 页。
③ T. A. V. 哈耶克著，邓正来译：《自由秩序原理》（上），生活·读书·新知三联书店 1997 年版，第 104 页。
④ M. J. 艾德勒著，郗庆华等译：《六大观念》，生活·读书·新知三联书店 1998 年版，第 202—203 页。

在每个学校和大学，我们看到，一群年轻男人和男孩的学习机会不仅类似而且完全相同，但是，在消化被传授的内容方面，不到十分之一高于某个水平，不到百分之一显著地高于某个水平。"① 在实际生活中，这样的现象被不断地重复着。"在这些伟大的实践生活部门，完全正确的是，不存在像在诗人或在同一神学院的学者中流行的那样明显或广泛的机会平等，但是在每一部门中存在许多人，他们的机会无论如何与人类独创性所能制造的机会一样多。这在法国军队、英国下议院、商业和工业世界是如此。然而，对于同样安排放置的人，我们看到某些人在做伟大的事情，并利用它们来使机会加倍；其他人做得很少，或者，什么也没做，将机会丢弃一旁。相应地，在每个活动领域，我们有足够多拥有同等外部优势的人通过实现的结果的巨大差异表明，人与人之间的能力差异有多大，少数人的效能在多大程度上超过多数人。因此……将人在效能上的不平等归于以下事实是不合适的，即当前机会不平等不如理论上那样普遍。进一步扩大这种平等可能会产生好的结果或坏的结果；但是，在两种情形中，它并不倾向于使人的能力平等。在这个方面，它最可能做的只是扩大他们实现的不平等的领域——增加山峰的数目，而不是创造一个平原。"②

尽管人人生而平等，但是，人们在其财富和天分上存在差别，这意味着他们在事实上并不平等。人的平等与不平等，不是先天的就是后天的。所谓先天的，意指生来即具有的个人平等与不平等；所谓后天的，意指经过后天努力获得的平等与不平等。艾德勒说："身高的不平等是由遗传造成的不平等。两个人在天赋上的不平等也是遗传造成的。我们生下来有多大才能，这种人与人之间的不平等也是个天赋问题。两个人，天生的智力是一样的，后来，由于两个人用脑思维的程度不同，或者由于两个人的成长、受训练和所受教育的环境不同，结果他们的天赋发展程度也可能不一样。这样，两个人最后在心智能力的发展上也就会不平等，一个人可能会比另一个人懂得多，也更会动脑子。"③ 马斯洛认为，尽管天才可能有一定的遗传基础，但伟大的才能既可以是与生俱来的，也可能是后天获得的。天才和勤奋造就了伟大的人、伟大的才能。他说："灵感一角钱就可以买一打。但是，从灵感到托尔斯泰的《战争与和平》这样的最终产品之间还需要大量艰苦的工作，严格的自律以及大量的训练……能导致产生实际作品，如伟大的绘画、小说、桥梁、新发明等的那种创造，既依赖

---

① J. 马勒著，刘曙辉等译：《保守主义》，译林出版社 2010 年版，第 233 页。

② J. 马勒著，刘曙辉等译：《保守主义》，译林出版社 2010 年版，第 234 页。

③ M. J. 艾德勒著，郗庆华等译：《六大观念》，生活·读书·新知三联书店 1998 年版，第 189 页。

于创造的个性，又依赖于其他品质——如执着、耐心、勤奋等等。"① 换句话说，尽管创造性是人的内在特质，但是，在现实的社会历史条件下，由于主客观条件的限制，并非每个人的创造性都能得以有效地发挥和体现，这无疑涉及创造性的实现条件问题。就主观条件而言，人的创造性的实现需要一定的心理素质作保证。同时，人的某些非理性因素诸如勇敢精神、执着精神、冒险精神等，对人的创造性的发挥起着保障与激励作用。"可以说自我实现的创造性首先强调的是人格，而不是其成就，认为这些成就是人格放射出来的副现象。因此，对人格来说，成就是第二位的。自我实现的创造性强调的是性格上的品质，如大胆、勇敢、自由、自发性、明晰、整合、自我认可，即一切能够造成这种普遍化的自我实现创造性的东西，在创造性生活中那些表现自身的东西，或者说是强调创造性的态度、创造性的人。"②

现代意义上的教育平等要求政府承担相应的责任，尽管这一主张与家庭的完整存在一定的冲突。父母有权按照与教育平等要求不一致的方式为孩子花钱，父母有权让孩子接受更好的不平等的教育，而实施教育平等的尝试破坏父母为他们的孩子提供利益的动机，会损害父母与子女关系的质量。罗尔斯对家庭存在的价值也持支持态度，尽管不是专门就教育平等或教育机会平等而言。他说："公平机会的原则只能不完全地实行，至少在家庭制存在的情况下是这样。自然能力发展和取得成果的范围受到各种社会条件和阶级态度的影响。甚至努力和尝试的意愿、在通常意义上的杰出表现本身都依赖于幸福的家庭和社会环境。保障那些具有同样天资的人在受教育和取得成功方面的机会平等在实践上是不可能的。"③ 无论以何种形式出现，"家庭及其价值论"并不意味着反对教育平等的原则。它只是表明，存在着两种原则：家庭完整的原则和教育平等的原则。家庭完整原则强调的是：家庭完整处于优先地位，所有朝向教育平等的努力只有在不动摇家庭完整的情况下才被允许。因为，家庭完整会为父母和孩子提供对他们发展和福祉都具有根本性的产品，而这些产品无法从其他任何机构中获得。家庭完整原则尽管意味着许多会不平等地传递优势和利益的行为、活动不可以被抑制或禁止，但仍允许政府采取大量措施去促进教育平等。诸如政府大力投资于教育；对精英的私立学校征收高额税收；对来自低收入家庭的孩子所就读的学校增加资金；为儿童提供政府补助的健康保健和牙齿保健

---

① F.G. 戈布尔著，吕明等译：《第三思潮》，上海译文出版社 2006 年版，第 24 页。
② A.H. 马斯洛著，李文湉译：《存在心理学探索》，云南人民出版社 1987 年版，第 131 页。
③ J. 罗尔斯著，何怀宏等译：《正义论》，中国社会科学出版社 2001 年版，第 74 页。

等行为。政府的上述行为，是完全符合家庭完整原则的。布里格豪斯说："我们很难想象，在家庭收入和财富存在着实质性不平等的背景之下，有什么机制能够达成教育平等。所设计的意在实质性减少收入和财富的不平等的措施并不会损坏家庭的完整：富裕的父母用于孩子身上的钱少了，但他们自己与其孩子所共享的东西并没有任何减少。事实上，由于贫穷才是破坏家庭平稳运作的一个重要因素，降低收入和财富的不平等反而应该会有利于家庭的完整。"① 也就是说，政府必须承担相应的教育责任，促进教育平等。德沃金说："我们能够对平等不闻不问吗？宣称对全体公民拥有统治权并要求他们忠诚的政府，如果它对于他们的命运没有表现出平等的关切，它也不可能是个合法的政府。平等的关切是政治社会至上的美德——没有这种美德的政府，只能是专制的政府；所以，当一国的财富分配像甚至非常繁荣的国家目前的财富状况那样极为不平等时，它的平等关切就是值得怀疑的。因为财富的分配是法律制度的产物：公民的财富大大取决于其社会颁行的法律——不仅包括管理产权、盗窃、契约及民事侵权行为的法律，还有它的福利法、税法、劳动法、民事权利和环境管理法，以及有关任何事情的其他法律。当政府执行或维护这样一套法律而不是那样一套法律时，我们不仅可以预见到一些公民的生活将因它的选择而恶化，而且可以在相当程度上预见到哪些公民将会受到影响。"② 政府不仅仅应关心和尊重每一个人，而且必须平等地关心和尊重每一个人。政府绝对不能根据某些人因为值得更多地关注从而授予其更多的权利这一理由，不平等地分配"物品"或机会。"自由主义平等概念支配下的每位公民都有一种受到平等关心和尊重的权利。这一抽象的权利可以包括两种不同的权利。第一种权利是受到平等对待的权利，亦即，像其他人所享有的或被给予的一样，同样分享利益和机会。……第二种权利是作为平等的人受到对待的权利。这不是一种平等分配利益和机会的权利，而是在有关这些利益和机会应当如何分配的政治决定中受到平等关心和尊重的权利。"③

现代意义上的教育平等要求一种个人化的教育学，要求对个人的家庭出身、潜在才能等进行详细的调查研究，并在此基础上实施因材施教，为每个人提供适合的教育。正如勒南所说："先生们，请记住让·克里所斯通这个美好

① R. Curren 主编，彭正梅等译：《教育哲学指南》，华东师范大学出版社 2011 年版，第 623 页。

② R. 德沃金著，冯克利译：《至上的美德》（导论），江苏人民出版社 2003 年版，第 1—2 页。

③ R. 德沃金著，信春鹰等译：《认真对待权利》，上海三联书店 2008 年版，第 362 页。

的故事吧。他讲的是雄辩术教师利巴努斯在安迪奥士办的学校。当有新生入学时，利巴努斯总是习惯地询问他关于过去、父母和故乡的情况。"[1] 因此，教育机会平等并不等于把大家拉平，教育机会平等不是不惜任何代价否认个人的基本自由以及个性差异。给每一个人平等的教育机会，并不是指名义上的教育平等，即对每一个人一视同仁。"既然人是一些个体且不能分为一些'型号'，既然人与人之间都有差别，机会平等就是必不可少的。"但是，"机会平等并不是指对待上的平等。人在遗传学方面形成的差别使机会平等变得更加可以适应；为了促进这种适应，应当使每个人都有同样的机会实现其特有的潜力"。[2] 爱尔维修说："为了使两个人恰好受到一样的教育，应当怎么办？应当让他们恰好处在一样的地位上，一样的环境中。这是办不到的。因此很明显，决不能人人受同样的教育。"[3] 从某种意义上讲，爱尔维修所说的教育平等，其实质是说应该不平等地对待人。同时，学校只有"不平等地对待所有人"，只有使自己为学生提供的机会直接受他们社会出身的制约有所减少，才能完成自己的使命。因此，"教育面前机会平等不仅是指各校的入学对所有学生都是'平等的'，而且是指各校的效能都是'相当的，从而使不同社会出身的儿童在起点上的差别得以消除'。为此，在教学上必须区别对待"。[4] 教育平等是要肯定每一个人都能受到适当的、适合的教育，而且这种教育的进度和方法是适合每个人的个性特点、发展水平差异的。布尔迪厄说："真正民主的教育，是以使尽可能多的人，在尽可能短的时间里，尽可能全面和完整地，掌握尽可能多的形成某一特定时刻学校文化的能力为无条件目的的教育。……这一教育既反对以培养和选择出身优越的精英为方向的传统教育，也反对面向按一定规格批量生产专家的技术统治论的教育。但是，以教育的真正民主化为目的还不够。如果缺乏合理的教学方法，不能调动一切积极因素，从幼儿学校到大学，逐步地并始终如一地克服文化不平等的社会因素的影响，给每个人以同样的受教育机会的政治愿望即使具备了各种政治的和经济的条件，也只能以实现真正的不民主而告终。换言之，一种真正具有合理性的教学方法，即以文化不平等社会学为基础的方

---

① P. 布尔迪厄等著，邢克超译：《继承人》，商务印书馆 2004 年版，第 88 页。（邢克超先生把"PierreBourdieu"译为"布尔迪约"，为了书写统一，本书采用"布尔迪厄"的译法。）

② 张人杰主编：《国外教育社会学基本文选》，华东师范大学出版社 2009 年版，第 176 页。

③ 张焕庭主编：《西方资产阶级教育论著选》，人民教育出版社 1985 年版，第 149 页。

④ 张人杰主编：《国外教育社会学基本文选》，华东师范大学出版社 2009 年版，第 161－162 页。

法，则可有助于减少在教育和文化面前的不平等。不过，只有具备了以真正民主的方式招收教师和学生的全部条件，首先建立起一种合理的教学方法，这种教学方法才能真正付诸实施。"① 尽管杜威一生都大力倡导民主主义教育观，但这并不意味着他主张所有学生的才能不论在智力或创造能力方面一律平等。民主主义教育观主张为每个学生提供他所需要的教育、他所适合的教育，并能充分发挥他自己的特长。胡克在评论杜威的主张时说："个人的成长受他生活的其他许多方面的影响：他的经济的、宗教的、文化的、种族的和全国性的经验方方面面的影响。民主社会中的和为民主社会而办的教育，必须为每个学生提供所需要的学校教育，以充分发展他的能力和兴趣，发挥他自己的特长……"② 同时，教育机会平等不是意指机会的同一性，因此学校应该推行个别化教学，教学制度亦应多样化。学生在学业上的成功正像失败一样，主要应该归因于学校状况及其教学的组织状况。也就是说，学校为学生的发展提供了什么样的条件。胡森说："机会平等意谓向每个儿童提供使个人在入学时存在的天赋得以发展的各种机会。合情合理的是，不能抱有这样的希望，即使完全同样地对待每一个学生的意义上去实现机会平等。相反，可以说应当为所有儿童提供在社会差异上区别对待的平等机会。"③

实现教育机会平等，显然需要教育制度的多样化，需要"恢复多种抉择"。胡森说："'任何只有通过唯一的一条被承认的途径才能取得个人尊严的社会，其实都不是开放的社会。在这唯一的入口处要进行筛选，而被淘汰者又没有足够的工读交替制可利用时，我们对所有人作出的许诺，就会多于我们能够得到的东西。'……教育制度内部实行统一体制并未导致一个更加'平等的'社会的到来，也就丝毫不足为怪。……我们可以认为，在起点上比另外一些儿童更加平等的儿童，将可以更好地利用这种统一体制。"④ 例如，针对天资禀赋超常的学生，约旦于1993年建立了朱比利学校。朱比利学校是个男女混合的寄宿中学，它为学生们提供了一种独特的学习机会。其教学计划集中针对学生的智力需要、能力和实践。它提供的教学环境能够激发学生的学习热情并能促使学生去发现、试验，以独特的方法去解决问题，甚至是发明创造，充分地发挥自己的潜力。它的学生都必须经过严格的挑选，而且挑选工作有一整套严格的标

① P. 布尔迪厄等著，邢克超译：《继承人》，商务印书馆2004年版，第98—99页。
② J. 杜威著，王承绪译：《民主主义与教育》，人民教育出版社2005年版，第384页。
③ 张人杰主编：《国外教育社会学基本文选》，华东师范大学出版社2009年版，第178—179页。
④ 张人杰主编：《国外教育社会学基本文选》，华东师范大学出版社2009年版，第177页。

准，其中包括过去的学业成绩、品行、总的智力水平，以及某些数学能力和创造性。同时，为了保证教育机会均等，不论其社会—经济地位如何，所有学生均享有奖学金，而且该校还特别注意接受那些来自约旦王国偏远地区和处境不利地区的儿童，因为这些地区的教育机构不能完成满足天禀聪颖学生的需要这项艰巨的任务。除了关注天资禀赋超常的学生外，也应关注处境不利的学生，为社会与文化方面处境不利的学生提供补偿。例如，美国的"从头开始（Head Start）"计划所参考的正是这种理论。

2. 教育绝对均等论之主张

（1）平均主义的主张

平均主义的教育绝对均等论过于强调平等的教育机会，看重教育结果均等，忽视了个体人之间所存在的差异以及个体人所拥有的自由的权利，从而主张按照数量上的平均份额将教育机会、教育资源分摊给每个个体。平均主义所主张的教育绝对平等，同人与人之间在禀赋、能力等方面的不平等现象很可能是不相符合的。虽然人们应当享有足够的教育平等以使每个人都能接受最适合于他的"教育"，但是如果没有"对于不等的成就给予不等的报酬"这种激励，那么所谓最适当地使用才能、开发潜能就会成为一句空话。换句话说，上述观点揭示出了教育绝对平等状况为什么在人类社会，不论其政治、经济和社会制度的形态如何一直未得到实现这个事实的一些原因。此种教育绝对平等的状况可能只有通过建立专制政治才能得以实现，因为只有它可以确使统治者阶层以外的所有的人都处于平等的地位。休谟说："不管……完全平等观念看上去是多么真实，它们实际上根本不可行；如果不是如此，它们对人类社会将极其有害。使财产如此平等，人们不同程度的技巧、关注和勤奋马上就会打破这种平等。"[①] 在马克思主义经典作家看来，平均主义主张的教育平等，抹杀了个人之间的区别，无助于激发个人进取精神，它一方面是慈善家的哲学，另一方面又是懒汉的哲学，同社会主义格格不入。简单说来，社会主义者所说的平等，一向是指社会权利的平等，社会地位的平等，绝不是指每个人的体力和智力的平等。至于主张人在力气和能力（肉体的和精神的）上的平等，社会主义者连想也没有想过。就旨在达到在一切条件下及一切方面的平等而言，社会主义传统上的平等从来就不是"削平"。"削平"即马克思曾鄙称的"原始共产主义"，他把这看成人类社会的最低级阶段。马克思的目的是取消阶级特权和阶级区别，即社会强加和社会推行的人与人之间的专横区别，当这些被废除时，自然

① J. 马勒著，刘曙辉等译：《保守主义》，译林出版社 2010 年版，第 49 页。

的区别会仍然存在。如果此人比彼人富有，那么只要这些财富是此人挣得的，是工作的报偿，那就随他去。显然，克劳斯兰、博登海默的以下评论无疑是歪曲了社会主义的平等观念以及平等内涵。克劳斯兰说："社会主义者寻求报酬、地位及特权方面的平等，使其足以把对社会的不满情绪降低到最低程度，足以保证个人之间的公平，足以使机会平等。社会主义者试图削弱根深蒂固的阶级划分，以及伴随这一划分出现的嫉妒与自卑的情感，努力打入不自然地融合在一起的诸阶层。这种对社会平等的信仰，一直是每一种地道的社会主义教条的最有力的伦理催化剂，仍然是当今社会主义思潮的最显著特点。"① 博登海默说："在社会主义国家，人们则试图消灭收入和财产地位上的差别，其最终目的就是要平等满足人们的需要。"②

平均主义者至少是一部分平均主义者，往往认为人与人之间没有任何差别，甚至认为，基于一种或多或少是永恒的理由，人与人之间就不该有任何差别，不管实际生活中他们的能力和贡献有何不同。换句话说，在平均主义看来，人人得到相同的教育结果是天经地义的，因而不必考虑作出很少努力的人之所得究竟是否应得。亨利说："我们愚蠢地不加分析就欣然接受了如下的观点：人与人之间没啥差别（甚至不该有差别）；自我实现比公认的成就更重要；老百姓总是对的，不需要有人引导他们思考；一个公正的好社会应该更重视安抚败者，而不是奖励胜者并鼓励他们做出更大的贡献，从而使所有人获利。……有时，实际上每当涉及教育政策时，我们几乎总是显得愚蠢可笑。"③例如，在美国，平等主义者往往无视已知的优生学知识，坚持说才能在不同阶级和不同教育程度的人群中的分布绝对是均匀的。他们因此一口咬定，人与人在成就上的差异完全是社会不公造成的。平等主义者惧怕并厌恶竞争冲动，他们试图取缔小学乃至中学里的选拔优秀学生的做法，理由是优秀生理应去帮助后进生，而不是充分利用自己的聪明才智去争取最好成绩，领先于别人。"聪明学生被分散到整个学校以便鼓励和加强其他学生的学习。这看起来像是用聪明学生作为较不聪明学生的资源，把前者看作手段而不是目的，就像我们对待强壮的年轻人一样，我们征募他们来保护普通公民。"④ 这种立场实际上体现了如下一种主张：聪明学生的才智不应只由他们自己支配利用，而是属于集体的财富，应使全班人受益。莫德对这一主张进行了批评，他说："在'机会平等'

---

① A. 卡利尼克斯著，徐朝友译：《平等》，江苏人民出版社 2003 年版，第 39—40 页。
② E. 博登海默著，邓正来译：《法理学》，中国政法大学出版社 2004 年版，第 268 页。
③ W. A. 亨利著，胡利平译：《为精英主义辩护》，译林出版社 2000 年版，第 12—13 页。
④ M. 沃尔泽著，褚松燕译：《正义诸领域》，译林出版社 2002 年版，第 292 页。

的名义下，平等主义者一心想取消或歪曲那些努力把天才儿童培养成最优秀人才的学校。平等主义者不耐烦地在选择课程时将水平从高降到普通中等程度。这使他贬低了学术水平和纪律的重要性——事实上还有学校本身。"① 但是，这样对待聪明学生似乎是错误的，他们的教育被认为既服务于他们自己的利益，也服务于共同体其他人的利益。在美国的一些小学里，一个班的学生打比赛时常被分成许多队，谁也不会在挑选队员时沦为没人想要的老末。据说这种办法可以避免学生去注意谁强谁弱。大多数时候，干脆避免搞比赛，要不就不计分数，而是转而强调个人的发展。赛跑不一定非要计时；蓝圈的高度和距离调整到每一个学生都可以投篮进球。比赛的目的不是为了用绝对的标准衡量自己，而是使人对锻炼身体感觉良好，有一种参与感。对此做法，亨利批评道："我想象不出能以比这更直接、更无害的方式来体现平等主义思想。"② 可见，平均主义者主张所有人在或应在教育的一切方面平等，就像主张一切皆不变或不应变一样的错误。平均主义者主张，无论个人之间有何差异，所有人在任何时候和任何方面都应当得到平等对待，因为这是基本的、不可违反的道德权利，且教育筛选应尽可能迟地开始。霍珀说："平均主义的意识指：接受最多的教育是每个公民的权利，而不考虑他将来对经济生产做出贡献的能力；'智力'和'可教育性'基本上由环境因素所决定，因此如果有适当的教学，所有的人都能从教育中获益；那些似乎会占据英才位置的人们应尽可能多地与那些似乎会从事低职的人们一起工作和娱乐，这样，前者就不会同'普通人'失去联系，而后者也不会在起点上过于屈从和缺乏主见。"③ 彼彻姆针对这一主张批评道："极端平等论所主张的原理正是在社会正义方面，而不是在其他道德范畴方面，人与人之间的差别是毫无意义的。按照它的观点，对社会负担和社会利益的分配必须达到绝对平等的程度才称得上是正义的，而且，违背了绝对平等的分配只能认为是不正义的，不应当考虑社会成员在有关方面可能有所区别。……谈及如此极端的形式，平等论似乎毫无可取之处，因为它根本不考虑人与人之间在某些方面确有不同，而正是这些区别使他们各自应得的也有所不同。"④ 平均主义者所言的教育平等，实际上是以"教育不平等"来界定的。依据某些特

---

① S. J. 鲍尔著，王玉秋等译：《政治与教育政策制定》，华东师范大学出版社 2003 年版，第 21—22 页。
② W. A. 亨利著，胡利平译：《为精英主义辩护》，译林出版社 2000 年版，第 18 页。
③ 张人杰主编：《国外教育社会学基本文选》，华东师范大学出版社 2009 年版，第 99 页。
④ T. L. 彼彻姆著，雷克勤等译：《哲学的伦理学》，中国社会科学出版社 1990 年版，第 359 页。

征，如社会阶层、种族、性别、民族、语言背景等划分的不同群体在统计上的差异，被他们广泛用来作为衡量教育机会上的不平等的指标。通常这种群体的差异性被解释为教育机会不平等存在的表现。平均主义者往往根据一种不假思索的假定："有才华的人在各阶级、种族和性别中的分布是绝对平均的，实际生活中的好坏差别只能是机会不均的结果，而不是能力上的差异造成的。"① 教育机会平等，则被绝对化地定义为这些差异的消除，指群体之间的统计上的一致性。衡量任何筛选机制是否公平的唯一标准，就是看其结果在人口统计上的平等性，而不是看其结果与现实状况的关系。而"群体之间的统计上的一致性"强调的无非是数量上的一致性。

（2）平均主义主张的缺陷

人类所有成员的种类平等，是伴有各种各样的个人不平等的。这其中有的是先天的，也有的是后天的，还有个人如何运用其天赋和后天所得才能的问题。艾德勒说："人的平等与不平等还可以再分成生来就有的，和后天获得的。所谓后天获得，是指他在生活过程中获得的属性或特点，即他们对自己天赋的发展程度，以及他们动手动脑的程度。"② 正因为如此，托克维尔对平均主义的绝对平等思想进行了深刻的批判。他说："实际上，有一种要求平等的豪言而合法的激情，在鼓舞人们同意大家都强大和受到尊敬。这种激情希望小人物能与大人物平起平坐，但人心也有一种对于平等的变态爱好：让弱者想法把强者拉下到他们的水平，使人们宁愿在束缚中平等，而不愿在自由中不平等。"③ 米瑟斯强烈反对当代追求一般性平等的热切倾向："从平等观点而来的历史解释，乃是我们这个时代的官方哲学。平等主义是一项严重的错误，因为它反对'真正的人性'。事实上，所有人类的权利不足以使人真正平等，人类不论现在或未来都仍将是不平等的。"④ 一般而言，在平均主义者看来，人人得到相同的份额是天经地义的，根本不需考虑做出很少努力的人之所得究竟是否"应得"；而以哈耶克、米瑟斯等人为代表的放任自由主义者认为，在一个自由的市场下，有些人致富，有些人赤贫同样是自然的，因此不必考虑是否应当如此。换句话说，平均主义是一种不问道德"应得"的极端学说，而对自由持尊重的平等主义者，对仅仅依靠政治控制来决定个人价值的集权体制持相当的怀疑

---

① W. A. 亨利著，胡利平译：《为精英主义辩护》，译林出版社 2000 年版，第 65—66 页。

② M. J. 艾德勒著，郗庆华等译：《六大观念》，生活·读书·新知三联书店 1998 年版，第 189 页。

③ 托克维尔著，董果良译：《论美国的民主》（上卷），商务印书馆 1997 年版，第 60 页。

④ 何信全著：《哈耶克自由理论研究》，北京大学出版社 2004 年版，第 59 页。

态度。

平均主义者大都不愿意承认这样一个现实：个人间的教育平等并不像许多精制的轴承那样，除数目不等外，在各方面都彼此相同。每个轴承的性质都相同，没有任何程度上的差别。轴承是没有个性的。人与轴承不同，他们是有不同个性的，而这些个性的不同又使他们彼此间虽属性相同但多少又有些不同。艾德勒把条件的平等分为两类，一类是实际存在或应该存在的条件平等，但没有程度上的差别；一类是实际存在或应该存在的条件平等，但在程度上有差别。因此，在某一既定方面，平等的人之间也是不平等的。"在环境平等方面，实际上可能存在着两种类型的平等。在一个社会里，所有的成员可能在某一方面拥有种类上的平等，但在拥有的程度上可能又各有不同。有的人拥有的多，有的人拥有的少。其实，在拥有某一条件上，所有的人都可能在种类上是平等而且在程度上也无差别的，当然，这种可能性很小。"① 但是，在环境条件平等的问题上，平均主义者主张消除任何程度上的不平等。问题在于，"他们没有看到，人在种类上的个人平等和在程度上的不平等，会导致两种不同的结论，而不是一种结论。只下结论说，人在种类上所受的待遇与得到的条件是平等的，这是不够的。还需要说明，对于个人来说，由于人在一些重要方面有程度上的不平等，所以，应在不同程度上有待遇或条件的不平等"。②

平均主义者把教育民主混淆为教育标准，忽视了它们之间的合理关系。教育民主不等于牺牲教育标准，教育平等不等于否认个体差异。一个牺牲教育标准、否认个体差异的社会不可能是一个充满活力的社会。其实，人们所拼命追求的各种东西大部分是不适合平等原则的，无论是财富还是荣誉，地位还是权力，意见还是价值品质等等。因为，"过度"的平等无疑会损害公正从而导致价值标准的崩溃。比如说，在文化作品和艺术品上取消价值标准，雅俗共赏，良莠不分，那么就不会有优秀作品了。亨利认为，在追求平等主义的过程中，美国的建国先辈们追求的平等理想如今已经严重变形。我们故意对贤哲们充分理解却令我们不快的事实视而不见，尤其是一个简单事实："我们中间有的人比其他人更出色，也就是说，更聪明，更勤奋，更博学，更能干，更难取代。一些观念比其他观念更深刻。一些价值观比其他价值观更有生命力。一些艺术

---

① M. J. 艾德勒著，郗庆华等译：《六大观念》，生活·读书·新知三联书店 1998 年版，第197 页。

② M. J. 艾德勒著，郗庆华等译：《六大观念》，生活·读书·新知三联书店 1998 年版，第277 页。

作品比其他艺术作品更具有普遍价值。"① 就教育生活而论，信奉教育公平原则不一定要把平等主义推向极端。最近 30 年间，各国政府和各国际组织特别关注教育机会平等，不断扩大学校规模，实施"全民教育"。但是，在这一过程中，往往重视成功者不足，而扶持平庸之辈却有余。这种平等主义作风从政治上讲有助于管理社会，但却牺牲了教育效率。教育系统广泛而迅速的发展以及它在许多国家中负担过于沉重，使得它无法充分地照顾到教育的公正性，而这种公正性要求人们为那些能力各异的学生提供适合其需要的学习机会。压倒一切的"全民教育"雄心使人们忽视了那些天禀聪颖的学生的需要并对能力不同的学生采取了完全相同的做法。正如杰斐逊所言，"再没有比以相同的态度去对待不相同的人更不平等的了"。无论教育政策有怎么样的良好愿望，但是使天禀聪颖的学生得不到适当的教育机会，就是使社会失去它为实现真正有效的发展而应拥有的最宝贵的人力资源。雅斯贝尔斯说："在民主制度下，人的地位受到尊重，自由才能发挥效力。比如：为弱智之人开设辅导班以及对白痴进行特殊教育，但却没有为天赋极高的人设置天才班与天才教育。如果大多数人都反对天才应有的权利时，那么这个民主就面临危机了。更进一步说，如果民主不让最优秀的人才在所有的任务和生活领域，以及人类的潜力中表现和发挥出来的话，那么民主在整个生活中的活力就会减弱，它便走向了自取灭亡之途。"② 因此，应该大力满足那些天禀聪颖的学生即"未来的领导人"在教育方面的特殊需要，促进他们的成长。《教育——财富蕴藏其中》一书说："培养英才意味着要努力制订出适合所有学生的不同天资和需要的更加丰富的教学计划，争取使他们中的每个人都能发挥自己的潜力，并注意培养那些特别有天赋的学生。在如何教授高深课程方面注意对教师进行进一步的培训也是很重要的。否则，社会给学生的信息只是在学习中力求达标，而不是争当优秀。"③

平均主义者大都忽略了或不敢正视极端教育平等的不良后果。极端的教育平等将导致一系列消极的后果，如绝对平均主义的观念和分配方式、无政府的状态等。极端的教育平等观念会抑制个体人潜能的开发，抑制个体人的进取心，进而会削弱教育发展的活力。德沃金说："绝对而无差别的平等，不但是一个软弱无力的或容易被其他价值压倒的政治价值，它根本就没有价值：用勤

---

① W. A. 亨利著，胡利平译：《为精英主义辩护》，译林出版社 2000 年版，第 14 页。

② K. 雅斯贝尔斯著，邹进译：《什么是教育》，生活·读书·新知三联书店 1991 年版，第 51 页。

③ 联合国教科文组织教育丛书，联合国教科文组织总部中文科译：《教育——财富蕴藏其中》，教育科学出版社 2005 年版，第 192 页。

快人的成果去奖励那些能够工作却选择了游手好闲的人，这样的世界根本不值一提。"① 极端的教育平等观念由于忽视人与人之间差异的重要性，个人价值的理念因此而被轻易地摧毁。那种为人们普遍持有的人性一致论，"表面上似乎与民主相一致……然最终将摧毁极为基本的自由理想和个人价值理想，并将我们所知道的生命变得毫无意义。"② 极端的教育平等观念由于无视天资、能力和业绩表现上的差异，试图根除反映这些差异的教育差别，事实证明，这不仅是一条失败之路，而且会导致社会的毁灭。"根除有利于合作的等级区别也会削弱社会，使之更易受到既有敌人的伤害，也容易产生新的敌人。历史证明，试图完全取消等级的政治和社会模式是天真的乌托邦，采用这些模式的社会得到的是灾难。"③ 在学校教育中，极端的教育平等观念重视的往往是拉上后进生或"差生"一起前进。学校可能不是奖励最有才华的学生、学习最优秀的学生，而是越来越怀疑按能力分组、差异化教学的做法在道德上的合理性，越来越担心成绩平平的学生是否充分地发挥了他们的潜力，越来越把学生成绩不佳归罪于教师的无能和学校管理的不善。"平等主义思想如今在美国社会无孔不入，影响甚深。学生如果成绩不佳，人们马上认为这是学校或老师的过错，甚至是社区的过错。你错他错，唯独学生没错。我们硬说人人都可以学有所成，问题只在于如何雕琢一块璞玉。可以把残疾人称为'能力不同的人'，却不能把愚笨的人称为'智力不同的人'。"④ 如果说美国联邦政府的教育政策含蓄地体现了精英主义的思想，州政府却要为为害最大的平等主义措施即六合彩的泛滥负责。教育家被收买，因为学校是六合彩的一大受益者。问题在于，无论输家还是赢家，都从买六合彩中获得了很坏的信息。"成功与否取决于运气的好坏，而不取决于个人的勤奋和才能。更有甚者，怀有中彩心态的人常常觉得，人生就是一场幸运的游戏，一切成功皆属偶然，有钱有势的人只不过是走运而已，而不是因为什么成就。当白日梦取代了立志，当乞灵于运气显得比实干还重要，当红眼病又多了一个理由时，输家是整个社会。"⑤ 其实，一个人的成功与否既取决于天赋、运气，也取决于个人利用天赋、运气发展自己心智的能力，更取决于自己的勤奋、努力。

---

① R. 德沃金著，冯克利译：《至上的美德》（导论），江苏人民出版社 2003 年版，第 2 页。

② T. A. V. 哈耶克著，邓正来译：《自由秩序原理》（上），生活·读书·新知三联书店 1997 年版，第 104 页。

③ R. W. 福勒著，张关林译：《尊严的提升》，上海人民出版社 2008 年版，第 8 页。

④ W. A. 亨利著，胡利平译：《为精英主义辩护》，译林出版社 2000 年版，第 154 页。

⑤ W. A. 亨利著，胡利平译：《为精英主义辩护》，译林出版社 2000 年版，第 21 页。

（三）教育机会的选择与配给

现代教育意义上的教育平等原则既然看重社会成员作为个体人存在的合理性，就势必会进一步肯定个人对教育机会或教育资源进行选择的合理性。

1. 教育机会选择的合理性

现代意义上的教育平等原则，要求给一个才智出众的学生更多、更好的教育机会，只要这些机会是以才能为标尺的。如果强制性地实施平等的教育，不仅违反人的自然本性、剥夺了人的教育选择权，而且也是不公正的。奥谢说："在一个民主社会中，阻止一个在智力、性格或体力上属于强者的人取得凭天赋能力所能取得的成绩，其不公正、不民主和犯罪的程度正如阻碍一个弱者在与同伴竞争时最大限度地发挥其能力一样。"[①] 因此，现代教育意义上的教育平等原则主张，教育机会的获得必须以才能为标尺。以才能给予相应的教育机会就是平等、"优胜劣汰"就是平等。真正的教育平等是"能力的公平＋选择的公平"，是基于能力差异的教育选择。"对青年来说，民主化已经变成了一致性和呆板性的同义语了，然而如果教育要有进步，那么根据国家的社会—专业的分类提供广阔的选择范围，改变入学的条件，公平的分配机会就应成为这种教育进步的最起码的目的。"[②] 例如，美国近十年来通过教育分权、择校运动和公立学校私营化大力推进"教育市场化重建"的目的，其实就是给予消费者在教育市场中最大的选择机会。当然，市场介入教育领域，提高了广大学生和家长选择的权利，但是在"择校"、"多样化"这些看似华丽的辞藻背后，肯定个人对教育机会进行选择的合理性却可能加重社会不公正现象，扩大强势群体与弱势群体之间的差距。因为，在看似平等的教育机会面前，由于学生具有不同的家庭背景、身份文化、话语方式等，这种选择可能更有利于来自强势背景的学生。

教育绝对均等观念既然只是看重社会成员之间的相似性，因而只能是从教育发展的整体出发，试图对每一个社会成员进行统一的教育机会安排。哈耶克说："就公费教育而言，主张平等地对待一切人的论点是很有说服力的。然而，当人们把这种观点与那种反对给予较为幸运的人以任何特别的利益这一论点结合在一起时，它的含义便发生了变化；在这种情况下，它实际上意味着：必须给予所有的儿童以任一儿童所能获致的东西，而且任何儿童都不应当拥有不能

---

① J. S. 布鲁贝克著，王承绪等译：《高等教育哲学》，浙江教育出版社 2001 年版，第 73 页。

② 联合国教科文组织、国际教育发展委员会编著，华东师范大学比较教育研究所译：《学会生存》，教育科学出版社 1996 年版，第 101 页。

提供给所有儿童的东西。如果我们进一步就这一观点进行推论，那么它就意味着对任一儿童教育所支付的费用不得超过对每个儿童教育所支付的费用。"[1] 教育绝对均等观念主张，人类有权得到的是教育环境或教育条件平等，不应该仅仅有着程度差别的种类平等，而是要超过它，应该是教育环境平等的极端形式，是没有程度差异的教育条件平等。用教育术语来说就是，所有人都应有教育自由与教育权利，对于大家所拥有的教育权利，要谁也不多，谁也不少，因为这对参加教育生活是必不可少的。显然，平均主义的这一主张忽略了人与人之间的差别，"主张所有人都有权要求政治上或经济上环境条件平等，而且在程度上没有任何差别，这是无视或忽略人与人之间存在着程度上的重大个人差别。这些在程度上的个人差异，要求在程度上的环境不平等，就像我们个人的种类平等要求环境的种类平等一样"。[2] 平均主义者不仅把教育条件平等视为至高无上，而且还付诸实践，"即使是借助机会均等去实现条件平等会在许多方面侵犯个人自由，尤其是干事业的自由，他们也要执行。在他们看来，假如只存在机会均等，而且不限制个人利用机会均等的自由，那么，机会均等就必然会导致条件的不平等。对于这一结果，他们是会感到遗憾的。他们想最大限度地扩大平等，即使那样做要多方侵犯个人的自由，他们也认为那是微不足道的"。[3] 其结果，只能是我们不再信仰人人有权实现自己的潜能，发展自己的才能，走自己的路。因此，我们需要的是一种适当的而不是极端形式的教育环境或教育条件平等。

尽管平均主义的主张有明显的缺陷，但是我们也不能忽略社会不平等、教育条件不平等对教育机会平等的侵害。如果仅仅以天生的即天资方面的不平等来解释所有的教育机会不平等，特别是学习成绩方面的不平等，忽略经济资本、文化资本、社会资本、象征性资本等的不平等对教育机会平等的影响，无疑是不合理的。例如，在绝大多数西方社会，只要人们享有机会平等，他们在收入和社会地位上的悬殊差异一般就被认为是合情合理的。"在我们的社会里，支持经济分配的通常方式是诉求'机会平等'的理念。当且仅当存在着获取职务和地位——它们会带来相应的收入和名望——的公平竞争时，收入与名望的

---

[1] T. A. V. 哈耶克著，邓正来译：《自由秩序原理》（下），生活·读书·新知三联书店 1997 年版，第 170 页。

[2] M. J. 艾德勒著，郗庆华等译：《六大观念》，生活·读书·新知三联书店 1998 年版，第 208 页。

[3] M. J. 艾德勒著，郗庆华等译：《六大观念》，生活·读书·新知三联书店 1998 年版，第 168 页。

不平等才被认为是合理的。当国民的平均收入为 2 万美元的时候，某人收入 10 万美元之所以能被接受，是因为存在着机会的公平平等，也就是说，没有人仅仅因为自己的种族、性别或社会背景等因素而在竞争中处于不利的地位。无论较不利者是否从这种不平等中受益，这种不平等收入都是公正的。"① 只要杰克享有与吉尔一样的机会，即使杰克的年收入只有两万美元而吉尔一年收入达 20 万美元，也没有什么不公正。假设吉尔是医生而杰克是农民，这是他们收入差距的原因。如果杰克具有与吉尔一样的机会成为医生，也就是说，杰克不因他的种族、宗教信仰或与从医无关的障碍而被医学院拒绝录取，这种结果就被认为是可允许的。事实上，假如杰克的成绩有吉尔那么优秀，他也能够学医，也能够成为年薪 20 万美元的医生。按照这种观点，生活就是优胜劣汰的竞争，只要竞争者的起点是平等的。平等的起点代表了机会平等。一些人会说，这就是平等应当实现的内容。但是，我们不得不这样说："假如杰克的成绩有吉尔那么优秀，他就有同样的机会成为医生，却是一种浅薄的机会平等观，经不起进一步的推敲。我们需要追问的是：为何杰克的成绩不如吉尔优秀？或许是因为他在能进医学院之前所享有的教育条件太差——班级太大、教师不够优秀、其他资源不足等等。如果是这样，杰克根本就无法在同一起点上与吉尔竞争。真正的机会平等，要求人人都能享有同样的教育资源。"② 正因为如此，对教育面前机会平等的观念所进行的修正，在教育政策上产生的实际影响是把学业成败的责任归之于学生已被认为不很积极。于是，学业成败的责任就落到制度——教育制度或整个制度身上了。"目前大多数机会均等观念意味着创造学业成就的责任应由教育机构，而不是由儿童来承担。十二年级黑人和白人学生之间的平均成就的差异实际上是机会不均等的程度，而减少这种不均等是学校的责任。……学校的责任已从公平地增加与分配它的'均等'，变为增加学生学业成就的均等。"③ 另一方面，对教育面前机会平等的观念所进行的修正，使人们更加关注文化资本、社会资本等的不平等对教育机会平等的影响。"再生产理论"较好地回答、解释了这一问题。

2. "再生产理论"的解答

再生产理论勃兴于 20 世纪 70 年代中期，但在 20 世纪 80 年代后渐趋沉寂。近些年来，随着经济社会发展而来的一系列不平等问题的凸显，再生产理论似

---

① W. 金里卡著，刘莘译：《当代政治哲学》（上），上海三联书店 2004 年版，第 108 页。
② P. 辛格著，刘莘译：《实践伦理学》，东方出版社 2005 年版，第 38—39 页。
③ 张人杰主编：《国外教育社会学基本文选》，华东师范大学出版社 2009 年版，第 158 页。

有勃兴之势。鲍尔斯等人的"经济再生产理论"以马克思主义的再生产理论为基石，通过对资本主义国家经济结构、家庭结构以及教育之间关系的阐述，揭示了教育中存在的"符应原则"。他们说："我们相信，教育制度透过其社会关系与生产社会关系之间的结构性符应，而有助于将年轻人整合入经济制度中。教育的社会关系的结构，不只使学生习惯于工作场所的纪律，而且也发展个人举止的类型、自我演出的方式、自我心像，以及社会阶级认同——这些都是工作胜任的决定性成分。"① 因此，在资本主义国家，教育世界中的各种社会关系复制了劳动的社会等级分工，学校管理人员与教师的关系、教师与学生的关系、学生与学生的关系、学生与其学习的关系都反映了社会权力结构和等级关系。此外，教育的等级层次、类别层次与社会的等级层次相对应，不同的教育层次为职业结构的不同层次提供劳动力。鲍尔斯等人说："高社经背景的那些人（在家庭所得、父母教育，以及职业的综合量数上得分最高的百分之二十五）进入学院的可能性，几乎比低社经背景的学生多出两倍。对'低能力'的学生而言，那些具有较高社会经济背景的人进入学院的可能性，比低社经背景的学生多出四倍。"② 除此之外，来自不富裕家庭的学生在学校里受到比较少的关注、教育支出较少等都是教育不平等的反映。因此，教育对复制的贡献在于：第一，它培养这样一种信仰——经济的成功本质上有赖于拥有能力与适当的技巧或教育，从而将阶级结构与不公平合法化。"学校从表面上看是向所有人开放的，这样一来就可以把一个人在社会分工中的地位描绘成不是其出身所造成的结果，而是由于他的努力和才能造成的结果。"③ 学校教育作为确定学生在这一阶级结构中所占地位的一种途径越来越重要，这一重要性在使这一阶级结构本身合法化方面起着非常重要的作用。第二，它借助创造那些适合资本主义经济的能力、资格、观念与信仰，以便教导年轻人使他们准备进入他们在阶级支配的、异化的工作世界中的职位。换句话说，教育的功能是"复制"，"不平等的学校教育能再现社会分工"。④

经济再生产理论明确提出了资本主义学校的本质功能，就是再生产不平等的劳动分工。布尔迪厄的"文化再生产理论"是再生产理论的组成部分之一。

① S. 鲍尔斯等著，李锦旭译：《资本主义美国的学校教育》，（台北）桂冠股份图书有限公司 1989 年版，第 190-191 页。
② S. 鲍尔斯等著，李锦旭译：《资本主义美国的学校教育》，（台北）桂冠股份图书有限公司 1989 年版，第 42 页。
③ 张人杰主编：《国外教育社会学基本文选》，华东师范大学出版社 2009 年版，第 183 页。
④ 张人杰主编：《国外教育社会学基本文选》，华东师范大学出版社 2009 年版，第 186 页。

布尔迪厄认为，所有文化都含有"专断"的意味。当人们经由社会化而获得一种文化时，可能也不自觉地获得了该文化的专断，即再生产统治阶级或被统治阶级的文化专断。不管是家庭教育还是制度化教育，都有自己的文化专断。"从教育行动是由一种专断权力所强加的一种文化专断的意义上说，所有的教育行动客观上都是一种符号暴力。"① 而学校教育制度的文化专断，则是支配阶级文化专断的变种而已。"教育行动强加一种文化专断的专断权力，最终以集团或阶级之间的权力关系为基础，这些集团或阶级构成了教育行动在其中实施的社会构成。教育行动使它灌输的文化专断得以再生产，从而有助于作为它专断强加权力的基础的权力关系的再生产。"② 当教育开始教人时，它尝试将支配阶级的文化专断灌输在来自其他文化的儿童身上。其结果是：（1）支配阶级的儿童发现教育是容易理解的，并且容易展示自己的天才与卓越；（2）支配阶级的文化被显示是比较高级的；（3）作为一种"符号暴力"的教育行为，通常借助于蓄意的欺骗被施加在较低阶级的儿童身上。布尔迪厄说："对一个社会构成实施的不同教育行动，在被设计为整个'社会'不可分割的共有财产的一种文化资本的再生产中和谐地合作。实际上，由于这些教育行动符合在权力关系中处于不同地位的集团或阶级的物质和符号利益，它们总是有助于这些集团或阶级之间文化资本分配结构的再生产，从而也有助于社会结构的再生产。"③ 因此，由于学校是文化传递的主要工具，学校在传递、再生产文化的同时，也再生产了不平等的阶级结构和社会关系。这种文化的再生产，实际上是文化资本的再生产。布尔迪厄在《继承人》一书中集中探讨了由于这种文化资本的差异而带来的学业上的不平等或教育结果上的不平等。在他看来，处于最有利地位的大学生，不仅从其出身的环境中得到了习惯、训练、能力这些直接为他们学业服务的东西，而且也从那里继承了知识、技术和爱好。一种"有益的爱好"对学习产生的间接效益，并不亚于前面那些因素。除去家庭收入不同可以解释学生之间的差距以外，"自由"文化这一在大学某些专业取得成功的隐蔽条件，在不同出身的大学生之间的分配也很不平均。在熟悉文艺作品方面，文化特权十分明显，这只有经常去剧院、博物馆和音乐厅才能做到（学校不能组织、或只能偶尔组织这些活动）。对那些学校内涉及更少的，一般说来距现在更近的作品来说，上述情况更为明显。从戏剧、音乐、绘画、爵士乐或电影这几个文

---

① P. 布尔迪厄等著，邢克超译：《再生产》，商务印书馆 2002 年版，第 13 页。

② P. 布尔迪厄等著，邢克超译：《再生产》，商务印书馆 2002 年版，第 18 页。

③ P. 布尔迪厄等著，邢克超译：《再生产》，商务印书馆 2002 年版，第 19 页。

化领域来看，大学生的社会出身越高，他们的知识就越丰富，越广泛。如果说，在使用一件乐器、通过看演出了解戏剧、通过听音乐会了解古典音乐等方面的差异不会使人感到惊讶，因为这是各个阶级的文化习惯和经济条件所造成的。通过对上述现象的分析，他得出了如下结论："文化方面的不平等，以那些不存在有组织教学的领域更为明显；文化行为受到的社会因素的制约，大于个人的兴趣和爱好。"①

此外，学校文化还是与中上阶层的阶级文化相吻合的，而对于农民、一般雇员和小商人的子弟来讲，掌握学校文化就是文化移入。在学校教育中，这些来自下层阶层的子弟只有十分刻苦，且要付出很大的代价，才能掌握那些教给有"文化教养"的阶级子弟的那些东西，即通常所说的精英文化。对于那些来自具有"文化教养"阶层的子弟而言，学习学校的文化实际上就是一种继承。因此，在教育中，文化遗产以更隐蔽、更间接的方式传递，对学生产生不同的影响。"来自家庭环境的一整套爱好和知识造成了大学生之间的差异，他们在学习学术文化方面只是表面上平等。实际上，使他们分化的，不是不同统计属类因不同关系和不同原因形成的差异，而是他们在一定程度上与其出身阶级共有的一些文化特征系统，即便是他们不承认这一点……总之，在决定一个大学生群体与其学业关系的所有方面，都表现出他们所属的阶级与整个社会、与社会成功及与文化的根本关系。"② 泰勒认为，民族建构的过程不可避免地会有利于主流文化群体中的成员。他说："如果某一现代社会具有某种'官方'语言——就该术语的完整意义而言，所谓'官方'即是指由国家加以支持、培植和界定的，使经济与政治得以运转的语言与文化；那么，对于那些拥有这种语言和文化的人而言，这显然是一种巨大的优势。使用其他语言的人则处于相当的劣势。"③ 这无疑意味着，如果学校使用"官方"语言，少数群体会面临困境，不仅有被边缘化的危险，而且学业失败势成必然。伯恩斯坦则从语言、编码的角度阐述它们与教育不平等之间的关系。在伯恩斯坦看来，工人阶级家庭使用的是一套"简约型语言编码"，而中产阶级家庭使用的是一套"精致型语言编码"，而学校使用的语言恰与中产阶级相似，这无疑对他们极为有利。相反，工人阶级的语言与学校中使用的语言缺乏一致性，这显然对工人阶级子弟的学习产生了不利的影响。

---

① P. 布尔迪厄等著，邢克超译：《继承人》，商务印书馆 2004 年版，第 20—21 页。
② P. 布尔迪厄等著，邢克超译：《继承人》，商务印书馆 2004 年版，第 24 页。
③ W. 金里卡著，刘莘译：《当代政治哲学》（下），上海三联书店 2004 年版，第 623 页。

（四）比例平等与完全平等

非基本教育权利之机会比例平等，实际上是一种教育机会的不平等，但这种教育机会不平等的比例，与每个人的"某方面之差别"（即"相关项"或"有关性质"）的不平等的比例是完全平等的。霍布豪斯说："有一种对待平等的方法，这种方法以差别为出发点，将平等视为一种必要的调整，在此调整中人们之间的差别（不管在哪方面）构成相应的不同待遇的基础。这种'平等'主义不是绝对量的平等，而是比例的平等。"① "某方面之差别"、"相关项"或"有关性质"，即是分配的根据。正如彼彻姆所说："正义与否取决于是否注意到个人之间的'有关方面'的不同点。对于某些道德目的（譬如，在基本的权利和责任方面），每一个人都可以被看作是平等的。然而，对于公平地分配特定的社会负担和社会利益的目的，他们之间又是如此惊人地不同。"② "每一项正义的现实原则划定一项'有关性质'，以此为根据来分配负担和福利。"③ 当然，至于以什么"有关性质"或"相关项"（诸如个人需要、个人权利、贡献、成绩）作为分配原则，人们的主张并不是完全一致的。教育绝对均等观念主张，为了求得教育机会完全平等，哪怕采取倾斜照顾措施也可。"在入学方面有了形式上的平等，但这是不够的，还应当使不同社会出身的儿童有更多的机会变得聪明，为此还应当在学前教育机构或就本义而言的学校中更加突出平等。至于儿童在智商方面的差别，大部分在未入学之前已经形成。家庭，尤其同学的文化水平在继续起着重要作用。为了更好地使学业成就差别有所缩小，社会就得专门采取措施，来补偿儿童赖以成长的背景之不足，并补偿儿童可能在家中形成的不足。为了完全实现教育面前机会平等这一目标，甚至可以采取违背家庭意愿的行动。……这些观点已经为瑞典皇家学前教育机构委员会所确认。"④ 一般而言，倾斜照顾措施从道义上看，似乎是公平的，但实际上却是不公平的，而且也无法对被照顾者作到公平对待。亨利认为，让人感到可悲的是，教育的堕落只不过是将人引入歧途的平等主义的最突出的表现。在行政机构和私人公司里，旨在从更多的族裔中培养领导人才的平权措施受到相当程度的曲解和滥用，其主要后果反而是贬低了少数族裔中靠个人勤奋、刻苦和好学

---

① L. T. 霍布豪斯著，孔兆政译：《社会正义要素》，吉林人民出版社 2006 年版，第 73 页。
② T. L. 彼彻姆著，雷克勤等译：《哲学的伦理学》，中国社会科学出版社 1990 年版，第 358 页。
③ T. L. 彼彻姆著，雷克勤等译：《哲学的伦理学》，中国社会科学出版社 1990 年版，第 340 页。
④ 张人杰主编：《国外教育社会学基本文选》，华东师范大学出版社 2009 年版，第 178 页。

取得的成就者。他说:"我在《时代》杂志社的一位同事和在《纽约时报》的一位好朋友都说过:'如果没有平权措施,我根本不可能有这份工作。'与此同时,两人又有同感,平权措施给他们个人取得的成就蒙上了一层阴影。即使是本族裔里的黑人也认为,他们的成就不完全是个人奋斗的结果。"① 总之,我们不能把可能平等地接受教育与教育机会平等混为一谈。

现代教育意义上的教育平等原则、教育绝对均等观念都从未放弃对教育平等、教育机会的诉求,但教育绝对均等观念的立足点是从"是"推导出"应当是",而现代教育意义上的教育平等原则的立足点是基于自然法,或者契约论。现代教育意义上的教育平等原则尽管承认人们在教育机会、教育结果上的诸多不平等,但并不因此而认为这样的不平等就一定是天经地义的,或者可以任意地扩大或为之辩护。诚如罗尔斯所说:"获得文化知识和技艺的机会不应当依赖于一个人的阶级地位,所以,学校体系(无论公立还是私立学校)都应当设计得有助于填平阶级之间的沟壑。"② 针对教育卓越论的主张——"应该使最有能力的个体的天赋得到全面的开发"这一观点,现代意义上的教育平等原则认为这是不合理的。因为,没有人能对自己拥有什么天赋而负责任,没有人能被合理地认为因为拥有某种天赋而应得什么。因此,"那些教育卓越论的严肃的支持者应该对拒绝教育平等原则所建议的实践持谨慎态度,因为我们确定高天赋之人的能力非常有限,特别是当这些儿童来自社会处境不利群体时,他们的鉴定更加困难。在这方面,'应得观'很有说服力:如果较高的天赋应得到开发,那么教育系统就应该确保没有人被从这个优秀榜中落下"。③ 同时,在最高可能水平上实现人的卓越天赋确实很重要,因为这些卓越天赋的实现是件好事,即使除了那些实现了其天赋之人外没有人从中受益。不管这一观点具有多大的合理性,它也不能作为政府采取行动去制造这样的产品的理由。"政府有义务为其公民提供产品,但当政府为提供某些它无需承担任何义务的产品而牺牲了为其公民提供其有供给义务的产品的机会成本时,政府就不应该涉及那种无需承担义务的产品的生产。一个教育系统的目的不是为其自身的目的而去培养卓越(即生产'卓越'这种产品),而是为了那些可以达到这种卓越同时从

---

① W. A. 亨利著,胡利平译:《为精英主义辩护》,译林出版社 2000 年版,第 6 页。

② J. 罗尔斯著,何怀宏等译:《正义论》,中国社会科学出版社 2001 年版,第 74 页。

③ R. Curren 主编,彭正梅等译:《教育哲学指南》,华东师范大学出版社 2011 年版,第 618 页。

这种卓越中受益之人培养卓越这种产品。"① 此外，尽管人类最高可能的卓越的实现，确实能让人类世世代代从这些实现了的卓越中受益。爱因斯坦等人的成就确实使无数人受益，并且仍将使许多人受益。尽管这些益处无法量化，但这一考量值得我们重视。从教育平等的视角来看，更加需要确定对这一考量的重视程度。不过，持这一主张的人应该对拒绝教育平等论所建议的实践持谨慎态度："许多我们所知道的在艺术和科学领域取得卓越成就之人往往不曾被他们的教育者确定为具有卓越的天赋，他们也并没有从把教育资源系统性地再分配给那些被预测可以获得伟大成就之人的做法中获益。"② 现代教育意义上的教育平等原则坚守教育法律面前的人人平等，有关教育法律必须是普遍的和非歧视性的要求，这些是能够保障那些事实上在教育机会方面不平等的人们以合理的方式求取教育机会的唯一程序。否则，人们受到不平等的对待，其教育前景便无保障。事实上，人们在教育结果等方面的不平等，不应当成为政府和教育法随意区别对待他们的理由或依据。然而，即使是对不同的人们同等对待，也涉及平等标准上的混淆。因为平等对待的对象本身在智力、能力和勤勉程度、运气方面都是不同等的，以任何一种教育结果平等的措施来干预事实上的不平等，都可能导致新的不平等。例如，招生录取中的倾斜政策可能是使事实上的所谓"差生"平白无故地得到更多或更好的教育资源，这是另一种意义上对勤勉者的不平等对待。为了避免这种混淆和新的不平等，现代教育意义上的教育平等原则坚守程序正义意义上的教育机会平等和教育起点平等的底线，坚守非基本教育权利之机会的分配遵循比例平等。诚如唐德斯所说："'平等享有权利……并不等于时刻受到同样待遇。'并非所有差别对待都构成歧视。如果区别的标准合理、客观并符合合法目的，区别对待就不构成歧视。然而，倘若同等条件下受到不同待遇，或应该区别对待时却没有区别对待，又没有任何客观、合理的理由，就违背了平等原则。"③

（五）可行性与理想性

教育平等原则既然是适应现代社会教育的现实情况而形成的，因此，在现

---

① R. Curren 主编，彭正梅等译：《教育哲学指南》，华东师范大学出版社 2011 年版，第 618 页。

② R. Curren 主编，彭正梅等译：《教育哲学指南》，华东师范大学出版社 2011 年版，第 618－619 页。

③ 伊冯娜·唐德斯著，黄觉译：《文化多样性和人权能完美结合吗》，《国际社会科学杂志》（中文版），2011 年第 1 期，第 22 页。

代社会中，教育平等原则具有现实可行性。换句话说，现代意义上的教育平等既重视公民身份，又重视个体人之间的差异。米勒说："从公民身份的观点看，教育是与孩子从哪里获得作为一个合格的公民的能力相关的，这不但是指他们要学习与其社会和政治环境有关的东西，而且是指他们要学习如何与他人相处，如何进行政治对话以及如何广泛地参与到社会生活的各种不同的领域中去。因此，这里的分配原则是平等。"① 即，从公民身份观点看，教育平等并不是分配性的平等（虽然具有一定的分配含义）：它并不规定要把任何特定类型的教育利益、教育资源平等地分配给人们。它只不过是确定一种教育生活形式，在这种教育生活形式中，人们在教育生活的方方面面相互把对方当作平等的人来对待。诚如沃尔泽所言："学生的简单平等与公民的简单平等相关：在教育体系中，一人一票，一个孩子一个位子。我们可以把教育平等当作一种福利供给的形式，其中，所有孩子都被当作未来的公民，同样需要学习知识；其中，如果教以同样的东西，成员资格的理想就得到了最好的实现。孩子们的教育不许由他们父母的社会地位或经济能力决定。"② 在他们的教育交往、社会交往中，"他们基于每个人具有超越（例如成就的）特殊的不平等的平等地位的假设而行动"。而从工具性的观点看，"教育是一种实践，在这种实践中，具有不同才能的孩子努力去获得他们可以在劳务市场中发挥的新的具体技能；因为职业性报酬的最终分配是符合应得原则的，必须根据每个孩子运用教育资源上所表现的能力使他们得到这种资源"。③ 简言之，现代意义上的教育平等一方面把孩子和少年当作未来的公民加以考虑，我们就会希望他们具有共通的经验，学会与不同阶级或民族背景的人进行联合，另一方面亦主张根据孩子的能力和成绩不同地对待他们。

相反，教育绝对均等的观念完全从"公民身份"出发，忽视个体人之间的差异，无疑是同现代社会教育的实际状况格格不入的。例如，沃德在其教育平等的理论体系中，就主张一种更为平均主义的正义观。他认为，正义存在于"社会对那些原本就不平等的社会条件所强行施予的一种人为的平等之中"。他赞同采纳一种试图在一个社会或国家的全体成员之间实现机会无限平等化的社会政策。每个个人，不论其性别、种族、国籍、阶级或社会背景，都应当被给予充分的机会去过一种有价值的生活。而这种有价值的生活只有通过那种旨在

---

① D. 米勒著，应奇译：《社会正义原则》，江苏人民出版社 2005 年版，第 49 页。
② M. 沃尔泽著，褚松燕译：《正义诸领域》，译林出版社 2002 年版，第 269 页。
③ D. 米勒著，应奇译：《社会正义原则》，江苏人民出版社 2005 年版，第 49 页。

使社会上下层阶级的所有成员在智识上实现平等的详密的教育规划方能实现。因为，智识同阶级背景是毫无关系的，而且从很大程度上来讲，它取决于环境因素，特别取决于是否能够让所有的人都接触到所有可资使用的信息资料以及是否能够向所有的人开放昔日的智慧遗产和当今的知识财富。① 沃德等人在其教育平等问题上的主张，从理论上言虽无太大的瑕疵，却带有一定的理想色彩。还有一些平均主义者对因教育方面的差异而导致的不平等进行了集中批判，他们越来越倾向于以这样的方式来表达他们对机会平等的要求：就我们所知道的提供给某些人的最好的教育，应当免费向所有的人提供，而且，即使这一点在今天还不可能完全做到，那么一个人也不能仅仅因为其父母有能力支付此笔学费就可以受到比其他人更好的教育，而只有那些以及所有那些能通过统一考试的人，才应当被允许享用高等教育这一有限资源的利益。

因此，若在现代社会实施教育绝对均等的观念，虽是可欲的，但却是不可行的，也肯定是行不通的。正如哈耶克所说："一些人为了实现正义，竟然强硬地主张，所有的人都应当以同样的机会为出发点；然而我们需要指出的是，不论这些人的动机多么值得称道，他们的主张却是一种根本不可能实现的理想。再者，任何妄称已经实现了这个理想或已经接近这个理想的说法，都只能使那些较不成功者的状况变得更糟。尽管人们完全有理由根除现行制度可能对某些人的发展所设置的各种具体障碍，但是欲使所有的人都始于同样的机会，却既不可能也不可欲，因为只有通过剥夺掉某些人所具有的但却不可能提供给所有的人的机会这种方式，才能达致这一点。虽说我们希望每个人都拥有尽可能大的机会，但是，如果我们的目标是使每个人的机会都不能大于最不幸者的机会，那么我们肯定会扼杀大多数人的机会。那种认为所有生活于一个国家的同时代人都应当从同一地位出发的观点，实无异于那种主张应当确使生活于不同时代或不同国家的人获享这类平等的观点；毋庸置疑，这两种观点都与日益发展中的文明不相符合。"② 正是从这个意义上讲，极端自由主义倒是有可能的，但极端平均主义却是行不通的。阿隆说："本质上，每一个人都有权得到最好的医疗和教育的一种社会秩序是不可能的，因为最好的医疗和教育是为少数人保留的东西。通过所有竞争者从同一起跑线上的竞争来挑选这些少数人，看来是我们的大多数同时代人的理想。也许，我们能接近这种理想，但是，它

---

① E. 博登海默著，邓正来译：《法理学》，中国政法大学出版社 2004 年版，第 263－264 页。

② T. A. V. 哈耶克著，邓正来译：《自由秩序原理》（下），生活·读书·新知三联书店 1997 年版，第 170－172 页。

是不可能实现的，正如一个法治的、不是人治的社会的理想也是不可能实现的。"① 况且，从某种意义上讲，学校教育的本质就是精英主义。正如亨利所说："办学是为了传授知识，考核学生，区分出好坏优劣；是为了提倡博学多识比孤陋寡闻好。教育是精英主义的。文明也是精英主义的。平等主义者欢呼伊甸园里的愚昧无知。在伊甸园里，是不会有悟出苹果妙用的牛顿的。"② 即便学校教育不是精英主义的，借助于学校追求教育平等也是不现实的、不可欲的。例如，美国的学校经常被指责为引起了所有领域的不平等。如果只有学校拥有平等的资源、设备和教师，那美国就走上了消除不平等的正确道路了。不过在过去几十年中，这个前提受到很大怀疑——"学校对孩子的成就影响不大，后者与家庭背景和一般的社会环境相关"。③ 换言之，超过教育正义所允许的更大教育自由，在社会上可能会有，但超过教育正义所要求的更大的教育平等、教育权利平等却不能维持。奥肯说："权利的分配强调平等，甚至不惜以公正和自由为代价。统一地对待人们不同的能力、兴趣和爱好，至少，按某些标准来衡量便不是公正的。"④ 教育绝对均等的主张虽然唤醒和激励了永远无法完全满足的要求教育平等的激情，但是，这种完全的、绝对的教育平等，总是在人们以为得到它的瞬间，便从他们的手中悄悄地溜走和消逝了。因此，真正的教育平等只要符合以下原则就行了。"只要根据正义原则，照顾到人与人之间平等的同时不忽略个人间的不平等，在照顾到个人间不平等的同时又不忽略个人的平等，这样做就行了。"⑤

从以上的分析中可以得知，教育平等理念对于现代社会中教育公平原则的基本要求在于：应将个体人作为教育公平原则的重要立足点，不能处处借口社会整体发展的需要而轻视个体人的教育权利以及发展机会；应将广大个体人普遍享有教育机会的原则作为重要内容，承认个体人对于教育发展的贡献，维护个体人的基本尊严并真正确保个体人教育权利尤其是基本教育权利在现实社会生活中的实现。"教育不仅仅是为了给经济界提供人才：它不是把人作为经济工具而是作为发展的目的加以对待的。使每个人的潜在的才干和能力得到充分发展，这既符合教育的从根本上来说是人道主义的使命，又符合应成为任何教

①　R. 阿隆著，姜志华译：《论自由》，上海译文出版社 2009 年版，第 84 页。
②　W. A. 亨利著，胡利平译：《为精英主义辩护》，译林出版社 2000 年版，第 55 页。
③　D. 波普诺著，李强等译：《社会学》，中国人民大学出版社 2002 年版，第 443 页。
④　A. 奥肯著，王奔洲等译：《平等与效率》，华夏出版社 1999 年版，第 8 页。
⑤　M. J. 艾德勒著，郗庆华等译：《六大观念》，生活·读书·新知三联书店 1998 年版，第208 页。

育政策指导原则的公正的需要。"① 同时，教育发展从某种程度上讲是一个螺旋式前进的过程，教育平等是相对的，而教育不平等则是绝对的。沃尔泽说："设想一个五岁儿童，他能够为自己制订一个长期目标，设计一个计划，例如决定成为一名医生。他应该有与其他儿童几近相同的机会——类似的抱负、类似的智力、对别人的需要的类似的敏感力——去得到必要的教育并赢得他想要的职位。……但我想要强调的是，平等常常是大致的平等。宣称每个公民应当拥有对可获得的机会完全同样的份额并没有什么意义，不仅是因为特定学校和老师对特定学生不可预期的影响，而且也因为不同个人在不同申请人群体中不可避免的工作安置。"② 教育系统存在一定程度的发展不均衡，有利于保持竞争的压力与活力，有利于打破平均主义，促进教育资源的合理流动与优化配置。不过，教育不平等问题如果长期持续，也会带来不可忽视的危害。诚如阿隆所说："在多民族的国家中，某些群体没有机会上学或只能去低质量的学校，与技术文明不可分离的不平等的压力就落在了他们身上。没有受过教育的少数民族是落后的少数民族，他们在富裕的社会中陷入了贫困，正如人类的四分之三陷入贫困。如果他们能充分地利用物质资源和知识，是本可以使自己摆脱贫困的。"③ 因此，鉴于教育绝对平等的弊端，应防止将教育公平原则衍化为教育平均主义的做法。

平均主义者所犯的错误，与无视或忽略人与人之间种类上平等的精英统治论鼓吹者所犯的错误是一样的。精英统治论鼓吹者只根据个人程度上的不同，就建议人们在教育方面应有不同程度的教育环境或教育条件差别。除教育机会平等外，精英统治论鼓吹者几乎反对任何种类上的教育环境或教育条件平等。他们接受教育机会平等是因为他们相信，在教育生活竞争中，优秀者必胜。对于精英统治论者的这一主张，许多学者进行了批评：布尔迪厄说："对社会不平等的不认识，导致了以天生的即天资方面的不同来解释所有的不平等，特别是学习成绩方面的不平等。在一种制度的逻辑里，存在着类似的态度。这一制度的基础和运转条件是所有受教育者的表面平等，它除个人天资以外不能承认其他的不平等。无论在纯粹意义的教学中还是在选拔人才的时候，教师只认识具有平等权利和义务的受教育者；如果他在学年当中为某些人调整自己的教学，那他考虑的是'天资欠佳者'，而不是因社会出身而处于更不利地位的人。同样，如

① 联合国教科文组织教育丛书，联合国教科文组织总部中文科译：《教育——财富蕴藏其中》，教育科学出版社 2005 年版，第 70 页。
② M. 沃尔泽著，褚松燕译：《正义诸领域》，译林出版社 2002 年版，第 188 页。
③ R. 阿隆著，姜志华译：《论自由》，上海译文出版社 2009 年版，第 70 页。

果他在考试的时候注意到某个考生的社会处境，那他不是把这个考生看成了一个处于不利地位的社会属类的成员。恰恰相反，他所给予他的只是一种社会状况所应得到的特殊关注。"① 英国教育大臣克劳斯兰（1965—1967 年）对英国公学就感到极度的厌恶，并力主把综合教育体制引入公立学校。他说："孩子受教育机会程度的大小，视其父母财富的多少而定，这种观点实在堪称野蛮。"② 当然，要避免犯精英统治论的错误，不一定非走到平均主义这个极端。换句话说，平均主义的教育平等主张与精英主义的教育平等主张都会使教育陷入困境：要么择优，这样做会使学业失败增多和排斥危险增加；要么实行平均主义，传授同样的课程，这样做又会压制个人才能的发挥。

---

① P. 布尔迪厄等著，邢克超译：《继承人》，商务印书馆 2004 年版，第 89 页。
② A. 卡利尼克斯著，徐朝友译：《平等》，江苏人民出版社 2003 年版，第 41 页。

□ 第二章
教育自由

自由的理念是最宝贵的价值理想——它是人类社会生活中至高无上的法律（阿克顿语）。

一、教育自由与教育平等

教育自由与（教育）平等这两个理念密切相关，难以分割。人们往往把"自由、平等、博爱"这三个词联为一个固定用语，即是明证。诚如勒鲁所说："法国革命恰当地把政治归结为这三个词：自由、平等、博爱。"① 就教育世界而言，没有平等的教育自由，就像没有教育自由的平等一样，是不能想象的。如果说二者还有什么差别的话，那就是，（教育）平等侧重于对个体人基本种属尊严的肯定和保护，而教育自由则侧重于对个体人所具有的个体差异的尊重和保护，侧重于所有人在法律面前享有同等的权利。当然，教育自由与（教育）平等亦存在着某种程度的冲突。我们甚至可以说，构成近一百多年来西方社会教育公平论的关键词，正是这一对矛盾——教育平等与教育自由。即，是不惜牺牲某些人的个人教育自由权利以达到较大的教育平等，还是宁可让某些教育不平等现象存在也要全面捍卫每个人的教育自由权利。

教育自由与教育平等是相互冲突的，还是相互兼容的？对这个句子之所以要打上一个问号，是因为在相当一些情况下，这是一个伪问题。

---

① P. 勒鲁著，王允道译：《论平等》，商务印书馆 1996 年版，第 11 页。

（一）教育自由与教育平等的冲突

1. 自由与平等的冲突

在讨论教育公正或正义时，人们不是用教育平等就是用教育自由作为探讨教育公正或正义问题的逻辑起点。如果不为平等和自由在社会组织规划中安置一个位子，就不可能提出一项令人满意的正义原则。

自由和平等很容易发生对立，因为自由的扩大并不一定会增进人与人之间的平等。一种把不干预私人活动确定为政府政策之主要原则的社会制度，可能会产生一种高度不平等的社会形态。另一方面，如果仅仅强调平等，则有可能扼杀增进美德的激励因素，而这种美德对于文明进步是大有裨益的。斯蒂芬认为，对纯粹平等的诉求是令人忧虑的，因为它是个空洞无物的概念。如果把平等作为一种不加限定的价值提出来，它通常是指财产平等。然而，此种意义上的平等却是与自由相悖的。"如果人类的经验证明了什么，它所证明的就是，把限制最小化，把最大限度的自由赋予所有人，结果不会是平等，而是以几何级数扩大的不平等。在各项自由之中，最重要、得到最普遍承认的自由，莫过于获得财产的自由。如果你在这件事上限制一个人，那就很难看出你给他留下了其他什么自由。……'自强者，天助之'。一切私有财产都起源于劳动并为劳动者带来益处，而私有财产恰恰是不平等的本质。假设每个人都享有平等的权利，他们十分紧密地结合在一起，所以他们的劳动成果也都被集中在一起，靠这一份共同财产养活。这样一来，你确实为平等和博爱赋予了十分明确的含义，但是你必须绝对地排斥自由。经验证明，这不仅是个理论的难题，也是个实践上的难题。它是一切社会主义方案无法克服的障碍，它解释了它们的失败。"[①] 勤奋、运气、技能和无数其他因素，必然导致有些人比别人获得和积累更多的财产，因此行动的自由导致了结果的不平等。就算能够消除这种不平等，也只有通过政府不断干预个人追求他们自身目标的各项自由。贝尔说："西方世界把个人的社会流动性和地理流动性确立为一种价值，而这种价值的确立是因为人们把机会平等看作是西方自由社会中有关平等的压倒一切的定义。一般说来，这个原则还未遭到挑战。当人们看到，机会的平等已经成为正式的事实，但某些群体在历史上一直社会地位低下，在'公正地'竞争职位时处境可怜，因而也就有充分根据采取补偿行动来为这些不平等作出纠正。然而原则依然存在：个人通过其'自然的'能力和各自的努力试图达到所可能达到

---

① J. F. 斯蒂芬著，冯克利等译：《自由·平等·博爱》，广西师范大学出版社 2007 年版，第 147—148 页。

的目标时，他们须得到平等的对待。个人之间竞争的后果就是地位、收入和权威达到不能互相比拟的程度。这些不能互相比拟的后果已被证明是有道理的，因为它们是自由获得和通过努力赢得的。这就是'公正的能人统治'的思想的基础。但是近年来有一种强烈的呼声，认为不可比拟的后果过于巨大和不平等，公共政策应该寻求后果的更大平等——简言之，即使人们在收入、地位和权威上更为平等。然而只有在限制其他人对职位的获得，或者剥夺他们已获得的成果时，这种努力才能获得成功。简言之，减少后果悬殊的努力就意味着，为了使另外一些人更与之平等，某些人的自由将会被限制或牺牲。"① 可见，平等与自由确实是一对难解之题。索利试图通过下述社会政策的基本准则使自由的理想同一种建构性的平等形式协调起来：（1）用一种普遍的教育制度来发展和指导人的精神力量与物质力量；（2）提供种种达致生产资料与工具的途径，以使人们得到适当的职业；（3）创设有助于而不是有碍于个人发展的物质环境和社会环境。②

2. 罗尔斯的回答

罗尔斯提出的正义理论，是在分析正义之含义时试图将自由与平等这两种价值结合起来的又一种努力。罗尔斯的"一般正义观"包含了这样一个核心思想："所有的社会基本善——自由和机会、收入和财富及自尊的基础——都应被平等地分配，除非对一些或所有社会基本善的一种不平等分配有利于最不利者。"在他的"一般正义观"里，罗尔斯以社会善的平等份额来约束正义理念，但却有一个重要的转折。要实现平等待人，我们并不是消除一切不平等，而只是消除那些使某些人受损的不平等。如果某些形式的不平等将使所有人获益——譬如，有利于社会的个人天赋和精力的不平等，这样的不平等就可被每个人接受。如果给他人更多的财富反而会促使我的利益，那么平等关照我的利益就允许而不是禁止这种不平等。如果不平等能够增进我最初的平等份额，这样的不平等就可被允许；如果不平等像功利主义那样侵占我的公平份额，这样的不平等就不被允许。但是，罗尔斯的"一般正义观"却不足以成为一种完整的正义理论，因为根据这个原则，被分配的各种基本善可能相互冲突。例如，我们也许可以通过剥夺某些人的某种基本自由来增进他们的收入。这种对自由的不平等分配虽然从一方面（如收入）有利于最不利者，但从另一方面（如自

---

① D. 贝尔著，赵一凡等译：《资本主义文化矛盾》，生活・读书・新知三联书店 1992 年版，第 325 页。

② E. 博登海默著，邓正来译：《法理学》，中国政法大学出版社 2004 年版，第 265 页。

由）却不利于最不利者。再如，如果某种不平等的收入分配从收入的角度看有
利于每个人，但这种不平等分配所导致的机会不平等却有损于较低收入者，又
该如何办呢？是否收入的提高就足以抵消在自由和机会方面受到的损害呢？罗
尔斯的"一般正义观"未能触及这些问题，未能解决直觉主义理论家无力解决
的问题。为此，罗尔斯开列了一个优先序列来处理"一般正义观"中不同要
素。他是这样来处理的：把一般正义观分解为三个部分，这三个部分又根据
"词典式次序"原则进行排列。第一个原则：每个人对与所有人所拥有的最广
泛平等的基本自由体系相容的类似自由体系都应有一种平等的权利。第二个原
则：社会的和经济的不平等应这样安排，使它们在与正义的储存原则一致的情
况下，适合于最少受惠者的最大利益，并且依系于在机会公平平等的条件下职
务和地位向所有人开放。第一优先原则（自由的优先性）：两个正义原则应以
词典式次序排列，因此，自由只能为了自由的缘故而被限制。第二个优先原则
（正义对效率和福利的优先）：第二个正义原则以一种词典式次序优先于效率原
则和最大限度追求利益总额的原则；公平的机会优先于差别原则。① 上述这些
原则构成了"特殊的正义观"，它们旨在提供直觉主义不能给予我们的系统性
指导。按照这些原则，某些基本善（或社会益品）要比另一些基本善更加重
要，因此，不能为了促进后者而牺牲前者。平等的诸基本自由要优先于机会平
等，机会平等要优先于资源平等。但是，不管怎样，罗尔斯的基本思想保持不
变：只有当某一种不平等有利于最不利者时，这种不平等才被允许。换句话
说，上述两个原则在社会政策中不应当被给予相同的重要性：第一个原则优先
于第二个原则。这一先后次序意味着，"对第一个原则所要求的平等自由制度
的违反不可能因较大的社会经济利益而得到辩护或补偿。财富和收入的分配及
权力的等级制，必须同时符合平等公民的自由和机会的自由"。② 在第二个原则
的两个部分之间，则是公平的机会平等原则相对于差别原则占有绝对的优先地
位，差别原则是为了最大限度地促进那些由于社会和经济的不平等而处于最不
利地位的成员的有利的方面。简单地说，罗尔斯的正义理论主要有两条原则。
第一条要求政府保障每个公民享有一系列基本权利，包括思想自由、信仰自
由，集会结社和参与政治的自由，等等。第二条要求在社会资源分配上，必须
确保每个公民享有公平的平等机会，不会有人因为社会背景和家庭出身的不同

---

① J. 罗尔斯著，何怀宏等译：《正义论》，中国社会科学出版社 2001 年版，第 302—303
　页。

② J. 罗尔斯著，何怀宏等译：《正义论》，中国社会科学出版社 2001 年版，第 62 页。

而享有特权或受到歧视。与此同时，财富收入的不平等分配，必须对社会中最弱势的人最为有利。也就是说，不平等的条件，是每个人都可从经济发展中受惠，包括现时社会中最弱势的群体，而不是贫者愈贫，富者愈富。尽管罗尔斯的论证相当复杂，但其基本理念是这样的：如果我们理解社会是个公平的合作体系，所有参与者都是自由平等的成员，且愿意在平等的基础上努力做个自由人，那么我们就应有理由接受他的两条原则是最合理实现这个理想的制度安排。"正义否认为了一些人分享更大利益而剥夺另一些人的自由是正当的，不承认许多人享受的较大利益能绰绰有余地补偿强加于少数人的牺牲。所以，在一个正义的社会里，平等的公民自由是确定不移的，由正义所保障的权利决不受制于政治的交易或社会利益的权衡。"①

罗尔斯式自由主义和放任自由主义或市场自由主义最大的区别，并不在政治制度上，因为他们都主张民主宪政和基本人权，而是在如何对待国家和市场的关系上。用弗里德曼的话说，政府的职责范围是有限度的。政府的主要职责是保护我们的自由以免受到来自大门外的敌人以及来自我们同胞们的侵犯；保护法律和秩序，保证私人契约的履行，扶植竞争市场。另一方面，政府的权力必须是分散的，因为，"对自由最大的威胁是权力的集中。为了保护我们的自由，政府是必需的；通过政府这一工具我们可以行使我们的自由；然而，由于权力集中在当权者的手中，它也是自由的威胁"。② 同时，自由市场的存在并不排除对政府的需要，相反，政府还有存在的必要。政府"是'竞赛规则'的制定者，又是解释和强制执行这些已被决定的规则的裁判者"。③ 用哈耶克的话说，构成自由文明之不可缺少的基础是自发结构，是有效的竞争性市场，"在一个复杂的社会中，人们除了在调整自己的行动以适应那些对他来说必定是无从识别的社会力量与服从上级的命令之间进行选择以外，别无他途可循。在个人只知道严格的市场戒律的情形中，他也许会认为受某个其他富有智性的人的指导是更可取的；但是当他对此进行尝试的时候，他很快就会发现，市场戒律至少给他留下了某种选择的余地，而接受其他人的指导则不会给他留下任何选择的余地；此外，可以在若干不尽如人意的可供选择的方案之间进行选择，也要比在强制下只能接受一种方案好得多"。④ 而计划、官僚化、政府的重新分配

① J. 罗尔斯著，何怀宏等译：《正义论》，中国社会科学出版社 2001 年版，第 3—4 页。
② M. 弗里德曼著，张瑞玉译：《资本主义与自由》，商务印书馆 2001 年版，第 4 页。
③ M. 弗里德曼著，张瑞玉译：《资本主义与自由》，商务印书馆 2001 年版，第 16 页。
④ T. A. V. 哈耶克著，邓正来译：《个人主义与经济秩序》，生活·读书·新知三联书店 2003 年版，第 33 页。

以及福利政策等则是"通往奴役之路"的阶梯。用诺奇克的话说，放任自由主义的理想，是建立一个功能最小的国家，也就是"小政府，大市场"。"我们关于国家的主要结论是：能够得到证明的是一种最低限度的国家，其功能仅限于保护人们免受暴力、偷窃、欺诈以及强制履行契约等等；任何更多功能的国家都会侵犯人们的权利，都会强迫人们去做某些事情，从而也都无法得到证明。"① 这种最低限度的国家既是令人鼓舞的，也是正当的。在那些任何人都不应当被强迫去做的事情当中，最显著的一项就是帮助他人。向富人征税以帮助穷人，无疑强迫了富人，侵犯了富人用自己所拥有的东西去做自己想做之事的权利。因此，国家不应以正义之名进行财富再分配和提供社会福利，而应由市场这只看不见的手来决定每个人的所得。只有如此，才能保障人的权利。市场经济无疑有助于保护政治权利，以抗衡国家的侵犯。私有制和私人决策约束了政府的权力——或更准确地说，约束了政府决策人物的权力——及由此而来的侵犯权利范围的能力。"通过在经济和其他活动中主要地依靠自愿合作和私人企业，我们能够保证私有部门对政府部门的限制以及有效地保证言论自由、宗教和思想的自由。"② "竞争的资本主义——即通过在自由市场上发生作用的自由企业来执行我们的部分经济活动——是一个经济自由的制度，并且是政治自由的一个必要条件。"③ 如果政府直接指挥社会全部的资源，它就会禁止不同意见，强行一致，扼杀民主与自由。通过政治渠道而行动，在相当大的程度上趋于要求和强制执行对命令的服从，而市场制度的最大优越性在于，它允许广泛的多样性的存在。 "政府永远做不到像个人行动那样的多样性和差异的行动。……通过对学校教育、公路建筑或卫生设备设置统一的标准，中央政府能无疑地改进很多地区，甚至平均说来所有地区的工作水平。但是在上述过程中，政府会用停滞代替进步；它会以统一的平庸状态来代替使明天的后进超过今天的中游的那个试验所必需的多样性。"④ 显然，这些主张带有浓厚的经济个人主义色彩，是对经济自由的一种无条件提倡。经济个人主义隐含着的一种假定是，反对来自国家的经济控制。罗伯逊说："许许多多的作者现在认为，个人主义的生活方式与典型的中世纪或典型的社会主义的生活方式之间的区别就在于，个人主义者没有社会理想，而其他人都有。这并非实情。事实上，个人

① R. 诺奇克著，姚大志译：《无政府、国家和乌托邦》（前言），中国社会科学出版社 2008 年版，第 1 页。
② M. 弗里德曼著，张瑞玉译：《资本主义与自由》，商务印书馆 2001 年版，第 4 页。
③ M. 弗里德曼著，张瑞玉译：《资本主义与自由》，商务印书馆 2001 年版，第 5—6 页。
④ M. 弗里德曼著，张瑞玉译：《资本主义与自由》，商务印书馆 2001 年版，第 6 页。

主义者是有理想的，只是与众不同罢了。作为一种学说，个人主义在个人及其心理倾向中寻求社会经济组织的必然依据，相信个人的行为就足以提供社会经济组织的原则，力求通过个人，尽可能让个人得到自由地自我发展的一切机会来实现社会进步。它相信，要做到这一点，有两种制度是必不可少的：经济自由（即企业自由）和私有财产。它相信，不同的个人有着不同的才能，应该允许每个人都在与别人的竞争中，尽最大努力来发展他们自己。因此，作为一种制度，个人主义乃是自由贸易的制度，是竞争的制度，是私有财产的制度。"①在经济个人主义看来，市场的非个人性有助于形成一种在市场法则面前的人人平等：这种平等只偏袒那些通过努力或技能而理所当然地获得成功的人和那些随意碰运气的有福之人。

不过，罗尔斯认为，如果听任经济个人主义大行其道，一个完全放任的市场必然会导致巨大的贫富不均，而这样的不均是不公平的、不正义的，因为它在相当大程度上是人们先天能力和后天环境的差异导致的结果，而这些差异在道德上是任意的和不应得的，并直接影响机会平等。罗尔斯因此主张在自由民主宪政之外，国家同时要承担起社会资源再分配的角色，确保平等的公民受到公平等待。"在一个正义的社会里，平等的公民自由是确定不移的，由正义所保障的权利决不受制于政治的交易或社会利益的权衡。"② 这里应留意的是，罗尔斯不是说不要市场，也不是说要将国家和市场对立起来，而是强调市场是社会基本制度的一部分，必须满足正义的要求。因此，从某种程度上说，诺奇克的权利理论与罗尔斯差别原则的冲突，实际上就是在经济领域中强调自由和强调平等的对立。在政治、思想等领域，平等与自由可以统一，可以看成是一回事。而在经济、利益分配的领域，平等与自由就不能不出现矛盾，发生冲突，就会出现哪个更优先的问题。罗尔斯通过特别关照处境最差群体而表现出对平等的偏爱。诺奇克、弗里德曼则毫不含糊地把自由优先、权力至上的原则继续贯彻于社会和经济利益分配的领域。

3. 教育平等与教育自由在"冲突"中前行

教育平等强调人的尊严，主张应平等地尊重所有的人，让所有人都公平而充分地享有教育资源的机会，而教育自由则更强调个人自由、个人权利以及政治权力对个人教育自由的威胁。一些人以教育平等否认教育自由。他们坚持认为，只考虑自由的教育制度只能导致教育平等的丧失，因而有必要以捍卫或补

---

① S. 卢克斯著，阎克文译：《个人主义》，江苏人民出版社 2001 年版，第 82 页。

② J. 罗尔斯著，何怀宏等译：《正义论》，中国社会科学出版社 2001 年版，第 4 页。

偿教育平等的政策来牺牲教育自由。因此，他们要求不断地扩大政府干预教育的广度甚至深度，以缩小人们之间教育机会的差距、教育结果的程度。但是，这一主张遭到了持教育自由理念的人的批驳。他们认为，以教育平等压制教育自由的结果只能是教育发展效率与教育权利受损。甚至像德沃金这样强调平等的理论家也怀疑通过压制自由来获取的平等究竟有多少合理性或公正性。贝尔说："自由主义最主要的价值在于减少政府的压制和维护自由交易的规则。社会干预的偏执过去是、现在仍是那种以某种其他价值的名义出现的赔偿成分。自由主义争论的核心，就在于人们因其能力、需要、禀赋、才能而有所不同。因而，就须区分平等待人与使人平等。使人们平等的努力必然导致行政机构把不同的程度和补偿的程度多少确定下来，因而也就意味着不平等地对待人们。这是一种不可避免的逻辑。"① 教育自由理念与教育平等理念尽管密切相关、相辅相成，但却充满着冲突。例如，杰布·布什州长在 2000 年初宣布，佛罗里达州将终止其在大学入学和政府合同上的少数民族优惠政策。杰布·布什指出："今天，我在此宣布我的'一个佛罗里达计划'。……旧的解决办法日益显得引起争议和分裂，（它们也）不再能够产生佛罗里达应得的结果。高等教育中的优惠政策正在用来掩盖我们 12 年制低水准学校教育体系的失败。"但是，他的"一个佛罗里达计划"激起了由一些民权领袖所组织的抗议示威。美国有色人种协进会主席缪姆说："（一个佛罗里达计划）是对有色人种和妇女的公然蔑视，当这一计划运用于教育、争取政府订单和医疗卫生事业时，这些人就继续遭受损害。（本次抗议事关）人的尊严和人道。我们不只是需要扩大经济的大饼，我们要的是扩大吃饼人的数量。……这不只是有关佛罗里达，而是事关全国。……你今天看到的（抗议）示威不只是游行完就了事了。你不能把政策实施于（我们）而不受到任何冲击。"② 有关"一个佛罗里达计划"争议的每一方都说，美国理想在他们一边，仅靠逻辑无法说服任何一方采纳与自己对立的另一方的观点。可见，教育平等与教育自由之间的冲突是不可避免的，其中任一信念（教育平等或教育自由）都值得赞许，但单独强调任一信念都可能让另一信念大打折扣。例如，履行教育平等（或教育自由）却有可能让教育自由（或教育平等）付出代价。诚如贝尔所说："任何单一的价值，不论是自由还是正义，如果被看作是绝对的和压倒一切的，并且被严格运用的话，就能导致极

---

① D. 贝尔著，赵一凡等译：《资本主义文化矛盾》，生活·读书·新知三联书店 1992 年版，第 321 页。

② T. 帕特森著，顾肃等译：《美国政治文化》，东方出版社 2007 年版，第 179 页。

端。即使在大多数人希望达到互不相容的目标的时候，单个价值也不能满足原本互不相容的目标。因而在致力于化互不相容为协调时，人们须弄清自己摒弃的是什么。"①

（二）教育自由与教育平等的兼容

面对教育自由与教育平等的冲突局面，最重要之处也许在于，任何单一的价值，不论是教育自由还是教育平等，如果被看作是绝对的和压倒一切的，并且被严格运用的话，就有可能导致极端情况的出现。即使在大多数人希望达到互不相容的目标的时候，单个价值也不能满足原本互不相容的目标。因而，在致力于化互不相容为协调时，人们须弄清楚自己摒弃的是什么。对于这一问题，伯林总结道："混淆概念不会有结果。为了防止太明显的不平等或到处扩展的不幸，我准备牺牲我的一些甚至全部自由：我有可能非常情愿地、自由地这样做；但是我失去的毕竟是自由——为了公正、平等或同胞之爱而失去自由。在某些条件下，如果我不准备这样做，我会受到良知的拷打，也应该如此。但是牺牲并不会增加被牺牲的东西，即自由，不管这种牺牲有多大的道德需要或补偿。任何事物是什么就是什么：自由就是自由，既不是平等、公平、正义、文化，也不是人的幸福或良心的安稳。如果我、我的阶级或我的民族的自由依赖于其他巨大数量的人的不幸，那么促成这种状况的制度就是不公正与不道德的。但是如果我剥夺或丧失我的自由以求减轻这种不平等的耻辱，同时却并未实质性地增加别人的个人自由，那么，结果就是自由绝对地丧失了。自由之所失也许会为公正、幸福或和平之所得所补偿，但是失去的仍旧失去了；说虽然我的'自由主义的'个人自由有可能失去，但某种其他的自由（'社会的'或'经济的'）有可能增加，这是混淆了价值。不过，仍然正确的是，为了保证一些人的自由，另一些人的自由有时候必须被剥夺。这样做必须建立在什么原则之上？如果自由是一种神圣的、不可侵犯的价值，就不会有这样一种原则。但是不管怎么说，这样那样相互冲突的法则或原则实际上还是产生了：并不总是因为那些可以完全说清楚更不要说可以概括为法则或普遍公理的原因了。不过，实际的妥协还是可以发现的。"②

从时间上和事实上来讲，教育自由应当先于教育平等而实现。教育自由首

① D. 贝尔著，赵一凡等译：《资本主义文化矛盾》，生活·读书·新知三联书店 1992 年版，第 321 页。

② I. 伯林著，胡传胜译：《自由论》，译林出版社 2003 年版，第 193—194 页。

先到来，是根据以下简单的认识：如果没有教育自由，人们甚至无法提出教育平等的要求。然而，教育自由一旦刺激了要求教育平等的欲望，教育自由的理想便会发现自己处于不利的地位，而教育平等的吸引力则证明更为强大。托克维尔说："在大部分现代国家，尤其是在欧洲的所有国家，对于自由的爱好和观念，只是在人们的身份开始趋于平等的时候，才开始产生和发展起来的，并且是作为这种平等的结果而出现的。……民主国家的人们天生就爱好自由，你不用去管他们，他们自己就会去寻找自由，喜爱自由，一失去自由就会感到痛苦。但是，他们追求平等的激情更为热烈，没有止境，更为持久，难以遏止。他们希望在自由之中享受平等，在不能如此的时候，也愿意在奴役之中享用平等。他们可以容受贫困、隶属和野蛮，但不能忍受贵族制度。在任何时代都是如此，而在今天尤其是如此。追求平等的激情是一个不可抗拒的力量，凡是想与它抗衡的人和权力，都必将被它摧毁和打倒。在我们这个时代，没有它的支持，就不可能实现自由，而专制制度本身没有它也难于统治下去。"① 出现这一情况有两个原因：一是教育平等的观念较易于理解，因为教育平等可被赋予实在意义，教育自由却不行；二是教育平等产生的结果提供实在的教育利益，而教育自由的利益却不可捉摸。"自由带来的好处，只有经过很长时间以后才能显现出来，而且这种好处的来因，又经常不容易被人辨认出来。平等带来的好处是立竿见影的，人们在感受到它的时候，立即知道它的来源。"② 为此，我们必须回答的是，什么时候教育平等才会贯彻教育自由，而哪一种教育平等会敌视教育自由。回答这一问题，我们最终仍要回到有着两副面孔的教育平等的性质，即被理解为相同性或公正的教育平等。萨托利说："一方面，平等表达了相同性概念；另一方面，平等又包含着公正。"③ 如果教育平等意味着"相同"，那么教育自由难免会引起混乱。如果我们追求的是强迫一致、相似或整齐划一，就肯定会厌恶差异；而如果我们厌恶差异，那就不可能欣赏教育自由——除非是以明显不合逻辑的方式。反过来说，教育自由的追求者会把教育平等视为他的原则的扩张，或者更确切地说，视为教育权利平等和人格平等的体现。教育自由的追求者的公式并非"给平等的人以不平等的机会"，而是"给不平等的人以平等的机会"。对教育自由的追求者来说，接受世代相传的不平等不管是多么的不公正，对差别强求相同性就会多么不公正。使一切人在一切方面

---

① 托克维尔著，董果良译：《论美国的民主》（下卷），商务印书馆 1997 年版，第 623—624 页。

② 托克维尔著，董果良译：《论美国的民主》（下卷），商务印书馆 1997 年版，第 622 页。

③ G. 萨托利著，冯克利等译：《民主新论》，东方出版社 1998 年版，第 381 页。

平等化，等于创造一种人人都有特权的环境，就像以往人人都接受不平等一样。教育自由的追求者的原则是，必须反对没有道理的教育不平等，正是出于同一原因，也必须反对没有道理的教育平等。尽管自由主义者和平等主义者都承认，个人之间的差别（导致个人之间的不平等）部分是社会事实，部分是自然事实。但双方都没有弄清楚，现存的社会不平等产生何种范围的个人差别。萨托利说："我们知道，同一形态学范围内的动物，其差别要比表面看上去大得多。因此，自然是生产差别的重要因素。我们知道，同一家庭的孩子，在相同环境中经相同的方式被抚育成长，但他们之间既相似也不相似。因此，习惯和训练不可能是所有差别的原因。但是这种证据丝毫解决不了这个问题：哪个要素——社会或自然——在什么程度上产生哪些差别。自由主义者和平等主义者对此争论激烈，那也是基于原则立场，或如时尚所要求的那样，基于意识形态立场。自由主义者承认，差别和不平等也产生于社会现状；平等主义者断言，它们主要是社会的副产品。无论是'也'还是'主要'，都不可能证明具有正当理由。"[1]

根据上面的分析，教育平等只有摆脱了和整齐划一的联系，也就是摆脱了和现存的或人为的相同性的联系，它才能和教育自由结合在一起。即使如此，冲突仍会继续。怎样实现教育平等？只要教育平等被解释为环境的平等化，那就涉及不断的再分配，这也意味着政治将会插手教育权利、教育机会的分配。因此，我们越是寻求最大限度的教育平等，就越会发生这样的问题：教育自由怎么办？我们使用的是教育自由的方法还是危及教育自由的手段？平等的起点——更不用说平等的结果了——需要不平等的待遇。事实是，我们正在越来越远地背离以普遍原则——即"对所有人一视同仁"的原则——为基础的法律制度。如果照此下去，我们最终也许要"倒退回身份原则，一种对进步社会运动的逆转，用梅因爵士的话来说，这场运用'迄今为止一直是一场从身份到契约的运动'"。[2] 歧视性的教育立法诸如"积极行动政策"，可能会把我们带回到身份社会，尽管不能确定。但几乎没有疑问的是，"gerechtestaat（厉行公正的国家）正处于毁灭平等法律、毁灭法律之下平等的过程中"。[3] 换句话说，在教育自由与教育平等之间存在着天然的张力，因为人与人之间在诸如智力、动机、精力、体力和德行方面实际上存在着差异，无所拘束的竞争必然导致不平

①　G. 萨托利著，冯克利等译：《民主新论》，东方出版社 1998 年版，第 405 页。
②　G. 萨托利著，冯克利等译：《民主新论》，东方出版社 1998 年版，第 406 页。
③　G. 萨托利著，冯克利等译：《民主新论》，东方出版社 1998 年版，第 406 页。

等的结果。就像一些优秀的小学教师看到的那样，如果没有向孩子们说明如何分享玩具和使用操场设施的规则，一些孩子将会日复一日地玩他们喜欢的玩具，而使其他孩子感到不满。在社会范围内，未加限制的教育竞争自由，将会使得少数人特别优秀而大多数人处于学校困难之中。但是，如果立法规定教育平等，人们几乎没有教育自由，那么人们便会失去努力学习的动力。

只要在教育平等的起点上寻求环境的平等化，对教育平等的追求和对教育自由的需要就可以达成一种平衡，并且能够相互再平衡——尽管不那么容易。如果教育平等被解释为环境的平等化，那就涉及不断的再分配，这也意味着政治将会插手教育资源的分配。既然如此，那就一定存在着一个限度，超过这个限度，教育平等就会毁掉教育自由。萨托利说："如果国家变成了全能的国家，那丝毫也不意味着它会是个仁慈的、施行平等的国家，相反，它不再是这种国家的可能性却非常之大。假如是这样，我们的平等和我们的自由便会一起消失。既然如此，我们怎么还会不理解自由相对于平等而言的独特性呢？然而，把平等问题与自由问题混为一谈的倾向由来已久，而且持续至今。例如，有人不厌其烦地重复这种说法：平等是自由的形式；更糟的是这样的论点：平等是一种'更大的自由'和'更高的自由'，尽管没有坚决地称其为'真正的自由'。应当强调指出，所有这些说法中的真理成分都远远少于谬误成分。"[1] 其实，教育平等只是教育自由的一种形式，而某事物为他事物的条件，并不等于说它们是同一事物。换句话说，教育自由不能被等同于教育平等，只有在求教育平等是为了得到教育自由这一未言明的前提下，教育平等才是教育自由的条件。萨托利说："平等不能被等同于自由，不仅因为它只是自由的条件，而且还因为两者之间的联系是因时因地而异的。"[2] 根据教育平等是教育自由的条件这一前提，不可能得出结论说，有了教育平等，我们就因此拥有了教育自由。教育平等仅仅（仅此而已）是教育自由的条件，但绝不是教育自由的充足条件。如果教育平等仅仅是教育自由的一个（不充足）条件，显然，不可能利用教育平等获取更大的教育自由，更不用说更高的教育自由了。

教育正义至上，既能解决教育平等与教育自由之间的冲突与矛盾，又能求得二者之间的平衡。教育正义影响我们对教育平等与教育自由的看法，没有教育正义作指导，就无法避免仅仅注重教育平等或教育自由方面的某些错误，也无法解决教育平等与教育自由孰轻孰重的关系问题。尽管教育平等、教育自

---

[1]　G. 萨托利著，冯克利等译：《民主新论》，东方出版社 1998 年版，第 407 页。
[2]　G. 萨托利著，冯克利等译：《民主新论》，东方出版社 1998 年版，第 442 页。

由、教育正义都是人们追求幸福和过文明生活所切实需要的美德，但是，三者在人们心目中并非占有同等的地位。在教育自由、教育平等与教育正义这三者之中，只有教育正义是无限制的好事。一个人，如果对教育自由与教育平等要求过多的话，既超越所拥有的教育自由和教育平等的权限，也不会使自己过上幸福的教育生活。一方面，如果教育自由、行动自由的行使是正当的而不是不正当的，那么，教育正义对其所允许的个人教育自由是有限量的，另一方面，如果社会公正地对待其所有成员的话，那么，教育正义就会对其所要求的教育平等与教育不平等的类别、程度有所限制。如果认识不到教育平等、教育自由都需要限制的话，我们就会在教育平等与教育自由的关系问题上犯严重的错误，同时也会让我们深深地感受到，教育平等、教育自由之间有着不可调和的冲突、矛盾。总之，教育平等与教育自由只有在教育正义的支配下，教育平等与教育自由才能和谐地扩展到最大限度。正如艾德勒所说："当正义对自由与平等的追求起着支配作用时，自由与平等就能在限定的范围内和谐地扩展到最大限度。"①

二、自由的类别

从主体和对象的区别上看，自由存在三种情况。

（一）人对自然界的自由

人对自然界的自由是人作为人的"类"自由，即个人作为人类一员所具有的自由。诚如费希特所说："我说的自由，是把人类作为类族来看，它本身具有的自由……这种自由应当表现在类族的普遍意识中，应当表现为类族本身的自由、类族的真正现实的作为或行动、类族生活的作品和结果，所以，类族作为一种存在的东西必须被假定为这种认为它具有的作为。"② 我们可以说这是一种积极自由，它表现了人对自然的征服和胜利，"自由自觉的活动"是其主要标志。有了此自由，"我们的行动才不像其他动物那样完全受那些影响我们发育的外界环境所左右与制约。有了这种自由选择的内在能力，每个人都能通过自己去决定自己的所为和未来，去创造性地改变自己的品格。我们就能按照自

---

① M. J. 艾德勒著，郜庆华等译：《六大观念》，生活·读书·新知三联书店 1998 年版，第 170 页。
② 费希特著，梁志学选编：《自由的体系》，商务印书馆 2008 年版，第 312—313 页。

己的意愿选择自己的未来"。① 也可以说这是一种自由天性，使人作为人所具有的基本规定性。正如艾德勒所说："人性固有的自由。我们生下来就有这种自由，这是人所特有的。就像理性或者概念思维以及符号组合成的语言一样，它是人所独有的。因此，称它为天然的自由是适宜的，因为这样说，表达了我们具有自由的方式。"②

（二）人作为个体对自己的自由

与人作为人类一员的自由相对的，是人作为个体对自己的自由，表现为个人对自己本能的克制和对自己潜能的发挥。马瑟在《基督教美洲传教史》一书中，对此类自由给出了一个绝妙的定义："我们不能安于我们因独立而应当得到的一切。实际上，有两种自由。有一种是堕落的自由，动物和人均可享用它，它的本质就是为所欲为。这种自由是一切权威的敌人，它忍受不了一切规章制度。实行这种自由，我们就要自行堕落。这种自由也是真理与和平的敌人，上帝也认为应当起来反对它！但是，还有一种公民或道德的自由，它的力量在于联合，而政权本身的使命则在于保护这种自由。凡是公正的和善良的，这种自由都无所畏惧地予以支持。这是神圣的自由，我们应当冒着一切危险去保护它，如有必要，应当为它献出自己的生命。"③ 在此，自由与人性紧密相连，就自由是对自己动物本能的克服和超越而言，是主体克服了自身好逸恶劳、贪生怕死、及时行乐等性恶特征所取得的积极成果，它标志着人的自律。费希特说："本能是盲目的，是一种不知所以然的意识。自由和本能相反，则是心明眼亮的，清楚地意识到自己的做法的根据。自由的这种做法的全部根据就是理性。所以，自由意识到了本能未曾意识到的理性。"④ 即，通过服从理性而服从自己，从而成为理性者应当成为的人，成为自由的人。黑格尔认为，自在存在的意志具有直接性与自然性，表现为冲动、欲望等规定性，而任性的冲动以及欲望具有直接性与自然性，不是真正的自由。"在一切冲动中，我是从一个他物，从一个外在于我的事物开始。……那只是被他自己的冲动所决定的自然人，并不是在自己本身内；即使他被冲动驱使，表现一些癖性，但他的意

---

① M. J. 艾德勒著，郗庆华等译：《六大观念》，生活·读书·新知三联书店 1998 年版，第172 页。

② M. J. 艾德勒著，郗庆华等译：《六大观念》，生活·读书·新知三联书店 1998 年版，第171 页。

③ 托克维尔著，董果良译：《论美国的民主》（上卷），商务印书馆 1997 年版，第 47 页。

④ 费希特著，梁志学选编：《自由的体系》，商务印书馆 2008 年版，第 314 页。

志和意见的内容却不是他自己的，他的自由只是一种形式上的自由。"① 处于自然状态的人完全受自然的直接性、冲动以及欲望的支配和控制，在一切本质方面是和动物本身一样不自由的。冲动、激情或欲望是与自由相悖的人的一种存在状态，如果人们不能从这种状态中摆脱出来，不能挣脱冲动或欲望的束缚和控制，就无法获得自由。被激情和欲望所奴役，无疑是人的低级本性的表现。因此，自由乃是使我们处于正常状态的条件。欲望、理想、思虑缺乏内在秩序和结构的人，是一个既没有愿望、目的和理想的层次结构，也不清楚自己在其所属的主观世界中如何安身立命的人；是一个放纵散漫或盲目无序的人；是一个没有明确自我的人。范伯格说："一个放纵散漫的人会不断陷入内在的冲突、无出路的困境和反复无常之中，他虽然并不受外界或内在支配力量的约束，却始终是不自由的。……他是一个没有外在束缚的人，但却被他自身的欲望之绳束缚着。用时髦的话说，他是悬在半空中的'人'。当他可以做他'想做的任何事情'时，他把愿望、冲动和目的按优良原则安排成等级层次的能力会由于他所作的选择而受到压抑。他会成为一个糊里糊涂、迷失方向、被困惑和挫折所纠缠的人，他只会一次又一次请求别人告诉他必须做什么。不自由就是受到束缚，而在没有内在规则约束的情况下，各种欲望会互相约束，互相冲突和碰撞。"② 因此，为了使自己处于正常状态，我们必须不断变为某种与我们目前状态不同的东西，或者说，我们必须始终承认我们是某种胜过我们已经成为那个样子的东西。而作为我们处于正常状态的条件，自由就不能仅仅是我们现已享有的东西，更不能仅是我们一直享有的东西——一种要加以维持的现状。自由应该是与我们为了维护对我们的内心有所控制而进行的持续斗争有关的条件。换句话说，这种自由是被迫自由，是自我约束的自由。"作为有理性的人，我们有可能默认一种法律和秩序。这种法律和秩序总的说来有助于维护我们的真实的自我或共同的自我，与此同时也以令我们憎恨甚或诅咒的方式限制我们特有的个人意志。这种靠强力维持的法律和秩序，乃是一种权利的制度，我们认为它基本上是我们达到高度自我肯定的手段；而且，我们的自由——或者用一种适当的旧说法来讲，即我们的各种自由——可以认为是与这种制度相一致的，这种制度被认为是使我们能充分发挥潜力亦即成为真实的自我的条件与保证。由于这种秩序在一定程度上体现了我们公认应该能够防止懒惰、愚昧或能

---

① 黑格尔著，贺麟译：《小逻辑》，商务印书馆 2007 年版，第 83 页。

② J. 范伯格著，王守昌等译：《自由、权利和社会正义》，贵州人民出版社 1998 年版，第 17 页。

与我们临时的个人的自我相对抗的一种自我或意志体系，我们完全可以称它为自治体制或自由政体；也就是一种意义上的自我支配另一种意义上的自我的体制；其方式并不像穆勒所说的那样，即并非使我们每一个人受制于所有'其他的人'，而是让我们所有人，作为临时的个人，服从一种在一定程度上表达有理性的自我或意志的秩序；可以假定，作为有理性的人，我们会承认这种秩序是绝对必要的。"① 卢梭认为，由自然状态进入社会状态，人类便产生了一场最堪瞩目的变化；在他们的行为中正义就取代了本能，而他们的行动也就被赋予了前所未有的道德性。因此，在社会状态的收益栏内，我们还应该加上道德的自由。"唯有道德的自由才使人类真正成为自己的主人；因为仅只有嗜欲的冲动便是奴隶状态，而唯有服从人们自己为自己所规定的法律，才是自由。"② 在艾德勒看来，人的自由，即道德自由，在于能以理智控制欲望，以伦理品德约束感情，以后天习得的习性去作出正确的判断与抉择。"后天获得的自由，有时被称作'道德自由'，在于有一种由于美德而习惯性地做自己该做的事情的意志。……美德就是个人所想总是习惯性地与正确一拍即合，也就是说，选择一个人所需要的，选择个人应该选择的真正的善事去做。正确欲求的障碍往往来自欲望与激情，因为欲望与激情会使我们的欲求与需要发生冲突；而且欲求会使我们采取错误的行动。"③

因此，真正的自由，亦即自主或理智自主，是理智支配情欲从而能做明知当作之事而不做明知不当作之事；真正的不自由则是不自主，是理智不自主，是情欲支配理智从而去做明知不当作之事而不做明知当作之事。对于这一自由定义，斯宾诺莎直截了当地说："受情感或意志支配的人，与为理性指导的人……我称前者为奴隶，称后者为自由人。"④ "我把人在控制和克制情感上的软弱无力称为奴役。因为一个人为情感所支配，行为便没有自主之权，而受命运的宰割。在命运的控制之下，有时他虽明知什么对他是善，但往往被迫而偏去做恶事。"⑤ 伯林则把此类自由称之为"积极自由"。他说："'自由'这个词的'积极'含义源于个体成为他自己的主人的愿望。我希望我的生活与决定取

---

① B. 鲍桑葵著，汪淑钧译：《关于国家的哲学理论》，商务印书馆 2006 年版，第 144—145 页。

② 卢梭著，何兆武译：《社会契约论》，商务印书馆 2003 年版，第 26 页。

③ M. J. 艾德勒著，郗庆华等译：《六大观念》，生活·读书·新知三联书店 1998 年版，第 172 页。

④ 斯宾诺莎著，贺麟译：《伦理学》，商务印书馆 1962 年版，第 205 页。

⑤ 斯宾诺莎著，贺麟译：《伦理学》，商务印书馆 1962 年版，第 205 页。

决于我自己，而不是取决于随便哪种外在的强制力。我希望成为我自己的而不是他人的意志活动的工具。我希望成为一个主体，而不是一个客体；希望被理性、有意识的目的推动，而不是被外在的、影响我的原因推动。我希望是个人物，而不希望什么也不是；希望是一个行动者……也就是说，我是能够领会我自己的目标与策略且能够实现它们的人。"① 积极自由，就是自主，亦即自己的理智自主或理智支配情感。他说："作为自我控制的'积极'自由概念，及其所暗示的人与其自身分裂的含义，在历史学上，学说上与实践上，很容易把人格分裂为二：超验的、主导性的控制者，与需要加以约束并使其就范的欲望与激情的集合。"② 即，积极自由就是自己的理智自主或理智支配激情、欲望，是自身内在障碍诸如感情、激情的消除。他说："我是理性与意志的拥有者；我构想目的也希望追求这些目的；但是如果我受阻而无法实现它们，我便不再感到是这种状况的主人。我可能受自然规律阻止，受偶然事件、人的活动、人类制度的常常是无意的结果的阻止。对我来说，这些力量太多了。我应该做什么才不致被它们碾压？我必须自己从那些我知道根本无法实现的欲望中解脱出来。我希望成为我自己的疆域的主人。"③ 也就是说，如果这障碍是存在于自己身外的"自然规律阻止"、"偶然事件、人的活动、人类制度"的阻止，则该障碍的消除之自由，便是消极自由；如果这障碍是存在于自己身内的"根本无法实现的欲望"，则该障碍的消除之自由，便是积极自由。一句话，积极自由就是理智支配情欲的自由。"在我内部的理性要获得胜利，就必须消除压制我并使我成为奴隶的那些'低级'本能、激情与欲望；同样，社会中的高级部分——受过教育的、更理性的、'对其时代与人民有最高洞见的人'，可能会运用强迫的方法使社会的非理性部分理性化。"④ 人作为个体对自己的自由，意指个人根据自己考虑成熟的意愿、理智或持续长久的信念，而不是根据一时的冲动、激情或欲望来行事的程度。棱德汉在《关于自由精神的演讲》一文中说："自由存在于人们的心间，它一旦消亡，不管宪法、法律还是法庭，都不能拯救它，甚至都不能帮助它。当它存在于人们心间时，它不需要宪法、法律或者法庭来拯救它。这种必须存在于人们心间的自由是什么样的？它不是冷冰冰、受束缚的意愿，它不是人们随心所欲制造出来的自由。那是对自由的否定，并且直接影响它的反面。如果一个社会的人们不监督自己的自由，那么这个社会

---

① Ⅰ. 伯林著，胡传胜译：《自由论》，译林出版社 2005 年版，第 200 页。
② Ⅰ. 伯林著，胡传胜译：《自由论》，译林出版社 2005 年版，第 203—204 页。
③ Ⅰ. 伯林著，胡传胜译：《自由论》，译林出版社 2005 年版，第 204 页。
④ Ⅰ. 伯林著，胡传胜译：《自由论》，译林出版社 2005 年版，第 204 页。

的自由很快就会被少数恶人所拥有。"① 人作为个体对自己的自由的反面不是他人的强制，而是一时的感情、道德或智慧上的缺陷所造成的影响。如果某人没有完成经过深思熟虑要干的事情，如果某人在关键时刻因丧失意志力而未如愿，可以说他"不自由"，成了"感情或欲望的奴隶"。

自由是一个发展的过程，而不是一个幸存的遗迹；自由是发达文明的一种产物，而不是自然状态的产物。原始自由的理念建立在这样的理念之上，即在文明尚未产生的时代，人类享有自由，享有一种高贵的野蛮自由。而人的自由是文明出现以后缓慢发展出来的结果，是文明的最高成果。诚如恩格斯所说："自由就在于根据对自然界的必然性的认识来支配我们自己和外部自然；因此它必然是历史发展的产物。最初的、从动物界分离出来的人，在一切本质方面是和动物本身一样不自由的；但是文化上的每一个进步，都是迈向自由的一步。"② 当然，就自由是人的内在本性（包括生命、潜能、"贪欲"和"权势欲"等）的充分发挥和表现而言，自由具有恶性的特征，因为主体试图用这样一种方式胜出他人，特别是贪欲和权势欲的满足，必然导致与他人的冲突、对他人的压制，因而具有性恶的特点。诚如哈耶克所说："我们可能是自由的，但同时也是可怜的。自由并不意味着事事皆好或没有坏事。自由的确可能意味着忍饥挨饿、铸成大错或舍命冒险。"③

（三）个人对他人的自由

在人际交往不断扩大的现代社会，在人身依附关系不断破裂、人对人获得独立性的情况下，个人对他人的自由或者自由人之间的相互自由，就从自由的各种情况中凸显出来，成为自由的首要含义。萨特说："自由不是一种给定物，或一种属性，它只能在自我选择中存在。"④ 自由意味着选择的自主。"人是自己造就的，他不是做现成的；他通过自己的道德选择造就自己。"⑤ 人在这种自主选择中是完全自由的，因为人是从虚无中创造出来的，人是孤独的。萨特

---

① P. 里尔巴克著，黄剑波等译：《自由钟与美国精神》，江西人民出版社 2010 年版，第 71 页。

② 《马克思恩格斯选集》（第 3 卷），人民出版社 1995 年版，第 456 页。

③ T. A. V. 哈耶克著，杨玉生等译：《自由宪章》，中国社会科学出版社 1999 年版，第 38—39 页。

④ 萨特著，陈宣良等译：《存在与虚无》，生活·读书·新知三联书店 2009 年版，第 581 页。

⑤ 萨特著，周煦良等译：《存在主义是一种人道主义》，上海译文出版社 2005 年版，第 26 页。

说："作为人的定义的自由不是以他人为根据，但是一旦许下诺言，如果在期望我的自由的同时不期望他人的自由，我就不能存在。如果不同时以他人的自由为目的，我就不能以我的自由为目的。"① 尽管如此，萨特的整个理论体系仍然缺少自己自由与他人自由相互依赖的根据。在萨特看来，自己和他人的自由实难并存，甚至把人际关系看作是永远相克的关系。显然，萨特对自由的理解是错误的。鲍桑葵说："'自由'一词的法律上含义是以一个有自决权的人和另一个有自决权的人之间的正常差别为依据的，我们可以认为这是这个词的本义。"② 消极自由和积极自由都是从个人自由的这一层面上出现的概念。伯林认为，消极自由回答这个问题："主体（一个人或人的群体）被允许或必须被允许不受别人干涉地做他有能力做的事、成为他愿意成为的人的那个领域是什么？"积极自由回答这个问题："什么东西或什么人，是决定某人做这个、成为这样而不是做那个、成为那样的那种控制或干涉的根源？"③ 也就是说，积极自由是主动的自由，是自己做主的自由；积极自由是自己赋予自己的自由，是自己使自己自由的那种自由；积极自由是进行某种活动的自由，是按照自己的意志而进行某种行为的自由；积极自由是获得机会、条件和能力，做自己主人的自由。例如，我今天愿意上课，如果我能够按照自己的意志去上课，我就获得了积极自由：它是我进行某种行为的自由。反之，消极自由是一种被容许、被动的自由，是我得到别人的容许而被动地得到的自由，是别人做主而给予我的自由，是别人不干涉我从而赋予我的自由。例如，我今天不愿意上课，如果我能够按照自己的意志不去上课，我就获得了消极自由：它是不进行某种行为的自由。简言之，消极自由是指一个人免于他人（特别是强权）强制和干涉的自由。自由在此意义上就是"免于……"的自由。即，在虽变动不定但永远清晰可辨的那个疆界内不受干涉，对自由的捍卫也就存在于这样一种排除干涉的"消极"目标中。伯林说："用迫害威胁一个人，让他服从一种他再也无法选择自己的目标的生活；关闭他面前的所有大门而只留下一扇门，不管所开启的那种景象多么高尚，或者不管那些作此安排的人的动机多么仁慈，都是对这条真理的犯罪；他是一个人，一个有他自己生活的存在者。"④ 如果正确理解的话，这其实并不是两种自由，而是一切真正自由的两个主要方面。人们真正自由的

① 岩崎允胤主编：刘奔译：《人的尊严、价值及自我实现》，当代中国出版社 1993 年版，第 18 页。
② B. 鲍桑葵著，汪淑钧译：《关于国家的哲学理论》，商务印书馆 2006 年版，第 151 页。
③ I. 伯林著，胡传胜译：《自由论》，译林出版社 2005 年版，第 189 页。
④ I. 伯林著，胡传胜译：《自由论》，译林出版社 2005 年版，第 196 页。

地方，对这二者都会有真正的关切。哈耶克在《自由宪章》一书的开篇即说："本书研究人的一种状态，在这种状态下，社会中他人的强制被尽可能地减到最小限度。这种状态我们称之为'自由'的状态。"① "自由是一种状态，一个生活在人群之中的人，只能希望逐渐接近这种状态，而不能完全达到它。因此，一种自由政策尽管不能完全消灭强制及其恶果，但应该尽量将之缩小到最低限度。"② 哈耶克在此所说的"自由"，显然是一种社会学概念。自由是以人与人之间的社会关心为基础的，离开了他人行为对一个人的影响，就谈不上自由或不自由，"自由'专指'人与人之间的一种关系，能够侵害它的唯有他人的强制"。在此基础上，哈耶克对如下几种对"自由"进行歧义性理解的现象进行了剖析和批判。第一，那种通常把客观选择范围的大小看作是衡量自由之程度的做法，是对自由概念的一种误读，"某人在某一时刻内所能选择的行动范围，同自由并无直接关系"。③ 例如，某个攀岩者遇险，发现仅有一条路可以脱身，这时，尽管他别无选择，但却享有自由。即使这个攀岩者跌入深涧，不能复返，也不能说他失去了哈耶克所言的"自由"。第二，那种通常把选择政府、参与立法的权利叫作"政治自由"，也是对自由概念的误解。政治自由"实际上是把自由的原始意义运用于作为整体的人群而形成的一种集体自由"，④ 但是，"自由的人民"并不一定就是"由自由人构成的人民"；人们也并不一定非要先享有这种集体自由，然后才能获得个人自由。第三，"内在的"或"形式上的"自由，意指个人根据自己考虑成熟的意愿、理智或持续长久的信念，而不是根据一时冲动或形势来行事的程度。然而，"'内在自由'的反面不是他人的强制，而是一时感情、道德或智慧上的缺陷所造成的影响"。⑤ 第四，用"自由"来指代身体方面"做我想做之事的能力"，亦即如愿以偿的能力，或者说是我们所能选择的程度。例如，很多人做过这种"自由"之梦，梦见自己会飞，能摆脱地球的吸引力，"像小鸟一样自由"地飞翔。但是，"将自由混同于

① T. A. V. 哈耶克著，杨玉生等译：《自由宪章》，中国社会科学出版社 1999 年版，第 27 页。
② T. A. V. 哈耶克著，杨玉生等译：《自由宪章》，中国社会科学出版社 1999 年版，第 29 页。
③ T. A. V. 哈耶克著，杨玉生等译：《自由宪章》，中国社会科学出版社 1999 年版，第 30 页。
④ T. A. V. 哈耶克著，杨玉生等译：《自由宪章》，中国社会科学出版社 1999 年版，第 32 页。
⑤ T. A. V. 哈耶克著，杨玉生等译：《自由宪章》，中国社会科学出版社 1999 年版，第 34 页。

力量的做法一旦被认可，那么，利用'自由'一词的魅力来摧毁个人自由的诡辩将永无止境，打着自由的旗号怂恿人们放弃自由的花招也将永无完结"。① 可见，上述"自由"含义都不是哈耶克所倡导的"自由"含义，因为限制这些"自由"的东西并不是他人的强制。哈耶克之所以只把"强制"作为"自由"的真正对立物，无疑是强调，当人们不自由时，主要是因为人们被迫按他人的意志去做某事，而不是因为人们不能做许多事，"强制"一词所强调的是人们被迫去做某些事。

从实质上讲，本体论意义上的自由就是意志自由。这种自由虽然与生俱来，但在不同的时代又有不同的具体内容。就本书的论题而言，意志自由不属于我们讨论的范围。在我们看来，人们为之奋斗的自由，不是这种天生的自由，而是可以通过主体努力而设法竞取、争取的自由，是个人的社会自由（包括教育自由），或社会意义上的自由，是个人在与社会或他人的关联中获取的自由，它意味着权利、机会和能力。也就是说，我们在本书中所说的自由类似于穆勒所论的自由。穆勒说："这篇论文的主题，不是所谓的意志自由（即那个与被误称为'哲学必然性'的信条不巧恰相对立的东西），而是公民自由或曰社会自由，也就是社会所能合法施加于个人的权利的性质和限度。"② 自由不只是排除外部约束和免受专断控制，而且还包括了在服务于被称之为人类文明的伟大事业中发挥个人的天赋和习得的技术的机会。在此意义上，自由可以被描述为一种条件，亦即构建一个目的、借助有组织的文化手段，使该目的转变为行之有效的行动，并让这种行动的结果充满乐趣所必要的、充分的条件。如果社会不为个体提供符合其能力的有益工作和建设性活动的机会，那么他也同样不会感到自己是个真正自由的人。因此，追求和实现目的的自由就如同不受外部障碍之约束一样，是自由这一概念基本含义的一个重要的且必不可少的向度。当然，一个人应不应该拥有比他所能够公正行施的更多的自由呢？对这个问题的否定回答，使人认为一个人只应拥有公正所允许的最大限度的自由，不得超过。正如艾德勒所言："一个社会，应在正义所要求的限度内达到最大的平等。这个限度不能超越，超越了就是不正当。正如不能超越正义所允许的自由那样，超越了，就是不正当地行施被允许的自由。"③ 在分析了自由的一般规

---

① T. A. V. 哈耶克著，杨玉生等译：《自由宪章》，中国社会科学出版社 1999 年版，第 35—36 页。

② J. S. 穆勒著，孟凡礼译：《论自由》，广西师范大学出版社 2011 年版，第 1 页。

③ M. J. 艾德勒著，郜庆华等译：《六大观念》，生活·读书·新知三联书店 1998 年版，第 169 页。

定性之后，我们认为，教育自由的内涵大致包括以下几个方面。

三、教育自由的内涵

何谓自由？胡适说："'自由'在中国古文里的意思是：'由于自己'，就是不由于外力，是'自己做主'。在欧洲文字里，'自由'含义有解放之意，意从外力制裁之下解放出来，才能'自己作主'。"[①] 胡适这段话讲得非常精到：自由就是没有外在障碍而能够按照自己的意志进行的行为。由此说来，自由概念是十分明确的。然而，翻开人类思想史，实在令人吃惊：几乎每个思想家都颂扬自由，但究竟何谓自由，却见仁见智。伯林说："强制某人即是剥夺他的自由。但剥夺他的什么自由？人类历史上的几乎所有道德家都称赞自由。同幸福与善、自然与实在一样，自由是一个意义漏洞百出以至于没有任何解释能够站得住脚的词。"[②] 阿克顿也说："最重要的是怎样才能教育人们去追求自由，去理解自由，去获得自由。自由的理念是最宝贵的价值理想——它是人类社会生活中至高无上的法律。自由对人类的心灵具有巨大的感染力。人们给自由所下的定义多种多样——这表明：在对自由的认识上，无论是在热爱自由的人们当中，还是在厌恶自由的人们之中，持有相同理念的人微乎其微。"[③] 既然自由的内容一直是个争论不休的主题，如果指望我们在此解决这一问题未免痴人说梦。同样，也不能指望我们能够对自由的基本概念给出一个"真正的"概括。自由是一个包容广阔的概念，其中存在着诸多方面的含义。林肯说："关于自由一词，始终没有一个好的定义，而美国人民现在恰恰亟须一个定义。我们都宣称信奉自由，但用词虽同，所指迥异。……这里就有两种东西，不仅不同，而且互相冲突，但它们都叫自由。"[④] 贝克认为，自由被人滥用，自由的意义被扭曲，甚至可以说，"只要不给定其具体的内容，它便没有任何意义，而稍一引申它便会具有你喜欢的任何一种内容"。[⑤] 科伯的以下诗句，则从另一个层面展现了自由所包含的丰富歧义："自由之风情，展千种妩媚，而奴隶却欣欣然

---

① 胡明主编：《胡适精品集》（第 14 卷），光明日报出版社 2000 年版，第 68 页。

② I. 伯林著，胡传胜译：《自由论》，译林出版社 2005 年版，第 189 页。

③ 阿克顿著，侯健等译：《自由与权力》，商务印书馆 2001 年版，第 307 页。

④ T. A. V. 哈耶克著，杨玉生等译：《自由宪章》，中国社会科学出版社 1999 年版，第 27 页。

⑤ C. L. Becker, *New Liberties for Old*. New Haven：Yale University Press，1941，p. 4.

局于幽昧。"① 因此，我们只能根据本书的写作要求，大致梳理出教育自由的内涵。

（一）作为权利的教育自由

就现实的教育自由是人作为主体所特有或持有的资格而言，现实的教育自由、教育行动自由是个人应当秉有的一种基本权利。

在正常的情况下，一种权利就是一种自由。权利是我们能够任意享受某些事物的保障。康德认为，自由乃是"每个人据其人性所拥有的一项唯一的和原始的权利"。② 自由是人的存在的特征，是人的类本性。罗素说："尽管死亡是自然控制力的记号和标志，但人仍然是自由的，人在他稍纵即逝的有生之年，去审视、批判、认知、并且在幻想中去创造。在他所知道的世界中，这种自由属他独有；在这种自由中，他优越于控制他的外在生活的不可抗拒力量。"③ 自由作为人的类本性，具有绝对性和不可剥夺性。一个人无论身处何处，都必须保持类自由。因此，现实的教育自由、教育行动自由不是个别人的特权，而是人类精神的普遍权利，对自由的要求是一种争取权利的要求。勒鲁说："今天从人道思想出发，承认每个人单就作为人的资格而言，可享有某些权利；但是也可以反过来说，每个人都有可能具有和其他任何人同样的权利。"④ 从逻辑发展以及历史意义上讲，"第一项要争取的自由是按照法律对待的权利。一个人对另一个人没有合法权利，完全受另一个人支配，被那人随意摆布，就是那人的奴隶。他是'无权'，没有权利"。⑤ 自由是人权中最宝贵的内容，是人的一种天赋权利。费希特认为，自由（主要是思想自由与言论自由）是不容压制的天赋人权，这些权利是不可出让的和不能放弃的，否则人性就会遭到毁灭，人就会被降低到动物的地位。他不断向人们呼吁道："民众，一切的一切都可以献出，只有思想自由不能！""民众，野蛮的时代过去了……你们自己不是上帝的所有，而是上帝用他那神圣的印章将自由深深地盖入了你们的胸膛，使你们只属于你们自己。"封建君主们没有任何权利剥夺人民的自由，没有任何权利统治民众。"人既不是可以通过继承权得到的，也不是可以被出卖、被赠送的；

① 阿马蒂亚·森著，李风华译：《理性与自由》，中国人民大学出版社 2007 年版，第 7 页。
② E. 博登海默著，邓正来译：《法理学》，中国政法大学出版社 2004 年版，第 299 页。
③ B. 罗素著，李国山等译：《自由之路》（上），文化艺术出版社 1998 年版，第 185 页。
④ P. 勒鲁著，王允道译：《论平等》，商务印书馆 1996 年版，第 25 页。
⑤ L. T. 霍布豪斯著，朱曾汶译：《自由主义》，商务印书馆 2009 年版，第 8 页。

人不能是任何人的所有，因为他就是他自己的所有，并且必须永远如此。"① 另一方面，他认为封建君主们与民众都生活在精神世界里，在这个世界里君主与民众的地位是平等的，因此，封建君主们不仅无权压制自由，而且必须尊重自由，尊重人们对真理的自由探索。"君主，你没有权利压制我们的思想自由；而你没有权利做的事情，你就决不要做，即便在你周围的世界毁灭，你将与你的人民被埋葬到世界废墟底下的时候。对于世界的废墟，对于废墟底下的你和我们，那位把你所尊重的权利赋予我们的存在者是会来关照的。"② 托克维尔认为，只要平等与专制结合在一起，心灵与精神的普遍水准便将不断下降，而平等与自由结合在一起，则会激发精神的活力。他一生追求平等的自由，捍卫平等的自由，反对专制制度。他说："专制者本人也不否认自由是美好的，只不过唯独他才配享自由；对此大家并无歧义，分歧在于对人的尊重程度；因此严格说来，人们对专制政府的爱好同他们对国家的轻蔑是完全一致的。要想让我顺此潮流，恐怕尚须时日。"③ 自由是人的一种天赋权利。"自由不仅在于实现自己的意志，而尤其在于不屈服于别人的意志。自由还在于不使别人的意志屈服于我们的意志。……做了主人的人，就不可能自由。"④ 卢梭的这一见解是深刻的。奴役、强制别人的人是不会有真正自由的，自以为是其他人的主人的人，反而比其他人更是奴隶。即使他并非总是果真如此，他也毕竟确实具有奴隶的灵魂，并且在首次遇到奴役他的强者面前，他会卑躬屈膝。"只有这样一种人才是自由的，这种人愿意使自己周围的一切都获得自由，而是通过某种影响，也真正使周围的一切都获得了自由，尽管这种影响的起因人们并不总是觉察到的。在他的眼光里，我们可以更自由地呼吸；我们丝毫不觉得自己受到压抑、阻碍和钳制；我们感到一种成所欲成、为所欲为的非凡乐趣，而这一切并不妨碍我们对我们自身的尊重。"⑤ 因此，没人能完全把他的自由权利交付给另一个人，以至失其所以为人；也没有人能完全剥夺他人的自由权利或牺牲他人的自由权利换取自己的权利。每个人都应保留他的权利的一部分，由其自己决定，不由别人决定。正如斯宾诺莎所说："人的心是不可能完全由别一个人处治安排的，因为没有人会愿意或被迫把他的天赋的自由思考判断之权转让与人

---

① 费希特著，梁志学选编：《自由的体系》，商务印书馆 2008 年版，第 33 页。
② 费希特著，梁志学选编：《自由的体系》，商务印书馆 2008 年版，第 49 页。
③ 托克维尔著，冯棠译：《旧制度与大革命》，商务印书馆 1997 年版，第 36 页。
④ 卢梭著，何兆武译：《社会契约论》，商务印书馆 2003 年版，第 19 页。
⑤ 费希特著，梁志学选编：《自由的体系》，商务印书馆 2008 年版，第 113—114 页。

的。……此天赋之权，即使由于自愿，也是不能割弃的。"① 例如，美国的核心价值观之一就是自由。哈兹说，美国是"生来自由的"。② 《独立宣言》宣告："人人生而平等，他们都从其'造物主'那里获赠了某些不可让渡的权利，其中包括生命、自由和追求幸福的权利。"《美利坚合众国宪法》开宗明义地宣称，政府建立合众国乃是为了"我们自己和后代得享自由的幸福"。自由通常被看作是保护人民的生活，使之免受政府的不当干涉，并通过对政府的限制来哺育自由。《美利坚合众国宪法》第一条修正案规定了禁止政府采取的一些行动："国会不得制定关于下列事项的法律：确立国教或禁止信教自由；剥夺言论自由或出版自由；或剥夺人民和平集会和向政府请愿申冤的权利。"此外，人更不能主动放弃自己的自由权利，以丧失自己的存在为代价。卢梭说："一个人抛弃了自由，便贬低了自己的存在，抛弃了生命，便完全消失了自己的存在。因为任何物质财富都不能抵偿这两种东西，所以无论以任何代价抛弃生命和自由，都是既违反自然同时也违反理性的。"③ 因此，人应该在自己的有生之年，竭尽全力捍卫自由权利。

自由是人的类本性，自由是不可剥夺、出卖或让渡的权利，把自由说成是人的天性本身并没有多大错误。个人自觉地把他（她）的自由当作一种类本性或"天赋权利"去捍卫，是在人类经历漫长的历史过程之后，直到近代西方资产阶级兴起之后才出现的现象，因为人们将个人自由看作一项值得珍视的权利，需要具备一定的社会条件。例如，需要社会生产力发展到使个人能够独立行事的程度，以使他能够从对共同体的依附中解放出来；需要社会交往范围的扩大和社会关系体系的发达，以使独立的个体能够在社会中生存和发展，所有这些条件，只有在人类进入近代社会之后，才逐渐具备。这也是近代西方资产阶级推崇个人自由、主张"天赋人权"的历史背景。马克思在其《1857—1858年经济学手稿》中曾指出："我们越往前追溯历史，个人，从而也是进行生产的个人，就越表现为不独立，从属于一个较大的整体：最初还是十分自然地在家庭和扩大成为氏族的家庭中；后来是在由氏族间的冲突和融合而产生的各种形式的公社中。只有到了 18 世纪，在'市民社会'中，社会联系的各种形式，对个人说来，才表现为只是达到他私人目的的手段，才表现为外在的必然性。但是，产生这种孤立个人的观点的时代，正是具有迄今为止最发达的社会关系

---

① 斯宾诺莎著，温锡增译：《神学政治论》，商务印书馆 1997 年版，第 270 页。

② Louis Hartz, *The Liberal Tradition in American*. New York: Harcourt Brace, 1953, p. 12.

③ 卢梭著，李常山译：《论人类不平等的起源和基础》，商务印书馆 1996 年版，第 137 页。

（从这种观点看来是一般关系）的时代。"① 这就表明，个人在社会中的独立和自由，不仅以个人改造世界的能力的提高为条件，而且以个人之间互动的增强和关联程度的提高为条件，但是在古代社会，这两方面的发展都非常不足，从而使人们甚至并不刻意地去追求那种不受干涉的自由。在现代社会，自由常被视为权利。不论是否有法律规定，从事某些活动，即有自由去做某些事，是民主国家公民的基本权利。不过，权利必须实现为权力，才是被兑现了的自由。赵汀阳说："自由首先总要表现为权利，但是权利只是自由的逻辑形式，是自由的合法性表述，却还不是自由的实质。仅仅表现为权利的自由仍然是尚未实现的自由，是个 not－yet，只有落实为事实的自由才是真实的自由。可以说，作为权利的自由只是'说出的'和'听到的'自由，却还不是'在手上的'自由。说了或听了有某种自由，不等于真的有了这种自由，只有拿到手的才是自由。……权利必须实现为权力，才是被'充实了的'自由，从权利到权力必须是一条连续的线，所以 freedom－free 如果不同时匹配着某种 freedom－to，就根本没有意义。"② 此外，不能把自由的权利看作是一种绝对的和无限制的权利。人并不是孤立地活着，也不是仅仅为自己而活着。这样，一个复杂的社会的组织工作就具有了重大意义，在这种社会中，个人主义必须服从交通规则，一个人为所欲为的权利必须服从法律法规。

1. 作为权利的现实的教育自由、教育行动自由表明，人有自己的尊严

人不但有自己的尊严，而且还有自己的独立人格，有权按照自己的意愿自由地思想、表达和行动，有权进行自主地选择，只要他们不是无理地侵犯他人的教育自由。罗素说："我们所追求的自由不是压制别人的权利，而是在不妨碍他人的前提下按照我们自己选择的方式及进行生活和思考的权利。"③ 森说："如果不着眼于一个人有理由追求或希望的不同选择或过程，而只看到他根本没有理由去追求的可替代性方案，那么我们很难理解自由和机会的重要性。因此，对一个人机会的评价要求我们理解他希望拥有的事物以及他有理由去重视的事物。"④ 保护个人自由权利是非常必要的，因为这是个性成长的基础。"各种性格只要不伤及他人就该给予其自由发展的空间；只要有人愿意一试，不同生活方式的价值就该允许通过实践去证实。总之，在并非首先关及他人的事情

---

① 《马克思恩格斯全集》（第 30 卷），人民出版社 1995 年版，第 25 页。

② 赵汀阳著：《论可能生活》，中国人民大学出版社 2004 年，第 115－116 页。

③ B. 罗素著，李国山等译：《自由之路》（上），文化艺术出版社 1998 年版，第 221 页。

④ 阿马蒂亚·森著，李风华译：《理性与自由》，中国人民大学出版社 2007 年版，第 5 页。

上，个性就应该得到伸张。"① 换句话说，除非个体被允许去过他愿意的生活，"按只与他们自己有关的方式"；除非容许不同的人去过不同的生活；除非个体被允许在生活方式上展开不同的尝试；除非各种性格被给予其自由发展的空间，"只要不伤及他人"；除非不同生活方式的价值被允许通过实践去证实，否则，就没有天才、原创性和自发性的余地，也没有个性自由发展的空间，人的天性将被"削平乃至磨光"，人类将被"集体平庸"的重量压垮。恒常的齐一化、模式化倾向只培养"残疾与侏儒式"的人类。"他们身上为人类所独具的性能已经枯萎乃至衰竭了：他们已无能力再生出强烈的愿望与固有的快乐，而且一般也丧失了根于自身或可以归之于他们自身的意见与情感。"② 从某种意义上讲，人的自由权利与个性发展乃是同一回事，只有个性得到扶植培育，得到充分而自由的发展，才能造就先进的人类、特立独行的个性。

正因为如此，教育的基本作用，似乎比以往任何时候都更在于保证人人享有他们为充分发挥自己的才能和尽可能牢牢掌握自己的命运而需要的思想、判断、感情和想象方面的自由。教育应该使每个人借助于青年时代所接受的教育，形成一种独立自主的、富有批判精神的思想意识，形成批判性的思考能力，培养自己的判断能力，以便由他自己确定在人生的各种不同的情况下他认为应该做的事情。批判性思考从某种意义上讲，应成为教育的基本目的。我们应该通过如下方式来设计、组织和实施教育教学活动，即把理性思考与评价置于教育活动中的重要地位。谢夫勒说："批判性思考在教育活动的理念和组织中是第一重要的。""理性……关乎诸种理由，把理性视为基本的教育理想意味着在所有学习领域尽可能广泛地对诸种理由进行自由地、批判性地探讨。""这里所要鼓励培养的基本的性格特征就是理性……培养学生理性就是培养学生进行批评性思考。"③ 培养学生的批判性思维，是尊重学生并将其当作人看待的基础。尊重学生，意味着在教育教学活动中尊重学生思考的权利，相信学生有能力且能精准地为自己思考，而不是否定学生拥有确定自己思考、思想和生活范围的能力。"教学……在某些方面至少要致力于学生的理解和独立判断，致力于学生对于理性的要求，致力于让学生理解什么是充分的解释。教授这个或那个不仅仅是让人相信：比如，欺骗就不是一种教学的方法或模式。教学具有更加深刻的内涵。如果我们试图让学生相信是如此这般，我们还应该努力让他们

①　J. S. 穆勒著，孟凡礼译：《论自由》，广西师范大学出版社 2011 年版，第 66 页。
②　J. S. 穆勒著，孟凡礼译：《论自由》，广西师范大学出版社 2011 年版，第 72 页。
③　I. Scheffler, *Reason and Teaching*. Indianapolis：Hackett, 1989, pp. 1, 62, 142-143.

在理解能力范围内去理解相信的理由。从这个方面来看，教学需要我们告诉学生理由，以此来使之形成自己的评价和批判。"① 尊重学生，意味着认可学生是具有独立意识的主体，是与教师一样的平等道德价值个体，具有与教师一样的需要和兴趣。至少从原则上讲，学生能够自己决定如何生活最好，能够自己选择自己的生活道路，能够自己决定成为什么样的人。"作为教育者，尊重学生，意味着要努力使学生能够对这些事进行判断和评价。因此，尊重学生，就是要培养和促进他们的批判性思维的能力以及性向。"② 在注重教育作用的同时，也不能忽视自我教育。因为，自我教育是完善心智、确立宽容情怀、形成独立人格的重要组成部分。"当代人有一种唯命是从的倾向，只要某事不合心愿，就指望上级颁布命令。虽然他们并不完全赞同禁令的全部内容，但也乐于贯彻执行，不敢越雷池半步。这些事实表明，奴性意识根深蒂固。要想将奴仆意识转变成公民意识，需要人们进行长期的自我教育。一个自由的人应当容忍他人想其之不想，为其所不为。应该克服那种只要是他觉得不妥当事情就打电话报警的习惯。"③

享有、获取教育自由的一个主要的前提条件，是个人要被其他人尊重为人（个人也应当这样来尊重他自己、尊重他人）。诚如《世界人权宣言》第 29 条所说："人人在行使他的权利和自由时，只受法律所确定的限制，确定此种限制的唯一目的在于保证对旁人的权利和自由给予应有的承认和尊重，并在一个民主的社会中适应道德、公共秩序和普遍福利的正当需要。"其实，这在逻辑上必定如此。因为根据我们的分析，得到这样的尊重（至少部分地）就等于得到了教育自由。缺乏这种尊重，个人的教育自由就会受到损害：他的自主会被削弱，他的隐私会遭到侵犯，他的自我发展会受到阻挠。费希特说："自由地获取一切对我们有用的东西的权利，是我们人格的一个组成部分，自由地使用一切为了我们的精神教养和道德教养而对我们开放的东西，是我们的使命；没有这个条件，自由和道德对于我们将是一件无用的礼物。我们的教育和教养的最丰富的源泉之一是精神与精神的相互沟通。从这个源泉汲取教养的权利我们不能放弃，除非放弃我们的精神，放弃我们的自由和人格；因此，我们不可放弃这一权利；因此，其他人也不可放弃他那允许我们从中汲取教养的权利。由

---

① I. Scheffler, *The Language of Education*. Springfield, IL: Thomas, 1960, p. 57.

② R. Curren 主编，彭正梅等译：《教育哲学指南》，华东师范大学出版社 2011 年版，第 398 页。

③ L. V. 米瑟斯著，韩光明等译：《自由与繁荣的国度》，中国社会科学出版社 1994 年版，第 92—93 页。

于我的获取的权利是不可出让的，所有其他人的给予的权利也成为不可出让的。"①

　　具体而言，思想自由意味着受教育者具有独立形成自己的世界观、价值观和人生观的自由。"思想自由——一个人自己头脑里形成的想法不受他人审讯——必须由人自己来统治的内在堡垒。"② 因此，教育机构、学校应成为思想自由的堡垒和维护者。杰斐逊在领导创办弗吉尼亚大学时说："这个学校将以人类思想的无限自由为出发点，因为我们这里不怕在真理可以领先的任何场合追求真理，也不怕容忍任何错误，只要让理智有充分活动的自由，足以同错误作斗争就行了。"③ 表达自由意味着受教育者具有表达自己思想、观念和意见的自由。"表达一个人心声的自由，不只是公民自由权的一个方面（从而对其自身有益），而且对于人们共同追求真理、对于社会作为整体的活力，也至关重要。"④ 学习自由意味着受教育者具有自己选择学习内容、学习目的、学习方法、学习时间和学习空间的自由。学生不仅要学习知识，而且要从教师的教诲中学习研究事物的态度，培养影响其一生的科学思维方式。学生要具有自我负责的观念，并带着批判精神从事学习，因而拥有学习的自由。"大学应始终贯彻这一思想观念：即大学生应是独立自主、把握自己命运的人，他们已经熟悉不需要教师的引导，因为他们能把自己的生活掌握在手中。他们有选择地去听课，聆听不同的看法、事实和建议，为的是自己将来去检验和决定。谁要想找一位领导者，就不该进入大学的世界，真正的大学生能主动地替自己订下学习目标，善于开动脑筋，并且知道工作意味着什么。"⑤ 道德自由意味着受教育者个人拥有追求自己的道德理想、选择和认同道德原则、追求自己的幸福的自由权利。霍布豪斯说："如果我的'自我'作为一个整体能是它自己领域内的主人、统治者，或更妥当的说，是它的所有情感、兴趣和冲动等等的领导者时，那我就能摆脱这种专制，是'自由的'。因此，道德自由并不需要离群索居……是整个自我在无数关系中的和谐，这些关系构成了自我的兴趣之网。"⑥

---

① 费希特著，梁志学选编：《自由的体系》，商务印书馆 2008 年版，第 38 页。
② L. T. 霍布豪斯著，朱曾汶译：《自由主义》，商务印书馆 2009 年版，第 11 页。
③ C. A. 比尔德等著，许亚芬译：《美国文明的兴起》（上卷），商务印书馆 2010 年版，第 402 页。
④ T. 帕特森著，顾肃等译：《美国政治文化》，东方出版社 2007 年版，第 111 页。
⑤ K. 雅斯贝尔斯著，邹进译：《什么是教育》，生活·读书·新知三联书店 1991 年版，第 146－147 页。
⑥ L. T. 霍布豪斯著，孔兆政译：《社会正义要素》，吉林人民出版社 2006 年版，第 38－39 页。

从道德哲学视野来看，道德生活就是理性的生活，道德教育就是理性教育的一部分。道德教育的目的在于引导一个人理性地坚持某些原则，并且以这些原则为基础以便理性地决定在特定的情境中应该做什么。显然，"这一道德观与强调个体自由的更加广阔的自由哲学相一致。它使得道德教育能被看作有意识地发展个体的理性的道德自主，从而使得个体在必要时，能够自己思考并自己决定道德问题。道德教育要是不能做到这点，那无异于在进行道德灌输，而按照这种道德观，道德灌输是尤其要避免的。它只能通过个体自身能够自己决定道德事务并致力于自己的道德理想"。① 当然，教育也不能只关注道德自由的价值，否则，就会导致忽视人们合理地把孩子教育成为当下家庭、社区和世界之一员的价值。教育是有时代性的，它的时代性会把我们导向我们认为有价值的世界。"除非社会对教育内容持有某种道德原则，不然它怎么能够接受教育者的角色？一旦接受了这种角色，对人们进行教育，如何划定一条区分教育和彻底道德中立的界限？一个人教育自己的家庭成员时，他的权威赖以确立的基础主要是他的年龄和丰富的阅历；如果这种个人优势消失，以此为基础的权威也会随之消失。社会和个人的差别则有着不同的性质。社会所固守的原则和制度，不仅体现着共同体统治者的现有观念，而且体现着数百年经验积累的成果，它们构成了据以检验个体行为的标准，并以各种直接和间接的方式迫使人们去遵守这些标准。……孩子成长为大人，年轻人变成老年人，是在一系列教育者的影响下成长的，每个教育者都会在他身上留下自己的印记。长大成人的孩子用自己与同龄人交往学到的经验教训去教导年迈的双亲，并不是什么不常见的事情。我们都在不断地相互教育，这个过程在任何情况下都是并且只能是道德的，同时也带有或多或少的强制性。"② 个性自主发展的自由，意味着受教育者有追求不同方式的生活、实现自己的价值、获得个人发展、创造自己独特精神气质的自由。教育资源平等利用的自由意味着确保每一个受教育者都能公平、平等地利用教育设施和教育机会。平等利用教育资源的自由能够保障每一个受教育者平等的发展机遇，使他们在教育生活中不受歧视，不受排挤，避免教育制度和学校以及教师对他们划分等级和区别对待。诚如罗尔斯所说："获得文化知识和技艺的机会不应当依赖于一个人的阶级地位，所以，学校体系

---

① 　R. Curren 主编，彭正梅等译：《教育哲学指南》，华东师范大学出版社 2011 年版，第 417 页。
② 　J. F. 斯蒂芬著，冯克利等译：《自由·平等·博爱》，广西师范大学出版社 2007 年版，第 131 页。

（无论公立还是自私学校）都应当设计得有助于填平阶级之间的沟壑。"① 人身自由意味着受教育者人身依法不受任何伤害、压制、侮辱等的权利。"人身保护权给我以抵制任何危险人们干涉的自由，使我能用我自己的四肢和身体做我所想做的事情。"② 上述教育自由是受教育者有权享有的权利，因此必须得到制度的具体规定和保障。费希特说："从德意志人中将首先展现出一个真正的法律王国，这个王国还从来没有在世界上出现过，它欢欣鼓舞地支持公民的自由，而决不把大多数人作为奴隶加以牺牲；它是以一切具有人的面貌的生灵的平等为基础的。"③ 费希特的这一结论曾受到马克思的高度赞扬，被认为是德国在社会主义理论方面比法国先进五十年的一个例证。

2. 作为权利的现实的教育自由、教育行动自由表明，人是自由自决的行动者

人是自由自决的行动者，是具有自主能力和选择自己教育生活的能力的主人。自由主要是行动的自由。

构成每个个人特殊范围的最重要的一项权利，也就是一切其他权利都以它为基础的权利，乃是个人自主判断的权利、自主选择的权利。葛德文说："有必要使一切人都能自主并依靠自己的智力。为此，每个人都必须有他自己斟酌行事的范围。任何人都不得侵犯我的范围，我也不侵犯他的范围。他可以缓和地而不是固执地向我提出建议，但是，他不得企望向我进行指挥。他可以随便地和无保留地责备我；但是他应该记住，我是根据我自己的而不是他的思考行动的。他可以运用共和主义的大胆精神作出判断，但是他却不得独断专横地来指挥别人。……我应该为别人的幸福运用自己的才能，但是这种运用必须是我自己的信念的结果；任何人也不得企图强迫我去从事这种服务。我应该把偶然为自己所有而非自己福利所必需的那一部分大地果实用来为别人谋福利；但是，他们必须用说理和劝导而不是用暴力来取得。"④ 但不幸的是，自由的内涵已被对自由所作的文字游戏掏空了。自由的概念被狭隘地理解，被当成使同代人厌恶的那些苦思冥想人物的化身。谈及自由，我们容易只把它理解成思想自由、出版自由、信仰自由等。自由的文字表达，主要是为了渲染，而自由的首要含义却是行动自由。斯蒂芬说："那些擅长使用感伤语言的人，不应再像过去那样赞美'自由'一词，而是应该着迷于特定的自由之前，尽可能地扪心自

---

① J. 罗尔斯著，何怀宏等译：《正义论》，中国社会科学出版社 2001 年版，第 74 页。

② L. T. 霍布豪斯著，孔兆政译：《社会正义要素》，吉林人民出版社 2006 年版，第 44 页。

③ 费希特著，梁志学选编：《自由的体系》（导言），商务印书馆 2008 年版，第 xxix 页。

④ W. 葛德文著，何慕李译：《政治正义论》（第 1 卷），商务印书馆 2007 年版，第 114 页。

问：谁获得了做什么事情的自由？他所摆脱的限制是什么？他们应该强迫自己明确回答这些问题，这可以使他们这方面的诗情发生比目前更明确、更有益的变化。"① 其实，早在古希腊时期，人们对自由的理解就已达到相当的高度。亚里士多德对自由的理解，即是个人自愿而无强制的行动，也就是个人不受威胁或其他形式的强制、出于自愿选择的行动。而所谓强制，"总的说来，就是行为的原因在行为者之外的那些事情中，而对此行为者是无能为力的"。② 当然，这里自然涉及自由与责任的内在联系。他说："德性是对我们而言的德性，邪恶也是对我们而言的邪恶。我们力所能及的事，可以做也可以不做。"③ 做还是不做的权利，其实就是选择的权利。而选择显然是自愿的、自主的，经过深思熟虑的。因此，在选择的环节上，伦理德性中就已经包括了理智的成分。我们说一个人的行动是选择的结果，意味着行动者具有理性和责任能力。基于类似的假设，罗尔斯断言，自由总是可以参照三个方面的因素来解释：自由的行动者、自由行动者所摆脱的各种限制和束缚、自由行动者自由决定去做或不做的事情。因此，对自由的一般描述可以具有如下形式：这个或那个人（或一些人）自由地（或不自由地）免除这种或那种限制（或一组限制）而这样做（或不这样做）。各种社团以及自然人可能是自由的或不自由的，限制的范围包括由法律规定的各种义务、禁令以及来自社会压力和舆论的强制性影响。"在这些情形中，自由是制度的某种结构，是规定种种权利和义务的某种公开的规范体系。""当个人摆脱某些限制而做（或不做）某事，并同时受到保护而免受其他人的侵犯时，我们就可以说他们是自由地做或不做某事的。例如，如果我们设想良心自由是法律规定的，当个人可以自由地去追求道德、哲学、宗教方面的各种兴趣（利益），且法律并不要求他们从事或不从事任何特殊形式的宗教或其他活动，同时其他人也有勿干预别人的法律义务时，个人就具有这种良心自由。一系列相当微妙复杂的权利和义务表现了各种具体自由的特性。"④ 因此，没有选择权，就谈不上自由。即使这种选择权很小，但有选择与毫无选择有着明显的区别。

---

① J. F. 斯蒂芬著，冯克利等译：《自由·平等·博爱》，广西师范大学出版社 2007 年版，第 143 页。

② 亚里士多德著，苗力田译：《尼各马科伦理学》，中国社会科学出版社 1999 年版，第 46—47 页。

③ 亚里士多德著，苗力田译：《尼各马科伦理学》，中国社会科学出版社 1999 年版，第 55 页。

④ J. 罗尔斯著，何怀宏等译：《正义论》，中国社会科学出版社 2001 年版，第 200 页。

正因为如此，自由有时即被称为自主、独立或选择。科恩说："自主有两个尺度：第一个尺度描述个体的客观情况、生活环境，是指相对于外部强迫、外部控制的独立、自由、自觉和自主支配生活的权利和可能。第二个尺度是对主观现实而言，是指能够合理地运用自己的选择权利，有明确的目标，坚忍不拔和有进取心。自主的人能够认识并善于确定自己的目标，不仅能够成功地控制自己的环境，而且能够控制自己的冲动。"① 自主的人是客观环境的支配者和控制者，是自己活动的主人，能以自己的意识、思维支配自己的行动，而不是盲目受客观环境的支配，也不是盲目顺从他人的意志。伯林说："我希望意识到自己是一个有思想、有意志、主动的存在，是对自己的选择负有责任并能够依据我自己的观念与意图对这些选择做出解释的。只要我相信这是真实的，我就感到我是自由的；如果我意识到这并不是真实的，我就是受奴役的。"② 在康德的论述中，auto 意思即是自我，nomos 意思是法律；auto-nomy 就是有理性的人给自己规定法律的理想境界。人的独特性恰在于人能够为自己立法，即人的自主性。而自主性的人能够自我立法、自我控制，具有自律性。"自主性"是指个体作为人，而不是物体，根据规则或原则来自由行动的能力倾向，是基于法律以及个人对于法律的认识的。人自己为自己的行为立法，告诫自己该怎么行事并完全自觉地那样行事，一直是康德理想目标的最高目标之一。他说："每个有理性的东西都是目的王国的成员，虽然在这里他是普遍立法者，同时自身也服从这些法律、规律。他是这一王国的首脑，在他立法时是不服从异己意志的。每个有理性的东西，在任何时候，都要把自己看作是一个由于意志自由而可能的目的王国中的立法者。他既作为成员而存在，又作为首脑而存在。只有摆脱一切需要，完全独立，并且在他的意志能力不受限制的条件下，他才能保持其首脑地位。"③ 也就是说，理性的自我规定的特性就是主体的自主性，作为主体的自主性是理性赋予人的自主性，它是人性在自我实现中的自我导向能力。理性的自我规定使自我实现以及人性本身为目的，使人性得到最和谐的发展。具有自律性的人，通常关心的是"履行责任（即德行）时所需作的牺牲，而不是这样做所能带来的好处，这样他就能理解责任之命令的权威，即这种命令是一种自足的、独立于任何其他影响的法则，要求无条件地服从"。④ 霍克海默等人在《启蒙辩证法》一书中说："就进步思想的最一般意义而言，启

---

① 科恩著，佟景韩译：《自我论》，生活・读书・新知三联书店 1986 年版，第 407 页。

② I. 伯林著，胡传胜译：《自由论》，译林出版社 2003 年版，第 200 页。

③ 康德著，苗力田译：《道德形而上学原理》，上海人民出版社 2005 年版，第 53—54 页。

④ 慈继伟著：《正义的两面》，生活・读书・新知三联书店 2001 年版，第 26 页。

蒙的根本目标就是要使人们摆脱恐惧，树立自主。"① 启蒙就是使世界摆脱魔力，祛除神话，用知识代替幻想，把人类从恐惧和迷信中解放出来，重新确立人对自然的关系。人命定是自由的，"我是我们命运的主宰，我是我灵魂的主宰"。我们通过自己所作的自由选择创造我们自己，我们有能力选择不同的行动路线。"真正自由的选择是指由选择者内部固有的本性所决定的选择，是冲破社会阻力而得到增进的，是由独立人格得到增进的，而不是由于软弱和畏惧。满足这一条件的每一种选择，都能够增高它的自由的百分比。"② 自由意味着责任，自由不是摆脱责任。"真正的自由意味着：从可供选择的多种可能性中作出深思熟虑的选择，这个选择反映了你真正的愿望和最深刻的价值观，坚决抵制迫使你的意志自由向外部的或内心的力量妥协的压力。"③ 同时，人的主体性的主要涵义之一就是主体的选择性。选择一方面是主体性的反映，"选择是有明确意识的，因此它本质上必定是反省意识的核心"。④ 此种反省意识（自我意识）是主体性的重要组成部分。另一方面也是个体人自主性的反映。主体活动是一种有选择的活动，人的活动的目标、手段和方式，无一不是能动选择的结果；人的活动从"做什么"到"怎么做"，无一不是能动选择的过程。桑德尔说："我不仅仅是经验所抛出的一连串目标、属性和追求的一个被动容器，并不简单地是环境之怪异的产物，而总是一个不可还原的、积极的、有意志的行为者，能从我的环境中分别出来，且具有选择能力。"⑤ 主体的选择性根源于客体的复杂性和主体的目的性。人的活动都是有目的的，而不同的客体对于达到主体目的的效能是不同的，于是人的每一活动、活动的每一步骤都要反复思量，慎重选择，两利相权取其重，两害相权取其轻。斯宾诺莎指出："人性的一条普遍规律是，凡人断为有利的，他必不会等闲视之，除非是希望获得更大的好处，或是出于害怕更大的祸患；人也不会忍受祸患，除非是为避免更大的祸患，或获得更大的好处。也就是说，人人是会两利相权取其大，两害相权取其轻。"⑥ 生活的主题永远是选择的，选择是人生的责任，因为选择是走向存在的唯一方式，假如不作选择，就永远成不了一个人。选择才能使人成为"这一

① M. 霍克海默等著，渠敬东等译：《启蒙辩证法》，上海人民出版社 2006 年版，第 1 页。
② A. 马斯洛著，成明编译：《马斯洛人本哲学》，九州出版社 2003 年版，第 123 页。
③ A. 马斯洛著，成明编译：《马斯洛人本哲学》，九州出版社 2003 年版，第 128 页。
④ C. 库利著，包凡一等译：《人类本性与社会秩序》，华夏出版社 1999 年版，第 49 页。
⑤ M. J. 桑德尔著，万俊人等译：《自由主义与正义的局限》，译林出版社 2001 年版，第 25 页。
⑥ 斯宾诺莎著，温锡增译：《神学政治论》，商务印书馆 1997 年版，第 214—215 页。

个"人。选择并不是在生活的具体场景中做这个或者做那个，不仅仅是具体行动的选择，虽然我们永远处在这种选择之中。选择是过什么样的生活的选择，也就是成为什么人的选择。选择意味着生活将导向何方，"选择既是一种创造自我的方式，同时也是一种将自我与外界联系起来的方式"。① 选择的结果就是生活向前进了一步，从某种意义上说，这是一种自由或创造的行为，是个性的充分展示和弘扬。"选择是一个成长的过程，是对由生活提供的材料进行选择和积累的发展着的智能组织力，这个过程无疑在儿童和青年的意识里是最富有活力的。"② 简言之，如果一个人的教育行为是自主的，就是说，并非他人意志的工具或对象，或独立于他的意志的外在或内在力量的结果，而是他作为一个自由的教育行为者所作出的决定和选择的结果，那么，这个人在教育世界中就是自由的。他的自主性表现在这种自决的决定和选择之中，他"在这个尘世的唯一幸福——如果这真是幸福——是自由的、不受阻碍的自我活动，是自力更生，辛勤劳动，努力追求自己的目标的活动"。③ 反之，如果他的教育行为不是由他的自觉的"自我"而是由其他东西所决定的，那么他在教育生活世界中的自主性就会被减少，自由也会减少。"如果人这个生物不是独立自主的，他就永远不会是一个能被恰当称赞的对象。他必须服从他自己的理智，得出他自己的结论，并认真地按照他自己认为恰当的观点行事。没有这些，他既不会积极、也不会慎重、不会坚定、也不会豁达。"④ 如果不存在自由的选择，理性选择也无什么意义。理性的概念应容纳激励选择的各种理由。"我们进行选择所依据的是我们的动机，当然，选择并非毫无理由，但并非一定听从某些依环境而定的权威主义，也无需遵从某些'合理的'目标和价值的教义般的规定。后者事实上武断地缩小了可行的'选择理由'，并且由于人们不能运用自己的理性去决定个人的价值和选择，因此它必定会成为实质性的'不自由'的根源。"⑤

在马克思主义经典作家看来，自由可以被理解为主体在认识、改造客体的活动中，有目的地选择、支配、控制活动以及活动结果的能力和权利的统一。自由也可以被理解为通过认识和利用必然，主体在活动中有目的、有能力、有权利做他应该做、能够做和愿意做的事情，从而达到自觉、自为、自主的状

---

① H. E. 巴恩斯著，万俊人等译：《冷却的太阳》，中央编译出版社 1999 年版，第 137 页。
② C. 库利著，包凡一等译：《人类本性与社会秩序》，华夏出版社 1999 年版，第 42 页。
③ 费希特著，梁志学选编：《自由的体系》，商务印书馆 2008 年版，第 49 页。
④ W. 葛德文著，何慕李译：《政治正义论》（第 1 卷），商务印书馆 2007 年版，第 114 页。
⑤ 阿马蒂亚·森著，李风华译：《理性与自由》，中国人民大学出版社 2007 年版，第 5 页。

态。主体在认识、改造客体的活动中，都有三个维度，分别指向自然、社会和人自身。换句话说，自然、社会和人自身都可能是主体活动所指向的对象。因此，人的自由可以具体表现为人对自然的自由、人对社会的自由和人对人自身的自由。在人与自然的关系上，自由就是主体"合理地调节他们和自然之间的物质变换"，既不是自然对人的奴役，也不是人对自然的征服，而是人与自然的相互协调，人与自然的和谐发展，也就是人"同已被认识的自然规律和谐一致的生活"。① 人与自然和谐相处，就是生产发展，生活富裕，生态良好。促进人和自然的协调与和谐，使人们在优美的生态环境中工作和生活。坚持实施可持续发展战略，正确处理经济发展同人口、资源、环境的关系，改善生态环境和美化生活环境，改善公共设施和社会福利设施。在人与人的关系上，自由就是人与人的相互协调、个人自由和共同体自由的一致。这里，共同体不是个人自由的桎梏，而是个人自由得以实现的重要前提。"只有在共同体中，个人才能获得全面发展其才能的手段，也就是说，只有在共同体中才可能有个人自由。……在真正的共同体的条件下，各个人在自己的联合中并通过这种联合获得自己的自由。"② 同样，个人也不是他人、共同体自由的障碍，"在那里，每个人的自由发展是一切人的自由发展的条件"。③ 那种压迫、损害他人的人自以为是自由的，实际上由于他们的自由是以他人的不自由为代价的，他们并不是真正自由的，从根本上说他们同被压迫者、被损害者一样是不自由的。

3. 作为权利的教育自由表明，每个人都享有平等的教育自由

自由是一种基本的权利，而不是特权。所谓权利，用一句通俗的话讲，就是"理通天下"，每个人都平等地享有，与自己的出身、地位无关。而特权，则是"凡事对人"，一部分人拥有，另一部分人则没有，取决于个人的出身和地位。权利是不可任意剥夺的，但是特权可以给你，也可以剥夺。尽管在古希腊、古罗马共和国都有所谓的"自由"，但拥有自由是特权，而不是权利，因为只有一部分人享受它，而占人口多数的奴隶则享受不到。而在自由社会，人人都必须同样地、平等地服从法律，同样地、平等地享有自由。否则，这样的社会就不是自由社会。霍布豪斯说："在假定法治保全全社会享有自由时，我们是假定法治是不偏不倚、大公无私的。如果一条法律是对政府的，另一条是对百姓的，一条是对贵族的，另一条是对平民的，一条是对富人的，另一条是

---

① 《马克思恩格斯选集》（第 3 卷），人民出版社 1995 年版，第 456 页。
② 《马克思恩格斯选集》（第 1 卷），人民出版社 1995 年版，第 119 页。
③ 《共产党宣言》，人民出版社 2004 年版，第 50 页。

对穷人的，那么，法律就不能保证所有的人都享有自由。就这一点来说，自由意味着平等。正因为如此，自由主义才要求有一种能保证公正地实施法律的诉讼程序。才要求司法部门独立，以保证政府及百姓之间处于平等地位。才要求诉讼收费低廉，法院大门敞开。才要求废除阶级特权。"① 一句话，自由应该为人人所平等享有。

人类有两个基本的理想，即平等与自由。正如卢梭所说："如果我们探讨，应该成为一切立法体系最终目的的全体最大的幸福究竟是什么，我们便会发现它可以归结为两大主要的目标：即自由与平等。自由，是因为一切个人的依附都会削弱国家共同体中同样大的一部分力量；平等，是因为没有它，自由便不能存在。"② 相信自由，这是因为人们相信平等。事实上，如果人们不能平等相处，又怎么能宣布人人自由呢？每个人都享有平等的教育自由，任何一个人都不能侵犯他人的教育自由而扩大自己的教育自由。勒鲁说："相信自由，这是因为我相信平等；我之所以设想一个人人自由，并像兄弟一般相处的政治社会，则是由于我设想了一个由人类平等的信条所统治着的社会。事实上，如果人们不能平等相处，又怎么能宣布人人自由呢？"③ 弗格森说："自由，并不像这个名称本来的含义可能显示的那样，是指摆脱了一切限制，而是指使一切公正的限制最有效地适用于自由社会的全体成员，不管他们是权贵还是平民。"④ 教育自由应该成为人人平等享有的依据，不仅在于教育自由是发挥人的创造性潜能从而使人成其为人的根本条件，而且还在于教育自由是一种人权，是每个人作为人类社会中的一员所应该得到的最起码、最基本的权利。教育自由既然是一种人权，也就应该为人人平等享有。现实教育生活中的教育自由包括思想自由和表达自由、学习自由、个性自主发展的自由、教育资源平等利用的自由、人身的自由和交往的自由等。以上这些教育自由的需求是一律平等的，因为一个正义社会中的成员拥有同样的基本自由权利。民主主义原来的观念和理想是把平等和自由两者结合起来，当作相互关联的理想，在法国革命的口号中又加上博爱这第三个相互关联的理想。所以，实现这个民主理想的可能性，在历史上和实际上有依赖于在社会实践与社会制度中实现平等与自由两者的结合的可能性。杜威说："说自由与平等之间互不相容这个普遍的断言，乃是以一

---

① L. T. 霍布豪斯著，朱曾汶译：《自由主义》，商务印书馆 2009 年版，第 9—10 页。

② 卢梭著，何兆武译：《社会契约论》，商务印书馆 2003 年版，第 66 页。

③ P. 勒鲁著，王允道译：《论平等》，商务印书馆 1988 年版，第 15 页。

④ F. A. V. 哈耶克著，冯克利等译：《致命的自负》，中国社会科学出版社 2000 年版，第 5 页。

个极其形式主义的和有限制的自由的概念为根据的。它忽视和排除了这一事实：即一个人实际的自由是依赖于现有制度的安排所给予的行动权力的。它以一种完全抽象的方式来理解自由。在另一方面，把平等与自由统一起来的民主理想就是承认：实际具体在机会与行动上的自由依赖于政治和经济条件平等化的程度，因为只有在这种平等化的状态之下，个人才有在事实上的而不是在某种抽象的、形而上学的方式上的自由。"① 有了普遍的教育自由，才能真正具有理性的生活，使创造性人才不断涌现。真正的教育自由是承认并支持所有人的平等权利的。教育的超阶级性既是自由之于人的绝对性和不可剥夺性的客观要求，又是教育民主与教育公正的必然体现。麦金托什指出："我们应该要求自由，不是因为我们一直自由，而是因为我们拥有获取自由的权利。公正和自由既不问出身也不问种族，既不管年轻也不管年老。"② 然而，历史上更多的情况是，以牺牲别人的教育自由来获得自己的教育自由，这无疑是一种"不幸的情况"，在这种情况下，人们不以别人的教育自由为代价便不能保持自己的教育自由。如果允许社会生活中一些人居于另一些人之上，享有教育特权，可以干涉和支配别人的教育生活，人间便无教育自由可言。也就是说，没有平等，教育自由便不能存在。没有平等的教育自由徒有高贵的名字，结果却是肮脏的。森说："在按阶级和等级分层的社会中，自由仍然可以看作只对于享有特权的少数人具有极大的价值……自由只是对于非奴隶的人们而言是有价值的。"③ 每个人对教育自由的享有是平等的，只有平等地分享教育自由，才能培养人的自尊和相互尊重的积极心态，也才能培养他们对公共生活的合作和责任心。诚如托克维尔所说："事实上，唯有自由才能使公民摆脱孤独，促使他们彼此接近，因为公民地位的独立性使他们生活在孤独状态中。只有自由才能使他们感到温暖，并一天天联合起来，因为在公共事务中，必须相互理解，说服对方，与人为善。只有自由才能使他们摆脱金钱崇拜，摆脱日常私人琐事的烦恼，使他们每时每刻都意识到、感觉到祖国高于一切，祖国近在咫尺；只有自由能够随时以更强烈、更高尚的激情取代对幸福的沉溺，使人们具有比发财致富更伟大的事业心，并且积极创造知识，使人们能够识别和判断人类的善恶。"④ 每个人对教育自由的享有都是平等的，只有平等地分享教育自由，才能培养每个人树立

---

① J. 杜威著，傅统先等译：《人的问题》，上海人民出版社 2006 年版，第 96—97 页。

② D. B. 贝克著，王文斌等译：《权力语录》，江苏人民出版社 2008 年版，第 119 页。

③ 阿马蒂亚·森著，任赜等译：《以自由看待发展》，中国人民大学出版社 2002 年版，第 237 页。

④ 托克维尔著，冯棠译：《旧制度与大革命》，商务印书馆 1997 年版，第 35—36 页。

不要贬低他人自由的态度。古特曼说:"那些把自由当作教育目的的自由主义者,并不是想捍卫一种没有道德限制的无限自由。一种为了平等的自由教育,在道德上并不是中立的。自由是一种社会的善,当所有个体都是自由、平等之人时,自由就成为自由民主的人的权利;平等和自由也是一种个体性的善,尽管个人会受到社会的约束和限制。也就是说,我的自由必须与你的自由并立相容,因此我孩子的自由教育必须和你孩子的自由教育并立相容,反之亦然。因此……只有在认识到自由教育受到社会的限制时,才可能实现其所捍卫的自由教育的目标。在儿童的教育中,我们需要提供一种文化统一性,需要培养他们拥有一种平等的自由,而不是那种贬低他人的自由。"①

教育平等是教育自由的必然结果,或者更应该说是教育自由的基本条件。托克维尔认为,在民主制度下,平等的社会价值高于自由。迫切需要自由的,只是依靠自由能够获得高等享乐的少数人;而平等则能使人人幸福。因此,民主社会虽然也追求自由,但这种追求要服从于对平等的追求。"他们希望在自由之中享受平等,在不能如此的时候,也愿意在奴役之中享用平等。……追求平等的激情是一个不可抗拒的力量,凡是想与它抗衡的人和权力,都必将被它摧毁和打倒。在我们这个时代,没有它的支持,就不可能实现自由。"② 当然,托克维尔坚决反对为了平等而牺牲自由的做法。他说:"实际上,有一种要求平等的豪壮而合法的激情,在鼓舞人们同意大家都强大和受到尊敬。这种激情希望小人物能与大人物平起平坐,但人心也有一种对于平等的变态爱好:让弱者想法把强者拉下到他们的水平,使人们宁愿在束缚中平等,而不愿在自由中不平等。这并不是说社会情况民主的民族天生鄙视自由;恰恰相反,他们倒是对自由有一种本能的爱好。但是,自由并不是他们期望的主要的和固定的目的,平等才是他们永远爱慕的对象。他们以飞快的速度和罕见的干劲冲向平等,如达不到目的,便心灰意冷下来。但是,除了平等之外,什么也满足不了他们,他们宁死而不愿意失去平等。"③ 但无论如何,个人由于作为人的固有尊严而受到尊重,这一原则作为"目的本身"构成了人类平等理想的基础。即,应当平等地尊重所有的人——因为他们都是人,那是他们共有的作为人的一种或全部特征。威尔基说:"自由是一个不可分割的词语。我们若想享受自由并为之而战,就必须愿意把它扩展到每个人身上,无论他们富有还是贫穷,无论

---

① R. Curren 主编,彭正梅等译:《教育哲学指南》,华东师范大学出版社 2011 年版,第 521 页。

② 托克维尔著,董果良译:《论美国的民主》(下卷),商务印书馆 1997 年版,第 624 页。

③ 托克维尔著,董果良译:《论美国的民主》(上卷),商务印书馆 1997 年版,第 60 页。

他们同意还是反对，也不论他们的种族和肤色如何。"① 尊重所有的人就意味着尽可能维护和增加他们的教育自由。如果没有每个人的教育自由，就没有个人完美的教育自由；没有每个人的道德，就没有个人完美的道德；没有每个人的幸福，就没有个人完美的幸福。正如克罗齐所说："自由理想——道德及其在政治领域的表述方式，不是特定政党和集团的财产，而是一种人类基本的、普遍的价值观，我们所有人必须投入努力和美好的愿望，借以达到传播并加强这种价值观的目的……只有人人自由，人们才会有真正的自由。"② 因此，教育发展的首要目标是实现人的自由，通过教育发展来扩展人的自由，并运用个人自由来促进教育发展。当然，教育平等，虽然是令人振奋的教育自由灵魂，但是，具体在教育机会与教育行动上的自由，依赖于政治和经济条件平等化的程度，因为只有在这种平等化的状态之下，个人才有在事实上的而不是在某种抽象的、形而上学的方式上的教育自由。

作为权利的教育自由，不仅应人人平等地享有，更为重要的是，平等的教育自由还是形成人与人之间积极开展教育合作，共同开创良善教育生活的关键。罗尔斯说："假如某些人的平等之基本自由受到限制或否定，就不可能有相互尊重基础上的社会合作。因为我们已经看到，公平的社会合作项目是作为平等个人的我们借此愿意终身与所有社会成员进行合作的那些项目。当这些公平的项目得不到人们的尊重时，那些受亏待者就会产生怨恨或自卑，而那些得利者则必须认识到他们的过错，或是因此遇到麻烦，抑或把那些受亏待者视之为活该倒霉的人。这样，在得利者与受亏待者两方，相互尊重的条件都被削弱。"③ 人们身份和价值的平等，才能促进人们在教育实践中的积极行动，才能促进他们的社会信任，才能提升他们的自我价值感，支持他们追求优秀品质的信心。更为重要的是，为了教育自由本身的缘故，平等的教育自由和平等的教育权利必须在法律上得到保障，必须得到共同生活的人们的公开的认同。"自由远不止于一个人在没有恐惧和没有奴性的状态下生活；自由在于与其他同样没有恐惧和奴性状态中的人们共同生活。……只有当社会不仅把自由分配给每个人而且也平等地保障每个人的自由时，个人才能真正地自主地行动，而不必担心别人的好恶。"④ 在教育世界中，每个人都享有平等的教育自由，千万不能

① D. B. 贝克著，王文斌等译：《权力语录》，江苏人民出版社 2008 年版，第 133 页。
② D. B. 贝克著，王文斌等译：《权力语录》，江苏人民出版社 2008 年版，第 132 页。
③ J. 罗尔斯著，万俊人译：《政治自由主义》，译林出版社 2000 年版，第 357 页。
④ A. Vande Putte：《共和主义自由观对自由主义自由观》，《二十一世纪》，1999 年版 8 月号，第 54 期。

扩大某些人的教育自由，或者限制某些人的教育自由。例如，给那些学习成绩优秀的优秀者或者积极分子更多的自由，而更多地限制和否定所谓的"差生"的自由。假如不平等地分配自由，就不可能培养受教育者的自尊和相互尊重的积极心态，也不可能培养他们对公共生活的合作和责任心。因此，如果存在着不平等地分配教育自由的情况，那不仅意味着所有受教育者个人的理性、德性和个性发展受到严重阻碍，而且意味着教育自由根本不存在，公共生活的合作、尊重、信任、互利和谐受到了破坏。费希特的告诫和思考无疑有振聋发聩之效，他说："如果我们抛开一切与我们自己有关的东西来考察业已阐明的观念，我们终究会看到至少在我们之外有一种结合，在这种结合中，谁也不能不为其他所有人工作，而只为自己工作，或者说，谁也不能只为别人工作，而同时不为自己工作，因为一个成员的成就就是所有成员的成就，一个成员的损失就是所有成员的损失；这种景象通过我们在复杂纷纭的现象中发现的和谐，就会给我们带来由衷的喜悦，使我们的精神大为振奋。如果我们看一看自己，而且把自己看作这个巨大的、亲密的结合中的一员，我们就会兴致勃勃。我们之中每一个人都对自己说：我们的生活没有虚度，不是漫无目的；我是那伟大链条中的一个必要环节，这个链条从第一个人的发展开始，到达对他的现实存在的充分意识，以致最后进入永恒状态；所有历来伟大、英明和高尚的人们，那些在世界史记述中我看到其名字的人类恩人，那些许多留下了功绩而没有留下名字的人们，他们都为我工作过，我享受着他们的劳动成果，我在他们居住过的大地上，踏着他们传播天福的足迹，迈步向前——当我们对自己这样说时，就会提高对我们的尊严和我们的力量的感受。只要我愿意，我就能担负起他们曾经给自己提出的崇高任务，使我们的同类兄弟变得日益聪明，日益幸福；我能在他们不得不中断的地方继续进行建设；我能使他们没来得及完成的那座辉煌壮丽的庙堂几臻完美。"[1] 格林继承黑格尔的理路，也大力提倡集体主义下的自由。他说："没有社会，就没有个人。"自由"不仅仅是免除限制或强迫"而已，它应该是"一种积极的权力或能力，可以使人从事或享受值得他去做的事"。因此，"真自由的理想是全人类社会所有成员都能有最大的权力去使自己尽善尽美"。[2]

教育自由是不可剥夺的，也是不可让渡的。因为自由、教育自由是公民之所以为公民的原因，"恰当说来，自由是最大的福祉；获得自由是我们作为公

---

① 费希特著，梁志学选编：《自由的体系》，商务印书馆 2008 年版，第 125—126 页。
② 江宜桦著：《自由民主的理路》，新星出版社 2006 年版，第 13 页。

民的目的"。① 任何自主的受教育者都不可能放弃自己的自我发展的义务。个体人如果放弃自己的自由，就是放弃自己做人的资格，就是放弃人类的权利，甚至就是放弃自己的义务。对于一个放弃了一切的人，是无法加以任何补偿的。不仅个人无权放弃自己的自由，而且，任何一个群体、任何个人、任何教育机构都不能以某种理由，来否认、干涉教育自由。穆勒说："人类若要干涉群体中任何个体的行动自由，无论干涉出自个人还是出自集体，其唯一正当的目的乃是保障自我不受伤害。反过来说，违背其意志而不失正当地施之于文明社会任何成员的权力，唯一的目的也仅仅是防止其伤害他人。他本人的利益，不论是身体的还是精神的，都不能成为对他施以强制的充分理由。不能因为这样做对他更好，或能让他更幸福，或依他人之见这样做更明智或更正确，就自认正当地强迫他做某事或禁止他做某事。……要使强迫成为正当，必须认定他被要求禁止的行为会对他人产生伤害。任何人的行为，只有涉及他人的那一部分才必须要对社会负责。在仅仅关涉他自己的那一部分，他的独立性照理说来就是绝对的。对于他自己，对于其身体和心灵，个人就是最高主权者。"② 如果一种教育不承认教育自由的存在，或者僭越教育自由，那只能说这种教育在全力生产着奴性人格。

（二）作为机会的教育自由

自由是机会，"更多的自由赋予我们更多的追求我们重视并有理由重视的事物的机会"。③

自由是一种能够的、可能的行为，是行为的可能性，亦即行为的机会。伯林说："我所说的自由是行动的机会，而不是行动本身。如果，我虽然享有通过敞开的门的权利，但却并不走这些门，而是留在原地什么也不做，我的自由并不因此更少。自由是行动的机会，而不是行动本身；行动的可能性并不必然是弗罗姆与克里克将其等而视之的行动的动态实现。"④ 但是，伯林否认自由属于行为范畴，否认自由是行为本身，否认自由是现实的行为，显然是不能成立的。自由不仅包括行为的机会、行为的可能性或可能的行为，而且包括实际的、现实的行为或行为本身：自由是一切能够按照自己的意识进行的行为，是

---

① 阿马蒂亚·森著，李风华译：《理性与自由》，中国人民大学出版社 2007 年版，第 6 页。

② J. S. 穆勒著，孟凡礼译：《论自由》，广西师范大学出版社 2011 年版，第 10 页。

③ 阿马蒂亚·森著，李风华译：《理性与自由》，中国人民大学出版社 2007 年版，第 537 页。

④ I. 伯林著，胡传胜译：《自由论》，译林出版社 2003 年版，第 39 页。

能够按照自己的知、情、意进行的行为。不过，一般而言，自由特指能够按照自己的意志进行的行为。一个人的行为之所以能够按照自己的意志进行，是因为不存在按照自己的意志进行的障碍。范伯格说："自由即无约束。"① 就没有人或人的群体干涉我的活动而言，自由简单地说，就是一个人能够不被别人阻碍地行动。如果别人阻止我做我本来能够做的事，那么我就是不自由的；如果我的不被干涉地行动的领域被别人挤压至某种最小的程度，我便可以说是被强制的，或者说是处于奴役状态的。强制意味着在我可以以别的方式行事的领域，存在着别人的故意干涉。正如伯林所说："我使用自由这个词的含义并不仅仅是包含挫折之不存在（这可以通过消灭欲望来获得），而且包含可能的选择与活动的阻碍之不存在，即通向人自己决定遵循的道路的阻碍之不在。"②"自由的根本意义是挣脱枷锁、囚禁与他人奴役的自由。其余的意义都是这个意义的扩展或某种隐喻。为自由奋斗就是试图清除障碍；为个人自由而奋斗就是试图抑制那些人的干涉、剥削、奴役，他们的目标是他们自己的，而不是被干涉者的。"③ 于是，自由是因强制、约束或障碍的不存在而能够按照自己的意志进行的行为。罗尔斯说："自由总是可以参照三个方面的因素来解释的：自由的行动者；自由行动者所摆脱的种种限制和束缚；自由行动者自由决定去做或不做的事情。……于是，对自由的一般描述可以具有以下形式：这个或那个人（或一些人）自由地（或不自由地）免除这种或那种限制（或一组限制）而这样做（或不这样做）。"④ 问题在于，按照自己的意志进行的行为之障碍，既可能存在于自己身外，是外在障碍，如他人的强制、法律、舆论、社会压力等，也可能存在于自身之内，是内在障碍或限制，如贫困、残疾、无知等。那么，这两种障碍的存在是否都意味着不自由？如果使一个人不能按照自己的意志进行的障碍或强制存在于自己身内，是内在限制，我们便不能说他不自由，而只能说他无能力：没有利用自由的能力。只有当一个人不能按照自己的意志进行的障碍或强制存在于自己身外，是外在限制或强制，我们才可以说他不是无能力，而是不自由。霍布斯说："自由一词就其本义说来，指的是没有阻碍的状况，我所谓的阻碍，指的是运动的外在障碍，对无理性与无生命的造物和

---

① J. 范伯格著，王守昌等译：《自由、权利和社会正义》，贵州人民出版社 1998 年版，第 3 页。
② I. 伯林著，胡传胜译：《自由论》，译林出版社 2003 年版，第 36 页。
③ I. 伯林著，胡传胜译：《自由论》，译林出版社 2003 年版，第 54 页。
④ J. 罗尔斯著，何怀宏等译：《正义论》，中国社会科学出版社 2001 年版，第 199－200 页。

对于有理性的造物同样可以适用。……但当运动的障碍存在于事物本身的构成之中时，我们往往就不说它缺乏运动的自由，而只说它缺乏运动的力量，像静止的石头和卧病的人便都是这样。"① 哈耶克所说的自由，即是没有外在强制的自由，"或许应将自由界定为'没有制约和强迫'"。② 自由表示我们的行动没有某种"特殊障碍"——他人的强制。"我们所说的'强制'，乃是指一个人的外部条件受他人控制，为了避免更大的恶果，他被迫为实现他人的目的工作，而不能按照自己的计划行事。他除了在别人所创造的条件下可以选择最小的祸害外，他既不能自行运用智慧或知识，又不能追求自己的目标或信仰。"③ 换句话说，强制就是一个人的行为并非为了他自己的目的，而是为了别人的目的，服从于另一个人的意志。

就现实的教育自由、教育行动自由是开发和发挥自己潜能的可能性而言，现实的教育自由、教育行动自由是一种机会。教育自由可以说与教育权力有关，或者至少与教育机会有关。当然，对于教育机会，我们可用于发展自己，也可用于玩耍，而只有用于学习以发展自己，教育机会才能成为我们不断进步的肯定性要素。博登海默说："自由不只是排除外部约束和免受专断控制，而且还包括了在服务于被称之为人类文明的伟大事业中发挥个人的天赋和习得的技术的机会。在这个意义上，自由可以被描述为'一种条件，亦即型构一个目的、借助有组织的文化手段使该目的转变为行之有效的行动并对这种行动的结果充满乐趣所必要的和充分的条件。'"④ 一个人可以完全不受任何约束，但是如果社会不为他提供符合其能力、个性发展差异的教育机会，那么他同样不会感到自己是个真正自由的人。尽管不是每个人都能充分利用教育自由，但它仍然是令人向往的。大多数人从教育自由之中获取多少好处，取决于他们如何利用教育自由所提供的机会。"自由并不确保我们拥有特定的机会，但它只是使我们有可能根据我们所处的环境去决定做什么。它能让我们自己决定如何利用我们自己发现的机会。"⑤ 教育自由在发挥其功效时，既是通过它提供的明显机

---

① T. 霍布斯著，黎思复等译：《利维坦》，商务印书馆 1997 年版，第 162—163 页。

② T. A. V. 哈耶克著，杨玉生等译：《自由宪章》，中国社会科学出版社 1999 年版，第 36 页。

③ T. A. V. 哈耶克著，杨玉生等译：《自由宪章》，中国社会科学出版社 1999 年版，第 42 页。

④ E. 博登海默著，邓正来译：《法理学》，中国政法大学出版社 2004 年版，第 305 页。

⑤ T. A. V. 哈耶克著，杨玉生等译：《自由宪章》，中国社会科学出版社 1999 年版，第 40 页。

会，也是通过它强加于我们的纪律。

现实的教育自由、教育行动自由是个人应当秉有的一种基本权利，有可能只是提供了行使这些权利的一种形式机会，而非实际机会。作为一种权利的实际实施，现实的教育自由、教育行动自由首先表现为主体获得教育权利和各种稀缺教育资源的机会、可能性。如果一个人能够实现他的人类潜能，享有他应享的教育权利，但却遭到外在的强制或人为操纵因素的妨碍，那么，他在教育世界中是不自由的。显然，这些外在的强制或人为的操纵因素应该被废止。米勒说："只有当其他人或机构要对限制我的障碍的存在负责时，这种障碍才构成对人们行动的限制。"① 例如，如果具备合适资格的人有接受高等教育的权利，那么，我们就会从物质上保障这种权利作为一个教育公正问题归属给我们的同胞，相应地，我们能够恰当地认为那些由于缺乏资源不能进入大学的人的自由受到了限制。其次，现实的教育自由、教育行动自由表现为人们获得塑造自己、发展自己的机会。霍布豪斯说："人需要以自由作为理性自决的基础，因为自由是一切精神发展的根基。在社会中这种精神发展有两种形式，一是通过自我控制而获得的品性发展，一是通过精神交流而有的社会智慧的增长。作为一种社会理想的自由，为这种精神发展提供了空间。"② 每一个人都同样是一个人，每一个人都享有平等的自由来发展他自己的才能，无论这些才能的范围是大是小。勒鲁说："自由，就是有权行动。……使人自由，就是使人生存，换言之，就是使人能表现自己。"③ 此外，现实的教育自由、教育行动自由还表现为主体获得自我认识而自我治理的机会，表现为主体能够决定自己的教育生活道路，从而实现自己的潜能的机会。哈耶克认为，自由，就是没有强制。自由表示我们的行动没有某种"特殊障碍"——他人的强制。所谓强制，就是"一个人的行为并非为了他自己的目的，而是为了别人的目的，服从于另一个人的意志"。④ 在走向自由的过程中，尽管我们确实获得过一些特殊的自由，但这只是获准去做某些特殊事情。获准去做某些特殊事情并不等于自由，尽管它也可以被叫作"一种自由"。"自由是能与'不准做某些事情'相容的，但如果

---

① D. 米勒著，应奇译：《社会正义原则》，江苏人民出版社 2005 年版，第 16 页。
② L. T. 霍布豪斯著，孔兆政译：《社会正义要素》，吉林人民出版社 2006 年版，第 61 页。
③ P. 勒鲁著，王允道译：《论平等》，商务印书馆 1996 年版，第 12 页。
④ T. A. V. 哈耶克著，杨玉生等译：《自由宪章》，中国社会科学出版社 1999 年版，第 189页。

个人在做他能做的大多数事时，还需别人同意，这便无自由可言。"① 尽管一个人的行为受到强制，但并不意味着被强制者全然不再选择，如果是这样，我们就无法再说什么"行动"了。换句话说，强制的前提是，个人一直在作选择。不过，他的理智却成了另外某个人的工具，另外某个人把他所能作出的几种选择进行了处置，以致另外某个人所希望的行为对他来说成了痛苦最小的行为。纵然是在强制之下，他却始终还是要作出判断：在现存的情况之下，什么才是最小的不幸。显然，强制只是人们对他人行为施加的一种影响而已，并不能涵括人们对他人行为施加的所有影响。尽管如此，强制仍是不好的，"强制不仅要以造成损害的威胁为前提，而且要以实现别人的某些行为的意图为前景"。② 虽然被强制者仍在不断地作选择，可强制者将被强制者选择的余地作了特定安排，以便被强制者会选择强制者所希望的行为。被强制者没有完全被剥夺发挥自己才能的机会，但是，他却被剥夺了为他本身的目标使用他的知识的可能性。因此，"强制是不好的，因为它阻碍着一个人充分利用其智慧才能，因而也阻碍着他为集体做出与其最优秀的才干相一致的贡献"。③ 显然，教育世界中的强制是极其有害的，强制使受教育者不再是一个能够思考问题、判断价值的人，而成为受人操纵的工具，受教育者失去了运用其智慧来选择自己的手段和目的的能力，受教育者成了他服从其意志的那个人的工具。而现实的教育自由、教育行动自由的实践，在于阻止任何社会"将自己的观念和做法作为行为准则强加于异见者的趋势，防范社会束缚与自己不相一致的个性的发展"。④ 如果没有现实的教育自由、教育行动自由，社会可能迫使一切人（特别是儿童）按照某种强制性的教育模型，形成社会所需要的个性。第四，现实的教育自由、教育行动自由表现为消除任何形式的外在强制，诸如暴力、暴政等，培育在体力、智力、情绪、伦理等方面综合起来的完善的人或完人。《学会生存》一书说："过去，无知和无能注定使人们对于外界影响作出的反应，不是逆来顺受，便是神经过敏。今天……所有这一切都说明，人已经成为他自己命运的潜在主人。但我们说，人还只是潜在的主人，因为要使这种潜在变成现实，还

① T. A. V. 哈耶克著，杨玉生等译：《自由宪章》，中国社会科学出版社 1999 年版，第 40 页。

② T. A. V. 哈耶克著，杨玉生等译：《自由宪章》，中国社会科学出版社 1999 年版，第 190 页。

③ T. A. V. 哈耶克著，杨玉生等译：《自由宪章》，中国社会科学出版社 1999 年版，第 191 页。

④ J. S. 穆勒著，孟凡礼译：《论自由》，广西师范大学出版社 2011 年版，第 5 页。

需要消除那些使人遭受暴力与暴政之害的情况。"①

现实的教育自由、教育行动自由的理想，是人类社会所有成员的潜能的最大限度的发挥，是人们对优异才智和卓越品格的不断追求。生活在现实的教育自由、教育行动自由之中其实就是能够处于一个这样的不断创造自我的过程中，在这个过程中人们的精神和情感得以丰富和拓展，人们的价值目标得以实现，人们的才智和品格得以提升。穆勒认为，在人类正确运用人生以求完善和美化的各种功业中，最重要的无疑是人自己。人性并不是一部按照一种模型铸造的、组建的，并被设定去精确地执行已规定好的工作的机器。"人性毋宁像是一棵树，需要朝各个方面去成长与发展，并且是根据使它成为一个活体生命的内在力量的倾向去成长与发展。"② 而要达到这一目标，显然需要社会条件尤其是人的自由的支持。穆勒说："唯一名副其实的自由，是以我们自己的方式追求我们自身之善的自由……在无论身体、思想还是精神的健康上，每个人都是他自己最好的监护人。"③ 也需要生活方式的多样化，允许乃至鼓励人们在不同生活方式上的尝试。"各种性格只要不伤及他人就该给予其自由发展的空间；只要有人愿意一试。"④ 诚如他在其《自传》中所说，《论自由》这篇论文揭示的"唯一真理"就是："对于人类和社会来说，重要的是性格类型的多样化，以及给人性以充分的自由，以便它能够在众多的、甚至是相互冲突的方向上发展它自己。"⑤ 对于穆勒而言，最有价值的幸福在于人类更高级能力的发展、自我发展以及丰满的精神生活。"人有能力发展自己的力量或能力。人的本质就是要运用、发展这些力量或能力……一个好的社会就是要允许和鼓励每个社会成员都能运用、发展自己的力量或能力，并享受这种运用和发展。"⑥ 现实的教育自由、教育行动自由的目的，即是培养自由人。所谓自由人，"指的是在其力量和智慧所能办到的事物中，可以不受阻碍地做他所愿意做的事情的人"。⑦ 可见，如果一个人能够决定他的生活道路，从而实现他的潜能，达到他认为应当达到的最佳状态，获得他认为应该获得的自由发展，那么他就是自由的。诚

---

① 联合国教科文组织、国际教育发展委员会编著，华东师范大学比较教育研究所译：《学会生存》，教育科学出版社 1996 年版，第 192—193 页。

② J. S. 穆勒著，孟凡礼译：《论自由》，广西师范大学出版社 2011 年版，第 69 页。

③ J. S. 穆勒著，孟凡礼译：《论自由》，广西师范大学出版社 2011 年版，第 13 页。

④ J. S. 穆勒著，孟凡礼译：《论自由》，广西师范大学出版社 2011 年版，第 66 页。

⑤ J. S. 穆勒著，孟凡礼译：《论自由》，广西师范大学出版社 2011 年版，第 65 页。

⑥ C. B. Macpherson, *The Life and Times of Liberal Democracy*. Oxford：Oxford University Press，1977，p. 48.

⑦ T. 霍布斯著，黎思复等译：《利维坦》，商务印书馆 1997 年版，第 163 页。

如卢克斯所说："获得自我发展的机会是人类自由理想的一个本质方面。一个人如果能够实现他的人类潜能，他就是自由的；而如果这种自我实现受到（认为操纵的因素）妨碍，那么他就是不自由的。"① 他不但是自由的，而且于己、于人、于社会都是有价值的。"随着个性的张扬，每个人变得对他自己更有价值，也因此就能更有益于他人。"②

作为机会的教育自由，是人的个性发展的自由。作为机会的教育自由的意义不是泯灭受教育者身心发展中的个性，而是要使他们的个性得到充分的张扬与发展。在康德看来，人，总的说来，每个有理性的东西，都自在地作为目的而实际存在着。他们不单纯是这个或那个意志的使用工具。在他们的一切行动中，不论是对于自己，还是对于别人，任何时候都必须被当作目的。只有他们才被称为人身（person），其他无理性的东西则被称为物件（sachen）。因为，他们的本性表明自在地就是目的，是一种不可以被当作手段使用的东西，从而是限制一切任性的最高条件，人是绝对不允随意摆布的，必须是受尊重的对象。因此，他们不仅仅是主观目的，作为我们行为的结果而实存具有为我们的价值，而是客观目的。他说："客观目的，是些其实存自身就是目的，是种任何其他目的都不可代替的目的，一切其他东西都作为手段为它服务，除此之外，在任何地方，都不会找到有绝对价值的东西了，假如一切价值都是有条件的，偶然的，那么，理性就在任何地方都找不到最高的实践原则了。"③ 教育是把人变成人的过程，"人只有通过教育才能成为人"。因此，要使教育适应儿童个性的发展，而不是使儿童的个性适应教育的发展。康德认为，人类历史的开端始于自然——人的开始，不是作为理性的动物的人，自然只提供本能的愿望。自然只给人以胚芽，必须由教育使他发展和完善。"人应该首先发展其向'善'的禀赋；天意并没有将它们作为完成了的东西放在他里面；那只是单纯的禀赋，还没有道德上的分别。改善自己、培养自己，如果自己是恶的，就要让自己变得有道德——这就是人应该做的。"④ 真正的人类生活的特点，是人必须通过他自己的自愿努力，创造他自己，"人类应该将其人性之全部自然禀赋，通过自己的努力逐步从自身中发挥出来"。⑤ 人必须使自己成为一个真正有道德的、合理的和自由的人，只有如此，人才能根据自己所立的法则而行动，才能

---

① S. 卢克斯著，阎克文译：《个人主义》，江苏人民出版社 2001 年版，第 119 页。

② J. S. 穆勒著，孟凡礼译：《论自由》，广西师范大学出版社 2011 年版，第 74 页。

③ 康德著，苗力田译：《道德形而上学原理》，上海人民出版社 2005 年版，第 48 页。

④ 康德著，赵鹏等译：《论教育学》，上海人民出版社 2005 年版，第 7 页。

⑤ 康德著，赵鹏等译：《论教育学》，上海人民出版社 2005 年版，第 3 页。

脱离于本性和环境的命令。人类的禀赋通过教育而越来越好地得到发展，就意味着这种教育具有一种合乎人性的形式。穆勒说："个性的自由发展是幸福首要而必不可少的因素之一，认识到它不只是与文明、教导、教育、文化那些名词所指内容相配合的因素，而它本身就是这些事物的必要组成部分和存在条件。"① 总之，作为机会的教育自由，保证人人居于平等的地位而有同等的发展自己个性的机会。

（三）作为能力的教育自由

一个人自由与否，只与他自身之外的强制、约束、障碍有关，而与存在于自身之内的内在障碍或限制无关。

当一个人不能按自己的意志行事的障碍是外在强制时，他是不自由的，而当一个人不能按自己的意志行事的障碍是内在限制时，不能说他不自由，而只能说他没有利用自由的能力或条件。伯林说："如果我的不被干涉地行动的领域被别人挤压至某种最小的程度，我便可以说是被强制的，或者说，是处于奴役状态的。"② 但是，强制并不是一个涵盖所有形式的"不能"的词。面对张三不能跳离地面十米以上，或张三因失明而无法阅读，或张三无法理解黑格尔晦涩的哲学著作等，我们显然不能说张三是被奴役的或被强制的。因为，强制意味着在我可以以别的方式行事的领域，存在着别人的故意干涉。只有当我被人为地阻止达到某个目的的时候，我才能说缺乏自由。纯粹没有能力达到某个目的的不能叫缺少自由。爱尔维修说："自由人就是没有带上镣铐、没被关进监狱、未像奴隶一样处于惩罚恐惧之中的人。"③ 不能像鹰那样飞翔、像鲸鱼那样游泳不能称作不自由。例如，我因贫困而无力支付购买面包的费用，就像残疾使我无法行走一样，这种无能力并不能称为缺乏自由。如果我相信我没有能力获得面包是因为其他人作了某些安排，而根据此安排，我才没有足够的钱去购买面包。只有在此种情况下，我才说我自己是一种强制或奴役的牺牲品。为此，伯林对"自由"与"利用自由的条件"进行了精辟的区分。他说："在自由与行使自由的条件之间作出区分是重要的。如果一个人太穷、太无知或太软弱以致无法运用他的合法权利，那么这些权利所赋予他的自由对于他就等于是无。但是这种自由并不因此就被废止了。"④ 然而，许多人却将"自由"与"利

---

① J. S. 穆勒著，孟凡礼译：《论自由》，广西师范大学出版社 2011 年版，第 66 页。
② I. 伯林著，胡传胜译：《自由论》，译林出版社 2003 年版，第 189 页。
③ I. 伯林著，胡传胜译：《自由论》，译林出版社 2003 年版，第 190 页。
④ I. 伯林著，胡传胜译：《自由论》，译林出版社 2003 年版，第 51 页。

用自由的条件"等同起来，将人们因为贫困等内在障碍而没有"利用自由的条件"这一状况，说成是是不自由的。"人们常常貌似有理地说，如果一个人太穷以致负担不起法律并不禁止的某事，如一块面包、环球旅行或法庭追索权，他就没有拥有这个东西的自由，就像法律禁止他拥有这个东西时一样不自由。"① 诚然，对于因自身内在障碍的存在而没有"利用自由的能力或条件"的人来说，自由是毫无意义或价值的，但是，这并不等于不自由。例如，每个人都可以报考北京大学，但是，不幸的是，我的考试分数不够，特长不突出，它们都是我上北京大学的内在障碍，使我不能按照我的自由意志进入北京大学学习。这样，我并不是没有上北京大学的自由，而是没有利用上北京大学的自由之能力、条件。因此，自由与否，乃是一个人的身外之事，而不是他身内之事；若是他的身内之事，则属于他利用自由的能力范畴而无所谓自由或不自由。正如伯林所说："促进教育、健康、公正，提高生活水平，为艺术与科学的发展提供机会，防止反动的政治、社会、法律政策或武断的不平等，便变得非常紧迫，因为这样做并不直接指向促进自由本身，而是指向这样一些状态，在其中，拥有这些东西本身就是有价值的；或者是指向独立于它的那些价值。但是，自由是一回事，自由的实现条件则是另一回事。"② 费利克斯等人也是在"自由"与"利用自由的条件"的意义上来言说"自由"的。何谓自由？"'自由'一词适用于一种社会关心，即一个人和几个人之间的一种关系。相对于另一个行动者来说，一个行动者有做这件事或那件事的自由（这件事和那件事表示某种选择，而不是表示任何一种选择）：在微观方面的社会自由同时包含摆脱的自由和参与的自由"。③ 例如，如果我能自由地在星期六去接受英语培训或不去接受培训，在星期天去学校或不去学校，那么，我就享有学习自由。换句话说，社会的其他成员，无论代表个人还是代表教育行政机构，都不能阻止我参与我所选择的学习活动，即使我的行为使他们感到不舒服，他们也不能惩罚我。能在两个活动之间进行选择，同时不至于受到其他人的阻止，也不会因为这种选择而受到惩罚，就意味着我在学习活动中摆脱对其他人的依赖。诚如费利克斯等人所说："我有做某件事的自由，只要没有人能阻止我做这件事或我因为做这件事而受到惩罚，只要没有人能强迫或命令我做这件事。"这一定义包含许多结果，其中一个结果是：自由地做某事和能做某事是两个完全不同的

---

① I. 伯林著，胡传胜译：《自由论》，译林出版社 2003 年版，第 190 页。
② I. 伯林著，胡传胜译：《自由论》，译林出版社 2003 年版，第 51 页。
③ R. 阿隆著，姜志华译：《论自由》，上海译文出版社 2009 年版，第 128 页。

概念。只有当受到其他人的干预而无能为力时，无能才是无自由。"无疑，没有能力或条件竞选总统的人有竞争总统的自由，同样，我们大多数人没有能力成为百万富翁或获得诺贝尔奖，但有成为百万富翁或获得诺贝尔奖的自由。"[①]因此，有自由（free）是一回事，有能力（able）是另一回事。

"自由"与"利用自由的条件"之辨，不仅具有理论意义而且具有现实意义。因为，一个社会，如果那里的人民因贫困和无知等自身内在障碍而没有利用自由的能力与条件，因而自由对于他们毫无用处、毫无意义，那么，我们当然应该努力为人民大众获得物质财富和教育而奋斗，应该努力实现社会的公平正义。但是，我们绝不可以将这些使自由从无用变得有用的能力和条件，视作自由本身；更不能非此即彼，将自由搁置一旁。自由是达成自我创造性开发、潜在能力实现和社会进步的根本性条件，因此，人们只有生活在一个自由的社会，才能真正摆脱贫困与无知：平等、公正是个如何分蛋糕的问题，而自由则是如何将蛋糕做大的问题。伯林说："必须一直牢记的是，尽管缺少足够物质保障、健康与知识的自由，在一个缺乏平等、公正、互信的社会里，有可能事实上变得无用，但相反的情况却是灾难性的。提供物质必需品、教育以及这样一种平等与保障，类似于为学校里的孩子们或神权国家里的平信徒提供的那种平等与保障，并不是扩展自由。我们生活在一个以制度为特征的世界，这些制度所做的或试图做的恰恰就是这些；而当它们称此为自由时，就像说乞丐有法律权利购买奢侈品一样，是个大骗局。陀思妥耶夫斯基《卡拉玛佐夫兄弟》中关于宗教大法官的著名寓言想要表明的正是，家长制虽能为自由提供条件，却压制自由本身。"[②] 然而，即便在西方社会，许多政党、改革者等所考虑的事情，只是如何使人们摆脱贫困与无知，并且将这些使自由从无用变得有用的能力和条件，视作自由本身，从而将自由搁置一旁。伯林对此特别忧虑，并举例论证这一问题。伯林说，仅仅为了取消社会地位的差别，在任何国家引入统一的初级与中等教育体系都是可取的，这些差别在目前的西方国家如英国，是因为学校的社会等级制的存在而被创造与促进的。这一做法之所以是可取的，其原因如下：社会平等的内在要求；由现行教育制度（这种教育制度受父母的财力或社会地位而不是受孩子的能力与需要制约）所创造的地位差别的恶果；社会团结的理想；促进尽可能多的人，而不光是特权阶级成员身心健康的需要；向最大多数孩子提供自由选择机会的需要，而这种机会正是教育平等所需要

---

① R. 阿隆著，姜志华译：《论自由》，上海译文出版社 2009 年版，第 129 页。
② I. 伯林著，胡传胜译：《自由论》，译林出版社 2003 年版，第 52—53 页。

的。尽管这一做法将严重剥夺父母的自由——允许为自己的孩子选择学校类型，确定孩子得到培养的智识、宗教、社会和经济条件，是一项基本权利。但是，当可取的做法与父母的权利发生冲撞的时候，我们必须作出选择。在上述例子中，"冲撞产生于这些需要之间：某些父母保持现存的为其子女择校的权利的需要；促进其他社会目的的需要；以及为那些缺乏条件的人提供条件的需要——有了这些条件，他们才能行使他们虽在法律上拥有但因为没有这些机会而无法运用的权利。这并不光是一个学究气的区分，因为如果它被忽视，选择的意义与价值就会被降低。在他们热心于创建一种单是自由就真正具有价值的社会与经济状态时，人们很容易忘记自由本身；而如果它被忘记，它又容易被推到一边，从而为那些改革者和革命者所着迷的另一些价值腾出空间"。① 在此问题上，哈耶克的观点与伯林十分类似。哈耶克对康芒斯、杜威等人把自由与权力、财富、能力的观点进行了反驳；对"自由就是力量，亦即那种做特定事情的有效力量"以及"诉求自由便是诉求力量"的主张给予了批判。他说："我们还必须认识到，我们可能是自由的，但同时也有可能是悲苦的。自由并不意味着一切善物，甚或亦不意味着一切弊端或恶行之不存在。的确，所谓自由，亦可以意指有饥饿的自由，有犯重大错误的自由，或有冒生命危险的自由。在我所采纳的自由的原始意义上，一个身无分文的流浪汉，虽凑合地过着朝不保夕的生活，但的确要比享有各种保障且过着较舒适生活的应征士兵更自由。"② 总之，不自由是因有外在强制而不能按照自己的意志而进行的行为，自由则是没有外在强制而能够按照自己的意志进行的活动。

就实存的教育世界而论，现实的教育自由、教育行动自由不仅仅是获得自我实现的权利与机会，虽然权利和机会本身就表现着人的现实的教育自由、教育行动自由，但只有在他们获得真正实现的情况下，才能成为现实地确认人的现实的教育自由、教育行动自由的东西。斯宾塞说："免费公共教育体系的缺乏并不会损害任何儿童接受教育或发展自己能力的自由，即使他的父母付不起学费。"③ 但是，任何一个人如要正常读完大学的课程，必须先完成中学教育。如果某人因为不思学习，给他创造了条件也不思进取，以致中学课程全然不懂，然后他又以机会平等的理由非进大学不可。这样，他虽在表面上获得了教育机会的充分自由，但在客观上他的这种自由无足轻重，有亦等于无。因此，

---

① I. 伯林著，胡传胜译：《自由论》，译林出版社 2003 年版，第 52 页。

② T. A. V. 哈耶克著，邓正来译：《自由秩序原理》（上），生活·读书·新知三联书店 1997 年版，第 12—13 页。

③ R. 阿隆著，姜志华译：《论自由》，上海译文出版社 2009 年版，第 130 页。

现实的教育自由、教育行动自由是一种能力，是一种作为能力的自由，是一种实质化的自由，而不是自由本身。诚如赵汀阳所说："自由必须是实质化的自由，否则自由就不足以成为好生活的条件——比如说，给一个人免于强权干涉的自由，他仍然有可能被各种'非强权的'力量剥夺了好生活的条件，甚至连基本生活条件都被'合法地'剥夺。……自由是个属于'能力/权力'范畴的概念，而不是一种名义，是'实'而不是'名'，有名无实的自由不是自由。"① 换句话说，现实的教育自由、教育行动自由都与资源、教育资源联系在一起，而资源、教育资源永远都是稀缺的。相较于人们的欲望而言，资源、教育资源则更加稀缺。一旦意识到教育自由、教育行动自由的真实所指是"对资源（教育资源）的占有"，就不难理解为什么教育自由、教育行动自由是个难题。不过，马克思从理论上设想了解决这一难题的办法。即物质极大丰富到了如此地步，以至于能够"按需分配"，同时劳动就不再是生命的出卖，而是自己生活意愿的表现，所谓劳动成为生活的"第一需要"。可惜，马克思的这一设想是不可能实现的。尽管如此，马克思通过关于这一不可能的世界想象说明了一个道理——"自由问题的解决不仅仅是个政治的解决，而且必须是一个经济的解决"。②

现实的教育自由、教育行动自由不仅是"借助于对事物的认识来作出决定的能力"，而且是一种根据自己需要和目的实际地改造事物的实践能力。艾德勒把自由分为三种形式，其中第二种形式的自由就意指能力。第二种形式的自由与才智和伦理相关，"这种自由是只有那些在个人发育过程中获得了某种美德与才智的人才具有的"。③ 阿隆所说的自由，也是一种作为能力的自由。他说："只有个人才能被认为是自由的或不是自由的，因为自由必须以思考和决定能力为前提，因为只有个人才拥有思考和决定能力。"④ 一个人所取得的现实的教育自由、教育行动自由度的大小，既是他能力大小的标志，也是其能力发展水平高低的指示器。麦卡勒姆曾将自由的形成解释为："X 主体"＋"免除 Y 干预"＋"去做（或成为）Z（某事或某种人）"。⑤ X 指的是某个体或群体，X 的问题是具备怎样品质的人才能正确地行使自由；其次是 Y 代表的干预，干预

① 赵汀阳著：《论可能生活》，中国人民大学出版社 2004 年版，第 117－118 页。
② 赵汀阳著：《论可能生活》，中国人民大学出版社 2004 年版，第 118 页。
③ M. J. 艾德勒著，郗庆华等译：《六大观念》，生活·读书·新知三联书店 1998 年版，第 171 页。
④ R. 阿隆著，姜志华译：《论自由》，上海译文出版社 2009 年版，第 51 页。
⑤ A. 斯威夫特著，萧韶译：《政治哲学导论》，江苏人民出版社 2006 年版，第 59 页。

既有可能来自他人的支配或欺骗，也有可能来自个体内在的无知、妄想和偏执等，两者都会妨碍自由的行使；而 Z 代表无干预状态下人如何选择，选择是否有价值和意义，这关系到自由实现的境界。这一论述有三个主要观点：从个体的内在资质，到形成独立判断和独立行为的能力，能够辨别外在、内在的干预——尤其是内在迷思的排除、选择有意义的目标，都离不开教育。教育提高了人们利用自由的能力，提供了人们开发自己潜力、发挥自己创造性的条件。杜威认为，教育自由不仅仅是行动没有外在的或法律的障碍，而是一种能力。"摆脱限制的自由……只能被颂扬为达到自由的一个手段，因为自由是一种能力：提出目的的能力，作出明智判断的能力，根据将要产生的结果来评判欲求的能力，选择和组织手段以实现所选择的目的的能力。"对于外在教育资源和材料的拥有权是毫无意义的，除非利用这些教育资源和材料的那些计划、价值观和目的是我们自己的。同样，除非人们在相对的意义上是他们的主人，否则教育自由是毫无意义的。他说："把自由等同于提出目的和实施……所形成的目的的能力，这是一种合理的直觉。反过来，这样的自由就等同于自我控制。"[①] 因为，我们是通过教育来发展自制能力的，也就是通过教育来发展批判的和反思的技能以及运用这些技能的习惯。而教育水平愈高，人们利用自由的能力越强。科恩说："人们在世上可能采取的行动步骤必然是多种多样的，他愈受到限制，就愈不自由。而且，他还必须能利用外部环境所提供的机会，他的能力愈有限，就愈不自由。如果他是受外部力量——法律、习惯、地理或镣铐——的限制，即使高度发展的能力也不能使他自由。但如整个世界都对他开放，而他却缺乏从事某些活动必要的能力与训练，单纯道路通畅并不能使他获得自由。"[②] 也就是说，个人的教育自由、教育行动自由取决于他本身所在环境及他在此环境内行事的能力。这二者的结合是不可缺少的，它们的结合决定了个人拥有的现实教育自由、教育行动自由程度。当然，这一环境意指自由、民主、公平公正的社会，只有在此社会中，才能提高人们利用现实教育自由、教育行动自由的能力。简言之，现实的教育自由、教育行动自由不是与生俱来的，而是需要以教育为基础和条件，"知识使人自由"。或者说，现实的教育自由、教育行动自由不仅建立在"理性"的基础之上，而且必须通过教育的"引领"。黑格尔说："'自由'如果当作原始的和天然的'观念'，并不存在。相反

---

① R. Curren 主编，彭正梅等译：《教育哲学指南》，华东师范大学出版社 2011 年版，第136 页。

② 科恩著，聂崇信等译：《论民主》，商务印书馆 2004 年版，第 122 页。

地，'自由'要靠知识和意志无穷的训练，才可以找出和获得。所以天然状态不外乎是无法的和凶暴的状态、没有驯服的天然冲动的状态、不人道的行为和情感的状态。"① 因此，从一定意义上说，追求思想、意志、行动方面最大可能的教育自由，是一个人的一种内在需要，而一个人实际地获得了思想、意志、行动方面最大可能的教育自由度，则表明他有能力实现自己的理想和愿望，有能力实现自己的潜能，有能力突破阻碍其思想、意志和行动达到教育自由状态的各种强制因素。

当然，无论是作为权利的教育自由，还是作为教育机会、能力的教育自由，只有在现代社会才能成为现实。在现代社会，主体意识空前觉醒，人获得了前所未有的独立性和自主性。一方面，随着社会交往的扩展，随着现代考试制度的确立，社会发生了不断的分工、分化和分层，形成利益相互冲突的集团和阶层。在这一过程中，个人从共同体中解放出来，从各种先赋性身份中解放出来，从以血缘、婚姻和地缘为基本纽带的身份、传统、习俗、宗教和道德的约束中解放出来，从对他人（"主人"）的人身依附和意志奴役中解放出来，获得了人身的自由、独立和人格上的尊严，人们作为"一般的人"走到一起，"相互承认为理智的人或者平等的人"；另一方面，社会交往又把人们聚合到一起，把各种各样的富有个人和贫穷个人，把广袤无垠的社会（现代民族国家）中整个统治阶级与被统治阶级，都召集到"考场"上，"磨掉他们的差异和不平，给大家以相同的表情、相同的语言和发音、相同的货币、相同的教育、相同的贪婪、相同的好奇心"，满足各自不同的需求和愿望，表现各自的能力、实现各自的价值。② 一切神圣的东西都在"考试分数"的天平上权衡着自己的轻重，人们在"考试分数"面前取得了完全的平等（虽然是形式上的）。从理论上讲，人的价值和地位都可以从"考场"上获取，人所拥有的一切都是自致性和获得性的。通过"考试分数"，人的一切能力、愿望、希求，似乎都可以得到满足，限制不再来自先赋身份方面的约束，而是来自个人自己主观能动性所能发挥的程度。可见，较之各种形式的人的依赖性（包括个体之归属于类、群体、社会系统），"人的独立性"无疑为个人的多方面发展提供了更多的可能。

---

① 黑格尔著，王造时译：《历史哲学》，上海世纪出版集团 2006 年版，第 38 页。
② F. 滕尼斯著，林荣远译：《共同体与社会》，商务印书馆 1999 年版，第 294 页。

四、教育自由的价值

存在于现代社会中的现实的教育自由、教育行动自由肯定是具有教育价值的，它注定要对特定社会或社会群体的存在和发展发生作用与影响。

（一）自由的价值

寻求精神的家园，即在于追求精神上的自由。存在的自由，心理上的自由，精神上的自由，合起来就是我们一般意义上所说的自由。存在自由、心理自由这两种自由固然重要，但精神上的自由才是最宝贵的自由。精神上的自由，即选择的自由、想象的自由、思想的自由、爱与恨的自由、信与不信的自由等。具体而言，一般意义上的自由具有如下价值。

1. 自由是思想之源

自由不仅是人的一种权利，而且是人作为理性动物存在的必要条件，是人的思想或真理不断生成和发展的基础。阿克顿说："如果真理不是绝对的化，那么，自由便是真理得以诞生的条件。"[①] 罗素也说："在思想主张的问题上，自由竞争是达到真知的唯一途径。在经济学领域喊了多年的关于自由的口号似乎用错了地方，它真正适用的地方应当在精神领域。"[②]

自由是思想之源，因为自由是思想产生和真理获得的初始条件。诚如哈耶克所说："自由在我们最为无知的地方最重要——在知识的边缘，换句话说，在没有人可以预言下一步将是什么的地方。……自由的最终目的是扩大人们借以超过其祖先的能力，对这种能力每一代人都必须努力做出自己的一份贡献，即对知识增长和道德及美学信仰的逐渐进步做出自己的贡献，在这方面没有一个上级可以推行一套观点，确实什么是正确的，什么是错误的。只有进一步的经验可以决定什么应该占上风。"[③] 而这种"经验"一定是借助"自由"获得的，绝对不可能借助"强制"获得。从此意义上讲，没有这种"经验"的自由，就没有新知识的诞生、新思想的萌芽或人类认识的进步。如果说哈耶克从肯定的意义上论证了自由对于思想萌生的重要性的话，那么波普尔则从否定的意义上论述了自由对于思想的意义，即不是从发现新知识的角度，而是从纠

① 阿克顿著，侯健等译：《自由与权力》，商务印书馆 2001 年版，第 309 页。
② B. 罗素著，李国山等译：《自由之路》（上），文化艺术出版社 1998 年版，第 221 页。
③ T. A. V. 哈耶克著，杨玉生等译：《自由宪章》，中国社会科学出版社 1999 年版，第 573—574 页。

正、纠偏已有认识过程中错误的角度。波普尔认为，人类的认识由于人类本身的局限性，总是"可错的"，任何的问题都不存在"唯一的"、"权威性"或"终极的"解释，任何解释都有待于进一步的批判。尽管我们的知识有各种各样的源泉，但没有一种源泉具有权威性、具有唯一性。"不存在终极的知识源泉。每个源泉、每个提示都是值得欢迎的；每个源泉、每个提示有待于批判考察。""观察和理性都不是权威。理智的直觉和想象极端重要，但它们并不可靠：它们可能非常清晰地向我们显示事物，但它们也可能把我们引向错误。它们作为我们理论的主要源泉是必不可少的；但我们的理论大都是虚假的。""对一个问题的每一种解决都引出新的未解决的问题；原初的问题越是深刻，它的解决越是大胆，就越是这样。我们学到的关于这世界的知识越多，我们的学识越深刻，我们对我们所不知道的东西的认识以及对我们的无知的认识就将越是自觉、具体，越有发言权。因为，这实际上是我们无知的主要源泉——事实上我们的知识只能是有限的，而我们的无知必定是无限的。""知识不可能从无——从白板——开始，也不可能从观察开始。知识的进步主要在于对先前知识的修改。"① 换句话说，人类的认识过程与其说是一个不断发现"真理"的过程，不如说是一个不断反驳、修正"错误"的过程。真理、思想并不存在于"发现"的过程中，而是存在于寻找到更有利的证据以"反驳"、"修正"原有结论的过程之中。而要真正实现上述目标，没有自由的心灵、自由的探索、自由的思想以及自由的制度是根本不可能实现的。在探索真理的过程中，自由也会让我们犯错误，但自由同时给予了人们最大限度地纠正错误、反驳错误的可能。在探索真理的过程中，强制、"人为的权威"不仅无助于获得新思想、新知识，更无法纠正错误。诚如波普尔所说："人不具有用律令确立真理的那种权威；我们应当服从真理；真理超越人的权威。""我们应当做的是放弃终极知识源泉的观念，承认一切都只是人为的知识；承认知识同我们的错误、偏见、梦想和希望混在一起，我们所能做的一切就是探索真理，尽管它是不可企及的。我们可以承认，我们的探索常常为灵感激发，但我们必须提防这样的信念：我们的灵感带有权威性、神性或类似的性质。如果我们因而承认，在我们知识的整个范围内找不到任何不能批判的权威，无论它怎样深入未知的范围，那我们就可以毫无风险地保留真理超越人的权威这一观念。并且，我们必须保留它。因为，没有这种观念，就不可能有客观的探索标准；不可能有对我们猜

---

① K. 波普尔著，傅季重等译：《猜想与反驳》，上海译文出版社 2001 年版，第 39—41 页。

想的批判、也不可能有对无知的探索以及对知识的追求。"① 简言之，在波普尔看来，人们的知识不是从纯粹的观察开始，而是从猜想开始。人们对事物的观察或感知不是被动地"被给予的"，而是主动探求的结果。因此，人的认识所遵循的方法是"试错法"，即从问题开始，经过尝试性解决，消除错误，然后又提出新问题，人们通过尝试和消错，通过猜想和反驳来取得知识的进步，这就是"从错误中学习"的方法。波普尔要求人们宽容异己，通过不断的批判来认识真理；要求人们以批判的理性态度，反对一切权威主义，反对对批评的压制，千万不能屈从于迷信、神话、权威与教条。

2. 自由是德性之根

自由与道德是密切相关、须臾不可分离的。"自由与道德：总有一些人千方百计地割裂二者的关系，企图把自由奠基于权利和快乐的领域而不是奠基于义务的领域。始终如一地坚持二者的一致性吧！自由是良知的统治得以成长的条件。自由就是让良知来指导我们的行为，自由就是良知的主宰。"② 尽管自由本身不是道德，但二者之间存在着紧密的联系。自由之于道德的意义，在于自由是道德良知得以发挥作用的条件。

自由何以是道德良知得以发挥作用的条件呢？在原因在于，道德良知是指导人们日常道德生活或实践的基本原则。一个人如果按照道德良知生活，就会成为一个有道德的人、一个高尚的人、一个脱离了低级趣味的人，即一个有德性的人。但是，要真正成为一个有德性的人，其前提条件是：自由的社会和自由的精神。只有自由，才会使人们听到良知的声音，并按良知的声音为人处世。"我们的良知为我们自己而存在并发挥作用。它存在于我们每一个人的心中。它只受其他良知的限制。它只对个人自己而不是对他人产生足够的影响力。它尊重别人的良知。因此它倾向于控制权威而扩大自由。它是一种自我管理的法则。"③ 只有自由，才会使人们按照道德律令生活，按照良知行事。良知是人类必须坚守的不可或缺的堡垒，人们在这一堡垒中完成其性格的塑造并发展出抵御众多法律条文之强制的能力来。穆尔说："道德规范并不威胁适用外部的强制手段：有关执行道德规范要求的外部保证，对于它们来讲并无用处。它们能否得到执行，完全在于有关个人的内心。它们唯一的权威是以人们对它们的认识为基础的，即它们指明了行事的正当方式。使道德规范得以实现的并

---

① K. 波普尔著，傅季重等译：《猜想与反驳》，上海译文出版社 2001 年版，第 42—43 页。
② 阿克顿著，侯健等译：《自由与权力》，商务印书馆 2001 年版，第 310 页。
③ 阿克顿著，侯健等译：《自由与权力》，商务印书馆 2001 年版，第 326 页。

不是外部的物理性强制与威胁，而是人们对道德规范所固有的正当性的内在信念。因此，道德命令所诉诸的乃是我们的内在态度、我们的良知。"① 只有自由，才会使人们摆脱外界的控制，充分发挥良知的作用，成为一个有德性的人。"良知发挥作用的大小同摆脱外界影响和环境干扰的程度大小成正比。"② 只有自由，才会使人们拒绝所谓的"标准"答案生活，才会过上有尊严的、体面的、自己选择的生活。"良知的至高无上性否认那种固定僵化的标准。每一个人都必须按照他自己的标准去判断事物。"③ 同时，才会使人们敢于反抗权威、拒绝权威。在这一过程中，人的自我意识也得到了发展，书写了一个大写的"人"。"只要有公开的权威，就会有冲突，就有反抗——反抗不合理的权威。当人同良心的指示相冲突时，当人同不合理的权威斗争时，人格也随之发展——尤其是自我意识得到了发展。因为我怀疑，我抗议，我反抗，我体验到了作为'我'的自己。即使我屈服了，认输了，我也体验到了自我之存在——失败的我，但是如果我意识不到自己屈服了或进行过反抗，如果我受到了无名权威的支配，我便丧失了自我感，我成了'它'之中的'一个分子'。"④ 良知的失声和约束力的下降，从一个侧面反映了个体自由和社会自由所受压制的程度，也从一个侧面反映了"权威"声音的高涨和控制。"良知越是更积极地走上社会生活的前沿，那么，我们考虑得更多的就不是国家已做了什么，而是国家允许人们能做什么；那么，我们考虑得更多的就不是国家的行为——它的行为的力量以及对这种力量的运用，而是对国家权力的限制及其对权力的分立。社会要优先于国家——个体心灵要优先于国家权力。"⑤

3. 自由是一种基本价值

自由是达成其他一切价值诸如健康、爱、友谊、发展等的基础。

（1）健康

健康是人的最基本的价值，没有健康，就没有一切。健康不仅指身体健康，也包括精神健康。影响人的精神健康的因素众多，既有社会的，也有个体的，还有环境的。精神不健康的根本原因来自于社会或个体的自我强制。神经官能症、神经症等精神病症可能就是各种强制的结果。如果一个人不能达到自由，没有自发性，无法真正表达自己的思想，而我们又认为自由和自发是人人

① E. 博登海默著，邓正来译：《法理学》，中国政法大学出版社 2004 年版，第 388 页。
② 阿克顿著，侯健等译：《自由与权力》，商务印书馆 2001 年版，第 323 页。
③ 阿克顿著，侯健等译：《自由与权力》，商务印书馆 2001 年版，第 323 页。
④ E. 弗洛姆著，孙恺祥译：《健全的社会》，贵州人民出版社 1994 年版，第 121 页。
⑤ 阿克顿著，侯健等译：《自由与权力》，商务印书馆 2001 年版，第 326 页。

都应达到的客观目标，那么，他就可能被视为有严重缺陷。斯宾诺莎说："很多人一直受到同一种影响。当一个物体强烈地影响着他的感官之时，即使这东西根本就不存在，他也相信它在那儿。要是这种情况发生在他清醒之时，人们就会说他疯了……但是，如果贪婪的人只想到钱财，有野心的人只想到名位，人们并不会认为他疯了，只是觉得讨厌，看不起他。但是，事实上，贪婪、野心等等，都是神智错乱的表现形式，虽然人们并不把这些看作'病症'。"① 因此，自由的思想、自由的生活、自由的工作时间是精神健康的必要条件。"精神健康的人是富于建设精神、没有异化的人；他与世界友爱地联系着，用理性客观地把握现实；他体验到自己是一个独一无二的个别实体，与此同时，又感到同他人联系在一起；他不屈从于非理性的权威，而乐于接受良心和理性的合理权威；只要活上一天，他就不停地在诞生，并且把生命的赠礼当成最宝贵的机会。"②

（2）爱

爱是我们生活中一种基本的价值追求和道德力量，爱满足了人与世界结合的需要，使人获得完整性和个性感。何为"爱"呢？布鲁格说："本质地并从体验观着眼，爱是意志对那些已拥有或可能拥有精神价值的位格及精神价值本身肯定（包括：承认、创造价值及追求合一）。这样，爱使个别位格从其孤立状态出来，而在人类团体的各种形式中'成为我们'。"③ 舍勒认为，当人对自身反省，对人与世界的关系做深度的哲学思考时，就能体悟到"爱"的行动是展现人性价值的基础。哲学活动的基本立场在于"人的有限位格核心介入到一切可能存在之事物的本质中去爱的行动"。④ 弗洛姆说："爱就是在保持自我的独立与完整的情况下，与自身之外的他人或他物结为一体。爱就是体验共享与交流，它使人充分发挥自己的内在能动性。爱的经验使幻想的需要不复存在。……在爱的行动中，我与万物结合成一体，但我又是我自己——一个独特的、独立的、有限的、终有一死的人。"⑤ 简言之，"爱"实在是人类本性的需求，借助爱，人们才能相互尊重、相互提携，彼此团结互助，成就生命共同体。纵观人类文明史，人类的发展、进步实乃人与人的互爱所推动、互助所促

---

① E. 弗洛姆著，孙恺祥译：《健全的社会》，贵州人民出版社 1994 年版，第 12 页。

② E. 弗洛姆著，孙恺祥译：《健全的社会》，贵州人民出版社 1994 年版，第 222 页。

③ 布鲁格编著，项退结编译：《西洋哲学辞典》，（台北）国立编译馆 1976 年版，第 243 页。

④ 洪樱芬著：《论人的价值》，（台北）洪叶文化事业有限公司 2000 年版，第 77 页。

⑤ E. 弗洛姆著，孙恺祥译：《健全的社会》，贵州人民出版社 1994 年版，第 25 页。

进。人世间若没有爱，人类根本无法生存。

  人与人的关系是紧密结合的，人在展现自己自由的同时，也应尊重共同体中的每个人并与其建立适当的关系。人与人之间的关系系于"爱"，唯有在互为主体性的"爱"中，才能构建和谐的社会，实现人的价值，展现人生的意义。唯有借助人与人的交往、爱、帮助，才能在成就他人的同时，实现自我。雅斯贝尔斯说："在我真实地、个体地、无保留地交付出我自己之处，我发现我自己。在我有保留的转向我自己之处，我变成没有爱的且失去我自己。深挚的爱系于由存在到存在的关系，对于爱者而言，一切的存在都被位格化。"① 当个人生命交融于群体生命之中时，个人不再感到孤立乃至孤独，个人的生命意义、生命价值也得以呈现、放大。诚如方东美说："我们活着，不但要满足一己的要求，更须引发无限的同情，解救他人的患难，使生命全体交融互摄。……宇宙之至善纯美挟普遍生命以周行，旁通统贯于各个人；个人之良心仁性顺积极精神而创造，流溢扩充于全宇宙。"② 爱是生命的动力，唯有在"爱"中，人才能体会到自己与他人的依存，并获得其存在的意义。封闭的、离群索居的个人，不仅无法体会交往的价值、爱的温馨，更无力实现自我。爱是促进并丰富人类生活的源泉，爱是心灵安详的慰藉，"人人献出一点爱，人间永远是春天"。在爱中，人不仅希望自己拥有美、善，而且愿意把美、善与他人分享，并希望他人也拥有美、善。正如弗洛姆所说："爱是人与他人以及与自己的创造关系形式。它蕴含着责任、关心、尊敬和知识，以及抱着使他人能够生长和发展的愿望。它是两个人保持彼此完整人格的亲密表现。"③ 真正的爱乃是人与人之灵魂的碰撞、交流、对话，是纯粹的精神之爱、心灵之约，不同于出自感官的欲望之爱。正因为有此种推己及人的关怀与友爱，社会才能得以维系与结合。真正的爱开启了我们精神性的眼睛，使我们认清、洞悉所爱对象的价值，而不是使我们盲目。"爱"与"明智的认识"并不是对立的。舍勒说："在经验上醉心迷恋的盲目因素，从不曾是爱。"④ 真爱不仅开启我们精神性的眼睛，而且在正义中散发浓浓的爱。田立克说："因为正是爱，指明什么在具体情况中是正义的。"⑤ 简言之，没有爱的生活是残缺的生活、是没有温情的生活，也是没有意义的生活。但是，无论追求爱还是表示爱，都需要自由的

---

① 洪樱芬著：《论人的价值》，（台北）洪叶文化事业有限公司 2000 年版，第 56 页。
② 方东美著：《中国人生哲学》，（台北）黎明文化事业公司 1988 年版，第 65 页。
③ E. 弗洛姆著，陈秋坤译：《为自己而活》，（台北）大地出版社 1987 年版，第 117 页。
④ 洪樱芬著：《论人的价值》，（台北）洪叶文化事业有限公司 2000 年版，第 59 页。
⑤ 田立克著，王秀谷译：《爱情力量及正义》，（台北）三民书局 1973 年版，第 90 页。

心境、需要自觉自愿，不能有丝毫的强求或强迫，更不能夹带着"利益交易"。马克思指出："我们现在假定人就是人，而人对世界的关系是一种人的关系，那么你就只能用爱来交换爱。……如果你在恋爱，但没有引起对方的爱，也就是说，如果你的爱作为爱没有使对方产生相应的爱，如果你作为恋爱者通过你的生命表现没有使你成为被爱的人，那么你的爱就是无力的，就是不幸。"① 不仅恋爱如此，父母对孩子的爱也是如此。父母对孩子的爱首先表现在关心他、爱护他，为他去做他的合理的自爱所要求的那些事情。父母对孩子的爱也表现在父母从孩子的存在中得到的幸福、快乐，表现在父母支持孩子的能力感和自尊感。"他们鼓励他去驾驭他的发展任务，欢迎他表现他自己的个性。一般地说，去爱另一个人，这意味着不仅要关心他的要求和需要，而且要肯定他自己的人格价值感。……对孩子的爱不能作一种合理的工具的解释：他不是把爱他的父母当作一种达到自己最初的自我利益目的的手段。"②

当然，在爱别人、"爱邻如己"的同时，也要学会爱自己。近代以来，社会的失范、文化的衰败、人的焦虑空虚之所以发生，并不是源于自利，而是源于人不太关爱自己。弗洛姆说："现代文化的衰败，在不在个人主义的原则，也不在于自私的追求……而是在于自利意义的衰落。这并不是说人们不太关心自个儿的利益，他们是不太关心真正的自我；也不是说人们太自私，而是人们太不爱自己。"③"爱邻人甚于自己"的结果，只会导致社会的衰落。一般而言，我们对他人的友爱关系，都是以我对自己的关系为基础的。真正懂得爱自己的人，才懂得爱别人。诚如弗洛姆所说："若他只会爱别人，他一点也不会爱。"④

（3）友谊

友谊是人的生命中不可缺少的价值关怀，没有友谊的生活，是没有趣味的生活、是没有合作体验的生活，也是没有人文情怀、情感滋养的生活，"喜欢孤独的人不是野兽便是神灵"。真正的友谊是相互信任、相互帮助、相互促进，是君子之交淡如水的风范。培根认为，友谊的主要功效在于心情上的平和与理智上的扶助。在他看来，友谊主要有两大功效：其一，"友谊的主要效用之一就在使人们心中的愤懑抑郁之气得以宣泄释放，这些不平之气是各种的情感都可以引起的。……对于一个真心的朋友你可以传达你的忧愁、欢悦、恐惧、希望、疑妒、谏净，以及任何压在你心上的事情，有如一种教堂以外的忏悔一

---

① 《1844 年经济学哲学手稿》，人民出版社 2008 年版，第 146 页。
② J. 罗尔斯著，何怀宏等译：《正义论》，中国社会科学出版社 2001 年版，第 466 页。
③ 洪樱芬著：《论人的价值》，（台北）洪叶文化事业有限公司 2000 年版，第 75 页。
④ 洪樱芬著：《论人的价值》，（台北）洪叶文化事业有限公司 2000 年版，第 76 页。

样"。其二，"友谊的第二种功用就在它能卫养并支配理智，有如第一种功用之卫养并支配感情一样。因为友谊在感情方面使人出于烈风暴雨而入于光天化日，而在理智方面又能使人从黑暗和乱象入于白昼也。这不仅指一个人从朋友处得来的忠诤而言；即在得到这个之前，任何心中思虑过多的人，若能与旁人通言并讨论，则他的心智与理解力将变为清朗有别；他的思想的动作将更为灵活；其排列将更有秩序；他可以看出来把这些思想变成言语的时候它们是什么模样；他终于变得比以往的他聪明，而要达到这种情形，一小时的谈话比一天的沉思为效更巨"。① 但是，如果没有自由的交往、自由的对话，没有自由的合作，不可能获得真正的友谊。"发展"，不管是个体的发展还是社会的发展，都意味着个体或社会组织内在秩序向善的方向的展开或自我实现，即发展是内在的、自主的，而不是外在的、强制的。"发展可以看作是扩展人们享有的真实自由的一个过程。"② 发展的实现全面地取决于人们的自由的主体地位，自由、自立的主体才是发展的主要动力。因此，"发展要求消除那些限制人们自由的主要因素，即：贫穷以及暴政，经济机会的缺乏以及系统化的社会剥夺，忽视公共设施以及压迫性政权的不宽容和过度干预。……此外，对自由的侵犯直接来源于权威主义政权对政治的和公民的权利的剥夺，以及对参与社区的社会、政治和经济生活的自由的限制"。③ 换句话说，任何外在的强制并不能导致真正的发展，发展是内在力量自由行使的结果。"自由不仅是发展的首要目的，也是发展的主要手段。"④ 至于"创造"，不管是个体创造能力的发展还是社会组织创新能力的增强，都意味着个体或社会组织能自由地想象、自由地思想、自由地讨论、自由地创造。

健康、爱、友谊、发展、创造等是每个人生来就有的本性，"只要他不是天生的精神上或道德上的白痴"。当然，只有在自由的社会、健全的社会，自由才能成为"基本价值"，才能成为实现诸多价值的基础。这是因为，在自由、健全的社会里，"没有人是别人用来达到目的的工具，每一个人总是毫无例外地是自己的目的；因此，每个人都不是被人利用，被自己利用，而是为了展示

---

① 培根著，水天同译：《培根论说文集》，商务印书馆 2008 年版，第 95、99—100 页。

② 阿马蒂亚·森著，任赜等译：《以自由看待发展》，中国人民大学出版社 2002 年版，第 1 页。

③ 阿马蒂亚·森著，任赜等译：《以自由看待发展》，中国人民大学出版社 2002 年版，第 2 页。

④ 阿马蒂亚·森著，任赜等译：《以自由看待发展》，中国人民大学出版社 2002 年版，第 7 页。

自己的力量的目的而活着；人是中心，而一切经济的和政治的活动都服从于人的成长这个目标"。在自由、健全的社会里，"人们无法利用贪婪、剥夺、占有、自恋这类品质来获取物质利益，或提高个人的威望；按照良心行事被当成基本的、必要的品质，而机会主义和纪律松懈则被看作是不合群的自私行为；个人参与社会事务，社会的事因而也成了个人的事；个人同他人的关系也与他同自己的关系不再分离"。在自由的社会、健全的社会里，"使人在易于管理的和可观察到的领域内，积极而又负责地参与社会生活，并且成为自己生命的主人"。在自由的社会、健全的社会里，人与人之间友爱团结、相互帮助，"不仅允许而且鼓励同成员友爱相处"；每个人不仅在工作中尽心尽力，而且进行创造性的活动，刺激理性的发展，"使人能够通过集体的艺术和仪式，表达出自己内心深处的需要"。① 拉兹在《自由的道德》一书中认为，提出了"自由至善论"主张。"自由至善论"之前提是："并不是每个人都对自主感兴趣。它是一种文化价值，即仅对生活于某些特定社会的人们有价值。"如果生活在不具备自由、自主条件的社会中，人可能感觉自由、自主并没有什么价值，甚至心甘情愿地不要自由，或把奴役视为正常。"对于那些生活于自主支持环境下的人们来说，他们除了自主以外没别的选择，在这样的社会只有自主才能成功。"在这样的社会里，放弃自由、自主是不可能之事。因为，社会条件提供了广泛的选择范围、提供了有意义的选择项目，保障了个人的某些能力（认知能力、情感能力、想象能力、个性品格等）。而这些社会环境的前提条件又取决于某些社会形式是否存在，特别是"只有当各种集体善或产品是可取的时候，自主才是可能的"。"许多集体善或产品的提供是自主的可能性的构成要素。"② 这里所说的"集体善或产品"，既指公共产品（其一人可得，则公共全体可得），也指文化环境。

总之，自由作为人的本性、人的权利，既是思想萌生的源泉、德性的根本，也是美好生活的前提。一切将自己当作人来尊重的人，都应该珍视、维护、争取自己的自由，并在法律框架内行使自己的自由。不过，自由于人而言不是万能的。在许多时候，选择了自由，就意味着选择了奋斗、孤独甚至牺牲。在有些时候，自由还有可能被滥用、被误用，给人带来不必要的麻烦、损失。尽管如此，我们仍然不能否认自由的价值。诚如哈耶克所说："如果由于自由的结果并不那么尽如人意而不允许自由存在，我们就拥有得不到自由的益

---

① E. 弗洛姆著，孙恺祥译：《健全的社会》，贵州人民出版社 1994 年版，第 222 页。
② 顾肃著：《自由主义基本理念》，中央编译出版社 2003 年版，第 560 页。

处，也无法获得自由为之提供机会的、无法预见的新发展。因此，自由被滥用不能成为反对个人自由的理由。自由必然意味着我们将碰到许多不尽如人意的事情。我们相信自由，不是因为那些在特殊情况下可以预见的结果，而是因为我们相信总的说来自由会为好的事情而不是坏的事情释放出更多的能量。"①

（二）教育自由的价值

1. 教育自由是教育存在与发展的条件

现实的自由、行动自由作为人的一种权利需要通过教育求得满足，从而使个人现实的自由、行动自由的满足成为个人全面而自由发展的必要条件。在涂尔干看来，教育是建立在全社会共同的文化基础之上的，教育将共同的"观念、感情和实践"传授给所有的人。而这种共同的价值观的交流代表着社会中所有成员所受到的"真正的教育"。教育的任务是传授市民"精神"，传播每个社会为自己树立的"人的理想"。在现代社会，教育必须创造出适应对个人的崇拜所需要的"个人"。换句话说，通过教育所具有的权威，它创造了自由。它通过训练个人认识到自己的道德心、自主地用理性来对待这个世界，从而创造了自由。通过理性的道德教育，儿童们具有了批判与反映的能力——这是现代的信仰的基础。即，教育是再生产的一种方式，再生产出普遍主义文化。通过传递一般的与抽象的集体性目标，社会"不断地再创造出其自身的存在条件"。教育通过"在儿童的头脑中……确立了作为集体生活之前提的必要的共同性"而对"青年一代进行社会化"。作为这种社会化的结果，儿童转变成社会的人，他就要在面临今后生活中的物质需求之前进行学习以便成为有道德的人。通过教育，他将能够在今后的生活中根据道德的而非物质的要求来自由行动。② 当然，这种社会化只有借助于这样的教育者——他们不是政府或资本的走卒，而是道德体系的化身——才能完成。教师是神圣道德的化身，是"以超然存在的名义来发言的"。因此，从某种意义上讲，教师类似于牧师。涂尔干说："正是牧师关于传道的崇高观念，使他具有了某种权威，这种权力如此约定俗成地使他的语言和服饰都打上了鲜明的印记。因为他是代表上帝说话的，他觉得上帝就在他心中……同样，世俗教师会有也应该有这种感觉。他也是崇高的道德实体的一种工具。……正如牧师是上帝的解释者一样，教师也是他的

---

① T. A. V. 哈耶克著，杨玉生等译：《自由宪章》，中国社会科学出版社 1999 年版，第573－574 页。

② J. C. 亚历山大著，夏光等译：《社会学的理论逻辑》（第 2 卷），商务印书馆 2008 年版，第 364 页。

时代和国家的崇高道德观念的解释者。所有与这些观念有联系的事物，以及它们的意义和力量，都必然传播到教师以及一切来源于教师的东西之上，因为在儿童的眼里教师就是这些事物的代表与化身。"① 教师通过与道德秩序的接触而具有"额外的能量"，这种接触给予教师以热情——这对拨动学生们的心弦是非常必要的。雅斯贝尔斯说："所谓教育，不过是人对人的主体间灵肉交流活动，包括知识内容的传授、生命内涵的领悟、意志行为的规范，并通过文化传递功能，将文化遗产教给年轻一代，使他们自由地生成，并启迪其自由天性。……真正的教育绝不容许死记硬背，也从不奢望每个人都成为有真知灼见、深谋远虑的思想家。教育的过程是让受教育者在实践中自我练习、自我学习和成长，而实践的特性是自由游戏和不断尝试。"② 教育发展的首要目标是实现人的现实教育自由、教育行动自由，通过教育发展来扩展人的现实的教育自由、教育行动自由，并运用个人的现实教育自由、教育行动自由来促进教育的发展。森指出："所有的人都享有个人自由对一个良好的社会是重要的。这个论断可以看作是包含了两个不同的组成部分，即，（1）个人自由的价值：个人自由是重要的，在良好的社会中应该确保每一个'算数'的人都享有它；（2）自由平等享有：每一个人都'算数'，向一个人提供的自由必须向所有人提供。这两点结合起来确定了个人自由应该在共享的基础上向所有人提供。"③ 同时，教育是一个复杂的系统，个人是教育系统最基本的要素，教育系统要获得存在和发展的条件，需要个人发挥能动性、主动性和创造性，否则教育本身是无法支撑下去的。我们之所以需要教育自由，乃是因为我们经由学习而知道，我们可以从中期望获得实现我们诸多教育目标的机会。正是因为每个个人知之甚少，而且因为我们甚少知道我们当中何者知道得最多，我们才相信，众多人士经由独立的和竞争的努力，能促使那些我们见到便会需要的东西的出现。汤因比说："没有一种最低限度的自由，人就无法生存，这正如没有最低限度的安全、正义和食物，人便不能生存一样。人性中似乎存在着一种难以控制的意向……这种意向要求获得一定的自由，并且在意志被刺激得超出忍耐限度时知

---

① J.C. 亚历山大著，夏光等译：《社会学的理论逻辑》（第2卷），商务印书馆2008年版，第365页。
② K. 雅斯贝尔斯著，邹进译：《什么是教育》，生活·读书·新知三联书店1991年版，第3页。
③ 阿马蒂亚·森著，任赜等译：《以自由看待发展》，中国人民大学出版社2002年版，第236页。

道如何设定自己的意志。"① 每个人都具有实现其人格潜力的强烈欲望，都具有建设性地运用其能力的强烈欲望，都具有充分发挥其能动性、主动性和创造性的强烈欲望。套用霍金的话来讲，"一个人应当发挥其能力，而不管是什么能力，这从客观上来讲是'正确'的"。② 只有当一个人的能力以及能动性、主动性和创造性等不为压制性的桎梏束缚时，一种有助益于尽可能多的人的全面而自由发展的高度教育文明才能得以建立。诚如菲利普斯所说："在整个人类历史中，演说家和诗人都极力赞颂自由，但却没有一位演说家或诗人告知我们自由为何如此重要。我们对于此类问题的态度，当取决于我们视文明为僵固之物，还是视文明为日渐发展之物……在一个日益发展的社会中，任何对于自由的限制，都将减少人们所可尝试之事务的数量，从而亦会降低进步的速率。换言之，在这样一个日益发展的社会中，行动的自由之所以被赋予个人，并不是因为自由可以给予个人以更大的满足，而是因为如果他被允许按其自己的方式行事，那么一般来讲，他将比他按照我们所知的任何命令方式去行事，能更好地服务于他人。"③ 一个人拥有多少教育性自由，就拥有多少创造好教育生活的机会。人们为教育性自由而斗争，所争取的直接结果只是创造好教育生活的机会，但还不是好教育生活本身。教育性自由本身不是价值，但却是价值的前提，是各种价值的必要条件，所以比好生活更重要。简言之，主动能力的发展、思想资源的丰富以及创造性才能的发挥，都对教育发展和人的全面而自由发展做出了巨大的贡献。

教育的发展、美好教育生活的建设，只能奠基于自由以及每个人的自由平等实现的基础之上。马志尼说："没有自由就没有道德，因为如果在善恶之间没有选择的自由，在献身共同进步事业和利己主义精神之间没有选择的自由，也就谈不到什么责任。没有自由就没有真正的社会，因为在自由人与奴隶之间不会有任何联合，只会是一些人统治另一些人。自由是神圣的，就像自由所体现的个人生活是神圣的一样。如果没有自由，人生就成了单纯的有机功能。"④ 没有自由，人的尊严无法兑现；没有自由，任何真正的价值都无法生成；没有教育自由，任何崇高的教育生活都无法达成；没有教育自由，任何意义上的教育合作都无法实现。教育的发展、教育合作的展开、优良教育生活的建设、美

---

① E. 博登海默著，邓正来译：《法理学》，中国政法大学出版社 2004 年版，第 301 页。

② E. 博登海默著，邓正来译：《法理学》，中国政法大学出版社 2004 年版，第 301 页。

③ T. A. V. 哈耶克著，邓正来译：《自由秩序原理》（上），生活·读书·新知三联书店 1997 年版，第 1 页。

④ 马志尼著，吕志士译：《论人的责任》，商务印书馆 1995 年版，第 110 页。

好社会的梦想，只能奠基于每个人的自由发展基础之上。诚如罗尔斯所说："假如某些人的平等之基本自由受到限制或否定，就不可能有相互尊重基础上的社会合作。因为我们已经看到，公共的社会合作项目是作为平等个人的我们借此愿意终身与所有社会成员进行合作的那些项目。当这些公平的项目得不到人们的尊重时，那些受待欠者就会产生怨恨或自卑，而那些得利者则必须认识到他们的过错，或是因此遇到麻烦，抑或把那些受亏待者视之为活该倒霉的人。这样，在得利者与受亏待者两方，相互尊重的条件都被削弱。"① 教育作为个人与社会联系的中介，通过造就全面的、自由的、充分的发展的人而服务于经济社会。人的精神状态决定经济社会乃至教育本身的样式，人的解放的过程就是走向自由教育、美好社会的过程。

2. 教育自由是人的发展的基础

现实的教育自由、教育行动自由的价值，体现在它对教育的发展和进步需要的满足上，体现在它对人的全面而自由发展、个性发展需要的满足上。一方面，教育的发展和进步、人的全面而自由发展是人类社会所追求的基本目标，这也是社会需要现实的教育自由、教育行动自由的主要理由。个人自由发挥才能的天地越大，经济社会进步的速度也越快。所谓教育的发展和进步，就是在现有基础上获得新的进展和新的创造，这就需要人们打破常规，进行大胆的尝试、探索和创新，而人们打破常规的探索和创新精神，人的全面而自由发展，只能以现实的教育自由、教育行动自由为前提。换句话说，教育自由增强了人们的创造力，推动了现代教育文明以及现代教育制度的大跨度进步。哈耶克说："正是由于自由意味着对直接控制个人努力之措施的否弃，一个自由的社会所能使用的知识才会远较最明智的统治者的心智所能想象者为多。"② 同时，教育自由为个性的多样化发展创造了条件，推动了教育的进步。"个性的多样性，自主性和首创精神，甚至是爱好挑战，这一切都是进行创造和革新的保证。"③ 教育自由通过免除人为的干预、提供充分的条件，创造最大的精神成长空间，使个人享有了最大限度的自我创造、自我发展。保护和尊重个人自由的教育将为每个在教育生活中的人免除任何的干预、强制和压制，为他们创造多样的机会和丰富的情境，通过他们的选择能力和选择活动，在自己的生活世界

① J. 罗尔斯著，万俊人译：《政治自由主义》，译林出版社 2000 年版，第 357 页。
② T. A. V. 哈耶克著，邓正来译：《自由秩序原理》（上），生活·读书·新知三联书店 1997 年版，第 30 页。
③ 联合国教科文组织教育丛书，联合国教科文组织总部中文科译：《教育——财富蕴藏其中》，教育科学出版社 2005 年版，第 86 页。

中运用各种生命活力，创造自己。正如《教育——财富蕴藏其中》一书所说："人的发展是一个扩大向个人提供可能性的过程。……然而，人的发展并非到此为止。人们高度重视的其他可能性不仅包括政治、经济和社会自由，而且包括表现自己的创造性或生产力的机会，更不用说享有个人尊严和尊重人权这两个问题了。"[①] 例如，自由主义所谓的教育自由，并不是保护个人脱离社会，而在于保护教育生活世界免于政治的干涉。自由主义者"视社会生活为人类的最高成就和发展道德和理性的关键条件"，而政治生活则被降低为"维系有序社会交易的必要而严酷的象征"。[②] 自由主义对政治干预教育的警惕，恰是对现实教育自由、教育行动自由的支持。罗森布勒姆认为，自由主义的私人自由观实际上正好以我们的自然社会属性为前提："私人生活就是意味着公民社会中的生活，而不是意味着前社会状态的或反社会条件下的孤立和超然……私人自由允许人们脱离官方的监督和干涉，大大增加了私人联合和合作的可能性……远非孤立冷漠，私人自由被认为会鼓励公共讨论和促进群体形成，这使得个体能够更广泛地进入社会和政府。"[③] 当国家让人们有教育生活中的"完全独立"时，国家并没有使人们处于相互孤立的状态，相反，这样做才使得人们有形成和维系"联合和合作"的自由。因为，"我们是社会动物，个人就会运用他们的自由与他人联合在一起追求共享的目标"。[④] 正因为如此，德国《基本法》第5条第3款明确规定："艺术与科学、研究与教学皆应享受自由。教学自由不应免除任何人对宪法的忠诚。"除了教学自由可受立法限制之外，艺术和科研自由都受到无条件的保护。"国家有责任尊重第5条第3款所包含的自由从事学术活动之权利。［每个从事科学、研究和教学的人都享有防御性权利，以不受国家对知识的发现和传播的各种侵犯。］在学术世界里，个体学者担负个人和独立的责任，且国家不得在这一领域发号施令。第5条第3款并不保护任何一种学术观念或理论，而是保护学术活动的各种形式，包括在内容和形式上可被认为是发现真理的严肃和系统努力之所有事务。"[⑤] 另一方面，正是为了人的全

---

① 联合国教科文组织教育丛书，联合国教科文组织总部中文科译：《教育——财富蕴藏其中》，教育科学出版社2005年版，第67页。

② W. 金里卡著，刘莘译：《当代政治哲学》（下），上海三联书店2004年版，第534页。

③ W. 金里卡著，刘莘译：《当代政治哲学》（下），上海三联书店2004年版，第533-534页。

④ W. 金里卡著，刘莘译：《当代政治哲学》（下），上海三联书店2004年版，第534页。

⑤ 张千帆著：《西方宪政体系》（下册·欧洲宪法），中国政法大学出版社2004年版，第424-425页。

面而自由发展、个性的发展。每个人才需要现实的教育自由、教育行动自由，需要对个人基本教育权利的保障，需要对个人发展提供一种平等的条件，需要对个人理性和人格的尊重。"自由主义仅仅是试图为人们创造一个外在的富裕条件，因为它知道，人们内在的、心灵的富足感不可能来自外部世界，而仅仅只能来自于他们自己的内心。自由主义除了为人们的内心生活发展创造一个外部的前提条件之外，别无他求。"① 现实的教育自由、教育行动自由的实践在于阻止任何社会将自己的观念与做法作为行为准则，强加于异见者的趋势，防范社会束缚与自己不相一致的个性的发展。在自由主义者看来，个人应该拥有这样的自由：既可以质疑所参与的社会常规，也可以放弃这样的参与——只要那些社会常规不再有追求的价值。也就是说，不能通过个人在特定经济、政治、文化等社会关系中的成员身份来界定个人，因为个人有质疑和拒绝任何特定关系的自由。诚如罗尔斯所说："自我优先于由自我确定的目的"，即我们总是能够跳出任何一种具体目标并追问自己是否愿意继续这种追求。这一自我观，其实就是"康德式"的自我观。因为康德坚定地捍卫下述主张：自我优先于它的社会角色和社会关系，当且仅当自我能够与它的社会处境保持一定的距离并且能够按照理性的命令对其进行裁决时，自我才是自由的。不过，社群主义者却持相反的看法。他们认为，"康德式"的自我观忽略了如下事实：自我是被"镶嵌于"或"置于"现存的社会常规之中的——我们不可能总是能够选择退出这些常规。我们必须至少把某些社会角色和社会关系当作为个人慎思的目的而给定的内容。如麦金泰尔所言，在确定生活方式的时候，我们"都把自己的处境当作是在承载某种特定的社会身份……对我有益的事物就必然是角色承担者的利益"。即，只有在社会角色之中而不是之外才能够实施自我决定。因此，要尊重我们的自我决定，国家就不能使我们跳出自己的社会角色，而应该鼓励我们更专注于自己的社会角色并对它有更深的领悟——这就是共同政治利益所欲以实现的目标。② 其实，自由主义者和社群主义者的主张并不是完全矛盾的，而是相辅相成。

没有现实的教育自由、教育行动自由，社会可能迫使一切人（特别是儿童）都按照某种模型来形成个性，都按照某种进度来培养所有儿童。民国时期的章依萍在《我的读书的经验》一文中，对缺乏"普遍的自由"的现代学校制

---

① L. V. 米瑟斯著，韩光明等译：《自由与繁荣的国度》，中国社会科学出版社 1994 年版，第 47 页。

② W. 金里卡著，刘莘译：《当代政治哲学》（下），上海三联书店 2004 年版，第 405 页。

度进行了抨击。"吾国自清代光绪变政，设立学校，同时年级制也输了进来，年级制是以教员为中心，以教科书为工具，聚智愚不同的学生于一级，不问学生的个性，使他们同时学一样的功课，在一个教室内听讲，聪明的人嫌教师讲得太慢。呆笨的人嫌教师讲得太快。聪明的人只得坐在课堂打瞌睡，看小说！混时间！等着呆笨的人的追赶，呆笨的人却整日整夜的忙着，连吃饭、睡觉，如厕都没有工夫，结果还是追赶聪明人不上。所以，有一次胡适之先生同我们一班小朋友说笑话：'你们也想进学校吗？我以为学校是为呆笨人而设的。'对呀，现在所谓年级制的学校，的确是为呆笨人而设的。一本陈文编的《算数》，聪明的学生只要两个月就演完了。……况且在同一时间内，一定要强迫许多学生听同样的枯燥无味的功课，所以有时教员正在堂上津津有味地讲'修身而后家齐，家齐而后治国，国治而后天下平'，学生的头脑里也许竟在想'贾宝玉初试云雨情'、'景阳冈武松打虎'。……我是不赞成现在的学校制度的。现代的学校可以使学生得着文凭，却不能包管学生能不能得着学问。老实说：学校教育的用处，不过有几个教员，教学生读书读得懂而已。像上海滩上的一些野鸡大学的流氓教员，他们自己读书读得懂不懂还是一个问题。在今日中国有志读书的人，只有靠着自己，只有靠着自己去用功，学校是没有用处的。"① 尽管该文有偏激之嫌，但也切中现代学校制度的要害。换句话说，只有在美好社会中，现实的教育自由、教育行动自由才能发挥其最大功效。卡维尔说："每一个自我都奔走于不断上升的旅途中……奔向更高的层次……这种更高的层次不取决于自然天赋，而取决于你对自我构成的追问和对自己欲作之事的投入。这是一种自我的转化，它想象把社会转化为一种类似贵族社会的社会；因为这种社会对个体灵魂的提升来说是最好的，同时这种社会也是以对最有益于人的灵魂提升的一切为模范。"② 这种自我提升之旅，远离了粗俗的个人主义，体现了一种追求最好之我的热望和抱负。同时，只有在美好社会中，现实的教育自由、教育行动自由才能为个性的自由发展创造最大的空间。"教育儿童成为自由人，必然要在有助于这种自由的社会背景之中来教育他们。这种社会背景必须提供这样的政治自由：个体自由不仅表现在自由地选择自己的生活方式，还表现在平等地参与影响其社会及文化的政治决策。在某种意义上，文化是政治

---

① 胡适等著：《怎样读书》，生活·读书·新知三联书店 2012 年版，第 54—56 页。

② S. Cavell, *Conditions Handsome and Unhandsome*：*The Constitution of Emersonian Perfectionism*. Chicago：University of Chicago Press，1990，p. 7.

选择的结果，就好比学校选择教学生哪种语言和历史课程一样。"① 缺乏现实的教育自由、教育行动自由则不仅给社会，而且给个人带来毁灭性的后果。现实的教育自由、教育行动自由并不仅仅是为了新思想的诞生，现实的教育自由、教育行动自由的缺失还使得社会从根本上堵塞了教育，也使得社会中不再以培养精神人格为教育的归宿。"学校应为每一个人创建一个智力和精神的基础，这一基础对掌握其他的知识和技能是必不可少的。但……像填鸭般地用那些诸如形而下之'器'的东西，塞满学生的头脑，而对本真存在之'道'却一再失落而不顾，这无疑阻挡了学生通向自由精神之通衢。"② 因为没有现实的教育自由、教育行动自由，人们就不可能去寻找有价值的生活目的。诚如古特曼所说："教育儿童去过一种平等自由的生活，成为一个自由平等的公民，不仅仅需要以自由为价值取向的教育。教育权威还必须把作为自由人生活的条件的美德传授给孩子们，包括宽容、正义和互惠。没有这些美德，民主社会，乃至自由都不可能获得保障和繁荣。而且，培养孩子们的这些美德，也意味着培养孩子们对这些美德的评价能力，教育他们运用自己的理性来接受、反对或改善其对这些美德的理解。"③ 同理，现实教育自由、教育行动自由只有借助于美好社会、借助于民主教育，才能发挥其最大效能。一个受过教育且善于自我反思之人必须既拥有个体自由，也拥有政治自由。政治自由是民主社会与非民主社会的根本区别。只有民主社会保障个体自由和政治自由，那么其公民才是自由的。严肃地对待个体自由，就是要严肃地对待民主。而严肃地对待民主，也就是严肃地对待民主教育，因为在专制性的教育机构内教授民主显然是矛盾的。"如果想在教育与参与性民主实践之间建立一种协同关系的话，那就不仅要培养每个人为行使其义务和权利做好准备，而且还应依靠终身教育去建设充满活力的公民社会，这种社会介于分散的个人与遥远的政权之间，能使每个人承担起在社区内应有的责任，为实现真正的团结互助服务。因此，每个公民的教育应在其一生中持续不断地进行，并成为公民社会和现代民主基础的一个组成部分。当人人都参与建设一个负责的、相互支持的和尊重每个人的基本权利的社

---

① R. Curren 主编，彭正梅等译：《教育哲学指南》，华东师范大学出版社 2011 年版，第521 页。

② K. 雅斯贝尔斯著，邹进译：《什么是教育》，生活·读书·新知三联书店 1991 年版，第33 页。

③ R. Curren 主编，彭正梅等译：《教育哲学指南》，华东师范大学出版社 2011 年版，第523 页。

会时，公民教育甚至与民主就混同在一起了。"①

3. 教育自由是实现教育公平的动力机制

现实的教育自由、教育行动自由不仅表现为教育领域的教育竞争自由，即表现为不同个人之间平等地参与竞取稀缺教育资源的活动的自由，而且是教育竞争的前提条件。通过广泛的教育竞争，不仅教育资源可以获得有效的配置，而且人们将会获得与他们的"贡献"和"付出"相匹配的地位，实现起码的教育公平，在一定程度上防止裙带关系或任人唯亲。那么，何谓裙带关系呢？"裙带关系这个词最初是指某些教皇和主教把公职任命给他们的侄子、外甥（或非婚生儿子）的做法，就像封建公职持有者那样，他们企图拥有后嗣，而不仅仅是继任者。"由于神职人员独身的目的之一是使教会摆脱封建体系并确保合格的人继任，因此，这种做法在很早时就被认为是有罪的、不道德的。"身份的确认如此严格（尽管它在封建时期很少执行），以至于它开始排除由神职官员和作为一般信徒的庇护人所做的对亲属的任何任命，即便这些人拥有相关的品质。"② 许多年以后，杜绝裙带关系的这一做法扩展到公共领域与政治生活之中。例如，在学术生活中，大学的院系常常被禁止雇用其成员的亲属。之所以杜绝裙带关系，是因为"客观标准不可能被用到这种决定中"。从某种意义上讲，这可能是正确的，但是一种绝对的禁止似乎是不公平的。因此，"我们所需要的是一个不考虑家庭成员资格的雇用程序，而不是一个取消所有成员资格的雇用程序"。③ 美国总统约翰·肯尼迪任命他的兄弟为司法部长，显然是一个裙带关系的例子，不过这不是我们需要担心和禁止的那种裙带关系。因为，罗伯特·肯尼迪是足以胜任的，而他与兄长的密切关系将可能有助于他所担负的工作。尽管如此，这种对裙带关系的宽容范围不能扩展得太远。"如果我们考虑一下种族团体、少数民族团体和宗教团体宣称的应该由从成员中专门选出的公职人员服务的主张，那么，我们就能看到这种宽容的困难之处。这是一种集体性裙带关系，其影响将使候选人的权利范围变得极其狭窄。"④ 从沃尔泽的分析中，我们可以得到一个大致的结论：作出努力，让按需要、努力、能力而不是天赋能力、裙带关系去分配稀缺教育资源的原则得到更广泛的接受，这既是现实的，也是正确的。即，"人们应得的待遇是要用他们的功绩和德行

① 联合国教科文组织教育丛书，联合国教科文组织总部中文科译：《教育——财富蕴藏其中》，教育科学出版社 2005 年版，第 49—50 页。

② M. 沃尔泽著，褚松燕译：《正义诸领域》，译林出版社 2002 年版，第 191 页。

③ M. 沃尔泽著，褚松燕译：《正义诸领域》，译林出版社 2002 年版，第 192 页。

④ M. 沃尔泽著，褚松燕译：《正义诸领域》，译林出版社 2002 年版，第 192 页。

来衡量的"。① 同时，虽然人们应当享有足够的教育平等以使每个人都能达到最适合于他的"地位"，接受他应该享有的教育机会，但是如果没有"对于不等的成就给予不等的报酬"这种激励，那么所谓最适当地使用才能就会成为一句空话。如果所有人都靠"对所有人公平分配"的政府措施获取"所得"，那么这些"所得"从何而来？还能有什么刺激人们去努力学习、勤奋刻苦呢？怎样决定谁上重点大学呢？显然，只有靠血缘、特权、强力等。亨利认为，在美国社会，存在着一些凭借出身或宗教信仰就觉得高人一等的糊涂精英分子，这些所谓的精英分子无疑是令人生厌的。他说："我崇尚的精英分子是那些不遗余力地去发现人才、鼓励人才的人。他们认为，竞争，当然还有失败，比溺爱更有助于培养一个人的性格。我心目中的精英分子在评分上不搞平衡，哪怕全班不及格也在所不惜。我心目中的精英分子憎恶在职位提升上搞平衡的政策。由于这种政策，高中的文凭变得毫无意义，大学文凭的价值所剩无几。我心目中的精英分子讨厌终身制、论资排辈以及工会宣扬的那一套，即认为工人可以互相替代，他们的能力本质上相同。"② 换言之，才干、能力是人们获得报偿的唯一条件。

因此，现实的教育自由、教育行动自由不仅是教育不断发展和进步的保证，也是人的全面而自由发展的前提。"自由主义的核心是懂得进步不是一个机械装置问题，而是解放活的精神力量问题。好的机制必须能提供渠道，让这种力量通行无阻，不被它自己丰富的产品阻塞，使社会结构生气勃勃，加强头脑的生命力，并使之崇高尊贵。"③ 尽管现实的教育自由、教育行动自由是个人显示其价值、表现其个性与力量的方式与条件，对个人的生存和发展来说，现实的教育自由、教育行动自由是不可或缺的东西，因而它本身就是人们自觉追求的价值目标。"自由所追求的事业也就是正义和德性所追求的事业——反对自由也就是反对正义和德性，也就是在捍卫错误和罪行。"④ 正是由于现实的教育自由、教育行动自由可以促进教育的发展和进步，促进人的自由发展，因此才获得了社会的认可，并为现代国家所积极推进。"一个愚昧的民族不可能得到自由，过去不会，以后也永远不会。""只有经过良好教育的民族才能够成为

① W. 葛德文著，何慕李译：《政治正义论》（第1卷），商务印书馆1997年版，第99页。
② W. A. 亨利著，胡利平译：《为精英主义辩护》，译林出版社2000年版，第18页。
③ L. T. 霍布豪斯著，朱曾汶译：《自由主义》，商务印书馆2009年版，第69页。
④ 阿克顿著，侯健等译：《自由与权力》，商务印书馆2001年版，第308页。

一个永远自由的民族，这已经成为了一条举世公认的真理。"① 这样，现实的教育自由、教育行动自由无论对个人还是教育本身，都具有重要价值。

五、教育自由理念的主张

（一）教育权利平等

教育自由理念始终强调教育权利的平等，形式上的教育机会平等。当然，一些持教育自由理念的思想家反对或者不接受实质上的教育机会平等。萨皮罗较好地概括了持自由理念、教育自由理念思想家的真谛。他说："平等是自由主义的另一条基本原则。自由主义宣布所有人一律平等。当然，不应忘记，这种平等并不意味着所有人有同样的能力、同样的道德理解力或同样的个人魅力。它的含义是，所有人在法律面前有同等的权利，有权享受同等的公民自由。任何法律都不得授予一些人特权或强加给另一些人特殊的歧视；不论一项法律的目的是援助、保护或惩罚，它必须对所有人一视同仁。自由主义向所有特权发起无休止的攻击，不管这些特权是基于出身、财富、种族、教义或性别。在自由主义看来，这些特权是对个人发展的人为障碍。"② 教育自由理念的基本内涵，无疑是坚持所有人在教育法律面前享有同等的教育权利。"在法律上和道德上，所有的人都应当享有平等的待遇。"③ 教育自由理念的真正精神必须是每一个人享有同等价值与同等权利，否认出身、性别、种族、种姓等在决定个人教育机会、发展前程方面的作用，而强调个人以人的身份享受其应得的尊严。

教育权利平等原则是教育自由理念的核心精神。教育自由理念的基础是个人主义。个人主义学说中的个人是抽象的人、普遍的人。霍布斯认为，利维坦或最高权力是一种人造物，创立它是为了满足社会各组成要素的需要。"人就像蘑菇一样，仿佛是突然间从地底下长出来的，并逐渐趋于成熟，彼此没有任何事先的约定。"④ 即便如卢梭也时不时地谈论抽象的个人，尽管他思想的核心

---

① P. 里尔巴克著，黄剑波等译：《自由钟与美国精神》，江西人民出版社 2010 年版，第 6—7 页。

② J. S. Schapiro, *Liberalism: Its Meaning and History*. Princeton: D. Van Nostrand Co, 1958, p. 10.

③ T. A. V. 哈耶克著，邓正来译：《自由秩序原理》（上），生活·读书·新知三联书店 1997 年版，第 104 页。

④ S. 卢克斯著，阎克文译：《个人主义》，江苏人民出版社 2001 年版，第 71 页。

与这种观点并不相容。他说：立法者"能够把每个自身都是一个完整而孤立的整体的个人转化为一个更大的整体的一部分，这个个人就以一定的方式从整体里获得自己的生命与存在"。① 在 18 世纪，对"抽象的个人"这一主张所做的最明确、最具代表性的表述，可能出现在狄德罗主编的《百科全书》条目中："公民拥有权利，这些权利对于社会中的每个人来说都是神圣不可侵犯的；公民独立于社会而存在；他们构成了社会的必要因素；他们只是为了确定自己的价值，才带着他们的所有权利，在他们用牺牲其他自由换来的那些法律的保护下进入社会。"② 不过，尽管早期的个人主义学说主张从抽象的人、普遍的人出发来谈论权利问题，尽管它们有关人的认识是一种粗糙的和反社会学的或非社会学的观点。但是，毋庸置疑，从历史角度来看，抽象的个人观代表着一种巨大的道德进步。它是朝着普世伦理的方向迈出的决定性的一步，因为在这里，人仅仅因为是人而第一次被认为是某些权利的持有者。抽象的个人观"对于击败传统的特权和等级制度，瓦解各种不合时宜的社会秩序，以合法权利的形式确立普遍人权，都是一个决定性的武器。现代民主社会形式上的法律体制是抽象个人的保护者，它提供了（法律面前的）形式平等和（反对非法或专横待遇）形式自由"。③ 正因为抽象个人观的确立，所以，所有人都是人，所有人都应该享有同等的权利、同等的尊严。个人之作为人是其最本质的属性，而他所处的社会地位、经济地位、权力地位等只是他的次要属性。

教育自由理念强调人的普遍价值，强调权利的至上性，强调人的尊严，强调教育法律的普遍有效性。教育自由理念并不否认不同的社会地位、经济地位、家庭背景、天赋乃至身处不同地域对个人教育机会享有、教育资源占有的影响。换句话说，教育自由理念认同家庭背景、社会经济地位参与教育机会享有、教育资源占有的"合理性"。一些人对"一个人出生在一个特定的家庭会使他得到特殊的优势"这一事实非常不满，还有一些人认为，"一个人所具有的有益的素质，如果是出于他因天赋而在与所有其他人相同的境地中获致的，那么这样的素质就是对社会有益的，但是，如果这些有助益的素质乃是他人所无法获致的环境优势的结果，那么无论如何他们都是不可欲的"。对于上述两种情况或看法，哈耶克一方面声称自己"实在搞不明白"；另一方面反问："为什么一些同样有助益的素质，当作为一个人的天赋的结果时可以为人们所欢

---

① 卢梭著，何兆武译：《社会契约论》，商务印书馆 2003 年版，第 50 页。
② S. 卢克斯著，阎克文译：《个人主义》，江苏人民出版社 2001 年版，第 71—72 页。
③ S. 卢克斯著，阎克文译：《个人主义》，江苏人民出版社 2001 年版，第 135 页。

迎，而当作为诸如有文化的父母或条件优越的家庭等环境的结果时就应当比前者的价值少?"① 既然家庭是社会的基本单位，家庭制度也具有重要价值，那么，"出生于一个特定的家庭，乃是个人人格的一部分；一如个人是社会的构成因素那般，家庭亦是社会的极为重要的构成要素；文化遗产在家庭内部的传播和承继，作为人类为努力获致较佳境况的工具而言，其重要性一如有助益的生理特性的遗传"。② 但是，教育自由理念决不允许一部分个人或团体享有比其他个人或团体更多的基本教育权利，更高的尊严。哈耶克说："所有的人都具有一定相似性的信念，即任何人或任何群体都不具有最终确知其他人的潜力的能力，从而我们应当确定无疑地永远不能信托任何人去行使这样一种能力。不论人与人之间所存在的差异可能有多大，我们都没有理由认为，这些差异将大到使一个人的心智能够在一特定情形中完全理解另一个有责任能力的人的心智所能理解的事情。……任何社会成员获得做某些可能有价值的事情的新能力，都必须始终被视为是其所在社会的获利。的确，一些人的境况可能会因其所在领域中某个新的竞争者具有更优越的能力而变得越来越糟糕，但是，就整个社会而言，任何这种新能力的获得，都可能对社会之大多数人产生助益。这意味着增进任何个人的能力和机会的可欲性，并不取决于他人的能力和机会是否也可能得到同等程度的增进，当然，这是以他人并不因此而被剥夺获得同样的能力或其他新的能力的机会为条件的：只要这种机会没有被那个已掌握了此种能力的个人所垄断，其他人就有可能习得和掌握这些能力。"③ 其次，教育自由理念一直将教育权利平等作为自己的纲领，致力于消除教育世界的各种歧视、不平等的教育法律和教育政策。诚如哈耶克所说："自由所要求的法律面前的人人平等会导向物质的不平等。因此，我们的论点是，国家虽说出于其他理由而必须在某些场合使用强制，而且在实施强制的场合，国家应当平等地对待其人民，但是，自由社会却绝不允许因此而把那种力图使人们的状况更加平等化的欲望视作为国家可以行使更大的且歧视性的强制的合理依据。"④ 诺奇克走得更

---

① T. A. V. 哈耶克著，邓正来译：《自由秩序原理》（上），生活·读书·新知三联书店1997年版，第108页。

② T. A. V. 哈耶克著，邓正来译：《自由秩序原理》（上），生活·读书·新知三联书店1997年版，第108—109页。

③ T. A. V. 哈耶克著，邓正来译：《自由秩序原理》（上），生活·读书·新知三联书店1997年版，第106页。

④ T. A. V. 哈耶克著，邓正来译：《自由秩序原理》（上），生活·读书·新知三联书店1997年版，第104—105页。

远。他不仅为自由主义理念提供了一种哲学辩护，同时也向人们熟知的公正观念提出了挑战。他开始于这样一种主张："个人拥有权利，而且有一些事情是任何人或任何群体都不能对他们做的（否则就会侵犯他们的权利）"，以至于他提出这样一个问题："国家及其官员能够做什么？"他总结道："我们关于国家的主要结论是：能够得到证明的是一种最低限度的国家，其功能仅限于保护人们免受暴力、偷窃、欺诈以及强制履行契约等等；任何更多功能的国家都会侵犯人们的权利，都会强迫人们去做某些事情，从而也都无法得到证明。"所谓最低限度的国家，也就是一种管事最少的国家。最低限度的国家，国家意义最弱但又还是国家的国家。在这种形式的国家中，政府的功能及权力只限于防止暴力、偷窃、欺诈以及责成契约之履行等，也就是说，国家的职责只是一个守夜人的职责。任何政府如果拥有比守夜人更多的权力的话，则它一定会侵犯到个人的自然权利，因此，也就违反了道德原则。例如，向富人征税以帮助穷人，就强迫了富人，就侵犯了富人用自己所拥有的东西去做自己想做之事的权利。"国家不可以使用强制手段迫使某些公民援助其他公民，也不可以使用强制手段禁止人们追求自己的利益和自我保护。"① 如果按照诺奇克的主张，我们可以在教育世界得出如下推论：政府没有权利强迫富裕的纳税人，而只能说服富裕的纳税人通过自由选择的方式来援助、资助为穷人提供服务的各种教育项目。从富人那里"偷钱"来援助为穷人提供服务的各类教育项目，"仍然是一种偷盗，而无论这是由罗宾汉来完成还是由政府来完成"。② 同时，每个人对教育机会平等、自然天赋、家庭背景等都拥有一种权利，并且可以强行这种权利。每一个人源于自然天赋、家庭背景的教育机会，每一个人因自身能力而获取的教育机会，他们都有权、有资格享有。例如，如果张三没有权利拥有那些源自于其能力、天赋的运用而获得的教育机会，那么他就并非真正地拥有这些能力、天赋；而如果他不拥有这些能力、天赋的话，那么他也并不真正地拥有自身。

晚近这些年来，主张教育自由理念的学者之间发生了分歧。以罗尔斯为代表的一派认为，一个健康的自由主义社会必须考虑正义问题，而正义的核心是平等。另一派以诺奇克、哈耶克为代表，坚决反对政府以强制的方式实现平等。哈耶克认为，法律面前人人平等是唯一可以接受的平等："一般性法律规

---

① R. 诺奇克著，姚大志译：《无政府、国家和乌托邦》（前言），中国社会科学出版社2008年版，第1页。

② M. J. 桑德尔著，朱慧玲译：《公正：该如何做是好？》，中信出版社2011年版，第77页。

则和一般性行为规则的平等，乃是有助于自由的唯一一种平等，也是我们能够在不摧毁自由的同时所确保的唯一一种平等。"① 哈耶克坚决反对把实现人的教育结果平等作为目标。在他看来，如果说人是生而平等的话，那也只是在教育权利的意义上、在应然的意义上而言的。也就是说，人既然生之为人，就应该享有教育权利，且教育权利尤其是基本教育权利是平等的。然而，他坚决不承认人在事实上是平等的。因为，人性虽然有着根本相同的方面，但又有全然不同的方面，特别是个人的能力、潜力、天赋是极为不同的。"人性有着无限的多样性——个人能力及潜力存在着广泛的差异——乃是人类最具独特性的事实之一"，"个人生来就极为不同，或者说人人生而不同"。② 如果从人与人之间存在着差异这一事实出发，"我们便可以认为，如果我们给予他们以平等的待遇，其结果就一定是他们在实际地位上的不平等，而且，将他们置于平等的地位的唯一方法也只能是给予他们以差别待遇"。③ 米瑟斯认为，要想把人变得真正平等起来，这是依靠人的一切力量都办不到的事情。人与人之间本来就是不平等的，而且还将继续不平等下去。真正理智、清醒并且合乎目的的处理方法就是争取法律上的平等待人。"自由主义并不奢望得到比这更多的东西，因为，超出这个范畴以外的东西是不存在的，因而也是不可能得到的。人们不可能把黑人变成白人，因为它超出了人的能力范围。但是，人们可以赋予黑人同白人一样的权利，从而使他们能够像白人一样同工同酬，多劳多得。"④ 那么，就教育世界而言，由于人们的天赋、禀赋彼此不同，如果给予每个人同样的教育机会，每个人最终获得的教育结果或教育成就一定是不同的。这样，在教育权利平等与教育结果平等之间就会出现悖论：如果平等对待每一个人，给每一个人平等的教育机会与教育权利，便会产生教育结果的不平等，而如果追求教育结果的平等，唯一可能采取的办法就是赋予每个人不同的教育权利，给予不同的教育机会，并以不同的方式对待每个人。例如，为了使每个人获得平等的教育结果，至少必须对每个人采取不同的招生制度，划定不同的考试分数线，亦即

---

① T. A. V. 哈耶克著，邓正来译：《自由秩序原理》（上），生活·读书·新知三联书店1997年版，第102页。

② T. A. V. 哈耶克著，邓正来译：《自由秩序原理》（上），生活·读书·新知三联书店1997年版，第104页。

③ T. A. V. 哈耶克著，邓正来译：《自由秩序原理》（上），生活·读书·新知三联书店1997年版，第104页。

④ L. V. 米瑟斯著，韩光明等译：《自由与繁荣的国度》，中国社会科学出版社1994年版，第69—70页。

使每个人享有不同的教育权利。正是在此意义上，哈耶克得出了如下结论："法律面前人人平等与物质的平等不仅不同，而且还彼此冲突；我们只能实现其中的一种平等，而不能同时兼得二者。"① 不过，尽管主张教育自由理念的学者之间存在着分歧，但他们也逐渐取得了一定程度的共识，诸如一定程度的教育正义是必要的，政府对教育的适当干预是必要的，通过政府手段补偿弱势群体的教育权利也是必要的。金里卡的分析道出了其中的缘由。他说："当新右派人士试图基于正义理由来反对福利国家——譬如，坚持认为通过税收来帮助贫穷者就是对人们正当权利的不正义剥夺——他们几乎没有获得什么成功。大多数人实在难以接受自由至上主义者的论断——国家没有权利或责任来帮助那些贫弱者——所体现的正义理论。但是，当新右派开始基于公民资格而批评福利国家时——譬如，坚持认为福利国家孕育了依赖性、消极性和助长了永久边缘化——它却要成功得多。"② 换句话说，无论人们持什么样的正义观，没有人愿意支持那些阻止人们成为积极的和负责任的公民的公共政策。与新右派人士一样，自由的平等主义者也曾面临着类似的困境。当自由主义的平等主义者"基于正义的理由去反对由市场导致的日益增长的不平等——譬如，坚持认为不平等一般而言是由人们境况中道德任意的差异造成的——他们几乎没有获得什么成功。在许多人看来，左派自由主义的论断——国家应该致力于治愈所有境况的不平等——所体现的正义观要求得太过头了。但是，当自由主义的平等主义者对不平等的批判是基于它对公民资格的阻碍时——譬如，坚持认为富人可以购买选举权而穷人从效果上看是被剥夺了选举权——他们却要成功得多。"③ 即，无论人们的正义观是什么，没有人会接受那些把民主制度转变成财阀制度的公共政策。

就教育世界而言，不管是受教育权利，还是教育权利，两者的保护、保障和实施都需要钱。如果没有政府的保护和救济，受教育权利以及教育权利只是空头支票而已。"有权利，便有救济"，只有当个人遭受的侵权通过政府公平而可预期地得到了矫正，个人才能在教育法律而不是道德意义上享有教育权利。既然教育权利是昂贵的，那么救济肯定也是昂贵的。实施和保护教育权利是费钱的，特别是统一而公平地实施。几乎每一项教育权利都蕴含着相应的政府义

---

① T. A. V. 哈耶克著，邓正来译：《自由秩序原理》（上），生活·读书·新知三联书店1997年版，第104页。

② W. 金里卡著，刘莘译：《当代政治哲学》（下），上海三联书店2004年版，第573—574页。

③ W. 金里卡著，刘莘译：《当代政治哲学》（下），上海三联书店2004年版，第574页。

务，而只有当公共权力调用公共资金对玩忽职守施以惩罚时，义务才能被认真对待。没有教育法律上可实施的义务，就没有教育法律上可实施的教育权利。个人教育自由不能仅仅通过限制政府干预行动得到保护，所有教育权利都要求政府积极回应。具体而言，教育权利，实际上是赋予的权利，都由教育法律限定范围并进行保护。无论对于谁，每一项禁令都既包含着政府肯定认可的教育权利，也包含着对政府机构提供援助的合法要求。如果教育权利就是对于政府干预的豁免，那么政府的最高德性将是瘫痪或者残疾。同时，一个无能的政府无法保护教育自由、保护教育权利。教育权利是昂贵的，因为教育权利都以纳税人资助的有效地进行监控和实施的监督机构为先决条件。霍尔姆斯等人对美国政府在权利实施和保护中的作用的分析具有一定的启示意义。他说："美国宪法的制定者们寻求建立一个强大、有效的政府，具有根据联邦条款建立起来的贫弱政府所缺乏的能力。一个宪法不能组织有效的、公共支持的、能够征税和开支的政府，它必然不能在实际中保护权利。不仅对于自由主义者、持自由市场论的经济学者，而且对某些无私地投身于反对粗暴、全权政府的竞选活动的人权提倡者而言，这都是一个长期以来的经验教训。任何政府权力的反对者都不会成为拥护个人权利阵营中的一员，因为权利需要政府施压、公共资助而获得执行。如果没有相对有效、公正、集权的官僚机构能够创设、执行权利，法律面前的平等对待就不能在辽阔的领土上实现。"[1]

（二）教育机会平等

从逻辑上讲，教育平等有三个层次：教育条件的平等、教育手段的平等和教育结果（或后果）的平等。大体说来，教育条件的平等指的是公共教育权力的平等，包括在教育法律面前的平等、在公共场合中教育行动的平等。即，按照共同标准进行的平等对待。在这种情况下，"如果个人由于公众歧视而不平等，我们就试图使他们平等，从而使他们得到平等的对待。我们之所以这样做，是为了使每一个人都能充分行使他作为政体的一个公民的权利"。[2] 教育手段的平等意味着教育机会的平等——获得导致不平等结果的教育手段的平等。从历史上讲，这意味着消除某些作为特权基础而保留的某些教育资源；规定自由竞取教育资源；并在教育是获得高一级职位所必需的手段时，平等获得教育

---

① S. 霍尔姆斯等著，毕竞悦译：《权利的成本》，北京大学出版社 2004 年版，第 37－38 页。

② D. 贝尔著，赵一凡等译：《资本主义文化矛盾》，生活·读书·新知三联书店 1992 年版，第 324 页。

机会。"西方世界把个人的社会流动性和地理流动性确立为一种价值，而这种价值的确立是因为人们把机会平等看作是西方自由社会中有关平等的压倒一切的定义。一般说来，这个原则还未遭到挑战。当人们看到，机会的平等已成为正式的事实，但某些群体在历史上一直社会地位低下，在'公正地'竞争职位时处境可怜，因而也就有充分根据采取补偿行动来为这些不平等作出纠正。然而原则依然存在：个人通过其'自然的'能力和各自的努力试图达到所能达到的目标时，他们须得到平等的对待。"① 个人之间竞争的后果如果是公正获得的，那么它就是平等的。

1. 教育机会平等的自由理念基础

教育自由理念确立了教育机会平等原则。哈耶克认为，教育机会的实现过程必须排除一切非正常因素的干扰，遵循"任才能驰骋"的原则。这至少需要做到："一是阻碍某些人发展的任何人为障碍，都应当被清除；二是个人所拥有的任何特权，都应当被取消；三是国家为改进人们之状况而采取的措施，应当同等地适用于所有的人。"②

教育平等应该是也只能是教育法律面前的人人平等、教育权利平等、教育机会平等以及充分发挥自己才干的平等。艾德勒说："当我们从个人的平等与不平等转到环境的平等与不平等时，我们发现，作叙述性的和指令性的说明都是很有意义的。我们可以说，就影响他们生活的某种既定环境而言，这个群体的个人是平等或者是不平等的；或者说，他们在那方面应该平等或者不应该平等。"③ 因此，教育正义只在环境制约的教育平等与否范围内具有管制性，因为我们只能在教育环境的平等与不平等问题上提出指令性的建议。当我们从人的平等与否（不管是先天的还是后天的）转到环境制约的教育平等与否时，我们就会遇到条件和机遇这两种不同类型的环境制约的平等与不平等问题。这两种类型之间的差异，以赛跑为例子来加以说明是最好不过了。在赛跑时，所有参赛者都站在同一起跑线。外在的环境不会有利于谁，也不会不利于谁。他们的机会平等在于他们起跑时的条件平等。赛跑结束后，却有不同的结果。根据他们跑的速度，一个人得第一，另一个人得第二，还有一个人得第三，等等。如

---

① D. 贝尔著，赵一凡等译：《资本主义文化矛盾》，生活·读书·新知三联书店 1992 年版，第 325 页。

② T. A. V. 哈耶克著，邓正来译：《自由秩序原理》（上），生活·读书·新知三联书店 1997 年版，第 111 页。

③ M. J. 艾德勒著，郗庆华等译：《六大观念》，生活·读书·新知三联书店 1998 年版，第 193 页。

果发奖，那么金牌、银牌、铜牌各代表了条件的不平等，有时也称为结果的不平等。其实，上面所举的这个例子是很复杂的。因为，参赛者虽外在环境的机会均等，但由于他们的天赋不同，所以他们的参赛仍是不平等的。即使他们的天赋相同，但由于他们的训练原因，天赋的发展程度不同，结果仍会使这场竞赛成为不平等的比赛。赛前就存在的先天和后天的不平等必然会使比赛结果不平等，尽管他们开赛时的条件平等、取胜的机会也均等。正如艾德勒所说："只给机会均等，就会产生条件的不等。……竞赛的结果很可能是天赋较好和训练较好的人领先于那些天赋和训练较差的人。"① 但是，不管天赋和后天才能如何，教育机会平等是人人都有的。当然，"不受机会影响的最终条件平等或许只有通过社会努力，以确保社会成员个人得到这种平等的办法才能实现"。② 例如，一个社会的所有成员，如无特殊情况，都有相同的教育权利，这样就有了教育条件的平等。"在法律面前人人平等，说明社会能够建立起条件的平等。法律在法庭上和其他法律程序中，对谁都一视同仁。也就是说，不论他们是穷是富，也不论他们属于哪个民族团体，都一样对待，这样才能有法律面前的人人平等。人虽各异，但只要与他们在法律程序上应受的待遇无关，就不要区别对待他们。"③

同人身平等一样，教育机会平等与教育自由并不抵触。相反，它是教育自由的重要组成部分。如果有些人仅仅因为某个种族出身、肤色或信仰而受到阻挠，得不到他们在教育生活中与他们相称的特定"地位"的话，这就是对他们的"生活、自由和追求幸福"的权利的干涉，就是对他们尊严的侵犯。这一做法否定了教育机会平等，也就是为一些人的教育利益牺牲另一些人的教育自由。教育平等并不是一种条件的平等，而是教育机会的平等。正是教育机会平等，才允许每个人去寻找幸福、获得尊严、发展才能，享受人生。福勒认为，机会均等与结果均等是两回事，不能混淆。他说："在公平竞赛里，在起跑线上的所有参赛者的获胜机会是相等的，但只有一人能获得金牌。但这就行了。我们的尊严不在于获胜或打平，而在于在公平竞赛中尽力，即使失败也不会感到屈辱。我们的尊严在于获得公平的机会，去发现适合我们能力的地方做贡

① M. J. 艾德勒著，郤庆华等译：《六大观念》，生活·读书·新知三联书店 1998 年版，第 190－191 页。

② M. J. 艾德勒著，郤庆华等译：《六大观念》，生活·读书·新知三联书店 1998 年版，第 191 页。

③ M. J. 艾德勒著，郤庆华等译：《六大观念》，生活·读书·新知三联书店 1998 年版，第 191 页。

献。尊严还在于认可我们的贡献，并获得足以使我们继续贡献的报酬。在动过手脚的竞赛中击败他人，也许能给我们带来利益和荣耀，但却不能带来持久的满意。相反，它播下了对我们成就的怀疑，使我们觉得不安全，觉得负罪。如果以后我们输掉竞赛，遭到现在我们在不公正竞赛中强加于他人的耻辱，那可真是天网恢恢！崇尚尊严的社会将使我们得到真正需要的东西：并不一定是胜利，而是让我们之中的佼佼者脱颖而出的公正的竞争机会。"① 例如，美国内战结束之后，在公众普遍接受的价值等级中，机会、教育机会平等居于优先地位，这特别地表现在经济政策上。美国当时流行的字眼是自由企业、竞争和自由放任主义。每个人都可以自由地做任何生意，从事任何职业，购买任何财产，只需得到交易对手的同意。干得成功，他就有发家致富、提升社会地位的机会。但是，如果失败，就要自食其果。成败的关键在于个人的才能，而不是出身、信仰或民族等。奥肯说："美国社会弘扬人的价值，保障所有公民都享有法律和政治上的平等权利……作为美国公民，我们同属于一个俱乐部。然而，我们的社会同时又指出：'找一份工作干，否则就挨饿'，'不成功，便遭难'。它告诫人们应该安分守己，但又驱使人们在竞争中出人头地，它所颁发的各种奖励，使成功者喂养猫狗的食物甚至胜过了失败者哺养他们后代的食物。这就是资本主义民主的双重标准，一方面宣扬和追求一种平等主义的社会政治制度；另一方面，又刺激经济发展过程中的两极分化。……美国家庭在生活水平与物质财富占有上的差距体现着一种奖惩制度，这一制度力图激发努力奋斗的精神，并把这种精神引入社会生活生产中去。"② 洛克菲勒则以自己的亲身经历讲述了个人奋斗、努力成就梦想的"故事"。他认为，在这个世界上，上帝给每个人的机会不可能是绝对公平的，可是，只要我们努力了，最终得到的结果却可能是平等的。如果不思进取，即便是富家子弟也可能从天堂坠入地狱，沦为人们同情、怜悯甚至嘲笑的可怜人。"家族的荣耀与成功，并不能保证其子孙后代会有一个美好而光荣的未来。不可否认，优良的高起点对一个人的未来有莫大的帮助，可是，我更加确信的是，优良的起点并不能保证一个人会赢得最后胜利。我曾不止一次地思考这个对富家子弟而言带有悲哀性的问题——富家子弟在人生的起跑线上是占有优势的，可是，正是这个优势，使他们丧失了很多学习生存所必需的技能的机会。相反，那些出身于社会底层的贫穷子弟为生活所迫，便会积极地挖掘、运用那些生存技能，他们无比珍视每一

---

① R. W. 福勒著，张关林译：《尊严的提升》，上海人民出版社 2008 年版，第 96 页。
② A. 奥肯著，王奔洲等译：《平等与效率》，华夏出版社 1999 年版，第 1 页。

个发展机会。我也一直在观察富家子弟和出身贫苦的孩子之间的差距，我发现相对于出身贫苦的孩子而言，富家子弟缺少一种要拯救自己的野心，留存在他们心底的仅仅是祈祷上帝的帮助。"① 正是这样的教育平等能使人们最大限度地发挥自己的潜力，从而在自由社会中，改善自己的教育处境，提升自己的教育生活品质。米瑟斯说："在世界大战的前夜，欧洲工业国家，美利坚合众国和英国海外领地工人的生活比不久以前的贵族的生活还要美好。他可以根据自己的喜好选择饮食，可以给他的孩子以更好的教育，如果他愿意的话，也可以参与民族的精神生活，而且他也可以毫无困难地晋升到更高的社会阶层，如果他具有足够的天赋和能力的话。在自由主义思想深入人心，自由主义得到长足发展的国家里，人们不是凭借财富和高贵的家庭出身出人头地，而是靠自身的力量，靠自己的天赋和才干以及有利的环境等因素脱颖而出，这些人在社会金字塔的顶层中占大多数。"② 洛克菲勒出身贫寒，上中学时所用的书本是从好心的邻居那儿借的，刚工作时周薪只有 5 美元，但他却建立起了自己的石油帝国。他在写给儿子的一封信——"起点不一定决定终点"中说："每个人的起点不同，并不意味着其人生结果也就被永远固定住了。你要牢记，在这个世界上，永远没有穷富世袭之说，也永远没有成败世袭之说，有的只是'我奋斗，我成功'的真理。只要你努力，只要你奋斗，你就会成功。……每个人的命运是掌握在自己手里的，我们的命运由我们的行动决定，而绝非由我们的出身决定。"③ 钢铁大王卡耐基（一个贫困的苏格兰织布工的孩子）现身说"理"，把自己的成功完全归结于美国社会的机会平等。他在《凯歌高奏的民主》一书中，对美国社会各种不同但相互联系的平等大加褒扬："献给我挚爱的共和国：在她平等的法律下，我与任何人都平起平坐，尽管在我的母国我被剥夺了政治平等。我将这本书献给这个共和国的强烈感激和敬意，我母国的公民无法感受到，也无法理解。"他之所以把该书献给他"挚爱的共和国"，是因为美国"消除了他的母国在他出生时就给他烙下的低人一等的耻辱的印记，使他在伟大的法律面前和在他自我评价（这是更为重要的考虑）中能够与世上的任何人平起平坐，无论他是教皇、皇帝、牧师还是国王——因此，他不是任何人的臣民，而是一个自由人，一个公民"。④ 不仅卡耐基如此，很多出身贫寒的孩子也因为

---

① 龚勋主编：《励志书》，华夏出版社 2013 年版，第 177 页。

② L. V. 米瑟斯著，韩光明等译：《自由与繁荣的国度》，中国社会科学出版社 1994 年版，第 44—45 页。

③ 龚勋主编：《励志书》，华夏出版社 2013 年版，第 175 页。

④ J. R. 波尔著，张聚国译：《美国平等的历程》，商务印书馆 2007 年版，第 426 页。

受益于教育机会平等，而书写了自己辉煌的人生。

因此，政府只能按照各个社会成员的"认定的能力"、"考试分数"，给予他们不同的教育机会、教育资源，并让他们享有不同的非基本教育权利。弗里德曼说："相信个人的尊严，相信根据他自己的意志来尽量发挥他的能力和机会，只要他不妨碍别人进行同样的活动的话。在一种意义上，这意味着对人与人之间平等的信念；在另一种意义上，意味着对人与人之间不平等的信念。每个人都有得到自由的平等权利。这一个重要和基本的权利正是因为人们是不相同的；因为，一个人会比另一个人愿意用他的自由来做不同的事情，而在这个过程中，他能够比另一个人对许多生活于其中的社会的一般文化做出更多的贡献。"[1] 只有这样的教育平等才是真正的教育平等，才是教育公正的真正体现，并且是有助于教育自由的平等。杰斐逊的理想，正如他在 1801 年的首次就职演说中所说的那样，是建立"（一个）开明而节俭的政府，它将制止人们互相伤害，但仅此而已，在其他一切方面将放手让人们自由地追求自己的目标和从事自己的事业"。[2] 换句话说，在机会平等的实现过程中，政府不宜介入过多、过深，否则有损教育公平，并侵犯人们的教育自由。

2. 教育机会平等扩展教育自由

教育机会平等并不等于把大家拉平，教育机会平等不是不惜任何代价否认个人的基本自由，不是一概否认个性差异，攻击一个人的完整性或者滥用专家统治的、官僚主义的权力。对青年来说，教育民主化已经变成了一致性和呆板性的同义语了，然而如果教育要有进步，那么根据国家的社会—专业的分类提供广阔的选择范围，改变入学的条件，公平的分配教育机会就应成为这种教育进步的最起码的目的。布莱克说："无论如何，让大家都处于社会和政治角色的相同层次是无法达到的。事实上，人们疑惑，社会分工最终能否消灭。姑且不谈个人的天赋能力大不相同，一个社会的功能需要也呼唤着众多而各异的角色分工，从最高层次的富有想象力的领袖到同样必要但不起眼的工作：饲养牲畜，清扫街道。现代化的所谓合理化倾向要求的水平不过是机会均等，以便一个社会的所有成员都能找到最适合于自己能力和兴趣的角色。无论在什么社会，领导人（有时也被称之为'精英'）的构成与训练是最为重要的事。"[3] 在

---

① M. 弗里德曼著，张瑞玉译：《资本主义与自由》，商务印书馆 2001 年版，第 187—188 页。

② M. 弗里德曼等著，胡骑等译：《自由选择》，商务印书馆 1999 年版，第 10 页。

③ C. E. 布莱克著，段小光译：《现代化的动力》，四川人民出版社 1988 年版，第 29—30 页。

教育世界里，如果过分追求教育结果平等，必然与教育自由相冲突。因为，人们在天赋、智力、才能、爱好、品德和性格方面的差异是自然的。弗里德曼认为，如果用"对所有人公平分配"的方法求取教育结果平等，反而制造了新的不公平。在人们试图使教育结果平等成为教育组织的最高原则的所有尝试中，都存在着"公平分配"的理想与教育自由理想之间的冲突。西方国家在促进教育结果平等的名义下，尽管采取了许多措施，但教育结果仍然是不平等的，仍然没有达到预期的目标。"要把'公平份额'按普遍能接受的方式规定下来，或使社会成员对所受到的'公平'待遇感到满意，是不可能的。相反，越是试图扩大结果均等，越会激起人们的不满情绪。"[①] 推动教育结果公平的道德热情，大部分来自一种普遍的信念，即，认为一些孩子仅仅因碰巧父母有钱就比其他孩子优越是不公平的。这确实不公平，但我们仍然不能用"对所有人公平分配"的公式作简单化的处理。"假如我们当真那么做的话，我们就得给予音乐才能差的青年的最大量的音乐训练，以弥补他们天分之不足；而对那些音乐天分高的青年，却要剥夺他们受到良好音乐训练的机会；在个人天资继承的其他方面，也是一样。这样做对于天资差的青年可能是'公平'的，但对于天资好的青年，这是否'公平'呢？更不必说那些不得不为训练天资差的青年而工作的人，或者那些本可以从培养有才华者得到好处却因此得不到的人们了。"[②] 从某种意义上讲，生活本身就是不公平的，虽然相信政府可以纠正自然产生的东西是诱人的，但是，认识到我们正是从我们所哀叹的不公平中得到了多少好处，同样是重要的。如果承认教育自由是最高理想，让每个人去自由地发展，充分展示自己的才干，自由竞争获取某种非基本教育权利之机会，其享有的教育资源必然是不平等的。贝尔说："个人之间竞争的后果就是地位、收入和权威达到不能互相比拟的程度。这些不能互相比拟的后果已被证明是有道理的，因为它们是自由获得和通过努力赢得的。这就是'公正的能人统治'的思想的基础，从历史上讲，也就是力求实现自由与平等的思想的基础。"[③] 正是在此意义上，我们也可以说，教育自由和教育平等是对立的，人越自由，就越自由地显示他们之间的不平等。

如果以教育结果平等为目的而实行国家干预，强制性地使每个人拥有相同的教育机会、教育资源，即强制性地实行教育结果平等，就不可避免地造成对

---

① M. 弗里德曼等著，胡骑等译：《自由选择》，商务印书馆 1999 年版，第 139 页。

② M. 弗里德曼等著，胡骑等译：《自由选择》，商务印书馆 1999 年版，第 140 页。

③ D. 贝尔著，赵一凡等译：《资本主义文化矛盾》，生活·读书·新知三联书店 1992 年版，第 325 页。

教育自由的限制和摧毁。贝尔说："近年来有一种强烈的呼声，认为不可比拟的后果过于巨大和不平等，公共政策应该寻求后果的更大平等——简言之，即使人们在收入、地位和权威上更为平等。然而只有在限制其他人对职位的获得，或者剥夺他们已获得的成果时，这种努力才能获得成功。简言之，减少后果悬殊的努力就意味着，为了使另外一些人更与之平等，某些人的自由将会被限制或牺牲。"① 同时，我们仍然不能获致教育机会平等、教育结果平等。哈耶克在对一百余年来政府在教育平等问题上的作用进行透彻的分析后，得出了如下结论：政府的干预不可能取得预期的成效。其一，"国家为改进人们之状况而采取的措施，应当同等地适用于所有的人"。即，政府的职责并不在于确使每个人都具有相同的获致某一特定地位的前途，而只在于使每个人都能平等地利用那些从本质上来讲须由政府提供的便利条件。但问题是，"不论采取什么措施，其结果也必定是有差异的，这不仅是因为个人是有差异的，而且还是因为政府行动只能影响其间的一小部分相关因素"。其二，"政府必须确使所有的人都始于一平等的起点并确使他们获致同样的前途"。即，政府的目的并不在于为所有的人都提供相同的环境，而应当在于对所有与某个个人的前途相关的条件加以控制并将之与他的能力相调适，以确使他能够获致与所有其他人相同的前途。但问题是，"这种对机会进行调整以适合于个人的目的和能力的凭空构设，当是对自由的反动；再者，这种做法也无法被证明为是一种对所有可资利用的知识的最佳利用的手段，换言之，它只是假定政府知道如何能把个人的能力运用得最好，但却无法作出任何证明"。② 为了更好地说明这一主张以教育结果平等为目的而实行国家干预的缺陷，我们在此以英国为例作一具体分析。第二次世界大战以来，英国的教育政策，一直为寻求更广泛的教育结果平等所左右。政府采取了一项又一项教育措施，旨在增加给所有人的教育机会，提高处境不利者的学习成绩。不幸的是，虽然处境不利者的学习成绩有所上升，教育机会有所扩大，但到头来教育结果仍然不平等。哈耶克说："增加给所有人的机会很可能有利于那些更能从中获益的人，而且可能常常首先增加了不平等。在要求'机会平等'而导致试图消灭那种'不平等的有利条件'的地方，这种要求可能造成损害。一切人类的差别，不管是天赋方面或机会方面的差

---

① D. 贝尔著，赵一凡等译：《资本主义文化矛盾》，生活·读书·新知三联书店 1992 年版，第 325 页。

② T. A. V. 哈耶克著，邓正来译：《自由秩序原理》（上），生活·读书·新知三联书店 1997 年版，第 111—112 页。

别，都会造成不平等的有利条件。"① 实际上，只是产生了新的特权阶级来代替或补充原有的特权阶级。英国在战后逐渐成为一个根据推测的能力，而把受教育的机会普遍地给予一切人的社会。但是，实施的后果却是，"将由普通中学提供新的杰出人物，这种杰出人物显然不太受到攻击，因为是因有已测定的智力而被选中的。选择的过程将趋向于加强已经有很高社会地位的职业的声望并把人口分成几种人，有些人可能会或确实已经把这几种人看得就像绵羊和山羊那样明显不同。从未上过普通中学将是一个比以前更为严重的不合格的标准，当时大家知道在教育系统中存在着社会不平等。而怨恨的感情可能变得更为剧烈，而不是不那么剧烈，原因仅在于有关的个人认识到使他人不能进入普通中学的选择过程具有一定的合法性。在这方面表面的公平可能比不公正更难让人承受"。② 教育的两难之处是，创造一个更为"开放"的社会的愿望所得到的结果是：虽然个人很灵活，但社会却根据智商被刻板地分成不同阶层，就像一度根据出身一样。斯诺说："正是福利国家的这一出乎意料的结果应使社会模式不是不那么僵化而是更为僵化。"③ 追求教育结果平等在英国的失败，并不是由于采取了错误的方法，而是违背了人类的基本天性——"每个人改善自身境况的一致的、经常的、不断的努力"。④ 我们还可加上一句：人们也为改善其子孙后代的境况而努力。更为可悲的是，追求教育结果平等，把一些最有才能的、最训练有素的、最生气勃勃的学生赶出了英国，而使美国和别的国家大受其益，因为美国等"使这些人有更好的机会为自己的利益发挥才能"。⑤ 而美国的情况恰与英国相反。

3. 美国的实践

一般而言，作为一种哲学，个人主义涉及一种价值体系，一种有关人性的理论，对某种政治、经济、社会体制的一种信念。这种信念或价值体系主要由三个命题来表述：所有价值观都是以人为中心的，也就是由人来体验的；个人是目的本身，具有最高的价值，社会只是个人目的的手段；在某种意义上，所

---

① T. A. V. 哈耶克著，杨玉生等译：《自由宪章》，中国社会科学出版社 1999 年版，第 567 页。

② T. A. V. 哈耶克著，杨玉生等译：《自由宪章》，中国社会科学出版社 1999 年版，第 566－567 页。

③ T. A. V. 哈耶克著，杨玉生等译：《自由宪章》，中国社会科学出版社 1999 年版，第 567 页。

④ A. 斯密著，郭大力等译：《国民财富的性质和原因的研究》（上卷），商务印书馆 2003 年版，第 316 页。

⑤ M. 弗里德曼等著，胡骑等译：《自由选择》，商务印书馆 1999 年版，第 149 页。

有人在道德上都是平等的，这种平等性的表述正如康德所说，是任何人都不能被当作其他人福利的手段。而个人主义的基本信念是：每个人是其自身利益以及知道如何促进这些利益的最佳判断者。因此，赋予每个人以选择其自身目标和实现这些目标的手段的最大自由和责任，同时采取相应行动，便可最佳地实现每个人的利益。个人主义一方面高度评价自主权、隐私权以及对他人权利的尊重，另一方面则对权威、对控制个人的种种方式表示怀疑和否定。在美国，个人主义一直是被人们广为称颂的美德。个人主义成了一种具有意识形态意义的象征性口号，表达从天赋权利的哲学、自由企业的信念到美国之梦的不同时代的理想。个人主义凝聚了平等的个人权利、立宪政府、自由企业、自然正义、机会平等、个人自由、道德发展与尊严等原则。个人主义甚至成为美国民族认同的一种象征："个人主义使这个民族所特有的姿态、行为方式和抱负具有了合理性。它赋予过去、现在和未来一种统一和进步的前景。它表明了这个民族特有的社会政治组织——各种异质成分的统一——指向一种与美国人的经验相吻合的社会组织理想。尤其是，个人主义体现了民族意识最典型特征的普救论和理想主义。这一概念的演化与社会主义是相矛盾的，但它和社会主义一样有着普遍的救世特征。"[1]

美国人认为，社会应该鼓励自力更生，个人应该拥有"一个私人领域"，在此领域，他们只要不伤害他人，就可以自由地思考并按照自己选择的方式去行动。这种观念深入到美国人的生活的方方面面。沃茨等人在《民族国家》一书中给美国贴上了"最杰出的个人主义之国"的标签，"在美国这个最突出的个人主义国家，人们在头脑中把自己的个人生活与国家生活鲜明地区分了开来"。[2] 布赖斯说："个人主义，对事业的热爱，对个人自由的自豪，不仅已被美国人视为他们的最佳选择，也是他们的祈求；他们已经接受了资本主义文化这一经济美德。"[3] 个人主义是对个人首创性、自足和物质积累的一种承诺。它与自由的理念相关，把个人当作社会的基础，并由平等理念所支撑，主张应当给予每个人以通向成功的公平机会，且应当靠自己的努力来竭力取得成功。个人主义的基础乃是这样的信念：人们如果自由地探求自己的道路，而不是肩负不公平的重担，那都是可以发挥其最大潜力的。1922 年，胡佛在《美国的个人主义》这一本小册子中宣称：美国的个人主义不同于其他的个人主义，因为

---

[1]　S. 卢克斯著，阎克文译：《个人主义》，江苏人民出版社 2001 年版，第 26 页。

[2]　W. Watts and L. A. Free（eds.），*The State of the Nation*. New York：University Books，Potomac Associates，1967，p. 97.

[3]　S. 卢克斯著，阎克文译：《个人主义》，江苏人民出版社 2001 年版，第 28 页。

"我们在（强调）通过个人的成功来建设社会的同时，我们也将保证每个人在我们的社会中享有同等的机会来发挥和运用他的才智、特征、能力和雄心"。鼓励个人奋斗以改变自己阶级地位的同时，政府应对个人争取成功给予协助。"穷人阶层中的确会涌现出一些杰出的人物。一个明智的社会应当尽量为这批人创造机会。这些了不起的人之所以能够成功，不仅是靠了自己的才智，而且还因为他们对个人命运怀有强烈的责任感。完全可以说，应把负责任的个人主义视为一个人智商的一部分。这也是适应现实社会的最实际的手段。"① 只不过，政府不能消灭竞争，政府能向个人提供的是"自由、正义、智识福利、机会的均等和鼓励"。② 简言之，个人主义看重的是个人权利，认为其他所有权利都建立在个人权利之上，是个人权利的集合或表现，任何东西都无法替代、更不能压制个人权利。欧洲人通常认为，我们都受益于我们的前人，也将受益于那些将要在我们年迈疾患的时候照顾我们的后来者。不管我们多么自私地进行我们的经济生活，我们还是要仰仗于我们和同胞们一同负担费用的那些服务。因此，在欧洲大陆的大部分国家，任何个人可以完全"个人成功"的想法早已随着 19 世纪个人主义的幻灭而烟消云散了。但是，在美国，独立自主创业的个人的理想，还是一如既往地引人入胜。在美国内战刚刚结束时，德雷珀在为庆祝北方社会制度的建立时说道："北方人民处于不间断的活跃状态，身心都在劳作不息……宏伟的城市在四面八方崛起；整个国家运河、铁路纵横交织……金融业、制造业、商业公司聚集着亿万资本。各种团体一应俱全……教堂、医院、学校星罗棋布。外贸能与欧洲强大的国家匹敌。这种惊人的社会发展奇观，正是个人主义的结果，就像上演了一场无拘无束的活动剧。每个人都试图做他能为他自己所做的一切。"③

那么，是什么使美国的公民大众化比欧洲的劳动阶级如此富有开创精神和智慧？显然是美国社会制度的性质对他们的刺激。大门向所有的人洞开，即使这个国家最为贫困、最为卑微的人，通过勤奋和努力，也能取得享有他的同胞的尊重和信任的地位。准确地说，是美国的个人主义在推动着社会前进。因为，"个人主义体系捍卫、保护和鼓励竞争"，个人主义的精神就是"美国的精神，是对自由之爱，对自由企业之爱，是自由的、毫无限制的机会……"④ 尽管战争和严重的经济衰退可能导致美国公众求助于政府，但是，大多数美国人

---

① W. A. 亨利著，胡利平译：《为精英主义辩护》，译林出版社 2000 年版，第 131 页。

② 王希著：《原则与妥协》，北京大学出版社 2005 年版，第 317 页。

③ S. 卢克斯著，阎克文译：《个人主义》，江苏人民出版社 2001 年版，第 27 页。

④ S. 卢克斯著，阎克文译：《个人主义》，江苏人民出版社 2001 年版，第 28 页。

在大多数情况下还是期待着自己解决问题。"尽管与'财富的福音'、'成功的福音'有着相反的倾向，但这个术语（即个人主义）仍然广泛流行，只有在大萧条和新政时期的短时间内失去了耀眼的光芒。"① 美国人更希望看到，收益的分配主要是通过市场经济，而不是政府政策。几乎所有人都想让他们的孩子生来就有更好的生活机会：更好的教育，更好的工作前景。他们更想让自己的妻子或女儿有和其他发达国家的妇女一样的安全生育的机会。他们会喜欢开支更低的全面医疗保健，希望有更长的寿命、更好的公共服务和更少的犯罪。但是，当人们告诉美国人欧洲有全面医疗保健等福利时，很多美国人是这样的反应："但他们有社会主义！我们不想让政府干预我们的事务。更主要的是，我们不想多纳税。"② 与欧洲相比，尽管美国在相对数和绝对数上都具有最大数目的饥饿者、无家可归者和穷人。美国在社会福利上投入较少的原因主要在于，美国文化强调自由和个人主义；美国之所以缺乏福利主义的传统，在某种程度上也是个人主义盛行的结果。美国人抵制政府在社会福利上担当更重要的角色，乃是由于其根深蒂固的自立和有限政府观念。美国公众对 2008－2009 年的经济危机感到无比的愤怒，便是一个恰当的例子。2008 年 10 月，布什总统请求国会通过 7000 亿美元的资金来拯救国内那些大的银行和金融公司。华尔街在形势大好时获取丰厚的利润，而在形势不好时，就让纳税人为其埋单，这似乎很不公平。接下来发生的奖金事件更是点燃公众抗议的怒火。美国国际集团获得政府资金（总数达 1730 亿美元）的注入而获救，但它却将 1.65 亿美元作为奖金支付给部门经理。对此，公众以盛怒予以回应。《纽约邮报》以头版头条表达了多数人的心声："贪婪的混蛋们，不要如此心急。"在对政府救援感到愤怒的背后，是一种有关道德应得的观念：那些获得奖金的高层们并不应得这些。然而，为什么他们不应得呢？答案可能有两种——一种与贪婪有关，一种与失败有关。那些奖金似乎是在奖励贪婪，而这在道德上是令人不快的。"不仅仅是这些奖金，整个经济援助似乎都是在不合情理地奖励贪婪的行为而不是惩罚之。"如果再进一步分析，美国公众反对发放奖金和政府救助的真正原因并不在于奖励贪婪，而在于奖励失败。美国人对失败比对贪婪更加苛刻。在市场占主导的社会，人们期望那些雄心勃勃的人积极地追求他们的利益，而且自我利益和贪婪之间的界限经常比较模糊。然而，成功与失败之间的界限却被人们深刻地铭记于心。"人们应该得到由成功而赐予的奖励"这一信念，是"美

---

① S. 卢克斯著，阎克文译：《个人主义》，江苏人民出版社 2001 年版，第 28 页。
② T. 朱特著，杜先菊译：《沉疴遍地》，新星出版社 2012 年版，第 17－18 页。

国梦"的核心。奥巴马说："这就是美国。我们不轻视财富，我们也不因为任何人取得成功而报怨，并且我们毫无疑问地相信：成功应当得到奖赏。然而，让人们感到沮丧，并且应当感到沮丧的是，那些高级管理者却因失败而得到奖励，尤其当奖金来自于美国纳税人的钱。"① 与美国人不同的是，欧洲人对平等的关注逐渐转换成他们愿意利用政府作为财富再分配的手段。大多数美国人对少数极端富有的人很少表达不满，他们往往把社会的不平等或歧视的待遇归咎于制度的缺陷，同时并不认为这些问题是社会的弊端。1974 年，波士顿一位28 岁的下层阶级妇女曾对平均分配收入给出了这样的评论："这就是共产主义——大家都一样，每人有一份。我不愿意这样。如果我比别人工作得更卖力气，为什么我应该分担或……为什么我不能够……生活得更好一些？"② 例如，当在盖洛普民意测验中被问到重视自由还是平等时，72％的美国人选择自由，只有 20％的美国人选择平等。但在欧洲人当中，上述比例差数为 49％对 35％。拉姆对这一现象得出的结论是：大多数美国人"根本无法真正想象一个提供巨大物质平等的社会"。③ 在 2002 年的一次民意调查中，对这一问题的回答也相当明显。这次调查询问了不同国家的受访者。"每个人应该自由地追寻自己的生活目标，而无须政府的干预"或者"政府应该在社会中发挥积极的作用，以确保没有人处在危难之中"，这两者哪一个更为重要。三分之二的欧洲人会认为，确保"没有人处在危难之中"更为重要，而只有三分之一的美国人表示赞同。当被问及政府是否有责任"照顾那些不能照顾自己的很穷的人"这一问题时，只有 23％的美国人回答他们完全同意政府这样做。德国赞同国家照顾穷人的立场的人数占被调查人数的 50％，英国、法国都占 60％以上。当然，这并不意味着或必定推导出美国人较少同情穷人，他们只是比欧洲人更多地强调个人的责任。④ 2002 年，"皮尤人民和媒体研究中心"组织了全球态度大调查。在是否同意"生活的成功在很大程度上取决于个人无法控制的力量"这一说法时，32％的美国人同意这一说法，而英国人占 48％、法国人占 54％、意大利人占 66％、德国人占 68％。也就是说，欧洲人比美国人更愿意相信，个人成功在很大程度上取决于家庭背景和个人无法控制的其他因素。简言之，正因为美国文化强调自由和个人主义，美国人始终对中央政府持怀疑态度。《美利坚

① M. J. 桑德尔著，朱慧玲译：《公正：该如何做是好?》，中信出版社 2011 年版，第 13—17 页。

② A. 奥肯著，王奔洲等译：《平等与效率》，华夏出版社 1999 年版，第 33 页。

③ T. 帕特森著，顾肃等译：《美国政治文化》，东方出版社 2007 年版，第 577 页。

④ T. 帕特森著，顾肃等译：《美国政治文化》，东方出版社 2007 年版，第 11 页。

合众国宪法》第十条修正案规定：宪法未授予合众国，也未禁止各州行使的权力，由各州各自保留，或由人民保留。在几百年的历史进程中，都被一代一代的定居者和移民们内化成了把华盛顿"挡在我们生活之外"的凭据。即，个人居于首要地位，政府居于第二位，政府的角色是为人民服务。当然，这绝不意味着美国社会不同情弱者。"实际上，美国人十分同情那些缺乏机会的人。反之，他们并不同情那些没有好好利用自己的机会的人，尽管……他们一直提醒自己负有慈善义务。美国人认为缺乏雄心、逃避艰苦工作、不能现实地估计自己的地位等等都是不同于失明、缺肢、甚或心理疾病的缺陷，慈善并不适用于他们。"①

当然，这并不意味着美国社会完全否认政府的作用，完全与欧洲福利国家不合拍。就美国人民而言，他们"一边希望不受打扰，他们珍视于免受公共干预，一边又希望被照顾，寻求获得公共援助赋予的权利。消极权利禁止政府，并把它拒之门外；积极权利需要并盛情邀请政府。前者需要公职人员蹒跚而行，而后者需要公职人员雷厉风行。消极权利的特点是保护自由，积极自由的特点是促进平等。前者辟出了一个私人领域，而后者要再分配税款。前者是剥夺与阻碍，后者是慈善与奉献"。② 就政府而言，罗斯福的"新政"以及约翰逊的"伟大的社会"，即是政府干预的典型事例。1933 年 3 月 4 日，罗斯福在其就职演说中说："我们唯一该恐慌的就是恐慌本身。"罗斯福的顾问团成员大都来自知识界，他们把经济萧条看作是资本主义的失败，政府特别是中央集权政府的干预才是挽救资本主义经济萧条的良药。他们从信仰个人负责、自由放任和权力分散的、有限的政府，转到信仰社会负责和集权的、强有力的政府。"政府的职能在于保护个人不受不测风云的影响，并根据'总的利益'来控制经济活动，即便是需要政府来拥有和运用生产资料也罢。"③ 显然，凯恩斯的理论为罗斯福"新政"的合理性提供了理论依据。因为，凯恩斯理论的核心就是，经济繁荣和充分就业只有通过采取考虑周密的公共政策才能得到保证，换句话说，只有通过国家对经济生活的干预才能达到社会繁荣。难怪凯恩斯在1934 年访问华盛顿之后，在其写给法兰克福的信中说："这里，而不是莫斯科，才是世界的经济实验室。搞这个实验的年轻人都很出色。他们的能力、聪明和智慧令我震惊。这里那里，你会碰上一个早该被扔出窗户的古典经济学家——

---

① A. S. 罗森鲍姆编，郑戈等译：《宪政的哲学之维》，生活·读书·新知三联书店 2003 年版，第 37—38 页。

② S. 霍尔姆斯等著，毕竞悦译：《权利的成本》，北京大学出版社 2004 年版，第 23 页。

③ M. 弗里德曼等著，胡骑等译：《自由选择》，商务印书馆 1999 年版，第 94 页。

不过他们大部分早就被扔出去了。"① 自此以后，美国的福利事业迅速发展。

上述主张乃至信念，充分地反映在美国教育生活的方方面面。美国社会中个人主义的重要性明显地表现在对教育机会平等的强调上，"在机会均等问题上，一步赶不上，便步步赶不上。人们一旦被排挤出好的职业，便丧失了提高技术的动力和机会，而这种技术能另外证明他们是胜任好职业的。如果根本没有希望成为经理，一个黑人就不会花钱去接受关于经理职位的教育，如果他整日在工厂里干爬梯子的活儿，他只能积累很少的工作技术"。② 如果让个人负责自身的福利，那就必须赋予他们靠自己努力取得成功的公平机会。多数美国人更在意机会均等而不是结果均等。机会均等指每个人都能做他力所能及的事；彰显他的天赋和能力；因其工作、创造和成就而得到回报。这意味着每个人的起跑线都一样，有相同的成功机会，结果的任何差异都是由能力、天赋、勤奋，或许还有运气造成的。结果均等指不论生活中的个人条件，平等分享收入、就业、契约及物质报酬。这意味着每个人一起开始也一起结束比赛，不考虑能力、天赋、创造力或工作的艰苦性。福勒说："一个人不需要有邻居或同事那么多的钱就能过一种有尊严的生活。但他必须能自由地同高等级的人进行公平竞争。在同一场合进行等级竞争而失败，既不是对人的侮辱，也不会感到受辱。但如果连竞争的机会也没有，就是一种蛮横的排斥。"③ 这一哲学在美国精心构建的高等教育体制中表现得最明显不过了，该体制包括约 3000 所两年制和四年制的大专院校。设计这一体制，是要让几乎每一位希望得到大学教育的人有学可上。"美国人建立起世界上最广泛的高等教育体系，这反映了他们的个人主义和平等的文化信念。每个州境内至少有 8 所学院和大学，有 11 个州拥有 100 所以上高等院校。加利福尼亚州有 322 所，纽约州有 320 所，这两个州院校数排名最前。欧洲任何一个民主国家的高等院校数字都达不到这两个州的规模。美国广泛的高等教育体系使得大量的美国人能够获得大学学位。……为了找到自己满意的工作，也更需要一个大学文凭。"④ 美国人不太愿意通过福利支付来帮助穷人，而更愿意让穷人去接受培训和教育，从而学会自己帮助自己。"在实行市场经济的发达国家里，机会主要来自教育和获得资本的可能性。美国宪法没有保证其中的任何一点，但是，实际上各州都实行了公共教育计划，而且……如果某一个州要放弃这一计划，在现在看来是不可想象

---

① T. 朱特著，杜先菊译：《沉疴遍地》，新星出版社 2012 年版，第 19 页。

② A. 奥肯著，王奔洲等译：《平等与效率》，华夏出版社 1999 年版，第 75 页。

③ R. W. 福勒著，张关林译：《尊严的提升》，上海人民出版社 2008 年版，第 92 页。

④ T. 帕特森著，顾肃等译：《美国政治文化》，东方出版社 2007 年版，第 12 页。

的，尽管在布朗等诉教育委员会一案之后，有人曾梦想把南方的学校全变成私立学校。尽管蒙塔纳东部的一所小型州立学院所颁发的学位与哈佛大学一样多，但是，要对它的师资力量抱有极大的信心，才能相信它足以克服资源上的悬殊差别而提供同样的机会。但是，有记载显示：即使是经济实力最差的大学所培养出来的毕业生也能在各种层次的人类活动中取得成功，而且，对那些继续接受研究生教育的人来说，机会就更接近于平等了。"① 不仅如此，这种态度还与美国人对教育机会平等的偏爱完全一致，这就是个人应该享有平等的教育机会来获得成功这一观念。这种观念在强调赋予每个人公正机会以获得成功的过程中体现了教育平等。正如福勒所说："人们也可以把平等理解为机会平等和结果平等。机会平等是指不分种族、性别、残疾状况、年龄和原来国籍，在接受优良的教育和寻找正当职业时，享有平等的机会。在机会平等真正存在的情形下，不平等的结果主要起源于个体自控的其他一些变量，包括努力程度和额外学习时间。绝大多数美国人信奉机会平等。结果平等唯有在两极差距相对较小的情形下才会存在。例如，在数学标准化考试中，如果第 75 名和第 25 名之间的成绩差距很小，大致上的教育结果平等就出现了。……现在许多民主国家采取这些政策以实现相对的结果平等，然而美国没有实行类似的政策。凡巴和奥伦指出，美国人并不喜欢结果平等这一概念，因为其与美国个人主义理想背道而驰。"② 总之，教育机会平等始终是美国教育政策的主要价值基础，"美利坚诞生以来，教育机会平等就是美国教育政策的规范性目标"。③ 在 19 世纪，追求教育机会平等的形式是为全体儿童提供接受公立初等教育的机会，在 20 世纪早期，这样的追求变成为全体孩子提供接受高中教育的机会。

（三）政府提供教育机会平等的边界

众所周知，在 20 世纪 60 年代以来的世界性教育改革浪潮中，教育机会平等成为全世界所有国家和所有关心教育的人最为关注的问题，成为许多国际教育组织和国家教育政策所追求的共同理念。然而，长期以来，教育机会平等概念内涵本身的模糊性影响着各国的教育政策实践，致使一些以教育机会平等为指导或致力于实现教育机会平等的政策安排不同程度地偏离了教育机会平等本身。我们认为，作为公共教育的主要提供者、守护者——政府，应该在教育政

---

① A. S. 罗森鲍姆编，郑戈等译：《宪政的哲学之维》，生活·读书·新知三联书店 2003 年版，第 29 页。

② F. C. 福勒著，许庆豫译：《教育政策学导论》，江苏教育出版社 2007 年版，第 102 页。

③ F. C. 福勒著，许庆豫译：《教育政策学导论》，江苏教育出版社 2007 年版，第 103 页。

策制定过程中突出强调或体现以下几点，以明确自己的边界。

1. 教育自由理念反对取消一切教育差别或教育不平等

教育机会平等作为政府的一项重要教育制度安排要反对的是基于种族、肤色、性别、文化、阶级等社会区隔基础上的教育特权、教育歧视、教育排斥或教育剥夺，向所有具有一定资格的人平等开放由社会提供的教育资源，而不是要反对和取消一切教育差别或教育不平等。事实上，许多学者早已指出，教育差别或教育机会不平等是客观存在的，导致教育差别或教育不平等的原因是多方面的。《国际教育百科全书》将导致教育差别或教育不平等的原因归纳为11类：个体能力遗传的差异；个体所处社会地位的差异；政治、社会、个体提供和获得教育方面的政治权力；国家和私人为教育提供的资源；各阶段教育之间的资源分配；在各地区配置的和向各社会群体提供的教育机构的差异；教育机构与其他群体之间在资源、能力和成就方面的差异；教师能力方面的差异；家庭在教育方面的直接成本和间接成本；不同教育阶段的选拔；代际之间教育资源的分配。奥肯说："大部分对不平等来源的关注反映出一种信念：源于机会不均等的经济不平等，比机会均等时出现的经济不平等，更加令人不能忍受。……机会不均等的起跑线一方面是天赋能力的遗传，另一方面显然是家庭的不利地位。"[1] 在现实生活中，某些环境影响的优势确实会对教育机会平等产生影响，确实是依人为安排而产生的，但是，这一事实未必就意味着我们能够为所有的人提供均等的优势，也未必意味着如果一些人被赋予了某些优势，其他人就因此而被剥夺了这些优势。就此而言，"我们所应考虑的最为重要的因素，乃是家庭、继承和教育，而当下的一些批评观点所主要指向的对象也是由这些因素所产生的不平等现象。然而，重要的环境因素还不仅仅是这三者，诸如气候、地形等地理性条件（更不用说地方或阶层在文化传统和道德传统方面的差异这一因素了），就很难说没有上述三者重要"。[2] 教育差别或教育不平等既来自个体能力、社会地位、文化资本等方面的差异，也来自教育资源提供和配置、学校制度、选拔制度等社会制度性因素。鲍尔斯说："通过政府政策的改变来使教育平等的努力充其量只能触及到不平等的表面。因为，美国教育中的许多不平等现象，其根源是在国家政权有限的范围之外，在于工作关系的等级制度及与此有关的阶级文化的差别。只要对工作的规定使有些人有权支配许

---

① A. 奥肯著，王奔洲等译：《平等与效率》，华夏出版社1999年版，第73页。
② T. A. V. 哈耶克著，邓正来译：《自由秩序原理》（上），生活·读书·新知三联书店1997年版，第107页。

多人，而其他人则什么权力也没有，亦即只要社会分工继续下去，教育上的不平等就将作为美国社会的一部分继续存在下去。"① 即使政府通过努力消除了某些教育资源障碍，以及实行分数面前人人平等的政策，也不能真正带来教育机会平等。因为，"教育制度中的竞争性越强，职业升迁和社会流动越是以正规教育为依据，继续存在社会差异的危险性也就越大"。② 因此，政府显然很难通过单一的教育机会平等路径，以便在很大程度上改变不同社会群体所享有的总体教育机会差别，只能保证通过教育机会平等的路径来克服传统社会所遗留的教育特权、教育歧视或教育剥夺，从而减轻广泛的社会不平等对教育机会配置的影响程度。

1984 年，卢贝所著《试图创造平等带来的社会后果》一文，对我们思考政府在教育机会平等上的边界问题无疑具有极大的启发意义。他在该文中，对欧洲尤其是联邦德国的教育政策进行了细致的梳理和分析，对教育政策应该以达到平等的生活机会（生活机会主要指职业机会和政治机会）为目标的后果进行了反思。当代的欧洲教育政策不仅希望带来形式的、法律的平等，而且希望带来有效的、实际的教育机会的人人平等。尽管取得了一定的成绩，但也带来一些不可避免的后果。以身份、特权为决定性要素的受教育障碍正在逐渐消失，教育机会平等的可能性也渐渐不再被社会不平等所扭曲，而与政治和社会手段带来的教育机会平等相伴随的，则是可以展示每个人实际潜能的机会。不过，"教育领域也不能免除每一种要求平等的辩证法施加的影响，也就是说，机会平等的要求最终总会导向个人成就分化的过程"。既然教育机会平等导致个人成就的分化，那么，对成就的竞争不是减弱反而是增强。"平等主义的社会恰恰必然是一个以成就为导向的社会。而在这样的条件下创造出来的竞争在某些情况下非常苛刻。在政治和社会的平等成为现实的地方，在这样的条件下，你无法再将个人的相对落后归因于社会；相反，你只能把它归结为曾经被称之为'愚蠢'的那种东西。"③ 可见，只要社会机会在某种程度上依赖于受教育机会，竞争压力的加剧是绝对不可避免的。在现代工业社会，不管它是社会主义社会还是以市场为导向的社会，不管它是自由社会还是极权社会，"没有哪一种社会的机会不依赖于它的教育机会"。这种依赖性通常都可以由定量化的、简单的数据表现出来。在联邦德国，一个大学毕业生的平均收入机会，往往是一个

① 张人杰主编：《国外教育社会学基本文选》，华东师范大学出版社 2009 年版，第 198 页。
② 张人杰主编：《国外教育社会学基本文选》，华东师范大学出版社 2009 年版，第 178 页。
③ J. 马勒著，刘曙辉等译：《保守主义》，译林出版社 2010 年版，第 430 页。

— 605 —

高中毕业生的两倍。换句话说，一个人在社会分工中的地位，逐渐与反映所受教育的年限、所受教育的质量的教育文凭挂上了钩。学校教育作为确定学生在社会经济结构中所占地位的一种途径，变得越来越重要。"曾经反映社会身份制度的高等学校现在成了划分阶级地位的仲裁者，它又很大程度上决定了未来的社会的等级。"① 在后工业社会，工资和地位的差异是由技术水平以及是否受过高等教育决定的。"在男性大学毕业生中，大学 4 年的'投资'每年可带来大约 13％的收益。重点大学的毕业生可取得比一般学校或国立学校更高的收益。"② 正是由于这些相关性，从小学到大学的教育机构成为垂直的、社会流动性的最重要保证人，而旨在创造平等社会机会的政策必须诉诸教育机会的平等。如果用理想型话语模式来表述，通常是这样的："如果我们假设垂直的社会流动性代表着一种竞争体制以及根据成就来分配奖励的机制，那么创造教育机会的有效平等必然意味着学校将成为这个以成就为导向的奖励分配制度的一部分。"③ 例如，在联邦德国，综合学校和一些受到联邦政府青睐的大学，通常都致力于大力破除阻碍教育机会真正平等的历史及社会遗留下来的种种障碍，但是，学校里却弥漫着对成就展开激烈竞争的氛围，高强度的竞争无处不在。这是因为，"当传统的阶级障碍被消除之后，与他人进行比较的倾向就会增强。换言之，法律保证的平等只定义了这样一个领域：在其中不能够通过平等消除的差异会显现自身；由此这些差异会变得更为明显。你所看到的为了获得成功而日渐增强的竞争压力不是现代教育政策的一个偶然事件，它们正是其逻辑的一部分……"④ 由于教育政策的作用，年轻一代被赋予了历史上前所未有的平等的教育机会，但年轻一代缺乏这种洞见，即获得成就的竞争和对成就的期望是每一个平等主义体制的必然结果。虽然教育机会平等的要求成为了政治上不可抗拒的主导我们的意识形态，但教育政策却拒绝承认教育机会平等必然带来获取成就上的差异。事实上，占据主导地位的意识形态让这类成就差异丧失了合法性。可见，通过教育政策带来的表面上的教育机会公平可能比不公平更令人痛苦。"福利国家并没有使社会模式变得充满活力，反而使它变得更加僵化了，这实是福利国家所产生的一个令人意想不到的结果。"⑤ 虽然应当竭尽全力

---

① 张人杰主编：《国外教育社会学基本文选》，华东师范大学出版社 2009 年版，第 200 页。
② 张人杰主编：《国外教育社会学基本文选》，华东师范大学出版社 2009 年版，第 200 页。
③ J. 马勒著，刘曙辉等译：《保守主义》，译林出版社 2010 年版，第 431 页。
④ J. 马勒著，刘曙辉等译：《保守主义》，译林出版社 2010 年版，第 431 页。
⑤ T. A. V. 哈耶克著，邓正来译：《自由秩序原理》（下），生活·读书·新知三联书店 1997 年版，第 174 页。

为所有的人增加教育机会，然而也必须认识到："为所有的人增加机会，有可能会只有利于那些能够较好地利用这些机会的人，而且常常会在努力的初期增加不平等的现象。如果对'机会均等'的要求导致了人们努力根除上述'不公之利'，那么其结果就只可能是对社会造成危害，而别无其他。毋庸讳言，人与人之间的所有差异——不管它们是天赋能力方面的差异，还是机会方面的不同——都创造了这种不公之利。然而，由于任何个人的主要贡献都在于最充分地利用他所遭遇的偶然因素，所以在很大程度上讲，成功一定是一个机遇的问题。"① 那种力图根除偶然因素对教育机会影响的欲求——此乃要求"社会公正"、"教育公正"的根本理由之所在，无疑只有通过根除所有那些不受计划控制的机会方能实现。然而，"文明的发展，在很大程度上却依赖于下述两项条件：一是个人能够最充分地利用他们所遭遇的一切偶发因素；二是个人能够最充分地利用一种知识在新的环境中所能赋予他们的那些基本上不可预测的有利条件"。②

2. 政府不是教育机会的唯一提供者

一般而言，尽管社会成员普遍有一种心理，希望政府成为教育机会的提供者和教育平等的守护者，但是，由于政府并不是教育机会的唯一提供者，因而其守护教育机会平等的能力也就大打折扣。"政府不再充当教育的主要管理者和提供者，而应当成为个人的公正保护者。"③ 例如，在西方民主社会，那些基于种族或性别偏见的歧视性教育政策或教育制度已经被逐渐废除了，因为它们违背了教育自由理念对于教育机会平等的根本信念。但是，个人是否享有平等的教育机会却不仅仅取决于政府行为，还取决于公民社会中的诸如公立学校等机构如何运作以及公民品德、公民礼仪等。如果持有偏见立场的学校或个人对一些学生采取歧视态度，即使国家本身已消除了歧视，被歧视者仍然不具备平等的公民资格，也不能享有平等的教育机会。因此，"法律所要求的不歧视也渐渐地适用于'私人的'企业和团体"。④ 换句话说，非歧视从政府领域向公民社会的扩展不仅仅是自由主义原则在程度上的深化，还是自由主义公民义务的

---

① T. A. V. 哈耶克著，邓正来译：《自由秩序原理》（下），生活·读书·新知三联书店1997 年版，第 175 页。

② T. A. V. 哈耶克著，邓正来译：《自由秩序原理》（下），生活·读书·新知三联书店1997 年版，第 171 页。

③ T. A. V. 哈耶克著，邓正来译：《自由秩序原理》（下），生活·读书·新知三联书店1997 年版，第 165 页。

④ W. 金里卡著，刘莘译：《当代政治哲学》（下），上海三联书店 2004 年版，第 544 页。

根本性扩展。把人视为平等公民的义务，必须扩展到个人最宽泛的日常生活。为每个人提供平等的教育，且平等地对待他们。金里卡说："这种公民礼仪是非歧视的逻辑延伸，因为需要用它来保证所有公民都有参与公民社会的同等机会。而它必须延伸进公民的心灵深处。自由主义的公民必须在日常生活中学会如何与那些他们可能会在心中存有偏见看法的人们进行平等的交往。"①

　　就教育世界的实际而言，教育机会具有鲜明的社会性，因而充分的、完全意义上的教育机会平等并非是教育系统能够达成的目标，而是只有整个社会参与其中才能达致的目标，并与整个社会的平等状况有着密切的联系，"整个教育环境受着整个社会、学校和家庭的物质条件与心理状况的综合影响"（胡森语）。否则，教育机会平等只能是空中楼阁。胡森认为，所谓"平等"，首先是指每个人都有不受任何歧视地开始其学习生涯的机会，至少是在政府开办的教育中开始其学习生涯的机会。从遗传学的观点来看，显然不会得出这样的结论。但是，我们至少可以从理论上设想，使所有儿童从出生起都能真正地享有同样的生活条件。当然，其难题就在于，"他们的家长从遗传学着眼是有很大差别的，因此所有的儿童从起点开始就受到极不相同的对待"。同时，"平等"意指对待，即"可以考虑各种不同的但都以平等为基础的方式来对待每一个人——不论其人种和社会出身情况"。为达此目标，可使每个人在法律面前一律平等；可以制定相应的社会政策，以确保每个人都有收入或者有最低限额的生活补助；可以建立统一的学前教育制度或学校教育制度，以便不加歧视地和没有其他限制地对所有儿童一视同仁。但是，无数事实证明，统一的学前教育制度或学校教育制度"无论在资本主义国家还是社会主义国家中，都未必能够使成年人之间取得完全平等，甚至未必能够使他们之间更加平等"。例如，1958 年，赫鲁晓夫在最高苏维埃提出教育法案时强调，莫斯科各高等学校的大学生中间，多数是职员和知识分子的子女，出身于农民和工人家庭的大学生只占总数的 30%－40%。瑞典实施了以家庭津贴、建立统一基础学校、在后中等教育阶段和高等教育阶段设立援助大学生与免费学习的制度等为主要内容的社会政策，但是，"在减少工人阶级子女与中层阶级子女的在学率差别上，这一社会政策的成效甚微"。② 1970 年，经济合作与发展组织在一份报告中说："对某一年龄组全体儿童实行教育开放政策，以及扩大免费的中等教育、高等教育

---

① W. 金里卡著，刘莘译：《当代政治哲学》（下），上海三联书店 2004 年版，第 544 页。

② 张人杰主编：《国外教育社会学基本文选》，华东师范大学出版社 2009 年版，第 160－161 页。

入学政策的结果并没有使学生队伍总的社会结构有重大变化。得益于新的入学机会而成为学生者，总的说来仍是有特权地位或半特权地位的人。"这一结果不仅适合于儿童，也同样适合于成人。1966 年，瑞典政府颁布的一项法案规定，中等教育第二阶段（通向大学）应在傍晚和夜间免费向成年人开放。对这类新型学生的特点进行的调查却不断表明，"利用新提供机会而受到教育的成年人中间，多数是在职业升迁的'抛物线'上处于有利位置，且已受过理论性教育的年轻的成年人，而来自非熟练工人阶级的学生所占比率则是微不足道的"。① 此外，即使学校的全部开支由政府承担、提供必要的交通工具等措施，以便消除阻碍教育机会平等的各种物质障碍，使全体儿童都能够进入某种类型、层次的学校接受教育，并能够继续进行其学业，也不可能完全求取教育机会平等。因为，即使物质上的障碍已经消除，某些心理上的障碍依然存在，况且，随着物质生活条件的差别有所缩小，心理障碍的影响也就更大。卢梭说："教育不仅能在受过教育的人和没有受过教育的人之间造成差别，而且还随着所受教育程度的不同而增大存在于前者之间的差别。因为一个巨人和一个矮人，在同一道路上行走，二人每走一步，彼此之间的距离必更为增大。"② 施拉格在《一场荒诞不稽的梦境之结》一文中曾提请人们注意：学校能够使人人平等乃是一场美国梦的梦境；学校会带来教育面前机会平等，人们还期待学校成为一个能够消除经济上和社会上所有不公正的机构。其实，上述两项被普遍确立的目标是不相容的，也就是说，学校不能既是实现平等的手段，又是形成、加强和维持差别的工具。因为，与学校具备的各种人力、物力和财力相比较，儿童与其同学所处的经济、社会背景之不同可以更多地解释儿童学业成就的差别。③ 科尔曼认为，教育机会均等不受家庭环境影响之说是不切实际的，学生学业成就不受家庭环境影响之说是值得怀疑的。一致性的学校影响与差别性的校外影响的相对强度，决定了教育制度在提供机会均等上的有效性。由此看来，"完全的机会均等只有当全部差别性校外影响消失时才能实现，这一条件只有在寄宿学校创建后才可能存在。由于存在着差别性校外影响，机会均等只可能是一种接近，永远也不可能完全实现。这样教育机会均等观念就演变为一种近似的机会均等观念。这种近似性不仅是由教育投入的均等决定的，而且还

---

① 张人杰主编：《国外教育社会学基本文选》，华东师范大学出版社 2009 年版，第 173—174 页。
② 卢梭著，李常山译：《论人类不平等的起源和基础》，商务印书馆 1996 年版，第 107 页。
③ 张人杰主编：《国外教育社会学基本文选》，华东师范大学出版社 2009 年版，第 175 页。

是由学校的影响与校外的差别性影响的相对强度决定的"。① "科尔曼报告"（1966 年）发表将近 25 周年之后，科尔曼再一次对教育平等进行了思考。他在分析"教育机会均等"的含义时，得出了如下认识："我相信'教育机会均等'的概念是一个错误的、误导的概念。之所以说它是错误的，因为它在教育机构中强调'机会的平等'，这使得人们集中关注教育自身，错误地把教育视为一种以自身为目的的事物，而不是正确地把教育视为以成年期的成就为目的的手段。之所以说它是误导的，因为它暗示着一种超出单纯的学校投入之外的平等的教育机会是可以现实的，然而事实上是不可能的。因此，比'平等'更为合理的概念用语应该是'不平等的减少'。这个概念将促使各州学校更为实际地关注儿童作为个体的学业成功，同时促使学校发现学校外持续的环境影响正在与学校争夺儿童的时间并且使学生之间的不平等加剧。学校的工作应该是，扩大对所有人的机会，并削弱上述各种不同环境对未来成人生活的不平等所造成的影响。"② 换句话说，无论机会平等还是结果平等，只有在极端情况（如极端政策手段）下才有可能实现。无论学校如何努力，结果的平等都不可能实现，原因是个人家庭背景方面的差异对学生学业成就的影响远远大于学校差异的影响，除非一个州（或地区）有能力或权力使学生完全脱离家庭环境的不平等影响，否则就不能再坚持认为"教育平等"即是"结果的平等"。

　　教育的发展甚至是政府减少教育机会不平等的努力，并不能导致减少子女的社会地位对父母社会地位的依赖，减少阶级文化、阶级权力对教育机会的影响。如果把教育作为医治一切经济和社会问题、一切教育不平等的最终的教育政策至少是没有保证的，多半是无效的。诚如鲍尔斯所说："教育上的平等不能只通过改变教育制度来达到。……通过政府政策的改变来使教育平等的努力充其量只能触及到不平等的表面。因为，美国教育中的许多不平等现象，其根源是在国家政权有限的范围之外，在于工作关系的等级制及与此有关的阶级文化的差别。只要对工作的规定使有些人有权支配许多人，而其他人则什么权力也没有，亦即只要社会分工继续下去，教育上的不平等就将作为美国社会的一部分继续存在下去。"③ 例如，20 世纪 60 年代美国向贫困宣战的基本策略就是试图使每个人在进入劳动力市场或其他竞争领域时具备同等的能力。这一策略意味着将消除贫困的重点，放在了教育改革之上。或者说，教育改革承担着消

---

① 张人杰主编：《国外教育社会学基本文选》，华东师范大学出版社 2009 年版，第 158 页。

② J. S. Coleman, *Equality and achievement in education* (*social inequality series*.)，Boulder Colo. : Westview Press，1990，p. 65.

③ 张人杰主编：《国外教育社会学基本文选》，华东师范大学出版社 2009 年版，第 198 页。

除贫困的责任。很多人设想，如果学校能够使人们的认知能力相等，那么也能够使他们成年以后的竞争能力相等。在这样一个体系内，没有人最后会变穷或者很富。这一策略大概是建立在以下这些假设之上：第一，消除贫困在很大程度上是一个帮助那些生于贫困的孩子摆脱贫困的问题。一旦那些家庭脱离了贫困，他们就不会再回去。中产阶级的孩子很少终于贫困。第二，那些穷孩子没有摆脱贫困的主要原因是他们没有基本的认知能力。他们不能阅读、书写、计算和表达。由于缺乏这些技能，他们不能获取或者保有一份收入不错的工作。第三，打破这一恶性循环的最好机制就是教育改革。既然那些生于贫困的孩子不能从父母那里获得他们所需要的技能，他们就必须在学校里去获得。这一点可以通过确保他们和中产阶级的孩子上一样的学校，为他们提供额外的补偿计划，使他们的父母能够参与到学校管理当中，或者把所有这些途径结合起来而达到。然而，到目前为止，上述每一条假设都是错误的：第一，贫困并不主要是遗传。尽管生于贫困的孩子有高于平均水平的机会终于贫困，但是代际之间仍旧存在着相当数量的经济流动。事实上，成长于同一家庭中的兄弟之间的经济不平等几乎和一般人之间一样大。这意味着在每一代人当中，不平等都会重新创造，甚至是那些出生于本质上相同的环境中的人。第二，一些人最终比另一些人富裕的首要原因不是他们拥有更充足的认知能力。尽管那些阅读能力更好、能做对算数题并且能够清晰地表达自己思想的小孩稍稍比其他人更有可能领先，但是这里还有许多其他同等重要的因素。所以，那些标准化考试得高分的人当中的经济不平等和一般人当中的几乎一样多。使每个人的学习成绩变得平等并不会明显地减少经济上"失败者"的数量。第三，没有证据显示学校改革能够极大地减少认知不平等的程度，这种认知能力通过口语流利表达、阅读理解或者运算技能来测量。无论是学校资源还是种族隔离都不能对考试成绩或者教育成果产生明显的影响。在格伦斯基看来，寄望于通过教育改革来消除贫困，无疑是开错了药方。"我们不能用一种抽象的论证把经济不平等主要地归咎于个人能力上的遗传性差别。我们不能把经济不平等主要地归咎于父母把他们的劣势遗传给了孩子，因为父母经济地位相同的人之间的经济不平等数量几乎和一般人之间的一样多。我们不能把经济不平等归咎于学校之间的差别，因为看上去学校之间的差别对那些就读于其中的人来说在任何可测量的贡献方面都只有很小的影响。"[1]

　　因此，我们反对不顾经济发展、教育发展的实际情况以及社会的平等状况

---

[1]　D. B. 格伦斯基著，王俊等译：《社会分层》，华夏出版社 2006 年版，第 355-356 页。

而侈谈解决教育机会平等的抽象议论，也反对空谈教育机会平等。例如，一些人为了实现教育公平正义，竟然主张，所有的人都应当以同样的教育机会为出发点。然而，需要明确指出的是，不论这些人的动机多么值得称道、出发点多么高尚，他们的主张却是一种不可能实现的理想，甚或是一种乌托邦幻想。莫德在《平等所构成的威胁》一文中，试图对教育机会平等与平均主义加以区别。他说，平均主义学说的支持者想使所有儿童都有同样机会受到良好的教育，但他们在博爱精神上完全为自己的情感所支配。"以'公正'和'社会主义'的名义所体现的温情，已经大大地削弱了为确保人的素质所必不可少的可靠性。'他们本能地拒绝可使某些儿童远远超过其他儿童的各种方法'。因此，他们致力于摧毁以最有天赋的儿童为主体的学校。可是，'正像平均主义的捍卫者断言的那样，各种教育形式并不具有同等的价值和意义；坚持要求各种教育机构具有同等地位，那只会产生有害的后果'。因此，机会平等的确是一个高尚的理想，但不能抱有迅速实现这一理想的希望，除非'损及我们社会总的质量'。"① 此外，任何妄称已经实现了教育公平正义理想或已经接近这个理想的说辞，都可能使那些较不成功者、落后者的状况变得更糟。尽管人们有充分的理由根除现行教育制度可能对某些人的发展所设置的各种人为障碍，但是，欲使所有的人都始于同样的教育起点、拥有同样的教育机会，却既不可能也不可欲。因为，只有通过剥夺某些人所具有的但却不可能提供给所有的人的教育机会这种方式，才能达致这一点。虽说我们希望每个人都拥有尽可能多的教育机会，但是，如果我们的目标是使每个人的教育机会都不能多于最不幸者的机会，那么我们肯定会扼杀大多数人的教育机会。那种认为所有生活于一个国家或一个群体的同时代人都应当从同一起点出发的主张，实无异于那种主张应当确使生活于不同时代或不同国家的人获享教育平等的观点。显然，上述主张是与日益发展中的文明不相符合的。哈耶克在《社会正义的幻象》一文中认为："不可否认的是，在现存市场秩序中，不仅结果而且每个人的初始机会也常常不同；它们受到物质环境和社会环境的影响，这些影响超出了个人的控制，在许多特殊方面还可能受到一些政府行为的改变。要求机会平等或平等起点的呼吁得到了大多数赞成自由市场秩序的人的支持。就这类便利和机会必然受到政府决策的影响而言，这种要求的确是古典自由主义的一个中心关注点，它常常由法国短语'职位向有才能者开放'来表达。还有很多言论支持政府在公平的基础上为少数民族提供教育机会，这些人还不是完全有义务的公民，尽管就是

---

① 张人杰主编：《国外教育社会学基本文选》，华东师范大学出版社 2009 年版，第 171 页。

否应该允许政府管理他们存在严重的质疑。但所有这些与创造实际的机会平等还有相当的距离，即使对拥有相同能力的人来说也是这样。为了达到这一目标，政府必须控制所有人的物质环境和人际环境，必须努力至少为每个人提供相同的机会；而政府的努力越是成功，合法的要求就会变得越来越强烈，基于同样的原则，任何残存的障碍就必须被清除，或者因为给仍然相对受欢迎的东西造成了额外的负担而要做出补偿。这种状态将持续下去，直到政府完全控制了影响每个人福利的所有状况。如同机会平等这个短语最初听起来很有诱惑力一样，一旦这个观念被扩展到超出政府由于其他原因而提供的便利时，它会成为一个完全虚幻的观念，而任何想要将之具体化的企图都极可能创造一个噩梦。"① 因此，政府不应仅仅把教育机会平等原则的贯彻、实施以及教育机会平等的实现寄托在教育系统内部，更应大力关注和解决社会平等问题。诚如胡森所说："根据教育面前机会平等的现代的和更加激进的概念，为了实现在生涯中和在生活质量上更大的平等这一长远目标，应当在一个含有学校但比学校更加宽广的背景中，即在整个社会中采取行动。教育改革不能取代社会改革。"②

3. 政府在教育机会分配问题上应遵循"形式平等"原则

教育平等的两种含义或类型（形式平等或实质平等）之间的不可调和，充分地反映在教育机会平等的主观诉求与政策安排中。教育机会平等，究竟是指采取同一标准来平均地分配教育机会（不管其结果如何）还是人人最后实际获得同样的教育机会？为了更好地分析这一问题，仅以义务教育阶段后教育机会平等的诉求为例予以说明。究竟怎样才算做到了不同地域、不同民族、不同社会阶层、不同家庭背景者义务教育后阶段教育机会的平等呢？一般的主张是以"能力"或"考试分数"作为标准来分配教育机会，以体现形式上的教育机会平等。即，使所有人在义务教育阶段后以同样的标准来获取教育机会。诚如布坎南所说："即使人们可能认为出发地位是决不会平等的，但还是可以采取让所有人有参加比赛的同样机会。举一个例来说，佃农的孩子绝不可能与亿万富翁的孩子有平等的机会成为总统，但可以制定制度，使佃农的孩子不会公然被排除在这场比赛之外。要允许他也以同样规则参加比赛，至少他也有取胜的一点机会。"③ 但是，考试分数自身也是个因变量，既反映了不同地域、不同民族、不同社会阶层、不同家庭背景者的教育水平及社会发展水平，又反映了不

---

① J. 马勒著，刘曙辉等译：《保守主义》，译林出版社 2010 年版，第 364—365 页。

② 张人杰主编：《国外教育社会学基本文选》，华东师范大学出版社 2009 年版，第 179 页。

③ M. 布坎南著，吴良健等译：《自由、市场和国家》，北京经济学院出版社 1988 年版，第 137 页。

同个体在语言和抽象思维表达方面的差异以及具有超过平均水平的高智商。那些社会发展水平比较高因而教育质量比较高的地区、那些语言和抽象思维表达水平高以及智商高的个体，考试得"高分"的学生就多，因而能够接受义务教育阶段后教育的人数也就越多。反之亦然。以"考试分数"为标准对义务教育阶段后教育机会的平等分配却导致甚至强化了不同地域、不同民族、不同社会阶层、不同家庭背景者所享有的实质上的教育机会不平等。有人根据亚里士多德提出的"比例平等"概念，认为教育机会平等的一般含义是："各族群接受学校教育的学生，在总学生数中所占的比例，应与各该族群在同一年龄人口中所占的比例相等。"显然，要实现义务教育阶段后教育机会的"比例平等"或"实质平等"，就必须放弃同一的录取标准，为不同族群的学生分别制定不同的标准，从而实现差别对待，可这又在根本上违背了"形式平等"原则。社会成员在表达自己的教育机会平等诉求或政府在根据教育机会平等原则进行定位时，究竟该在两种平等之间如何取舍或安排呢？我们认为，基于上述教育机会的定义，"形式平等"是应该首先遵循的，是优先于"实质平等"的。如果"形式平等"不仅没有缩小差别，反而扩大差别，那么作为一种补偿性的原则，可以用不平等的办法以解决"实质平等"问题。正如罗尔斯的补偿原则所主张的："社会和经济的不平等（例如财富和权力的不平等），只要其结果能给每个人，尤其是那些最少受惠的社会成员带来补偿利益，它们就是正义的。"[①] 也就是说，一种机会的不平等必须扩展那些机会较少者的机会。

在罗尔斯看来，由于出身和天赋的不平等是不应得的，这些不平等就多少应给予某种补偿。"补偿原则……认为，为了平等地对待所有人，提供真正的同等的机会，社会必须更多地注意那些天赋较低和出生于较不利的社会地位的人们。"补偿原则要求按平等的方向补偿由偶然因素造成的倾斜。"遵循这一原则，较大的资源可能要花费在智力较差而非较高的人们身上，至少在某一阶段，比方说早期学校教育期间是这样。"[②] 不过，在罗尔斯看来，补偿原则并不能作为正义的唯一标准，或者作为社会运行的唯一目标。补偿原则只能作为一个自明的原则，或一个要与其他原则相平衡的原则。例如，我们需要相对于提高生活的平均标准的原则，或相对于推进共同利益的原则来衡量补偿原则。但是，"无论我们采取什么原则，都要考虑补偿的要求。它被看作是代表着我们

---

① J. 罗尔斯著，何怀宏等译：《正义论》，中国社会科学出版社 2001 年版，第 14 页。
② J. 罗尔斯著，何怀宏等译：《正义论》，中国社会科学出版社 2001 年版，第 101 页。

的正义观念中的一个成分".① 因此，差别原则不是补偿原则，它并不要求社会去努力抹平障碍，仿佛所有人都被期望在同样的竞赛中在一公平的基础上竞争。但是，"差别原则将分配教育方面的资源，以便改善最不利者的长远期望。如果这一目的可以通过更重视天赋较高者来达到，差别原则就是可允许的，否则就是不允许的。在作出这一决定时，教育的价值不应当仅仅根据经济效率和社会福利来评价。教育的一个作用是使一个人欣赏他的社会的文化，介入社会的事务，从而以这种方式提供给每一个人以一种对自我价值的确信。教育的这一作用即使不比其他作用重要，至少也是同等重要的".② 在此基础上，罗尔斯提出了"补偿教育"方案。"补偿教育"方案主张：为贫穷家庭和社区的孩子提供教育方面的补偿投资。一般而言，大多数西方国家在孩子的教育方面进行了大致平等的投资，不管这些孩子的种族和阶级背景如何。这毕竟是一项伟大的成就，因为在一个世纪之前，还只有富有家庭的男孩才享有受教育的机会。然而，就算对每个孩子都有平等的公共开支，并不等于能够产生平等的机会，因为一般而言，富有家庭的孩子在享受教育和其他机会方面都会有很多优势。富裕的家长本身很可能受过良好的教育，因此就更重视教育，就更愿意也更有能力将更多的时间和资源投向自己孩子的教育。如果我们真想使机会平等，就需要对弱势群体的孩子投入更多的补偿教育资金。例如，罗默估计："要想使美国的白人孩子和黑人小孩在未来享有平等的收入机会，对黑人小孩的人均教育投资就必须十倍于白人小孩。"③

4. 政府介入教育机会的程度不宜过多、过深

第一，就义务教育而言，平等地对待一切儿童是符合公平正义原则的。"必须给予所有的儿童以任一儿童所能获致的东西，而且任何儿童都不应当拥有不能提供给所有儿童的东西。……对任一儿童教育所支付的费用不得超过对每个儿童教育所支付的费用。"④ 但是，在义务教育阶段后的教育机会平等问题上，政府介入过多、过深既不可能推进教育发展，也不可能创造一个公平正义的社会。尽可能地确保那些最可能从高等教育中获益的人们享有高等教育机会是正当的。但是，在现实教育生活中，政府却把教育当作实现平均主义的工

---

① J. 罗尔斯著，何怀宏等译：《正义论》，中国社会科学出版社 2001 年版，第 101 页。

② J. 罗尔斯著，何怀宏等译：《正义论》，中国社会科学出版社 2001 年版，第 101—102 页。

③ W. 金里卡著，刘莘译：《当代政治哲学》（上），上海三联书店 2004 年版，第 158 页。

④ T. A. V. 哈耶克著，邓正来译：《自由秩序原理》（下），生活·读书·新知三联书店 1997 年版，第 170 页。

具，政府对教育进行控制的主要目的在于确使所有人的前途得到平均的安排。换句话说，政府的目标在于实现一种机械式的教育平等，而这种教育平等无疑会剥夺那些只能由某些人享有而不能提供给所有的人的利益。此种平均主义的立场在托尼所著的《论平等》一书中得到了最为明确的论述。"托尼明确指出，'在对聪明才智者提供教育的方面慷慨大方地花费，而在对反应迟钝者进行教育的领域则投资吝啬'，这显然是不公平的。我们必须指出的是，在某种程度上讲，确保机会平等与使机会同能力相适应这两种相互冲突的欲求，已被那些平均主义者搞得混淆不清了。"[1] 某些教育机会必为某些人享有这一事实，绝不意味着某个单一的权力机构应当拥有排他性权力，以决定这些教育机会应当归谁所有。"任何单一权力机构在下述几个方面都不应当享有垄断性的判断权：一是判断某种特定类型的教育具有多少价值，二是判断应当对进一步的教育给予多少投资，三是判断应当对不同类型教育中的哪一种教育进行投资。任何社会都不存在一种唯一的标准，可供我们据以对不同目标的相对重要性作出判断，或对不同方法的相对可欲性作出判断。"[2] 此外，由权力机构支配教育机会归谁享有的这类权力，事实上不可能推进教育的发展，或者说此类权力也不可能创造出能被认为比它们原本更令人满意或更公正的社会状况。一些人在学术研究或科学探索方面具备卓越的才能，所以不论其家庭财力如何，都应当赋予他们继续从事这方面学习的机会，因为这样做会有益于整个社会。然而，这样做"并不意味着它赋予了任何人以主张这类机会的权利，也不意指只有那些被确认为拥有这类卓越能力的人才应当享有此类机会，甚或也不意味着如果不能确保所有通过同样客观考试的人都获享这种机会，就没有人应当享有它"。[3] 并不是所有能够使人们做出特别贡献的素质，都能够凭借考试或测验而被确定，因此至少使某些具有这类素质的人享有某种教育机会，要比将这种教育机会给予所有能满足同类要求的人的做法更可取。"从社会的一般利益来看，那些最'应当得到'高等教育的人，未必就是那些通过做出努力和付出代价而被认为具有最高主观品行的人士。天赋的能力和天生的才能，乃是环境的偶然成就，一如'不公之利'；而且将高等教育的利益只给予那些我们自以为能预见从高

---

① T. A. V. 哈耶克著，邓正来译：《自由秩序原理》（下），生活·读书·新知三联书店1997年版，第170页。

② T. A. V. 哈耶克著，邓正来译：《自由秩序原理》（下），生活·读书·新知三联书店1997年版，第171页。

③ T. A. V. 哈耶克著，邓正来译：《自由秩序原理》（下），生活·读书·新知三联书店1997年版，第172页。

等教育中获致最大利益的人，也必将增进而不是消除经济地位与主观品行之间的脱节。"① 而那种主张只应当把教育机会给予那些已被证明具有一定能力的人的观点，还会导致这样一种情形，在这种情形中，"全部人口按某种客观的考试标准被分成三六九等，而且也只有一套关于何种人有资格受益于高等教育的观点盛行于其间。这意味着将人按科层分级的方式纳入一等级制度之中：被证明具有天才的人位于顶层，被证明低能的人则处于底层；此种等级制度会因下述事实而变得更糟，这些事实就是：一、这种等级制度被认定可以反映不同等级的人的'品行'，二、这种等级制度将决定人们获致'价值得以表现自身'的机会的途径。如果人们只试图通过一种政府教育制度去实现所谓的'社会正义'，那么这个社会将只盛行一种关于高等教育的内容或制度的观点——进而也只盛行一种关于具有何种能力方有资格获得高等教育的观点；更有甚者，某些人业已接受高等教育的事实，亦将被认为他们原本就'应当得到'这种高等教育"。② 而从社会的一般利益来看，那些最"应当得到"高等教育的人，未必就是那些通过努力和付出代价而被认为具有最高主观品行的人士。将高等教育的利益只给予那些我们自以为能预见从高等教育中获致最大利益的人，也必将增进而不是消除经济地位与主观品行之间的脱节。现实社会生活中的很多事例也证明了这一主张：许多获致高等教育的人，后来都将享有超出其同辈人所能享有的物质利益，其原因只是社会上的其他人士认为值得对他们的教育给予更多的投资，而不是因为他们比其他人具有更高的天赋能力或者比其他人更加努力。因此，"无论如何，某些利益必为某些人享有这个事实，绝不意味着某个单一的权力机构应当拥有排他性权力，以决定这些利益应当归谁享有"。③

第二，在教育机会平等问题上，政府直接介入的部分不宜过多、程度不宜过深。政府介入过多、过深有损教育公平。在教育机会平等问题上，如果政府直接介入的部分过多、程度过深，可能会造成新的不平等。在此问题上，萨托利的论述颇为精当。他认为："追求平等结果可以损害平等对待，以至无法保证所追求的仍然是它所宣布的目标。如果不顾平等利用这一要旨，平等化政策在很大程度上就成了再分配政策，最后也就成了剥夺性政策。""平等的最终状

① T. A. V. 哈耶克著，邓正来译：《自由秩序原理》（下），生活·读书·新知三联书店1997年版，第171页。

② T. A. V. 哈耶克著，邓正来译：《自由秩序原理》（下），生活·读书·新知三联书店1997年版，第173页。

③ T. A. V. 哈耶克著，邓正来译：《自由秩序原理》（下），生活·读书·新知三联书店1997年版，第170页。

态必然要求不平等的手段，即要求歧视性的（不同的）对待。这一点往往很少被人充分理解。一旦我们判定，就某些相应特征而言，特定群体受到歧视，那么为了消除这种不平等，受轻视的就应得到加倍的重视。与之相应，受益的就应被剥夺权益。"① 这一点，在我国教育发展历史上曾有许多深刻而惨痛的教训，并且得到过深刻的验证。例如，梁晨等人在《无声的革命》一文中，对北京大学和苏州大学学生社会来源进行的系统分析与思考。他们通过研究发现，向两校输送学生较多的中学，绝大部分都是教育行政部门评定的重点中学。根据国家教育部 1981 年底统计数据，全国共有重点中学 4016 所，其中首批办好的重点中学 696 所。统计结果显示，除了"文革"期间推荐的工农兵学员，北京大学学生中有 54% 来自首批办好的 696 所重点中学，而首批办好的中学基本上是各省区最为著名的中学。根据数据推测，来自 4016 所重点中学的学生，以及来自各地市县教育行政部门划定的重点中学的学生，可以占全部北京大学本科学生（除了"文革"时期）的 90% 以上。偶尔提供学生的中学基本都是普通中学，其地理分布非常集中。北京大学的生源学校，普通中学主要集中在北京；苏州大学主要集中在苏州、无锡、常州等。北京大学数据显示，来自海南、贵州等省的学生集中在极少数位于城市的重点中学，在来自海南的北京大学学生中，70% 来自同一所重点中学。苏州大学的数据显示，"县中"是农村、小城镇学生进入大学的最重要途径。江苏省的各县中提供给苏州大学的学生比例在各县全部中学中排名第一。换句话说，乡镇学生要想进入精英大学，首先必须进入本县的重点中学。② 相反，如果社会是从另一个极端去过多地介入教育机会平等问题的话，那么极有可能会造成另外一种偏颇——"英才等级"，进而从总体上损害了教育的公正。哈耶克说："一个社会如果希望从有限的教育经费中获致最大程度的经济回报，那么它就应当为相对少量的精英集中提供较高程度的教育，而这在今天则意味着，应当增加接受最高程度教育的那部分精英人数，而不应当为大部分延长教育年限。然而，如果那种试图增加接受高等教育的精英人数的做法以政府管理教育为依托，那么这种做法在一个实行民主制度的国家中显然是不可行的，而且应当由权力当局来决定谁可以获致此种教育的做法，也是不可欲的。"③ 高等教育的目标在于使知识在整个社会内得到进一步的传播和增进，且一个社会可以从它培养的学者或科学家那儿获益，因

---

① G. 萨托利著，冯克利等译：《民主新论》，东方出版社 1993 年版，第 397、386 页。
② 梁晨等：《无声的革命》，《中国社会科学》，2012 年第 1 期，第 114−115 页。
③ T. A. V. 哈耶克著，邓正来译：《自由秩序原理》（下），生活·读书·新知三联书店1997 年版，第 167 页。

此，政府可以对他们中的部分人士提供适当的资助。但是，认定所有在智力上能够获致高等教育的人都有权享受高等教育，则是另一个问题。一些人认为，使所有具有特别才能的人士都成为博学之士，会有益于整个社会；所有具备特别才能的人士由于接受了高等教育，因此应当获得富足的物质利益；高等教育只应当由那些对接受这种教育拥有无可置疑之能力的人士享有，且应当成为人们迈向更高地位的正常的路径。在哈耶克看来，上述所有主张绝非自明之理。"如果所有具有较高天赋的人都被刻意地且成功地吸纳入富裕者群体之中，又如果相对贫困的群体具有较少才智这一点不仅成了一种一般性的预设而且也成了一种普遍性的事实，那么贫富阶级之间的分野或分裂就会变得更为尖锐，较为不幸的人也会遭到更为严重的蔑视。"① 更为严重的问题是，一定数量的年轻人依靠某种方法被挑选出来，而且是在人们不能确信谁将从高等教育中获益最多的年龄的时候——使他们接受一种能使他们比其他年轻人赚得更高收入的教育；为了证明这种教育投资的正当性，人们还必须依靠某种方法去挑选这种教育的接受者，从而使他们获得赚取更高收入的资格。同时，人们还不得不接受这样一个事实："由于社会上的其他人通常都不得不承担支持高等教育的费用，所以那些从高等教育中获益的人因而一直享受着一种'不劳而获'的优势。"② 此外，假设一切都严格地以人的自然差距为发展依据并排斥其他因素的话，那么，基于这种差距势必会形成一个新的社会等级制度。罗尔斯十分清楚地表达了这种担忧，他说："英才统治的社会结构遵循前途向才能开放的原则，用机会平等作为一种在追求经济繁荣和政治统治中释放人们精力的手段。那儿存在着一种显著的上层与下层阶级之间的不平等，表现在生活资料和组织当局的特权两个方面。较贫困阶层的文化枯萎凋零，作为统治者的一批技术精英的文化则牢固地建立在服务于国家的权力和财富的基础上。机会的平等仅意味着一种使较不利者在个人对实力和社会地位的追求中落伍的平等机会。"③ 不过，值得庆幸的是，这种"英才制度"虽然存在着一定的可能性，但由于社会生活中千差万别的因素存在，致使这种现象至多只是一种可能的倾向而已，在现实教育生活中实现的可能性是很小的。正如奥肯所说："只有在学术等级中，智商才

---

① T. A. V. 哈耶克著，邓正来译：《自由秩序原理》（下），生活·读书·新知三联书店1997年版，第169页。

② T. A. V. 哈耶克著，邓正来译：《自由秩序原理》（下），生活·读书·新知三联书店1997年版，第169页。

③ J. 罗尔斯著，何怀宏等译：《正义论》，中国社会科学出版社2001年版，第106—107页。

可能趋于起决定作用——因为一部分测试是对学术研究能力的预测。对智商的强调是知识分子自我陶醉的一种特有形式，幸运的是在市场中还没有与之相应的对手。"①

第三，政府介入过多、过深还可能侵犯人们的教育自由。社会是我们自己建立的，我们可以改变各种制度，尽管物质的和人的特性限制了我们选择的余地。但是，只要我们愿意，这些都阻止不了我们去建立这样一个社会，它主要依靠自愿的合作来组织经济活动和其他活动，它维护并扩大人类的自由，把政府活动限制在应有的范围内，使政府成为我们的仆人而不让它变成我们的主人。弗里德曼等人认为，一个社会如果把平等即所谓结果均等放在自由之上时，既不会得到平等，也不会得到自由。使用强力以求取平等，则将毁掉自由。"一个把自由放在首位的国家，最终作为可喜的副产品，将得到更大的自由和更大的平等。尽管更大的平等是副产品，但它并不是偶然得到的。一个自由的社会将促使人们更好地发挥他们的精力和才能，以追求自己的目标。它阻止某些人专横地压制他人。它不阻止某些人取得特权地位，但只要有自由，就能阻止特权地位制度化，使之处于其他有才能、有野心的人的不断攻击之下。自由意味着多样化，也意味着流动性。它为今日的落伍者保留明日变成特权者的机会，而且在这一过程中，使从上到下的几乎每个人都享有更为圆满和富裕的生活。"② 同时，政府介入过多、过深，不仅不能求得教育平等，也不能求得教育自由。一个社会把教育平等即所谓教育结果均等放在教育自由之上，其结果是既得不到教育平等，也得不到教育自由。使用强力来达到教育平等将毁掉教育自由，而这种本来用于良好目的的强力，最终将落到那些用它来增进自身利益的人们手中，阻碍人们创造才能的发挥。如果政府平等地对待不同的人，那么为什么其教育结果却是不平等的呢？或者，如果政府允许人们按其意愿去使用其所具有的能力和手段，那么为什么对于这些个人的教育前景却又不能预见呢？因此，在分配正义被视为目的的地方，关于不同的个人必须干什么的决定，并不能从一般性的规则中推知，而只能根据计划当局的特定目的和特殊知识方能做出。一旦当权力当局有权决定不同的人将接受何种教育、享有何种教育机会时，它亦一定能决定不同的人将得到什么教育机会、占有什么教育资源。"分配正义的原则，一旦被采用，那么只有当整个社会都根据此项原则加以组织的时候，才会得以实现。这会产生一种在各个基本方面都与自由社会相

---

① A. 奥肯著，王奔洲等译：《平等与效率》，华夏出版社 1999 年版，第 82 页。

② M. 弗里德曼等著，胡骑等译：《自由选择》，商务印书馆 1999 年版，第 152 页。

反对的社会——在这样的社会中，权力机构将决定个人所应当作的事情以及个人在做这种事情的时候所应当采取的方式。"① 哈耶克在其《社会正义的幻象》一文中亦认为，分配正义乃至社会正义在自由社会里是空洞且毫无意义的，因为没有任何人的意志可以决定其他人得到什么样的教育机会、占有什么样的教育资源。反之，"'社会正义'只有在定向或'命令式'经济中才能被赋予一种意义，在这种经济中，每个人都被安排好做什么；而任何一种特殊的'社会正义'概念只有在这种统一指挥系统中才能实现。它预先假定人们由特定的方向而不是正义的个体行为规则所引导"。但是，没有正义的个体行为规则系统，就没有个体的自由行动，就"不可能产生出满足任何分配正义原则的结果"。②

第四，政府介入过多、过深，不仅阻碍人的发展，而且导致社会活力的丧失。穆勒说："某种政府功能，如果不妨碍而是能够帮助和激励个人的努力和发展，那无论如何是不嫌其多的。一旦它非但不去激发个人和团体的活力与力量，反而要以它自己的功能去替代；一旦它非但不予提示、忠告乃或在必要时给以批评，反而要使人们在束缚下工作，或者干脆命令他们靠边，而由它代替人们工作，危害就开始了。从长远来看，国家的价值，归根结底还是组成这个国家的个人的价值；一个国家为了在各项具体事务中使管理更加得心应手，或为了从这种具体实践中获取更多类似技能，而把国民智力拓展和精神提升的利益放在一旁；一个国家为了要使它的人民成为它手中更为驯服的工具，哪怕是为了有益的目的，而使人民渺小，终将会发现，弱小的国民毕竟不能成就任何伟业；它为了达到机器的完善而不惜牺牲一切，到头来却将一无所获，因为它缺少活力，那活力已然为了机器更加顺利地运转而宁可扼杀掉了。"③ 显然，一个更平等的社会依赖于扩大自由，而不是以自由为代价来制定扩大平等的公共政策。斯密说："一切特惠或限制的制度，一经完全废除，最明白最单纯的自由制度就会树立起来。每一个人，在他不违反正义的法律时，都应听其完全自由，让他采用自己的方法，追求自己的利益。"④ 因此，促进教育机会平等的政府政策增大教育自由，致力于"对所有人公平分配"的政府政策减少教育自由。当然，西方自由主义作为一种理想化的政治哲学和政治纲领，尽管具有一

---

① T. A. V. 哈耶克著，邓正来译：《自由秩序原理》（上），生活·读书·新知三联书店1997年版，第121—122页。

② J. 马勒著，刘曙辉等译：《保守主义》，译林出版社2010年版，第362页。

③ J. S. 穆勒著，孟凡礼译：《论自由》，广西师范大学出版社2011年版，第138页。

④ A. 斯密著，郭大力等译：《国民财富的性质和原因的研究》（下卷），商务印书馆2003年版，第253页。

定的合理性，但从未成为社会经济生活、教育生活的指导思想，从未被全部贯彻实行过。米瑟斯说："它在任何地方任何时候都没有被全部贯彻实行过。甚至在人们视为自由主义的故乡和自由主义的模范国家英国，也没有成功地贯彻自由主义的全部主张。"从整体上看，世界上有些国家或地区的人们只采纳了自由纲领的某些部分，在其他一些国家或地区，人们不是拒绝它就是在短期内否定它。"本来，人们可以以夸张的口吻说：世界上曾经拥有一个自由主义的时代，但事实上，自由主义从来没有能够发挥它的全部作用。"[①]

因此，在教育公平正义问题上，政府该做什么、不做什么，都应有清晰的边界。毋庸赘言，现代政府首先是"有限政府"，同时也是"有为政府"。在确保教育公平正义问题上，政府"该进则进"；在确保多样性教育、个性化教育问题上，一旦社会力量发育成熟，政府则"宜退则退"。

5. 教育机会平等不等于教育公平

政府在教育政策活动中必须意识到，尽管教育机会平等一直被认为是教育公平的核心内容，但是教育机会平等并不等于教育公平。从概念上说，"公平"作为一种价值范畴反映了人们从某种特定的标准出发在主观上对"应得"与"实得"是否相符的一种评价及其体验。一般说来，人们只要得到了他认为自己应该得到的，他就会产生一种公平感；反之，就会觉得不公平。当一个人自己所得与别人所得之间的差距被认为是自然的与合理的时，他便不会产生不公平抱怨。阿隆说："舆论并非始终谴责不平等，因为电影明星或歌星的报酬并没有使人感到气愤。只有当人们认为富人不配拥有财富的时候，人们才感到气愤。"[②] 同样，有时候尽管一个人的所得与其同伴一样多，但是如果他认为这种"平等"没有反映其"应得"的话，他也会产生不公平的感觉。因此，教育机会平等的扩大或缩小并不必然地伴随着教育公平程度的增加或减少。按照罗尔斯的主张，如果这种教育机会的扩大或缩小不是源于人们偶然获得的自然天赋与社会条件而是源于人们自己的能力与选择，体现了"应得"与"实得"的相符，那么它们在道德上就是正当的。否则，在道德上就是不正当的。罗尔斯说："也许有人会认为：天赋较高的人是应得那些资质和使它们可能发展的优越的个性的。因为他在这个意义上是更有价值的，所以他应得他用它们能达到的较大利益。然而，这个观点却是不正确的。没有一个人应得他在自然天赋的

---

① L. V. 米瑟斯著，韩光明等译：《自由与繁荣的国度》，中国社会科学出版社 1994 年版，第 44 页。

② R. 阿隆著，姜志华译：《论自由》，上海译文出版社 2009 年版，第 84 页。

分配中所占的优势，正如没有一个人应得他在社会中的最初有利出发点一样——这看来是我们所考虑的判断中的一个确定之点。认为一个人应得能够使他努力培养他的能力的优越的个性的断言同样是成问题的，因为他的个性很大程度上依赖于幸运的家庭和环境，而对这些条件他是没有任何权利的。'应得'的概念看来不适应于这些情况。这样，较有利的代表人就不能说这些条件是他应得的，因而他有权以一种不促进他人利益的方式从他可参加的合作体系获利。他的这一要求没有任何根据。"①假如个体仅仅因为他们在社会境况中的任意的和不应有的差异，就据此获得或失去教育机会、享有或被剥夺某种教育资源，在道德上就是不正当的。换句话说，以出生的偶然性、社会和经济的优势以及自然才能或能力为依据来分配教育资源，都是不公平的。由于天赋高的人并不是天生就应该享有自己的优势，他们的较高预期"当且仅当满足下述条件才是公正的：这些预期作为制度的一部分，必须在这个制度中为提升社会中最不利者的预期做出贡献"。如此，罗尔斯就提出了"差别原则"："一旦我们尝试着发现了［对机会平等理念的］某种理解——机会平等就意味着从道德上平等待人；一旦我们理解到，人们在社会合作中应该享有多大的利益和承受多大的负担，并不取决于人们的社会幸运或在自然博彩中的运气；那么，在所有可选的原则中选择差异原则显然就是最好的。"②"差别原则"既能纠正那种关于才能和天赋的不公平分配，而同时又不给那些有天赋的人设置障碍。虽然没有人天生就应该得到自己较高的自然才能，也没有人天生就应该在社会中享有一个更有利的起点，但是这并不意味着应该消除这些差异。"差别原则当然不是补偿原则，它并不要求社会去努力抹平障碍，仿佛所有人都被期望在同样的竞赛中在一公平的基础上竞争。但是，可以说，差别原则将分配教育方面的资源，以便改善最不利者的长远期望。如果这一目的可通过更重视天赋较高者来达到，差别原则就是可允许的，否则就是不允许的。"③也就是说，我们要鼓励那些有天赋的人发展并锻炼自己的才能，让他们跑得更快并做得更好，同时不要在他们的跑道上设置任何障碍。但是，我们要事先就认识到，这些"奖品"并不只属于他们，这些"才能"在教育世界中所获得的回报属于教育共同体，且应当与那些缺乏这类天赋的人们共同分享。诚如金里卡在评价罗尔斯的"差别原则"时所说："虽然人们不应该仅仅由于在自然天赋方面不应得的不平等

①　J. 罗尔斯著，何怀宏等译：《正义论》，中国社会科学出版社2001年版，第104页。

②　W. 金里卡著，刘莘译：《当代政治哲学》（上），上海三联书店2004年版，第101页。

③　J. 罗尔斯著，何怀宏等译：《正义论》，中国社会科学出版社2001年，第514页。

就遭受不利，却可能存在这样的情况：允许这种不平等反而能够有利于每一个人。没有人天生就应该从自己的自然天赋中受益，但如果允许某些人受益于自己较高的天赋反而能够促进在'自然的博彩'中较不幸者的利益，这种允许就不是不公平的。而这正是差异原则的宗旨。"① 尽管差别原则并不需要一种关于教育资源和教育机会的平等分配，但是其潜在性的观念却表达出一种强有力的，甚至是激励人心的关于平等的洞见。差别原则使任何人都不会因为他在自然资质的分配中的偶然地位或者社会中的最初地位得益或受损，也不同时给出或收到某些补偿利益。这样，差别原则"也就再一次确认了一个自由平等的制度接受社会的不平等的根据，而当博爱和补偿得到人们的恰当评价时，财产的自然分配和社会环境的偶然性就比较容易为人们承认。由于这些差别现在有利于发展我们的利益，我们更乐于仔细寻找我们的好运气，而不愿意被要是全部社会障碍都已被清除、要是我们和其他人都有平等机会那该多么好的想法弄得垂头丧气。假如正义观念成为真正有效的和公认的，那么，它就会比其他观念更加能转变我们对于社会环境的观点，更加能使我们同自然秩序的倾向、同人生的条件和谐一致"。② 尽管人们在自然天赋中的偶然处境从道德角度看，确实是任意的，但是罗尔斯的结论并不完全正确。自然天赋的不平等和社会背景的不平等从道德角度看是任意的——从这个事实也许可以推出：仅当最不利者应该从分配中受益时，这些不平等才能以有利于最不利者的方式影响分配。但是，"差别原则"却主张："所有这些不平等都必须有利于最不利者。如果我既不生于一个特权社会群体，又没有任何特殊天赋，但却靠着自己的选择和努力获得了多于他人的财富，这种情况应该如何对待呢？"③ 也就是说，在罗尔斯有关差别原则的论证中，并没有解释为什么差别原则适用于一切不平等，而不是仅仅适用于源于道德任意因素的不平等。

一般而言，个人能力间的差异，一部分为生来之差异，另一部分为受环境影响而产生的差异，或者说一部分是"天生"的结果，另一部分则是"养育或后天"的结果。前者是生而具有某些可欲的素质，其优势出于人力明显无力控制的基础因素，但却很难说比在较优越的环境中长大更重要。后者的优势则出于那些我们完全有可能变更的因素，不过，问题是"我们是否有足够的理由大举变更我们的制度，以尽可能地消除那些出于环境影响的优势；我们是否又应

---

① W. 金里卡著，刘莘译：《当代政治哲学》（上），上海三联书店 2004 年版，第 112 页。
② J. 罗尔斯著，何怀宏等译：《正义论》，中国社会科学出版社 2001 年，第 514 页。
③ W. 金里卡著，刘莘译：《当代政治哲学》（上），上海三联书店 2004 年版，第 113 页。

当同意这样的观点，即'所有那些以出生和继承所得的财产为基础的不平等，都应当被铲除，而且除非差异是极高的才智和勤劳的结果，否则一切不平等都应当被消灭'"。尽管某些优势的确是依据人为的安排而产生，但是这一事实并不意味着我们能够为所有的人提供相同的优势，也未必意味着如果一些人被赋予了某些优势而其他人就被剥夺了这种优势。因此，生来之差异与受环境影响而产生的差异都与"道德品行无关"。① 无论如何，教育机会平等与教育公平是两个相互交织但又彼此不同的教育价值原则或教育政策目标，相应地，它们的应用与实践也需要不同的政策设计与制度安排。

6. 教育机会平等的最终实现取决于经济社会发展水平

政府在教育机会平等问题的定位上必须意识到，在教育机会有限的情况下尤其是在义务教育阶段后的教育机会问题上，如何在教育起点存在着各种差异的个体或群体之间，分配生存和发展所必需的有限教育机会，是一个更复杂的问题。是平均分配，还是有所倾斜？是向弱势方还是向强势方倾斜？在这些问题上，功利主义、自由主义、契约主义论者的见解是有很大区别的，没有一个绝对正确的原则。取何种原则，归根到底取决于经济社会的发展水平、教育的发展规模以及发展速度、水平等。哈耶克说："在教育领域中，一个更为棘手的问题是，多高程度的教育应当由公费来支付，而且在所有人都能获得的最低限度的教育之外，应当由谁来获享上述那种较高程度的教育。……教育虽说能够增加人们对公共需求的贡献，然而超过一定时段而加以延长的教育必须证明就此所付出成本为正当，所以享有这种较高程度教育的人将始终只能是全部人口中的一小部分。此外，可能还有一个不可否认的事实是：我们并不拥有某种可靠的方法，可以预先确定年轻人中谁将从高等教育中获致最大裨益。再者，不论我们采取什么样的措施，下述情况似乎都无从避免，即许多获致高等教育的人，后来都将享受超出其同辈人所能享有的物质利益，其原因只是社会上的其他人士认为值得对他们的教育有更多的投资，而不是因为他们比其他人具有更高的天赋能力或者比其他人更加努力。在这里，我们不准备对下述问题进行讨论：应当为所有的人提供多高程度的教育，或者应当要求所有的孩子上多长时间的学。关于这些问题的答案，在一定程度上讲，必须视特定的情形而论，如有关社会的总财富、该社会经济的性质、甚至还有可能包括影响青少年成熟

---

① T. A. V. 哈耶克著，邓正来译：《自由秩序原理》（下），生活·读书·新知三联书店1997年版，第107页。

年龄的气候条件等，都是必须认真考虑的因素。"① 例如，在我国，根据普及九年制义务教育的要求，对正常儿童和残障儿童这两个起点有差别的群体，必须运用不同的教学手段、教学方式以及设置不同的课程在不同的场所进行教育，这才是平等的，而这在大中城市已基本做到，但在社会经济发展水平很低的农村以及贫困地区却难以做到，聋哑、弱智、残疾儿童的失学率几乎是百分之百。如果说这不平等，该怎么办？让所有的儿童都在同一课堂上读书，聋哑、弱智、残疾儿童跟不上。既办正规学校，又办聋哑、弱智、残疾儿童学校，那最好，但没有足够的教育经费支撑。只为聋哑、弱智、残疾儿童办学校，不办正规学校，那也不行。所以在如何对待教育起点不平等这个问题上只好因地制宜。目前，农村、贫困地区通常的做法是，首先解决正常儿童这一优势群体的入学机会问题，教育经费充足、有余力时兼顾聋哑、弱智、残疾儿童。原因大概有三：第一，正常儿童这个群体人数最多，向他们倾斜，符合"最大多数人的最大利益"这一原则；第二，把财力、物力、人力主要用于正常儿童，当然不利于聋哑、弱智、残疾儿童，但反过来做又不利于正常儿童，只好按两害相权取其轻的原则去做。第三，优势群体的发展最终将提高整个社会的经济文化发展水平，从而也会逐渐增加弱势儿童群体的受教育机会，这符合罗尔斯的"差异存在最终应有益于地位最低者"的原则。这种做法是把教育机会优先给予在教育起点上占优势的群体。

不过，如果经济社会发展的结果没有废除特权和促使人类更为公平，那么这种经济社会的发展也是没有任何意义的。"发展的最后目标必须是使个人生活不断得到改善并使全体人民都得到利益。如果特权、过度的财富和社会上不公平的现象继续存在，那么发展就失去它的意义了。"② 尽管教育平等、教育机会平等不可否认地受到日益增长的社会、经济差距和不平衡状态的有害影响，但是只要我们作出努力，教育是可以帮助克服社会、经济差距和不平衡状态的。政府在促进教育平等、教育机会平等方面的政策差异，并不完全取决于经济社会发展水平。准确地说，这些差异的出现一是源于政府的能力，二是源于政府的意愿。例如，瑞典、德国比美国拥有更大的个人"境况"的平等，并且它们这样做并没有导致生产力的明显下降。但是，美国政府却无意愿去达成个人"境况"的平等以及类似的平等，因为美国把不平等视为健康的经济增长的

---

① T. A. V. 哈耶克著，邓正来译：《自由秩序原理》（下），生活·读书·新知三联书店1997年版，第166—167页。

② 联合国教科文组织、国际教育发展委员会编著，华东师范大学比较教育研究所译：《学会生存》，教育科学出版社1996年版，第55页。

前提。即，美国政府有意制造了不平等的结果。因此，政府在创造教育平等方面应有所为，也能有所为。教育平等原则的核心就是政府必须尽其所能采取措施促进教育平等。"任何与其他一些基本价值观相一致的最有利于促进教育平等的作为和不作为，政府都应该采取。"① 反过来说，政府在创造教育平等、教育机会平等上并不是完全无力的，"政府无力论"从某种程度上讲是错误的。"政府无力论"坚信，政府不可能求得教育平等，因为政府并不具备有效地实现教育资源的再分配和教育机会的能力。托雷对持"政府无力论"的学者进行了有力的反驳，他说："我们注意到，世界范围的经验证据都显示了对教育的公共投资的严重的不平等现象。但是或许……在政府'适当'的介入下情况会不同……或许，教育市场会更糟糕。问题在于，大量文献都指向了'中产阶级攫取福利'问题，这意味着，如果教育能够达到普及化的水平，那么，中产阶级不可避免地会比弱势群体获益更多。"② 当然，政府介入的程度不宜过多、过深。"对于政府的无力论，首先需要指出的是，它并不反对教育机会的原则，而是反对这样一种假设，即为了保证教育机会，需要去做许多的事情。"③

（四）个体人之间的合理差异

人与人之间的差异是实际存在而且异常巨大的。这种差异，我们自己不论采取什么态度都不能加以改变。当个人在茫茫人海中行动以便达到某种实际目标时，我们就遇到这些差异以强有力的方式或者起帮助作用，或者起阻碍作用。必须分别对待这些差异，有时它们可能是严重的障碍，有时它们可能还是不可逾越的。在一个人的世界，人与人之间的差异是大有关系的。由于种种先天性的因素，个体人在诸如禀赋、能力等自然条件方面以及社会生活环境、机遇等社会条件方面不可避免地存在着种种差异，因而个体人各自的发展机会和发展潜力很不相同。艾德勒说："人类所有成员的种种平等，是伴有各种各样的个人不平等的。这其中有的是先天的，也有的是后天的，还有个人如何运用其天赋和后天所得才能的问题。"④ 就道德意义而言，人的智商主要取决于先天

---

① R. Curren 主编，彭正梅等译：《教育哲学指南》，华东师范大学出版社 2011 年版，第621 页。

② J. Tooley, *Reclaiming Education*. London：Cassell，2000，p. 79.

③ R. Curren 主编，彭正梅等译：《教育哲学指南》，华东师范大学出版社 2011 年版，第620 页。

④ M. J. 艾德勒著，郄庆华等译：《六大观念》，生活·读书·新知三联书店 1998 年版，第207 页。

的因素还是后天的因素恐怕无关紧要。先天也好，后天也罢，天资聪明的人如果不善于利用自己的才智，不善于发挥自己的才智，可能也是无用的。简言之，诸种因素导致了个体人在以后各自发展的结果，如能力、学习成绩、考试分数等方面的种种差别。在合理的范围之内，教育自由理念是认同这些差异的。诚如贝尔所说："即使在阶级特权或性别特权这样的专横区别被消除时，也仍然存在着人与人之间的收入、地位、权威上的区别，存在着产生于才能、动力、努力和成就的区别，而个人则需要运用这些成就的报偿和权力。"①

教育自由的理念对于教育机会平等原则的基本要求是，应当为有所差异的个体人的发展提供合理的、有所差别的教育机会空间。具体而言，教育机会平等原则来源于经典的自由主义的基本教义：个人（不是家庭、社团或国家）是社会的单位，社会的安排是为了使个人有机会实现他的目的——可以通过他的劳动去获得财产，通过交流得到需求之物，通过向上流动取得与他的才能相应的地位。萨米利坚决支持具有以下特点的综合教育系统，即一方面向所有学生进行同样的正规教育，使他们得到同样的对待，另一方面则在促进那种较之英国现行的英才教育制度更大的不平等。追求的目标是，使每个儿童以最佳的方式发展他所具有的能力。他说："'只有在有所区别和不平等的教育制度中，才能使那些有天赋的学生从他们家庭的社会地位之不足而形成的障碍中脱颖而出。'英国'文法中学''已经使无数出身于工人阶级家庭的儿童得以跨越阶级的障碍，自由地发展他们的才能'。"② 除此之外，自由主义的基本教义还主张：每个儿童从出身起就具有某种智力上的天赋或某些较为稳定的能力。为此，教育制度应该被设计成能消除一切外部障碍诸如经济障碍或社会障碍的制度，因为，这种障碍在阻碍着出身低微但有才能的学生用其天赋的智力去取得好成绩，也阻碍着他们行使由此应得到的升迁性社会流动的权利。"这种教育制度不仅关注出身于下层阶级但有才能的年轻人得以进行升迁性社会流动，还要把出身于上层阶级但能力有限的儿童引向低水平的教育，以便使他们随后去从事一些没有什么声望的工作！教育应该使每个人进入由其天赋能力所预先确定的社会地位。"③ 同时，个人之间存在着差别，例如，在天赋、精力、潜力、动机和愿望上的差别，社会机构应给这些抱有不同愿望的个人提供较公平的及更多的竞争机会，使他们能显露才能、实现愿望。教育机会平等原则上否定了地位

---

① D. 贝尔著，赵一凡等译：《资本主义文化矛盾》，生活·读书·新知三联书店 1992 年版，第 330 页。

② 张人杰主编：《国外教育社会学基本文选》，华东师范大学出版社 2009 年版，第 171 页。

③ 张人杰主编：《国外教育社会学基本文选》，华东师范大学出版社 2009 年版，第 172 页。

上的优生、裙带关系、保护人和其他不靠才能参与竞争的一切标准。简言之，教育自由理念持以下观点，教育机会平等并不等于把大家拉平。教育机会平等不是不惜任何代价否认个人的基本自由。诚如弗里德曼所说："自由主义哲学的核心是：相信个人的尊严，相信根据他自己的意志来尽量发挥他的能力和机会，只要他不妨碍别人进行同样的活动的话。在一种意义上，这意味着对人与人之间平等的信念；在另一种意义上，意味着对人与人之间不平等的信念。每个人都有得到自由的平等权利。这一个重要和基本的权利正是因为人们是不相同的。"[①]

教育自由理念尊重个体人本身所具有的合理差异，因此，教育世界需要的不是模式化教学，而是个别化教学。人之为人的特性就在于他的本性的丰富性、微妙性、多样性和多面性，每个儿童都有其独特的特性、兴趣、能力和学习需要，人类最丰满、最多样的发展具有绝对和根本的重要性。费瑟斯通说："儿童都是独一无二的。这一个性不仅是一种不可否认的现实，而且，还是一套重要的、说明如何最佳抚养和教育儿童的线索，就像聪明的家长明白，姐姐和弟弟是不一样的，必要时要创造一个良好的学习环境去发展儿童的特殊兴趣和热情，开发更为共同的课程目标。倾听每个孩子的呼声是教学以及家庭教育的核心内容。"[②] 每个人的天赋和天生兴趣，从他们出生之日起就是各不相同的，每一个人都是一个非常具体的人。他有自己的历史，这个历史是不能和任何别人的历史混淆的。他有自己的个性，这种个性随着年龄的增长而越来越被一个由许多因素组成的复合体所决定。这个复合体是由生物的、生理的、地理的、社会的、经济的、文化的和职业的因素所组成的，而这些方面对于每一个人来说，都是各不相同的。当我们决定教育的目的、内容乃至方法时，必须考虑人是具体的人这一现实。进入教育过程的个体是一个具有文化遗产的儿童，是一个正在走向"社会化"的儿童，是一个不断受到经济环境和经济社会环境熏染的儿童，并具有特殊的心理特征。如果我们认识到这种情况，就必然在教育实践中引起剧烈的变化。正如《学会生存》一书所说："大多数的教育体系，无论在它的机制方面还是在它的精神方面，都不把个人看作具有特性的人。一个权力集中的官僚行政机构不可避免地会把人当作物品。如果我们不改革教育管理，不改革教育程序并使教育活动个别化，我们就既无法履行、也不能取得

---

① M. 弗里德曼著，张瑞玉译：《资本主义与自由》，商务印书馆 2001 年版，第 187－188 页。

② J. 费瑟斯通等著，王晓宇等译：《见证民主教育的希望与失败》，华东师范大学出版社 2005 年版，第 45 页。

具体人的职责。这种具体的人是生气勃勃的，有他个性的各个方面，有他自己的各种需要。"① 因此，尊重个人的多样性和特性是一个根本的原则，这一原则应当摒弃任何标准化了的教学形式。同时，教育世界需要流动性和选择。一个全面的开放教育体系帮助学习者在这个体系中能够纵横移动，并扩大他们可能得到的选择范围。一般而言，流动性和选择的多样性是相辅相成的，这一方面是以另一方面为前提的。除非个人能够沿着任何途径达到他的目标而不受公式化准则的阻碍，否则，他就没有真正的选择自由；他的进步只能依靠他的能力与愿望。除非有各种各样可以充分选择的途径，否则，流动性就没有任何意义。《学会生存》一书说："在不同的教育学科、课程、等级之间，在正规教育与非正规教育之间，一切人为的、过时的障碍，都应一律加以废除。更新教育应该逐步施行，并且要使一些积极的居民优先获得这种更新教育。"② 而要做到这一点，首先要使更多的学生能够在一个学校里面自由地从一个阶段转到另一个阶段，也能自由地从一个学校转到另一个学校。学生要能够自由地进入各个不同的阶段，而又能在不同的点上离开。在义务教育结束后，每个人可以选择继续学习或从事实际生活或者补习前一时期不及格的课程。学生不必事先完成传统的正规教育而接受高等教育。个人应有许多机会从一个教育分支转到另一个分支。其次，个人应该可以在适当的时候脱离和重新进入教育圈子。每个人应该在一个灵活的范围内，自由地选择他的生活道路。如果离开这个教育体系，他也不至于被迫终身放弃利用各种教育设施、教育资源的权利。为此，在教育手段和教育方法的选择上，人们应该有充分的自由。这些手段和方法包括：全日制教育、半日制教育、函授教育以及直接利用知识来源的各种形式的自我教育。同时，基础教育从一开始起，教学内容就应该可以按照一个人不同的环境和要求而有所改变，教学方法和进步也可以在一定程度上个别化。随着学习者的成长，他在选择和组织他的学习项目方面应有较大的伸缩余地。因而，"我们就比较容易衡量学生在各个学科中个人的能力，而且个人也将比较容易按照自己真正的兴趣去掌握这些学科"。③

如果教育平等是以不惜任何代价否认个人的基本自由，那么，教育标准观

---

① 联合国教科文组织、国际教育发展委员会编著，华东师范大学比较教育研究所译：《学会生存》，教育科学出版社 1996 年版，第 196 页。
② 联合国教科文组织、国际教育发展委员会编著，华东师范大学比较教育研究所译：《学会生存》，教育科学出版社 1996 年版，第 231 页。
③ 联合国教科文组织、国际教育发展委员会编著，华东师范大学比较教育研究所译：《学会生存》，教育科学出版社 1996 年版，第 228 页。

念本身就会被描述为精英主义的，教育标准也会遭到破坏，"优秀"也会厄运连连。在一些国家，任何所谓的优秀，如果偏向某种特殊的艺术形式、言说方式或教育成就，往往会遭到贬斥。其理由是与其他人和其他文化在不同条件下取得的那些成就相比，它们并没有更多和更高的特殊价值。此外，为了价值判断而维护一种标准，往往被描绘为是对来自不同文化背景的人施加的象征性暴力。罗梅洛说："优秀是一种智力的、文化的和社会的建构，不仅通过对其自身的反思反映了社会的不平等，而且也反映了建构中具有的武断性。"[①] 正因为如此，考试体系被认为是精英主义的，是歧视工人阶级所获得的智力方面的技能。"从相对主义的角度看，试图用普遍标准来衡量成果，这一做法本身就可能是歧视，如果不是压制的话。"[②] 一些人之所以对教育标准持敌意的态度，是因为他们认为教育标准所包含的努力和期待超出了多数人的能力。这一情绪在教育界普遍盛行。在教育界，人们不遗余力地确保学习者取得某种合格证书。结果，标准不断被重定，以确保学生顺利毕业。分数贬值、学位与学历的贬值仅仅增加了再一次篡改评估模式的欲望。政策制定者不再假装赋予教育标准以任何客观性——教育标准完全沦为教育政策的工具。一些人甚至认为，这类"包容"政策是最好的做法，"包容"教育的支持者说："我们认为，具有包容性是教育是否优秀的一个衡量标准。"[③] 我们认为，从某种程度上言，"包容"政策显然是错误的。因为，向社会所有成员提供同等机会的努力，并没有消除充当成功的通行证的特权。由此带来的结果，是对努力与成功之间的联系普遍感到忧虑。人们不去研究为什么取得优胜的人只获得有限的成功，反而往往同时把英才教育的理想一笔勾销。在西方国家，英才教育往往被指责为是替那些拥有"累积优惠"者的成功所作的辩护，其他人却陷入失败的泥沼。

其实，教育民主不等于牺牲教育标准，教育平等不等于否认教育自由，教育公平不等于否认个体差异。一个牺牲教育标准、否认教育自由、抹杀个体差异的社会不可能是一个充满活力的社会。换句话说，只有承认差异的社会才是充满生机与活力的社会，因为，我们中间有的人比其他人更出色、更聪明、更勤奋、更博学、更能干、更难取代。一些观念比其他观念更深刻。一些价值观

---

① A. Romero, *Educational change and discourse communities：representing change in post modern times*. Curriculum Studies 6，p. 53.

② F. 富里迪著，戴从容译：《知识分子都到哪里去了》，江苏人民出版社 2007 年版，第 16 页。

③ F. 富里迪著，戴从容译：《知识分子都到哪里去了》，江苏人民出版社 2007 年版，第 16 页。

比其他价值观更有生命力。世界上每一个角落的人或许都有所贡献，但这并不意味着所有的贡献都同等重要。

（五）"能人统治"取向的教育制度安排

教育自由理念所言的教育机会平等，其实是与"能人主导论"（meritariandoctrine）紧密相连的。"能人主导论"主张，人的所得和社会名望应与其才能、业绩和贡献相对应。"能人主导论"的有关主张，在柏拉图的《理想国》一书中表现得淋漓尽致。《理想国》要求消除使一个人占据优势地位的所有人为的因素（诸如家庭背景），以便让每个男人都只依据其能力和努力来决定其社会地位，偶然机遇、运气等因素在个人的生活前景中应该被彻底清除。然而，柏拉图的理想最终只停留于理想的层面，并未在其所生活的时代实现。这是因为，在等级制社会中，阶级出身使所有其他要素都从属于等级原理，并因而在"能人"形成过程中起着主导作用。"能人主导论"的经典表述是"前程向人才开放"。即，应消除为特定的阶级、种族的人预设的、法律的乃至其他无法证明的特权，机会平等在此意指消除个人实现其潜力的所有障碍，机会的增长即是自由的增加。诚如贝尔所说："人们相信，人的智力高低是靠智商来测定的，而一个人的成就取决于他们的智力。……按照已取得的社会科学和生物学研究成果，经智商测验选出的英才在社会上是很有限的。英才在一特定年龄组曲线中像其考试的曲线一样成正态分布，按照英才的逻辑，获得高分的那些人，不管他们分散在社会的哪个角落，都应把他们送到社会的上层，以便更好地发挥他们的才能。这就是机会均等这个自由理论的基础，也是杰斐逊关于以'自然贵族'反对归属贵族思想的理论基础。"[1] 而罗尔斯等人则要求消除更多的障碍，包括因天赋、运气、家庭出身的不同而占优势地位的因素。消除这些因素不是将平等的自由最大化，而是实行普遍均衡。

大体而言，教育自由理念要求的教育机会平等是原则性的，而不能完全按照字面的意思来理解，要求一切偶然的因素均被排除。例如，人们事实上不可能在家庭出身、体力、智力等天赋条件上完全实现均等，让所有人回到一个人在所有方面都相同的教育起点上肯定做不到。教育起点平等和教育机会平等的要求只是强调，决定一个人教育机会和前程的唯一因素是其才能，而不是其他。因此，教育机会平等主要是原则性的，即克服明显的、人为的歧视和区别对待，不能、也不可能要求任何人的各种境况均相同。况且，"人们或者可以

---

① 张人杰主编：《国外教育社会学基本文选》，华东师范大学出版社 2009 年版，第 201 页。

实现平等，或者可以实现机会平等，但两者不能兼而有之，为实现平等而作出的努力，事实上有损于为实现教育面前机会平等而作出的努力"。① 在此，我们可以就教育起点平等和教育机会平等作一检验。如果家庭背景和财富决定了教育机会，那么这显然是习俗或人为造成的，因而需要改变。怎么改变呢？一种办法是取消家庭制度和遗产继承制度，而这一办法显然是行不通的。哈耶克说："如果我们同意父母所具有的那种'望子成龙'的天赋本能是可欲的，那么将这种努力仅限于非物质利益的传授，似乎就没有什么切实的根据了。家庭所具有的传承生活标准和传统文化的功能，是与其转赠物质财产的可能性紧密勾连在一起的。而且，我也实在不明白，将物质条件的收益仅限于一代人去享用，究竟会对社会有什么真正的助益。"② 第二种办法就是提出一种自然的、中立的理性标准来判断人的智力水准，以智力高低决定教育机会的享有。可是，这一智力标准本身的依据究竟有多大？那些被智力标准排除在教育机会之外的人也许会抗议说，这一标准就像家庭出身和财富一样是主观随意的：为什么智力低下的人就应该被排除在外？如果教育费用是由纳税人支出的，则那些纳税人自然有权利要求自己的子女受到良好的教育，无论其智力是高还是低（这里显然涉及基本教育权利的问题）。况且，决定一个人智力的不仅是纯自然的遗传因素，还有后天的环境影响，以及个人的努力、勤奋程度。于是，一个看起来简单的智力标准便涉及如此多的复杂方面，以智力标准"分配"教育机会也是人为的。只有当提出一个人的受教育程度应与其智力所达到的程度相称时，这一标准才是可与教育机会平等相容的。尽管如此，以智力标准"分配"教育机会，也许比依凭家庭背景、地位和财富决定教育机会更接近教育机会平等，但其本身仍然不是完全的教育机会平等。从更激进的角度看，为了彻底地贯彻教育机会平等，甚至还有必要由政府出面改造那些引致智力差别的诸多因素，包括家庭背景、天赋。如若这样，显然违背了教育自由理念的基本主张，同时也不能求得教育机会平等。哈耶克说："在教育领域试图通过强制手段而达致平等，依旧不能解决问题，因为这种强制性措施也会阻止某些人获得接受教育的机会，而不采取这种手段，他们本来是可以接受教育的。不论我们所可能采取的手段是什么，都无法阻止只是某些人才能拥有（而且由某些人拥有这样的优势是可欲的）的那些优势，被那些既不应获得这些优势又不能像其他人那样

---

① 张人杰主编：《国外教育社会学基本文选》，华东师范大学出版社 2009 年版，第 171 页。

② T. A. V. 哈耶克著，邓正来译：《自由秩序原理》（上），生活·读书·新知三联书店 1997 年版，第 109—110 页。

极好地运用这些优势的人所获得。这个问题是不能通过国家所拥有的排他性的强制性权力而加以圆满解决的。"①

教育自由理念赞成个体优点或天赋、家庭背景等提供的教育资源是应得的。在一种"公平的精英统治"中，或者在一种"公平的精英统治"环境下，阶层差别和阶级偏见已经被消除，那些达到有利位置的人们赢得了他们的地位或优势，而且也应得与其地位、优势相应的奖励。"今天，杰出人物确信，成功就是对他们自身的能力、他们自己的努力以及他们自身不可否认的成就的公正奖酬……他们确信……他们不仅开始就拥有较高的才干，而且最优良的教育也建立在天赋之上。"② 不平等的分配份额取决于对能力、成就的认同，而不仅仅是合法期待的满足。1958 年，迈克尔·杨在《治国英才的崛起》一文中说，几个世纪以来，社会的特权地位按照继承权的遗传原则，一直由贵族的子女继承着。但是，现代社会的本质是"社会发展的速度取决于权力和知识的结合程度"。经过一系列教育改革，英国确立了英才原则。每一个人在社会上的地位是按照他的"智商和努力程度"来决定的。到 1990 年前后，智商超过 125 的人都可以跨入英才行列。③ 哈尔西认为，一个人的获致地位（即根据某些客观标准而完成的业绩）比他先赋的地位（即他出身于什么样的家庭）更为重要。他说："教育对于社会地位，特别是对于父子间社会地位的传递具有越来越重要的传递。在美国，优越的家庭出身增加了儿子得到优越职业的机会，大多是因为它们帮助孩子获得了更好的教育。"④ 当然，这并不意味着家庭背景不再影响子女的职业，而是意味着优越的地位不再能够直接继承，而必须作出社会公认的实际成就来证明其地位的合法性。因此，教育自由理念认同"精英统治"或"能人主导论"，既确立了个体人努力、奋斗的合理性，确立了尊重个体差异、个性差异的合理性，又确立了判断一项教育制度乃至社会制度是否合理的依据。斯宾塞认为，同公正或正义观念相联系的最高价值并不是平等，而是自由。每个个人都有权利享有任何他能从其本性与能力中得到的利益。每个人都应当被允许维护自己的权利、获得财产、从事一项他本人所选择的事业或职业、自由迁徙并毫无拘束地表达他的思想和宗教情感。对于上述权利的行使，他所期望的唯一限制，就是每个人都必须意识到并尊重其他人所进行的不可妨

① T. A. V. 哈耶克著，邓正来译：《自由秩序原理》（上），生活·读书·新知三联书店 1997 年版，第 111 页。
② B. 巴利著，曹海军译：《社会正义论》，江苏人民出版社 2007 年版，第 141 页。
③ 张人杰主编：《国外教育社会学基本文选》，华东师范大学出版社 2009 年版，第 199 页。
④ 张人杰主编：《国外教育社会学基本文选》，华东师范大学出版社 2009 年版，第 109 页。

碍的活动，因为其他人也都享有同样的自由主张权。每个人的自由应当只受限于所有人都平等享有的自由。他将上述正义观归纳为这样一个经典公式："每个人都可以自由地干他想干的事，但这是以他没有侵犯任何其他人所享有的相同的自由为条件的。"① 正因为如此，教育自由理念往往对如今的大多数教育制度持批判态度。

自由至上主义者认为，如今的大多数教育制度，尤其是这些教育制度的自我评估机制，均基于一项平等主义的原则：有才华的人在不同社会阶层、种族和性别中的分布是均匀的，一个人的才华是或者说应该是决定他在经济上能否成功的主要因素。如果是这样的话，判断一项教育制度是否成功只能是看它在各个阶层、种族和性别之间产生的实际结果是否大致一样。如果有才华的人不是均匀分布的话，我们便失去了衡量一项教育制度是否有效的手段，我们便无从知晓该教育制度花的钱是否值得。这是因为，平等主义原则坚持，"接受最多的教育是每个公民的权利，而不考虑他将来对经济生产作出贡献的能力；'智力'和'可教育性'基本上是由环境因素所决定，因此如果有适当的教学，所有的人都能从教育中获益"。② 换句话说，人们实际上通常是根据社会的利益，通常是根据能否选择那些最有才干的成员去担任那些困难的或负责任的工作来评价一项教育制度的。虽然关于人类的才能和个人与社会关系的这种狭隘的观念是能够和必须废除的，而且无论如何将来总是要被废除的，但是这种评判教育制度的观念对许多国家来讲，至少在今天还是有用的。因为在这些国家里，在经济和行政方面，迫切需要有训练的行政人员。这就使人们以"能人统治论"为根据选拔人才。天野郁夫说："现代社会是这样一种社会，即它把根据能力以取得更高地位为目标的自由竞争作为其基本功能条件。据此，可以把各种考试制度视为选拔和分配机构最富有战略性的部分。因为由国家、学校和其他社会组织来有意识地操纵这种考试制度，便可以在相当程度上支配人们的社会分配结构和过程。这些考试大体上可分为资格考试和选拔考试。……选拔考试的目的是选出一定数量的人，使之同已准备的地位和角色的数量相一致。考试所要求的是形成能力的序列，因而采取竞争考试的形式。"③ 尤其是当这种选拔人才的办法杜绝了裙带关系或任人唯亲时，它就更加显得理直气壮了。诚如贝尔所说："如果社会上总要存在虚荣心——或说自我，我们仍能通过大家

① E. 博登海默著，邓正来译：《法理学》，中国政法大学出版社 2004 年版，第 264－265 页。
② 张人杰主编：《国外教育社会学基本文选》，华东师范大学出版社 2009 年版，第 99 页。
③ 张人杰主编：《国外教育社会学基本文选》，华东师范大学出版社 2009 年版，第 133 页。

的赞许观察到一致的尊重。……'在一个社会中，如果尊敬程度的不平等来源于表彰的不平等，那么这个社会还是合理的。'正是在这个意义上，我们可以承认个人的成就区别。也就是在这个范围内，我们说英才治国的方针如果在一个社会运用得当，那么，这个社会即使存在不公平，但这个社会仍是正义的。"① 例如，美国教育制度就是一种鼓励、实践"竞争性流动"、"向社会流动模式"的制度。在竞争性流动这一制度背景下，英才地位是一种依据某些公平原则在公平竞争中获得的奖品。竞争者在可运用的策略方面享有广泛的自由。由于成功地向上流动所获得的"奖品"不是由某个公认的英才赐予，所以这位英才就无权决定谁将得到、谁将得不到奖品。诚如特纳所说："竞争性流动就像一场众人角逐几个公认的奖品的体育竞赛一般。只有所有的角逐者完全平等地进行竞争，才能断定竞争是公平的。胜利唯有通过个人的努力才能获得。"②

"杰出人才论"即是教育自由理念确立的判断一项教育制度是否合理的依据，或者说，教育自由理念是认同"杰出人才论"的。"杰出人才论"这个术语从理论上讲，并不意味着或不再意味着第一等的教育应为某一特殊阶层所保留。实际上，它是把社会上的"精华"同其余的人区分开来。"杰出人才论"是这样一种体系，其目的不是根据一个人的社会背景去排斥他或挑选他，而是按照现有的杰出人才论这个概念去挑选"最优秀的人"。霍珀说，杰出人才论是这样一种意识，"每个公民所受的最多的教育应该依据他将来为经济生产作出贡献的能力；'智力'和'可教育性'基本上是由遗传因素所决定，这样，有些人就不能从超过最低限度的教育中获得收益；那些似乎会占据英才位置的人们应在早期就与那些似乎会从事低职的人们分离开来，这样，前者就有信心领先，而后者也愿意跟随"。因此，学校担负着一种筛子的任务，从小学各年级开始，一直进行到以后各个教育阶段，为挑选未来的杰出人才而进行筛滤，且"最初的筛选应尽可能早地开始"。③ 如果社会照例重视有优越的社会文化背景出身的儿童在学业上的成就，我们就必须理解，这是杰出人才论这一体系的后果而不是它的目的。此外，杰出人才一词毕竟意味着少数的人，这一体系绝不会因为它的人数增加而就不再是杰出人才论了。决定的因素是选择原则，根据现有杰出人才论规定的标准，虽然许多人被选上了，但其他所有的人都被排斥在外了，而且这种标准不断地把这些限制规定得越来越严了。诚如《学会生

---

① 张人杰主编：《国外教育社会学基本文选》，华东师范大学出版社2009年版，第226页。
② 张人杰主编：《国外教育社会学基本文选》，华东师范大学出版社2009年版，第78页。
③ 张人杰主编：《国外教育社会学基本文选》，华东师范大学出版社2009年版，第99页。

存》一书所说："10 年前在大部分的非洲国家，为了成为一个杰出人才，中学阶段肄业就够了；5 年前，大学学位已经成为必不可少的了；而今天则把大学毕业后的研究工作视为唯一的条件了。增加享受教育的机会，是没有用的，因为这并不一定使大家都有均等的机会。由于要求的标准逐步提高，这种标准就永远是群众所达不到的。"①

现有的杰出人物具有一种方便的和表面上看来似乎平等的方法，一代接一代地来吸收他的承继人，也就是他可以从他自己的后代中挑选大部分人，同时又从处于不利地位的阶层中挑选少数的人。这个方法的好处是：为社会提供了一个安全阀；使统治阶级于心无愧；为杰出人才补充了新鲜血液。这一选拔人才的方法，较之其他不是基于竞争性的考试而是基于种族的、民族的或意识形态的差异的挑选制度，其丑陋的程度确实要少一些。《学会生存》一书认为，如果杰出人才论持"阶级就是权力"的主张，那么这种杰出人才论就是错误的，就会妨碍真正的杰出人才的涌现。如果杰出人才论坚持用民主的标准去挑选人才，那么这种杰出人才论就是与教育民主化相容的。"用民主的方法扩大教育的基础，使得所有个人的才能都能得到实现，这样便促进了'天然的'杰出人才的产生。"② 当然，即使一个具有广泛基础的杰出人才论的体系，同一个真正的民主体系仍然是不同的。例如，职业向有才能的人开放是美国自由主义固守的一项原则，美国人也坚持认为学校应该随着职业的要求而变化。能够自己迅速掌握知识的孩子应该被允许自由学习，学习慢的孩子的学业应该调整得和他们的学习速度一致。这样，两个群体的孩子都会找到各自的学习乐趣。"在群体中，每个孩子都能找到他们真正的未来的朋友——而且，事实上可能还有他们的配偶。在稍后的生活中，他们将与和他们有着大致相似智力的人继续为伴。认为他们的孩子特别聪明的家长将喜欢这种分隔，因为这样，孩子们会有'正常'的接触，在学校里不觉得无聊，并且相信智力的强化将会使他们更聪明。"③ 但是，这种将聪明学生与其他学生"隔离"的做法，更像是故意使其他学生教育经历贫瘠的一种行为。在冷战高峰时期，美国提倡的"天才追踪"计划被视为一种自我防卫措施：尽早招收科学家和技术人员，大量训练国家需要的男女。但是，如果人们想要保卫的共同体是一个民主国家，那么，任

---

① 联合国教科文组织、国际教育发展委员会编著，华东师范大学比较教育研究所译：《学会生存》，教育科学出版社 1996 年版，第 97 页。

② 联合国教科文组织、国际教育发展委员会编著，华东师范大学比较教育研究所译：《学会生存》，教育科学出版社 1996 年版，第 88 页。

③ M. 沃尔泽著，褚松燕译：《正义诸领域》，译林出版社 2002 年版，第 292 页。

何形式的招收都不能先于公民的"招收"。每个公民都应该也需要接受现代科学教育，没有现代科学教育，他们将几乎不能为未来的一切生活作好准备。如果社会需要大量的人从事科学工作，社会一定会提供额外的刺激措施促进科学人才的成长。因此，"不需要早早地就选出未来的专家，在某种程度上，可以说，在别人有机会获得灵感之前就给他们合适的名分。这样做只是在'招收'公民刚开始一半之前就承认失败了——而这将在优秀的学校，尤其是初级学校被抵制"。① 同时，"天才追踪"计划认为，对天才的追踪会让人们提前知道成年公民的联合模式，即对天才的追踪可能会有助于形成成年公民的联合模式。显然，这一主张是错误的。因为，"成年人的世界不是由智力分隔的，各种工作关系，地位等级制的上上下下，都要求混合；而且，更重要的是，民主政治要求混合。我们不能想象在不把不同程度和种类的天才以及缺乏才能者聚到一起的情况下，能够组织一个民主社会——不仅在城镇里，而且在政党和运动中。人们倾向于和与他们的智力水平相当的人结婚这个事实具有边际意义，因为一个民主生活的公共教育只不过是对婚姻或个人生活进行附带性的一般训练。如果没有公共生活，或者如果民主政治是根本被贬值的，那么，天才跟踪就会更容易保护"。② 因此，社会发展、时代进步的一项重要任务，就是要寻求一种根本的、非歧视性的教育模式。当然，在寻求这一模式的过程中，必然会遭遇政治上、经济上的阻碍，心理上的抵制，社会上本已存在的等级制度的阻挠。如果要真正寻得这一模式，"只有在一个由于普遍消除了社会障碍而达到了一体化的社会中，这种担任挑选和分配工作的教育任务才会丧失其消极的筛滤作用，而具备促进人类成就的积极的特征"。③ 既然实现"一体化社会"的目标是漫长的，教育筛选功能是客观存在的，那么，教育自由理念的上述主张也不无道理，至少是一个"不坏"的制度设计。

（六）过有尊严的"好生活"

享有基本的教育自由，是过有尊严的"好生活"的关键。

1. 享有基本教育自由的目的在于过有尊严的"好生活"

（1）教育选择

教育自由理念主张免除人为的干预，为受教育者提供充分的条件，创造最

---

① M. 沃尔泽著，褚松燕译：《正义诸领域》，译林出版社 2002 年版，第 293 页。

② M. 沃尔泽著，褚松燕译：《正义诸领域》，译林出版社 2002 年版，第 293 页。

③ 联合国教科文组织、国际教育发展委员会编著，华东师范大学比较教育研究所译：《学会生存》，教育科学出版社 1996 年版，第 88 页。

大的精神成长空间，使受教育者享有最大限度的自我创造。教育自由理念主张尊重个人目标的选择，或者在任何情况下，免除任何形式的对个性的扭曲和对个性的压制，保护受教育者的生命和健康，保障受教育者的权利。教育自由理念主张在任何时候教育与教育者不能强迫受教育者依靠非自主的选择去生活，也不能借口一切都是为了受教育者好、一切都是为了受教育者的幸福，而自认正当地强迫受教育者做某事或禁止他做某事。教育应致力于培养孩子们选择生活方式的能力，而不是传授对每个人来说最好的生活方式。在赵汀阳看来，伦理学视野下的自由，表现为一个人对自己的行动的有实质意义的自主权。自主权主要表现在以下几个方面：一是否决权。自由首先表现为否决权，如果在弱的意义上则表现为拒绝权。一个自由人能够不做某种他所反对的事情，或者可以故意不做某种事情，他才有可能做他想做的事情。如果一个人被剥夺了否决权，也就剥夺了自由，他将不得不做某些力量所强加给他的事情。"拥有弱的意义的否决权（是权力而不只是权利）是一个人做人的基本条件。一个没有否决权的人根本就没有机会做一个合目的的人。"二是选择权。仅仅拥有否决权，仍然不能构成自由。自由必须成为实在的活动才有意义，否则就是被废弃的状态。当企图把自由实现为某种活动时，就有了选择问题，"选择权表现为一个人能够拒绝某种事情并且选择去做别的事情"。三是创造权。既然选择去做某种事情，就不可能选择做无创造性的事情。"自由必须投入在创造性的生活中才真正成为现实，否则永远是抽象的可能性，并不真的生效。"① 赵汀阳虽是就伦理学视野下的自由而论，从某种意义上讲，也适合于我们对教育自由的思考与分析。

教育不能强行灌输单一的价值观念、道德观念，不能强行让学生过由单一的价值观念、道德观念所建构的"好生活"，而应把"好生活"的选择权、判断权、决定权留给学生自己。教育自由理念的出发点不是犬儒主义或彻底的怀疑论，而是道德多元主义。教育自由理念放弃了以单一的客观道德秩序来界定"好生活"的信条，对于基本的道德争议采取中立的态度。"自由主义不依赖于任何单个形而上学或认识论体系的真理性……为了接受自由主义，你不必充当那些高度争议性的大问题的主人。"② 教育自由理念承诺道德多元主义，因为存在着许多相互容纳的、有价值的、值得尊重的关系以及生活计划。因此，教育

① 赵汀阳著：《论可能生活》，中国人民大学出版社2004年版，第121—123页。
② B. Ackeman，*Social Justice in the Liberal State*，New Haven Conn：Yale University Press，1980，p. 361.

自由理念拒绝把教育生活建立在"权威"规定的"好生活"的基础上，不愿依赖于有关人性的共识真理。教育不能限制人的发展，而是为人的多样性发展服务的。洪堡在《政府的界限与责任》一书中的的精辟论断——穆勒将其放置于《论自由》的篇首："本书所展示的每一个论证，都直接指向一个总体的首要原则：人类最为丰富的多样性发展，有着绝对而根本的重要性。"① 正义的教育不能限制孩子对于好的生活方式的选择，而是要提供机会让每个孩子能够在尽可能多的生活方式中作出自由、理性的选择。反之，剥夺孩子们对于生活方式的选择、选择能力就是一种非法的托辞，就是把人当作手段而不是目的。因为，"即使我知道我的生活方式是最好的，这并不意味着我有权把我的生活方式强加在别人身上，包括我自己的孩子；因为这样会剥夺他或她选择自己的理想生活方式的能力。此外，这种能力不仅是他选择适合的生活方式所必需的，同时也是其作为自由平等公民行使政治自由所必需的。教育家们如果认为准确地了解了公民的政治决定是什么并由此而为他们做决定，而不是教育他们依靠自身智慧去坚持他们的政治立场的话，这同样是一种非法的托辞"。② 穆勒所著《论自由》一书的目的，即是力主提出一条非常简明的原则——"人们若要干涉群体中任何个体的行动自由，无论干涉出自个人还是出自集体，其唯一正当的目的乃是保障自我不受伤害。反过来说，违背其意志而不失正当地施之于文明社会任何成员的权力，唯一的目的也仅仅是防止其伤害他人。他本人的利益，不论是身体的还是精神的，都不能成为对他施加强制的充分理由。"③ 如果我们不是强制性地干预个人的教育生活，而是尊重个人的选择，这无疑是一件于己、于社会都有益的事。菲利普斯说："自古以来，演说家和诗人都极力称颂自由，但却没有人告诉我们自由为何如此重要。我们对这个问题的态度取决于我们把文明看作是一成不变的还是进步不已的。……在一个进步不已的社会中，任何对自由的限制都会使经受了考验的事业在数量上减少，从而使进步的速度降低。而在这样一个社会中，行动自由之所以要给予个人，不是因为他由此获得更大的满足感，而是因为如果让他按自己的意愿行事，而不是按我们要给予他的命令去做，他将能更好地为我们中的其他人服务"。④ 教育自由理念主张在教育制度的安排和设计上，为人的自我发展和自我创造打开更多的大门、为人的

---

① J. S. 穆勒著，孟凡礼译：《论自由》，广西师范大学出版社 2011 年版，卷首页。

② R. Curren 主编，彭正梅等译：《教育哲学指南》，华东师范大学出版社 2011 年版，第 523 页。

③ J. S. 穆勒著，孟凡礼译：《论自由》，广西师范大学出版社 2011 年版，第 10 页。

④ H. B. Phillips, *On the Nature of Progress*. American Scientist，XXXⅢ，1945，p. 255.

自我选择创造更多地条件，而不是故意制造一条"独木桥"，把人们的发展前景和选择机会减少。因为，"人性并不是一部按照一种模型组建起来，并被设定去精确执行已规定好的工作的机器，人性毋宁像是一棵树，需要朝各个方面去成长与发展，并且是根据使它成为一个活体生命的内在力量的倾向去成长与发展"。① 而教育制度的多样性，显然就是回应个人选择需求的。"通过学校体制多样化以及学校、家庭、社会等教育机能网络化，放宽年龄限制、资格限制、承认例外等"，才能"扩大多种选择机会，以便尊重受教育的儿童、学生、家长的权利和意见"。② 教育自由理念主张从某种程度上消除教育制度的外部障碍，从而为每个儿童所具有的天赋能力得到和谐发展。卢克斯说："如果有人减少或限制某人实现他自我发展能力的机会，这也是对他的极端不尊重。这种情况也许会以不同的方式，在不同的情况下发生。无论在资本主义还是国家社会主义的等级社会中，如果系统而持续地否定下层公民的这种机会，便构成了最坚决反对这些社会结构性不平等的理由。例如，在社会化的背景下，对机会的这种限制是当代教育社会学家所研究的一个重要的——甚至可以说最重要的——课题。一种等级化的教育体制强化了其他的社会不平等，从而阻碍着社会地位不高的人的自我发展，因此，这种教育体制便会导致否定对人的尊重（显然，这里假设教育的变革服从于政治控制）。与此类似，我们还可列举另一个例子。如果可以使某些类型的工作更富有挑战性，需要发挥更大的才干或技能，承担更大的责任，而在这时却仍然把工人局限在奴性的、单调的和令人厌烦的劳作中，这就是否定了对人的尊重。此外，工人以及作为一个整体的政治社会中的公民——真正参与影响着他们的重要决策的形成和决断的可能性遭到否定，那也就是否定对他们的尊重，因为他们发展积极的自我管理这种优秀人类品质的机会也遭到了否定。"③ 当进行自由竞争的道路打通时，他们应该用自己的智力和道德判断作出抉择。胡森说："在很长的时间里，欧洲的自由主义者和社会主义者在他们既定的纲领中，把教育面前机会平等和言论平等相似地对待。至于怎样利用这种机会，则属于儿童及其家庭的权利。如果受挫，咎由自取。因此，从制定教育政策着眼，重要的在于建立能够为所有儿童提供同样机会的教育制度，也就是说，不论其社会出身，人人都能够不受限制地根据机

---

① J. S. 穆勒著，孟凡礼译：《论自由》，广西师范大学出版社 2011 年版，第 69 页。
② 香山健一著，刘晓民译：《为了自由的教育改革》，高等教育出版社 1990 年版，第 102 页。
③ S. 卢克斯著，阎克文译：《个人主义》，江苏人民出版社 2001 年版，第 122—123 页。

会平等的原则受到教育。"① 也就是说，学业的成败首先要归因于学生自己，而学业失败就只能咎由自取，因为机会已向他们提供，但他们不会加以利用。当然，由于个人的发展需要得到文化制度、教育制度和社会的帮助，增进肯定性教育自由，在今天越来越被公认为属于作为一种普遍福利工具的教育法律的范围之中，即使这可能需要不受限制的否定性权利作出某种牺牲。"不受干预的否定性自由，有时会同实现某人的个人能力和社会能力的肯定性自由发生不可调和的冲突。一个有关强迫父母让孩子上学念书并让他们一直学习到他们达到一定年龄的法律，无论是对父母来讲还是对孩子来讲，都没有增进他们免受限制的自由；但是毋庸置疑，这种法律有助益于自我实现的自由，而且还扩大了孩子在日后生活中的各种机会，特别是他们自由选择职业的机会。"②

不过，对教育自由理念持批评态度的社群主义者认为，在教育自由理念支持者那里，实际上接受了凡是受教育者选择的，便是好的。由于个体的主观喜好是价值判断唯一的乃至最后的标准，因此教育自由理念的主张容易滑入价值虚无主义之境。同时，由于每个人的喜好不同，因此即使同一个人的喜好也会因时因地而异，且这些喜好都是任意的。泰勒认为，只有在社会角色之中而不是之外才能够实施自我决定，对社会角色进行质疑的自由是自我驳斥的。因为，"完全的自由就是虚无：没有什么事情值得追求，没有什么事情值得重视。通过置所有的外部约束与影响于一旁而达成自由的自我，实在是没有特性的，因此根本就缺乏确定的目的"。他论证说，真正的自由必须是"处境中的"。要想使我们社会处境的方方面面都服从理性的自我决定，是一个空洞的愿望，因为，这种自我决定的要求是茫然无措的。这种要求"不可能为我们的行为确定任何内容，因为它脱离了为我们设置的目标的处境——正是这样的处境才塑造了理性同时也激发我们的创造力"。我们必须接受由处境"为我们设置的"目标。如果我们不接受这样的目标，追求自我决定就会导向尼采式的虚无主义，我们就会把所有共同价值当作绝对任意的设定而加以拒斥——于是，"生活的权威视域，如基督教的和人道主义的，一个接着一个被当作意志的镣铐而加以抛弃。最后，只剩下强力意志"。③ 既然理性无法为选择提供任何客观判准，所谓教育生活的好与坏、高与低和对与错，也就无从谈起。教育生活的底线，遂只能调到最低：彼此尊重各自的选择，只要你的选择不伤害别人。这样的底

---

① 张人杰主编：《国外教育社会学基本文选》，华东师范大学出版社 2009 年版，第 169 页。
② E. 博登海默著，邓正来译：《法理学》，中国政法大学出版社 2004 年版，第 306 页。
③ W. 金里卡著，刘莘译：《当代政治哲学》（下），上海三联书店 2004 年版，第 406 页。

线，或许有助于维护教育秩序，但却绝对谈不上高尚高远。教育的目的，不再是实现人的至善本性或社会、群体的共同利益，而只是满足个人的主观欲望。说得不好听一点，这是堕落的教育。但是，我们认为，对教育自由理念的上述批评缺乏有力的证辩，是不成立的。换句话说，如果对教育自由理念的上述批评成立，批评者将会面对一些难以解释的事实。第一，在真实的教育生活中，很少有受教育者会是价值虚无主义者。每个人从出生之日起，便生活在道德社群之中，学会使用道德语言，并和他人建立道德关系。在学校生活和社会生活中使用道德语言作出道德判断、根据道德判断产生道德行为、因应道德判断和道德行为而产生相应的道德情感。可以说，每个人都被抛掷成为"社会人"、"道德人"。而当个人在进行道德判断时，每个人必须提出辩护的理由，以证明自己的判断是对的。而这些理由，即是每个人所相信的价值。这些价值不是可有可无的，而是每个人为人处世及存在意义的基础。这些价值在最深层的意义上，界定着每个人的自我，限定、支配着每个人"看"、"观"、"说"世界的方式。尤为重要的是，一旦进入有形或无形的道德对话，每个人必须首先假定这些价值原则上是对话者可以理解并能够接受的。如果个人相信学习自由是对的，强制灌输是错的，个人必须同时相信，支持每个人的判断的理由，是别人可以看到并同时有理由接受的。也就是说，一个逻辑上一致的虚无主义者，不可能同时是个道德存在，因为个人不能接受有任何跨主体的道德理由（或更广义的价值理由）的存在。问题是，事实上，绝大多数人都是道德存在，也理解和期许自己成为社会人、道德人。教育自由理念作为一套教育道德理论，自然也预设了人是具有理性能力和自由意志的道德能动者。正如罗尔斯所说："作为自由的个体，公民们彼此承认，他们具有某种善观念的道德能力。这意味着，他们不认为自己必定被系于对于某一特殊善观念的追求，也不认为自己必定被系于在某一给定时间内自己所支持的、与那个善观念相应的最终目标。相反，作为公民，他们应该被普遍地当作具有这样一种能力，使得他们能够基于合理的与理性的两种理由去修改和更改该观念。这样，公民要跳出那些特殊的善观念并考问和评价与之相关的各种最终目标，就应当被允许。"[1] 因此，教育自由理念不可能接受虚无主义。第二，如果教育自由理念真的直接导致了虚无主义，那么教育自由愈多、教育选择愈多的社会，人们理应生活得愈失落，愈不在乎真假、对错，甚至道德愈败坏。但实际情况似乎并非如此，许多经济社会发展相当成熟，公民权利受到充分保障的自由民主社会，并没有在宗教、道

---

① W. 金里卡著，刘莘译：《当代政治哲学》（下），上海三联书店 2004 年版，第 391 页。

德、文化、教育乃至如何安顿生命的问题上出现所谓的虚无主义危机。恰恰相反，这些社会往往文化昌盛，道德高尚、民风醇厚、秩序井然、教育兴盛，公民之间相互信任、相互合作。这是因为，"公民教育是一个复杂的整体，它既包括承认价值观，也包括获取知识和学习如何参与公共生活。因此，从意识形式上看，不能把这种教育视为中性的；学生的信仰必然受到这种教育的挑战。为了维护信仰的独立性，教育也应从人的童年起并在其一生中培养一种有助于自由思考和自由行动的批判能力。在学生成为公民时，教育将是指导他沿着一条艰难的道路行走的永久性指南；在这条道路上，他应把行使以公共自由为基础的个人权利同履行对他人及所属社区的义务和责任协调起来"。① 第三，教育自由理念有许多价值坚持，而且被广泛地视为基本价值，诸如教育自由、教育平等、教育权利、教育民主、教育公正以及依法治教等。上述这些价值，构成了自由社会的基础。如果教育自由理念接受价值虚无主义，它怎么可能为上述价值辩护呢？岂不是自相矛盾吗？或许有人会说，那是因为教育自由理念将上述价值纳入正当的领域，而其他价值属于"善、好"的领域，前者客观后者主观。其实，这种说法是毫无道理。如果价值虚无主义为真，那么所有价值的客观普遍性都将无从建立。既然教育自由理念声称它所主张的价值具有客观普遍性，那它自然不可能接受虚无主义。布鲁姆的论述，较好地回答了这一问题。他说："多样性并不仅仅是回避讨论什么是善好的一种方式，在这个意义上，我们也可说在自由社会中，许多高雅的或高贵的生活方式必然为人们的多样选择而存在着。但将焦点放在多样性本身上就是自欺欺人。因为，一种崭新的和严肃的生活方式要能出现并维持下来，它的创立者必须相信它的真理性和它高于其他的选择；因此，他们就不可能认为想要的东西就是多样性。这种追求绝不会是对多样性的追求，而必须是对真理的追求——在最高的善好和生活目的上的真理。"②

如果以上三点分析成立，那么，以虚无主义之名批判教育自由理念看似深刻，实则是无的放矢。教育自由理念主张：一方面，我们对教育目标进行选择的自由本身就具有价值，这种自由本身就值得追求；另一方面，存在着某些值得追求的教育目标，存在某些值得完成的教育任务，且对教育目标进行选择的自由本身具有价值。金里卡说："自由主义对自由的关注并没有取消这些任务

① 联合国教科文组织教育丛书，联合国教科文组织总部中文科译：《教育——财富蕴藏其中》，教育科学出版社 2005 年版，第 49 页。

② A. 布鲁姆著，秦露等译：《巨人与侏儒》，华夏出版社 2003 年版，第 326 页。

和目标。相反，自由主义对自由的捍卫正好立足于那些目标的重要性。自由主义者并没有说，因为自由是世界上最值得珍视的事物，所以我们应该为了自由的目的而拥有选择目标的自由。相反，我们的事业与任务在我们的生活中最为重要，而正因为它们如此重要，我们才应该享有对它们进行修正的理由——如果我们不再相信它们具有价值的话。我们的事业对于我们的生活至关重要，但由于生活必须基于内在的价值信念，我们就应该自由地形成、修正我们的生活计划并据此而行动。追求选择的自由并不是因为自由本身的缘故，而是因为，选择自由是我们追求具有内在价值的事业的不可或缺的前提。"① 教育自由理念和其他教育理论的区别，在于它对于什么是好的教育生活有其独到之见，而不是没有见解。教育自由理念关注的是每个人的教育生活过得如何，并希望每个人的教育生活过得好。"存在着不同的个人，每个人都拥有他自己要过的生活。"② 我们甚至可以说，教育自由理念对整个教育制度的构想，都是围绕着如何让独立自主的受教育者的教育生活过得好、过得有尊严。具体而言，教育自由理念主张，教育在训练"明天的国家"时，应尽可能多地给个人自由，并发展每个人的主动性、独立性和应变能力等积极品质。"每一个正常的成人都应该享有必须被他人尊重的、一定范围的自我决定。……每个人一旦成年，为他们自己阐释个人经历的意义和价值，就属于本人的权利和特权。对那些越过身心成熟的底线的人而言，就生活的主要问题进行自我决定的权利是不可被剥夺的。"③ 同时，培养孩子们对其他文化体系和生活方式保持开放的心态，并不需要采取道德中立的方式，而是要培养他们民主和自由的德性。"这种德性对于民主社会很重要，因为所有民主社会的文化和道德都是多元的。这种德性也是一种美德，它蕴含着某种道德义务，即教育和鼓励孩子拥有开放的心态，同时从道德上致力于这种开放的心态。一旦认识到道德义务能够被质疑，并且能够通过质疑而被认可（或拒绝），那么开放的心态便与履行道德义务联系在一起了。"④

---

① W. 金里卡著，刘莘译：《当代政治哲学》（下），上海三联书店 2004 年版，第 406—407 页。

② R. 诺奇克著，姚大志译：《无政府、国家和乌托邦》，中国社会科学出版社 2008 年版，第 41 页。

③ W. 金里卡著，刘莘译：《当代政治哲学》（下），上海三联书店 2004 年版，第 387—388 页。

④ R. Curren 主编，彭正梅等译：《教育哲学指南》，华东师范大学出版社 2011 年版，第 521 页。

（2）学术自由与学习自由

教育自由理念主张保障人的基本教育权利，诸如人的思想自由、信仰自由、学术自由、言论自由、教学自由、学习自由、参与学校管理等。现仅就学术自由、学习自由等作一简要的分析。最初提出"学术自由"主张的，乃是欧洲大陆国家的学者。在这些国家，大学一开始都是国立研究机构，因此学术自由观念的提出，无疑是为了反对国家从政治上干预大学的研究工作。当然，学术自由所涉及的问题，不只涉及政治上的干预。因此，我们不仅有极为充分的理由反对由外行的政府机构对所有的研究作任何单一统筹的规划和指导，而且也同样有极为充分的理由反对由一些具最高声望的科学家和学者组成的学术评议会对所有的研究进行这类指导和规划。究竟何谓学术自由呢？一般而言，学术自由是一种权利，诸如选择课题的权利、从事研究的权利、传播研究成果的权利等。波兰尼说："学术自由在于选择自己研究的问题的权利，不受外界控制从事研究的权利以及按照自己的意见教授自己的课题的权利。"[①] 学术自由既是一种社会自由，也是一种个体自由。学术自由之必要在于学术进步。学术乃天下之公器，乃天下人之福音，而学术自由恰是一种旨在保护学术进步以造福天下苍生的思想和行动原则。学术的发展有其内在的逻辑，学者们需遵循这种内在逻辑，不能顺从于任何外在的权威。学术自由不仅是发现新知识的条件，也是学者们纠正错误的准则。学术自由是新思想、新发现的催化剂，使整个社会充满着活跃的精神氛围。诚如布雷南所说："学术自由……不仅对教师，对我们所有人都有卓越的价值。这种自由是第一修正案所特别关切的，它不允许法律将特定正统观念的帷幕笼罩在课堂上。……课堂尤其是各种思想的市场。这个国家的未来依赖于经受广泛的思想交换训练的领导者，广泛的思想交换将在众多的不同观念中发现真理，而不能依赖只经受某种权威思想训练的领导者。"[②] 学术自由之必要在于发挥学术的社会功能。布鲁贝克说："好像学术自由是专业特权阶层自我服务需要的表现。但事实并非如此。恰恰相反，这种自由的基本理由完全是为了公众利益。社会依靠高等学府作为获得新知识的主要机构，并作为了解世界和利用它的资源改进人类生活条件的手段。作为个人来说，我们追求真理不仅因为它在认识和政治方面有价值，而且也出于个人的道德责任感。在道德上产生困惑的主要根源之一就是对与道德难题有关的事实缺

---

① T. A. V. 哈耶克著，杨玉生等译：《自由宪章》，中国社会科学出版社 1999 年版，第 569—570 页。

② 周志宏著：《学术自由与大学法》，（台北）蔚理法律出版社 1989 年版，第 79—80 页。

乏认识。如果给把研究这些事实作为天职的学者以自由和安全保障，那么，我们就会更深刻地认识到应该做哪些事情。"① 即，通过学术自由，与公众利益密切相关的新知识才可能出现，自由的学术对政治、文化等领域的专制力量，始终保持着一种审慎的批判立场。学术自由之必要不仅在于使社会保持高度理性的判断力、道义上的清醒与公正，而且使个人尽力履行成功人生的责任。德沃金说："学术自由不只是存在于它所保护的一小部分人的生活中，而且还在更为普遍的社会生活中起着重要的伦理作用。这是一种独立性文化的重要结构性成分，我们需要它来引导我们拥有我们应有的那种生活。虽然对学术自由的践踏在某些人看来是一种侮辱和伤害，因为它阻碍人们履行重要的职责，然而这种践踏对所有人来说都是危险的，因为它削弱了独立性文化并使这种文化所保护的理想失去价值。"每个人从个人信念的感受出发，对何为成功的人生作出自己的判断。"伦理个人主义是深藏于政治自由主义的机构和态度背后的启示。它支持蕴含着言论自由和学术自由中有关自由信念的核心，这不仅是为学术性探索创造一种明智的环境，而且是对个人信念至上观的鼓励和保护。"② 此外，学术自由之必要在于尊重言论自由。

没有学习自由，学习活动无法进行，学生的认知能力无从发展，整个社会与人类不可能从学习活动中获益。罗素将学习自由划分为三类："学与不学的自由"、"学什么的自由"和"观点的自由"。③ 他在详细研究了资本主义的学校教育后认为，几乎所有的学校教育都有一个"政治"的动机："其目的在于加强国家的或宗教的甚至社会的某些集团，以便和其他集团竞争。主要的就是这个动机决定了所教的课程，决定某些知识应当提供，某些知识应受抑制，也决定了希望学生培养的思想习惯。对于培养心灵和精神的内在增长方面，却几乎什么也没做。事实上，受教育最多的那些人通常在心理和精神生活上萎缩，他们缺乏冲动，只拥有某种机械的才能来代替生动的思想。"④ 正因为如此，儿童应该有不接受教育或不学习的自由。而学什么的自由，即是选择学习内容的自由。至于观点的自由，既是学习自由中最重要的一种自由，也是学习自由中"唯一一种不需要任何限制的自由"。⑤ 观点的自由，意指学生在学习过程中自

---

① J. S. 布鲁贝克著，王承绪等译：《高等教育哲学》，浙江教育出版社 2001 年版，第 48 页。

② R. 德沃金著，刘丽君译：《自由的法》，上海人民出版社 2001 年版，第 356 页。

③ B. 罗素著，李国山等译：《自由之路》（上），文化艺术出版社 1998 年版，第 232 页。

④ B. 罗素著，李国山等译：《自由之路》（下），文化艺术出版社 1998 年版，第 532 页。

⑤ B. 罗素著，李国山等译：《自由之路》（上），文化艺术出版社 1998 年版，第 233 页。

主地表达自己独特观点的自由，也就是使他们的思想免于任何外在强迫、压制或灌输的自由。除罗素的上述主张外，今天的学习自由还包括"选择的自由"等。没有学术自由，不仅知识不能得到增长，而且整个社会的公共利益也会受损。"斯威泽与新罕布什尔州诉讼案"的判决书中说："对我们的学院和大学的理智领袖横加任何束缚都会葬送我们国家的未来。任何教育领域都没有被人们认识得如此深刻，以至于不再能取得新的发现。在社会科学方面更是如此，在这方面没有任何原理被认为是绝对的，即使有也极少。"① 没有教师的教学自由，就没有真正的"教学"，有的只是照本宣科的"灌输"、盲目机械的"训练"、鹦鹉学舌般的"表演"、亦步亦趋的"模仿"；没有教师的教学自由，就没有教学的主体，就没有教学主体作用的发挥，就没有教育活动的展开，就没有教学艺术的生成，有的只是教师教学各个环节的行为被支配、被管制；没有教师的教学自由，就没有教学艺术，就没有多样化的教学风格和教学方式，就没有教育情感的流淌、爱心的挥洒，而千篇一律的教学方式会扼杀人，且缺乏对教师的尊重。认同教学自由，即是认同教师的专业承诺和技艺知识。教师们自由决定教什么和怎样教，并可以用别样的方式表达他们个人对教学的见解。教师对这种认同的回应，则通过承担采取与专业理想相一致的行为这一责任来体现。克拉克说："自由体系包括科研自由、教学自由和学习自由这三大学术思想。那些从事科研的人声称，他们必须有最大限度的自由，否则就无法像样地工作，无法促进科学的进步和学术活动的展开。那些认为教学工作的人早就精心炮制了这样一种观点：他们必须有畅所欲言而不受惩罚的自由，否则社会就不能得益于自我批评，弊端就得不到克服。那些从事学习的人——在许多不同的国家都是如此——则主张个人有选择学习内容的自由，甚至有选择学习方法和学习进度的自由。"② 正因为研究、教学自由如此重要，德国以《基本法》予以保障。《基本法》第 5 条第 3 款规定："艺术与科学、研究与教学皆应享受自由。"1973 年，德国宪政法院在"大学共同决策案"的判决书说："国家有责任尊重第 5 条第 3 款所包含的自由从事学术活动之权利。在学术世界里，个体学者担负个人和独立的责任，且国家不得在这一领域发号施令。第 5 条第 3 款并不保护任何一种学术观念或理论，而是保护学术活动的各种形式，包括在内

---

① J. S. 布鲁贝克著，王承绪等译：《高等教育哲学》，浙江教育出版社 2001 年版，第 47—48 页。

② B. R. 克拉克著，王承绪等译：《高等教育系统》，杭州大学出版社 1994 年版，第 280 页。

容和形式上可被认为是发现真理的严肃和系统努力之所有事务。"① 教育自由理念主张，如果没有家长、教师、社区的大力参与，教育的持续发展既不可能获得支持，更不可能获得发展。家长、教师、社区都是学校的好伙伴，相互合作促进了学校的健康发展。正如萨乔万尼所说："他们享有互惠和互依的参与权和受益权，负有支持和帮助的义务与责任……如果学校要在教与学工作上做到有效而有意义，就需要家长的指点和支持；如果家长在教育孩子方面要做到有效而有意义，同样需要学校的忠告与支持。通过家长建设性地参与，学校能使学生更为建设性地参与进来；通过学校建设性地参与，家长也能使学生更为建设性地参与进来。"② 教育自由理念主张，教育自由所保障的这些都是好东西。诚如《学会生存》一书所说："学习者，特别是成人学习者，必须有选择他要进哪一类教育机关、获得哪一种训练的自由。他应该能进入适合于他程度的教育体系，并挑选他感兴趣的选修学科。但他们也要根据有关教育机关的教学内容和一般教学法所规定的目标，安排学校里所有的或大部分的必修科目。但这绝不妨碍个人扩大选择范围。"③ 教育自由理念主张，国家有责任为所有公民提供基本的教育保障，为孩子提供义务教育，为弱势人群提供各种必要支持与补偿。为什么呢？因为没有这些保障，许多人将生活在贫困、无助、绝望之中，许多人的公民权利也不会得到兑现。诚如金里卡所说："富人和穷人……必须要有对教育和媒体等事物的平等权利。对挑战贫困化和边缘化纲领的捍卫，曾经是依据于使生活机会平等化的原则，而现在则是依据于促进民主的公民资格。"④

2. 过有尊严的"好生活"的条件

人们要过有尊严的"好生活"，必须具备一定的条件。

（1）教育资源

教育自由理念主张，人们的教育生活如果要过得好、要过得有尊严，必须以一定的教育制度和教育资源为前提条件。对教育自由理念持批评态度的人认为，教育自由理念主张正当优先于善或好，因此，体现道德正当的教育原则必然不能诉诸任何善、好的观念。其言下之意无非是，教育自由理念的上述原则

①　张千帆著：《西方宪政体系》（下册·欧洲宪法），中国政法大学出版社 2004 年版，第424—425 页。

②　T. J. 萨乔万尼著，冯大鸣译：《道德领导》，上海教育出版社 2002 年版，第 129 页。

③　联合国教科文组织、国际教育发展委员会编著，华东师范大学比较教育研究所译：《学会生存》，教育科学出版社 1996 年版，第 263 页。

④　W. 金里卡著，刘莘译：《当代政治哲学》（下），上海三联书店 2004 年版，第 574 页。

是无根的。其实，这些批评是对教育自由理念的极大误解。教育自由理念所说的"好生活"的背后是一组价值，这组价值之所以值得支持，必然是因为它公正地保障及实现了每个人的根本教育利益。而这些教育利益之所以被理解为根本，又必然和该理论对人的理解、对人性的认识有关。换言之，教育自由理念的正当原则，不能离开某种对人如何才能活得好的理解。罗尔斯所说的正当优先于善或好，其意是指经过合理论证的正义原则，将应用于社会基本制度，并以此约束人们对善或好的生活的追求。"一个组织良好的社会是一个被设计来发展它的成员们的善并由一个公开的正义观念有效地调节着的社会。因而，它是一个这样的社会，其中每一个人都接受并了解其他人也接受同样的正义原则，同时，基本的社会制度满足着并且也被看作是满足着这些正义原则。在这个社会里，作为公平的正义被塑造得和这个社会的观念一致。"① 但是，这并不意味着，正义原则本身不能或不应基于任何活得好的理念。"正当原则和正义原则使某些满足没有价值，在何为一个人的善的合理观念方面也给出了限制。……我们可以这样说，在作为公平的正义中，正当的概念是优先于善的概念的。一个正义的社会体系确定了一个范围，个人必须在这一范围内确定他们的目标。它还提供了一个权利、机会和满足手段的结构，人们可以在这一结构中利用所提供的东西来公平地追求他们的目标。正义的优先部分地体现在这样一个主张中：即，那些需要违反正义才能获得的利益本身毫无价值。由于这些利益一开始就无价值，它们就不可能逾越正义的要求。"② 教育自由理念主张，个人应该有自由去决定什么是自己的"好"生活观，且个人应该从任何被规定的或习得的社会地位或社会角色上解放出来。换句话说，任何机构或个人无权将一套关于何为善或好的观念强加于人。这是因为，人类的善表现在各种彼此竞争的生活方式中，"有许多种善的生活，其中的一些无法进行价值上的比较。在各种善的生活之间没有谁更好也没有谁更坏，它们并不具备同样的价值，而是不可通约的；它们各有其价值"。③ 对人类来说，最好的生活有很多种，根本不存在一种最佳或最高的生活形式。正如拉茨所说："在正常情况下，如果一个人的生活既不能通过获取额外的美德而有所改善，也不能通过提高他拥有某一种美德而不必牺牲另外一种美德的程度，或者提高这种美德在其生活中的现

---

① J. 罗尔斯著，何怀宏等译：《正义论》，中国社会科学出版社 2001 年版，第 455－456 页。

② J. 罗尔斯著，何怀宏等译：《正义论》，中国社会科学出版社 2001 年版，第 30－31 页。

③ J. 格雷著，顾爱彬等译：《自由主义的两张面孔》，江苏人民出版社 2005 年版，第 45 页。

有程度而有所改善的话，这种生活就是最高的生活形式。相信价值多元主义就是相信存在着多种最高生活形式。"① 教育自由和有尊严的好生活主要体现在公民社会中对自己个人事业和情感的追求，而政治的主要功能无非是保护人们在公民社会中的自由、自主等。"自由主义的个人主义者论证说，个人在道德上优先于共同体：共同体之所以重要是因为它能对构成它的个人的福祉做出贡献。如果那些个人不再认为维系文化常规是有价值的事情，那么，保护那些常规就不会成为共同体的独立利益，并且，共同体也没有权利不让个人去调整或拒绝那些常规。"② 在哈耶克看来，如果没有宽泛的自由为基础，智识自由就无法存在。在智识自由这一领域中，"任何上级或上级机构都无权将一套关于何为正确或何为善的观念强加给人们，而只有进一步的经验才能决定什么观点应当盛行"。③ 教育自由理念之所以反对借口"一切都是为了受教育者好"的行为，是因为一个好的教育生活的重要前提，是所过生活必须得到当事人的认可、必须由当事人自主选择、必须扎根于当事人的心灵深处。诚如马斯洛所说："幸福生活是一种过程，而不是一种固定的状态；是一个方向，而不是一个终点。幸福生活的核心是通过真正的自由选择来创造自己，把自己从外部的和内在的强制力中解放出来。当你过着这样的生活时，你就可以在你生活的各个方面都能发挥出你的潜能，就能够完全地向你敞开心扉，按照自己的意志行事，体验自己内心的力量。"④

（2）个人自主

教育自由理念之所以反对社群主义的主张，主要是因为社群主义持"非自主的个人"观，是因为社群主义支持用更有价值的教育共同体生活方式去代替所谓不那么有价值的生活方式，是因为社群主义把"一切都是为了受教育者好"的行为，视作保护教育共同体并使之不受个人自主的侵蚀影响的恰当行为，视作是确证教育共同体价值的恰当行为。"社群主义拒斥……'自主的个人'观。他们认为人是'镶嵌于'特殊的社会角色和社会关系之中的。这种镶嵌自我并不去形成或修正他们的优良生活观；相反，他们所继承的生活方式就界定了什么是他们的利益。社群主义者不把群体常规视为个人选择的产物，相

---

① J. 格雷著，顾爱彬等译：《自由主义的两张面孔》，江苏人民出版社 2005 年版，第 52 页。

② W. 金里卡著，刘莘译：《当代政治哲学》（下），上海三联书店 2004 年版，第 602 页。

③ T. A. V. 哈耶克著，邓正来译：《自由秩序原理》（下），生活·读书·新知三联书店 1997 年版，第 182 页。

④ A. 马斯洛著，成明编译：《马斯洛人本哲学》，九州出版社 2003 年版，第 143—144 页。

反，他们视个人为社会常规的产物。此外，他们通常还否认共同体的利益可以还原为个体成员的利益。因此，看重个人自主就被视为对共同体具有摧毁作用。健康的共同体要在个人选择和保护集体生活方式之间保持一种平衡，并且还要限制前者对后者的侵蚀程度。"① 而教育自由理念本身，即是以下道德预设为前提：第一，每个人都是自由独立的个体，有能力为自己的生命做出理性选择，并对自己的选择负责。正因为如此，"一个公正的社会，尊重每个人选择他自己的关于良善生活观念的自由"。② 目前，个人已经变成了自主的、独立的个人，不再是依附于他人的个人，更不是某人的附属物。个人不再盲目地接受和信仰既定的价值观念、既存的思想体系，而是有自己的自主选择、独立判断。这种道德选择不仅不是道德沦丧，而且是更为敏感的道德关怀、道德思考。第二，每个人都是自己的主人，不是别人的附庸，也不是权威的忠实信徒或模仿者，每个人都希望活出属于自己的人生、创造出属于自己的精彩。莫里斯说，圣贤是为你而用，而不是你为圣贤而用。圣贤所说的话是供人们确认或否认的指路牌、绿洲和出发点。"如果你的倾向适应于某一个智者的倾向，你就会把他的言论当作你的言论，并且按照这些言论的方向发展你的生活。但即使这样只是指出了一个方向，因为详细拟定生活计划仍然是你的任务。你的方式必定是你自己的方式。沿着你自己最深刻倾向和最强烈特性的路线前进，并且仍然忠实于你自己人性的可能性，就是这个智慧的核心。你的身体、你的自我和你的社会到目前为止为你规定的方向和限制，也许甚至为你安置的死胡同，都给你提供了材料，而你，生活的创造者，则必须根据这些材料进行工作。圣贤给你的是暗示，而不是最后的解决。……即使在你向别人求助的时候，你仍然要依靠自己。当你成为你内心那样的人，你就可能说……'我创造的就是我自己：我是为此而活的'。"③ 换言之，自我决定意味着我们为生活作出自己的决定。如果由外在的力量，尤其是国家通过鼓励或抑制特定的教育生活方式而对教育世界进行干预，就会制约乃至瓦解人们的自我决定。如果由外在的力量按照当事人自己并不支持、认同的价值去支配当事人，并不会使当事人的生活变得更好。仅当我遵从内心的价值信念、听从自己内心的声音，我的生活才会变得更好。"在无论身体、思想还是精神的健康上，都个人都是他自己最好的监护人。对比被强迫按照他人以为善的方式生活，人们彼此容忍在自

---

① W. 金里卡著，刘莘译：《当代政治哲学》（下），上海三联书店 2004 年版，第 602 页。

② M. J. 桑德尔著，朱慧玲译：《公正：该如何做是好？》，中信出版社 2011 年版，第 10 页。

③ C. W. 莫里斯著，定扬译：《开放的自我》，上海人民出版社 2010 年版，第 76 页。

己认为善的方式下生活，人类将获得更大的益处。"① 第三，要过好自己的教育人生，书写自己的教育辉煌，必须在关乎一己生命安顿的信仰和意义问题上，得到每个人的认同。换句话说，它不是由别人强加给个人的，而是每个人自己经过反思，认为值得追求并自愿认同和选择的。罗尔斯说："优良的生活方式在文化市场中无需国家的帮助也会维系自身——因为，在自由的条件下，人们能够认识到优良生活方式的价值因此就会支持它们。"② 第四，认同自己的选择并不意味个人在任何情况下，都较别人更了解自己，也不意味着个人所做的任何选择就是最好的、最正确的。但是，正因为每个人都在意自己的生命、生命价值，在意自己作出对的、好的选择，同时意识到选择可能是错的，选择是可以变化的，个人才如此重视选择的自由。"要进行有意义的判断，就意味着'既定的事实'不仅在个人与个人之间存在着差异性，而且'既定的事实'在某一特定个人生活中也是可以变化的。如果在某一确定的时间段，既定的事实是我们对某一特定宗教的信奉；在这种条件下我们对于有价值生活所作的选择，并不阻止我们以后对这种信仰提出质疑。同样，我们现在对于自己家庭的信念，并不能阻止今后我们追问这种信念的价值。因此，问题不在于，我们是否必须把某些事情当作既定的事实，然后再来对我们行为的价值进行评判。相反，问题在于，个人是否能够追问并在可能的情况下取代'既定的事实'，或者，是否'给定的事实'就是共同体的价值对我们进行的设定。"③ 因此，不少教育自由理念的反对者，大都犯了一个常识性的错误，即，由于在各种选择之间没有所谓好坏、对错，教育自由理念的支持者才迫不得已给予人们选择自由。恰恰相反，正是因为教育自由理念支持者相信有好坏、对错，所以才如此重视选择。诚如基姆利卡所说："并不是所有的生活方式是同等有价值的，某些方面在吸引或维持追随者方面存在困难。由于个人可自由地选择相互竞争的好生活的观念，公民自由便具有非中立的结果——看来它们创造了理念的市场，一种生活方式在此市场上的表现取决于它能为可能的追随者提供的善或产品的类型。因此，在自由的条件下，令人满意的有价值的生活方式将会驱逐那些没有价值和不令人满意的生活方式。"④

在此，我们可以以升学选择为例予以说明。如果所有学校（职业学校、普通学校）的价值都是无法比较的，选 A 和选 B 是没有区别的，那么人们就无法

---

① J. S. 穆勒著，孟凡礼译：《论自由》，广西师范大学出版社 2011 年版，第 13—14 页。
② W. 金里卡著，刘莘译：《当代政治哲学》（下），上海三联书店 2004 年版，第 453 页。
③ W. 金里卡著，刘莘译：《当代政治哲学》（下），上海三联书店 2004 年版，第 409—410 页。
④ 顾肃著：《自由主义基本理念》，中央编译出版社 2003 年版，第 562 页。

解释，为什么学生乃至家长在选择读普通学校或职业学校时会如此慎重，如此反复比较，如此努力追问不同类别学校对学生的学习质量、生命质量的影响。再以学习活动的选择为例予以说明。如果所有学习活动的价值都是无法比较的，选 C 和选 D 是没有区别的，那么人们就无法解释，为什么学生会反复权衡、比较以选择有意义的学习活动。我们知道，零碎的学习任务、机械性的学习活动以及规定详细的学习活动等，都没有为学生潜力的发挥、创造性的施展留下多少余地。而有意义的、令人满意的学习活动既有利于人的创造才能的施展，又有利于人的价值的自我实现。诚如诺奇克所说："有意义的和令人满意的工作据说包括：［1］发挥自己天分和能力的机会，面对挑战以及面对需要独创和自我导向之局势的机会（从而不是使人厌烦的和重复性的工作）；［2］相关的个人认为所参与其中的活动是有价值的；［3］在这种工作中，他理解他的行为在达到某种总体目标中所扮演的角色；［4］有时候在决定其行为的过程中，他必须对更大的过程有所考虑，而他的行为属于这种更大过程的一部分。据说这样，一个人就能对自己所做的事情以及做事时的良好表现而感到骄傲，而且他能够感觉到，他是一个具有价值的人，做出了有价值的贡献。另外，还据说，要是没有这类工作的内在的可欲性和创造性，从事其他种类的工作会使人感到郁闷，会影响他们在其全部生活领域里的自我实现。"①

　　3. 社群主义的诘问

　　尽管如此，一些社群主义者（当然不仅仅局限社群主义者）仍就下列问题进行了追问，对我们进一步理解教育自由理念无疑有很大的帮助。在社群主义者重要思想来源的早期思想家看来，要使生活处于理性状态，必须对非理性者进行强制。费希特认为，教育必然以这样一种方式进行："你以后肯定会认识到我现在这样做的理由"。从某种意义上讲，"强迫也是一种教育"。② 黑格尔认为，儿童所以感到有受教育的必要，乃是出于他们对于自己现状不满的感觉，也就是出于他们要进入所想望的较高阶段即成年人世界的冲动和出于他们长大成人的欲望。而人只有接受教育，才能"成人"、成为文明人。教育的目的恰在于培养有理性的文明人，因为，"野蛮人是懒惰的，他同有教化的人的区别在于他只对着面前的事物呆想；其实，实践教育就在于养成做事的习惯和需要。笨拙的人总是做出不是他本来所想的东西，因为他对自己的活儿做不了

---

① R. 诺奇克著，姚大志译：《无政府、国家和乌托邦》，中国社会科学出版社 2008 年版，第 296－297 页。

② I. 伯林著，胡传胜译：《自由论》，译林出版社 2005 年版，第 220 页。

主"。① 所谓有教养的人，"首先是指能做别人做的事而不表示自己特异性的人，至于没有教养的人正要表示这种特异性，因为他们的举止行动是不遵循事物的普遍特性的。……教育就是要把特殊性加以琢磨，使它的行径合乎事物的本性。创造事物的这种真正创造性要求真正的教育，至于假设的创造性只采用无教养的人们头脑中所想出来的荒诞事物"。② 在他看来，塑造人的最高阶段的工作，无疑是教育（工作）。教育即是把特殊性提高到普遍性。在教育中，需求、情感、欲望等全都静而不躁，普遍性的理智控制着人的内心世界。通过教育，获得了最完满的普遍性。"教育学是使人们合乎伦理的一种艺术。它把人看作是自然的，它向他指出再生的道路，使他的原来天性转变为另一种天性，即精神的天性，也就是使这种精神的东西成为他的习惯。在习惯中，自然意志和主观意志之间的对立消失了，主体内部的斗争平息了，于是习惯成为伦理的一部分，也像它成为哲学思想的一部分一样，因为哲学思想要求训练精神以反对任性的想法，并要求对这些任性的想法加以破坏和克服，来替合乎理性的思维扫清道路。"③ 对以卢梭为代表的自然主义的教育观，黑格尔给予了彻底的批判。"教育家想把人从日常一般生活中抽出，而在乡村里教育他（如卢梭的爱弥儿），但这种实验已经失败，因为企图使人同世界的规律疏离是不可能的。虽然对青年的教育必须偏静的环境中进行，但是切不要以为精神世界的芬芳气味到底不会吹拂这偏静的地方，也不要以为世界精神的力量是微弱而不能占据这些偏远地带的。个人只有成为良好的国家公民，才能获得自己的权利。"④ 在黑格尔看来，一个人受教育越多，他的行为中表现出来的特殊性、偶然性越少。通过教育，人的任性、冲动、欲望被理性思维所控制、所制服，而理性思维一旦成为习惯，个体就会获得真正的自由与同一性。"'自由'如果被当作原始的和天然的'观念'，并不存在。相反地，'自由'要靠知识和意志无穷的训练，才可以找出和获得。"⑤ 自由的获得靠知识和训练、靠教育的培育，那么，什么组织或机构才能承担或完成这一任务呢？黑格尔的回答是：只有国家举办的公共教育才能承担或完成这一任务。对于那附属于特殊的个人的冲动、欲望、热情加上一种约束，或者说对于放纵和任意加上一种限制，不仅不是加于"自由"的一种桎梏，反而是一种解放。社会和国家是解放的必要条件，或者说，

① 黑格尔著，范扬等译：《法哲学原理》，商务印书馆 2007 年版，第 210 页。
② 黑格尔著，范扬等译：《法哲学原理》，商务印书馆 2007 年版，第 203 页。
③ 黑格尔著，范扬等译：《法哲学原理》，商务印书馆 2007 年版，第 170—171 页。
④ 黑格尔著，范扬等译：《法哲学原理》，商务印书馆 2007 年版，第 172 页。
⑤ 黑格尔著，王造时译：《历史哲学》，上海世纪出版集团 2007 年版，第 38 页。

社会和国家是正是"自由"得以实现的保障。"国家乃是'自由'的实现，也就是绝对的最后的目的的实现，而且它是为它自己而存在的。……人类具有的一切价值——一切精神的现实性，都是由国家而有的。"① 对黑格尔的上述教育主张，杜威给予了较准确的评价。他说："柏拉图的教育理想认为个性的实现和社会的团结与稳定，应该同等对待。他的处境使他不得不主张阶级划分的社会，使个人淹没在阶级之中。18 世纪的教育哲学在形式上是高度个人主义的，但是这个形式是一种崇高的和慷慨的社会理想所唤起的。这个理想就是，要组织一种社会，包括全人类，并提供人类无限完善的机会。19 世纪早期德国唯心主义哲学又一次力图把这两个理想同等对待。一是有教养的个性的自由的和完全的发展；一是社会的训练与政治上的服从。这派哲学把民族国家作为实现个性和实现全人类理想的中介。"② 正是在费希特、黑格尔等人的提倡下，德国逐渐确立了教育的思想基础和价值准则——"文化国家观"。"文化国家观"形成的原因之一在于普法战争的失败。普法战争的失败使越来越多的德国人觉醒，要求恢复德意志独立性的呼声很高，民族主义情绪高涨。"由于在政治方面所受教育不够和经验不足的德意志人蓦地面临自我放弃或进行艰苦斗争的抉择，因此存在一种过头的危险，一种要求超越解放范围去消灭敌人和扩张本国势力的民族主义的危险。事实上费希特和阿恩特所抱的德意志人优于其他所有民族的信念就是令人担心的自视过高的证明。……年轻的黑格尔和费希特在寻求重建德意志的方法时都注意到马基雅弗利的学说，从中可看到要求采取强权政治和国家全能的端倪。"③ 例如，柏林大学的创建可谓"文化国家观"的体现。鲍桑葵认为，"国家是公共意志的体现"，是一种至高无上的权力，"小我"必须服从"大我"。国家的主要目的是美好的生活或精神的完美。"国家的存在是为了促进美好的生活，它的行为不可能是不注意道德的；但是，不能把国家的行为等同于它的代理人的行为，也不能像评价私人的意志行为那样从道德上评价国家的行为。国家的行为本身始终是公共行为，作为国家，它不可能在存在着系统的道德观的私人生活关系的范围内活动。它在一个更大的共同体中并不具有确定的功能，但它本身就是一个至高无上的共同体；是一个完整的道德世界的捍卫者，而不是一个有组织的道德世界中的一个因素。道德关系是以有组织的生活为先决条件的；但是，这样的生活只存在于国家的范围内，而不存在于

---

① 黑格尔著，王造时译：《历史哲学》，上海世纪出版集团 2007 年版，第 38 页。
② J. 杜威著，王承绪译：《民主主义与教育》，人民教育出版社 2005 年版，第 105 页。
③ K. E. 博恩等著，张载杨等译：《德意志史》（第 3 卷）（上），商务印书馆 1991 年版，第70 页。

国家与其他共同体的关系中。"①

　　既然教育的目的是使人从非理性状态进入理性状态、从无知走向有知、从自在走向自为，那么，实现教育目的的主要手段便是借助国家、权威、圣贤等。"圣贤比你我更加知道自己，因为你是你的激情的牺牲品，是过着他律生活的、半盲的、无法理解自己真实目标的奴隶。你希望成为一个人。国家的目的正是满足你的这个愿望。'为了在未来能增长见识，教育使强迫变得合理。'在我内部的理性要获得胜利，就必须消除压制我并使我成为奴隶的那些'低级'本能、激情与欲望；同样，社会中的高级部分——受过教育的、更理性的、'对其时代与人民有最高洞见的人'，可能会运用强迫的方法使社会的非理性部分理性化。因为——黑格尔、布拉德雷与鲍桑葵向我们保证——我们通过服从理性者而服从我们自己：我们从而不会沉陷在我们的无知与激情中，成为受疾病折磨、需要医生的虚弱者，成为需要庇护的人；而是成为理性者应当成为的人；甚至成为这样一种人——只要我们听从每一个配得上人之所谓的人都会有的理性要素的话，我们就必然会成为的那种人。"② 孔德也表达了类似的主张。他质疑道：为什么在化学或生物学中我们不允许自由思想，而在道德或政治中我们却允许。如果所谓政治真理——关于社会目标的断言，这些目标一旦被发现，是所有配得上人之称号的人都应该同意的——是有意义的。显然，孔德否认了自由谈论或行动的可能、否认了人对生活道路或善的选择的可能。"原则上说，只有一种正确的生活道路；智者自发地趋向于它，这就是他们为什么被称作智者的原因。愚者必须借助智者掌握的所有社会手段才能被引导向它；为什么明显的错误还要存在并被培养呢？ 不成熟者与未受指导者必须向他们自己说：'只有真理才是解放性的，我能够获得真理的唯一办法是盲目遵从你这个真理的知晓者今天命令我或强迫我做的事，因为我知道，只有这样才是我获得与你一样清晰的洞见、变得与你一样自由的唯一途径'。"③ 后世的社群主义吸纳了他们的主张，并走得更远。

　　具体而言，社群主义的诘问主要有以下几个问题。

　　第一，在社群主义看来，自由主义之所以主张权利优先于善，是因为他们持一种个人优先于群体的个人主义信念：权利优先于善实际上等同于个人的善优先于公共的善，或个人的目的优先于公共目的。权利优先论使个人成为抽象

---

① B. 鲍桑葵著，汪淑钧译：《关于国家的哲学理论》，商务印书馆 2006 年版，第 305-306 页。

② I. 伯林著，胡传胜译：《自由论》，译林出版社 2005 年版，第 221 页。

③ I. 伯林著，胡传胜译：《自由论》，译林出版社 2005 年版，第 223 页。

的、超历史的、脱离社会的先验自我，当这个自我进入社会时，可以自由地选择自己的目的和善的生活，而所谓的正义即是尊重、平等保护这种自由选择权。泰勒认为，如果"善"指后果主义理论中的首要目标，而权利单纯由其为这个目的的工具意义所决定，那么，显然应当坚持权利优先于善。但是，"如果在我们这里讨论的意义上使用'善'，而它意指的是所有被性质差别标明为高级东西，那么我们可以反过来说，在这个意义上，善总是优先于权利。其所以如此，并不在于它在我们早先讨论的意义上提供着更基本的理由，而在于，就其表达而言，善给予规定权利的规则以理由"。① 社群成员所具有的权利并不是基于他的自然人性和抽象人格，而是基于他的成员资格，与其说他具有权利，不如说他具有特权，即由社群赋予其成员的权利。非社群成员不能享有这一权利，只有享有成员资格的个人才有可能享有各种权利。诚如沃尔泽所说："只有作为某个地方的成员，男人们和女人们才有希望分享所有其他社会物品——安全、福利、荣誉、职务和权力——而这些物品都是公共生活可能提供的。"② 成员资格之所以重要，是因为一个政治共同体的成员对彼此而非别人，他们彼此承担的第一种义务便是安全与福利的共同供给。或者反过来说，共同供给是重要的，因为它使我们认识到成员资格的价值。"如果我们不为彼此提供安全和福利，如果我们不承认成员和陌生人之间的区别，我们就没有理由构建和维系政治共同体。"③ 因此，权利不是与生俱来的、先验的、普遍的，权利之有无、大小、种类等完全取决于特定社群的特定善（目的），是善先于权利，而不是权利先于善。桑德尔认为，权利优先于善的主张是非常错误的。"功利主义没有认真对待我们的差异性，那么，公平正义就没有认真对待我们的共同性。当公平正义把自我的界限视之为优先的，并将之一劳永逸地固定下来时，它也就把我们的共同性降格为善的一个方面，进而又把善降格为纯粹的偶然性，成为一种与'道德立场无关'的无所区分的需求和欲望的产物。既然善的观念被以这种方式抹杀，那么正当的优先性似乎的确是一种无懈可击的主

---

① C. 泰勒著，韩震等译：《自我的根源：现代认同的形成》，译林出版社 2008 年版，第117 页。

② M. 沃尔泽著，褚松燕译：《正义诸领域：为多元主义与平等一辩》，译林出版社 2002年版，第 78 页。

③ M. 沃尔泽著，褚松燕译：《正义诸领域：为多元主义与平等一辩》，译林出版社 2002年版，第 79 页。

张。"① 换言之，共同的善应该得到尊重，个人的权利应当受到限制。

第二，在社群主义看来，自由主义之所以愿意把个体而不是把国家当作评价不同教育生活方式的主体，是因为他们持一种原子主义的信念：只有当关于善的判断是由孤立的、不受社会压力所迫的个人作出的，这些判断才是自主的；要促进自主，只有在政治领域之外去作关于善的判断。但是，在现实生活中，个人判断却需要借助于阅历共享和集体慎议，个人关于善的判断依赖于对共享常规的集体评价。如果个人判断断绝了与集体慎议的联系，它们就将成为纯粹主观和任意的奇思怪想。诚如苏利范所说："自我实现、甚至对个人身份的确定以及在世界中的方向感，都依据于某一共同的事业。这种共同的变化过程就是公民生活，而公民生活的根存在于与他人——不同辈分的人和类型不同的他人——的相互关系之中；他们的差异性之所以重要，是因为他们为整体做出了贡献，而我们特定的自我感就是依据于这种整体的。因此，相互依存就是公民资格的基本观念。……在具有共同言语方式的共同体之外，可能还存在着作为逻辑抽象的生物学意义上的人类，但却不可能有真正的人。政治共同体在本体论的意义上优先于个体——古希腊与中世纪的这个论断说的就是这个意思。直接地讲，城邦使人之为人成为可能。"② 因此，国家或社群是形成我们关于善的展望的恰当场所，因为这些观念要求我们对之进行共同的探讨。"在确认这个观念：人生活于阅历共享和语言共享的共同体之中——只有在这个背景下，个人与社会才能通过本质上是属于政治行为的讨论、批判、示范和竞优来检验和揭示自己的价值。通过被组织起来的公共领域——人们在其中互相提供观念并对它们加以评价……人们才能够证明自己是谁。"③ 如果仅仅依靠单独的个人，根本不可能追求乃至认识这些观念。进一步讲，如果没有外在权威的干预，最终将瓦解整个社会的文化结构、教育结构。拉兹说："支撑有价值的生活方式不是个人的事情而是社会的事情……完善论的理想要求用公共行动来使之可行。反完善论的实践不仅会使政治与有价值的善观念发生分离，它还会瓦解我们文化中许多值得珍视的内容的生存机会。"④ 因此，共同之善是确保社会文化结构、教育结构正常运转的关键因素之一。塞尔兹尼克认为，我们不是把"共同的善"当作充满危险和最多是难以捉摸的东西来看待，而是注意集体智

① M. J. 桑德尔著，万俊人等译：《自由主义与正义的局限》，译林出版社 2001 年版，第 209—210 页。
② W. 金里卡著，刘莘译：《当代政治哲学》（下），上海三联书店 2004 年版，第 457 页。
③ W. 金里卡著，刘莘译：《当代政治哲学》（下），上海三联书店 2004 年版，第 457 页。
④ J. Raz, *The Morality of Freedom*. Oxford：Oxford University Press，1986，.p. 162.

慧的承诺。他说："共同的善不是被贬低为无意义的、神秘的或无用的梦想，它被视为一种程序美德，而不是实体美德，是手段而不是目的。按照这种理解，如果政治过程公正并保护基本权利，结果将会是共同的善的一种令人满意的表达。"① 一旦个人疏离"共同的善"，社会无视公共的价值认同，教育共同体显然无法实现价值达成。泰勒说："当人们置身于一个缺乏超越精神的现代社会，个人除开失去了更大的社会和宇宙视野之外，还失去更高的目标感，终日沉溺于寻找一种'渺小和粗鄙的快乐'。"② 人们因为热衷于私人生活的满足，从而失去了更为宽阔的道路和情感的视野。目标感的丧失与人生狭隘化相连，缺乏"共同的善"规约下的个体，往往表现为一种"无公德的个人"。以自我为中心的个人主义的盛行，使得人们的生活中缺少对他人关心，缺少民间情怀，导致了人们对更大的、自我之外的问题和事务给予关注和思考，其结果是个人生活的狭隘化和平庸化。"一方面，个人成为物欲横流时代里疯狂逐利的个体，因此，我们的集合也只能形成在物质私欲面前俯首听命的庸俗大众。另一方面，随着德性和超越价值从公共领域的退却，个人热衷于一己私利，对他人和社会事务漠不关心。"③

第三，如果有一个外在权威，它较每个人更清楚地知道什么是好的教育生活，而现实中许多人的理性能力是有限的，为什么不可以由这个权威代替个人作出选择，并为每个人安排好教育生活的一切呢？例如，泰勒认为，权威不能超越每个人自己的价值判断这一说法是存在问题的，因为，"要作出这种判断，我们必须把某些事情当作'既定的事实'——我们是在学校、工作或家庭等既定的事实条件下，才追问对于现在的我们什么是好或不好。只是作为一个自由的理性存在者，将不可能懂得如何在不同的生活方式中进行选择"。④

第四，一些人因缺乏充分的准备，就对生活中的种种困难作出匆忙的、草率的决定；一些人因选择从事无意义的、有失尊严甚至有害的事情而在自己的生活中屡犯错误。如果我们旨在表达对他们的关心，为什么不能去阻止他们犯这样的错误呢？一旦他们不能有效地应付生活，尊重他们的自我决定反而会把他们推向痛苦的深渊。在这种情况下，尊重他们的自我决定，实在是一种冷漠而不是关心。"最大的邪恶就在于，对资源的实实在在的不平等分配"使得某

---

① P. 塞尔兹尼克著，马洪等译：《社群主义的说服力》，上海人民出版社 2009 年版，第120 页。

② 转引自段炼著：《世俗时代的意义探寻》，（台北）秀威资讯科技 2012 年版，第 2 页。

③ 转引自段炼著：《世俗时代的意义探寻》，（台北）秀威资讯科技 2012 年版，第 3 页。

④ W. 金里卡著，刘莘译：《当代政治哲学》（下），上海三联书店 2004 年版，第 409 页。

些人"被窃夺了像他人那样能够从事有价值生活的机会"。① 因此，唯有把共同价值当作"为我们设定目标的权威视域"，人们才有可能确定自己的目标与任务。"人是自由的生物，他依照自己的眼光自由选择自己的生活道路，但他的一生始终受真理和谬误的支配。他有可能误入歧途，那他必死无疑；他有可能听从真理的要求，遵循由最高真理本源而不是他的意志所确定的规律，那他便能确立并巩固自己的生活。"②

第五，一些人即使越过了自由主义者所说的"理性的年龄"，并且他们的心智也达到了公认的底线，但他们对自己的生活仍不能做出恰当的选择。仅仅在没有心智障碍的意义上作为一个"成熟的人"，并不能保证此人善于在自己的生活中进行有价值的选择。"为什么不应该由政府来决定什么样的生活对其公民而言是最好的呢？"过一种好生活而不是过一种我们当下以为的好生活才是我们人生的根本利益。"我们不仅仅是作出选择判断，我们担心，有时甚至为这些判断而忧虑——因为，就我们而言，重要的是，我们的生活不能立足于关于我们行为价值的错误信念。"③

第六，自由主义的教育价值观虽然给主体的教育自由、自由选择开放了很大的空间，但同时个人也失去了其教育行为中的更大的和宇宙性的视野，以及那些更高的目标感。自由主义牢牢地把握"个性"，将个性的培育作为其基本要求，从而形塑了现代教育精神生活的"个性景观"。这一"个性景观"的本质是，不再一劳永逸地提供现成的个性及其同一性和连续感，相反，它把每个个体都纳入到追寻个性的机制与过程中。正如鲍曼所说："'个体分化'在于将人的'个性特征'从'给定的'转变为一种'任务'，因而，个性不再是拥有状态，而是成了存在状态。个性的确证必须不断地在每天的行为中得到更新、再次确认和证明，而不再是与生俱来的、现代化的。"④ 于是，在现代情境下，个人几乎都成为"孤独的个性建设者"，在自由主义的催促下"起跑"，但始终没有终点。

当个性被作为自由主义的基本追求目标时，生命似乎获得了前所未有的自由、选择自由，但相对主义的威胁也植根于个性的要求之中：当每个人被赋予

---

① W. 金里卡著，刘莘译：《当代政治哲学》（下），上海三联书店 2004 年版，第 387 页。
② C. 谢·弗兰克著，王永译：《社会的精神基础》，生活·读书·新知三联书店 2003 版，第 31 页。
③ W. 金里卡著，刘莘译：《当代政治哲学》（下），上海三联书店 2004 年版，第 391-392 页。
④ Z. 鲍曼著，范祥涛译：《个体化的社会》，上海三联书店 2002 年版，第 185 页。

以自己的方式追求独特的教育生活方式的权利时，以自我为中心来衡量有价值的生活方式也就不可避免。于是，个体不得不自己确定自己追寻什么、怎么追寻。其结果是，共享的、关系性的概念在个人的精神生活中逐渐淡化，与此相关的是，现代精神生活范式中个人内在的孤独感受日渐强烈。华兹华斯在《序曲》中深刻地表达了现代人的这种精神体验："经过我的每个人的／面孔，都是一个谜！……全是熟悉的生活的重压／现在，和过去；希望，恐惧；全都停滞／行动、思维、说话的人的一切律法／从我面前经过，既不认识我，我也无所知。"由于个性要求个人以远离他人、远离关系的方式定义自己，因而对公共问题和事务采取封闭和漠视的立场，个体周围生活世界便愈来愈被一种去政治、去历史、去社会的氛围所包围。此外，作为人的生活中的整体德性，唯有从他的生活整体特征中才能得以体现。但是，由于个人生活已不成整体，已被分割成不同碎片，在不同的生活片段中存在着不同的品性要求，因而作为整体的传统德性没有了存在的余地。"缺乏正义，缺乏真诚，缺乏勇敢，缺乏相关的理智德性，这些都腐蚀着传统，正如它们腐蚀着从传统中获得其生命的那些机构和实践一样，而这些机构和实践是传统在当代的具体体现。认识到这一点当然也在于认识到另外一种德性的存在，这种德性是当它几近不存在时，它的重要性可能就最为明显，这是一个对传统有适当意义的德性，一个属于传统，或传统所遇到的德性。……传统的一种适当意义是在对将来的那些可能性的把握中表明的，这种可能性就是说，过去已使现在的出现有其可能，活着的传统，恰恰因为它们继续着一个未完的叙述而面对一个未来，而就这个未来具有的任何确定的和可确定的特征而言，它来自于过去。"[1] 自由主义丧失的不仅是他人与社会的视野，而且还丧失了宇宙的图景。当世界被个性的建设者作为一种主体性的谋划而被经验时，世界图景与世界本身的分离、自然之人与精神之人的分离，就成为现代精神生活的主体经验方式，这一经验方式铭刻着的是人的孤独。

4. 对社群主义诘问的回应

从某种意义上讲，社群主义者的上述追问是典型的家长制思路。对社群主义的诘问，教育自由理念从以下几方面作出了回应和解答。

（1）"与他人形成自由的社会联合体"是教育自由的基础

教育世界的自由只能建立在"与他人形成自由的社会联合体"的基础之上，而不能建立在"强制性的国家机器"之上。人们是自然而然地形成和加入

---

[1]　A. 麦金太尔著，龚群等译：《德性之后》，中国社会科学出版社 1997 年版，第 281 页。

到社会关系、社会组织之中的，且是在这些社会关系网络与社会组织之中，人们懂得了什么是善、什么是好生活以及如何追求它们。社会关系网络与社会组织并不需要国家来提供，因为，国家有可能扭曲集体慎议和教育发展的正常进程。金里卡说"自由主义者看重的是公民社会的私人领域：自由主义意味着'对社会的赞美'，因为它认为，由个人自由地形成和维持的（非国家）私人联合体比政治团体的强制性团结更有意义和更令人满意"。① 斯威夫特也说："国家不是对于人们应该如何引导他们生活作出自己的判断，而是应该有意地回避这种判断，只是寻求一个中立的结构，人们可以在这个结构下作出他们自己的判断。"② 更为可怕的是，社会教化、理性、最高真理等都可以以"自由"之名，扼杀人的自由。因为，社会教化、理性、最高真理等告诉人们：一个"真正的"人的"真正的"自由应该是做某些事情的自由，而不是做另外一些事情的自由。前者被说成是"正当的"，合乎"理性"和"规则"的，而后者被说成是"不正当的"、"愚蠢的"和"错误的"。社会理性的力量可能"假借最高真理之名，虐杀千百万无辜良民"。③ 穆勒更是对社会教化、理性、最高真理等以"自由"之名扼杀个性，给予了彻底的分析。"深思之士已经觉察到，当社会本身就是暴君时，即当社会集体凌驾于组成它的各别个体之上时，暴政的实施就并不限于借助政治机构之手而行的各种措施。社会能够并且确实在执行自己的命令，而如果它执行了错误而非正确的命令，或者对它根本不应干涉的事务发号施令，那么它便是实行了一种比其他各种政治压迫更为可怕的社会暴政，它虽然不常以严厉的惩罚为支撑，但却由于更深入地渗透到了人们生活的细节之中，甚至束缚了人们的心灵本身，从而使人们更加无法逃脱。因此，仅仅防范各级官府的暴政是不够的，还需防范优势意见和大众情感的暴政，防范社会即便不用民事惩罚，也能有法将自己的观念和做法作为行为准则强加于异见者的趋势，防范社会束缚与自己不相一致的个性的发展，甚至有可能遏制其形成，从而使所有人都必须按照社会自身的模式来塑造自己的那种倾向。"④ 伯林说："所有家长制政府，不管多么仁慈、谨慎、中立与理性，到头来都倾向于把大多数人当作未成年人，或当作愚不可及或负不了责任的人，或当作成熟

---

① W. 金里卡著，刘莘译：《当代政治哲学》（下），上海三联书店 2004 年版，第 692 页。

② A. 斯威夫特著，孙晓春译：《自由主义者与社群主义者》，吉林人民出版社 2007 年版，第 29 页。

③ N. 别尔嘉耶夫著，徐黎明译：《人的奴役与自由》（序言），贵州人民出版社 1994 年版，第 13 页。

④ J.S. 穆勒著，孟凡礼译：《论自由》，广西师范大学出版社 2011 年版，第 5 页。

太慢以至于在任何可以预见的未来无法自立的人。这是一种使人堕落的政策，在我看来并不是建立在任何理性与科学的基础之上，而是相反，建立在对深刻的人性需要的一种深刻误解之上。"① 社群主义强调群体团结而不是个人主义，强调由文化或者种族群体赋予的身份优越感。这样，社群主义的教育方案大多涉及民族身份的公民教育问题。不过，这一公民教育方案存在明显的局限。奥斯勒说："社群主义的局限性在于，它可能把个体限制在预先设定的种族或者文化身份之中，而拥有这种种族或者文化身份的人未必觉得舒心自在。这就很有可能剥夺了公民决定自己在世界上的生活方式以及成为拥有多重身份和忠诚的世界公民的自由。"② 即便是一种文化的成员资格的价值也与个人的选择直接相关。一种文化如果不能为其成员提供自由选择的前景，那这种文化就没有多少吸引力或发展余地。"罗尔斯有关自由作为首要善的重要性的论证，也是对作为首要善的文化成员资格的论证……文化结构是一种选择的环境。文化成员资格之所以是一种善，乃在于它能够为我们提供有意义的选择余地，并提升我们为自己生活计划的价值作出判断的能力。"③ 因此，个体才是评价教育生活方式的主体，个人才是"好生活"的追求者。"虽然作为公平的正义允许在一个组织良好的社会中承认优越性的价值，但是追求人类至善必须限制在自由社团的原则的范围之内。……由于他们的活动具有更多的内在价值，他们不使用强制的国家机器来为自己争取更多的自由或更大的分配份额。"④ 除非个体因先天不足或后天损失之外，任何人或机构都不能剥夺个人是"好生活"追求者这一主体地位。"我们设想两个持有不同的宗教和哲学信仰的充分自主和有理性的人，并假设存在着某种使他们各自向对方观点皈依的心理作用。尽管这一作用是违反他们的意愿的。让我们假设，双方在适当的时候会转变到认真地信奉他们的新信仰。但我们仍然不能以家长式统治的方式来代替他们作出改换信仰的决定。两个进一步的条件是必要的：家长式干预必须由理性和意识的明显先天不足或后天损失来证明其正当性；同时，它必须受正义原则和有关这个人的较长期的目标和偏爱的知识或者对基本善的解释的指导。这些加于家长式措施的采用和方向方面的限制来自原初状态中的各种假设。各方需要保证他们人格的完整，保证他们的终极目标及其信仰。家长式原则是一种克服我们自己的非理性的保护措施，决不应把它解释为可采取任何尔后可能得到同意的手段去污辱

① I. 伯林著，胡传胜译：《自由论》，译林出版社 2005 年版，第 60 页。
② A. 奥斯勒著，王啸等译：《变革中的公民身份》，教育科学出版社 2012 年版，第 18 页。
③ 顾肃著：《自由主义基本理念》，中央编译出版社 2003 年版，第 568 页。
④ J. 罗尔斯著，何怀宏等译：《正义论》，中国社会科学出版社 2001 年版，第 328 页。

一个人的信仰和个性。更一般地说，教育方法也必须尊重这些约束。"① 哈耶克则走得更远。在他看来，教育世界里实际上没有这样的全能权威。即使有这样的权威，也不能完全地将决定权交给这样的"权威"，因为不确定性太多，风险太大。"承认每个人都具有我们所应当尊重的他自己的价值等级序列（即使我们并不赞同此种序列），乃是对个人人格之价值予以承认的一部分……换言之，信奉自由，意味着我们绝不能将自己视为裁定他人价值的终极法官，我们也不能认为我们有权或有资格阻止他人追求我们并不赞同的目的，只要他们的所作所为并没有侵犯我们所具有的得到同样保护的行动领域。"② 由于自由并非写在纸上的、不能发挥效力的形式权利，因此，国家尤其是自由主义国家应该通过各种方式确保、保护人们能够实际运用这些权利。自由主义国家能够让每个人明白自己的基本自由诸如修正自己生活目的的权利等，力图保证个人具有实施这些权利的实际能力，并试图弱化或消除群体或国家强加给个体的、使这些权利无效的障碍。"自由主义国家……采取行动以确保人们实际上的确拥有实施这些权利的个人能力。例如，自由主义国家愿意让孩子们达到必要的认知和想象水准，这样，他们才能够对不同的生活方式进行评价，也才能够在自己最初生长的社群之外生存下去。这就是教育在自由主义社会的一个基本目标。"③ 在罗尔斯等人看来，集体慎议、阅历共享以及集体探究等所需的机会，只存在于低于国家的群体或团体之内或之间，如家庭、文化团体、学校等，而并没有否认集体慎议、阅历共享以及集体探究的重要性。自由主义者所否认的只是我们必须面向国家表明我们对自己的理解，或者我们对公共资源要求应该取决于国家是否赞成我们的生活方式而已。"事实上，自由主义的中立并没有忽视共同的文化对于有意义的个人选择方案的重要性，也没有忽视阅历共享对于个人有意义地评价那些选择方案的重要性。自由主义的中立没有否认个人自主需要相应的社会条件，但却为此提供了一个阐释——个人自主依赖于社会过程而不是政治过程。……中立要求信任非国家的领域的运转，要求信任个人判断和文化发展的进程，而不信任由国家来充当评价善的场所。"④ 塞尔兹尼克也

① J. 罗尔斯著，何怀宏等译：《正义论》，中国社会科学出版社 2001 年版，第 248—249 页。
② T. A. V. 哈耶克著，邓正来译：《自由秩序原理》（上），生活·读书·新知三联书店 1997 年版，第 93 页。
③ W. 金里卡著，刘莘译：《当代政治哲学》（下），上海三联书店 2004 年版，第 433—434 页。
④ W. 金里卡著，刘莘译：《当代政治哲学》（下），上海三联书店 2004 年版，第 460 页。

表达了类似的主张或看法。他说："社群主义者的挑战目的在于修正自由主义，而不是反对它。没有什么理想化的问题，更不是回到保护特权世界的问题；不是放弃自由主义政府的设计者所支持的主要的经济、政治和社会自由的问题。然而，社群主义者的修正不是细枝末节方面的，他们主张连贯性，其要旨是社会连带的修复，是秩序良好的机构和文明规范对自由的保护。"① 教育自由理念主张，"自我优先于目的"，即自我优先于生活的目的或目标，因为，没有一个生活目标或目的是不能进行再判断或再考察的。"自我优先于目的"，并不否认自我对社群的认同、对自我社会角色的定位，也不否认自我的社会责任和义务，只是意指每个人对"我是谁"的回答并不能代替他在社会生活中作为独立的个人的自由选择。就此而言，桑德尔把自由主义者所说的"自我"概括为"无牵无挂的自我"显然是不正确的。"要识别任何一套作为我的目的、野心、渴望等等的特征的东西，总是意味着站在其后的某个主观的'我'，而且这种'我'的外形必须先于我所承载的任何目标或属性。""没有任何一种角色或承载可以如此完全地定义我，以致没有它我就不能理解我自己。也没有一项任务可以如此地具有实质意义，以致远离它之后将使我是谁的问题成了一大疑问。对于无牵无挂的自我，至关紧要的，对我们的人的特性最具实质意义的，不是我们所选择的目标，而是我们选择这些目标的能力。"② 教育自由理念没有主张把自我看作是天马行空式的"无牵无挂的自我"，而是承认个人具有社会性。"自我优先于目标"之所以成立，是因为在自我与目标（尤其是具体目标）这一关系中，自我永远是能动的主体。对我们的个性而言，最为根本的并非我们所选择的目的，而是我们选择目的的能力。这种能力扎根于自我，且必须优先于自我所选择的目的。罗尔斯说："为了确定一种一致的理论、一种目的论学说，必然被驱赶到某种形式的快乐主义之争去。……快乐主义的弱点表明不可能把一种恰当的有限的目的规定为最高目的。这说明目的论学说的结构是根本错误的：它们从一开始就以一种错误的方式把正当和善联系起来。我们在试图赋予我们的生活以某种形式时不会首先关心被独立地规定的善。我们愿意接受的，不是那些从根本上展示着我们的本性的目标，而是这样一些原则，这些原则统治着人们借以形成其目标的背景条件，和人们追求这些目标的方式。由于自我优先于目的，目的由自我确认，甚至一种支配性的目的也是由自我在大量

---

① P. 塞尔兹尼克著，马洪等译：《社群主义的说服力》，上海人民出版社 2009 年版，第 10 页。

② 顾肃著：《自由主义基本理念》，中央编译出版社 2003 年版，第 546-547 页。

的可能性中选择的。人们不可能超出审慎的合理性。因此，我们应当把目的论学说提出的正当与善之间的关系翻转过来，把正当看作是优先的。"① 换句话说，对人类而言，真正重要的是他们制定、追求和修正自己的善观念的能力。

（2）人的价值选择是多元的

人类不同的教育生活方式、不同的教育实践和不同的教育实践活动，呈现出不同的教育价值取向。人本身也是多元的，不同的人有不同的性格、不同的兴趣能力和不同的人生追求。既然如此，人们不仅能够自己决定生活的目标，而且能判断它们的价值。况且，教育世界也不可能存在着绝对的、唯一的教育生活模式。"我们具有把自己与任何特定的社会陈规拉开距离的能力。没有哪种特定的目标是由社会为我们定死的，没有哪种特定的成规具有这样的权威，以至于我们僭越个人的判断与个人的可能拒斥。我们能够并且应该以这样的方式去确定我们的目标任务：通过我们个人的自由去评判我们的文化结构，去评判祖先遗留给我们的理解不同生活方式的母基——正是有了这样的母基，才为我们提供了能够要么肯定要么拒绝的多种生活可能性。没有什么'是对我们进行的设定'，没有什么权威能够僭越我们自己的价值判断。"② 即，如果把事先确定的、不易被人接受的价值观、生活方式强加于人，那么这种主张最终会使它们遭到否定，因为只有被个人选择的价值观才有实际意义。在拉茨看来，一个人只有作为自律的行动者，才能在现代社会中生活得好。自律之所以有价值，是因为它使人们能够在对立的价值观念之间标明前进的道路。"个人自律的理想是这样一种前景：人们在某种程度上控制他们自身的命运，通过他们生活中的一系列决定来塑造他们自身的命运。"换句话说，自律之所以有价值，在于自律使个体能够在各种有价值但不相容的选择与生活中，作出他们自己的选择。"价值多元主义……代表一种观点，即有许多种不同的、不相容的有价值的生活方式……价值多元主义同自律紧密相连……只有当一个人通过在各种有意义、有价值的选择中作出自己的选择，从而掌握自己的生活道路时，自律才是可贵的。作为其基础的观念是：自律的人们拥有许多不相容的机会，这些机会原本会使他们的生活沿着不同的方向发展……"③ 一旦把某种价值强加于个体，既剥夺了个体的选择权、自主权，也阻滞了个体多元价值观、宽容意识的形成，更不可能获得当事人的认可。这是因为，任何价值的评价都不可能没

---

① J. 罗尔斯著，何怀宏等译：《正义论》，中国社会科学出版社 2001 年版，第 563 页。

② W. 金里卡著，刘莘译：《当代政治哲学》（下），上海三联书店 2004 年版，第 409 页。

③ J. 格雷著，顾爱彬等译：《自由主义的两张面孔》，江苏人民出版社 2005 年版，第 132—133 页。

有对某种价值的贬低、抬高和利用，价值的内容总是存在于价值的规定之中，而任何对价值的规定，都凸显了此价值与彼价值的对立、价值与非价值的对立。"价值思维彻头彻尾地是好斗的。当价值相互冲突，或者同样的价值的不同实现相互竞争，这变得再清楚不过。'由于价值的结构是武断地确定的'，其结构因而从自身给予，并且'通过价值的具体实行而一再翻新'，成为一种'内在的攻击性'。"① 即使是所谓的客观价值，也不可能摆脱这种内在的攻击性。价值的客观化，只不过是将一种自我武装的新因素，一种只是激发更加和增强战争的固执己见的手段，引入到评价战而已。诚如哈特曼所说："每一种价值一旦取得支配一个人的权力，便倾向于自命为整个人类精神特质独一无二的僭主，代价是牺牲其他价值，包括那些并不与之针锋相对的价值。这种倾向虽然并不在于价值本身之理想的存在域内，却附丽在人的价值感中的价值之决定性权力上。这种价值僭政清楚地表现在片面的现行道德类型，表现在人所共知的对异类道德的不容忍，尤其表现在一种人格从个体上升为唯一一种价值所控制的情况。因此，便产生一种对正义的狂热信仰，它不仅背逆爱，更背逆博爱，背逆一切更高的价值。"② 因此，一种有益于自由人的生活，至少部分包括他自认为是美好的并且想要去过的生活，至少部分包括他认为是有尊严的、体面的生活。否则，客观意义上的"好生活"，非但不能让过着的人觉得好，而且，对于那些被逼着去过这种生活的人来说，反而是一种不幸。"人类可以以许多种生活形式茁壮成长。在这些生活形式当中，有一些的价值是无法比较的。当这样的生活方式相互对立时，它们中没有一个是最好的。属于不同生活方式的人们不一定就存在分歧，他们只是不相同罢了。……没有哪一种生活方式可以说对任何人都是最好的。人类之善是如此千差万别，它不可能在任何一种生活中得到实现。"③ 也许对于那些从小就以相应方式被加以教化之人来说，这是一种他渴求的最好生活。不过，"这并不是一种好的生活方式。难道我不能过一种我认为的好生活吗（只要这样做不伤害他人）？这种客观意义上的好生活，尽管被那些从小就被以相应方式加以教化之人理解为'最好的生活'，但对于那些没有被如此教化之人来说，它并不一定是好的生活，甚至算不上最

---

① 王晓朝等主编：《现代性与末世论》，广西师范大学出版社 2006 年版，第 147 页。
② 王晓朝等主编：《现代性与末世论》，广西师范大学出版社 2006 年版，第 128—129 页。
③ J. 格雷著，顾爱彬等译：《自由主义的两张面孔》，江苏人民出版社 2005 年版，第 6—7 页。

接近'好生活'的生活。"①

　　即使教育世界真的存在着这样的权威，个体的选择依然是重要的。费希特认为，尽管学者是教养员、是社会的道德楷模，但也不能把自己的信念强加于任何人。"学者影响着社会，而社会是基于自由概念的；社会及其每个成员都是自由的；学者只能用道德手段影响社会。学者不会受到诱惑，用强制手段、用体力去迫使人们接受他的信念；对这种愚蠢行径，在我们这个时代已不屑一提；但是他不应当把他们引入歧途。……社会的每一个体都应当根据自由选择，根据他认为最充足的信念去行动；他在自己的每一个行动中都应当把自己当作目标，也应当被社会的每个成员看作这样的目标。"② 选择过程本身，即是构成美好教育生活不可或缺的重要组成部分。"即使在我们明白学生正朝着错误的方向前进的情况下，我们也要尽力避免完全把我们的目标或观点强加给他们。……学习就像生长，未来产生于现在。学生必须从未知到已知从想望的到值得想望的。因此，我们必须与学生讨论和推理，提供相关信息和论据，以便尽可能地使他们最后得出的结论成为自由选择的结果。"③ 这是因为，选择过程能培养自由主体的感知、判断、识别等能力。人类天赋异禀的发展和培育，只有在个体的选择过程中才能得以实现。"感知、判断、识别、心智活动以及道德倾向等等，只有在有所抉择时才能得到运用。如果仅仅循规蹈矩，那他就没有做出任何抉择。既无抉择，对于分辨与要求最佳事物，就没有得到实际锻炼。心智与道德的能力，跟体力一样，只有运用才能得到增强。"如果一个人将自身生活计划的选择，全部委诸权威，则无需他的任何能力，"只要有猿猴一般的模仿力就足够了"。而自行选择生活计划的人，却需要调动他所有的潜能、能力。"他必须运用自己的观察力去看，用推理与判断力去预见，用行动力去收集供作决定的材料，用辨别力去作出裁决，裁决既定之后，犹须用毅力与自制力去坚持深思熟虑后的决定而不致放弃。"④ 同时，选择过程本身既有助于我们更有效地实现人的理性能力，也能彰显我们是独立自主的自由主体。按照罗尔斯的观点，之所以需要选择的自由，正是为了发现生活中有价值的事物——去形成、检查和修正我们关于价值的信念。"作为公民，每个人都视他

①　R. Curren 主编，彭正梅等译：《教育哲学指南》，华东师范大学出版社 2011 年版，第516 页。

②　费希特著，梁志学等译：《论学者的使命、人的使命》，商务印书馆 2008 年版，第 44页。

③　C. 贝克著，戚万学等译：《优化学校教育》，华东师范大学出版社 2003 年版，第 34 页。

④　J. S. 穆勒著，孟凡礼译：《论自由》，广西师范大学出版社 2011 年版，第 68、69 页。

自己或她自己具有一种'最高阶的利益'：拥有形成和修正善观念的能力。"①
选择自由帮助我们认识到，什么对于我们才是好的；选择自由帮助我们"追踪
最好"。就其本质而言，选择是过什么样的教育生活的选择，是成长为什么样
的人的选择，是有关"好"生活的各种价值观念的竞争性选择。诚如金里卡的
评论所说："社群主义国家也许希望，鼓励用更有价值的共同体生活方式来代
替不那么有价值的生活方式，会提升人们的选择方案的质量。但是自由主义的
中立原则也希望扩展人们选择方案的范围。言论自由和集会自由允许每个群体
追求和宣传自己的生活方式，而那些没有价值的生活方式将难以吸引支持者。
因为个人有在相互竞争的优良生活方式之间进行选择的自由，自由主义的中立
就仿佛创造出了一个观念的市场；而一种生活方式在这个市场中具有什么样的
命运，就取决于它能够为其潜在的支持者提供什么。因此，在自由的条件下，
令人满意的和有价值的生活方式就会倾向于驱逐那些不令人满意的生活方式。
自由主义者之所以支持公民享有各种自由，部分原因就在于他们可能使'不同
生活方式的价值在实践中得到证明'。"②

当然，过一种好生活而不是过一种我们当下以为的好生活，才是我们人生
的根本利益。就算人们有过优良生活的利益，就算人们会自发地用各种方式去
支持优良生活，并不必然意味着未来的人们也可以享有同样的优良生活。例
如，我的利益在于从事某一有价值的社会活动，而促进这种利益的最好方式也
许就是在我的有生之年耗尽这种活动所需的资源。因此，要实现这一根本利
益——过美好的生活，必须满足两个前提条件。第一个条件是：我们要根据自
己关于生活价值的内在信念而选择自己的生活方式；第二个条件是：在我们的
文化能够提供相应信息、先例和论据的基础上，我们要有质疑和考问那些信念
的自由。因此，人们必须拥有能够按照自己的价值信念而生活的资源和各种自
由。这就是为什么自由主义的传统要关注公民自由和个人自由。而个人为了懂
得关于美好生活的不同观点，为了获得考问这些观点的理智能力，必须拥有相
应的文化条件、教育条件。这就是为什么自由主义的传统要关注教育、言论自
由、出版自由、艺术表现的自由等。③

3. 享有基本教育自由既是一种创造自我的方式，也是一种将自我与过有

---

① W. 金里卡著，刘莘译：《当代政治哲学》（下），上海三联书店 2004 年版，第 430－431
页。

② W. 金里卡著，刘莘译：《当代政治哲学》（下），上海三联书店 2004 年版，第 455－456
页。

③ W. 金里卡著，刘莘译：《当代政治哲学》（下），上海三联书店 2004 年版，第 394 页。

尊严的"好生活"联系起来的方式

在教育生活世界，选择意味着教育生活将导向何方，选择既是一种创造自我的方式，同时也是一种将自我与外部世界扭结起来的方式。选择的结果就是教育生活向前进了一步，从某种意义上说，这是一种个性的充分展示和弘扬行为。"选择是一个成长的过程，是对由生活提供的材料进行选择和积累的发展着的智能组织力，这个过程无疑在儿童和青年的意识里是最富有活力的。"① 选择的结果就是把生活推进到一种自主的生活，从某种意义上说，这是一种自由的行为或创造的行为。奥伊肯说："倘若生活要有意义，自由便是必不可少的。必须能给我们的活动一种个人的特征，并推进到一种自主的生活。否则，我们的生活便不完全属于我们自己，而是由自然或命运指派给我们，它在我们内部发生，却不是由我们决定。这样一种半异己的经验，从外部强加给我们的角色，势必使我们对它的要求漠不关心，倘若我们冷漠置之的东西竟然吸引了我们的全部精力，竟然变成了我们的个人责任问题，我们的生活便将在令人气馁的矛盾中挣扎。"② 当然，这种自主的教育生活处在"行进"状态，永无终结。此外，生活的主题永远是选择的，选择是人生的责任，"个人能够选择，并且只有个人才能选择。"③ 选择是走向存在、成长的唯一方式，假若不作选择，就永远成不了一个个人。"人是自己造就的，他不是做现成的；他通过自己的道德选择造就自己。"④ 人是依靠自己使自己成其为人的，"我永远在进行自我选择，而且永远不能作为已被选择定的存在，否则，我就会重新落入单纯的自在的存在中去。永远进行自我选择的必然性和我所认为正确的被追求的追求是一回事"。⑤ 选择才能使人成为"这一个"人，成长为"这一个"人。在生活实践中，自我的价值往往通过自主的选择而得到体现。从"应该成就什么"（whatIoughttobe）这一角度看，自我的人格并非预定或既定，而是具有生成的特点，这种生成过程固然受到外在社会环境等影响，但同时又始终离不开自我本身的反思、探求和选择。存在主义将个体的在世理解为一个不断自我筹划、

① C. 库利著，包凡一等译：《人类本性与社会秩序》，华夏出版社 1999 年版，第 42 页。
② R. 奥伊肯著，万以译：《生活的意义与价值》，上海译文出版社 2005 年版，第 66—67 页。
③ A. D. 雅赛著，陈矛等译：《重申自由主义》，中国社会科学出版社 1997 年版，第 76 页。
④ 萨特著，周煦良等译：《存在主义是一种人道主义》，上海译文出版社 2005 年版，第 26 页。
⑤ 萨特著，陈宣良等译：《存在与虚无》，生活·读书·新知三联书店 2009 年版，第 583 页。

谋划的过程，强调个体究竟成就什么，主要取决于自我本身。在萨特看来，懦夫与英雄并非天生，而在于"自我选择"。"是懦夫把自己变成懦夫，是英雄把自己变成英雄；而且这种可能性是永远存在的，即懦夫可以振作起来，不再成为懦夫，而英雄也可以不再成为英雄。"① 这一看法从某种程度上注意到了自我的选择与自我的生成之间的联系。换句话说，人怎么对待他的命运，怎么塑造命运，命运在内心对他意味着什么，都只有取决于人。我们绝不能推卸我们的责任，我们是由我们自己创造出来的。一般而言，一个人个性发挥和实现的程度，取决于他所得到的选择自由的程度。因为，一个人的个性如何，他究竟会成为什么样的人，不过是他自己的行为之结果："人从事什么，人就是什么。"（海德格尔语）个人只有拥有选择的自由，能够按照自己的意志去行动，他所造成的自我，才是具有自己独特个性的自我；反之，他若丧失选择自由、听任别人摆布，按照别人的意志去行动，那么，他所造成的便是别人替自己选择的、因而也就不可能具有自己独特个性的自我。而自我实现的根本条件是个性的发挥，个性发挥的根本条件则是自由、选择自由。说到底，选择自由便是自我实现的根本条件，二者成正相关变化：一个人拥有的选择自由越多，他的个性发挥便越充分，他的创造潜能便越能得到实现，他的自我实现的程度便越高，反之，自我实现的程度便越低。自我实现者较一般人拥有更多的自由意志，更不容易为他人所主宰；较少屈服于外界的压力和阻力，只受自己个性原则而不是社会原则的支配，通常较为自由。一句话，较少适应社会上"既存"或"给定"的文化类型。诚如戈布尔所说："自我实现者具有马斯洛所说的'心理自由'。即使面临众人的反对意见，他们仍能作出自己的决定。当文化与他们的观点不一致时，他们就抵制自己的文化。对他们认为无关大局的事，他们倒不一定都超凡脱俗：如语言、服饰、食品等；但当他们觉得事关基本原则时，他们就会表现得非常独立、卓尔不群。"②

享有基本教育自由是一种将自我与过有尊严的"好生活"联系起来的方式。只要不违背正义原则，个人就应该享有选择任何一种优良生活观的自由，选择有尊严的"好生活"的自由，而无论这种生活观、有尊严的"好生活"与教育共同体中的其他生活方式有多大的不同。之所以可以容纳这些相互冲突的生活观，是因为在面对这些冲突时，对正义原则的公共认同足以保证稳定性。

① 萨特著，周煦良等译：《存在主义是一种人道主义》，上海译文出版社 2005 年版，第 20 页。
② F.G. 戈布尔著，吕明等译：《第三思潮》，上海译文出版社 2006 年版，第 26 页。

罗尔斯说:"虽然良序社会包含着分歧与多元……对政治和社会正义问题的公共认同却维系着公民友谊和合作的纽带。"[1] 具有不同"好"教育生活观念的人们会尊重彼此的权利,不是因为这种尊重促进着某种共同的教育生活方式,而是因为人们认识到,每个人都有资格受到平等的关照,每个人都有资格"活得好"。不过,尽管一个正义的教育不能限制孩子对于好的生活方式的选择,而是要提供机会让每个孩子能够在尽可能多的生活方式中作出自由、理性的选择。但是,现实的教育生活一再告诉我们,存在主义有关选择自由的主张是存在问题的。一般而言,父母和国家都不可能完全尊重孩子的自由选择,奉行价值中立理想。父母可能会向自己的孩子传递特定的价值观和文化偏好;国家也可能试图教育学生接受那些有助于社会团结的特定价值观和文化。不仅在现实教育生活中价值中立是不可能实现的,即使在纯理论的层面,价值中立也是不可欲的。"在孩子们懂得公正地审视培养基本道德的正反理由之前,教育者已经使他们具有了这些基本的道德;等孩子们能够批判地审视自身道德观和价值观的时候,他们的道德观和价值观已根深蒂固,他们的性情也早已经形成。这并不是说,在判断能力完全具备之前接受一定道德教育(比如非暴力和诚实)的孩子们不能评价这些道德,但确实说明了对孩子们的教育在善与恶之间并不是价值中立的,也不应该如此。"即使在文化层面上,教育也无法做到价值中立。"当孩子们学习说英语而不是法语,或者学习说荷兰语而不是德语,或同时学习两种语言时,他们要学习的不是如何选择而是接受特定的文化倾向。虽然这种文化倾向不能决定他们将来会成为什么样的人或选择何种生活方式,但却会对他们将来的选择产生一定的影响。从文化统一性的需要来看,在孩子们教育(和社会化过程)中的文化倾向有其合理性,这恰恰是教育非中立的表现。"[2] 面对父母与国家的不同动机,面对教育非中立的现实,一些人努力寻求一种比父母和国家更加公正的教育权威。他们把破解这一难题的目光,聚焦于教育者的权威。"他们捍卫专业教育者的权威,因为这些专业教育者为儿童的学习兴趣所激发和推动,同时不受父母或政治权力的束缚。"[3] 但是,这一办法显然是治标不治本的无奈之举。真正破解这一难题的办法是:让儿童对其他文化体系和生活方式保持开放,以开放的、儿童为中心的、互动式的学校教育代

---

[1] W. 金里卡著,刘莘译:《当代政治哲学》(下),上海三联书店 2004 年版,第 464 页。

[2] R. Curren 主编,彭正梅等译:《教育哲学指南》,华东师范大学出版社 2011 年版,第520 页。

[3] R. Curren 主编,彭正梅等译:《教育哲学指南》,华东师范大学出版社 2011 年版,第520 页。

替专制式的学校教育。培养孩子们开放的心态并不需要采取道德中立的方式，而是要培养他们民主和自由的德性。诚如贝克所说："学校教育有必要更加以儿童为中心和更加民主。如果我们不想压制学生的好奇心和主动性，削弱他们的信心，使他们变得消极和唯命是从，剥夺他们的感情和愿望，在他们的内心中培植虚伪和不适当的价值观，我们就必须为学生参与教育和管理教育留出更多的余地。学校中发生的一切在很大程度上必须接受学生的兴趣、希望、情绪、见识和能力的影响。"① 尽管在强制性的公共教育中，学生显然不能完全自由地自行其是，个体自由地、理智地选择自己的信仰和价值观的程度总是有一定限度的，但是，"自由和理智的限度应该尽可能的大，应该坚持不懈地鼓励学生追求那些他们感兴趣的问题"。②

（七）教育自由的限度

教育领域中的自由和其他领域中的自由一样，也有一个限度的问题。"绝对自由"只能是想象的，完全隔绝与他人的联系。这种状态在理论上是站不住脚的。因为，解除与社会的联系将让自由的个人单独面对自然的肆虐。不管其他人是道德败坏还是令人讨厌，也可能成为不可或缺的资源。没有他们，"纯粹肉体的存在是不可能的"。同时，正是在和其他人的交往中才能确认一个人选择的正确与否，他们的行为才能被赋予意义。因此，"长期脱离人群将导致缺乏保护和加剧不确定的双重困境，每一种困境都足以使自由可以想象得到的收益化为乌有"。③ 因此，自由一定有个限度的问题。自由总是同"责任"联系在一起的。马丁诺夫说："我明白了，做一个自由的人意味着什么。我弄清了这种难以弄清的感情，世界上最属于个人的感情之一。你知道吗，什么是做一个自由的人？那就是，对一切都要负责任。"④ 森说："对主体地位的理解，对于承认人作为负责任的人，具有中心意义：我们不仅仅只是健康的人或者生病的人，我们还是采取行动或者拒绝行动的人，而且是可以选择以这种或者那种方式来行动的人。所以，我们——男人和妇女——必须承担采取行动或不采取

---

① C. 贝克著，戚万学等译：《优化学校教育》，华东师范大学出版社 2003 年版，第 33－34 页。
② C. 贝克著，戚万学等译：《优化学校教育》，华东师范大学出版社 2003 年版，第 34 页。
③ Z. 鲍曼著，杨光等译：《自由》，吉林人民出版社 2005 年版，第 69 页。
④ 科恩著，佟景韩等译：《自我论》，生活·读书·新知三联书店 1986 年版，第 484－485 页。

行动的责任。"① 西方自由主义所言的自由，即是"法律之下的自由"。每个人在行使自己的权利和自由时，只服从于那些由法律为了确保相应地承认和尊重其他人的权利和自由并且为了确保实现一个民主社会中的道德、公共秩序和共同福利的正当要求而确定的限制。孟德斯鸠说："在一个国家里，也就是说，在一个有法律的社会里，自由仅仅是：一个人能够做他应该做的事情，而不被强迫去做他不应该做的事情。……自由是做法律所许可的一切事情的权利；如果一个公民能够做法律所禁止的事情，他就不再有自由了，因为其他的人也同样会有这个权利。"② 自由是能与"不准做某些事情"相容的。罗尔斯说，对自由限制的范围，包括由法律所规定的种种义务和禁令以及来自舆论和社会压力的强制性影响，"自由是制度的某种结构，是规定种种权利和义务的某种公开的规范体系"。③ 简言之，断线的风筝不仅不会得到自由，反而会一头栽向大地。有约束才更自由，有制度才更有力。制度或者纪律为每个社会成员划定了行为空间，明确了权利与责任，是每个社会成员自我净化、焕发活力的重要保障。

就教育世界而言，一个人赞成教育世界中的自由，并不是说让学生们整天为所欲为，教育世界中的自由必须施加法律、纪律和权威的约束。教育世界中的自由，不是为所欲为，教育世界中的自由显然是做权利许可的事。艾德勒认为，自由有三种表现形式，环境制约的自由是其中的一种。环境制约的自由在于我们能够随意行事，就是说，能公开执行我们所达成的决议；不管正确与否，我们认为对我们有好处，我们要怎样做就怎样做。从道德上讲，按自己意愿行事的环境制约的自由可能是好事，但也可能是坏事。因此，环境制约的自由需要正义的引导或控制。因为，"一个人想做的事可能对其他人有害，也可能违反正义法则，也可能违反他本人所在社区的最大利益"。④ 无教育秩序下的自然状态的个人自由，其实不是自由，而是"自律"。所谓自律，就是遵循法度，自我约束。在艾德勒看来，只有绝对自主的人才会有自律，也就是说，他只服从自己，不屈从他人制定的法律，也不承认有支配他的行为的权威。只有那种过着完全孤独生活的人才有这种自律。有组织的社会成员不可能都是自律

---

① 阿马蒂亚·森著，任赜等译：《以自由看待发展》，中国人民大学出版社 2002 年版，第 189 页。

② 孟德斯鸠著，张雁深译：《论法的精神》（上册），商务印书馆 1997 年版，第 154 页。

③ J. 罗尔斯著，何怀宏等译：《正义论》，中国社会科学出版社 2001 年版，第 200 页。

④ M. J. 艾德勒著，郗庆华等译：《六大观念》，生活·读书·新知三联书店 1998 年版，第 174 页。

的，因为没有有效的管理与强制性的法律，一个有组织的社会就不能持久和昌盛。"人为了生存与繁荣，所生活的社会就必须有组织并有有效的管理与强制性的法律。人类不能靠自律，也不能有不受限制的行动自由。自律是与有组织的社会不相容的，无限制的自由是会破坏有组织的社会的。"① 有组织的社会成员不可能都是自律的，因为没有有效的、公正的法律，一个有组织的社会不可能永远都是秩序井然的。米瑟斯说："与人为恶的人，不但给他人造成不幸，而且也损害了他自己。没有什么东西比法律的贫乏给人们造成的损害更大了。黎民百姓心中充满了恐惧感、奴役感和奉承心态，而统治者和他们的听差们则充满了自信、自负和骄傲自大感。这两种心态都是社会生活的毒素。"② 如果受教育者不受管束，那么大部分受教育者将不会去努力学习和读书。现在社会不允许受教育者在勤奋和懒惰之间作自由的选择，并在保护受教育者主动性和独创性的同时，努力做到不浪费或不阻碍受教育者个性的发展潜力。如果学习自由没有一个限度，学生可能会放纵自己，可能会对自己的行为不负责。蒙台梭利说："孩子的自由，就其限度而言，应在维护集体利益范围之内；就其行为方式而言，应具有我们一般所认为的良好教养。因此，只要孩子冒犯或干扰他人，有不礼貌或粗野行为，就应加以制止。"③ 罗素说："儿童必然或多或少要听命于他们的长者，而不能使他们自己成为自己利益的保护人。在教育中权威在某种程度上是无可避免的，施教者必须找到按自由精神来行使权威的途径。"④ 显然，学习自由不等于教师对学生的放手不管，让学生"胡作非为"。学习过程中的自由与权威、自由与纪律、自由与指导密不可分。再如，教师的教学自由也是有限度的，这种限度既来自教学活动自身的要求，也来自教学活动作为一种社会活动的要求。就前一种要求而言，教学自由不能阻碍教学目的的实现；就后一种要求而言，教学自由不能有害于其他的社会自由。因此，教育世界需要教育法律、教育强制和教育纪律，在教育法律、教育制度的规定或禁止范围内，有道德的受教育者仍然是能按自己的意愿行事的，因为他愿意做他应该做的事。一条正确的教育行为规则和一项公正的教育法律条款，规定了

---

① M. J. 艾德勒著，郗庆华等译：《六大观念》，生活·读书·新知三联书店 1998 年版，第 175—176 页。

② L. V. 米瑟斯著，韩光明等译：《自由与繁荣的国度》，中国社会科学出版社 1994 年版，第 95—96 页。

③ 蒙台梭利著，任代文等译：《蒙台梭利幼儿教育科学方法》，人民教育出版社 1993 年版，第 107—108 页。

④ B. 罗素著，李国山等译：《自由之路》（下），文化艺术出版社 1998 年版，第 530 页。

应做的行为，禁止不应做的行动。教育世界里的自由、行动自由不但不会被公正的教育法律和良好的道德行为规范所剥夺，而且，如果教育法律是公正的，它还能利用其强制的力量与约束来保障和增进教育自由、行动自由，使其免受他人利用非法力量进行的侵害与干扰。斯蒂芬说："自由不是指完全不存在限制，而是指不存在有害的限制。正义不仅意味着将普遍规则公正适用于具体案例，而且意味着将善意的普遍规则公正地适用于特定案例。"① 公正的教育法律、教育制度得以实施，就能扩大个人的教育自由；反之，教育法律、教育制度不公正，只诉诸力而不是理，就会减少人们的教育自由。如果用强制的力量，或者用逼迫的办法，去制止人们做他愿意做或者应该做的事情，这样，个人的教育自由就会受到严重的限制。在这种情况下，人们失去的是真正的教育自由，而不是准许证。

六、教育自由理念主张的缺陷

由于教育资源的有限性以及个体人之间界限的相对确定性，因而现实教育生活中的自由是有限度的。放任自流的教育自由亦即完全以教育自由为本位的、不加任何限制的、极端的教育自由，则会对教育发展、人的发展产生非常明显的弊端。它极有可能使人与人之间享有的教育机会、教育资源等之间的差距过分拉大，造成教育发展的极度不均衡，并可能使教育发展陷入无政府状态。基于教育自由理念的弊端，社群主义者提出了救治之道："对许多社群主义者而言，自由主义的问题并不在于它对正义的强调和它的普遍主义，而是它的'个人主义'。根据这种批评，自由主义者把自己的理论奠基于关于个人权利和个人自由的观念之上，而忽略了个人的自由与福祉只有在共同体中才得以可能。一旦我们承认人对于社会的依赖，我们就有义务把社会的共同利益置于与个人的自由权利同等重要的地位。"②

（一）一切人有权得到的唯一平等是教育机会均等

一切人有权得到的唯一教育平等是教育机会均等，其主要的理由是：这种教育平等趋于最大限度地扩大个人的教育行动自由。金里卡说："为什么我们

① J. F. 斯蒂芬著，冯克利等译：《自由·平等·博爱》，广西师范大学出版社 2007 年版，第 150 页。

② W. 金里卡著，刘莘译：《当代政治哲学》（下），上海三联书店 2004 年版，第 385 页。

社会里的很多人认为机会平等的想法是公平的？原因在于，只有遵从机会平等才能保证人们的命运取决于自己的选择而不取决于他们的境况。如果我是在一个机会平等的社会里追求自己的志向，那么，无论成功或是失败，都只取决于我自己的表现而不取决于我的种族、阶级或性别。如果我失败了，不会是因为我碰巧生长在了一个'错误的'群体。我们的命运不应该因为种族或民族的这类道德任意因素，就据此享有特权或遭受不幸。成功或失败都应该是我们自由选择和努力的结果。因此，无论我们获得怎样的成功，都是自己'挣来的'，而不是被赋予的。在一个机会平等的社会里，收入的不平等是公平的，因为成功是一种'奖励'，它只给那些'应该得到'它的人。"① 在持教育自由理念的人看来，教育自由不仅是至高无上的，而且还可以牺牲教育平等以便去追求更大限度的教育自由。他们不仅要求无限制的教育自由，而且还随时都想得到无限制的教育自由，哪怕那样做会造成无法挽回的教育不平等状态，致使社会上某些人，其实往往是大多数人，严重地失去教育自由，他们也在所不惜。艾德勒说："他们所追求的只是机会均等，因为机会均等鼓励和方便某些人干事业的自由。这些人有天赋，有才能，能充分利用机会的自由去打垮自己生活中的竞争者。这真是谁落后谁倒霉！即使出现了极大的不平等，也不会使他们罢手。因为在他们看来，要达到平等，只能失去个人自由，而个人自由对他们来讲，又比平等更可贵。"② 如果教育机会平等是指每个人有权得到的唯一的教育平等，就是否认所有人都有权得到教育条件的平等，其实，恰恰是教育条件的平等使他们成为教育的拥有者而达到平等的。

因此，自由主义者的错误在于："看不到这种为了正义而对自由的削减是对自由的适当限制。他们的错误在于他们所要求的自由超过了正义的允许。"③ 换句话说，除教育机会均等外，他们或许会反对任何种类上的教育环境或条件平等。他们接受教育机会均等是因为他们相信，在教育生活竞争中，优秀者必胜。例如，当代社会的社会结构——从资本主义形式来看，金钱万能；从浪漫主义角度看，鼓励事业心；从智力角度看，知识至上——都是建立在个人可以通过他的劳动去获得财产，通过交流得到需求之物，通过向上流动取得与他的才能相应的地位。从原则上说，这些新地位对全体有才干者敞开。这无疑发生

---

① W. 金里卡著，刘莘译：《当代政治哲学》（上），上海三联书店 2004 年版，第 109 页。

② M. J. 艾德勒著，郗庆华等译：《六大观念》，生活·读书·新知三联书店 1998 年版，第 168 页。

③ M. J. 艾德勒著，郗庆华等译：《六大观念》，生活·读书·新知三联书店 1998 年版，第 206 页。

了一场彻底的革命：身份和权力的社会基础发生了变化，开创了获得社会地位和特权的新途径。就后工业社会而言，身份和权力遵循的是英才体系的逻辑发展，它在英才优生的原则上编撰了一种崭新的社会秩序。"事实上，英才体系是用一种成层原则代替另一种成层原则，即用成就原则替换归属原则。过去，这一新原则曾经具有自由主义的进步含义，被认为是正义的。因为，它对人的评价或奖励不看他的出生或社会关系而重他的功绩。今天，这个标准被认为是一种制造新的不平等以及社会的——即使不是心理的——不正义的原因。"[①] 显然，平均主义者所犯的错误，显然与无视或忽略人与人之间种类上平等的精英统治论鼓吹者所犯的错误是一样的。精英统治论鼓吹者只根据个人程度上的不同，就建议人们教育方面应有不同程度的教育环境差别。精英统治论鼓吹者的主张之所以是错误的，是因为一些国家的经验和可靠的科学研究得到的证据表明，"人的智力在不同的社会阶级中和财富不同的人们中几乎是平均分布的"。[②]

（二）个人发展潜力生而不平等

教育自由理念主张，个人与他人交往组成社会，是"应该"基于一个与事实相反的假想，即假想人们作为个人在每个重要方面都是平等的。有人认为这种与事实相反的假定有道理，其原因是，只要所有签约的人都认为他们是完全平等的，一个有组织的社会便可在一社会契约基础上成立了。他们不清楚这是基于假定，所以产生这种不切实际的设想，如果揭去这块面纱，恐怕他们就不会同意签定这项社会契约。"尽管这些人心理明白，他们在许多重要方面是无法达到个人平等的。"[③] 自由主义者哈耶克认为，现代致力于追求平等的人，常常否认他们的主张是建立在"所有的人事实上平等之认定"的基础之上，而实则这仍是多数追求平等的人所抱持的理论基础。这个基本认定，并不合乎事实真相。他认为，不能忽视人类生来即非常不同的事实，唯其如此，所以相似环境成长之人，亦会显现出重大的差异性。"为所有人增加机会，有可能会只有利于那些能够较好地利用这些机会的人，而且常常会在努力的初期增加不平等现象。如果对'机会均等'的要求导致了人们努力根除上述'不公之利'，那么其结果就可能是对社会造成危害，而别无其他。毋庸讳言，人与人之间的所

---

①　张人杰主编：《国外教育社会学基本文选》，华东师范大学出版社 2009 年版，第 211 页。

②　联合国教科文组织、国际教育发展委员会编著，华东师范大学比较教育研究所译：《学会生存》，教育科学出版社 1996 年版，第 10 页。

③　M. J. 艾德勒著，郗庆华等译：《六大观念》，生活·读书·新知三联书店 1998 年版，第 193 页。

有差异——不管它们是天赋能力方面的差异，还是机会方面的不同——都创造了这种不公之利。然而，由于任何个人的主要贡献都在于最充分地利用他所遭遇的偶然因素，所以在很大程度上讲，成功一定是一个机遇的问题。"① 因此，就作为一个事实陈述而言，"人生而平等"绝非真实。不过，我们可以把这个一向奉为神圣的话语用在法律制度与道德的领域：在法律制度和道德领域，所有的人应该受到平等待遇。在哈耶克看来，要了解平等理想的真谛，必须从事实平等的信念中解放出来，而坚持法律制度之前和道德律之前的平等。这样做，无疑有助于自由之维护而不会破坏自由之平等。

所谓法律制度之前的平等，乃是指没有人的渴望与企图心会被任何法律制度的障碍所阻，每一个人可以凭他个人的能力为任何社会地位自由竞争。因此，法律制度之前的平等维护个人的独特性，并保障个人发展的机会。哈耶克所谓的法律制度之前的平等，无疑地皆是指法律制度之前自由竞争的机会平等，这与他自由经济的主张，可谓合辙。教育法律制度之存在，乃在于维护这样一个不受干预的自由环境，甚至可以说教育法律制度限制之重点，乃在于限制政府对教育的干预，以保护个人之自由。他说："在国家教育制度下，所有基础教育都有可能被某一特定的群体所持有的理论观点所支配，亦即那种想当然地以为其拥有着解决那些问题的科学答案的群体；特定群体支配教育这种可能性的存在，应足以警告我们：将整个教育制度置于国家管理或指导之下，切切实实地隐含着种种危险。"② "不管当时情况如何，现在已无人怀疑，教育不仅须由政府资助而且须由政府来提供的这种状况，已不再成为必要，因为普通教育的传统和制度在今天已经牢固地建立起来了，而且现代交通运输的发展已解决了大多数因学校与学生住家相距太远而导致的种种棘手的交通问题。"③ 在教育领域，对教育自由的最大威胁来自于政府的干预和限制，换句话说，要获得教育自由，政府必须转换职能，"政府不再充当教育的主要管理者和提供者，而应当成为个人的公正保护者以防阻一切滥用此类新近发现的能力的做法"。④

---

① T. A. V. 哈耶克著，邓正来译：《自由秩序原理》（下），生活·读书·新知三联书店1997年版，第 175 页。
② T. A. V. 哈耶克著，邓正来译：《自由秩序原理》（下），生活·读书·新知三联书店1997年版，第 164 页。
③ T. A. V. 哈耶克著，邓正来译：《自由秩序原理》（下），生活·读书·新知三联书店1997年版，第 165 页。
④ T. A. V. 哈耶克著，邓正来译：《自由秩序原理》（下），生活·读书·新知三联书店1997年版，第 165 页。

即，政府如果关心分配正义，不仅是不必要的，而且是有害的。任何企图带来更大的教育平等的尝试，都注定具有压迫性，并且对一个自由的社会是有害的。正因为如此，哈耶克对政府不仅应推行"形式正义"而且应当实施"分配正义"的主张嗤之以鼻。门格尔说："通过完全平等的方式对待所有的公民，而不论其个人品质和经济地位如何，并且通过允许他们之间展开无限制的竞争的方式，导致了这样一种结果，即商品的生产也得到了无限的增长；但是，贫穷的弱者仅能得到此一产出中的一小部分。因此，新的经济立法和社会立法都应当力图保护弱者以对抗强者，并确使他们也能在一定的程度上获得良好生活所必需的财富。这是因为在今天，人们已经认识到，最大的非正义莫过于对事实上不平等的现象做平等的对待。"① 在哈耶克看来，门格尔的上述主张正在摧毁着不偏不倚的正义之基础。他在《社会正义的幻象》一文中认为，尽管现在诉诸"社会正义"已经成为政治讨论中得到最广泛运用的、最有效的论证；尽管几乎每一个特定群体向政府行为提出的要求都以"社会正义"为名，而且一项措施如果是"社会正义"所要求的，对其批判与反对的声音会立即消失；尽管对某项特殊措施是否符合"社会正义"的需求，人们可能也会有不同的意见、论争，但是，作为政治行为指导原则的"社会正义"，人们从未质疑过。正因为如此，"今天几乎没有什么政治运动或政治家不诉诸'社会正义'来支持他们倡导的特殊措施。"② 面对以"社会正义"之名行事的各种现象，哈耶克进行了大胆的质疑。尽管"社会正义"有利于使人们在法律面前更加平等，但是，分配正义的要求，是否在任何意义上都让社会变得更加正义了或者减少了不满仍然是值得怀疑的。不仅如此，如果"社会正义"仰赖于政府行为，政府显然会将不同的个人及群体置于其掌控之中，显然会事先构想着一种分配模式。相应的是，如果社会正义的信念控制着政治行为，这个过程必将逐渐接近一个极权主义制度。简言之，"社会正义"是一种十足的幻象，"它已经诱惑人们放弃了许多过去激励文明发展的价值，即试着满足从小群体传统继承下来的愿望，但这种愿望对伟大社会的自由人来说没有意义。不幸的是，这种最强有力的刺激有良好意愿的人行动的模糊欲望注定要让人失望。这已经足够让人悲哀的了。但是，像大多数试图寻求一个不可能达到的目标一样，这种努力也会产生及其不可欲的后果，尤其是导致让传统的道德价值可以繁荣的不可缺少的

---

① T. A. V. 哈耶克著，邓正来译：《自由秩序原理》（上），生活·读书·新知三联书店1997年版，第296页。

② J. 马勒著，刘曙辉等译：《保守主义》，译林出版社2010年版，第358页。

环境毁灭"。①

诺奇克认为，不平等起源是人们不同的天赋、不同的习得技能、不同的能力和不同的资源导致的状态。既然如此，每个人都可以自由支配正当得来的财产，并充分发挥自己的聪明才智，创造更多的财富。公正的社会无需刻意追求平等，无需建立中央政府机构对人们的劳动所得进行再分配，而应让人们享有完全的支配自己劳动所得的权利。在诺奇克看来，经济上的不平等没有任何不对之处。仅仅知道某人家庭殷实，而其他人一无所有，但并不能因此就得出关于这一安排是否公正的结论。对此问题，诺奇克作了如下演绎或推论：公正的分配包含着一种特定的模式吗？即便包含着一种特定的模式，是否应该应对？诺奇克坚决反对这一分配模式。所谓模式化原则是指，一种分配原则规定分配随着某种自然维度、自然维度的权重总合或自然维度的词典式序列来进行分配，这些自然维度大致包括道德功绩、需要、边际产品、努力程度等。几乎所有被提出来的分配正义原则都是模式化的：按照一个人的道德功绩、需要、边际产品、努力程度或者前面各项的权重总合对每个人进行分配。而"分配理论的任务就是在'按照每个人的__给予每个人'中填空，自然就会事先准备好去寻找一种模式，并且以不同的方式来对待'按照每个人的__得自每个人'"。②为此，诺奇克提出了与"分配正义"相对立的"资格理论"。换句话说，"分配正义"的背景是国家，国家具有一种再分配的功能；"资格理论"是在市场经济背景下思考分配正义的，市场机制不仅维持了生产效率，而且维护了分配的公平。具体而言，资格理论的核心内涵是"持有正义"。持有正义由三个论题组成：第一，持有的原初获得，对无主物的占有；第二，从一个人到另一个人的持有的转让；第三，对最初持有和转让中的不正义的矫正。这三个论题即形成了持有正义的三项原则：获取的正义原则、转让的正义原则、矫正原则。获取的正义原则规定了事物如何从无主的状态变为被人拥有的状态，并且通过什么方式这种拥有是合法的。转让的正义原则说明已经合法拥有的财产如何可以转让给他人。显然，只有当一种转让是自愿时，它才是正当的。但是，并非所有的实际持有都符合获取的正义原则和转让的正义原则，矫正原则就是纠正以不正义的方式获得的财产。这样，诺奇克提出了持有正义的一般纲领："如果一个人根据获取和转让的正义原则或者根据不正义的矫正原则对其持有是有资

---

① J. 马勒著，刘曙辉等译：《保守主义》，译林出版社 2010 年版，第 360 页。

② R. 诺奇克著，姚大志译：《无政府、国家和乌托邦》，中国社会科学出版社 2008 年版，第 191 页。

格的，那么他的持有就是正义的；如果每一个人的持有都是正义的，那么持有的总体（分配）就是正义的。"① 这样，诺奇克之反对"分配正义"，其原因在于："分配"一词意味着由一种社会制度按照某些原则集中地提供某些东西，但是在一个自由主义社会中，没有任何集中的分配，没有任何人或群体有权控制所有的资源，并共同决定如何将它们分发出去。不仅如此，分配正义的关键是"再分配"，而"再分配"的实质是国家通过各种手段将一部分资源转移给社会处境最差者，这是一种倾向社会底层群众的理论。在此，我们可以根据诺奇克的"资格理论"来描述教育世界的景致。首先，教育世界不能施行"分配正义"。因为，"分配正义"只考虑受教育者的利益，而没有考虑教育提供者的利益；只关心教育资源投向何处，何人，而不关心教育资源从何而来；只维护天赋较低者的教育权益，而没有维护天赋较高者的权益；只把处境最差者当作目的，而将处境更好者当作手段。其次，只有"资格理论"才是教育世界唯一可施行的原则，因为它承认、尊重和保护每一个人的教育权利。"每个人对诸如机会平等和生命等事物都拥有一种权利，并且可以强行这种权利。"② 问题在于，"资格理论"看起来好像是公平的，对所有人都平等对待，但实际上并非如此。因为它没有对天赋较低者、家庭出生不利者、竞争中的地位不利者给予考虑，这种不利或者产生于社会文化条件（如少数种族等）、或者产生于自然天赋（如身体残疾、智力低下等）。

教育自由理念的权利理论排除了任何要求一些人去帮助另一些人的教育法律。尽管富人通过资助较不幸者的医疗、住房或教育等而帮助他们是可取的，可这样的帮助应当留给个体来承担，而不是由政府命令。例如，政府没有权利强迫富裕的纳税人来为穷人资助各种教育项目，正如一个仁爱的小偷没有权利从一个富人那里偷窃钱财来分给流浪汉一样。哈耶克、诺奇克等自由至上主义者并不是以教育效率的名义，而是以人类教育自由的名义，支持不受约束的教育市场并反对政府管制。但是，哈耶克、诺奇克等自由至上主义者所持的主张，显然是有问题的。正如金里卡所说："坚持认为通过税收来帮助贫穷者就是对人们正当权利的不正义剥夺……几乎没有获得什么成功。大多数人实在难以接受自由至上主义者的论断——国家没有权利或责任来帮助那些贫弱者——

---

① R. 诺奇克著，姚大志译：《无政府、国家和乌托邦》，中国社会科学出版社 2008 年版，第 183 页。
② R. 诺奇克著，姚大志译：《无政府、国家和乌托邦》，中国社会科学出版社 2008 年版，第 286 页。

所体现的正义理论。"[1] 无论人们持什么样的教育正义观念，没有人愿意支持那些阻止人们成为积极的和负责任的公民的教育政策。

（三）教育平等即教育机会平等

教育自由理念认为，一个社会一旦建立了法律保障的非歧视性教育制度，这个社会就是一个机会平等的社会。"个体对各种社会益品的不平等占有是公平的，如果这些不平等源于个体的努力并且的确应该被这些个体所享有——也就是说，这些不平等是个体的行动和选择的结果。"[2] 例如，一旦入学和升级的机会是以某种得到客观评估的能力为依据的，在自由主义者看来就是公平的。而教育自由理念所言的"能力"，其特定标准乃是客观测验的分数和考试成绩。显然，教育自由理念的这一主张是片面的。因为，入学和升级机会所依据的所有标准，都与学生的社会背景有关。"自由主义的正义只是支持形式的平等——支持机会平等或公民权利与政治权利的平等；而忽略物质的不平等，忽略对于资源占有的不平等。"[3] 例如，用来测定社会地位（属于上层社会阶级、中层社会阶级还是下层社会阶级）的社会—经济指标，或者某些经济方面的变量（家庭收入或家产），与测验成绩、学业成绩的相关系数为 0.2 至 0.4。更为严重的情况是，当人们考虑到家庭背景中一些最重要的心理因素时，尤其是考虑到母亲与其孩子的相互作用，家长对其子女的独立精神的培养，父母对其子女的支持，以及为孩子提供效法父母行为的机会和得到奖励的机会诸因素时，其相关系数会更大：家庭背景中的某些变量与智力测验成绩、标准测验分数之间的相关系数甚至高达 0.8。[4] 即，入学和升级的机会以某种得到客观评估的能力为依据，丝毫不能排除社会—经济因素在其中的影响，亦即并非向某些自由主义哲学论者所说的，一旦使用某些学术性标准，社会—经济因素就不再发生作用。正因为教育自由理念否决社会—经济因素对教育机会的影响，那么教育自由理念所主张的教育机会平等无非是在奖励那些幸运者，他们碰巧拥有了那样一些能力，才可能接受高一级的教育；它是在惩罚那些不幸运的人，这些人的基因、家庭背景使得他们很难取得类似的成功。教育机会平等仅意味着一种使较不利者在个人对实力和社会地位的追求中落伍的平等机会。施拉格在《一场荒诞不稽的梦境之结》一文中说："教育面前机会平等"是根据社会达尔

---

[1] W. 金里卡著，刘莘译：《当代政治哲学》（下），上海三联书店 2004 年版，第 573 页。

[2] W. 金里卡著，刘莘译：《当代政治哲学》（上），上海三联书店 2004 年版，第 110 页。

[3] W. 金里卡著，刘莘译：《当代政治哲学》（上），上海三联书店 2004 年版，第 301 页。

[4] 张人杰主编：《国外教育社会学基本文选》，华东师范大学出版社 2009 年版，第 174 页。

文主义来设计的："处于（社会或学校）这种弱肉强食的世界中的所有居民，都应该被安顿在同一面旗帜下面——对所有儿童不论其年龄、宗教信仰和肤色，只有一个标准，只用一种教科书，只有一种公共资助方式。天赋最高者、有抱负者、聪明者和强者理应取得成功。笨人和懒人则注定失败。而且不论什么原因，总把过失归咎于学生（也可以怪罪于学生家长，可怜的孩子!），但肯定不归咎于学校或社会。"① 不仅如此，教育自由理念所主张的教育机会平等原则还给社会灌输了竞争心理，要求成功者更努力，而使得失败者压力更大。诚如卡拉贝尔所说："英才治国的原则比阶级社会更有竞争力，无情的竞争给自尊心受到伤害的失败者带来压力，也给成功者带来沾沾自喜，他们认为自己占据的特权地位比传统的统治阶级更光彩。除了效益有所增加以外，一个拼命竞争的不平等社会是否比按归属的社会更进步是值得怀疑的。至少，一个靠归属来决定的社会不会强迫穷人吞下自己的失败。"② 因此，对于自由主义哲学所依据的逻辑（即入学和升级应取决于个人的能力和才能，而不应取决于社会—经济地位），我们必须进行重新审视。

教育机会平等原则即使以能力为基础，也会在每一代中产生新的不平等，这又形成了社会的保守势力。即，教育机会平等使一些人在社会中获得"他们"那一份的途径，也是否定后来者那一份的手段。因此，以与学生社会背景有关的标准或能力来决定入学或升级的机会是不公平的。学生社会背景的不平等是不应得的，而仅仅因为这种不应得的不平等就使得学生的入学、升级不可能，就是不公平。罗尔斯说："即使……完善地排除了社会偶然因素的影响，它还是允许财富和收入的分配受能力和天赋的自然分配决定。在背景制度允许的范围内，分配的份额是由自然抓阄的结果决定的，而这一结果从道德观点看是任意的。正像没有理由允许通过历史和社会的机会来确定收入和财富的分配一样，也没有理由让天资的自然分配来确定这种分配。而且公平机会的原则只能不完全地实行，至少在家庭制存在的情况下是这样。自然能力发展和取得成果的范围受到各种社会条件和阶级态度的影响。甚至能力和尝试的意愿、在通常意义上的杰出表现本身都依赖于幸福的家庭和社会环境。保障那些具有同样天资的人的在受教育和取得成功方面的机会平等在实践上是不可能的。因此我们可能想采取一个在承认这一事实的同时能减轻自然抓阄的任意结果的原

---

① 张人杰主编：《国外教育社会学基本文选》，华东师范大学出版社 2009 年版，第 175 页。
② 张人杰主编：《国外教育社会学基本文选》，华东师范大学出版社 2009 年版，第 212 页。

则。"① 这一道理也适用于自然天赋的不平等。没有人生来就应该是残疾的，或生来就应该拥有 140 的智商，正如没有人天生就应该属于某个特定的阶级、性别或种族。"分配份额不应该受到从道德的角度看任意因素的影响。自然天赋与社会境况都只是纯粹的运气，但人们的道德权利却不应该依据于纯粹的运气。"② 换句话说，被人们普遍认可的教育机会平等的理想是"不可靠的"，因为，"无论我们忧虑社会偶得还是自然机会对确定分配份额的影响，在反思中我们也注定要忧虑另一方的影响。从道德立场看，这似乎是两种同样任意的因素"。③ 德沃金甚至声称，由于自然资质的不应得特征，教育机会平等的理想与其说是不可靠，还不如说是"欺骗"。教育机会平等主张，消除学生社会背景不平等就等同于把能够获得某种教育资源的平等机会赋予了每个个体，这样，由于个体之间享有的任何教育资源差异都出于学生的努力和选择，这些不平等就都是应得的。然而，"天生的残障者却不拥有获取社会利益的平等机会，他们不能取得成功也与自己的选择和努力没有任何关系。如果我们真正愿意致力于消除不应得的各种不平等，就应该同意，关于机会平等的流行观点是不充分的"。④ 此外，学校教育、能力甚至家庭背景对一个人的影响较小，影响他们更多的是对特殊工作的胜任力和一些像运气这种难以捉摸并且偶然的机会。詹克斯等人对家庭、学校教育对流动的影响进行了深入的研究，对它们之间的关系进行了如下总结："贫穷首先并不是继承的，出生贫穷的孩子往往比别人更有机会结束贫困，一代人与一代人之间有着很大的经济流动。一个家庭中兄弟间的经济差距就和社会上存在的差距一样大……在考试中取得高分的人之间与社会上的一般人一样也有许多经济上的不平等。把每个人的阅读成绩拉平并不会显著减少经济上的'失败者'……我们的研究发现，许多解释经济上不平等的理论都不正确。我们不能把经济上的不平等首先归罪于一个人靠遗传而获得的理解抽象事物的能力，因为获得相同成绩的人之间存在的经济的不平等与社会的不平等一样普遍。我们也不能责备父母，说主要是由于他们才把不平等的经济地位传给了他们的子女，因为尽管许多父母经济地位相同，但他们的子女的经济地位就像一般人的经济地位一样大相径庭。我们也不能把经济不平等的原因归罪于学校，因为学校之间的差别似乎对学生成绩产生很小的影响。经济上

---

① J. 罗尔斯著，何怀宏等译：《正义论》，中国社会科学出版社 2001 年版，第 74 页。

② W. 金里卡著，刘莘译：《当代政治哲学》（上），上海三联书店 2004 年版，第 110 页。

③ W. 金里卡著，刘莘译：《当代政治哲学》（上），上海三联书店 2004 年版，第 110－111 页。

④ W. 金里卡著，刘莘译：《当代政治哲学》（上），上海三联书店 2004 年版，第 111 页。

的成功似乎依赖于各种运气和工作才干，而这些才干与家庭背景、学历和考试成绩只保持着松散的联系。"① 在詹克斯看来，不平等不是继承下来的，而是运气使然。例如，出生于同一个家庭的孩子，其不平等就是源于运气。"同一个家庭培养出的兄弟之间也和社会上的人一样充满着经济上的不平等。这就意味着每一代人都产生不平等，即使有着共同生活起点的人也一样。"因此，人们不可能实现教育机会平等，即使存在教育机会平等，它也不可能减少不平等的教育结果。"我们不应该试图去抑制人们的竞争能力，而应该改变竞争的规则，以减少胜利者的报酬和失败者的代价。不应该企图使任何个人在工作中都同样幸运，同样出色，而应该设计一种'保险'制度，减少一点幸运者的得益，并实行工资均衡政策以打碎事件成功与生活水准之间的联系。"② 换句话说，教育结果的目标应该是教育结果平等——依靠教育均衡和再分配的教育政策，而不是仅仅依靠教育机会平等。

尽管坚持认为教育机会不平等一般而言是由人们境况中道德任意的差异造成的，几乎在教育实践中未能获得成功，但是，无论人们的教育正义观念是什么，没有人会接受那些把教育制度转变成"杰出人才论"的教育制度。况且，日益增长的教育机会不平等，还是对"把我们联为一个民族的纽带的削弱"，腐蚀了人们的团结感。因此，"如果我们想要继续成为一个坚强和团结的民族，就必须要有一些共同的公共空间，而富人和穷人可以作为平等者在其中探讨一些共同关注的问题；并且，富人和穷人还必须要有对教育和媒体等事物的平等权利"。③

（四）否定人们对教育平等的诉求

教育平等的要求未必是要求教育机会的完全相同，就其为一种正义问题而言，乃是一种价值判断，因此，教育平等并非建立在"事实上的平等"这样的事实判断之上。但是，自由主义者往往是以否定人类事实上的平等，来否定人们对教育平等的诉求。米瑟斯说："平等的理想由自然法的要求中产生，它借着宗教的、心理的与哲学的论辩去寻求合理化，然而所有这些论辩都已被证明是站不住脚。事实上，人天生的禀赋不同，因此要求所有的人被平等地对待不能建立在所有的人是平等的基础上。自然法的贫乏，在它处理平等原则上可谓

---

① 张人杰主编：《国外教育社会学基本文选》，华东师范大学出版社 2009 年版，第 211—212 页。
② 张人杰主编：《国外教育社会学基本文选》，华东师范大学出版社 2009 年版，第 215 页。
③ W. 金里卡著，刘莘译：《当代政治哲学》（下），上海三联书店 2004 年版，第 574 页。

暴露无遗。"① 米瑟斯的这种论辩方式，亦是哈耶克、诺奇克等人所采用的。

在有关机会平等的问题上，赞成平等自由或权利原则的人看来谁都不会反对一种形式的、前途考虑的机会平等（起点平等），问题在于是否有必要实行一种实质的、手段考虑的机会平等（结果平等）。哈耶克认为，由于家庭制度或社会环境的作用，每个人所拥有的机会是不可能平等的，追求平等显然是不可欲的，也是不正义的。他在《社会正义的幻象》一文中说："也许对不是由特殊个人而是由'体制'造成的不正义最尖锐的抱怨是，个人被剥夺了其他人拥有的发展个人能力的机会。对此，社会环境或物质环境的任何差异可能都有责任，至少它们中的一些可能是逃不脱的。这其中最重要的显然与家庭制度不可分。家庭不仅满足了强烈的心理需要，而且一般说来是重要文化价值的传承工具。毫无疑问那些完全被剥夺了这种好处的人，或者在不幸的环境中成长起来的人，有严重的缺陷；也很少有人会质疑，当亲属和社区无能为力时，一些公共机构尽可能地支持这些不幸的儿童是可欲的。但是，很少有人会真的相信我们可以完全弥补这个不足，我更不信任这一点，因为这个好处不能分到每个人头上，根据平等利益原则，这意味着从现在享有好处的人那里拿走它。在我看来，即使物质的平等也不能补偿合宜的教养给予人们，在享受快乐能力方面，在文化环境中感受活生生的兴趣方面的差异……"② 诺奇克认为，要达到实质的、手段考虑的机会平等（结果平等），要么是负面影响那些机会较好者的状况，要么是改善那些机会较差者的状况。而要改善那些机会较差者的状况，需要使用资源，所以也涉及削弱某些人的地位或者使某些人的状况变得更坏：拿走这些人所持有的东西以便改善其他人的状况。但是，"这些人对其持有是有资格的，它们不可以被夺走，即使其目的是为其他人提供机会平等"。③ 在缺少魔杖的情况下，获得机会平等的唯一手段，即是说服每个人心甘情愿地奉献出他们的一些"持有"来达到它。"为奖金而赛跑的例子常被用来讨论机会平等。当某人的出发点比别人离终点线更近的时候，这种比赛是不公平的，就像某些人被迫负重的赛跑，或者在跑时他们的运动鞋里有沙砾。但是，生活不是赛跑，我们大家也不是在为某人设立的奖金而竞争。没有统一的比赛，也没有什么人在裁判跑得快慢。相反，生活中存在着不同的人，这些人分

---

① Ludwig von Mises, Socialism: *An Economic and Sociological Analysis*. trans. by J. Kahane, New Haven: Yale University Press, 1951, p. 77.

② J. 马勒著，刘曙辉等译：《保守主义》，译林出版社 2010 年版，第 365 页。

③ R. 诺奇克著，姚大志译：《无政府、国家和乌托邦》，中国社会科学出版社 2008 年版，第 283 页。

别地给予其他人以不同的东西。这些给予东西的人（时常是我们每个人）通常并不在乎什么应得或比赛条件，他们只关心他们实际上得到什么。没有任何集中的过程来判断人们对其机会的利用，这也不是社会合作或交换所要达到的目的。"①　即，没有得到这一东西的人（即机会较差者）没有理由抱怨，因为它达不到这种贡献，满足不了别人可转让给他这一东西的一般条件。但假如机会较好者不存在，机会较差者不是可以改善自己的处境吗？由于前者不存在，那些拥有后者所欲物的人不就可能与后者交易，给他们以这些东西吗？这样，由于机会较好者确实存在，机会较差者能抱怨机会较好者妨碍了他们的处境变好吗？能抱怨说这不公平吗？诺奇克给出的答案是：不能。为此，他曾举了这样一个例子，假设我和另一个男子张三同时向一女子求婚，这一女子答应了我而拒绝了张三，是因为我长得更英俊和更聪明些，那么，张三能说我妨碍了他并抱怨这不公平吗？我必须因此而出钱给他做美容手术或智力训练，以便他可以和我拥有同等的机会来竞争这一女子的爱情吗？显然不能。他们认为人类在事实上既不是平等的，如何强求人类平等、教育机会平等？此种论辩方式，一方面忽视了平等与同一之区别，即，平等并非要求每一个人完全一样，另一方面，平等既是一种价值判断，属于应然层次，即，认为人应该平等，则我们并不能以人事实上不平等来否定人应该平等的价值诉求。

（五）以社会效率作为判断某项教育制度是否合理的唯一依据

教育自由理念主张根据社会利益，准确地说根据社会效率，通过一定的制度设计，选择那些最有才干的成员去担任那些困难的或负责任的工作，即以"能人主导论"或"能人统治论"为根据选拔人才。

1. 考试制度功能异化

从本质上看，考试只不过是检测学校教育教学质量的一种考核形式，是整个教育教学过程中的一个环节。常规性考试是学生学习成就、学习态度、学习习惯的一种常规性评价方式；会考是面向全体学生、衡量学生是否达到高中毕业标准的水平性考试，它担负起了客观、科学、权威地评价教学和学生学业水平的任务。高考制度既是一项教育制度，又是一项国家或社会制度。作为教育制度，它是基础教育阶段的终点和高等教育阶段的起点，并把两个教育层次连接在一起。高考制度也是一个选拔人才的制度，高校必须按照国家或学校规定

---

① 　R. 诺奇克著，姚大志译：《无政府、国家和乌托邦》，中国社会科学出版社 2008 年版，第 283 页。

的高考分数选取人才。与教育教学过程中的所有其他活动一样，考试也具有促进人的发展和社会发展的功能。卡森认为，考试结果可帮助教师和学校领导了解在满足不同群体学生需求方面所取得的成效，这些信息可以用来重新安排资源以满足那些需要更多支持学生的需求。确保公平的资源分配与标准议程相符合，因为如果特定的学生群体没有分享学校整体改进所带来的好处，学校就无法提高它们的整体标准。考试结果还可用来保障平等以及解决可能发生在体制内的歧视进程。从此意义上讲，"考试结果可以用来支持儿童的受教育权利"。① 换句话说，考试本身并不必然损害学生权利，伤害学生身心发展。损害学生权利，伤害学生身心发展的"罪魁"是考试的使用及其可能导致教育中歧视性和排他性做法从而扭曲教学的方式损害了儿童权利和身心发展。总体而言，考试制度则有利于真才实学者的脱颖而出，并在一定程度上否定了地位上的优生、堵塞裙带关系或任人唯亲。同时，考试制度作为评价教育教学的重要手段，作为一种相对公平的人才选拔方式，实现了"一手托两家"，既能满足对各类人才的选拔，又能始终把正评价导向、教育方向。但是，在现实教育生活中，基于选拔人才的考试制度，却逐渐演变成为具有刚性特征的、超越人才选拔的泛功能化制度，产生许多违背教育宗旨的功利性倾向。考试制度尤其是高等教育考试制度正在演变成为整个教育体系的"指挥棒"，对于基础教育的负面影响日益加剧。考试制度已经从教育教学过程的一个环节蜕变为教育的目的，成为人才的标准，成为人们衡量基础教育的"试金石"、大学生源质量的"试纸"。因此，"异化"的考试选拔制度，不仅从教育原理和教育哲学的观点来看，应该受到批评，而且从实践的观点来讲，也应该受到批评。"几乎没有证据可以证明：选拔的程序能够正确地预测一个人是否具有某种特殊职业所需要的才能。一般讲来，这种选拔程序所测验的东西只限于与等级制课程有关的一个狭小的活动范围。这样的选拔方式很少考虑从社会和经济方面来的障碍，而往往把这种障碍说成是由于个人无能，作为拒绝使用的可靠理由。"② 具体而言，考试制度功能的异化主要表现在以下几个方面：

（1）考试选拔制度功能的异化，在于不断强化学校的选拔功能，学校逐渐成为一个筛选机构

从理论上讲，考试的目的第一在于测量过去的成绩，第二在于评价一个人

---

① A. 奥斯勒著，王啸等译：《变革中的公民身份》，教育科学出版社 2012 年版，第 81 页。
② 联合国教科文组织、国际教育发展委员会编著，华东师范大学比较教育研究所译：《学会生存》，教育科学出版社 1996 年版，第 106 页。

未来的才能。学校自然有资格担任第一个任务，但在考试选拔制度功能异化的情况下，学校却充当了选拔人才的"筛选装置"。波普诺说："将人们筛选分配到特定职业岗位上去的责任落在了学校身上。这在现代社会是一个特别重要的功能。"① 一般而言，学校适当充当选拔人才的"筛选装置"，具有一定的合理性。目前，尽管学校不是选拔和分配教育资源的唯一机构，但是学校在选拔和分配教育资源的全部过程中却占有中心位置。这是因为，随着工业化的进展，知识、技能对实现经济发展的重要性日益增强，学校在促进经济发展中的作用日益显著。学校本来就是有组织的教育场所，高水平知识、技能的形成，日益期待着学校来承担。这意味着学校教育的整体规模、制度结构等，已拥有一种力量去间接地控制那些能取得各种社会地位与角色的人数。同时，学校本身是一种终结性的选拔机构。作为一种制度的学校具有以年级和阶段为基本单位的等级结构，学校根据智力（学力）评价学生，以便确定其升入高一年级，或升入上一级学校。这种能力评价通常采用考试这一形式，如同大学入学那样，在向各级学校升学时往往也采取以选拔为直接目的的考试。同时，学校通过对"教育资格"即学历的认定，发挥其选拔和分配的功能。但是，《学会生存》一书提出的如下质疑乃至问题仍值得我们深思："学校是否应该担负起决定谁去参加专业生活这个重要的责任呢？在学校和学校在选择过程中所进行的活动的各个方面，两者之间时常是没有什么关系的。"上述事实的存在表明，"学校能否有效地选拔人才，就更加可疑了。"② 不过，卢贝却提出了反对意见。他认为，学校应该为发现和提升才能创造机会，而不能成为一个"选择机器"这一说法本身是矛盾的。因为，有效的机会平等必然产生成就差异，学校发现和提升才能显然意味着发现差异、尊重差异，而差异会导向一个选择过程。正是由于这一矛盾的说法，导致了社会各界多年来对评分制度的系统性攻击。尽管在每一种对成就进行量化的尝试中都存在着一定范围内的不精确，但是，这种不精确绝不是拒绝量化成就手段的合法理由。否认成就量化手段价值的持续批评声，无疑来自于拒绝承认有效机会平等必然产生成就分化这一事实。通过批判以成就为导向的选择机制是一种具有压迫性的、不正义的机制的"舆论导向"，造成了学生思想混乱，并使学生变得神经质。在系统性攻击评分制度这样一种社会氛围下，"存在着具有社会重要性的成就差异不被承认，而试图认可它们

---

① D. 波普诺著，李强等译：《社会学》，中国人民大学出版社 2002 年版，第 420 页。

② 联合国教科文组织、国际教育发展委员会编著，华东师范大学比较教育研究所译：《学会生存》，教育科学出版社 1996 年版，第 107 页。

的尝试被视为非法，对成就的要求事实上还是被当作一种不可承受的压力；从而享受成就的喜悦衰退了，对个人能力有限性的接受度也变差了。这就是一些年轻人在一个成就分化的社会系统里进行自身定位能力变差的真实原因，而不是某些客观原因，如对成就的要求使得负担过重。它还为一些高等教育机构的高分潮、大胆的和愤世嫉俗的评分实践的出现提供了背景。由于在机会平等和成就分化之间存在这种不可分的联系，给每个人一个高分的实践是愤世嫉俗的，因为它通过消除量化的成就而摧毁了机会的平等"。[①] 其实，《学会生存》一书的主张与卢贝的主张并没有实质性的矛盾。考试作为一种相对公平的人才选拔方式，既有其合理性，也有其必要性，更将长期存在，但《学会生存》一书更关注"考什么"、"怎么考"以及选拔程序是否科学等。

（2）考试选拔制度功能的异化，在于不断强化人才的选拔功能，而弱化了人才的培养功能

考试选拔制度功能的异化，主要表现在重选拔、轻培养；重指标、轻能力；只选拔、不培养；只看指标、不看能力等。考试选拔制度破坏了学校的教育生态，破坏学校教育生活——教师为考试而教，学生为考试而学；"考考考，老师的法宝；分分分，学生的命根"；从入学考到毕业考、从期中考到期末考、从中考到高考……自入学起，每个学生都要经历不计其数、名目繁多的考试。在各级各类学校，记分制被普遍实施。一般而言，记分制可以使一个人的成绩和他的同伴的成绩进行比较，但记分制却很少考虑一个人的成绩和他开始时的水平相比到底进步了多少。有人认为，有一种广泛流行的选拔和考试制度能尽量使每个受试者的机会"客观化"，而这个制度所依据的"原则可表述如下：'为了对某人作出可靠的判断，主要的事情是首先不去认识他！'谁不明白这是官僚主义的一条根本规律"。[②] 在英国、美国、日本等发达国家，评价是"高利害"的行为。评价被用来强制教师和学校对学生的学习负责，或是为他们的教学决策负责。戴维斯认为，一旦教师和学校对于学生进步的责任，被视为可以通过测试来加以"测量"时，学校和教师就会承受很大的压力，并千方百计去寻求提高成绩的最好办法。但是，取得高分的最有效方法未必就能与那些教育所需要的、对教育目的最有帮助的方法相吻合。"学习"实际被重新用测试者可以测量的行为加以界定，并被等同于这些行为。于是，学习不再与深度的理

---

① J. 马勒著，刘曙辉等译：《保守主义》，译林出版社 2010 年版，第 432—433 页。

② 联合国教科文组织、国际教育发展委员会编著，华东师范大学比较教育研究所译：《学会生存》，教育科学出版社 1996 年版，第 107 页。

解力相联系，而这种理解力是公民在"真实生活"的不同情境和工作场所中明智、灵活应用他们的知识的前提。因此，"为考试而教"给予了学生一种扭曲的学习观。"如果教师只是寻求促进学生测试所要求的那些行为，而忽视发展其深度的理解力（这些'理解力'恰恰可能就是学生取得成就的基础），那么，根据'有效教学'的研究宗旨，他们就应该在课程一开始就清楚地告诉学生其教学目标。教师应该在教学目标上与学生坦诚相见。如果他们实际不想去发展学生的理解力，而是帮助学生发展那些能使之获得最好考试成绩的技能，那么，他们就不应该假装要提供给学生丰盛的知识盛宴。那种虚伪本身就是错误的，而且会被许多学生发现，很可能会损害他们对学习的虔诚投入。"[①] 同时，"为考试而教"导致了强制学生学习的盛行。

早在 19 世纪，边沁、穆勒等人主张，通过系统地使用奖、惩来养成学生良好的学习习惯。英国国会则将这一方法付诸实践，通过许多法律诸如《规章制度修订法典》强化考试结构以确保学生的读写能力。《规章制度修订法典》支持一种"按成就付酬"的方案，即将拨付学校的资金与学生的考试成绩挂钩。该法案促进了国家教育系统的扩展，确认了教师为中心的教育模式，强化了重复和操练为主的教学方法。在 20 世纪，通过外部控制以提高教育质量的手段更为完善。行为主义者坚持认为，习得行为总是由外部控制所产生的结果，而教师则应该利用这些外部因素来管理和调控学习。桑代克所提出的"效果律"主张，如果一种行为发生之后能产生令人满意的效果，那么在将来遇到类似情况时，此种行为就可能再次发生；如果一种行为产生之后未能获得令人满意的效果，那么该行为再次发生的可能性就会逐渐降低。桑代克所主张的学习理论，赞同或强调外部强化，如练习、训练和重复等教育实践。斯金纳的"激进行为主义"理论主张，教师应该系统使用程序（主要是奖赏和强化）来促进学习。即便目前，仍有一些教育专家提倡在各级学校和课堂使用奖励来控制学习。芬恩认为，在各级学校中，"问题出在我们对于学业成功的奖励太少，对于懒惰又很少进行惩罚。"许多国家纷纷推进以"高奖惩"测试为核心的教育改革，即"教学应当通过测量来管理和调控，而测量的结果又是对教师和学生进行奖励或惩罚的依据"。[②] 可见，以"高奖惩"为手段的教育教学活动，无非是只专注于强制学生学习，而不是试图从内在来教化学生。在苏格兰，考试

①　R. Curren 主编，彭正梅等译：《教育哲学指南》，华东师范大学出版社 2011 年版，第 355 页。

②　R. Curren 主编，彭正梅等译：《教育哲学指南》，华东师范大学出版社 2011 年版，第 344 页。

是学校对家长负责的一种手段，考试制度是解决学校制度"失败"问题的一种途径。家长被描绘成公民消费者，可以根据学校总体考试成绩自由选择学校。这样做的目的在于告诉家长：家长有一定程度的学校选择权，即选择"成功学校"、"优质学校"的权利。但是，在现实教育生活中，"很多家长选择学校的余地很小，因为那些被认为是成功的学校有可能学费过高，而且收入有限的家庭没有交通工具送孩子到较远的学校。成就排名的做法鼓动那些可能考得好的学习者进行选择，也鼓励教师的教学转向以提高学生考试成绩为目的，但结果却是导致学校之间的竞争制度化。资源很可能被投放在处于关键分数线边缘，例如普通中等教育证书 C 或 D 等级的学生身上，而不是投放在无法分享学校改进所带来的整体利益的学生群体身上。这种关注可能降低了对那些往往需要在教育上花费更多的残疾学生或有特殊教育需求学生的关注，并妨碍为保障学生权利所必须花费的时间和精力投资"。① 努斯鲍姆也对美国的"国家考试"以及"为考试而教"的现象进行了深刻的批判。他说："国家考试已像一切全国考试常见的那样，使事情变得更糟，因为量化的多项选择考试不能评定批判性的思维和同情的想象力，而涉及世界公民素质的技能，也靠这种方式作出粗略的评定。'为考试而教'，这种指导思想正日益占领公立中小学的课堂，它造成了一种氛围，即消极被动的学生和例行公事的老师。优秀的人文教学的标志是创造性和个性，但它们也很难得到展现。一旦考试能决定学校的全部未来，一些不能得到良好考试成绩回报的师生交流形式，就往往被挤出了课堂。无论一个国家（例如印度）是渴望占据更大的市场份额，还是渴望（像美国那样）努力保护就业，想象力和批判思维能力都似乎是无用的附属品，人们甚至越来越鄙视它们。对所有学生，所学课程已完全失去了人文因素，死记硬背的教学方法主宰了一切。"② "为考试而教"必然把学生当作学习的机器，对他们进行全方位的刻苦训练，并要求他们苦学力行。布尔迪厄说："竞争要求通过竞争和为了竞争而选拔出来的人全身心地投身于竞争之中：这种为生活而战并且倾向于使每一个人都成为他人的对手的学习方式是以教学内容、教学方法、考试、导师和学生等方面的过度投入为前提的，同时，它又能够激发这些方面的过度投入。简言之，这种学习方式能够使人们全身心地投入于游戏之中，投入于通过游戏产生的，似乎又构成了游戏基础的并且使游戏得以合理化的所有价值准则

---

① A. 奥斯勒著，王啸等译：《变革中的公民身份》，教育科学出版社 2012 年版，第 81—82 页。

② M. C. 努斯鲍姆著，肖聿译：《告别功利》，新华出版社 2010 年版，第 150 页。

之中。"① 如是，丰富多彩的学校生活被扼杀了，花样年华被繁重的学习压力摧毁了，诗意青春被重复训练改写了。一位法国中学生对学校生活作了如下描述："绝对荒谬的工作体系，很可能对正在形成的思想造成伤害；没有可能参加任何校外生活，因为对任何事情都没有可能去了解，尤其是没有可能去对它感兴趣"；"现在的教学不像你所说的那样，而是完全使人变得愚蠢的教学，其唯一目的就是获得文凭。因此我只是希望不要把我的青春全部都荒废了，不要使我的生活情调全部丧失……"② 如果人与人之间的竞争，通过他人而体验到胜利的快意或失败的沮丧，"这种人类生存是多么片面啊！人类丰富的生活缩小到了一个多么不完全的方面啊！"③

不仅法国学生如此，我国学生的情况可能更糟。我国中学广泛的住校制度与强化训练是突出的两个特点。许多中学，特别是县镇中学对学生实行住校制度。学生入校后，除了周末回家外，其余时间都在校内学习生活。学校内浓厚的学习气氛有效地增强了学校教育的影响力而削弱了家庭背景对子女教育成功的影响。同时，不断对学生进行强化训练，大搞题海轰炸。目的只有一个：使学生在高考中脱颖而出。一项对南通各"县中"的调查，详细地勾勒了这些中学的特点："集中了当地的优秀生源和师资，实行封闭而严格的寄宿制管理，依靠较高的高考升学率赢得了社会声誉。学生及其家长对寄宿制、学校管理严格、学校学习氛围浓厚、教学质量高等特点极为认可。学生进入学校就等于进了'高考训练营'：每天的作息时间基本上从早晨5：30左右起床、午休1小时、晚上10：00左右熄灯，每天15个小时、12节课，除体育课、音乐选修模块外，几乎没有任何其他的文体娱乐活动，每月集中休息1—2天。丰富的城市生活远离了他们，大量的社会实践机会也远离了他们。"④ 南通各"县中"存在的这一教育现象，并不是个别的，可谓是中国教育的写照。为什么会出现这一现象呢？根本原因在于考试的"指挥棒"效应。在现行考试评价制度下，考试依然是整个教育教学活动的"指挥棒"，对学生的评价仍集中在考试分数上，对学校和教师的评价仍集中在升学率上。特别是"一考定终身"的高考模式，不仅"指挥"高中，左右初中，而且已经影响到小学甚至学前教育阶段。

（3）考试选拔制度功能的异化，在于强化"能人统治论"的合法性与合理

---

① P. 布尔迪厄著，杨亚平译：《国家精英》，商务印书馆 2004 年版，第 188—189 页。

② P. 布尔迪厄著，杨亚平译：《国家精英》，商务印书馆 2004 年版，第 217 页。

③ E. 弗洛姆著，孙恺祥译：《健全的社会》，贵州人民出版社 1994 年版，第 115 页。

④ 韩晓光：《城市学生就读县中现象分析》，《教育发展研究》，2007 年第 4 期，第 69—72 页。

性，而弱化了选拔程序的科学性、教育的公平性以及学生身心的健康发展

首先，以"能人统治论"为指导思想设计的选拔程序，所测验的东西只限于与等级制课程有关的一个狭小的活动范围，准确地说，注重对学生基础知识的测试，缺乏对综合素质的考查。况且选拔程序本身也缺乏科学性。因为，并不是所有能使人们作出特别贡献的素质，都能够借由考试或测验而被确定。考试是用来测量智力和能力的，但往往做不到这一点。除了低智商，有许多理由（如动机水平低、由于紧张而分神）使得孩子在标准智商测验中得低分。因此孩子的真实智力水平不能完全由这样的考试来反映。"学校和学院对诸如记忆力好和超常的考试才能等技能给予很大的鼓励。可是在许多地位很高的职位中，这些特点并不如创造性或领导才能那么实用。""有时教育体系阻碍了那些大器晚成者的发展。因为他们已经被分在慢班，被引导去地位低的岗位工作，所以这些人获得很高的职业目标就非常难。"① 学校中的学习测量和学业成就测量不仅不利于"处境不利者"，即便是对所有的学生而言，也不能以测量来判断一个人的成长，因为"个人的成长并不是一个可测定的实体，它是个人久经磨炼的独特性的发展，我们无法按照任何尺度或任何课程对之加以测量，也无法将之与他人成就相比较。……人们一旦甘于接受由他人确定的用以测量自己个人成长的标准，那就很快会用同样标准来衡量自身"。② 这样，学生所得到的是循规蹈矩，"为考试而学"，失去的是自己的个性与想象力、创造力。此外，这种测试往往有利于中产阶级以上家庭的孩子。学校中的心理测验盛行于美国，后来传遍世界。这种心理测验中的智商测量指标标榜是客观公正的，但实际上还是有利于具有一定文化资本的中产阶级以上家庭的孩子。劳工阶级的孩子只有很少一部分被测量为"高智商"，大部分劳工阶级的孩子都是智商平平或低下。这就为学校提供了贬抑劳工阶级孩子的最好的依据，他们学业上的失败责任不在学校，而是他们天生愚笨，缺乏可教育性，所以他们回到"工厂——地板文化"中也就理所当然。

其次，这种选拔方式几乎不考虑学生的家庭背景以及其他社会经济障碍对学习成绩的影响，只根据测试成绩或考试分数来决定是否给予教育机会。众所周知，"事实上在标准测试和考试等等中，那些家庭背景更占优势的孩子平均而言比家庭背景不占优势的孩子做得更好"。③ 因此，以考试"认定的能力"、

---

① D. 波普诺著，李强等译：《社会学》，中国人民大学出版社 2002 年版，第 423 页。
② I. 伊利奇著，吴康宁译：《非学校化社会》，（台湾）桂冠图书股份有限公司 1997 年版，第 40 页。
③ D. B. 格伦斯基著，王俊等译：《社会分层》，华夏出版社 2006 年版，第 403 页。

"考试分数"或"测试成绩"为依据分配教育机会公平吗？很显然，这是不公平的，"筛选性的教育系统始终含有某种社会不公正"。①"能人主导论"下的选拔方式忽略学习能力与家庭经济背景、文化背景之间的关系。布尔迪厄认为，尽管考试完全保证考生的表面平等，却以不具姓名的方式根本不考虑他们在文化面前的实际不平等。表面平等把特权转化成了成绩，社会出身仍然继续发挥作用，只是途径更加秘密而已。因此，"能人主导论"通过自身逻辑使特权永久化，冠冕堂皇地把不同社会阶层在不同类别、层次的教育中所占的比例不平等归结为天资不同或愿望不同。"不平等的社会因素的作用巨大，它可以使教育制度在经济条件平等的情况下，把社会特权转化为天资或个人学习成绩，从而不中断地维护不平等。表面的机会均等实现得越好，学校就越可以使所有的合法外衣服务于特权的合法化。"② 换句话说，考试选拔制度已趋向于具有"再生产"的功能，即"教育制度在维护甚至加强现有的社会结构，而不是在促进因天赋能力引起的社会流动，更不是在激励人们具有利用这种能力的动机"。③罗尔斯也认为，尽管"能人主导论"根据能力或考试分数来分配教育机会，是民主的，但它却破坏了公平观念。"英才统治的社会结构遵循前途向才能开放的原则，用机会平等作为一种在追求经济繁荣和政治统治中释放人们精力的手段。……机会的平等仅仅意味着一种使较不利者在个人对实力和社会地位的追求中落伍的平等机会。"④ 一些研究成果确实证明了罗尔斯的分析。例如，休厄尔通过对 9000 名学生的经典研究发现：那些家庭社会经济地位很高的人，中学毕业后获得继续教育的机会几乎是那些社会经济地位较低家庭出身的人的2.5 倍。⑤

更可怕的是，"能人主导论"下的选拔制度或方式还利用"比赛规则"，使不平等的教育制度合法化。鲍尔斯认为，上层阶级主导着教育决策，他们有权制定并维护一套活动规则或决策标准——"比赛规则"。尽管这些规则打着促进教育平等的幌子，实质上却是在维护不平等的教育制度。"这些'比赛规则'中有两个突出的例子可以用来说明这一点。第一个重要原则是在学校教育中应奖励优秀。考虑到上层阶级有权根据他们的子女容易取得优异成绩这一点（例

---

① 张人杰编：《国外教育社会学基本文选》，华东师范大学出版社 1989 年版，第 231 页。

② P. 布尔迪厄等著，邢克超译：《继承人》，商务印书馆 2004 年版，第 31 页。

③ 张人杰主编：《国外教育社会学基本文选》，华东师范大学出版社 2009 年版，第 173 页。

④ J. 罗尔斯著，何怀宏等译：《正义论》，中国社会科学出版社 2001 年版，第 106－107页。

⑤ D. 波普诺著，李强等译：《社会学》，中国人民大学出版社 2002 年版，第 275 页。

如学业成绩）来解释什么叫优秀，所以坚持这一原则就会造成不平等的结果（例如，受高等教育的机会不均等），而同时却又保持着一种公平合理，一视同仁的假象。于是奖励优秀的原则便通过把成功与能力结合起来的方式将学校教育中的不平等结果合法化了。与此同时，客观地实施成绩测试的机构也使下层阶级中那些特别出众的孩子得到有限的升入较高社会地位的流动机会，从而使人们多多少少相信了那种人人皆可变动社会地位的神话，使这种制度的种种活动进一步地合法化。"① 现实生活中的许多事例证明，这一考试选拔制度忽略了阶级背景对教育机会的影响，因此是不公平的。例如，美国教育本质上是一个范围很广，常常是不公平的过滤体系。在每一个层次中，慢班和少数民族学生很可能退学比例相当高，而中产阶级和白人学生则被鼓励继续学下去。不仅美国如此，英国也是如此。"英国'公共'学校（与美国私立学校类似）的位置大多被来自较高阶级的学生占据着，这样的学校强调很高的学术标准，并赋予他们的毕业生很高的声望。能进入这样的学校是被名牌大学接受的很重要的一步。因为较低阶级的成员支付不起这种学校的学费和他们提供的社会网络机会，所以较低阶级成员进入高等学校——进而获得高收入工作——的机会很有限。"②

再次，这种选拔方式摧毁了学生的学习热情、好奇心、想象力，压制了学生的思维能力、创造能力等，带给学生的只是无穷无尽的身心伤害、人格毁损。早在1770年，默泽尔在《禁止依据成绩来提升》一文中认为，属于一个阶层或等级的人带来对于同等级的人的平等感，对于高一级的人的服从感，以及对于低一级的人的优越感和责任感。不平等很大程度上依赖于继承的地位，诸如荣耀、财产和权力。在他看来，社会出身和天资比专业成绩、能力更重要，因为"伟绩总是伴随着谦虚和节制，在这些德性的帮助下，幸运者很容易安抚不幸者，并抑制在所有被忽略的人心中生长出来的有损于服务的仇恨和嫉妒感。……一旦成绩受到公开承认和奖赏，谦虚和节制就会被认为只是政治智慧的行为；它们将一点作用也没有"。③ 如果仅仅根据成绩施行奖赏，如果一个社会只尊重成绩，那么人们的快乐就会消失，一颗大星星掩盖小小的心。"在每件事都根据成绩的国家里，请放弃你们对国家幸福的浪漫想法。当有人统治、有人服务时，出生和年龄或服务的资历仍然是最安全、最不具攻击性的提

---

① 张人杰主编：《国外教育社会学基本文选》，华东师范大学出版社2009年版，第195页。

② D. 波普诺著，李强等译：《社会学》，中国人民大学出版社2002年版，第423页。

③ J. 马勒著，刘曙辉等译：《保守主义》，译林出版社2010年版，第87-88页。

升规则。具有创造性的天才或者具有真正德性的人不会受到这个规则的伤害；这种情况的例外非常少见，也只会冒犯罪恶的心灵。"① 尽管默泽尔的主张具有强烈的等级观念，但是，他看到了所谓"事业向有才能的人"开放所带来的心理代价和伤害。目前的教育不仅没有任何改观，反而比默泽尔时代"更坏"。教育几乎沦为选拔的工具，学校几乎等同于选拔机构；教师只为考试而教，学生只为考试而学。学校的主要作用之一，就是选择学生并分配到不同的班级或专业领域去。这么做的主要手段之一就是通过分班——依据学习成绩，把学生分成不同的组和班级。事实上，从孩子一入校门这个选择过程就开始了。早在一年级，学校就开始进行常规正式考试和评分。那些考试成绩好的学生通常比普通班以更快的进度、更丰富的材料上课。他们也许还要做附加的独立功课——读书或准备报告。学生考试成绩不好可能被安排在慢班。这些学生通常学习不太难的功课，得到老师的特别关照。表面上看分班的目的是保证每个学生按照自己的进度学习，避免使学得快的学生感到枯燥而学得慢的学生有挫折感。分班的存在一方面加剧了竞争，"教育体系给学生升级，也给学生降级。那些在考试中不及格的人……就变得灰心了，因为这个体系本身使学生心灵上燃烧起来的期望没有能够实现。一个人由于他的学校教育水平提高而提高了他的社会地位。这种体系是保护杰出人才的。实行这种教育体系的结果使受教育者之间发生了不顾一切的互相竞争"。② 另一方面，分在慢班的学生感到他们在任何需要广泛教育或专门知识的事情上是不可能成功的。他们对教育的渴望渐渐消失，长到一定岁数时，往往会辍学。更为不公平的是，根据考试成绩分班的实质却是经常根据阶级和种族分班，"有大量证据表明慢班中少数民族学生和来自较低阶级的学生与人口构成不成比例。……分班制度倾向于保护现存的不平等，而不是帮助差学生不断向上流动。贫穷的学生在慢班中不大可能受到鼓励和高质量的教育，而且往往支付不起继续上大学的费用。这些学生因此也不能竞争获得高薪水、高声望的工作——这些工作通常都被那些获得昂贵大学学位的人占据着。这样看来，贫穷和不平等的循环通过教育体系得到强化"。③ 就我国教育而言，情况也好不到那儿去。尽管任何一所学校都有所谓的"差生"，但"差生"不能被边缘化。个别学校公然歧视"差生"——给"差生"戴"绿领巾"，将"差生"编排在教室的后排，或者为"差生"单独编班，"差

① J. 马勒著，刘曙辉等译：《保守主义》，译林出版社 2010 年版，第 88 页。
② 联合国教科文组织、国际教育发展委员会编著，华东师范大学比较教育研究所译：《学会生存》，教育科学出版社 1996 年版，第 106 页。
③ D. 波普诺著，李强等译：《社会学》，中国人民大学出版社 2002 年版，第 422—423 页。

生"普遍被当成"累赘"。校园里的"嫌贫爱富",如流行病一般侵蚀着一些校长、教师的心。对考试分数的狂热崇拜,使学校忽略了太多不该忽略的东西。挫败感本已使"差生"苦不堪言,遭白眼无疑是再往他们的伤口上撒盐。为什么越是"差生"毛病(诸如抽烟、上网、逃课等)越多呢?为什么越是"差生"越轨行为(诸如犯罪)越多呢?"标签效应"早给出了答案:当一个人被一种语词贴上标签时,他就会进行自我印象管理,使自己的行为与所贴标签内容相一致。诚如贝克尔所说:"越轨行为就是被人们贴上越轨行为标签的行为"①。如果"差生"收到的只有白眼、歧视、侮辱、羞辱,那么明天他们奉还社会的可能就是冷酷、怨恨、不满等。这是因为,学生对歧视总是很反感,学生会在其心灵的最深处反抗那些他所认为的专横且专断的歧视。卡恩说:"人们对于不正义的感觉,就是对任何因专断行为而引起的不平等现象的憎恶。"②一旦不能平等对待学生,学生可能就会形成反社会人格,对教育秩序、社会秩序造成冲击乃至破坏。在弗洛姆看来,人性中的破坏力量既不是一种原始性的欲望,也不是一种本能性的欲望,而是在人受到挫折、矮化、羞辱时才会表现出来的一种力量。"破坏程度是与封堵一个人所应发挥的能力的程度成正比的……如果要求发展和要求生存的生命倾向受到挫折,那么因此而被封堵的能量就会经历一种变化过程,并转化为一种毁灭生命的能量。因此,毁灭乃是生活无以维系的结果。"③换句话说,如果学生在教育世界中遭遇到强大的敌意、不堪忍受的挫折,那么他们就可能出现反社会的行为。

(4)考试选拔制度功能的异化,在于助长社会分层体制的僵化和恶化,导致人们身份地位的"固化"

在封建社会,能否享受较高层次的教育机会主要取决于家庭经济背景、权势等因素。例如,中国明清的科举制,其提供的名额仅占全国人口的极小比例,参加科举考试还需要经历长期的知识准备,一般家庭的子女很难做到。这导致绝大多数科举成功者都来自少数有条件的地方家族。目前学界主流观点认为,由科举所引起的社会流动,只在极为有限的阶层和人口中发生。科举对于大多数人是一个遥不可及的神话。近代以来大学成为精英教育的代表,被权势、财力所垄断的局面并未改变。高等教育规模有限,1928-1949年间中国累计有大学毕业生18.5万人,以1949年底全国成年人口计算,大学毕业生比例

---

① A. 吉登斯著,赵旭东等译:《社会学》,北京大学出版社2003年版,第265页。
② E. 博登海默著,邓正来译:《法理学》,中国政法大学出版社2004年版,第311页。
③ E. 博登海默著,邓正来译:《法理学》,中国政法大学出版社2004年版,第411页。

接近万分之七，略低于清代举人的比例。各级教育均未普及，学习成本高昂，绝大多数适龄青年由于知识与经济水平原因早就被排除在大学门外。1929年，一些研究者对中央大学182名大学生调查后感慨道：试问一般工人和农民家庭，哪有这种剩余财富供儿女们上这样的大学？多项社会调查和学人回忆都表明民国大学有明显的"贵族化"倾向。① "在封建等级社会里，受高等教育是个人的出身、财产和社会关系等方面都属于社会最高层者的特权。从这种社会过渡到入学、升级和学业成就都取决于能力的社会，这曾被视为一大进步，似乎应该直接导致社会上的公正与效率。而在教育'民主化'的进程中，按正式程序审定的学习能力（通过智力测验、成就指标、考试分数或其他客观指标来衡量），似乎也十分明显地应该取代社会阶级、经济状况和个人的社会关系等筛选标准。"② 尽管严格按照"认定的能力"、"考试分数"等要素决定一个人对教育机会的享有、教育资源的占有，排除一切人性和人格平等的因素，尽管它披着合法的外衣，但却为教育冲突、教育失范埋下了隐患。哈耶克认为，普遍依据考试"认定的能力"标准而提供教育机会的社会，较之家庭出生这类偶然因素被公认为具有重大作用的社会，可能并不被弱势群体、较不成功者所认同。例如，在英国，二战后的教育改革（尤其是1944年教育法案颁布后的一系列改革）使教育选拔制度越来越依赖于那种"认定的能力"标准。由此导致的一系列后果却引起了人们的担忧。在20世纪中期，英国的教育体制经历了一个自由化变化的演替，但是所有这些尽力保持在早期教育项目中把有前途的和没有前途的学生挑选出来，以便前者可能被隔离并且对他们进行特殊形式的培训以使他们适合在成年时的高地位。"在1944年教育法案下，通过一连串的考试，即众所周知的'升学考试'，它根据年级成绩和个人面试以不同等级进行，每年选拔少数的学生来参加文法学校。其余的学生参加中等现代或技术学校，在那里准备考大学或训练获得较高声望的职业的机会是很小的。文法学校根据比较的标准所提供的是高质量的大学预备教育。当然，这样一个计划体现了担保型体制的逻辑，较早地选择谁注定是中产阶级和获得高地位职业，并且为准备每个群体的注定的阶级地位进行专门的训练。"③ 但是，依据"认定的能力"挑选学生却导致了一系列不良后果。一项对社会流动的研究表明：在今天的英国，"文法中学"已成为新精英的摇篮，此种精英由于是根据"测定的才智"

---

① 梁晨等：《无声的革命》，《中国社会科学》，2012年第1期，第99－100页。
② 张人杰主编：《国外教育社会学基本文选》，华东师范大学出版社2009年版，第173页。
③ D.B. 格伦斯基著，王俊等译：《社会分层》，华夏出版社2006年版，第281页。

标准挑选出来的，因而他们的地位极为稳固，很少受到挑战。"这种挑选程序将趋向于强化那些在社会地位等级中已位于高层的职业者的声望，并趋向于将所有的人都划分成三六九等——许多人渐渐将这种等级间的区别视之为（实际上已经视之为）黑白分明，其程度一如好人与坏人的区别。一个人现在不能上文法中学，要比过去人们知道教育制度中存在着社会不平等的现象，更能体会到没有资格的滋味。此外，未能考上文法中学的个人也会感到更加愤怒，这是因为他们已经体认到，正是这种挑选程序的效力，才使他们无法考上文法中学。就此而论，表面上的公平可能比不公平更难令人忍受。"① 不过最近的一些研究表明，当根据测量的智力选拔进入文法学校时，对来自体力劳动阶级家庭的孩子有较少的偏见。"在英国比在美国学业有成和测量的智力有较密切的关系，学业有成和家庭背景之间有较少的关系。"尽管如此，我们仍不得不正视这一选拔体制的问题。诚如格伦斯基所说："在这样的体制下，选拔较优秀的学生有流动机会可能是更有效率的，但是对没有被如此选中而基于他们自己的主动性或进取心'取得成功'的人的阻碍可能相应地较大。"② 不仅英国如此，大多数国家的学校也是这么做的。而人们身份地位的"固化"，显然是任何一个民主社会所不能容忍的。布尔迪厄认为，出身于权力场域不同领域的学生被引向了不同的教学机构，从而使得每一教学机构都在最大程度上聚集了来自权力场域相同领域的个体，也就是说，在最大程度上集中了彼此间具有大体相同的习性体系的学生，且这些学生的习性体系与另外一个教学机构的学生的习性体系存在着最大差异。"学业机制引导着学生向每一所学校运动——这些学生都最完全地具备了学校似乎要灌输的那些习性在很大程度上正是教育的产物，因为处于权力场域特定区域的家庭给予了学生这种教育，而学校又是权力场域的引导者；这样，学业机制事实上倾向于使社会空间的构成性差异得以永存，而且在名牌大学的个别情境中，使来自于社会空间和权力场域不同区域学生的差异得以永存，而这种差异正是由于他们本身继承所得资本结构的不同而导致的。"③

（5）考试选拔制度功能的异化，在于强化了人们不顾一切的竞争，力争出人头地，而弱化了人的发展

尽管考试选拔制度体现了公平的价值导向，也促进了人的发展。但是，我

---

① T. A. V. 哈耶克著，邓正来译：《自由秩序原理》（下），生活·读书·新知三联书店1997年版，第174页。
② D. B. 格伦斯基著，王俊等译：《社会分层》，华夏出版社2006年版，第282页。
③ P. 布尔迪厄著，杨亚平译：《国家精英》，商务印书馆2004年版，第234页。

们不得不看到的是，只有一小部分人能达到这一目标，很多人成为身无长物的"牺牲品"、"失败者"。布尔迪厄认为，即使通过竞争而享有某种教育资源或非基本教育权利之机会的所谓"英才学生"，他们中的绝大多数人仍然不能求得完美的人生轨迹。"学业上的神化行为导致全体当选者都期待着自身的圆满，然而，这种圆满只有一小部分人能够达到。这样，神化行为最终使得这个等级中的所有成员都全身心地投入，而其中的绝大多数人只能处于远离那条康庄大道的社会轨道上。由于这种投入适应于最高层的社会轨道，因而只有很少一部分人——他们致力于为自己提供新的力量，以便榨取新的投入——能够真正得到回报。"① 也就是说，大部分学生不能出人头地，有的甚至被"毁灭"了。即便顺利通过了考试选拔的成功者，从某种意义上讲，其实也是"失败者"。因为，受到考试选拔制度或考试分数驱使的"成功者"，不再能从教育教学活动中体会到教育的意义，也不再能从自身体验到人的丰富性和局限性，他将自身具有的部分学习驱动力投射到外部目的——考试分数之上，他"占有"了这些目的，却成了考试分数驱动力的奴隶。一心追求考试分数的人，受到了这种追求考试分数的驱动力的控制；考试分数成了他崇拜的偶像，具体体现着他自己身上的那部分孤立的力量——他的贪婪、他的异化。考试分数崇拜，其实是一个异化的过程。"人不再感受到他是自己的力量和丰富感情以及品质的主动拥有者，他感到自己只是一个贫乏的'物'，依赖于自身之外的力量，他向这些外界力量投射出他生存的实质。"② 异化的考试选拔制度不仅损害了学生的全面发展，使学生的生活碎片化，而且损害了教育本身的高贵和意义。"苏格拉底宣布：'对人类而言，未经检查的生活是无价值的生活。'……然而，在一个热衷于经济增长最大化的世界里，苏格拉底的这个理想却受到了严重的损害。在很多人看来，如果我们需要的是可以计数、适于销售的产品，那么，思考能力和自主辩论的能力就可有可无。不仅如此，标准化的考试也无法衡量苏格拉底式的能力。只有课堂互动的更细致的定性评估和学生作文，才能告诉我们学生掌握了多少批判性辩论的技能。只要标准化考试成了一种规范并以此衡量学校，苏格拉底式的课程和教学方法就很可能被弃诸一旁。追求经济增长的文化非常热衷标准化考试，而不易通过这种考试做出评估的教学方法和教学内容则会遭到冷遇。"③

---

① P. 布尔迪厄著，杨亚平译：《国家精英》，商务印书馆 2004 年版，第 196 页。
② E. 弗洛姆著，孙恺祥译：《健全的社会》，贵州人民出版社 1994 年版，第 98 页。
③ M.C. 努斯鲍姆著，肖聿译：《告别功利》，新华出版社 2010 年版，第 54—55 页。

2. 考试选拔制度与高等教育机会公平

就教育世界而论，每个人都有平等的机会进入高等学校接受高层次的教育，高等学校的大门按照"成绩"、"考试分数"向一切人开放。例如，在大多数发展中国家，高等学校的大门向所有社会成员开放，但只有一部分人可以入大学深造，而多数人则没有这个机会，此时的教育机会只给予有能力的人或考试成绩优秀的人。正如《世界人权宣言》所说："高等教育应根据成绩而对一切人平等开放。"① "一个人应该接受哪一类教育，应该从事哪一种专业；这只应取决于这个人的知识、能力与才能。"② 尽管以成绩优劣为根据或以"能人统治论"为根据选拔人才"将来总是要被废除的"，但"同时这种观念对许多国家来讲，还是有用的，因为在这些国家里面，在经济和行政方面，还迫切需要有训练的行政人员"。③ 这里所谓的许多国家，主要指发展中国家。在许多国家尤其是发展中国家，主要是以"能人统治论"为根据选拔人才，是根据考试成绩来分配教育机会的。在这些国家，由于受经济社会发展水平的限制和高等教育价值取向的约束，其高等教育机会的分配基本上是以效率为杠杆的。高等教育虽然是非义务教育，但政府投资仍然是办学经费的主要来源，国家事实上又不可能通过重新分配社会资源而使高等教育普及化，所以通过有效的选拔机制来比较合理地分配有限的教育机会，使高等教育效益最大化。即在政府资源有限的条件下，通过采取竞争性入学和择优培养的措施，来保证教育效益的最大化。"提倡精英主义不是为了助长嫉妒，或是使社会上更多的人沦为输家。提倡精英主义是为了充分奖励成功的人，大力提倡曾经导致社会进步并可能有助于今后进步的种种思想，从而使整个社会获得成功，亦即，社会所有成员可以更富裕，更有知识，身体更健壮，劳动生产率更高。在这样一种社会制度下，不乏个人升迁的机会。这恰恰符合社会整体进步的思想。如果整个社会秩序的各部分都以同样的幅度上升，任何社会成员就无法挣脱自己所处的阶层，人们也就失去了竞争的动力"。④ 同时，国家即便从经济社会发展的角度考虑降低高等学校入学的标准，但又顾及到增加入学人数可能会导致高等教育"泡沫"出

---

① "人的安全网络"组织编写，李保东译：《人权教育手册》，生活·读书·新知三联书店2005年版，第499页。

② 联合国教科文组织、国际教育发展委员会编著，华东师范大学比较教育研究所译：《学会生存》，教育科学出版社1996年版，第245页。

③ 联合国教科文组织、国际教育发展委员会编著，华东师范大学比较教育研究所译：《学会生存》，教育科学出版社1996年版，第106页。

④ W. A. 亨利著，胡利平译：《为精英主义辩护》，译林出版社2000年版，第24页。

现，接受高等教育人数大大超过经济社会发展需求，出现供过于求的局面和危及社会稳定。此外，国家为了保证高等教育的成本和效益统一，往往通过就业机会来控制、调节入学的比例。总之，这些国家是在"效率至上"原则的支配下发展高等教育的，仅仅重视教育机会分配的社会总体收益，而对社会高等教育资源的相对合理分配和减少不平等现象缺乏足够的关注、对每个考生的利益更是缺乏必要的重视。

高等教育"效率至上"原则通过对高等教育入学机会的限制、对受教育人口进行严格的考试筛选而体现社会的选优任能的成就取向，即以能力、考试成绩决定高等教育分配，让少数学有所成的学生优先获得相应的教育机会。也就是说，通过考试选拔制度，社会检验着学生的"文化资本"，依据其文化资本的数量与质量，配给相应的教育机会。凡是在考试中没有通过检验的学生，则不能获得进一步接受教育的机会。其合理性体现在：它主要以人的才识与能力为参照，鼓励真才实学。最通俗的提法就是"分数面前人人平等"、"能力面前人人平等"，只有达到了相应分数线和能力标准，才可获得接受高等教育的机会。

高等教育入学考试原则上体现了高等学校入学机会的平等与公正，然而事实却是，高等学校入学机会，往往在义务教育阶段乃至幼儿教育阶段就开始竞争，"不要输在起跑线上"是其最形象的说法。教育机会的平等与公正只限于义务教育阶段，即保证每个人平等地接受基本的"保底教育"或"兜底教育"。义务教育的作用就是对人的"赛跑"起点进行调整，让人们有一条共同的"起跑线"，然而在现实生活中，由于激烈的竞争与教育机会在不同阶段的逐渐递减，不平等、不公正现象在教育的早期阶段就开始了（"择校热"是最好的注解）。正如《学会生存》一书所说："教育某些部门的人享有高度的特权，其他则是贫苦的'农村兄弟'，这种差别是根据他们所依附的阶级的社会地位决定的。穷人的子女或那些遭受民族歧视或社会歧视的集团的儿童们，从一开始就处于困难的地位；他们或者由于缺乏儿童早期所需要的身体上或心理上的适当照顾，或者是由于缺乏学前教育。他们同那些比较富裕阶级的儿童相比，或者同那些生长在较为有利于正常成长与发展的背景中的儿童相比，都是处于不利地位的，这种不利的程度有时达到了不可挽救的地步。在学生增加很多而学校场所有限的地方，学校便采取任意挑选的办法，使得许多能够继续学习的学生不能升学。扫盲计划和校外职业训练没有得到充分的发展，因而那些从一开始就失去入学机会的人们感到，当他们年龄更大时就越来越不能使自己受到教育了。"[1] 这些既有的现实条件决定了这条相同的"起跑线"并不存在，即使有，也会因为"强者恒强，弱者恒弱"的"马太效应"作用而使下一轮赛跑的起跑线丢失。教育法律制度原则上保证了基础教育入学机会的平等与公正，实际上却存在着客观上的机会不平等、不公正。诸如区域教育发展不均衡、城乡教育发展不均衡、校际教育质量差距明显等。教育制度原则上保证基础教育阶段入学机会的平等与公正（诸如就近入学），即只注意了出发点的平等，但由于事实上不可能保证最终结果上的平等，所以在教育的各个阶段都存在着连续的竞争与较早的不平等教育机会的丧失现象，其结果是对教育的最少受惠者的最小利益化，使得益少者更加不利。"同公平合理完全相反，那些最没有社会地位的人们往往享受不到普遍受教育的权利——在这方面现在文明过早地引以为荣了。在一个贫穷的社会里，他们是首先被剥夺权利的人；而在一个富裕的社会里，他们是唯一被剥夺权利的人。"[2] 而这种"能人统治论"或能力本位论所奉行的教育信条是：效率就是竞争、平等就是选拔、公正就是考试。

向社会、大学输送由考试选拔的精英，实际上隐含着社会精英对社会的贡献和指导作用大于大众，同时也潜存着竞争失败者对社会的积极作用较少的观念。"录取工作取决于申请者是否符合大学按照自己的想法所制定的录取政策。我们以最简单的录取标准为例：严格地按照智力测试的成就来录取学生。假设那些被这种录取程序淘汰的学生抱怨说，自己的利益没有像具有更高智力的申请者那样被纳入平等考虑。大学就可以这样回答：它的录取程序根本就不考虑具体申请者的利益，因而就不可能照顾一些人的利益而轻视另一些人的利益。我们进而可以追问大学，为什么要用智力作为录取标准。它也许这样回答：首先，要想通过毕业所要求的诸多考试，就需要有高智力。录取不能通过考试的学生显然没有意义，因为他们将无法毕业。他们将既浪费自己的时间又浪费学校的资源。其次，该大学也许会说，毕业生的智力越高，他们对社会的用处就会越大。医生的智力越高，他们就越能很好地预防或治愈疾病。因此，医学院选择的学生智力越高，社会用于医学教育的开支所获得的价值就越大。"[3] 例如，在一些发展中国家，基础教育发展面临着如下选择：是优先满足大多数儿

---

① 联合国教科文组织、国际教育发展委员会编著，华东师范大学比较教育研究所译：《学会生存》，教育科学出版社 1996 年版，第 100—101 页。

② 联合国教科文组织、国际教育发展委员会编著，华东师范大学比较教育研究所译：《学会生存》，教育科学出版社 1996 年版，第 101 页。

③ P. 辛格著，刘莘译：《实践伦理学》，东方出版社 2005 年版，第 46—47 页。

童的教育要求，使所有儿童都受到必要的教育，还是通过激烈的竞争和筛选，使一小部分人受到较好的教育？一些国家事实上选择了走培养"尖子"的精英教育路线。层层设置"重点学校"，就是这一精英教育路线的体现。贯彻"效率至上"原则，即是把教育机会尤其是高等教育机会分配给那些学习尖子——预备精英，经过系统的教育以及专业训练，使其成为社会的有用之才。而学习成绩不能达标者不配享有较高层次、较优质的教育，因为在他们身上投入的教育资源是没有效率的，社会不能指望从他们身上获益。"存在于内在能力之中的不平等应该通过承诺不平等的成就和不平等的地位及时地表达自我。假定，在教育投入既定的情况下，IQ 越高，获得的收益也就越大。由此，资源的最有效利用就是将资源集中到那些 IQ 最高的人身上。"① 贯彻"效率至上"原则，即是把教育机会尤其是高等教育机会主要分配给那些城市学生，尤其是中心城市的学生，因为在他们身上投入的教育资源能够得到回报。由于高等教育入学机会的有限与基础教育的层层淘汰，绝大部分的适龄人口被这种"效率至上"原则的英才主义教育体系"埋没"，最终导致其受教育水平严重不足与综合素质发展欠缺。虽然强调入学机会平等，但由于"效率至上"而导致不公正。由于忽视了所有学生的最大程度的有效教育，导致教育效率并不能完全实现，甚至成为空中楼阁。

以"能人统治论"或英才主义导向的高等教育"效率至上"的机会分配原则是不公平的，缺乏正义的。贝尔说："事实上，英才体系是用一种成层原则代替另一种成层原则，即用成就原则替换归属原则。过去，这一新原则曾经具有自由主义的进步含义，被认为是正义的。因为，它对人的评价或奖励不看他的出生或社会关系而重他的功绩。今天，这个标准被认为是一种制造新的不平等以及社会的——即使不是心理的——不正义的原因。"② 罗尔斯更是对这一问题展开了系统的思考与分析。其一，"能人统治论"或英才主义导向的教育尤其是高等教育，没有排除社会身份（出身背景）等偶然因素对教育机会获得所造成的影响，因而是不公正的。他说："所有人都至少有同样的合法权利进入所有有利的社会地位。但由于没有做出努力来保证一种平等的或相近的社会条件，资源的最初分配就总是受到自然和社会偶然因素的强烈影响。"③ 不仅人们的自然禀赋个个不同，千差万别，而且这些禀赋的培养、训练和发展也受到各

① B. 巴利著，曹海军译：《社会正义论》，江苏人民出版社 2007 年版，第 142 页。

② 张人杰主编：《国外教育社会学基本文选》，华东师范大学出版社 2009 年版，第 211 页。

③ J. 罗尔斯著，何怀宏等译：《正义论》，中国社会科学出版社 2001 年版，第 72 页。

人所处的不同社会条件的影响，即使有类似天资的人，也可能因为其社会出身的不同而没有同等的机会，这样教育资源分配的份额就不仅受到自然天赋的偶然因素的影响，还受到社会出身的偶然因素的影响。在他看来，各种社会地位不仅要在一种形式的意义上开放，而且还应使所有人都有平等的机会达到它们："各种地位不仅要在一种形式的意义上开放，而且应使所有人都有一平等的机会达到它们。……那些有着类似能力或才干的人也应当有类似的生活机会。具体地说，假定有一种自然禀赋的分配，那些处在才干和能力的同一水平上、有着使用它们的同样愿望的人，应当有同样的成功前景，不管他们在社会体系中的最初地位是什么，亦即不管他们生来是属于什么样的收入阶层。在社会的所有部分，对每个具有相似动机和禀赋的人来说，都应当有大致平等的教育和成就前景。那些具有同样能力和志向的人的期望，不应当受到他们的社会出身的影响。"① "获得文化知识和技艺的机会不应当依赖于一个人的阶级地位，所以，学校体系都应当设计得有助于填平阶级之间的沟壑。"② 因此，他在"机会的形式平等"之上加上"公正"的限制，从而把影响机会公平的社会差别因素排除了。此外，在教育机会的分配中，即使排除了社会身份（出身背景）等偶然因素造成的影响，但是由于过分强调才智或能力在考试竞争中的重要性，教育资源的分配依然是任意的。在这种情况下，依靠天资及其在学业上的表现而自然分配有限的教育机会与教育资源，公平正义原则也只能不完全地实行。换句话说，仅仅排除了社会条件的干扰还不够，还必须考虑排除自然的偶然因素的影响，没有理由让天资的自然分配来确定教育机会的分配，如果不减轻自然偶然因素对教育机会分配的影响，社会偶然因素也不可能完全排除。"自然能力发展和取得成果的范围受到各种社会条件和阶级态度的影响。甚至努力和尝试的意愿、在通常意义上的杰出表现本身都依赖于幸福的家庭和社会环境。保障那些具有同样天资的人在受教育和取得成功方面的机会平等在实践上是不可能的。因此我们可能想采取一个在承认这一事实的同时能减轻自然拈阄的任意结果的原则。"③ 他提出的平等的"差别原则"，就是为了保证教育的公正、效率与稳定而对各种教育不平等进行限制和调节，使之保持在人们可以容忍和接受的限度以内。他说："差别原则实际上代表这样一种安排：即把自然才能的分配看作一种共同的资产，一种共享的分配的利益（无论这一分配摊到每个

---

① J.罗尔斯著，何怀宏等译：《正义论》，中国社会科学出版社 2001 年版，第 73 页。
② J.罗尔斯著，何怀宏等译：《正义论》，中国社会科学出版社 2001 年版，第 74 页。
③ J.罗尔斯著，何怀宏等译：《正义论》，中国社会科学出版社 2001 年版，第 74 页。

人身上的结果是什么）。那些先天有利的人，不论他们是谁，只能在改善那些不利者的状况的条件下从他们的幸运中得利。在天赋上占优势者不能仅仅因为他们天分较高而得益，而只能通过抵消训练和教育费用和用他们的天赋帮助较不利者得益。没有一个人能说他的较高天赋是他应得的，也没有一种优点配得到一个社会中较有利的出发点。"① 因此，在教育机会与教育资源的分配上，考试选拔制度必须确保每个人的自由平等权利，保证人人教育机会平等，适当限制教育实际不平等的差距，以处于教育中不利地位的人的教育利益为出发点。其二，"能人统治论"或英才主义导向的教育尤其是高等教育体制遵循"前途向才能开放"的原则，事实上是用教育机会平等作为一种追求经济繁荣和政治统治中释放人们潜能、调动人们积极性的手段。"学校为再创造一种并非同样敏感的经济提供了某些必要条件，从而有助于资本积累的过程。在这一过程中，部分是通过学校根据'才能'，在校内对学生进行的分类的筛选，这样——（再）经过文凭市场和城市分离系统的整合——大致再生产了按等级组织的劳动力。"② 显然，"机会的平等仅意味着一种使较不利者在个人对实力和社会地位的追求中落伍的平等机会。"③ 特别是当多数人在受教育中必然落伍乃至被抛弃或忽视时，其不公正是明显的。学生的发展也是不平衡的，有的早熟，有的缓进，因此，"以分取人"、和"以能取人"对于晚熟者来说欠公平。为了平等地对待一切求教育者，提供真正同等的教育机会，教育必须更多地关注那些天赋较低和出身于较不利的社会地位的人们，如农村的适龄教育儿童和少数民族地区的适龄儿童等，"较大的资源可能要花费在智力较差而非较高的人们身上，至少在某一阶段，比方说早期学校教育期间是这样"。④ 也就是说，在满足了一部分人接受良好教育需求的同时，还应该及时向处于不利地位的那些"最少受惠者"进行必要的教育补偿，从而缩小他们与获利群体间的教育机会差距。罗尔斯的"差别原则"使教育资源的分配能够改善最不利者的长远期望，教育的价值不应当仅仅根据经济效率和社会福利来评价，也不应仅仅根据它们将产生的在培养能力方面的社会效果来评价。教育机会与资源分配的公平和效率中至少应该考虑每一个人（包括最不利者）的自我价值与价值追求，从而使机会平等能够保证每一个人平等的自我价值与价值感的追求，使机会平等

---

① J. 罗尔斯著，何怀宏等译：《正义论》，中国社会科学出版社 2001 年版，第 102 页。

② M. W. 阿普尔著：《国家权力和法定知识的政治学》，《华东师范大学学报》（教科版），
　　1992 年第 2 期，第 36 页。

③ J. 罗尔斯著，何怀宏等译：《正义论》，中国社会科学出版社 2001 年版，第 107 页。

④ J. 罗尔斯著，何怀宏等译：《正义论》，中国社会科学出版社 2001 年版，第 101 页。

能够保证每一个人平等的自尊与尊严，而不是通过竞争来摧毁不利者的尊严与价值。

每个人以平等的受教育机会获取教育"好处"的能力（包括先天的与后天的、家庭的与文化的）原本是不平等的，所以教育资源的分配与再分配问题永远无法被彻底解决，即不平等是根本性的，平等只是理想。人们在一些方面的平等总是意味着另外一些方面的不平等。怎样追求一些方面的平等而容忍另外一些方面的不平等呢？在基础教育阶段，教育机会的竞争激烈所导致的机会丧失是不可接受的、不公平的，也是没有效率的。因为，它使多数人因竞争失败缺乏接受教育的兴趣与动力，也使教育资源的分配对他们的发展不利。重点学校制度所导致的不同学生获取不同质量教育的教育机会是不可接受的、不公平的，也是没有效率的。因为，它把学校、学生分为不同的等级，为了选拔少数"尖子"，人为地拉大地区内、区域内学校之间的差距，加剧了基础教育领域内部资源配置的失衡，从而使多数儿童的利益受损。正是由于多数儿童教育受益的不足即教育机会的不足，导致他们发展某些有价值的新的能力的机会也就有限，从而使社会在这些儿童的新的能力的发展方面获益较少。但是就潜力而言，每一个新生的社会成员都是未知量，因此，"任何社会成员获得做某些可能有价值的事情的新能力，都必须始终被视为是其所在社会的获益。……这意味着增进任何个人的能力和机会的可欲性，并不取决于他人的能力和机会是否也可能得到同等程度的增进，当然，这是以他人并不因此而被剥夺获得同样的能力或其他新的能力的机会为条件的"。[1] 只要这种机会没有被那个已掌握了此种能力的个人所垄断，其他人就有可能习得和掌握这些能力。此外，教育体制中教育机会的递减以及教育价值观的褊狭，还使处于劣势的教育群体缺乏发展的机会，那些"尖子"教育机会的获得是以他们机会的丧失为代价的。诚如《学会生存》一书所说："地区差别可以达到很大的比例。例如，有关两个不同地区教育情况的数字，和同一项目的全国平均数相比，可以相差到50％。其他不平等的事例是教育设备集中在主要城镇，因而不利于广大的农村地带。甚至尤为不公平的是把这些教育设备集中于靠近城市中心，而不在贫民窟、不在棚户区和在其他贫苦地区，在那里缺乏像富裕区那样的学校。"[2] 基础教育当然可以赋予一些人发展的优势，让一部分学勤业精者得到较好的发展，但不能因此

① T. A. V. 哈耶克著，邓正来译：《自由秩序原理》（下），生活·读书·新知三联书店1997年版，第106页。
② 联合国教科文组织、国际教育发展委员会编著，华东师范大学比较教育研究所译：《学会生存》，教育科学出版社1996年版，第100页。

而牺牲其他人的发展机会。

正是看到了"能人统治论"或英才主义导向的教育"效率至上"的弊害，许多国家的考试选拔制度也在逐步地进行调整，争取把"害处"降到最低。诚如特纳所说："虽然美国的中学生选修的课程各异，能进专门学校的学生为数不多，但有一种主要的教育观念阻碍了优等生与差生产生明显的社会分离，并使转学渠道尽可能地敞开。最近，人们对于这一妨碍优等生发展的观点进行的批评却受到一种坚持这些学生不应脱离学生生活主流的观念的限制。这种脱离不仅冒犯了潜伏于竞争规范中的公平意识，而且还会引起一种恐慌，害怕英才和未来的英才会对大众丧失友情。然而，最重要的一点也许是学校教育代表了一种机会，对机会的利用则主要依赖学生本身的独创与进取精神。"① 例如，尽管为竞争作准备的逻辑在美国学校十分盛行，强调让每个赛跑者参加决赛。在中小学，人们通常的假设是，学习优胜者不要特殊照顾，而成就较差者则需要帮助，以便确保他们在竞争中不被淘汰，并有可能在最后的鏖战中决一雌雄。盖洛普民意测验则证实了美国人的上述态度。当询问教师是否应为聪明的学生付出更多的时间时，26％的教师回答"是"，67％的教师则回答"不"。当问题针对"迟钝儿童"时，86％的教师回答"是"，9％的教师回答"不"。②

不过，我们应该辩证地看待教育自由理念的精神实质，尤其应该认清新自由主义的一系列主张。自古希腊以来，个体教育自由一直是资本主义社会的教育基因，他们从个体教育自由出发推演出个人主义、教育私有化以及不受外在制约的纯粹市场化，试图打破一切所谓束缚教育自由的行为。教育自由理念的这些秉性与以"资"为"本"的资本主义一拍即合，构成了资本主义教育的固有属性。坚守这些秉性的自由主义就成了资本主义社会得以运行和发展的理论基础。表面上看，资本主义的发展似乎与新自由主义没有关系。其实，新自由主义自诞生之日起就以最能体现资本主义精神的个性自由为基础，以能力为基础，以复兴资本主义核心价值为己任，以教育自由化、教育全球化为手段，极力倡导自由放任的市场经济。新自由主义敌视大政府，主张"政府失灵论"，反对国家干预，大肆推行有助于私有化、市场化的教育政策。新自由主义把"原子化"的个人主义作为理论前提，错误地认为个人教育自由的总和就能形成社会整体的教育自由，个人教育利益最大化必然导致社会教育利益最大化，政府一旦干预教育不仅有悖于资本主义精神，而且带来整个教育效率下降，产

---

① 张人杰主编：《国外教育社会学基本文选》，华东师范大学出版社 2009 年版，第 83 页。
② 张人杰主编：《国外教育社会学基本文选》，华东师范大学出版社 2009 年版，第 85 页。

生新的社会不公。依据新自由主义所构建的教育体系必然会逐步把整个社会引向"胜者通赢"及"精英特质"的代际传递中，使得整个社会在教育自由的名义下沦为资本与市场的奴隶。正如弗莱雷所说："我们应该对新自由主义的宿命论说不，因为在20世纪末，受市场道德准则的影响，我们正在目睹一种少数人靠多数人的生活占尽便宜的道德准则。换句话说，那些不会竞争的人只有一死而已。这实际上是缺乏道德准则的违反常态的道德准则。我坚持说，我要不断显示人的本性……那样的话，我仍将是世界上最后一个说不的教育工作者：我不以决定论来接受历史……我把历史当作可能性来接受，有了这种可能性，我们就可以看清这种反常的宿命论所具有的祸害，20世纪末新自由主义话语的特征就是这种宿命论。"①

---

① B. 弗莱雷著，顾建新等译：《被压迫者教育学》（纪念版引言），华东师范大学出版社2001年版，第15页。

□ 第三章
教育公正

　　教育公正或教育正义不仅是当前世界各国的热点教育问题，而且是一个教育学、伦理学、政治学、法理学以及经济学的跨学科难题。这是因为，公正或正义本身就是一个难题，诚如博登海默所说："正义有着一张普洛透斯似的脸，变幻无常、随时可呈现不同形状并具有极不相同的面貌。当我们仔细查看这张脸并试图解开隐藏其表面背后的秘密时，我们往往会深感迷惑。"① 公正或正义之所以让人如此困惑，很大程度上是源于公正理论自身的局限，同时也与公正或正义本身的复杂性、不确定性有关。古往今来的哲学家和思想家不过是提出了种种令人颇感混乱的公正理论。当我们从那些论者的蓝图与思辨转向政治行动和社会行动的历史舞台时，那种混乱状况的强度也不可能有所减小。对不同国家、不同时期的社会建构曾产生过影响的种种公正观念，也具有令人迷惑的多相性。虽然人们可以争辩说，民族国家的缔造者都是受权力意志而不是受公正考虑所驱使的，但是我们仍不应忽视这样一个事实，即不同的社会经济制度都得到了各自著名的代言人的强有力的辩护，而且也都得到了大多数人的接受。在评价盛行于这些制度中的价值序列时，我们可以看到，封建制度给予了安全观念以突出的地位，却降低了自由和平等的重要性。自由主义和资本主义时代，尽管没有否认安全和某些平等形式（例如权利和机会的平等）的重要性，但却将增进自由视为是政府政策的首要任务。在此，我们仅仅对公正、公正理论作一简要的回顾。

---

① E. 博登海默著，邓正来译：《法理学》，中国政法大学出版社 2004 年版，第 261 页。

一、公正

在中国古人那里，公正或正义就是正当的、公正的道理，往往同"义"或"直"相连。《论语·宪问》曰："或曰'以德报怨'，何如？子曰：'何以报德？以直报怨，以德报德。'"这里所说的"直"，就带有"正当"、"理应"、"应该"的意思。《荀子·正名》曰："正利谓之事，正义谓之行。"对此，《诸子集成》中《荀子·正名》的"注"，从反面进一步说明了什么是正义："苟非正义，则谓之奸邪。"《辞源》对于"公正"的解释是"不偏私，正直"，对于"正直"的解释是"不偏不曲，端正刚直"。《辞海》则对公正或正义的含义作了如下解释：公正是社会道德范畴和道德品质之一，是指从一定原则和规则出发对人们行为和作用所做的相应的评价；也指一种平等的社会状况，即按同一原则和标准对待相同情况的人和事。公正或正义与"私"相对，如大公无私。同时，有关公正或正义的思想是历史的产物，具有鲜明的历史性、阶级性与时代性。

英文 justice（公正、正义）一词，尽管也包括公平尺度的意思，但其重点是在公正、正义的价值观方面。柏拉图在《理想国》一书中认为，公正或正义存在于社会有机体各个部分间的和谐关系之中。每个公民必须在其所属的地位上尽自己的义务，做与其本性最相适合的事情。正义意味着"一个人应当作他的能力使他所处的生活地位中的工作"。[1] 换句话说，各守本分、各司其职，就是正义。柏拉图深信，人生来就是不平等的，且这种不平等是共和国确立等级制度的一个正当依据。由于柏拉图所提出的国家是一个阶级国家——他将这些阶级划分为统治阶级、辅助阶级和生产阶级，所以，柏拉图的公正或正义就是，每个阶级的成员必须专心致力于本阶级的工作，且不应干涉其他阶级的成员所干的工作，"如果一个只适合成为农民或艺匠的人试图统治其同胞，那么他就不仅会被认为是愚蠢的，而且还是不正义的"。[2] 当然，柏拉图有关公正或正义的论述，还算不上严格意义上的对公正或正义的定义，甚至是对公正或正义的曲解。"柏拉图的正义概念与我们通常的见解大相径庭。柏拉图称阶级特权为'公正'，而我们通常所说的公正指的恰恰是不具备这种特权。但是二者之间的差别远不止这些。我们用正义意指对待个人的某种平等；而柏拉图不把正义看作是个人之间的一种关系，而是视为以阶级关系为基础的整个国家的一

[1] E. 博登海默著，邓正来译：《法理学》，中国政法大学出版社 2004 年版，第 8 页。
[2] E. 博登海默著，邓正来译：《法理学》，中国政法大学出版社 2004 年版，第 262 页。

种性能。只有具备了健全、强大、统一——稳定，国家才是正义的。"① 公正或正义的经典定义，来自于古罗马法学家乌尔庇安："正义乃是使每个人获得其应得的东西的永恒不变的意志。"这个定义后来得到了阿奎那的确认，正义是"一种习惯，依据这种习惯，一个人以一种永恒不变的意志使每个人获得其应得的东西"。西塞罗曾把正义描述为"使每个人获得其应得的东西的人类精神取向"。② 人们公认每个人得到他应得的东西为正义，也公认每个人得到他不应得的福利或遭受他不应得的祸害为不正义。换句话说，个人在工作和生产中贡献不同，因而得到的报酬不同，就体现了公正。彼彻姆说："与'正义'一词的一般意义最为贴近的词是'应得的赏罚'。一个人如果给了某人应得的或应有的东西，那么前者对后者的行为便是正义的行为，因为后者所得到的东西是他应该得到的东西。"③ 例如，某公司的雇员由于自己的业绩和才能应当得到提升，而他确实因此被提升到了合适的职位上，那么可以说，公正或正义已经实现。反之，大学校长如果实际上仅仅以私人关系或宗教信仰关系提拔人员，而不是专业上的突出成绩为标准，那么，这便是错误的或不公正的。麦金太尔认为："正义是给每个人——包括给予者本人——应得的本分。"④ 据此，他指责了罗尔斯和诺奇克，因为，"在罗尔斯和诺奇克阐述中的正义与非正义的主张里，应得赏罚都没有占据这样的中心位置，或者说根本就没有占任何位置"。⑤ 即，公正是排他性的或者主要是根据应得来理解的。换句话说，一种公正的分配不过就是一种各方得到他或她应得的部分的分配。简言之，公正或正义，是行为对象"应受"的行为，是给予人"应得"而不给予人"不应得"的行为。不公正或不正义，是行为对象"不应受"的行为，是给予人"不应得"而不给予人"应得"的行为。"当平等而以不平等来对待，不平等而以平等来对待，非正义就产生了。"⑥ 例如，好人得了好报，便是公正的、正义的，因为好人应得好报。柏拉图笔下的苏格拉底在受审即将结束时说：在今生或来世，一个好人

---

① K. 波普尔著，陆衡等译：《开放社会及其敌人》（第 1 卷），中国社会科学出版社 1999 年版，第 177 页。

② E. 博登海默著，邓正来译：《法理学》，中国政法大学出版社 2004 年版，第 277－278 页。

③ T. L. 彼彻姆著，雷克勤等译：《哲学的伦理学》，中国社会科学出版社 1990 年版，第 327－328 页。

④ A. 麦金太尔著，万俊人等译：《谁之正义？何种合理性？》，当代中国出版社 1996 年版，第 56 页。

⑤ A. 麦金太尔著，龚群等译：《德性之后》，中国社会科学出版社 1997 年版，第 314 页。

⑥ L. T. 霍布豪斯著，孔兆政译：《社会正义要素》，吉林人民出版社 2006 年版，第 73 页。

是不可能受到伤害的。也就是说，道德好的人或有美德的人，是不可能受到由于他人给自己带来的严重外来伤害的。反之，如果好人得了恶报，则是不公正的、不正义的，因为好人不应该得到恶报。

公正或正义的这些经典性定义虽然不错，但仍然不够明确。一般而言，好人得了好报是公正的或正义的，而公正或正义都是应该的、善的、道德的行为；不公正都是不应该的、不道德的、恶的行为。诚如亚里士多德所说："所谓公正，是一种所有人由之而做出公正的事情来的品质，使他们成为做公正事情的人。""公正自身是一种完满的德性，它不是笼统一般，而是相关他人的。正因为如此，在各种德性中，人们认为公正是最主要的，它比星辰更加光辉，正如谚语所说：公正集一切德性之大成。"① 艾德勒认为，对他人施以正义就是善行；行为正当，主持正义就是行善。"我们应该想做的善是，要么做我们认为对我们有利的事，因为这种行为能使我们获得所需要的外在财富和个人完美，要么做对他人真正有利的行为，使另一个人得益，至少对他无损。因为一个人的行为会影响他人的福利，所以我们常说一个人的行为是正当的或不正当的，或者说它是正义的或者是不正义的。"② 但是，反过来，应该的、善的、道德的行为，却不都是公正的；不应该的、不道德的、恶的行为，也不全是不公正的。例如，资助某一贫困学生上大学，是应该的、道德的、善的行为，却不能说它是公正的，更不能说它是不公正的：它无所谓公正与不公正。艾德勒认为，人在行动时，是没有积极的正义职责去让他人从中获利的。正义不在于直接做好事，正义只在于给人以应得的权益。"出于爱这种慈善的冲动，却常常超越正义的范围，不认真考虑功过是非，却让受宠者得利，以慷慨的给予去表现深沉的爱。相比之下，正义给予的报酬则是不多不少而又不讲情面的。"③ 蒂利希也强烈反对慈善的概念，他说："令人遗憾的是，基督教将爱与正义对立起来，从事'慈善'意义上的善行而不是努力消除社会的不正义，这种做法往往隐藏了基督教不愿实现正义或不愿为正义而战的倾向。"④ 他之所以这样认为，是因为在他看来，慈善带有施舍之义，而施舍有悖于平等地尊重每一个人

---

① 亚里士多德著，苗力田译：《尼各马科伦理学》，中国社会科学出版社 1999 年版，第 97页。

② M. J. 艾德勒著，郄庆华等译：《六大观念》，生活·读书·新知三联书店 1998 年版，第107 页。

③ M. J. 艾德勒著，郄庆华等译：《六大观念》，生活·读书·新知三联书店 1998 年版，第233 页。

④ Paul Tillich, *Morality and Beyond*. New York: Harper and Row，1963，p. 39.

的正义概念。斯蒂芬则从另一个角度论证了博爱与正义的不相容性。人性与博爱是相抗拒的，"有不少人是坏人，但绝大多数人既不好也不坏……这个无所用心的广大群体随着环境左右摇摆……我还相信，在所有类型的人之间，都将存在并将永远存在敌意和冲突的真正诱因，甚至好人也可能相互为敌，他们经常是被迫如此，这要么是因为他们发生冲突的利益之争，要么是因为他们对待'善'有着不同的理解方式"。① 渴望博爱，不但无法在人世间为博爱寻求到一块安身之地，而且还容易给现实生活造成恶果。"一个人的思想感情，他对现状的评估以及他针对现状采取的行动，只要真沾染上这种理想，那么正如经验一再表明的那样，他通常会为了他本人所理解的后代的幸福，毫不犹豫地牺牲现在活着的人所理解的幸福。"② 打骂、伤害同学是恶的、不应该的、不道德的，却不能说是不公正的，更不能说是公正的，因为无所谓公正与不公正。诚如弗兰克纳所说："并非凡是正当的都是公正的，凡是错误的都是不公正的。乱伦虽是错误的，却不能说是不公正的。……使别人快乐可能是正当的，但绝不能严格地说成是公正的。公正的领域是道德的一部分而不是全部。"③

那么，公正或正义给人以应得的究竟是道德的、应该的、善的行为中的哪一部分行为呢？在亚里士多德看来，是具有均等、相等、平等、比例性质的那种回报、交换行为。他说："正义包含两个因素——事物和应该接受事物的人；大家认为相等的人就该配给到相等的事物。"④ "所谓'公正'，它的真实意义，主要在于'平等'。"⑤ "公正就是在非自愿交往中的所得与所失的中间，交往以前和交往以后所得相等。"⑥ 即，公正意味着给予人们所应得的东西，给予每个人所应得的东西。他说："公平和相等本是一个词：to ison。公正分配有两个方面，或者对人，或者对物，这样看来，公正的事物也应有四个项。对某些人以及他们的所有物，两者将是相等的。如果相等的人分得不相等的物，或不相等的人分得相等的物，就会产生怨恨和争吵。各取所值是人所公认的原则。所以，公正的四个项也应相等，如把人和物化为 A、B、C、D 交相搭配，形成比

---

① J. F. 斯蒂芬著，冯克利等译：《自由·平等·博爱》，广西师范大学出版社 2007 年版，第 203 页。

② J. F. 斯蒂芬著，冯克利等译：《自由·平等·博爱》，广西师范大学出版社 2007 年版，第 215 页。

③ W. K. 弗兰克纳著，黄伟合等译：《善的求索》，辽宁人民出版社 1987 年版，第 98 页。

④ 亚里士多德著，吴寿彭译：《政治学》，商务印书馆 1996 年版，第 148 页。

⑤ 亚里士多德著，吴寿彭译：《政治学》，商务印书馆 1996 年版，第 153 页。

⑥ 亚里士多德著，苗力田译：《尼各马科伦理学》，中国社会科学出版社 1999 年版，第 104 页。

例关系，公正就是比例关系，从而比例就是中间。"① 即，公正事物必定至少有四项，两项是对某些人的公正，两项是在某些事情中的公正，并且对某些人和他们所有的事物两者将是相等的。相等的人分得相等的事物，不相等的人分得不相等的事物。公正至少也有四个项，而其比值是相同的。因为人和事物之间的比值是相同的。A 对 B 的比，完全如 C 对 D 的比一样。再交替搭配，A 对 C 的比，完全如 B 对 D 的比一样。这种搭配影响着分配的结果，如若各项在这样的结合，其结果就是公正的。如若 A、C 两项以及 B、D 两项的结合是公正的分配，那么，这种公正就是中间，违反了这种比例就是不公正。从而比例就是中间，公正就是比例。"公正就是比例，不公正就是违反了比例，出现了多或少。""分配的公正，是按照所说的比例关系对共有物的分配。（这种分配永远是出于共有财物，按照各自提供物品所有的比例）。不公正则是这种公正的对立物，是比例的违背。"② "既然公正是平等，基于比例的平等就应是公正的。……例如，拥有量多的付税多，拥有量少的付税少，这就是比例；再有，劳作多的所得多，劳作少的所得少，这也是比例。"③ 从亚里士多德有关公正或正义这一概念的分配含义来看，它要求按照比例平等原则把这个世界上的事物公平地分配给社会成员。诚如阿奎那所说："正义全在于某一内在活动与另一内在活动之间按照某种平等关系能有适当的比例"④。即，相等的东西给予相等的人，不相等的东西给予不相等的人。例如，如果甲方的贡献是乙方的两倍，甲方就应有两倍于乙方的收入；如果甲方应得到的东西是乙方的一倍，那么他的所得份额就应当是乙方的一倍之大。彼彻姆说："一切正义理论共同承认下述最低限度的原则：同样的情况应当同样地对待——或者，使用平等的语言来说：平等的应当平等地对待，不平等的应当不平等地对待。这项基本原则通常称为'形式上的正义原则'，有时称作'形式上的平等原则'——所谓'形式的'，是因为它不陈述'平等的应当平等地对待，不平等的应当不平等地对待'中的'平等'的具体方面。该原则仅仅主张无论哪一个方面俱在考虑之中，只

---

① 亚里士多德著，苗力田译：《尼各马科伦理学》，中国社会科学出版社 1999 年版，第 100 页。

② 亚里士多德著，苗力田译：《尼各马科伦理学》，中国社会科学出版社 1999 年版，第 101－102 页。

③ 苗力田主编：《亚里士多德全集》（第 8 卷），中国人民大学出版社 1992 年版，第 279 页。

④ M. 阿德勒等编，《西方思想宝库》编委会译编：《西方思想宝库》，吉林人民出版社 1988 年版，第 951 页。

要人们在这些方面是平等的，都应受到相同的对待。"① 也就是说，对有平等地位的人平等对待，对地位不平等的人根据他们的不平等给予不平等待遇，这就是正义。萨托利对此问题也进行了深刻的论述，他提出的平等原则是："1. 对所有的人一视同仁，即让所有的人都有相同的份额（权力或义务）2. 对同样的人一视同仁，即相同的人份额（权力或义务）相同，因而不同的人的份额不同。这里有 4 个重要的副则：a. 成比例的平等，即按现存不平等的程度一成不变地分配份额；b. 对可以接受的差别，给予不平等的份额；c. 按照每个人的功绩（品德或能力）分配份额；d. 按照每个人的需要（基本的或其他的）分配份额。"② 在他看来，原则 1 并非假定在一切方面一切人都有相同份额，原则 2 也不是规定相同的人对一切都有相同的份额。其次，权利或义务的份额既可以由许可与禁止所构成，也可以由实际的分配（有利的或不利的）所构成。第三，列在原则 2 项下的多数原则，一般来讲可以称为"按比例的平等"原则，至于这一项是否应当仅仅保留给一成不变的比例，要取决于人们在讨论时想把多少具体问题纳入其中。使一些政治和经济物质的拥有者在不同程度上占有的多些，另一些人占有的少些，这也合乎正义。艾德勒说："正义只要求所有人都应成为政治或经济物质的拥有者，但它并未要求所有人应在拥有的程度上相同。相反，对于每个人根据正义所有权得到的物质，有些人却有权多得，有些人则少得，而且这也是合乎正义的。"③ 就利益或负担是独立于特定人们对其理解而确定的价值而言，社会公正是与把这些利益和负担分配给个人的方式相关的。米勒说："社会正义常常与不同人们得到的利益的相对价值有关。让我们假定，雇员得到的工资应当反映他的生产价值，这样，如果 A 的贡献是 B 的两倍，A 就应得到两倍于 B 的收入；作文竞赛中的一等奖的价值大大高于二等奖；如此等等。当我们作出这些判断时，我们所追求的是贯串于可能接受的相关群体的标准化的价值，而不是特定个人的价值。"④ 如果由于 A 奉行一种禁欲主义的生活方式，因此他对超过生活底线的收入评价不高——直观地说，付给他的两万美金并不比付给 B 一万美金更有价值——这一事实并不影响我们应用公正分配的标准。如果作为竞赛一等奖的奖品是许多书籍，而二等奖则要少

---

① T. L. 彼彻姆著，雷克勤等译：《哲学的伦理学》，中国社会科学出版社 1990 年版，第 330—331 页。

② G. 萨托利著，冯克利等译：《民主新论》，东方出版社 1998 年版，第 392 页。

③ M. J. 艾德勒著，郗庆华等译：《六大观念》，生活·读书·新知三联书店 1998 年版，第 207 页。

④ D. 米勒著，应奇译：《社会正义原则》，江苏人民出版社 2005 年版，第 9—10 页。

一些，优胜者在事后相互交换书籍——如果这刚好符合他们的口味——是相当正常的事。但是，裁判预先这样做却是十分错误的，即使他们能够完全肯定每一方的偏好。"就利益的价值是由它们对作为整体的相关人群的价值来确定的这一点而言，正义是与对这种利益的分配有关的，但正义必须不对个人的偏好抱有先见。"① 公正或正义全在于某一内在活动与另一内在活动之间按照某种平等关系能有适当的比例。否则，就不是公正或正义。一个社会，应在正义所要求的限度内达到最大的平等。这个限度不能超越，超越了就是不正当。正如不能超越正义所允许的自由那样，超越了，就是不正当地行施被允许的自由。在此，我们用霍布豪斯的论证作为总结，"任何妨碍其他相应路线发展的局部进展，我们都不能认为它是善的。任何必然会压制个人的集体成就，我们也不能认为是善的。可能会有发展的巨大不平等，但是如果要满足伦理的要求，这种不平等就必然这样的：个人发展得越远，从总体上看它将越有助于所影响到的所有其他人的相应发展。这等于是说，合理的善，是所有人根据他们社会人格的能量大小，而按比例分享的一种善。这是共同善中比例平等的基本原则，是社会正义的主导概念"。②

从以上这些简明而精深的论述不难看出：公正是平等（相等、同等）的利害相交换的善的行为，是等利（害）交换的善行；不公正则是不平等（不相等、不同等）的利害相交换的恶行，是不等利（害）交换的恶行。然而，人们可能会反驳说，把公正定义为等利（害）交换，无疑是局限在经济领域。其实，这一反驳是不能成立的，是对交换概念的误解。交换可分为经济交换和非经济交换（或者社会交换）。罗洛夫说："在甲乙两人之间可能发生许多不同类型的交换；其中至少有两大类：经济的和社会的。"③ 经济交换呈现出如下特点：交换者给予对方某物，是为了换取对方的他物，因而相互间的交换关系是目的与手段的关系。而非经济交换呈现出如下特点：交换者给予对方某物，未必是为了换取对方的他物，因而相互间的交换关系未必是目的与手段的关系。也就是说，交换乃是人们给予对方某物复从对方得到他物的行为，是相互给予的行为——如果给予对方某物必定是为了从对方得到他物，便是经济交换；如果给予对方某物未必是为了从对方得到他物，则是非经济交换。④ 因此，交换是个外延极为广泛的范畴，它不仅存在于经济领域，而且存在于人类社会生活

---

① D. 米勒著，应奇译：《社会正义原则》，江苏人民出版社2005年版，第10页。
② L. T. 霍布豪斯著，孔兆政译：《社会正义要素》，吉林人民出版社2006年版，第89页。
③ M. E. 罗洛夫著，王江龙译：《社会交换论》，上海译文出版社1997年版，第8页。
④ 王海明著：《公正·平等·人道》，北京大学出版社2000年版，第6—7页。

的一切领域，存在于一切人际关系之中。在罗尔斯看来，所谓社会，不过是人们相互利益的合作形式，"社会……为达到互利而进行的一种合作冒险"。① 所谓社会行为、人际关系，无非是一种劳动交换、利益交换与活动交换而已。所有的交换，都得按规则进行，其中最重要的规则就是等利（害）交换。正如亚里士多德所说："公正还是一个公正行为公正选择中所遵循的原则。在分配中，不论是在自己的人与他人之间，还是他人与他人之间，都不是把有益的东西给自己的多，而给同伴的少，（对有害的东西则相反），而是按照比例平均分配，在他人与他人之间也不两样。反过来不公正是不公正事情的，都是违反了比例，在有益和有害事物上的过多和过少。它造成了过多和过少，对自己在有益的事物上总是过多，而在有害的事物上则是过少。"②

当然，应引起我们重视的是，等利（害）交换的善行，其实质无非是说人们的收入与他们的劳作、努力与贡献应成正比，即人们常说的"应得"。例如，我国建国之初提出的"不劳动者不得食"、"按劳分配、多劳多得"原则就带有"应得"的色彩。从某种意义上讲，"等利（害）交换"理论不是完全意义上的公正理论，它们充其量只涉及成年工作人员之间的分配问题，老弱病残被排除在分配之外。被认为是"等利（害）交换"基础的东西可能在一定程度上超出了个人控制。例如，一个人的生产效率不仅取决于自身的努力，也受到诸如年龄、性别、天赋、体质、早期教育、所处环境等因素的影响，而这些因素并不一定是当事人主观选择的结果。让"交换"或分配的结果与这些因素挂钩显然有失公正。贝拉说："公正就是每个人都有追求自己心目中的幸福的均等机会。机会的均等是由公平的法律和政治程序，即以同等方式应用于每一个人的法律和政治程序来保障的。然而，这种公正观本身并不能使我们看到，如果每个人都有追求自己利益的同等机会，一个社会中的物品分配最终该如何进行。因此，在一个公正的社会中，只要每个人都有找一份收入好的工作的同等机会，不同职业的人的收入就可能存在很大的悬殊。但是，正像现在令人痛苦地变得明显起来的那样，在僧多粥少的情况下，平等的机会足以确保公正吗？还有那些处于不利社会地位的人，公平的赛跑对他们没有用，因为他们还在远离起跑线的时候就被甩下来了，他们怎么办？"③ 罗尔斯则对这一主张进行了严厉的批

---

① J. 罗尔斯著，何怀宏等译：《正义论》，中国社会科学出版社 2001 年版，第 523 页。

② 亚里士多德著，苗力田译：《尼各马科伦理学》，中国社会科学出版社 1999 年版，第 107 页。

③ R. N. 贝拉等著，周穗明等译：《心灵的习性》，中国社会科学出版社 2011 年版，第 31 页。

评。他认为，没有一个人应得他在自然分配中的地位，正如没有一个人应得他在社会中的初始地位一样。"没有一个正义准则旨在奖赏德性。……正义准则所导致的分配份额和道德价值无关，因为从一种道德的观点来看，自然天赋的最初资质和早期生活中发展和教养的偶然性是任意的。按照直觉观点，最接近奖赏道德应得的准则似乎是按努力分配的准则。不过，我们仍然很清楚地看到：一个人愿意作出的努力是受到他的天赋才能和技艺，以及他可选择的对象影响的。在其他条件相同的情况下，天赋较好的人更可能认真地做出努力，而且似乎用不着怀疑他们会有较大的幸运。奖励德性的观念是不切实际的。"[①] 同时，希望设计一套依据个人"应得"来分配善果和恶果的制度是完全行不通的，"把分配的正义和惩罚的正义看成是相对的两端是完全错误的"。[②]

二、公正理论的简要评述

评判一个社会是否公正，"就要看它如何分配我们所看重的物品——收入与财富、义务与权利、权力与机会、公共职务与荣誉，等等。一个公正的社会以正当的方式分配这些物品，它给以每个人以应得的东西"。[③] 但是问题在于，不同的人不仅看重不同的东西，而且分配的标准也是言人人殊，"当我们追问什么样的人应得什么样的东西以及为何如此时，便产生了一些棘手的问题。"[④] 以效益或福利、自由以及德性作为三个关键词，分别对应三种不同的公正观或三种不同的考量公正的方式：效益主义、自由主义以及社群主义。

（一）效益主义者的主张

以边沁等为代表的效益主义者或功利主义者也思考良善生活，但是他们希望把"良善生活"、"幸福"这些语焉不详的词还原成可以被度量的量化标准，比如"效益"。效益主义者认为，一个社会是否公正，要看它的政策和法律是否能使效益最大化。在边沁看来，道德的最高原则就是使幸福最大化，使快乐

---

① J. 罗尔斯著，何怀宏等译：《正义论》，中国社会科学出版社 2001 年版，第 311－312 页。

② J. 罗尔斯著，何怀宏等译：《正义论》，中国社会科学出版社 2001 年版，第 315 页。

③ M. J. 桑德尔著，朱慧玲译：《公正：该如何做是好?》，中信出版社 2011 年版，第 20 页。

④ M. J. 桑德尔著，朱慧玲译：《公正：该如何做是好?》，中信出版社 2011 年版，第 20 页。

总体上超过痛苦。使功利最大化不仅是个人的原则，同时也是立法者的原则。"一个政府在决定要制定什么样的法律和政策时，它应当作任何能够使作为整体的共同体的幸福最大化的事情。"① 换句话说，效益主义者认为，公正意味着使功利或福利最大化——为了最大多数人的最大幸福。只不过，效益主义者的主张有着致命的缺陷：第一，它没有给予人类尊严与个体权利足够的重视。由于仅仅考虑满意度的总和，它可能恣意践踏个体尊严。"对于功利主义者而言，个体也重要，不过仅仅是在以下意义上具有重要性——每个人的偏好都应当与他人的偏好计算在一起。然而，这意味着……它会认可多种对待他人的方式，而这些待人方式会违背那些被我们看作是体面与尊敬的根本规范。"② 勒吉恩在《离开欧麦拉的人》一书中，讲述了一个叫欧麦拉的城市。一方面，欧麦拉是一个拥有幸福感和公民荣誉感的城市，是一个理想得超乎想象的城市。另一方面，"在欧麦拉的一栋漂亮的公共建筑的地下室里，或者是在那些宽敞的私人住宅的地窖里，有一个房间，它有一扇锁着的门，没有窗户"。房间里坐着一个孩子，有些弱智，营养不良，并且被人们所忽视。他在极度痛苦中勉强维生。"所有的欧麦拉人都知道，他就在那里……他们都知道，他得待在那里……他们明白，他们的幸福、他们的城市之美、他们的友谊之情以及孩子们的健康……甚至粮食的大丰收和风调雨顺的天气，都完全取决于这个孩子所受的可怕的痛苦……如果人们把这个孩子带出那个污秽之地以见天日，如果人们把他清理干净并喂饱他，让他感到舒适，这确实是一件好事。可是，如果人们这样做，那么，欧麦拉人所有的繁荣、美丽和喜悦，在那一刻都将衰退并被毁灭。这就是条件。"③ 显然，从尊重人权的角度言，这些条件在道德上是不可接受的，即使它们能带来整个城市的繁荣与幸福。侵犯那个无辜孩子的权利是错误的，哪怕是为了多数人的幸福。效益主义者首先关注的不是人而是事态，正当行为的标志是利益最大化而不是平等待人。诚如金里卡所说："虽然功利主义试图平等待人，但却在很多方面违背了我们对于平等待人的真实含义的直觉。……功利主义误解了平等待人的理想，这样，功利主义就允许某些人成为

---

① M. J. 桑德尔著，朱慧玲译：《公正：该如何做是好？》，中信出版社 2011 年版，第 38—39 页。

② M. J. 桑德尔著，朱慧玲译：《公正：该如何做是好？》，中信出版社 2011 年版，第 41 页。

③ M. J. 桑德尔著，朱慧玲译：《公正：该如何做是好？》，中信出版社 2011 年版，第 45 页。

他人实现目的的手段，允许这些人因此而遭受不平等的待遇。"① 第二，它使公正和权利成为一种算计，而非原则。这种做法不但贬低道德价值本身，而且还会导致荒诞的后果。效益主义者强迫我们疏远或放弃赋予我们生命以意义的义务和事业。威廉姆斯说："如果你全身心地且真心诚意地维系一些令人尊敬的事业、情感和义务，你就不可能同时成为在思想和行动中不折不扣地满足功利主义要求的人，你也不愿意成为这样的人……功利主义必定要么无视这些非功利主义品质的价值，要么无望地试图降低其价值，最终退回到早期功利主义对人的大胆但却粗浅的描述。根据这种颇具空想色彩的描述，人要么只懂得自私地维系自己的事业，要么相反，只要具备功利主义的道德仁慈品质，就能够随时牺牲自己的事业。"② 不管效益主义者如何解释，人必须从事相应的事业并承担相应的义务，才有意义和方向。人们正是因为坚守自己的事业和承担自己的义务，才可望在日后取得相应的成就和进步，当下的行为也才因此而有意义。然而，效用主体在决定自己如何行动时，完全不考虑自己的事业和义务。效用主体的决定与"满意的总量形成一种函数关系——他的行为影响着满意的总量。而这就意味着，他人的事业无限制地制约着他自己的决定"。③ 效用主体几乎不懂得选择自己的生活方式，因为效用主体很少有机会思考自己是哪类人或自己愿意成为哪类人，其行动也几乎不会根植于这类思考。因此，效用主体几乎不能容纳与我们"生活"理念相关的事物。第三，它试图将一切具有道德重要性的事物都化为单一的、快乐与痛苦的尺度，试图用一个单一的、整齐划一的价值衡量标准去等量齐观所有的人类善，而没有考虑它们之间质的区别。自由主义者认为，公正意味着尊重自由和个体权利，尊重人们"选择的自由"——不管这种自由是在自由市场中所作出的实际选择，还是在平等的原初状态下作出的假想选择。尽管自由主义者认真对待权利，坚持认为公正不仅仅是一种算计，但是当他们将某些权利列为根本性的、且值得尊重的权利之时，他们接受人们现有的各种偏好。他们并不要求我们质问或怀疑我们带进公共生活里的那些偏好和欲望。显然，根据这些理论，"我们所追求的那些目的的道德价值、我们所过的生活的含义和意义以及我们所共享的共同生活的质量与品

---

① W. 金里卡著，刘莘译：《当代政治哲学》（上），上海三联书店 2004 年版，第 72—73 页。

② B. Williams, *Moral Luck*. Cambridge: Cambridge University Press, 1981, pp. 51, 53.

③ W. 金里卡著，刘莘译：《当代政治哲学》（上），上海三联书店 2004 年版，第 49 页。

质，都存在于公共领域之外"。① 针对"如果不预设任何特定的良善生活的观念，定义或者辩护权利是可能的吗"这一论争，自由主义的代表人物罗尔斯认为，这是应该并且可能的。因为，在一个合理多元的政治社会中，人们关于何为良善生活持有相互冲突的观念，任何把道德语言、宗教语言引入政治与公共讨论的做法，都会阻碍公共理由的运用，导致压迫和不宽容，并对他人造成一种"压制的事实"。但是，桑德尔却给予了坚决的反驳：在裁决正义与权利的问题时，我们并不总是能够不去解决实质性的道德问题；即使这是可能的，它也是不值得欲求的。他说："尊重我们同胞的各种道德和宗教信念就意味着忽视它们（至少是为了政治的目的），不打扰它们，如果可能的话就在公共生活中不涉及它们。然而，这种回避的立场会导致一种似是而非的尊重。它经常意味着压制，而非避免道德分歧。而这能够引发人们激烈的反对和怨恨，它也能够导致一种贫瘠的公共话语。"② 可见，与回避的政治相比，道德参与的政治不仅仅是一种更加激动人心的理想，也为一个公正社会提供了一种更有希望的基础。

（二）自由至上主义者的主张

自由主义者尤其是自由至上主义者以人类自由的名义，支持不受约束的市场并反对政府管制。他们的核心主张是：我们每一个人都拥有一种根本性的自由权——用自己所拥有的事物去做任何事情的权利，假设我们尊重他人也这样做的权利。

自由至上主义者几乎都是经济个人主义的坚定信仰者，坚决反对国家的经济控制。"个人主义的生活方式与典型的中世纪或典型的社会主义的生活方式之间的区别就在于，个人主义者没有社会理想，而其他人都有。这并非实情。事实上，个人主义者是有理想的，只是与众不同罢了。作为一种学说，个人主义在个人及其心理倾向中寻找社会经济组织的必然依据，相信个人的行为就足以提供社会经济组织的原则，力求通过个人，尽可能让个人得到自由地自我发展的一切机会来实现社会进步。它相信，要做到这一点，有两种制度是必不可少的：经济自由（即企业自由）和私有财产。它相信，不同的个人有着不同的才能，应该允许每个人都在与别人的竞争中，尽最大努力来发展他们自己。因

---

① M. J. 桑德尔著，朱慧玲译：《公正：该如何做是好?》，中信出版社 2011 年版，第 309 页。

② M. J. 桑德尔著，朱慧玲译：《公正：该如何做是好?》，中信出版社 2011 年版，第 316 页。

此，作为一种制度，个人主义乃是自由贸易的制度，是竞争的制度，是私有财产的制度。"① 他们的核心主张是："我们每一个人都拥有一种根本性的自由权——用自己所拥有的事物去做任何事情的权利，假如我们尊重他人也这样做的权利。"② 他们强调自由和私有产权，反对社会权利与再分配。除了自由和权利的平等外，追求其他任何东西的平等都是危险的。坚持平等（或者就此而言的其他分配类型），将是对人们的洛克式权利的一种持久的错误侵犯。萨姆纳、哈耶克、诺奇克等人的权利理论排除了任何要求一些人去帮助另一些人的法律，其中包括为了财富的再分配而征税。在他们看来，税收再分配是一种压迫，甚至是偷盗。政府没有权利强迫富裕的纳税人来为穷人资助各种社会项目，正如一个仁爱的小偷没有权利从一个富人那里偷窃钱财来分给流浪汉一样。1883 年，萨姆纳在《被遗忘的人》一文中说，政府不能干预经济，尤其不能通过立法手段将社会财富在所有成员之间实行平均分配，因为那样做的结果只会助长贫困阶级对政府的依赖，影响市场竞争的公正性，使社会财富不公正地被一部分人通过政府从另一部分人手中（强行）偷去。"国家不能为任何人获得一分钱，如果他不从别人那里拿一分钱的话，后面这个人必定是一个生产和保存一分钱的人。后面这个人是被遗忘的人。仁慈的朋友以某种仁慈的感情对待'穷人'、'弱者'、'劳动者'以及他们宠爱的其他人开始。他们泛化这些阶级，认为他们是非个人的，因而使这些阶级成为宠儿。他们转向其他阶级，诉诸同情、大方以及人心中所有其他高贵情感。被提议的路线中的行动在于资本从富人向穷人转移。……给予不做出任何回报的懒惰的、做事效率低的社会成员，资本背离了再生产的用途；但是，如果它被用于再生产，它不得不以工资的形式给予效率高的劳动者。因此，利用资本来保护无用的人，这种仁慈的真正受害人是勤劳的劳动者。然而，后者从未在这个关系中被考虑。假设他是为了这一解释以及在这一解释之外被提供的。这样一个观念只是标明，迄今真正的政治经济观念普及程度多么低。给予乞丐一美元的人是大方、好心的，而拒绝乞丐并把钱投进储蓄银行的人是吝啬、自私的，这几乎是一种不能克服的偏见。""如果我们提升任何一个人，我们必定有一个支点或反应点。在社会中，那意味着，提升一个人我们必须把另一个人推下去。改善劳动阶级条件的方案干预了劳动者彼此之间的竞争。受惠者被偏袒选中，往往是那些以并不证

---

① S. 卢克斯著，阎克文译：《个人主义》，江苏人民出版社 2001 年版，第 82—83 页。
② M. J. 桑德尔著，朱慧玲译：《公正：该如何做是好？》，中信出版社 2011 年版，第 69 页。

明其独立和能力的言行而自荐是仁慈之友的人。那些因为干涉而遭受相应的不景气的人是独立自主的，他又一次被遗忘或被忽略；仁慈的朋友又一次出现，在他们的助人热情中伤害那些试图自助的人。"① 1907 年，他在《民道》一书中进一步论证了政府不能通过干预经济的办法，以解决贫富不均的问题。他说："一个社会的条件不是遵循自然法的规则建立的，而是由该社会的传统和习惯势力决定的，为了实现社会成员之间的绝对平等而强行打破社会习惯和传统，是不明智的。"② 哈耶克所著《自由宪章》一书的中心思想是：任何企图带来更大的经济平等的尝试，都注定具有强制性、压迫性；对个人自由的最大威胁来自政府的行政权、政府的支配权以及政府的强制权。这些做法显然对一个自由的社会是有百害而无一利的，"在一个完全社会化的国家里，存在着对就业的全面垄断，国家作为唯一的雇主以及一切生产资料的所有者，拥有不受约束的强制权力。列·托洛茨基最终揭示了这一事实，他写道：'在一个国家是唯一雇主的国度中，反抗便意味着会慢慢被饿死。不劳动者不得食这一古老的法则已为一条新的法则所代替：不顺从者不得食'"。③ 即，政府越有能力控制经济生活，政府就越有能力控制我们生活的方方面面，从而侵害公民自由与政治自由。诺奇克不仅使权利成为自由主义的核心概念，赋予权利以至高无上的地位，而且把自由主义奠基于权利理论之上。诺奇克所捍卫的权利主要是指各种具体权利，诸如生命权、自由权和财产权。每一个人都拥有这些权利，且这些权利是神圣不可侵犯的。但是，这些权利仅仅具有否定的意义。"个人拥有权利，而且有一些事情是任何人或任何群体都不能对他们做的（否则就会侵犯他们的权利）。这些权利是如此重要和广泛，以至它们提出了国家及其官员能够做什么的问题，如果有这类问题的话。"④ 例如，一个无家可归者具有生命权，为此他需要食物和住房，那么他是不是有权可以强行要求任何一个有多余食物和住房的人为他提供食物和住房呢？诺奇克的回答是否定的：他没有这种强行的权利。"面对他人（包括政府），我也可以决定保留自己的资源。没有人有权利把这些资源拿走，甚至是把这些资源拿去救济那些忍饥挨饿的人。"⑤ 再

---

① J. 马勒著，刘曙辉等译：《保守主义》，译林出版社 2010 年版，第 264—265 页。

② 王希著：《原则与妥协》，北京大学出版社 2005 年版，第 276 页。

③ T. A. V. 哈耶克著，杨玉生等译：《自由宪章》，中国社会科学出版社 1999 年版，第 195 页。

④ R. 诺奇克著，姚大志译：《无政府、国家和乌托邦》（前言），中国社会科学出版社 2008 年版，第 1 页。

⑤ W. 金里卡著，刘莘译：《当代政治哲学》（上），上海三联书店 2004 年版，第 193 页。

如，一个人对自己的生命拥有权利，却并不能使他拥有要求别人为他提供食物的权利，那么他是否有权要求国家给他提供食物呢？诺奇克的回答仍然是否定的：他没有这个权利，国家可以对他的要求无动于衷。因为，国家若要进行财富的再分配，就必须从个人那儿征税，但国家没有为此而征税的权利。"国家不可以使用强制手段迫使某些公民援助其他公民，也不可以使用强制手段禁止人们追求自己的利益和自我保护。"① 简言之，个人对于自己生命、自由和财产的权利是绝对的、无条件的和神圣不可侵犯的，政府的任何干涉都是强迫——这并非对经济效率的侵犯，而是对我们基本道德权利的侵犯。阿隆认为，尽管国家能够和必须减轻在经济发展过程中的弱势群体、个体和地区的相对贫困。但是，"国家不可能克服因作出的成就或提供的服务的差异、或因机遇的好坏而造成的不平等。再分配的结果通常与最初的愿望相反，再分配不总是能够使最贫困者得到好处，也并不总是能打击那些其收入引起纷纷议论的人"。② 弗里德曼认为，许多被人们广泛接受的政府行为，如社会保险或任何强制性的、国家营运的退休项目等，都是对个人自由的非法侵犯。他质问道："假如有人故意喜欢为今日而生活，喜欢为了目前的享乐而使用他的财富，故意选择一个贫穷的老年，那么，我们有什么权利来阻止他这样做呢？"我们可以呼吁这样的人为了退休后的生活而节省开支，可是，"我们是否有权使用强迫手段来阻止他去做他选择要做的事呢？"③ 弗里德曼还出于同样的理由反对最低工资制度。简言之，资本主义的核心制度——私有财产、市场、自由竞争等是符合效率与公平要求的，即最小的国家干预和最大的经济自由，既符合效率又合乎公平的需要。

具体而言，在哈耶克、诺奇克、弗里德曼等人看来，自由是人权，是天赋权利，而不是特权。自由是人类追求幸福的基本权利，是一种基本的人权，就如同生命权一样，与生俱来，不经正当程序是不可剥夺的。对自由的唯一限制是不侵害他人的权利，因为人是平等的。自由，从积极的方面来讲，就是每一个公民都能够利用自己的知识、技能、智慧以及劳动，自主地决策，自主地选择自己的生活道路，以实现自己的梦想；从消极的方面讲，即是每个人都不受他人的奴役，有权利保护自己的利益不受侵害。因此，在一个每个人都享有充分自由的社会中，人与人之间只有通过自愿的合作才能够互助、互利与互惠。

---

① R. 诺奇克著，姚大志译：《无政府、国家和乌托邦》（前言），中国社会科学出版社2008年版，第1页。

② R. 阿隆著，姜志华译：《论自由》，上海译文出版社2009年版，第83－84页。

③ M. 弗里德曼著，张瑞玉译：《资本主义与自由》，商务印书馆2001年版，第181页。

也就是说，每个人只有为他人创造价值，自己才能获得报酬，只有给他人带来幸福，自己才能够幸福。而且，只有自由，才有公平竞争；只有有了公平竞争，才有创新；只有有了创新，社会才能真正地发展进步，每个人的生活才能得到改善。其次，保护产权。产权从某种意义上讲，也是一种人权。产权是对自由的保障，如果一个社会不能保护私有财产，每个人就不可能享有真正的自由，甚至连人身自由也没有。产权是社会秩序的基础。一个社会之所以能够有一定的秩序，就是由于每个人相互尊重产权。在私有产权得不到有效保护的社会中，绝大部分人都会生活在焦虑、不安和痛苦之中。产权是社会道德的基础。道德的基本要求就是不损害他人，只有尊重每个人的权利，每个人才必须通过为他人创造价值而获得自己的报酬，才能真正成为有道德的人。产权还是社会信任的基础。如果私有产权得不到有效保护，没有人会考虑长远，没有人或组织有积极性去建立良好的"市场"声誉。因此，对私有产权保护的一个重要方面，就是对政府征税权利的限制，如果没有对政府征税权利的限制，产权不可能受到真正有效的保护。

如果哈耶克、诺奇克、弗里德曼等人的权利理论是正确的，那么，现代政府的许多行为都是不合法的，并侵犯了自由权。只有政府——一个执行合同、保护私人财产不被偷盗、维持和平的政府——才能与哈耶克、诺奇克、弗里德曼等人的权利理论相兼容。任何一个做得比这些多的政府，在道德上都是不正当的。简言之，倡导自由竞争的人都认为，许多权利保护了公民不受国家对他们的侵犯，由此获得的利益远远超过任何由此付出的经济上的非效率代价。诚如米瑟斯所说："国家机器的任务只有一个，这就是保护人身安全和健康；保护人身自由和私有财产；抵御任何暴力侵犯和侵略。一切超出这一职能范围的政府行为都是罪恶。一个不履行自己的职责，而去侵犯生命、健康，侵犯自由和私有财产的政府，必然是一个很坏的政府。"① 尽管人类社会离不开国家机构，但是，人类社会的一切发展与进步，都不得不在克服国家以及国家的强制暴力的阻碍之后才得以实现。因此，"国家在行使权力时必须保障个人在法律允许的范围之内的充分自由。公民的权利不能被限制在这样的范围之内，即：当他们的想法与操纵国家机器的那些人的想法不一致时，他们只有一个选择：要么服从，要么摧毁国家机器"。② 不管思想家们的主张如何，生命权、自由

---

① L. V. 米瑟斯著，韩光明等译：《自由与繁荣的国度》，中国社会科学出版社 1994 年版，第 90 页。

② L. V. 米瑟斯著，韩光明等译：《自由与繁荣的国度》，中国社会科学出版社 1994 年版，第 96 页。

权、教育权、追求幸福的权利、发展权以及经济、社会和文化的权利等等，都是不可剥夺的权利。

（三）社群主义者的主张

社群主义者认为，公正就是给予人们在道德上应得的——以分配物品来奖励和促进德性。社群主义者坚信政治的目的是为了培养公民的德性和推理共同善，为此，思考公正问题就必须要思考何谓"良善生活"。诚如桑德尔所言，政治的全部目的在于，"使人们能够发展各自独特的人类能力和德性——能够慎议共同善，能够获得实际的判断，能够共享自治，能够关心作为整体的共同体的命运"。[①] 即，公正涉及培养德性和推理共同善。但是，社群主义的代表人物桑德尔也未能给"公正"这一主题点睛或点穴。他在论及"一种新型的共同善的政治会是什么样的"之时，并没有给我们提供一张清晰的蓝图，而只是开列了若干可能的主题，诸如"公民身份、牺牲与服务"，"市场的道德局限"，"不平等、团结与公民德性"等等。况且，在这些主题上，桑德尔也没有展开他的道德说教，而是草草结束他的"公正"之旅。

三、教育公正与教育公平、教育平等辨析

（一）教育公正与教育公平

教育公正与教育公平这两个概念有广义和狭义之分。广义的教育公正和教育公平的概念是人们平时的习惯用语，意思差不多，可以通用。但广义的教育公正和教育公平的概念不宜用于正式的场合。而狭义的也就是严格意义的教育公正和教育公平这两个概念，则各自有着明确的含义，两者之间存在着一些明显差别。具体而言，教育公正（正义）与教育公平这两个概念之间存在着以下几方面的差别。

1. 教育公正带有明显的"价值取向"，而教育公平则带有明显的"工具性"

教育公正带有明显的"价值取向"，它所侧重的是教育的"基本价值取向"，并且强调这种价值取向的正当性。而教育公平则带有明显的"工具性"，它所强调的是衡量标准的"同一个尺度"，用以防止出现双重标准（或多重标准）。这是教育公正和教育公平最为重要的区别。

---

① 周濂：《哲学是一个动词》，《南方周末》，2011 年 4 月 28 日。

从实际的教育生活领域来看，教育公正与教育公平的区别比较明显。例如，面对稀缺的教育机会尤其是高等教育机会，通常的做法是对受教育人口进行严格的考试筛选，以体现社会的"选优任能"的成就取向。即，以能力或"考试分数"决定义务教育后的高中阶段教育及高等教育，让少数有所成就的学生优先获得相应的教育机会。也就是说，通过考试，社会检验学生的"文化资本"，依据其文化资本的数量与质量，配给相应的教育机会。凡是在考试中没有通过检验的学生，则不能获得进一步接受教育的机会。其合理性体现在：它主要以人的才识与能力为参照，鼓励真才实学。最通俗的提法就是"分数面前人人平等"、"能力面前人人平等"，只有达到了相应分数线和能力标准，才可获得接受高等教育的机会。《学会生存》一书指出："从历史上讲，这种意识形态是民主的，因为这是以成绩优劣取得权利去代替过去那种以出身与幸运取得权利。"① 以"能人统治论"为根据选拔人才，虽杜绝了裙带关系或任人唯亲，但"这种选拔的办法，不仅从教育原理和教育哲学的观点来看，应该受到批评，而且从实践的观点来讲，也应该受到批评。几乎没有证据可以证明：选拔的程序能够正确地预测一个人是否具有某种特殊职业所需要的才能。一般来讲，这种选拔程序所测验的东西只限于与等级制课程有关的一个狭小的活动范围。这样的选拔方式很少考虑从社会和经济方面来的障碍，而往往把这种障碍说成是由于个人无能，作为拒绝使用的可靠理由"。"从理论上来讲，考试的目的第一在于测量过去的成绩，第二在于评价一个人未来的才能。学校自然有资格担任第一个任务。但是，学校是否应该担负起决定谁去参加专业生活这个重要的责任呢？在学校和学校在选择过程中所进行的活动的各个方面，两者之间时常是没有什么关系的，这一事实对于学校能否有效地选拔人才，就更加可疑了。"② 可见，这种选拔、考试制度奖励强者、幸运者和顺从者，而责备和惩罚不幸者、迟钝者、不能适应环境者以及那些与众不同的和感到与众不同的人们。简言之，以考试制度选拔人才，以"考试分数"作为分配稀缺教育机会的做法，虽然遵循了"分数面前人人平等"这一公平的游戏规则，但这种做法确实有悖于教育公正的要求。也正是由于缺乏教育公正的基本价值取向，人们完全可以通过"公平"的游戏规则而责备和惩罚不幸者、迟钝者、不能适应环境者以及那些与众不同的和感到与众不同的人们。难怪布鲁纳一再指出："奖优

---

① 联合国教科文组织、国际教育发展委员会编著，华东师范大学比较教育研究所译：《学会生存》，教育科学出版社 1996 年版，第 105 页。
② 联合国教科文组织、国际教育发展委员会编著，华东师范大学比较教育研究所译：《学会生存》，教育科学出版社 1996 年版，第 107 页。

制度是一个充满竞争的制度，学生在竞争中被推向前头，并在他们的成就的基础上接受更多的好机会，包括后来生活中的职位越来越多地和不可改变地取决于早期的学校成绩。不但以后的教育机会，而且其后的职业机会，都越来越为早期的学校成绩所确定。晚成熟的人，早期的造反者，来自不关心教育的家庭的儿童，——他们在全面推行的奖优制度下，全都成为时常是无意义的不可改变的决定的受害者。"① 再如，我们不妨作个假设：几个学生考试作弊被监考老师记录在案，其作弊的手段、性质完全一样。学校在对这几个学生进行处理时，一个学生被勒令退学、一个学生被留校察看、一个学生却未受任何处分。这种做法显然是不公平的，因为它违反了一视同仁的原则。相反，如果这几个学生都被勒令退学，那么可以说这种处理相对来说是公平的。但是，如果换个角度看，只因考试作弊就遭到勒令退学的处分，显然是"量刑"过重，有违教育公正原则。这两个事例说明，教育公正和教育公平并不完全是一回事。

就教育公正和教育公平的关系而言，基于上述分析，我们不难形成这样的看法。其一，两者的功能定位不同。由于教育公正强调价值取向的正当性，所以，它不仅重视受教育者的教育状况、教育条件、教育结果是否符合教育公正的要求或规则，同时为了保证受教育者的教育状况、教育条件、教育结果的公正性，教育公正还必须重视造成、产生这种状况、条件、结果的教育程序公平性问题。而教育程序公平的一项最为重要的内容便是必须遵循"同一标准"（考试分数、能力等）亦即公平的准则，用以防止某些群体或某些社会成员以双重或多重标准的方式来满足自身的教育需求，同时损害其他群体或其他社会成员的教育权利，从而造成一种有所区别对待的不公正的教育状态。正因为如此，所以，教育公正当中必定包含教育公平。一般说来，公正的教育必定同时也是公平的教育，但公平的教育却不见得同时是公正的教育。同教育公正相比，教育公平则要简单得多。教育公平强调客观性，带有价值中立的色彩，工具性强，或者从一定意义上讲，它只是操作层面的事情，尽管这种操作意义有时也是至关重要的。教育公平只需遵循"同一标准"的规则，所以有时公平的教育未必是公正的教育。其二，教育公正的基本价值取向决定教育公平的正向意义。如果没有教育公正的基本价值取向，就不会有真正意义上的教育公平即正向意义上的教育公平，剩下的可能只是"公平"的游戏规则，只是"公平"的分配稀缺教育资源的准则。这时，"公平"的游戏规则、"公平"的分配稀缺

① J. S. 布鲁纳著，上海师范大学外国教育研究室译：《教育过程》，上海人民出版社 1973年版，第53—54页。

教育资源的准则只具有中性的意义，它只是指同一游戏规则之下的一视同仁。至于这种游戏规则的依据是什么，它有可能会产生什么样的教育效应，则往往不是当事人所关注的事情，而是视具体的人和事而异。一旦社会丧失了教育公正的基本价值取向，怀有种种用意的个人或群体便可借口公平的规则而将有利于自身却有损于其他人或群体的做法付诸实施。因此，有时这种"公平"的游戏规则会给教育带来程度不同的负面影响。

2. 只有在现代社会才有可能实现真正意义上的教育公正，而传统社会则是在一定程度、一定范围之内存在教育公平的可能性

对于教育公正的基本目的和基本功能，罗尔斯的论证对我们具有一定的启发意义。他说："正义的主要问题是社会的基本结构，或更准确地说，是社会主要制度分配基本权利和义务，决定由社会合作产生的利益之划分的方式。……一个社会体系的正义，本质上依赖于如何分配基本的权利义务，依赖于在社会的不同阶层中存在着的经济机会和社会条件。"① "正义是社会制度的首要价值……每个人都拥有一种基于正义的不可侵犯性，这种不可侵犯性即使以社会整体利益之名也不能逾越。因此，正义否认为了一些人分享更大利益而剥夺另一些人的自由是正当的，不承认许多人享受的较大利益能绰绰有余地补偿强加于少数人的牺牲。"② 可见，教育公正的基本目的和基本功能只有在现代社会才有可能存在。

在传统社会条件下，虽然有时可以在教育的某个阶段做到最为初级的教育公正，比如从功利的角度为了"类"的生存、延续乃至发展，统治者也要尽力发展教育以培养统治人才，但是，这只是巩固政权意义上的十分初级的"教育公正"，并不是真正意义上的教育公正。就总体而言，在传统社会条件下，不存在教育公正的可能性。其最主要的原因在于：传统社会是一个讲究血统和身份的等级体系，也就是通常所说的"身份社会"。而在"身份社会"，身份是人们获得教育权利、教育机会的主要途径。一般而言，出生本来只是赋予人以个人的存在，即赋予人以生命，使他成为自然的个人，但是，"身份社会"却使这种出生的自然事实成了社会权利、教育权利分配的基础和根据。马克思在批判封建贵族制度时曾指出了这一身份制度的特征："在这种体系中，自然界就像制造眼睛和鼻子一样，直接制造国王，直接制造贵族等等。……如果出生不同于其他的规定，能直接赋予人一种地位，那么人的肉体就能使人成为这种特

---

① J. 罗尔斯著，何怀宏等译：《正义论》，中国社会科学出版社 2001 年版，第 7 页。

② J. 罗尔斯著，何怀宏等译：《正义论》，中国社会科学出版社 2001 年版，第 3—4 页。

定的社会职能承担者。他的肉体成了他的社会权利。在这种体系中，人的形体地位或人体的地位（说得更清楚些就是：国家的有形体的自然要素的地位）表现为：特定的而且是最高的社会地位，是由出生注定的特定肉体的地位。"① 在"身份社会"，身份成为确定人们能否获得教育机会的根本标准。身份的本质就是讲究差别、亲疏、尊卑，因而身份成为人与人之间的分水岭，成为人与人之间一切差别的总根源。在"身份社会"，身份也是配置教育权力的根本标准，教育权力来自身份，教育权力因身份不同而有别，身份越高，教育权力越大，没有身份，就没有教育权力。身份不同从而使教育权力更加不平等化、更加特权化。在"身份社会"，讲究身份，人分为三六九等，这其实是在人与人之间自设樊篱，使教育发展、人的自由发展受到严重威胁。沃尔泽对我国古时的"察举制"评说道："在最早的时候（唐朝），考试是补充性的，有时被一种更为古老的制度取代，这种古老的制度是'察举制'。官员们寻找贤能的人所依凭的是大约六十条详细的'优点'，'主要与道德品质、文字训练、管理能力和军事知识有关'。但无论这个单子列得多么详细，举荐也不可避免是主观性的；官员们太过经常地把自己的亲友推入上司的视线里。皇帝想要的雄心伟略的年轻人往往不是他已经得到的；穷人很少被举荐。"② 在"身份社会"里，人被像动物一样按纲、目、科、属、种来分类，等级森严。这种社会不利于人们相互之间的教育交往，身份不同的人各自画地为牢、以邻为壑。人们讲究门第、等级，没有平等的教育交往可言。在"身份社会"里，所有的人都按照出身、门第分属不同的等级，每个阶级都有自己的教育观点、教育情感、教育习惯和教育生活方式，他们之间没有共同的教育信念、教育追求和教育价值观。诚如托克维尔所言："在贵族社会，每个人几乎都永久固定于自己的活动领域，但人与人之间却有着极大的差别；每个人的感情、思想、习惯和志趣都基本不同。什么都不变，但一切都不同。"③ 讲究身份的目的是为了维护少数享有身份的人的教育特权，身份是教育特权的渊源，身份是教育特权的实质根据，要维护教育特权不能没有身份。马克思指出："难怪贵族要以血统、家世，一句话，以自己肉体的生活史而自豪。……贵族的秘密就是动物学。"④ 没有什么东西比身

---

① 《马克思恩格斯全集》（第 3 卷），人民出版社 2002 年版，第 131－132 页。

② M. 沃尔泽著，褚松燕译：《正义诸领域：为多元主义与平等一辩》，译林出版社 2002 年版，第 183 页。

③ 《思想与社会》编委会：《托克维尔：民主的政治科学》（第 6 辑），上海三联书店 2006 年版，第 50 页。

④ 《马克思恩格斯全集》（第 3 卷），人民出版社 2002 年版，第 132 页。

份更容易获得，更容易维护的了。"身份社会"处处讲究身份。讲究身份，就要求人们教育地位不平等，没有普遍的主体教育地位的平等，就没有以"考试分数"来衡量人们是否应获得享有某一教育权利的教育机会。讲究身份，人分三六九等，因人"分配"享有某一教育权利之教育机会，不同的人有不同的教育权利，不同的人适应不同的获取教育机会的标准，这根本违背了"分数面前人人平等"这一竞取教育机会的基本精神。身份就是特权的来源和标志，身份的有无就是教育权利的有无，有身份的人享有教育特权，无身份的人无权。教育权利在有身份的人与无身份的人之间两极分化，没有教育权利的平等。讲究身份，把身份作为设立个人教育权利的主要根据，而身份是先天注定的，个人根本无法选择，丝毫不能体现个人的自由意志，也不能对个人的后天努力作出客观的评价。因此，用身份这样一个个人无法选择、无法改变的东西来作为"分配"是否享有某一教育权利之教育机会甚至决定个人终身命运的标准，是最不合理的。对此，马克思曾嘲讽道："个体的出生和作为特定的社会地位、特定的社会职能等等的个体化的个体之间存在着直接的同一，直接的符合一致，就是一件怪事，一个奇迹了。"① 在"身份社会"，能否获得某一教育机会都是命中注定的，能否获得某一教育机会的关键是出身问题以及由此而来的身份问题，后天的任何努力都无法改变。在"身份社会"，能否获得某一教育机会的评判标准植根于先天的身份归属，身为贵族恒为贵族，身为贱民永为贱民。而"一个人若试图脱离他既定的社会位置，那就是试图使自己从这个社会中消失"。② 这种既定的社会位置也就是他的身份，他的存在就意味着某种身份。如果一个人没有了某种身份，"不仅他人无从认识他，也无从回应他，无人知道他是谁，而且就连他自己也不知道他是谁"。③ 身份恒常不变，其结果就是身份高贵的养尊处优，骄奢淫逸，无需努力却能享有教育权利，获得教育机会，它会使人躺在祖先的光环中丧失"规划未来"的雄心壮志。身份低贱者先天注定无法享有某一教育权利，获得某一教育机会，个人后天的任何努力都无法换取任何教育机会，因此，出身低贱的人往往安于现状，不思进取，乃至产生一种绝望失落情绪。这两种情况，一个是无需进取，一个是进取亦是枉然，最后都在消除教育发展的动力。总而言之，在"身份社会"，教育公正无从谈起，虽然也会不时出现一些教育平等的要求，但是类似的要求最多只是一种平

---

① 《马克思恩格斯全集》（第 3 卷），人民出版社 2002 年版，第 131 页。
② A. 麦金太尔著，龚群等译：《德性之后》，中国社会科学出版社 1995 年版，第 159 页。
③ A. 麦金太尔著，龚群等译：《德性之后》，中国社会科学出版社 1995 年版，第 156 页。

均主义的观念，而缺乏真正教育平等的理念依据，尤其是根本不可能具有现实的依据，因而不可能成为真正意义上的教育公正。

只有在现代社会中，真正意义上的教育公正才能够得以实现。在现代社会，由于物质财富的极大丰富，由于教育民主化进程的加快，由于教育平等、教育自由等理念已经成为教育的价值基础，所以，现代社会是一个以人为本位的社会，是一个人性化的社会。在现代社会，为了孩子的一切、为了一切孩子、一切为了孩子以及办好教育为人民是基本的教育价值取向，而且无数个个体人的尊严与教育权利是教育制度安排的基点。在这样的背景条件下，通过合理的教育政策设计、教育制度安排和系统的经济社会政策的实施，教育公正的基本目标就会得以大面积的实现。根据现有的事实，我们不难发现，在一个健全的现代社会中，教育公正的基本要求和规则——对于人的基本尊严和基本教育权利的保证、教育机会平等、按照"考试分数"、"能力"进行稀缺教育资源的分配以及教育补偿——就总体而言是可以兑现的。

尽管在传统社会做不到教育公正，但是仍然可以在一定程度上（有时甚至是在不小的程度上）、一定范围之内（有时甚至是较大范围之内）做到教育公平。例如，我国的科举制度标榜公平竞争，及第标准是"一切以程文定去留"，即依照考试成绩决定是否录取。"在一个我们看来特别注重私人关系的社会里，中国的科举考试却是惊人地大公无私的。每当国势鼎盛、科举制度有效施行时，总是尽一切努力消除科场中的徇私舞弊。"① 罗兹曼说："通过科举制度来选拔官府人才，是建立在非人格化的公平基础之上的，名额按地区分配，应考者的身份严格向主考官保密。……所以，这是一个具有许多'现代化'特征的体制。"② 对此，可以作这样的理解：只要一个社会的教育需要正常的运转，就需要制定一系列的教育规则，让社会成员和社会群体有章可循。诚如刘海峰所说，"为了有效地制衡人情与关系的困扰，客观公平地选拔人才，中国人发明了考试。由于考试选才让所有应试者接受同样挑战，将个人的才学和能力放在首位，能破除血统论、解脱人情困境，因而历来被视为可以客观公正地选取优秀人才的公平尺度，或称'量才尺'。"③ 而这种教育规则如果想让多数人认同的话，就必须具有某种公平性。因此，即便是在传统社会的专制制度下，仍然需要一些公平的教育规则。虽然这些公平的教育规则所造成的结果并不见得符

① 费正清著，孙瑞芹等译：《美国与中国》，商务印书馆1971年版，第41页。
② G. 罗兹曼主编，国家社会科学基金"比较现代化"课题组译：《中国的现代化》，江苏人民出版社2003年版，第171页。
③ 刘海峰：《高考存废与科举存废》，《高等教育研究》，2002年第2期，第42页。

合教育公正的要求，而且在大多数情况下其教育公平程度是有限的（制约性的教育公平规则一般不适用于皇族子弟等），但是，这些工具意义上的、中性的教育公平规则确实能够起到维护教育秩序的作用。

3. 教育公正"应然"成分多一些，而教育公平则带有更多的现实成分

由于教育公正侧重于一个社会教育的基本价值取向，侧重于社会的基本教育制度，同人们具体的日常教育生活之间有时存在着一定的距离，所以，在教育公正具体化的过程中需要借助于教育公平这一有效的、可操作化的工具。其一，在现实教育生活中，教育公平可以对某些失当的"教育公正"行为进行必要的矫正。教育基本制度与教育规则是针对大多数人和大部分教育现象而制定的，因此，对于某些具体的人或教育现象，这种教育制度与教育规则有时会出现失当或"例外"的情形。这就需要视具体教育情况、教育问题而予以矫正，即予以公平处理，以弥补普遍原则的失效部位。"法律必然都是普遍的，然而在某些场合下，法律所持的普遍道理，不能称为正确了。就是在那些必须讲普遍道理的地方，也不见得正确。因为法律针对大多数，虽然对错误无所不知。不过法律仍然是正确的，因为错误……在事物的本性之中，行为的质料就是错误的直接根源。尽管法律说了一些笼统的话，但仍遇到了与普遍道理相违背的事情，有所忽略和出现错误，那么矫正缺点就是正确。"① 正是从这个意义上，亚里士多德指出："对于不确定的事物，其准则也不确定。""正直就是公正，它之优于某种公正，并不是一般的公正，而是由于普遍而带了错误的公正。纠正法律普遍性所带来的不足，正是正直的本性。"② 其二，基于教育公正的取向，教育公平可以对某些具体的教育现象、教育问题进行"变通"处理。具体的教育问题，从表面上看似乎可以直接使用某项具体的"教育公正"规则予以处理。但是，由于现实教育生活的高度复杂性，这项具体的教育问题却是与其他大量性质迥异的教育问题有着一种高度的相关性，从而使得这项具体的教育问题就总体而言本该得到另一种"对待"。"极为相似的事情，但在不同的历史环境中出现就引起了完全不同的结果。"③ 因此，对于这一类"相似的"具体教育问题应当基于教育公正的本性予以合理变通的公平处理，使得具体的处理方式就总体而言具有一种公正的性质。同一道理，有时对于另一类某些性质"相

---

① 亚里士多德著，苗力田译：《尼各马科伦理学》，中国社会科学出版社 1999 年版，第117—118 页。

② 亚里士多德著，苗力田译：《尼各马科伦理学》，中国社会科学出版社 1999 年版，第118 页。

③ 《马克思恩格斯全集》（第 19 卷），人民出版社 1963 年版，第 131 页。

反"的教育问题也可以这样处理。

（二）教育公正与教育平等

教育公正与教育平等都是人们长期以来所追求的最为重要的教育价值目标，都是现代教育所不缺少的理念支柱。教育公正和教育平等这两个概念在不少方面是相近的。这不仅表现在教育平等是教育公正的一项重要依据，而且还表现在这两个概念的内容在不少方面是交叉、重复的，亦即在某些具体内容方面是一致的。正是由于这两个概念具有较高程度的相关性，不少人将两者误认为是一回事，因而常常把教育平等与教育公正交替使用。例如，古代的亚里士多德有时就把公正与平等作为相同概念而交替使用。"公正就是比例，不公正就是违反了比例，出现了多或少。"[①] "既然公正是平等，基于比例的平等就应是公正的。"[②]

实际上，教育公正与教育平等是两个有所差别的概念，而且，这种差别比起教育公正与教育公平之间的差别来说要大得多。这主要表现在以下几个方面：

1. 合理的教育平等，内蕴着教育公正

教育平等存在着"过度"的可能性，而教育公正则不存在"过度"的可能性，所以，合理的教育平等才具有教育公正的性质。

教育平等是现代社会当中一个极为重要的价值概念。虽然从古代开始就有许多人追求教育平等，但是，作为现代意义上的教育平等理念是基于反对传统社会的先赋性特权和等级制而产生的，是伴随着教育民主化和教育现代化进程而逐渐形成和完善的。现代意义上的教育平等理念是对个体人的独立人格与主体性的确认，它的形成是一种历史的进步。社会是由无数的个体人组成的，离开了个体人的发展，社会的发展也无从谈起。正是从社会发展的意义上，每个个体人的发展、每个个体人获得发展其潜能的机会是不可缺少的，是平等的。对于个体人因发展其潜能而贡献于社会和个体人在种属方面尊严的肯定，应具体地体现在对于个体人基本教育权利的确认。否则，如若个体人没有相同的基本教育权利，那么，个体人的生存、发展就无法得到保证，个体人的种属尊严就更是无法得以维持，教育平等也就失去了实际的意义。从这个意义上讲，个

---

① 苗力田主编：《亚里士多德全集》（第 8 卷），中国人民大学出版社 1992 年版，第 101 页。

② 苗力田主编：《亚里士多德全集》（第 8 卷），中国人民大学出版社 1992 年版，第 279 页。

体人的基本教育权利是合乎自然法的。现代教育系统承担着一项任务，即实现社会正义——让每个人都受到公正的待遇。社会正义被界定为一系列如何体现平等和公平精神的问题，这首先涉及学生，然后牵涉到教职员工、单位和部门。就学生平等而言，平等被认为包括这样一些目标：入学机会均等；入学后受到平等的待遇；学习成绩和奖励标准的公正性。这些广义上的平等概念被赋予不同的具体含义，因而产生耐人寻味的不同效果。克拉克曾说："坚持严格意义上的平等入学——即入学与否取决于个人的学业资格，而全然不顾种族、阶级、信念或党派等'外在'的因素——是一回事儿，把入学平等按人头泛泛地界定为向一切人开放大门——不重视学业标准——又是一回事儿。"① 例如，在欧洲国家，"门户开放"被赋予这样一层意义：不管是什么人，凡是达到了由中学或高等学府所规定的标准（或者两方面的标准都能达到）的，都能入学。美国的"门户开放"被赋予这样一层意义：所有人只要愿意都能自动升入高一级学校。对学生而言，正义不仅意味着平等入学，而且意味着统一全教育系统内的各种标准。"有了统一的标准，学生们就能在各地的领域内受到平等的待遇，得到价值相等的证书。……一旦入学机会扩大，人们要求入学平等和待遇平等的压力也会增加，因为各个团体把它们看作充分实现真正民主的标志。在入学机会趋于均等之后，又会出现新的要求。人们下一步会要求学生在校期间的待遇平等以及离校时的报偿平等。"②

尽管教育平等的理念至关重要，但必须看到的是，教育平等并不是现代社会唯一的价值观念支柱。教育平等必须同教育自由、教育合作等价值理念结合起来，方能起到应有的社会正向作用。道理很简单，人人不但"生而平等"，而且人人还"生而不同"，人与人之间在能力、心理和发展潜能等先天性方面是有差别的。同时，教育平等的个体人之间还必须进行有效的教育合作，否则教育难以进行正常的运转和发展，由此可见，教育平等、教育自由和教育合作这三个理念是相互补充，缺一不可的，共同构成现代意义上的教育公正的理念依据。

问题在于，教育平等、教育自由和教育合作这三个理念必须是协调的，其中任何一个理念如果过于膨胀，均会有损于另外两个理念，进而对教育发展造成有害的影响。正如过度的教育自由有损于教育健康发展所不可缺少的教育秩

---

① B.R. 克拉克著，王承绪等译：《高等教育系统》，杭州大学出版社 1994 年版，第 272 页。

② B.R. 克拉克著，王承绪等译：《高等教育系统》，杭州大学出版社 1994 年版，第 274 页。

序一样，过度的教育平等同样也会损害教育秩序，并削弱教育发展的活力，降低教育效率。尤其是，过度的教育平等会直接损害教育自由。萨托利说："平等既可以成为自由的最佳补充，也可以成为它最凶恶的敌人。平等与自由的关系是一种既爱又憎的关系，这取决于我们所要求的是与差异相适应的平等，还是在每一项差异中找出不平等来的平等。平等越是等于相同，被如此理解的平等就越能煽动起对多样化、自主精神、杰出人物、归根结底也就是对自由的厌恶。"① 因此，教育平等需要某种限制，换言之，需要某种制衡尺度。而这种制衡尺度的限制只能来自教育公正。正是在此意义上，教育平等从属于教育公正。在教育自由、教育平等和教育公正三者之关系中，教育公正是"至上"的，它影响着我们对教育自由、教育平等的看法。没有教育公正作指导，就无法避免某些错误，也无法解决某些教育问题。"在自由、平等、正义这三者之中，只有正义是无限制的好事。……没有一个社会能称得起是过于公正的……看不到或认识不到自由与平等需要限制这一点，我们就会在自由与平等问题上犯严重的错误，同时我们也会感到，自由、平等与正义之间有着不可调和的矛盾。"② 当教育公正对教育自由、教育平等的追求起着支配作用时，教育自由、教育平等就能在限定的范围内和谐地扩展到最大限度。自由主义者和平均主义者中那些错误的、极端主义的、无法解决的矛盾冲突就会消失，因为教育公正至上纠正了这些错误，解决了它们之间的矛盾，化解了它们之间的冲突。

2. 教育公正涉及的范围更为宽泛，教育平等涉及的范围更小

比较而言，教育公正所涉及的范围要更为宽泛一些，教育平等所涉及的范围则明显小得多。正是由于教育公正这一理念的内涵包含了教育平等、教育自由和教育合作几个方面内容，所以，在实际的教育生活中，教育公正自然广泛涉及了一个社会的主要教育制度、教育规范，教育规则以及教育政策等等。从这个意义上讲，教育公正是一种体系化的集合。相比之下，教育平等只是这种"体系化集合"中的一项属性、一个层面，尽管这项属性或者层面是非常重要的。

3. 教育公正倾向于认同教育现实，教育平等则存在着抵触教育现实的倾向

尽管教育公正是基本的价值理念，但由于教育公正理念是现代教育制度和

---

① G. 萨托利著，冯克利等译：《民主新论》，东方出版社 1998 年版，第 383 页。
② M. J. 艾德勒著，郗庆华等译：《六大观念》，生活·读书·新知三联书店 1998 年版，第 167 页。

教育政策最为重要的依据，因而比起教育平等理念来说，教育公正理念同现实教育的联系度还是比较密切的。在教育现代化和教育民主化条件下，如果某一社会的教育不是处于混乱和崩溃的状态，那么，教育公正往往是认可这一"常态"现实教育的基本规范、基本制度和基本秩序的。因此，在"常态教育"的现实教育生活中，或许存在着种种不尽如人意的教育现象如教育不平等现象，但对这样一种教育现实，教育公正是调适的。由于教育公正的理念同现实教育具有比较密切的相关性，因此，一个社会的教育现代化、教育民主化程度越高，这种相关性也就越明显。

教育平等则不然。教育平等是一种理想，而且是一种能为人们提供多种解释的理想。教育平等为许多社会阶层尤其是教育界的知识分子群体提供了一种几乎是可以按照多种美妙目标进行任意发挥和想象的空间。大多数社会成员更容易认同教育平等这个人类社会永恒的美好追求。但是必须看到的是，教育平等理念同现实的教育制度设计和教育政策安排在很大程度上是容易脱节的。教育平等的追求往往可以不考虑可行性、可操作性的问题，况且，有时人们在谈论教育平等时远离教育自由、教育合作等因素。因此，教育平等就其本性而言，如果任其"自由、独立"地发展，而没有别的因素相制衡，没有考虑到现实社会当中的各种变项因素的话，那么就很容易形成一种过于理想化、纯粹精神化的追求。而在这种"理想化了"的教育平等面前，含有多种不尽如人意成分的现实教育的基本秩序就很难被认同，进而造成教育平等与教育公正之间的抵触。难怪强调教育平等至上的阿瑟·奥肯也发现："权利的分配强调平等，甚至不惜以公正和自由为代价。统一地对待人们不同的能力、兴趣和爱好，至少，按某些标准来衡量便是不公正的。"① 这种不协调甚至是抵触有时会构成教育平等理念对于现实教育的激烈抨击和批判，而且这种抨击和批判几乎是没有止境的。萨托利曾说，教育平等首先突出表现为一种抗议性理想。教育平等体现并刺激着人对宿命和命运、对偶然的差异、具体的特权和不公正的权力的反抗。同时，教育平等"是我们所有理想中最不知足的一个理想。其他种种努力都有可能达到一个饱和点，但是追求平等的历程几乎没有终点，这尤其是因为，在某个方面实现的平等会在其他方面产生明显的不平等。因此，如果说存在着一个使人踏上无尽历程的理想，那就是平等。""论述平等问题的作者们在发布陈情书抨击不平等的罪恶时，都是雄辩滔滔、循循善诱的。但是他们在处理如何实现平等的理想这一问题时，其论据却日渐空洞和缺乏说服力。作为表

---

①　A. 奥肯著，王奔洲等译：《平等与效率》，华夏出版社 1999 年版，第 8 页。

示抗议的理想，平等是有感召力的，也是容易理解的；作为提出建议的理想，以及作为一种建设性理想，我认为没有什么能够像平等那样错综复杂。实际上，我们越是致力于争取更大的平等或更多的平等，我们就越有可能陷入迷津。"①

在此，需要指出的是，既然每个人以平等的受教育机会获取教育"好处"的能力（包括先天的与后天的、家庭的与文化的）原本是不平等的，因此教育资源的分配与再分配的问题永远无法彻底解决，即不平等是根本性的，平等只是理想。人们在一些方面的平等总是意味另外一些方面的不平等。贝克说："最根本的是要认识到我们的目标是幸福的平等，而且也要认识到这往往允许——事实上也需要——在其他方面存在不平等。那么，平等就不应视为是绝对的。我们的根本目的在于增进人类的幸福，而有时一种特定形式的平等并不能切实服务于这一目的。例如，如果我们不管学生的作业质量而给所有学生打了同样的分数，下了同样的评语，那么教学过程就会受到损害，每个人的利益都不会得到满足。而如果我们在学习上妨碍了普通文化课成就较好的学生的进步，那么普通文化课成就较差的学生就有可能赶上他们，我们就将严重地损害了前者的幸福，从而激起他们对后者的敌意，更不用说对我们自己了。"② 问题在于，怎样追求一些方面的平等而容忍另外一些方面的不平等呢？在基础教育阶段，教育机会的竞争激烈所导致的机会丧失是不可接受的，缺乏公正的，也是没有效率的，它使多数人因竞争失败缺乏接受教育的兴趣与动力，也使教育资源的分配对他们的发展不利。重点学校制度所导致的不同学生获取不同质量教育的教育机会是不可接受的，缺乏公正的，也是没有效率的，它把学校、学生分为不同的等级，为了选拔少数"尖子"，人为地拉大地区内、区域内学校之间的差距，加剧了基础教育领域内部资源配置的失衡，从而使多数儿童的利益受损。由于他们的教育受益的不足即教育机会的不足，他们发展某些有价值的新的能力的机会也就有限，从而社会在这些儿童的新能力的发展方面获益较少。

四、教育公正的类别

通过系统的研究和分析，可以把教育公正分为以下一些类别：③

---

① G. 萨托利著，冯克利等译：《民主新论》，东方出版社 1998 年版，第 380 页。
② C. 贝克著，戚万学等译：《优化学校教育》，华东师范大学出版社 2003 年版，第 12 页。
③ 参见苏君阳著：《公正与教育》，北京师范大学出版社 2008 年版，第三章。

（一）根本教育公正与非根本教育公正

教育公正是等利（害）交换的教育行为。那么，在人们所进行的等利（害）交换的教育行为中，什么是最根本、最重要、最主要的交换？显然是教育权利与义务的交换。霍布豪斯说："权利，无疑是一种要求权……权利，从所有者的方面看，是他所应享有的事物；义务，从承担者的方面看，就是他应给予他人的同一事物。"[①] 教育权利与义务交换是教育公正或正义的根本问题；非教育权利与义务交换则是教育公正或正义的非根本问题。诚如罗尔斯所言："正义的主要问题是社会的基本结构，或更准确地说，是社会主要制度分配基本权利和义务，决定由社会合作产生的利益之划分的方式。"[②] 即，正义原则"要求平等地分配基本的权利和义务"。准确地说，所谓根本教育公正，便是教育权利与义务相交换的教育公正，是关于教育权利与义务的教育公正；非根本教育公正，则是非教育权利与义务相交换的教育公正，是无关教育权利与义务的教育公正。反之，根本教育不公正，便是教育权利与义务相交换的教育不公正；非根本教育不公正，是无关教育权利与义务相交换的教育不公正。例如，在义务教育阶段，父母送孩子上学是履行自己的义务，是一种权利与义务的平等交换，因而是一种根本公正。黑格尔说："子女有被扶养和受教育的权利，其费用由家庭共同财产来负担。父母有要求子女为自己服务——姑且说是服务——的权利，但仅以一般性的照顾家庭为基础，并以此为限。同样，父母矫正子女任性的权利，也是受到教训和教育子女这一目的所规定的。惩罚的目的不是为了公正本身，而是带有主观的、道德的性质，就是说，对还在受本性迷乱的自由予以警戒，并把普遍物陶铸到他们的意识和意志中去。"[③] 再如，我国《义务教育法》第 11 条第 1 款规定："父母或者其他监护人必须使适龄子女或者被监护人按时入学，接受规定年限的义务教育。"反之，父母若不送孩子上学，则是不履行自己的义务，是一种教育权利与义务不平等交换的恶行，因而是一种根本教育不公正。《义务教育法》之《实施细则》第 13 条规定，父母或者其他监护人不送其适龄子女或者其他被监护入学的，以及其在校接受义务教育的适龄子女或者被监护人辍学的，在城市由市或市辖区人民政府及其教育主管部门，在农村由乡人民政府，采取措施，使其送子女或者其他被监护人入学。然而，他若送钱救助陷入困境的昔日恩人的孩子上学，则不能说是在履

---

① L. T. 霍布豪斯著，孔兆政译：《社会正义要素》，吉林人民出版社 2006 年版，第 20 页。

② J. 罗尔斯著，何怀宏等译：《正义论》，中国社会科学出版社 2001 年版，第 7 页。

③ 黑格尔著，范扬等译：《法哲学原理》，商务印书馆 2007 年版，第 187 页。

行义务，而是一种无关教育权利与义务的等利交换，因而是一种非根本教育公正。反之，他若坐视不理，也不能说是不履行义务，而是一种无关教育权利与义务的不等利交换的恶行，因而是一种非根本教育不公正。

（二）社会教育公正与个人教育公正

根本教育公正与非根本教育公正显然是以教育公正行为本身性质为根据的分类。如果不以教育公正行为者的性质为根据，那么，教育公正可分为两类。艾德勒说："正义有两大领域。一个是关于个人与他人，以及个人与有组织的社区（即国家）之间的正义。另一个领域则是关于国家与构成国家人口的人之间的正义。所谓国家，指的是政府的形式与法律和它的政治机构与经济组织。"[①] 米勒认为，社会民主主义者所持有的正义观更具"社会的"特色，而罗尔斯等人所采纳的正义观更具"个人主义的"特色。他对"分配的平等"与"社会的平等"进行了严格的区分：前者是扎根于自由主义传统的个人主义似的平等，后者则是扎根于社会主义传统的、更具整体化的或更体现共同体特征的平等；前者关注个人对平等份额资源的要求，后者关注建构正确的平等主义的社会关系；前者关注如何使个人资源份额更倾向于平等，后者关注如何保证人们在公共生活中具有平等的地位。[②] 准确地说，所谓个人教育公正，便是个人为教育行为主体的教育公正，是个人所进行的等利（害）交换行为，例如，李四以自己的努力和勤奋进入重点大学；张三以自己的不努力和不勤奋而名落孙山。而社会的教育公正则是社会为教育行为主体的教育公正，是社会所进行的等利（害）交换行为。用罗尔斯的话说，即使我们说"给每个人所应得的"，那也是指每个人都应享有公平的份额，而公平的份额则意味着这些份额大体相同，除非差额分配具有正当的理由。例如，基于教育行为、业绩 P，行为者 A 应得利益 B。在大多数情况下，A 常常是指个别的人，但也可以指一个集体。B 则一般被当作是有利于其接受者的东西：教育资源、教育机会、奖学金、荣誉、赞赏、承认，等等。P 则是在时间中延展的单个的教育行为或教育行为的过程。重要的是 P 应当在相关的意义上是 A 的业绩，也就是说，A 应当是造成 P 的原因。再如，某教育行政机构根据学校办学质量，决定是否给予学校资助以及资助多少；某大学根据考生的才能或考试分数，决定是否录取该生。反

① M. J. 艾德勒著，郗庆华等译：《六大观念》，生活·读书·新知三联书店 1998 年版，第 224 页。

② W. 金里卡著，刘莘译：《当代政治哲学》（上），上海三联书店 2004 年版，第 358 页。

之，个人教育不公正，则是行为主体为个人的教育不公正，是个人所进行的不等利（害）交换的恶行，例如，考试作弊；社会的教育不公正，则是社会为教育行为主体的教育不公正，是社会所进行的不等利（害）交换的恶行，例如，全国统一高考录取分数线的地区差异。

如果把根本教育公正与非根本教育公正两大类型、个人教育公正与社会教育公正两大类型结合起来，教育公正显然便分为个人根本教育公正、社会根本教育公正、个人非根本教育公正、社会非根本教育公正四大类型。社会根本教育公正，其实就是自亚里士多德以来的所谓"分配公正"，即社会给每个人分配教育权利与义务的公正：教育权利与义务的分配是社会教育公正的根本问题。罗尔斯说："社会正义原则的主要问题是社会的基本结构，是一种合作体系中的主要的社会制度安排。我们知道，这些原则要在这些制度中掌管权利和义务的分派，决定社会生活中利益和负担的恰当分配。"[①] 公正之所以是社会基本结构的首要德性，是因为人们的生活前景深受这些结构的特性的影响，是因为人们在这种社会结构中生长并且相互交往，是因为这些结构控制着利益分配和社会互动的负担。一些人主张——制度的不正义总是存在的，因为自然才能的分配和社会环境中的偶然因素是不正义的，这种不正义必然要在人类的制度安排中体现。罗尔斯对这些人的主张给予了回应。他说，尽管自然资质的分配无所谓正义不正义，人降生于社会的某一特殊地位也说不上不正义。这些只是自然的事实。"迄今为止我一直假定自然资质的分配是一个自然事实，没有着手改变它的企图，甚至没有去考虑这种改变。"[②] 但是，在某种程度上这种分配是必定受社会体系影响的。换句话说，制度处理这些事实的方式却有正义不正义之别。例如，贵族制等阶级社会不正义，是因为它们使出身这类偶然因素成为判断是否属于多少是封闭的和有特权的社会阶层的标准。这类社会的基本结构体现了自然中发现的各种任性因素。但是，人们没有任何必要听命于偶然因素的任意支配。社会体系并不是超越人类控制的不可改变的体制，而是人类活动的一种类型。为了改变这一状况，罗尔斯展开了用正义理论来构建制度的尝试："让我们假定一个这样的社会，这个社会是由一些个人组成的多少自足的联合体，这些人在他们的相互关系中都承认某些行为规范具有约束力，并且使自己的大部分行为都遵循它们。我们再进一步假定这些规范标志着一个旨在推进所有参加者的利益的合作体系。而且，虽然一个社会是一种对于相互利益的

---

① J. 罗尔斯著，何怀宏等译：《正义论》，中国社会科学出版社 2001 年版，第 54 页。

② J. 罗尔斯著，何怀宏等译：《正义论》，中国社会科学出版社 2001 年版，第 107 页。

合作的冒险形式，它却不仅具有一种利益一致的典型特征，而且也具有一种利益冲突的典型特征。由于社会合作，存在着一种利益的一致，它使所有人有可能过一种比他们仅靠自己的努力独自生存所过的生活更好的生活；由于这些人对由他们协力产生的较大利益怎样分配并不是无动于衷的（因为为了追求他们的目的，他们每个人都更喜欢较大的份额而非较小的份额），这样就产生了一种利益的冲突，就需要一系列原则来指导在各种不同的决定利益分配的社会安排之间进行选择，达到一种有关恰当的分配份额的契约。这些所需要的原则就是社会正义的原则，它们提供了一种在社会的基本制度中分配权利和义务的办法，确定了社会合作的利益和负担的适当分配。"① 从某种意义上讲，一个正义的社会是这样的社会：其制度被安排成使人们能够得到他们应得的利益和应得的权利。就教育世界而言，广义层面上的教育，是社会整体秩序和个体前景之间的调节器。"在一个既定的社会秩序里面，一个人做得如何，甚至成为什么类型的人，都会受到其所接受的教育类型的影响。反过来，教育又将深受社会秩序的特性的影响。设想，如果政府推行义务教育并要求居民支付教育税，那么许多人将面临与没有这种教育和税收时不同的生活前景；如果政府要求学校教育给儿童灌输一种受偏爱的宗教观念而不是要求学校去培养个人的自主能力，或者促进一种快乐享受的伦理观，那么许多人将面临着不同的前景，生活也会不同。"② 换句话说，教育制度决定了人们的生活前景。因此，教育平等是社会根本教育公正的一个强制性原则，涉及每一个体与其他个体的相对处境。"更具社会特征的平等观经常关涉这样一个观念：存在着不同的'正义'域。例如，按照沃尔泽的说法，其中一个正义域涉及可在市场中进行交换的金钱和商品。能够在市场中得到的商品和服务应该按照人们的支付能力进行分配，而沃尔泽认为，试图消除人们在支付能力方面的被动不平等，既不可能又不必要。要紧的是，这些不可避免的基于市场交换的不平等不要跨越这个正义域的边界而污染其他的正义域，如民主的公民资格、教育、保健、公共荣誉——分配这些领域的益品不应该依据人们的支付能力。人们在收入与消费能力方面的被动不平等是被允许的，但不能允许人们通过市场的不平等来购买政治影响力、基本的公共服务或公众认同，如果这样做就会摧毁公共领域的平等。"③ 反之，社会非根本教育公正则是社会所进行的无关教育权利与义务分配的教育公

---

① J. 罗尔斯著，何怀宏等译：《正义论》，中国社会科学出版社 2001 年版，第 4—5 页。

② R. Curren 主编，彭正梅等译：《教育哲学指南》，华东师范大学出版社 2011 年版，第606 页。

③ W. 金里卡著，刘莘译：《当代政治哲学》（上），上海三联书店 2004 年版，第 359 页。

正。相应地，个人根本教育公正，则是个人所进行的教育权利与义务相交换的教育公正，也就是个人行使教育权利与履行义务的教育公正：行使教育权利与履行教育义务是个人教育公正的根本问题。反之，个人非根本教育公正是个人所进行的无关行使教育权利与履行义务的教育公正。

（三）教育系统外部公正与教育系统内部公正

教育公正与社会公正不同，社会公正主要关注的是财产、资源分配上的正当性与合法性，而教育公正不仅要关注教育资源、教育权利的分配问题，更要关注人的发展问题，即成长、成才与成人的问题。诚如蒂利希所说："正义概念所包含的全部意义，尤其是各种形式的平等和自由，都不外是如下命令的应用：把每一个潜在的人视为人。"[①] 在此意义上，教育公正主要包括两大类别：一是教育系统外部公正，二是教育系统内部公正。

1. 教育系统外部公正

教育系统外部公正，意指在教育资源分配过程中，给予人应得而不给予人不应得的行为。康奈尔说："公正不可能以给所有社会群体的儿童分配同样份额的被当作标准的商品来达到。教育是一个通过各种关系而发挥作用的过程，这些关系本质上不能被中立化而允许均等分配社会商品。那种'商品'（即学校提供的服务）对不同社会和文化背景的儿童，对统治阶级和工人阶级的儿童，对不同民族出生的儿童，意味着不同的东西。例如因性别或民族背景，被置于不同社会地位的儿童在教育的社会过程中可能被置于不同的位置。"[②] 教育系统外部公正是由社会整体公正水平的高低而决定的一种教育资源分配上的公正，教育系统外部公正就是通过与政治、经济以及文化之间的不同型构中体现出来的一种资源分配关系。更准确地说，教育系统外部公正是指由一定社会的政治、经济以及文化制度所决定的受教育权利分配所达到的正当的、合理的状态。葛德文说："有某些机会和某种处境是对一切人都最有利的，在一般经济情况所能允许的范围内尽量使一切人获得这些机会和这种处境乃是正当的。"[③] 在教育系统外部公正实现的过程中，一个社会的政治、经济以及文化等制度形式都会对其产生重大影响。换句话说，当我们说教育系统外部公正与一个社会如何把教育资源分配给个人的方式有关时，我们千万不能过于从字面上来理解

① Paul Tillich，*Morality and Beyond*. New York：Harper and Row，1963，p. 38.

② R. W. 康奈尔著，李复新等译：《教育、社会公正与知识》，《华东师范大学学报》（教育科学版），1997 年第 2 期，第 63 页。

③ W. 葛德文著，何慕李译：《政治正义论》（第 1 卷），商务印书馆 1997 年版，第 99 页。

"分配"。具体说来，我们切不可认为存在把教育资源定额地分配给人们的某些核心机构。毋宁说，我们所关心的是一定社会的政治、经济以及文化制度和教育实践结合在一起影响不同人们享用可获得的教育资源的方式。即，我们所关心的是罗尔斯所谓"社会的基本结构"的分配效应。贝拉也特别关注"社会的基本结构"的分配效应问题，他说："公正就是每个人都有追求自己心目中的幸福的均等机会。机会的均等是由公平的法律和政治程序，即以同等方式应用于每一个人的法律和政治程序来保障的。……但是，正像现在令人痛苦地变得明显起来的那样，在僧多粥少的情况下，平等的机会足以确保公正吗？还有那些处于不利社会地位的人，公平的赛跑对他们没有用，因为他们还在远离起跑线的时候就被甩下来了，他们怎么办？我们的社会已试图建立一种起码的水平，不允许让任何人降到这个水平以下。但是我们还没有有效地考虑怎样才能使被剥夺者更积极地进入职业的和公共的生活。我们也还没有考虑，给相对少数的人以过度的奖赏，是否有益于我们社会的健康。我们必须对分配上的公正达成一致的认识，即确保经济资源能够合理地进行分配，而分配上的公正又必须建立在实质上公正的社会的观念基础上。不幸的是，我们现有的道德传统远不能像帮助我们思考程序上的公正那样，为我们提供分配上的公正的思想方法；至于实质上的公正，那就更少了。"[1] 因此，教育系统外部公正就其实质而言是一种社会教育公正。例如，社会领域的"择优原则"常常被理解成一个进步主义的理想，它是用来批判建立在靠继承、血统等得到地位和特权的基础上的社会制度：与旧制度相对的是让才能发挥得淋漓尽致。择优原则是与这样一种广泛的信念相符合的，基于他们的能力以及努力工作的程度，人们应得不平等的收入。亨利说："提倡精英主义不是为了助长嫉妒，或是使社会上更多的人沦为输家。提倡精英主义是为了充分奖励成功的人，大力提倡曾经导致社会进步并可能有助于今后进步的种种思想，从而使整个社会获得成功，亦即，社会所有成员可以更富裕，更有知识，身体更健壮，劳动生产率更高。在这样一种社会制度下，不乏个人升迁的机会。这恰恰符合社会整体进步的思想。如果整个社会秩序的各部分都以同样的幅度上升，任何社会成员就无法挣脱自己所处的阶层，人们也就失去了竞争的动力；美国社会的历史正是与此恰恰相反的。总体来讲，美国的历史就是一部少数族群，尤其是其中的优秀成员不断改

---

[1] R. N. 贝拉等著，周穗明等译：《心灵的习性》，中国社会科学出版社 2011 年版，第 31 页。

善自己境况的历史。这一行之有效的制度提供了几乎是公认的社会正义。"① 不过，除了社会领域的"择优原则"外，在教育资源分配的过程中，地域差别、个人教育支付能力以及公共政策的价值取向等方面都会对教育系统外部公正产生重大影响。尽管如此，教育领域中的"择优原则"并不是没有任何问题的，布尔迪厄即对其提出了强烈的质疑。布尔迪厄认为，仅仅根据考试成绩高低或"择优原则"分配教育资源或教育机会是不公平的。因为，让文化资本、社会资本根本不同的人参加共同的考试，并接受同样的评分标准，掩盖了文化资本、社会资本以及特权在取得优异成绩中的作用。特权阶级借助可称之为能力神授论的思想，把它们的成功归结为"恩泽"、"天资"，或者把它们的成功说成是"被现实化了的天资"，从而使它们的文化特权合法化。这些特权使社会性继承转化为个人的恩泽或功绩，结果是经过如此伪装的"阶级种族主义"可以招摇过市而永不显出原形。如果承认教育系统的主要用户是特权阶级，那么一旦揭掉文化特权的面纱，我们就驳斥了特权阶级以成功论个人天资时所使用的辩护理论。"天资论的主要基础是看不见教育和文化面前的社会不平等。对大学学习的成功和社会出身之间关系的简单描述具有危险性，因为所有这一切都使大学生根据能力神授论判断自己的成绩。下层阶级出身的大学生，把他们的所做视为他们的存在的简单产品，而根据只有助于预卜实现的预卜逻辑对自己社会命运的预感，只能增加失败的机会。因此，隐藏在能力神授论中的本质主义使社会决定论的作用成倍增加：因为学校中的失败不被视为与一定的社会环境有关，比如家庭环境中的智育氛围、家庭所用语言的结构或家庭所支持的学校和文化的态度等，所以它自然应该归咎于天资的缺乏。实际上，出身于下层阶级的儿童正是这些本质定义所选定的和批准的牺牲品，而那些笨拙的教师就把人封锁在这些定义之中。"为此，布尔迪厄特别举例进行具体的阐述。他说，当一个学生的母亲当作自己孩子的面说——"他法文不好"的时候，她无疑在以下三个方面成为不良影响的共谋：首先，她不知道儿子的学习成绩直接与家庭的文化氛围有关，把只是一种教育产品的东西，而且是还可以通过教育行动至少加以部分纠正的东西，变成了一个人的命运；其次，她缺乏有关学校事物的信息，有时不知用什么来反对教师的权威，从一个简单的学习成绩中得出了过早的和最后的结论；第三，她同意这种判断，从而使儿童加重了天生如此的感觉。这样，学校的具有合法化作用的权威可以加重社会方面的不平等。因为，处于最不利地位的阶级对自己的命运过于觉悟，对于实现命运的途径又

① W. A. 亨利著，胡利平译：《为精英主义辩护》，译林出版社 2000 年版，第 24 页。

过于不觉悟，从而促进了自己命运的实现。①

教育公正与制度上的关联，主要是通过教育权利与义务相交换来实现的。慈继伟说："作为交换，个人必须无条件地遵守社会的正义规范，把'正义'理解为无条件的命令和德行。一如社会契约论理念所描述的，随着这一变化，个人之间的相互性关系变成了个人与社会之间的相互性关系，相互性概念表达的也不再是个人之间的交换关系，而是个人与国家之间的交换关系。"② 个人与国家的这种"交换"关系完全符合公正秉性的逻辑。个人之所以愿意无条件地遵守公正规范，是因为公正的条件性已经受到了国家的保障。在此前提下，个人行为的无条件性与个人动机的有条件性并行不悖。众所周知，公正本身具有交换性与相互性特点，教育公正亦是如此。不过教育公正与（其他的）社会公正不同，社会公正主要是指在分配领域中所表现出来的一种价格或价值上的公正，而教育公正主要是指国家与受教育者之间相互作用的层面上所表现出来的一种权利分配上的公正，亦即受教育权利分配上的公正。正如沃尔泽所说："教学职位、学生位子、学校的当局、打分和升级、不同种类和不同层次的知识——所有这些都得进行分配，而其分配模式不能简单地照搬经济和政治秩序的模式，因为所争论的是不同的物品。当然，教育总是支持某种特定的成人生活方式，而且，从学校到社会的呼吁，从一种教育正义观念到一种社会正义观念的呼吁，常常是合法的。但在发出这种呼吁时，我们必须同时关注学校的特殊性质，一般的教师—学生关系、学术领域。相对自治是一种功能，关涉教育过程是什么，关涉一旦它不再是直接的和不可调节的，它所包括的社会物品是什么。"③ 一个人能否拥有受教育权利以及拥有什么样的受教育权利，不仅决定着他的现实发展水平，而且还决定着他的未来生存与发展状况。教育分配给个人的不仅是他们未来，而且也包括他们的现在。一个人享有的受教育权利状况，通常与国家教育权支配下所构成的分配体系有关。由于国家教育权与公民受教育权的信息基础都不充分，都具有不确定性和不可衡量性的特点，因此，必须在教育权利的分配与交换活动之间寻找一种权威性的代理机构，即国家。诚如米勒所说："无疑，国家是首要的分配机构，其政策和实践促成了社会正义和不正义。"④ 正因为如此，一些学者主张为推进经济社会的发展，国家的职能不是减少而应加强。威尔说："美国迫切地需要一种真正的保守主义，一种

---

① P. 布尔迪厄等著，邢克超译：《继承人》，商务印书馆 2004 年版，第 93—94 页。

② 慈继伟著：《正义的两面》，生活·读书·新知三联书店 2001 年版，第 26 页。

③ M. 沃尔泽著，褚松燕译：《正义诸领域》，译林出版社 2002 年版，第 262—263 页。

④ D. 米勒著，应奇译：《社会正义原则》，江苏人民出版社 2005 年版，第 13 页。

以关切培养至善的人和人的至善品性为特征的保守主义。它应当重新评价使人崇高的政府功能。它应当抗论如下一种自由主义学说：关于生活的一个重要维度——'内在生活'政府应当少管，比近来所管的要少，比大多数政治哲学家审慎地思考过的要少。""'政治哲学'从事'政体'研究，而政体远非仅止于政府制度。……民主政府必须既是其公民的仆人，又是其导师，因为公民的权利和义务是一个心灵的国家。"① 不过，社会民主主义者对国家维护或保证教育公正持怀疑态度。例如，社会民主主义者尽管同意自由主义的平等主义者的立论——不应得的不平等是不公平的，但是他们却不相信国家有能力识别是什么原因造成了教育世界日益增加的不公正、不平等，也不相信国家有能力对这些不公正、不平等进行弥补。"试图直接向这些不平等宣战是徒劳无功的。国家所能做的，就是试图把这些不公正的不平等的社会影响，减少到最低的程度。国家可以试图保证，这些不公正的不平等只对人们的私人生活发生影响——譬如，只影响人们的私人消费或闲暇，而不会摧毁社会的平等。"② 因此，社会民主的平等是一种后退的立场。即，如果我们不能实现分配正义，我们就至少应该对社会的平等进行保护。

国家作为权利代理机构的存在，使得权利交换的关系发生了转变，由原来意义上的个体权利交换关系逐渐地演变为一种个人与国家之间在权利与义务规定中所表现出来的法律关系。即，个人要向国家尽到个人应尽的义务，而国家则应向个体提供个人应该享有的权利。为了避免国家、个人不能够履行正当的权利与义务要求，违背公正宗旨，就需要对国家、公民的权利与义务进行公开的约束与保护，就需要制定一系列法律、制度以明确个人、社会、国家的职责。正如慈继伟所说："作为制度，正义的实践性必须是无条件的，否则正义就无法起到保障稳定的道德秩序和利益交换的作用。为了创造这一无条件性，国家必须诉诸法律，垄断维护正义的相互性权力，使个人既无必要亦无可能进行干预。与此同时，作为交换的条件，个人必须无条件地履行正义的义务，不论别人是否也这样做。"③ 可见，国家教育权利与公民受教育权利的交换不可能在个体之间发生，权利享有的公正性最终是通过教育法律、教育制度来体现的。"在力图克服正义的条件性时，社会必须采用诱导或妥协的方式，通过制度的形式变相地表达、实现、尊重这一条件性。只有这样，正义制度的无条件

① S. 鲍尔斯等著，韩水法译：《民主和资本主义》，商务印书馆 2003 年版，第 250－251 页。

② W. 金里卡著，刘莘译：《当代政治哲学》（上），上海三联书店 2004 年版，第 362 页。

③ 慈继伟著：《正义的两面》，生活·读书·新知三联书店 2001 年版，第 37 页。

性才能与正义动机的有条件性相反相成。"① 实际上，教育法律、教育制度执行的是一种公共意志，而不是私人意志，它通过对受教育权利与利益分配关系的调整，形成了对学校、家庭以及社会等公共行为的普遍的、共同遵守的要求。此种要求体现的是整体意义上的教育公正，在某种程度上它是以牺牲个体意义上的教育公正为代价的。当然，没有其他制度和（教育）机构的合作，国家本身在很大程度上是虚弱无力的。如果我们真正关心教育系统外部公正，就需要把教育系统外部公正原则应用到个别或者整体地贯穿于整个教育领域分配后果的教育制度上。以大学入学为例，有许多准自主的教育机构，其中每一个都产生着利益（入学机会的提供）的分配，而它本身又是许多小规模决策的总结果。尽管从教育公正角度看，这一总结果是重要的，但这并不只是因为高等教育本身就是一种利益，而且是因为谁能够获得这种教育从长远来看将会决定对许多其他利益的分配。因此，根据教育公正来评价入学程序是合规则的。虽然这类实践只会直接地影响一小批人，它们仍然需要被看作具有可量化的社会后果的广泛的实践的一部分。诚如米勒所说："'社会基本结构'必须把这类个别影响虽然相当局部，但合在一起就会产生社会后果的实践和机构都包括在内。"②

2. 教育系统内部公正

教育系统内部公正，意指应该成为而使其成为，不应该成为而不使其成为的一种行为。万俊人说："随着人类社会的进化与发展，正义的观念逐渐地与人们的道德职责、法制观念等相互渗透，使它'不仅适用于客体的交换'，而且'逐渐延伸到人与人之间的相互交往'。"③ 教育系统内部公正与外部公正之间存在着差别。教育系统外部公正，无论是作为权利、还是利益，都是指一种分配上的公正，它主要考虑权利与利益是如何在整个社会不同群体、组织以及个人之间进行正当性分配的，而教育系统内部公正是一种个体发展上的公正，它主要受各得所需原则的支配，体现的是教育系统内部的权利交换关系。萨托利说："个人公正是受 suum cuique tribuere（各取其所应得）这一原则支配的：公平对待，务使每一个人都能得到他应得的或有权得到的东西。"④ 教育的根本目的在于使人成为人，这里的人不是指别人，而是指他自己。每一个人出生以后，作为父母而言都会给予他一种先天的特质。作为个体的人，有着自然资质

---

① 慈继伟著：《正义的两面》，生活·读书·新知三联书店 2001 年版，第 178 页。

② D. 米勒著，应奇译：《社会正义原则》，江苏人民出版社 2005 年版，第 14 页。

③ 万俊人著：《现代西方伦理学史》（上卷），北京大学出版社 1990 年版，第 214—215 页。

④ G. 萨托利著，冯克利等译：《民主新论》，东方出版社 1998 年版，第 382—383 页。

的差异并关系到教育资源的最初分配。而这种先天的特质决定了他与别人应该遵循不同的发展轨迹、不同的发展路径。布尔迪厄认为，在法国，教师的子女更多地集中在高等师范学校，高级公务员的子女更多地集中在国家行政学院，工商界老板的子女更多地集中在高等商学院。在大多数情况下，"学生们总是先倾向于某一所学校，而作为他们目标的学校向学生要求和灌输的（美学、伦理学和政治学方面的）习性，一般都与他们出身的家庭反复灌输的习性最为接近，与这所学校将使他们通达的权力场域中的位置所要求的和强化的习性也最为接近"。① 教育的主要功用与含义在于根据个人先天素质的不同，遵循个体成长发展的需要，使他所具有的资质与潜能得以充分发掘出来。沃尔泽说："教育领域关键的分配问题是在不破坏孩子们的特性、他们的社会特性和遗传特性的前提下，使他们成为学习上的平民。"② 换句话说，教育系统内部资源的分配必然要受到自然资质的制约，"资源的最初分配就总是受到自然和社会偶然因素的强烈影响。比方说，现存的收入和财富分配方式就是自然的资质（自然禀赋，即自然的才干和能力）的先前分配累积的结果，这些自然禀赋或得到发展，或不能实现，它们的运用受到社会环境以及诸如好运和厄运这类偶然因素的有利或不利的影响"。③ 尽管教育系统内部资源的分配受到自然资质的制约，但这并不意味着教育内部不公正。诚如艾德勒所说："在个人的平等与不平等上，不论是先天的还是后天的，都不存在正义与不正义的问题，因为它只是一个事实。"④ 同时，在教育系统内部，一个人是否具有无限制的教育自由、行动自由？或者说，是否应在不伤害他人、不剥夺他人的教育自由、不使他人因教育不平等而产生严重的被剥夺感的情况下，拥有他所使用的最大限度的教育自由、行动自由呢？显然，在教育系统内，一个人不应该拥有比他所能够公正行施的更多的教育自由，一个人只应拥有教育公正所允许的最大限度的教育自由，并不得超过。另一方面，在教育系统内部，是否又应该尽力达到一种人人都有，但程度上有所不同的条件平等？教育系统内部应否无限制地扩大这种条件平等，即使那样会造成对个人教育自由、行动自由的严重剥夺？教育系统内部应否忽略，人不论在天赋上还是在才能上都是既平等又不平等的？教育系统内部应不应该忽略，根据每个人的特点进行因材施教？面对这些问题，艾德勒

---

① P. 布尔迪厄著，杨亚平译：《国家精英》，商务印书馆 2004 年版，第 233 页。

② M. 沃尔泽著，褚松燕译：《正义诸领域》，译林出版社 2002 年版，第 287 页。

③ J. 罗尔斯著，何怀宏等译：《正义论》，中国社会科学出版社 2001 年版，第 72—73 页。

④ M. J. 艾德勒著，郗庆华等译：《六大观念》，生活·读书·新知三联书店 1998 年版，第 194 页。

的论述帮助我们回答了如何求得教育系统内部的公正。他说："一个社会，应该在正义所要求的限度内达到最大的平等。这个限度不能超越，超越了就是不正当。正如不能超越正义所允许的自由那样，超越了，就是不正当地行施被允许的自由。"①

教育系统内部的公正尤其关注的交往上的公正，即教师如何根据学生的特质以及学生如何根据教师的教学风格在交互主体的意义上实现教育教学过程中互动性影响，最终使学生发展成为其所应该成为的人的过程。罗尔斯说："假定有一种自然禀赋的分配，那些处在才干和能力的同一水平上、有着使用它们的同样愿望的人，应当有同样的成功前景，不管他们在社会体系中的最初地位是什么，亦即不管他们生来是属于什么样的收入阶层。在社会的所有部分，对每个具有相似动机和禀赋的人来说，都应当有大致平等的教育和成就前景。那些具有同样能力和志向的人的期望，不应当受到他们的社会出身的影响。"② 教育系统内部权利的交换，并不是在狭义的制度意义上建构起来的。教育系统内部权利的交换主要靠教育习俗、教育传统乃至教育理念的规约，因此，教育系统内部公正的标准是多元的、而不是单一的；是开放的，而不是封闭的。沃尔泽说："正义原则本身在形式上就是多元的；社会不同善应当基于不同的理由、依据不同的程序、通过不同的机构来分配；并且，所有这些不同都来自对社会诸善本身的不同理解——历史和文化特殊主义的必然产物。"③ 尽管教育系统内部的公正原则是多元的，但是在不同领域中教育系统内部公正比较的标准可以进行转化。人之所以为人，就在于人的尊严、人的品格。杜威说："教育乃是一个抚养、培育和教养的过程。所有这些词都意味着教育含有注意成长条件的意思。"④ 教育作为一种成长、成才、成人的教育，如果违背了人的尊严，这本身就是不公正的。在教育系统内部各个不同领域之间可以相互比较的公正性的标准就是"对人的尊重"，进一步说就是对学生的尊重。埃默森说："尊重儿童。不要过分摆起家长的架子。不要侵犯儿童的孤单生活。但是对于这个建议，我却听到有人叫嚷：你真要放弃公私训练的缰绳吗？你要让儿童去过他自己激情和奇想的狂妄生涯，把这种无政府状态称为尊重儿童的天性吗？我回答说，尊重儿童，尊重他到底，但是也要尊重你自己。……关于儿童训练，有两

---

① M. J. 艾德勒著，郗庆华等译：《六大观念》，生活·读书·新知三联书店1998年版，第169页。
② J. 罗尔斯著，何怀宏等译：《正义论》，中国社会科学出版社2001年版，第73页。
③ M. 沃尔泽著，褚松燕译：《正义诸领域》，译林出版社2002年版，第4—5页。
④ J. 杜威著，王承绪译：《民主主义与教育》，人民教育出版社2005年版，第16页。

点要注意：保存儿童的天性，除了儿童的天性以外，别的都要通过锻炼搞掉；保存儿童的天性，但是阻止他扰乱、干蠢事和胡闹；保存儿童的天性，并且正是按照它所指出的方向，用知识把儿童天性武装起来。"① 教育系统内部公正的基本原则无疑是"不伤害人"。不仅不伤害他的肉体，而且不伤害他的自尊。说到底，教育不公正损害的是人的自尊。教育资源和教育利益的不公平分配之所以能对人造成伤害，首先是因为它会伤害人的自尊。与此相应，教育系统内部公正的首要目的是维护人的自尊，而不仅仅是公平地分配教育资源和教育利益。诚如卡斯伯格所说："社会中对正义的要求，是植根于我们的精神本能之中的，其程度就如同我们的思想对逻辑关系的诉求一样强烈。"②

教育公正是借助教育系统外部公正与教育系统内部公正的整合，以对人的发展和社会发展起积极促进作用的一种正当性的教育资源分配关系。"对教育资源的分配就不仅仅或不一定主要根据它们将产生的在培养能力方面的效果来估价，而是也根据它们在丰富公民（在此包括较不利者）的个人和社会生活方面的价值来估价。随着一个社会的进步，后一种考虑变得越来越重要了。"③ 当然，只有树立公正至上的立场，进行公正教育，才能培养人们用行动捍卫公正、教育公正。伯林说："存在着客观、永恒且普遍的道德与社会价值，不受历史变迁的影响，任何一个理性之人的心灵只要选择正视它们便可以接近它们。不过，理解某人自己时代或其他任何时代的人的这种可能性，以及人类不同部分之间交流的可能性，依赖于某些共享价值的存在，而不仅仅依赖于共有一个'事实的'世界。后者是人类交往的必要的但不是充分的条件。那些与外在世界隔绝的人被描绘为反常的，或者在某种极端的场合，被描述为神经错乱的。同样的情况——这正是问题症结之所在——也适用于那些远离共享的公共价值世界的人。"④ 只有进行公正教育才有可能重建道德教育的坚强核心，这种教育必须以不因循守旧和摒弃不公正行为的公民文化为前提，并对每个人进行积极的公民权利与义务的教育，使仅仅是授予的普通公民资格变成参与的责任。也正是通过掌握抽象的公正概念（公正，机会均等，有责任的自由，尊重他人，保护弱者，尊重差别）才能培养习惯于采取具体行动促进社会正义和捍卫民主价值的思想态度。

① J. 杜威著，王承绪译：《民主主义与教育》，人民教育出版社 2005 年版，第 61 页。

② E. 博登海默著，邓正来译：《法理学》，中国政法大学出版社 2004 年版，第 176 页。

③ J. 罗尔斯著，何怀宏等译：《正义论》，中国社会科学出版社 2001 年版，第 107 页。

④ I. 伯林著，胡传胜译：《自由论》，译林出版社 2003 年版，第 27—28 页。

（四）教育制度公正

仅仅培养一种等利（害）交换的善的教育行为，具备一种等利（害）交换的善行，其本身并不足以使教育公正或正义处于支配地位。推行教育公正的善意乃至善行，还必须通过旨在实现教育公正目标的实际措施和制度性手段来加以实施。布伦特曾将正义的精神成分与制度成分有机地结合在一起。他说："无论是他还是它只要给每个人以应得的东西，那么该人或该物就是正义的；一种态度、一种制度、一部法律、一种关系，只要能使每个人获得其应得的东西，那么它就是正义的。"① 即，由于教育公正或正义概念关系到教育权利、教育要求和教育义务，所以它与教育法律、教育制度观念有着紧密的联系。亚里士多德关于分配正义与矫正正义的范畴，为各人应得的归于各人的原则在政治行动、社会行动和教育行动中进行检验指出了主要的检验场域。分配正义关注的主要是在社会成员或群体成员之间进行权利、权力、义务和责任配置的问题。分配正义观念的具体运用尽管是不同的，但隐于其间的一般性原则是：就人与人之间的相互关系而言，人们应当得到一种平等或不平等的相对地位。霍布豪斯说："正义是指建立于共同善之上的规则的公平适用。认为这种规则是正义的，而不仅仅是善的，理由就在于它的公平，即平等的一种形式。"② 因此，正义的法律制度，就是对自由的限制应当均等分配，就是对公民的一视同仁。波普尔说："当我们言及'正义'时，我们究竟意指什么？……该问题可能意味着诸如此类的东西：（a）公民的责任，也即社会生活中所必需的对自由的那些限制，应当均等分配；（b）在法律面前所有公民一视同仁；由此自然有了（c）法律既不偏袒也不歧视任何单个公民或集团或阶级；（d）正义法庭的公正无偏见；以及（e）国家的全体成员给其公民提供的利益（不光是负担）的均等分配。"③ 就教育制度而言，正义的教育法律、教育制度就是对相同情形给以一视同仁的待遇的教育法律、教育制度，"一个城邦中的教育制度……对所有公民一视同仁"（亚里士多德语）。反之，不正义的教育法律、教育制度则会在毫无根据的情形下就以不平等的方式分配教育权利和教育义务。尽管没有一种教育制度能够做到"一视同仁"，但是，"它确定了民主国家的学校政策"。④ 只不过，分配正义在实施过程中仍无法回避一些尖锐的问题。例如，在

① E. 博登海默著，邓正来译：《法理学》，中国政法大学出版社 2004 年版，第 278 页。
② L. T. 霍布豪斯著，孔兆政译：《社会正义要素》，吉林人民出版社 2006 年版，第 80 页。
③ K. 波普尔著，陆衡等译：《开放社会及其敌人》（第 1 卷），中国社会科学出版社 1999 年版，第 175－176 页。
④ M. 沃尔泽著，褚松燕译：《正义诸领域》，译林出版社 2002 年版，第 269 页。

中小学校和大专院校中，分配正义的问题也会因评分制度的公平性和分配奖学金的确当性等诸如此类的事情而变得颇为复杂与尖锐。而当一个分配正义的教育制度规范被一个社会成员违反时，矫正正义便开始发挥作用，因为在这种情况下，要求对过失作出赔偿或剥夺一方当事人的不当得利，就成为势在必行了。在亚里士多德那儿，正义还被用来特指一个人对另一个人所采取的违法的和不公平的行为。他认为，不正义这一术语，被认为既适用于违反法律的人，也适用于占有了比他应得的东西多的人，亦即不公平的人。"不公正分为两类，一是违法，一是不平，而公正则是守法和公平。……违法就是不公正。"① 因而，奉公守法的人和公平的人都是正义的，"守法和公平的人是公正的，而违法和不公的人是不公正的"。②

从教育制度的产生和历史发展来看，教育制度的历史就是"观念的历史"。涂尔干认为，观念和感情是任何制度的核心元素，法国也不例外。研究法国教育史必须"将这种制度的起源追溯到（产生它的）道德力量上"，追溯到"决定（制度的）取向的充满生命力的精神上去"。③ 教育史的主题即是"精神的演变"，因为"正是社会良知的……深度产生了其他一切事物"。因此，教育制度史即是从精神到"明确的形式"与"有形的结果"的转变过程。④ 从涂尔干的思考可以看出，任何教育制度都体现了一定的道德关涉。一般而言，教育制度的本义是"公正"或"正义"，是对坚守合宜的事物或教育行为的伦理要求，其在抽象意义上是最基本、最重要的道德规范。葛德文认为："公正的政治法令不过是从道德规范中精选出来的一部分。"⑤ 一个公正的教育制度中的正确的政治理论，以一种教育正义理论为前提，这种理论解释着道德情操在何种程度上影响公共教育事务的行为。如果教育制度失却了正义理论的"关照"和"牵引"，无疑会影响人们对教育制度本身的信仰和认可。"制度是由共同的规则体系规定的人们行为的方式，人们占据着由公共规则体系规定着的那些公职和职位，这本身在正常情况下就表现出一定的意图和目标。社会安排的正义或非正

---

① 亚里士多德著，苗力田译：《尼各马科伦理学》，中国社会科学出版社 1999 年版，第 99 页。
② 亚里士多德著，苗力田译：《尼各马科伦理学》，中国社会科学出版社 1999 年版，第 98 页。
③ J.C. 亚历山大著，夏光等译：《社会学的理论逻辑》（第 2 卷），商务印书馆 2008 年版，第 367 页。
④ J.C. 亚历山大著，夏光等译：《社会学的理论逻辑》（第 2 卷），商务印书馆 2008 年版，第 367 页。
⑤ W. 葛德文著，何慕李译：《政治正义论》（第 1 卷），商务印书馆 1997 年版，第 82 页。

义和人们关于这些问题的信念深刻地影响着社会情感，它们在相当大的程度上决定着我们怎样看待另一个人的接受或拒绝一种制度的观点，决定着我们怎样看待他的试图改革或捍卫该制度的努力。"① 教育制度规范是许多因素相互作用的结果，在这些因素中，每一种力量——正义感、功利的信念、习惯的力量——都具有重要地位。即使教育公正或正义不是我们所有教育制度规范的基础，它也是决定教育交往中相互义务和权利之重要教育制度规范体系的基础。可见，强权教育制度尤其是教育法律制度的出现，最初是要在维护教育共同体秩序这一现象层面之下，维护作为教育共同体存在灵魂的最基本道德精神价值。教育制度不仅调节各种教育关系，而且在各种教育关系中充分体现了教育公正或正义、教育自由、教育平等、教育效益等最基本的价值精神。现实教育生活告诉人们：凡是优良的具有约束力的教育制度都体现了基本的道德精神，闪耀着教育公平、教育正义、教育利益、教育秩序、教育自由、教育平等的神圣光芒。摒弃道德精神、文化温存、心性体贴和终极关怀的教育制度是没有生命力的、是没有效力的。"不管法律及其产生环境如何，必须使法律给人们带来好处，并为大多数社会成员造福。理性不承认一切缺乏这些特点的法律，这种法律也完全不值得有理性的人服从它。法律不能保障人们的权利，就是暴政和暴力的后果，对于暴政和暴力，社会总是有权加以抗拒的。"② 也就是说，这样的教育制度只有教育制度的外壳而没有感人的力量，只有一时的强制力而没有持久的生命力，只是冷酷的理性规则、管制利器和牟利工具而游离了民众情感、疏离了生活世界、偏离了日常伦理。难怪阿伦指出："与一个社会的正当观念或实际要求相抵触的法律，很可能会因为人们对它们的消极抵制以及在对它们进行长期监督和约束方面所具有的困难而丧失其效力。"③

教育制度公正意味着每一位家长、每一个教师、每一个管理者以及学校共同体的每一位其他成员，都必须受到同样平等、尊严和公平比赛（规则）的对待，"公正不仅意味着执行公正，还意味着所有的人都能看到公正得以执行"。④ 教育制度公正意味着对儿童人格平等的尊重、儿童生命价值平等的关怀和儿童基本权利的平等保护，在此基础上引导儿童的精神品格健全和积极地成长。教育制度公正并非道德的奢侈，与政治正义一样，教育正义是每个人作为人的现

---

① J. 罗尔斯著，何怀宏等译：《正义论》，中国社会科学出版社 2001 年版，第 494 页。

② 霍尔巴赫著，陈太先等译：《自然政治论》，商务印书馆 2002 年版，第 24 页。

③ E. 博登海默著，邓正来译：《法理学》，中国政法大学出版社 2004 年版，第 403 页。

④ "人的安全网络"组织编写，李保东译：《人权教育手册》，生活·读书·新知三联书店 2005 年版，第 214 页。

实的需要，使每个人人格健全发展的必要条件。教育影响着每个人的理想、价值、自我、人格等，一种教育制度规范不仅是一种满足现在的需要和欲求的制度手段，更是塑造人的方式，因此，教育制度的设计与选择必须建立在教育公正价值之上，因为只有公正的教育行动，才能构成一种平等尊重、平等关心每个人的发展和成长的教育力量。罗尔斯说："社会的制度形式影响着社会的成员，并在很大程度上决定着他们想要成为的那种个人，以及他们所是的那种个人。社会结构还以不同的方式限制着人们的抱负和希望，因为他们有理由部分按照他们在该社会结构内部的立场来看待他们自己，并有理由解释他们可以实际期待的手段和机会。所以，一种……制度不仅仅是一种满足人们现存欲望和抱负的制度图式，而且也是一种塑造人们未来欲望和抱负的方式。更一般地说，基本结构塑造着社会制度持续生产和再生产某种个人及其善观念共享各种文化的方式。"① 当教育制度追求公正时，教育活动、学校生活才有可能构成人们相互合作、相互友爱的团结关系的基础，成为提升人的自我价值、促进自我价值实现的根本条件。正是在这一过程中，教育制度本身亦获得合理性的论证，亦获得了稳定性。诚如罗尔斯所说："当制度公正时，那些参与着这些社会安排的人们就获得一种相应的正义感和努力维护这种制度的欲望。一个正义观念，假如它倾向于产生的正义感较之另一个正义观念更强烈，更能制服破坏性倾向，并且它所容许的制度产生着更弱的不公正行动的冲动和诱惑，它就比后者具有更大的稳定性。"② 因此，凡是平等地关心和平等地尊重每一个人的每一个方面，同时公正地对待每一个人的教育制度，就是公正的教育制度。诚如卢克斯所言："如果有人减少或限制某人实现他自我发展能力的机会，这也是对他的极端不尊重。这种情况也许会以不同的方式，在不同的情况下发生。无论在资本主义还是国家社会主义的等级社会中，如果系统而持续地否定下层公民的这种机会，便构成了最坚决反对这些社会结构性不平等的理由。例如，在社会化的背景下，对机会的这种限制是当代教育社会学家所研究的一个重要的——甚至可以说最重要的——课题。一种等级化的教育体制强化了其他的社会不平等，从而阻碍着社会地位不高的人的自我发展，因此，这种教育体制便会导致否定对人的尊重（显然，这里假设教育的变革服从于政治控制）。与此类似，举另一个例子，如果可以使某些类型的工作更富有挑战性，需要发挥更大的才干或技能，承担更大的责任，而在这时却仍然把工人局限在奴性的、单

---

① J. 罗尔斯著，万俊人译：《政治自由主义》，译林出版社 2000 年版，第 285—286 页。
② J. 罗尔斯著，何怀宏等译：《正义论》，中国社会科学出版社 2001 年版，第 456 页。

调的和令人厌烦的劳作中，这就是否定了对人的尊重。此外，工人以及作为一个整体的政治社会中的公民——真正参与影响着他们的重要决策的形成和决断的可能性遭到否定，那也就是否定对他们的尊重，因为他们发展积极的自我管理这种优秀人类品质的机会也遭到了否定。"① 也只有在公正的教育制度下，人们的"应得"才是公平的。罗尔斯说："在作为一种公开规范体系的合作体制和由它建立的各种期望的条件下，那些希望改善自己的条件，做了这一体制宣布要奖赏的事情的人，是有权利获得他们的利益的。在此意义上，较幸运者有权要求更好的状况，这些要求是由社会制度建立的合法期望，社会是有义务满足它们的。但是这种意义之上的应得预先假定了合作体系的存在，它不去问是否从一开始合作体系的设计就要符合差别原则或某一别的标准的问题。"② 具体而言，公正的教育制度是保护个人权利的制度规范。杜威说："随着民主观念的传播和伴随而来的社会问题的觉醒，人们开始认识到，每个人无论他恰好属于哪个阶层，都有一种权利，要求一种能满足他自己所需要的教育，并且国家为了自身的缘故必须满足这种要求。"③ 只有个人的权利得到充分的保障，个体才能获得自主的精神发展，才能把那些敏锐的思想、卓越的能力、高尚的德性、丰富的情感从灵魂深处培养起来。正义的教育制度规范"必须给全体成员以平等和宽厚的条件求得知识的机会"，"必须教育成员发展个人的首创精神和适应能力"。④ 公正的教育制度鼓励人的自我价值的实现，给正在成长中的人的自我价值感以支持。诚如贡斯当所言："制度必须实现公民的道德教育。一方面，制度必须尊重公民的个人权利，保障他们的独立，避免干扰他们的工作；另一方面，制度又必须尊重公民影响公共事务的神圣权利，号召公民以投票的方式参与行使权力，赋予他们表达意见的权利，并由此实行控制与监督；这样，通过履行这些崇高职责的熏陶，公民会既有欲望又有权利来完成这些职责。"⑤ 公正的教育制度给教师即所谓的教育权威以约束，教师必须给予每个学生平等的尊重。公正的教育制度保护儿童基本的教育自由，诸如道德自由、思

---

① S.卢克斯著，阎克文译：《个人主义》，江苏人民出版社2001年版，第122—123页。

② J.罗尔斯著，何怀宏等译：《正义论》，中国社会科学出版社2001年版，第103—104页。

③ J.杜威著，赵祥麟等译：《学校与社会·明日之学校》，人民教育出版社1994年版，第388页。

④ J.杜威著，王承绪译：《民主主义与教育》，人民教育出版社2005年版，第98页。

⑤ B.贡斯当著，阎克文等译：《古代人的自由与现代人的自由》，上海人民出版社2003年版，第68页。

想自由、学习自由等，即，教育教育制度在训练"明天的国家"时，应尽可能多地给儿童自由，并发展他们的主动性、独立性和应变能力等积极品质。雅斯贝尔斯说："教育活动关注的是，人的潜力如何最大限度地调动起来并加以实现，以及人的内部灵性与可能性如何充分生成，质言之，教育是人的灵魂的教育，而非理智知识和认识的堆集。……通过教育使具有天资的人，自己选择决定成为什么样的人以及自己把握安身立命之根。谁要是把自己单纯地局限于学习和认知上，即便他的学习能力非常强，那他的灵魂也是匮乏而不健全的。如果人要想从感性生活转入精神生活，那他就必须学习和获知，但就爱智慧和寻找精神之根而言，所有的学习和知识对他来说却是次要的。教育只能是强迫学习这种观点，常常占据统治地位……但是这种对强迫的盲目信任是一种自欺欺人的说法。只有导向教育的自我强迫，才会对教育产生效用，而其他所有外在强迫都不具有教育作用，相反，对学生精神害处极大，最终会将学生引向对有用性世俗的追求。在学习中，只有被灵魂所接受的东西才会成为精神瑰宝，而其他含混晦暗的东西则根本不能进入灵魂中而被理解。"①

总之，公正的教育制度在教育机会平等的条件下，能最大限度地提高最弱势群体、最不利者的前景和期望。罗尔斯说："正义是社会制度的首要价值，正像真理是思想体系的首要价值一样。一种理论，无论它多么精致和简洁，只要它不真实，就必须加以拒绝或修正；同样，某些法律和制度，不管它们如何有效率和有条理，只要它们不正义，就必须加以改造或废除。……作为人类活动的首要价值，真理和正义是决不妥协的。"② 教育制度公正并不是与教育自由、教育共同体、教育效率这样的教育价值并列的一种价值。相反，教育制度公正是我们衡量教育自由、教育效率等的重要性的依据。如果某种教育制度是不公正的，就不可能诉求另一些想置教育公正于不顾的其他价值来为这种教育制度提供辩护——因为，其他价值的正当性只有依据它们在最好的教育公正理论中所处的地位才能得以确立。反过来讲，对教育公正理论的检验，就是要确定这种教育公正理论是否为教育公正之外的其他价值赋予了恰当的分量。

五、教育公正的社会价值

教育公正是一个古老恒久的话题，自人类社会有史以来，人们便开始思考

---

① K. 雅斯贝尔斯著，邹进译：《什么是教育》，生活·读书·新知三联书店 1991 年版，第 4～5 页。

② J. 罗尔斯著，何怀宏等译：《正义论》，中国社会科学出版社 2001 年版，第 3～4 页。

如何让教育变得更加公正；教育公正又是一个常谈常新的话题，随着人类社会的发展，人们对教育公正总会不断提出新的要求。作为衡量社会文明与进步、教育文明与进步的一个重要标尺，教育公正始终与人类社会发展相伴相随。

（一）人类对教育公正的恒久追求

教育公正是一个内涵丰富的概念。从时序的角度，可以分为教育起点公正、教育过程公正和教育结果公正等；从内容的角度，可以分为教育权利公正、教育机会公正、教育制度公正等。在分析或讨论教育公正问题时，通常还会涉及与其紧密相关的教育公平、教育正义等概念。有的学者比较重视教育公平，认为教育公平是教育公正的基本含义、基本要求；有的学者直接把教育公正等同于教育公平。不过，多数学者认为，相对于强调衡量标准同一尺度、不偏袒任何一方的教育公平而言，教育公正还强调"正义"的价值取向，内涵更为宽泛；还有的学者把教育公正等同于教育公平与正义，认为教育公平加上教育正义就是教育公正。综合学者们的各种观点，用比较简洁易懂的语言来概括，教育公正是社会成员对教育是否"合意"的一种价值评判，其实质是要求教育权利在社会成员之间合理分配，每个人都能得到其所应得的权利；各种义务由社会成员合理承担，每个人都应承担其所应承担的义务。

人类社会对公正、教育公正的追求从未停止。"自有文字记载的历史以来，所有重大的社会斗争和改革运动都是高举正义大旗反对实在法中某些被认为需要纠正的不平等规定的。"[①] 另一方面，人类社会对公正、教育公正的思考也从未间断，自柏拉图和亚里士多德以来，思想家们就从未停止过对教育公正问题的探讨。尽管千百年来人们都在追求教育公正，但马克思主义认为，在存在阶级压迫和剥削的社会里，真正的教育公正是无法实现的。只有在推翻了阶级压迫和剥削的社会里，教育公正的实现才具有现实可能性。在阶级压迫和剥削的社会里，统治阶级总是力图论证其教育的公正性，宣扬其教育制度所维护的是包括所有人的教育利益。占统治地位的意识形态习惯于把自己说成是一种普遍意识，代表着不分差别的社会成员的教育利益，以"全民性"、"公共性"来标榜自己。马克思一针见血地指出："统治阶级的思想在每一时代都是占统治地位的思想。这就是说，一个阶级是社会上占统治地位的物质力量，同时也是社会上占统治地位的精神力量。支配着物质生产资料的阶级，同时也支配着精神生产资料，因此，那些没有精神生产资料的人的思想，一般是隶属于这个阶级

---

① E. 博登海默著，邓正来译：《法理学》，中国政法大学出版社 2004 年版，第 315 页。

的。占统治地位的思想不过是占统治地位的物质关系在观念上的表现，不过是以思想的形式表现出来的占统治地位的物质关系；因而，这就是那些使某一阶级成为统治阶级的关系在观念上的表现，因而这也就是这个阶级的统治的思想。"[1] 出于相同的目的，统治阶级把自己的思想说成是唯一合理的、有普遍意义的思想，正如同他们把自己的利益说成是社会全体成员的利益一样。马克思认为，随着精神劳动和物质劳动的分工形式出现在统治阶级内部，统治阶级中有一部分人是作为该阶级的思想家出现的，他们直接或间接地从资本家那里取得生活资料，编造统治阶级关于自身的"幻想"，从观念上维护统治阶级的利益。所谓"自由的精神生产"只能在不损害资产阶级的根本利益的前提下得到承认和允许。因此，在阶级社会中，统治阶级的教育制度真正维护的是统治阶级的教育权利、教育利益。教育制度是统治阶级的教育利益和教育意志的体现，这一点在前资本主义教育制度中很明显地得以体现。诚如哈贝马斯所说："尽管资本主义的经济制度……发生了变化，然而，它的基本状况发生的变化并不大；甚至今天，国家的首要社会活动仍旧……不表达全体居民的普遍利益。"[2] 即便是资本主义的教育制度，也主要是维护统治阶级和强势利益集团的教育利益。"绝大多数利益集团产生于中等阶级或上层阶级，与商业利益相关的个人主导着这些集团的行为。所以仅有利益集团之间的竞争并不能保证一个民主体系的产生及存在。……多元主义天堂的缺陷在于，天国合唱团的声音中夹杂着强烈的上等阶层的重音。利益集团体系的批评者也同意，与社会底层相比，中等或上等阶层的利益被不相称地代表着，这大大超过了他们所应得的，而社会底层的声音几乎就听不到。"[3] 这样的权力差序，即不同利益集团行动能力和与权力相关性位置的差异，直接影响到教育制度的安排和选择。例如，美国的教育制度总是以"人权"、"平等"和对所有人开放为标榜，但是教育制度始终受到阶级背景的影响。鲍尔斯等人在《资本主义美国的学校教育》一书中指出："美国教育是非常不平等的，一个人获得很多或很少的学校教育，其机会实质上有赖于种族或父母的经济水准。再者，虽然教育制度看得出来有一种迈向更平等的趋势——例如，黑人教育不足的缩小——但是这种趋势对经济机会的结构的冲突，即使在最好的情形下也是非常渺小的。""总而言之，二十世纪教育的历史并不是进步主义的历史，而是萌芽中的资本主义制度的'商业价

---

① 《马克思恩格斯选集》（第 1 卷），人民出版社 1995 年版，第 98 页。
② J. 哈贝马斯著，郭官义译：《重建历史唯物主义》，社会科学文献出版社 2000 年版，第 104 页。
③ M. 罗斯金等著，林震等译：《政治科学》，华夏出版社 2001 年版，第 197 页。

值’与反映权威、特权的金字塔的社会关系被强加在学校身上的历史。"① 在他们看来，美国的教育制度是一个经过文饰的极权主义制度，是一种极不公正的教育制度，只不过这种极权的、不公正的教育制度被埋藏在一个非常民主的政治制度里，被所谓的"平等"、"公正"与互惠的规范所掩盖。总之，在人类教育思想史上，马克思主义第一次科学地阐明了实现教育公正的途径，并把教育公正的实现同人的解放和人的自由而全面发展结合起来，为我们正确认识教育公正问题奠定了坚实的理论基础。在我国，教育公正是社会主义核心价值观的重要价值观念之一，教育公正的基本要求是在处理个人与他人、个人与社会的关系中，自觉以公平正义来指导和调节教育生活领域的关系，讲求教育正义，秉持教育公道，维护教育公平。可以说，教育公正是人类社会发展的重要目标，更是社会主义的本质要求。教育公正是社会主义教育最核心的价值追求，是社会主义教育本质的体现。尽管古今中外都有教育公正的价值规范，但将其当作核心价值却是社会主义教育制度所决定的。在资产阶级教育价值体系中，教育公正从来没有获得"核心"的位置。资产阶级过分关注个人自由、个性自由发展，而忽视了实现每个人的真实教育自由、个性发展的条件，即教育公正。社会主义社会是把教育公正作为核心价值取向的社会，社会主义教育制度的建立也为教育公正在人类社会中的真正实现奠定了现实的基础。可以说，教育公正是社会主义的特质性价值，是社会主义教育实践的价值目标。尽管目前我们在教育权利公正、教育制度公正、教育资源配置公正等方面还存在着诸多不尽如人意之处，但我们的根本目的是实现城乡教育均衡发展，使每个人共享优质教育资源。习近平在第十二届全国人民代表大会第一次会议上指出："我们要随时随刻倾听人民呼声、回应人民期待，保证人民平等参与、平等发展权利，维护社会公平正义，在学有所教、劳有所得、病有所医、老有所养、住有所居上持续取得新进展，不断实现好、维护好、发展好最广大人民根本利益，使发展成果更多更公平惠及全体人民，在经济社会不断发展的基础上，朝着共同富裕方向稳步前进"，让"生活在我们伟大祖国和伟大时代的中国人民，共同享有人生出彩的机会，共同享有梦想成真的机会，共同享有同祖国和时代一起成长与进步的机会"。② 习近平在中共十八届三中全会第二次全体会议上指出："正义是中国特色社会主义的内在要求；要在全体人民共同奋斗、经济社

---

① S. 鲍尔斯等著，李锦旭译：《资本主义美国的学校教育》，（台湾）桂冠图书股份有限公司 1989 年版，第 45、57 页。

② 习近平著：《习近平谈治国理政》，外文出版社 2014 年版，第 41 页。

会发展的基础上，加紧建设对保障社会公平正义具有重大作用的制度，逐步建立以权利公平、机会公平、规则公平为主要内容的社会公平保障体系，努力营造公平的社会环境，保证人民平等参与、平等发展权利。"① 2015 年 10 月，中国共产党第十八届中央委员会第五次全体会议通过了《关于制定国民经济和社会发展第十三个五年规划的建议》。《建议》指出："推动义务教育均衡发展，全面提高教育教学质量。普及高中阶段教育，逐步分类推进中等职业教育免除学杂费，率先从建档立卡的家庭经济困难学生实施普通高中免除学杂费。发展学前教育，鼓励普惠性幼儿园发展。完善资助方式，实现家庭经济困难学生资助全覆盖。""促进教育公平。加快城乡义务教育公办学校标准化建设，加强教师队伍特别是乡村教师队伍建设，推进城乡教师交流。办好特殊教育。"这些重要论述充分说明，实现教育公平、教育公正是社会主义教育制度的本质体现，是发展、完善中国特色社会主义教育的现实要求，是中国共产党人的不懈追求。

（二）理性审视教育公正

在教育公正的问题上，可谓是"见仁见智"。由于人们的立场、处境、视角不一样，对教育公平的理解也不尽相同。曼海姆在《意识形态与乌托邦》一书中说："'视角'……表示一个人观察事物的方式，他所观察到的东西以及他怎样在思想中构建这种东西，所以，视角不仅仅是思想的外形的决定，它也指思想结构中质的成分，而纯粹的形式逻辑必然忽略这些成分。正是这些因素成了如下事实的原因：两个人即使以同样的方式采用同样的形式逻辑法则（如矛盾规律或演绎推理程式），也可能对同一事物作出极不相同的判断。"② 那么，究竟应该怎样看待教育公正呢？

首先，教育公正是历史的。教育公正不是人们头脑中凭空产生的抽象概念，而是随着社会产生而产生、随着社会发展而发展、随着教育进步而进步的。在不同的历史条件、社会制度下，人们对教育公正的认识是不同的。波普诺认为，分层制度随着历史时期与经济结构的不同而变化。奴隶制、种姓制度、等级制以及阶级制度是最重要的分层类型，其中奴隶制是一种极端的不平等分层体系，即某一社会群体绝无自由，且一些人占有另一些人。不管何种类型的分层，"所有的分层制度都为意识形态所支持，捍卫上层地位利益的意识

① 习近平著：《习近平谈治国理政》，外文出版社 2014 年版，第 96 页。
② K. 曼海姆著，黎鸣等译：《意识形态与乌托邦》，商务印书馆 2000 年版，第 277 页。

形态都证明着该种分层制度是正当的。而这些意识形态又多多少少使下层成员相信他们的不平等待遇是正当的、合适的。没有这种意识形态，要从为财富和收入、权力以及声望奋斗的失败者中得到服从并保持有序，将会很困难或者不可能"。① 可见，不管是社会公正还是教育公正，都是一种历史现象，在不同的历史时期，人们对教育是否公正有着不同的衡量标准，教育公正也呈现出不同的内涵。在今天看来很不公正的教育现象，也许在历史上曾被认为是公正的；在今天看来属于公正的教育现象，也许在后人看来未必就是公正的。罗素说："在现代民主社会中，公平意味着平等。但是在这样一个等级森严、并且下层社会和上层社会一样都对此表示认可的社会里，是谈不上什么平等的。即使在现代英国，对于绝大多数工薪阶层来说，如果不允许国王拥有比他们更体面的排场，他们还是难以接受。因此，我把'平等'定义为'引起最少嫉妒的安排'。在那种不具迷信色彩的社会里，这意味着平等，但在那种对社会不平等固执成见的社会里，可能不这么认为。"② 在今天发达资本主义国家，支持现代阶级制度的意识形态是世俗的。"实际上，这种意识形态认为精英人物的特权是正当合理的，因为沿着阶级阶梯，大量向上或向下的社会流动是可能的，所以那些成功者主要是由于他们自己的功绩向上流动。这使人们确信不仅个人的决心和努力最终会得到财富和较高地位，而且还意味着穷人的贫困主要是他们自己的责任。如果他们自己更勤奋一点，就不会受穷。所以，阶级制度被认为是非常公正的，上层阶级和下层阶级都无须感谢任何人或者责怪任何人，他们的命运掌握在自己手里。"③ 事实果真如此吗？不然。帕日在对美国社会各阶级（诸如上、中、下层阶级）的研究之后得出了如下结论：美国各阶级之间的界限不仅不模糊，而且十分清晰，"阶级分化和不平等在国家生活中仍然起着重要作用"。④ 因此，看待教育公正问题，须将其放到一定的历史条件下、结合具体的历史背景来分析。例如，"就近入学"是一项促进教育公正的制度安排，这项制度实施后，受到老百姓的欢迎。但推行一段时间后，一些老百姓开始不满或者担忧，觉得这项制度不仅固化了"学区决定论"，到哪儿上学、上什么样的学，全依学生的出生、户籍或居住地定终身，而且不允许学校有择生的权利，实际上也剥夺了学生正当的择校权利，同时还限制特长生，限制了学生的多样化发展等。"就近入学"是形式上的教育公平追求，而公众最大的教育公

---

① D. 波普诺著，李强等译：《社会学》，中国人民大学出版社 2002 年版，第 248 页。

② B. 罗素著，李国山等译：《自由之路》（上），文化艺术出版社 1998 年版，第 220 页。

③ D. 波普诺著，李强等译：《社会学》，中国人民大学出版社 2002 年版，第 249 页。

④ D. 波普诺著，李强等译：《社会学》，中国人民大学出版社 2002 年版，第 250 页。

平诉求在于教育资源配置和受教育机会公平。一个必须要承认的现实是，每一座城市都有自己的"名校"与"差学校"，不同学校的教育资源、教学质量、历史文化、学校传统甚至包括同学资源，都会有所区别。"就近入学"原则只是在形式上试图规避已经泛滥成灾的择校现象，而保证某一区域之内的相对公平。但是，最大的不公，恐怕还在于各学校之间在资源配置尤其是管理方式、师资力量等方面的不公，那将是一项多层面的长期工程。换句话说，在现阶段教育发展水平上，就近入学只能从保证每个孩子基本的教育权利起步，逐步做到每个孩子享有同样优质的教育。那种企望每个孩子都享有同样优质教育的想法，出发点可能是好的，但却是不现实的。"罗马城不是一天建起来的"，教育公正是一个逐步实现的过程，将随着经济社会的发展不断螺旋式上升。我们一方面要尽力而为、量力而行，力求在现有条件下，最大程度地实现教育公正。另一方面，要大力解放和发展生产力，增加教育投入，把"蛋糕"做大，为实现更高层次的教育公正创造坚实的物质基础。

其次，教育公正是相对的。千百年来的教育历史证明，绝对的教育公正，从来都是没有的，只存在于人们的观念和幻想中。也就是说，教育公正总是相对的，绝对的教育公正虽然美好，但难以企及。在现实教育生活中，由于每个人个人情况不同，天赋有差别，家庭出身有差异，能力亦有大小，不可能每个人都处在同一起跑线上。也就是说，人与人之间存在着各种差异。比尔·盖茨的孩子与阿富汗难民怀中的婴儿，是不可能站在人生道路的同一起跑线上的，而且有可能在后天的发展中，差距越拉越大。就像从某一点引出的互成夹角的两条射线，随着射线的延长，射线之间的距离越来越大。萨缪尔森等说："儿童的家庭生活和社会经历对于他们日后所获得的报酬也大有影响，富家孩子的生活起点可能并不高于穷家孩子，但在生活的每一阶段他们都从其环境中受益。而一个穷孩子经常经历的是拥挤、营养不良、破落的学校以及劳累过度的教师。有人认为，对许多在贫民区居住的贫困家庭的孩子而言，在他们不满十岁以前，天平就开始向着不利于他们一边倾斜。"[1] 此外，即便看上去是同样的教育机会而对于不同的人来说，却有着不同的甚至是很不相同的意义。义务教育非常强调教育机会公平，但对于天赋不同的儿童而言却有着明显不同的意义。就道德意义而言，人的智商主要取决于先天的因素还是后天的因素恐怕无关紧要。先天也好，后天也罢，天资聪明的人如果不善于利用自己的才智也是白搭。诚如艾德勒所说："两个人，天生在某一体育项目上才能相同，在以后

---

① P. 萨缪尔森等著，萧琛等译：《经济学》，华夏出版社 2000 年版，第 281 页。

的生活中，他们打网球或游泳的技术可能会不同。其中一个人可能会发挥其体育天赋去生产财富或从事其他。而另一个人，尽管天赋相同，却可能浪费了自己的才能，结果一事无成；或者由于他不勤奋，效率低，没有那么大成就。这样，他们必然在这方面被看作不平等。"① 纯粹的教育起点平等、教育机会平等是不可能实现的，教育竞争的最后结果可能导致不公平，只能求得大致公平，相对公平。因此，看待教育公正问题，应防止落入平均主义这种无论在历史上还是在现实教育生活中都颇具诱惑力的窠臼中。虽然平均主义在某些领域是适用的，但若将其推广到所有领域尤其是非基本教育权利、教育机会分配领域，否认人的差别而要求平均分享一切教育资源，最终只会扼制人的积极性，扼杀教育发展的活力，不利于教育公正的实现。这是因为，迄今为止，社会机体尚缺乏一种足够周密的机制对于教育机会进行均等化的处理，除非将整个社会"标准化"，以丧失社会的活力和生机为代价；除非将所有的儿童由国家抚育，以消灭家庭为代价。斯克拉顿说："事实上，制度的自治必然要求强调水准；一种制度并没有一个规定性的目标，除非它意图正确地处理问题。这无疑意味着一种制度不得不是选择性的，这种选择性不仅针对那些参与管理者，也涉及那些它有选择地接受的人。……虽然绝非是赞成某种选择方式反对其他的选择方式，教育的选择性确实直接把特权赋予准备得更充分地进入教育制度的那些人，例如，那些在父母的鼓励下阅读和写作的人，那些具有更佳天赋的人，那些私人学费来源有着落的人。哪怕我们不具体涉及现行的各种教育制度安排，包括出于社会平等目标而放弃了教育目标的安排，我们仍不得不承认，家庭制度与稍后为儿童面对成人世界做准备的各种制度之间，不可避免地有着某种共谋。除非我们把婴儿从母亲的怀抱里夺走，把他们放到养鸡场饲养，否则就不可能消除这种'机会的不平等'。不过，要想彻底根除这种机会的不平等，或许可以通过剥夺有天赋孩子的某一部分禀赋，也就是说，用锤子不断敲打这些孩子的脑袋，要么是切除他的一部分大脑。"② 如果追求绝对教育公正，苛求整齐划一、完全一致，只会回到平均主义的老路，最终导致教育公正的倒退。恰如亨利所说："'民主要求社会所有成员同时起跑；平等主义者坚持，所有成员同时到达终点。'我们不说谎时心里明白，全体成员同时起跑是做不到的，有些差别与生俱来。人与人不仅有社会阶层和地位上的差别，还有智力高低、勤

---

① M. J. 艾德勒著，郗庆华等译：《六大观念》，生活·读书·新知三联书店1998年版，第189页。
② R. 斯克拉顿著，王皖强译：《保守主义的含义》，中央编译出版社2005年版，第137页。

奋与否的差别。这些方面只能自己提高，而不能由别人强加。"① 总之，我们所追求的教育公正，是要让全体社会成员共享经济社会发展、教育发展的成果，但不是要否认个体差异、消灭差距，而是在承认差别的基础上将差距控制在合理范围内，进而充分保障每个人的教育权利，挖掘每个人的潜力，激发每个人的创造活力。

教育公正是具体的。讨论教育公正，不能泛泛而谈，必须放在具体领域、结合具体问题来分析。例如，在经济领域讲公正，主要是讲等价交换、机会均等、公平竞争；在教育领域讲公正，一个重要原则就是保障包括弱势群体在内的所有社会成员的基本教育权利。显然，不能将经济领域的等价交换、公平竞争甚至优胜劣汰原则简单套用到教育领域，无视弱势群体的基本教育权利。所以，不注意具体领域、具体人群、具体问题的区别，简单套用抽象的公正概念，往往容易导致认识上的偏差。就保障弱势群体的教育权利而言，必须坚守补偿性原则。补偿原则的基本含义是挑选出处于社会不利地位的群体，从这一不利群体的特殊地位、视角来看问题、分析问题，以是否最大限度地满足这一不利阶层的利益为标准来确定教育的分配。罗尔斯说："社会和经济的不平等（例如财富和权力的不平等），只要其结果能给每一个人，尤其是那些最少受惠的社会成员带来补偿利益，它们就是正义的。"② 这一原则的主要内容是，立足于教育的整体利益，对教育发展过程中形成的不利群体的教育状况进行必要的调整和补偿，使不利群体普遍地获得由教育所带来的收益，进而使教育质量获得整体提高。教育世界中的"不利群体"，通常是指处于家庭经济不利地位的贫困家庭学生、身体或智力不利的肢体障碍学生和智力障碍学生，处于与主流文化相对不利地位的少数民族学生等。一般而言，"不利群体"从一开始就处于不利地位，他们所受的教育是不完整的，有欠缺的。即，那些最没有社会地位的人们往往享受不到普遍受教育的权利，"在一个贫穷的社会里，他们是首先被剥夺权利的人；而在一个富裕的社会里，他们是唯一被剥夺权利的人"。③ 由于教育受益的不足即教育机会的不足，他们发展某些有价值的新的能力的机会也就非常有限，从而社会在这些"不利群体"的新的能力的发展方面获益较

① W. A. 亨利著，胡利平译：《为精英主义辩护》，译林出版社 2000 年版，第 30 页。

② J. 罗尔斯著，何怀宏等译：《正义论》，中国社会科学出版社 2001 年版，第 14 页。

③ 联合国教科文组织、国际教育发展委员会编著，华东师范大学比较教育研究所译：《学会生存》，教育科学出版社 1996 年版，第 101 页。

少。但是就潜力而言，每一新生的社会成员都是一未知量，[①] 因此，"任何社会成员获得做某些可能有价值的事情的新能力，都必须始终被视为是其所在社会的获益。……这意味着增进任何个人的能力和机会的可欲性，并不取决于他人的能力和机会是否也可能得到同等程度的增进，当然，这是以他人并不因此而被剥夺获得同样的能力或其他新的能力的机会为条件的"。[②] 只要这种机会没有被那个已掌握了此种能力的个人所垄断，其他人就有可能习得和掌握这些能力。每个人对于教育整体发展而言，不仅具有一定的权利，同时也必须负一定的责任，尽一定的义务。具体到教育资源分配方面，教育责任理应包括对在实施教育过程中形成的不利群体的教育进行必要的补偿，以推动教育的整体化发展、均衡化发展。罗尔斯说："为了平等地对待所有人，提供真正的同等的机会，社会必须更多地注意那些天赋较低和出生于较不利的社会地位的人们……遵循这一原则，较大的资源可能要花费在智力较差而非较高的人们身上，至少在某一阶段，比方说早期学校教育期间是这样。"[③] 也就是说，在满足了一部分人接受良好教育需求的同时，还应该及时向处于不利地位的那些"最少受惠者"进行必要的教育补偿，弥补他们能力的欠缺，从而缩小处于不利地位受教育者与获利群体间的教育机会差距。简言之，追求教育公正的潜台词就是教育资源的分配存在差异，教育机会的分配存在任意性。尽管差距是不可避免的，但不能是无限度的。"教育是一种集体财产"，对教育资源分配的差距应具有一定的度，差距过大必然因此而导致扩大教育的不公正。一种公正的教育应该有助于减少社会的教育不公正，而不应加剧社会的教育不公正。

从总体上看，教育公正的实现是一个持续努力、永无止境的过程。作为一个美好追求，教育公正的实现程度既受到经济社会发展水平的制约，也受到教育发展水平的制约，不能脱离现实发展水平去盲目追求教育公正。同时也要看到，教育公正对于经济社会发展具有巨大的反作用。教育公正问题如果解决得好，就能推动经济社会发展、人的发展；如果解决得不好，就会阻碍经济社会发展、人的发展，甚至引起社会动荡、教育失范。

---

① T. A. V. 哈耶克著，邓正来译：《自由秩序原理》（上），生活·读书·新知三联书店1997年版，第103页。

② T. A. V. 哈耶克著，邓正来译：《自由秩序原理》（上），生活·读书·新知三联书店1997年版，第106页。

③ J. 罗尔斯著，何怀宏等译：《正义论》，中国社会科学出版社2001年版，第101页。

□ 第四章
教育合作

　　一般而言，在现实教育生活中，教育竞争与教育合作是教育世界存在的两种基本形式，或者说教育合作与教育竞争，是促进、协调教育发展的主要方式。没有教育竞争，就没有教育发展的活力，也就没有教育发展；没有教育合作，就没有教育发展合力的形成，也就没有区域之间、学校之间、教师之间、学生之间的良性互动、协调发展。

　　教育竞争是教育发展质量的竞争，是服从、服务于教育公平公正、充分发挥个体自身能动性的竞争。从狭隘的地方、区域教育利益出发，从个人教育利益出发，要求别人"友好合作"、自己却拨拉着小算盘，这不是教育竞争，是无谓的内耗。不顾教育公平公正的区域教育发展之争、学校之争、"名师"之争以及"尖子生"之争、教育项目之争等，并不是真正的教育竞争，而是巨大的浪费。教育合作应当是互惠互利的合作，"互惠的基础是为了自身利益寻求社会合作的公平条件的能力。……从商议的视角来看，一个人会提出他人可能会接受的理由，而他人同样也会去寻找自己被接受的理由。……因此，商议的前景并不指向那些拒绝为社会合作寻求公平条件之人，也不能达到那些拒绝用其他公民可以接近和理解的术语表述其公共吁求之人"。① 教育不是简单撮合，而是要着眼教育公平公正、突出区域教育发展特点以及学校办学特色、优势互补、错位发展，谋求整体教育利益的最大化，实现互利共赢与教育的公平正义。

---

① A. Gutmann and D. Thompson, *Democracy and Disagreement*. Cambridge，MA：Harvard University Press，1996，p. 52—55.

一、教育竞争

人与人之间的关系并非只有合作，而且还要竞争，"人类在本质是遗传了竞争和个人主义的本能"（马林斯基语）。① 竞争不仅是社会发展和进步的助推器，而且竞争事实上本身就是一种合作。格龙多纳说："要想得到财富和卓越地位，就必须竞争，这是有利于发展的社会的特点，它不仅表现在经济中，而且也表现在社会其他方面。企业家、政治家、知识分子和各行业专业人士成功的关键都在于竞争。在阻碍发展的社会中，竞争却受到谴责，被说成是一种敌对行为。他们主张用团结、忠诚和合作来取代竞争。代替企业竞争的，是社团主义。政治是围着领袖人物转，知识界不得不按照既定的教条来调整自己的生活。只有体育运动接受竞争。阻碍发展的社会对竞争持否定的看法，这反映出他们使妒忌合法化，追求乌托邦式的平等。这种社会虽然批评竞争而赞扬合作，但实际上的合作往往还不如'竞争性'社会中那样常见。我们可以争辩说，正如体育运动所表明的那样，竞争事实上也是一种合作，因为竞争双方都不得不尽力而为，从而共同受益。"② 当然，成年男女身上的争强好胜本能绝不是完全固定的，也绝不是完全自我利益化的，一方面是"环境、教育和机遇等作用于可塑性极大的本性而产生的结果"，③ 另一方面也可能是民族性格决定的，或民族文化长期熏染的结果。

（一）何谓教育竞争

所谓教育竞争，是双方或多方为争夺共同期望的稀缺教育资源而展开的竞赛、争取和角逐。教育竞争既贯穿于自人类社会产生以来的整个人类教育历史进程之中，又存在于个体或群体的生存和发展过程中，存在于社会关系、教育关系之中。恩格斯说："竞争贯穿在我们的全部生活关系中。"④ 刘易斯说："竞争精神贯穿在人类的全部活动中；人们喜欢表现自己的力量，无论在游戏、狩猎、吸引异性、唱歌等方面都是如此；在某些领域，比如在争夺政治权力、夺取宗教和社会地位的领导权方面，这类斗争可能颇为激烈、冷酷无情和无休无

---

① P. 狄肯斯著，涂骏译：《社会达尔文主义》，吉林人民出版社 2005 年版，第 96 页。
② S. P. 亨廷顿等主编，程克雄译：《文化的重要作用》，新华出版社 2010 年版，第 93 页。
③ B. 罗素著，李国山等译：《自由之路》（上），文化艺术出版社 1998 年版，第 102 页。
④ 《马克思恩格斯全集》（第 3 卷），人民出版社 2002 年版，第 471 页。

止。不过，好在总有某种限定如何进行竞争的准则，比如说控制政治权力斗争的准则；还总有些人认为竞争的天性对心灵有危害，并且焦急地尽一切可能来约束它。这些思想情绪既适用于经济生活中的竞争，也适用于任何其他领域的竞争。"① 在人类社会的教育实践活动中，不同主体的各方面的教育需要或教育利益不可能同时均衡地得到满足，因而势必使稀缺教育资源成为人们共同追求和争夺的目标，从而相互之间形成竞争。

教育竞争是教育生活中的常态，如今在国家之间、学校之间、学科之间、班级之间、教师之间、学生之间以及学生家长之间都存在着激烈的竞争。艾略特说："个人要求更多的教育，不是为了智慧，而是为了维持下去，国家要求更多的教育，是为了要胜过其他国家，一个阶层要求更多的教育，是为了要胜过其他阶层，或者至少不被其他阶层所胜过，因此教育一方面同技术效力相联系，另一方面同国家地位的提高相联系……要不是教育意味着更多的金钱，或更大的支配人的权力或更高的社会地位，或至少一份稳定而体面的工作。"② 现代教育也确实是沿着艾略特给出的路径发展的。一方面是为了国家在竞争中获胜，即"国家的自我保存"。另一方面是为了个人在竞争中获胜，以便获得他人和社会承认的"自我保存"。这两方面的"自我保存"是"结合"在一起的。国家为了"自我保存"而大规模地举办教育，提高教育竞争力，其目的是为了能够在经济上超越其他国家，在国际社会具有较强的竞争优势，获得更多的经济利益和政治"话语权"。国家为了获得"承认"、为了在竞争中"获胜"而把教育放在了重要的地位。《从人口大国迈向人力资源强国》一书说："如果能够探索出有效的途径，造就一大批具备创新能力的创新人才来，这将提升中国未来的经济和技术竞争力。否则，中国将难以在国际上建立起竞争优势，也不可能对世界文明做出新的更大贡献，中国将仍旧是世界上的二流国家。"③ 各学校、高等学校之间亦展开了竞争，这一竞争既促进了多样化的发展，又提高了教育质量。特罗说："一方面，由于高等教育部门内部的院校在市场竞争中取得成果的不同，同时由于地位较低的高等院校和高等教育部门在同其他院校竞争时为了在市场上获得优势所运用的'边际差别'结果不同，就使这些院校变

① W. A. 刘易斯著，周师铭等译：《经济增长理论》，商务印书馆 2005 年版，第 50—51 页。
② T. S. 艾略特著，王恩衷编译：《艾略特诗学文集》，国际文化出版公司 1989 年版，第 204 页。
③ 中国教育与人力资源问题报告课题组：《从人口大国迈向人力资源强国》，高等教育出版社 2003 年版，第 50—51 页。

得越来越多样化了。另一方面，高等院校的相互竞争，以及地位较低的院校对地位较高的院校的模仿，整个高等教育系统的差别又趋向于缩小，向着名牌大学的特点和风格发展。高等院校的竞争促使第二流和第三流学校、新院校和新的高等教育部门逐渐向尖子院校的学术形式和风格、课程和办学标准方向发展，这种现象随处可见。"① 克拉克认为，美国高等院校具有多样性、竞争、规模大等三大特征。竞争的压力迫使美国大学倍加重视教师的科研能力和学术水平，迫使大学对研究生教育格外关注。克拉克提出了这样一个问题："当美国人按国际标准在初等和中等教育方面工作得很差，有关本科生教育的标准意向明显不清的时候，他们怎么在研究生教育阶段发展了那么大的力量？"他对此问题的回答是："尽管全面的回答过分复杂，但从历史上和组织上看，解释集中在相对多数的大学在一个独特的竞争领域发挥了创造性。……这种竞争在美国高等教育中紧张地运作，杰出地有利于大学最高层次的教育。正是由于各大学之间的竞争性的相互影响发展了研究生院和专门化系科联姻的持久的结合，这种形式在大众化高等教育的背景中产生了精英成果。"② 不仅学校靠竞争求取自己的位置，个人为了自我保存，也必须获得国家和社会的"承认"或"认可"，而社会和教育恰是以"竞争"的方式来分配"认可"或"承认"的。因此，"家长们一般希望他们的子女得到比他们自己更高程度的教育。即使教育所开辟的广阔前景实际上是虚幻的，人们仍然是把教育视为促使社会变动的基本手段"。③ 在教育世界中，每个人都被迫参与竞争，胜过其他人，使他人和社会承认他具有的优势。越来越辉煌地在教育中压倒他人，就可以获得自我满足的幸福。这样，教育是人生最为重要、最为严峻的一场竞赛。这场竞赛，唯一的目标就是战胜他人，位居最前。只有在竞争中获胜，才能在教育和社会中获得"认可"，才能实现自我保存。

现实教育生活也不断告诉我们：不论在什么地方，只要教育资源仍属稀缺，教育机会仍"供不应求"，哪怕是在极低级的教育发展形态下，在教育体系中就有了人与人之间对获取稀缺教育资源进行竞争的特性。诚如庞德所说："哪里有许多人发生接触，那里就有人们对享有某些东西和做某些事情的各种

---

① B. R. 克拉克著，王承绪等译：《高等教育新论》，浙江教育出版社 2001 年版，第 145 页。

② B. R. 克拉克著，王承绪等译：《探究的场所》，浙江教育出版社 2003 年版，第 135 页。

③ 联合国教科文组织、国际教育发展委员会编著，华东师范大学比较教育研究所译：《学会生存》，教育科学出版社 1996 年版，第 56 页。

要求。从来没有一个社会，居然会有如此多的满足这些要求的剩余机会，以致在满足这些要求时不再有什么竞争。各种利益之间之所以产生冲突或竞争，就是由于个人相互间的竞争、由于人们的集团、联合或社团相互间的竞争，以及由于个人和这些集团、联合或社团在竭力满足人类的各种要求、需要和愿望时所发生的竞争。"[1]　当今社会，"把蛋糕做大，让更多的人能吃到"——投资教育，不仅成为个人与家庭，也成为各国政府合理且正当的选择。运用加法甚至乘法逻辑，世界各国教育都以乐观的增长，满足了越来越多人的教育需求。然而，越多的教育就越好吗？它能回避人与人竞争中的机会博弈吗？做大的蛋糕如何与稀缺的资源与机会兑现？通常的理解是"优质的"和"均衡的"教育，然而，"优质"有时候恰在于"稀缺"。稀缺何以可能呢？保障稀缺性的制度逻辑是：高竞争、高排斥与高垄断，即教育机会上的高竞争，教育筛选中的高排斥，核心教育利益的高垄断。在此制度逻辑下，有限理性驱使人选择"垫脚策略"：在剧场看戏，四周都静坐时，站起来会看得更清楚；左邻右舍都站起来时，垫脚能看得更清楚；当所有的脚都垫起来时，谁又能看得更清楚？在这样一种制度逻辑的支配下，国家、家庭都大力投资教育，拼命开发学生的潜力，以便在激烈的竞争中，占据一个有利地位。简言之，教育资源稀缺、教育利益冲突或试图在社会比较上使自己处于优势的心理倾向，直接导致了日常教育生活中广泛存在竞争。

当然，教育竞争使教育不可避免地散发出浓烈的经济化味道。即便在"身份社会"，人们对稀缺教育资源的"享有"也是"竞争"的结果。只不过，"身份社会"的"竞争"是一种封闭的竞争、一种"静悄悄"的竞争、一种没有"硝烟"的竞争，决定人们能否"享有"某种稀缺教育资源的往往是身份、血统、关系、特权以及等级之间的竞争。例如，在"文化大革命"时期，我国"废除"了竞争性的招生考试制度，改行"群众推荐、领导批准"的招生制度。在这一招生制度施行过程中，找关系、"走后门"之风屡禁不绝。直到"文化大革命"结束、重新恢复竞争性的高考制度以后，找关系，"走后门"这一顽疾才像被一双无形的但却有力的大手给制伏了。这里，起决定作用的不是道德感化，不是行政命令，不是政治运动，更不是阶级斗争，而是制度，一种曾被当作"封、资、修"而予以"打倒"的竞争性考试制度。"群众推荐、领导批准"这种独特的招生方法在其实际操作过程中，往往使群众处于"无能为力"的状态中。这种方法一旦与不受限制、无法监督的权力相结合所产生的巨大漏

---

[1]　R. 庞德著，沈宗灵译：《通过法律的社会控制》，商务印书馆 2008 年版，第 33 页。

洞和强烈诱惑，使"走后门"成为招生工作中的常规。于是，"后门"的竞争取代了考试分数的竞争；对权力的渴望取代了对学习成绩和道德品质的关注；精心营造"关系网"的努力取代了莘莘学子孜孜不倦的苦读。奥肯说："他们希望少一些赛跑，多一些互助友爱的跳舞。……然而一种降低竞争重要性的大前提，意味着摒弃个人主义的刺激；结果不是极大地牺牲效率，就是牺牲创造其他可选择的刺激制度。"① 但是，奥肯没有给予彻底论述或注意到的是：取消这种竞争，牺牲了效率，却并未真正消除利益争夺，带来什么"四海之内皆兄弟"。取消了竞争性的考试制度，上大学，尤其是上名牌大学的竞争依然激烈，犹如取消市场，物质利益的争夺依然存在一样。取消的其实只是竞争的某些规则，竞争本身却改头换面，在缺乏正当规则之下，以"关系学"的方式大行其道。"不论……如何想方设法力图消除竞争，竞争还是见之于各个领域。"② 可见，教育生活中的竞争是教育发展加于竞争者的一种强制性法则，对每个竞争者都起作用，任何人都得处身于教育竞争的"场域"中。稀缺的教育机会如同阳光下的影子，当你要抓住它时，它又跑了，在不远处顽皮地向你招手……你只有咬牙坚持跑下去，不放弃就意味着希望，或许也可能有机会；而放弃则意味着彻底地出局或彻底地失败。

（二）教育竞争的功能

在现实教育生活中，社会设定了许多"成功—失败"情境，处于这一情境中的人只能面对两种结果：自己成功或别人成功。体育中的锦标赛是这种情境的典型。所有参加比赛的人员中，只有一人可以取得冠军，取得绝对意义上的成功，其他人在冠军面前则都是失败者。（如果群体竞争性项目，成功者同样也只能有一个队，其他队都是失败者。）这种成功—失败情境使得人们牢固建立起了"对手"的概念，直接激发了人们的竞争动机与行为。舍勒说："在'竞争制度'中，实事性的职分及其价值的观念，原则上要在所有人之间的态度基础上才会展开；这态度便是希求更多、更大存在的愿望。于是，每一个'位置'都变成这场普遍追逐中的一个暂时的起点。"③"不是特定的事物目的在指导追求和行动，而是对某阶段的单纯超越——即'破纪录'——成为推动一

---

① A. 奥肯著，王奔洲等译：《平等与效率》，华夏出版社 1999 年版，第 83 页。
② W. A. 刘易斯著，周师铭等译：《经济增长理论》，商务印书馆 2005 年版，第 51 页。
③ M. 舍勒著，罗悌伦等译：《价值的颠覆》，生活·读书·新知三联书店 1997 年版，第 21 页。

切的基本动机。"① 同时，教育生活中的竞争是建立在教育利益之上，建立在遵循一定规则基础之上，它是如何获取稀缺教育资源之争，是如何更好、更快地提高自己、发展自己之争，其目的在于超越自己。波普诺说："竞争是遵循某些规则的一种合作性冲突，在这种形式的互动中，达到所追求的目标要比打败对手更重要。就像冲突一样，竞争的一方获取目标，而另一方面临失败。但是，这里打败竞争者不是主要目的。与卷入合作性互动中的人不同，竞争者通过各自的努力去获取目标，并且彼此之间处于竞赛状态。"② 在社会心理学中，我们可以称试图在社会比较上优越于别人的需要为超越意识。超越意识是直接同人们自我价值肯定需要相联系的。超越别人是一个人获得自我价值肯定的重要途径。为此，人们在许多社会情境中都有超越别人，同时又担心或提防被别人超越的倾向。这样，超越意识直接转化成了竞争意识。与教育利益冲突引起的教育利益竞争相对应，可以称这种为争上游的竞争为超越竞争。学校中争取相对优秀成绩的竞争，生活中力争得到对自己有主要影响的重要他人的肯定的竞争（如学生争取老师好评）等，都属于超越竞争。诚如卡耐基所说："在你的梦中做一个国王吧！对你自己说：'我的位置在最高处'。"③ 或如舍勒所说："竞争是争名夺誉的竞赛，竞赛便要争先夺取目标；这目标有力地左右着从竞技训练和比赛直到……人的生活。在这种为夺取胜利而进行的竞争中，在这种追求……的可爱竞争中，万事万物都在'彼此争先恐后'、都力争超过对手：戴在胜利者头上的桂冠是何等令人陶醉，有幸抵达'本质'、认识和占有'本质'将多么令人振奋。"④ 总之，教育生活中的竞争是一种人类教育交往的动态演化过程，这一过程激励着人们去追求自己的教育权益。教育生活中的竞争产生于人们的正当教育利益不能得到同时满足所形成的冲突，它是刺激人们不断学习、不断进取的重要动力，"冲突和竞争能够激励人们出成就"。⑤ 具体而言，教育生活中的竞争具有如下功能。

---

① M. 舍勒著，罗悌伦等译：《价值的颠覆》，生活·读书·新知三联书店 1997 年版，第 23 页。

② D. 波普诺著，李强等译：《社会学》，中国人民大学出版社 2002 年版，第 133 页。

③ R. K. 默顿著，唐少杰等译：《社会理论和社会结构》，译林出版社 2006 年版，第 270 页。

④ M. 舍勒著，罗悌伦等译：《价值的颠覆》，生活·读书·新知三联书店 1997 年版，第 57 页。

⑤ B. R. 克拉克著，王承绪等译：《高等教育系统》，杭州大学出版社 1994 年版，第 306 页。

1. 减少无知

为了在竞取稀缺教育资源的竞争中获胜，每一个竞争的参与者都会努力搜寻着能改善他们地位、改善他们发展、提高他们竞争力的"新知识"，"新方法"。由此，教育竞争成为一种使许多人全力以赴地投入信息搜寻（"好"的学习模式方法、"好"的学习方式）活动的过程，这种活动尽管代价高昂，充满风险——对置身于其中的人而言，它绝对不是一种舒适的处境，但对于促进整个社会的教育进步、人的发展来讲却非常有益。人们去何处以及如何寻找"新知识"、"新方法"是因人而异的，这主要取决于个人的主观经验和个性差异。人们将采用五花八门的寻找方法，诸如模仿、学习、听专家讲座、自我总结，等等。与其他一些方法相比，如与由少数几个专家代表大众来寻找"新信息"相比，"新知识"、"新方法"搜寻努力的广泛基础和搜寻的多样性能获得更多、更好的，并能在教育竞争中派上用场的，且适合教育主体个性差异的"有用知识"。诚如哈耶克所言，竞争是"对发现一类事实的过程，即只要不借助于竞争，这类事实就不会被任何人知晓，也绝不会得到利用"。①

2. 扩散知识

在竞争性教育生活中，竞争中的成功者会受人追逐、会受人赞扬、会有名气，他亦便是个人物，便有价值。康德说："只有通过自己的成绩才能脱颖而出，为人重视。"② 与此同时，在教育竞争中的获胜者会招来模仿者，成功的"模仿者"又常常被其他人竞相仿效。菲施澳夫说："对历史的研究显示，人类社会总是需要'偶像崇拜'，这种崇拜对象通常是比较特殊的人，可能是最佳猎人，最佳运动员，也可能是最美丽、最聪明或是最高尚的人。"③ 这样，在教育竞争中的获胜者的学习方式、学习技能会以编码信息的方式四处传播。在现代文明社会中，社会各阶级之间的分界线已经变得越来越模糊，越来越不确定，在这种情况下，"竞争中的成功者"所树立的荣誉准则很少阻力地扩大了它的强制性的影响作用，并通过社会结构甚至通过权力结构一直贯穿到最下层。霍尔巴赫说："偏爱自己，关心个人利益，希望出人头地——这是每个人身上表现出来的情感。管理社会的人没有更有效的办法鼓励社会成员为公共利益服务。因此政府应该满足有功于国的公民的这种欲望，把某些权利、爵位、称号、特别荣誉标志、奖赏给予他们，表示他们卓尔不群；其他人都希望学习

---

① 柯武刚等著，韩朝华译：《制度经济学》，商务印书馆 2000 年版，第 277 页。
② 康德著，赵鹏等译：《论教育学》，上海人民出版社 2005 年版，第 14 页。
③ 《我们为何追星不止？》，《参考消息》，2010 年 1 月 13 日。

政府所推重的人的长处，所以并不反对如此彰明昭著的特别优待。"① 其结果是，每个阶层的人们都把"竞争中的成功者"的学习精神、学习方式、学习方法等作为他们学习上的典型、榜样，并全力争取达到"竞争中的成功者"这个理想的标准。库尔库耳指出："一个模仿的学生，一个用来供人模仿的人，这个概念在传统教育学中占着统治地位。这类教育学的动力不是发展人格，使人不断关心他的自由、他的自我责任，而只是获得大量知识。"②尽管库尔库耳在这里批评了传统教育学中"一个模仿的学生，一个用来供人模仿的人"只是获得大量的知识，但也恰恰说明了模仿"竞争中的成功者"在教育生活中是何等的普遍。

3. 抑制错误

当人们在教育竞争系统中犯错误或失败时，他们会很快从别人的眼光中以及胜利者对自己的打击中认清自己的错误、认识到自己的不足。他们会明白，自己没有以最有利于他人的方式、没有以最正当的方式运用自己的才智，从而也没有最好地增进自己的利益。与正面强调"竞争中的成功者"这个理想的标准相伴随的，则是强调对那些在其抱负上的退缩者、在其"竞争中的失败者"的惩罚。学生们被告诫"不要做一个半途而废者"，因为在成功文化辞典里如同青年人词汇里一样，"是没有'失败'这个词的"。成功文化宣言表达得很清楚：你不应放弃，不应停止努力，不应降低目标，因为"目标低下即是犯罪，而失败却不是"。默顿说："学校……是传承盛行价值观的官方机构，城市学校的大量课本都暗示或明确宣称'教育通向智力发达，从而也就通向工作和金钱的成功'。训练人们去实现其未遂志向这一过程的核心是关于成功的文化原型。"③ 这种"成功文化"告诫学生要接受三个文化公理：既然崇高的目标面向一切人，因而所有的人都应该为之奋斗；目前表面上的失败只不过是通向最后成功的一个小站；真正的失败是降低自己的雄心壮志，是放弃自己参与竞争的权利。拉斯韦尔下面这段话虽不是专门就教育生活中的竞争而言，但其蕴涵的真义却有指向性意义。拉斯韦尔说："富有的、成功的叔叔，富有的、成功的执事，富有的、成功的校友，富有的、成功的银行家都成了奉承别人或是炫耀自己的谈话焦点。这些人的画像装饰在墙壁上，他们的半身铜像点缀在客厅

---

① 霍尔巴赫著，陈太先等译：《自然政治论》，商务印书馆 2002 年版，第 141 页。

② 联合国教科文组织、国际教育发展委员会编著，华东师范大学比较教育研究所译：《学会生存》，教育科学出版社 1996 年版，第 104 页。

③ R. K. 默顿著，唐少杰等译：《社会理论和社会结构》，译林出版社 2006 年版，第 267 页。

中，他们的出现为各种聚会增添光彩。在'失败者'谋求捐助，或进行偷窃，或从事其他更坏的勾当时，无论在餐桌上，或托儿所里，或大街拐角处都能听到对'失败者'鄙视的称呼。"① 因此，在教育生活领域的新辞典里，"谦卑"与"怯懦"同义，"本分"与"没出息"等价，"低分"与"无能"等值，唯积极进取、努力学习以参与到竞争中的"胜利者"才值得大书特书。诚如拉斯韦尔所言："日常谈话、小说、电影都支持个人对成功或失败负责这个主题思想。他失败了，因为他……他成功了，因为他……。在资产阶级社会中，从属的通讯工具的主题不是失业所造成的绝望，不是收成不好所造成的不安定，不是禁令重重所带来的行政工作效率的降低，而是个人动机和个人奋斗。"② 因此，在学校乃至社会这个时空范围内，"竞争中的成功者"具有至高无上的权威，"竞争中的成功者"拥有一切，而那些"竞争中的失败者"则一贫如洗，就像一个囊中空空的乞丐，任人羞辱——"差生"、"双差生"、"学习特困生"等。按照这一评价人的"心理定势"或"社会定势"，学生们总是不满足于现状，不满足于已取得的成绩，总是不拘泥于已取得的成绩而是时时修正自己的"错误"，不断总结"失败"的教训，因而，一种活力充沛、干劲十足、不断进取的乐观气质和开拓型性格就在学校这一"场域"扎根并蔓延开来。

4. 培育竞争意识

教育竞争是双方或多方为争夺共同期望的稀缺教育资源而展开的竞赛、争取和角逐。斯克拉顿说："竞争意识已是人类理智的必要组成部分，它与我们据以赋予世界以价值的自豪感和自尊感联系起来，就这一点而论，悲伤于竞争意识的较为庸俗的表现形式是毫无意义的。"③ 竞争能促使人们为获取稀缺资源而不断努力，奋发向上。斯密说："不论在哪种职业，操这职业的大部分人所作努力的大小，总是与他们不得不作这努力的必要性的大小相称。这种必要性，因人的境况而不同。一个人的职业报酬，如果是他所期望的财产或甚至是他的普通收入及生活资料的唯一源泉，那这必要性对他就最大。他为取得这财产或甚至为糊口，一年中必须作一定量有一定价值的工作。如果竞争是自由的，各人相互排挤，那么相互的竞争，便会迫使每人都努力把自己的工作弄得相当正确。当然啰，在某些职业，只有成功才可获得伟大目标，这个情况，有时会诱使一些意志坚强雄心远大的人去作努力。但是，最大的努力，却明明用

---

① H. D. 拉斯韦尔著，杨昌裕译：《政治学》，商务印书馆 2005 年版，第 20 页。

② H. D. 拉斯韦尔著，杨昌裕译：《政治学》，商务印书馆 2005 年版，第 20—21 页。

③ R. 斯克拉顿著，王皖强译：《保守主义的含义》，中央编译出版社 2005 年版，第 91 页。

不着大目标来敦促。哪怕是卑不足道的职业吧，竞争和比赛，亦可使胜过他人成为野心的目标。竞争和比赛往往引起最大的努力。反之，单有大目的而没有促其实现的必要，很少足够激起任何巨大的努力。"① 教育竞争既贯穿于自人类社会产生以来的整个人类教育历史进程之中，又存在于个体或群体的生存和发展过程中，存在于人们之间的社会关系、教育关系中。在人类社会的教育实践活动中，不同主体的各方面的教育需要或教育利益不可能同时均衡地得到满足，因而势必使稀缺教育资源成为人们共同追求和争夺的目标，从而相互之间形成竞争。教育生活中的竞争产生于人们的正当教育利益不能得到同时满足所形成的冲突，它是刺激人们努力学习的重要动力。

现代教育区别于前现代教育的一个重要区别，在于是否建立起公平的竞争机制。所谓"优胜劣汰"的竞争规则，几乎已经成为现代教育体制的基础性原则。在美国，民主的管理体制支持学校发挥鼓励竞争的作用，这样，即使只存在少量的英才职业也需要有大量的机会以鼓励竞争。尤其是 1957 年苏联人造地球卫星的发射成功，促使美国政府思考自由教育的危机性，思考教育制度变革的紧迫性。"由个人的'自我实现'及学术上的平等主义这些概念所主导的自在时代结束了。我们不得不树立起才能标准并从人们一进中学起就挖掘他们的自然才能。这样做的结果是建立了对出众者的巨大奖励，这种奖励既有精神上的，又有物质上的；它注重给予科学上的那些出众者，尽管这种关注也会逐渐扩至所有的学科。可怕的竞争成了现今的法则。学术天资测试在划分学生等级上变得越来越重要，而显然很客观的才能尺度也越来越流行。一些二三十年历史的学院和大学变成了精英机构，形成了一种等级制文化。这种制度开始与法国的制度相近，它有着全国一体的标准，人自 12 岁起职业生涯就被确定下来了。美国古老的学术世界和它为人在任何时候开始做任何事所提供的机会——尽管很少进行什么鼓励，但也不存在什么障碍——都逐渐消失了。在大学里，才智和成就的声誉相应地提高了。如今最受尊敬的学生不是社交明星，也不是运动健将，而是那些在大学所主要致力的目标上的成功者。"② 就学校而言，美国的学校制度是一种鼓励"竞争性流动"的制度。在特纳看来，竞争性流动是一种制度。"在这种制度中，英才地位是一种依据某些公平原则在公平竞争中获得的奖品。竞争者在可运用的策略方面享有广泛的自由。由于成功的

① A. 斯密著，郭大力等译：《国民财富的性质和原因的研究》（下卷），商务印书馆 2003 年版，第 320 页。

② A. 布鲁姆著，秦露等译：《巨人与侏儒》，华夏出版社 2003 年版，第 313 页。

向上流动所获得的'奖品'不是由某个公认的英才赐予，所以这位英才就无权决定谁将得到、谁将得不到'奖品'。"① 一般而言，竞争性流动就像一场众人角逐几个公认的奖品的体育竞赛一般。只有所有的角逐者完全平等地进行竞争，才能断定竞争是公平的。胜利唯有通过个人的努力才能获得。当然，最满意的结局不一定是最有能力者的胜利，而是最有功者的胜利。跑赢了兔子的乌龟就是功勋运动员的民间典范。冒险、创新、坚韧和机智若能使开始处于劣势下的人获胜，那就是值得赞扬的品格。竞争规范意味着一位智力中等的人通过运用常识、机智、进取、胆识、成功的冒险而取胜，要比一位智力非凡者或受过最良好教育的人取胜更令人赞赏。简言之，竞争性流动是通过考试这一"筛选装置"授予获胜者享有某种类别的教育机会或占有某种类别的教育资源。"筛选不应通过集中管理的程序来确定，而应通过'自由市场'的'自然法则'，如'适者生存'、'供应与需求'来确定，集中管理的唯一任务就是维持这种市场的自由。"② 不仅美国如此，世界各国的现代性教育，提倡的基本上都是一种追逐成功的竞争精神，教育制度体制也不断鼓励每个人把自己人格的优越建立在战胜他人的成功之上。舍勒说："在'竞争制度'中，实事性的职分及其价值的观念，原则上要在所有人之间的态度基础上才会展开；这种态度便是希求更多、更大存在的愿望。于是，每一个'位置'都变成这场普遍追逐中的一个暂时的起点。"③ 在现实教育生活中，学子们在"教育场域"中享有的一切"好处"基本上都是通过竞争性考试获取的。例如，学子们如何才能毕业呢？基本上都是通过竞争性的考试获得的。特纳说："大学本身的管理也像一场真正的竞争，各种标准也是从竞争的意义上制订的。学生不得不于每学期参加一系列的选拔赛，只有少数入学者可获得毕业这一奖品。"④ 再如，学子们如何获取奖学金呢？一般都是通过竞争性的考试而获取的。尽管从许多方面来看，通过竞争性考试而获取奖学金这一激励机制，存在着诸多弊病。诚如罗素所说："它把争强好胜的精神带进了小小少年的奋斗过程中；它让他们宁愿从对考试的有用与否方面而不是从知识的内在旨趣或重要性方面来看待知识；它鼓励那种过早表现出来的回答问题的机灵，而不鼓励他们培养出面对困难、独立解决困难的能力。最糟糕的是，这种制度会让年轻人过度劳累，成人以后就

---

① 张人杰主编：《国外教育社会学基本文选》，华东师范大学出版社 2009 年版，第 77 页。
② 张人杰主编：《国外教育社会学基本文选》，华东师范大学出版社 2009 年版，第 97 页。
③ M. 舍勒著，罗悌伦等译：《价值的颠覆》，生活·读书·新知三联书店 1997 年版，第 21 页。
④ 张人杰主编：《国外教育社会学基本文选》，华东师范大学出版社 2009 年版，第 85 页。

精力减退、兴趣全无了。毫无疑问，由于这种原因目前许多才华出众的人都已变得庸庸碌碌了。"① 然而，通过竞争性的考试而获取奖学金的制度却大规模地推广开来。既然有如此之多的弊病，为什么还能大规模地推广开来呢？答案可能是，因为该激励机制是对人"争强好胜本能"、"竞争和个人主义本能"的一种回应；因为该激励机制能为教育发展创造"有序"的环境且操作"简便"；因为该激励机制可以"培养刻苦学习的习惯，不浪费社会的大量钱财"，② 更可能是因为该激励机制为学子们提供了之所以努力学习的预期或回报，提供了能调动学子们学习积极性的物质或精神动力。

（三）教育竞争的副作用

教育主体自由竞争稀缺教育资源尽管有一定的进步意义，它既是教育迅速发展、教育质量不断提高的一个基本动力装置，又是参与稀缺教育资源的自由竞争的个人自由的基本标志之一。但是，教育主体竞争稀缺教育资源本身会带来一定的副作用，尤其是当教育本身并没有对竞争给予正确引导时，其副作用更巨。"普遍的竞争气氛已成为各国内部尤其是国际上经济活动的特点，它愈来愈突出竞争精神和个人的成功。事实上，这种竞争现在终于导致无情的经济战争，导致贫富之间的紧张关系，从而造成各国和整个世界的分裂；这种竞争也激化了历史上存在的敌对情绪。教育有时因为对竞赛概念的解释不正确而有助于这种气氛继续存在下去，这是令人遗憾的。"③ 具体而言：教育竞争存在着以下一些问题。

1. 盲目的教育竞争导致教育失范

盲目的教育竞争会导致无政府主义，形成恶性竞争，引起毁灭性的后果。一般而言，当个人的自我利益凌驾于他人利益之上并且影响了其他人时，就发生了恶性竞争。在这样一种情形下，每个人都试图寻求自己的最大利益和优势，以压倒妨碍他的竞争对手。由于这种天性，竞争置个人和团体于互相敌视的关系、氛围之中。因而，竞争是破坏性的，导向最终的结果也是自我毁灭的，因为竞争的目的就是消灭他人，目的达到后竞争就终结了。凡是竞争不受约束之处，它便趋向垄断，直到彻底摧毁自我存在的各项条件。彻底残暴的竞争将割断自己的喉咙。恩格斯说："正因为每一个人具有与其他人相同的利益

---

① B. 罗素著，李国山等译：《自由之路》（上），文化艺术出版社 1998 年版，第 107 页。

② B. 罗素著，李国山等译：《自由之路》（上），文化艺术出版社 1998 年版，第 108 页。

③ 联合国教科文组织教育丛书，联合国教科文组织总部中文科译：《教育——财富蕴藏其中》，教育科学出版社 2005 年版，第 82 页。

而互相吞噬的凶猛野兽——竞争者不是凶猛的野兽又是什么呢?"① 竞争者的目的主要是自我保全,有时则只是为了自己的欢乐;在达到这一目的的过程中,彼此都力图摧毁或征服对方,同时还造成如霍尔巴赫所言的人们"一味干互相毁灭的勾当"这样的情况。罗素说: "当争强好胜的本能被用于获取财物时……是有害的,因为财物的数量有限,一个人得到了别人就没份了。当争强好胜的本能以这种形式表现出来时,必然会引起恐惧,而残忍又几乎必然会由恐惧发展而来。"② 任何两个人如果想取得同一东西而又不能同时享用时,彼此就可能成为仇敌、对手。穆勒说:"现在形成的人类生活的基础,物质产品的生产和分配所依据的原则,本质上是荒谬的和反社会的。这就是个人主义的原则,是竞争,每个人都只是为了他自己而反对所有其余的人。个人主义基于利益的对立,而不是利益的一致,在这种原则的支配下,任何人都只有通过斗争把其他人向后推,或者别人把他推向后面,才能获得自身的位置。"③ 竞争者中的每个人都按自己的愿望,力图把他认为对自己幸福有益的东西争取到手,"当某几个人对某一件东西或某一个人(例如某一女人)都满怀强烈的激情时,会产生什么后果。如果对某一个对象他们同样酷爱,他们就会变成仇敌,彼此之间的角逐就会达到非常激烈的程度,以致为了占有这个共同的嗜好品而互相毁灭。同样,当两个竞争的民族都想夺取同一个目标时,它们之间也会燃起敌对情绪,而要通过战争来解决争端。"④ 竞争恶化了人际关系,让每一个参与竞争的人时时处于恐惧之中。

就教育这一特定的"场域"而论,如果放任教育竞争而不加以约束或限制,人与人之间的关系必然恶化,教育生活世界必然由理性走向非理性,引来教育领域的无序和混乱,引来教育精神的迷失。教育生活领域中的"竞争和个人主义的本能"之所以会带来每个人与其他所有人的相互分立,在于个性的张扬、在于过分强调自己的能力和意志。阿巴拉斯特说:"因为每个人从本质上来说是受自私自利的贪欲与欲望所激发的。这不仅仅意味着人的世界是由分立的原子构成,每个人都在寻求他们自身的满足,也意味着从每个这些原子式的个人观点出发来看,其他人看起来都是客体,当他们并没有碰撞我们的时候是

---

① 《马克思恩格斯全集》(第3卷),人民出版社2002年版,第449页。
② B. 罗素著,李国山等译:《自由之路》(上),文化艺术出版社1998年版,第102页。
③ S. 卢克斯著,阎克文译:《个人主义》,江苏人民出版社2001年版,第31页。
④ 霍尔巴赫著,陈太先等译:《自然政治论》,商务印书馆2002年版,第16页。

中立的，否则的话就会有助于或阻碍我的目的和我的欲望满足的实现。"① 教育生活领域中的"竞争和个人主义的本能"之所以会带来教育失范，在于人性的基本规定是"自私"或"自利"的，人们总是试图以最小的耗费获取最大的收益，以自己利益的最大化为依归。施蒂纳说："我，利己主义者，心中并没有'人类社会'的福利。我不想为它牺牲任何东西。我只是利用它，但是为了能完全利用它，我必须把它变成我的财富和我的创造，就是说，我必须消灭它，在它的废墟之上建立自我主义者的联盟。"② 人性潜在的倾向就是贪婪，证明自己竞争能力的"教育场"、"考场"正好给这种人性提供了一个广阔无垠的扩展空间。在其他外部条件具备的情况下，贪婪的人性必然会走向极端性的贪婪，带来人的行为走向疯狂，结果以教育的失序告终。桑德尔说："贪婪是一种恶，是一种不道德的存在方式，尤其是当它使人们觉察不到别人的痛苦时。它不仅仅是一种个人的恶，它还与公民德性相冲突。在困难时期，一个良好的社会会聚集在一起。人们之间相互关照，而不是榨取最大利益。如果一个社会中的人们在危急关头剥削自己的邻居以获取经济利益的话，那么这个社会就不是一个良好的社会。因此，过分的贪婪是一种恶，而一个良好的社会若有可能就应当反对之。……通过惩罚而非奖励贪婪的行为，社会肯定了那种为了共同善而共同牺牲的公民美德。"③ 由于人性潜在的倾向是贪婪，而在贪婪的背后不但有一颗冷漠的心，更透露出利己的心思。滕尼斯说："利己主义者对别人的幸福和痛苦是无所谓的，愈是彻底的利己主义者，对他人的祸福就愈是漠然置之，他们的灾难也好，他们的福祉也好，他都不放在心上。然而如果显得有益于他的目的，他既能有意地对他们的灾难落井下石，也能让他们的幸福锦上添花。"④ 教育竞争不仅没有培养孩子健全的人格、丰富孩子的心灵，培育孩子崇高的精神世界，反而培养了孩子的冷漠、自私乃至妒忌。"现代民主作用是给所有年轻人提供平等的学习机会，结果大家一窝蜂往大学挤……再说，只有极少部分的学生通得过大专联考，在我们的教育系统里，你争我夺就变成了不可避免的情事。所以一般而言，我们的教育圈里个人主义的色彩极其浓厚，因为要是别人考得比我高分，就等于剥夺了我念大学的机会。同学间互相切磋现在绝无仅

---

① A. 阿巴拉斯特著，曹海军译：《西方自由主义的兴衰》（上），吉林人民出版社 2011 年版，第 44 页。

② S. 卢克斯著，阎克文译：《个人主义》，江苏人民出版社 2001 年版，第 17 页。

③ M. J. 桑德尔著，朱慧玲译：《公正：该如何做是好？》，中信出版社 2011 年版，第 8 页。

④ F. 滕尼斯著，林荣远译：《共同体与社会》，商务印书馆 1999 年版，第 184 页。

有。我怎能帮助同学考得比我高分？这场残忍的生存竞争里，每一个人只能照顾自己。"① 为了更好地说明"妒忌"的危害，我们在此以罗尔斯、罗素的思考为例做一说明。罗尔斯把妒忌分为"一般的妒忌"和"具体的妒忌"两种类型。②"上层社会的较大财富和机会受到妒忌，妒忌者希望自己也得到类似的利益。"上述这类妒忌属于一般的妒忌。具体的妒忌是敌对和竞争，在竞争职位和荣誉或另一个情感中失败的人们，倾向于妒忌他们对手们的成功；觊觎他们所获得的东西。尽管竞赛的妒忌，可以引导学生们努力去取得他人取得的成就、尽力去获取他人掌握的能力。"看到他们的更大的善，这推动我们在交往中以有益的方式为我们自己追求相似的善。"但是，竞赛的妒忌在一定的失败条件（诸如天赋差、家庭条件差、教育资源配置不均衡等）和失败感（诸如后进生等）之下，往往会演变成真正的妒忌。而真正的妒忌，是一种怨恨的形式，"它既会伤害它的对象又会伤害它的主体"。③

其次，过度的教育竞争摧毁了学校日常生活场域中管理者与管理者、管理者与被管理者之间的关系。学校组织几乎都是金字塔式的架构，而这种宝塔式的结构是教育管理当局为了鼓励下属人员向上爬而有意设计的。但是，这种鼓励并不需要多少就会十分有效，因为"早期的训练和教育已经鼓励了这种向上爬的行为"。由于学校的高层职位有限，而试图一展身手者大有人在，两者结合造成了向上爬的竞争。金字塔和向上爬的欲望导致了个人竞争，但这样的竞争对于有效地完成学校的教育任务并无多大好处。"企图利用组织内部竞争的好处并将它们应用于人际竞争看来并不安全。一支足球队可以成功地同其他球队竞争，但这并不意味着其内部成员相互竞争能有什么好结果。"④ 更为可怕的是，教育当局的上层人物成为教育竞争的最后仲裁者。他可以根据自己的偏好任意裁决，而不受任何的约束与"制衡"。一般而言，学校之间的竞争，是以不具"人性"的市场（即学校的教育质量、学校毕业生的质量）来判断其是否成功，但学校内部的竞技游戏就不同了，每个竞争者很大程度上依赖于上层人物对他所作出的评价。正因为这样，竞争者就学会了谄媚的本领。利维特分析道："在爬金字塔的过程中，人很像个孩子。小孩修剪草地效果的好坏取决于

① 孙志文著，陈永禹译：《现代人的焦虑和希望》，生活·读书·新知三联书店 1995 年版，第 74—75 页。
② J. 罗尔斯著，何怀宏等译：《正义论》，中国社会科学出版社 2001 年版，第 534 页。
③ J. 罗尔斯著，何怀宏等译：《正义论》，中国社会科学出版社 2001 年版，第 536 页。
④ H. J. 利维特著，张文芝等译：《管理心理学》，中国人民大学出版社 1989 年版，第 350 页。

父母的反应。父母说好，孩子就认为好；父母说不好，孩子就会觉得很糟。孩子的判断完全依赖于父母的标准。而且孩子学会了巴结讨好的本领。"① 再次，人际竞争导致了自我与社会需要之间的内心冲突。"在父母和学校鼓励我们去竞争的同时，我们的依赖性也鼓励我们的社会需要。踩着别人的肩膀向上爬是不道德的。所以人际竞争可能破坏人的感情并引起犯罪感。"②

此外，过度的教育竞争导致教育本真的丢失，导致教育功能的异化。教育放弃育人为本的理念，教育中的人不是为了精神的自由成长而劳作，而是为了获得较高的社会位置，获取较多的收益，获得较高的考试分数等。获得较高的社会位置等，打败竞争对手成为每个人的奋斗目标。"其实，现在我们常说的生存竞争，已经不再是为了维护自己的生存权的竞争，而是一种永无休止的追求成功的竞争。驱使他们拼命往前赶的鞭子，不是第二天早晨能否吃到早饭的忧虑，而是被竞争对手击败的惊恐。"③ 在这样一种生存状态下，每个人的感觉和才智横遭压抑，每个人的心灵世界也是残缺不全的。"生活是一种争夺、一种竞争，尊敬则给予竞争中的胜利者。这种观点导致了以牺牲各种感觉和才智为代价，对意志培植的过分强调。这样，可能是本末倒置了。"④ 在这样一种生存状态下，每个人慢慢进入精神迷失和空虚的状态。"我们比以前更富有了，然而，我们缺失自由；我们比以前消费得多了，然而，我们却更为贫乏空虚；我们有了更多的原子武器，然而，我们却越发不能防卫了；我们受到了更多的教育，然而，我们却越发缺乏批判性的判断力和信念。"⑤ 对于无序、无度乃至残酷的教育竞争，马斯洛进行了尖锐的批判。他说："有压倒多数的教师、校长、课程设计者、学校督察，他们的工作主要是让学生得到在我们工业社会所需要的知识。……他们主要关心的是效率，即灌输最大数量的事实给最大可能数量的学生，用尽可能少的时间、费用和人力。"⑥ 罗素也对冷酷的竞争给予了批判，并揭示了它对青少年的危害。"把竞争看作是生活中的主要事情，这种

---

① H. J. 利维特著，张文芝等译：《管理心理学》，中国人民大学出版社 1989 年版，第 351 页。

② H. J. 利维特著，张文芝等译：《管理心理学》，中国人民大学出版社 1989 年版，第 350 页。

③ 武修平等编著：《人性的死角》，内蒙古人民出版社 2002 年版，第 141 页。

④ B. 罗素著，石磊编译：《罗素谈人的理性》，天津社会科学院出版社 2011 年版，第 31 页。

⑤ E. 弗罗姆著，王泽应等译：《人的呼唤》，生活·读书·新知三联书店 1991 年版，第 80 页。

⑥ A. 马斯洛著，林方译：《人性能达到的境界》，云南人民出版社 1987 年版，第 181 页。

观点是太冷酷、太顽固了，使人的肌肉绷得太紧，意志过于专注集中。……不仅劳动受到竞争哲学的危害，悠闲生活也同样深受其害。那样一种闲情安逸、使人神经放松的悠闲生活，被看作是令人厌烦无趣的。接踵而至的必然是连续的加速运转，其自然的结果是吸毒和崩溃。"① 而现行教育的重要职能之一，恰是打败竞争对手，赢得最后的胜利。教育通过让学生取得高考分、高升学率，显示自己的能量。学校只关注如何最大限度、最高效率地灌输知识，通过考试开展知识灌输竞赛，让学生获得尽可能多的知识符号，以便为其获取更高的等级和序列服务。但是，在这一过程中，体现教育精神的更为宝贵的东西失落了，而更为宝贵的东西无非是"教育的功能、教育的目的——人的目的，人本主义的目的，与人有关的目的根本上就是人的'自我实现'，是丰满人性的形成，是人性能够达到的最高度的发展"。②

2. 盲目的教育竞争导致不择手段和不顾后果的恶性竞争

教育竞争为教育带来了效率、带来了质量，也给人们带来了从旧（诸如德行、关系、特权等）的束缚中解脱出来的希望。这种希望不仅在于教育主体性的确认，更重要的是，教育竞争的产儿——考试分数，使人们斩断了与传统的依附和归属纽带，斩断了"人的依赖关系"，成为自主独立的原子式个体。迈克尼尔说："一种教育制度……为了实现如此之高的目标，而将考试分数作为升级和高中毕业的标准，（并）排除了根据学生认知与智力的发展、他们的成长、他们的社会意识和社会良心以及社会的和情感的发展来讨论学生学习的可能性。就仿佛'整个儿童'都已经成为一个固定的个体一样。"③ 但是，获取考试分数的能力不是天生的、世袭的素质，而是自身努力取得的素质，"一切智力上的优越都是积极努力的结果"，④ 这为崇尚自我价值的个性精神提供了适宜的生长土壤。在教育竞争尤其是考试分数盛行的社会，人们视清规戒律为草芥，把塑造一个与众不同的"我"奉为至上目标；人们推翻了非礼勿求的自我限定原则，异常崇拜出类拔萃的精神。"如果不能出人头地，为人又有什么意思呢？"⑤ 这个实际上已经给出了答案的设问，表明个人价值已在愈益公开的形式上转变成了教育生活追求所环绕的轴心，表明个人的成就需要在整个社会的

---

① B. 罗素著，石磊编译：《罗素谈人的理性》，天津社会科学院出版社 2011 年版，第 32 页。

② A. 马斯洛著，林方译：《人性能达到的境界》，云南人民出版社 1987 年版，第 169 页。

③ L. McNeil, *Contradictions of school reform*, London: Routledge, 2000, p.733.

④ J. 密尔著，汪瑄译：《代议制政府》，商务印书馆 1984 年版，第 48 页。

⑤ 科恩著，佟景韩等译：《自我论》，生活·读书·新知三联书店 1986 年版，第 156 页。

社会价值和个人价值系统中占据着中心地位，给人提供了一个新的和非常重要的自我评价标准，"不要对别人过于关注，特别是同班的其他孩子：社会交往要从属于学业上的追求"。① 人是自身教育生活的主宰者和创造者，日益成为一种得到普遍认同的生活信条。拉斯韦尔说："任何组织严密的生活方式都要按照自己设计的模式来塑造人的行为。……资本主义社会的个人主义必须从人的襁褓时期开始，直到他埋葬入土之日为止，反复地进行灌输。在作为众多资本主义国家之一的美国，个人成就与个人责任的生活从（一个人）有知觉的一天开始，就在歌曲中和故事中被吹捧上天。储蓄硬币的扑满灌输着勤俭节约的习惯，在校园中搞贸易活动传播着资产阶级的价值标准。学校中个人得分的制度在同学之间造成竞争性的差距。'成功和失败全在你自己。''努力就能成功'的意思就是'如果你努力去干，就会成功；如果得不到成功，就是你努力不够'。"② 与"荐举"时代安分守己、听天由命的"本分"观念相悖，一种自我选择、自我设计、自我成就的新观念进入了人们的视野。诚如贝尔所说："对于'你是谁？'这个典型的身份问题，一个墨守传统的人通常回答说，'我是我父亲的儿子'。今天的人则说，'我就是我，我是自己的产物，在选择和行动的过程中我创造自己。'……对我们来说，已经成为认识和身份源泉的是经验，而不是传统、权威和天启神谕。甚至也不是理性。"③ 教育竞争乃至考试分数无疑是一种以新的方式强调意志自由，推崇人的主体能动性和创造性，以及人可以通过开发自己的潜能、发挥自己的能力，通过自己的努力来战胜命运的力量的利器："如果我为了替自己辩护，把自己的不幸解释为命运不好，那我便使自己屈从于厄运。如果我把不幸归罪于变化，我便使自己屈从于变化。但如果我自己承担一切责任，我就以此捍卫了自己作为人的可能性。我能够影响同我密不可分的东西的命运。我是人的共性的组成部分。"④

正因为教育竞争乃至考试分数具有如此巨大的"伟力"，正因为德行（如价值观、信仰、情趣、精神世界等）在获得稀缺教育资源方面所占的比重下降，摆脱束缚的自由人在教育竞争过程中也合乎逻辑地表现出了不计手段和不顾后果的无限野心。例如，一些学生为了在竞争性考试中获取高分，使用了各

① C. 贝克著，戚万学等译：《优化学校教育》，华东师范大学出版社 2003 年版，第 30 页。

② H. D. 拉斯韦尔著，杨昌裕译：《政治学》，商务印书馆 2005 年版，第 19－20 页。

③ D. 贝尔著，赵一凡等译：《资本主义文化矛盾》，生活·读书·新知三联书店 1992 年版，第 137 页。

④ 科恩著，佟景韩等译：《自我论》，生活·读书·新知三联书店 1986 年版，第 460－461 页。

种各样的花招和手段，诸如抄袭，服用非法处方药帮助自己集中注意力，想方设法在考前获取试题，遇到难题时用手机给朋友发短信以迅速得到答案，等等。朱克曼在《美国：内疚文化转向羞耻文化》一文中指出："有残障的学生在学业能力倾向测验（SAT）中可以延长考试时间，这一无可厚非的惯例如今成了作弊的途径。如今，许多学生的父母设法开出残障医疗证明，让孩子在参加 SAT 时获得更多考试时间从而增加被大学录取的希望……70%以上的学生承认在前一年的考试中至少有过一次作弊行为。为什么？假如学生看到其他同学作弊而老师没看见或没制止，许多人当然就会认定作弊是保持竞争力的重要手段。技术的进步使作弊变得越来越容易。例如，手机彩信使学生可以把试卷拍下来传给教室外面的朋友。"① 在我国，一些学生在考试中利用高科技作弊的现象越发严重。一些学校为了防止学生作弊，在考场安装了手机信号屏蔽器，但"道高一尺，魔高一丈"，防屏蔽作弊装备立即涌现，并大行其道。"内地学生为求考试得高分，其创造力之惊人，想象力之丰富，令人叹为观止。集体购买和使用高科技作弊工具自不必说，日前还有一位到香港求学的女研究生，用金钱购买试卷而锒铛入狱，将她在内地行之有效的一切向钱看的'潜规则'，依样画葫芦地照搬到香港，最后当然难逃锒铛入狱的命运。"② 当教育竞争演化为不择手段地战胜、打败、获得、占有某种教育资源时，没有人能真正体会到教育的温暖，没有人能真正体会到教育的幸福，也没有人能真正地体会何为公平、何为正义。

3. 盲目的竞争导致集体的非理性和总体的无效率

按照集体行动的逻辑，个人理性地追求自身利益往往会导致集体的非理性和总体的无效率，从而使个人教育利益的最大化不仅不可能自动地导致集体教育利益的最大化，反而会造成大量外部不经济的情况，如片面追求升学率、教育腐败、对弱势群体的歧视，等等。诚如莱亚德所说："我们越来越把个人利益看作唯一可靠的动机，将人与人之间的竞争看作能最有效发挥他们才能的途径。这往往适得其反，通常也无助于营造快乐的工作场所，因为地位竞争是一种'零和游戏'（zero-sum）。"③ 现仅以北京大学的招生为例作一分析。北京大学招生实行按省分配录取名额、省内按考试分数择优录取原则。若仅从个人视角与过程视角来看，这是一场能力取向的"贤能主义"主导的公平竞争。考

---

① 《美国：内疚文化转向羞耻文化？》，《参考消息》，2006 年 11 月 3 日。
② 《内地教育"潜规则"毁了大学生良知》，《参考消息》，2006 年 12 月 26 日。
③ 《资本主义需要摆脱"零和游戏"》，《参考消息》，2009 年 3 月 21 日。

试分数面前人人平等，获致性（成就、考试分数）因素掩盖了先赋性因素，成为招生录取场域中的决定性因素。若从整体视角与结果视角看，按省分配名额的录取原则，导致各省的录取指标、录取分数差异悬殊。先天性因素——"你所是"与获致性因素——"你所为"之间形成一个繁复的社会拓扑结构、身份之争、地域之别与资本之用——在招生录取场域却成为隐匿不显却无处不在的关键性因素。更具体地说，在"高考分"省，诸如浙江、山东等，农家子弟凭借"高考分"进入北京大学（体现了考试场域贤能主义主导的技术路线），在"低考分"省，诸如新疆、贵州等，农村考生因为"低考分"不能进入北京大学，垄断大中城市优质教育资源的干部子弟却以省内相对的"高考分"、全国的相对"低考分"跨入北京大学。刘云杉等人通过对 1978 至 2005 年间跨入北京大学的农家子弟的系统研究，曾得出如下推论："北大的农村新生多来自高考高分省，这一群体分数均值就偏高；而官帽型的低分省，政策照顾的受益者多为省会城市的干部家庭出身的学生，而非这一区域的农村学生。在此，先赋性因素——身份团体、社会网络、家庭的经济资本、毕业中学的文化资本——具有和获致性因素（考分）不相上下的作用，前者甚至决定了后者。"[1] 刘云杉的推论在梁晨等人所著的《无声的革命》一文中得到了验证。统计发现，从1952 年到 1999 年，26.2％的北京大学学生父母中至少有一方是干部，37.46％的学生有家长是专业技术人员，19.97％的有家长是农民，18.05％的有家长是工人，也有 6.38％的学生有家长是办事人员，4.8％的有家长是商业服务业人员。[2] 截至 1999 年，向北京大学提供过学生的中学约 6000 余所，但为北京大学输送过学生的中学只占全国所有中学的很少比重。北京大学的数据显示，1949 年以来，7.39％的北京大学本科生来自前 5 所中学，这 5 所中学只占所有向北京大学输送过学生学校的 0.08％。占来源中学前 3.08％的中学（计 200所）输送了 41.1％的北京大学学生。前 5％的中学输送了 50％的北京大学学生，前 20％的中学输送了接近 80％的北京大学学生。在全部约 6500 所来源中学中，各中学向北京大学输送学生的能力和数量存在很大差异。如果考虑到这些中学在全国数量众多的中学只占到很小的比重，精英大学来源中学的集中特征就愈发明显。[3] 进一步的研究发现，向北京大学输送学生较多的中学，绝大部分都是教育行政部门评定的重点中学。"越是不发达地区，重点中学越重要。

---

① 刘云杉等：《精英的选拔》，《清华大学教育研究》，2009 年第 5 期，第 58 页。
② 梁晨等：《无声的革命》，《中国社会科学》，2012 年第 1 期，第 105 页。
③ 梁晨等：《无声的革命》，《中国社会科学》，2012 年第 1 期，第 113 页。

在很大程度上，学生一定要上重点中学，才有机会进入北大这样的精英大学。北大数据显示，来自海南、贵州等省的学生集中在极少数位于城市的重点中学，在来自海南的北大学生中，70％来自同一所重点中学。"① 可见，考试场域看似客观公正的贤能主义用过程的公开、个体的公正遮蔽了优质教育资源分配过程中、稀缺教育机会竞争过程中的权力性因素，考试场域看似客观公正的标准渗透着"社会效率"和"专家治国"的价值，用"分数面前人人平等"的口号掩盖了教育资源配置的不公以及对处境不利者的冷漠。而招生录取场域中的政治原则（各省均占一定比例的代表制）所惠及的，却是边远省份的干部子弟。就此而言，罗尔斯的分析具有一定的启示意义。罗尔斯认为，自然资质的分配无所谓正义不正义，人降生于社会的某一特殊地位也谈不上不正义。这些只是自然事实。正义或不正义是制度处理这些事实的方式。"贵族制等阶级社会不正义，是因为它们使出身这类偶然因素成为判断是否属于多少是封闭的和有特权的社会阶层的标准。这类社会的基本结构体现了自然中发现的各种任性因素。但是人们没有任何必要听命于偶然因素的任意支配。"② 既然"人们没有任何必要听命于偶然因素的任意支配"，那么，更没有任何必要听命于权力或特权因素的任意支配。如果教育不能改变最不利者的生活前景，如果教育不能给每个人带来期望，这样的教育一定是无效益的。诚如罗尔斯所说："教育的价值不应当仅仅根据经济效益和社会福利来评价。教育的一个作用是使一个人欣赏他的社会的文化，介入社会的事务，从而以这种方式提供给每一个人以一种对自我价值的确信。教育的这一作用即使不比其他作用更重要，至少也是同等重要的。"③

就我国高等教育而言，近20年来，在高等教育大众化背景下，政府在高等教育的公共政策领域，主要采纳了一种引入竞争机制的效率主义取向，其顶层设计理念，以"做大"为前提，以"做强"为目标。目前，"做大"可以说基本实现，高等教育规模甚至超过美国，成为名副其实的高等教育大国；每年产出的科研成果也位居世界前列，尽管质量有待提高。但是，在"做强"方面，与发达国家相比，存在着较大的差距。为了尽快扭转这一局面，我国采取了一系列有针对性的制度安排，例如，政府通过实施"211"、"985"等建设工程，旨在扶持少数大学尽快进入世界一流大学行列；通过设立各种国家、地方

① 梁晨等：《无声的革命》，《中国社会科学》，2012年第1期，第115页。
② J. 罗尔斯著，何怀宏等译：《正义论》，中国社会科学出版社2001年版，第102页。
③ J. 罗尔斯著，何怀宏等译：《正义论》，中国社会科学出版社2001年版，第101－102页。

和高校的人才项目，旨在培育和引进一批具有国际影响力、竞争力的杰出人才；通过重点学科、基地、实验室、创新平台和创新团队等的建设，旨在创建一大批优势学科和团队。就这些制度设计或安排的初衷而言，显然具有很强的现实性和针对性，取得了明显的成效。但是，这一制度设计或安排在实施过程中引发了一些问题，甚至带来了负面影响。面对我国以政府为主导的高等教育资源配置的"竞争性体制"，一些学校拼命开展"升格运动"——专科学校"晋升"本科院校、本科院校"荣升"重点院校，重点院校"跻身""211"或"985"大学；一些学校举全校之力，拼命申报博士学位授权点或者重点学科、重点项目；一些学校迷失于频繁的某项工程、计划、项目和奖励申报流程之中。在学校"地位"，在大项目、大工程、大平台和大团队带来"利益"的诱惑面前，能坚持"育人为本"、抗拒诱惑的大学少之又少。以竞争性资源配置为导向，确实促进了我国高等教育质量、人才培养质量的提高，但也出现了一些令人忧虑的问题、非理性的行为。不仅学校如此，高校教师同样面临着过多、过频乃至过于"残酷"的竞争。教师有限的时间、精力被各种申请、汇报、"跑项目"所侵占，教师犹如被置身于一场旷日持久、似乎永无尽头的拉力赛。持续的紧张、激烈的竞争不仅没有推进学术研究的发展，反而带来职业倦怠、学术情趣淡漠甚至心态扭曲等。导致教师压力大、竞争激烈、学术心境差的原因尽管多种多样，但过于重视资源配置的竞争性体制无疑是首因。

　　解决或避免这些问题，既需要创新制度安排，更需要大学坚守大学精神，秉持"寂寞"、"淡定"的办学情怀。"《大学》之道，在明明德，在亲民，在止于至善，知止而后有定，定而后能静，静而后能安，安而后能虑，虑而后能得。"学校坚守自身的使命、守护自身的精神、崇尚教育教学研究，追求真理，坚持独立思考，才能抵制各种利益的"诱惑"，也才能培育"亲民"、培育合格的公民。"居天下之广居，立天下之正位，行天下之大道。……富贵不能淫，贫贱不能移，威武不能屈。"① 坚守学校的优雅、宁静和淡定，才能维护学校的清醒和理性，明确自身的使命和目标所在。"斯是陋室，惟吾德馨。"坚守学校的优雅、宁静和淡定，才能自觉守护学校的精神和原则，激发和保护教师、学生对于学习、探索、研究的兴趣、热情和追求。正如雅斯贝尔斯所说："创建学校的目的，是将历史上人类的精神内涵转化为当下生气勃勃的精神，并通过

---

① 《孟子·滕文公下》。

这一精神引导所有学生掌握知识和技术。"① 坚守学校的优雅、宁静和淡定，才能遵从学校的尊严与风骨。诚如曾国藩所说："养活一团春意思，撑起两根穷骨头。"或如洪应明在《菜根谭》一书中所言："肝肠煦若春风，虽囊乏一文，还怜茕独；气骨清如秋水，纵家徒四壁，终傲王公。"② 大学是"育人"、"育心"的圣殿，执教育理想以逐公平正义，怀执着教育信念以索真理，在大学发展的路途中，启程、远行、守望、再出发……踩下的，是一串厚实而坚韧的脚印，"仰不愧于天，俯不怍于地"（孟子语）。既以"在场"的姿态、参与社会现实的立场铸就学校精神，同时牢记学校根本使命，才能在熙熙攘攘的现实教育生活中正本清源，安放灵魂，引发共鸣，激起公共回响。大学是名师云集、智慧碰撞、空气自由的"雅堂"，是一个纯洁的、教书育人的殿堂，而不是趋炎附势、私相授受、蝇营狗苟之"名利场"，更不是充斥着"假"与"虚"，混杂着权权交换、权钱交换的"交易所"。大学只有坚守"育人为本"的办学伦理才有尊严，而尊严之于大学，是价值归依与精神基点。事实上，大学只有抹上尊严的油彩，在对真理的求索、对真相的描摹、对公平正义地图的勾绘过程中，才能绽放光色，直抵人心；大学只有以尊严托底，在笔尖、指尖、舌尖和心尖之巅舞蹈，才可背起道义行囊，勇往直前。

4. 盲目的教育竞争造就精于算计的"经济人"

教育生活中的竞争最终造就了一群狂热的知识追求者、狂热的"考试分数"崇拜者，造就了一大批具有计算型性格的"巨人"，一大批只关注自我利益的"精明者"。在经济生活中，"经济人"——理性地追求效用最大化，至今仍然是正统经济理论的核心。维布伦把这种"经济人"看作是"一台高速的苦乐计算器，他游移不定，像一个汇集了无数相同幸福之感的欲望之球，种种刺激因素驱使他乐此不疲，但却始终完整无损。他既无前因也无后果。他是一种孤独、特定的人类材料，除非有某种冲击力迫使他朝这个或那个方向运动，不然就处于稳定的均衡状态。在要素空间中自行其是，围绕他自己的精神轴心进行匀称旋转，直到力的平行四边形把他击败。于是他又顺着合成力的方向运动。一旦冲击力消失，他就会静止下来，又像以前那样成为一个不受外界影响的欲望之球"。③ 处于教育竞争场域的学校、教师与学生，类似于经济活动领域中的"经济人"，在学校、教师、学生的眼里，只有"考试分数"，而没有其

---

① K. 雅斯贝尔斯著，邹进译：《什么是教育》，生活·读书·新知三联书店 1991 年版，第 33 页。

② 洪应明著：《菜根谭》，东南大学出版社 2010 年版，第 46 页。

③ S. 卢克斯著，阎克文译：《个人主义》，江苏人民出版社 2001 年版，第 127 页。

他。于是，学校世界呈现如下景象：学校中过分重视学生积累和获得知识资料，以便在课堂回答和考试时照搬。知识常视为目的本身，于是，学生的目的就是堆积知识，需要时炫耀一番。一旦教育放弃自己的理想和信念，一旦掌握知识成为学生学习的目的，那么，"教育就将变成训练机器人，而人也变成单功能的计算之人，在仅仅维持生命力的状况中人可能会萎缩而无法看见超越之境"。① 考试本身只是证实已经发生的事情：学生运用他的自由对自我作出选择，但是一些需要特别技巧的考试，却淘汰了真正具有创造精神的人。"通过一连串考试，一步一步地抵达目的地，这种方式对不能独立思考的芸芸众生来说是十分有利的，而对有创造精神的人来说，考试则意味着自由学习的结束。"② 因此，教育生活中的考试、竞争忽视了对智慧的向往、对心性的关怀、对文化的滋养、对人生的思考，其目的不在于引导那些接受教育的儿童进入更高的人生，去感受蕴藏在人类生活中的深邃的经验和普遍的问题，去以那些人类不屈不挠去追求的价值来开拓心性，也不在于引导儿童在公共生活中通过思、言、行而追求人格的优秀和卓越，更不在于培育儿童的德性。诚如雅斯贝斯所言："一种对教化的敌意已经形成，这种敌意将精神活动的价值贬低为一种技术的能力，贬低为对最低限度上的粗陋生活的表达。这种态度是同这个星球上的技术化过程相关联的，也同一切民族中的个人生活与历史传统相脱节的过程相关联。由于这一过程，一切事物都被置于新的基础之上。"③ 的确，教育生活中的竞争把人们置于新的基础上，即置于人们的"利欲"之上，而不是置于人们的"精神"之上。

教育生活中的竞争是以牺牲人类精神成长、是以牺牲教育的本质为代价的，这显然是得不偿失的。教育是人的灵魂的教育，而不是理智知识和认识的堆集。教育是培养人的精神活动，是通过培养不断地将新的一代带入人类优秀文化精神之中，让他们在精神世界中自由翱翔。但是，在教育生活中竞争越来越普遍的情况下，"本来是用训练有素的方法来处理广泛的学习资料，现在变成了空洞无聊的尽义务而已；本来学生的学习目的是求取最佳发展，现在却变成了虚荣心，只是为了求得他人的看重和考试的成绩；本来是渐渐进入富有内

① K. 雅斯贝尔斯著，邹进译：《什么是教育》，生活·读书·新知三联书店 1991 年版，第 36 页。
② K. 雅斯贝尔斯著，邹进译：《什么是教育》，生活·读书·新知三联书店 1991 年版，第 146 页。
③ K. 雅斯贝斯著，王德峰译：《时代的精神状况》，上海译文出版社 2003 年版，第 139 页。

涵的整体，现在变成了仅仅是学习一些可能有用的事物而已。本来是理想的陶冶，现在却只是为了通过考试学一些很快就遗忘的知识。如果变得日益严重的教育本质问题，竟被人们如此地忽略，那么教育就会变得丧失根本目的而不稳定和支离破碎。它带给学生的不再是包罗万象的整体教育，而是混杂的知识"。① 由于学校放弃了对精神和智力生活的追求，放弃了对学生进行精神熏染、文化陶冶和灵魂提升的本分，学校的精神价值失落了。学校像填鸭般地用那些诸如形而下之"器"的东西，塞满学生的头脑，堵塞学生的心智，而本真存在之"道"却一再失落甚至被视而不见。这些做法显然阻挡了学生通向自由精神之通衢、阻滞了学生思维能力的发展、妨碍了学生独立人格之形成。"不成系统的专业和知识，传授考试技巧等等，这些都削弱了原初的精神生活，削弱了学生的反思能力，以及独立自主的个性和对一个问题反复思考的习惯。"② "在学校的行事表上，最首要的工作永远是准备联考，联考以外的题目是不值得拿到课堂上讨论的。学生若有什么个人问题，课堂上没有时间也没有意思来谈与联考无关的个人心理问题。况且，为考试的教学只要求条文式的客观知识。答案是固定的，个人如何解释，这项问题根本没有人问。在课堂上或考试作答时，学生毫无机会说出个人的想法。"③ 即便是通过严厉的考试，幸运地进入大学的学生，其大学教育生活也是平庸无趣的。"他们从来没有尝过有目标、有系统求学的甜蜜果实，难怪他们的世界观愈来愈肤浅，他们的行为愈来愈不稳定，愈无理性。他们的兴趣十分短暂，说说就忘了。难怪他们无法了解现代社会复杂的问题，难怪他们也不情愿在课堂上跟同学讨论问题。由于缺少认真的学术讨论，今天大学教授和大学生、学生和学生之间，难得有意义深长的心灵会晤。被孤立的学生更加退缩到由主观的梦想、一厢情愿的念头、毫无界说的概念所构成的混乱世界。这是最严重的孤立。这样的学生能期望社会对他做什么？社会又能期望他做什么？"④ 例如，在我国现行的高考制度下，"县中模式"对学生心智的影响值得关注和思考。在我国，办学历史悠久、师资雄厚的

---

① K. 雅斯贝尔斯著，邹进译：《什么是教育》，生活·读书·新知三联书店1991年版，第45页。

② K. 雅斯贝尔斯著，邹进译：《什么是教育》，生活·读书·新知三联书店1991年版，第33页。

③ 孙志文著，陈永禹译：《现代人的焦虑和希望》，生活·读书·新知三联书店1995年版，第75页。

④ 孙志文著，陈永禹译：《现代人的焦虑和希望》，生活·读书·新知三联书店1995年版，第76页。

高中大多分布在县与地两级，强大的"县中"为学生进入重点高校铺就了一条相对宽敞的道路。"县中"这类学校，或者说从民间文化、从历史深处长出来的优秀中学，为乡镇、区县等中下层的优秀学生提供了优质的教育资源。在扩大精英人才选拔的开放性，推动社会的流动、促进社会公正上，发挥了积极作用。可以说，"县中模式"是当下制度背景下，基层社会凝聚智力、物力与人力，聚合优质教育资源，提供优质教育质量的独特模式。但是，"县中模式"的弊端同"县中模式"的基本性质有着不可分割的联系，可以被视为是一个铜板的另一面："有光的地方，就有阴影。""县中模式"的教育理念是"吃得苦中苦，方为人上人"，县中亦有"考试集中营"、"高分制造厂"之名。"在高训诚的纪律空间中，教育以'总体制度'（total institutions）的方式来运作，这些制度被设计用来彻底转变学生的心智、身体和自我，以适应名牌精英学校和未来精英集团的预定要求。这类学校用严厉甚至苛刻的制度来进行时间控制与空间控制，用频繁的、高竞争、高淘汰的考试来控制学生的心智结构。县中用'选择性禁闭'使学生与他们的家庭隔离开来，也使他们和同龄的其他群体隔离开来，彼此之间形成既竞争又认同的同源性群体，这一群体的同源性又进一步强化了他们共享的社会化进程和社会资本的封闭性。从此意义上来看，这些著名的中学成就了学生新的社会身份与身份团体。然而，在'选择性禁闭'中强化出来的学生将如何面对这个丰富多彩的世界？"① 同时，"县中模式"在培养团结与合作之类的美德时，它还使用相反的一些方法"培养不健康的竞争精神"。

　　不仅中学生如此，教师尤其是大学教师同样置身于强烈的"竞争场域"之中。大学教师职务晋升的基本条件，通常是以论文、专著、科研项目的数量"产出"为基准。这一晋升条件虽激发了教师自身利益需求的冲动，有利于让一些有潜力者脱颖而出，体现某种程度的社会公平，但是，如果竞争过滥、过多，可能会纵容、助长学术界的不正之风，盲目追求数量，导致学术界的一些专著、论文重复发表。例如，在 CNKI 或者其他学术资源网上搜索，很容易发现一个人的几个作品内容雷同，但是换了个"包装"，即换了个题目，甚至有些题目几乎都懒得换，就发表在国内或者国外不同的学术期刊上，或者是由不同的出版社出版。这种竞争"数量"的做法反映了学术界急功近利的冲动，单纯追求数量而忽视质量。那么，一个人的成就和成果真的能用他的论文或者专著的数量来衡量吗？答案显然是否定的。数量固然可以说明一个人是硕果累

---

① 　刘云杉等著：《精英的选拔》，《清华大学教育研究》，2009 年第 5 期，第 58－59 页。

累，但是质量更为重要。例如，马克思集一生心血写就的《资本论》，至今仍被西方经济学家奉为"宝典"和"圣经"。更为严重的问题是，教师还必须表明其教学或研究对经济收益的"贡献"，否则就不可能申请到政府的科研资助。这一做法，从某种程度上加剧了竞争。例如，英国从撒切尔时代开始，大学教育发生了一定的转变。"这种转变的一部分，但只有这一部分，是强制性的研究与教学评定，它用机械的方法衡量教师的研究和教学成果，例如教师论文的数量、是否使用 PowerPoint 等等。更有害的是这样一个要求——它以前是隐晦的，现在已是公开的了：研究必须表明包含'冲击'，即研究对国家经济指标的贡献。"① 要化解数量和质量的矛盾，一方面需要专家、学者克服急功近利的心态，抵制各种现实利益的诱惑，坚守做科研、做人的道德底线，不仅要敬畏头顶的璀璨星空，更要敬畏自己心中的道德律令。另一方面，需要缓解过度的竞争冲动，调整教育与科研政策。如果竞争过频、过泛，教师就如同参与了一场旷日持久、似乎永无尽头的拉力赛，持续的紧张和压力反而带来职业倦怠、学术情趣的淡漠，甚至心态的扭曲，也很难使教师保持一份平常心、淡定心，踏踏实实地潜心于周期长、工作量大、回报率低的基础研究，更影响到教师的职业归属感、稳定感和安全感，学术尊严感、崇高感和神圣感。早在 20 世纪 60 年代，科塞面对美国大学科研的现状曾深有感触地说："当代大学年轻一代学者在发表作品方面有一种内在的压力，换句话说，大学已经把教师前进的等级系统机构化了和制度化了。在这种体系中，只有发表了令人满意的著作才能得到晋升，这样有抱负的学院人也许不得不抛开那些花费数年才能完成的大规模知识计划，而去追求发表对职务晋升有直接作用的范围狭窄的作品，就像洛根·威尔逊所说的'无功利的活动和成熟期缓慢的长期计划，在要求短期效益的制度压力下化为泡影'。"② 换句话说，在大学中建立适当、合理的竞争机制是必要的，但如果教师们所争相竞逐的是利益目标及职称等，这种功利性的竞争和冲突越激烈，可能付出的运作成本和代价越惨重。尽管学术活动、科学研究活动的展开具有越来越强的资源依赖性，但学术研究本身的"工作"和"职业"性质及特征也日益突出。相对于其他领域，大学的学术研究工作毕竟有其一定的特殊性，无论是人才培养还是科学研究都带有突出的精神活动特征。即使是顺应外部社会功用之需而并非为求知而求知的学术研究，它的展开过程也需要学者拥有"致虚极、守静笃"、"见素抱朴、少私寡欲"的心境，也

---

① M. C. 努斯鲍姆著，肖聿译：《告别功利》，新华出版社 2010 年版，第 142—143 页。
② L. 科塞著，郭方等译：《理念人》，中央编译出版社 2001 年版，第 310 页。

需要学者走进"恬淡无为"、"寂寞"的学术世界。因此，在大学这一育人圣殿、科学殿堂，少些恶性竞争，少些利益诱惑，多些呵护和尊重，恰是维系学术研究得以持续和有效开展所必要的环境条件。诚如穆勒所说："竞争，就是武装一个人而反对另一个人，使每个人的利益建立在对他人的恶行之上，使所有有所得失的人生活在敌人之中。在道德上否定这种竞争，决不应受到……蔑视。"① 只有否定了这种过度的竞争，教育的温馨、人本的关怀才能显露。

5. 盲目的教育竞争对"弱者"缺乏关怀

教育生活中的竞争往往是奖励强者、幸运者和顺从者，而责备和惩罚不幸者、迟钝者、不能适应环境者以及那些与众不同的和感到与众不同的人们。戴明对当今管理制度曾进行了深刻的剖析："流行的管理体系很摧残人。人与生俱来的，是激情和固有的内在动机、自重、尊严、好奇心和学习的快乐。而摧残这些的外力从幼儿学步时就陆续出现了，如万圣节最佳服饰奖、学校的分数、金色五角星等等，类似的东西一直持续到大学。在职场、人群、团队、小组被分出等级，位居前列的获得奖励，落在后面的受到惩罚。目标管理、配额、奖金、商业计划，这些加在一起，一步步地加深这种损害——一种尚未得知也不可能得知的损害。"② 在他看来，如果不改变我们流行的教育制度体系，就绝不可能改变流行的管理制度体系。从某种程度上讲，这两者其实是一个体系。虽然教育制度体系通常有利于社会上、经济上特权阶级的成员和那些在学业上最富有禀赋的人们，然而却"破坏或损害了大量学生的前途"。布鲁纳说："奖优制度是一个充满竞争的制度，学生在竞争中被推向前头，并在他们的成就的基础上接受更多的好机会，包括后来生活中的职位越来越多地和不可改变地取决于早期的学校成绩。不但以后的教育机会，而且其后的职业机会，都越来越为早期的学校成绩所确定。晚成熟的人，早期的造反者，来自不关心教育的家庭的儿童，——他们在全面推行的奖优制度下，全都成为时常是无意义的不可改变的决定的受害者。"③ 其实，布鲁纳的论述并不全对，教育生活中的竞争并不仅仅是责备和惩罚不幸者、迟钝者，"强者、幸运者和顺从者"也遭到了惩罚，他们同样是这一制度的"受伤者"。罗素说："自发的和不图利益的求知欲望，在青年中间绝非是不普遍的事情，而且在许多人中的这种潜在的愿望，可以容易地把它激发出来。但是这些愿望被教师们残忍地加以阻遏，因此

① S. 卢克斯著，阎克文译：《个人主义》，江苏人民出版社 2001 年版，第 30 页。
② P. 圣吉著，张成林译：《第五项修炼》，中信出版社 2009 年版，第 2 页。
③ J. S. 布鲁纳著，上海师范大学外国教育研究室译：《教育过程》，上海人民出版社 1973 年版，第 53—54 页。

他们只想到考试、文凭和学位。至于比较能干的学生，他们没有思想的时间，也没有时间使他们智能方面的爱好得以畅所欲为，从第一次进学校起一直到离开大学为止。从头到尾，没有别的，只有一个长时期的辛苦忙碌于考试的赏赐和课本上的事实。最聪明的学生，到临了，厌恶学习，只希望把它忘掉，而逃入一个行动的生活中去。但是在那里，像从前一样，经济机构又把他们当作俘虏，因此他们一切自发的愿望受到了伤害和挫折。"① 如果对"强者、幸运者"缺乏适当的教育，成功不仅不给他们带来正能量，反而会成为他们的累赘。"除非一个人受过教育，懂得获取成功以后如何对付它，否则，成功的获得必然会使他成为厌烦的牺牲品。"② 现行的教育不但不尊重学生的选择、无视学生的需求，反而强行要求学生按照"大人"的要求、期望模塑自己。孙志文说："现行的教育其实就是一种把学生逼入极严厉的个人主义死角的集体制度。学生被压迫去按照大人所预期的方式去读书，然而学生辛苦求学所得的结果，或至少为求学所投下的努力本身，却对学生本人人格的成长没有丝毫积极的作用。对学生在学校所过的团体生活亦没有帮助，学生个人对班上其他同学没有一点价值。……课业上学生被压迫，降落到唯理的或功能性的层次读书。如果要学生表达个人意见，许多学生都不知要如何作答，他们经常把自己藏在集体主义式的言论和情绪作用之后。"③ 学生往往被鼓励要依赖自己的努力达到"大人"的要求，一旦学生达不到"大人"的要求，就可能产生叛逆行为甚至越轨行为。

更为严重的问题是，如果教育世界对"弱者"缺乏必要的关怀、关心，可能会使他们成为社会的"不满者"、"怨恨者"、"妒忌者"。诚如贝尔所说："今天，最大的压力都转嫁给年轻人了。小小年纪，他就受到作出坚定抉择的压力：上学时要考好分数，要进名牌大学，要选择一个职业。在各个阶段他都要被鉴定评级。这种鉴定现在成了一张他终生都要携带的身份证。在过渡时期（即升学指导、就业咨询）未能向青年提供合适的出路，即会导致明显的紧张，并促成他们脱离现行体制的选择。"④ 同时，由于对后进生乃至"问题学生"缺

① B. 罗素著，张师竹译：《社会改造原理》，上海人民出版社 2001 年版，第 105 页。

② B. 罗素著，石磊编译：《罗素谈人的理性》，天津社会科学院出版社 2011 年版，第 29 页。

③ 孙志文著，陈永禹译：《现代人的焦虑和希望》，生活·读书·新知三联书店 1995 年版，第 75 页。

④ D. 贝尔著，赵一凡等译：《资本主义文化矛盾》，生活·读书·新知三联书店 1992 年版，第 139 页。

乏必要的心理疏导、人文关怀、公平对待，导致他们的心理极度不健康、厌学情绪严重乃至形成一些"反社会"的性格。罗素认为，妒忌是人类最普遍、最根深蒂固的感情之一。实际上，"妒忌既是道德上的又是理智上的一种缺陷，它永远看不见事物本身，只见事物之间的关系"。① 那么，妒忌是如何形成的呢？妒忌形成的主要原因在于不公平、区别对待，当然，妒忌与竞争是紧密联系在一起的。例如，在一个家庭里，一旦对一个幼儿冷落，而对另一个幼儿表示出哪怕一点点的偏爱，这立即就会被前一个幼儿观察到，并引起憎恨。如果要避免孩子产生妒忌，就"必须对每个孩子都绝对公正，不偏不倚，而且始终如一"。在现代社会，由于教育民主和教育平等学说的大力提倡，大大扩展了妒忌的范围（并不仅仅局限于家庭）。尽管妒忌是一种邪恶，但为了达到一种更为公平的教育制度，这种邪恶暂且必须忍受。区别对待学生，甚至轻视、忽视后进生乃至"问题学生"，这无疑是不公平的。如果不消除这种不公平，对由此而引起的妒忌是没有其他办法解决的。因此，要完全消除妒忌，培养学生健康的人格，必须弱化教育竞争，公平对待每一个学生。正如罗素所说："妒忌确是导致不同阶级、民族、国家、不同性别之间公正关系的主要推动力……同样确实的是，这样一种作为妒忌结果的公正很可能是一种最坏的公正，这种公正与其说是增加了不幸者的快乐，不如说是减少了幸运者的欢乐。在个人生活中起着破坏作用的热情，在公共生活中起着同样的作用。因此，别以为从妒忌这样的邪恶中会产生出好的结果来。那些出于理想主义的原因，希望我们的社会制度发生巨大变革、社会正义得以伸张的人，应该去寻找其他的力量而不是以妒忌心来促进这些变革的发生。"② 当然，学生们也得学会勇敢地面对挫折，刻苦学习，心胸开阔，提高自身的修养。"尽管妒忌是邪恶的，其作用也是可怕的，但它并不完全是个魔鬼。它一方面是英雄式的痛苦的表现，是在茫茫黑夜中跋涉者的痛苦，他们或许是在走向更好的安憩之处，或许只是走向死亡和毁灭。在这种绝望之中要找到一条正确的道路，文明人必须像开阔自己的视野一样，开阔自己的心胸。他必须学会超越自我，并且，通过这样做来获得宇宙的自由。"③ 与其妒忌别人，不如自己甩开奋斗的膀子。

---

① B. 罗素著，石磊编译：《罗素谈人的理性》，天津社会科学院出版社 2011 年版，第 56 页。
② B. 罗素著，石磊编译：《罗素谈人的理性》，天津社会科学院出版社 2011 年版，第 57—58 页。
③ B. 罗素著，石磊编译：《罗素谈人的理性》，天津社会科学院出版社 2011 年版，第 60 页。

显然，教育主体之间的自由竞争要有效地发挥其促进教育发展、人的全面而自由发展的功能，需要具备一定的前提。这一前提，无疑是正确的教育价值观和教育公平正义理念。否则，既会对人的发展、教育健康发展造成伤害，也会侵害教育的公平正义。罗素说："考试制度和教学主要是为谋生作训练这一事实，引导青年人用一个纯粹功利的观点来看待知识，把它作为赚钱的道路，而不是当作智慧的门径。如果这仅影响到那些没有真正智能兴趣的人，那还没有什么大关系。但是不幸得很，受影响最大的是那些智能上的兴趣最浓的人，因为考试的压力落在他们身上最为严重。把教育当作占据他人上风的一种手段，对于他们也最为严重，对于其他人也达到某种程度；这样互相传染开去，使大家无情地追求和歌颂社会的不平等。……在乌托邦里没有什么不平等会存在，而实际上的不平等，几乎都是违反正义的。但我们的教育制度，除失败以外，往往把这一点完全隐藏起来，因为那些成功的人已经踏上依靠不平等来得到利益的道路，受到曾经教育过他们的人的一切鼓励。"① 就我国而言，当前，社会上仍然存在着一种教育价值观被严重扭曲的现象，反映在一些学校里，便是急功近利，便是追求升学率，只顾眼前的利益得失，而很少顾及国家发展对各类人才的多样需求。于是分数、升学便成了一些学校追求的主要指标，并因此不顾教育规律，不惜以牺牲师生的时间与健康为代价。这种教育价值观的存在，在某种程度上的确迎合了社会心理，适应了现行的某些评价方式，却严重降低了学校的格调与品质。一般地说，升学率当然要追求，可以说凡是参加高等教育入学考试的学校和学生，没有一个不想要"好成绩"，毕竟这是一种巨大的荣誉，也是对学校办学实力和学生努力程度的一种确认。升学率很重要，但这并不是说，升学率就是学校办学、学生努力学习的目的。其实，对任何学校、学生而言，升学率说到底，只是一种手段，是为了刺激学校办学、学生努力学习的兴趣。而教育教学活动的目的，首要的是丰富学生的精神世界，提升学生的修养和完善学生的个性，其次是通过竞争性的考试，提升学校的办学水平。一旦把升学率、考试成绩作为目的来追求，就成了考试分数主义。考试分数主义本质而言是对教育教学活动的异化，手段异化成了目的。考试成绩如果成了目的，教育教学活动就会损害学生的身心健康而不是丰富他们的心灵，就会把学生人为地分成三六九等，不是一视同仁而是加以区别对待。比如层出不穷的考试作弊丑闻、学生因妒忌而杀人等，就是考试分数主义的逻辑结果。考试分数主义盛行，取得"好成绩"的学生和没有取得"好成绩"的学生往往会

---

① B. 罗素著，张师竹译：《社会改造原理》，上海人民出版社 2001 年版，第 99—100 页。

遭遇冰火两重天的现实，说明整个社会越来越功利，升学率以及考试分数上附着了太多的利益：对教育系统的官员来说，升学率意味着政绩；对学生来说，考试分数意味着巨额奖学金和进入名牌学校；对学校来说，升学率和考试分数意味着"品牌"、"名片"……赢者通吃，所有人都迷失在利益当中，忘记了教育教学的目的本身。换一个角度看，学生的水平和努力程度，只是能不能获取"好成绩"的一个因素，还有许多因素决定着他们能不能考出好成绩。所以，不以成败论英雄，这句话用在升学考试上也再合适不过了。对于学生而言，只要他尽力了，即便他没有取得好成绩，我们也应该同样为他喝彩，给他掌声。要升学率，不要考试分数主义。基础教育应当创造适合不同学生发展的教育，应当在学校内部营造一种实现教育过程与教育结果公平的良好环境，真正实施素质教育。总之，我们需要提倡一种"大气"的教育、公平的教育、合作的教育，这种教育应当视野广阔，目标长远，底蕴深厚，品味高雅，能够真正成为一种为学生终身发展奠定基础的教育。

二、教育合作

人是合作的动物，没有合作，就没有人类社会的存在和发展，也就没有个体或群体的生存和发展。诚如阿克塞尔罗德所说："大家都知道人不是天使，他们往往首先关心自己的利益。然而，合作现象四处可见，它是文明的基础。"[①]

所谓合作，即是人类实践活动中相互作用的一种基本形式，合作是人们为实现共同目的或各自利益而进行的相互协调的活动，也是为共享利益或各得其利而在行动上相互配合的互动过程。波普诺说："合作是指这样一种互动形式，即由于有些共同的利益或目标对于单独的个人或群体来说很难或不可能达到，于是人们或群体就联合起来一致行动。"[②] 人是合作的动物，没有合作，就没有人类社会的存在和发展，也就没有个体或群体的生存和发展。巴纳德说："人的有机体只有同其他人的有机体相关联才能行使其机能……一个具有生命的物体随着同其他类似的有机体的相互作用，越来越成为独特的、个别的、单独的，正如同一个有着许多条线交叉的点似乎比只有两条线交叉的点更像一个点

---

① R. 阿克塞尔罗德著，吴坚忠译：《合作的进化》，上海世纪出版社集团 2007 年版，第 3 页。

② D. 波普诺著，李强等译：《社会学》，中国人民大学出版社 2002 年版，第 132 页。

一样。"① 合作不是自然产生的，而是要经过一个过程的"进化"才能达成。"在这个进化过程中，人们通过学习、试错逐步向合作演化。有时这个'进化'过程是漫长的，但是……只要了解和学习合作的道理，人们的进化过程就会加快。"② 合作的结果是共享发展的成果。换句话说，共同利益是合作的充分理由。米尔恩说："如果许多人都想要某东西，并且只有通过共同劳动才能获得，那么从事这种劳动就是他们的共同利益所在。在决定合作时，他们成了联合事业的合伙人，并且必须以此相互对待。这不仅意味着不得互相损害，而且意味着互相提供帮助和支持。不论他们为之合作的目的是好是坏，这一点都是适用的。"③ 任何能够称之为合作的社会活动至少应具备以下条件：一是有两个以上的合作者，而且合作者具有与合作项目有关的知识与技能；二是有共同的目的或共同的任务，而且合作者对为什么要达到和怎样达到共同目的有着共同的主张；三是行动的相互配合，合作者能够提供并会使用其相互配合的各种手段。

当然，我们也不能片面夸大合作的功用。合作并不是唯一的善好，合作有时根本就不是善好。诚如本科勒所说："实际上，人们相互之间最残忍的、最不人道的对立行为，都是标榜为深度'合作的'那些人干的。"④ 其次，个体追求自身利益，彼此之间的合作便不是完全基于对他人的关心或对群体利益的考虑。一个人可以考虑他人的利益，但这种考虑并不意味着人与人之间总是能够为了双方的利益而合作；一个国家可以考虑友好国家的利益，但这种考虑并不意味着友好国家之间总是能够为了双方的利益而合作。例如，两个工业国家为了各自的利益，相互间通常会设置贸易壁垒。"由于自由贸易能给双方带来好处，因此，如果两个国家消除这些贸易壁垒都能受益。问题是，无论谁单方面采取行动消除自己一方的贸易壁垒，它都会发现自己处于不利于本国经济的贸易状态下。事实上，不论一个国家如何做，另一个国家保持它的贸易壁垒总是比较有利的。因此，每一个国家都有利益动机来保持贸易壁垒，尽管由此带来的结果比双方都合作差得多。"⑤

---

① G. L. 巴纳德著，孙耀君译：《经理人员的职能》，中国社会科学出版社 1997 年版，第 9—10 页。

② R. 阿克塞尔罗德著，吴坚忠译：《合作的进化》，上海世纪出版社集团 2007 年版，第 168 页。

③ A. J. M. 米尔恩著，夏勇等译：《人的权利与人的多样性》，中国大百科全书出版社 1997 年版，第 45 页。

④ Y. 本科勒著，简学译：《企鹅与怪兽》，浙江人民出版社 2013 年版，第 55 页。

⑤ R. 阿克塞尔罗德著，吴坚忠译：《合作的进化》，上海世纪出版社集团 2007 年版，第 5 页。

（一）合作的人学基础

人之所以是喜欢合作且必须合作的社会存在物，是由人的本质属性决定的。

1. 人的属性

第一，人具有群体性。从起源上看，人就是以群体的社会化形式，而不是以个体的形式一个一个单独地由动物发展而来的。马克思指出："人最初表现为类存在物，部落体，群居动物——虽然绝不是政治意义上的政治动物。"① 恩格斯指出："我们的猿类祖先是一种群居的动物，人，一切动物中最爱群居的动物，显然不能从某种非群居的最近的祖先那里去寻找根源。"② "社会本能是从猿进化到人的最重要的杠杆之一。最初的人想必是群居的，而且就我们所能追溯到的来看，我们发现，情况就是这样。"③ 人类个体的生命、自然力、思维和能力都是有限的，个体孤立起来就无法生存。因此，个人为了生存就必须同他人合作，并结成集体和关系来进行生产以改造自然界。

在现实生活中，任何个人都不是孤立地站在自然面前的。人始终生活在群体之中作为群体的成员而和自然相对立。也就是说，只有通过社会劳动，只有通过人类的联合力量，人才能有效地改造自然，并在改造自然的过程中改造自己。处于社会群体之外的人，离开社会群体而孤立的人，充其量不过是只有在思维中可以容许的抽象。

第二，人具有合作性。人的社会群体是由人的合作及其关系形成的，人具有相互依存、相互作用，在社会交往中相互合作的属性。恩格斯指出："劳动的发展必然促使社会成员更紧密地互相结合起来，因为它使互相支持和共同协作的场合增多了，并且使每个人都清楚地意识到这种共同协作的好处。"④ 个体是社会存在物，因此，他的生命表现，即使不采取共同的、同他人一起完成的生命表现这种直接形式，也是社会生活的表现和确证。即使在表面上看来不是以群体形式进行的活动，如学者的劳动，那也是社会劳动。马克思指出："甚至当我从事科学之类的活动，即从事一种我只在很少情况下才能同别人进行直接联系的活动的时候，我也是社会的，因为我是作为人活动的。不仅我的活动所需的材料——甚至思想家用来进行活动的语言——是作为社会的产品给予我的，而且我本身的存在是社会的活动；因此，我从自身所做出的东西，是我从

---

① 《马克思恩格斯全集》（第 30 卷），人民出版社 1995 年版，第 489 页。
② 《马克思恩格斯选集》（第 4 卷），人民出版社 1995 年版，第 376 页。
③ 《马克思恩格斯选集》（第 4 卷），人民出版社 1995 年版，第 624 页。
④ 《马克思恩格斯选集》（第 4 卷），人民出版社 1995 年版，第 376 页。

自身为社会做出的，并且意识到我自己是社会存在物。"① 正因为人的劳动是社会劳动，马克思才一针见血地指出："孤立的一个人在社会之外进行生产——这是罕见的事，在已经内在地具有社会力量的文明人偶然落到荒野时，可能会发生这种事情——就像许多个人不在一起生活和彼此交谈而竟有语言发展一样，是不可思议的。"② 同时，人的力量来自人的合作或协作。单独地看，个人的许多方面的能力不如动物。人能优于其他动物，成长为万物之灵，利用一切存在物为人类自身服务，一个很主要的原因就是人的劳动协作。合作或协作把每个人的力量结合在一起，完成每一个单独的个人无法分期分批完成的任务。合作或协作使每个人之间取长补短，作为一个整体发挥作用，形成单独的个人中所没有的力量或能力。马克思指出："一个骑兵连的进攻力量或一个步兵团的抵抗力量，与每个骑兵分散展开的进攻力量的总和或每个步兵分散展开的抵抗力量的总和有本质的差别，同样，单个劳动者的力量的机械总和，与许多人手同时共同完成同一不可分割的操作所发挥的社会力量有本质的差别。"他把此种"力量"称之为"集体力"，"不仅是通过协作提高了个人生产力，而且是创造了一种生产力，这种生产力本身必然是集体力"。③ 暂且不说由于许多力量融合为一个总的力量而产生的新力量。即使"在大多数生产劳动中，单是社会接触就会引起竞争心和特有的精神振奋，从而提高每个人的个人工作效率"。④

第三，人具有归属性。每个人生活在社会中都有一定的归属或依附，或归属于某个民族、文化社区、家庭，或归属于某个阶级、政党、职业阶层。人的这种归属性一方面说明人都是社会的人，他需要他人、需要社会，另一方面又说明人的社会性无不是现实的、具体的。

2. 人与社会

人是社会动物，人的生存和发展离不开特定的社会环境。"一个人的活动和别人的活动联系起来，他就有一个社会环境。他所做的和所能做的事情，有赖于别人的期望、要求、赞许和谴责。一个和别人有联系的人，如果不考虑别人的活动，就不能完成他自己的活动。因为，这些活动是实现他的各种趋势的不可缺少的条件。"⑤ 社会既是人通过交往建构起来的存在，又是制约和决定人的存在的先在前提。正是在这种生成和预成的关系中，展开了人与社会之间的

---

① 《1844 年经济学哲学手稿》，人民出版社 2008 年版，第 83—84 页。
② 《马克思恩格斯全集》（第 30 卷），人民出版社 1995 年版，第 25 页。
③ 《资本论》（第 1 卷），人民出版社 2004 年版，第 378 页。
④ 《资本论》（第 1 卷），人民出版社 2004 年版，第 379 页。
⑤ J. 杜威著，王承绪译：《民主主义与教育》，人民教育出版社 1990 年版，第 18 页。

合作互动关系。马克思说："凡是有关人与人的相互关系问题都是社会问题。"①当然，人与社会之间的关系是复杂而辩证的，一方面两者是一种相互依存、相互联系的关系，另一方面两者之间又是一种相互对立、相互排斥的关系。

　　人实际上是一种社会构成的过程，所谓人的自然，最多只是一块白板，"它"能够成为一个人并具有人的一切特性，都是不同的他人、不同的社会环境、不同的事件在这块白板上描画而成的。本来并没有什么所谓人的概念，人是通过社会生成的，有什么样的社会，就会有什么样的"人"；人之所以彼此不同，是因为选择用来构成他的社会要件、要素的不同。柏拉图认为，社会生活是完善个人生活的手段，因此，不应当在人的个人生活中，而应当在人的政治生活和社会生活中去研究；在（人们共同生活的社会组织形式）国家的本性中，用大写字母写出了人的本性。亚里士多德认为，人是合群的动物、是社会的动物、是政治性动物。拉比埃尔在总结亚里士多德关于人的社会性的思想时说："自从亚里士多德以来的悠久传统，就要求我们把下列命题当作政治哲学的公理：（1）既然人只是成群地生活，因此，人是自然地合群的动物；（2）既然人可能集合成有组织的团体而生活，因此人是自然地社会性的动物；（3）既然人集合在这些广大的总和的社会里，这些社会是由许多尘缘关系和地区关系的集团构成的，即是所谓的市民社会或'政治团体'，因此人是自然地政治性的动物。"② 卡尔认为，当我们出生的时候，这个世界就开始对我们产生影响，并把我们从纯粹的生物单位转变为社会单位。"历史每个阶段或者史前时期的人来到一个社会，从其早年时代就被那个社会所铸造。他所说的语言并不是一种个人的天赋，而是他从其生活群体中的获得物。语言和环境都有助于决定他的思想特征；他的最早的观念来自于别人。脱离了社会的人既不会说话，也不会思想。"③ 在费希特看来，个体本身什么也不是，个体离开社会什么也不是，个体离开群体什么也不是。个体不存在，他一定消失了。只有群体存在，才是真实的。"个体并不存在，他不再有意义，而一定彻底消灭；只有群体存在。"个体的人必须尽力回报社会，他必须在人群中就位，他必须在某一方面力求巩固其他人的地位。"人只能在一种条件下作这样的假定，那就是人是按照我们上面所说的意义，同其他理性存在者进行交往的。""人注定是过社会生活的；他应该过社会生活；如果他与世隔绝，离群索居，他就不是一个完整的、完善

---

① 《马克思恩格斯全集》（第 4 卷），人民出版社 1960 年版，第 334 页。
② 韩庆祥：《马克思的人学理论》，河南人民出版社 2011 年版，第 175 页。
③ E. H. 卡尔著，陈恒译：《历史是什么？》，商务印书馆 2007 年版，第 118—119 页。

的人，而且会自相矛盾。"① 脱离共同体的"个人"乃是个抽象物。人"乃是社会人；他是真实的，就因为他是社会的……"如果我们抽去来自他的社会环境的所有特征，那么他就成了"纯粹从理论上试图加以分离的不可分离之物"。② 人之所以是人，是因为他生活在社会之中、生活在社会合作的网络之中。"如果没有文明，人只会是一种动物。只有通过协作和社会传统，人才能成为人。"③ 人在很大程度上是社会的产物。我们身上所有最好的东西，我们所有高等的行为方式，都来源于社会。柏克认为，人这种被造物，之所以从其原始状态，即自然状态，步入社会和国家，并不是因为他觉得这样做比较便利，相反，因为人的本性只能在世俗社会中才可能得以完善。脱离社会，人就无法作为一个充分成熟的存在物存在下去。"市民社会……就是一种自然状态，比起粗野而散漫无纪的生活方式来，它更是如此。因为人在本性上是通情达理的，不过他绝不会完全地处在自然的状态中，只有当他被置入那种理性在其中可以得到最佳培育并占据最大优势的环境中时，他才可能是如此。文化是人类的本性。至少，无论在成型的壮年期还是在稚弱可怜的婴儿期，人们同样是处于自然状态之中。"④ 社会、社会制度以及国家等都是个体构成的网络，无论个体愿意与否，它们都是这个网络的有机组成部分，人们都是在这一网络中获得发展的。"社会就是把个体连接在一起的具有内在相互关系的系统……所有社会的整合都依赖这样一个事实：它们的成员是在共同文化造就的结构化的社会关系中被组织起来的。没有社会，文化就不可能存在；反之亦然，没有文化，社会也不可能存在。没有文化，我们便根本不能被称为通常意义上我们所理解的'人'。我们将失去表达自我的语言，没有自我意识，我们的思考和推理能力也将受到极大的限制。"⑤ 同时，个人既是社会发展进程的产物，也是社会发展进程的推动者。在马克思看来，"正像社会本身生产作为人的人一样，人也生产社会"。实践作为人的活动，既体现着人的内在尺度、人对社会的批判性和创造性，又包含着人的自我发展在其中。"现实的个人"及其活动是社会的现实前提，"社会结构和国家总是从一定的个人的生活过程中产生的"。⑥ 社会运动

---

① 梁志学选编：《自由的体系》，商务印书馆 2008 年版，第 110－111 页。

② S. 卢克斯著，阎克文译：《个人主义》，江苏人民出版社 2001 年版，第 72 页。

③ E. 涂尔干著，陈光金等译：《道德教育》，上海人民出版社 2006 年版，第 208 页。

④ E. 柏克著，蒋庆等译：《自由与传统》（英文版导言），商务印书馆 2001 年版，第 11 页。

⑤ A. 吉登斯著，赵旭东等译：《社会学》，北京大学出版社 2003 年版，第 29 页。

⑥ 《马克思恩格斯选集》（第 1 卷），人民出版社 1995 年版，第 71 页。

在其直接的意义上不过是追求着自己目的的人的活动而已，社会历史是"个体发展的历史"，社会关系"不过是他们的物质的和个体的活动所借以实现的必然形式罢了"。① 正是这种既重视社会在个人发展中的作用，又不排除个体在社会发展中的作用，使得马克思主义关于社会与人的发展的研究整体上高出了西方学者的研究。

（1）社会与个人紧密相连

第一，个人与社会互为需要。

社会和个人是彻底地互相关联的，就整体而言是社会，就其差别而言则是个人，只有通过个人，社会的共同善才能实现，同样也只有通过社会，个体的理性境界才能完成。"除了哲学家，谁都不幻想他那个时代依靠他的努力将会有显著的进步。当然，任何一个曾由上帝赋予这类幻想的人都应该使用自己的一切力量，以实现这个目的，哪怕这是为了他自身，为了他在时代的长河中巩固那个指定给他的地位。但是，尽管如此，时代却以它的坚定的、向来就是给它确定的步伐前进着，任何东西在时代的长河里都是不能靠单枪匹马的力量加速或强求的。唯有一切人的联合，特别是各个时代和世界隐含的永恒精神，才能起促进作用。"② 换句话说，在哲学家眼里，个人是根本不存在的。对哲学家来说，所有的个人都融入到统一的、巨大的共同体之中。罗尔斯说："一个组织良好的社会是一个被设计来发展它的成员们的善并由一个公开的正义观念有效地调节着的社会。因而，它是这样的社会，其中每一个人都接受并了解其他人也接受同样的正义原则，同时，基本的社会制度满足着并且也被看作是满足着这些正义原则。在这个社会里，作为公平的正义被塑造得和这个社会的观念一致。……而且，一个组织良好的社会也是一个由它的公开的正义观念来调节的社会。这个事实意味着它的成员们有一种按照正义原则的要求行动的强烈的通常有效的欲望。"③ 反之，如果一个社会道德败坏，社会共同善不仅是一句空话，而且人的发展、精神境界的提升也无从实现。加塞特说，一个伟大的国家，一定有伟大的学校；同样，没有伟大的学校，也就成不了伟大的国家。但是，"国家的宗教信仰、政治家的治国才能和经济以及其他众多因素也同样说明了这个问题，一个国家的伟大与否取决于诸多因素综合体现的结果。如果一个民族政治腐败，那么要想拥有完善的学校体系是徒劳的，因为在这种情况

---

① 《马克思恩格斯选集》（第 4 卷），人民出版社 1995 年版，第 532 页。

② 梁志学选编：《自由的体系》，商务印书馆 2008 年版，第 318 页。

③ J．罗尔斯著，何怀宏等译：《正义论》，中国社会科学出版社 1988 年版，第 456－457 页。

下，学校只是为那些远离广大民众的少数人服务"。①

社会与个人是水乳相融的，它们之间互为需要、互为补充，并不对立。没有社会，就没有个人，如同没有个人、没有自我客体化的动因，也就没有社会一样真实。社会与个人之间那种想象的对立，只不过是以不相干的东西转移我们的注意力来扰乱我们的思想而已。涂尔干认为，18世纪中叶，人类精神运动完成了从天堂到人间的转换。也正是在此时，社会本身成为被人们崇拜的神圣对象，"我们法国人才开始对这种感情作出反应"。他说："此时法国社会才直接意识到了自身，才学会在由所有宗教象征的构架之外来进行自身的思索。个人开始维持社会的公正和它的整个世俗形式，高度尊重社会的需要与利益——即使是暂时的——以显示出其崇高性和神圣性。"② 自此以后，在我们身上，存在着一种与我们自身不同的状态，即社会。社会在我们身上，并通过我们把这种状态表达、展现出来。这样的状态构成了社会本身，同时也存留在我们身上，并在我们的身上起作用。当然，"社会比我们更大，它超越了我们，因为它无限地大于我们的个体存在；可是，与此同时，社会也走进了我们每个人。它在我们外面，围住我们，它也在我们里面，完全是我们的本性的一个方面。我们与社会融为一体。正如我们的物质机体在自己的外面获得其营养一样，我们的精神机体依靠观念、情感和实践得到滋养，而所有这些都是我们从社会中获得的"。③ 如果孤身一人置身于没有任何文明工具而生活在一片原始森林，将比任何别的生物更为力不从心。他没有别的动物的速度和力量，没有肉食动物的尖利牙齿，没有灵敏的听觉和敏锐的嗅觉，而这一切都是生存斗争所必需的。因而，人需要大量的工具来保证他的生存，同时，他的营养、他的特征以及他的生活方式，都要求得到广泛的保护。人只有置身于特别有利的条件下才能生存，而社会生活恰恰为他提供了这些有利条件。正如阿德勒所说："社会生活成为必需，因为通过社会和劳动分工，每一个体都使自己从属于群体，这种物种才能继续生存下来。劳动分工（从本质而言，意味着文明）本身能使人类获得进攻和防御的工具，这些工具能使人占有一切必需的东西。人只有在学会了劳动分工以后，才学会如何显示自己的威力。……社会是人类继续生存的最佳保障。"④

① O. Y. 加塞特著，徐小洲等译：《大学的使命》，浙江教育出版社2001年版，第48页。
② J. C. 亚历山大著，夏光等译：《社会学的理论逻辑》（第2卷），商务印书馆2008年版，第373页。
③ E. 涂尔干著，陈光金等译：《道德教育》，上海人民出版社2006年版，第54页。
④ A. 阿德勒著，陈太胜等译：《理解人性》，贵州人民出版社2000年版，第13—14页。

第二，"自我"的内涵。

社会理论中有一个比喻非常形象：人得以确立自身的"我"，并不是一个先在的设定，而是通过社会这面镜子反射构成的，因而所谓"我"（self），实际上是社会中各种图像所组成的结合，甚至连身体上的"我"，也是依据类似的途径被构造出来的。任何自我皆由他者构成，任何自我都是经过社会这面镜子的反射而凝聚成的人。科诺里认为，尽管"每一种形式的社会形成及形成过程的内部都包含着征服和残忍"，但"如果没有社会形式，人类这种动物从本质上说是不完整的，共同的语言、制度环境、一套传统，阐述公共目的的政治论坛对获得生活中必要的个性和共性来说都必不可少"。①

首先，没有一个自我是纯粹的自我，自我永远处在社会的境遇之中，永远是一个现实的、在各种社会场景中表现的自我。麦金太尔认为，人处于社群关系之中，只有理解个人所处的社会文化环境和历史文化传统，才能解释个人的价值与目的。在他看来，个体通过他在各种社群中的成员资格来确定自己的身份并被他人所确认。"我可以同时是哥哥、堂兄和孙子，可以既是家庭成员，又是村社成员，还是部落成员。这些并不是偶然属于人们的特性，不是为了发现'真实自我'而须剥除的东西。作为我的实体的一部分，它们至少是部分地，有时甚至是完全地确定了我的职责和义务。每个个体都在相互联接的社会关系中继承了某个独特的位置；没有这种位置，他就什么也不是，或者至多是一个陌生人或被放逐者。"② 泰勒更是对极端的个人主义和自由主义所持的主张进行了猛烈的批判，并把它们称之为"原子主义"。从广义上说，原子主义指的是把人放在首位，认为个人及其权利优先于社会的契约论。他说："我们继承了 17 世纪的原子论。不是因为我们仍信奉契约论（尽管各种翻版仍旧流行），而是因为我们仍然发现易于把政治社会考虑成经由意志建立的，或工具般地思考它。在后一种情况下，即使我们不再把社会的起源理解为依赖于同意，可我们仍既这样理解也这样评估社会的作用，即它是达到归因于个体或选民集团目标的工具。"③ 在泰勒看来，一个人只有在社会关系中才能发现和界定自我，"我的自我定义被理解为对我是谁这个问题的回答。而这个问题在说话者的交替中发现其原初含义。我通过我从何处说话，根据家谱、社会空间、社

---

① W. 范伯格等著，李奇等译：《学校与社会》，教育科学出版社 2006 年版，第 74—75 页。

② A. 麦金太尔著，宋继杰译：《追寻美德》，译林出版社 2003 年版，第 42 页。

③ C. 泰勒著，韩震等译：《自我的根源：现代认同的形成》，译林出版社 2008 年版，第 262 页。

会地位和功能的地势、我所爱的与我关系密切的人，关键地还有在其中我最重要的规定关系得以出现的道德和精神方向感，来定义我是谁"。① 自我出现在经验中，基本上是作为一个具有其所属共同体的组织的"客我"出现的。米德说："他属于这样一个社会，其中人人都有理性，他所认同的合理性包括一种持续的社会交换。个体所处的最广泛的共同体，那个无处不在、涉及一切人、适合一切人的共同体，是思想的世界本身。他是这样一个共同体的一员，并且作为这样一员而成为他自身的。"②

其次，没有一个自我是纯粹的自我，自我永远处于与他人的交往之中，永远是一个在交往中表现、发展的自我。涂尔干说："一个并不独自生活、并不为了自己而生活的人，一个奉献自己的人，一个与周围世界交融在一起并允许世界渗入其自身的人，他的生活，肯定比那些离群索居的利己主义者的生活更丰富、更有活力，这种利己主义者把自己封闭起来，使自己疏离于其他的人和物。正因为如此，一个真正有道德（而不是庸庸碌碌的、不敢越雷池一步）的人，一个有着主动的和积极的道德的人，不可能不拥有一种很强的人格。"③ 交流把每个自我带入一种精神相遇的视野中。尽管自我的创造并不意味着必定是人性在道德上善的建构，但是自我的任何创造乃是展现在生活空间的交往之中的。个体人格并不是独立存在的，一个人不能基于他自身而是自我。只有在与某些对话者的关系中，我才是自我。"一种方式是在与那些对我获得自我定义有本质作用的谈话伙伴关系中；另一种是在与那些对我持续领会自我理解的语言目前具有关键作用的人的关系中——当然，这些类别也有重叠。自我只存在于我所称的'对话网络'中。"④

再次，没有一个自我是纯粹的自我，自我永远是由社会塑造的、建构的。桑德尔说："在更深层的意义上，罗尔斯的观念是个人主义的。罗尔斯式的自我不仅是一个占有的主体，而且是一个先在个体化的主体，且总与其所拥有的利益具有某种距离……这种距离的一个后果是，将自我置于超越经验极限的地位，使之变得无懈可击，一次性地也是永久性地将其身份固定下来。没有任何

---

① C. 泰勒著，韩震等译：《自我的根源：现代认同的形成》，译林出版社 2008 年版，第 43 页。

② G. H. 米德著，赵月瑟译：《心灵·自我与社会》，上海译文出版社 2005 年版，第 158 页。

③ E. 涂尔干著，陈光金等译：《道德教育》，上海人民出版社 2006 年版，第 56 页。

④ C. 泰勒著，韩震等译：《自我的根源：现代认同的形成》，译林出版社 2008 年版，第 44 页。

承诺能如此深刻地抓住我，以至于没有它，我就不能理解我自己。没有任何生活追求和计划的变化能如此烦人而搅乱我的身份界限。没有任何方案能够如此根本，以至于避开它将使'我是谁'成为问题。既然我是独立于我所拥有的价值之外的，我就总能离开它们；我作为道德个人的公共身份在我的善观念中'并不随着时间的变化而受到影响'。"① 独立的自我不仅不符合实际，而且切断了个人与集体的联系："如果道义论伦理不能履行它自己的自由解放诺言，它也就无法令人信服地解释我们道德经验的某些不可或缺的方面。因为道义论坚持认为，我们把我们自己看作是独立的自我，即在我们的认同与我们的目的和依附联系永远没有关系的意义上的独立自我。……但是，我们无法以这种方式把我们自己看作是独立的，除非我们为这些忠诚和确信付出沉重的代价，这些忠诚和确信的道德力量部分在于这样一个事实，即：靠这些忠诚和确信而活着，与把我们自己理解为我们所是的特殊个人——理解为某一家庭、共同体、国家或民族之一员；理解为某一历史的承担者；理解为某一场革命的儿女；理解为某一共和国的公民——是分不开的。"② 米德认为，一方面，所有自我都凭借或通过社会过程而构成，都是该过程的个体反映，即都具有其所展示的在各自结构中掌握的这一有组织的行为型式。另一方面，每一个体自我都有其自己特有的个体性，自己的独特型式，因为各个体的自我处于该过程，当在其有组织的结构中反映整个过程的行为型式时，是从自己在该过程中的独特立场出发的，所以，在其有组织的结构中所反映的整个社会行为型式的那个侧面或角度不同于该过程中任何其他个体自我在有组织的结构中所反映的侧面或角度。"在人类社会经验与行为过程中，每一个体自我有组织的结构反映了那一整个过程的有组织的关系型式，并且是由该型式构成的；不过各个个体的自我结构反映了这一关系型式的不同侧面或角度，并且是由不同侧面或角度构成的，因为他们各自是从其自身特有的立场来反映这一关系型式的；因此个体自我及其结构的共同的社会根源和构造并不排除他们中间的广泛的个体差别和变异，也不否认他们各自事实上拥有的独特性和显著程度不等的个体性。一个特定社会或社会共同体中的每一个体自我，在其有组织的结构中，反映了该社会或共同体所表现或正在实行的有组织社会行为的整个关系型式，而且他的有组织的结构是由这一型式构成的；但是由于这些个体自我各自从他在表现这一型式的整

---

① M. J. 桑德尔著，万俊人等译：《自由主义与正义的局限》，译林出版社 2001 年版，第77 页。

② M. J. 桑德尔著，万俊人等译：《自由主义与正义的局限》，译林出版社 2001 年版，第216 页。

个有组织的社会行为过程中的独特地位或立场出发，在其结构中反映了这一型式的不同侧面或角度，所以各个自我的结构由这一型式构成的方式不同于任何其他个体结构的构成方式。"① 简言之，自我所产生的过程是一个社会的过程，意味着个体在共同体内的相互作用、相互影响，意味着共同体较之个体的优先性，意味着共同体的不同成员都参与其内的某种合法性活动。自我所产生的过程是一个社会的过程，意味着个体在群体内的相互作用，意味着群体的优先存在，还意味着群体的不同成员都参与其内的某种合法性活动。每个人的自我实现或自我创造只有在社会或共同体的规定下才是可能的，因为社会或共同体为自我的认同、发展提供了社会性的背景和际遇。"有各种各样途径可使我们实现自我。因为他是一个社会的自我，它是在他与他人的关系中实现的自我。"② 尽管自我是偶在的，自我的创造是偶在的，但是在共同体的生活境域中，我们成为了自己。

第三，卢梭"孤独人"假设的偏颇。

卢梭所说的人在其假设的"自然状态"下是孤独的，不需要结成社会，确乃偏颇之论。他说："我看到他在橡树下饱餐，在随便遇到的一条河沟里饮水，在供给他食物的树下找到睡觉的地方，于是他的需要便完全满足了。"③ 卢梭所谓的这个孤独的人的前提，使他的整个教育学说失去了现实的起点，成为一种抽象的推论，无法科学地说明教育生活和人的发展。卢梭的这一道德原则显然是不成立的。"以自我为中心的人，即利己主义的生活……违背了人的本性。……要想切断，或试图切断各种把我们与他人联系起来的纽带，这种做法其实是徒劳的。我们自己无法做到这一点。我们必须依附于围绕着我们的环境。这种环境笼罩着我们，与我们交融在一起。……而且，甚至可以说，绝对的利己主义者是一种不可能实现的抽象。为了过一种纯粹利己主义的生活，我们将不得不消除掉我们的社会本性，而这就像摆脱掉我们的影子一样，是不可能的。"④ 不仅卢梭的主张是错误的，从霍布斯到康德的所有近代自然法理论家的主张——"抽象的个人"也是错误的。自然法理论家认为："先在的个人主权乃是团体权力最终的和唯一的来源"，共同体不过是每个个人的意志和权力

---

① G. H. 米德著，赵月瑟译：《心灵·自我与社会》，上海译文出版社 2005 年版，第 159 页。

② G. H. 米德著，赵月瑟译：《心灵·自我与社会》，上海译文出版社 2005 年版，第 161 页。

③ 卢梭著，李常山译：《论人类不平等的起源和基础》，商务印书馆 1996 年版，第 75 页。

④ E. 涂尔干著，陈光金等译：《道德教育》，上海人民出版社 2006 年版，第 55 页。

的或紧或松的集合———一种联盟；"社会生活的所有形式都是个人的创造"，"只能认为是实现个人目的的手段"。①

根据"抽象的个人"这一思想，个人被抽象地描绘成一种既定的人，有着既定的兴趣、愿望、目的、需要等，而社会和国家则被描绘成为或多或少满足个人要求的实际的或可能的社会体系安排。"这种抽象个人观的关键就在于，它把决定社会安排要达到的目标的有关个人特征，不管是本能、才能、需要、欲望、权利还是别的什么，都设想成了既定的、独立于社会环境的。……这种个人被看作仅仅是这些特征的负载者，这些既定的抽象特征决定着他的行为，表达了他的兴趣、需要和权利。"② 为此，马克思对历史上存在的"抽象的个人"这一主张进行了最透彻的批判。在他看来，"人不是抽象的蛰居于世界之外的存在物。人就是人的世界，就是国家、社会"。③ 而被斯密和李嘉图当作出发点的单个的孤立的猎人和渔夫，则属于18世纪的缺乏想象力的虚构。这是鲁滨孙一类的故事，这类故事决不像文化史家想象的那样，仅仅表示对过度文明的反动和要回到被误解了的自然生活中去。同样，卢梭的通过契约来建立天生独立的主体之间的关系和联系的"社会契约"，也不是以这种自然主义为基础的。这是假象，只是大大小小的鲁滨孙一类故事所造成的美学上的假象。他说："人是最名副其实的政治动物，不仅是一种合群的动物，而且是只有在社会中才能独立的动物。孤立的一个人在社会之外进行生产——这是罕见的事，在已经内在地具有社会力量的文明人偶然落到荒野外，可能会发生这种事情——就像许多个人不在一起生活和彼此交谈而竟有语言发展一样，是不可思议的。"④ 一旦我们脱离社会，不但不会得到任何的发展，而且会使自身发生分裂。"在社会与我们之间，有一种最有力、最密切的联系，因为社会是我们自身存在的一个组成部分，在某种意义上构成了我们身上最好的东西。"⑤ 当然，虽然人是被社会"形塑"的、是被社会构造的，但并不能说人可以由社会替代；虽然每个人的自我都是靠社会来构成的，但这并不意味着每个人的自我都等同于每个人的社会。相反，虽说社会塑造了自我，但社会仍要为自我的表现或表演提供舞台。"一个有秩序社会的价值是我们生存所必需的，但是，如果要有一个获得满意发展的社会，还必须为个体本身的表现留下余地，必须为这

---

① S. 卢克斯著，阎克文译：《个人主义》，江苏人民出版社2001年版，第135页。

② S. 卢克斯著，阎克文译：《个人主义》，江苏人民出版社2001年版，第68页。

③ 《马克思恩格斯选集》（第1卷），人民出版社1995年版，第1页。

④ 《马克思恩格斯全集》（第30卷），人民出版社1995年版，第25页。

⑤ E. 涂尔干著，陈光金等译：《道德教育》，上海人民出版社2006年版，第55页。

种表现提供手段。"① 例如，在原始社会中，个体自我的思想和行为都更为全面地受制于他所属特定社会群体的影响，"原始人社会为个性——为创造性、独特性即该社会内部的属于该社会的个体自我的创造性思想和行为——留下的活动范围要小得多"。"个性在远为大得多的程度上由特定社会类型多少完善的成就构成，这个类型已经在社会行动的有组织型式中、在特定社会群体所展示和坚持的社会经验与行为过程的整体关系结构中被给定、指出和说明。"而在文明社会中，"个性则是由偏离或有所修改地实现任何特定社会类型而不是遵奉这一类型构成的，与原始人社会相比，这里的个性往往是更为显著、卓越而独特的"。可见，从原始人社会发展到文明人社会的动力，主要"取决于或产生于对个体自我及其行动的逐步的社会解放，以及对由于这一解放而产生、而成为可能的人类社会进程的修改和阐述"。② 虽说社会构成了自我，但自我依然作为一个独立的范畴，有其自身的规定性，只不过这种规定性不再像以前那样被理解成纯粹自然的规定性而已。我们不再通过人的自然状态来理解人，而只通过人的社会状态来理解人；即便我们时常会提到人的自然，那也是被社会化了的社会自然。自我是被"镶嵌于"或"置于"现存的社会常规之中的——我们不可能总是能够选择退出这些常规。显然，我们应对"康德式"自我观予以纠偏。康德坚定地捍卫下列观点："自我选择的、无限的自我是真正的我们之所在，是一个我们应当为之而生活的尊严，而且，不能做到这一点会在我们身上导致一种堕落感。"③ 即自我优先于其社会角色和社会关系，并且，仅当自我能够与其社会处境保持一定的距离并且能够按照理性的命令对其进行裁决时，自我才是自由的。麦金太尔认为，在确定生活方式的时候，我们"都把自己的处境当作是在承载某种特定的社会身份……因此，对我有益的事物就必然是角色承当者的利益"。④ 泰勒对"康德式"自我观进行了批驳："完全的自由就是虚无：没有什么事情值得追求，没有什么事情值得重视。通过置所有的外部约束与影响于一旁而达成自由的自我，实在是没有特性的，因此根本就缺乏确定的目的。"在他看来，真正的自由必须是"处境中的"。要想使我们社会处境的方

---

① G. H. 米德著，赵月瑟译：《心灵·自我与社会》，上海译文出版社 2005 年版，第 174 页。

② G. H. 米德著，赵月瑟译：《心灵·自我与社会》，上海译文出版社 2005 年版，第 174 页。

③ C. 泰勒著，韩震等译：《自我的根源：现代认同的形成》，译林出版社 2008 年版，第 622 页。

④ W. 金里卡著，刘莘译：《当代政治哲学》（下），上海三联书店 2004 年版，第 405 页。

方面面都服从理性的自我决定，是一个空洞的愿望，因为，这种自我决定的要求是茫然无措的。这种要求"不可能为我们的行为确定任何内容，因为它脱离了为我们设置目标的处境——正是这样的处境才塑造了理性同时也激发我们的创造力"。① 我们必须接受由处境"为我们设置的目标"。如果我们不接受这样的目标，追求自我决定就会导向尼采式的虚无主义，我们就会把所有共同价值当作绝对任意的设定而加以拒斥——于是，"生活的权威视域，如基督教的和人道主义的，一个接着一个被当作意志的镣铐而加以抛弃。最后，只剩下强力意志"。如果我们否认共同价值是"权威视域"，它们就会被我们当作对意志的任意限制，于是，我们的自由就要求把它们统统拒斥。②

（2）人的权利来自于社会（社群）

人的权利，无非就是"社会连带关系权利"。瓦萨克提出了人权的"三代"理论。"第一代人权"是"消极权利"，包括个人的生命权，人身自由和安全权，私有财产权，参政议政权，言论、出版、集会、结社自由权，思想、良心和宗教自由权等。这些权利的主要特点是对政府权力的限制和对个人权利的推崇。"第二代人权"即"积极权利"，包括"经济、社会和文化的权利"。这些权利的主要特点是权利的实现要求政府采取积极的措施和步骤，保证人们真正有可能获得实质性的社会和经济利益。"第三代人权"关涉人类生存条件的集体"连带关系权利"，包括和平权、发展权、卫生环境权和人类共同遗产权。③

所谓"社会连带关系权利"，即个人通过社会联系或合作所享有的权利。涂尔干认为，人是理性的动物，人只有进入社会才能成为人。人是一种社会存在物，个人并不仅仅是和社会"结合"在一起，社会实际上还在他身上"渗透"。"在进化过程中存在着，或者至少产生了绝对无私的合群的需要与社会的本能。为了满足这种需要和本能，个人形成了规模越来越大的社会，甚至有时做一些对自己的所谓利益有害的事情。"显然，"每一个人……本能地都理解他不能只满足自己"。不管个人是否从物质上受益，互动的集体性却是确定无疑的。"儿童感到自己是依赖于父母的，商人依赖于顾客，工人依赖于老板，老板依赖于工人。"社会生活不是一场"无所顾忌、不守信用的"斗争，社会生活中的个人有天赋的忠诚意识、彼此之间相互同情。④ 如果否定外在于个人的

---

① W. 金里卡著，刘莘译：《当代政治哲学》（下），上海三联书店 2004 年版，第 406 页。

② W. 金里卡著，刘莘译：《当代政治哲学》（下），上海三联书店 2004 年版，第 406 页。

③ 沈宗灵等主编：《西方人权学说》（下），四川人民出版社 1994 年版，第 251—252 页。

④ J. C. A. 亚历山大著，夏光等译：《社会学的理论逻辑》（第 2 卷），商务印书馆 2008 年版，第 125 页。

社会而试图将人抽象化的做法，无疑是荒谬的。"把个人从社会中孤立出来，从社会中抽象出来，就等于消灭个人。"① 从人类社会的发展历程看，维系社会存在的是社会连带关系。社会连带关系可分为机械的连带关系和有机的连带关系，两者的区别决定于有没有社会分工和社会分工程度的高低，由此出现了不同的社会形式和结果。所谓机械的连带关系，是基于"成员之间的紧密联系"、"相同的意识"之上的"观念的、感情的共同体"。但是，机械的连带关系打破了个人之间的界限，"只要将他们融合在一起，就可以统一他们的思想"，这样，"个人完全被集体所同化了"，"整体凌驾于部分之上"。相反，有机的连带关系是建立在经济劳动分工之上，"每个人都有自己的行动范围"，部分既独立于整体也维系着整体。② 在他看来，分工是"使现代社会同以前的社会相分离的伟大转变"。"社会团结不能（和以前）完全相同，也不可能有相同的根源；而是产生于分工——它使公民和社会秩序之间彼此依赖。"③ 由于分工是社会连带关系的根源，因此它也是道德秩序的基础。道德应该被看作是一种"社会功能，或者更可能是社会功能系统——它是在集体需要的压力下逐渐形成并得到巩固的"。④ "道德的实质性功能就是使个人之间彼此适应，由此确保社会均衡并维系群体生存。"道德被归结到其"实际功能"上——很简单，它"使社会成为可能，使人们生活在一起而没有太多的痛苦与冲突"。⑤

狄骥继承和发展了涂尔干的"社会连带关系"理论。他说："人们有共同的需要，这种需要只能通过共同的生活来获得满足。人们为实现他们的共同需要而做出了一种相互的援助，而这种共同需要的实现是通过其共同事业而贡献自己同样的能力来完成的。"共同的需要构成了社会生活的第一要素，形成了涂尔干所说的机械的连带关系。换句话说，机械的连带关系，即是人们追求共同利益而结成的协作、合作的社会关系。另一方面，由于人们有不同的能力和需要，因此，"他们通过一种交换的服务来保证这些需要的满足，每个人贡献

① J. C. A. 亚历山大著，夏光等译：《社会学的理论逻辑》（第 2 卷），商务印书馆 2008 年版，第 128 页。
② J. C. A. 亚历山大著，夏光等译：《社会学的理论逻辑》（第 2 卷），商务印书馆 2008 年版，第 159 页。
③ J. C. A. 亚历山大著，夏光等译：《社会学的理论逻辑》（第 2 卷），商务印书馆 2008 年版，第 160 页。
④ J. C. A. 亚历山大著，夏光等译：《社会学的理论逻辑》（第 2 卷），商务印书馆 2008 年版，第 125 页。
⑤ J. C. A. 亚历山大著，夏光等译：《社会学的理论逻辑》（第 2 卷），商务印书馆 2008 年版，第 139 页。

出自己固有的能力来满足他人的需要，并由此从他人手中带来一种服务的报酬。这样便在人类社会中产生一种广泛的分工，这种分工主要是构成社会的团结"。① 用涂尔干的话说，这就是有机的连带关系。换言之，有机的连带关系是人们为了追求各自的利益而结成的相互合作的社会关系。

正是基于"社会连带关系"理论，狄骥对天赋人权理论进行了批判。他说，如果我们假设自然人是完全孤立的，在进入社会之前，人的确拥有某种天生的能力，但他绝对不可能享有任何权利。人不可能将其一出生就享有的天赋权利带入社会，只有在他进入社会之后，他才可能享有权利。因为，只有在社会中，他才能与其他人发生关系。当他成为社会之一员时，即成为社会的一个组成部分之时，他才有可能获得权利。"人不可能借助自己所不拥有的自然权利来反对社会，也不能利用自己进入社会之后才享有的权利来对抗社会。"② 那种认为自然人是独立的、与世隔绝的，生来就是自由的、享有权利的这一主张，无疑是毫无意义的抽象学说。"事实上人生来就是集体的一个成员；他总是在社会中生活，而且也只能在社会中生活。讲到权利基础的一切学说，无疑必须以自然人作为基本论点，但自然人不是 18 世纪哲学家所说的孤立而自由的人，是按照社会连带关系来理解的个人。我们必须肯定：人们不是生来就有自由和平等权利的，但他们生来都是集体的一个成员，并且由于这个事实，他们有服从和发展集体生活的一切义务。"③ 在他看来，人的权利不是天赋的自然权利，而是基于一定的社会联系、社会交往、社会合作，且只能在一定的社会规范中产生出来。"个人自由是作为社会连带关系的基本因素出现的，因为这种关系越是增大，个人活动也就日益发展起来。不同的需要越得到满足，社会纽带便更加坚固；社会生活也愈益紧张，个人的活动将发展得更加积极和更加自由。"④

大多数社群主义者认为，人的权利不是天赋的，而是产生于社群。换句话说，社群主义者体现了第三代人权的某些特征，与涂尔干、狄骥等人的主张相似或相近。社群主义者不仅反对将个人与社会割裂开来，而且反对新自由主义人权的不证自明性。在他们看来，个人所享有的权利是以某种社会准则和社会条件为前提的，个人权利是一种人与人之间的社会关系，自由主义所谓的人权不是人类社会的普遍特征，也不是自人类社会诞生以来就自然而然地产生的；

① 狄骥著，钱克新译：《宪法伦》，商务印书馆 1962 年版，第 63—64 页。
② 狄骥著，郑戈等译：《公法的变迁·法律与国家》，辽海出版社 1999 年版，第 245 页。
③ 狄骥著，钱克新译：《宪法伦》，商务印书馆 1962 年版，第 153 页。
④ 狄骥著，钱克新译：《宪法伦》，商务印书馆 1962 年版，第 64 页。

作为一种无论性别、种族等条件而平等地赋予每一个人的权利，在人类发展历史上从来就不曾出现过；脱离历史条件和社会环境的权利只能是子虚乌有，空穴来风。

（3）人的个性在社会交往中获得发展

个人只有在社会中进行持续的交往，他的个性才可能得到自由和充分的发展。马克思指出："只有在共同体中，个人才能获得全面发展其才能的手段，也就是说，只有在共同体中才可能有个人自由。"① 个人只有在社会中进行持续的交往，才能把自我从纯主观性和纯偏执性中解放出来，从特殊性走向普遍性与特殊性的统一，从个性走向个性与共同性的统一，也才能养成个体的社会共同体意识。唯其如此，我们才能使"每一个人虽然与所有的人相联合，却只是服从他自己，并且仍然同以前一样自由"。② 人的精神世界是在社会场景中展现的，人的内在的精神是不可能在一种孤立的状态中形成的，人的才能是不可能在孤立的社会场景中获得发展的。霍布豪斯说："成功的人夸耀其伟大的企业，认为是'我'所创造的，而没有想到他在手边所利用的复杂的社会机构。"③ 构成我们自己最重要的组成部分是社会，人是在社会中获得发展的，人的精神世界是在社会中丰富的。涂尔干说："在我们身上，存在着一种与我们自身不同的状态，即社会，社会在我们身上并通过我们把这种状态表达出来。这样的状态构成了社会本身，同时也存留在我们身上，在我们的身上起作用。当然，社会比我们更大，它超越了我们，因为它无限地大于我们的个体存在；可是，与此同时，社会也走进了我们每个人。它在我们外面，围住我们，它也在我们里面，完全是我们的本性的一个方面。我们与社会融为一体。正如我们的物质机体在自己的外面获得其营养一样，我们的精神机体依靠观念、情感和实践得到滋养，而所有这些都是我们从社会中获得的。"④ 塞尔兹尼克认为，社群对个人性格的形成具有重大作用，"离开我们从社会生活中获得的理想和纪律，我们就不可能知道什么是值得拥有的、什么是值得做的。我们就不可能发现自己真正的利益和他人的利益"。"人们不会孤立地或在完全客观的环境中茁壮成长，把人当人看，就是要承认一个人的性格是在与他人的交往中形成的，是一个有

---

① 《马克思恩格斯选集》（第 1 卷），人民出版社 1995 年版，第 119 页。

② 北京大学哲学系外国哲学教研室编译：《十八世纪法国哲学》，商务印书馆 1979 年版，第 171 页。

③ L．T．霍布豪斯著，孔兆政译：《社会正义要素》，吉林人民出版社 2006 年版，第 16 页。

④ E．涂尔干著，陈光金等译：《道德教育》，上海人民出版社 2006 年版，第 54 页。

同伴和家庭分享快乐和痛苦的人。"① 不仅不是人构成社会，而是社会构成人，即社会通过教育塑造了人。迪蒙说："就儿童来说，通过家庭的抚育，通过语言和道德判断的训练，通过使他分享共同遗产的教育——在我们的社会，这些遗产包括不到一个世纪前整个人类都一无所知的东西，他逐渐具有了人性。如果没有这种训练或教育，确切地说，没有每个社会无论以什么实际的力量传授给它的成员的创造物，那么，这个人的人性在哪里，他的理解力又表现在哪里呢？"② 社会使我们脱离了我们自身，迫使我们考虑到我们自身以外的其他利益，是社会教会我们驾驭我们的激情和本能，为它们制定法则，是社会教会我们约束自己、奉献自己和牺牲自己，使我们的个人目的服从于更高的目的。正因为有了社会的整套规则体系，我们的心中才会留有与规范和纪律有关的观念与情感，无论它们是内在的，还是外在的——只有社会，才能在我们的意识中确立这样的表现体系。于是，我们便获得了控制我们自身的力量，而这种对我们自身倾向的控制恰恰是人类独一无二的特征，并随着我们成为更加完满的人而获得更大程度的发展。"为了成为名副其实的人，我们必须尽快与人类特有的精神生活和道德生活这个最重要的来源联系起来。这一源泉并非存在于我们的内部，而是在社会之中。社会是文明的全部财富的生产者和贮藏者，没有社会，人就会降至动物的水平。所以，我们必须迅速接受社会的影响，而不是怀有妒心，返回自身去保护我们的自治。"③

个人只有在社会中进行有效的社会合作，社会交往，才有可能实现自身的价值。人的生活在本质上是社会的、共同的，即使是在不直接和他人从事共同的活动的情况下，也要通过和他人活动的某些交流、合作而获得各种各样的生活资料，形成各种各样的主张或观念。个人通过社会生活而发展其素质和能力，使自己形成为人。某个个人即使作为生物学上的人生出来，如果没有适当的社会环境，也不能成为具有人的特征的个人。某人是什么样的存在，取决于他生活的各种社会关系和各种社会条件。麦克林说："正如一个人在离开了他人就不能真正成为他自己一样，人靠自身或许不能实现其全部潜能。"④ 在社群主义者看来，由于在一个具有共同性和构成性的社群中，人们之间的关系呈现为一个可以相互影响的网络——这种相互影响的关系往往彼此交织、互相增

---

① F. 塞尔兹尼克著，马洪等译：《社群主义的说服力》，上海人民出版社 2009 年版，第 40—42 页。

② S. 卢克斯著，阎克文译：《个人主义》，江苏人民出版社 2001 年版，第 137 页。

③ E. 涂尔干著，陈光金等译：《道德教育》，上海人民出版社 2006 年版，第 55 页。

④ G. F. 麦克林著，干春松等译：《传统与超越》，华夏出版社 2000 年版，第 105 页。

强，因此一个行为者与其他成员具有共同利益，这会使之更加注重自己的利益增减对整个社群的作用。桑德尔认为，没有任何理由认为一个有序社会应当鼓励个人主义价值，如果个人主义意味着这样一种生活方式：使个人只追寻自己的路而对他人的利益毫不关心的话。"一般说来，人们期望大多数人都属于一个或多个的联合体，而且至少在此意义上有一些集体的目的。"① 同时，由于一个行为者同其他行为者具有共同的价值取向，因此他更可能培养和实践一种尊重和帮助他人的行为倾向。"个体成员的行动可能牵连整体；相应地，社团也对个人拥有巨大的强制力。这种系统性的结果之一，就是为社会行动者提供了确定的认同。而这种认同约束着社会互动过程中各方成员的可能性范围。"② 即，在社群之中，他人存在对自身存在具有重大影响，个人利益与公共利益紧密相连。人是社会的存在，是在社会中形成和发展的。罗尔斯说："正是通过建立在社会成员们的需要和潜在性基础上的社会联合，每一个人才能分享其他人表现出来的天赋才能的总和。我们达到了一种人类共同体的概念，这个共同体的成员们从彼此的由自由的制度激发的美德和个性中得到享受；同时，他们承认每一个人的善是人类完整活动的一个因素，而这种活动的整体系统是大家都赞成的并且给每个人都带来快乐。"③ 社会使我们脱离了我们自身，追求高贵的精神生活和人生意义。"一个生活富足地独居在热带岛上的人是不会因为生活的压力而站出来要求自由、平等与正义的；也没有任何场合可供他去为它们而奋斗。只有在共同合作与互相竞争的人类社会里，才会想到要求自由、平等与正义，而且也只有在社会里，才会从事支持自由、平等与正义的活动。这里所谓的社会，可以是家庭社会，也可以是城邦社会——平民社会、政治社区。对自由、平等与正义的要求，以及所采取的行动是与社会组织特别是国家或平民社会的政治组织以及经济制度的利益息息相关的。"④ 总之，只有社会，才能在我们的意识中确立自由、平等与正义这样的价值体系。

即便在强调个人主义的美国，依然盛行合作与互助，强调人的发展、人的生活意义是在社会合作与交往中实现的，只不过呈现着某种相互矛盾的现象而已。在美国，即便是个人主义最有条理的捍卫者，也对个人主义抱有深刻的矛

① M. J. 桑德尔著，万俊人等译：《自由主义与正义的局限》，译林出版社 2001 年版，第76 页。

② 李义天主编：《共同体与政治团结》，社会科学文献出版社 2011 年版，第 18-19 页。

③ J. 罗尔斯著，何怀宏等译：《正义论》，中国社会科学出版社 2001 年版，第 526 页。

④ M. J. 艾德勒著，郇庆华等译：《六大观念》，生活·读书·新知三联书店 1998 年版，第 224 页。

盾心理。一方面，美国人担心社会会吞噬个人、破坏任何自主的可能性，除非自己奋起抗争；另一方面，美国人又承认个人只有在社会的关系中才能实现自我，如果彻底与社会决裂，生活便失去意义。贝拉说：美国人"既有渴求自主自助的深切愿望，又有生活若不与他人在社会共同体的条件下进行共享便毫无意义的同样深切的信念；既有人人享有尊严的平等权利的信念，又有为所得报偿不平等进行辩护的努力——若照此走向极端便会剥夺人的尊严；既坚持生活需要讲求实效和'现实主义'，又认为妥协在道义上是致命的"。① 自主和自立具有绝对的价值，但是，脱离社会责任关系的生活无疑是空虚的。"我们不是脱离他人或制度，而是通过它们发现自我的。光靠自己，永远无法进入自我的底层。我们是在工作、爱情、学业中，与他人面对面、肩并肩的交往中发现自我的。我们的一切活动，是在制度结构规定的、并由有意义的文化结构解释的各种关系、群体、社团和社区中得以延续。"② 我们不是一个悬在空中，随风飘零的自我，也不是身处世外桃园的自我，而是置身于社会关系中的自我。因此，作为一个人，作为一个自我的人，必须逃避我们与他人的联系与交往，而且，"真正的自由不在于否定我们的社会本质，而在于在紧要关头和成人的忠诚方面实现我们的社会本质，因为我们懂得我们对于奉献给生活中更广泛的伙伴关系的共同责任"。③

（4）社会发展与人的发展相辅相成

社会是由无数的人组成的，社会是人的社会，因此，离开了人的发展，社会的发展无从谈起。只有人获得充分的发展、全面的发展、自由的发展，才能促进社会的发展。诚如穆勒所说："要想让人类成为值得瞩望的尊贵美好之物，不能消磨一切个人所独具的殊才异禀使之泯然于众，而只能在无损于他人的权利和利益的范围内使之得到培育与发扬；而且既然作品总是能够反映创造者的性格，那么经过同样的过程，人类生活也会变得更为丰富多彩，生气盎然，还会给高尚的思想和崇高的情感带来更充分的滋养，并通过让所属族群更值得个人为之自豪而加强每个个体与族群之间的联系。随着个性的张扬，每个人变得对他自己更有价值，也因此就能更有益于他人。以个人的存在而言，生气更为

---

① R. N. 贝拉等著，周穗明等译：《心灵的习性》，中国社会科学出版社 2011 年版，第 201 页。

② R. N. 贝拉等著，周穗明等译：《心灵的习性》，中国社会科学出版社 2011 年版，第 110 页。

③ R. N. 贝拉等著，周穗明等译：《心灵的习性》，中国社会科学出版社 2011 年版，第 16 页。

充沛，而由于个人生气更为充沛，由个人组成的群体生机也就更为蓬勃。"①

人性是丰富的、多样性、独特的，且存在着巨大的差异，因此，社会不仅不能把人置于同一个"模具"中形塑，更不能以某种名义钳制人的发展，反而应该为人的发展创造多样性的条件，提供多样化的平台。"只有自我具有相对持久的特征，社会借以可能被人们所赞成或反对的任何基础才会存在。但只有自我为了它的发展和持续而需要社会，我们才被鼓励采取行动，旨在改善社会条件，在这些条件下男人和妇女能够更有效地创造他们自己。个别差异的顽固性意味着，社会必须使它们本身适应个人。人的自我的可塑性则意味着，我们有自由来设计文化的新形式。假如我们希望一个有自主性的个人的世界，我们就必须准备那些培养和扶植有创造性的个人的社会条件。"② 例如，建设一个多样性的社会，以便促进人的发展。"具备了这种个人差别知识，我们就能够建立起一个适应于不同的人所需要的多样性的社会，而不是试图把所有的人都放在同样的面包炉里加以烘烤。"③ 建设一个开放社会，以培育开放自我。只有开放社会，才能有且一直有开放自我，才能尊重并承认多样性。"开放自我的开放社会会承认并尊重多样性。它会抛弃一切把它的成员灌进一个共同模子里去的企图。它将是这样一个社会，在这个社会里各种各样的人都能够取得他们自己独特的统一的形式。它会以艺术、哲学和生活方式的多样性为荣。它会承认人与人之间的相互作用必须是各色各样的，就像相互作用着的人是各式各样那样。它会不断地修改它的制度来满足新的需要和答复新的问题。它会使用它的富有力量的技术来促进人的多样性和丰富性。它会使所有人都得到他们不断成长所需要的知识、安全、食物、医药照顾、闲暇和流动。它将是一个以人为中心的社会，在这个社会里任何类型的人都不能把他的自我型式强加于别人身上。"④ 即，自我的发展最终促进了社会的发展。马克思通过对法国农民特性的分析说明，一个群体，其成员越是缺少个性就越是没有凝聚力，越不能促进社会的发展。在《路易·波拿巴的雾月十八日》一文中说："小农人数众多，他们的生活条件相同，但是彼此间并没有发生多种多样的关系。……一小块土地，一个农民和一个家庭；旁边是另一小块土地，另一个农民和另一个家庭。一批这样的单位就形成一个村子；一批这样的村子就形成一个省。这样，法国国民的广大群众，便是由一些同名数简单相加形成的，好像一袋马铃薯是由袋

① J. S. 穆勒著，孟凡礼译：《论自由》，广西师范大学出版社 2011 年版，第 73—74 页。
② C. W. 莫里斯著，定扬译：《开放的自我》，上海人民出版社 2010 年版，第 39 页。
③ C. W. 莫里斯著，定扬译：《开放的自我》，上海人民出版社 2010 年版，第 74 页。
④ C. W. 莫里斯著，定扬译：《开放的自我》，上海人民出版社 2010 年版，第 120 页。

中的一个个马铃薯所集成的那样。……他们不能代表自己，一定要别人来代表他们。他们的代表一定要同时是他们的主宰，是高高站在他们上面的权威，是不受限制的政府权力。"① 人的发展、人的个性发展对于一个充满活力的社会是不可缺少的。个性的解放即是人类的解放，个性的发展即是社会的发展。毛泽东指出："没有几万万人民的个性的解放和个性的发展……要想在殖民地半殖民地半封建的废墟上建立起社会主义社会来，那只是完全的空想。"② 相应地，离开了社会的发展，人的发展也是不可能的。米德说："即使在最现代的高度发达的人类文明形式中，个体，无论他的思想或行为如何具有独创性和创造力，总是并且必然表现出与一种经验活动的一般有组织型式的确定关系，而且这种关系反映在他的自我或人格的结构性之中；这种一般型式展示在他所参与的社会生活过程中，是这种过程的表征，而他的自我或人格实质上是这一过程的创造性表现或具体化。没有一个个体具有完全独立的、脱离社会生活过程而起作用的心灵，心灵从社会生活过程中产生，从这一过程中突现，结果在这个过程中，有组织的社会行为型式给了它根本性的影响。"③ 即，心灵以社会过程为前提并且是社会过程的产物。只有在社会经验和社会活动的过程中，且只有通过或依靠这一过程，心灵才能存在并得到发展。除此之外，没有任何别的途径或方法能够使心灵存在和发展。马克思更是明确指出，人的发展说到底是人的本质的发展，人的全面发展就是"人以一种全面的方式，就是说，作为一个总体的人，占有自己的全面的本质"。④ 人的发展、自由个性的实现必须消灭旧社会的生存条件，消灭个人隶属于一定阶级的现象，建立新的自由人联合体，"在真正的共同体的条件下，各个人在自己的联合中并通过这种联合获得自己的自由"。⑤ 而共产主义恰是"以每一个个人的全面而自由的发展为基本原则的社会形式建立现实基础"。⑥ 换句话说，只有到了共产主义社会，每个人才能得到全面发展、自由发展、充分的发展。"在共产主义的社会组织中，完全由分工造成的艺术家屈从于地方局限性的现象无论如何会消失掉，个人局限于某一艺术领域，仅仅当一个画家、雕刻家等等，因而只用他的活动的一种称呼就足

---

① 《马克思恩格斯选集》（第 1 卷），人民出版社 1995 年版，第 677—678 页。

② 《毛泽东选集》（第 3 卷），人民出版社 1991 年版，第 1060 页。

③ G. H. 米德著，赵月瑟译：《心灵·自我与社会》，上海译文出版社 2005 年版，第 174 页。

④ 《1844 年经济学哲学手稿》，人民出版社 2008 年版，第 85 页。

⑤ 《马克思恩格斯选集》（第 1 卷），人民出版社 1995 年版，第 119 页。

⑥ 《资本论》（第 1 卷），人民出版社 2004 年版，第 683 页。

以表明他的职业发展的局限性和他对分工的依赖这一现象，也会消失掉。在共产主义社会里，没有单纯的画家，只有把绘画作为自己多种活动中的一项活动的人们。"① 当然，人的能力的全面发展并不是说每个人都要成为"无所不能"的人，而是指以个人天赋为前提的个体内在发展，是每个人潜能的发展。马克思指出："劳动组织者根本没有像桑乔所想象的那样认为每个人应当完成拉斐尔的作品，他们只是认为，每一个有拉斐尔的才能的人都应当有不受阻碍地发展的可能。""即使在一定的社会关系里每一个人都能成为出色的画家，但是这决不排斥每一个人也成为独创的画家的可能性。"② 真正的全面而自由的发展只能以个人的天赋为前提，因而是"人的创造天赋的绝对发挥"，是"人的内在本质"的"充分发挥"。③

如果人类的主要目标真的应当是发挥人类所有潜在的建设性力量，那么关于在建设文明过程中的个人努力与社会努力之间的适当关系这个关键问题，从有人类以来就存在了。显而易见，一个生活在社会真空中的孤独的个人根本无法达致其本性所驱使他去达致的自我实现，同样，离开个体人的发展，社会发展也是空中楼阁。在林顿看来，个体之于社会的角色是双重的。一旦了解了作为个体和社会单位的个人，就能回答困扰人类行为研究者的诸多问题。"通常情况下，社会对个人的调控越全面，使他融入社会结构的程度越深，他对整个社会的平稳运转的贡献也就越大，他的回报也就有所保证。然而，社会得在一个变动不居的世界中存在并且运转。在适应不断变化的环境的同时，有效地改良现有环境，这是我们人类空前的能力。它是人类在社会和文化竭力施加作用后所留存的个体性的表现。作为社会有机体的一般单位，个体维系着社会现状。必要的时候，个体促进现状的改变。"④ 人仍旧是自然的一部分，但不仅仅是一个生产者、消费者，而是一个充满创造性、革新精神的主体，负责保护自然，促进生态文明建设。同样，人是社会的人，是社会的一部分，但不是一个客体，而是一个社会发展的创造者、促进者与推动者。因此，在建设文明中的个人努力与社会努力之间就必须有一种积极的互动关系。杜威说："一个不良的社会对内对外都设置重重障碍，限制自由的往来和经验的交流。倘有一个社会，它的全体成员都能以同等条件，共同享受社会的利益，并通过各种形式的

① 《马克思恩格斯全集》（第 3 卷），人民出版社 1960 年版，第 460 页。
② 《马克思恩格斯全集》（第 3 卷），人民出版社 1960 年版，第 460 页。
③ 《马克思恩格斯全集》（第 30 卷），人民出版社 1995 年版，第 480 页。
④ R. 林顿著，于闽梅等译：《人格的文化背景》，广西师范大学出版社 2007 年版，第 22 页。

联合生活的相互影响，使社会各种制度得以灵活机动的重新调整，在这个范围内，这个社会就是民主主义的社会。这种社会必须有一种教育，使每个人都有对于社会关系和社会控制的个人兴趣，都有能促进社会的变化而不致引起社会混乱的心理习惯。"① 一个人的活动和别人的活动联系起来，他就会置身于这样一个社会环境——他所做的和所能做的事情，有赖于别人的期望、要求、赞许和谴责。一个和别人有联系的人，如果不考虑别人的活动，就不能完成他自己的活动。因为，这些活动是实现他的各种趋势的不可缺少的条件。如果社会各成员之间没有自由的往来，刺激和反应往往是非常片面的。"为了要有大量共同的价值观念，社会全体成员必须有同等的授受机会，必须共同参与各种各样的事业和经验。否则，很多势力教育一些人成为主人，却教育另一些人成为奴隶。这两方面的不同的生活经验模式，不能自由交流，每一方面的经验都失去意义。"② "由于缺乏各方面的共同利益的自由而平等的交往，理智的刺激作用失却平衡。刺激的多样性意味着有许多新奇的事情，有了新奇的事情，思维就得到挑战。如果人们的活动愈加限于狭隘的范围，如果有严格的阶级界限，彼此的经验就无法适当交流，活动的范围就受到限制——处于不利地位的阶级，他们的行动就愈加墨守成规，而在物质上处于优越地位的阶级，他们的行动就愈加任性、无目的和暴躁。"③ 在杜威看来，民主是一种社会的生活方式，这种生活方式允许我们独处，即便不是有成效地共同生活，至少能和平地共同相处。他说："一个民主的社会，它的各种制度的组织表明对一切人平等相待，使他们得到充分的发展，自由选择和周围社会结构中他们同胞的生活方式一致的生活方式。政治民主是这种社会的一个必要条件，但是，这个条件还不够，因为个人的成长受他生活的其他许多方面的影响：他的经济的、宗教的、文化的、种族的和全国性的经验方方面面的影响。民主社会中的和为民主社会而办的教育，必须为每个学生提供所需要的学校教育，以充分发展他的能力和兴趣，发挥他自己的特长，并且学会和别人共同生活，即使不能相互合作，至少也要和平相处。"④ 这就是为什么对杜威来说，民主建立在信念的基础上——相信智慧能发现或创造足以保存文明社会的共同的兴趣。"尽可能把发生的每一

---

① J. 杜威著，王承绪译：《民主主义与教育》，人民教育出版社 1990 年版，第 109—110 页。

② J. 杜威著，王承绪译：《民主主义与教育》，人民教育出版社 2005 年版，第 94 页。

③ J. 杜威著，王承绪译：《民主主义与教育》，人民教育出版社 2005 年版，第 94—95 页。

④ J. 杜威著，王承绪译：《民主主义与教育》，人民教育出版社 2005 年版，第 383—384 页。

个冲突——冲突必定要发生的——从以威力或暴力作为解决的手段的气氛和环境中取出来，放到讨论和智慧的气氛和环境中去，就是把那些和我们意见不一致——甚至很不一致——的人，看作我们可以向他们学习的人，并且达到把他们看作朋友的程度。"① 除了别的工作以外，教育应该谋求培养这种信念，并鼓励人们为这种信念冒风险。

当然，我们应特别注意以下情况。"社会"往往容易成为类似于霍布斯所说的"利维坦"怪物，以所谓的普遍意志凌驾于每一个个体的人之上。马克思、恩格斯在《德意志意识形态》中所说的"虚假的集体"就是社会与人对立的一个例证。他们说："从前各个人联合而成的虚假的共同体，总是相对于各个人而独立的；由于这种共同体是一个阶级反对另一个阶级的联合，因此对于被统治的阶级来说，它不仅是完全虚幻的共同体，而且是新的桎梏。"② 正因为这种对立，人与社会之间的关系又走向了另外一个极端。爱因斯坦说："现在的个人比以往都更加意识到他对社会的依赖性。但他没有体会到这种依赖性是一份可靠的财产，是一条有机的纽带，是一种保护性的力量，反而把它看作是对他的天赋权利的一种威胁。更为甚者，个人在社会中过分强调以自我为中心，社会意识变得越来越淡薄。人类——不管他们在社会中处于何种地位——都在遭受这种非社会化倾向的痛苦，不知不觉地成为自我主义的囚徒。许多人感到无安全感、孤独，他们被剥夺了天真、单纯和对生活无忧无虑体验的权利。"③ 爱因斯坦把此现象称之为"我们时代危机的本质原因"。如何避免上述两种情况的出现，协调好两者之间的关系，使得两者之间相互促进、相互发展，而不是相互对立、相互压制，就有待于制度的安排。实际上就是如何才能发现一套激励制度，以便激励人们根据自己的选择和依从那些决定着其日常行为的动机而尽可能地为满足所有其他人的需要贡献出自己的力量。诚如卢梭所言："好的社会制度是这样的制度：它知道如何才能够最好地使人改变他的天性，如何才能能够剥夺他的绝对的存在，而给他以相对的存在，并且把'我'转移到共同体中去，以便使各个人不再把自己看作一个独立的人，而只看作共同体的一部分。"④

3. "合作"造就与完善了人的特性

---

① J. 杜威著，王承绪译：《民主主义与教育》，人民教育出版社 2005 年版，第 395 页。
② 《马克思恩格斯选集》（第 1 卷），人民出版社 1995 年版，第 119 页。
③ 爱因斯坦著，许良英等编译：《爱因斯坦文集》（第 3 卷），商务印书馆 1979 年版，第 271 页。
④ 卢梭著，李平沤译：《爱弥儿》（上卷），商务印书馆 2006 年版，第 360 页。

人最初只是一个自然存在物，个人的自然存在是任何人类历史的第一个前提。作为自然存在物，个人必然具有自己独特的需要、能动性、对象性、感受性和受动性这些个人的属性。但是，人类个体从降生到世界的第一天起，就生活在与他人的相互依赖关系之中。这是由于人类个体依靠本能不能存活，他的生命、自然力、思维能力和生活能力的有限性决定了个体只有在和他人的合作关系中才得以生存和发展。亚里士多德说："我们确认自然生成的城邦先于个人，就因为（个人只是城邦的组成部分）每一个隔离的个人都不足以自给其生活，必须共同集合于城邦这个整体（才能大家满足其需要）。"① "人类虽在生活上用不着互相依赖的时候，也有乐于社会共同生活的自然性情；为了共同利益，当然能够合群，各如其本分而享有优良的生活。就我们各个个人说来以及就社会全体说来，主要的目的就在于谋取优良的生活。但人类仅仅为了求得生存，就已有合群而组成并维持政治团体的必要了；世间的苦难如果不太重，生存的实际也许早已包含了一些良好的因素。……人世虽单纯地为生存而生存，其中也未必完全没有幸福的日子和天然的乐趣。"② 从生物学上和生理学上讲，人是毫无防备的，而且并不特别适合于他的环境。然而，尽管他在本能方面有许多内在的缺点，他却逐渐设法保证了他自己的生存和后来的发展。"他在连续不断地对环境作斗争的过程中，求得生存，并且慢慢地组成了社会，以便从事集体活动。首先，他组成家庭单位和原始部落，集中于追求生活所必需的物质方面的需要，然后进一步获得知识和经验，学会怎样去求知和怎样表达他的欲望和意愿，从而构成了他的智能。"③ 稀缺的资源，包括有限的体力、智力、能量以及强迫人类合作的技艺。只有当人们能够以他们希望的方式满足他们生理的和心理的需要，并建立起亲密的关系，才存在社会生活。除人类脆弱性的事实需要合作外，与他人的接触、合作也是人类生活不可避免的"遭遇"。在人生的早期，生活、食物和教育上都依赖父母和其他人，到长大成熟，需要同其他伙伴一起相互切磋学习，共同探讨问题，一起去做那些不能独自完成的事情。需要迫使我们相互依赖，群体性是植根于人性之中的。事实上，人总是生活在许多群体之中。凯克斯说："人们生来就属于一个小的群体，通常是家庭，而且他们的生活的头几年依赖于它们。他们生活在与父母或保护人、其他的孩子还有性伴侣的亲密的关系网络中；而当他们进入更大的社群时，他们就扩展

① 亚里士多德著，吴寿彭译：《政治学》，商务印书馆1996年版，第9页。
② 亚里士多德著，吴寿彭译：《政治学》，商务印书馆1996年版，第130—131页。
③ 联合国教科文组织、国际教育发展委员会编著，华东师范大学比较教育研究所译：《学会生存》，教育科学出版社1996年版，第26页。

了他们的关系。他们有了朋友和敌人，他们与他们认识的人们的关系多种多样：合作、竞争、看望、支援、教育、学习、模仿、钦佩、恐惧、嫉妒、发怒。"① 我们通过与同伴的合作才能满足的不仅有食物、居所和衣物的需求，还有不断拓展的以文明进步为标志的需求。"社会是我们人类生存斗争的重要单位，而非个人。除了某些不幸的例子，如鲁滨孙，所有人都是生活在有组织的群体之中，并且把自己的命运紧紧地与他所属的群体联系在一起。倘若没有他人的帮助和与他人的合作，人们就不能度过他们危险的幼年，或者满足他们的成长需要。很久以前，人类就从个体独立工作阶段进入到了生产线上分工作业完成产品的阶段。"② 即便是无政府主义者克鲁泡特金亦认为，人性本质上是合作的，③ "互助"是人类生物天性中的一个基本部分，合作而非竞争是所有动物天性中的一个基本部分，这可从整个人类历史中观察到。这一论断不仅适用于整个自然界，也适用于人类。"和平和互助是族或种之类的通例；而那些最懂得如何团结和避免竞争的种，能取得生存和进一步发展的最好机会。它们繁荣昌盛，而不合群的种则趋于衰败。显然，如果说人类对于这一个如此普遍的通例当成是例外的话……那就和我们对自然的一切了解完全相违了。"④ 不论是在动物界还是人类中，竞争是例外而非惯例、通例。"十分可喜的是，不论是在动物界还是人类中，竞争都不是规律。它在动物中只限于个别的时期才有，而自然选择也不需要它而另有更好的用武之地。以互助和互援的办法来消除竞争，便能创造更好的环境。在生存大竞争——花费最少的精力以取得生命的最大限度的充实和强度——中，自然选择正是在不断地寻找能尽量避免竞争的道路。"⑤ 在很大程度上由于照顾后代的需要，合作和照料相比于竞争对生存而言更为重要；合作这种集体行为是我们刚刚演变为人类的那个时期的"野蛮人"的重要特征。什么是进步？进步意味着苦难减少、幸福增加。进步并不意味着

---

① J. 凯克斯著，应奇等译：《为保守主义辩护》，江苏人民出版社 2003 年版，第 55 页。

② R. 林顿著，于闽梅等译：《人格的文化背景》，广西师范大学出版社 2007 年版，第 17 页。

③ 克鲁泡特金认定"互助"是生物的本能，"互助法则"是一切生物包括人类在内的进化法则。他不仅企图从蒙昧人、野蛮人和中世纪以及近代人之间找出天生的、不变的、同一的人性，而且把动物和人放在一起，要从中抽出共同的属性。而这个共同的属性就是他所谓的"互助本能"。且不论把"互助本能"说成是一切生物的共同本性，在科学上是如何地站不住脚，即使以克鲁泡特金用这个共同本性来解释人类社会生活、说明社会历史现象这一点而论，也足见其在历史科学上是一窍不通的。

④ 克鲁泡特金著，李平沤译：《互助论》，商务印书馆 2010 年版，第 79—80 页。

⑤ 克鲁泡特金著，李平沤译：《互助论》，商务印书馆 2010 年版，第 76—77 页。

创造财富或革新，它们有时是管用的手段，但绝非最终目标。

社会生活的内容本质上是人们活动的结果，是社会实践的产物。实践活动是社会的历史的活动。人只有结成一定的社会关系，构成一定的社会力量，才能够进行改造自然的生产活动。尽管实践可以表现为个人的活动，但个人总是凭借社会力量去同自然发生关系，从事实践活动的。正是由于人的生存与发展离不开实践，因此，要促进人的生存与发展，必须推进实践的发展，实际地改造现实的社会生活。实践是人的生活的本质。"全部社会生活在本质上是实践的。凡是把理论引向神秘主义的神秘东西，都能在人的实践中以及对这种实践的理解中得到合理的解决。"① 人的实践活动大致可分为物质生产实践、社会政治实践和科学文化实践。其中，社会政治实践是改造和创造社会关系的实践活动。这种实践活动的基本形式就是人们之间的交往活动。人并不是以个体的形式去直接面对自然的。人类个体在活动能力上的有限性，使得单个个体必须通过彼此间的合作构成社会关系，才能生存和发展。实践活动的多样，为人的发展、完善提供了多样的自由空间，极大地提升了人的活动的自主性、创造性。达尔文认为，尽管人像其他生物个体一样从自利开始，然而，"当部落成员的推理能力和料事能力逐渐有所增进之际，每一个人都会认识到，如果他帮助别人，他一般也会得到别人的帮助。从这样一个不太崇高的动机出发，他有可能养成帮助旁人的习惯"。② 沿着达尔文的思路，威廉斯是这样说的："一个能使他的朋友最大化和使他的敌人最小化的个体将有着进化上的优势……我认为这种进化上的因素已经强化了人类的利他主义和同情心，同时在伦理学上淡化了对于性以及侵略本能的接受。"③ 沿着类似的思路，博弈论通过计算证明，在重复发生的"囚徒困境"中，博弈双方采用某种合作策略，即以德报德、以怨抱怨的策略，与一味欺骗、背叛相比，对自己更加有利。所谓"囚徒困境"，意指两个囚徒不能串供（合作）的情形。在受审时，每个囚徒都面临一个两难选择，即吃不准到底该拒绝供认以使检察机关无从定罪，还是该坦白以期将全部责任都推给另一囚徒，从而争取改善自己的处境。只要这两个囚徒无法相互合作，他们就都面临着同样的两难选择。如果两人相互合作并彼此作出信守约定，例如相互承诺都不招供，他们就都能得到较好的结局。而在他们无法串供但可能招供以自保时，就会相互揭发，这样两人的境况都将变糟。大量历史事

①　《马克思恩格斯文集》（第 1 卷），人民出版社 2009 年版，第 501 页。

②　达尔文著，潘光旦等译：《人类的由来》，商务印书馆 1997 年版，第 202 页。

③　G. 威廉斯著，陈蓉霞译：《适应与自然选择》，上海科学技术出版社 2001 年版，第 75 页。

实已充分证明，当人们合作时，他们的境况往往优于不合作。事实上，与争胜相比，合作常常为参与者们创造出更多的可取结果来。例如，阿克塞尔罗德以美国参议院行为模式的产生为例，论证了合作的益处。他说："每个议员都力图代表他的选民的利益，这就会与其他代表不同选民的参议员发生冲突，当然这是发生在利益完全相反的情况（零和博弈）下的。然而有很多机会，两位参议员都可采取对双方都有利的行动。这些对双方都有利的行为导致参议院内复杂的行为规范或者俗规的产生。其中，最重要的是回报准则，即帮助同僚解决难题并得到回报。……因此，'可以毫不夸张地说，相互回报是参议院的生活方式'。"①

当然，我们一定要注意的是：尽管"囚徒困境"的理性逻辑很完美，但是如果我们去询问警察，当疑犯处于囚徒困境的结构中，囚徒是否都会坦白。我们得到的回答肯定不会如此简单。警察会告诉我们，审讯员必须采取各种各样的攻心战术，才能使囚徒坦白。警察的实践和囚徒困境的推理为什么会有差异呢？这差异来自于人们对囚徒困境中假设条件的忽略。这些假设条件把参与的囚徒都规定为利己的、理性的、不受外力干涉的。正是这些假设条件删除了结构中的参与者的主观能动性，使参与者成为完全受制于结构的棋子。这样的假设可以使问题简单化，可以使问题的结构脉络清楚，有助于结构的逻辑化。但是，也为结构论理下了种子。当人们引用囚徒困境的案例作社会分析的时候，往往忘记了其中的假设条件，把现实的社会活动简化为下棋，把人简化为棋子。在现实生活中，人并不是千篇一律的棋子，而是千差万别的有能动性的主体。以警察审讯疑犯为例，疑犯千差万别各不相同，即使在"寻求最大自身利益"的抽象框架下，"自身利益"对于不同的人、不同的能动主体，其内容也会有不同。有的人会把"名声"、"义气"看得很重，视"名声"为自身利益的主要部分。有的人的社会处境很复杂、很困难，如果出卖同伙而出狱，或者会受到帮派的非难，或者会遭到朋友的抛弃。至于"有理性"，不同人的理性程度也大不相同，有人处事能够冷静而理性，有人则非常情绪化。一般来说，能够控制情绪绝对理性的人是少数，大多数人都会有不同程度的情绪化。正是因为人们的自身利益不同、理性化程度不同，警察才需要采取攻心战术。所谓"心"，就是参与者的"主观能动性"。这"主观能动性"不是由囚徒困境的结构决定的。警察的实践会告诉我们，"心"是直接决定"行"的因素，只有攻

---

① R. 阿克塞尔罗德著，吴坚忠译：《合作的进化》，上海世纪出版社集团 2007 年版，第 4 页。

击囚徒的心，使其心动，才能使其坦白。

一般而言，培育合作的必要性源于人性的某些固有特质，如在吸纳、评价信息和保留知识上的有限能力。在现实生活中，人类在与他人的合作、交往上受制于知识上的两种不足：第一，关于未来，人们只有不确定的知识（未来的不确定性），但他们必须猜测未来以便行动。第二，人们在了解资源、潜在合作对象以及他们的精确特征上具有"横向不确定性"。特别是，当人们需要让别人为他们做事时，他们常常不清楚那些代理人究竟将忠诚、可靠、尽其所能，还是玩忽职守。在传统的教科书中，常常这样假设，"经济人"完全了解可用手段和将要实现的目标，因此能够在现在和未来都作出使其自身效用最大化的合理选择。"传统经济理论假定了一种'经济人'，这种人在行动过程中既具有'经济'特征，同时也具有'理性'。传统经济理论认为，这种人具备关于其所处环境的各有关方面的知识，而且，这些知识即使不是绝对完备的，至少也相当丰富、相当透彻。此外，这种人还被设想为具备一个很有条理的、稳定的偏好体系，并拥有很强的计算技能；他靠这类技能就能计算出，在他的备选行动方案中，哪个方案可以达到其偏好尺度上的最高点。"① 显然，这是一种苛刻的目标——手段理性主义方法，以这种方法为基础的分析无疑使人类行为变成一种单纯的运算操作。但是，它们并不能使人类活动的实践者们信服，因为各界人士非常清楚，无人具备有关可用手段的全部必要知识，人们经常对自己的目标感到无把握。事实上，寻觅更好的信息是人们工作中的一个基本组成部分，个人在吸纳信息（领会信息、传递信息和应用信息）上只具备有限的能力，而人们必须在承认这一点的前提下开展日常工作。用专业术语来表达就是，人类苦于有限的认知能力。虽然人们会在自己的头脑中携带一些他们所需要的知识，但多数时候他们只能运用在与别人开展合作中所了解到的知识。柯武刚指出："从时间、努力和资源角度来看，获取信息和分析新知识都是代价高昂的。因此，无人愿意获取复杂运作所需要的全部知识。相反，人们更愿意通过自己与他人的交往，设法利用他人的知识。实际上，在知识搜寻成本高昂而成果又不确定的情况下，人们只获取特定的部分信息并保留对其他信息的无知是合乎理性的（理性的无知）。"② 在现代世界中，人们自己的知识在帮助他们满足其愿望上并不很有用，一个人甚至不能生产出一支铅笔那样简单的物

---

① H. A. 西蒙著，杨砾等译：《现代决策理论的基石》，北京经济学院出版社 1989 年版，第 6 页。

② 柯武刚等著，韩朝华译：《制度经济学》，商务印书馆 2000 年版，第 65 页。

品。因此，"要获得绝大多数我们需用来满足自己欲望的事物，我们都必须依赖与他人的合作。他们往往是难以计数的陌生人。我们对他们所拥有的知识很可能一窍不通并且可能永远也不会遇到他们。为了满足我们的需要，我们依赖着专业化生产者之间的劳动分工"。① 从某种意义上讲，合作优于竞争。这是因为，竞争制造分裂、冲突，而合作产生团结、和谐；竞争具有破坏性，而合作是建设性的。竞争导致自我与他人的对立，而合作使自我与他人和谐相处。事实上，甚至为攻击他人而结合起来的团体也有内部合作措施。因此，合作行动对于社会生活、政治生活、教育生活都是非常重要的。就教育生活而言，培养青年学生的合作精神、合作意识，养成合作行为尤为重要。杰拉尔德等人说，应该向青年学生提出新目标和新"神话"。这种目标和神话与作为当今行为与实践基础的目标和神话截然不同，"它们提倡提高人的而不是物的价值，重视质量而不是数量，主张合作而不是竞争，突出多样性而不是专门化等"。②

（二）教育合作的内涵

教育合作是人类教育实践活动中相互作用的一种基本形式。教育合作是人们为实现共同的教育目的或各自的教育利益而进行的相互协调的活动，也是为共享教育利益或各得其利而在行动上相互配合的互动过程。在人类教育实践活动中，当个体或群体依靠自身的力量达不到一定的教育目标时，就需相互配合协调，共同采取教育行动，从而形成教育合作。《世界全民教育宣言》特别强调广泛的教育合作在实现全民教育目标中的作用。"国家、地区和地方各教育当局对提供全民基础教育有着各自的责任，但不能期望它们提供实现这一任务所需要的人力、财力和组织力量。在所有各级建立新型有活力的伙伴关系是必要的：在所有下属教育部门和所有教育形式之间的伙伴关系中，确认教师、行政管理人员和其他教育人员的特殊作用；教育部门同规划、财政、劳动、通讯等其他政府部门以及其他社会部门之间的伙伴关系；政府同非政府组织、私营部门、地方社团、宗教团体以及家庭之间的伙伴关系。"③ 同时，加强国际合作，促进教育发展和人的发展。保持所有国家之间智力上和行动上合作；工业化国家之间的合作；发展中国家之间的合作；基于人口的、语言的和社会的种

① 柯武刚等著，韩朝华译：《制度经济学》，商务印书馆 2000 年版，第 53 页。
② S. 拉塞克等著，马胜利等译：《从现在到 2000 年版教育内容发展的全球展望》，教育科学出版社 1999 年版，第 70 页。
③ 联合国教科文组织教育丛书，赵中建编：《教育的使命》，教育科学出版社 2003 年版，第 19—20 页。

种理由，各个邻近国家之间的合作；每个国家和世界性的教育、科学和文化机构的合作等等，以便把它们各自的经验、教育变革的尝试和对教育发展的意见作为世界宝藏的一部分贡献于世界。"今天，通过互相交流而分享这种共同的财富，这既是国际合作的迫切任务，又是达到国际合作的最好途径。"① "现代国家，即使只考虑它们自身的利益，也不能不发觉，增强国家之间的合作和更自由地、更有组织地交换文献和经验，将有助于它们在自己的事业上取得更廉价和更迅速的进步。"② 因此，教育合作的结果是共享其利或各得其利。一方面，教育合作增加了物质性的收益，即教育合作增大了教育规模，有助于产生规模效应；教育合作使合作者之间容易产生外部性等，从而有助于聚集效应。另一方面，教育合作增进了精神性的收益，即教育合作是实现人的自我价值的前提条件；教育合作有助于消除人类精神上的某种不确定性，团队使人具有了某种归属感和安全感。当前，世界上一些国家对全球经济的、智力的和政治的种种差别熟视无睹，根本不希望世界各国的人民都可以享受到一定水平的福利、教育和民主，而博爱、仁义、慈善和精神高尚之类的东西早已被一些国家淡忘。面对这一情况，富尔曾痛心疾首地指出："我们时代的这种巨大变化正在危及人类的统一和它的前途，也正在危及人类特有的同一性。我们所害怕的，不仅是严重的不平等、穷困和苦难的痛苦前景，而且还有人类可能被两极分化，把人类分裂成为优等集团与劣等集团、主人与奴隶、超人与下等人这样的危险。在这种形势所产生的危险中，不仅有冲突与其他灾难（今天具有大量破坏性的工具很可能落到贫困和反叛集团的手中）的危险，而且还有非人化的根本危险，这种危险既影响着有特权地位的人们，也影响着受压迫的人们。因为对人类本性所造成的伤害，也会伤害所有的人们。"③

教育共同体的任务是保持一个人的首创精神和创造力量而不放弃把他放在真实生活中的需要；传递文化而不用现成的模式去压抑他；鼓励他发挥他的天才、能力和个人的表达方式，而不助长他的个人主义；密切注意每一个人的独特性，而不忽视创造也是一种集体活动；尊重他的竞争意识，而不忽略培养他的合作能力。诚如博登海默所说："一个生活在社会真空中的孤独的个人根本

---

① 联合国教科文组织、国际教育发展委员会编著，华东师范大学比较教育研究所译：《学会生存》，教育科学出版社 1996 年版，第 19 页。

② 联合国教科文组织国际教育发展委员会编著，华东师范大学比较教育研究所译：《学会生存》，教育科学出版社 1996 年版，第 3 页。

③ 联合国教科文组织国际教育发展委员会编著，华东师范大学比较教育研究所译：《学会生存》，教育科学出版社 1996 年版，第 3 页。

无法达致其本性所驱使他去达致的自我实现。如果没有一个社会制度框架给他提供生产工作的机会，那么他就不可能最充分地发挥其能力。而另一方面，人格也远远不只是有组织的群体努力中的一种功能成分。这样一种有组织的群体或集体，永远无法完成那些可以使一种社会秩序被恰当地称之为文明的任务，因为要完成这些任务需要富有创造力的个人进行合作。因此，在建设文明中的个人努力与社会努力之间就必须有一种积极的互动关系。"①

（三）教育合作何以必要与可能

今天的教育世界，普遍弥漫着一种令人忧虑的气氛。一方面，人们越来越过高估计自己及其所属群体的长处，而对其他人怀有偏见。另一方面，"普遍的竞争气氛已成为各国内部尤其是国际上经济活动的特点，它愈来愈突出竞争精神和个人的成功。事实上，这种竞争现在终于导致无情的经济战争，导致贫富之间的紧张关系，从而造成各国和整个世界的分裂；这种竞争也激化了历史上存在的敌对情绪。教育有时因为对竞赛概念的解释不正确而有助于这种气氛继续存在下去，这是令人遗憾的"。② 两者的叠加，导致教育世界冲突不断。怎样减少这一冲突呢？经验证明，为了减少这种危险，光是安排属于不同群体的人之间（如在多个民族或多种宗教共有的学校内）进行接触和交往是不够的。如果这些不同的群体正处于竞争之中，或者它们在共有的环境中所处的地位不平等，那么这种接触反而有可能激化潜在的紧张关系，进而转化为冲突。反之，如果这种接触是在一种平等的氛围中进行的，而且又有共同的目标和计划，那么偏见和潜在的敌对情绪可能会消除，取而代之的将是一种比较平静的合作，甚至是友谊。因此，"教育似乎应该采取两种相互补充的方法。首先是逐步去发现他人；然后是在一生当中从事一些共同的计划，这似乎是避免或解决潜在冲突的一种有效方法"。③ 具体而言，教育合作必要性与可能性主要体现在以下几方面。

1. 教育合作何以必要

每个人的成长和成熟大部分都是通过教育合作而实现的，因此，教育的主

---

① E. 博登海默著，邓正来译：《法理学》，中国政法大学出版社 2004 年版，第 327－328 页。

② 联合国教科文组织教育丛书，联合国教科文组织总部中文科译：《教育——财富蕴藏其中》，教育科学出版社 2005 年版，第 82 页。

③ 联合国教科文组织教育丛书，联合国教科文组织总部中文科译：《教育——财富蕴藏其中》，教育科学出版社 2005 年版，第 83 页。

要目的或任务就是培育学生的合作精神和合作意识。1922 年，"新教育联谊会"提出了著名的"七项教育原则"，其中第五条明确规定："新教育制度必须以合作的精神来代替自由竞争的精神。这种合作精神将引导儿童为整个社会服务。"①

（1）教育合作的必要性

第一，人是彻底开放的，人是不断学习的动物。在教育生活中，首先，人既需要同伴、同学，更需要合作学习、相互切磋与交流。人在生理、智力、精神方面的成长都需要人的帮助，也就是说，每个人的成长、成才、成人都离不开他人的帮助。"若是没有对同伴的信心，个人是无法正常发展的。反过来说，要是个人不被信任，那么个人就会变成害群之马。"② 因此，教育的任务，一是使学生明白或理解自己的人格发展依靠他人的可信赖，"学习应该了解同学彼此间切磋是极为有益的学习态度，可以学到很多东西"。③ 二是让学生做一个诚实可靠的、善于合作的人。个人生命的意义和幸福、个人的品性和修养，只有在社群里才找得到，也才能得到培养，而不论是那一类型的自私都是伤害和打击自己的。"人类社会交往的一个特点，是我们由于自身原因仅仅部分地是我们可能成为的样子。我们必须从他人那里获得那些被我们搁置的或完全缺乏的美德。"④ 因此，培养学生的合作精神、合作意识是我们值得努力的教育目标。教育历来就是一项社会性十分突出的工作使命。个人的充分发展既要靠加强个人的独立自主能力，也要靠培养关心他人或者是发现他人的这样一种道德态度。人性化是指个人的内在发展、自由和责任的统一，是其得到充分发展的标志。诚如孙志文所说："诚实、合作、责任感、以信仰为基础的信任、希望和爱都是建立自由民主社会所不可缺少的根本伦理。建立在'我对你这样是要你以后同样对我'的哲学上的现代社会就无力以相互的责任感和爱心来结合众人。……但要是我们的青年在学校就能体验到施就是爱、助人为乐、合作就是助己、相信和爱护同伴是做人的正道、爱就是创造新世界；我们的教师、学生要是都能够体认世界的罪恶，唯有以良善才能击溃；如此，我们就有希望：教

---

① 藤大春主编：《外国教育通史》（第 5 卷），山东教育出版社 1993 年版，第 251—252 页。

② 孙志文著，陈永禹译：《现代人的焦虑和希望》，生活·读书·新知三联书店 1995 年版，第 145 页。

③ 孙志文著，陈永禹译：《现代人的焦虑和希望》，生活·读书·新知三联书店 1995 年版，第 146 页。

④ J. 罗尔斯著，何怀宏等译：《正义论》，中国社会科学出版社 2001 年版，第 532 页。

育能完成其神圣的使命，引导青年进入真自由和责任感的国度。"①

第二，发现他人。发现他人、认识他人必须首先认识自己，只有认识了自己，他们才能设身处地去理解他人的反应，才能学会关心他人。"人越来越高估自己及其所属群体的长处，而对其他人怀有偏见。"② 因此，关心他人，对未来的教育无疑是一种起决定性作用的价值，也是人的同情心的内在表现，不仅对家人和同事，而且对处境不利的人、病人、穷人和残疾人均应如此，同时它与关心人类和全球的福利是相辅相成的。诚如里夫金所说："人类是富有同情心的物种。同理心也随着时代发生了变化。就像在博客世界里一样，我们在生物圈里相互联系。……越来越多新的教学模式旨在把教育从竞争性比赛转变成互相合作、充满关爱的学习体验，因为学校和大学都努力想与现在的这一代年轻人沟通，这一代年轻人伴随着互联网长大，习惯在开放的社交网站上互动，而在互联网的世界里，信息是共享的，而不是存储起来的。过去我们认识'知识就是力量'，是个人为自己获得利益的力量。现在我们认为知识是我们要一起承担的责任，为人类全体的福祉和整个地球负责。"③ 教育的重要使命之一便是教学生懂得人类的多样性，同时还要教他们认识地球上的所有人之间具有相似性又是相互依存的。诚如康德所说："还要对他人有仁爱之心，并且有世界公民的情怀。我们在灵魂中所关切的是我们自己、与我们共同成长的人，以及世界之至善。人们必须让儿童懂得这些关切，并让他们的灵魂热衷于此。他们应该从这种至善中感受到快乐，即使是在对他们的祖国或他们自身来说并无好处的情况下。"④

第三，为实现共同目标而努力。当人们为一些能使自己摆脱日常习惯、值得一做的项目共同努力时，人与人之间的分歧、冲突就会逐渐减弱，甚至消失。雅斯贝尔斯说："合作还有另一种形式，即有一个共同的理想目标，每个人接受同一计划中的一个小项目。每个人都为这个目标而奋斗，同时又脚踏实地地干好自己的工作。"⑤ 例如，通过体育运动，不同社会阶级或民族之间的紧

---

① 孙志文著，陈永禹译：《现代人的焦虑和希望》，生活·读书·新知三联书店 1995 年版，第 153—154 页。
② 联合国教科文组织教育丛书，联合国教科文组织总部中文科译：《教育——财富蕴藏其中》，教育科学出版社 2005 年版，第 82 页。
③ J. 里夫金著，张体伟等译：《第三次工业革命》，中信出版社 2012 年版，第 249 页。
④ 康德著，赵鹏等译：《论教育学》，上海人民出版社 2005 年版，第 51—52 页。
⑤ K. 雅斯贝尔斯著，邹进译：《什么是教育》，生活·读书·新知三联书店 1991 年版，第 174 页。

张关系最终在比赛和共同努力的幸福之中转化成团结互助关系的事例是何等多啊！同样的，在工作中，假如某个共同的项目没有超越上下级组织中通常存在的冲突，那么有许多事情就无法成功了。因此，"正规教育应在其计划中留出足够的时间和机会向青年人传授这类合作项目；要从幼儿开始，就在体育或文化活动中，以及通过参加居住区的翻新、帮助处境最不利的人、参加人道主义行动及两代人之间相互帮助活动等社会活动，对学生进行这种教育。其他教育组织和协会应接替学校继续开展这项工作。另外，在学校日常生活中，教师和学生参加一些共同项目，可以为传授某一解决冲突的方法，并为学生今后的生活提供参考标准提供机会，同时还能加强师生关系"。①

第四，培养团结互助精神。由于竞争成为日常生活各个领域中的一种无处不在的现象，团结互助就变得尤为必要。德洛尔说："世界是我们的村庄：一家着火，我们所有人头上的屋顶马上都受到威胁。一人想独自重建，那他的努力只有象征性意义。团结互助应成为我们的口号：我们每个人都应承担起自己对集体负有的责任。"② 人类发展和社会生活的各个方面是彼此不可分割的。人仅仅具有人类智慧和人类技巧是远远不够的，还必须感到他自己和别人之间融洽无间：具有一种人类和谐。个人必须善于通过历史和集体意识的作用，通过科学研究，通过保持他的真正同一性，通过每个人都认为他是属于全人类的心情，来运用意识中固有的力量。雅斯贝尔斯说："每一项科学成就的重要部分均是个人的功劳，但是通过多人的合作才使得这一成就锦上添花。"③ 换句话说，合作就是科学的交往，它是让每个人的动力、清晰性和吸引力都达到巅峰状态。一个人的见解可以激发另一个人的想象力，就如一个球来回抛掷着所产生的作用力一样。学校的出现正是为了科学的传承，因而学校教育具有双重意义。"①学习一些典型事例，以此来扩大科学的成就，并把科学的系统加以发展、借用或者重新使用。②对于科学传统的综合，这样学生就可以和教师一样地自主。受过共同基础教育的人，通过交换意见及竞争而耗费精力，但同时研究的兴趣也会因产生共鸣而增强，相互角逐或羡慕却会以人们意想不到的方

---

① 联合国教科文组织教育丛书，联合国教科文组织总部中文科译：《教育——财富蕴藏其中》，教育科学出版社 2005 年版，第 84—85 页。

② 联合国教科文组织教育丛书，联合国教科文组织总部中文科译：《教育——财富蕴藏其中》，教育科学出版社 2005 年版，第 238 页。

③ K. 雅斯贝尔斯著，邹进译：《什么是教育》，生活·读书·新知三联书店 1991 年版，第 173 页。

式，变成狂热地追求知识的完善。"①

（2）教育合作与教育生活相辅相成

教育合作是人类教育的一种普遍现象。如果没有教育合作，就没有人类社会的存在和发展，也就没有个体或群体的生存和发展。"世界上的儿童是天真、脆弱且需要依靠的。他们还好奇、主动且充满希望。儿童时代应该是欢乐祥和的时代，是游戏、学习和成长的时代。他们的未来应在和谐与合作中形成，他们应在拓宽视野和获得新经验的过程中不断成熟。"② 因此，现代教育生活本身需要合作，现代教育生活与合作是能够相容的。现仅就义务教育阶段之后的稀缺教育资源"分配"作一简要分析，以期说明现代教育生活需要合作的道理。我们知道，义务教育阶段之后的稀缺教育资源"分配"应遵循能力本位的原则，如果用公式来表达，"根据（ ）获得教育"的话，在现代社会公正体系和条件下，"（ ）"应是"能力"或"才能"。但鉴于"能力"或"才能"的测评在操作上有较大的难度，故在实际操作中往往以"考试分数"取代之。也就是说，在较高层次和质量的入学机会供不应求的情况下，以考试分数为依据，让少数学有所成的学生优先获得相应的教育机会。凡是在考试竞争中"考试分数"未达标的学生，则不能获得进一步接受教育的机会。事实上，在现代社会中，考试分数已成为学校对学生进行评价并赋予地位的主要依据，在许多学校中甚至成为唯一依据。辛格指出："做出努力，让按需要和努力而不是天赋能力去付酬的原则得到更广泛的接受，这既是现实的，也是正确的。"③ 可见，以考试分数为依据来"分配"稀缺教育资源的方式显然不利于保障弱势群体的教育利益，不利于社会的整体教育利益。面对这一状况，聪明的人类确立了分配稀缺教育资源的两大规则：能力本位规则和补偿规则。罗尔斯提出的补偿规则尽管有理想主义之嫌，但仍不乏现实意义。他认为，在稀缺教育资源的分配中，应以是否最大限度地满足……不利阶层的利益为标准来确定教育的分配。"差别原则实际上代表这样一种安排：即把自然才能的分配看作一种共同的资产，一种共享的分配的利益（无论这一分配摊到每个人身上的结果是什么）。那些先天有利的人，不论他们是谁，只能在改善那些不利者的状况的条件下从他们的幸运中得到。在天赋上占优势者不能仅仅因为他们天分较高而得益，而

---

① K. 雅斯贝尔斯著，邹进译：《什么是教育》，生活·读书·新知三联书店 1991 年版，第 174 页。

② 联合国教科文组织教育丛书，赵中建编：《教育的使命》，教育科学出版社 2003 年版，第 56 页。

③ P. 辛格著，刘莘译：《实践伦理学》，东方出版社 2005 年版，第 43 页。

只能通过抵消训练和教育费用和用他们的天赋帮助较不利者得益。没有一个人能说他的较高天赋是他应得的，也没有一种优点配得到一个社会中较有利的出发点。但不能因此推论说我们应当消除这些差别。我们另有一种处理它们的办法。社会基本结构可以如此安排，用这些偶然因素来为最不幸者谋利。"① 即，从教育中获利较多者应给较少者以相应补偿。为什么获利较多者必须给较少者以补偿呢？因为获利多者比获利少者较多地利用了双方共同享有的教育资源，而获利越少者对共同享有的教育资源的利用往往便越少，因而所得的补偿便应该越多。举例说，发达地区的学生是获利较多者，他们显然比农村、边远地区及少数民族地区学生（获利较少者）较多地使用了双方共同享有的教育资源。若是没有社会教育资源，那些发达地区、城市的学生便不会获得高"考分"；若非较多地使用了社会教育资源，他们也绝不可能升入高一级学校，接受高层次的教育。这些发达地区和城市获利较多者的"考分"之中既然包含着对共享教育资源的较多使用，因而也就间接地包含着不发达或欠发达地区获利较少者的"贡献"。在他们因这些高"考分"所取得的教育权利中便包含有获利较少者的教育权利。因此，"为了平等地对待所有人，提供真正的同等机会，社会必须更多地注意那些天赋较低和出生于较不利的社会地位的人们……遵循这一原则，较大的资源可能要花费在智力较差而非较高的人们身上，至少在某一阶段，比方说早期学校教育期间是这样"。② 也就是说，应通过加大补助金、奖学金的力度或加大农村、边远地区及少数民族地区的教育投入等倾斜政策来补偿获利较少者的教育权利。否则，发达地区、城市获利较多者便侵吞了不发达或欠发达地区、农村获利少者的教育权利，是不公平的。"社会和经济的不平等（例如财富和权力的不平等）只要其结果能给每一个人，尤其是那些最少受惠的社会成员带来补偿利益，它们就是正义的。"③ 况且，通过必要的教育补偿，能弥补弱势群体能力的欠缺，从而缩小弱势群体与优势群体间的教育机会差距，以增进社会的整体利益。如果弱势群体教育机会不足，他们发展某些有价值的新能力的机会势必有限，从而社会在这些弱势群体的新能力的发展方面获益就会较少。而就潜力而言，每一新生的社会成员都是一未知量，"任何社会成员获得做某些可能有价值的事情的新能力，都必须始终被视为是其所在社会的获益。……这意味着增进任何个人的能力和机会的可欲性，并不取决于他人

---

① J. 罗尔斯著，何怀宏等译：《正义论》，中国社会科学出版社 2001 年，第 102 页。
② J. 罗尔斯著，何怀宏等译：《正义论》，中国社会科学出版社 2001 年版，第 101 页。
③ J. 罗尔斯著，何怀宏等译：《正义论》，中国社会科学出版社 2001 年版，第 14 页。

的能力和机会是否也可能得到同等程度的增进，当然，这是以他人并不因此而被剥夺获得同样的能力或其他新的能力的机会为条件的"。① 只要这种机会没有被那个已掌握了此种能力的个人所垄断，其他人就有可能习得和掌握这些能力。可见，补偿原则有着重要的意义。一方面，通过补偿原则，可以使为数众多的基本教育权利已得到保障的那部分受教育者进一步改善自身的教育环境，增强自身的发展能力，从全社会的范围来看，受教育者的整体教育水平会因之普遍得以上升，并使整个社会的教育发展得到提高。另一方面，通过补偿原则，弥补"弱势群体"能力或才识方面的欠缺，可以缩小他们与优势群体间的教育机会差距，因而优势群体与弱势群体之间许多由教育水平而引发的矛盾冲突也可以程度不同地得到缓解，从而使整个教育最大限度地降低辍学率、失学率，实现一种相对稳定的均衡发展，达致和谐的教育秩序。

可以设想，如果有关义务教育阶段之后的教育机会分配原则只坚持"分数面前人人平等"，坚持一种丝毫不合作的仅以考试分数来分配教育机会的方案，其实质恰是不留余地，竭泽而渔，结果必然是鱼将不存；如果有关义务教育阶段之后的教育机会分配原则只坚持"教育机会人人平等"，坚持一种丝毫不合作的仅以"地域、肤色、民族"来分配教育机会的方案，其实质也是不留余地，陷入平均主义的泥潭，甚至"以弱为荣"，结果也必然是教育发展的停滞、教育秩序的混乱。面对这一情况，教育合作尤其是国家在教育合作中的作用无疑被提上了议事日程。这是因为，社会合作体（社会联合体、社会共同体）主要体现为国家。国家虽然由众多社会成员组成的，但并非社会成员数目的简单加和。国家一旦形成，便具有一种相对独立性。从理论上讲，国家是一种主要的社会公共权力机构，国家对于社会成员担负着责任与义务。国家的行动体现在一种权利制度中，而其组成因素则无不取决于与公共利益的关系。"国家的目的可能是双重的：它可能促进幸福，或者仅仅防止弊端，而在后一种情况下，就是防止自然灾害和人为的祸患。"②

2. 教育合作何以可能

教育合作从理想形态走向现实形态，必须牢牢坚持以下"铁律"：第一，坚持合作共赢理念，任何一个国家都应该把握自己与别国或地区教育合作与交流的正确方向。合作共赢理念是国与国（或地区）之间进行教育合作与交流的

---

① T. A. V. 哈耶克著，邓正来译：《自由秩序原理》（上），生活·读书·新知三联书店1997 年版，第 106 页。

② V. 洪堡著，林荣远等译：《论国家的作用》，中国社会科学出版社 1998 年版，第 37 页。

灵魂。地球村中，一损俱损、一荣俱荣。在一个相互依赖的世界里，国与国之间的教育合作与交流不是"你死我活"的竞争，不是"你输我赢"的博弈。相互依赖是教育合作与交流的基础，任何一个国家（或地区）教育的发展与进步都是别国或其他地区教育的发展与进步，别国或其他地区教育的发展与进步也是任何一个国家教育的发展与进步。别国或其他地区教育的发展与进步都是任何一个国家教育的"利好"，任何一个国家教育的发展与进步也是别国或其他地区教育发展的机遇。"现代国家，即使只考虑它们自身的利益，也不能不发觉，增强国家之间的合作和更自由地、更有组织地交换文献和经验，将有助于它们在自己的事业上取得更廉价和更迅速的进步。"① 在全球化时代，文化越来越成为世界各国共享的精神财富，推动世界文化广泛、深入的交流，越来越成为促进人类进步与世界和平发展的重要动力。麦克林说："人和社群为在和谐的文化传统的发展中的社会动力提供了两个原则：互补性，它使文化的构成和交流成为可能；慷慨，它通过传统的积极的过程得以传递。首先，作为唯一的、自足的和纯粹自生的本原的'分有'者，芸芸众生在原则上不是不相容的或对立的。相反，作为有限的影像，他们与别的'分有'者或影像之间是一种互补关系。这体现在'独乐乐、不如与人同乐'的这种快乐体验中，在这里整体要大于部分之和，这一点对于个人和团体以及与他们通过自我认知而创造的文化都一样有效。……别人和别的文化之所以应该得到尊重是因为他们都是超验的本原的给予或礼物，这便是甘地称那些流浪儿为'上帝的孩子'的关键处。他敦促我们抛弃高傲的感觉或隔离，因为在高傲和隔离的感觉中，我们会歧视别人。但是，仅仅报以尊重是不够的。事实上，我和别人、自己的民族和别的民族的起源于、分享着和爱戴着同一个自我，特别是作为至善的自我。这意味着在某种程度上我们的文化传统共同分享善。在这些结合在一起的人类生活的模式之间，其关系准则是互补。因此，交流作为互补性的实施，就会使我们远离绝望。在我们这个时代的迫切需要中，只有加深人与人之间的合作才会激活人类经验中储存的基本的和无限的创造性。交流的第二个原则建立在一个人存在的参与特征之上，这是存在拥有的基本的给予或礼物。"② 同时，跨文化的交往、交流与鉴赏并非一定是羞耻和屈辱的，我们确实有能力去欣赏在其他国家或其他地区产生的东西。泰戈尔说："人类的产品，不管它们是从那儿创

---

① 联合国教科文组织国际教育发展委员会编著，华东师范大学比较教育研究所译：《学会生存》，教育科学出版社 1996 年版，第 3 页。

② G. F. 麦克林著，干春松等译：《传统与超越》，华夏出版社 2000 年版，第 189－190页。

造出来的，我们从中理解和享受到的一切，无论其内容是什么，立刻就成为我们自己的了。当我能够欣赏别国的诗人和艺术家，就像本国的一样，我为我的人性而骄傲。让我感受那种纯粹的欢乐——人类一切伟大的光荣都是我的。"[①] 正是不同文化的彼此交流，才让不同国度的人们知道了中国的孔子、德国的歌德、英国的莎士比亚。而文化的民族主义和沙文主义作为一种生活方式，只会严重削弱文化的生命力。"尽管忽视文化的独特性有一定危险，但假定到处存在文化孤岛也可能使人上当。"[②] 例如，印度的一些沙文主义者曾抱怨学校教材中，尤其是现代数学教材，使用的"西方的"术语。但是，"数学世界的相互关联性使人无法分辨什么是'西方'的、什么不是'西方'的"。在森看来，文化事务上的地区性自足形象是严重的误导，维护传统的价值纯粹性并且不受外来污染是难以维持下去的。森在最后对自己的文化主张总结道："我……完全不是反对每一种文化的独特意义，而是呼吁需要精细地理解跨文化的影响，需要有欣赏其他文化和其他国家产物的基本能力。我们一定不要在热情提倡保存传统和纯粹性的时候，丧失互相理解并欣赏不同国家文化产物的能力。"[③] 因此，国与国之间应超越社会制度、教育制度差异，摒弃零和思维，积极实践同舟共济、合作共赢的理念，相互包容、良性竞争，教育革新经验共享、教育发展风险共担。

第二，做大教育合作与交流"蛋糕"，夯实国与国之间教育合作与交流的基础。只有国与国之间进行教育合作与交流的契合点、共同点增多，才能寻求到深化教育合作的新机遇。任何一个国家对教育实践的探索，对教育理论的求解，将为别国或地区推进教育发展提供一些经验、为别国或地区学者提供研究范本，为世界教育宝库增添新素材。别国或地区的先进教育理念、先进教育管理经验等，也将为任何一个国家的教育发展注入新的动力。"海纳百川，有容乃大"。在国与国之间进行教育合作与交流的过程中，应该不断创新教育合作与交流形式，拓展教育合作领域，促进双方或多方教育的发展与进步。

第三，加强教育合作与教育交流，构筑国与国之间教育合作与交流的精神纽带。"国之交在于民相亲，民相亲在于心相知。"国与国之间教育合作与交流

---

① 阿马蒂亚·森著，任赜等译：《以自由看待发展》，中国人民大学出版社 2002 年版，第244 页。

② 阿马蒂亚·森著，任赜等译：《以自由看待发展》，中国人民大学出版社 2002 年版，第244 页。

③ 阿马蒂亚·森著，任赜等译：《以自由看待发展》，中国人民大学出版社 2002 年版，第245 页。

的加强，需要以教育项目、科研项目、国际教育论坛或会议等作为合作的载体。今天的社会，是一个千帆竞发的多元社会，也是一个百舸争流的观点时代。开展教育项目、科研项目的合作，举办国际教育论坛或会议，既是为了方便教育交流与合作，也是为了更好地传递世界教育发展趋势、建构理性思想、凝聚世界共识。

第四，加强国际理解教育，增强互信。教育交流与合作的顺利展开，需要人民的理解和互信作为精神保障，需要国际理解教育作为支撑。有了文明的对话，才会有心灵的交流，才会达致"心有灵犀一点通"的境界；有了各国学者的争鸣，各国人民的议言，才能在交流、交融乃至交锋中，传递任何一个国家教育发展的好经验，倾听别国或地区教育发展的"好声音"，谋求教育发展的最大公约数，推进世界各国教育前进的步伐。由交流而理解，由理解而包容，由包容而互信，同舟共济、合作共赢意识才能不断增强。

第五，培植教育合作与交流的社会基础。任何一个国家都应该更加积极地推进与别国或地区的社会各界的交流，加强教育领域的合作，用教育交流乃至民间交流培植合作与交流的社会基础和民意基础，用教育交流架起人民相互了解和友谊的桥梁。要妥善处理教育合作与交流过程中的分歧摩擦，切实推进国与国之间教育合作的大发展。就国家层面而言，我们今天所处的国际环境处于加速度的变化之中，全球化的教育治理成为人类社会必须共同面对的亟待解决的难题。全球所有国家都是全球教育治理的重要参与者，是影响人类社会未来教育发展的关键力量，在全球教育治理的舞台上如何处理相互关系，这不仅涉及各国伙伴关系、合作关系的性质和内容，也将对全球教育治理的发展方向和方式产生重大影响。在全球教育治理的多个领域里或合作、或矛盾、或博弈的关系中，既代表了国与国之间不同的教育利益和诉求，也显示出国与国之间在全球教育舞台上的不同地位和作用，更证实了国与国之间不断加深的了解与合作。在改善全球教育治理的过程中，国与国之间或在高度认同的情况下相互支持，或在相互学习的基础上深化合作，或于相互矛盾中寻求相互和解，虽然其间不乏起伏，但总是朝着相互关联而非相互分离，相互合作而非相互对抗的大方向发展。这种关系的本质和方向是共同地回应经济全球化对传统教育治理格局和方式的挑战，因此本身就具有战略性和拓展空间。诚然，在全球教育治理领域里，国与国之间有着不同的教育利益和关切，有对国际教育准则不同的解读和认知，在参与全球教育治理规则制定方面有不同的经历和能力。因此，国与国之间的教育合作的过程也将是利益磨合的过程，增进了解的过程，加深对共同挑战、共同利益和共同命运认识的过程。例如，我国与别国或地区的教育文化、教育传统、教育制度、教育发展阶段乃至关注的教育问题不同，在一些教育问题上存在不同看法实属正常。随着教育合作与交流的增多，产生一些竞争和摩擦也在所难免。我国与别国或地区在教育合作与交流过程中都应坚持相互尊重、相互理解、平等相待、互谅互让，善于"换位思考"，懂得"将心比心"，在维护自身教育理念、教育制度等的同时照顾对方合理关切，通过对话协商妥善解决分歧。因为，对话与协商不仅能"使人们深入认识和了解差异性，同时也提供了一种途径，使人们都能尊重差异性"。① 即深入研究别国的教育理念、学习别国的教育经验等，从个性中找出共性，从教育现象中发现教育规律；根据我国教育发展实际，兼顾我国与别国或地区，本土与国际，体现教育公平正义。上述过程也是了解、理解、达成共识，解决问题的过程。在这一过程中，既要避免一叶遮目不见泰山，以局部、个体、表象掩盖整体和本质，也要善于明察秋毫，发现特殊问题，一把钥匙开一把锁，不留遗忘的角落。

在坚持以上"铁律"的同时，任何国家的教育决策者、推动者和实践者都应积极探索、大胆试验，寻求"本土化"与"国际化"的有机融合，并不断丰富本国的教育实践特色、理论特色、民族特色、本土特色和时代特色。不过，这里所谓的本国教育，并非只具有限制或限定的意义，并非限定某一国家只能关注本国教育发展过程中所呈现的各种教育现象、解决本国教育在其发展过程中所出现的各种问题、求解本国教育在其发展过程中所涌现的各种困惑，而是使本国教育同时具有开放性的意义，表明某一国家能够依托厚重的民族传统文化优势，独特的本土文化优势以及教育理论优势和教育制度优势来解决人类共同面临的教育问题，解释人类共同存在的教育现象，并为别国在城市化、现代化进程中如何确保教育公平正义提供参考、如何破解城乡教育不公平提供解决之策、如何提高教育教学质量提供借鉴。如是，对于本国教育的独立与自信就使其在全球化背景下的教育理论境界和教育视野发生了根本性转变：从"朝朝不见日，岁岁不知春"的幽闭情怀转向"家事国事天下事，事事关心"的入世情怀；从"自说自话"的封闭性立场转向寻求教育国际性话语权——"普通话"的开放立场；从"隐学受徒"、"独善其身"的防御性姿态转向"敬君泽民"、"兼济天下"的积极性姿态。诚如《道德经》所言："圣人不积，既以为人，己愈有，既以与人，己愈多。"即，你为别人着想越多，你得到的越多；你给别人的东西越多，你得到的东西就越多。本国教育的发展和进步，本身就

---

① L. 埃利诺等著，郭少文译：《对话：变革之道》（译丛总序），教育科学出版社 2006 年版，第 240 页。

是对人类教育发展与进步的重大贡献，而发展起来的本国教育也会成为世界教育发展的重要组成部分，成为世界教育共同体大家庭中的核心成员。在全球化场域中，本国教育的教育理论体系、教育制度体系、教育实践探索对于应对人类共同的教育发展问题、人类教育文明进步问题具有独特的优势。本国教育努力践行的教育公平正义、教育民主、教育和谐、城乡教育均衡发展、城乡教育一体化发展等教育理念，体现出一种特有的开放与包容，既倚仗着别国或地区先进的教育理念、教育经验以及本土教育资源，又完全展现本国教育参验教育生活的"精髓"，体悟现实教育世界的"道法"；既坚持全人类的普世教育价值与民族传统文化、本土文化的底蕴，又充分表达出本国教育在培育和践行人类共同追求的优秀教育价值方面具有的教育理论自信和教育制度自信。

总之，教育合作作为教育公平原则依据的主要意义，至少表现在这样两个方面：其一，对教育平等和教育自由理念可能性弊端的有效制衡。教育平等和教育自由这两个理念均是以个体人为本位。所以，教育平等和教育自由如若超出了一定的限度，则极不利于教育的合作，进而严重损伤教育公平的基本原则。"一个社会能够给予人们他们应得的，但也拨出供应穷人伙食的资源，而在经济事务中则在某种程度上受到关于效率的考虑的指导。这就是一个值得欢迎的结果。"① 鉴于这种可能的情形，故而有必要以教育合作的理念予以制衡和防范。"共同利益既不是单个个人所欲求的利益的总合，也不是人类整体的利益，而是一个社会通过个人的合作而产生出来的事物价值的总合，而这种合作极为必要，其目的就在于使人们通过努力和劳动而能够建构他们自己的生活，进而使之与人之个性的尊严相一致。"② 其二，可以防止完全以国家为本位来建构教育公平的原则。在现代社会，国家虽说就理论而言其宗旨应是为了推动教育合作并实现教育平等与教育自由的理念，但是，由于特定群体的教育利益以及国家在基础教育、中等教育、高等教育等领域承担着不同的责任，国家有时可能会包揽一切教育事务，异化成为压抑广大社会成员的专权机器，从而直接损伤教育平等和教育自由的理念，背离教育公平原则的宗旨。因此，有必要以教育合作的理念作为国家与个体人之间的平衡器，促使国家尽可能地体现教育合作诉求的本意，防止国家机器可能的异化。其三，补足依据教育平等和教育自由而制定的教育公平规则所不及的部分，体现出教育和谐发展的精神。

---

① D. 米勒著，应奇译：《社会正义原则》，江苏人民出版社 2005 年版，第 222 页。
② E. 博登海默著，邓正来译：《法理学》，中国政法大学出版社 2004 年版，第 329 页。

三、教育合作的实践探索：以成都市"名校集团"为例

世界上最难的是变革，因为变革意味着遗弃陈规、废除积习、放弃既得利益或权力甚至牺牲自我。变革是为了解决问题、化解冲突，是为了寻求"去弊"之策。变革不仅应植根于现实土壤，低空飞行，而且应秉持开放立场，仰望星空。变革不仅考验勇气、磨砺信念，而且衡量担当。对于视教育变革为时代精神的成都而言，在慨然促进教育公平、推进城乡教育均衡发展的进程中，之所以选择用"名校集团"来突破新的历史隘口，来破解区域间、城乡间、学校间教育发展不均衡问题，正是希望为破浪前行的成都教育航船，寻找一片更为开阔的水域；正是希望为"又好又快"发展的成都教育版图，构筑一块更为公平正义的坚实地基；正是希望为追赶教育现代化浪潮的成都教育风帆，刻写一幅千帆竞发然风景独好的城乡教育均衡发展"样式"；正是希望为成都教育升级版的打造，提供一只指南针与一剂强心针。

（一）"问题导向"的名校集团

解决教育发展的难点、聚焦教育冲突的重点、化解教育矛盾的焦点、关切教育公平的痛点，既是以教育制度创新促进教育公平发展的关键环节，也是名校集团"出场"的起点和归宿。教育公平的实现、城乡教育均衡发展的推进，取决于教育制度设计或教育制度安排。坚持以人为本，以满足人民群众高质量教育需求为导向的成都"名校集团"，是一种快速促进教育公平、推进城乡教育均衡发展，实现学有所教、学有优教的教育制度设计或安排。

1. 教育公平实践的彻底性

教育公平理论的源泉是教育公平实践，教育公平发展的依据是教育公平实践。名校集团的基础是教育公平实践，检验名校集团的标准也是教育公平实践。

（1）以区域、城乡、校际教育发展不均衡以及"择校"等问题为导向，坚持教育公平实践的彻底性

在现实教育生活中，有时难以将教育公平实践的彻底性贯彻到底，其根本原因在于不能坚持以区域、城乡、校际教育发展不均衡以及"择校"等问题为导向。问题导向既是科学的思维导向，也是正确的工作导向，更是长远的战略导向。正如列宁所说："我们要从实际情况出发来谈论问题，因为现实是不能

抹杀的。"① "我们应当正视真实情况。这在政治上永远是最好的和唯一正确的办法。"② 如果把教育公平理论与教育公平实践的关系仅局限于认识论中，主张教育公平理论或教育制度创新较之于教育公平实践具有优越性、独立性，且离开区域、城乡、校际教育发展不均衡以及"择校"等问题空谈教育公平理论、教育制度创新；如果把教育公平实践标签化，外在地、表面地、形式地对待教育公平实践，使教育公平实践成了抽象的概念、时髦的口号，却不关涉具体的教育不公平、教育发展不均衡等问题；如果经验主义地对待教育公平实践，以过去的教育公平实践、不同时空的教育公平实践代替新的教育公平实践，刻舟求剑，自以为是，上述主张以及做法不仅在理论上行不通，而且实践上不可行。换句话说，无视区域、城乡、校际教育发展不均衡以及"择校"等问题的教育公平实践，虽然是出于一片好心，有时却不得民心。那么，如何克服教育公平实践的不彻底性呢？

首先，克服教育公平实践的不彻底性，必须把解决区域、城乡、校际教育发展不均衡以及"择校"等问题作为教育公平实践的出发点和立足点。教育发展过程是全体人民共享教育发展成果的过程，实现好、维护好、发展好人民群众的根本利益也是教育发展的价值追求。教育事关民族兴旺、人民福祉和国家未来，教育公平是社会公平的重要基础。促进教育公平、推进教育均衡发展，让所有孩子共享同一片蓝天，是亿万家庭的殷切期盼，是办好人民满意教育的必然要求，也是让全体人民共享改革发展成果的重要体现。最近这些年，尽管人民群众正享受着越来越多的教育改革发展成果，教育公平正义得到了更多重视和保障，但是，教育仍不完全适应经济社会发展和人民群众接受良好教育的要求，教育公平问题仍很突出，"进一步促进教育公平正义"的呼声也越来越高。不论是很多家长头疼的"择校"，还是进城务工人员随迁子女的"同城"苦恼；不论是学前适龄儿童"入园难"，还是不同区域、城乡学生接受教育机会不公平……这些都与教育公平发展、城乡教育均衡发展息息相关，反映出区域、城乡、校际之间教育发展的不均衡，以及不同群体之间接受优质教育机会的不均等。为什么会出现这种情况呢？既有教育不公现象凸显的原因，也有政策制度不完善的原因。"改革开放以来，我国农村面貌发生了翻天覆地的变化。但是，城乡二元结构没有根本改变，城乡差距不断拉大趋势没有根本扭转。根本解决这些问题，必须推进城乡发展一体化。……必须健全体制机制，形成以

---

① 《列宁全集》（第8卷），人民出版社1986年版，第120页。
② 《列宁全集》（第25卷），人民出版社1988年版，第138页。

工促农、以城带乡、工农互惠、城乡一体的新型工农城乡关系，让广大农民平等参与现代化进程、共同分享现代化成果。"① 既有人民群众教育权利意识增强的原因，也有媒体传播放大的原因。既有教育投入不足的原因，也有资源配置不合理的原因。当然，也与人们的认识有关。平心而论，城乡教育均衡发展需要一个过程，城乡教育均衡发展有其自身规律，"急不得"，而对许多家长而言，孩子上学并享受优质教育的需求往往又很迫切，"等不得"。由于此矛盾的客观存在，"教育公平焦虑"势成必然。"教育公平焦虑"屡屡拨动心弦，诉说着人们真诚向往教育权利公平、教育机会公平和教育规则公平；城乡教育发展差距、城乡二元结构导致的"身份歧视"动辄引发关注，折射出人们满心渴望教育公平公正的社会环境；"择校热"频频成为舆论热点，反映着人们热切期盼法治政府和教育公平公正。

其次，克服教育公平实践的不彻底性，应有一股敢闯敢试的勇气，实际上也就是敢于直面区域、城乡、校际教育发展不均衡以及"择校"等问题的勇气。促进教育公平发展、推进城乡教育均衡发展的一系列改革尽管取得了阶段性成果，但接下来的教育改革之路将越来越多地触碰一些"坚硬"的东西。促进教育公平发展、推进城乡教育均衡发展应坚持改革创新，克服不敢改、不愿改、不会改的畏难情绪，摒弃安于现状、小富即安的惰性思维，敢于突破思想观念和体制机制障碍。"不敢改"、"不愿改"、"不会改"，恰好对应了突破教育体制机制障碍面临的"三座大山"——观念束缚、体制禁锢、执行乏力。面对这些根深蒂固的障碍，如果没有坚定的决心、决绝的勇气和果断的行动，就不可能将促进教育公平发展、推进城乡教育均衡发展的教育改革推向深入。区域、城乡、校际教育均衡发展程度不同，区域、城乡、校际教育均衡发展的"含金量"各异，既有历史的成因，也有区位的差异，更有资源禀赋的高低。但无论是提高教育质量，还是促进教育公平发展，都离不开教育行政部门领导、学校校长乃至教师"管教育"、"办学校"的精气神。如果教育行政部门领导、学校校长乃至教师在克服教育公平实践不彻底性过程中，只知道亦步亦趋，凡事都要找出处、寻依据，甚至以"慎之又慎"或"顶层设计不到位、基层落实缺指导"为借口，促进教育公平发展显然会沦为"纸上谈兵"或"等、靠、要"。如果教育行政部门领导、学校校长乃至教师在克服教育公平实践不彻底性过程中，基于功利的考虑，"眼中有利益、心中无全局"，对促进教育公平发展、推进城乡教育均衡发展政策部署断章取义，于己有利则执行，无利或

---

① 习近平著：《习近平谈治国理政》，外文出版社 2014 年版，第 81 页。

不利则变通；合意的就抓紧干，不合意的就扔一边，要么把促进教育公平发展的举措简单化，导致促进教育公平发展的举措走了形、变了样；要么把推进城乡教育均衡发展概念宽泛化，把一些日常教育工作也纳入其中，试图在推进城乡教育均衡发展的红利中"分一杯羹"。例如，一些教育行政部门领导、学校校长"不看文件分量，只看领导脸色"，只"对上"而"不对下"。他们在大会上讲的、群众反映的，往往可以缓做、虚做。但是上级电话催的、当面交代的，就不敢怠慢。如果教育行政部门领导、学校校长乃至教师在克服教育公平实践不彻底性过程中，心中无责、肩膀无力，对促进教育公平发展、推进城乡教育均衡发展抱持"滑肩膀、踢皮球"姿态，抱持"甲让乙处理，乙叫丙合计，丙请丁斟酌，丁等甲审批"的态度，导致政府促进教育公平发展的主体责任"打了酱油"。既要"鼓励试"，也要"允许看"，更要"不争论"。所谓"鼓励试"，就是要敢于直面区域、城乡、校际教育发展不均衡以及"择校"等问题；"允许看"，就是要面对教育公平发展过程中的新情况、新问题形成的新的规律性认识，每个人都有一个逐渐接受理解的过程；"不争论"，就是不要用固定的、既有的教育公平理论、教育公平观点去套新的教育公平实践，去框新的教育不公平、教育发展不均衡等问题，以至于把功夫下在嘴皮子上，淡化了解决区域、城乡、校际教育发展不均衡以及"择校"等问题的实践。

再次，克服教育公平实践的不彻底性，需要增强教育公平实践的自信。教育公平实践中的不自信，根本原因还是在于对教育公平发展状况、教育均衡发展情况、教育发展过程中的教育不公平、教育发展不均衡等实际问题没有深入的研究了解。只有深入调研、深入生活，全面把握、了解教育公平发展的实际情况，才能享有解决区域、城乡、校际教育发展不均衡以及"择校"等问题的发言权，也才能增强教育公平实践的自信和彻底。一旦直面区域、城乡、校际教育发展不均衡以及"择校"等问题的实践中得出了规律性认识，且这些规律性认识与教育公平理论主张不完全一致的时候，必须坚持。"只要经过了充分论证和评估，只要是符合实际、必须做的，该干的还是要大胆干。"[①] 一旦直面区域、城乡、校际教育发展不均衡以及"择校"等问题的实践中"生成"、"建构"了某种制度安排，且这种制度安排与某种"既存"制度安排相冲突甚至矛盾的时候，必须敢于坚持。例如，我国的联产承包责任制是农民的伟大创造，确实能解决解放生产力的问题，尽管马克思主义经典作家没有论述，但必须坚持。诚如邓小平所说："农村搞家庭联产承包，这个发明权是农民的。农村改

---

① 习近平著：《习近平谈治国理政》，外文出版社 2014 年版，第 87 页。

革中的好多东西，都是基层创造出来，我们把它拿来加工提高作为全国的指导。"① 简言之，教育实践是教育制度安排或设计成功与否最公正的裁判。

（2）以区域、城乡、校际教育发展不均衡以及"择校"等问题为导向，落实教育公平实践的彻底性

以区域、城乡、校际教育发展不均衡以及"择校"等问题为导向，落实教育公平实践的彻底性，不仅有助于教育制度安排或设计的合理性，而且有利于提升教育制度安排或设计的执行力。从制度哲学本源的角度看，教育公平制度安排或设计的彻底性决定于教育公平实践的彻底性，更取决于真正坚持问题导向的制度安排或设计。在现实教育世界中，教育公平制度安排或设计的彻底性是将教育公平制度安排或设计产生的基础、制度运用的针对性、制度检验的标准，都置于能否回应教育公平实践问题之中去考察。在教育公平实践中应对所面临的区域、城乡、校际教育发展不均衡以及"择校"等问题，包括破解区域、城乡、校际教育发展不均衡以及"择校"等难题中形成的认识、思路，是教育制度创新最直接、最丰富、最生动的原料，决定着教育制度创新的内容和价值。目前，我们迫切需要的教育制度创新，是能够真正解决区域、城乡、校际教育发展不均衡以及"择校"等问题的制度。换句话说，今天的教育制度创新，几乎都是"问题倒逼的"。邓小平所强调的"摸着石头过河"，从思想方法上讲，所坚持的就是问题导向。所谓"河"，即教育制度创新拟解决或破解的问题，"摸"意指认识，"石头"意指教育公平实践和教育公平发展实际情况。"摸着石头过河"的过程，就是实践、认识、再实践、再认识的过程，也是"试错"的过程。面对一条陌生的河，又没有船、桥可供利用，"摸着石头过河"显然是最可行和最安全的办法。正是由于教育实践带有"摸着石头过河"的特点，这就决定了我们除不断进行探索和尝试之外，没有创立、建设教育制度的其他"好"办法，我们所能做的，就只能是在干中学，边干边学，在教育实践中摸索。"多数恰当知识都是边干边学的产物，它们是由无数不同的人在分散化的试错选择过程中获得的。"② 其实，不仅在没有船、桥的情形下需要"摸石头"，修桥、造船也需要"摸石头"。当然，"摸着石头过河"也是有规则的，需要按照已经认识到的规律来办，在实践中再加深对规律的认识，而不是"脚踩西瓜皮，滑到哪里算哪里"。促进教育公平、推进教育均衡发展具有社会性、多样性和广泛的参与性，既可以通过自上而下的"配送"——"顶层的"

---

① 《邓小平文选》（第 3 卷），人民出版社 1993 年版，第 382 页。

② 柯武刚等著，韩朝华译：《制度经济学》，商务印书馆 2000 年版，第 55 页。

有关促进教育公平的相关制度安排或设计，也可以通过基层教育行政部门的"自足"探索——"草根性的"有关促进教育公平的制度安排或设计。"顶层的"有关促进教育公平的相关制度安排或设计固然重要，但必须面对执行与落地问题，况且"顶层的"有关促进教育公平的相关制度安排或设计也不是一劳永逸的，它需要在促进教育公平、推进教育均衡发展伟大实践的检验、反馈与修正中不断完善。"顶层的"有关促进教育公平的相关制度安排或设计具有方向性、框架性和原则性，但"确保全国一盘棋"或"确保全市一盘棋"并非千篇一律，并非一刀切。如果忽视基层教育行政部门乃至学校促进教育公平、推进教育均衡发展探索的重要性、灵活性，忽视基层教育行政部门乃至学校促进教育公平、推进教育均衡发展制度创新的合理性、"地方性"，教育公平发展、教育均衡发展就会跛脚甚至滞行。从某种意义上说，基层教育行政部乃至学校促进教育公平、推进教育均衡发展的制度创新，确实是破解区域、城乡、校际教育发展不均衡以及"择校"等问题或难题的关键。当然，基层教育行政部门促进教育公平、推进教育均衡发展的探索必须"有规矩地闯"，必须是"配备导航的勘探"，既有"同步落实"的规矩和要求，又要在教育法治轨道上推进。

克服教育公平实践的不彻底性，必须以教育制度创新为前提。而教育制度创新应该坚持以区域、城乡、校际教育发展不均衡以及"择校"等问题为导向。习近平说："我们强调，要有强烈的问题意识，以重大问题为导向，抓住关键问题进一步研究思考，着力推动解决我国发展面临的一系列突出矛盾和问题。我们中国共产党人干革命、搞建设、抓改革，从来都是为了解决中国的现实问题。可以说，改革是由问题倒逼而产生，又在不断解决问题中得以深化。"① 教育制度创新的出发点和落脚点是为了解决以区域、城乡、校际教育发展不均衡以及"择校"等问题，而不是用来炫耀，更不是用来吓人骗人的。教育制度创新的出发点和落脚点是为了解决人民群众"上好学"的问题以及享受优质教育资源的问题，而不是用来装点门面，更不是用来"应景"的。"推进任何一项重大改革，都要站在人民立场上把握和处理好涉及改革的重大问题，都要从人民利益出发谋划改革思路、制定改革举措。"② 教育制度创新的立足点是基于区域、城乡、校际教育发展不均衡以及"择校"等问题的内在逻辑，站在"区域"立场独立思考区域的教育公平、教育均衡发展问题，历史地、辩证地看待教育发展进程中的区域、城乡、校际教育发展不均衡以及"择校"等问

① 习近平著：《习近平谈治国理政》，外文出版社2014年版，第81页。
② 习近平著：《习近平谈治国理政》，外文出版社2014年版，第97页。

题。教育制度创新离不开区域、城乡、校际教育发展不均衡以及"择校"等问题，大力探索区域、城乡、校际教育发展不均衡以及"择校"等问题特殊的、内在的形成和演变规律，并立足于"区域"教育发展的实际，寻找解决的路径。

（3）以区域、城乡、校际教育发展不均衡以及"择校"等问题为导向，推进思想解放，冲破"两个束缚"

"思之深，则行之远。"在人类历史长河中，几乎都是先有思想突破，尔后始有社会各个领域的重大变革与进步。一部人类文明史，说到底就是一部思想解放史。所谓解放思想，就是要打破各种条条框框的束缚，打破习惯势力和主观偏见的限制，研究新情况，解决新问题。恩格斯说："马克思的整个世界观不是教义，而是方法。它提供的不是现成的教条，而是进一步研究的出发点和供这种研究使用的方法。"① 就教育世界而言，解放思想就是要打破思想上的束缚，仅仅从教育公平正义思想到思想、从教育公平正义理论到理论，无非是在教育公平正义思想领域、教育公平正义理论领域兜圈子，教育公平正义思想或理论难有真正的突破和创新。尽管这些工作很有必要——"学习思想史是解放思想的必要前提"（凯恩斯语），② 但还不是真正的解放思想。解放思想总是与实事求是联系在一起的，坚持实事求是则是从问题出发的。解放思想的过程，就是探索规律、追求真理的过程，就是把教育公平正义理论与教育公平实践相结合的过程。实践实事求是的根本途径，在于坚持问题导向。教育领域的解放思想只能从区域、城乡、校际教育发展不均衡以及"择校"等问题出发，发现和解决区域、城乡、校际教育发展不均衡以及"择校"等问题既是解放思想的出发点、落脚点，既是解放思想的内容和载体，更是能否真正解放思想的标志。"只有不可救药的书呆子，才会单靠引证马克思关于另一历史时代的某一论述，来解决当前发生的独特而复杂的问题。"③ 一旦离开区域、城乡、校际教育发展不均衡以及"择校"等问题谈解放思想，解放思想就会成为一句空话。因此，解放思想是实事求是的必然要求和前提，实事求是是解放思想的目的和归宿。

问题是时代的声音，问题是工作的导向。促进教育公平、推进教育均衡发展坚持以解决区域、城乡、校际教育发展不均衡以及"择校"等问题为导向，

---

① 《马克思恩格斯文集》（第10卷），人民出版社2009年版，第691页。
② T. 朱特著，杜先菊译：《沉疴遍地》，新星出版社2012年版，第56页。
③ 《列宁选集》（第1卷），人民出版社2012年版，第162页。

是在回答和解决时代提出的重大教育公平正义问题中前进的。"哲学家黑格尔说得对：矛盾推动生活前进，而活的矛盾要比人的理智对它的最初感觉更丰富、更多种多样、更富有内容。"① 最近这些年，成都的教育公平发展到了一个崭新的历史关头。人们时常把促进教育公平发展、推进教育均衡发展形象地比喻为进入"攻坚期"和"深水区"，意思是指此轮促进教育公平发展、推进教育均衡的制度创新或变革遇到的难题是前所未有的，其复杂程度、敏感程度、艰巨程度，一点都不亚于三十多年前的教育制度变革。促进教育公平发展、推进教育均衡发展的制度创新或变革必将触及教育领域的种种深层次问题，必将涉及教育体制机制造血功能重构、运行更加健康的根本问题，困难之大，阻力之多，可能超出人们的想象。换句话说，促进教育公平发展、推进教育均衡发展的爬坡之路上，横卧着一只只"拦路虎"。"拦路虎"的背后，有种种复杂的成因。政府主体责任落实不到位，教育投入不足；教育制度不完善，忧虑教育改革风险担不起；教育制度变革不同步，计较先改先吃亏……尽管存在客观原因，但硬骨头啃不动，深水区不敢蹚，说白了还是利益的固化、观念的藩篱在作祟。譬如，有的教育制度变革牵涉复杂的部门利益，有的教育制度变革必然触动部分人乃至很多人的"奶酪"，有的教育制度变革在思想认识上则难以统一，等等。经络壅塞，在于气血不足；教育制度变革遇阻，则在于责任之气、担当之血不足。有些政府部门，迷恋教育审批，不肯跨前一步，造成简政放权的含金量不足，造成学校办学自主权未真正落实；有的城市学校尤其是名校，享用着"垄断经营"的佳肴，抵触扩大优质教育资源的名校集团；一些地方在制定教育公平发展、城乡教育均衡发展的实施细则时，或塞私货、搭便车，或选择性落实、象征性执行，"调和"促进教育公平发展的教育制度变革方案。这是不讲大局、只讲条件的典型表现，致使"断腕"式的城乡教育一体化发展，有些变成了"剪指甲"、"金箍棒"式的制度变革，有些则变成了"绣花针"。在促进教育公平发展、推进教育均衡发展的教育制度变革末梢，少数基层教育行政部门干部无心"真改"，生怕教育公平正义方案、城乡教育一体化发展方案晒出来多了制约，责任亮出来多了压力；或是手拿促进教育公平发展、推进教育均衡发展的教育制度变革"手术刀"担心得罪人，搞得不好惹火烧身；又或算计没好处，反而动了自己的奶酪。如此不讲奉献讲困难、不讲责任讲权力，使教育制度变革成效大打折扣。可以说，当下促进教育公平、推进教育均衡发展的教育制度变革除了仍然存在的思想阻力之外，既得利益因素已

---

① 《列宁全集》（第 45 卷），人民出版社 1990 年版，第 285 页。

经成为阻挠教育制度变革的最大障碍。触动利益比触动灵魂还难，教育制度变革从来不易，教育制度变革受阻也在意料之中，"历史活动并不是涅瓦大街的人行道"。① 但是，历史注定了今天的教育制度变革，不可能是一次"愉快的郊游"。有些"暗礁"是深化教育制度变革、实现教育公平正义时无论如何绕不过去的。先秦商鞅变法，旧贵族阻挠改革，高呼"利不百不变法，功不十不易器"。发端于20世纪80年代的教育体制改革，三十多年来也时时杂糅着思想激烈碰撞和利益复杂博弈。然则，尔后中国教育的大发展，教育权利公平、教育机会公平、教育规则公平保障体系的逐步形成，无不证明教育制度变革唯其艰难，才更显"乱云飞渡仍从容"、"咬定青山不放松"的定力，才更显勇毅；唯其笃行，才更需要久久为功、驰而不息的韧劲，才更需要锲而不舍、坚韧不拔；唯其磨砺，才始得玉成，才使得教育制度变革蓝图化为现实。

在推进教育制度变革的过程中，好变的、见效快的、普遍受益的"有学上"式变革，绝大多数都已经进行了，现在剩下的都是难啃的硬骨头，要调整的、变革的是已经成型的教育利益格局。尽管深化教育制度变革通过调整教育利益分配格局来促进教育公平发展、教育均衡发展，最终受益的是包括既得利益者在内的全体社会成员，但短期内必然要触动一部分人的教育利益。例如，在"原有"制度环境下生成的名校，对教育制度变革基本上持"抗拒"态度，因为教育制度变革改变了教育权力、教育资源、教育利益等的分配格局。而"原有"制度环境下存在的普通学校则可能持"支持"态度，因为教育制度变能使其"获利"，"顾客们要求各学校公平分享资源和缩小等级的主张得到了'一无所有'的学校以及二流学校的支持"。② 除此之外，教育制度变革还可能遭遇既得利益者的反对。在"原有"制度环境下，优势社会阶层子女在优质教育机会获得上占尽先机，他们不仅可以凭其文化资本通过正常的公开招录进入名校，更能凭其政治资本、经济资本和关系资本通过"点招"录取来占据优质教育资源。如果说能够入学名校是社会成员进入上层社会、获得精英身份的准通行证的话，那么，现有的名校招生制度安排实际上是一次系统化的社会选择与社会排斥：有权有背景的家长可以让成绩平平的孩子成为名校的"条子生"、"共建生"；有钱有关系的家长可以让学业一般的孩子成为名校的"缴费生"；无权无钱无背景的家长则不得不放弃对名校的追逐。换句话说，教育制度变革

---

① 《列宁专题文集（论社会主义）》，人民出版社2009年版，第399页。
② B. R. 克拉克著，王承绪等译：《高等教育系统》，杭州大学出版社1994年版，第218页。

必然涉及更复杂的教育利益博弈和教育利益调整，一些既得利益者或优势社会阶层就不由自主地"左""右"摇摆、安于现状，不愿变革、害怕变革，甚至有意无意地阻挠、拒绝乃至反对教育制度变革向纵深推进，其根源就在于顾及个人教育利益得失，不仅抱着既得教育利益不放，而且还力图守住乃至扩大自己的既得教育利益。诚如罗尔斯所说："每个人仅仅把社会安排当作实现他的私人目标的手段。没有人考虑他人的善或他人所拥有的东西，毋宁说每个人都偏爱于选择使他得到最大份额的最有效的方案（用更形式化的语言来表达，个人的功利函数中的唯一可变量是他占有的商品和财产，而不是由他人所占有的商品及他们的功利水平）。"① 教育制度变革之路上，横卧着一只只"拦路虎"。"拦路虎"的背后，尽管有着种种复杂的成因，但教育利益的固化、教育观念的藩篱仍是主因。因此，教育制度变革最需要解放思想的目标人群，恰恰是"曾阔气的"、"正在阔气的"名校以及既得利益者或优势社会阶层，但要打破利益束缚是何等的艰难！触动利益比触动灵魂还难，教育制度变革从来不易，推进受阻也在意料之中，但是，为了教育制度自身的完善，教育制度必须进行变革。诚如克罗齐耶所说："不能因为难以从根本上进行变革，就满足于维持现状，不能因为难以做到十全十美，就不去竭尽全力，力争做得更为出色。人们应该知道，所有不进行改革的体制，随着时间的推移都将退化。"② 从人民的长远和根本教育利益出发，也必须以壮士断腕的决心、刮骨疗伤的勇气、抓铁有痕的举措，既冲破因循守旧、求稳怕冒、畏难推责、等待观望等思想观念的束缚，又打破"国家利益部门化、部门利益个人化"等利益固化的束缚，不失时机地推进以人民群众幸福为出发点和落脚点的教育制度变革，并把教育制度变革的含金量充分展示出来，才能让人民群众有更多教育公平正义的获得感；不失时机地推进以解决区域、城乡、校际教育发展不均衡以及"择校"等问题为导向的制度变革，才能确保教育公平发展、教育均衡发展。

教育公平实践发展永无止境，解放思想永无止境；教育公平实践的步伐不停息，教育制度变革无止境。面对教育公平发展的新任务，要实现公平而有质量的教育，必须在新的历史起点上全面推进教育公平实践，大力创新教育制度安排。雨果说："已经创造出来的东西比起有待创造的东西来说，是微不足道的。"③ 促进教育公平、推进城乡教育均衡发展的主要手段，就是教育制度创

---

① J. 罗尔斯著，何怀宏等译：《正义论》，中国社会科学出版社 2001 年版，第 524 页。

② M. 克罗齐耶著，张月译：《法令不能改变社会》，上海人民出版社 2008 年版，第 69 页。

③ 维克多·雨果著，柳鸣九译：《莎士比亚论》，译林出版社 2013 年版，第 166 页。

新、创新、再创新。区域、城乡、校际教育发展不均衡以及"择校"等问题的真正解决，既需要进一步解放思想，也需要持续突破利益固化的藩篱。习近平说："冲破思想观念的障碍、突破利益固化的藩篱，解放思想是首要的。在深化改革问题上，一些思想观念障碍往往不是来自体制外而是来自体制内。思想不解放，我们就很难看清各种利益固化的症结所在，很难找准突破的方向和着力点，很难拿出创造性的改革举措。一定要有自我革新的勇气和胸怀，跳出条条框框限制，克服部门利益掣肘，以积极精神研究和提出改革举措。"① 这一论断告诫我们，要进一步促进教育公平、推进教育均衡发展，还必须继续解放思想。解放思想、更新观念是全面深化改革的前提条件，也是解决区域、城乡、校际教育发展不均衡以及"择校"等问题的前提，更是教育制度变革的基础。"解放思想是前提，是解放和发展社会生产力、解放和增强社会活力的总开关。"② 同时，大力创新以促进教育公平正义、增进人民福祉为出发点和落脚点的教育制度安排，诸如持续加大政府对教育尤其是农村教育的投入、均衡配置城乡教育资源、校长教师交流轮岗、利用现代信息技术促进优质教育共享等，确保教育权利公平、教育机会公平、教育规则公平，为广大人民群众提供梦想成真、人生出彩的机会。创新教育制度安排的立足点是国家教育利益、根本教育利益、长远教育利益，以便达到一加一大于二的效果，使整体教育利益产生乘数效应，避免一加一小于二的状况，防止局部教育利益互相掣肘、互相抵消。各级教育行政部门站在教育公平正义的高度思考、推动教育公平发展、教育均衡发展，而不是各取所需、挑三拣四，甚至借教育制度安排创新之名强化局部教育利益，不断增加教育公共产品、教育公共服务供给，妥善协调社会各方面的教育利益，逐步缩小区域、城乡、校际和社会成员之间的教育差距，不断改善人民生活，为我国经济社会的健康发展注入长远而持久的活力。

当然，每个时代都有属于它自己的独特问题、特殊矛盾。以问题为导向，既是推动解决成都教育发展面临的一系列矛盾和问题的方法论，也是促进成都教育迈向公平正义的根本动力。教育公平正义理论与成都教育发展实际结合，就是要发现和解决成都教育发展实际中存在的问题，而名校集团既是教育公平正义理论与成都教育实际相结合的具体化和载体，也是快速促进成都教育公平发展、城乡教育均衡发展的现实选择。

2. 破解区域、城乡、校际教育发展不均衡以及"择校"等问题的名校

---

① 习近平著：《习近平谈治国理政》，外文出版社 2014 年版，第 87 页。
② 习近平著：《习近平谈治国理政》，外文出版社 2014 年版，第 92 页。

集团

教育公平正义、教育均衡发展实践是教育变革、教育制度创新的动力。而教育公平正义、教育均衡发展实践作为教育变革、教育制度创新的动力，就是源于教育公平正义、教育均衡发展实践中不断涌现的教育发展不公平、教育发展不均衡等问题。习近平说："要有强烈的问题意识，以重大问题为导向，抓住关键问题进一步研究思考，着力推动解决我国发展面临的一系列突出矛盾和问题。我们中国共产党人干革命、搞建设、抓改革，从来都是为了解决中国的现实问题。可以说，改革是由问题倒逼而产生，又在不断解决问题中得以深化。""抓住重点，围绕解决人民群众反映强烈的问题，回应人民群众呼声和期待，突出重要领域和关键环节。"① 最近几年，成都市委、市政府把成都教育公平发展、城乡教育均衡发展置于"全域成都"视野下考量，坚持辩证思维，在千变万化的形势和错综复杂的教育问题矛盾中，把好全局，抓住关键，确定主攻方向，既抓"牛鼻子"，又会"弹钢琴"，突出重点，兼顾一般，推动城乡教育一体化发展。列宁说："政治事态总是非常错综复杂的。它好比一条链子。你要抓住整条链子，就必须抓住主要环节。不能你想抓哪个环节就挑哪个环节。"② 面对扑面而来的教育问题矛盾以及广大市民日渐严重的"教育公平焦虑"，成都市教育局分清了各种教育问题的大小难易，明确了各种教育问题的轻重缓急，摸清了教育公平发展的内在规律，牢牢牵住了教育公平发展的"牛鼻子"，找准了教育公平发展的突破口，诸如始终坚持教育优先发展战略，将义务教育均衡发展作为统筹城乡综合配套改革的重中之重，以农村地区为重点，完善经费保障机制，切实推进义务教育学校标准化建设，大力改善中小学办学条件，均衡配置办学资源，推进优质教育资源共享，义务教育均衡发展取得了明显成效。各区（市）、县按照市委、市政府的工作部署，强化落实义务教育均衡发展的基础性、先导性地位，积极深化教育改革，着力实现教育公平，扎实推进义务教育均衡发展。在推进义务教育均衡发展过程中，改革创新、攻坚克难、积累了丰富经验，形成了以"顶层设计、标准引领、政府托底、圈层融合、强化师资、督导监测"为实践方式的推进义务教育均衡发展的"成都模式"，大致实现了从"学有所教"到"学有良教"的跨越。但是，"圈层"间、城乡间、学校间教育资源配置不均衡现象仍较突出，优质资源培育与供给仍显不足。这些问题的解决，只能靠教育制度创新。为此，成都市委、市

---

① 习近平著：《习近平谈治国理政》，外文出版社 2014 年版，第 74 页。
② 《列宁专题文集（论社会主义）》，人民出版社 2009 年版，第 338 页。

政府把破解制约促进教育公平发展、推进城乡教育均衡发展的突出矛盾和问题作为出发点和落脚点，找准均衡配置教育资源突破口，打通"名校"与农村学校、薄弱学校、新建学校协调发展、均衡发展的通道。

（1）扭住区域、城乡、校际教育发展不均衡以及"择校"等问题的名校集团

任何教育制度都应以重大教育问题为导向，立足于破解教育公平发展、城乡教育均衡发展的瓶颈制约、广大人民群众反映强烈的突出的教育问题，努力破除教育体制机制障碍。

教育制度的诞生离不开时代土壤的孕育，只有从时代沃土汲取丰富养料，教育制度之花才会开得更加灿烂；教育制度的产生绝不是空穴来风，总是以教育发展现实基础为条件。马克思说："人们首先必须吃、喝、住、穿，然后才能从事政治、科学、艺术、宗教等等；所以，直接的物质的生活资料的生产，从而一个民族或一个时代的一定的经济发展阶段，便构成基础，人们的国家设施、法的观念、艺术以至宗教观念，就是从这个基础上发展起来的，因而，也必须由这个基础来解释，而不是像过去那样做得相反。"① 教育制度创新总是从具体教育问题着手，着眼于解决教育发展过程中存在的突出矛盾和问题，提高其破解教育问题的针对性和实效性。换句话说，教育制度是在不断回答时代提出的重大教育问题中被创新、被完善的。另一方面，教育制度创新立足于区域教育发展实际，立足于区域、城乡、校际教育发展实际破解各种教育问题，"对准焦距、找准穴位、击中要害"，着力攻破教育公平发展、城乡教育均衡发展的体制机制性问题。"我们要从实际情况出发来谈论问题，因为现实是不能抹杀的。"② 如果脱离成都教育发展实际，脱离区域、城乡、校际教育发展不均衡以及"择校"等具体问题的具体分析，只是用几个抽象的乃至时髦的制度概念诸如名校办分校、学区制管理、城乡一体化办学、名校教育集团、教育联盟等简单地去套"成都教育"发展现实，显然违背了辩证法。"马克思主义的精髓，马克思主义的活的灵魂：对具体情况作具体分析。"③ 一切从实际出发，是我们想问题、办事情的根本出发点，也是我们做好实际工作的"源头活水"。只有坚持以区域、城乡、校际教育发展不均衡等问题为导向，抽丝剥茧，才能透过"成都教育"现象，看清"成都教育"均衡发展的实际及进展，才能提出

---

① 《马克思恩格斯文集》（第 3 卷），人民出版社 2009 年版，第 601 页。
② 《列宁全集》（第 8 卷），人民出版社 1986 年版，第 120 页。
③ 《列宁专题文集（论马克思主义）》，人民出版社 2009 年版，第 293 页。

针对性的策略。

在影响教育公平发展的错综复杂的诸多要素之间，理清或抓住影响教育公平发展的诸多要素的内在联系、本质联系、必然联系，就必须从区域、城乡、校际教育发展不均衡以及"择校"等问题出发，否则我们所看到的影响教育公平发展的诸多要素之间的联系便是表面的、简单的、偶然的。成都市教育局立足于"全域成都"，立足于解决区域、城乡、校际教育发展不均衡以及"择校"等这些根本性问题，实践城乡教育"六个一体化"发展，并持续创新促进教育公平的各种制度安排或设计，提升了"全域成都"教育公平发展水平。离开区域、城乡、校际教育发展不均衡以及"择校"等问题分析教育公平及影响教育公平发展的诸多要素之间的联系，显然不能深入了解教育公平发展的实质、内涵以及诸多要素之间的联系，更不能理解促进教育公平的各种制度安排或设计产生的背景、功能。换句话说，教育制度创新或变革要有教育公平实践支撑，探索教育公平实践在前，创新教育制度安排在后。教育制度创新或变革是个长期的过程，不是一朝一夕的事情。创新教育制度不能操之心切，应求真务实、循序渐进。如果教育制度创新或变革太快，且没有经过充分调研、反复酝酿，随意拼出一个"无懈可击"的制度，这样的教育制度，教育管理者、教育工作者不了解，思想认识不统一，又没有教育公平实践的支撑，结果是放之四海皆不准，最终使教育制度沦为形式。如果教育制度创新或变革空洞乏力，既没有针对性，也没有指导性，随意拼凑出一个"杂而多"的制度，这样的教育制度，不仅会流于形式，而且对教育公平实践起不到应有的作用。教育制度创新或变革是个系统的过程，既立足当前，也着眼长远，以问题为导向，建设内容科学、程序严密、配套完备、运行有效的制度体系。一把钥匙开一把锁，一项教育制度解决一个方面问题，千万不能指望一项教育制度解决所有的问题，也不要指望一项教育制度能够管几十年。教育制度创新或变革应有针对性，既不能贪大求全，也不能一步到位。一些创新的教育制度安排之所以没法落实，原因就是理想化。形式上照搬照抄、文字上求多求全、要求上高不可攀、做法上面面俱到，几乎没有考虑或甚少考虑教育发展的实际需要以及区域、城乡、校际教育发展的千差万别。用恩格斯的话说，"再没有什么东西比这些预先虚构出来的面面俱到的'实际解决办法'更不切实际的了"。① 总之，从教育公平实践到创新教育公平制度安排，必须由浅入深、由易到难。

（2）破解区域、城乡、校际教育发展不均衡以及"择校"等问题的名校

---

① 《马克思恩格斯文集》（第 3 卷），人民出版社 2009 年版，第 333 页。

集团

任何教育制度安排或设计都有其价值取向。判断教育制度安排或设计的价值取向，只要分析其对待教育不公平、教育发展不均衡等问题的价值立场、态度，解决教育不公平、教育发展不均衡等问题的举措即可。第一，凡是敢于直面区域、城乡、校际教育发展不均衡以及"择校"等问题的制度安排或设计，往往代表进步和正义力量；凡是回避绕开区域、城乡、校际教育发展不均衡以及"择校"等问题的制度安排或设计，往往夹杂着某种私利。第二，对区域、城乡、校际教育发展不均衡以及"择校"等问题的认知，由于立场不同、价值取向不同，其制度安排或设计就会不同甚至截然相反。恩格斯说："自然科学家尽管可以采取他们愿意采取的态度，他们还得受哲学的支配。问题只在于：他们是愿意受某种蹩脚的时髦哲学的支配，还是愿意受某种建立在通晓思维历史及其成就的基础上的理论思维形式的支配。"[1] 第三，由于区域、城乡、校际教育发展不均衡以及"择校"等问题密切联系着利益，而破解、化解这些问题的制度安排或设计的效果肯定不同。换句话说，从制度安排或设计的"为了谁"、"依靠谁"，可以推断出"我是谁"，即制度安排或设计究竟站在谁的价值立场上。第四，破解区域、城乡、校际教育发展不均衡以及"择校"等问题的制度安排或设计，其制度实践究竟产生了什么样的后果，谁受益、谁拥护，是否经得起教育实践的检验等。"人以自己的实践证明自己的观念、概念、知识、科学的客观正确性。"[2] 上述四大标准之所以能判断制度安排或设计的价值取向，在于它们是教育制度公平正义的试金石。"正义是社会制度的首要价值，正像真理是思想体系的首要价值一样。"[3] 价值立场决定了能否提出以及如何提出解决区域、城乡、校际教育发展不均衡以及"择校"等问题，制度安排或设计的"优"或"劣"、"好"或"坏"等也往往在面对和解决区域、城乡、校际教育发展不均衡以及"择校"等问题的现实中体现出来。

名校集团鲜明的价值立场和问题导向，是其巨大的力量之源。强烈的"问题意识"一直是名校集团"出场"的动力。习近平说："正义是中国特色社会主义的内在要求；要在全体人民共同奋斗、经济社会发展的基础上，加紧建设对保障社会公平正义具有重大作用的制度，逐步建立以权利公平、机会公平、规则公平为主要内容的社会公平保障体系，努力营造公平的社会环境，保证人

---

① 《马克思恩格斯文集》（第9卷），人民出版社2009年版，第460页。

② 《列宁全集》（第55卷），人们出版社1990年版，第161页。

③ J. 罗尔斯著，何怀宏等译：《正义论》，中国社会科学出版社2001年版，第3页。

民平等参与、平等发展权利。"① 以名校集团促进教育公平、推进教育均衡发展的过程，就是始终坚持以破解区域、城乡、校际教育发展不均衡以及"择校"等问题为导向的过程；就是始终坚持为最广大市民解决"有学上、上好学"的教育利益问题的过程；就是始终坚持城乡教育一体化发展、均衡配置资源的过程；就是始终坚持合理布局优质教育资源，缩小校际、城乡、区域差距，办好每一所学校，促进每一名教师专业发展，促进每一名学生健康成长和全面发展的过程。因此，名校集团是促进教育公平、推进教育均衡发展的重要保证。立足于最广大市民的根本利益，从而赢得最广大市民的拥护，又是进一步完善、创新名校集团各种具体制度安排过程中取之不尽、用之不竭的力量源泉。

（3）解决区域、城乡、校际教育发展不均衡以及"择校"等问题的名校集团

区域、城乡、校际教育发展不均衡以及"择校"等问题是教育平等理想与教育发展现实之间的差距：变化发展着的教育公平正义、教育均衡发展实践不断给人们提出新的目标、新的认识课题和新的发展要求，这种新目标、新课题、新要求，推动着人们去进行新的探索和研究，推动着人们进行制度创新。从某种意义上讲，区域、城乡、校际教育发展不均衡问题以及"择校"等问题是名校集团出场的前奏和路径，问题导向是"成都教育"迈向公平正义、均衡发展的根本动力，也是制度创新或变革的根本动力。名校集团来源于成都教育公平正义、均衡发展实践，而成都教育公平正义、均衡发展实践是与区域、城乡、校际教育发展不均衡以及"择校"等问题相依相存的。因此，名校集团来源于成都教育公平正义、教育均衡发展实践，也可以说来源于成都教育公平正义、教育均衡发展实践中的问题。

区域、城乡、校际教育发展不均衡以及"择校"等问题是开启名校集团之门的钥匙，是名校集团诞生的逻辑起点。一方面，区域、城乡、校际教育发展不均衡以及"择校"等问题具有客观性、先在性，因为区域、城乡、校际教育发展不均衡以及"择校"等问题的存在，名校集团才有缘由、有内容、有价值；另一方面，区域、城乡、校际教育发展不均衡以及"择校"等问题具有聚焦性、方向性的特点，只有抓住了区域、城乡、校际教育发展不均衡以及"择校"等问题，名校集团才具有明晰性、系统性、针对性。正是在此意义上，爱因斯坦说："提出一个问题往往比解决一个问题更重要，因为解决一个问题也许仅是一个数学或实验上的技能而已，而提出新的问题、新的可能性，从新的

① 习近平著：《习近平谈治国理政》，外文出版社 2014 年版，第 96 页。

角度去看问题，都需要有创造性的想象力，而且标志着科学的真正进步。"[1] 提出乃至发现教育问题，发现乃至破解成都教育独特或特有的教育问题，就更加需要想象力、创造性，意义也更重大。马克思说："问题是公开的、无畏的、左右一切个人的时代声音。问题就是时代的口号，是代表时代自己内心状态的最实际的呼声。"[2] 把握了区域教育问题，就等于把握了区域教育发展脉搏，找到了引领区域教育发展的路标；把握了成都教育独特或特有的教育问题，就等于把握了成都教育发展律动，找到了破解成都教育独特或特有教育问题的钥匙。可以说，名校集团是建立在把握区域、城乡、校际教育发展不均衡等问题的基础之上。

（4）解答区域、城乡、校际教育发展不均衡以及"择校"等问题的名校集团

区域、城乡、校际教育发展不均衡以及"择校"等现实问题由现存矛盾决定，而解决现存矛盾没有现成答案，"问题导向"的教育制度安排或注定彰显创新思维。列宁说："我们一定会遇到不少的特殊情况，我们无论如何也不能用千篇一律的死板格式来束缚自己，无论如何也不能一成不变地认为我们的经验、俄国中部的经验，可以完全照搬到一切边区。"[3] 教育制度安排或设计被教育公平发展现实与城乡教育均衡发展实际倒逼，被区域、城乡、校际教育发展不均衡以及"择校"等现实问题倒逼，解放思想，开拓创新，才能源于教育公平发展现实与城乡教育均衡发展实际，高于教育公平发展现实与城乡教育均衡发展实际。教育改革进入"深水区"，教育发展面临若干"陷阱"，能否促进教育公平发展，推进城乡教育均衡发展，成为目前各级教育行政部门治理教育的主要矛盾。

教育制度安排或设计是逻辑思维的产物。促进教育公平发展，推进教育均衡发展的制度安排或设计，大都与逻辑思维的变化有关。而在逻辑思维方面，目前最突出的表现就是阐释逻辑向问答逻辑转变。教育制度安排或设计一旦遵循问答逻辑，就会呈现诸多新气象，"管用"的教育制度越来越多，"大而空"的教育制度越来越少。就此而论，名校集团制度安排或设计在逻辑思维上是综合而具体的，包括辩证逻辑、创新思维等，也包括问答逻辑。名校集团以解答区域、城乡、校际教育发展不均衡以及"择校"等问题为中心，从区域、城乡、校际教育

---

① A. 爱因斯坦等著，周肇威译：《物理学的进化》，上海科学出版社 1962 年版，第 76 页。

② 《马克思恩格斯全集》（第 40 卷），人民出版社 1956 年版，第 289—290 页。

③ 《列宁全集》（第 36 卷），人民出版社 1985 年版，第 130—131 页。

发展不均衡以及"择校"等问题中来，到区域、城乡、校际教育发展不均衡以及"择校"等问题中去，以区域、城乡、校际教育发展不均衡以及"择校"等问题的性质、问题的紧迫程度排列相关的制度安排，以回答区域、城乡、校际教育发展不均衡以及"择校"等问题为主干，促进解决城乡教育均衡发展、一体化发展问题。简言之，注重问题意识、问题导向、问题解答的结果，是名校集团的鲜明特点。虽然"问题导向"的名校集团制度安排或设计蕴含着显隐张力，显的是"问题导向"的名校集团制度安排或设计，隐的是深厚的教育制度理论功力、良好的教育制度思辨力和洞察力，"问题导向"的名校集团制度安排或设计离不开阐释，但与仅从教育制度理论中来、到教育制度理论中去，以教育制度理论为准绳、以贯彻落实教育制度理论为依归的毕竟不同。

"问题导向"的名校集团连通的是教育公平发展现实、城乡教育均衡发展实际，遵循、揭示、开掘和展现的也是教育公平发展现实、城乡教育均衡发展实际的现实逻辑。以教育公平发展现实、城乡教育均衡发展实际为主要对象，以区域、城乡、校际教育发展不均衡以及"择校"等现实问题为主攻方向，直接解答区域、城乡、校际教育发展不均衡以及"择校"等现实问题，推动解决区域、城乡、校际教育发展不均衡以及"择校"等现实问题。名校集团制度安排或设计回归认识教育公平发展现实与城乡教育均衡发展实际、解释教育公平发展现实与城乡教育均衡发展实际、改造教育公平发展现实与城乡教育均衡发展实际本位，解答区域、城乡、校际教育发展不均衡以及"择校"等现实问题成为名校集团制度安排或设计的第一要务，教育公平发展现实与城乡教育均衡发展实际之问变成名校集团制度安排或设计之问，教育公平发展现实与城乡教育均衡发展实际之思变成名校集团制度安排或设计之思，教育公平发展现实与城乡教育均衡发展实际之声变成名校集团制度安排或设计之课题，教育公平发展现实与城乡教育均衡发展实际之愿转化为名校集团制度安排或设计之蓝图。名校集团制度安排或设计不为"左"右争拗所困，不为大而全、小而全所累，不为套话、空话、"正确的废话"所盖。名校集团制度安排或设计联系教育公平发展现实与城乡教育均衡发展实际、反思教育公平发展现实与城乡教育均衡发展实际、超越教育公平发展与城乡教育均衡发展经验的路径得到正向通达。

真正有效的教育制度创新，往往是创造良好的发展环境，而不是简单地剔除教育发展过程中存在的各种"问题"。面对名校、优质学校存在的现实，面对"削峰填谷"还是"填谷扬峰"的争论，名校集团直接亮明自己的价值立场，即教育均衡发展尤其是义务教育均衡发展不是限制发展，而是共同发展，不是"千校一面"，而是在基本均衡的前提下鼓励各个学校办出特色、风格。

名校集团不仅把区域、城乡、校际教育发展不均衡以及"择校"等现实问题视作其具体制度安排、机制设计的逻辑起点，而且按区域、城乡、校际教育发展不均衡以及"择校"等现实问题的来龙去脉、前因后果排列解答次序。名校集团直面区域、城乡、校际教育发展不均衡以及"择校"等现实问题，可谓开门见到山，解答问题直接而明快，见事见人，见木见林，没有那么多"弯弯绕"，没有"花架子"。简言之，名校集团的任何制度安排或设计，都服从区域、城乡、校际教育发展不均衡以及"择校"等现实问题的解答；名校集团的任何制度安排或设计逻辑服务于区域、城乡、校际教育发展不均衡以及"择校"等现实问题的解答逻辑。名校集团制度安排或设计既可按制度理论要素和程序"出牌"，也可不按包括前提、条件、典型经验等"游戏规则"演绎推理，而是把持区域、城乡、校际教育发展不均衡以及"择校"等现实问题的要穴，不仅对症下药，而且药到病除。

当然，均衡不是平均主义，教育均衡是一种动态的、相对的、和谐的均衡。只有不断发现并解决教育公平发展、教育均衡发展中存在的各种问题，教育公平正义才能不断向前推进，也才能不断发展、完善名校集团。实现教育公平正义没有现成答案，始终是问题导向在开路。创新教育制度安排或设计也没有现成答案，一直是问题导向在引领。从此意义上讲，名校集团是化解、破解区域、城乡、校际教育发展不均衡以及"择校"等问题的利器。

（二）名校集团内涵及发展历程

1. 名校集团内涵

名校集团是释放、放大名校优质教育资源，引领农村学校、薄弱学校、新建学校快速提高办学水平，并在均衡教育与优质教育张力中获得教育高位均衡发展的制度安排。

目前，成都市教育局设计了三种类型的名校集团，即实体式名校集团、联盟式名校集团与品牌式名校集团。尽管每一个名校集团不一定与上述三种集团制度设计中的特定类型完全相符，但仍可以对名校集团的基本特征做如下归类。实体式名校集团，意指集团对所属成员学校的管理决策具有控制权。集团对所属学校的管理决策权、控制权有两个来源：一是法权控制，二是资本控制。联盟式名校集团，意指名校集团只是由集团成员组成的一个协作式组织或者联盟，名校集团本身并不具有独立的法人地位。名校集团对集团所属成员学校的资金与资产，或者学校管理决策与办学决策等，都不具有控制权与支配权，成员学校间的协作与整合，往往通过契约的形式予以规范。联盟式名校集团通常以名校为龙头或核心，并与成员学校共享名校教育品牌。名校对成员学校之办学理念、学校管理、学校文化等具备一定的影响力，但不享有决策权。品牌式名校集团，意指名校集团只是名校的品牌运作，但集团所属学校的办学相对自主。名校集团依赖于名校的教育品牌，但集团所属的名校、成员学校除品牌共享之外，几乎没有其他的制约与规范。更准确地说，成都市设计了两种类型的名校集团，即"松散型"名校集团、"紧凑型"名校集团。"松散型"名校集团，意指名校与成员学校均为独立法人，人、财、物、事分置，校际关系平等。名校通过输出品牌、管理、资源以及教师培训等，引领、带动集团内成员学校教育治理水平和治理能力的提升。"紧凑型"名校集团，意指名校集团实行一个法人主体、一套班子，集团内人、财、物、事均由名校统一管理、统筹使用，教师干部"无缝"流动。集团通过管理优化、资源重组、文化重建等实现一体化办学，引领农村学校、薄弱学校、新建学校快速提升其教育教学水平。

2. 名校集团发展历程

2007 年 6 月 7 日，成都市作为"全国统筹城乡综合配套改革试验区"正式获得国务院批准。自此，成都市成为继上海市浦东新区、天津市滨海新区之后的又一个国家综合配套改革试验区。作为"统筹城乡教育综合配套改革试验区"，"成都教育"被置于国家试验区的高度。为了推进"统筹城乡教育综合配套改革试验区"建设，自 2009 年起，成都市启动了名校集团组建工作。总体而言，2009 年到 2014 年间，名校集团发展大致经历了启动、壮大和规范三个阶段。

第一，启动阶段。2009 年，成都市教育局出台《关于扩大优质教育资源覆盖面提升城乡教育服务水平的若干意见》。该《意见》的出台，标志着名校集团制度设计正式启动。随后，名校集团组建工作紧锣密鼓地展开。在学前教育段组建 5 个名园集团，在义务教育段组建 10 个名校集团，在高中教育段组建 3 个名校集团。为了促进名校集团健康有序发展，成都市教育局相继出台了《关于推进名校集团发展的意见》《关于深化全域成都教育均衡发展的意见》等文件。上述政策文件的出台，不仅为名校集团发展指明了方向，而且明确了名校集团建设的价值取向、原则、路径、方式方法等。

第二，放大增量阶段。为深入推进"统筹城乡教育综合配套改革试验区"建设，加快学校"灾后"恢复重建步伐，扩大成都市优质教育资源城乡覆盖面，成都市教育局采取"广撒网、广覆盖"的推进措施，积极推进名校集团发展。名校集团数量迅速增长，名校集团属下的成员学校数量迅速扩充，名校集团组建可谓是"遍地开花"。与此同时，成都市教育局组建了8个彰显各自专业特色的职业教育集团。时至2011年，成都市名校集团由2010年的135个，增加到2011年的143个；成员学校由2010年的465所，增加到2011年的655所。名校集团快速发展，不仅扩大了优质教育资源的覆盖面，放大了名校优质教育资源的效用，而且促进了成员学校教育教学水平的快速提升。

第三，规范发展阶段。经过前几年的快速发展，名校集团在发展、运行过程中的问题也逐渐暴露。诸如名校集团数量太多、集团内成员学校庞大，名校集团制度建设滞后，且权威性、规范性不足，名校集团推进机制不合理，名校集团运行机制不健全等。如果对上述问题"视而不见"或"见而不改"，不仅背离名校集团的初衷，而且引发教育资源配置新一轮的不平等、不公平。为了进一步促进名校集团健康发展，发挥优质教育资源对新建学校、薄弱学校、农村学校的辐射、带动作用，成都市教育局出台了一系列政策，制定了一系列制度，以规范、约束名校集团，诸如建立、完善了名校集团备案制度。自此，每个名校集团属下的成员学校数，由2009年的4.7所降至2013年的2.2所（平均数）。

在规范发展阶段，成都市教育局创新了名校集团制度安排，大力推进"名校进县城"工作。针对成都市"圈层"间经济社会发展不平衡、城乡教育发展不均衡、学校办学条件不一、学校办学质量参差不齐的现实，成都市教育局创新了名校集团制度安排——"名校进县城"，即组建覆盖"二、三圈层"的名校集团，以"一圈层"名校带动"二、三圈层"农村学校、薄弱学校，实现"一圈层"优质教育资源最大限度地共享，让"二、三圈层"所有学生都享受与"一圈层"无差别的教育资源。"名校进县城"制度安排，既统筹了城乡教师资源，也使"一圈层"优质教育资源延伸到"县城"，形成了优质教育资源在"全域成都"的辐射、覆盖。

3. 名校集团的作用

以名校集团为抓手，推进城乡教育均衡发展、"三圈一体"教育发展的作用主要表现在以下几方面。首先，名校集团是治理"马太效应"的"转换器"。一方面，名校集团要善加利用"马太效应"，使名校的教育治理能力和教育治理水平尽可能"放大"、使名校的优质教育资源尽可能扩展"覆盖面"，同时使成员学校的办学活力尽可能"释放"、成员学校的办学水平以及教育教学质量尽可能大幅度提升。另一方面，名校集团要善于治理"马太效应"，防止出现城乡间、学校间教育资源配置的两极分化。通过名校集团实现制度梯次搭配，塑造带动农村学校、薄弱学校、新建学校治理能力、办学水平的"增长极"效应。其次，名校集团是增强农村学校、薄弱学校、新建学校吸引力的"发动机"。以名校集团促进教育公平、推进城乡教育均衡发展能否获得成功，取决于名校、成员学校的价值追求，取决于名校、成员学校的行动。只有释放名校集团的"红利"，才能增强成员学校的办学活力，提高成员学校的办学竞争力。再次，名校集团是推进名校与成员学校整合的"催化剂"。目前，学校间并不缺少合作机制，除了大量的双边合作机制外，还有众多多校合作机制。准确地说，学校间已经形成了密密麻麻的机制化网络，但这些机制化网络缺乏权威性感召力。名校集团"出场"，则实现了学校现有的双边、多边，多向、多点机制的互联互通。

从成都市名校集团发展历程看，名校集团具有鲜明的实践特色、时代特色，同时具有鲜明的本土特色、区域特色。名校集团是成都市教育局在坚持"全域成都"视野、立足成都教育发展实际、针对成都教育发展难题、总结成都教育发展经验基础上提出的引领成都教育公平发展、城乡教育均衡发展的制度安排或设计。名校集团具有鲜明的实践特色、理论特色和时代特色：一是问题导向。问题是时代的声音、教育公平正义实践的起点，名校集团建设与发展坚持以问题为导向，是在回答和解决时代提出的重大问题中前进的。名校集团着眼于教育公平发展实践、城乡教育均衡发展实践，着眼于区域间、城乡间、学校间教育发展不均衡问题的解决，体现了强烈的问题意识和实事求是的实践精神。二是时代眼光。名校集团是成都市教育局着眼于中国乃至世界教育不断发展变化的时代大潮流大趋势，着眼于成都教育依然处在重要战略机遇期的历史方位，着眼于我们比以往任何时候都更加接近实现城乡教育均衡发展目标的现实，着眼于区域间、城乡间、学校间面临的教育资源配置不均衡而提出的制度安排或设计，不仅科学把握了成都教育发展的现实市情，而且体现了深刻的时代意识。三是系统完整。名校集团涵盖教育管理体制、教育资源配置、校长教师交流的各个方面和各个环节，体现了目标和举措的统一、内容和手段的统一，构成了一个有机整体，反映了名校与农村学校、薄弱学校、新建学校协同共进，城乡教育均衡发展的要求。四是科学统筹。名校集团统筹现实目标和长远发展，统筹教育公平发展实践和教育公平发展具体项目，统筹"城"和"乡"两个大局，是对我国统筹兼顾思想的继承、丰富和发展。五是真挚为民。名校集团的诞生顺应了人民的教育期待，体现了人民的教育意志，保障了人民的教育权益，贯穿了人民是真正英雄的历史观、以人为本以民为本的价值观、立党为公执政为民的执政观。

（三）制度安排：名校集团推进优质教育均衡发展实践

科学合理的制度安排或设计，是促进教育公平发展、推进城乡教育均衡发展的有力保障。提高名校集团具体制度安排或设计的精准性，因地制宜、因势利导，方能最大限度开发、利用名校与成员学校的优势资源或特色资源。

（1）输出品牌

学校品牌是一所学校在长期教育实践过程中，逐步形成并为公众认可、具有特定文化底蕴和识别符号的一种无形资产。从内涵言，品牌是学校内在的品质，表现为学校人文精神、行为方式和价值取向等积淀而成的一种独特的文化。从形式言，品牌是学校建立社会信誉、社会公信力的过程。从社会角度言，品牌是社会各界对学校的认同度、美誉度和忠诚度。从学校本身言，品牌是学校为社会、教育对象提供的并为其所认可的教育服务的独特性、优质性和高层次性。简言之，品牌是学校文化的载体，是学校内在品质的外在表现，是学校教育理念、办学特色、教育质量以及办学水平等综合实力的表现。

学校品牌是一所学校办学水平和办学特色的集中体现，是学校发展品位和发展潜能的主要依存。品牌学校之所以具有较高的美誉度和公信力，是因为品牌学校具有先进的办学理念、优质的学校管理、深厚的文化底蕴、良好的校风校貌、优质的教育质量、良好的办学效益，以及一个优秀的校长和一支过硬的教师队伍。品牌学校之所以具有较高的知名度和认同感，是因为品牌学校提供了既区别于"竞争对手"又发挥自身特色的、适合学生发展需要的教育服务产品，从而引起教育对象的偏好、共鸣与追随。黑格尔的论述，从一个侧面说明了学校品牌的形成机理。他说："人们总以为一个定义必然是自身明白的、固定的，并且是只有根据它的前提才可以规定和证明的。至少也由于没有人知道，一个定义的意义和它的必然证明只在于它的发展里，这就是说，定义只是从发展过程里产生出来的结果。"① 一所品牌学校，一定是教育质量优良、内涵丰厚、文化深厚、特色鲜明的学校。一所品牌学校犹如一位美丽的女子，外在华丽只能称为漂亮，内在气质才是真正美丽。漂亮是肤浅的、短暂的，美丽却是韵味的、持久的。品牌是学校生存的基础，是构建教育关系必不可少的要素。对于一个人，失去"品牌"等于失去自我；对于一所学校，一旦"丧失"了品牌或没有形成品牌，就失去了师生的共同记忆，责任和使命便成了空白，现实和未来就没了依凭，更谈不上学校文化的积累、智慧的叠加。

名校集团最关键的制度安排之一，即"输出品牌"。在一个国家的教育精

---

① 黑格尔著，贺麟译：《小逻辑》，商务印书馆 2007 年版，第 7—8 页。

神图谱上，名校是最醒目的标识。名校是民族教育的脊梁，是经过沉淀的教育历史符号。名校是一个民族教育历史活的灵魂，是一个民族教育"挺胸抬头"的精气神。名校所塑造或生成的"精神道统"，深深地融入学校教育教学、管理活动的血脉，成了"学校共同体"集体的记忆。名校秉持的教育理想、饱含的教育情怀、践履的教育思想，在学校精魂的圣火中代代传承。名校星光闪耀，浓缩着民族教育发展的历史；名校长存，照亮迈向未来教育的进步征程。守护名校，就是守护我们的教育价值观，就是守护我们的教育思想大堤，更是守护我们的幸福教育生活。每个时代都需要感动，每个时代都呼唤名校。名校像灯塔一样，为一切夜里不能航行的学校，用名校之火光把它们前行的道路照明。名校承载着无数人的教育梦想和教育信念，砥砺了一代代教育人的青春与奋斗。在促进教育公平的过程中，名校勇于承担自己的教育责任、教育使命，敢于担当，不怕"稀释"自己的品牌。

"输出品牌"不仅使名校的"品牌"效应最大化，而且使名校的办学精神照亮农村学校、薄弱学校、新建学校的办学征程。学校品牌，是一部学校精神沉淀史、也是一部学校教育价值成长史。农村学校、薄弱学校、新建学校需要名校的"品牌"，而且需要在名校的"品牌"镜鉴中，校准自己的教育教学坐标、引领自己的办学航向。"输出品牌"不仅农村学校、薄弱学校、新建学校孩子的灵魂深处播撒下名校文化的火种，而且涵养了农村学校、薄弱学校、新建学校开拓进取的拼搏精神。"输出品牌"不仅激发了农村学校、薄弱学校、新建学校提升办学质量、实施素质教育的正能量，而且激发了它们沿着名校的足迹、追上名校的脚步的自信心。"输出品牌"体现了名校的历史担当，名校的"品牌"不仅给农村学校、薄弱学校、新建学校带去了温暖，给农村学校、薄弱学校、新建学校师生更多的信心，而且激发了农村学校、薄弱学校、新建学校奋斗的精神坐标，驱散农村学校、薄弱学校、新建学校灵魂深处的"无力感"、"挫败感"。如果没有名校的"品牌"，农村学校、薄弱学校、新建学校的学校生活可能是平庸的、迷惘的；如果没有名校的"品牌"，农村学校、薄弱学校、新建学校到哪里去寻找的办学的自信，又到哪里去汲取无畏前行的精神动力？

（2）输出管理团队

治理好一所学校，关键要建立一个强有力的学校行政班子，校长这个岗位尤其重要。名校集团最重要的制度安排之一，一是选派名校副校长或中层管理者到成员学校担任校长，二是选派名校中层管理者到成员学校担任副校长或各处室负责人。

校长既被时代所造就，也是促进各个时代教育发展的主心骨。推动名校集团内成员学校发展，校长当为先。"为政之要，唯在得人，用非其才，必难致治。"回顾教育历史路，往往是校长开创学校发展新局面，并引领学校发展。美国参议院在 1972 年的一份报告中说："在任何学校，校长在很多方面是最重要、最有影响力的人……正是由于他的领导，才确立了学校的风气、学习氛围、专业化水准、教师的精神面貌以及对于学生可能成为或不可能成为什么样的人的关心程度……如果一所学校是一个有活力的、创新的、以儿童为中心的场所，如果它拥有教学优异的声誉，如果学生已将他们的能力最大限度地表现出来，那么，几乎总是可以指出，校长的领导是成功的关键。"[①] 纵观中国近现代教育史，面对空前严重的民族危机和社会矛盾，在中华民族追逐"教育梦"前行的每一次跨越中，都有一批顶尖的、一流的学校校长勇担重任，进行可歌可泣、不屈不挠的探索和奋斗，他们既是推动教育历史车轮不断向前、创造"中国教育奇迹"的"领航员"，也是促进教育公平正义、推进教育均衡发展的"船长"；既是治疗教育世界肌体上各种疑难杂症的"主刀者"，也是提升学校办学质量、释放学校办学活力的"掌门人"；他们既是学校靓丽的"名片"，也是学校的"脸面"或"门面"。俗话说："鸟无头不飞，蛇无头不行。"校长是学校变革发展的组织者、领导者和推动者，是全面提高教育教学质量的"中流砥柱"。现实教育生活中无数的实例证明："兵熊熊一个，将熊熊一窝。"学校有没有一个好校长直接关系到学校的发展，甚至直接影响每个教师的前途命运。特别是农村学校、薄弱学校、新建学校，如果没有一个好校长，抓不住学校发展黄金期、关键期，就可能错失一个时代，影响每个学生乃至教师的生存生活。

在选派名校副校长或中层管理者到成员学校担任校长职务时，成都市教育局严把校长任职条件。一是校长之"长"，即独当一面的特长、通盘考虑的专长和处事沉稳的擅长。二是校长之"宽"，即眼界宽、知识面宽、胸襟宽。三是校长之"高"，即教育理论素质高深、谋篇布局高远、工作艺术高超、道德情操高尚。四是校长之"担当"，即"敢于担当"。扭转农村学校、薄弱学校和新建学校的面貌，绝不能当"太平校长"，遇办学难题应敢闯敢试、敢为人先，遇教育矛盾和冲突应挺身而出，对学校教育教学工作或决策失误敢承担责任。

学校管理班子是实现学校治理现代化的"一线指挥部"。尽管学校管理者在干部序列中说起来级别不高，但地位特殊。一所学校就是一个基本完整的社

---

① T. J. 萨乔万尼著，张虹译：《校长学》，上海教育出版社 2004 年版，第 117 页。

会，麻雀虽小，五脏俱全。上面千根线，下面一根针。教育行政部门的头绪那么多，但千条线都对着学校这一根针。或者说，学校这个"点"，对着的是教育行政部门乃至国家的若干个"面"，而且必须"面面俱到"。上至国家的教育政策法令，下至基层教育行政部门的规章制度，千头万绪，大都要落到学校来贯彻。因此，只有组建强有力的学校管理班子，农村学校、薄弱学校、新建学校才能早日提升自身的教育教学质量。

（3）输出教学团队

名校集团最重要的制度安排之一，即是选派名校骨干教师到成员学校任教，以名校骨干教师的引领、示范，提升农村学校、薄弱学校、新建学校教师的教育教学水平。教师的工作是塑造灵魂、塑造生命、塑造人的工作。在选派骨干教师到成员学校任教时，成都市教育局严把"入口"关，把"四有"教师，即有理想信念、有道德情操、有扎实学识、有仁爱之心作为选派的标准。

所谓团队，意指具有一定技能、愿意为了共同的目标而由相互协作的个体所组成的正式群体。团队的本质特征在于拥有共同的目标，即团队成员的个人目标和集体目标是一致的。团队所起的作用远远大于个人能量的总和。团队存在于不同的组织之中，具有不同的形式和特征。所谓教学团队，意指以学生为服务对象，以一些技能互补而又相互协作、沟通的教师为主体，以教学内容和教学方法的改革为主要途径，以系列课程和特色课程建设为平台，以提高教师教学水平、提高教育质量为目标而组成的一种创新型的教学基本组织形式。教学团队作为一种团队形式，除了具有团队的目标性、互补性及合作性等共性外，还有自己的个性特征，即团队结构的梯次性、团队效果的长期性与稳定性。

输出教学团队，不仅改变了农村学校、薄弱学校、新建学校的教学内容与方法，开发了农村学校、薄弱学校、新建学校的教学资源，促进了农村学校、薄弱学校、新建学校的教学研讨和教学经验交流，而且推进了农村学校、薄弱学校、新建学校教学工作的传、帮、带，提高了农村学校、薄弱学校、新建学校教师的教学水平。

（4）输出学校文化

学校文化是一种内在的精神力量，是对教育文明进步的强烈向往和不懈追求，是推动学校发展的思想基础和先决条件。学校文化是学校的血脉，学校文化主体性是塑造学校办学特色的根基。学校师生的价值观和精神世界深深植根于优秀的学校传统、学校文化之中，当然也随着时代进步而与时俱进。教育历史和教育现实表明，一所学校的"个性"由学校文化塑造，一所学校的力量很大程度上取决于学校文化的自觉、自信和自强。学校文化积淀着学校最深层的精神追求，代表着学校独特的精神标识，为学校的生生不息、发展壮大提供了丰厚滋养。对任何一所学校而言，深厚的学校文化是其安身立命的根基，也是其站稳脚跟的"定海神针"。学校只有坚守自身的办学传统，尊重自身的独特文化，尊重自身扎根的乡土，才能成为独一无二的"个体"，形成独特的"个性"。诚如弗莱克斯纳所说："现代世界无论有多新，总是扎根于过去。过去是我们赖以生长的土壤。正是在过去，诗人、科学家、思想家和各民族积累了社会的、政治的以及其他方面的真、美、知识与经验的宝藏。只有蠢人才会忽略过去。"① 文化是学校的精神基因和独特标识，抛弃学校文化传统、丢掉学校记忆，就等于割断了学校的精神命脉。建设、发展学校文化，应该且必须坚守每所学校自身的文化立场，以客观、科学、礼敬的态度来对待优秀的学校文化传统，推动学校文化现代化，激活其生命力，增强其影响力和感召力。站在历史的长河中，每所学校的"在回首"，正是为了在对过往的记录、观察与思考中，沟通教育的昨天、教育的今天和教育的明天，洞见学校历史、学校现实与学校未来。对任何一所学校的师生而言，历经时间淘洗、实践锤炼、长期孕育的学校文化，不仅涉及师生的教育情感记忆、思维习惯、精神感悟，而且涉及师生的学校历史认知、办学观念认同、教育理想追求。师生借助学校文化，既守望学校历史、认识学校本质、启蒙心智、获得思想上的教益，也愉悦身心、陶冶性情，寻求与学校先贤前辈遗泽的心魂相守，获得精神上的满足和依归。一所学校不能缺少精神道统和教育价值丰碑，否则就会像一盘散沙，毫无凝聚力。正如一所学校不能抛弃办学传统，丢掉文化教育人、引导人的根本，否则就等于割断了自己的精神命脉。陈平原说："大学校园的历史感以及文化氛围，一如石阶上的青苔，必须一点点长出来，而不可能一蹴而就。在这方面，老建筑起了至关重要的作用。老学生对于大学的记忆，一半是给自己传道授业解惑的著名学者，另一半则是曾经留下了青春印记的校园建筑。……在这个意义上，建筑的风华绝代与学问的博大精深，二者是相辅相成的。"② 不过，不忘本来才能开辟未来，善于继承才能更好创新。对学校文化传统，要有鉴别地加以对待，有扬弃地予以继承，处理好继承和创造性发展的关系，重点做好创造性转化和创新性发展。

拥抱名校文化是农村学校、薄弱学校、新建学校迅速提升学校品味的最好

---

① A. 弗莱克斯纳著，徐辉等译：《现代大学论》，浙江教育出版社 2001 年版，第 2 页。

② 陈平原：《老房子：大学精神的见证人与守护者》，《建筑与文化》，2007 年第 5 期。

姿态，也是农村学校、薄弱学校、新建学校快速走向未来的力量源泉。名校在输出其学校文化的同时，充分尊重农村学校、薄弱学校、新建学校自身的办学传统、教育记忆以及教育故事。学校办学传统、教育记忆、教育故事等之所以不能抛弃、遗忘，因为它们原就是经多少代师生锤炼淘汰的结果；学校的办学传统、教育记忆、教育故事等之所以广泛流传、散播，因为它们谈的是学校的"平凡事"，讲的是师生的"平常心"。学校的办学传统、教育记忆、教育故事等从不试图把自己装点得那么白璧微瑕甚至多么光彩夺目，学校的办学传统、教育记忆、教育故事等既没有吓人之心，更无取宠之意，学校的办学传统、教育记忆、教育故事等不想在众师生之上，只想在众师生中间。学校办学传统、教育记忆、教育故事等的意蕴是学校的精神基因、是师生生命的全息，只有在天长地久之中才能体味。道法自然，学校的办学传统、教育记忆、教育故事等以真诚和朴素为美。真诚而素朴的忧愁、真诚而素朴的情怀、真诚而素朴憧憬、真诚而素朴的梦想，变成"传说"，贴着校园走，沿着水流，信着天游；变成"传奇"，贴着心走，沿着心流，顺着心游。

（5）输出优质教育资源

名校集团借助教育信息化手段，大力强化名校优质教育资源向农村学校、薄弱学校、新建学校的辐射力度，不断拓宽名校优质教育资源向农村学校、薄弱学校、新建学校的辐射路径。一是有效整合名校与农村学校、薄弱学校、新建学校已有硬件、软件资源。二是升级农村学校、薄弱学校、新建学校教育信息化基础设施设备，加强"全域成都"教育宽带网建设和管理，确保农村学校、薄弱学校、新建学校校园网高速、稳定和安全地接入互联网。推进智慧校园升级改造，部署传感器、无线通信网络融合的物联网基础设施，建设智能化或智慧教育应用系统。加强农村学校、薄弱学校、新建学校新型信息化功能教室建设，比如智慧教室、探究实验室、未来学习体验室、创客空间等，推动平板电脑、电子书包进课堂。三是围绕教与学方式的转变，开展各项信息化应用培训，重点提升农村学校、薄弱学校、新建学校广大师生的信息化应用能力。目前，成都市各名校集团都建立了名校与成员学校共享的教育网站以及专业教学平台，建立了名校与成员学校共享的互动教室，并大力开展互动教学。名校与成员学校教师利用网络以及互动交流等方式，共享课件、教案、试题等教学资源

名校集团不仅推进了名校、名师精彩课堂在农村学校、薄弱学校、新建学校的共享，而且提升了名校优质教育资源在农村学校、薄弱学校、新建学校的辐射力度。农村学校、薄弱学校、新建学校的学生借助互联网，学习距离他们

"万水千山"之外的名校课程，接受那些未曾谋面的名校教师的指导，与"天南海北"的名校学生进行交流、互动。

（四）名校集团的推进机制

1. 名校集团价值引领机制

教育公平正义是社会主义的本质要求，教育公平正义是社会公平正义的重要基础。在教育领域实现公平正义，促进教育权利的公平、教育机会的公平、教育制度的公平、教育过程的公平，是名校集团的价值目标。

坚持教育公益性是教育发展的基本原则，促进教育公平正义是名校集团的基本价值取向。教育公平是人发展起点的公平，是社会公平的重要组成部分。教育公平的关键是保障公民平等的受教育权，重点是促进义务教育均衡发展，根本保障措施是合理配置教育资源，主要责任主体是政府。政府作为公共事务的最大管理者，坚守教育公平正义是其义不容辞的责任。首先，教育公平正义对成都城乡教育均衡发展、城乡教育一体化发展乃至经济社会的发展具有重要的引领作用。没有教育公平正义的引领，教育的发展并不必然带来教育公益性的增强、失学人数的减少、基本公共教育服务的均等化，反而有可能导致两极分化。教育公平正义作为名校集团的重要价值和基本特征，就像一面旗帜、一座灯塔，引导着城乡教育均衡发展、城乡教育一体化的发展方向，促进着成都市经济社会的发展进步，也不断增强着社会的向心力和凝聚力。其次，教育公平正义对城乡教育健康、协同发展具有重要的保障作用。教育公平正义通过教育权利的合理分配、教育义务的合理承担，使每个公民各尽其能、各得其所、和谐相处，保证教育的和谐稳定和有序发展。再次，教育公平正义对教育发展本身具有重要的动力作用。教育公平与教育效率既有相互排斥的一面，也有相互统一的一面。教育公平与教育效率是经济社会发展以及教育发展追求的目标，而持续的教育效率必定要以教育公平为基础。第四，成都市民整体素质的提高以及人力资源强市的建设，离不开教育公平正义。促进教育公平正义，既需要保证各级各类教育机会公平，更需要保障弱势群体公平受教育的机会；既需要统筹协调"城"与"乡"的教育发展，统筹规划成都"三个圈层"教育发展的速度、规模、层次、类别，也需要合理配置名校与农村学校、薄弱学校、新建学校的教育资源。

2. 名校集团宣传引导机制

以名校集团为抓手，促进教育公平发展、推进城乡教育均衡发展，必须营造良好的社会氛围。

思想是行动的先导。成都市教育局高度重视做好名校集团的宣传、解释工作，名校集团推进到哪一步，宣传、解释工作就跟进到哪一步，引导广大师生争当名校集团的建设者、促进派。成都市教育局坚持合作鼓劲、正面宣传为主的方针，不断完善名校集团信息发布制度，建立起教育行政部门、宣传部门、新闻媒体三方联动的宣传机制，统筹社会媒体、校报校刊、校园广播等优势力量，全方位报道名校集团取得的成效。大力宣传跨区域名校集团的先进典型，传播名校优质教育资源"放大"的正能量。具体而言，一是成都市教育局，区（市）、县教育行政部门和学校加强与新闻媒体合作，宣传名校集团推进城乡教育均衡发展的意义，宣传实践名校集团取得成效的典型案例或经验。各区（市）、县教育行政部门加强名校集团的宣传解读工作，让学校、师生、成都市民知晓成都市教育局关于促进教育公平、推进城乡教育均衡发展的决策部署、目标意义、实施步骤，形成"全域成都"理解名校集团、支持名校集团、参与名校的良好局面，尽可能减少名校集团实践过程中的阻力。二是成都市教育局，各区（市）、县教育行政部门强化正面宣传，围绕名校集团推进城乡教育均衡发展的重大任务、重大项目，及时宣传名校集团推进城乡教育均衡发展的情况和取得的成效，让"全域成都"了解名校集团促进教育公平发展带来的新气象、新变化，最大限度争取各方面的理解和支持。三是成都市教育局，各区（市）、县教育行政部门在强化名校集团正面宣传的同时，充分做好名校集团推进城乡教育均衡发展的解释、说明工作，让每个市民获取名校集团推进城乡教育均衡发展的"有效"信息。

3. 名校集团情感认同机制

情感产生并依寓于一定的情境之中，是在某些特定情境中生发的。面对同一个对象或事物，情境变了，人的感受也会发生变化。情境影响情感，情感的产生、发展与变化都是在情境中完成的。情感是真实的情绪表达。一种可靠、确切的情绪反应不仅是对当下的体验，"情由境生"，而且是真实的、发自内心的情绪流露，是内心深处的"心情交融"。即，情感的真实性是以情绪体验的"在场性"和来源的"内生性"为基础的，而不是伪装和虚构的。

情感是深化名校集团认知的基本因素，也是促使名校集团内名校与成员学校、教师与学生乃至家长教育行为发生的重要内因。教育公平正义的实现，城乡教育一体化的推进，"三圈一体"优质教育均衡发展的兑现，都离不开情感认同的驱动。为了使教育行政部门、学校、教师、学生等对名校集团产生情感认同，成都市教育局主要从以下几个方面着力：一是为利益相关者提供正面的、群体性的名校集团情感记忆，为参与、实践名校集团的利益相关者提供良好的情感体验，既要为参与、实践名校集团的利益相关者提供细心的指导和支持，又要包容利益相关者在参与、实践名校集团过程中出现的失误和问题，耐心帮助他们总结经验，维护、增强他们参与以及实践名校集团的信心。二是名校集团的个性和差异，倡导合作、协商、协同精神，鼓励各名校集团办出特色、办出水平。三是对每一个名校集团，做到"无差别对待"。

4. 名校集团调查研究机制

促进教育公平发展、推进城乡教育均衡发展是一项庞大的系统工程。宏伟的目标、复杂的"城""乡"教育发展情况，学校不同的发展诉求，决定了名校集团在促进教育公平发展、推进城乡教育均衡过程中，必须使名校集团具体制度安排具有系统性、整体性、协同性、针对性。为了发挥名校集团促进教育公平发展的作用，成都市教育局一是踏踏实实、一丝不苟地用好了调查研究这个"传家宝"，坚持一切从城乡教育发展实际出发，从学校实际出发，辩证看、科学办，真正把名校集团推进城乡教育均衡发展的规律握在手中，应势而谋、顺势而为、乘势而上。二是名校集团具体制度安排高度关联耦合，所谓牵一发而动全身。开展广泛深入的调查研究，既摸清了名校集团发展的具体情况，把准了名校集团发展的脉动，又发现了困扰名校集团健康发展的症结点。正是通过广泛深入的调查研究，找准了名校集团发展的"穴位"，放大了名校集团促进教育公平发展的共振效应，清楚了名校集团具体制度安排的先后顺序。三是理顺名校集团相关制度安排，破解名校集团遭遇的体制机制障碍。通过深入的调查研究，对关乎名校集团发展的"硬骨头"问题、"险滩"问题既能知其深浅、晓其宽窄、究其难度，也能准确把握名校集团发展的重点、社会关注的难点、群众关心的焦点。四是充分考虑"城""乡"的教育实际、"三个圈层"的教育发展实际、"三个圈层"学校的办学情况、城乡人民群众的教育利益诉求，准确把握各方教育利益的交汇点和结合点，使名校集团推进城乡教育均衡发展更多更公平地惠及全市人民群众。五是深入各区（市）县学校调研，改变以往大水漫灌、"手榴弹炸跳蚤"的工作方式。名校办学历程大体相似，而薄弱学校、农村学校、新建学校教学质量低下的原因各有不同。正是通过广泛深入的调查研究，既摸清了各区（市）县需要帮扶的学校，又盘清了成都教育的"家底"。六是对症下药、精准滴灌、靶向治疗。通过广泛深入的调查研究，针对各区（市）县名校集团实践的不同情况，做到"一把钥匙开一把锁"，形成各具特色的名校集团。七是针对成都教育发展实际，在借鉴、"拿来"苏州、杭州名校教育集团"好经验"、"成功经验"基础上，"因地制宜"地创新具有成都本土特色的名校集团制度安排。

加强调查研究，准确把握成都"三个圈层"教育发展实际，以名校集团推进城乡教育均衡发展就有了坚实的思想基础，名校集团推进城乡教育一体化发展就有了源头活水。

5. 名校集团领导机制

政府是名校集团高效运转的动力源。在推进"三圈一体"教育均衡发展过程中，政府发挥着重要的引领和推进作用。随着成都市教育综合改革的推进，成都教育的发展目标、发展方式等发生了重大变化。

为了推进名校集团健康发展，成都市形成了由市委、市政府统一领导，市教育局统筹、协调、规划，区（市）县教育行政部门和名校集团共同参与的有力、有序、有效的领导体制。市教育局、财政局、人事局、编办等部门建立了推进名校集团建设与发展联席会议制度，定期展开联席会，破解名校集团发展的体制机制障碍。名校集团建设与发展联席会议负责制定议事规则，审议名校集团发展规划、名校集团教育教学改革项目、名校集团布局与调整、名校集团运行机制等。区（市）县教育行政部门按照职能分工量化名校集团落实方案，逐级分解任务、明确目标、落实责任，确定时间表和任务书，实行名校集团项目管理。市教育局发挥业务指导作用，并会同有关部门加强对名校集团工作的日常指导、检查与跟踪，及时总结经验、发现问题，根据实际需要不断完善名校集团工作要求。名校集团引导和督促名校、成员学校，制定并严格执行名校集团实施方案。

6. 名校集团管理机制

按照"统筹规划、圈层融合、分级负责、分层落实"原则，搭建名校集团组织架构。成都市教育局设立统筹处，各区（市）县教育行政部门设立统筹科或发展规划科，有效统筹和整合"三个圈层"学校教育资源，名校与农村学校、成员学校、新建学校教育资源，构建"纵向到底、横向到边"名校集团组织架构。"纵"，即强化从成都市教育局到区（市）县教育行政部门对名校集团的有效管理，确保上下贯通、一纵到底。"横"，即充分发挥评价考核机制、测评机制、激励机制等杠杆在推进名校集团发展中的作用，加强区（市）县教育行政部门间、名校集团间、名校与成员学校间的横向联系、合作、交流，确保教育资源相联相通、教育发展互补互促、教育资源要素对接对流、教育公共服务共建共享，确保名校集团工作左右互动、一横到边。通过纵横交织，形成点对点、线连线，上下贯通、齐抓共管、合作竞争、统筹协调的名校集团发展工作格局，确保名校集团遵循教育发展规律、学校办学规律，做到可管、可控、可行。

7. 名校集团统筹机制

统筹"三个圈层"教育公平发展、教育均衡发展是一项复杂的系统工程。"三圈一体"教育均衡发展，从来都是一个大棋局，需要通盘考量，全局运筹。"经济、政治、文化、社会、生态文明各领域改革和党的建设改革紧密联系，相互交融，任何一个领域的改革都会牵动其他领域，同时也需要其他领域改革密切配合。如果各领域改革不配套，各方面改革措施相互牵扯，全面深化改革就很难推进下去，即使勉强推进，效果也会大打折扣。"① 面对教育体制机制弊端，利益格局藩篱，新老问题新旧矛盾叠加交织，单兵突进难有"三圈一体"教育均衡发展的根本改观，顾此失彼还会"按下葫芦浮起瓢"。错综复杂的"城""乡"社会情势、学校间治理能力差异以及"三圈一体"教育均衡发展任务，决定了成都只能依靠统筹思维破解难题，运用科学方法统筹谋划，才能使名校集团发展向着既定目标乘势而进。诚如恩格斯所说："历史是这样创造的：最终的结果总是从许多单个的意志的相互冲突中产生出来的，而其中每一个意志，又是由于许多特殊的生活条件，才成为它所成为的那样。这样就有无数互相交错的力量，有无数个力的平行四边形，由此就产生出一个合力。"② 促进"三圈一体"教育发展，各名校集团、集团属下各学校应各安其位，各负其责。"马走日，相走田，炮打一溜烟。"能否走好名校集团的每着棋，既检验着区（市）县教育行政部门的教育治理能力，也检验着学校的办学水平。

高举教育公平正义大旗，统筹"三个圈层"教育资源、学校资源，即名校集团发展政策统筹、名校集团发展方案统筹、名校集团发展资源统筹、名校集团发展进度统筹。上述各项"统筹"，既确保了名校集团促进教育公平发展、推进"三圈一体"教育均衡发展任务的相互协调，又确保了名校集团发展进程的前后衔接、具体制度安排的彼此配套。"五色交辉，相得益彰；八音合奏，终和且平。"名校集团发展涉及教育、财政、人事、社保、编制等十多个部门，如果没有统筹机制的创新，容易导致九龙治水，政出多门，资源浪费，效率低下，教育公平发展、"三圈一体"教育均衡发展必将成为碎片化、打补丁的局面。二是调动区（市）县教育行政部门、名校集团、学校的力量，充分发挥（市）县教育行政部门、名校集团、学校的积极性、主动性、创造性，凝聚名校集团促进教育公平发展、"三圈一体"教育均衡发展共识，形成顶层设计与基层探索互动，宏观层面的统筹规划、系统安排与微观层面的积极实践、大胆

---

① 习近平著：《习近平谈治国理政》，外文出版社 2014 年版，第 88 页。
② 《马克思恩格斯选集》（第 4 卷），人民出版社 1995 年版，第 697 页。

创新相得益彰的成都市名校集团促进"三圈一体"教育均衡发展主旋律。三是统筹成都市"三个圈层"自然形成的"教育场",按照"圈层融合"原则,分别确定各个"圈层"发展目标、结对帮扶方式,缩小"圈层"教育发展差距。统筹"城""乡"两个"教育场",按照"以城带乡、以乡促城、城乡联动、共同发展"的原则,打破城乡教育发展"二元分治"局面,逐步缩小城乡教育差距。统筹名校与薄弱学校、农村学校、新建学校发展态势,以名校集团、"名校进县城、托管进乡镇"等制度安排,实现"三圈一体"教育均衡发展。

8. 名校集团方案细化机制

名校集团方案是教育公平发展、"三圈一体"教育均衡发展的施工图,其是否正确科学直接关系改革的效果。为了促进教育公平发展、"三圈一体"教育均衡发展,名校集团方案应是科学的方案,同时也应是正确可行的方案。

制定名校集团方案,既坚持从成都市情出发,从"三个圈层"教育发展不平衡、不协调的实际情况出发,从城乡二元结构的现实出发,也坚持从"三个圈层"学校,名校与薄弱学校、农村学校、新建学校的办学历史、办学传统、办学实际出发。遵循教育发展规律、学校办学规律,但绝不墨守成规。首先,在名校集团方案的制定过程中,成都市教育局持续做实、做细调查研究,深入基层教育行政部门、名校集团、学校听取意见。在此基础上完善名校集团顶层设计,不仅确保了名校集团推进教育公平发展、城乡教育均衡发展具体制度安排、机制设计的可操作性,而且使名校集团的各项发展措施统筹协调。其次,下功夫了解区(市)县教育行政部门、名校集团、学校以及广大师生的所想所盼,下功夫查找名校集团运行过程中存在的突出问题和现实困难,下功夫发掘基层教育行政部门、名校集团、学校推进"三圈一体"教育均衡发展的有益探索。精准把脉、精确制导不仅使名校集团自身接地气、有底气,而且提高了名校集团自身发展方案的针对性。再次,细化名校集团方案。再"好"的名校集团方案,如果不能落地,也不过是白纸一张。细化的名校集团方案,才能在实施过程中做到紧之又紧、细之又细,同时实之又实。当然,名校集团方案没有"最好",只有"更好"。

9. 名校集团协商机制

协商是协商主体间的相互、双向的协商。如果名校集团的所谓协商只是单方、单向的权利和工具,那么,协商就会失去动力和真谛而不复存在。因此,名校集团推进"三圈一体"教育均衡发展的关键,在于各区(市)县教育行政部门、名校集团、学校等利益相关者能够同频共振,促进有关名校集团发展的各种观点、意见、建议的广泛交流,最大限度地求同存异、增同减异、聚同化异。

同频共振本是声学规律。声波相遇，频率一致，则波峰叠加波峰，产生更强振荡，金声玉振。推进名校集团的广泛协商也是如此。"两人一般心，有钱堪买金；一人一般心，无钱堪买针。"名校集团的利益相关者主动寻找共鸣点，使各自的"频率"趋于一致，就能达致同频共振，互相促进，形成共识。通过协商机制，名校集团的"共识""最大公约数"得以形成。成都市在推进名校集团发展过程中，主要从以下几个方面着力：一是坚持名校与成员学校一律平等。二是坚持问题导向。名校集团树立问题意识，确立问题导向，名校与成员学校间展开平等对话、平等交流，注重分析、解决名校集团运行中的各种问题。三是统一思想，把促进教育公平正义作为名校集团的出发点和落脚点。组建名校集团建设与发展务虚会，邀请名校、成员学校，教师代表以及社会各界人士，就有关名校集团建设与发展问题畅所欲言、各抒己见，达到理清是非、统一认识、增强共识。四是协调名校与成员学校关系。组建名校集团协作委员会，就名校与成员学校共同关注的议题展开协商，获取协商各方的"最大公约数"。五是健全协商机制，畅通协商渠道。

10."县管校聘"机制

为了促进名校集团健康发展，成都市实行教师"县管校聘"。教师由以前的"校管"走向"县管"，表面上看似乎只是把"校"更换为"县"，实质上却是教师管理制度的重大创新。"县管"，即县级教育行政部门按照职能分工，依法履行对中小学教师的公开招聘、职务评聘、培养培训、轮岗交流和考核等管理职能。"校聘"，即学校依法与教师签订聘用合同，负责教师的使用以及业绩考核、培养培训、评优表彰等日常管理。教师"县管校聘"，对于统筹县域内中小学教师资源、城乡中小学教师资源，推进县域内教师交流轮岗顺利实施，化解县域内教师资源配置不均衡矛盾，促进县域内教育均衡发展尤其是高位均衡发展有着重大意义。

教师"县管校聘"为推进、实现县域内中小学教师交流轮岗提供了强有力的制度支撑。促进县域内教育均衡发展，办学条件是基础，师资配置是关键，而师资合理配置的有效手段是推动教师的交流轮岗。中小学教师"县管校聘"，实现了教师人事关系的"去单位化"，使教师由"学校人"变为"系统人"或"区域人"，打破教师交流轮岗的管理体制障碍。此外，教师"县管校聘"有助于破解县域内教师资源配置矛盾。现行教师"校管校聘"，虽然有利于清晰界定教师身份，营造和谐的人际关系，形成"教育合力"，使教师对学校具有较强的归属感，但是，在统筹县域内教师资源方面存在着明显的缺陷。因为，教师是"单位人"、"学校人"，导致学校间教师流动非常困难、学校间教师资源调配几乎不可能。创新教师"县管校聘"，由县级教育行政部门会同财政、人事、编办等部门统一管理教师人事关系和聘任交流，有助于化解教师流动难、教师资源调配难这一矛盾。

从教师编制而言，在县域内有的学校教师超编，有的学校则严重缺编；在县域内有的学校音体美教师过剩，有的学校音体美教师则大大缺编，但在"校管校聘"的管理模式下，不同学校间的教师配备缺乏统筹。实施教师"县管校聘"后，县级教育行政部门则拥有更多教师调配的自主权。通过建立县域内中小学教职工编制"总量控制，动态调控"机制，实现在县域范围内统筹规划教师配备目标。而从教师职称晋升言，由于受学校名额所限，目前教师职称晋升难问题较为突出，许多教师的工作积极性、主动性受到影响，甚至出现某种程度的职业倦怠。实施"县管校聘"后，则可打破学校间界限、破除"教师身份"壁垒，将县域内教师职称名额在学校间统一调配，使符合条件的教师能够及时得到晋升。

成都市教育局在加强教师"县管校聘"顶层设计的同时，鼓励各区（市）县教育行政部门大胆探索，积极开展教师"县管校聘"管理制度改革试点工作。最近三年，组织人事、教育、编办、人社、财政部门通力合作，在梳理、总结前期教师管理制度变革经验基础上，全面深化"县管校聘"教师管理制度安排。首先，建立教师管理服务中心。其次，强化教师"县管校聘"配套制度建设。成都市以及各区（市）县教育行政部门会同组织人事、编办、人社、财政等部门，制定了"全域成都"视野下教师岗位结构比例标准和设置标准、公开招聘和聘用管理办法、培养培训计划、业绩考核和工资待遇方案。具体而言，区（县）管总量控制，学校按岗配备；区（县）管岗位结构，学校按岗定员；区（县）管人员身份，学校合理使用；区（县）管全局统筹，学校择优选派；区（县）管体系标准，学校考评执行等。再次，构建"县管校聘"教师交流机制。一是建立科学的交流教师产生机制；二是制定规范的教师交流程序；三是建立竞争机制，引导教师主动交流、竞争交流；四是建立教师流出和淘汰机制；五是完善交流服务机制；六是完善教师交流激励机制。

简言之，如果用一个词来概括"成都教育"过去的这几年，没有比加快教育制度体制机制创新更合适的了。名校集团，已然化身为成都市教育局醒目的教育标签、教育名片，汇集成最大的公约数，寄托着成都市民的"成都教育"梦想。自 2007 年 6 月 7 日"成都市全国统筹城乡综合配套改革试验区"获得国务院批准以来，教育改革这个耳熟能详的词汇，被提升到更高的层面——国家的"试验田"而非地方的"自留地",赋予更多的内涵——"教育改革高地"而非"教育政策洼地",注入更大的动能——教育改革"苗圃"而非"盆景"、教育改革"助推器"而非"阻力源"。过去几年,成都市教育局立足市情,从"全域成都"经济社会长远利益出发谋划教育制度建设、教育政策设计,为名校集团制定了目标明确、计划周延、程序科学、方法得当的顶层设计方案,增强了名校集团发展的系统性、整体性、协同性和科学性,统筹推进了名校与农村学校、薄弱学校、新建学校的协调发展。成都市教育局以全面深化教育改革为重要牵引,统筹谋划名校集团,把抓部署、抓统筹、抓方案、抓细化、抓落实、抓监测、抓宣传等关键环节衔接贯通,名校集团发展"遭遇"的问题跟进解决、名校集团发展关键节点扎实推进、名校集团发展方案有序推出、名校集团发展机制逐渐完善。成都市教育局把实践国家基本教育政策——"教育公平"作为价值立场、价值取向,推动着成都市教育局突破思想藩篱,砥砺改革创新勇气,激发了实践教育公平正义的"成都市全国统筹城乡综合配套改革试验区"的生机与活力,调动了名校集团践履教育公平正义的主动性和积极性,创造了具有"成都味儿"的名校集团。

(五)判断名校集团"真"或"假"的标准

时间是考量一切制度安排的标准,岁月是评析一切制度设计的准则,教育公平实践是检验制度安排或设计"好""坏"的准绳。教育改革,是我国经济社会发展的时代脉搏;教育制度创新,是中华民族永续发展的动力源泉。最近这些年,奔腾不息的成都大地,教育发展中的许多难点、热点问题正"若冰之将释",教育改革中一幅幅波澜壮阔的画面正徐徐展开"无限风光",教育制度创新的红利已"其叶蓁蓁"多点显现;生机勃勃的成都大地,把教育发展不公平、城乡教育发展不均衡沉积在历史河床的深处,把促进教育公平发展、推进城乡教育均衡发展、扩大优质教育资源覆盖面的豪迈脚步踏印在时代的天空。面对成都教育的未来,成都市教育局以名校集团为抓手,大力推进名校资源的扩大化、普及化、乡村化,促进了成都教育的公平发展、推进了城乡教育均衡发展。不过,只有"真"的名校集团,才能达到预期目标。

1. 对名校集团规范性讨论的反思

有关名校集团是个"好"的或"坏"的制度安排或设计的断言、争辩或推演大都属于规范性讨论。规范性讨论的着眼点是名校集团是个"好"的制度安排或设计,还是"坏"的制度安排或设计。如果"好",为什么"好"?"好"在哪里?如果"坏",为什么"坏"?"坏"在哪里?总体而言,名校集团是个

"好"的制度安排或设计这一规范性讨论充斥于当下一些省、市教育行政部门的各个会议室，各类型的讲堂、各层次的研讨会，以及报纸、期刊、互联网等等。相当多的人都可以侃侃而谈，说出名校集团的 N 条好处。他们对名校集团有一种玫瑰色的期待，似乎只要这个神奇的东西降临大地，它将以摧枯拉朽之势，涤荡城乡教育资源配置的不均衡，清除城乡校际之间的差距，快速推进优质教育资源的均衡配置，让城乡教育变得公平起来，让城乡教育资源配置变得均衡起来，让城乡人民群众共享"同一"的优质教育资源，让城乡人民群众共享教育公平的同一片蓝天。即使是那些对名校集团抱持怀疑态度的人，往往也不否认名校集团具有精神共同体、学习共同体、发展共同体、合作共同体和竞争共同体的终极价值。名校集团拥护者坚持认为，由于现阶段的条件不太成熟，名校集团制度设计或安排还不太完善，但假以时日，随着促进教育公平这一国家基本教育政策的深度实施与推进，终有一天（这一天，不会太久）会实现名校集团的诸多构想，城乡教育公平的时代终有一天（这一天，也不会太长）会到来。同时，名校集团是"坏"的制度安排或设计这一规范性讨论也充斥于各种论坛、研讨会或网络，诸如名校集团稀释名校资源、名校集团破坏名校教育生态、名校集团加速"千校一面"的生成等等。实事求是地说，借助各种论坛、研讨会或网络这些平台，我们原本期待通过和而不同的各种主张的"对话"，慧深识远的各种观点的"论衡"，百家争鸣的各种见识的"交锋"，探寻名校集团的丰富内涵，传习名校集团的英华珠玑，展现名校集团促进教育公平发展、城乡教育均衡发展的博大恢宏，可各种形式的有关名校集团的规范性讨论的结果，往往事与愿违。

在我国教育发展过程中，总有一种教育精神一脉相承，总有一种教育使命激荡持久，总有一种教育担当任重道远。我国教育理论与教育实践工作者虽然在探索教育公平发展、城乡教育公平发展的道路上取得了一定的成绩，积累了宝贵的经验，但也付出了一定的代价。同时，由于被各种政治力量所左右，被各种革命的或反革命的激情所支配，难以对教育公平、乡村教育进行理性的思考。对于今日的教育均衡发展、城乡教育均衡发展乃至一体化发展而言，可怕的并非第一种情况的概念混乱，而是"利益"争论、"教育资源配置效率"争论、"学校特色"争论、"学生个性差异"争论掩盖了严肃认真的理性思考。可怕的并不是人民群众认为名校集团是个"好"的制度安排或"坏"的制度安排，而是当代一些学人在全球化下的大众传媒时代日趋"公共知识分子化"，同样被激情、利益或偏好所左右，忙于表达自己的教育立场乃至政治立场，忙于以标新立异的教育言论昭示自己不崇拜"权威"、不屑于"主流"、不甘于做

"路人甲"的态度，忙于从不同的视角发出自己观察、思考与分析的"声音"，忙于从不同的学科背景表明自己的认识、看法和主张，甚至宣泄着个人情感的好恶，以至于缺乏对自己所坚持或认定的东西进行严肃认真的理性反思，缺乏对自己所反对或批判的东西进行系统的理论爬梳，缺乏对自己"独白"言论的反省和"他者"话语权的尊重。诚如巴赫金所说："独白原则最大限度地否认在自身之外还存在着他人平等的以及平等且有回应的意识，还存在着另一个平等的我（或'你'）。在独白方法中（极端的或纯粹的独白），他人只能完全地作为意识的客体，而不是另一个意识。独白者从不期望他人的回答，对他人的回答置若罔闻，更不相信他人的话语有决定性的力量，能改变自己的意识世界里的一切。"[①] 更可怕的是精英阶层、权力阶层也被这种"好"的或"坏"的情绪与激情所左右、所支配、所感染，进而妨碍了对名校集团概念本身乃至名校集团促进教育公平正义的实现道路、展现形式及其未来发展趋势进行认真的理性思考、严肃的讨论对话。"未来有两个选择：死亡或者对话。……我们必须竭力摆脱自我中心的自语之思想框架，而与其他人进行对话，不是以我们在自语中猜测的样子来认识他人，而是按她或他本来的样子来认识他们，只有这样，我们才能避免这种毁灭性灾难。简言之，我们必须脱离自说的年代，进入对话的年代。"[②] 尤为可怕的是社会各阶层放弃了探讨随着促进教育公平这一国家基本教育政策的深度推进，我们能否建构起促进教育公平发展，推进城乡教育均衡发展以及一体化发展，扩张优质教育资源的"好"的、科学的、合理的安排或设计；放弃了探讨随着促进教育公平这一国家基本教育政策的深度推进，我们能否设计出具有我国特色的促进教育公平，推进城乡教育均衡发展，快速扩张优质教育资源的制度模式，而非鹦鹉学舌、亦步亦趋地效仿国外的"名校连锁店"制度模式。不仅教育理论与教育实践工作者忙于发出自己的"声音"，而且媒体也不断跟进"报道"、"讨论"名校集团。媒体有关名校集团的每一篇"报道"以及专家学者在媒体上发表的几乎每一篇讨论性、分析性文章，都可能导致民众乃至其他专家学者的选择性理解和舆论的站队。虽然媒体在费尽心思地描述名校集团促进教育公平发展的若干"优势"、名校集团发展运行的"真实状态"乃至名校集团的"困境"，但是在民众那里，这些"优势"、"真实状态"、"困境"可能根本就不存在。民众的选择性解读、理解以及舆论层面的站队，让媒体的引导变得不仅没有效果，反而可能起到了反作

---

① 钱中文主编：《巴赫金全集》（第 6 卷），河北教育出版社 1998 年版，第 385—386 页。
② S. C. 罗著，林泽铨等译：《再看西方》，上海译文出版社 1998 年版，第 210 页。

用——每次为名校集团的"叫好"、"鼓与呼",都让民众的反感增加一些。即由于对名校集团认知的分歧和舆论的割裂,媒体的良苦用心并没有引起民众的正面回应。如果这种情形不改变,有关名校集团的规范性讨论就无法实现,有关名校集团"共识"的达成也无法完成,名校集团的"优势"就得不到放大、名校集团的"困境"也得不到解决。换句话说,名校集团的"优势"、"困境"如要成为真正的社会议题、名校集团的规范性讨论如要真正地展开,就必须推进舆论的共振:主流媒体舆论场和民间舆论场共同就名校集团展开规范性讨论;名校集团的各种主张、观点可以在两个舆论场之间自由流动以及自由交流。只有两个舆论场共同关注名校集团的某一话题或主题,舆论才能实现共振;只有名校集团的各种主张、观点自由流动,沟通、交流和对话才能真实,共识才能够逐渐达成。如果两个舆论场就名校集团的分析、论证、讨论总是"自娱自乐"、"自说自话",分歧、异议就必然存在。更为严重的是,对立、分歧甚至成为民众的一种习惯性心理反应。

　　总体而言,目前就名校集团的规范性讨论,情绪发泄多于理性思考,直觉判断压过逻辑分析,武断式的"独白"替换了平等对话,"好或坏"的评述代替了"真或假"的论证。刘晓枫说:"不到一百年前,当现代化进程中出现种种社会危机时,激愤的社会思想曾引导出种种激进的社会行动。韦伯当年的学术姿态是一个典范:社会理论的责任当是知性地把握现代性的危机,而非沉湎于文人式的尖叫或反讽、或社会救世主式的批判或煽动:社会思想必须保持反省的理性状态。"① 如何看待、讨论名校集团不能仅仅停留于感性。即便是有种种"看法",只能停留于个人内心的几声嘀咕,而不能从公共层面进行"道德绑架"。即,就名校集团的规范性讨论,不仅需要高智商,也需要高情商;不仅需要宽广的胸襟与尊重"异"的雅量,也需要科学性与艺术性相结合的方法。就名校集团的规范性讨论,特别需要放大民主的力量。不是谁的声音大、调门高,谁就天然地拥有更多有关名校集团的发言权,巴掌打不出有关名校集团的"共识",高声叫嚷也只会让每个人都听不明白。在名校集团的规范性讨论中,每个人在名校集团的观点上可以有分歧,但在名校集团促进教育公平发展的态度上却应有共识;在名校集团的认识上可以有分歧,但在名校集团促进教育公平发展的底线上却应有共识;在名校集团的判断上可以有分歧,但在名校集团促进教育公平发展的规则上却应有共识;在名校集团的现实路径选择上可能有分歧,但在名校集团促进教育发展的价值立场上却应有共识。具备上述

---

① 刘晓枫著:《现代性社会理论》,上海三联书店 1998 年版,第 44—45 页。

共识民主，有关名校集团的规范性讨论才能在固守底线、理性探讨、反躬求己的基础上循序渐进地展开，以获取共识或最大公约数。在此，我们不想陷入名校集团"好"或"坏"的规范性讨论漩涡，而是抽身而出，试图提出判别名校集团"真"或"假"标准。

2. 名校集团"真"或"假"的判定标准

我们在试图"破"的同时，也在试图去"立"。在否定以"好"的制度安排或设计去判断名校集团之时，实际上肯定了以"真"的制度安排或设计去判别名校集团。现实教育世界里已经出现并开始运行的促进教育公平、推进教育均衡发展的名校集团可能是"假"的，是名校集团的变形或异化。那么，什么是"真"的促进教育公平、推进教育均衡发展的名校集团呢？"真"的名校集团与"假"的名校集团的区别何在呢？在此，我们拟提出如下标准，供大家讨论。

(1) 学生发展或学生利益最大化

在价值追求上，名校集团为每个学生提供适合的教育，促进学生成长成才；平等地对待相同的学生、差别化地对待不同的学生；尊重教育规律和学生身心发展规律，面向全体学生，促进学生全面发展；关心每个学生，促进每个学生主动地、生动活泼地发展；发现和读懂学生，保护学生探究质疑欲望，致力于实现孩子执着追求；尽可能为学生提供个性化的教育服务，提供自主、可选择的教育消费模式；尊重成员学校个性差异、鼓励成员学校个性发展以及尊重区域差异、区域特点；办好每一所学校，教好每一个学生，不让一个学生因家庭经济困难而失学；鼓励成员学校办出特色，办出水平。凡此种种，乃是"真"的名校集团。如果名校集团的价值追求是向既得利益者做出巨大让步、向名校做出巨大妥协以及违背教育规律和学生身心发展规律，那么其一定是"假"的名校集团。这两个标准一结合，我们可以厘清：一些区域的名校集团制度或设计之所以最终走向以"考试分数"、"片面追求升学率"为旨归，是因为名校、成员学校忽视了教育规律、学生身心发展规律，违背了教育常识；一些区域的名校集团之所以最终走向以城市、名校为主轴的运行模式，是因为名校、名校集团是既得利益者在教育领域中操纵乡村、农村以及农村学校、薄弱学校和新建学校的"看不见的手"，恰如市场是有产者在经济领域操纵无产者的"看不见的手"。尽管均衡不是平均主义，教育均衡是一种动态的、相对的、和谐的均衡，但只要把学生的利益放在最前面，就能对各项政策作出最为及时和恰当的调整。近些年，教育改革口号响彻云霄，教育改革探索层出不穷，但最终都是"雷声大雨点小"，其中一个根本的原因就是没有从学生的利益出发，没有使绝大多数普通学生享有"获得感"。

因此，"真"的名校集团的逻辑起点是学生的"实际获得"和学生的全面而自由的发展。名校集团最终都要归结于是否满足了学生的真实需求，是否尊重了学生成长规律和身心发展规律。促进教育公平、推进教育均衡发展，提高教育质量，从教育机会公平到教育过程公平，归根结底都是为了学生的"实际获得"和学生的全面而自由的发展。

（2）民众更多的教育公平"获得感"

名校集团的价值是以最广大人民群众的根本利益为出发点、以最广大人民群众普遍受益为落脚点、以"让人民群众有更多获得感"为归宿的。"获得"二字，道出了名校集团的精髓。"让人民群众有更多获得感"，正是检验名校集团"含金量"高低的一把重要"标尺"。说到底，名校集团要让人民共享优质教育资源，这才是名校集团根本的出发点和落脚点。从这个角度看，"获得感"可谓判别名校集团"真"或"假"的关键。"人民是推动发展的根本力量，实现好、维护好、发展好最广大人民根本利益是发展的根本目的。必须坚持以人民为中心的发展思想，把增进人民福祉、促进人的全面发展作为发展的出发点和落脚点，发展人民民主，维护社会公平正义，保障人民平等参与、平等发展权利，充分调动人民积极性、主动性、创造性。"① 如果不能促进教育公平正义，名校集团没有出路；如果不能推进城乡教育均衡发展以及增进人民福祉，名校集团同样没有前途；如果没有人民实实在在的教育公平"获得感"，名校集团就会失去意义，也不可能持续。如果说理想和激情是名校集团的原初动力，那么，名校集团实践过程更需要有实实在在的成效，唯有如此，才能为名校集团的持续推进凝聚民心、集纳力量。名校集团从来不是"看上去很美"，而是为了让成都市民有实实在在的"教育公平获得感"，唯有如此，名校集团才能富有力量、富有生命力、富有成效。

随着经济社会的发展，教育均衡发展的推进，作为教育改革发展主体的广大人民群众确实拥有了"教育实惠"的"获得感"，但与令人瞩目的教育发展成就相比，在种种因素的作用下，广大人民群众在增加"教育公平获得感"上还有诸多期待：一是在享受教育发展愿景、教育目标性成果基础上对享受实际可见、可得性教育公平成果的期待；二是在享受教育发展数量性成果基础上对享受教育发展质量性成果的期待；三是在某些方面教育发展成果享受过程中对享受更广泛、更多样教育发展成果的期待；四是在政策性、机遇性、偶发性享

① 《中共中央关于制定国民经济和社会发展第十三个五年规划的建议》

受教育发展成果进程中对教育公正性、制度性、法治性成果的期待。名校集团一方面应回应人民群众的上述期待，另一方面也应努力实现人民群众的上述期待。具体而言，一是让人民群众不仅具有目标设定、前景展望和教育发展预期意义上可能的"教育公平获得"，而且必须具有现实可见的、可拥有的、可支配的乃至"摸得着"的"真实惠"，并且在今后发展中还会有不断充实的、实实在在的"教育公平获得"。二是让人民群众既能够从自己"教育公平获得"过程的纵向比较中感受到"更多教育公平获得感"，也能够从与具有可比性的其他社会成员的横向比较中感受到"更多教育公平获得感"。三是让人民群众中某部分群体、成员享受教育发展成果而形成"更多教育公平获得感"，同时也让其中大多数社会群体、社会成员在享受教育发展成果的实际"教育公平获得"中产生"更多教育公平获得感"。四是让人民群众的"更多教育公平获得感"具有不断增加的可持续性，既表现在数量上"教育公平获得"的逐步增加，也表现在质量上"教育公平获得"的稳步提升，即不断提升教育生活品位、教育生活质量和"教育公平获得"档次的需求在教育发展成果的分配中得到体现，促进他们真实地感到教育发展与自己发展需求具有的共进性。五是把名校集团的"含金量"充分展示出来，推出一批叫得响、立得住、行得稳、广大市民认可的促进教育公平的"硬招实招"，创新一系列着眼于"上好学"的系统性、整体性、协同性相互配套的体制机制，使名校集团建设与发展的思路、决策、措施既能满足广大市民对优质教育资源的诉求，也能满足广大市民对优质教育资源的愿望和期待。同时，使成员学校、成员学校广大师生以及家长从一个个可触可感的教育扶持、教育合作项目中真切地感受到来自名校的温暖、帮助，真真切切地享受到教育扶持、教育合作项目带来的"看得见、摸得着"的实惠。简言之，应当做到名校集团建设与发展为了广大市民，名校集团建设与发展依靠广大市民，名校集团建设与发展惠及广大市民。六是让名校集团真正落地，"一分部署，九分落实"。把抓落实作为名校集团促进教育公平发展工作的重点，确保名校集团促进教育公平发展的各项举措落地生根，不折不扣抓出成效。落实能否到位，决定名校集团促进教育公平发展蓝图的实现，决定名校集团促进教育公平发展不仅"开花"而且"结果"。"再好的"促进教育公平发展的制度安排或设计如果不落地，就是空中楼阁、就是"水中月、镜中花"。只有动真格，求实效，确保教育公平发展的各项举措落实到位，广大市民才能更多享受到名校集团这一制度安排或设计的"红利"。

（3）尊重每所学校的办学自主权

名校来自鲜活的教育世界，教育世界需要名校。沿着名校的足迹，追上名校的脚步，才能不断激发成员学校提升办学质量、实施素质教育的正能量。如果没有名校的价值引领，成员学校到哪里去寻找办学的教育自信？又到哪里去汲取无畏前行的精神动力？在推进教育公平发展、城乡教育均衡发展过程中，名校将自己的办学理念、教育价值立场牢牢刻写在圣洁的民族教育精神的殿堂之中，深深铭刻在成员学校的办学历程之中，名校遂成为引导成员学校向前、激发成员学校奋斗的精神坐标。名校所传递过来的"火把"，照亮了成员学校的办学之路，驱散了成员学校灵魂深处对教育教学的"无力感"与"挫败感"。在推进教育公平发展、城乡教育均衡发展过程中，担当着历史使命的名校，用光与热给成员学校带去了温暖，给予成员学校师生更多的"脱贫"信心。诚如斯密所说："无论人们会认为某人怎样自私，这个人的天赋中总是明显地存在着一些本性，这些本性使他关心别人的命运，把别人的幸福看成是自己的事情，虽然他除了看到别人幸福而感到高兴以外，一无所得。"[1]　名校确有其"自利"的一面，但那些超越一校之私、超越一时之利之上的学校，才是名校的主旋律。韦尔奇说："在你成为领导之前，成功只同自己的成长有关。当你成为领导以后，成功都同别人的成长有关。"[2]　对普通人来说，成长如何，完全是个人进步问题；对名校而言，成长如何，却是公共责任问题。当然，在现实教育生活中，成员学校守护名校的价值立场，并不意味着唯名校马首是瞻，而是切实学习借鉴名校办学经验。

思考名校集团的推进路径——尊重成员学校的办学自主权还是"剥夺"、"扼杀"成员学校的办学自主权，是判别其为"真"或"假"的又一标准。在推进城乡教育均衡发展过程中，不能只顾名校发展、城市教育发展，而是以城市教育带动农村教育的进步，名校带动农村学校、薄弱学校、新建学校办学质量的提升，共同促进城市教育与农村教育协调发展、名校与成员学校均衡发展。如果说打破教育不均衡、校际不均衡这一"魔咒"是一次艰难的长跑，那么，名校集团好比促进教育公平、推进教育均衡发展最后冲刺时的协力助跑，但绝不是代跑。怎样促使成员学校提高办学水平、教育教学质量？一是名校在依法依规享有办学自主权的同时，尊重成员学校在教育教学、选人用人、考核评价、职称评定、经费使用等方面的自主权。二是名校不能简单套用自己的惯常做法，期望成员学校"克隆"自己的成长轨迹，不能强迫命令成员学校向自己全方位"看齐"，更不能包办代替成员学校的办学思想、办学行为，而应鼓

[1]　A. 斯密著，蒋自强等译：《道德情操论》，商务印书馆 2004 年版，第 5 页。
[2]　人民日报评论部：《"正学风"是一项政治责任》，《人民日报》，2013 年 4 月 10 日。

励成员学校结合自身实际，开展办学模式和育人方式的实践探索，在教材选择、课程设置、教学组织等方面大胆创新，努力办出自身特色。三是成员学校不能丢了自己的办学精神，忘了自己的发展足迹，遗弃了自己脚下的热土，废止了自己别样的精彩。成员学校是升级版的名校，而不是缩小版的名校。名校与成员学校的一体化不是名校与成员学校的一律化、齐一化，更不是"去成员学校化"，而是"一枝独秀不是春，百花齐放春满园"。因此，在加大对农村学校、薄弱学校、新建学校资源配置"历史欠账"进行弥补的同时，借助名校集团"扶上马、送一程"，加快成员学校发展步伐，但却不能成员学校办学的积极性、主动性，更不能代替名校集团内成员学校自身治理能力的提高。列宁说："世界不会满足人，人决心以自己的行动来改变世界。"[1] 成员学校只有立志从"育人"做起，从管理入手，涓涓细流才能汇聚成学校发展的浩浩长河；成员学校只有加强学校组织建设，完善学校治理机制，才能提高学校办学水平以及学校治理水平；成员学校只有不断求索，才能为乡村教育、农村教育找到一条"回家"的路，在时代大潮中写就滋养乡村孩子内心之德、张扬乡村孩子精神之维的丰碑。唯有如此，成员学校才能跑得更快、更远、更稳，才能"向下扎根，向上开花"。

坚持名校集团"共商、共建、共享"原则，既能尊重成员学校的办学自主权，促进成员学校发展，也能保护名校"利益"，推进名校发展。所谓"共商"，就是集名校、成员学校之"思"，广名校、成员学校之"益"，涉及提高教育教学质量之事，名校、成员学校商量着办，使名校集团兼顾名校、成员学校双方或各方之利益与关切，体现双方或各方的教育智慧和教育创意。所谓"共建"，就是名校、成员学校各施所长，各尽所能，把各自优势和潜能充分发挥出来，聚沙成塔，积水成渊。所谓"共享"，就是让名校集团成果更多、更公平地惠及广大人民群众，惠及名校、成员学校广大青少年学生，使名校集团成为名副其实的利益共同体和命运共同体。

（4）学校文化觉醒或自觉

历史和现实表明，一个民族的觉醒，首先是文化上的觉醒；一个学校的力量，很大程度上取决于学校文化的自觉。文化之于学校就是灵魂，就是软实力。可以说，是否具有高度的学校文化自觉，不仅关系到学校文化自身的振兴和繁荣，而且决定着一个学校的兴盛或"沉沦"，更可能决定着一个民族的前

---

[1] 《列宁专题文集（论辩证唯物主义和历史唯物主义）》，人民出版社 2009 年版，第 138 页。

途命运。

文化是学校的血脉，是教师、学生的精神家园。一般而言，学校文化包括三个层面的内容：一是学校文化的精神实质，即对教育本质、教育发展规律和学生身心发展规律的遵循，对学校办学行为、对师生教育教学行为的激励与约束，对学校风骨和尊严的坚守等。二是学校文化的外在表现，即对学校办学理念的梳理、校训的提炼，"三风"（即校风、教风、学风）的描述；即对学校民主决策、民主管理和民主监督治理结构的设计，现代学校制度体系的建立；即对课程的设置、教学模式的建构、师生关系的营造、学校环境的设计等。三是学校文化的社会影响力和认同度，即学校品牌的知名度、社会影响力以及社会各界对学校品牌的认可度等。学校文化之于一所学校而言，犹如精神之于生命、思想之于人类。学校文化具有极强的渗透性、持久性，像空气一样无时不在、无处不在，能够以无形的意识、无形的观念，深刻影响着有形的存在、有形的现实，深刻作用于学校发展以及教师、学生的校园生活。学校文化既是推动学校发展的手段，又是教育文明进步的重要目标；学校文化既是凝聚人心的精神纽带，又直接关涉教师、学生的幸福。学校文化是教师、学生的精神需求，教师、学生需要通过学校文化以启蒙心智、愉悦身心、陶冶性情，从而获得精神上的满足和依归。简言之，学校文化是一个不断积累积淀的过程，推进学校文化建设必须坚持以立为本、重在建设，"求木之长者必固其根本，欲流之远者必浚其泉源"。①

学校的魅力在文化，文化的魅力在创造。放眼成都大地，尽管各区（市）、县在学校形态、学校管理、学校制度等方面日益趋同，但学校文化差异也赋予了学校独特的精神风骨、办学风貌。例如，成都市石室中学青砖灰瓦的学校色彩、成都市实验小学古色古香的历史风韵、成都市石室小学"见贤思齐"的办学理念等。恰是上述学校内在的文化肌理，铸就了各自的教育生活空间和学校性格，吸引着学子的脚步。显然，唯有文化，才能为学校注入新生的力量，为学校发展升华不灭的灵魂，为学校在竞争中创新发展、脱颖而出提供土壤和资源。因此，关照名校集团的文化自觉，是以形成名校集团内每所成员学校独具特色的学校文化还是以名校之学校文化"统领"成员学校，是以形成名校、成员学校"共享"的名校集团文化，成为判断名校集团"真"或"假"的又一标准。学校发展有不同的模式和路径，但优质教育的实现有赖于学校文化自觉，学校文化是学校建设的灵魂，学校"品牌"则是学校文化的外在表现。一所学

---

① （唐）魏征：《谏太宗十思疏》。

校区别于其他学校的标志，不仅取决于这所学校优美的校园环境、完善的基础设施，而且取决于这所学校的内在美，即科学的办学理念、优质的办学质量、丰富的课程资源、良好的学校管理、悠久的办学历史等。名校、成员学校独具特色的学校文化，是展示学校形象、引领学校发展的精神旗帜。形成独特的学校文化，需要每所学校尤其是成员学校内外兼修。一是成员学校应以开放的姿态拥抱其学校历史，以真诚敬畏对待其学校历史记忆、学校办学历史，触摸其学校发展的教育魂、把握其学校精神建构的脉络。对学校办学历史，每所成员学校都要心怀敬畏、心怀良知。只有如此，成员学校才能担负起自身承担的教育使命，才能走向更远、更美好的未来。"没有历史的未来是一匹野马，任何力量都将无法驾驭。"① 任何一所学校的历史记忆乃至教育故事不仅是学校生存、发展的基础，而且是构建学校教育秩序必不可少的要素，更是学校拥有的最宝贵的精神财富。于人而言，失去记忆等于失去自我；于学校而言，丧失学校历史的共同记忆，责任和使命便无依托，现实和未来便无依凭，学校文化的积累、智慧的叠加便成空谈。从某种意义而言，一部学校发展史，就是一部学校精神沉淀史、价值成长史。二是成员学校在学习、借鉴名校文化建设经验的同时，应扎根学校生活，扎根师生，珍视学校办学传统，紧接"地气"，尽力消除对名校文化的"路径依赖"、"因袭依赖"，充分调动学校师生的原创精神和开拓积极性，破除对名校文化的一味"崇拜"。如果成员学校只是跟在名校后面亦步亦趋、东施效颦，热衷于以名校文化为"尊"、以名校文化为"美"、唯名校文化"是从"那一套，绝对是没有前途的。诚如习近平所说："办好中国的世界一流大学，必须有中国特色。没有特色，跟在他人后面亦步亦趋，依样画葫芦，是不可能办成功的。"② 如果成员学校不破掉"拿来主义"的幻想，便不会有学校文化的生成与发展；如果没有时光的打磨与淬炼，便不会有学校品牌的如约而至。三是成员学校应以学校文化浸润师生心灵、陶冶师生灵魂。学校文化不是一个简单的口号、几个词语的表述，而是融入广大师生血液的一种价值遵循、一种"精神道统"。学校文化涉及教师、学生的情感记忆、思维习惯、精神感悟，涉及教师、学生的历史认知、观念认同、理想追求，而这些都需要时间的淘洗、实践的锤炼、长期的孕育。如果成员学校在学校文化建设过程中放弃"精神道统"，用企业模式管治学校、用经济逻辑取代人与学校的亲和关系，学校不仅丧失传统的家园感，而且抽离了集体回忆、身份认同的归

---

① 人民日报评论部：《"用史实发言"才能坚守记忆》，《人民日报》，2015 年 8 月 7 日。
② 习近平著：《习近平谈治国理政》，外文出版社 2014 年版，第 174 页。

属感。因此，成员学校文化建设不能走过场，搞形式主义，成员学校应把学校文化建设视作学校精神的唤起与张扬，让学校文化融入学校生活和广大师生心灵，让每位师生都成为学校文化的践行者、守望者，提升学校的人文气质和文化内涵，使学校成为"水光山色与人亲，说不尽，无穷好"。四是形成名校集团所有学校"共享"的名校集团文化，以名校、成员学校"共享"的文化引领名校集团发展。如帕克所说："同化是一个相互渗透和融合的过程。在这一过程中，一个个体或群体获得了其他个体或群体的记忆、情感以及态度，并且通过分享他们的经历和历史，与他们一起被整合进了一种共同的文化生活。"[1] 或如菲克特所说："同化是一种社会过程。通过它，两个或更多的个人与群体相互接受或履行对方的行为模式。我们常说一个人或一个少数群体被同化进另一个群体或社会，但在这里我们不能只将其理解为一个单向的过程，这是一种双方互动关系。其中尽管有一方对于双方的影响可能会远远大于另一方，但双方行为的影响仍是相互的。"[2] 同化是名校、成员学校文化差异趋向消失的渐进的过程。名校、成员学校的接触激发了互动，"共享"的集团文化就是互动造成的完美的最终产物。

"腹有诗书气自华"，人如此，学校亦如此。愿在文化理念的引领下，名校集团的面貌会像母亲的面孔一般让人永远难忘，名校集团、名校、成员学校的办学姿态也变得越来越有魅力，穿行其中的广大师生能感受到四季变化，能阅读文化乡愁，且拥有情感寄托、认同归属和心灵栖息。

（5）实现教育公平正义

在上述四个名校集团标准的背后，还有一个更深层的标准，即是"拓展想象空间"。在社会主义制度基础上建设与发展名校集团，还是盲目采用西方舶来的"名校连锁店"模式、"名校'圈地运动'"模式；在促进教育公平这一国家基本教育政策指导下建设与发展名校集团，还是打着"公共利益"、"教育公平"、"教育均衡发展"旗号，以城市、名校、特权阶层等为服务对象建设与发展的名校集团。其实，这才是"真"的名校集团与"假"的名校集团的根本区别之所在。[3]《学会生存》一书对有关学习化社会建设的论断，无疑对我们如何判断名校集团的"真"或"假"有画龙点睛之效。"在响亮的词句下宣称要为实现一个学习化的社会而'斗争'，这是徒劳无益的。充其量，这也许只是在

---

[1]　M. 戈登著，马戎译：《美国生活中的同化》，译林出版社 2015 年版，第 56 页。

[2]　M. 戈登著，马戎译：《美国生活中的同化》，译林出版社 2015 年版，第 60 页。

[3]　郑涛、李江源：《理性看待"名校教育集团"》，《教育理论与实践》，2013 年第 11 期。

一次粗暴的政治、社会和文化战争中写在旗帜上的一个口号。为导致客观条件的产生，这种口号也只是一种要求人们作出努力、从事想象、大胆思想与行动的呼吁。但是一个学习化社会将会在一个天气晴朗、组织完备、设备充足、闪闪发光的情况下出现于人间。"① 在名校集团价值取向上，是秉持优质教育资源均衡配置、广大人民群众共享优质教育资源的教育立场，还是坚守名校、少部分人的教育利益立场；在名校集团的实现形式上，是采取充分尊重成员学校个性差异以及区域教育发展差异、"对受教育者施以适合其能力发展的教育"的技术手段，还是采取以城市、名校优先，"一刀切"、"模式化"、"同质化"为主轴的技术路线。突破教育利益固化的藩篱，关键是要树立正确的利益观，明确"动谁的奶酪"以及"把谁的利益放在首位"。促进教育公平、推进教育均衡发展是一个重大的民生问题，名校集团的视野不能只停留在名校、城市的教育资源配置上，不能只局限于一部分人群身上，而是应该通过因地制宜、因校制宜，通过分类设计、多主体参与、多种技术手段，让名校集团惠及更多的农村学校、薄弱学校和新建学校，让教育均衡发展的"阳光雨露"撒向广大的城乡人民群众，使广大的城乡人民群众、社会各个阶层都享有基本教育公共服务的"获得感"，都能从教育公平正义实现过程中体会名校集团的"满意感"。简言之，这是判断名校集团"真"或"假"的第五条标准。

总之，只有从世界、中国和时代的坐标上去认识名校集团，才能更加准确；只有从历史和现实的对比中去把握名校集团，才能更加清晰；只有从城乡教育均衡发展、优质教育资源共享的实现程度去洞察名校集团，才能更加见真章；只有从"硬件"和"软件"齐头并进、"城"和"乡"协调均衡的发展状况中去思考名校集团，才能更加让人信服；只有从"民生"出发，从教育公平正义出发去判别名校集团，才能更加具有可推广性、可复制性。

---

① 联合国教科文组织、国际教育发展委员会编著，华东师范大学比较教育研究所译：《学会生存》，教育科学出版社 1996 年版，第 204 页。

□ 参考文献

一、著作类

1. 《马克思恩格斯选集》（第 1—4 卷），人民出版社 1995 年版。

2. 《共产党宣言》，人民出版社 2004 年版。

3. 《资本论》（第 1—3 卷），人民出版社 2004 年版。

4. 《1844 年经济学哲学手稿》，人民出版社 2008 年版。

5. 袁贵仁主编：《对人的哲学理解》，河南人民出版社 1994 年版。

6. 张一兵等著：《人的解放》，河南人民出版社 2011 年版。

7. 联合国教科文组织、国际教育发展委员会编著，华东师范大学比较教育研究所译：《学会生存》，教育科学出版社 1996 年版。

8. S. 拉塞克等著，马胜利等译：《从现在到 2000 年教育内容发展的全球展望》，教育科学出版社 1999 年版。

9. 赵中建编：《教育的使命——面向二十一世纪的教育宣言和行动纲领》，教育科学出版社 2003 年版。

10. 联合国教科文组织总部中文科译：《教育——财富蕴藏其中》，教育科学出版社 2005 年版。

11. 康德著，赵鹏等译：《论教育学》，上海人民出版社 2005 年版。

12. K. 雅斯贝尔斯著，邹进译：《什么是教育》，生活·读书·新知三联书店 1991 年版。

13. F. 席勒著，张玉能译：《审美教育书简》，译林出版社 2012 年版。

14. B. 弗莱雷著，顾建新等译：《被压迫者教育学》，华东师范大学出版社 2001 年版。

15. J. 杜威著，王承绪译：《民主主义与教育》，人民教育出版社 2005 年版。

16. J. 杜威著，赵祥麟等译：《学校与社会·明日之学校》，人民教育出版社 1994 年版。

17. 卢梭著，李平沤译：《爱弥儿》，商务印书馆 2006 年版。

18. O. E. 博尔诺夫著，李其龙等译：《教育人类学》，华东师范大学出版社 2001 年版。

19. R. Curren 主编，彭正梅等译：《教育哲学指南》，华东师范大学出版社 2011 年版。

20. 福禄培尔著，孙祖复译：《人的教育》，人民教育出版社 1991 年版。

21. 斯特洛齐著，夏之莲等译：《裴斯特洛齐教育论著选》，人民教育出版社 1992 年版。

22. 蒙台梭利著，任代文等译：《蒙台梭利幼儿教育科学方法》，人民教育出版社 1993 年版。

23. A. 奥斯勒著，王啸等译：《变革中的公民身份》，教育科学出版社 2012 年版。

24. B. R. 克拉克著，王承绪等译：《高等教育系统》，杭州大学出版社 1994 年版。

25. B. R. 克拉克著，王承绪等译：《高等教育新论》，浙江教育出版社 2001 年版。

26. B. R. 克拉克著，王承绪等译：《探究的场所》，浙江教育出版社 2003 年版。

27. J. 怀特著，李永宏等译：《再论教育目的》，教育科学出版社 1997 年版。

28. W. 厄本等著，周晟等译：《美国教育》，中国人民大学出版社 2009 年版。

29. A. 加塞特著，徐小洲等译：《大学的使命》，浙江教育出版社 2001 年版。

30. F. C. 福勒著，许庆豫译：《教育政策学导论》，江苏教育出版社 2007 年版。

31. E. 涂尔干著，陈光金等译：《道德教育》，人民出版社 2006 年版。

32. J. 费瑟斯通等著，王晓宇等译：《见证民主教育的希望与失败》，华东师范大学出版社 2005 年版。

33. J. S. 布鲁贝克著，王承绪等译：《高等教育哲学》，浙江教育出版社 2001 年版。

34. C. 贝克著，戚万学等译：《优化学校教育》，华东师范大学出版社 2003 年版。

35. S. 鲍尔斯等著，李锦旭译：《资本主义美国的学校教育》，（台湾）桂冠图书股份有限公司 1989 年版。

36. S. 鲍尔著，王玉秋等译：《政治与教育政策制定》，华东师范大学出版社 2003 年版。

37. G. 惠迪等著，马忠虎译：《教育中的放权与择校：学校、政府和市场》，教育科学出版社 2003 年版。

38. S. J. 鲍尔著，侯定凯译：《教育改革——一种批判和后结构主义的视角》，华东师范大学出版社 2002 年版。

39. B. 莱文著，项贤明等译：《教育改革——从启动到成果》，教育科学出版社 2004 年版。

40. J. E. 丘伯等著，蒋衡等译：《政治、市场和学校》，教育科学出版社 2003 年版。

41. 邹进著：《现代德国文化教育学》，山西教育出版社 1992 年版。

42. 张人杰主编：《国外教育社会学基本文选》，华东师范大学出版社年版 2009。

43. 王承绪等编译：《西方现代教育论著选》，人民教育出版社 2001 年版。

44. 张焕庭主编：《西方资产阶级教育论著选》，人民教育出版社 1979 年版。

45. 石中英著：《教育哲学导论》，北京师范大学出版社 2004 年版。

46. E. 卡西尔著，甘阳译：《人论》，上海译文出版社 1998 年版。

47. 费希特著，梁志学等译：《论学者的使命、人的使命》，商务印书馆 2008 年版。

48. P. d. 米兰多拉著，顾超一等译：《论人的尊严》，北京大学出版社 2010 年版。

49. B. 莫迪恩著，李树琴等译：《哲学人类学》，黑龙江人民出版社 2005 年版。

50. M. 兰德曼著，阎嘉译：《哲学人类学》，贵州人民出版社 2006 年版。

51. A. J. 赫舍尔著，隗仁莲译：《人是谁》，贵州人民出版社 1994 年版。

52. S. 薇依著，徐卫翔译：《扎根：人类责任宣言绪论》，生活·读书·新知三联书店 2003 年版。

53. A. 马斯洛著，成明编译：《马斯洛人本哲学》，九州出版社 2003 年版。

54. 岩崎允胤主编，刘奔译：《人的尊严、价值及自我实现》，当代中国出版社 1993 年版。

55. M. 罗森著，石可译：《尊严：历史和意义》，法律出版社 2015 年版。

56. R. W. 福勒著，张关林译：《尊严的提升》，上海人民出版社 2008 年版。

57. A. 阿德勒著，陈太胜等译：《理解人性》，国际文化出版社公司 2003 年版。

58. N. 别尔嘉耶夫著，徐黎明译：《人的奴役与自由》，贵州人民出版社 1994 年版。

59. F. G. 戈布尔著，吕明等译：《第三思潮》，上海译文出版社 2006 年版。

60. J. 杜威著，傅统先等译：《人的问题》，上海人民出版社年版 2006。

61. R. N. 贝拉等著，周穗明等译：《心灵的习性》，中国社会科学出版社 2011 年版。

62. E. 弗罗姆著，王泽应等译：《人的呼唤》，生活·读书·新知三联书店 1991 年版。

63. 袁贵仁著：《马克思主义人学思想》，北京师范大学出版社 1996 年版。

64. 高清海著：《人就是"人"》，辽宁人民出版社 2001 年版。

65. 亚里士多德著，吴寿彭译：《政治学》，商务印书馆 1996 年版。

66. 亚里士多德著，苗力田译：《尼各马科伦理学》，中国社会科学出版社 1999 年版。

67. H. D. 拉斯韦尔著，杨昌裕译：《政治学》，商务印书馆 2005 年版。

68. D. 休谟著，关文运译：《人性论》，商务印书馆 2008 年版。

69. M. 海德格尔著，陈嘉映等译：《存在与时间》，生活·读书·新知三联书店 2009 年版。

70. C. W. 莫里斯著，定扬译：《开放的自我》，上海人民出版社 2010 年版。

71. 康德著，邓晓芒译：《纯粹理性批判》，人民出版社 2004 年版。

72. 康德著，韩水法译：《实践理性批判》，商务印书馆 2005 年版。

73. 康德著，何兆武译：《历史理性批判文集》，商务印书馆 2005 年版。

74. 康德著，苗力田译：《道德形而上学原理》，上海人民出版社 2005 年版。

75. 康德著，沈叔平译：《法的形而上学原理》，商务印书馆 2008 年版。

76. 康德著，邓晓芒译：《实用人类学》，上海人民出版社 2005 年版。

77. 黑格尔著，朱光潜译：《美学》，商务印书馆 2006 年版。

78. 黑格尔著，范扬等译：《法哲学原理》，商务印书馆 2007 年版。

79. 黑格尔著，王造时译：《历史哲学》，上海世纪出版集团 2007 年版。

80. 黑格尔著，贺麟等译：《精神现象学》，商务印书馆 1997 年版。

81. 黑格尔著，贺麟译：《小逻辑》，商务印书馆 2007 年版。

82. M. 舍勒著，刘晓枫选编：《舍勒选集》，上海三联书店 1999 年版。

83. M. 舍勒著，罗悌伦等译：《价值的颠覆》，生活·读书·新知三联书店 1997 年版。

84. E. 卡西尔著，顾伟铭等译：《启蒙哲学》，山东人民出版社 2007 年版。

85. 费希特著，梁志学选编：《自由的体系》，商务印书馆 2008 年版。

86. F. 尼采著，杨恒达译：《查拉图斯特拉如是说》，译林出版社 2012 年版。

87. F. 尼采著，张念东译：《权力意志》，商务印书馆 1998 年版。

88. 叔本华著，范进等译：《叔本华论说文集》，商务印书馆 2006 年版。

89. M. 霍克海默等著，渠敬东等译：《启蒙辩证法》，上海人民出版社 2006 年版。

90. M. 霍克海默著，渠东等译：《霍克海默集》，上海远东出版社 2004 年版。

91. H. G. 加达默尔著，洪汉鼎译：《真理与方法》，上海译文出版社 2004 年版。

92. M. 韦伯著，冯克利译：《学术与政治》，生活·读书·新知三联书店 1998 年版。

93. M. 韦伯著，杨富斌译：《社会科学方法论》，华夏出版社 1999 年版。

94. B. 罗素著，马元德译：《西方哲学史》，商务印书馆 2010 年版。

95. B. 罗素著，张师竹译：《社会改造原理》，上海人民出版社 2001 年版。

96. B. 罗素著，李国山等译：《自由之路》，文化艺术出版社 1998 年版。

97. T. A. V. 哈耶克著，邓正来译：《自由秩序原理》，生活·读书·新知三联书店 1997 年版。

98. T. A. V. 哈耶克著，邓正来译：《个人主义与经济秩序》，生活·读书·新知三联书店 2003 年版。

99. T. A. V. 哈耶克著，杨玉生等译：《自由宪章》，中国社会科学出版社 1999 年版。

100. 帕斯卡尔著，何兆武译：《思想录》，商务印书馆 1997 年版。

101. 笛卡尔著，王太庆译：《谈谈方法》，商务印书馆 2013 年版。

102. 笛卡尔著，庞景仁译：《第一哲学沉思集》，商务印书馆 1986 年版。

103. 卢梭著，何兆武译：《社会契约论》，商务印书馆 2003 年版。

104. 卢梭著，李常山译：《论人类不平等的起源和基础》，商务印书馆 1996 年版。

105. 萨特著，周煦良等译：《存在主义是一种人道主义》，上海译文出版社 2005 年版。

106. 萨特著，陈宣良等译：《存在与虚无》，生活·读书·新知三联书店 2009

年版。

107. H. 马尔库塞著，李小兵等译：《现代文明与人的困境》，上海三联书店 1989 年版。

108. H. 马尔库塞著，刘继译：《单向度的人》，上海译文出版社 2006 年版。

109. 孙志文著，陈永禹译：《现代人的焦虑和希望》，生活·读书·新知三联书店 1995 年版。

110. S. 卢克斯著，阎克文译：《个人主义》，江苏人民出版社 2001 年版。

111. N. 别尔嘉耶夫著，张源等译：《精神与实在》，中国城市出版社 2002 年版。

112. T. 朱特著，杜先菊译：《沉疴遍地》，新星出版社 2012 年版。

113. J. S. 穆勒著，孟凡礼译：《论自由》，广西师范大学出版社 2011 年版。

114. J. 穆勒著，徐大建译：《功利主义》，上海人民出版社 2012 年版。

115. R. 阿隆著，姜志华译：《论自由》，上海译文出版社 2009 年版。

116. I. 伯林著，胡传胜译：《自由论》，译林出版社 2005 年版。

117. Z. 鲍曼著，杨光等译：《自由》，吉林人民出版社 2005 年版。

118. E. 弗罗姆著，刘林海译：《逃避自由》，国际文化出版公司 2002 年版。

119. 阿克顿著，侯健等译：《自由与权力》，商务印书馆 2001 年版。

120. 阿马蒂亚·森著，任赜等译：《以自由看待发展》，中国人民大学出版社 2002 年版。

121. J. F. 斯蒂芬著，冯克利等译：《自由·平等·博爱》，广西师范大学出版社 2007 年版。

122. K. 波普尔著，陆衡等译：《开放社会及其敌人》，中国社会科学出版社 1999 年版。

123. K. 波普尔著，傅季重等译：《猜想与反驳》，上海译文出版社 2001 年版。

124. J. 马勒著，刘曙辉等译：《保守主义》，译林出版社 2010 年版。

125. I. 华勒斯坦等著，刘健芝等编译：《学科·知识·权力》，生活·读书·新知三联书店 1999 年版。

126. A. 布鲁姆著，秦露等译：《巨人与侏儒》，华夏出版社 2003 年版。

127. L. 施特劳斯著，彭刚译：《自然权利与历史》，生活·读书·新知三联书店 2003 年版。

128. K. 雅斯贝斯著，王德峰译：《时代的精神状况》，上海译文出版社 2003 年版。

129. J. 罗尔斯著，万俊人译：《政治自由主义》，译林出版社 2000 年版。

130. 托克维尔著，董果良译：《论美国的民主》，商务印书馆 1997 年版。

131. J. A. 熊彼特著，吴良健译：《资本主义、社会主义与民主》，商务印书馆 2002 年版。

132. C. 泰勒著，韩震等译：《自我的根源：现代认同的形成》，译林出版社 2008 年版。

133. G. F. 麦克林著，干春松等译：《传统与超越》，华夏出版社 2000 年版。

134. J. 范伯格著，王守昌等译：《自由、权利和社会正义》，贵州人民出版社 1998 年版。

135. R. 德沃金著，信春鹰等译：《认真对待权利》，上海三联书店 2008 年版。

136. J. 唐纳利著，王浦劬等译：《普遍人权的理论与实践》，中国社会科学出版社 2001 年版。

137. 大沼保昭著，王志安译：《人权、国家与文明》，生活·读书·新知三联书店 2003 年版。

138. "人的安全网络"组织编写，李保东译：《人权教育手册》，生活·读书·新知三联书店 2005 年版。

139. A. 艾德等著，黄列译：《经济、社会与文化的权利》，中国社会科学出版社 2003 年版。

140. A. J. M. 米尔恩著，夏勇等译：《人的权利与人的多样性》，中国大百科全书出版社 1997 年版。

141. S. 霍尔姆斯等著，毕竞悦译：《权利的成本》，北京大学出版社 2004 年版。

142. R. J. 文森特著，凌迪等译：《人权与国际关系》，知识出版社 1998 年版。

143. B. 鲍桑葵著，汪淑钧译：《关于国家的哲学理论》，商务印书馆 2006 年版。

144. W. 金里卡著，刘莘译：《当代政治哲学》，上海三联书店 2004 年版。

145. 霍尔巴赫著，陈太先等译：《自然政治论》，商务印书馆 2002 年版。

146. 科恩著，聂崇信等译：《论民主》，商务印书馆 2004 年版。

147. M. J. 艾德勒著，郗庆华等译：《六大观念》，生活·读书·新知三联书店 1998 年版。

148. A. 麦金太尔著，宋继杰译：《追寻美德》，译林出版社 2003 年版。

149. R. 罗蒂著，李幼蒸译：《哲学和自然之镜》，商务印书馆 2003 年版。

150. R. L. 西蒙主编，陈喜贵译：《社会政治哲学》，中国人民大学出版社

2009 年版。

151. R. 威廉斯著，刘建基译：《关键词：文化与社会的词汇》，生活·读书·新知三联书店 2005 年版。

152. G. 萨托利著，冯克利等译：《民主新论》，东方出版社 1998 年版。

153. L. T. 霍布豪斯著，朱曾汶译：《自由主义》，商务印书馆 2009 年版。

154. J. 格雷著，顾爱彬等译：《自由主义的两张面孔》，江苏人民出版社 2005 年版。

155. A. D. 雅赛著，陈矛等译：《重申自由主义》，中国社会科学出版社 1997 年版。

156. A. 阿巴拉斯特著，曹海军译：《西方自由主义的兴衰》，吉林人民出版社 2011 年版。

157. T. 帕特森，顾肃等译：《美国政治文化》，东方出版社 2007 年版。

158. R. 诺奇克著，姚大志译：《无政府、国家和乌托邦》，中国社会科学出版社 2008 年版。

159. T. L. 彼彻姆著，雷克勤等译：《哲学的伦理学》，中国社会科学出版社 1990 年版。

160. D. B. 贝克著，王文斌等译：《权力语录》，江苏人民出版社 2008 年版。

161. A. 麦金太尔著，万俊人等译：《谁之正义？何种合理性？》，当代中国出版社 1996 年版。

162. A. 麦金太尔著，龚群等译：《德性之后》，中国社会科学出版社 1997 年版。

163. 克鲁泡特金著，李平沤译：《互助论》，商务印书馆 2010 年版。

164. 科恩著，佟景韩等译：《自我论》，生活·读书·新知三联书店 1986 年版。

165. R. 奥伊肯著，万以译：《生活的意义与价值》，上海译文出版社 2005 年版。

166. C. 谢o弗兰克著，王永译：《社会的精神基础》，生活·读书·新知三联书店 2003 年版。

167. A. J. 汤因比著，郭小凌等译：《历史研究》，上海人民出版社 2010 年版。

168. L. 科塞著，郭方等译：《理念人》，中央编译出版社 2001 年版。

169. C. 泰勒著，程炼等译：《现代性之隐忧》，中央编译出版社 2001 年版。

170. 赵汀阳著：《论可能生活》，中国人民大学出版社 2004 年版。

171. 王海明著：《新伦理学》，商务印书馆 2002 年版。

172. 顾肃著：《自由主义基本理念》，中央编译出版社 2003 年版。

173. 王绍光著：《民主四讲》，生活·读书·新知三联书店 2008 年版。

174. W. 葛德文著，何慕李译：《政治正义论》，商务印书馆 1997 年版。

175. J. 罗尔斯著，何怀宏等译：《正义论》，中国社会科学出版社 2001 年版。

176. W. 亨氏著，倪道钧译：《被证明的不平等》，中国社会科学出版社 2008 年版。

177. M. 沃尔泽著，褚松燕译：《正义诸领域》，译林出版社 2002 年版。

178. P. 辛格著，刘莘译：《实践伦理学》，东方出版社 2005 年版。

179. M. J. 桑德尔著，朱慧玲译：《公正：该如何做是好?》，中信出版社 2011 年版。

180. M. J. 桑德尔著，万俊人等译：《自由主义与正义的局限》，译林出版社 2001 年版。

181. L. T. 霍布豪斯著，孔兆政译：《社会正义要素》，吉林人民出版社 2006 年版。

182. J. R. 波尔著，张聚国译：《美国平等的历程》，商务印书馆 2007 年版。

183. A. 奥肯著，王奔洲等译：《平等与效率》，华夏出版社 1999 年版。

184. A. 卡利尼克斯著，徐朝友译：《平等》，江苏人民出版社 2003 年版。

185. P. 勒鲁著，王允道译：《论平等》，商务印书馆 1996 年版。

186. P. 布尔迪厄著，杨亚平译：《国家精英》，商务印书馆 2004 年版。

187. P. 布尔迪厄等著，邢克超译：《继承人》，商务印书馆 2004 年版。

188. P. 布尔迪厄等著，邢克超译：《再生产》，商务印书馆 2002 年版。

189. D. 米勒著，应奇译：《社会正义原则》，江苏人民出版社 2005 年版。

190. B. 巴利著，曹海军译：《社会正义论》，江苏人民出版社 2007 年版。

191. P. 狄肯斯著，涂骏译：《社会达尔文主义》，吉林人民出版社 2005 年版。

192. R. K. 默顿著，唐少杰等译：《社会理论和社会结构》，译林出版社 2006 年版。

193. J. 里夫金著，张体伟等译：《第三次工业革命》，中信出版社 2012 年版。

194. W. A. 亨利著，胡利平译：《为精英主义辩护》，译林出版社 2000 年版。

195. R. 斯克拉顿著，王皖强译：《保守主义的含义》，中央编译出版社 2005 年版。

196. 王海明著：《公正·平等·人道》，北京大学出版社 2000 年版。

197. 慈继伟著：《正义的两面》，生活·读书·新知三联书店 2001 年版。

198. G. H. 米德著，赵月瑟译：《心灵·自我与社会》，上海译文出版社 2005 年版。

199. C. 库利著，包凡一等译：《人类本性与社会秩序》，华夏出版社 1999 年版。

200. J. K. 加尔布雷思著，王中宝等译：《美好社会》，江苏人民出版社 2009 年版。

201. A. 吉登斯著，赵旭东等译：《社会学》，北京大学出版社 2003 年版。

202. D. 波普诺著，李强等译：《社会学》，中国人民大学出版社 2002 年版。

203. P. 狄肯斯著，涂骏译：《社会达尔文主义》，吉林人民出版社 2005 年版。

204. F. 滕尼斯著，林荣远译：《共同体与社会》，商务印书馆 1999 年版。

206. R. K. 默顿著，唐少杰等译：《社会理论和社会结构》，译林出版社 2006 年版。

207. J. C. 亚历山大著，夏光等译：《社会学的理论逻辑》，商务印书馆 2008 年版。

208. E. 弗洛姆著，孙恺祥译：《健全的社会》，贵州人民出版社 1994 年版。

209. D. B. 格伦斯基著，王俊等译：《社会分层》，华夏出版社 2006 年版。

210. E. 博登海默著，邓正来译：《法理学》，中国政法大学出版社 2004 年版。

211. R. 庞德著，沈宗灵译：《通过法律的社会控制》，商务印书馆 2008 年版。

212. H. 科殷著，林荣远译：《法哲学》，华夏出版社 2002 年版。

213. 孟德斯鸠著，张雁深译：《论法的精神》，商务印书馆 1997 年版。

214. 张千帆著：《西方宪政体系》，中国政法大学出版社 2004 年版。

215. 柯武刚等著，韩朝华译：《制度经济学》，商务印书馆 2000 年版。

216. A. 斯密著，郭大力等译：《国民财富的性质和原因的研究》，商务印书馆 2003 年版。

217. G. 缪尔达尔著，方福前译：《亚洲的戏剧》，首都经济贸易大学出版社 2001 年版。

218. L. V. 米瑟斯著，韩光明等译：《自由与繁荣的国度》，中国社会科学出版社 1994 年版。

219. M. 布坎南著，吴良健等译：《自由、市场和国家》，北京经济学院出版社 1988 年版。

220. M. 弗里德曼等著，胡骑等译：《自由选择》，商务印书馆 1999 年版。

221. M. 弗里德曼著，张瑞玉译：《资本主义与自由》，商务印书馆 2001 年版。

222. W. A. 刘易斯著，周师铭等译：《经济增长理论》，商务印书馆 2005 年版。

223. K. 雅斯贝斯著，王德峰译：《时代的精神状况》，上海译文出版社 2003 年版。

224. C. 格尔兹著，纳日碧力戈等译：《文化的解释》，上海人民出版社 1999 年版。

225. M. C. 努斯鲍姆著，肖聿译：《告别功利》，新华出版社 2010 年版。

226. D. 贝尔著，赵一凡等译：《资本主义文化矛盾》，生活·读书·新知三联书店 1992 年版。

227. F. 富里迪著，戴从容译：《知识分子都到哪里去了》，江苏人民出版社 2007 年版。

228. T. R. 戴伊著，彭勃等译：《理解公共政策》，华夏出版社 2005 年版。

二、论文类

1. 刘云杉等：《精英的选拔》，《清华大学教育研究》，2009 年第 5 期。

2. 梁晨等：《无声的革命》，《中国社会科学》，2012 年第 1 期。

3. 李江源：《教育平等新论》，《浙江社会科学》，2001 年第 2 期。

4. 田正平、李江源：《教育公平新论》，《清华大学教育研究》，2002 年第 1 期。

5. 李江源：《论教育制度公正》，《河北师范大学学报》（教育科学版），2004 年第 3 期。

6. 李振玉、李江源：《教育公平的类别与公平中的比例》，《教育发展研究》，2005 年第 1 期。

7. 李江源：《论教育机会平等》，人大复印《教育学》，2007 年第 10 期。

8. 李江源、杜朝忠等：《论社会、非社会提供的教育机会平等》，人大复印《教育学》，2008 年第 5 期。

9. 李江源：《教育公平视角下的政府行为》，《教育科学论坛》，2008 年第 3 期。

10. 李江源：《教育机会平等的内涵及政府定位》，《教育科学论坛》，2008 年第 1 期。

11. 李江源：《教育公正：教育制度建设的首要价值》，《教育科学论坛》，2010 年第 10 期。

12. 李江源、佘勇：《论教育制度可选择》，《社会科学战线》，2011 年 11 期。

13. 李江源、王雄：《考试分数：一种人学的阅读》，《湖南师范大学学报》（教育科学版），2011 年第 5 期。

14. 郑涛、李江源：《理性看待名校教育集团》，《教育理论与实践》，2012 年第 31 期。

15. 李江源：《"活得好"的教育》，人大复印《教育学》，2013 年第 11 期。

16. 李江源：《教育机会公平新论》，《教育理论与实践》，2013 年第 31 期。

17. 李江源、徐冰：《名校集团：一种促进教育公平的"好的"制度设计》，《河北师范大学学报》（教育科学版），2013 年第 11 期。

□ 后　记

　　《走向公平：教育公平的人学书写》一书，是我和我的合作者们关于教育公平专题研究中的第一本论著。我们一直坚持这样的信念，对于任何一个学术领域的理想化研究次序，首先应该是对第一手文献的精读和深入研究，然后才有可能进行专题性的深入分析和总体性探讨。我们反对那种缺少文本学基础的假、大、空式的宏大叙事话语，反对那种不梳理学术发展渊源、流变而就问题论问题的随意评说。因此，近十余年来，我们的主要精力都放在对教育公平和近现代西方教育公平理论的经典文献的研究和解读之中。

　　如何研究和解读近现代教育公平理论的经典文献，路径固然很多，但我们却始终秉持这样的立场，即"安得静心有洞天"。人生在世与干事，如能达而不狂、富而不奢、挫而不躁、功而不骄、成而不怠，始会进入别有情境的一方"洞天"。人，一定要懂得享受宁静。道家有云："无为自化，清静自在。"面对滚滚红尘，世事纷扰，与其烦躁苦恼，不如静下来，静成一潭碧水。宁静可以沉淀出许多纷杂的浮躁，滤出浅薄、粗率等人性的杂质，可以避免许多轻率、鲁莽、无聊和荒谬。宁静是一种典雅的气质，一种古朴的情怀。也许在某个日后的下午，带着一份优雅的情怀，踱进那留存历史记忆的小院，浅吟"曲径通幽处，禅房花木深"，倾听那四季花开的声音。或许在某个寂寞的夜晚，乘着一叶诗的扁舟，摇进那"藕花深处"，低唱"留得残荷听雨声"，感受那纯净似水的清凉与柔情。宁静是一种生命的态度。在如今这个热闹非凡的世界，在这个时间都不够用的岁月，每个人都在马不停蹄地追寻自己的"梦想"。然而，生命之美不在它的绚烂，而在它的平和；生命的动人不在它的激情，而在它的平静。不管人生如何变幻，都得给自己留下一片宁静的天空。"抚长剑，一扬眉，清水白石何历历"的感觉是酒；"宠辱不惊，看庭前花开花落，去留无意，望天上云卷云舒"的感觉是茶。而宁静却是"落日平台上，春风啜茗时"的悠闲自在，是"雪液清甘涨井泉，自携茶灶就烹煎"的怡然自得，是"夜扫寒英煮绿尘，松风入鼎更清新"的闲情逸致，更是"雪沫乳花浮午盏，蓼茸蒿笋试春盘，人间有味是清欢"的清旷达观。即使"鹰击天风壮，鹏飞海浪春"的豪迈旋律掩盖了宁静的怡然自适，但绝对动摇不了它"行到水穷处，坐看云起时"的古典与浪漫。宁静是一种"平平淡淡从从容容"的态度。物欲横流的社会越是展示出无穷无尽的诱惑，越应保持一份从容。从容，是一种理性，一种坚韧，一种智慧；从容，像一脉小溪，不似大海的激情奔涌，却滋养着一方土地；从容，是一株绿草，不似鲜花的妖艳，却扮绿大地。宁静是一种修养、一种境界、一种充满内涵的幽远旷达。宁静能让人心平气和地看待世界、看待人生、看待自己、看待一切。宁静的真谛不是寂寞，不是孤独，而是"有容德乃大，无私天地宽"的豁达，是"穷则独善其身，达则兼济天下"的超脱。

本书思考和写作的基础，是我们近年来关于西方教育公平理论经典文献的文本学研究成果，是我与王雄副教授、敬仕勇博士（生）、徐冰老师合作的结晶，也是我与马海军、刘小平、戴辉、王鹏、柯玲、刘莘、罗哲、王真东、杨霖、胡燕、王官诚、蒋映红、郑涛等同仁切磋的产物。我们认真研究、仔细推敲本书的写作提纲，并进行了反复的讨论和思考。初稿完成之后，我们又对其进行了较大的结构性调整和压缩。其中，王雄副教授、敬仕勇博士（生）承担了大量的独立思考和写作工作。全书分上篇和下篇，上篇"教育公平的人学依据"（由李江源、王雄撰写），下篇"教育公平的理念依据"（由李江源、王雄、敬仕勇撰写）。其中，"教育合作的实践探索：以成都市'名校集团'为例"，由李江源、徐冰撰写。

多年以来，在本书撰写、修订、出版过程中，得到了许多人的鼓励、关心和帮助。感谢北京师范大学、首都师范大学劳凯声教授，浙江大学田正平教授，他们的教诲激励着我进步。感谢四川师范大学、四川师范大学教育科学学院的各位同事和朋友，他们的理解、宽容和帮助玉成了此书的完成。感谢四川教育出版社张纪亮副总编的细心工作和周密安排。感谢吴婷编审认真、精湛、纯熟的编辑工作，以及她以敏锐的"编辑之眼"对本书所做的完美定格。感谢参阅、借鉴大量学术著作和文献的学者们。感谢教育部社科司让我们承担"社会转型时期教育失范研究"，感谢成都市教育局政策法规处、统筹处让我们承担"成都市教育公平理论与实践研究"、"名校集团理论与实践研究"等课题，在这些课题的研究过程中，我们对教育公平有了新的认识和理解。

李江源

2015 年 10 月于成都

□ 作者简介

李江源

1964 年 11 月生，四川南充人，教育学博士。四川师范大学教育科学学院教授，国家教育发展研究中心成都教育改革研究基地研究员，主要研究领域为教育政策、教育制度、教育基本理论等。

王　雄

1973 年 8 月生，四川达州人，副教授。现供职于四川旅游学院组织人事处，主要研究领域为教育管理、教育政策等。